Jahn/Schmitt/Geier
Handbuch Bankensanierung und -abwicklung

Bankensanierung und -abwicklung

Handbuch

Herausgegeben von

Dr. Uwe Jahn
Rechtsanwalt in Frankfurt a. M.

Dr. Christian Schmitt
Rechtsanwalt in Frankfurt a. M.

Dr. Bernd Geier, LL.M.
Rechtsanwalt in Frankfurt a. M.

Bearbeitet von

Florian Brandt, Berlin/Brüssel; *Dr. Patrick Büscher*, Berlin; *Dr. Norbert Dörr*, Frankfurt a. M.; *Jörn Ebermann*, Rechtsanwalt in Feldkirchen; *Dr. Markus Fellner*, Rechtsanwalt in Wien; *Rainer Gallei*, Eschborn; *Dr. Gregor Garten*, LL.M., Köln; *Dr. Bernd Geier*, LL.M., Rechtsanwalt in Frankfurt a. M.; *Dr. Simon G. Grieser*, Rechtsanwalt in Frankfurt a. M.; *Dr. Simon Güth*, Berlin/Frankfurt; *Dr. Martin Hebertinger*, München; *Dr. Manfred Heemann*, Frankfurt a. M.; *Gudrun Hoppenburg*, Wirtschaftsprüferin und Steuerberaterin in Frankfurt a. M.; *Eva Hoßdorf*, Frankfurt a. M.; *Dr. Cordelius Ilgmann*, Frankfurt a. M.; *Max Jacob*, Frankfurt a. M.; *Dr. Uwe Jahn*, Rechtsanwalt in Frankfurt a. M.; *Dr. Lambert Köhling*, LL.M., Rechtsanwalt in Berlin; *Prof. Dr. Matthias Lehmann*, LL.M., Friedrich-Wilhelms-Universität in Bonn; *Prof. Dr. Cornelia Manger-Nestler*, LL.M., Hochschule für Technik, Wirtschaft und Kultur in Leipzig; *Dr. Daniel Mirtschink*, Eschborn; *Prof. Dr. Klaus Pannen*, Rechtsanwalt in Hamburg; *Dr. Tim Schabert*, Wien; *Dr. Christian Schmitt*, Rechtsanwalt in Frankfurt a. M.; *Thomas Schramm*, München; *Timo Schuck*, Wirtschaftsprüfer in Frankfurt a. M.; *Dr. Benedikt Sedlak*, LL.M., Frankfurt a. M.; *Dr. Florian Trappe*, Berlin; *Birgit Weckler*, Frankfurt a. M.; *Gero Wiechens*, Wirtschaftsprüfer in Frankfurt a. M.

1. Auflage 2016

C.H.BECK

Zitiervorschlag
Bearbeiter in Jahn/Schmitt/Geier, HdB Bankensanierung und -abwicklung A. I. Rn. 1

www.beck.de

ISBN 978 3 406 64996 7

© 2016 Verlag C.H. Beck oHG
Wilhelmstr. 9, 80801 München

Druck und Bindung: Kösel GmbH & Co. KG
Am Buchweg 1, 87452 Altusried-Krugzell

Satz: Fotosatz H. Buck,
Zweikirchener Str. 7, 84036 Kumhausen

Gedruckt auf säurefreiem, alterungsbeständigem Papier
(hergestellt aus chlorfrei gebleichtem Zellstoff)

Vorwort

Seit Beginn dieses Buchprojekts erfuhr der Bereich der „Bankensanierung und -abwicklung" mehrfach grundlegende Veränderungen. Am Anfang waren weder die Verabschiedung eines einheitlichen Abwicklungsmechanismus (*Single Resolution Mechanism*) noch die Schaffung eines einheitlichen Abwicklungsfonds (*Single Resolution Fund*) absehbar. Auch die Bankenunion zeichnete sich erst am Horizont ab.

Vor dem Hintergrund der Finanz- und Schuldenkrise justierte der Gesetzgeber das Sanierungs- und Abwicklungsrecht neu. Die Anpassungen vollzogen sich phasenweise, zunächst ad hoc, um auf aktuelle Krisensituationen zu reagieren, in letzter Zeit zunehmend mit Blick auf langfristige, strukturelle Ansätze. Zahlreiche der seit Beginn der Krise 2007 eingeführten Abwicklungsinstrumente und -befugnisse kamen nie zur Anwendung; einige sind zwischenzeitlich wieder aus dem Gesetz entfernt worden. Diese Rechtsentwicklung führte nunmehr zu einem vom EU-Gesetzgeber determinierten komplexen, neuen Regelwerk, dessen Funktionsfähigkeit bislang empirisch weitgehend unbelegt ist. Es betritt in vielerlei Hinsicht Neuland, baut jedoch auf Erfahrungen einzelner Mitglied- und Drittstaaten und den Arbeiten internationaler Gremien auf.

Potenzielle Anwendungsfälle aus den letzten Monaten für das neue Recht wurden von den Abwicklungsbehörden nicht genutzt, um Erfahrungswerte zur neuen Rechtslage zu sammeln. Ob die neuen Sanierungs- und Abwicklungsbefugnisse und -instrumente zur Bewältigung eines Krisenfalls ausreichen, wird sich erst in der Zukunft zeigen. Die Erfahrungen aus Österreich belegen, dass auch die Rechtsanwendung Tücken bergen kann und der neue Rechtsrahmen einen speziell auf zugelassene Banken (und bestimmte Wertpapierfirmen) begrenzten Anwendungsbereich hat.

Ziel dieses Buches ist es, vor dem Hintergrund der mannigfaltigen Rechtsentwicklungen einen Überblick über die Rechtslage zum Stand 1. Januar 2016 zu geben. Das Buch stellt insoweit sowohl die europäische Rechtslage als auch deutsch-rechtliche Besonderheiten dar. Es vertieft Einzelaspekte (wie z.B. den Schutz vertraulicher Informationen) in speziellen Beiträgen und soll als Leitfaden für die Anwendung des neuen Rechts dienen.

Wir danken allen Autoren für ihre Beiträge und Mitwirkungen an diesem Werk sowie dem Verlag für seine Unterstützung und Geduld bei der Finalisierung des Handbuchs. Autoren und Herausgeber sind für Hinweise zum Inhalt und zur Gestaltung des Werkes sehr dankbar.

Frankfurt, im Frühjahr 2016

Die Herausgeber

Inhaltsübersicht

Vorwort		V
Inhaltsverzeichnis		IX
Allgemeines Literaturverzeichnis		XXIII
Abkürzungsverzeichnis		XXV

A.		**Sanierung und frühzeitiges Eingreifen**	1
	I.	Überblick Sanierung und frühzeitiges Eingreifen *(Weckler)*	1
	II.	Der Einheitliche Aufsichtsmechanismus *(Geier)*	28
	III.	Sanierungsplanung und Prüfung von Sanierungsplänen *(Schabert/Schramm/Wiechens)*	59
	IV.	Maßnahmen des frühzeitigen Eingreifens *(Sedlak)*	84
	V.	Rechtsschutz im Rahmen der Sanierung *(Schmitt)*	106
	VI.	Haftung der Leitungsorgane bei unzureichendem Risikomanagement *(Ebermann)*	132
B.		**Abwicklung**	147
	I.	Überblick Abwicklung unter besonderer Berücksichtigung der Abwicklung nicht systemrelevanter Institute *(Geier)*	147
	II.	Institutionell-organisatorische Aspekte des Einheitlichen Abwicklungsmechanismus *(Manger-Nestler)*	236
	III.	Abwicklungsvoraussetzungen, Abwicklungsplanung und -fähigkeit, inklusive Gruppenabwicklung und MREL *(Grieser)*	269
	IV.	Abwicklungsbefugnisse und Abwicklungsinstrumente *(Hoßdorf)*	289
	V.	Beteiligung der Anteilsinhaber und Gläubiger, insbesondere Bail-in *(Brandt/Ilgmann)*	311
	VI.	Sonderregeln für Finanzkontrakte *(Köhling)*	336
	VII.	Herstellung der Abwicklungsfähigkeit *(Garten)*	384
	VIII.	Bewertung und Prüfung im Rahmen der Abwicklung *(Hebertinger/Hoppenburg/Schuck)*	431
	IX.	Kollisionsrechtliche Grenzen *(Lehmann)*	460
	X.	Abwicklung eines Kreditinstitutes aus Sicht eines Insolvenzverwalters *(Pannen)*	480
	XI.	Erfahrungen aus der Anwendung des Bail-In in Österreich *(Fellner)*	496
	XII.	Rechtsschutz im Rahmen der Abwicklung *(Schmitt)*	529
C.		**Finanzierung der Abwicklung, Querschnittsthemen**	545
	I.	Bankenabgabe *(Brandt/Güth)*	545
	II.	Vertraulichkeit und Insiderrecht *(Trappe/Büscher)*	581
	III.	Abwicklung und CCP-Clearing *(Mirtschink/Gallei)*	610
	IV.	Steuerung des Instituts – im Vorfeld und in der Krise *(Jacob/Dörr)*	636
	V.	Vorgaben an die Abwicklung zentraler Gegenparteien und sonstiger Marktteilnehmer *(Jahn)*	658

Stichwortverzeichnis ... 677

Inhaltsverzeichnis

Vorwort	V
Inhaltsübersicht	VII
Allgemeines Literaturverzeichnis	XXIII
Abkürzungsverzeichnis	XXV

A.		**Sanierung und frühzeitiges Eingreifen**	1
I.		**Überblick Sanierung und frühzeitiges Eingreifen** *(Weckler)*	1
	1.	Historische Entwicklung des sanierungsbezogenen Bankenaufsichtsrechts	4
		a) Bis zur Finanzkrise 2007/2008	4
		b) Seit der Finanzkrise 2007/2008	5
	2.	Finanzmarktstabilisierungsgesetz	6
		a) Persönlicher Anwendungsbereich	7
		b) Grundzüge des Verfahrens	7
		c) Maßnahmen	8
		aa) Garantien auf der Passivseite	8
		bb) Rekapitalisierung	9
		cc) Anteilserwerb	9
		dd) Risikoübernahme	9
		d) Zwischenfazit	9
	3.	Sanierungs- und Reorganisationsverfahren	10
		a) Sanierungsverfahren	10
		aa) Persönlicher Anwendungsbereich	10
		bb) Grundzüge des Verfahrens	10
		cc) Maßnahmen zur Sanierung	11
		b) Reorganisationsverfahren	12
		c) Zwischenfazit	12
	4.	Aufsichtsbehördliche Maßnahmen zum Zwecke der Sanierung	13
		a) Übersicht	13
		b) Maßnahmen im Einzelnen	14
		aa) Abstrakte Planung für den Krisenfall	14
		bb) Maßnahmen beim Vorliegen von Anhaltspunkten für aufsichtsrechtliche Verstöße	16
		cc) Maßnahmen bei Verstößen gegen aufsichtsrechtliche Vorgaben	18
		dd) Maßnahmen bei Bestandsgefahr für das Institut	21
		c) Zuständigkeit	24
		aa) Maßnahmen nach dem SAG	24
		bb) Maßnahmen nach dem KWG	24
		d) Zwischenfazit	26
	5.	Zusammenfassende Bewertung	27
II.		**Der Einheitliche Aufsichtsmechanismus** *(Geier)*	28
	1.	Einleitung	29
	2.	Grundlagen zum Anwendungsbereich des SSM	30
		a) Territorialer Anwendungsbereich	30
		b) Persönlicher Anwendungsbereich	30
	3.	Besondere Aufgaben und Befugnisse der EZB im Rahmen des SSM	31
		a) Aufgaben der EZB	32
		b) Zuständigkeit, Befugnisse und Pflichten der EZB	33
		aa) Einleitung und Überblick	33

		bb)	Zuständigkeiten der EZB im Rahmen des SSM	34
		cc)	Befugnisse und Pflichten der EZB im Rahmen des SSM	34
		dd)	Abgrenzung der „besonderen Aufgaben" der EZB von anderen Aufsichtsaufgaben	38
		ee)	Normenhierarchie und für die EZB und NCA geltender Rechtsrahmen	39
	4.	Direkte Aufsicht und indirekte Aufsicht		41
		a)	Gemeinsame Verfahren	42
			aa) Zulassung als CRR-Kreditinstitut	42
			bb) Entzug der Erlaubnis eines CRR-Kreditinstituts	43
			cc) Inhaberkontrollverfahren über CRR-Kreditinstitute	43
		b)	EZB Befugnisse (ohne Erlaubniserteilung und -entzug sowie Inhaberkontrolle)	43
			aa) Bedeutende und weniger bedeutende beaufsichtigte Unternehmen	43
			bb) Direkte Aufsicht durch die EZB (bedeutende beaufsichtigte Unternehmen)	45
			cc) Indirekte Aufsicht durch die EZB (weniger bedeutende beaufsichtigte Unternehmen)	46
		c)	Ergänzende Meldepflichten für CRR-Kreditinstitute	47
	5.	Verwaltungsverfahrensrecht der EZB, insbesondere Erlass von Aufsichtsbeschlüssen		48
		a)	Verwaltungsverfahren der EZB als „Aufsichtsbehörde"	48
			aa) Besondere Ermittlungs- und Sanktionsbefugnisse	49
			bb) Rechtsschutz gegen die EZB	50
		b)	Verwaltungsverfahrensrecht der BaFin	52
	6.	Gruppenaufsicht, Zweigstellen und -niederlassungen		52
		a)	Aufsicht im Hinblick auf Gruppen(unternehmen)	52
		b)	Zweigstellen und -niederlassungen	53
	7.	Zuständigkeiten bei der Sanierung und Frühintervention		54
		a)	Sanierung und Frühintervention	55
			aa) Zuständigkeiten der EZB im Rahmen der Sanierung	55
			bb) Frühintervention	56
		b)	Abwicklung	57
	8.	Zusammenfassung und Gesamtergebnis		58
III.	**Sanierungsplanung und Prüfung von Sanierungsplänen** *(Schabert/Schramm/Wiechens)*			59
	1.	Einleitung		60
	2.	Grundlagen der Sanierungsplanung		60
		a)	Rechtliche Grundlagen	60
		b)	Anwendungsbereich	61
	3.	Zielsetzung der Sanierungsplanung		62
		a)	Makroökonomische Zielsetzung	62
		b)	Sanierungsplanung als Erweiterung der bestehenden Banksteuerung	63
	4.	Grundlagen der Prüfung von Sanierungsplänen		64
		a)	Verpflichtung des Abschlussprüfers	64
		b)	Besonderheiten bei der Prüfung von Sanierungsplänen von Gruppen	65
		c)	Prüfungsgegenstand	66
		d)	Beurteilungskriterien	66
	5.	Prüfung von Sanierungsplänen		67
		a)	Strukturvorgaben an einen Sanierungsplan	67
		b)	Inhaltliche Vorgaben an einen Sanierungsplan	67
			aa) Zusammenfassung	68
			bb) Strategische Analyse	69
			cc) Indikatoren und Schwellenwerte	71
			dd) Sanierungsmaßnahmen	72
			ee) Sanierungsgovernance	75

			ff)	Kommunikation im Sanierungsfall	76
			gg)	Informationsmanagement	77
			hh)	Belastungsanalysen	77
			ii)	Umsetzungsplanung	80
			jj)	Aktualisierung des Sanierungsplans	81
	6.	Prüfungsvorgehen und Berichterstattung über die Prüfung			81
		a)	Grundsatz der Risikoorientierung		81
		b)	Prüfungsvorgehen		82
		c)	Berichterstattung		82
IV.	**Maßnahmen des frühzeitigen Eingreifens** *(Sedlak)*				84
	1.	Einleitung			85
	2.	Einordnung			86
		a)	Systematische Einordnung		86
		b)	Einordnung als Krisenpräventionsmaßnahme		86
	3.	Zuständige Behörde für den Erlass von Frühinterventionsmaßnahmen			86
	4.	Behördliche Zusammenarbeit und Koordinierung von Frühinterventionsmaßnahmen			87
		a)	Verpflichtung zur Zusammenarbeit und zum Informationsaustausch mit der Abwicklungsbehörde sowie dem Ausschuss		87
		b)	Koordinierung der Frühinterventionsmaßnahmen und Bestellung eines vorläufigen Verwalters		88
	5.	Voraussetzungen für den Erlass von Frühinterventionsmaßnahmen			89
		a)	Verschlechterung der Finanzlage des Instituts		89
		b)	Drohende Verschlechterung der Finanzlage		90
		c)	Auslöseereignis nach den EBA-Leitlinien zu den Bedingungen für die Prüfung der Anwendung von Frühinterventionsmaßnahmen		91
			aa)	Übersicht	91
			bb)	SREP-ergebnisbezogene Auslöseereignisse	92
			cc)	Schlüsselindikatoren als Auslöseereignisse	92
			dd)	Wesentliche Ereignisse als Auslöseereignisse	93
	6.	Maßnahmen der Aufsichtsbehörde			95
		a)	An die Geschäftsleitung adressierte Maßnahmen		95
			aa)	Aktualisierung des bzw. Umsetzung von Maßnahmen aus dem Sanierungsplan	95
			bb)	Anordnung der Analyse der problematischen Situation	95
			cc)	Erstellung eines Plans über Verhandlungen von Umschuldungen	95
			dd)	Änderung der Geschäftsstrategie und operativer Strukturen	95
			ee)	Informationsbefugnisse	96
			ff)	Einberufung der Anteilseignerversammlung	96
			gg)	Abberufung einzelner oder mehrerer Geschäftsleiter	97
		b)	Abberufung der gesamten Geschäftsleitung		97
		c)	Bestellung eines vorläufigen Verwalters		97
	7.	Verhältnismäßigkeitsgrundsatz und Ermessen			98
	8.	Weitere Maßnahmen nach SSM-Verordnung und KWG			99
		a)	Maßnahmen nach Art. 16 SSM-Verordnung		99
		b)	Zusätzliche Eigenmittelanforderungen, § 10 Abs. 3 S. 1 Nr. 3 KWG		100
		c)	Zusätzliche Liquidität, § 11 Abs. 3 KWG		100
		d)	Maßnahmen zur Verbesserung der Eigenmittelausstattung und der Liquidität, § 45 KWG		100
	9.	Sonstiges			102
		a)	Einhaltung der Beteiligungsrechte nach dem Betriebsverfassungsgesetz		102
		b)	Ausschluss bestimmter vertraglicher Bedingungen bei frühzeitigem Eingreifen		102
		c)	Frühinterventionsmaßnahmen und kapitalmarktrechtliche Informationspflicht		103

	10.	Rechtsschutz gegen Frühinterventionsmaßnahmen		103
		a) Rechtsschutz gegen von der BaFin erlassene Frühinterventionsmaßnahmen		103
			aa) Widerspruchsverfahren/Vorverfahren	103
			bb) Anfechtungsklage	104
			cc) Vorläufiger Rechtsschutz	104
		b) Rechtsschutz gegen von der EZB erlassene Frühinterventionsmaßnahmen		104
			aa) Beschwerde	104
			bb) Nichtigkeitsklage gem. Art. 263 AEUV	105
	11.	Zusammenfassung und Gesamtergebnis		105
V.	**Rechtsschutz im Rahmen der Sanierung** *(Schmitt)*			106
	1.	Vorbemerkung		107
	2.	Konfliktmanagement		107
		a) Verhandlung		108
		b) Mediation		109
		c) Staatliche Gerichtsverfahren		111
	3.	Justiziabilität aufsichtsrechtlicher Sanierungsmaßnahmen		111
		a) Überblick		111
		b) Rechtsschutz gegen Maßnahmen der EZB		112
			aa) Rechtsschutz gegen Beschlüsse der EZB	112
			bb) Einstweiliger Rechtsschutz	123
			cc) Schadensersatz	125
			dd) Akteneinsicht	126
		c) Rechtsschutz gegen Maßnahmen der BaFin		127
			aa) Widerspruch	128
			bb) Anfechtungsklage	129
			cc) Einstweiliger Rechtsschutz	129
			dd) Akteneinsicht	130
		d) Rechtsschutz gegen Sanierungspläne nach dem KredReorgG		131
VI.	**Haftung der Leitungsorgane bei unzureichendem Risikomanagement** *(Ebermann)*			132
	1.	Einleitung		133
	2.	Strafrechtliche Verantwortung nach § 54a KWG		134
		a) Überblick		134
		b) Geschütztes Rechtsgut, Deliktsnatur und verfassungsrechtliches Bestimmtheitsgebot		134
		c) Täter und Teilnehmer		136
		d) Institut oder Gruppe im Sinne des § 25c Abs. 4a und b KWG		137
		e) Verstoß gegen Pflichtenkatalog aus § 25c Abs. 4a und b KWG		137
		f) Bestandsgefährdung des Instituts		139
		g) Kausalität		141
		h) Nichtbeachtung einer BaFin Anordnung		141
		i) Subjektiver Tatbestand		142
		j) Versuch, Verjährung und Strafantrag		142
	3.	Weitere Straftatbestände		142
	4.	Gesellschaftsrechtliche und zivilrechtliche Haftung		143
		a) Innenhaftung		143
		b) Außenhaftung		146
B.	**Abwicklung**			147
I.	**Überblick Abwicklung unter besonderer Berücksichtigung der Abwicklung nicht systemrelevanter Institute** *(Geier)*			147
	1.	Einleitung & Vorgeschichte		150
		a) Deutsche Gesetzgebung 2007–2010		151
		b) Deutsche Gesetzgebung 2011		154

	c)	Deutsche Gesetzgebung 2013–2014	156
	d)	Deutsche und europäische Gesetzgebung ab 2015	158
		aa) Umsetzung der Sanierungs- und Abwicklungsrichtlinie (BRRD)	158
		bb) Einheitlicher Abwicklungsmechanismus (SRM) und Bankenunion	159
2.	Überblick: Zuständigkeiten und Verfahren		161
	a)	Überblick und Einleitung	161
	b)	Zuständigkeiten und Verfahren nach der SRM-Verordnung	162
		aa) Anwendungsbereich (SRM-Verordnung)	162
		bb) Zuständigkeiten und Verfahren (SRM-Verordnung)	163
	c)	SAG	169
		aa) Eröffnung des Anwendungsbereichs nach § 1 Nr. 1–4 SAG	169
		bb) Einschränkung des Anwendungsbereichs durch die SRM-Verordnung	170
	d)	Weitere Gesetze (KWG, KredReorgG, RettungsG)	171
		aa) KWG	171
		bb) KredReorgG	171
		cc) RettungsG	173
3.	Vorbereitung der Abwicklung (insb. Abwicklungsplanung)		173
	a)	Anwendungsbereich, Zuständigkeiten und Verfahren	173
	b)	Abwicklungsplanung und Abwicklungsplan	174
		aa) Inhalt und Umfang der Abwicklungsplanung	174
		bb) Abwicklungsfähigkeit und Beseitigung von Abwicklungshindernissen	176
	c)	Mindestanforderungen an Eigenmittel und berücksichtigungsfähige Verbindlichkeiten (Minimum Requirement for Own Funds and Eligible Liabilities – MREL)	177
		aa) Errechnung der Mindestanforderung	178
		bb) Grundsätze zur Ermittlung der Höhe der Mindestanforderung	179
	d)	Drittstaaten, insb. Verträge unter dem Recht eines Drittstaats	182
4.	Abwicklung		184
	a)	Voraussetzungen der Abwicklung / betroffene Unternehmen	184
		aa) Abwicklungsvoraussetzungen in Bezug auf Institute	184
		bb) Abwicklungsvoraussetzungen in Bezug auf Finanzinstitute und Holdinggesellschaften	186
		cc) Sonderfall: Kapitalinstrumentebefugnis	187
	b)	Beschlussverfahren in der Abwicklung	188
		aa) Einleitung des Abwicklungsverfahrens	188
		bb) Bewertung der Vermögenswerte und Verbindlichkeiten	190
		cc) Sonderverwalter	191
	c)	Abwicklungsinstrumente und -befugnisse	191
		aa) Abwicklungsziele und -grundsätze	191
		bb) Abwicklungsinstrumente	193
		cc) Abwicklungsbefugnisse	207
5.	Abwicklungsfinanzierungsmechanismen		209
	a)	SRF	209
	b)	Restrukturierungsfonds	212
	c)	Einlagensicherungssysteme	213
	d)	Außerordentliche finanzielle Unterstützung	214
6.	Abwicklung nicht systemrelevanter Institute		216
	a)	Maßnahmen bei Gefahr (§ 46 KWG), insbesondere Moratorium	217
		aa) Bedeutung der Gefahrenmaßnahmen des § 46 KWG in der Praxis	217
		bb) Tatbestandliche Voraussetzungen der Gefahrenmaßnahmen	219
		cc) Rechtsfolgen der einzelnen Gefahrenmaßnahmen	224
	b)	Sonstige aufsichtsrechtliche Maßnahmen (iwS)	228
		aa) Aufheben der Erlaubnis	229
		bb) Sonderbeauftragter	231
		cc) Maßnahmen nach § 46g KWG	233
		dd) Eröffnung des Insolvenzverfahrens	233

II. Institutionell-organisatorische Aspekte des Einheitlichen Abwicklungsmechanismus *(Manger-Nestler)* 236
1. Vorbemerkung 237
2. Legislative Entstehungsgeschichte des SSM 238
   a) Ökonomische Rationalitäten und internationale Gegenmaßnahmen 238
   b) Abwicklungsregime als zweite Säule der Bankenunion 239
   c) Richtlinienvorschlag 239
   d) Verordnungsvorschlag 240
3. Struktur des Einheitlichen Abwicklungsmechanismus 241
   a) Überblick 241
   b) Rechtsgrundlagen 242
      aa) SRM-Sekundärrecht 243
      bb) Multilaterales Übereinkommen über den Abwicklungsfonds 245
4. Allgemeine Grundsätze 246
   a) Kongruenter Anwendungsbereich von SSM und SRM 246
   b) Begrifflichkeiten und Prinzipien 247
5. Institutioneller Rahmen, insb. Single Resolution Board 248
   a) Abwicklungsausschuss 248
      aa) Rechtspersönlichkeit als EU-Agentur 248
      bb) Organisationsstruktur 249
      cc) Unabhängigkeit 252
      dd) Rechenschaftspflichten 253
   b) Tagungsformationen und Entscheidungsfindung 254
      aa) Präsidiumssitzung 254
      bb) Plenarsitzung 256
   c) Finanzvorschriften 257
6. Überblick über Aufgaben und Befugnisse des SRM 258
   a) Abwicklungsziel 258
   b) Aufgaben und Befugnisse 258
   c) Entscheidungsprozess im Abwicklungsverfahren 259
      aa) Ausgangspunkt 259
      bb) Verfahrensschritte bei der Abwicklung 260
7. Rolle der EZB 262
8. Zusammenarbeit mit den nationalen Abwicklungsbehörden am Beispiel der FMSA 263
   a) Grundsätze 263
   b) Rolle der nationalen Parlamente 265
9. Kooperation mit dem ESFS, insbesondere EBA und ESRB, sowie dem ESM 266
   a) Zusammenarbeit mit der EBA 266
   b) Verhältnis zum ESRB 267
   c) Direkte Rekapitalisierung von Banken durch den ESM 268

III. Abwicklungsvoraussetzungen, Abwicklungsplanung und -fähigkeit, inklusive Gruppenabwicklung und MREL *(Grieser)* 269
1. Einleitung 270
2. Europäische Vorgaben 271
   a) Anwendungsbereich der BRRD 273
   b) Regelungen der BRRD 274
      aa) Abwicklungsplanung nach der BRRD 274
      bb) Abwicklung nach der BRRD 276
3. Abwicklung nach der SRM-Verordnung/nach dem SAG 281
   a) Abwicklungsplanung 282
   b) Abwicklungsfähigkeit 282
   c) Abwicklungsziele und -voraussetzungen 283
   d) Bail-in als Abwicklungsinstrument 285
4. Minimum Required Own Funds and Eligible Liabilities 287

Inhaltsverzeichnis

IV.	**Abwicklungsbefugnisse und Abwicklungsinstrumente** *(Hoßdorf)*	289
	1. Einleitung	289
	2. Abwicklungsinstrumente (§§ 107–135 SAG)	289
	a) Instrument der Unternehmensveräußerung	290
	aa) Wesentliche Rechtsgrundlagen	290
	bb) Funktionsweise	290
	b) Instrument der Übertragung auf eine Vermögensverwaltungsgesellschaft	295
	aa) Wesentliche Rechtsgrundlagen	295
	bb) Funktionsweise	295
	3. Abwicklungsbefugnis, Voraussetzungen und weitere Befugnisse (§§ 62–88 SAG)	297
V.	**Beteiligung der Anteilsinhaber und Gläubiger, insbesondere Bail-in** *(Brandt/Ilgmann)*	310
	1. Einleitung	311
	2. Rangfolge der Forderungen in der Abwicklung	313
	3. Herabschreibung und Umwandlung von Kapitalinstrumenten	317
	a) Anwendung und Befugnisse	318
	b) Voraussetzungen	319
	4. Spezifische Regelungen des Instruments der Verlustbeteiligung	321
	a) Institutionelle Einordnung der Regeln zur Verlustbeteiligung	322
	b) Anwendungsbereich des Instruments der Verlustbeteiligung („Bail-in")	323
	aa) Ausnahmen vom Bail-in	324
	bb) Rolle des Abwicklungsfonds im Rahmen der Verlustbeteiligung	328
	c) Spezifische Regelungen zur Mindestverlustbeteiligung	330
	5. Regeln des Gläubigerschutzes	332
	a) Unabhängige und separate Bewertung	332
	b) Gewährleistung der Schutzbestimmungen im SRM	333
VI.	**Sonderregeln für Finanzkontrakte** *(Köhling)*	335
	1. Einführung	336
	a) Überblick	336
	b) Hintergrund	337
	c) Die Beendigungsmechanik unter Rahmenverträgen für Finanzkontrakte	341
	aa) Rahmenverträge	341
	bb) Abwicklungsmaßnahmen und Gesamtbeendigungsklauseln	343
	d) Regelungsbestand	345
	2. Begriffe	349
	a) Finanzkontrakt	349
	b) Saldierungsvereinbarung	350
	c) Aufrechnungsvereinbarung	351
	d) Rahmenvereinbarung	351
	e) Derivate	351
	3. Finanzkontrakte in der Abwicklung	352
	a) Generelle Beendigungssperre	352
	b) Zeitweise Aussetzung von Rechten und Pflichten	355
	aa) Zeitraum der Aussetzung	355
	bb) Gegenstand der Aussetzung	355
	c) Übertragung	357
	aa) Finanzkontrakte als Gegenstand der Übertragung	358
	bb) Besondere Eingriffsbefugnisse bei Übertragung	359
	d) Gläubigerbeteiligung (Bail-in)	360
	aa) Anwendungsbereich und Ausnahmen	360
	bb) Bail-in in Finanzkontrakte	365
	4. Finanzkontrakte im Vorfeld einer Abwicklung	369
	a) Zentrale Erfassung von Finanzkontrakten	369
	aa) Zentrale Erfassung von Finanzkontrakten im Rahmen der Abwicklungsplanung	370

			bb)	Zentralen Erfassung von Finanzkontrakten im Rahmen der Sanierungsplanung	371
		b)	\multicolumn{2}{l	}{Vertragliche Anerkennung}	372

		bb)	Zentralen Erfassung von Finanzkontrakten im Rahmen der Sanierungsplanung	371
	b)		Vertragliche Anerkennung	372
		aa)	Einführung	372
		bb)	Vertragliche Anerkennung des bail-in (§ 55 SAG)	373
		cc)	Vertragliche Anerkennung der zeitweisen Aussetzung von Beendigungsrechten (§ 60a SAG)	379
		dd)	Musterklauseln zur Umsetzung der vertraglichen Anerkennungspflichten	381
VII.	**Herstellung der Abwicklungsfähigkeit** *(Garten)*			**383**
	1.	Einleitung		384
		a)	Vorbemerkung	384
		b)	Begriff der „Abwicklungsfähigkeit"	385
		c)	Begriffliche Abgrenzung	387
			aa) Herstellung der Abwicklungsfähigkeit im Vorfeld der Implementierung von konkreten Abwicklungsmaßnahmen	387
			bb) Herstellung der Abwicklungsfähigkeit nach der Implementierung von konkreten Abwicklungsmaßnahmen	388
			cc) Abgrenzung zur Herstellung der Sanierungsfähigkeit	388
	2.	Herstellung der Abwicklungsfähigkeit		389
		a)	Kontext der Abwicklungsplanung	389
		b)	Katalog an Tätigkeiten/Analysen im Zusammenhang mit der Abwicklungsplanung	390
			aa) Kritische Funktionen und wesentliche Geschäftsaktivitäten	390
			bb) Leistungsbeziehungen	391
			cc) Management Informationssysteme (MIS)	391
			dd) Konzernstrukturen	392
			ee) Abwicklungsinstrumente	393
			ff) Systemische Risiken	393
		c)	Herstellung der Abwicklungsfähigkeit	394
	3.	Abwicklungshindernisse		394
		a)	Komplexitätsreduktion	394
		b)	Identifikation von Abwicklungshindernissen	395
		c)	Vorfragen im Rahmen der Abwicklungsstrategie	396
			aa) Point of Entry	396
			bb) Bail-In oder Übertragungen	396
			cc) Divergierende Abwicklungsstrategien	397
		d)	Mögliche Abwicklungshindernisse	397
			aa) Strukturelle und organisationsbezogene Hindernisse	397
			bb) Finanzielle Hindernisse	409
			cc) Informationshindernisse	417
	4.	Beseitigung möglicher Abwicklungshindernisse		418
		a)	Verfahren	418
			aa) Zuständigkeit des Ausschusses für die einheitliche Abwicklung	418
			bb) Nationale Sachverhalte – FMSA als Abwicklungsbehörde	420
			cc) Internationale Sachverhalte	421
			dd) Zusammenarbeit der Behörden	422
		b)	Umfassende Befugnisse der Abwicklungsbehörden	422
			aa) Unbestimmte Rechtsbegriffe	423
			bb) Prognoseentscheidungen	423
			cc) Ermessen	424
		c)	Grundrechtseingriffe und Verhältnismäßigkeit	425
			aa) Geeignetheit	426
			bb) Erforderlichkeit	426
			cc) Angemessenheit	427

		d) Rechtsschutz	428
		e) Ausblick	429
		aa) Referenzszenario	429
		bb) Auswirkungen auf Institute	429
		cc) Verantwortlichkeit	429
		dd) Rolle der Institute	430

VIII. **Bewertung und Prüfung im Rahmen der Abwicklung** *(Hebertinger/Hoppenburg/Schuck)* ... 431
    1. Einleitung ... 431
    2. Rahmenbedingungen der Bewertung bei Abwicklung nach BRRD und SAG ... 433
        a) Bewertungsziele und -zwecke ... 433
        b) Bewertungszeitpunkt bzw. Bewertungszeitraum ... 434
        c) Bewertungsstichtag ... 435
        d) Vorläufige und endgültige Bewertung ... 436
        e) Anforderungen an den Bewerter ... 438
        f) Bewertungsobjekte und Bewertungsgrundsätze ... 439
        g) Rechtsmittel ... 440
    3. Detailregelungen zu den bei Abwicklung geforderten Bewertungen ... 441
        a) Grundsätzliche Regelungen im EBA-Konsultationspapier ... 441
        b) Maßgeblichkeit von Bewertungsregeln aus handelsrechtlicher Rechnungslegung und aufsichtsrechtlichem Reporting ... 441
        c) Allgemeine Vorgaben im EBA-Konsultationspapier ... 442
            aa) Vorgaben zu den level-1- und level-2-Bewertungen ... 442
            bb) Vorgaben zu den level-3-Bewertungen ... 444
        d) Detailregelungen der technischen Regulierungsstandards für Bewertungen ... 444
            aa) Technischer Regulierungsstandard zur Bewertung für Abwicklungszwecke ... 444
            bb) Hinweise für level-1-Bewertungen ... 446
            cc) Hinweise für level-2-Bewertungen ... 448
            dd) Technischer Regulierungsstandard zur Bewertung für die Feststellung ungleicher Behandlung nach Abwicklung (level-3-Bewertung) ... 451
    4. Detailregelungen zur Bewertung von Verbindlichkeiten aus Derivaten ... 454
    5. Zum Prüfungsbegriff in BRRD und SAG ... 457
    6. Zusammenfassung und Würdigung ... 457

IX. **Kollisionsrechtliche Grenzen** *(Lehmann)* ... 459
    1. Einführung in die Problematik ... 460
        a) Notwendigkeit der grenzüberschreitenden Wirkung von Restrukturierungen ... 460
        b) Wirkung vertraglicher Klauseln ... 461
        c) Gruppenbezogene Restrukturierung und Abwicklung ... 462
    2. Das auf die Übertragung anzuwendende Recht nach allgemeinem Kollisionsrecht ... 463
        a) Anwendbarkeit des Internationalen Privatrechts ... 463
        b) Aufspaltung in einzelne Rechtsverhältnisse ... 463
        c) Qualifikation der Übertragungsanordnung als Umwandlung? ... 465
        d) Sicht des Internationalen Insolvenzrechts ... 466
    3. Regelungen zur Lösung der Kollision ... 468
        a) System der abgestuften Wirkung ... 468
        b) Lösung von Konflikten innerhalb der Eurozone ... 469
        c) Lösung von Konflikten innerhalb der EU ... 470
            aa) Übertragungsanordnungen ... 470
            bb) Bail-in ... 471
            cc) Rechtsbehelfe ... 473
        d) Lösung von Konflikten mit Drittstaaten ... 474
            aa) Kooperationsvereinbarungen ... 474
            bb) Unilaterale Anerkennung durch einen Drittstaat ... 475
            cc) Extraterritoriale Durchsetzung ... 475

				dd)	Auffanglösung	476
				ee)	Ungültigkeit von Maßnahmen	477
		4.	Zusammenfassung und Ausblick			478
X.	**Abwicklung eines Kreditinstitutes aus Sicht eines Insolvenzverwalters** *(Pannen)*					479
		1.	Einleitung: System der Bankeninsolvenz			480
		2.	Vorinsolvenzliche Maßnahmen auf Eigeninitiative des Kreditinstituts			481
			a)	Das KredReorgG als Teil des RStruktG im Verhältnis zum SAG		481
			b)	Das Sanierungsverfahren		482
			c)	Das Reorganisationsverfahren		482
			d)	Verbleibender Anwendungsbereich		483
		3.	Vorinsolvenzliche Aufsichtsmaßnahmen			484
			a)	Verhältnis der §§ 45 ff. KWG zu anderen Normen		484
			b)	Maßnahmen nach § 45 KWG		484
			c)	Maßnahmen nach § 45c KWG		485
			d)	Maßnahmen nach § 46 KWG		485
		4.	Sanierung und Abwicklung nach dem SAG			486
			a)	Frühinterventionsmaßnahmen		486
			b)	Abwicklungsinstrumente		486
				aa)	Beteiligung der Anteilsinhaber und Gläubiger	487
				bb)	Übertragungsanordnung	488
		5.	Besonderheiten des Insolvenzantrags und -verfahrens			488
			a)	Voraussetzungen des Insolvenzeröffnungsverfahrens		489
				aa)	Insolvenzeröffnungsgründe	489
				bb)	Insolvenzantrag durch die BaFin	489
			b)	Das gerichtliche Insolvenzverfahren		490
				aa)	Prüfung durch das Insolvenzgericht	490
				bb)	Maßnahmen im vorläufigen Insolvenzverfahren	490
				cc)	Das eröffnete Insolvenzverfahren	491
				dd)	Aufhebung der Bankerlaubnis	491
		6.	Einzelne Bankgeschäfte in der Insolvenz			491
			a)	Girovertrag und Kontokorrent		492
				aa)	Giroverträge	492
				bb)	Kontokorrentvereinbarungen	492
			b)	Zahlungsverkehr		493
				aa)	Überweisungsverkehr	493
				bb)	Lastschriftverkehr	494
		7.	Fazit			494
XI.	**Erfahrungen aus der Anwendung des Bail-In in Österreich** *(Fellner)*					495
		1.	Einleitung			497
			a)	Vorgeschichte		497
			b)	Rahmenbedingungen		497
		2.	Finanzmarktstabilisierungs- und Restrukturierungsgesetze			498
			a)	Überblick		498
			b)	Finanzmarktstabilisierung		499
			c)	BIRG		502
			d)	Exkurs: KredReorgG		504
		3.	Sondergesetzliche Maßnahmen			505
			a)	Bundesgesetz über Sanierungsmaßnahmen für die HYPO ALPE ADRIA BANK INTERNATIONAL AG (HaaSanG)		506
				aa)	Systematik des HaaSanG	506
				bb)	Normprüfungsverfahren	508
			b)	Bundesgesetz zur Schaffung einer Abbaueinheit (GSA)		510
				aa)	Systematik des GSA	510
				bb)	Normprüfungsverfahren	512

	4.	BaSAG		512
		a)	Übersicht	512
		b)	Stabilisierungsmaßnahmen	513
		c)	Sicherheiten	513
		d)	Mandatsbescheid	514
	5.	Wirkungserstreckung		515
		a)	HaaSanG	516
		b)	BaSAG	520
			aa) Interpretation des Wortlauts	521
			bb) Teleologische Interpretation	521
			cc) Systematische Interpretation	523
			dd) Sperrwirkung	524
	6.	Zusammenfassung		527
XII.	Rechtsschutz im Rahmen der Abwicklung *(Schmitt)*			528
	1.	Vorbemerkung		528
	2.	Justiziabilität hoheitlicher Abwicklungsmaßnahmen		529
		a)	Überblick	529
		b)	Rechtsschutz gegen Maßnahmen der FMSA	530
			aa) Keine Vollzugshemmung	531
			bb) Anfechtungsklage	531
			cc) Rechtsschutzmöglichkeiten gegen die sofortige Vollziehung – einstweiliger Rechtsschutz	533
			dd) Akteneinsicht	534
		c)	Rechtsschutz gegen Beschlüsse des Ausschusses	535
			aa) Zweistufiges Rechtsschutzsystem	535
			bb) Einstufiges Rechtsschutzsystem	540
			cc) Einstweiliger Rechtsschutz	540
		d)	Rechtsschutz gegen Abwicklungspläne	541
		e)	Konkurrentenklagen gegen Beihilfebeschlüsse und Bail-in-Maßnahmen	542
		f)	Rechtsschutz gegen Reorganisationspläne	542
C.	**Finanzierung der Abwicklung, Querschnittsthemen**			545
I.	**Bankenabgabe** *(Brandt/Güth)*			545
	1.	Einleitung		546
	2.	Bankenabgabe im Normengefüge aus BRRD und SRM-Verordnung		549
	3.	Anwendungsbereich und Beitragspflicht		551
	4.	Zielausstattung und Aufbauphase		554
		a)	Festlegung der Zielausstattung	554
		b)	Verlängerung der Aufbauphase	555
		c)	Erhebung von ex-ante Beiträgen nach Ende der Aufbauphase	556
		d)	Bankenabgabe nach erstmaliger Erreichung der Zielausstattung	556
	5.	Berechnungsmethode für die individuellen Jahresbeiträge		557
		a)	Zielsetzung und Datenbasis des Beitragssystems	557
		b)	Berechnung des jährlichen Grundbeitrags	559
			aa) Ausgangspunkt für die Bestimmung der Bemessungsgrundlage	559
			bb) Abzug von Intragruppenverbindlichkeiten und Verbindlichkeiten innerhalb von Institutssicherungssystemen	559
			cc) Besonderheiten bei Finanzmarktinfrastrukturen mit Banklizenz	560
			dd) Abzug von Verbindlichkeiten im Zusammenhang mit dem Fördergeschäft	561
			ee) Anpassung des Grundbeitrags um die Derivateposition	562
		c)	Pauschalbeitragssystem für kleine Institute	564
		d)	Risikoadjustierung des Grundbeitrags	566
			aa) Grundstruktur der Risikoadjustierung	566
			bb) Risikosäule I: Risikoexponierung	568

				cc)	Risikosäule II: Stabilität und Diversifikation der Finanzierungsquellen	570

cc) Risikosäule II: Stabilität und Diversifikation der Finanzierungsquellen ... 570
dd) Risikosäule III: Relevanz eines Instituts für die Stabilität des Finanzsystems oder der Wirtschaft ... 570
ee) Risikosäule IV: Zusätzliche, von der Abwicklungsbehörde festzulegende Risikoindikatoren ... 571
   e) Berücksichtigung der Konjunkturphase und etwaiger Auswirkungen prozyklischer Beiträge ... 574
6. Spezifische Vorgaben für die Bankenabgabe an den einheitlichen Abwicklungsfonds ... 575
   a) Anpassungen der Beitragsbemessung beim Übergang von BRRD zur SRM-Verordnung (*phase-in*) ... 575
   b) Anrechnung der nationalen BRRD-Bankenabgabe und Erweiterung des Pauschalbeitragssystems für kleine Institute ... 577
   c) Unwiderrufliche Zahlungsverpflichtungen ... 578
7. Überprüfung der europäischen Vorgaben zur Bankenabgabe ... 579

II. Vertraulichkeit und Insiderrecht *(Trappe/Büscher)* ... 581
1. Einleitung ... 581
2. Verschwiegenheitspflichten nach SAG und SRM-Verordnung ... 582
   a) SAG ... 582
      aa) Schutzwürdige Information ... 582
      bb) Behördlicher Umgang mit schutzwürdigen Informationen ... 587
      cc) Verschwiegenheitspflicht der Institute ... 596
   b) SRM-Verordnung ... 598
      aa) Schutzwürdige Information ... 598
      bb) Geheimnisträger ... 599
      cc) Verschwiegenheitspflicht ... 600
3. Publizität schutzwürdiger Informationen ... 602
   a) Gesellschaftsrechtliche Publizität ... 602
   b) Kapitalmarktrechtliche Publizität ... 603
      aa) Insiderinformationen ... 603
      bb) Prospektrecht ... 608
      cc) Finanzberichterstattung ... 608
4. Fazit ... 609

III. Abwicklung und CCP-Clearing *(Mirtschink/Gallei)* ... 610
1. Einleitung ... 611
2. Rechtsverhältnisse beim CCP-Clearing ... 611
   a) EMIR-Vorgaben ... 612
      aa) Trennung ... 612
      bb) Übertragung ... 613
   b) Rechtsverhältnisse in der Praxis ... 614
3. Abwicklungsmaßnahmen beim CCP-Clearing ... 615
   a) Bail-in in Form der Gläubigerbeteiligung ... 615
      aa) Rolle des Kriseninstituts beim CCP-Clearing ... 616
      bb) Typische Verbindlichkeiten beim CCP-Clearing ... 616
      cc) Berücksichtigungsfähige Verbindlichkeiten? ... 618
      dd) Fazit ... 626
   b) Übertragung, §§ 107 ff. SAG ... 626
      aa) Relevanz für CCP-Clearing ... 626
      bb) Verhältnis zur Übertragung nach Art. 48 EMIR ... 627
   c) Temporäre Maßnahmen, §§ 82 bis 84 SAG ... 628
      aa) Befugnis zur Aussetzung vertraglicher Pflichten, § 82 SAG ... 629
      bb) Befugnis zur Beschränkung von Sicherungsrechten, § 83 SAG ... 629
      cc) Befugnis zur vorübergehenden Aussetzung von Beendigungsrechten, § 84 SAG ... 629
      dd) Zeitlicher Anwendungsbereich ... 630

		ee)	Kündigungssperre, § 144 SAG	630
		ff)	Ausnahmen für Systeme und zentrale Gegenparteien	632
IV.	Steuerung des Instituts – im Vorfeld und in der Krise *(Jacob/Dörr)*			636
	1.	Einleitung		637
	2.	Rechtliche und regulatorische Rahmenbedingungen		637
		a)	Vom Going Concern zur Sanierung und Abwicklung	638
		b)	Das Instrument der Gläubigerbeteiligung	638
		c)	MREL und EU-Restrukturierungsfonds	640
	3.	Umsetzung in der Praxis		642
		a)	Konzernstruktur und nationales Recht	642
		b)	Abwicklungshindernisse und deren Adressierung	644
	4.	Einbettung in das Banken-Treasury		645
		a)	Marktsicht auf Kapital und Refinanzierung	645
		b)	Integriertes Finanzressourcenmanagement	647
		c)	Passivinstrumente unter CRR und BRRD	648
	5.	Weitere Stakeholder		650
		a)	Rating-Agenturen	650
		b)	Investoren	653
	6.	Fazit		656
V.	Vorgaben an die Abwicklung zentraler Gegenparteien und sonstiger Marktteilnehmer *(Jahn)*			658
	1.	Einleitung		660
	2.	Finanzkrise 1998 (Long Term Capital Management)		662
	3.	Finanzkrise 2007/2008 und die G20-Beschlüsse		662
	4.	FSB: Empfehlungen für die Abwicklung von Finanzinstituten		663
		a)	Annex on FMI resolution	664
		b)	Annex 2 on resolution of insurers	665
		c)	Annex 3 client asset protection in resolution	666
	5.	Progress Report on the CCP Workplan (2015)		667
	6.	Umsetzung der G20-Beschlüsse in der EU		667
	7.	EMIR		667
	8.	Eigenes EU Sanierungs- und Abwicklungs-System		668
	9.	Rechtslage in Deutschland		668
		a)	Zentrale Gegenparteien (CCPs)	668
		b)	Versicherungsunternehmen	670
	10.	Reform des UK Banking Act		671
	11.	Stellungnahmen der Finanzwirtschaft		672
		a)	Blackrock (April 2014)	672
		b)	Blackrock und end-users (Juli 2015)	672
		c)	JPMorgan Chase & Co. (September 2014)	672
		d)	LCH. Clearnet White Paper (November 2014)	673
		e)	EACH (European Association of Clearing Houses)	673
	12.	EU Kommission		674
	13.	FSB-Ergänzung der Key Attributes – EIOPA-Anregung		674
	14.	IMF Working Paper 2015		675

Stichwortverzeichnis 677

Allgemeines Literaturverzeichnis

Allemdinger, Christoph/Dorn, Friederike/Lang, Thomas/Lumpp, Stephanie/Steffek, Felix (Hrsg.), Corporate Governance nach der Finanz- und Wirtschaftskrise – Vorbilder und Ziele eines modernen Wirtschaftsrechts
Bähre, Inge Lore/Schneider, Manfred, Kreditwesengesetz-Kommentar, 3. Auflage 1986
Beck, Heinz/Samm, Carl-Theodor/Kokemoor, Axel, Kreditwesengesetz mit CRR: Kommentar mit Materialien und ergänzenden Vorschriften, 2015
Bieber/Epiney/Haag, Die Europäische Union, 9. Auflage 2011
Bischof/Jungbauer/Bräuer/Curkovic/Klipstein/Klüsener/Uher, RVG-Kommentar, 6. Auflage 2014
Boos/Fischer/Schulte-Mattler, Kreditwesengesetz, Kommentar zu KWG und Ausführungsgesetzen, 4. Auflage 2012
Bork, Einführung in das Insolvenzrecht, 5. Auflage 2009
Brogl, Frank A. (Hrsg.), Handbuch Bankenrestrukturierung: Bankenabgabe – Prävention – Stabilisierung – Haftung
Buchegger, Österreichisches Insolvenzrecht (2009)
Calliess/Ruffert, EUV/AEUV – Das Verfassungsrecht der Europäischen Union mit Europäischer Grundrechtecharta, Kommentar, 4. Auflage 2011
Consbruch, Johannes/Möller, Annemarie, KWG-Kommentar, 3. Auflage 1986
Dauses, Handbuch des EU-Wirtschaftsrechts, Band 1, 37. Ergänzungslieferung 2015
Eyermann/Fröhler, Verwaltungsgerichtsordnung, Kommentar, 14. Auflage 2014
Goette/Habersack, Münchener Kommentar zum Aktiengesetz, 4. Auflage 2014
Grabitz/Hilf/Nettesheim, Das Recht der Europäischen Union: EUV/AEUV, Kommentar, Loseblattausgabe, Stand 2015
Greene/Beller/Rosen/Silverman/Braverman/Sperber/Grabar: US Regulation of the International Securities and Derivatives Markets, 11. Auflage, New York
Haentjens/Wessels (Hrsg.), Research Handbook on Crisis Management in the Banking Sector, im Erscheinen
Haft, Handbuch Mediation, 2. Auflage 2009
Hannemann/Schneider/Weigl: Mindestanforderungen an das Risikomanagement, 4. Auflage Stuttgart 2013
Heidel, Kommentar zum Aktienrecht und Kapitalmarktrecht, 4. Auflage 2014
Hellner, Thorwald/Steuer, Stephan, Bankrecht und Bankpraxis, 2008, Band 4
Hopt/Wohlmannstetter (Hrsg.), Handbuch Corporate Governance von Banken, München 2011.
Huber, Christian, Bankrecht: Bankensystem – Bankenaufsicht – Recht der Bankgeschäfte, 2001
Kopp/Schenke, Verwaltungsgerichtsordnung Kommentar, 21. Auflage 2015
Lisken/Denninger, Handbuch des Polizeirechts, 5. Auflage 2012
Luz, Günther/Neus, Werner/Schaber, Mathias/Schneider, Peter/Wagner, Claus-Peter/Weber, Max (Hrsg.), Kreditwesengesetz (KWG), Kommentar zum KWG inklusive SolvV, LiqV, GroMiKV, MaRisk, 3. Auflage 2015
Manfred, Insolvenzrecht in der Bankpraxis, 8. Auflage 2011
Maunz/Dürig, Grundgesetz, Kommentar, Loseblattsammlung, 74. Ergänzungslieferung 2015
Maurer, Allgemeines Verwaltungsrecht, 18. Auflage 2011
Maurer, Allgemeines Verwaltungsrecht, 18. Auflage 2011
Münchener Kommentar zum Bürgerlichen Gesetzbuch: BGB, Herausgegeben von *Säcker, Franz Jürgen/Rixecker, Roland/Oetker, Hartmut/Limperg, Bettina*, 7. Auflage 2016
Münchener Kommentar zur ZPO, 4. Auflage 2013
Palandt, Bürgerliches Gesetzbuch: BGB mit Nebengesetzen insbesondere mit Einführungsgesetz (Auszug) einschließlich Rom I-, Rom II- und Rom III-Verordnungen sowie Haager Unterhaltsprotokoll und EU-Erbrechtsverordnung, Allgemeines Gleichbehandlungsgesetz (Auszug),

Allgemeines Literaturverzeichnis

Wohn- und Betreuungsvertragsgesetz, BGB-Informationspflichten-Verordnung, Unterlassungsklagengesetz, Produkthaftungsgesetz, Erbbaurechtsgesetz, Wohnungseigentumsgesetz, Versorgungsausgleichsgesetz, Lebenspartnerschaftsgesetz, Gewaltschutzgesetz, 74. Auflage 2015
Pannen, Krise und Insolvenz bei Kreditinstituten, 3. Auflage 2010
Posser/Wolf, BeckOK VwGO, Stand 2015
Prütting/Gehrlein, ZPO Kommenar, 5. Auflage 2013
Reischauer, Friedrich/Kleinhans, Joachim, Kommentar zum Kreditwesengesetz (KWG), 2015
Rengeling/Middeke/Gellermann, Handbuch des Rechtsschutzes in der Europäischen Union, 3. Auflage 2014
Ruthig/Storr, Öffentliches Wirtschaftsrecht, 4. Auflage 2015
Schenke, Polizei- und Ordnungsrecht, 8. Auflage 2013
Schimansky, Herbert/Bunte, Hermann-Josef/Lwowski, Hans Jürgen (Hrsg.), Bankenrechtshandbuch, 4. Auflage 2011
Schneider/Bier, Verwaltungsgerichtsordnung Kommentar, Stand 2015
Schoch/Schneider/Bier, Verwaltungsgerichtsordnung, Kommentar, 28. Ergänzungslieferung
Schönke/Schröder, Kommentar zum StGB, 29. Auflage 2014
Schork/Groß, Bankstrafrecht, 2013
Schulz (Hrsg.), Verwaltungsgerichtsordnung Kommentar, Stand 2015
Schwarze (Hrsg.), EU-Kommentar, 3. Auflage 2012
Schwennicke, Andreas/Auerbach, Dirk (Hrsg.), Kreditwesengesetz (KWG) mit Zahlungsdiensteaufsichtsgesetz (ZAG), Kommentar, 2. Auflage 2013
Sodan/Ziekow, Verwaltungsgerichtsordnung Großkommentar, 4. Auflage 2014
Staub, Hermann (Hrsg.), Großkommentar HGB, Bd. III/3
Stein/Jonas, Kommentar zur Zivilprozessordnung, 22. Auflage 2008
Stelkens/Bonk/Sachs, Verwaltungsverfahrensgesetz, 8. Auflage 2014
Streinz, EUV/AEUV, 2. Auflage 2012
Szagunn, Volkhard/Haug, Ulrich/Ergenzinger, Wilhelm, Gesetz über das Kreditwesen, Kommentar, 6. Auflage 1997
Uhlenbruck, Insolvenzordnung, Kommentar, 14. Auflage 2015
v. d. Groeben/Schwarze/Hatje, Europäisches Unionsrecht, 7. Auflage 2015
von Bogdandy/Cassese/Huber, Handbuch Ius Publicum Europaeum, Band IV: Verwaltungsrecht in Europa: Wissenschaft, 2011.
Wimmer, Klaus, FK-InsO, Frankfurter Kommentar zur Insolvenzordnung, 8. Auflage 2015
Wurm/Wagner/Zartmann, Rechtsformularbuch, 16. Auflage 2012
Zavvos/Kaltsouni, in Haentjens/Wessels (Hrsg.), Research Handbook on Crisis Management in the Banking Sector, S. 117 ff.
Zerey, Jean-Claude (Hrsg.), Finanzderivate Rechtshandbuch, 4. Auflage 2015
Zöllner/Noack, Kölner Kommentar zum Aktiengesetz, 3. Auflage 2009

Abkürzungsverzeichnis

2. FMStG	Zweites Gesetz zur Umsetzung eines Maßnahmenpakets zur Stabilisierung des Finanzmarktes (Zweites Finanzmarktstabilisierungsgesetz), BGBl. 2012 I 206
3. FMStG	Drittes Gesetz zur Umsetzung eines Maßnahmenpakets zur Stabilisierung des Finanzmarktes (Drittes Finanzmarktstabilisierungsgesetz), BGBl. 2012 I 2777
730k-Wertpapierfirmen	CRR-Wertpapierfirmen mit einem Anfangskapital im Gegenwert von mindestens 730.000 EUR, § 33 Abs. 1 S. 1 Nr. 1 lit. c KWG
aA	anderer Ansicht
ABl.	Amtsblatt
Abs.	Absatz
AbwMechG	Gesetz zur Anpassung des nationalen Bankenabwicklungsrechts an den Einheitlichen Abwicklungsmechanismus und die europäischen Vorgaben zur Bankenabgabe (Abwicklungsmechanismusgesetz)
ADR	Alternative Dispute Resolution (alternative Streitbeilegung)
aE	am Ende
AEUV	Vertrag über die Arbeitsweise der Europäischen Union, Fassung aufgrund des am 1. Dezember 2009 in Kraft getretenen Vertrages von Lissabon
aF	alte Fassung
AIFs	Alternative Investmentfonds
Alt	Alternative
AnlEntG	Anlegerentschädigungsgesetz
Art.	Artikel
Aufl.	Auflage
Ausschuss	Ausschuss für eine einheitliche Abwicklung (*Single Resolution Board*)
BaFin	Bundesanstalt für Finanzdienstleistungsaufsicht
Bail-In-Instrument	Instrument der Gläubigerbeteiligung
Bankkrisenrichtlinie	Richtlinie 2001/24/EG des europäischen Parlaments und des Rates vom 4. April 2001 über die Sanierung und Liquidation von Kreditinstituten
BB	Betriebs-Berater (Zeitschrift)
Bd.	Band
BeckRS	Beck online Rechtsprechung
Beschwerde	Interne administrative Überprüfung eines Aufsichtsbeschlusses durch die EZB, Art. 24 Abs. 1, 11 SSM-Verordnung
BGB	Bürgerliches Gesetzbuch in der Fassung der Bekanntmachung vom 2. Januar 2002 (BGBl. I S. 42, 2909; 2003 I S. 738), das zuletzt durch Artikel 16 des Gesetzes vom 29. Juni 2015 (BGBl. I S. 1042) geändert worden ist
BGBl.	Bundesgesetzblatt
BGH	Bundesgerichtshof
BKR	Zeitschrift für Bank- und Kapitalmarktrecht

BMF	Bundesministeriums der Finanzen
BR-Drs.	Drucksachen des Deutschen Bundesrates
BRRD	Richtlinie 2014/59/EU des Europäischen Parlaments und des Rats vom 15. Mai 2014 zur Festlegung eines Rahmens für die Sanierung und Abwicklung von Kreditinstituten und Wertpapierfirmen und zur Änderung der Richtlinie 82/891/EWG des Rates, der Richtlinie 2001/24/EG, 2004/25/EG, 2005/56/EG, 2007/36/EG, 2011/35/EU, 2012/30/EU und 2013/36/EU sowie der Verordnung (EU) Nr. 1092/2010 und (EU) Nr. 648/2012 des Europäischen Parlaments und des Rates (Bank Recovery and Resolution Directive)
BRRD-DV	Delegierte Verordnung (EU) 2015/63 der Kommission vom 21. Oktober 2014 zur Ergänzung der Richtlinie 2014/59/EU des Europäischen Parlaments und des Rates im Hinblick auf im Voraus erhobene Beiträge zu Abwicklungsfinanzierungsmechanismen
BRRD-Umsetzungsgesetz	Gesetz zur Umsetzung der Richtlinie 2014/59/EU des Europäischen Parlaments und des Rates vom 15. Mai 2014 zur Festlegung eines Rahmens für die Sanierung und Abwicklung von Kreditinstituten und Wertpapierfirmen und zur Änderung der Richtlinie 82/891/EWG des Rates, der Richtlinien 2001/24/EG, 2002/47/EG, 2004/25/EG, 2005/56/EG, 2007/36/EG, 2011/35/EU, 2012/30/EU und 2013/36/EU sowie der Verordnungen (EU) Nr. 1093/2010 und (EU) Nr. 648/2012 des Europäischen Parlaments und des Rates
BT-Drs.	Drucksachen des Deutschen Bundestages
BVerfGE	Sammlung der Entscheidungen des BVerfG
BVerwG	Bundesverwaltungsgericht
bzgl.	Bezüglich
bzw.	Beziehungsweise
Capital Requirements Directive IV	Richtlinie 2013/36/EU des europäischen Parlaments und des Rates vom 26. Juni 2013 über den Zugang zur Tätigkeit von Kreditinstituten und die Beaufsichtigung von Kreditinstituten und Wertpapierfirmen, zur Änderung der Richtlinie 2002/87/EG und zur Aufhebung der Richtlinien 2006/48/EG und 2006/49/EG
Capital Requirements Regulation	Verordnung (EU) Nr. 575/2013 des Europäischen Parlaments und des Rats vom 26. Juni 2013 über Aufsichtsanforderungen an Kreditinstitute und Wertpapierfirmen und zur Änderung der Verordnung (EU) Nr. 648/2012
CCP	Central Counterparty (Zentrale Gegenpartei)
CRD IV	Siehe *Capital Requirements Directive IV*
CRR	Siehe *Capital Requirements Regulation*
CRR-Anforderungen	Anforderungen an Eigenmittel, kombinierte Kapitalpuffer-Anforderung und Vorgaben der CRR an die Verschuldungsquote
CRR-Kreditinstitute	Ein Unternehmen, dessen Tätigkeit darin besteht, Einlagen oder andere rückzahlbare Gelder des Publikums entgegenzunehmen und Kredite für eigene Rechnung zu gewähren
DB	Der Betrieb (Zeitschrift)
Debt-to-Equity Swap	Umwandlung von Forderungen in Eigenkapital

Deckungssumme	Von der Einlagensicherung geschützte erstattungsfähige Einlagen bis zur Höhe von 100.000 EUR, § 8 Abs. 1 EinSiG
Delegierte Verordnung (EU) 2015/63	zur Ergänzung der BRRD erlassene, delegierte Verordnung (EU) 2015/63 im Hinblick auf im Voraus erhobene Beiträge zu Abwicklungsfinanzierungsmechanismen
DGSD-Umsetzungsgesetz	Gesetz zur Umsetzung der Richtlinie 2014/59/EU des Europäischen Parlaments und des Rats vom 16. April 2014 über Einlagensicherungssysteme, BGBl 2015 I 786
dh	das heißt
DÖV	Die Öffentliche Verwaltung
DZWIR	Deutsche Zeitschrift für Wirtschafts- und Insolvenzrecht
EAEG	Einlagensicherungs- und Anlegerentschädigungsgesetz
EBA	Europäische Bankenaufsichtsbehörde (European Banking Authority)
EBA-Verordnung	Verordnung (EU) Nr. 1093/2010 vom 24. November 2010 zur Errichtung einer Europäischen Aufsichtsbehörde (Europäische Bankenaufsichtsbehörde), zur Änderung des Beschlusses Nr. 716/2009/EG und zur Aufhebung des Beschlusses 2009/78/EG der Kommission
ECFR	European Company and Financial Law Review (Zeitschrift)
EGGVG	Einführungsgesetz zum Gerichtsverfassungsgesetz
EinSiG	Einlagensicherungsgesetz
EIOPA	Europäische Aufsichtsbehörde für das Versicherungswesen und die betriebliche Altersversorgung (European Insurance an Occupational Pensions Authority)
EMIR	Verordnung (EU) Nr. 648/2012 über OTC-Derivate, zentrale Gegenparteien und Transaktionsregister (European Market Infrastructure Regulation)
Erg.-Lfg.	Ergänzungslieferung
erstattungsfähige Einlagen	grundsätzlich alle nicht ausdrücklich von der Einlagensicherung ausgenommenen Einlagen
ESM	Europäischer Stabilitätsmechanismus (European Stability Mechanism)
ESM-Vertrag	Vertrag zur Errichtung des Europäischen Stabilitätsmechanismus zwischen dem Königreich Belgien, der Bundesrepublik Deutschland, der Republik Estland, Irland, der Hellenischen Republik, dem Königreich Spanien, der Französischen Republik, der Italienischen Republik, der Republik Zypern, dem Großherzogtum Luxemburg, Malta, dem Königreich der Niederlande, der Republik Österreich, der Portugiesischen Republik, der Republik Slowenien, der Slowakischen Republik und der Republik Finnland vom 25. März 2011
ESMA	Europäische Wertpapier- und Marktaufsichtsbehörde (European Securities and Markets Authority)
ESMFinG	Gesetz zur finanziellen Beteiligung am Europäischen Stabilitätsmechanismus
ESRB	Europäischer Ausschuss für Systemrisiken (European Systemic Risk Board)
etc.	et cetera
EU	Europäische Union
EU-Beamtenstatut	Statut der Beamten der Europäischen Union
EuG	Siehe *Gericht*

Abkürzungsverzeichnis

EuGH	Europäischer Gerichtshof
EuGKanzlDA	EuG-Kanzler-Dienstanweisung
EUV	Vertrag über die Europäische Union
EuZW	Europäische Zeitschrift für Wirtschaftsrecht
EWiR	Entscheidungen zum Wirtschaftsrecht
EWR	Europäischer Wirtschaftsraum
ex-ante-Bewertung	faire, vorsichtige und realistische Bewertung der Vermögenswerte und Verbindlichkeiten der betroffenen Unternehmen durch eine von staatlichen Stellen unabhängige Person, §§ 69–73 SAG, Art. 20 SRM-Verordnung
ex-post-Bewertung	umfassende Bewertung, die den Anforderungen an eine endgültige Bewertung genügt, Art. 20 Abs. 11 SRM-Verordnung, § 75 Abs. 1 SAG
EZB	Europäische Zentralbank
EZB-Aufgaben	In Art. 4 SSM-Verordnung niedergelegte besondere Aufgaben
f.	folgende
ff.	fortfolgende
Finalitätsrichtlinie	Richtlinie 98/26/EG des Europäischen Parlaments und des Rates vom 19. 5. 1998 über die Wirksamkeit von Abrechnungen in Zahlungs- sowie Wertpapierliefer- und Abrechnungssystemen
FinDAG	Finanzdienstleistungsaufsichtsgesetz vom 22. April 2002 (BGBl. I S. 1310), das zuletzt durch Artikel 340 der Verordnung vom 31. August 2015 (BGBl. I S. 1474) geändert worden ist
FMSA	Bundesanstalt für Finanzmarktstabilisierung
FMStBG	Gesetz zur Beschleunigung und Vereinfachung des Erwerbs von Anteilen an sowie Risikopositionen von Unternehmen des Finanzsektors durch den Fonds „Finanzmarktstabilisierungsfonds – FMS" (Finanzmarktstabilisierungsbeschleunigungsgesetz)
FMStErgG	Gesetz zur weiteren Stabilisierung des Finanzmarktes (Finanzmarktstabilisierungsergänzungsgesetz)
FMStFG	Gesetz zur Errichtung eines Finanzmarktstabilisierungsfonds (Finanzmarktstabilisierungsfondsgesetz)
FMStFortG	Gesetz zur Fortentwicklung der Finanzmarktstabilisierung (Finanzmarktstabilisierungsfortentwicklungsgesetz)
FMStFV	Verordnung zur Durchführung des Finanzmarktstabilisierungsgesetzes (Finanzmarktstabilisierungsfonds-Verordnung)
FMStG	Gesetz zur Umsetzung eines Maßnahmenpakets zur Stabilisierung des Finanzmarktes (Finanzmarktstabilisierungsgesetz)
FSB	*Financial Stability Board* (Finanzstabilitätsrat)
G-SIIs	*globally systemically important institutions*
gedeckte Einlagen	Deckungssumme bis zur Höhe von 100.000
Gericht	Gericht der Europäischen Union
Gerichtshof	Gerichtshof der Europäischen Union
GewArch	Gewerbearchiv (Zeitschrift)
GG	Grundgesetz für die Bundesrepublik Deutschland in der im Bundesgesetzblatt Teil III, Gliederungsnummer 100-1, veröffentlichten bereinigten Fassung, das zuletzt durch Artikel 1 des Gesetzes vom 23. Dezember 2014 (BGBl. I S. 2438) geändert worden ist

ggf.	Gegebenenfalls
GPR	Zeitschrift für das Privatrecht der europäischen Union
GroMiKV	Verordnung zur Ergänzung der Großkreditvorschriften nach der Verordnung (EU) Nr. 575/2013 des Europäischen Parlaments und des Rates vom 26. Juni 2013 über Aufsichtsanforderungen an Kreditinstitute und Wertpapierfirmen und zur Änderung der Verordnung (EU) Nr. 646/2012 und zur Ergänzung der Millionenkreditvorschriften nach dem Kreditwesengesetz (Großkredit- und Millionenkreditverordnung)
GVG	Gerichtsverfassungsgesetz in der Fassung der Bekanntmachung vom 9. Mai 1975 (BGBl. I S. 1077), das zuletzt durch Artikel 131 der Verordnung vom 31. August 2015 (BGBl. I S. 1474) geändert worden ist
GWR	Gesellschafts- und Wirtschaftsrecht (Zeitschrift)
HdB	Handbuch
HGB	Handelsgesetzbuch
HRE	Hypo Real Estate Holding
idR	in der Regel
IGA	Übereinkommen vom 21.5.2014 über die Übertragung von Beiträgen auf den einheitlichen Abwicklungsfonds und über die gemeinsame Nutzung dieser Beiträge
IKB	Deutschen Industriebank AG
inkl.	inklusive
insb.	insbesondere
InsO	Insolvenzordnung
Insourcer	Unternehmen, auf die Funktionen ausgelagert werden
iSd	im Sinne des / im Sinne der
iVm	in Verbindung mit
iwS	im weiteren Sinne
JA	Juristische Arbeitsblätter
JCLS	Journal of Corporate Law Studies
JIBLR	Journal of International Banking Law and Regulation
JRPV	Juristische Rundschau für Privatversicherung
JST	*Joint Supervisory Team*
jurisPR-BKR	Juris PraxisReport Bank- und Kapitalmarktrecht
JW	Juristische Wochenschrift
JZ	Juristenzeitung
Kap.	Kapitel
Kapitalinstrumentebefugnis	Befugnis zur Beteiligung der Inhaber relevanter Kapitalinstrumente, §§ 77 Abs. 1 Nr. 1a, 89 SAG; Art. 59 BRRD; Art. 21 SRM-Verordnung
KfW	Kreditanstalt für Wiederaufbau
KredReorgG	Gesetz zur Reorganisation von Kreditinstituten vom 9. Dezember 2010 (BGBl. I, 1900), das zuletzt durch Artikel 343 der Verordnung vom 31. August 2015 (BGBl. I, 1474) geändert worden ist (Kreditreorganisationsgesetz)
KTS	Zeitschrift für Insolvenzrecht
KWG	Gesetz über das Kreditwesen (Kreditwesengesetz)
Lfg.	Lieferung
LG	Landgericht
lit.	littera
mwN	mit weiteren Nachweisen

MaComp	BaFin Rundschreiben zu d. Mindestanforderungen an die Compliance-Funktion und die weiteren Verhaltens-, Organisations- und Transparenzpflichten nach §§ 31 ff. WpHG für Wertpapierdienstleistungsunternehmen, WA 31-Wp 2002-2009/0010, zuletzt geändert 7.8.2014
makroprudenzielle Instrumente	Festlegung der Kapitalpuffer-Anforderungen (§§ 10c – 10i KWG) und sonstige Maßnahmen zur Abwendung von Systemrisiken oder makroprudenziellen Risiken
MaRisk	Mindestanforderungen an das Risikomanagement, BaFin Rundschreiben 10/2012
Marktmissbrauchsrichtlinie	Richtlinie 2014/57/EU des Europäischen Parlaments und des Rates vom 16. April 2014 über strafrechtliche Sanktionen bei Marktmanipulation
MaSan	Mindestanforderungen an die Ausgestaltung von Sanierungsplänen, BaFin Rundschreiben 3/2014
MediationsG	Mediationsgesetz vom 21. Juli 2012, BGBl. I S. 1577
MiFID II	Richtlinie 2014/65/EU des Europäischen Parlaments und des Rates vom 15. Mai 2014 über Märkte für Finanzinstrumente sowie zur Änderung der Richtlinien 2002/92/EG und 2011/61/EU
MiFIR	Verordnung (EU) Nr. 600/2014 des Europäischen Parlaments und des Rates vom 15. Mai 2014 über Märkte für Finanzinstrumente und zur Änderung der Verordnung (EU) Nr. 648/2012
Mio.	Million
MREL	*Minimum Requirements for Own Funds and Eligible Liabilities* (Mindestanforderungen an Eigenmittel und berücksichtigungsfähige Verbindlichkeiten)
MREL-Quote	Angabe der Mindestanforderungen als Prozentquote, errechnet aus dem Verhältnis der Eigenmittel und berücksichtigungsfähigen Verbindlichkeiten zu den gesamten Verbindlichkeiten und Eigenmitteln
NCA	*National Competent Authority* (nationale Aufsichtsbehörde)
NJW	Neue Juristische Wochenschrift
Nr.	Nummer
NVwZ	Neue Zeitschrift für Verwaltungsrecht
NZG	Neue Zeitschrift für Gesellschaftsrecht
NZI	Neue Zeitschrift für Insolvenzrecht
O-SIFI	*other systemically important institutions*
OLG	Oberlandesgericht
OTC	außerbörslich (*over the counter*)
OVG	Oberverwaltungsgericht
RArbG	Reichsarbeitsgericht
RettungsG	Gesetz zur Rettung von Unternehmen zur Stabilisierung des Finanzmarktes
Risikoabschirmungsgesetz	Gesetz zur Abschirmung von Risiken und zur Planung der Sanierung und Abwicklung von Kreditinstituten und Finanzgruppen, BGBl. 2013 I 3090
Rn.	Randnummer
Rs.	Rechtssache
RStruktFG	Gesetz zur Errichtung eines Restrukturierungsfonds für Kreditinstitute (Restrukturierungsfondsgesetz)
RStruktFV	Verordnung über die Erhebung der Beiträge zum Restrukturierungsfonds für Kreditinstitute (Restrukturierungsfonds-Verordnung)

RStruktG	Gesetz zur Restrukturierung und geordneten Abwicklung von Kreditinstituten, zur Errichtung eines Restrukturierungsfonds für Kreditinstitute und zur Verlängerung der Verjährungsfrist der aktienrechtlichen Organhaftung (Restrukturierungsgesetz)
RVG	Rechtsanwaltsvergütungsgesetz
RTS	Technische Regulierungsstandards der Europäischen Bankenaufsichtsbehörde (Regulatory Technical Standards)
SAG	Sanierungs- und Abwicklungsgesetz
Sanierungs- und Abwicklungsrichtlinie	Siehe **BRRD**
SatzEuGH	Satzung des Gerichtshofs der Europäischen Union
Slg.	Sammlung der Rechtsprechung des Gerichtshofes und des Gerichts Erster Instanz
SoFFin	Sonderfonds Finanzmarktstabilisierung
SolvV	Verordnung zur angemessenen Eigenmittelausstattung von Instituten, Institutsgruppen, Finanzholding-Gruppen und gemischten Finanzholding-Gruppen
SRB	Single Resolution Board (Ausschuss für eine einheitliche Abwicklung), siehe auch Ausschuss
SREP	*Supervisory Review and Evaluation Process* (Aufsichtlicher Überprüfungs- und Bewertungsprozess)
SRF	*Single Resolution Fund* (Einheitlicher Abwicklungsfonds)
SRM	*Single Resolution Mechanism* (Einheitlicher Abwicklungsmechanismus)
SRM-DV	Durchführungsverordnung (EU) 2015/81 des Rates vom 19.12.2014 zur Festlegung einheitlicher Modalitäten für die Anwendung der Verordnung (EU) Nr. 806/2014 des Europäischen Parlaments und des Rates im Hinblick auf im Voraus erhobene Beiträge zum einheitlichen Abwicklungsfonds
SRM-Unternehmen	Von der SRM-Verordnung erfassten Unternehmen, dh in teilnehmenden Mitgliedstaaten niedergelassenen CRR-Kreditinstituten und – im Falle einer Gruppe – zzgl. SSM-Mutterunternehmen und nachgeordneten SSM-Unternehmen
SRM-Verordnung	Verordnung (EU) Nr. 806/2014 des Europäischen Parlaments und des Rates vom 15. Juli 2014 zur Festlegung einheitlicher Vorschriften und eines einheitlichen Verfahrens für die Abwicklung von Kreditinstituten und bestimmten Wertpapierfirmen im Rahmen eines einheitlichen Abwicklungsmechanismus und eines einheitlichen Abwicklungsfonds sowie zur Änderung der Verordnung (EU) Nr. 1093/2010.
SSM	*Single Supervisory Mechanism* (Einheitlicher Aufsichtsmechanismus)
SSM-Mutterunternehmen	Mutterunternehmen im Sinne des Artikels 4 Absatz 1 Nummer 15 lit. a) CRR (Art. 3 Abs. 1 Nr. 20 SRM-Verordnung)
SSM-Rahmenverordnung	Verordnung der Europäischen Zentralbank vom 16. April 2014 zur Einrichtung eines Rahmenwerks für die Zusammenarbeit zwischen der Europäischen Zentralbank und den nationalen zuständigen Behörden und den nationalen benannten Behörden innerhalb des einheitlichen Aufsichtsmechanismus (EZB/2014/17)

Abkürzungsverzeichnis

SSM-Verordnung	Verordnung (EU) Nr. 1024/2013 des Rates vom 15. Oktober 2013 zur Übertragung besonderer Aufgaben im Zusammenhang mit der Aufsicht über Kreditinstitute auf die Europäische Zentralbank
SSM-VwVR	Die in der SSM-Verordnung enthaltenen, nur sehr rudimentär kodifizierten, verwaltungsverfahrensrechtlichen Grundsätze, sowie die konkretisierenden Art. 25 ff. SSM-Rahmenverordnung
TLAC	*Total Loss Absorbing Capacity* (Verlustabsorptionsfähigkeit)
ua	unter anderem
UAbs.	Unterabsatz
Übereinkommen vom 21. Mai 2014	Internationales Übereinkommen über die Übertragung von Beiträgen auf den einheitlichen Abwicklungsfonds und über die gemeinsame Nutzung dieser Beiträge vom 21. Mai 2014
Übertragungsgegenstände	Von einem Unternehmen ausgegebenen Anteile, ein Teil oder die Gesamtheit des Vermögens, ein Teil oder die Gesamtheit der Verbindlichkeiten sowie einige oder alle Rechtsverhältnisse
Übertragungsinstrumente	Unternehmensveräußerung, Brückeninstitut oder Ausgliederung von Vermögenswerten
va	vor allem
VAG	Gesetz über die Beaufsichtigung der Versicherungsunternehmen(Versicherungsaufsichtsgesetz)
VerAfP	Veröffentlichungen des Reichsaufsichtsamts für Privatversicherung
VerfO-EuG	Verfahrensordnung des Gerichts
VerfO-EuGH	Verfahrensordnung des Gerichtshofs
Vermögensverwaltungsgesellschaft	Eigens für die Vermögensverwaltung errichtete, staatlich kontrollierte Zweckgesellschaft
VG	Verwaltungsgericht
VGH	Verwaltungsgerichtshof
vgl.	vergleiche
VO 1049/2001	Verordnung (EG) Nr. 1049/2001 des Europäischen Parlaments und des Rates vom 30. Mai 2001 über den Zugang der Öffentlichkeit zu Dokumenten des Europäischen Parlaments, des Rates und der Kommission, ABl. 2001 L 145, 43
Vol.	Volume
VwGO	Verwaltungsgerichtsordnung in der Fassung der Bekanntmachung vom 19. März 1991 (BGBl. I S. 686), die zuletzt durch Artikel 7 des Gesetzes vom 20. Oktober 2015 (BGBl. I S. 1722) geändert worden ist
VwVfG	Verwaltungsverfahrensgesetz in der Fassung der Bekanntmachung vom 23. Januar 2003 (BGBl. I S. 102), das zuletzt durch Artikel 3 des Gesetzes vom 25. Juli 2013 (BGBl. I S. 2749) geändert worden ist
VwZG	Verwaltungszustellungsgesetz
WestLB	Westdeutsche Landesbank
WM	Wertpapiermitteilungen, Zeitschrift für Wirtschafts- und Bankrecht
WpHG	Gesetz über den Wertpapierhandel (Wertpapierhandelsgesetz)

Abkürzungsverzeichnis

WpPG	Gesetz über die Erstellung, Billigung und Veröffentlichung des Prospekts, der beim öffentlichen Angebot von Wertpapieren oder bei der Zulassung von Wertpapieren zum Handel an einem organisierten Markt zu veröffentlichen ist (Wertpapierprospektgesetz)
ZAG	Gesetz über die Beaufsichtigung von Zahlungsdiensten (Zahlungsdiensteaufsichtsgesetz)
zB	zum Beispiel
ZBB	Zeitschrift für Bankrecht und Bankwirtschaft
ZHR	Zeitschrift für das gesamte Handels- und Wirtschaftsrecht
ZInsO	Zeitschrift für das gesamte Insolvenzrecht
ZPO	Zivilprozessordnung in der Fassung der Bekanntmachung vom 5. Dezember 2005 (BGBl. I S. 3202; 2006 I S. 431; 2007 I S. 1781), die zuletzt durch Artikel 145 der Verordnung vom 31. August 2015 (BGBl. I S. 1474) geändert worden ist
zzgl.	zuzüglich

A. Sanierung und frühzeitiges Eingreifen

I. Überblick Sanierung und frühzeitiges Eingreifen

Übersicht

	Rn.
1. Historische Entwicklung des sanierungsbezogenen Bankenaufsichtsrechts	5
a) Bis zur Finanzkrise 2007/2008	5
b) Seit der Finanzkrise 2007/2008	8
2. Finanzmarktstabilisierungsgesetz	10
a) Persönlicher Anwendungsbereich	13
b) Grundzüge des Verfahrens	14
c) Maßnahmen	15
aa) Garantien auf der Passivseite	17
bb) Rekapitalisierung	18
cc) Anteilserwerb	20
dd) Risikoübernahme	21
d) Zwischenfazit	22
3. Sanierungs- und Reorganisationsverfahren	23
a) Sanierungsverfahren	24
aa) Persönlicher Anwendungsbereich	24
bb) Grundzüge des Verfahrens	25
cc) Maßnahmen zur Sanierung	29
b) Reorganisationsverfahren	32
c) Zwischenfazit	33
4. Aufsichtsbehördliche Maßnahmen zum Zwecke der Sanierung	34
a) Übersicht	37
b) Maßnahmen im Einzelnen	40
aa) Abstrakte Planung für den Krisenfall	40
bb) Maßnahmen beim Vorliegen von Anhaltspunkten für aufsichtsrechtliche Verstöße	49
cc) Maßnahmen bei Verstößen gegen aufsichtsrechtliche Vorgaben	57
dd) Maßnahmen bei Bestandsgefahr für das Institut	73
c) Zuständigkeit	82
aa) Maßnahmen nach dem SAG	83
bb) Maßnahmen nach dem KWG	85
d) Zwischenfazit	89
5. Zusammenfassende Bewertung	93

Schrifttum: 68. Deutscher Juristentag, 2010, Beschlüsse, Abteilung Öffentliches und Privates Wirtschaftsrecht, VI.; *Adolff/Eschwey*, Lastenverteilung bei der Finanzstabilisierung, ZHR 2013, 902; *Amend*, Das Finanzmarktstabilisierungsergänzungsgesetz oder der Bedeutungsverlust des Insolvenzrechts, ZIP 2009, 589; *Assmann*, Novellierung des Gesetzes über das Kreditwesen, BB 1976, 579; *Bachmann*, Das neue Restrukturierungsrecht der Kreditinstitute, ZBB 2010, 459; Bankenverband, Stellungnahme zum Referentenentwurf des Bundesministeriums der Finanzen für ein Gesetz zur Umsetzung der Richtlinie 2014/…/EU zur Festlegung eines Rahmens für die Sanierung und Abwicklung von Kreditinstituten und Wertpapierfirmen und zur Änderung der Richtlinien 77/91/EWG und 82/891/EG des Rates, der Richtlinien 2001/24/EG, 2002/47/EG, 2004/25/EG, 2005/56/EG, 2007/36/EG und 2011/35/EG sowie der Verordnung (EU) Nr. 1093/2010 (BRRD-Umsetzungsgesetz), 23.5.2014; *Bieber/Epiney/Haag*, Die Europäische Union, 9. Aufl. 2011; *Binder*, Bankeninsolvenzen im Spannungsfeld zwischen Bankaufsichts- und Insolvenzrecht, 2005; *Binder*, Bankenintervention und Bankenabwicklung in Deutschland: Reformnotwendigkeiten und Grundzüge eines verbesserten Rechtsrahmens, Arbeitspapier 05/2009, August 2009; *Binder*, Institutionalisierte Krisenbewältigung bei Kreditinstituten, ZBB 2009, 19; Boos/Fischer/Schulte-Mattler, Kommentar zum Kreditwesengesetz, 4. Auflage 2012; *Bork*, Einführung in das Insolvenzrecht, 5. Auflage 2009; *Cichy/Behrens*, Sanierungspläne als zentrales Element zur Verhinderung künftiger Bankenkrisen, WM 2014, 438; Deutsche Bundesbank, Der Start in die Bankenunion – Der einheitliche Aufsichtsmechanismus in Europa, Monatsbericht 10/2014, 45; Deutsche Bundesbank, Die Sofortnovelle zum Kreditwesengesetz, Monatsbericht 7/1976, 18; Die Zeit, Das Lexikon in 20 Bänden, 12. Band 2005; *Dohrn*, Der Richtlinienvorschlag zur Festlegung eines Rahmens für die Sanierung und Abwicklung von Kreditinstituten und Wertpapierfirmen, WM 2012, 2033; EZB, Stellungnahme vom 2.9.2015 zur Bankenabwicklung (CON/2015/31); *Geier/Schmitt*, Ablauf der Krise eines Kreditinstituts unter Berücksichtigung des Restrukturierungs- und Zweiten Finanzmarktstabilisierungsgesetzes sowie der Entwürfe des CRD IV-Umsetzungsgesetzes und der Crisis Management Directive (CMD), BKR Sonderheft November/2012, 1; *Grieser/Heemann*, Europäisches Bankaufsichtsrecht, 1. Aufl. 2016; *Gstädtner*, Das Bankenrestrukturierungsrecht als Grundbestandteil der europäischen Bankenunion, RdF 2013, 180; *Hellwig*, Finanzkrise und Reformbedarf, 2010; Jaletzke/Veranneman, Finanzmarktstabilisierungsgesetz, 2009; *Künne*, Der Herstatt-Vergleich, KTS 1975, 178; *Lackhoff*, Which Credit Institutions will be Supervised by the Single Supervisory Mechanism?, JIBLR 2013, 454; *Lackhoff/Grünewald*, Die Bankenunion und ihre Auswirkungen auf den Drittstaat Schweiz, GesKR 2015, 190; Langenscheidt, Schulwörterbuch Latein, 2015; *Lehmann/Manger-Nestler*, Einheitlicher Europäischer Aufsichtsmechanismus: Bankenaufsicht durch die EZB, ZBB/JBB 2014, 2; *Lorenz*, Der Regierungsentwurf eines Gesetzes zur Restrukturierung und geordneten Abwicklung von Kreditinstituten und erste Einordnung, NZG 2010, 1046; *Maucher*, Die Europäisierung des Internationalen Bankeninsolvenzrechts, 2010; *Maurer*, Allgemeines Verwaltungsrecht, 18. Aufl., 2011; *Müller*, Reorganisation systemrelevanter Banken, KTS 2011, 1; *Obermüller*, Insolvenzrecht in der Bankpraxis, 8. Aufl., 2011; *Obermüller/Obermüller*, Die Finanzmarktstabilisierungsgesetze im Überblick, ZInsO 2010, 305; *Pannen*, Krise und Insolvenz bei Kreditinstituten, 3. Auflage 2010; *Peters*, Die geplante europäische Bankenunion – eine kritische Würdigung, WM 2014, 396; *Pontzen*, Die deutsche Bankenkrise 1931: Gründe, Ursachen, Auslöser, ZgKW 1999, 77; Sachverständigenrat zur Begutachtung der gesamtwirtschaftlichen Entwicklung, Das Erreichte nicht verspielen, Jahresgutachten 2007/2008; Sachverständigenrat zur Begutachtung der gesamtwirtschaftlichen Entwicklung, „Die Zukunft nicht aufs Spiel setzen", Jahresgutachten 2009/2010; *Schelo*, Neue Restrukturierungsregeln für Banken, NJW 2011, 186; *Schelo/Steck*, Das Trennbankengesetz: Prävention durch Bankentestamente und Risikoabschirmung, ZBB/JBB 2013, 227; *Schenke*, Polizei- und Ordnungsrecht, 8. Aufl. 2013; *Schuster/Westpfahl*, Neue Wege zur Bankensanierung – Ein Beitrag zum Restrukturierungsgesetz (Teil I), DB 2011, 221; *Schwennicke/Auerbach*, Kreditwesengesetz, Kommentar, 2. Aufl. 2013; *Starke*, Bankaufsichtsnovelle 1976 – Eilreform als Teilreform, WM 1976, 366; The High-Level Group on Financial Supervision in the EU, Bericht vom 25.2.2009.

I. Überblick Sanierung und frühzeitiges Eingreifen

Abgeleitet vom lateinischen Verb *sanare* = heilen[1], bezeichnet eine Sanierung in der Betriebswirtschaftslehre „ökonom., organisator., finanzielle und rechtliche Maßnahmen zur Abwendung des Konkurses wegen drohender dauerhafter Zahlungsunfähigkeit oder hoher Verluste"[2]. Die juristische Literatur versteht darunter „alle Maßnahmen zur Gesundung und Erhaltung eines Unternehmens"[3]. Danach ist eine Sanierung darauf gerichtet, das Unternehmen fortzuführen.[4] Bei Banken kommt ihr als Maßnahme zur Krisenbewältigung nicht zuletzt auch deshalb eine besondere Bedeutung zu, da ihre Fortführung für den Finanzmarkt typischerweise weniger belastend ist als ihre Liquidation[5] durch ein Insolvenzverfahren oder eine Abwicklung[6]. 1

Der Erfolg einer Sanierung hängt stark von der Mitwirkungsbereitschaft des betroffenen Unternehmens sowie seiner Anteilsinhaber und Gläubiger ab.[7] Dabei steht einer Qualifizierung als Sanierungsmaßnahme nicht entgegen, dass diese durch die Aufsichtsbehörde angeordnet ist, sofern sie auf die Fortführung des Instituts abzielt. Sie kann daher sowohl auf Initiative des Instituts[8] erfolgen als auch aufsichtsbehördlich[9] angeordnet sein. 2

Des Weiteren ist unerheblich, ob sich das Unternehmen aus eigener Kraft („von innen") oder durch Beteiligung von Kapitalgebern („von außen") saniert. Auch der Einsatz öffentlicher Gelder, um die Restrukturierung des Unternehmens zu finanzieren, lässt eine Einordnung dieser Maßnahme als Sanierung grds. unberührt.[10] 3

Ziel dieses Kapitels ist, einen Überblick über Sanierungsinstrumente für Banken nach deutschem Recht zu geben (Bearbeitungsstand: 1.03.2016). Hierfür wird zunächst die historische Entwicklung des sanierungsbezogenen Bankenaufsichtsrechts mit ihren wesentlichen Zäsuren dargestellt (→ Rn. 5–9). Ihre Kenntnis ist Voraussetzung dafür, die in einer Vielzahl von Gesetzen geregelten Sanierungsverfahren und -maßnahmen zu verstehen, die in ihren Grundzügen in den folgenden Abschnitten erläutert werden (→ Rn. 10–92). Abschließend wird das insbes. durch das Gesetz zur Umsetzung der Richtlinie 2014/59/EU des Europäischen Parlaments und des Rates vom 15.5.2014 zur Festlegung eines Rahmens für die Sanierung und Abwicklung von Kreditinstituten und Wertpapierfirmen und zur Änderung der Richtlinie 82/891/EWG des Rates, der Richtlinien 2001/24/EG, 2002/47/EG, 2004/25/EG, 2005/56/EG, 2007/36/EG, 2011/35/EU, 2012/30/EU und 2013/36/EU sowie der Verordnungen (EU) Nr. 1093/2010 und (EU) Nr. 648/2012 des Europäischen Parlaments und des Rates vom 10.12.2014[11] (**BRRD-Umsetzungsgesetz**) erweiterte Sanierungsinstrumentarium einer ersten kritischen Würdigung unterzogen (→ Rn. 93–95). 4

---

[1] Vgl. Langenscheidt S. 411.
[2] Die Zeit Lexikon S. 552.
[3] Vgl. *Bork* Rn. 356.
[4] Vgl. *Bork* Rn. 4 u. 355 f.
[5] Bei der Liquidation, im Gegensatz zur Sanierung, wird das Unternehmen nicht fortgeführt; die Gläubiger werden aus den erzielten Verwertungserlösen befriedigt und der Unternehmensträger wird liquidiert (vgl. *Bork* Rn. 132 u. 355).
[6] Bei einer Abwicklung handelt es sich typischerweise um eine doppelfunktionale Maßnahme, die Elemente sowohl der Sanierung als auch der Liquidation aufweist, da die systemrelevanten Teile fortgeführt und die nicht systemrelevanten Teile liquidiert werden sollen (vgl. Art. 31 Abs. 2 a) u. b), Art. 32 Abs. 1 c) u. Abs. 5 BRRD).
[7] Vgl. *Bork* Rn. 357.
[8] → Rn. 14 u. 25.
[9] → Rn. 34 ff.
[10] → Rn. 11.
[11] BGBl. 2014 I 2091.

A. Sanierung und frühzeitiges Eingreifen

1. Historische Entwicklung des sanierungsbezogenen Bankenaufsichtsrechts

a) Bis zur Finanzkrise 2007/2008

5   Bis ins 20. Jahrhundert galt in Deutschland im Bankgewerbe mit Ausnahme einiger Spezialbereiche grds. die Gewerbefreiheit.[12] Das erstmals das allgemeine Bankenaufsichtsrecht in einem formellen Gesetz kodifizierende Reichs-KWG von 1934[13], welches in Reaktion auf den Zusammenbruch der Darmstädter und Nationalbank 1931 und die deutsche Bankenkrise[14] erlassen wurde, und das Reichs-KWG 1939[15] enthielten nur wenige Regelungen zur Sanierung von Banken.[16]

6   Erweitert wurden diese mit dem nach dem zweiten Weltkrieg erlassenen KWG vom 10.7.1961.[17] Seither konnte das Bundesaufsichtsamt insbes. bei (i) Nichteinhaltung der Eigenkapital- oder Liquiditätsvorschriften bestimmte Maßnahmen (§ 45 KWG aF[18]) und (ii) einer Gefahr für die Erfüllung der Verpflichtungen eines Kreditinstituts gegenüber seinen Gläubigern bestimmte einstweilige Maßnahmen nach § 46 Abs. 1 KWG aF[19] treffen. Letztere erwiesen sich jedoch in der Praxis als unzureichend. Infolge der sog Herstatt-Krise nach der Insolvenz der Herstatt-Bank, einer Privatbank in Köln, im Jahr 1974[20] wurden sie daher mit der 2. KWG-Novelle[21] durch § 46a KWG aF[22] ergänzt.[23] Außerdem ist die Bundesregierung seit dem KWG 1961 ermächtigt, bei wirtschaftlichen Schwierigkeiten von Kreditinstituten mit zu erwartenden Gefahren für die Gesamtwirtschaft bestimmte Notstandsmaßnahmen zu erlassen (§§ 47–48 KWG aF[24]).

7   Bei der beginnenden Vereinheitlichung des Bankenaufsichtsrechts auf Ebene der Europäischen Gemeinschaften seit den 1970er Jahren[25] wurde zunächst die Problematik der Sanierung von Kreditinstituten ausgeklammert.[26] Vor diesem Hintergrund bildete die Richtlinie 2001/24/EG des Europäischen Parlaments und des Rates vom 4.4.2001 über die

---

[12] Vgl. zur Entwicklung des deutschen Bankenaufsichts- und -insolvenzrechts ausf. *Binder* Bankeninsolvenzen im Spannungsfeld S. 52 ff.
[13] RGBl. 1934 I 1203.
[14] Vgl. zum Hintergrund *Pontzen* ZgKW 1999, 77 (77).
[15] RGBl. 1939 I 1955.
[16] Vgl. § 32 Abs. 1 S. 2 u. § 34e) Reichs-KWG 1934 und § 30 Abs. 1 S. 2 u. § 32e) Reichs-KWG 1939, wonach das Aufsichtsamt (1934) bzw. der Reichswirtschaftsminister (1939) insbes. bei einem Kreditinstitut in Schwierigkeiten „geeignete Maßnahmen einleiten" und der Reichskommissar, eine Reichsbehörde, (1934) bzw. das Reichsaufsichtsamt (1939) „im Falle dringender Gefahr zur Erfüllung der Zwecke der Beaufsichtigung einstweilige Anordnungen" treffen konnte. Vgl. zum historischen Kontext *Binder* Bankeninsolvenzen im Spannungsfeld S. 52 ff.; *Fischer* in BFS Einf KWG Rn. 4–7.
[17] BGBl. 1961 I 881; vgl. *Fischer* in BFS Einf KWG Rn. 8–13.
[18] Vorgängervorschrift des heutigen § 45 Abs. 2 KWG (→ Rn. 60).
[19] Vorgängervorschrift des heutigen § 46 Abs. 1 S. 2 Nr. 1–3 KWG (→ Rn. 76).
[20] Vgl. zum Hintergrund *Künne* KTS 1975, 178 (178).
[21] BGBl. 1976 I 725; vgl. Deutsche Bundesbank Monatsbericht 7/1976, 18; *Starke* WM 1976, 366 ff.; *Assmann* BB 1976, 579 ff.
[22] Vorgängervorschrift des heutigen § 46 Abs. 1 S. 2 Nr. 4–6 KWG aF (→ Rn. 77).
[23] Vgl. Deutsche Bundesbank Monatsbericht 7/1976, 22 f.
[24] Vorgängervorschriften der heutigen §§ 46g u. 46h KWG (→ Rn. 79 f.).
[25] Vgl. zu den europarechtlichen Einflüssen *Fischer* in BFS Einf KWG Rn. 25 ff. und *Maucher* S. 116 ff.
[26] Vgl. Erwägungsgrund (71) der Richtlinie 2000/12/EG des Europäischen Parlaments und des Rates vom 20.03.2000 über die Aufnahme und Ausübung der Tätigkeit der Kreditinstitute.

Sanierung und Liquidation von Kreditinstituten (**Bankkrisenrichtlinie**) eine wesentliche Zäsur bei der Schaffung eines Bankensanierungsrechts auf europäischer Ebene.[27] Mit der grds. EU-weiten Anerkennung von Sanierungsmaßnahmen[28] gibt es seither bei jedem Kreditinstitut in der EU nur ein einziges Sanierungsverfahren nach dem Recht des sog Herkunftsmitgliedstaats. Da die Bankkrisenrichtlinie im Wesentlichen Kollisionsrecht enthält, blieben jedoch die materiellen Unterschiede der nationalen Rechtsordnungen bestehen.[29]

b) Seit der Finanzkrise 2007/2008

Während der Finanzkrise 2007/2008 bot das bestehende Bankenaufsichtsrecht vielfach keine adäquate Lösung, um Schieflagen von Instituten bewältigen zu können.[30] In der Folge kam es zu einer schweren Vertrauenskrise in die internationalen Finanz- und Aufsichtssysteme. Die daraufhin eingeleiteten Reformen in Deutschland und die Entwicklungen auf europäischer und internationaler Ebene führten zu einer erheblichen Erweiterung der Sanierungsinstrumente im deutschen Recht. 8

Dabei lassen sich im Wesentlichen drei Phasen[31] unterscheiden: 9
- Nach der weiteren Zuspitzung der Finanzkrise infolge des Zusammenbruchs von Lehman Brothers im Herbst 2008 waren sich die G7-Staaten[32] einig, zukünftig alles zu tun, um systemrelevante Finanzinstitute zu retten. Hierfür schuf der deutsche Gesetzgeber mit dem im Herbst erlassenen Finanzmarktstabilisierungsgesetz neue Stabilisierungsmaßnahmen für Unternehmen des Finanzsektors und stellte öffentliche Mittel bereit. Dies sollte eine beruhigende Wirkung auf den Finanzmarkt haben und das beschädigte Vertrauen der Marktteilnehmer und der Öffentlichkeit wiederherstellen.[33] Dieses zunächst bis Jahresende 2009 befristete nationale „Notfallpaket"[34] wurde letztmalig bis zum Jahresende 2015 verlängert (→ Rn. 10–22).
- Die mit öffentlichen Geldern finanzierten Maßnahmen nach dem Finanzmarktstabilisierungsgesetz führten zu einer nicht unerheblichen Belastung des öffentlichen Haushalts.[35] Mit dem Ziel, dass zukünftig so weit wie möglich die Anteilsinhaber und Gläubiger die Kosten für die Insolvenzbewältigung von Kreditinstituten tragen sollen[36], schuf der deutsche Gesetzgeber mit dem zum Jahreswechsel 2010/2011 als Teil des Restrukturierungsgesetz[37] in Kraft getretenen Reorganisationsgesetz das Sanierungs- und Reorganisationsverfahren (→ Rn. 23–33).

---

[27] Vgl. zur Entstehungsgeschichte *Maucher* S. 151 ff.; *Pannen* Kap. 6 Rn. 11–71.
[28] Vgl. Art. 3 und insbes. Erwägungsgründe (6), (7) und (27) der Bankkrisenrichtlinie. Vgl. zu den Ausnahmen Art. 20 ff. Bankkrisenrichtlinie.
[29] Vgl. *Maucher* S. 299 ff.
[30] Vgl. Erwägungsgrund (1) BRRD. Eine Reform zur Schaffung eines erweiterten Instrumentariums zum Umgang mit Krisen für Banken forderten zB The High-Level Group on Financial Supervision in the EU S. 41 (Empfehlung 13); *Hellwig* S. 3 u. 39 ff.; Sachverständigenrat Jahresgutachten 2007/2008 Ziff. 209–227; 68. Deutscher Juristentag 2010 Ziff. 24–30; *Binder* Bankenintervention und Bankenabwicklung S. 29–56; *Binder* ZBB 2009, 19 (19); *Bachmann* ZBB 2010, 459 (459); *Müller* KTS 2011, 1 (3 f.).
[31] Ähnlich *Adolff/Eschwey* ZHR 2013, 902 (904 ff.).
[32] Finanzminister und Zentralbankpräsidenten der G7, Pressemitteilung vom 10.10.2008 (HP-1195), Nr. 1–3.
[33] BT-Drs. 16/10600, S. 9.
[34] Vgl. § 13 Abs. 1 S. 1 FMStFG idF BGBl. I 2008, 1985.
[35] Vgl. Sachverständigenrat Jahresgutachten 2009/2010 Ziff. 177.
[36] Vgl. BT-Drs. 17/3024, S. 1.
[37] BGBl. 2010 I 1900.

- Die zuvor genannten Maßnahmen vermochten jedoch insbes. folgende zwei Schwachpunkte nicht zufriedenstellend zu lösen: Zum einen erforderten sie grds. die Mitwirkungsbereitschaft des betroffenen Instituts, dh die zuständige Aufsichtsbehörde konnte die vorgesehenen Instrumente grds.[38] nicht gegen dessen Willen initiieren. Zum anderen bestanden die Unterschiede bei den zur Verfügung stehenden Instrumentarien in den EU-Mitgliedstaaten fort.[39] Auch die Politik hatte seit einiger Zeit die Notwendigkeit für die Schaffung einheitlicher Sanierungs- und Abwicklungsinstrumente[40] für Kreditinstitute auf Ebene der EU erkannt.[41] Einen Meilenstein auf dem Weg zu diesem Ziel stellt die Richtlinie des Europäischen Parlaments und des Rates zur Festlegung eines Rahmens für die Sanierung und Abwicklung von Kreditinstituten und Wertpapierfirmen vom 15.05.2014 (**BRRD**)[42] dar.[43] Sie enthält ua Mindestharmonisierungsregeln zur Sanierungsplanung und Maßnahmen des frühzeitigen Eingreifens. Umgesetzt hat der deutsche Gesetzgeber diese insbes. im neu geschaffenen Gesetz zur Sanierung und Abwicklung von Instituten und Finanzgruppen vom 10.12.2014[44] (Sanierungs- und Abwicklungsgesetz) (**SAG**) und durch Anpassungen im KWG durch das BRRD-Umsetzungsgesetz (→ Rn. 34–92).[45]

2. Finanzmarktstabilisierungsgesetz

10   Die Restrukturierung systemrelevanter Banken erfordert regelmäßig weitere Finanzmittel.[46] In der Hochphase der Finanzkrise 2007/2008 war es jedoch angesichts des massiven Vertrauensverlustes in das Banken- und Finanzsystem schwierig, private Investoren hierfür zu finden.[47] Vor diesem Hintergrund erließ der deutsche Gesetzgeber im Herbst 2008 das Gesetz zur Umsetzung eines Maßnahmenpakets zur Stabilisierung des Finanzmarktes (Finanzmarktstabilisierungsgesetz)[48] (**FMStG**).[49] Es besteht ua aus dem Gesetz zur

---

[38] → Rn. 14 u. 25.
[39] Vgl. auch Erwägungsgrund (4) BRRD.
[40] Vgl. zur Abwicklung Kap. B.
[41] Vgl. The High-Level Group on Financial Supervision in the EU S. 41 (Empfehlung 13); Rat der Europäischen Union Entwurf der Schlussfolgerungen hinsichtlich der Stärkung der EU-Finanzstabilisierungsvereinbarungen vom 12. Oktober 2009 (14239/2009), Ziff. 4 und Pressemitteilung vom 20.10.2009 (14601/09) S. 9; Kommission der Europäischen Gemeinschaften, Mitteilung vom 20.10.2009 (KOM(2009) endgültig 561), insbes. Ziff. 2.u. 3 und Mitteilung vom 20.10.2010 (KOM(2010) endgültig 579), insbes. Ziff. 2 u. 3.
[42] ABl. EU 2014 L 173, 190.
[43] Die zum 1.1.2016 vollständig in Kraft getretene Verordnung (EU) Nr. 806/2014 des Europäischen Parlaments und des Rates vom 15.07.2014 zur Festlegung einheitlicher Vorschriften und eines einheitlichen Verfahrens für die Abwicklung von Kreditinstituten und bestimmten Wertpapierfirmen im Rahmen eines einheitlichen Abwicklungsmechanismus und eines einheitlichen Abwicklungsfonds sowie zur Änderung der Verordnung (EU) Nr. 1093/2010 (**SRM-Verordnung**) lässt die materiellen Vorschriften zur Sanierung weitgehend unberührt. Sie trifft jedoch über die BRRD hinausgehende Regelungen zur Zusammenarbeit zwischen EZB, national zuständigen Behörden und Abwicklungsbehörden (vgl. zB Art. 13 SRM-Verordnung).
[44] Vgl. BGBl. 2014 I 2091.
[45] Zum Stand des europäischen Aufsichtsrechts im Überblick *Grieser/Heemann* Europäisches Aufsichtsrecht S. 1–28.
[46] BT-Drs. 17/3024, S. 1; *Binder* Bankenintervention und Bankenabwicklung S. 19.
[47] *Bachmann* ZBB 2010, 459 (459 f.).
[48] BGBl 2008 I 1982.
[49] → Rn. 9.

Errichtung eines Finanzmarktstabilisierungsfonds (Finanzmarktstabilisierungsfondsgesetz) (**FMStFG**) und dem Gesetz zur Beschleunigung und Vereinfachung des Erwerbs von Anteilen an sowie Risikopositionen von Unternehmen des Finanzsektors durch den Fonds „Finanzmarktstabilisierungsfonds – FMS" (Finanzmarktstabilisierungsbeschleunigungsgesetz) (**FMStBG**).

Mit dem FMStFG wurde der durch öffentliche Mittel in einem Gesamtumfang von 480 Mrd. EUR[50] gespeiste Sonderfonds Finanzmarktstabilisierung (**SoFFin**) gegründet.[51] Verwaltet wird der SoFFin durch die Bundesanstalt für Finanzmarktstabilisierung (**FMSA**) unter Rechts- und Fachaufsicht des Bundesministeriums der Finanzen (§ 3a Abs. 1 FMStFG). Der SoFFin dient mit seinen in der Folge mehrfach angepassten und letztmalig bis zum 31.12.2015 verlängerten Maßnahmen (§ 13 Abs. 1 S. 1 FMStFG)[52] dazu, durch Überwindung von Liquiditätsengpässen und durch Stärkung der Eigenkapitalbasis bei Unternehmen des Finanzsektors den Finanzmarkt zu stabilisieren (§ 2 FMStFG).[53] 11

Aufgrund dieser Befristung dürfte die praktische Bedeutung des SoFFin zukünftig abnehmen.[54] Da der SoFFin jedoch für Altfälle auch nach 2016 eine gewisse Relevanz behalten dürfte (vgl. § 13 Abs. 1a u. 1b FMStFG), wird im Folgenden ein Überblick über seine Maßnahmen gegeben. Da sie keine bankaufsichtlichen Maßnahmen darstellen (a.e.c. § 4 Abs. 1a S. 2 FMStFG idF v. 20.12.2012[55]), verbleibt die Zuständigkeit hierfür auch nach Inkrafttreten der Verordnung (EU) Nr. 1024/2013 des Rates vom 15.10.2013 zur Übertragung besonderer Aufgaben im Zusammenhang mit der Aufsicht über Kreditinstitute auf die Europäische Zentralbank (**SSM-Verordnung**) grds. bei den nationalen Behörden (→ Rn. 14).[56] 12

a) Persönlicher Anwendungsbereich

Anwendbar sind die Maßnahmen des SoFFin grds. auf alle Kreditinstitute iSv § 1 Abs. 1 KWG; ausgenommen sind nach § 5 Abs. 1 Nr. 2 KStG von der Körperschaftsteuer befreite Kreditinstitute und sog Brückeninstitute nach § 5 Abs. 1 RStruktFG in der jeweils bis zum 31.12.2014 geltenden Fassung (§ 2 Abs. 1 FMStFG iVm § 2 RStruktFG in der bis zum 31.12.2014 geltenden Fassung) (sog Unternehmen des Finanzsektors). 13

b) Grundzüge des Verfahrens

Maßnahmen nach dem FMStFG bewilligt die FMSA bzw. das BMF grds. auf Antrag[57] des Unternehmens des Finanzsektors; über grundsätzliche und bedeutende Fragen beschließt hingegen auf Vorschlag der FMSA ein inter-ministeriell besetzter Ausschuss (sog Lenkungsausschuss[58]) (§ 4 Abs. 1–2 FMStFG).[59] Auf Leistungen des SoFFin besteht 14

---

[50] Vgl. *Jaletzke* in Jaletzke/Veranneman FMStFG Einführung Rn. 14.
[51] Vgl. zum historischen Kontext und zu Entwicklungen in anderen Staaten *Jaletzke* in Jaletzke/Veranneman FMStFG Einführung Rn. 1–27.
[52] Vgl. BT-Drs. 18/2575, S. 206 f.
[53] BT-Drs. 16/10600, S. 1 u. 9.
[54] S. auch BT-Drs. 18/2575, S. 206 f.
[55] BGBl. 2012 I 2777; vgl. BT-Drs. 18/5009, S. 88 f.
[56] Aus der SSM-Verordnung dürften sich insbes. in Bezug auf signifikante Kreditinstitute enge Informations- und Kooperationspflichten gegenüber der EZB ergeben (vgl. Art. 6 SSM-Verordnung).
[57] Zur Ausnahme von diesem Antragserfordernis s. § 5a FMStFG (→ Rn. 20).
[58] Vgl. zu seiner Besetzung § 4 Abs. 3 FMStFG.
[59] Zum Verfahren *Pannen* Kap. 2 Rn. 38–52.

kein Anspruch und die Entscheidung hierüber erfolgt nach pflichtgemäßem Ermessen (§ 4 Abs. 1 S. 1 u. S. 3 FMStFG).[60] Dabei sind die erwarteten Auswirkungen der Insolvenz auf die Finanzstabilität und andere Institute maßgeblich, nicht hingegen ihre Folgen für die Gesellschafter und Gläubiger des betroffenen Unternehmens des Finanzsektors (vgl. §§ 2 u. 4 Abs. 1 S. 1 FMStFG).[61] Aufgrund des grds. nach § 4 Abs. 1 S. 1 FMStFG bestehenden Antragserfordernisses kann die Aufsichtsbehörde ihm nicht die Hilfen des SoFFin gegen seinen Willen „aufzwingen".[62]

c) Maßnahmen

15   In der Praxis haben vor allem (i) Garantien, (ii) Maßnahmen zur Rekapitalisierung, (iii) die Übernahme von Risikopositionen, (iv) der Anteilserwerb sowie (v) die Errichtung von Abwicklungsanstalten[63] durch den SoFFin (§§ 5a bis 8b FMStFG) Bedeutung erlangt. Während die Maßnahmen (i) bis (iv) die Fortführung des die Hilfen erhaltenden Unternehmens des Finanzsektors bewirken sollen[64], dienen die Abwicklungsanstalten dem Zweck der Abwicklung der auf sie übertragenen Gegenstände (vgl. § 8a Abs. 1 S. 1 FMStFG „zum Zwecke der Abwicklung"). Diese werden daher in diesem sich auf die Sanierung beschränkenden Kapitel nicht dargestellt.

16   Zur Sicherstellung einer soliden Geschäftspolitik müssen sich die Hilfen erhaltenden Unternehmen des Finanzsektors einer Reihe von Anforderungen und Bedingungen unterwerfen, die tief in ihre Geschäftspolitik eingreifen können (§ 10 Abs. 2 FMStFG iVm der Verordnung zur Durchführung des Finanzmarktstabilisierungsgesetzes (Finanzmarktstabilisierungsfonds-Verordnung) (**FMStFV**).[65]

aa) Garantien auf der Passivseite

17   Unter bestimmten Voraussetzungen kann das Unternehmen des Finanzsektors für bestimmte bis zum Jahresende 2015 begebene Schuldtitel und begründete Verbindlichkeiten Garantien beim SoFFin beantragen (§ 4 u. § 6 Abs. 1 S. 1 FMStFG). Außerdem kann der SoFFin Garantien für Verbindlichkeiten von Zweckgesellschaften übernehmen, die Risikopositionen eines Unternehmens des Finanzsektors übernommen haben (§ 6 Abs. 1 S. 2 FMStFG; vgl. auch §§ 6a-c FMStFG). Dieses Instrument setzt auf der Passivseite der Bilanz an. Es dient dazu, dem die Garantien erhaltenden Unternehmen des Finanzsektors über Liquiditätsengpässe hinweg zu helfen. Hingegen lassen sich strukturelle Probleme der Bilanz (zB wenn das regulatorische Eigenkapital unter die Mindestanforderungen absinkt) oder Insolvenzgründe hierdurch nicht beseitigen.[66]

---

[60] *Pannen* Kap. 2 Rn. 50–52.
[61] *Obermüller/Obermüller* ZinsO 2010, 305 (306); *Adolff/Eschwey* ZHR 2013, 902 (925).
[62] *Pannen* Kap 2 Rn. 43.
[63] Die unter dem Dach FMSA errichteten Abwicklungsanstalten sind derzeit (i) die „Erste Abwicklungsanstalt", auf die im Jahr 2009 die WestLB nicht strategisch notwendige Geschäftsbereiche und Risikopositionen übertragen hat, sowie (ii) die „FMS Wertmanagement", in die im Jahr 2010 die strategisch nicht mehr notwendigen Vermögenswerte und Risikopositionen der HRE-Gruppe abgespalten wurden.
[64] Vgl. *Obermüller/Obermüller* ZinsO 2010, 305 (306).
[65] *Obermüller/Obermüller* ZinsO 2010, 305 (310 f.).
[66] *Adolff/Eschwey* ZHR 2013, 902 (925 f.).

bb) Rekapitalisierung

Das Unternehmen des Finanzsektors kann beim SoFFin beantragen, dass dieser sich an ihm durch den Erwerb von Anteilen, stiller Beteiligungen oder sonstiger Bestandteile der Eigenmittel beteiligt (§ 4 Abs. 1 u. § 7 FMStFG). Wenn der Staat bei einer solchen Rekapitalisierung dem Institut nicht nur liquide Mittel, sondern Eigenkapital zuführt, trägt dies dazu bei, die strukturellen Probleme der Bilanz des Unternehmens des Finanzsektors zu lösen.[67] Eine Beteiligung durch den SoFFin setzt grds. insbes. voraus, dass ein wichtiges Interesse des Bundes vorliegt (§ 7 Abs. 2 S. 2 FMStFG). 18

Für die Beteiligung des SoFFin sieht das FMStBG einige gesellschafts-, aufsichts- und wertpapierhandelsrechtliche Vereinfachungen und den Ausschluss von Anfechtungsvorschriften vor (vgl. insbes. §§ 7–7f, 12, 15 u. 18 FMStBG).[68] 19

cc) Anteilserwerb

Der SoFFin ist berechtigt, im Zusammenhang mit der Stabilisierung eines Unternehmens des Finanzsektors – auch ohne Antrag eines Unternehmens des Finanzsektors[69] – Anteile an dem betroffenen Unternehmen von diesem oder von Dritten zu erwerben. Dies setzt grds. insbes. ein wichtiges Interesse des Bundes voraus (§ 5a FMStFG). Für einen solchen Anteilserwerb sieht § 12 Abs. 4 FMStBG ua beim Ausschluss von Minderheitsaktionären (sog squeeze out) bestimmte gesellschaftsrechtliche Erleichterungen[70] vor. 20

dd) Risikoübernahme

Außerdem kann das Unternehmen des Finanzsektors beantragen, dass der SoFFin vor dem 1.06.2014 erworbene Risikopositionen (zB Forderungen, Wertpapiere, derivative Finanzinstrumente und Beteiligungen) erwirbt oder auf andere Weise absichert (§ 8 Abs. 1 S. 1 FMStFG).[71] Dasselbe gilt für Zweckgesellschaften, die Risikopositionen eines Unternehmens des Finanzsektors übernommen haben (§ 8 Abs. 1 S. 2 FMStFG). Indem riskante Vermögenswerte auf der Aktivseite durch weniger riskante ersetzt werden, wird das (regulatorische) Eigenkapital gestärkt.[72] 21

d) Zwischenfazit

Die als nationales Rettungspaket[73] geschaffenen Maßnahmen des SoFFin stehen grundsätzlich ab Jahresbeginn 2016 für Neufälle nicht mehr zur Verfügung (→ Rn. 11 f.). Die Bedeutung des SoFFin dürfte daher zukünftig abnehmen. Dies ist eine konsequente Umsetzung des in der BRRD und im SAG angelegten Grundsatzes[74], dass zukünftig die Kosten 22

---

[67] Vgl. *Adolff/Eschwey* ZHR 2013, 902 (926).
[68] Vgl. BT-Drs. 16/12100, S. 11 ff.; *Obermüller* Insolvenzrecht in der Bankpraxis Rn. 1.892 ff. u. 1.916 ff.; *Pannen*, Kap 2 Rn. 58; *Amend* ZIP 2009, 589 (591 f.); kritisch *Binder* Bankenintervention und Bankenabwicklung S. 30 ff.
[69] *Obermüller/Obermüller* ZinsO 2010, 305 (306); *Obermüller* Insolvenzrecht in der Bankpraxis Rn. 1.903.
[70] BT-Drs. 16/12343, S. 5 f.
[71] Vgl. *Obermüller* ZinsO 2010, 305 (308); *Adolff/Eschwey* ZHR 2013, 902 (926 f.).
[72] *Adolff/Eschwey* ZHR 2013, 902 (926 f.).
[73] *Jaletzke* in Jaletzke/Veranneman FMStFG Einführung Rn. 13 ff.
[74] Erwägungsgrund (5) BRRD; BT-Drs. 18/2575, S. 1.

für die Sanierung und Abwicklung von ausfallenden Banken primär von den Anteilsinhabern und Gläubigern und nicht vom Steuerzahler getragen werden sollen.

3. Sanierungs- und Reorganisationsverfahren

23 Mit dem Gesetz zur Reorganisation von Kreditinstituten vom 9.12.2010[75] (**KredReorgG**) hat der Gesetzgeber ein zweistufiges Verfahren, das Sanierungs- und Reorganisationsverfahren, geschaffen. Diese sollen einen rechtlichen Rahmen bereitstellen, der es Kreditinstituten ermöglicht, im Wege kollektiver Verhandlungen mit ihren Anteilseignern und Gläubigern eigenverantwortlich die Krise im Vorfeld einer Insolvenz zu bewältigen.[76] Die Kosten hierfür sollen Eigen- und Fremdkapitalgeber soweit wie möglich selbst tragen.[77] Diese Verfahren stellen keine klassische Aufsichtstätigkeit im Sinne der SSM-Verordnung[78] dar. Sie dürften daher grds. in nationaler Zuständigkeit verbleiben und stehen eigenständig neben den Maßnahmen im KWG, SAG und FMStFG.[79]

a) Sanierungsverfahren

aa) Persönlicher Anwendungsbereich

24 Das in den §§ 2–6 KredReorgG geregelte Sanierungsverfahren steht jedem Kreditinstitut iSv § 1 Abs. 1 KWG unabhängig von seiner systemischen Relevanz[80] auch nach Inkrafttreten der BRRD am 1.01.2015 zur Verfügung.

bb) Grundzüge des Verfahrens

25 Das Sanierungsverfahren wird ausschließlich auf Initiative des Kreditinstituts eingeleitet. Hierfür zeigt es der BaFin an, die Anforderungen für Eigenmittelausstattung und Liquidität nicht dauerhaft erfüllen zu können (Anzeige der Sanierungsbedürftigkeit) (§ 2 Abs. 1 S. 1 KredReorgG).[81] Gleichzeitig legt das Kreditinstitut einen Sanierungsplan vor und schlägt einen geeigneten Sanierungsberater vor (§ 2 Abs. 2 S. 1 KredReorgG). Durch die Anzeige der Sanierungsbedürftigkeit genügen die Geschäftsleiter ihrer straf- und haftungsbewährten Pflicht zur Anzeige der drohenden und eingetretenen Zahlungsunfähigkeit sowie Überschuldung (§§ 2 Abs. 1 S. 3 KredReorgG, 46b u. 55 KWG).[82]

26 Dann stellt die BaFin, wenn sie es für zweckmäßig hält, unverzüglich einen Antrag auf Durchführung eines Sanierungsverfahrens beim zuständigen OLG Frankfurt am Main (§ 2

---

[75] BGBl. 2010 I 1900.
[76] BT-Drs. 17/3024, S. 2.
[77] BT-Drs. 17/3024, S. 1.
[78] Vgl. den Titel der SSM-Verordnung, Art. 1 Abs. 1–2 u. Art. 4 Abs. 1 SSM-Verordnung u. Art. 127 Abs. 6 AEUV.
[79] Dafür, dass die Mitgliedstaaten über die BRRD hinausgehende sanierungsbezogene Regelungen treffen können, lässt sich der Rechtsgedanke des Art. 37 Abs. 9 BRRD anführen (vgl. auch zB Erwägungsgrund (10) und (44) BRRD). Aus der SSM-Verordnung dürften sich jedoch insbes. in Bezug auf signifikante Kreditinstitute enge Informations- und Kooperationspflichten gegenüber der EZB ergeben (vgl. Art. 6 SSM-Verordnung).
[80] Vgl. *Müller* KTS 2011, 1 (4 f.).
[81] Vgl. *Müller* KTS 2011, 1 (4).
[82] Vgl. *Bachmann* ZBB 2010, 459 (462); *Lindemann* in BFS KWG § 46b Rn. 7a.

Abs. 3 S. 1 u. S. 2 KredReorgG, § 1 Abs. 3 Finanzdienstleistungsaufsichtsgesetz).[83] Diese Antragsbefugnis steht damit, vergleichbar derjenigen für ein Insolvenzverfahren für Kreditinstitute (§ 46b KWG), allein der BaFin zu.[84] Sie hat sich insbes. zu den Aussichten einer Sanierung auf Grundlage des Sanierungsplans und zur Eignung des Sanierungsberaters zu äußern (§ 2 Abs. 3 S. 3 KredReorgG).

Über die Durchführung des Sanierungsverfahrens und die Bestellung des Sanierungsberaters entscheidet anschließend das OLG (§ 3 Abs. 1 KredReorgG). Während die BaFin einen anderen als den vom Kreditinstitut vorgeschlagenen Sanierungsberater dem OLG vorschlagen kann, wenn sie ihn für ungeeignet hält (§ 2 Abs. 3 S. 4 KredReorgG), kann das OLG von dem Vorschlag der BaFin nur dann abweichen, wenn sie den Sanierungsberater für offensichtlich ungeeignet hält (§ 3 Abs. 1 S. 2 KredReorgG). Der OLG-Beschluss ist zur Wahrung der Vertraulichkeit nicht zu veröffentlichen.[85] 27

Der Sanierungsberater steht unter Aufsicht des OLG und berichtet dem OLG, der BaFin und ggf. der FMSA regelmäßig insbes. über den Stand der Sanierung (§ 4 Abs. 2 S. 1 u. S. 2, § 6 Abs. 2 KredReorgG). Beendet wird das Verfahren durch gerichtlichen Beschluss (§ 6 Abs. 3 S. 2 KredReorgG).[86] Zur Beschleunigung des Verfahrens ist der Rechtsschutz eingeschränkt (§ 1 Abs. 3 KredReorgG).[87] 28

cc) Maßnahmen zur Sanierung

Zentrale Figur des Sanierungsverfahrens ist der Sanierungsberater[88], der den vom Kreditinstitut erstellten Sanierungsplan umsetzt (§ 6 Abs. 1 S. 1 KredReorgG). Der Sanierungsplan kann finanzwirtschaftliche und organisatorische Maßnahmen enthalten, die geeignet sind, das Kreditinstitut ohne einen Eingriff in Drittrechte zu sanieren (§ 2 Abs. 2 S. 2 KredReorgG).[89] Um die Sanierung finanzieren zu können, kann das Kreditinstitut Kredite aufnehmen. Diesen kann iHv maximal 10 Prozent der Eigenmittel im Sanierungsplan eine Vorrangstellung eingeräumt werden, so dass diese bei einem etwaigen Scheitern der Sanierung in einem späteren Insolvenzverfahren unter bestimmten Voraussetzungen vorrangig befriedigt werden (§ 2 Abs. 2 S. 3–6 KredReorgG).[90] Diese Privilegierung gilt auch für Gesellschafter.[91] 29

Der Sanierungsberater hat insbes. Zugangs- und Informationsrechte gegenüber dem Kreditinstitut, kann beratend an Sitzungen aller Organe und Gremien des Kreditinstituts teilnehmen und ist gegenüber der Geschäftsführung weisungsberechtigt. Außerdem prüft er Schadensersatzansprüche gegenüber Organmitgliedern und veranlasst Sonderprüfungen (§ 4 Abs. 1 KredReorgG). Änderungen am Sanierungsplan darf der Sanierungsbera- 30

---

[83] Vgl. BT-Dr. 17/3024, S. 46.
[84] Vgl. BT-Drs. 17/3024, S. 46.
[85] Vgl. *Schelo* NJW 2011, 186 (187), der zutreffend auf das Risiko hinweist, dass das Verfahren bei der Bank nicht geheim gehalten werden und an die Öffentlichkeit gelangen kann (vgl. auch *Bachmann* ZBB 2010, 459 (462)).
[86] Vgl. zur Beendigung des Verfahrens bei § 2 Abs. 4 KredReorgG *Geier/Schmitt* BKR Sonderheft 11/2012, 1 (6f.).
[87] Vgl. *Müller* KTS 2011, 1 (22f.).
[88] Vgl. zu der sich an § 60 InsO orientierenden Haftung des Sanierungsberaters § 4 Abs. 3 KredReorgG und zu seiner Vergütung § 4 Abs. 4 KredReorgG (*Fridgen* in BFS KredReorgG § 4 Rn. 18–21).
[89] Vgl. zum Inhalt des Sanierungsplans *Schuster/Westpfahl* DB 2011, 221 (224).
[90] *Fridgen* in BFS KredReorgG § 2 Rn. 9–15. S. die Möglichkeit der Feststellungsklage nach § 3 Abs. 2 S. 2 KredReorgG.
[91] Vgl. BT-Drs. 17/3547, S. 8.

ter grds. nur im Einvernehmen mit der BaFin und dem OLG vornehmen (§ 6 Abs. 1 S. 2 KredReorgG).[92]

31 Weitergehend kann das OLG auf Vorschlag der BaFin zur Sanierung des Kreditinstituts erforderliche Maßnahmen treffen. Insbes. kann es (i) der Geschäftsleitung und den Inhabern ihre Tätigkeit untersagen oder diese beschränken, (ii) anordnen, den Sanierungsberater in die Geschäftsleitung aufzunehmen, (iii) die Ausschüttung von Gewinnen untersagen, (iv) die Vergütungs- und Bonusregeln überprüfen und ggf. anpassen und (v) die Zustimmung des Aufsichtsorgans ersetzen (§ 5 Abs. 1 KredReorgG).

b) Reorganisationsverfahren

32 Die zweite Verfahrensstufe, das Reorganisationsverfahren, steht, anders als das Sanierungsverfahren, dem Kreditinstitut nur dann offen, wenn die Abwicklungsvoraussetzungen vorliegen (§ 7 Abs. 2 KredReorgG, § 77 SAG). Da es nicht nur auf eine Sanierung, sondern auch auf eine Liquidation des betreffenden Kreditinstituts gerichtet sein kann (§ 8 Abs. 1 S. 4 KredReorgG), ist zweifelhaft, ob es dogmatisch der Sanierung oder der Abwicklung zuzuordnen ist. Zwar spricht gegen eine Einordnung als Abwicklungsmaßnahme, dass der deutsche Gesetzgeber das Reorganisationsverfahren nach §§ 7 ff. KredReorgG nicht vom Begriff „Abwicklungsinstrument" erfasst sieht (§ 2 Abs. 3 Nr. 4 SAG; zurückgehend auf Art. 2 Abs. 1 Nr. 40 BRRD). Allerdings sollte m.E. nicht diese formelle, sondern eine materielle Betrachtung maßgeblich sein. Da Maßnahmen im Reorganisationsplan in ihrer Wirkung den in § 2 Abs. 3 Nr. 4 SAG als Abwicklungsinstrumente definierten Maßnahmen ähneln können[93], wird das Reorganisationsverfahren hier der Abwicklung zugeordnet (Vgl. Kap. B.; auch → Rn. 1 aE).

c) Zwischenfazit

33 Da der Sanierungsplan nicht in Rechte Dritter eingreifen darf (→ Rn. 29), sind die Möglichkeiten der Restrukturierung des Kreditinstituts im Sanierungsverfahren begrenzt. Ob die grds. auch für Gesellschafter geltende Privilegierung von Sanierungskrediten (→ Rn. 29) im Fall einer späteren Insolvenz des Kreditinstituts ausreicht, um Investoren für das sich in der Krise befindende Kreditinstitut zu finden, kann bezweifelt werden.[94] Möglicherweise ist es für sie interessanter, eine solche Investition außerhalb dieses formalisierten Verfahrens zu tätigen, das aus Sicht der Geschäftsleitung des Kreditinstituts zu unerwünschten Restriktionen führen kann. Insgesamt erscheint das Sanierungsverfahren als ein eher schwaches Instrument, das, soweit bekannt, bislang in der Praxis keine Bedeutung erlangt hat.

---

[92] Vgl. *Bachmann* ZBB 2010, 459 (462).
[93] Vgl. zB (i) die Ausgliederung von Vermögen nach § 11 KredReorgG und die Übertragung von Vermögen auf einen Dritten oder ein Brückeninstitut nach § 107 Abs. 1 Nr. 1 SAG, (ii) die Umwandlung von Forderungen in Anteile am Institut nach § 9 KredReorgG und jeweils Nr. 1 von §§ 89, 90 SAG sowie (iii) die Kürzung bzw. Herabschreibung von Verbindlichkeiten nach § 12 KredReorgG und jeweils Nr. 2 von §§ 89, 90 SAG. Ein wesentlicher Unterschied zwischen den genannten Maßnahmen nach dem KredReorgG und dem SAG liegt jedoch darin, dass bei ersteren die Gläubiger und Anteilsinhaber über den Reorganisationsplan abstimmen (s. §§ 17 f. KredReorgG), während letztere aufsichtsbehördlich angeordnet werden.
[94] Ähnlich *Lorenz* NZG 2010, 1046 (1049); *Bachmann* ZBB 2010, 459 (461).

4. Aufsichtsbehördliche Maßnahmen zum Zwecke der Sanierung

Die im Zuge der Aufarbeitung der Finanzmarktkrise 2007/2008 geschaffenen Maßnahmen des SoFFin und des KredReorgG setzen grds. die Mitwirkungsbereitschaft der Institute voraus (→ Rn. 9, 14 u. 25). Zur Sicherstellung einer effektiven Aufsicht ist es jedoch erforderlich, dass der Aufsichtsbehörde eine breite Palette an Kompetenzen zur Verfügung steht, mit denen sie ggf. auch gegen den Willen des sich in der Krise befindenden Kreditinstituts zum Zwecke seiner Sanierung einschreiten kann. Solche befinden sich im KWG und in dem zum Jahresbeginn 2015[95] in Kraft getretenen SAG.

Die Entscheidung des deutschen Gesetzgebers, die sanierungsbezogenen Maßnahmen der BRRD nicht im KWG in Ergänzung der bestehenden Regeln zu integrieren, sondern im SAG in einem eigenständigen Gesetz zu verorten, erschwert das Verständnis der in beiden Gesetzen enthaltenen Maßnahmen zueinander und birgt das Risiko von Abgrenzungsproblemen. Ziel dieses Abschnitts ist es daher zunächst, die sanierungsbezogenen Maßnahmen nach dem KWG und SAG in einer Übersicht zu systematisieren (→ Rn. 37–39). Anschließend werden sie im Überblick mit ihren Kernelementen dargestellt (→ Rn. 40–81).[96]

Aufgrund der vollständigen Übernahme der Bankenaufsicht am 4.11.2014 nach der SSM-Verordnung kam es zu einer Verlagerung von zuvor auf Ebene der Mitgliedstaaten angesiedelten Kompetenzen auf die europäische Ebene. Die Systematik der nunmehr bestehenden Zuständigkeitsverteilung für in diesem Kapitel beschriebene Maßnahmen zwischen BaFin und EZB wird kurz im letzten Abschnitt skizziert (→ Rn. 82–88).

a) Übersicht

Entsprechend allgemeiner verwaltungsrechtlicher Grundsätze müssen aufsichtsbehördliche Maßnahmen im konkreten Einzelfall verhältnismäßig sein.[97] Dabei gilt, dass je höherrangig das mit der Maßnahme geschützte Rechtsgut ist und je größer der ihm drohende Schaden ist, desto geringere Anforderungen sind an die Wahrscheinlichkeit eines Schadenseintritts zu stellen.[98] Dabei lassen sich im KWG und SAG (a) Maßnahmen zur abstrakten Planung für den Krisenfall unabhängig vom Vorliegen finanzieller Schwierigkeiten des Instituts (→ Rn. 40–48), (b) Maßnahmen beim Vorliegen von Anhaltspunkten für aufsichtsrechtliche Verstöße (→ Rn. 49–56) und (c) Maßnahmen bei tatsächlichen Verstößen gegen das Aufsichtsrecht (→ Rn. 57–72) unterscheiden.

Nicht klar in die Kategorie (b) oder (c) einordnen lassen sich hingegen Maßnahmen bei einer Bestandsgefahr für das Institut: Einerseits setzt diese formal keinen Verstoß gegen das Aufsichtsrecht voraus. Andererseits erfordert sie hinreichend konkrete Anhaltspunkte und kann insbes. durch Aufsichtsrechtsverstöße indiziert sein.[99] Aufgrund der besonderen Eingriffsintensität der Maßnahmen bei einer Bestandsgefahr des Instituts, die den Übergang in die Abwicklung markieren können, werden diese nachfolgend als eigenständige Kategorie erfasst (→ Rn. 73–81).

---

[95] BT-Drs. 18/2575, S. 139 f.
[96] Nicht Gegenstand dieses Beitrags sind allgemeine aufsichtsbehördliche Befugnisse ohne unmittelbaren Krisenbezug (zB §§ 25a-f, 35 Abs. 2 Nr. 1–3 u. 6–8, 45 Abs. 1 Nr. 1–2, 45b, 45c Abs. 1 Nr. 1–6 u. 46 Abs. 1 1 Alt. 2 KWG).
[97] Vgl. *Maurer* § 10 Rn. 17.
[98] Vgl. *Schenke* Rn. 77.
[99] Ähnlich *Geier/Schmitt* BKR Sonderheft 11/2012, 1 (12).

39 Übersicht

aa) Abstrakte Planung für den Krisenfall
(1) Sanierungsplanung mit aufsichtsbehördlichem Genehmigungserfordernis (§§ 12–21a SAG) (→ Rn. 41 f.)
(2) Vereinbarung über gruppeninterne finanzielle Unterstützung mit aufsichtsbehördlichem Genehmigungsvorbehalt (§§ 22–35 SAG) (→ Rn. 43–48)

bb) Maßnahmen beim Vorliegen von Anhaltspunkten für aufsichtsrechtliche Verstöße
(1) Maßnahmen bei Verdacht eines künftigen Verstoßes gegen Anforderungen an die Eigenmittel und Liquidität (§ 45 Abs. 1 KWG) (→ Rn. 50 f.)
(2) Bestellung eines Sonderbeauftragten (§ 45c Abs. 1 u. Abs. 2 Nr. 7 iVm § 45 Abs. 1 S. 3 KWG) (→ Rn. 52–54)
(3) Maßnahmen des frühzeitigen Eingreifens, inklusive der Gewährung gruppeninterner finanzieller Unterstützung (§ 36 Abs. 1 S. 2 – § 39 SAG) (→ Rn. 55)
(4) Auffangtatbestand des § 6 Abs. 3 1. Alt. KWG (→ Rn. 56)

cc) Maßnahmen bei Verstößen gegen aufsichtsrechtliche Vorgaben
(1) Bestellung eines Sonderbeauftragten (§ 45c Abs. 2 Nr. 7 iVm § 45 Abs. 2 KWG) (→ Rn. 58 f.)
(2) Maßnahmen bei Verstößen gegen Eigenmittel- und Liquiditätsanforderungen (§ 45 Abs. 2 KWG) (→ Rn. 60)
(3) Maßnahmen des frühzeitigen Eingreifens, inklusive der Gewährung gruppeninterner finanzieller Unterstützung (§§ 36–39 SAG) (→ Rn. 61–71)
(4) Auffangtatbestand des § 6 Abs. 3 1. Alt. KWG (→ Rn. 72)

dd) Maßnahmen bei Bestandsgefahr für das Institut
(1) Bestellung eines Sonderbeauftragten (§ 45c Abs. 2 Nr. 8–9 KWG) (→ Rn. 74 f.)
(2) Gefahr für Erfüllung der Verpflichtungen des Instituts (§ 46 KWG) (→ Rn. 76–78)
(3) Ergänzend: Moratorium der Bundesregierung (§§ 46g–46h KWG) (→ Rn. 79 f.)
(4) Bail-In zum Zwecke der Rekapitalisierung des Instituts (§§ 90 u. 95 Nr. 1) SAG) (→ Rn. 81)

b) Maßnahmen im Einzelnen

aa) Abstrakte Planung für den Krisenfall

40 Nach Vorstellung des Gesetzgebers sollen sich grds. alle Institute auch in „gesunden Zeiten" und unabhängig vom Vorliegen finanzieller Schwierigkeiten auf eine mögliche zukünftige Krise vorbereiten.[100] Hierfür sind sie grds. verpflichtet, sog Sanierungspläne zu erstellen (→ Rn. 41 f.). Außerdem können Institute einer Bankengruppe – nach aufsichtsbehördlicher Genehmigung – auf freiwilliger Basis vereinbaren, sich bei einer verschlechternden Finanzsituation unter bestimmten Voraussetzungen finanziell zu unterstützen (→ Rn. 43–48).

---

[100] Vgl. BT-Drs. 18/2575, S. 147.

I. Überblick Sanierung und frühzeitiges Eingreifen

(1) Sanierungsplanung mit aufsichtsbehördlichem Genehmigungserfordernis 41
(§§ 12–21a SAG). Grds.[101] ist jedes Institut[102] verpflichtet, einen Sanierungsplan[103] zu erstellen. Diesen hat es bei der Aufsichtsbehörde und der Deutschen Bundesbank einzureichen (§ 12 Abs. 3 S. 3 SAG). Darin hat das Institut darzulegen, mit welchen von ihm zu treffenden Maßnahmen seine finanzielle Stabilität bei einer wesentlichen Verschlechterung seiner Finanzlage, die zu einer Bestandsgefährdung führen kann (Krisenfall), gesichert oder wiederhergestellt werden kann (§§ 12–14 u. 21a SAG mit weiteren Anforderungen an die Sanierungsplanung). Durch diesen mind. jährlich durchzuführenden Prozess sollen sich Institute zukünftig möglichst frühzeitig auf einen möglichen Krisenfall vorbereiten. Im Unterschied zum Sanierungsverfahren nach den §§ 2 ff. KredReorgG (→ Rn. 23 ff.) handelt es sich nicht um eine anlassbezogene, sondern um eine abstrakte Planung.[104]

Ob der Sanierungsplan die gesetzlichen Anforderungen erfüllt, prüft und bewertet die 42 Aufsichtsbehörde im Einvernehmen mit der Deutschen Bundesbank (§ 15 Abs. 2 SAG; vgl. zu Gruppen §§ 17 f. SAG). Weist der Sanierungsplan Mängel auf, kann die Aufsichtsbehörde ua weitreichende Anpassungen der Geschäftsstrategie und Organisationsstruktur verlangen (§ 16 SAG). Dabei bezieht sie die Abwicklungsbehörde ein (§ 15 Abs. 1 u. § 16 Abs. 7 SAG). Für eine ausführliche Darstellung der Sanierungsplanung und der Rolle der Aufsichtsbehörde wird auf Beitrag A.III. verwiesen.

(2) Vereinbarung über gruppeninterne finanzielle Unterstützung mit aufsichtsbe- 43
hördlichem Genehmigungsvorbehalt (§§ 22–35 SAG). Diese Art. 19–26 BRRD umsetzenden Vorschriften enthalten Vorgaben für gruppeninterne Vereinbarungen, welche darauf zielen, in einem Szenario des frühzeitigen Eingreifens nach § 36 Abs. 1 SAG (→ Rn. 55 u. Rn. 61 ff.) finanzielle Unterstützung zu leisten (§ 22 Abs. 1 SAG).[105] Unabhängig vom Vorliegen einer solchen Vereinbarung ist eine Unterstützung unter bestimmten Voraussetzungen auch auf Einzelfallbasis möglich (§ 22 Abs. 2 SAG). Als finanzielle Unterstützung können Darlehen oder Sicherheiten in Form von Personalsicherheiten oder der Bereitstellung von Vermögenswerten vereinbart werden (§ 23 Abs. 3 SAG).

Für Verträge, welche nicht auf die Unterstützung im Szenario des frühzeitigen Eingrei- 44 fens nach § 36 Abs. 1 SAG gerichtet sind, wie insbes. solche des normalen Geschäftsgangs, sonstige Unterstützungsverträge und Patronatserklärungen, gelten diese Vorschriften hingegen nicht (§ 22 Abs. 3 S. 1 SAG).[106]

Eine Vereinbarung über die Gewährung finanzieller Unterstützung bedarf der Ge- 45 nehmigung der zuständigen Aufsichtsbehörde (§§ 25–27 SAG) und der Zustimmung der Anteilsinhaber (§ 29 Abs. 1 SAG).

Die Parteien müssen die Vereinbarung freiwillig abschließen und beim Vertragsschluss 46 dürfen die Voraussetzungen des frühzeitigen Eingreifens bei keiner der Vertragsparteien

---

[101] Vgl. zu vereinfachten Anforderungen §§ 19 u. 21a Abs. 1 Nr. 2 SAG und zur Möglichkeit der Befreiung von der Pflicht zur Sanierungsplanung §§ 20 u. 21a Abs. 1 Nr. 3 SAG (A.III.).
[102] Institute iSd SAG sind CRR-Kreditinstitute und CRR-Wertpapierfirmen, die vom Anwendungsbereich des SAG erfasst sind (§ 2 Abs. 1 SAG).
[103] Dieser Sanierungsplan ist zu unterscheiden vom Sanierungsplan nach § 2 KredReorgG (→ Rn. 29), dem Restrukturierungsplan iSv § 45c Abs. 2 Nr. 7 KWG (→ Rn. 53 u. 58) und dem Restrukturierungsplan nach § 45 Abs. 2 S. 1 Nr. 7 KWG (→ Rn. 60). Die zuvor geltende Vorschrift des § 47a KWG aF zur Sanierungsplanung wurde durch das BRRD-Umsetzungsgesetz aufgehoben (vgl. zu § 47a KWG aF *Schelo/Steck* ZBB 2013, 227 ff.; *Cichy/Behrens* WM 2014, 440 ff.).
[104] BT-Drs. 18/2575, S. 147.
[105] BT-Drs. 18/2575, S. 151.
[106] BT-Drs. 18/2575, S. 151.

vorliegen bzw. Anhaltspunkte hierfür bestehen (→ Rn. 55 u. 61) (§ 23 Abs. 1 u. 2 SAG). Die Parteien haben festzulegen, dass die unterstützte Partei eine Gegenleistung zu erbringen hat und nach welchen Grundsätzen diese im Zeitpunkt ihrer tatsächlichen Gewährung zu berechnen ist (§ 23 Abs. 4 SAG). Die Vereinbarung über die gruppeninterne finanzielle Unterstützung hat insbes. den Prinzipien zu entsprechen, dass nach den vereinbarten Voraussetzungen (i) die begründete Aussicht besteht, dass die Schwierigkeiten des die Unterstützung empfangenen Unternehmens in wesentlichem Umfang behoben werden, (ii) ihre Gewährung bezweckt, die finanzielle Stabilität der Gruppe als Ganzes oder einer Gruppengesellschaft zu erhalten, und (iii) sie im Interesse des die finanzielle Unterstützung gewährenden Unternehmens der Gruppe liegt (§ 23 Abs. 5 Nr. 1 iVm § 30 SAG). Jede Partei handelt bei Abschluss der Vereinbarung und der Berechnung der Gegenleistung im eigenen Interesse (§ 23 Abs. 5 Nr. 2 SAG). Die Unterstützung gewährende Partei hat umfänglichen Zugang zu allen relevanten Informationen zu erhalten (§ 23 Abs. 5 Nr. 3 SAG).

47 Bei einer Restrukturierung einer Bankengruppe relevant sein kann auch das gesetzlich bestehende Abtretungsverbot bezüglich Forderungen und Rechten aus einer Vereinbarung über eine gruppeninterne finanzielle Unterstützung (§ 24 SAG). Jedes Unternehmen einer Gruppe hat offenzulegen, ob es Partei einer solchen Vereinbarung ist (vgl. § 35 SAG zu den Einzelheiten).

48 Mit den Regeln der §§ 22–35 SAG will der deutsche Gesetzgeber seiner sich aus Art. 19 Abs. 4 BRRD ergebenden Verpflichtung nachkommen, für im Einklang mit den Vorschriften zur gruppeninternen finanziellen Unterstützung nach Art. 19–26 BRRD durchgeführten Transaktionen rechtliche Hindernisse aus dem nationalen Recht zu beseitigen.[107] Dabei wäre insbes. ein klarstellender Hinweis im Gesetz, in welchem Verhältnis diese Vorschriften zum Gesellschaftsrecht und den Kapitalerhaltungsvorschriften der § 57 AktG und § 32 GmbHG stehen, wünschenswert.[108]

bb) Maßnahmen beim Vorliegen von Anhaltspunkten für aufsichtsrechtliche Verstöße

49 Die nachfolgenden Maßnahmen des KWG und SAG sind ebenfalls präventiver Natur. Anders als die unter → Rn. 40–48 beschriebenen Maßnahmen setzen sie jedoch bereits einen Verdacht voraus, dass aufsichtliche Standards nicht eingehalten werden (sog Gefahrenverdacht-Maßnahmen).[109]

50 **(1) Maßnahmen bei Verdacht eines künftigen Verstoßes gegen Eigenmittel- und Liquiditätsanforderungen (§ 45 Abs. 1 KWG).** Wenn Umstände die Annahme rechtfertigen, dass ein Institut[110] nicht die in § 45 Abs. 1 S. 1 KWG genannten Anforderungen an die Eigenmittelausstattung und die Liquidität dauerhaft erfüllen können wird (vgl. die

---

[107] Vgl. Erwägungsgrund (38) BRRD; vgl. auch *Gstädtner* RdF 2013, 180 (182 f.).
[108] Vgl. auch *Dohrn* WM 2012, 2033 (2034). Vgl. Bankenverband Stellungnahme vom 23.05.2014 S. 13.
[109] Die Aufsichtsbehörde kann darüber hinaus anordnen, dass ein Institut Eigenmittelanforderungen in Bezug auf nicht durch Art. 1 der CRR abgedeckte Risiken und Risikoelementen einhalten muss, die über die Eigenmittelanforderungen der CRR und der Solvabilitätsverordnung hinausgehen (§ 10 Abs. 3 KWG). Diese Norm dient insbes. der Umsetzung von Vorgaben der CRD IV (vgl. BT-Drs. 17/10974, S. 77). Hier geht es nicht um den Verdacht eines aufsichtsrechtlichen Verstoßes, sondern um den Verdacht, dass die aufsichtlichen Vorgaben nicht ausreichend sind (vgl. zu dieser Differenzierung *Geier/Schmitt* BKR Sonderheft 11/2012, 1 (2 f.)).
[110] Institute iSd KWG sind Kreditinstitute und Finanzdienstleistungsinstitute (§ 1 Abs. 1b KWG).

Regelbeispiele in § 45 Abs. 1 S. 2 KWG), kann die BaFin[111] dem Institut bestimmte Berichtspflichten an die BaFin und die Deutsche Bundesbank aufgeben, insbes. hinsichtlich geeigneter Maßnahmen zur Erhöhung des Kernkapitals, der Eigenmittel und der Liquidität des Instituts (§ 45 Abs. 1 Nr. 3 KWG) und der Abwendung einer Gefahr für die Erfüllung der Verbindlichkeiten des Instituts (§ 45 Abs. 1 Nr. 4 KWG). Diese Vorfeldmaßnahmen sollen ein frühzeitiges Eingreifen der BaFin ermöglichen und das Institut auf die Krise aufmerksam machen.[112]

Weitere Maßnahmen ergeben sich aus § 45 Abs. 1 S. 3 iVm Abs. 2 Nr. 1–7 KWG (→ Rn. 60).

(2) Bestellung eines Sonderbeauftragten (§ 45c Abs. 1 u. Abs. 2 Nr. 7 iVm § 45 Abs. 1 S. 3 KWG)[113]. Mit dem Restrukturierungsgesetz wurde das Instrument des Sonderbeauftragten[114], der durch die BaFin[115] bestellt wird (§ 45c Abs. 1 KWG), zu einem eigenständigen Aufsichtsinstrument der präventiven Gefahrenabwehr aufgewertet.[116]

Bei Bestehen eines bloßen Verdachts eines Aufsichtsverstoßes kommt zum Zwecke der Sanierung zunächst eine Beauftragung eines Sonderbeauftragten nach § 45c Abs. 2 Nr. 7 1. u. 2. Alt. iVm § 45 Abs. 1 S. 3 KWG in Betracht. Danach kann die BaFin einen Sonderbeauftragten beauftragen, einen Restrukturierungsplan zu erstellen, wenn die Vorfeldmaßnahmen nach § 45 Abs. 1 S. 1 KWG (→ Rn. 50) keine ausreichende Gewähr bieten, die Einhaltung der in § 45 Abs. 1 S. 3 KWG genannten Anforderungen an die Eigenmittelausstattung und die Liquidität nachhaltig zu sichern, und die Ausführung eines Restrukturierungsplans zu begleiten. Außerdem kann die BaFin ihn mit hoheitlichen Befugnissen beleihen, Einsicht in den Restrukturierungsplan zu nehmen und Änderungen am Restrukturierungsplan verlangen zu können (§ 45c Abs. 2 Nr. 7 Alt. 3 iVm § 45 Abs. 2 S. 4 u. S. 5 KWG). Hinsichtlich letzterer Befugnis verlässt der Sonderbeauftragte die Rolle des bloßen Beraters und er kann mittelbar in die Geschäftsführung eingreifen.[117]

Darüber hinaus dürfte eine Beauftragung des Sonderbeauftragten nach der Generalklausel des § 45c Abs. 1 KWG für Zwecke der Sanierung eines Instituts nur „bei besonderem Anlass" und mit nicht zu weitreichenden Befugnissen denkbar sein.[118] Dies ergibt sich zum einen daraus, dass § 45c KWG eine Maßnahme „in besonderen Fällen"[119] regelt. Ein Sonderbeauftragter kann daher nicht routinemäßig eingesetzt werden. Zum anderen ist die sich aus dem Katalog des § 45c Abs. 2 KWG ergebende Sperrwirkung für einen Rückgriff auf die Generalklausel des § 45c Abs. 1 KWG sowie der Grundsatz des Gesetzesvorbehalts, wonach wesentliche Dinge im Gesetz selbst zu regeln sind, zu beachten.[120]

---

[111] Zur Zuständigkeitsverteilung insbes. im Verhältnis zur EZB → Rn. 82–88 u. A.II.
[112] Vgl. BT-Drs. 17/3024, S. 59 und *Lindemann* in BFS KWG § 45 Rn. 1a, 2d u. 15f-15 l.
[113] Da die Befugnisse der § 45c Abs. 1 Nr. 1–6 KWG keinen spezifischen Krisenbezug aufweisen, sind sie nicht Gegenstand dieses Beitrags (vgl. *Lindemann* in BFS KWG § 45c Rn. 31).
[114] Vgl. zum Verhältnis vom Sonderbeauftragten nach § 45c KWG zum vorläufigen Verwalter nach § 38 SAG → Rn. 59.
[115] Vgl. zur Zuständigkeitsverteilung im Verhältnis zur EZB → Rn. 82–88 u. A.II.
[116] Vgl. BT-Drs. 17/3024, S. 60.
[117] Vgl. *Lindemann* in BFS KWG § 45c Rn. 33.
[118] Vgl. *Lindemann* in BFS KWG § 45c Rn. 11; *Schwennicke* in Schwennicke/Auerbach KWG § 45c Rn. 15 f.
[119] Vgl. die Überschrift des Abschnitts der §§ 45 ff. KWG.
[120] Vgl. *Lindemann* in BFS KWG § 45c Rn. 11–14 zur einschränkenden Auslegung des § 45c Abs. 1 KWG.

55 **(3) Maßnahmen des frühzeitigen Eingreifens (§ 36 Abs. 1 S. 2 – § 39 SAG).** Nach dem Wortlaut des § 36 Abs. 1 S. 2 u. Abs. 4 SAG stehen der Aufsichtsbehörde bereits bei einer drohenden Verschlechterung der Finanzlage eines Instituts iSv § 36 Abs. 1 S. 1 SAG sog. Maßnahmen zum frühzeitigen Eingreifen zur Verfügung. Zweifelhaft ist, ob § 36 Abs. 1 S. 2 SAG eine Gefahrenverdacht-Maßnahme ist, die – anders als § 36 Abs. 1 S. 1 SAG – keinen Verstoß gegen das Aufsichtsrecht voraussetzt. Hierfür könnte Art. 27 Abs. 1 2. Alt. BRRD – der europarechtlich § 36 Abs. 1 S. 2 SAG zu Grunde liegen dürfte[121] – sprechen. Danach reicht es aus, dass das Institut droht, in naher Zukunft „dagegen" zu verstoßen, wobei mit „dagegen" wohl die in Art. 27 Abs. 1 1. Alt. BRRD genannten Aufsichtsvorschriften u.a. der CRR und CRD IV gemeint sind. Die Auslegung der schwer verständlichen Norm des § 36 Abs. 1 S. 2 SAG, die anders als Art. 27 Abs. 1 2. Alt. BRRD die drohende Verschlechterung der Finanzlage in naher Zukunft verlangt, bedarf weiterer Klärung in der Praxis und ggf. durch die Gerichte. Zur Vermeidung von Wiederholungen wird auf die Ausführungen zu den Maßnahmen zum frühzeitigen Eingreifen bei einem bereits eingetretenen Aufsichtsverstoß (→ Rn. 61–71; → A.IV. Rn. 26–28) verwiesen.

56 **(4) Auffangtatbestand des § 6 Abs. 3 1. Alt. KWG.** § 6 Abs. 3 1. Alt. KWG ermöglicht es der BaFin[122] ua einzuschreiten, um aufsichtsrechtliche Verstöße in einem Institut zu verhindern. Bei dieser zu Präventivanordnungen ermächtigenden Vorschrift handelt es sich um einen Auffangtatbestand[123], dem aufgrund der meistens mit Sanierungsmaßnahmen verbundenen Eingriffsintensität neben den speziellen Gefahrenverdacht-Maßnahmen und unter Berücksichtigung des Verhältnismäßigkeitsgrundsatzes kein großer praktischer Anwendungsbereich verbleiben dürfte.

cc) Maßnahmen bei Verstößen gegen aufsichtsrechtliche Vorgaben

57 Die nachfolgend dargestellten aufsichtsbehördlichen Maßnahmen setzen nicht nur einen Gefahrenverdacht, sondern bereits einen gegenwärtigen Verstoß gegen das Aufsichtsrecht voraus.

58 **(1) Bestellung eines Sonderbeauftragten (§ 45c Abs. 1 Nr. 7 iVm § 45 Abs. 2 KWG).** In der Krise des Instituts kann die BaFin[124] bei bestehenden Verstößen gegen aufsichtsrechtliche Bestimmungen nach § 45 Abs. 2 KWG (→ Rn. 60) einen Sonderbeauftragten[125] beauftragen, einen Restrukturierungsplan für das Institut zu erstellen und zu begleiten. Außerdem kann sie ihn mit hoheitlichen Befugnissen beleihen (§ 45c Abs. 2 Nr. 7 iVm § 45 Abs. 2 KWG (→ Rn. 53).

59 Die Rolle des Sonderbeauftragten wird durch die ggf. zu einem späteren Zeitpunkt erfolgende Bestellung eines vorläufigen Verwalters nach § 38 SAG als eine Maßnahme des frühzeitigen Eingreifens (→ Rn. 70 f.) nicht berührt (§ 38 Abs. 5 SAG). Allerdings dürfte insbes. im Fall der Beauftragung des Sonderbeauftragten mit der Erstellung und Begleitung eines Restrukturierungsplans eine genaue Abstimmung zwischen Sonderbeauftragtem und vorläufigem Verwalter erforderlich sein. Bei etwaigen Streitigkeiten zwischen beiden kann es problematisch sein, dass die Abberufung des Sonderbeauftragten grds. einen wichtigen

---

[121] Unklar in BT-Drs. 18/2575, S. 154 f.
[122] Vgl. zur Zuständigkeitsverteilung insbes. im Verhältnis zur EZB → Rn. 82–88 u. A.II.
[123] Vgl. *Schäfer* in BFS KWG § 6 Rn. 61.
[124] Vgl. zur Zuständigkeitsverteilung im Verhältnis zur EZB → Rn. 82–88 u. A.II.
[125] Vgl. zum Verhältnis vom Sonderbeauftragten nach § 45c KWG zum vorläufigen Verwalter nach § 38 SAG → Rn. 59.

Grund[126] erfordert.[127] Jedenfalls erlischt die Bestellung eines Sonderbeauftragten mit der Bestellung eines Sonderverwalters durch die Abwicklungsbehörde nach § 87 SAG (§ 87 Abs. 3 SAG).

(2) Maßnahmen bei Verstoß gegen Eigenmittel- und Liquiditätsanforderungen (§ 45 Abs. 2 KWG). Sind die in § 45 Abs. 2 S. 1 KWG genannten aufsichtlichen Anforderungen an die Eigenmittel und Liquidität unterschritten, kann die BaFin[128] ua (i) die Entnahme durch Inhaber und Gesellschafter, (ii) die Ausschüttung von Gewinnen, (iii) bilanzielle Maßnahmen mit dem Zweck, einen Jahresfehlbetrag auszugleichen, und (iv) die Gewährung von Krediten untersagen oder beschränken (§ 45 Abs. 2 S. 1 Nr. 1–4 KWG). Außerdem kann sie anordnen, dass das Institut darlegt, wie (v) die vorgeschriebene Eigenmittelausstattung oder die Liquidität nachhaltig wiederhergestellt werden soll (Restrukturierungsplan) und (vi) es die Handlungsoptionen aus dem Sanierungsplan (→ Rn. 41 f.) umsetzt (§ 45 Abs. 2 S. 1 Nr. 5–8 KWG).[129] 60

(3) Maßnahmen des frühzeitigen Eingreifens, inklusive der Gewährung gruppeninterner finanzieller Unterstützung (§§ 36–39 SAG)[130]. Die §§ 36–39 SAG, die Art. 27 bis 30 BRRD umsetzen, stellen der Aufsichtsbehörde ein dreistufiges System an Maßnahmen zum frühzeitigen Eingreifen zur Verfügung. Sie setzen voraus, dass 61
- sich die Finanzlage eines Instituts insbes. auf Grund seiner Liquiditätssituation, auf Grund seiner Fremdkapitalquote oder auf Grund von Kreditausfällen oder Klumpenrisiken signifikant verschlechtert und
- es hierdurch gegen die Anforderungen der CRR, Vorschriften des KWG oder bestimmte Vorschriften der Verordnung (EU) Nr. 600/2014 des Europäischen Parlaments und des Rates vom 15.05.2014 über Märkte für Finanzinstrumente und zur Verordnung (EU) Nr. 648/2012 verstößt (§ 36 Abs. 1 S. 1 SAG; zur drohenden Verschlechterung der Finanzlage → Rn. 55).

Ziel aller Maßnahmen des frühzeitigen Eingreifens ist, eine signifikant verschlechterte wirtschaftliche Situation des Instituts[131] zu verbessern. 62

(a) Erste Stufe. Bei Vorliegen der o.g. Voraussetzungen des § 36 Abs. 1 SAG kann die Aufsichtsbehörde auf der ersten Stufe zum einen sog Frühinterventionsmaßnahmen nach § 36 Abs. 1 SAG erlassen (→ Rn. 64). Zum anderen kann in dieser Situation innerhalb der Bankengruppe eine Lösung über eine gruppeninterne finanzielle Unterstützung nach Durchlaufen des erforderlichen Genehmigungsverfahrens gesucht werden (→ Rn. 65–67). 63

(aa) Frühinterventionsmaßnahmen. Nach dem – nicht abschließenden[132] – in § 36 Abs. 1 SAG aufgelisteten Maßnahmenkatalog kann die Aufsichtsbehörde insbes. von der Geschäftsleitung verlangen, 64
- den Sanierungsplan (→ Rn. 41 f.) zu aktualisieren und darin enthaltene Handlungsoptionen umzusetzen,
- einen Plan zur Überwindung bestehender Probleme oder für Verhandlungen über eine Umschuldung mit Gläubigern zu erstellen,

---

[126] Der vorläufige Verwalter kann hingegen jederzeit abberufen werden (§ 38 Abs. 4 S. 2 SAG).
[127] Vgl. *Lindemann* in BFS KWG § 45c Rn. 49.
[128] Vgl. zur Zuständigkeitsverteilung im Verhältnis zur EZB → Rn. 82–88 u. A.II.
[129] Vgl. *Lindemann* in BFS KWG § 45 Rn. 16 ff.
[130] Ausf. A.IV.
[131] Für Bankengruppen s. § 39 SAG.
[132] BT-Drs. 18/2575, S. 154.

- die Geschäftsstrategie sowie die rechtlichen und operativen Strukturen zu ändern,
- der Aufsichts- und der Abwicklungsbehörde für Abwicklungszwecke erforderliche Informationen zu erteilen und
- eine Gesellschafterversammlung mit einer bestimmten Tagesordnung einzuberufen; kommt die Geschäftsleitung dem nicht nach, kann sie anstelle der Geschäftsleiter diese einberufen (§ 36 Abs. 1 S. 3 Nr. 1 SAG).

Außerdem kann die Aufsichtsbehörde vom Institut verlangen, dass ein oder mehrere ungeeignete Geschäftsleiter abberufen werden (§ 36 Abs. 1 S. 3 Nr. 2 SAG).[133] Sie hat die zuständigen Abwicklungsbehörden unverzüglich über die getroffenen Maßnahmen zu benachrichtigen (§ 36 Abs. 2 SAG).

65 **(bb) Gewährung einer gruppeninternen Unterstützung nach aufsichtsbehördlicher Genehmigung.** Das angeschlagene Institut kann sich im Szenario des frühzeitigen Eingreifens nach § 36 Abs. 1 SAG durch Erhalt einer gruppeninternen finanziellen Unterstützung entsprechend der gruppeninternen finanziellen Vereinbarung (→ Rn. 43–48) nach Durchlaufen eines aufsichtsbehördlichen Genehmigungsverfahrens sanieren (vgl. §§ 22, 30–34 SAG).[134] Hierfür zeigt zunächst die Geschäftsleitung des Unternehmens ihre Absicht, eine gruppeninterne Unterstützung zu gewähren, schriftlich den betroffenen Aufsichtsbehörden an (§ 32 Abs. 1 SAG). Der Anzeige ist insbes. (i) der begründete Beschluss der Geschäftsleitung, (ii) detaillierte Angaben der beabsichtigten Gewährung finanzieller Unterstützung und (iii) eine nachvollziehbare Darstellung der Grundsätze zur Berechnung der ermittelten Gegenleistung beizufügen (§ 32 Abs. 2 SAG).[135]

66 Diese Maßnahme ist begrifflich keine klassische Frühinterventionsmaßnahme, aber bei der hier gewählten Systematisierung der Sanierungsmaßnahmen (→ Rn. 37 f.) dennoch hier zu verorten.

67 Die Aufsichtsbehörde entscheidet über die Gewährung der finanziellen Unterstützung innerhalb von fünf Werktagen nach Eingang der Anzeige (§§ 33 f. SAG). Die Überprüfung der in § 30 SAG genannten Voraussetzungen ist nach der Gesetzesbegründung erforderlich, da die aufsichtsbehördliche Prüfung beim Abschluss der Vereinbarung (→ Rn. 43–48) regelmäßig einige Zeit zurückliegen dürfte und nur abstrakt erfolgen konnte.[136] Da zum Zeitpunkt der Gewährung dieser finanziellen Unterstützung das betreffende Unternehmen sich in einer akuten Krise befindet, sind jedoch Zweifel angebracht, ob sich – trotz der Festlegung der Grundsätze für ihre Berechnung (§ 23 Abs. 4 Nr. 2 SAG) – angesichts des regelmäßig hohen Zeitdrucks in diesem Stadium die Ausfallwahrscheinlichkeit des Instituts zur Ermittlung einer angemessenen Gegenleistung zutreffend bewerten lässt.[137] Neben der aufsichtsbehördlichen Genehmigung bedarf es der Zustimmung der Geschäftsleitung des die Unterstützung gewährenden und des erhaltenden Unternehmens (§ 31 SAG).[138]

68 **(b) Zweite Stufe.** Wenn die Maßnahmen gemäß § 36 SAG nicht ausreichend sind (→ Rn. 64), kann die Aufsichtsbehörde gegenüber dem Institut die Abberufung einzelner oder mehrerer Geschäftsleiter anordnen (§ 37 Abs. 1 SAG). Eine längere Vakanz sollte dabei

---

[133] Vgl. zum Rechtsschutz des der betroffenen Geschäftsleiters zu der insoweit vergleichbaren Vorschrift des § 36 KWG *Fischer* in BFS KWG § 36 Rn. 62; *Schwennicke* in Schwennicke/Auerbach KWG § 36 Rn. 58 f.
[134] Vgl. BT-Drs. 18/2575, S. 151.
[135] Vgl. BT-Drs. 18/2575, S. 154.
[136] Vgl. BT-Drs. 18/2575, S. 154.
[137] Vgl. Bankenverband Stellungnahme vom 23.05.2014 S. 12 ff. mit weiteren Kritikpunkten.
[138] Vgl. BT-Drs. 18/2575, S. 153 f.

im wirtschaftlichen Interesse des Instituts möglichst vermieden werden.[139] Die Bestellung neuer Geschäftsleiter durch das Institut bedarf der Zustimmung der Aufsichtsbehörde (§ 37 Abs. 1 S. 2 SAG).

Für Maßnahmen auf dieser zweiten Stufe werden teilweise[140] weitere einschränkende Kriterien vorgeschlagen. Anderenfalls könnte die Geschäftsleitung als Kollegialorgan auch dann abberufen werden, wenn sie alle auf der ersten Stufe nach § 36 SAG angeordneten Maßnahmen vollständig umgesetzt hat, diese aber tatsächlich nicht ausreichend waren. **69**

(c) Dritte Stufe. Wenn auch die Abberufung der Geschäftsleitung nicht zur Bereinigung der Situation ausreicht, ist die Aufsichtsbehörde auf der dritten Stufe befugt, einen oder mehrere vorläufige Verwalter für das Institut zu bestellen, der die Geschäftsleitung des Instituts vorübergehend ablöst oder mit ihr zusammenarbeitet (§ 38 Abs. 1 S. 1, Abs. 2 SAG; vgl. Art. 29 BRRD). Grds. kann die Aufsichtsbehörde alle Aufgaben eines Geschäftsleiters auf den vorläufigen Verwalter übertragen; allerdings darf er eine Gesellschafterversammlung nur mit vorheriger Zustimmung der BaFin einberufen (§ 38 Abs. 1 S. 2 SAG).[141] Die Übertragung von Aufgaben und ihre Aufhebung sind von Amts wegen im Handelsregister einzutragen (§ 38 Abs. 1 S. 3 SAG). Die Bestellung erfolgt grds. für maximal ein Jahr mit der Möglichkeit, diese ausnahmsweise bei fortbestehenden Voraussetzungen zu verlängern. Die Aufsichtsbehörde kann den vorläufigen Verwalter jederzeit abberufen (§ 38 Abs. 4 SAG). Daneben bleibt die Befugnis der BaFin, einen Sonderbeauftragten nach § 45c KWG einzusetzen, unberührt (§ 38 Abs. 5 SAG) (→ Rn. 52–54, → Rn. 58 f. u. → Rn. 74 f.). **70**

Auf dieser dritten Stufe kann die Aufsichtsbehörde eine Person „von außen" in das Unternehmen schicken. Sie beinhaltet daher eine höhere Eingriffsqualität als Maßnahmen der ersten und zweiten Stufe. In dem Fall, dass es später zur Abwicklung kommt und die Abwicklungsbehörde einen Sonderverwalter nach Art. 87 SAG bestellt, endet die Bestellung eines vorläufigen Verwalters nach § 38 SAG (§ 87 Abs. 3 SAG). **71**

(4) Auffangtatbestand des § 6 Abs. 3 1. Alt. KWG. Als Auffangtatbestand steht der BaFin[142] die Generalklausel des § 6 Abs. 3 1. Alt. KWG zur Verfügung. Danach kann die BaFin ua Anordnungen treffen, die geeignet und erforderlich sind, um Verstöße gegen das Aufsichtsrechts zu unterbinden. Aufgrund der speziellen sanierungsbezogenen KWG-Vorschriften und der sich aus ihnen ergebenden Sperrwirkung dürfte sie bei einer Sanierung wenig Bedeutung in der Praxis haben.[143] **72**

dd) Maßnahmen bei Bestandsgefahr für das Institut

Im Folgenden geht es um Maßnahmen, die bei einer konkreten Gefahr für den Fortbestand des Instituts insgesamt mit dem Zwecke seiner Sanierung erlassen werden können. Das Bestehen einer solchen Gefahr setzt formal nicht zwingend einen Verstoß gegen das Aufsichtsrecht voraus. Jedoch dürfte ein solcher häufig in dieser Situation des Instituts fak- **73**

---

[139] Vgl. BT-Drs. 18/2575, S. 155.
[140] Vgl. Bankenverband Stellungnahme vom 23.05.2014 S. 15.
[141] Vgl. auch Erwägungsgrund (40) der BRRD, wonach die Bestellung eines vorläufigen Verwalters nicht ungebührlich in die Rechte der Anteilseigner oder nach dem EU-Gesellschaftsrecht oder nationalem Recht eingreifen sollte.
[142] Vgl. zur Zuständigkeitsverteilung im Verhältnis zur EZB → Rn. 82–88 u. A.II.
[143] Ähnlich *Geier/Schmitt* BKR Sonderheft 11/2012, 1 (12). S. allgemein *Schäfer* in BFS KWG § 6 Rn. 61 ff.

tisch gegeben sein.[144] Aufgrund der beträchtlichen Eingriffsintensität dieser Maßnahmen müssen die Anhaltspunkte für eine solche Gefahr hinreichend konkret sein.

74 **(1) Bestellung eines Sonderbeauftragten (§ 45c Abs. 2 Nr. 8–9 KWG).** Die BaFin[145] kann einen Sonderbeauftragten[146] beauftragen, Maßnahmen des Instituts zur Abwendung einer Gefahr für die Erfüllung der Verpflichtungen des Instituts zu überwachen, selbst Maßnahmen zur Abwendung einer Gefahr zu ergreifen oder die Einhaltung von Maßnahmen der BaFin nach § 46 KWG (→ Rn. 76–78) zu überwachen (§ 45c Abs. 2 Nr. 8 KWG).

75 Eine Beauftragung des Sonderbeauftragten mit der Vorbereitung einer Abwicklungsanordnung im Sinne des § 77 SAG (§ 45c Abs. 2 Nr. 9 KWG) dürfte den Übergang in die Abwicklung (Vgl. Kap. B.) darstellen.

76 **(2) Konkrete Gefahr für die Erfüllung der Verpflichtungen des Instituts (§ 46 KWG).** Wenn eine – konkrete – Gefahr für die Erfüllung der Verbindlichkeiten des Instituts gegenüber seinen Gläubigern besteht, kann die BaFin[147] nach § 46 KWG bestimmte einstweilige Maßnahmen ergreifen. Nach den § 46 Abs. 1 S. 2 Nr. 1–3 KWG kann sie (i) die Geschäftsführung des Instituts anweisen, (ii) die Annahme von Einlagen oder Geldern oder Wertpapieren von Kunden und die Gewährung von Krediten verbieten sowie (iii) Inhabern und Geschäftsleitern die Ausübung ihrer Tätigkeit untersagen. Diese Maßnahmen nach § 46 Abs. 1 S. 2 Nr. 1–3 KWG wirken sich ihrem Zweck nach auf den Innenbereich des Instituts aus.[148]

77 Dagegen wirken sich die Maßnahmen nach den § 46 Abs. 1 S. 2 Nr. 4–6 KWG immer auch im Außenverhältnis aus.[149] Danach kann die BaFin (i) vorübergehend ein Veräußerungs- und Zahlungsverbot an das Institut erlassen, (ii) die Schließung des Instituts für den Kundenverkehr anordnen und (iii) die Entgegennahme von Zahlungen, die nicht Verbindlichkeiten des Instituts erfüllen sollen, verbieten, es sei denn, dass die zuständige Entschädigungseinrichtung oder sonstige Sicherungseinrichtung die Befriedigung der Berechtigten in vollem Umfang sicherstellt (§ 46 Abs. 1 S. 2 Nr. 4–6 KWG). Nach Vorstellung des historischen Gesetzgebers soll durch diese als Moratorium bezeichneten Maßnahmen[150] eine „offene" Insolvenz des Kreditinstituts mit dem Risiko eines schwerwiegenden Vertrauensverlustes in das Kreditgewerbe vermieden werden können und den Beteiligten Zeit gegeben werden, ein Sanierungskonzept zu erarbeiten.[151] Hierzu dient auch der gesetzlich angeordnete Vollstreckungsschutz (§ 46 Abs. 2 S. 6 KWG).[152] Unter Berücksichtigung dieser gesetzgeberischen Intention sowie der Tatsache, dass Maßnahmen nach § 46 KWG von der

---

[144] So auch *Geier/Schmitt* BKR Sonderheft 11/2012, 1 (13).
[145] Vgl. zur Zuständigkeitsverteilung insbes. im Verhältnis zur EZB → Rn. 82–88 u. A.II.
[146] Vgl. zum Verhältnis vom Sonderbeauftragten nach § 45c KWG zum vorläufigen Verwalter nach § 38 SAG → Rn. 59.
[147] Vgl. zur Zuständigkeitsverteilung insbes. im Verhältnis zur EZB → Rn. 82–88 u. A.II.
[148] *Obermüller* Insolvenzrecht in der Bankpraxis Rn. 1.758–1760; *Lindemann* in BFS KWG § 46 Rn. 8.
[149] *Obermüller* Insolvenzrecht in der Bankpraxis Rn. 1.761–1762; *Lindemann* in BFS KWG § 46 Rn. 8.
[150] Vgl. *Pannen* Kap. 1 Rn. 89 und *Lindemann* in BFS KWG § 46 Rn. 2.
[151] Vgl. BT-Drs. 7/4631, S. 8, wobei der Gesetzgeber (fälschlicherweise) davon ausging, dass „die große Masse der Bankkunden zwar rechtlich, aber nicht faktisch von den Maßnahmen nach § 46a betroffen" sein würde, so dass eine „Beunruhigung der breiten Öffentlichkeit durch die Einleitung eines Moratoriums ausgeschlossen erscheint."
[152] Vgl. *Lindemann* in BFS KWG § 46 Rn. 55.

Aufsicht[153] angeordnet werden, ist § 46 KWG hier im Kapitel zur Sanierung dargestellt, obwohl sich in der Praxis gezeigt hat, dass diese Maßnahmen die Geschäftstätigkeit des Instituts lähmten[154] und statt in eine Sanierung nahezu immer in ein Insolvenzverfahren mündeten.[155]

Als Ultima Ratio, wenn insbes. Maßnahmen nach § 45c Abs. 2 Nr. 8 u. § 46 KWG nicht ausreichend sind, kann die BaFin bei einer Gefahr für die Erfüllung der Verpflichtungen des Instituts gegenüber seinen Gläubigern die Erlaubnis aufheben (§ 35 Abs. 2 Nr. 4 KWG).[156] **78**

(3) Ergänzend: Moratorium der Bundesregierung (§§ 46g, 46h KWG). Außerdem kann die Bundesregierung, nach Anhörung der Deutschen Bundesbank, bei wirtschaftlichen Schwierigkeiten von Kreditinstituten mit zu erwartenden schwerwiegenden Gefahren für die Gesamtwirtschaft durch Rechtsverordnung zB Zahlungsaufschübe und Verbote von Zwangsvollstreckungen, einstweiligen Verfügungen und Insolvenzverfahren gegen das Kreditinstitut anordnen (§ 46g Abs. 1 Nr. 1 KWG). Im Unterschied zu § 46 Abs. 1 S. 2 Nr. 4–6 KWG (→ Rn. 77) steht hier nicht das Einzelinstitut im Vordergrund, sondern es soll einer Krise der Gesamtwirtschaft vorgebeugt werden.[157] Diese Maßnahmen sollen einen befürchteten Abzug von notwendigen Mitteln aufhalten und dem Institut Zeit geben, zusammen mit staatlichen Stellen seine Probleme zu lösen.[158] **79**

Wenn dies nicht ausreicht, kann die Bundesregierung ein vorübergehendes allgemeines Ruhen des Bankenverkehrs gegenüber den Kunden[159] (sog Bankfeiertage) anordnen (§ 46g Abs. 1 Nr. 2 KWG). Zweck dieser Regelung ist, ohne einen im Gesetzgebungsverfahren zu erlassenden Rechtsakt zügig auf eintretende Krisen mit befürchteten Auswirkungen auf die gesamte Volkswirtschaft reagieren zu können.[160] Tatsächlich hat die Bundesregierung diese Befugnisse allerdings bislang nicht eingesetzt.[161] **80**

(4) Instrument der Gläubigerbeteiligung zum Zwecke der Rekapitalisierung (§§ 90, 95 Abs. 1 Nr. 1 SAG). Das Instrument der Gläubigerbeteiligung eines die Abwicklungsvoraussetzungen erfüllenden Instituts kann dem Zwecke seiner Rekapitalisierung dienen (§§ 90, 95 Nr. 1 SAG; vgl. auch Art. 43 Abs. 2a) BRRD). Es zielt darauf ab, das Institut fortzuführen, und könnte daher als Sanierungsmaßnahme angesehen werden (→ Rn. 1). Da seine Anwendung jedoch das Vorliegen der Abwicklungsvoraussetzungen erfordert, ordnen die BRRD und das SAG diese Variante des Instruments der Gläubigerbeteiligung der Abwicklung zu. Zur Vermeidung von Wiederholungen wird auf die Ausführungen zur Abwicklung (Vgl. Kap. B.) verwiesen. **81**

---

[153] Im Fall einer Abwicklung ist außerdem die Zustimmung der Abwicklungsbehörde erforderlich (§ 82 Abs. 5 SAG).
[154] Vgl. *Lindemann* in BFS KWG § 46 Rn. 8.
[155] Vgl. *Obermüller* Insolvenzrecht in der Bankpraxis Rn. 1.763; *Pannen* Kap. 1 Rn. 89; *Müller* KTS 2011, 1 (3); *Binder* Bankeninsolvenzen im Spannungsfeld S. 532 ff.
[156] Vgl. *Fischer* in BFS KWG § 35 Rn. 41.
[157] Vgl. *Lindemann* in BFS KWG § 47 KWG Rn. 2.
[158] BT-Drs. 3/1114, S. 42.
[159] Hingegen gilt die Schließung nicht im Verkehr zwischen Kreditinstituten und der Deutschen Bundesbank oder sonstigen Zentralbankinstituten (BT-Drs. 3/1114, S. 42).
[160] BT-Drs. 3/1114, S. 42 f.
[161] Vgl. *Lindemann* in BFS KWG § 47 KWG Rn. 2.

c) Zuständigkeit

82 Mit Übernahme der Aufsicht für Kreditinstitute nach der SSM-Verordnung durch die EZB seit dem 4.11.2014 ergibt sich für die dargestellten aufsichtsbehördlichen Maßnahmen zum Zwecke der Sanierung (→ Rn. 34–81) folgende Zuständigkeitsverteilung[162] im Verhältnis zwischen EZB und BaFin:

aa) Maßnahmen nach dem SAG

83 Die EZB ist grds. bei den sog bedeutenden beaufsichtigten Unternehmen[163] für die dargestellten SAG-Maßnahmen – mit Ausnahme des Instruments der Gläubigerbeteiligung – zuständig (Art. 4 Abs. 1i) 1. Hs. SSM-Verordnung, § 3 Abs. 3 SAG iVm § 1 Abs. 5 Nr. 1 KWG).[164] Insbes. bei den weniger bedeutenden beaufsichtigten Unternehmen[165] und sog Kreditinstituten nach deutschem Recht[166] ist hingegen grds. die BaFin für die direkte Aufsicht zuständig (§ 3 Abs. 3 SAG iVm § 1 Abs. 5 Nr. 2 u. § 6 KWG).[167]

84 Für den Einsatz des Instruments der Gläubigerbeteiligung zum Zwecke der Rekapitalisierung (→ Rn. 81) war bis zum 31.12.2015 die FMSA als nationale Abwicklungsbehörde zuständig (§§ 3 Abs. 1, 90 u. 95 Nr. 1 SAG).[168] Seit vollständigem Inkrafttreten der SRM-Verordnung am 1.01.2016 liegt die Zuständigkeit hierfür beim sog Ausschuss für die einheitliche Abwicklung bzw. bei der FMSA.[169]

bb) Maßnahmen nach dem KWG

85 Die dargestellten sanierungsbezogenen KWG-Maßnahmen gemäß §§ 6 Abs. 3, 45 Abs. 1-2, 45c u. 46 KWG[170] wendet in Bezug auf weniger bedeutsame beaufsichtigte Unternehmen die BaFin an (vgl. § 1 Abs. 5 Nr. 2 u. § 6 KWG).

86 Da die EZB grds. für die Aufsicht der bedeutenden beaufsichtigten Unternehmen zuständig ist, stellt sich die Frage, ob die EZB insoweit zur Wahrnehmung der o.g. KWG-Kompetenzen (→ Rn. 85) zuständig ist. Hiergegen lässt sich zunächst der Wortlaut der o.g. KWG-Vorschriften anführen, wonach hierzu die „Bundesanstalt" (dh die BaFin) und gerade nicht die „Aufsichtsbehörde" (dh BaFin oder EZB)[171] ermächtigt ist. Des Weiteren differenziert der deutsche Gesetzgeber im KWG sorgfältig zwischen Kompetenzen der

---

[162] Vgl. A.II.
[163] Vgl. dazu insbes. Art. 6 Abs. 4 u. Abs. 7 SSM-Verordnung iVm Art. 39 ff. der Verordnung (EU) Nr. 468/2014 der Europäischen Zentralbank vom 16.04.2014 zur Errichtung eines Rahmenwerks zur Zusammenarbeit zwischen der Europäischen Zentralbank und den nationalen zuständigen Behörden und den nationalen benannten Behörden innerhalb des einheitlichen Aufsichtsmechanismus (**SSM-Rahmenverordnung**) (vgl. Deutsche Bundesbank Monatsbericht 10/2014 S. 47 ff.; *Lackhoff/Grünewald* GesKR 2015, 190 (196 ff.); *Lackhoff* JIBLR 2013, 454 (456 ff.); *Peters* WM 2014, 396 (400 f.); *Lehmann/Manger-Nestler* ZBB/JBB 2014, 2 (13 ff.) sowie → A.II. Rn. 50 ff.
[164] → A.II. Rn. 68–70.
[165] → A.II. Rn. 71–75.
[166] → A.II. Rn. 6.
[167] → A.II. Rn. 100–112 speziell zur Sanierung und zum frühzeitigen Eingreifen.
[168] Die Unzuständigkeit der EZB ergibt sich aus Art. 4 Abs. 1i) aE SSM-Verordnung.
[169] → B.I. Rn. 37 ff. u. insbes. → B.I. Rn. 55.
[170] → Rn. 50, 52, 56, 58, 60, 72, 74 u. 76.
[171] Vgl. § 1 Abs. 5 KWG.

"Bundesanstalt"¹⁷² und der „Aufsichtsbehörde"¹⁷³. Auch die systematische Auslegung könnte daher dafür sprechen, dass diese o.g. KWG-Kompetenzen nur der BaFin, nicht jedoch der EZB zustehen.

87 Allerdings ist der Begriff „Bundesanstalt" europarechtskonform¹⁷⁴ unter Berücksichtigung der SSM-Verordnung auszulegen. Art. 4 Abs. 1i) 1. Hs. SSM-Verordnung überträgt auf die EZB „Aufsichtsaufgaben in Bezug auf Sanierungspläne und frühzeitiges Eingreifen" bei bedeutenden beaufsichtigten Unternehmen. Legt man diese Vorschrift weit aus, erfasst sie nicht nur die auf die BRRD zurückgehenden sanierungsbezogenen SAG-Maßnahmen, sondern auch die o.g. sanierungsbezogenen KWG-Maßnahmen (→ Rn. 85). Danach wären diese KWG-Kompetenzen gemäß Art. 4 Abs. 1i) 1. Hs. SSM-Verordnung auf die EZB übergegangen, die diese in Bezug auf bedeutende beaufsichtigte Unternehmen direkt anwenden könnte. Hierfür spricht zunächst der mit der Schaffung des einheitlichen Aufsichtsmechanismus (SSM) verfolgte Zweck, die Aufsichtszuständigkeit für die bedeutenden beaufsichtigten Unternehmen bei der EZB zu konzentrieren.¹⁷⁵ Die anderenfalls bestehende parallele Zuständigkeit von EZB (für SAG-Maßnahmen) und BaFin (für KWG-Maßnahmen) für typischerweise schnelles Handeln erfordernde Sanierungsmaßnahmen widerspräche zudem dem Ziel einer schlagkräftigen und harmonisierten Bankenaufsicht.¹⁷⁶

Hiergegen lässt sich auch nicht einwenden, dass die o.g. KWG-Bestimmungen autonome nationale Vorschriften darstellen, die schon vor dem Erlass der BRRD bestanden und nicht auf EU-Recht zurückgehen. Anders als Art. 4 Abs. 1d) u. e) SSM-Verordnung, die auf Art. 4 Abs. 3 SSM-Verordnung verweisen und Art. 4 Abs. 1i) 2. Hs., der auf einschlägiges Unionsrecht verweist, setzt Art. 4 Abs. 1i) 1. Hs. SSM-Verordnung für sanierungsbezogenes nationales Recht einen solchen europarechtlichen Bezug jedoch gerade nicht voraus.¹⁷⁷ Bei dieser Betrachtung ist der Begriff „Bundesanstalt" in den sanierungsbezogenen KWG-Vorschriften europarechtskonform als „Aufsichtsbehörde" auszulegen, so dass die EZB diese KWG-Kompetenzen in Bezug auf bedeutende beaufsichtigte Unternehmen direkt ausüben könnte.

88 Legte man Art. 4 Abs. 1i) 1. Hs. SSM-Verordnung hingegen eng aus und würde die autonomes nationales Recht darstellenden KWG-Vorschriften nicht von dieser Vorschrift erfasst sehen¹⁷⁸, wären diese KWG-Kompetenzen nicht auf die EZB übergegangen. Da die BaFin nur für weniger bedeutende beaufsichtigte Unternehmen zuständig ist (§ 1 Abs. 5 Nr. 2 u. § 6 KWG), würden sie in Bezug auf bedeutende beaufsichtigte Unternehmen ins Leere laufen. Im Ergebnis stünden der EZB insoweit nur die o.g. Maßnahmen nach dem SAG und damit ein kleineres Repertoire an Sanierungsinstrumenten für bedeutende beaufsichtigte Unternehmen zur Verfügung als der BaFin in Bezug auf weniger bedeutende beaufsichtigte Unternehmen. Die EZB könnte diese KWG-Kompetenzen bei einer solchen engen Auslegung nur – mittelbar – ausüben, indem sie die BaFin zu ihrer Wahrnehmung anweist (Art. 9 Abs. 1 UAbs. 3 SSM-Verordnung).¹⁷⁹

---

¹⁷² Vgl. zB §§ 6 Abs. 3, 10 Abs. 4, 11 Abs. 2–4, 25a Abs. 2, 25b Abs. 3–4, 25c Abs. 4c, 32 Abs. 1 2. Hs. u. 45–46b KWG.
¹⁷³ Vgl. zB §§ 10 Abs. 3 S. 1–2, 24, 24a, 25c Abs. 2, 32 Abs. 1 S. 1 1. Hs. u. 33a KWG.
¹⁷⁴ Vgl. zur Wirkung des Unionsrechts *Bieber/Epiney/Haag* § 6 Rn. 63 ff. mit Nachw. der st. Rspr. des EuGH.
¹⁷⁵ Vgl. auch *Lackhoff/Grünewald* GesKR 2015, 190 (198).
¹⁷⁶ Vgl. zur Ausübung von nationalen Ermessensspielräumen insbs. Ziff. 3.1.3–3.1.5 der Stellungnahme der EZB vom 2.9.2015 zur Bankenabwicklung (CON/2015/31).
¹⁷⁷ AA → A.II. Rn. 111.
¹⁷⁸ Hierfür könnte Erwägungsgrund (35) der SSM-Verordnung sprechen.
¹⁷⁹ → A.II. Rn. 29–33.

d) Zwischenfazit

89 Die Umsetzung der BRRD ins deutsche Recht hat zu einer beträchtlichen Erweiterung des aufsichtsbehördlichen Sanierungsinstrumentariums geführt. Zukünftig sind Institute[180] grds. verpflichtet, sich – unabhängig vom Vorliegen finanzieller Schwierigkeiten – auf eine mögliche zukünftige Krise insbes. durch die Erstellung eines Sanierungsplans vorzubereiten. Neu sind außerdem die ebenfalls durch die BRRD EU-weit harmonisierten Maßnahmen des frühzeitigen Eingreifens und Regelungen zur gruppeninternen finanziellen Unterstützung.

90 Im SAG sind die Zuständigkeiten im Verhältnis zwischen EZB und BaFin klar geregelt (→ Rn. 83 f.), während die sanierungsbezogenen KWG-Vorschriften Fragen aufwerfen. Trotz ihres Wortlauts, wonach nur der BaFin diese KWG-Kompetenzen zustehen, spricht die gebotene europarechtskonforme Auslegung dieser KWG-Vorschriften im Lichte der SSM-Verordnung dafür, dass die EZB zur Wahrnehmung diese KWG-Kompetenzen in Bezug auf bedeutende beaufsichtigte Unternehmen selbst befugt ist (→ Rn. 85–88).

91 Die grds. nebeneinander stehenden sanierungsbezogenen Regelungen des KWGs und SAGs bergen auch in materieller Hinsicht Abgrenzungsprobleme. Deutlich wird dies insbes. an folgenden Beispielen:

- Nach § 45c KWG kann unter bestimmten Voraussetzungen ein Sonderbeauftragter aufsichtsbehördlich bestellt werden.[181] Nach § 38 SAG steht der Aufsichtsbehörde die Kompetenz zu, einen vorläufigen Verwalter zu bestellen.[182] Sowohl an den Sonderbeauftragten als auch an den vorläufigen Verwalter können Organbefugnisse übertragen werden (§ 45c Abs. 1 S. 2, 2. Hs. u. Abs. 3 KWG und § 38 Abs. 1 SAG). Während jedoch die Bestellung eines vorläufigen Verwalters einen Gefahrenverdacht (→ Rn. 55) bzw. einen Aufsichtsrechtsverstoß voraussetzt (→ Rn. 61 ff.), ist die Bestellung des Sonderbeauftragten grds. bereits nach der Generalklausel des § 45c Abs. 1 KWG möglich (→ Rn. 54). Unklar bleibt dabei, wie sich beide Maßnahmen materiell genau voneinander abgrenzen lassen.
- Zu Überschneidungen kann es außerdem bei Maßnahmen bei Verstößen gegen Eigenmittel- und Liquiditätsanforderungen nach § 45 Abs. 2 KWG (→ Rn. 60) und Maßnahmen des frühzeitigen Eingreifens nach § 36 Abs. 1 SAG kommen (→ Rn. 61–71). Besonders deutlich wird dies an § 45 Abs. 2 Nr. 8 KWG und § 36 Abs. 1 S. 3 Nr. 1b) SAG, welche – als inhaltlich identische Rechtsfolge – vorsehen, dass aufsichtsbehördlich gegenüber der Geschäftsleitung bzw. dem Institut angeordnet werden kann, eine oder mehrere im Sanierungsplan genannte(n) Handlungsoption(en) umzusetzen.

92 Vor diesem Hintergrund sollte der deutsche Gesetzgeber den Nutzen jedes im KWG vorgesehenen Sanierungsinstruments im Verhältnis zu den Maßnahmen im SAG kritisch hinterfragen. Wenn dieser besteht, sollte er mittelfristig im Sinne einer schlagkräftigen und effektiven Bankenaufsicht ihre Umsetzung auf EU-Ebene anstreben. Besteht hingegen kein solcher Mehrwert, sollten die entsprechenden KWG-Bestimmungen aufgehoben werden. Diese weitergehende Harmonisierung würde den einheitlichen Binnenmarkt stärken und das Risiko von Kompetenzstreitigkeiten zwischen nationaler und europäischer Ebene reduzieren.

---

[180] → Rn. 41.
[181] → Rn. 52–54, → Rn. 58 f. u. → Rn. 74 f.
[182] → Rn. 70 f.

5. Zusammenfassende Bewertung

93 Die mit der Umsetzung der BRRD in allen Mitgliedstaaten der EU einhergehende Mindestharmonisierung der Sanierungsinstrumente leistet einen wichtigen Beitrag zur Vollendung des EU-Binnenmarkts in Bezug auf Banken. Der deutsche Gesetzgeber ist diesem sich aus der BRRD ergebenden gesetzgeberischen Auftrag insbes. durch Erlass des SAG und durch das Auslaufenlassen der in der Finanzkrise in 2008 geschaffenen Hilfen des SoFFin[183] nachgekommen.

94 Das darüber hinaus fortbestehende Sanierungsverfahren[184] und die sanierungsbezogenen materiellen Regelungen im KWG können zwar als mit der BRRD vereinbar angesehen werden (vgl. den Rechtsgedanken von Art. 37 Abs. 9 BRRD). Allerdings laufen sie der mit dem einheitlichen Aufsichtsmechanismus und der Bankenunion verbundenen Idee eines einheitlichen Binnenmarktes entgegen. Auch führt die Beibehaltung zusätzlicher nationaler Regelungen zu einer Fragmentierung des für Kreditinstitute in Deutschland geltenden Aufsichtsrechts.

95 Mittelfristig erscheint daher eine weitergehende Harmonisierung auf EU-Ebene sinnvoll. Zu diesem Zweck sollte der deutsche Gesetzgeber anstreben, dass zusätzliche sanierungsbezogene Maßnahmen im KWG, welche die bereits auf EU-Ebene harmonisierten Sanierungsinstrumente sinnvoll ergänzen, für alle EU-Staaten eingeführt werden (→ Rn. 92). Praktisch könnte dies im Zusammenhang mit der bis Juni 2018 vorgeschriebenen Überprüfung der Durchführung der BRRD durch die Kommission erfolgen (vgl. Art. 129 BRRD). Außerdem sollte der deutsche Gesetzgeber überlegen, die sich mit dem SAG inhaltlich überschneidenden Vorschriften des KWG (→ Rn. 91) und – nicht zuletzt auch aufgrund seiner fehlenden Praxisrelevanz – zum Sanierungsverfahren aufzuheben.

---

[183] → Rn. 10–22.
[184] → Rn. 23–33.

A. Sanierung und frühzeitiges Eingreifen

II. Der Einheitliche Aufsichtsmechanismus

Übersicht

		Rn.
1.	Einleitung	1
2.	Grundlagen zum Anwendungsbereich des SSM	3
	a) Territorialer Anwendungsbereich	4
	b) Persönlicher Anwendungsbereich	5
3.	Besondere Aufgaben und Befugnisse der EZB im Rahmen des SSM	10
	a) Aufgaben der EZB	12
	b) Zuständigkeit, Befugnisse und Pflichten der EZB	15
	aa) Einleitung und Überblick	16
	bb) Zuständigkeiten der EZB im Rahmen des SSM	19
	cc) Befugnisse und Pflichten der EZB im Rahmen des SSM	22
	dd) Abgrenzung der „besonderen Aufgaben" der EZB von anderen Aufsichtsaufgaben	41
	ee) Normenhierarchie und für die EZB und NCA geltender Rechtsrahmen	44
4.	Direkte Aufsicht und indirekte Aufsicht	50
	a) Gemeinsame Verfahren	52
	aa) Zulassung als CRR-Kreditinstitut	53
	bb) Entzug der Erlaubnis eines CRR-Kreditinstituts	58
	cc) Inhaberkontrollverfahren über CRR-Kreditinstitute	59
	b) EZB Befugnisse (ohne Erlaubniserteilung und -entzug sowie Inhaberkontrolle)	60
	aa) Bedeutende und weniger bedeutende beaufsichtigte Unternehmen	62
	bb) Direkte Aufsicht durch die EZB (bedeutende beaufsichtigte Unternehmen)	68
	cc) Indirekte Aufsicht durch die EZB (weniger bedeutende beaufsichtigte Unternehmen)	71
	c) Ergänzende Meldepflichten für CRR-Kreditinstitute	76
5.	Verwaltungsverfahrensrecht der EZB, insbesondere Erlass von Aufsichtsbeschlüssen	79
	a) Verwaltungsverfahren der EZB als „Aufsichtsbehörde"	80
	aa) Besondere Ermittlungs- und Sanktionsbefugnisse	83
	bb) Rechtsschutz gegen die EZB	85
	b) Verwaltungsverfahrensrecht der BaFin	92
6.	Gruppenaufsicht, Zweigstellen und -niederlassungen	93
	a) Aufsicht im Hinblick auf Gruppen(unternehmen)	94
	b) Zweigstellen und -niederlassungen	97
7.	Zuständigkeiten bei der Sanierung und Frühintervention	100
	a) Sanierung und Frühintervention	101
	aa) Zuständigkeiten der EZB im Rahmen der Sanierung	103
	bb) Frühintervention	107
	b) Abwicklung	113
8.	Zusammenfassung und Gesamtergebnis	116

Schrifttum: *Baur/Ganguli*, Die Neuordnung der Europäischen Bankenaufsicht, jurisPR-BKR 11/2013 Anm. 1; *Binder*, Auf dem Weg zu einer europäischen Bankenunion? Erreichtes, Unerreichtes, offene Fragen, ZBB 2013, 297; Bundesministerium der Finanzen, Monatsbericht Mai 2013; *Berger*, Der einheitliche Aufsichtsmechanismus (SSM) – Bankenaufsicht im europäischen Verbund, WM 2015, 501; *von Bogdandy/Cassese/Huber*, Handbuch Ius Publicum Europaeum, Band IV: Verwaltungsrecht in Europa: Wissenschaft, 2011; *Callies/Ruffert*, EUV/AEUV – Das Verfassungsrecht der Europäischen Union mit Europäischer Grundrechtecharta, Kommentar, 4. Auflage 2011; *Ceyssens*, Teufelskreis zwischen Banken und Staatsfinanzen – Der neue Europäische Bankenaufsichtsmechanismus, NJW 2013, 3704; Deutsche Bundesbank, Monatsbericht 10/2014; dies., Monatsbericht 7/2013; dies., Monatsbericht 6/2013; *Dombret* in: Deutsche Bundesbank Pressemitteilung vom 23.7.2014, European banking union: Where do we stand?; Europäische Zentralbank, Guide to Banking Supervision, November 2014; *Eyermann/Fröhler*, Verwaltungsgerichtsordnung, Kommentar, 14. Auflage 2014; *Gärditz*, Die Verwaltungsdimension des Lissabon-Vertrags, DÖV 2010, 453; *Grabitz/Hilf/Nettesheim*, Das Recht der Europäischen Union: EUV/AEUV, Kommentar, Loseblattausgabe, 57. Auflage 2015; *Guttenberg*, Schriften zur Verwaltungswissenschaft Band 12, Weisungsbefugnisse und Selbsteintritt, 1992, 33 ff.; *Herdegen*, Europäische Bankenunion: Wege zu einer einheitlichen Bankenaufsicht, WM 2012, 1889; *Kahl*, Die Europäisierung des Verwaltungsrechts, Die Verwaltung Beiheft 10: Das Europäische Verwaltungsrecht in der Konsolidierungsphase, 2010, 49; *Kämmerer*, Die neuen Aufsichtsbefugnisse im Lichte der EU-Kompetenzordnung, NVwZ 2013, 830; *Lackhoff*, How will the single supervisory mechanism (SSM) function?, JIBLR 2014, 1; *Ladler*, Finanzmarktregulierung in der Krise oder die Krise der Finanzmarktregulierung? Kritische Anmerkungen zur Übertragung der Banken- und Finanzaufsicht auf die EZB, GPR 2013, 328; *Lehmann/Manger-Nestler*, Einheitlicher Europäischer Aufsichtsmechanismus: Bankenaufsicht durch die EZB, ZBB 2014, 2; *Lisken/Denninger*, Handbuch des Polizeirechts, 5. Auflage 2012; *Maurer*, Allgemeines Verwaltungsrecht, 18. Auflage 2011; *Peuker*, Die Anwendung nationaler Rechtsvorschriften durch Unionsorgane – ein Konstruktionsfehler der europäischen Bankenaufsicht, JZ 2014, 764; *Redeker/von Oertzen*, Verwaltungsgerichtsordnung, Kommentar, 16. Auflage 2014; *Sacarcelik*, Europäische Bankenunion: Rechtliche Rahmenbedingungen und Herausforderungen der einheitlichen europäischen Bankenaufsicht, BKR 2013, 353; *Sodan/Ziekow*, Verwaltungsgerichtsordnung, Kommentar, 4. Auflage 2014; *Stelkens/Bonk/Sachs*, Verwaltungsverfahrensgesetz, Kommentar, 8. Auflage 2014, § 4, 44; *Schenke*, Polizei- und Ordnungsrecht, 8. Auflage 2013; *Wolfers/Voland*, Europäische Zentralbanken und Bankenaufsicht – Rechtsgrundlage und demokratische Kontrolle des Single Supervisory Mechanism, BKR 2014, 177.

1. Einleitung

Zum 4.11.2014 wurden der Europäischen Zentralbank (EZB) „besondere Aufgaben im Zusammenhang mit der Aufsicht über Kreditinstitute übertragen" und damit der sog einheitliche Aufsichtsmechanismus (*single supervisory mechanism* – SSM) geschaffen[1]. Der SSM ist Bestandteil der **Bankenunion**, zu der auch die Schaffung eines einheitlichen europäischen Abwicklungsmechanismus (inkl. der Errichtung eines einheitlichen europäischen Abwicklungsfonds) und die Überarbeitung der Einlagensicherung gehören.[2]

---

[1] Zum zeitlichen Anwendungsbereich vgl. Art. 33 Abs. 2 SSM-Verordnung. Zur SSM-Verordnung vgl. *Baur/Ganguli* jurisPR-BKR 11/2013 Anm. 1; *Ladler* GPR 2013, 328 ff.; *Peuker* JZ 2014, 764 ff.; *Ceyssens* NJW 2013, 3704 ff.; *Sacarcelik* BKR 2013, 353 ff.; *Binder* ZBB 2013, 297 ff.; *Lehmann/Manger-Nestler* ZBB 2014, 2 ff.; *Wolfers/Voland* BKR 2014, 177 (177); Deutsche Bundesbank Monatsbericht 10/2014, 45 ff.; Bundesministerium der Finanzen Monatsbericht 5/2013; EZB Guide to Banking Supervision; *Dombret* European banking union: Where do we stand?, Rede publiziert durch die Deutsche Bundesbank als Pressemitteilung, 23.7.2014; Deutsche Bundesbank Monatsbericht 7/2013, 13 ff.

[2] Erwägungsgrund 12 der SSM-Verordnung; vgl. auch Mitteilung der Kommission an das Europäische Parlament und den Rat vom 12.9.2012, Fahrplan für eine Bankenunion, KOM (2012) 510 endgültig; vgl. auch Deutsche Bundesbank Monatsbericht 10/2014, 45; Entschließung des Europäi-

2   Der folgende Beitrag beschäftigt sich mit der Funktionsweise und den Inhalten des SSM. Er geht auf den Anwendungsbereich des SSM (→ Rn. 3 ff.), Aufgaben und Befugnisse der EZB (→ Rn. 10 ff.) sowie die Unterscheidung zwischen direkter und indirekter[3] EZB-Aufsicht (→ Rn. 50 ff.) ein. Gegenstand des Beitrags ist auch eine Darstellung des Verwaltungsverfahrens (→ Rn. 78 ff.) sowie der Besonderheiten im Zusammenhang mit der Aufsicht über Gruppen, Zweigstellen sowie Zweigniederlassungen (→ Rn. 93 ff.) nebst den Zuständigkeiten der EZB im Zusammenhang mit der Sanierung und Abwicklung von Kreditinstituten (→ Rn. 100 ff.).

2. Grundlagen zum Anwendungsbereich des SSM

3   Der Anwendungsbereich des SSM unterliegt in territorialer und persönlicher Hinsicht erheblichen Beschränkungen.

a) Territorialer Anwendungsbereich

4   In territorialer Hinsicht erstreckt er sich nicht auf die gesamte EU. Vielmehr sind von der Verordnung (EU) Nr. 1024/2013 zur Übertragung besonderer Aufgaben im Zusammenhang mit der Aufsicht an die EZB **(SSM-Verordnung)**[4] nur die Mitgliedstaaten der EU betroffen, deren Landeswährung der EUR ist, sowie Mitgliedstaaten, die eine enge Zusammenarbeit nach Art. 7 SSM-Verordnung vereinbart haben (zusammen: teilnehmende Mitgliedstaaten).[5] Aktuell besteht der SSM nur aus den Staaten des Euroraums.[6]

b) Persönlicher Anwendungsbereich

5   In persönlicher Hinsicht erfasst die SSM-Verordnung nicht alle in den teilnehmenden Mitgliedstaaten ansässigen Institute, sondern nur Kreditinstitute nach Art. 4 Abs. 1 Nr. 1 der Verordnung über Aufsichtsanforderungen an Kreditinstitute und Wertpapierfirmen (*Capital Requirements Regulation* – CRR[7]) (CRR-Kreditinstitute).[8] Dabei handelt es sich um

---

schen Parlaments vom 7.7.2010 mit Empfehlungen an die Kommission zu einem grenzübergreifenden Krisenmanagement im Bankensektor (2010/2006 (INI)); *Lehmann/Manger-Nestler* ZBB 2014, 2 (4 f.).

[3] Teilweise wird zwischen der direkten Aufsicht durch die EZB und der direkten Aufsicht durch die NCA unterschieden. Um die ausschließliche Aufsicht der NCA außerhalb des SSM von der direkten Aufsicht der NCA im Rahmen des SSM besser abzugrenzen, wird im Hinblick auf die direkte Aufsicht der NCA nachfolgend von der indirekten Aufsicht der EZB gesprochen (so auch *Ceyssens* NJW 2013, 3704 (3707); vgl. auch → Rn. 50 ff.).

[4] Verordnung (EU) Nr. 1024/2013 zur Übertragung besonderer Aufgaben im Zusammenhang mit der Aufsicht über Kreditinstitute auf die Europäische Zentralbank.

[5] Art. 2 Nr. 1 SSM-Verordnung; vgl. auch Deutsche Bundesbank Monatsbericht 10/2014, 47. Die Sonderregeln zur engen Zusammenarbeit nach Art. 7 SSM-Verordnung sind nicht Gegenstand dieses Beitrags. Die Befugnisse der EZB im Hinblick auf Mitgliedstaaten, für die lediglich eine enge Zusammenarbeit vereinbart wurde, sind nicht vollständig identisch mit den Befugnissen der EZB innerhalb der Eurozone.

[6] Europäische Zentralbank, Liste bedeutender beaufsichtigter Unternehmen und Liste weniger bedeutender Institute, Stand 31. Dezember 2015. Mit dem Euro-Beitritt Litauens gehören dem SSM nunmehr 19 Staaten an, Pressemitteilung der EZB vom 1.1.2015.

[7] Verordnung (EU) Nr. 575/2013 des Europäischen Parlaments und des Rats vom 26. Juni 2013 über Aufsichtsanforderungen an Kreditinstitute und Wertpapierfirmen und zur Änderung der Verordnung (EU) Nr. 648/2012.

[8] Deutsche Bundesbank Monatsbericht 10/2014, 46.

Institute, die berechtigt sind, sowohl das Einlagen- als auch das Kreditgeschäft zu betreiben.[9]

In Deutschland betrifft dies – auf der Grundlage der Terminologie des Kreditwesengesetzes (KWG) – alle deutschen CRR-Kreditinstitute[10]. Deutsche CRR-Kreditinstitute stehen damit allesamt unter EZB-Aufsicht, und zwar unabhängig von ihrer Größe und davon, ob sie einem Institutssicherungssystem angehören.[11] Institute, welche zwar nach nationalem, nicht aber nach europäischem Recht als Kreditinstitut gelten, verbleiben vollständig unter nationaler Aufsicht.[12]

Der **Kreditinstitutsbegriff** der SSM-Verordnung ist damit erheblich enger als der Kreditinstitutsbegriff des KWG. Auf der Basis des KWG ist ein Unternehmen bereits dann Kreditinstitut, wenn es eines der in § 1 Abs. 1 S. 2 KWG genannten Bankgeschäfte betreibt (zB das Finanzkommissionsgeschäft, das Depotgeschäft oder das Garantiegeschäft). Für die Zwecke der CRR und der SSM-Verordnung trifft dies jedoch nur dann zu, wenn mindestens auch eine Erlaubnis für die Erbringung des Einlagen- und Kreditgeschäfts vorliegt.

Neben den in teilnehmenden Mitgliedstaaten niedergelassenen CRR-Kreditinstituten beaufsichtigt die EZB auch in teilnehmenden Mitgliedstaaten niedergelassene
- Finanzholdinggesellschaften und gemischte Finanzholdinggesellschaften und
- Zweigniederlassungen[13] eines in einem nicht teilnehmenden Mitgliedstaat niedergelassenen Kreditinstituts (**EZB-Zweigniederlassungen**)

(zusammen in der SSM-Verordnung terminologisch unscharf bezeichnet als: beaufsichtigte Unternehmen).[14] Die für Finanzkonglomerate geltenden Besonderheiten sind nicht Gegenstand dieses Beitrags.

Finanzholdinggesellschaften und gemischte Finanzholdinggesellschaften werden nach hier vertretener Auffassung nur dann durch die EZB beaufsichtigt, wenn sie Teil einer Gruppe sind, der mindestens ein Kreditinstitut im Sinne des Art. 1 Abs. 1 Nr. 1 CRR angehört (→ Rn. 96).

3. Besondere Aufgaben und Befugnisse der EZB im Rahmen des SSM

Die Aufsicht der EZB über beaufsichtigte Unternehmen, inklusive EZB-Zweigniederlassungen, ist nicht umfassend; sie bleibt vielmehr auf die der EZB übertragenen „**besonderen Aufgaben**" und die ihr insoweit zugewiesenen Befugnisse beschränkt.

Bei der Wahrnehmung der der EZB übertragenen besonderen Aufgaben beachtet die EZB die in Art. 19 ff. SSM-Verordnung niedergelegten organisatorischen Grundsätze, ins-

---

[9] Art. 2 SSM-Verordnung; vgl. auch Deutsche Bundesbank Monatsbericht 10/2014, 46.
[10] CRR-Kreditinstitut ist ein Unternehmen, dessen Tätigkeit darin besteht, Einlagen oder andere rückzahlbare Gelder des Publikums entgegenzunehmen und Kredite für eigene Rechnung zu gewähren; vgl. § 1 Abs. 3d KWG iVm Artikels 4 Abs. 1 Nr. 1 der Verordnung (EU) Nr. 575/2013.
[11] Vgl. auch Erwägungsgrund 16 der SSM-Verordnung.
[12] Deutsche Bundesbank Monatsbericht 7/2013, 18.
[13] Die SSM-Verordnung und SSM-Rahmenverordnung sprechen insoweit zwar von Zweigstellen. Gemeint sind jedoch Zweigniederlassungen im Sinne des KWG nach § 53b KWG und nicht Zweigstellen nach §§ 53, 53c KWG. Ferner gehören auch zentrale Gegenparteien zu den beaufsichtigten Unternehmen, wenn sie über eine Zulassung als Kreditinstitut iSd CRD IV verfügen (Art. 2 Nr. 20 SSM-Rahmenverordnung).
[14] Vgl. Art. 2 Nr. 20 SSM-Rahmenverordnung.

besondere zur Unabhängigkeit und Tätigkeit im objektiven Interesse der Union als Ganzes[15] und zur Trennung der Aufsichtsfunktion von der geldpolitischen Funktion der EZB.[16]

a) Aufgaben der EZB

12 Für alle CRR-Kreditinstitute nimmt die EZB die in Art. 4 SSM-Verordnung niedergelegten „besonderen Aufgaben" wahr. Art. 4 SSM-Verordnung **ist abschließend**. Im Einzelnen[17] umfassen die Aufgaben der EZB:
(a) die Zulassung von Unternehmen als Kreditinstitut und den Entzug der Erlaubnis,[18]
(b) die Durchführung von Inhaberkontrollverfahren,[19]
(c) die Durchführung von Verfahren zur Erteilung des „Europäischen Passes" und die Aufsicht nach Heimatstaatsregeln nach den Regelungen des „Europäischen Passes" für EZB-Institute sowie in den Grenzen der Aufsicht nach Aufnahmestaatregeln über EZB-Zweigniederlassungen,[20]
(d) die Gewährleistung aufsichtsrechtlicher Anforderungen in Bezug auf Eigenmittel, Verbriefungen, Großkredite, Liquidität, den Verschuldungsgrad sowie Meldungen und die Veröffentlichung von Informationen,[21]
(e) die Gewährleistung solider Regelungen der Unternehmensführung, einschließlich Eignungsanforderungen an die Geschäftsleiter, Risikomanagementverfahren, interne Kontrollmechanismen, Vergütungspolitiken und -praktiken sowie wirksame Verfahren zur Beurteilung der Angemessenheit des internen Kapitals, einschließlich der auf internen Ratings basierenden Modelle,[22]
(f) die Durchführung aufsichtsrechtlicher Prüfungen, Stresstests (und deren etwaige Veröffentlichung) nebst der Festlegung zusätzlicher Eigenmittelanforderungen, Offenlegungspflichten, Liquiditätsanforderungen und sonstiger Maßnahmen, soweit nationales Recht einer nationalen Aufsichtsbehörde (*National Competent Authority* – NCA) in Umsetzung von Europarecht entsprechende Befugnisse zugesteht[23] und
(g) die Prüfung von und das Ergreifen von Maßnahmen im Zusammenhang mit Sanierungsplänen sowie Maßnahmen des frühzeitigen Eingreifens
(zusammen: EZB-Aufgaben).[24]

---

[15] Art. 19 Abs. 1 SSM-Verordnung.
[16] Art. 25 SSM-Verordnung, vgl. insgesamt hier auch Deutsche Bundesbank Monatsbericht 10/2014, 49 ff.; *Lehmann/Manger-Nestler* ZBB 2014, 2 (18). Die konkrete Ausgestaltung der Trennung ist als politischer Kompromiss vor dem Hintergrund zu werten, dass der EZB-Rat oberstes Beschlussorgan der EZB sowohl für den Bereich Geldpolitik als auch den Bereich Bankenaufsicht ist (Deutsche Bundesbank Monatsbericht 10/2014, 50; *Lehmann/Manger-Nestler* ZBB 2014, 2 (18) mit kritischer Würdigung). Für eine vollständige, personelle Trennung der Bereiche hätte es eine Änderung der Primärverträge bedurft.
[17] Nicht dargestellt werden Besonderheiten der zusätzlichen Beaufsichtigung von Finanzkonglomeraten (vgl. zB Art. 4 Abs. 1 h) SSM-Verordnung).
[18] Art. 4 Abs. 1 a), b) SSM-Verordnung.
[19] Art. 4 Abs. 1 c) SSM-Verordnung. Sonderregelungen gelten für die Inhaberkontrolle im Rahmen der Abwicklung.
[20] Art. 4 Abs. 1 b) und Abs. 2 SSM-Verordnung. Vgl. auch Art. 17 SSM-Verordnung: „Befugnisse der Behörden des Aufnahmemitgliedstaats".
[21] Art. 4 Abs. 1 d) SSM-Verordnung.
[22] Art. 4 Abs. 1 e) SSM-Verordnung.
[23] Art. 4 Abs. 1 f) SSM-Verordnung.
[24] Zu den EZB-Aufgaben zählt auch die nachfolgend dargestellte Sekundärzuständigkeit für makroprudenzielle Instrumente; vgl. hierzu: *Binder* ZBB 2013, 297 (308).

Zur Festlegung der Kapitalpuffer-Anforderungen (§§ 10c – 10i KWG) und sonstiger 13
Maßnahmen zur Abwendung von Systemrisiken oder makroprudenzieller Risiken (vgl.
zB § 48t KWG) (zusammen: **makroprudenzielle Instrumente**) bleiben primär die NCA
in den teilnehmenden Mitgliedstaaten zuständig.[25] Die EZB verfügt allerdings über die
Möglichkeit, in Ausnahmefällen strengere Vorgaben als die NCAs zu verhängen, soweit
sie dies für erforderlich hält.[26] Das asymmetrische Interventionsrecht soll verhindern, dass
NCA aus Rücksicht auf mögliche negative Folgen für die Wirtschaft des Mitgliedstaats die
makroprudenziellen Instrumente nicht (in hinreichendem Umfang) nutzen.[27]

Im Übrigen verbleiben Aufgaben (und Befugnisse) vollständig bei den zuständigen 14
NCA.[28]

b) Zuständigkeit, Befugnisse und Pflichten der EZB

Die SSM-Verordnung trennt eindeutig zwischen Aufgaben (Art. 4 SSM-Verordnung) 15
und Befugnissen (Art. 9 ff. SSM-Verordnung).

aa) Einleitung und Überblick

Nach allgemeinen öffentlich-rechtlichen Grundsätzen kann aus der Existenz einer Auf- 16
gabe nicht auf die Existenz einer Befugnis zurückgeschlossen werden.[29] Die Trennung von
Aufgaben und Befugnissen zeigt vielmehr, dass die EZB innerhalb der ihr nach Art. 4
SSM-Verordnung übertragenen Aufgaben Maßnahmen mit Eingriffscharakter nur dann
und nur insoweit ergreifen kann, als ihr nach Art. 9 ff. SSM-Verordnung auch eine entsprechende Befugnis zusteht.

Die Trennung von Aufgaben und Befugnissen ist dem Europarecht und dem deutschen 17
Verwaltungsrecht nicht unbekannt. Eine ähnliche Aufteilung findet sich beispielsweise
auch in den Verordnungen zur Gründung der Europäischen Wertpapier- und Marktaufsichtsbehörde (ESMA),[30] der Europäischen Bankenaufsichtsbehörde (European Banking
Authority – EBA)[31] und der Europäischen Aufsichtsbehörde für das Versicherungswesen
und die betriebliche Altersversorgung (EIOPA)[32]. Im deutschen Verwaltungsrecht wurde
die Trennung von Aufgabe und Befugnis insbesondere im Polizeirecht verankert.[33]

Die Regelung des Art. 9 SSM-Verordnung über Befugnisse ist stark **auslegungs-** 18
bedürftig:[34]

---

[25] Art. 5 Abs. 1 SSM-Verordnung; Art. 101 ff. SSM-Rahmenverordnung.
[26] Art. 5 Abs. 2 SSM-Verordnung.
[27] Deutsche Bundesbank Monatsbericht 10/2014, 62.
[28] Art. 1 Abs. 5, 6 SSM-Verordnung; Erwägungsgrund 15 der SSM-Verordnung; *Lackhoff* JIBLR 2014, 1 (1 ff.); Deutsche Bundesbank Monatsbericht 10/2014, 47.
[29] Vgl. für das deutsche Recht *Schenke* § 3 Rn. 36 ff.; kritisch *Lehmann/Manger-Nestler* ZBB 2014, 2 (6).
[30] Errichtet durch Verordnung (EU) Nr. 1095/2010 vom 24. November 2010.
[31] Errichtet durch Verordnung (EU) Nr. 1093/2010 vom 24. November 2010 (**EBA-Verordnung**).
[32] Errichtet durch Verordnung (EU) Nr. 1094/2010 vom 24. November 2010.
[33] Bereits im „Musterentwurf eines einheitlichen Polizeigesetzes" von 1976 als Ausdruck von Gesetzesvorbehalt und Bestimmtheitsgebot enthalten, findet sich diese Trennung in den aktuellen Polizeigesetzen aller Bundesländer. Dogmatisch eingehend: *Lisken/Denninger* Kap. C Rn. 8 ff.
[34] Die EZB übt in Bezug auf Kreditinstitute, die in teilnehmenden Mitgliedstaaten niedergelassen sind, deren Währung nicht der EUR ist, ihre Befugnisse nicht nach Art. 9 SSM-Verordnung sondern nach Art. 7 SSM-Verordnung aus. Art. 7 SSM-Verordnung ist nicht Gegenstand dieser Darstellung.

- Nach Art. 9 Abs. 1 UAbs. 1 SSM-Verordnung gilt die EZB zum Zweck der Wahrnehmung der EZB-Aufgaben „nach Maßgabe des einschlägigen Unionsrechts in den teilnehmenden Mitgliedstaaten je nach Sachlage als die zuständige oder benannte Behörde."
- Nach Art. 9 Abs. 1 UAbs. 2 S. 1 SSM-Verordnung stehen der EZB alle in der SSM-Verordnung genannten „Befugnisse und Pflichten" zu.
- Nach Art. 9 Abs. 1 UAbs. 2 S. 2 SSM-Verordnung verfügt die EZB über „sämtliche Befugnisse und Pflichten, die zuständige und benannte Behörden nach dem einschlägigen Unionsrecht haben", sofern die SSM-Verordnung nichts anderes vorsieht.

bb) Zuständigkeiten der EZB im Rahmen des SSM

19 Art. 9 Abs. 1 UAbs. 1 SSM-Verordnung regelt die Zuständigkeit der EZB, insbesondere in Abgrenzung zur Zuständigkeit der NCA. Es handelt sich weder um eine Aufgaben- noch eine Befugnisnorm. Gegenstand der Regelung ist die Klarstellung, dass die EZB kraft Art. 9 Abs. 1 UAbs. 1 SSM-Verordnung im Rahmen der ihr übertragenen besonderen Aufgaben originär, **ausschließlich** – und damit auch nicht von den NCA abgeleitet – **zuständig** ist. Sie gilt insoweit als die zuständige bzw. benannte Behörde.

20 Die durch Art. 9 Abs. 1 UAbs. 2 SSM-Verordnung begründete Zuständigkeit der EZB folgt den EZB-Aufgaben: Soweit das Unionsrecht (zB in der CRD IV/CRR) materielle Vorschriften im Hinblick auf EZB-Aufgaben enthält und einer Behörde Zuständigkeiten zuweist oder den Mitgliedstaaten die Benennung der zuständigen Behörde überlässt, ist seit dem 4.11.2014 die EZB zuständig.[35] Dies gilt auch dann, wenn nationales Recht weiterhin eine NCA als zuständig benennt. Die Zuständigkeiten der NCA werden unmittelbar kraft der SSM-Verordnung auf die EZB übertragen.[36]

21 Art. 9 Abs. 1 UAbs. 1 SSM-Verordnung stellt ferner klar, dass die NCA in diesem Rahmen nicht mehr selbst die zuständige bzw. benannte Behörde sind. Soweit NCA aufgrund spezieller Regelungen der SSM-Verordnung weiterhin in Aufsichtsaufgaben einbezogen werden (zB im Rahmen der indirekten Aufsicht, vgl. → Rn. 70 ff.), liegt regelmäßig ein Fall **(gesetzlicher) Delegation**[37] von der EZB auf die NCA vor. Die NCA leiten ihre Aufgaben, Befugnisse und Pflichten dann ebenfalls aus der SSM-Verordnung ab.

cc) Befugnisse und Pflichten der EZB im Rahmen des SSM

22 Durch Art. 9 Abs. 1 UAbs. 2 S. 2 SSM-Verordnung werden der EZB sämtliche Befugnisse und Pflichten übertragen, die zuständige und benannte Behörden im Rahmen der EZB-Aufgaben nach dem einschlägigen Unionsrecht zustehen.

(1) Überblick Aufsichtsbefugnisse und Pflichten der EZB

23 Die EZB ist berechtigt, innerhalb der EZB-Aufgaben selbst die Befugnisse auszuüben, die das Unionsrecht eigentlich anderen Behörden zuweist.[38] Während die Zuständigkeit der EZB den EZB-Aufgaben folgend immer direkt dem Unionsrecht zu entnehmen ist, gilt dieser Grundsatz im Hinblick auf die Befugnisse der EZB nur beschränkt:

24 Soweit die EZB Befugnisse in Bereichen wahrnimmt, die in einer EU-Richtlinie geregelt sind (zB in der CRD IV), wendet sie nicht direkt die Richtlinie, sondern vielmehr die

---

[35] Deutsche Bundesbank Monatsbericht 7/2013, 18; sowie ausführlich hierzu: Deutsche Bundesbank Monatsbericht 6/2013, 57 ff.
[36] Erwägungsgrund 45 der SSM-Verordnung.
[37] Zur Delegation im deutschen Recht vgl. *Schmitz* in Stelkens/Bonk/Sachs VwVfG § 4 Rn. 41.
[38] Erwägungsgrund 45 der SSM-Verordnung.

jeweils geltenden **nationalen Vorschriften zu deren Umsetzung** an.[39] Dies gilt auch für EU-Verordnungen, soweit diese Mitgliedstaaten Wahlrechte einräumen[40], jedenfalls dann, wenn das Wahlrecht dem nationalen Gesetzgeber eingeräumt wird. Der Vorbehalt erfasst jedoch nur die den nationalen Gesetzgebern eingeräumten Wahlrechte, nicht auch nationalen Behörden vorbehaltene Entscheidungs-/Handlungsspielräume, zB im Hinblick auf die Konkretisierung ihrer Verwaltungspraxis und Ermessensausübung.[41] Unklar ist daher die Behandlung von Wahlrechten und Ermessensspielräumen, die durch Unionsrecht den Aufsichtsbehörden eingeräumt werden, wenn dieses Recht tatsächlich durch den nationalen Gesetzgeber ausgeübt wurden (wie zB in § 2 Abs. 9d KWG).[42]

Somit muss die EZB bei der Beaufsichtigung von deutschen CRR-Kreditinstituten 25 insbesondere die Inhalte der Verordnung zur Ergänzung der Großkreditvorschriften und zur Ergänzung der Millionenkreditvorschriften nach dem Kreditwesengesetz (GroMiKV)[43] und die Verordnung zur angemessenen Eigenmittelausstattung von Instituten, Institutsgruppen, Finanzholding-Gruppen und gemischten Finanzholding-Gruppen (SolvV) beachten.

Die Trennung zwischen nationalen Umsetzungsvorschriften und Regelungen, die (le- 26 diglich) den nationalen Behörden **vorbehaltene Entscheidungs-/Handlungsspielräumen** definieren, wirft in der Praxis schwierige Abgrenzungsfragen auf. Dies zeigt besonders deutlich der Bereich der Gewährleistung solider Regelungen der Unternehmensführung, insbesondere dort bei den Regelungen zu Vergütungspolitiken und -praktiken.[44] Die CRD IV räumt dem nationalen Gesetzgeber bei der Umsetzung der Vorgaben zur variablen Ver-

---

[39] Art. 4 Abs. 3 S. 1 SSM-Verordnung; Erwägungsgrund 34 der SSM-Verordnung. Die Anwendung nationalen Rechts durch ein Unionsorgan wird von *Peuker* als „Vollzug in umgekehrter Richtung bezeichnet" (*Peuker* JZ 2014, 764 mit Darstellung zur Entstehungsgeschichte und kritischer Würdigung des Vollzugs in umgekehrter Richtung). Die von *Peuker* geäußerten Bedenken vermögen jedoch nicht zu überzeugen. Ein Verstoß gegen die Verwaltungskompetenzordnung des Grundgesetzes liegt nicht vor, da die SSM-Verordnung lediglich eine entsprechende Anwendung des nationalen Rechts anordnet. Die EZB übt technisch nicht die Befugnisse aus dem KWG aus; ihre Befugnisse resultieren aus der SSM-Verordnung, die die Regelungen des KWG entsprechend zur Anwendung bringt. Wie unter → Rn. 84 ff. gezeigt, besteht auch effizienter Rechtsschutz in dem Sinne, dass der Rechtsweg zum Gericht eröffnet ist. Der SSM konnte nur als Verordnung und nicht als Richtlinie erlassen werden, da die EZB direkt berechtigt und verpflichtet werden sollte; ein Verstoß gegen das Subsidiaritätsprinzip ist insoweit nicht ersichtlich. Damit verbleibt es bei allgemeinen Bedenken gegen die Erforderlichkeit der Bankenunion an sich und die (geringe) demokratische Legitimation der Bankenaufsicht in der EZB. Auf die Frage, ob dem Primärrecht eine hinreichende Ermächtigungsgrundlage zur Schaffung der Bankenunion zu entnehmen ist, soll hier nicht weiter eingegangen werden (eingehend hierzu *Lehmann/Manger-Nestler* ZBB 2014, 2 (6 ff.); *Wolfers/Voland* BKR 2014, 177 (181 ff.). Faktisch bedenklich erscheint die Doppelfunktion des EZB-Rats im Bereich der Bankenaufsicht und Geldpolitik.
[40] Art. 4 Abs. 3 S. 2 SSM-Verordnung.
[41] Erwägungsgrund 34 der SSM-Verordnung.
[42] Am 11. November 2015 leitete die EZB eine Konsultation über die Harmonisierung von Wahlrechten und Ermessensspielräumen im Unionsrecht ein. Die entsprechenden Dokumente stellen die Auffassung der EZB dar (vgl. Entwurf einer Verordnung der Europäischen Zentralbank über die Nutzung der im Unionsrecht eröffneten Optionen und Ermessensspielräume vom 11. November 2015 und Entwurf eines Leitfadens der EUB zu im Unionsrecht eröffneten Optionen und Ermessensspielräumen vom 11. November 2015).
[43] Verordnung zur Ergänzung der Großkreditvorschriften nach der Verordnung (EU) Nr. 575/2013 des Europäischen Parlaments und des Rates vom 26. Juni 2013 über Aufsichtsanforderungen an Kreditinstitute und Wertpapierfirmen und zur Änderung der Verordnung (EU) Nr. 646/2012 und zur Ergänzung der Millionenkreditvorschriften nach dem Kreditwesengesetz (GroMiKV).
[44] Art. 4 Abs. 1 e) SSM-Verordnung.

gütung erhebliche Gestaltungsspielräume ein, von denen der deutsche Gesetzgeber extensiv in § 25a Abs. 5, 6 KWG und der Institutsvergütungsverordnung Gebrauch gemacht hat. Auf dieser Grundlage konkretisierte die Bundesanstalt für Finanzdienstleistungsaufsicht (**BaFin**) ihre Verwaltungspraxis in einer **Auslegungshilfe**.[45]

27   Die EZB ist sowohl an das KWG als auch die Institutsvergütungsverordnung gebunden. Die Auslegungshilfe ist für die EZB hingegen lediglich insoweit verbindlich, als sie die Vorgaben der Institutsvergütungsverordnung (konkretisierend) auslegt und damit rein deklaratorisch (dh rechtserklärend) ist. Soweit die Auslegungshilfe darüber hinausgeht, sind ihre Inhalte für die EZB nicht verbindlich. Die gleiche Problematik stellt sich für alle von der BaFin erlassenen Rundschreiben, Merkblätter oder sonstigen Stellungnahmen, soweit sie materiell EZB-Aufgaben betreffen.[46] Der Umsetzungsvorbehalt wird die Arbeit der EZB erheblich erschweren und bestehende, nationale Besonderheiten fortführen.[47]

28   Eine **vollständige Harmonisierung** der materiellen Rechtslage strebt die SSM-Verordnung nicht an. Gleichzeitig begründet sie jedoch (neu) die Gefahr, dass dieselben nationalen Vorschriften eines teilnehmenden Mitgliedstaates unterschiedlich ausgelegt werden, je nachdem, wer für deren Anwendung zuständig ist: Während für deutsche CRR-Kreditinstitute unter EZB-Aufsicht die Auslegungshilfe zur Institutsvergütungsverordnung ggf. nur partiell Anwendung findet, könnte die BaFin für alle anderen (nicht unter die SSM-Verordnung fallenden) Institute die Auslegungshilfe weiterhin vollständig zur Anwendung bringen.

(2) Weisungsrechte der EZB außerhalb ihrer Befugnisse

29   Die EZB ist ferner berechtigt, eine NCA durch Anweisung aufzufordern, von ihren Befugnissen nach nationalem Recht Gebrauch zu machen, soweit (i) dies für die Wahrnehmung der durch die SSM-Verordnung übertragenen EZB-Aufgaben erforderlich ist und (ii) der EZB die entsprechenden Befugnisse nicht übertragen wurden.[48]

30   Erwägungsgrund 35 der SSM-Verordnung führt hierzu aus:

„Im Rahmen der der EZB übertragenen Aufgaben werden den nationalen zuständigen Behörden durch das nationale Recht bestimmte Befugnisse übertragen, die bisher durch Unionsrecht nicht gefordert waren [...]. Die EZB sollte die nationalen Behörden in den teilnehmenden Mitgliedstaaten auffordern dürfen, von diesen Befugnissen Gebrauch zu machen, um die Ausübung einer umfassenden und wirksamen Beaufsichtigung innerhalb des einheitlichen Aufsichtsmechanismus sicherzustellen."

31   Die SSM-Verordnung stellt damit klar, dass die EZB eine NCA „**auffordern**" darf, von Befugnissen Gebrauch zu machen, die nicht auf EU-Recht zurückgehen und daher der EZB selbst nicht zustehen. Die SSM-Verordnung nennt insoweit exemplarisch die Regelungen

---

[45] BaFin Auslegungshilfe zur Verordnung über die aufsichtsrechtlichen Anforderungen an Vergütungssysteme von Instituten vom 1.1.2014, verfügbar unter: http://www.bafin.de/SharedDocs/Veroeffentlichungen/DE/Auslegungsentscheidung/BA/ae_140101_institutsvergv.html.
[46] Soweit behördliche Auslegungshilfen (zB Rundschreiben) durch Verordnungen ersetzt werden, beschränkt dies den nationalen Behörden vorbehaltenen Entscheidungs-/Handlungsspielraum. BaFin und EZB sind dann möglicherweise an den Inhalt der Verordnung gebunden. Die in § 25a Abs. 4 KWG enthaltene Verordnungsermächtigung geht in diese Richtung (vgl. Gesetz zur Anpassung des nationalen Bankenabwicklungsrechts an den Einheitlichen Abwicklungsmechanismus und die europäischen Vorgaben zur Bankenabgabe (Abwicklungsmechanismusgesetz –AbwMechG); BGBl. 2015 I. 1864 ff.)
[47] Kritisch auch *Peuker* JZ 2014, 764 (764).
[48] Art. 22 SSM-Rahmenverordnung.

zum frühzeitigen Eingreifen, die bei Erlass der SSM-Verordnung in der EU noch nicht harmonisiert waren.[49]

Das Instrument der Aufforderung soll dazu dienen, auch außerhalb des in der EU harmonisierten Bereichs eine „umfassende und wirksame Beaufsichtigung" innerhalb des SSM sicherzustellen.[50] Die Regelung könnte zahlreiche im KWG verankerte Befugnisse erfassen, zB die Befugnisse der BaFin nach § 45 KWG.[51] 32

Das **Weisungsrecht** sollte als Sondervorschrift eng ausgelegt werden; es darf nur in engem Zusammenhang mit EZB-Aufgaben ausgeübt werden, insbesondere also nicht die in → Rn. 41 ff. dargestellte Aufgabenverteilung unterlaufen. 33

(3) Ausführung durch den deutschen Gesetzgeber

Mit dem die SSM-Verordnung ausführenden BRRD-Umsetzungsgesetz[52] suchte der deutsche Gesetzgeber die Neuverteilung von Zuständigkeiten, Aufgaben, Befugnissen und Pflichten zwischen der EZB und der BaFin im deutschen Recht abzubilden und klarzustellen. 34

Zwar ist die SSM-Verordnung als EU-Verordnung in Deutschland unmittelbar anwendbares Recht und bedarf damit keiner nationalen Umsetzung. Der deutsche Gesetzgeber sah jedoch die Notwendigkeit, die im KWG enthaltenen, der SSM-Verordnung widersprechenden oder entgegenstehenden Regelungen zu ändern sowie gegebenenfalls zu ergänzen. 35

Die Regierungsbegründung zum BRRD-Umsetzungsgesetz führt insoweit aus: 36

„Anpassungen im KWG sind zum einen dort, wo die Aufsicht bezüglich der Zuständigkeiten, Kompetenzen sowie Pflichten in der SSM-Verordnung und künftigen Verordnungen der EZB selbst adressiert wird, und zum anderen dort vorgesehen, wo Meldepflichten der Institute gegenüber der Aufsicht bestehen.

Die EZB wendet im Rahmen der Wahrnehmung der ihr durch in Artikel 4 der SSM-Verordnung zugewiesenen Aufgaben auch nationales Recht an, soweit mit diesem nationalen Recht EU-Richtlinien umgesetzt wurden. Da bei vielen Regelungen des KWG je nach Sachlage entweder die EZB oder die BaFin adressiert sein kann, wird der neutrale Begriff der „Aufsichtsbehörde" eingeführt und überall dort verwendet, wo Regelungen künftig, je nach Zuständigkeit, entweder EZB oder BaFin betreffen. Durch eine Begriffsbestimmung wird klargestellt, wer in den einzelnen Fällen als „Aufsichtsbehörde" im Sinne des KWG anzusehen ist. Des Weiteren wird eine Regelung zur Abgrenzung der Zuständigkeiten zur EZB getroffen."[53]

Je nach Sachlage ist damit nunmehr **entweder die BaFin oder die EZB** nach dem KWG zuständige Behörde, wenn eine Aufgabe, Befugnis oder Pflicht im KWG der „Aufsichtsbehörde" zugewiesen wird. Der Begriff der Aufsichtsbehörde ersetzt insoweit den Begriff der Bundesanstalt, der bislang ausschließlich die BaFin Bezug nahm. 37

---

[49] Erwägungsgrund 35 der SSM-Verordnung.
[50] Erwägungsgrund 35 der SSM-Verordnung.
[51] In Frage stehen hier vor allem die Befugnisnormen des KWG, die auch nach Inkrafttreten des BRRD-Umsetzungsgesetzes lediglich die Bundesanstalt und nicht die „Aufsichtsbehörde" in Bezug nehmen.
[52] Gesetz zur Umsetzung der Richtlinie 2014/59/EU des Europäischen Parlaments und des Rates vom 15. Mai 2014 zur Festlegung eines Rahmens für die Sanierung und Abwicklung von Kreditinstituten und Wertpapierfirmen und zur Änderung der Richtlinie 82/891/EWG des Rates, der Richtlinien 2001/24/EG, 2002/47/EG, 2004/25/EG, 2005/56/EG, 2007/36/EG, 2011/35/EU, 2012/30/EU und 2013/36/EU sowie der Verordnungen (EU) Nr. 1093/2010 und (EU) Nr. 648/2012 des Europäischen Parlaments und des Rates (BRRD-Umsetzungsgesetz), BGBl. 2014 I 2091.
[53] Regierungsentwurf des BRRD-Umsetzungsgesetzes, BT-Drs. 18/2575, S. 142.

38 Die Alternativität des Begriffs „Aufsichtsbehörde" (EZB oder BaFin) wurde ua erforderlich, um der Unterscheidung des Institutsbegriffs Rechnung zu tragen[54]: für CRR-Kreditinstitute ist im Rahmen der EZB-Aufgaben grundsätzlich die EZB zuständig; für sonstige Institute im Sinne des KWG weiterhin (ausschließlich) die BaFin.[55] Der Begriff **„Bundesanstalt"** verschwindet im KWG jedoch nicht vollständig. Er bleibt überall dort erhalten, wo eine Aufgabe, Befugnis oder Pflicht nicht auf Europarecht zurückzuführen oder keine besondere Aufgabe im Zusammenhang mit der Aufsicht über Kreditinstitute betroffen ist (aA → A.I. Rn. 85 ff.).

39 Änderungen im KWG nahm der Gesetzgeber im Hinblick auf den SSM vor allem bei den Regelungen zur BaFin (§§ 5 – 9 KWG) vor. Darüber hinaus ersetzte er den Begriff der Bundesanstalt durch den der Aufsichtsbehörde, insbesondere in den folgenden Bereichen:
- Inhaberkontrolle (§ 2c KWG)
- Eigenmittel, Liquidität und Großkredite sowie gruppeninterne Transaktionen mit gemischten Unternehmen nebst Ausnahmen (§§ 10, 11, 13, 13c, 2a KWG), nicht jedoch auch in Bezug auf die Ermittlung der Eigenmittelausstattung von Institutsgruppen, Finanzholding-Gruppen und gemischten Finanzholding-Gruppen (§ 10a KWG),
- „Europäischer Pass" (§§ 24a, 53b KWG),
- Anforderungen an Geschäftsleiter und das Verwaltungs- oder Aufsichtsorgan (§§ 25c, d KWG) und
- Erteilung, Erlöschen und Aufhebung der Erlaubnis (§ 32, 33a, 35 KWG).

40 Die Art der Umsetzung ist **technisch unglücklich**: Sie begründet in einigen Bereichen überlappende und nur schwer abgrenzbare Zuständigkeiten. Weitere Nachjustierungen im Detail erscheinen künftig noch erforderlich. So ist zB unklar, warum § 10a KWG keine Änderung erfuhr, obwohl die EZB konsolidierende Aufsichtsbehörde sein kann und damit insbesondere auch in die Bestimmung der konsolidierenden Aufsichtsbehörde einzubinden ist. Darüber hinaus bestehen **überlappende Kompetenzen** der BaFin und der EZB ua im Bereich des frühzeitigen Eingreifens, da zB § 45 KWG nicht auf EU-Recht beruht. Diesbezüglich wäre ggf. die Ergänzung einer Regelung zielführend, die sicherstellt, dass die BaFin im Hinblick auf CRR-Kreditinstitute ihre Kompetenzen aus § 45 KWG nur auf Weisung der EZB oder zumindest nicht im Widerspruch zu Maßnahmen der EZB ausübt.

dd) Abgrenzung der „besonderen Aufgaben" der EZB von anderen Aufsichtsaufgaben

41 Der EZB werden „besondere Aufgaben" im Zusammenhang mit der Aufsicht über Kreditinstitute übertragen"[56]. Grundlage hierfür bildet Art. 127 Abs. 6 AEUV, der den Rat der EZB ermächtigt, „einstimmig und durch Verordnungen (…) im Wege des besonderen Gesetzgebungsverfahrens besondere Aufgaben im Zusammenhang mit der Aufsicht über Kreditinstitute und sonstige Finanzinstitute mit Ausnahme von Versicherungsunternehmen der EZB [zu] übertragen".[57] Die Reichweite des Art. 127 Abs. 6 AEUV ist heftig umstritten und die

---

[54] Die Frage, ob die EZB im Rahmen der Wahrnehmung der EZB-Aufgaben, Befugnisse und Pflichten tatsächlich als „Behörde" handelt, soll hier nicht weiter erörtert werden.
[55] Zur Zuständigkeitsverteilung bei sonstigen, beaufsichtigen Unternehmen (Finanzholdinggesellschaften, gemischte Finanzholding, EZB-Zweigniederlassungen) vgl. → Rn. 94 ff.
[56] Art. 1 SSM-Verordnung; ebenso: *Ress/Ukrow* in Grabitz/Hilf/Nettesheim AEUV, 57. Erg. Lfg.8/2015, Art. 63 Rn. 397;
[57] vgl. *Lehmann/Manger-Nestler* ZBB 2014, 2 (6); *Binder* ZBB 2013, 297 (305).

Rechtmäßigkeit des SSM in der Literatur in Frage gestellt worden.[58] Vor dem Hintergrund der Diskussion um die Rechtsgrundlage des SSM sollten die der EZB übertragenen Aufgaben und damit verbundenen Befugnisse grundsätzlich **restriktiv** ausgelegt werden (aA → A.I. Rn. 89 ff.).

Die Zuständigkeit der EZB ist nicht umfassend. Erwägungsgrund 34 der SSM-Verordnung stellt klar, dass der EZB Befugnisse nur im Hinblick auf die „materiellen Vorschriften für die Beaufsichtigung von Kreditinstituten" zustehen sollen, wie zB zur Eigenmittelausstattung[59] oder im Hinblick auf die Abberufung von Mitgliedern der Leitungsorgane von Kreditinstituten.[60] 42

Der EZB werden hingegen keine Aufgaben (und Befugnisse) zB im Zusammenhang mit der **Erbringung von Wertpapierdienstleistungen**, der Überwachung von Leerverkaufsverboten sowie Marktmissbrauchs- und Transparenzvorschriften übertragen.[61] Dies gilt auch für die Bereiche des Verbraucherschutzes sowie der Verhinderung der Geldwäsche und der Terrorismusfinanzierung.[62] Insoweit bleiben – nach hier vertretener Ansicht – ausschließlich die NCA für reine Finanzdienstleistungsinstitute (§ 1 Abs. 1a KWG) und **Zahlungsdienstleister** (nach dem ZAG) zuständig.[63] Nach hier vertretener Ansicht gilt dies auch für CRR-Kreditinstitute, soweit die Beaufsichtigung von Aufgaben betroffen ist, die nicht zu den EZB-Aufgaben zählen (zB die Aufsicht über Wertpapierdienstleistungen).[64] CRR-Kreditinstitute werden dann im Hinblick auf EZB-Aufgaben durch die EZB, im Übrigen jedoch weiterhin ausschließlich durch die NCA überwacht. Für die bei den NCA verbleibenden Aufgaben gilt die Verwaltungspraxis der NCA nebst den von diesen erlassenen Merkblättern, Rundschreiben und sonstigen Stellungnahmen fort. So bleibt für Deutschland zB das Rundschreiben zu den Mindestanforderungen an die Compliance-Funktion und die weiteren Verhaltens-, Organisations- und Transparenzpflichten nach §§ 31 ff. WpHG für Wertpapierdienstleistungsunternehmen (**MaComp**)[65] bestehen. Es betrifft Bereiche, die nicht zu den besonderen Aufgaben im Zusammenhang mit der Aufsicht von Kreditinstituten im Sinne der SSM-Verordnung gehören. NCA und EZB werden jedoch auch in diesen Bereichen (im Innenverhältnis) zusammenarbeiten.[66] 43

ee) Normenhierarchie und für die EZB und NCA geltender Rechtsrahmen

Die EZB hat bei der Wahrnehmung der ihr übertragenen Aufgaben das gesamte Unionsrecht zu beachten, insbesondere auch alle Rechtsakte gemäß Art. 290, 291 AEUV (dh vor allem technische Regulierungs- und Durchführungsstandards)[67] und die von der EBA 44

---

[58] Vgl. zum Streitstand: *Lehmann/Manger-Nestler* ZBB 2014, 2 (6); *Herdegen* WM 2012, 1889 (1891); *Kämmerer* NVwZ 2013, 830 (832 f.); *Wolfers/Voland* BKR 2014, 177 (180 f.).
[59] Erwägungsgrund 34 der SSM-Verordnung.
[60] Erwägungsgrund 46 der SSM-Verordnung.
[61] Eine weitergehende Übertragung von Aufsichtsaufgaben erfolgt auch nicht durch die SSM-Rahmenverordnung (vgl. auch Art. 1 Abs. 2 SSM-Rahmenverordnung).
[62] Deutsche Bundesbank Monatsbericht 10/2014, 46 f.; *Ladler* GPR 2013, 328 (331); *Wolfers/Voland* BKR 2014, 177 (178); vgl. *Baur/Ganguli* jurisPK-BKR 11/2013 Anm.1; *Ceyssens* NJW 2013, 3704 (3706).
[63] Deutsche Bundesbank Monatsbericht 10/2014, 52.
[64] So wohl auch *Ladler* GPR 2013, 328 (331).
[65] BaFin Rundschreiben zu d. Mindestanforderungen an die Compliance-Funktion und die weiteren Verhaltens-, Organisations- und Transparenzpflichten nach §§ 31 ff. WpHG für Wertpapierdienstleistungsunternehmen (MaComp), WA 31-Wp 2002-2009/0010, zuletzt geändert 7.8.2014.
[66] Deutsche Bundesbank Monatsbericht 10/2014, 47.
[67] Zu technischen Regulierungs- und Durchführungsstandards vgl. Art. 8, 10 EBA-Verordnung.

erarbeiteten Leitlinien und Empfehlungen.[68] Diesem Grundsatz folgend ist die EBA (und nicht die EZB) weiterhin für die Erarbeitung eines Aufsichtshandbuchs zuständig.[69]

45 Die (weitere) Harmonisierung des Aufsichtsrechts liegt damit gerade nicht (primär) bei der EZB. Sie erarbeitet weder Vorschläge für technische Regulierungs- und Durchführungsstandards wie die EBA (und die anderen europäischen Aufsichtsbehörden) noch ist die EZB primär für die **Erstellung von Leitlinien und Empfehlungen** zur Konkretisierung des materiellen Aufsichtsrechts zuständig. Die Sicherstellung der aufsichtsrechtlichen Konvergenz und Kohärenz der Aufsichtsergebnisse innerhalb der Union obliegt nach wie vor der EBA.[70]

46 Jedoch kann die EZB nach hier vertretener Ansicht die ansonsten den NCA zustehenden Rechte im Hinblick auf Leitlinien und Empfehlungen der EBA geltend machen.[71] Zwar könnte Art. 4 Abs. 3 SSM-Verordnung dahingehend ausgelegt werden, dass den NCA in den teilnehmenden Mitgliedstaaten weiterhin das Recht zusteht, zu entscheiden, ob sie einer Leitlinie oder Empfehlung (mit Wirkung für die EZB in dem teilnehmenden Mitgliedstaat) nachkommen. Der Wortlaut ist insoweit jedoch nicht eindeutig („[...] Dabei unterliegt [die EZB] [...] dem Artikel 16 der [EBA-Verordnung] [...]"[72]). Das den NCA eingeräumte Recht, zu entscheiden, ob sie Leitlinien bzw. Empfehlung nachkommen, kann sinnvollerweise im Rahmen der EZB-Aufgaben nur noch (einheitlich) für die teilnehmenden Mitgliedstaaten durch die EZB ausgeübt werden.[73] Die Auslegung trägt auch der originären Zuständigkeit der EZB Rechnung. Konsequenterweise gilt in den teilnehmenden Mitgliedstaaten für die Zwecke der EBA-Verordnung daher die EZB als „zuständige Behörde".

47 Nur innerhalb des – wie zuvor erläutert – konkretisierten Rechtsrahmens kann die EZB gegenüber den NCA ihrerseits **Verordnungen und Leitlinien** erlassen bzw. allgemeine Weisungen fassen sowie Empfehlungen aussprechen.[74] Hierzu stehen ihr die folgenden Maßnahmen und Rechtsakte zur Verfügung:

- Verordnungen dienen ausschließlich der Gestaltung oder Festlegung der Modalitäten zur Wahrnehmung der der EZB übertragenen Aufgaben. Die SSM-Rahmenverordnung[75] dient diesem Ziel.
- Leitlinien und Empfehlungen der EZB richten sich an die NCA der teilnehmenden Mitgliedstaaten. Empfehlungen sind unverbindlich (Artikel 288 Abs. 4 AEUV). Für Leitlinien gilt dies nach allgemeinem Begriffsverständnis ebenfalls. Nach hier vertretener Ansicht liegt nahe, Art. 16 EBA-Verordnung sowohl auf Empfehlungen als auch auf Leitlinien der EZB analog anzuwenden. Die NCA können entscheiden – allerdings nur begründet –, ob sie Empfehlungen und Leitlinien der EZB nachkommen. Der Rechtsweg

---

[68] Art. 4 Abs. 3 UAbs. 2 SSM-Verordnung; vgl. auch *Baur/Ganguli* jurisPK-BKR 11/2013 Anm.1; *Ceyssens* NJW 2013, 3704 (3706); *Wolfers/Voland* BKR 2014, 177 (178).
[69] *Herdegen* WM 2012, 1889 (1896).
[70] Erwägungsgrund 32 der SSM-Verordnung, siehe hierzu auch: *Binder* ZBB 2013, 297 (309).
[71] A.A Bundesministerium der Finanzen Monatsbericht 5/2013, dort unter „Der Einheitliche Aufsichtsmechanismus in der europäischen Bankenaufsicht (SSM).
[72] Art. 4 Abs. 3 UAbs. 2 S. 2 SSM-Verordnung.
[73] Vgl. Art. 16 Abs. 3 EBA-Verordnung.
[74] Art. 4 Abs. 3 UAbs. 2 SSM-Verordnung.
[75] Verordnung der Europäischen Zentralbank vom 16. April 2014 zur Einrichtung eines Rahmenwerks für die Zusammenarbeit zwischen der Europäischen Zentralbank und den nationalen zuständigen Behörden und den nationalen benannten Behörden innerhalb des einheitlichen Aufsichtsmechanismus (**SSM-Rahmenverordnung**) (EZB/2014/17).

steht den NCA gegen Leitlinien und Empfehlungen der EZB nicht offen.[76] Die EZB kann daher (i) Leitlinien der EBA weiter konkretisieren oder (ii) sich (begründet) entscheiden, einer Leitlinie der EBA nicht nachzukommen, und ggf. selbst eine inhaltlich abweichende Leitlinie für die NCA in den teilnehmenden Mitgliedstaaten erlassen.[77] Die NCA in den teilnehmenden Mitgliedstaaten können sich dann ihrerseits entscheiden, ob sie der EZB Leitlinie in analoger Anwendung des Art. 16 der EBA-Verordnung nachkommen.

- Das Instrument der „allgemeinen Weisung" richtet sich ebenfalls an die NCA. Der Begriff der **„allgemeinen Weisung"** ist auslegungsbedürftig. Allgemeine Weisungen können sich auf die besonderen Befugnisse nach Artikel 16 Absatz 2 SSM-Verordnung in Bezug auf Gruppen oder Arten von Kreditinstituten beziehen. Ziel ist die Sicherstellung der Kohärenz der Aufsichtsergebnisse innerhalb des SSM. Die Allgemeinheit der Weisung folgt aus ihrem Adressatenkreis. Von einer allgemeinen Weisung darf nicht nur ein konkretes Institut betroffen sein; verdeckte Einzelfallweisungen sind keine „allgemeinen" Weisungen. Weisungen sind – anders als Leitlinien und Empfehlungen – den NCA gegenüber verbindlich.

Die EZB entwickelt eine eigene Verwaltungspraxis, die sich erheblich von der früheren Praxis der NCA unterscheidet.[78] Insbesondere füllt die EZB den aufsichtsrechtlichen Überprüfungs- und Evaluationsprozess (**Supervisory Review and Evaluation Process – SREP**) neu mit Leben.[79]

48

Darüber hinaus erstellt die EZB ein SSM-Aufsichtshandbuch, das strikt vom Aufsichtshandbuch der EBA abzugrenzen ist. Bei dem SSM-Aufsichtshandbuch handelt es sich um ein rechtlich unverbindliches, internes Handbuch für Mitarbeiter, die mit dem SSM befasst sind.[80]

49

4. Direkte Aufsicht und indirekte Aufsicht

Die EZB ist (wie unter → Rn. 3 ff. ausgeführt) im Rahmen der EZB-Aufgaben für die Aufsicht über alle CRR-Kreditinstitute zuständig. Dies gilt unabhängig von der Größe des betroffenen Instituts.[81]

50

Kraft der SSM-Verordnung wird diese Zuständigkeit jedoch in bestimmten Fällen an die NCA delegiert. Insoweit ist zwischen der direkten und der indirekten Aufsicht durch die EZB zu unterscheiden. Darüber hinaus enthält die SSM-Verordnung Spezialregelungen zur Zusammenarbeit der EZB und der NCA im Bereich der Zulassung von CRR-Kreditinstituten, dem Entzug der Erlaubnis als CRR-Kreditinstitut sowie der Inhaberkontrolle (**gemeinsame Verfahren**). Diese gemeinsamen Verfahren werden nachfolgend für deutsche

51

---

[76] Art. 16 Abs. 3 EBA-Verordnung analog. Klargestellt wird dies in Erwägungsgrund 60 der SSM-Verordnung und Art. 263 AEUV zwar nur für Empfehlungen. Eine abweichende Behandlung für Leitlinien erscheint jedoch nicht geboten, da NCA auch im Hinblick auf Leitlinien entscheiden können, den Vorgaben der EZB nicht nachzukommen.
[77] AA Bundesministerium der Finanzen Monatsbericht 5/2013, dort unter „Der Einheitliche Aufsichtsmechanismus in der europäischen Bankenaufsicht (SSM)", Ziffer 6.3. Darin wird klargestellt, dass nach Auffassung des Bundesministeriums die EZB nicht von den Leitlinien und Empfehlungen der EBA abweichen darf.
[78] EZB Guide to Banking Supervision S. 22 ff.
[79] EZB Guide to Banking Supervision S. 23 ff.
[80] Deutsche Bundesbank Monatsbericht 10/2014, 54.
[81] AA *Sacarcelik* BKR 2013, 353 (353); *Baur/Ganguli* jurisPR-BKR 11/2013 Anm. 1.

CRR-Kreditinstitute vorab dargestellt (vgl. → Rn. 52 ff.), bevor auf die allgemeine Unterscheidung zwischen direkter und indirekter Aufsicht eingegangen wird (vgl. → Rn. 60 ff.).

a) Gemeinsame Verfahren

52 Entscheidungen über die Erteilung bzw. den Entzug der Erlaubnis nach § 1 Abs. 1 S. 2 Nr. 1 und Nr. 2 KWG und im Rahmen der Inhaberkontrolle nach § 2c KWG[82] trifft die EZB im Hinblick auf deutsche CRR-Kreditinstitute immer selbst.

aa) Zulassung als CRR-Kreditinstitut

53 Der Antrag auf Zulassung ist bei der einschlägigen nationalen Aufsichtsbehörde – dh für Deutschland bei der BaFin – einzureichen und nicht direkt bei der EZB.[83]

54 Die BaFin nimmt eine Vorprüfung im Hinblick auf die Voraussetzungen der Zulassung nach deutschem Recht vor.[84] Gegenstand der Prüfung sind insbesondere die über das **europäische Recht hinausgehenden Anforderungen** an die Erlaubniserteilung.[85] Der Prüfungsmaßstab der BaFin umfasst nicht nur die Zulassungsvoraussetzungen für das Betreiben des Einlagen- und Kreditgeschäfts (nach § 1 Abs. 1 S. 2 Nr. 1, 2 KWG), sondern – je nach Antrag – auch die Erlaubnis zum Betreiben anderer Bankgeschäfte (nach § 1 Abs. 1 S. 2 Nr. 3 ff. KWG) und die Erbringung von Finanzdienstleistungen (nach § 1 Abs. 1a KWG).

55 Kommt die BaFin zu der Überzeugung, dass alle Zulassungsvoraussetzungen nach deutschem Recht erfüllt sind, übermittelt sie der EZB einen **positiven Beschlussentwurf**. Über diesen Beschlussentwurf befindet die EZB im Hinblick auf das Betreiben des Einlagen- und Kreditgeschäfts (§ 1 Abs. 1 S. 2 Nr. 1, 2 KWG).[86] Hierzu prüft die EZB das materielle EU-Recht, soweit es die EZB-Aufgaben betrifft (dh bezüglich der Erbringung des Einlagen- und Kreditgeschäfts).[87] Für alle anderen Bank- und Finanzdienstleistungen steht der EZB keine eigenständige Entscheidungskompetenz zu (vgl. → Rn. 41 ff.).

56 Sind die Zulassungsvoraussetzungen nach deutschem Recht nach Ansicht der BaFin nicht erfüllt, **lehnt die BaFin den Antrag auf Zulassung direkt ab**.[88] Sie erstellt und übermittelt an die EZB dann auch keinen Beschlussentwurf.[89]

57 Zur Zulassung eines deutschen CRR-Kreditinstituts ist daher sowohl eine positive Beurteilung durch die BaFin als auch durch die EZB erforderlich. Nach hier vertretener Ansicht ist die BaFin im Hinblick auf die Prüfung der Voraussetzungen für eine Zulassung nach § 1 Abs. 1 S. 2 Nr. 3 ff. KWG und § 1 Abs. 1a KWG **originär und ausschließlich zuständig**. Auch bei der Vorprüfung im Hinblick auf das Betreiben des Einlagen- und Kreditgeschäfts handelt die BaFin in eigener Zuständigkeit, die ihr insoweit durch die SSM-Verordnung und SSM-Rahmenverordnung von der EZB delegiert wird. Diese eigene Zuständigkeit ist

---

[82] Vgl. zum Verfahren Art. 85 ff. SSM-Rahmenverordnung.
[83] Art. 14 Abs. 1, Art. 15 Abs. 1 SSM-Verordnung; EZB Guide to Banking Supervision S. 27 ff.; zum Zulassungsverfahren vgl. auch Berger, WM 2015, 501 (502, 503).
[84] Art. 74 SSM-Rahmenverordnung; Deutsche Bundesbank Monatsbericht 10/2014, 60.
[85] Deutsche Bundesbank Monatsbericht 10/2014, 60.
[86] Art. 14 Abs. 2 SSM-Verordnung. Nähere Details zum Verfahren bei der Erteilung und dem Entzug der Erlaubnis sind in Art. 14 SSM-Verordnung niedergelegt.
[87] Weitergehend für eine umfassende Prüfung des EU-Rechts wohl Deutsche Bundesbank Monatsbericht 10/2014, 60.
[88] Art. 75 SSM-Rahmenverordnung.
[89] Art. 76 SSM-Rahmenverordnung.

jedoch insoweit beschränkt, als die BaFin nicht mehr für die (positive) Zulassungsentscheidung über CRR-Kreditinstitute zuständig ist.

bb) Entzug der Erlaubnis eines CRR-Kreditinstituts

Die EZB entscheidet (ausschließlich) über den Entzug einer Erlaubnis als CRR-Kreditinstitut (dh den Entzug der Erlaubnis für das Betreiben des Einlagen- und Kreditgeschäfts).[90] Die SSM-Rahmenverordnung regelt das Verfahren zur internen Abstimmung zwischen der EZB und der BaFin.[91] So kann die EZB aus eigener Initiative die Erlaubnis entziehen. Den NCA steht lediglich das Recht zu, der EZB den Entzug der Erlaubnis vorzuschlagen. Im Bereich der Abwicklungsmaßnahmen gelten Besonderheiten, die später unter → Rn. 113 ff. genauer dargestellt werden. 58

cc) Inhaberkontrollverfahren über CRR-Kreditinstitute

Die EZB ist auch für Inhaberkontrollverfahren (§ 2c KWG) über CRR-Kreditinstitute zuständig. Anzeigen nach § 2c KWG sind zwar weiterhin direkt bei der BaFin einzureichen.[92] Im Hinblick auf das Verfahren gelten jedoch ähnliche Grundsätze wie für die Zulassung von CRR-Kreditinstituten. Die Letztentscheidungsbefugnis zur Ablehnung des Erwerbs liegt immer bei der EZB.[93] Im Ergebnis ist auch hier eine positive Beurteilung sowohl durch die BaFin als auch die EZB erforderlich.[94] 59

b) EZB Befugnisse (ohne Erlaubniserteilung und -entzug sowie Inhaberkontrolle)

Außerhalb der zuvor dargestellten Bereiche der Erlaubniserteilung, des Entzugs der Erlaubnis und der Inhaberkontrolle richtet sich die Art der Ausübung der Befugnisse, insbesondere der Umfang der Einbindung der NCA, nach der Bedeutung des betroffenen CRR-Kreditinstituts bzw. der Gruppe, der das Kreditinstitut angehört.[95] 60

Im Hinblick auf die Art und Weise, wie die EZB die ihr auf der Basis dieser Zuständigkeit zustehenden Aufgaben und Befugnisse ausübt, ist zwischen **direkter und indirekter Aufsicht** zu unterscheiden. Direkt beaufsichtigt die EZB bedeutende beaufsichtigte Unternehmen; im Übrigen (dh bei weniger bedeutenden beaufsichtigten Unternehmen) übt sie lediglich eine indirekte Aufsicht aus. Dann sind die NCAs zur direkten Beaufsichtigung berufen. 61

aa) Bedeutende und weniger bedeutende beaufsichtigte Unternehmen

Ein beaufsichtigtes Unternehmen gilt als bedeutend, wenn die EZB dem Unternehmen einen entsprechenden, an das Unternehmen gerichteten Beschluss übersandt hat.[96] Die 62

---

[90] ECB Guide to Banking Supervision S. 29 f.
[91] Art. 82 SSM-Rahmenverordnung.
[92] Art. 14 Abs. 1, Art. 15 Abs. 1 SSM-Verordnung; ECB Guide to Banking Supervision S. 29 ff.
[93] Art. 87 SSM-Rahmenverordnung; Deutsche Bundesbank Monatsbericht 10/2014, 60.
[94] Deutsche Bundesbank Monatsbericht 10/2014, 60.
[95] Art. 6 Abs. 4 SSM-Verordnung; Erwägungsgrund 5 der SSM-Rahmenverordnung.
[96] Art. 39 SSM-Rahmenverordnung. Zum Verfahren vgl. Art. 41 ff. SSM-Rahmenverordnung. In dem Beschluss wird der Tag festgelegt, an dem die EZB die direkte Aufsicht übernimmt. Der Beschluss wird mindestens einen Monat vor diesem Tag bekannt gegeben und Gelegenheit zur Stellungnahme gewährt (Deutsche Bundesbank Monatsbericht 10/2014, 48). Grundsätzlich erfolgt eine jährliche Prüfung der Einstufung als bedeutend.

A. Sanierung und frühzeitiges Eingreifen

EZB veröffentlicht eine **Liste aller beaufsichtigten Unternehmen und Gruppen**, die als bedeutend eingestuft wurden.[97]

63 Die EZB übernahm am 4.11.2014 die direkte Aufsicht über ca. 120 Bankengruppen, bestehend aus ungefähr 1200 beaufsichtigten Unternehmen.[98] Für Deutschland wurden mit Stand 31. Dezember 2015 von der EZB die folgenden Institute (und ihre Gruppen) als bedeutend eingestuft: Aareal Bank AG, Bayerische Landesbank, Commerzbank AG, DekaBank Deutsche Girozentrale, Deutsche Apotheker- und Ärztebank EG, Deutsche Bank AG, DZ Bank AG Deutsche Zentral-Genossenschaftsbank, Erwerbsgesellschaft der S-Finanzgruppe mbH & Co. KG, HASPA Finanzholding, HSH Nordbank AG, Deutsche Pfandbriefbank, Landesbank Baden-Württemberg, Landesbank Hessen-Thüringen Girozentrale, Landeskreditbank Baden-Württemberg-Förderbank, Landwirtschaftliche Rentenbank, Münchener Hypothekenbank eG, Norddeutsche Landesbank-Girozentrale, NRW.Bank, SEB AG, State Street Europe Holding S.a.r.l. & Co KG, Volkswagen Financial Services AG und WGZ Bank AG Westdeutsche Genossenschafts-Zentralbank.[99]

64 Bei der Bestimmung, ob ein beaufsichtigtes Unternehmen bedeutend oder weniger bedeutend ist, wendet die EZB ua folgende Kriterien an: Größe, wirtschaftliche Relevanz und Ausmaß der grenzüberschreitenden Tätigkeit.[100] Ein Unternehmen gilt dabei grundsätzlich als bedeutend, wenn (i) der Gesamtwert seiner Aktiva 30 Mrd. EUR übersteigt[101], wenn (ii) das Verhältnis der gesamten Aktiva zum BIP des teilnehmenden Mitgliedstaats der Niederlassung 20 % übersteigt, sofern der Gesamtwert der Aktiva mindestens 5 Mrd. EUR beträgt[102] oder wenn (iii) eine direkte öffentliche finanzielle Unterstützung beantragt oder entgegengenommen wurde[103]. Darüber hinaus werden jeweils (mindestens)

---

[97] Art. 49 SSM-Rahmenverordnung.

[98] Deutsche Bundesbank Monatsbericht 10/2014, 48. Direkt und indirekt werden im Rahmen des SSM insgesamt 4900 Unternehmen beaufsichtigt (EZB Guide to Banking Supervision S. 11).

[99] Europäische Zentralbank Liste bedeutender beaufsichtigter Unternehmen und Liste weniger bedeutender Institute, Stand 31.12.2015. Zu den hier genannten Gruppen gehören jeweils auch die zugehörigen beaufsichtigten Unternehmen der Gruppe, soweit diese in einem teilnehmenden Mitgliedstaat niedergelassen sind. So wird zB nicht nur die Aareal Bank AG, sondern auch ihre Tochter, die Corealcredit Bank AG, direkt durch die EZB beaufsichtigt. Vgl. im Vorfeld hierzu: *Baur/Ganguli* jurisPR-BKR 11/2013 Anm. 1.

[100] Art. 6 Abs. 4 UAbs. 1 SSM-Verordnung.

[101] Art. 6 Abs. 4 UAbs. 2 i) SSM-Verordnung. Für die Zwecke der Feststellung der Bedeutung auf Basis des Größenkriteriums umfasst eine beaufsichtigte Gruppe konsolidierter Unternehmen auch Tochterunternehmen und Zweigstellen in nicht teilnehmenden Mitgliedstaaten und Drittländern (Art. 53 SSM-Rahmenverordnung).

[102] Art. 6 Abs. 4 UAbs. 2 ii) SSM-Verordnung.

[103] Ein SSM-Mitgliedstaat stellt einen Antrag auf Gewährung von finanzieller Unterstützung durch den Europäischen Stabilitätsmechanismus (ESM) für ein beaufsichtigtes Unternehmen (bzw. ein Kreditinstitut enthält die beantragte Hilfe) gemäß dem Beschluss des Gouverneursrats des ESM bezüglich der direkten Rekapitalisierung von Kreditinstituten (Art. 61 ff. SSM-Rahmenverordnung; Deutsche Bundesbank Monatsbericht 10/2014, 47). Abzugrenzen hiervon ist der Fall, dass ein Institut indirekte finanzielle Unterstützung (dh über einen Mitgliedstaat) aus der Europäischen Finanzstabilisierungsfazilität (EFSF) oder dem ESM beantragt oder erhalten hat (diesen Sonderfall nicht unterscheidend: Deutsche Bundesbank Monatsbericht 10/2014, 48). Diese indirekte Unterstützung hat keinen direkten Einfluss auf die Einstufung des beaufsichtigten Unternehmens als bedeutend iSd Kriteriums. Jedoch kann die EZB beaufsichtigte Unternehmen, die einen entsprechenden Antrag gestellt oder Mittel erhalten haben ausnahmsweise der direkten Aufsicht unterstellen (auch wenn sie weniger bedeutend bleiben), wenn dies zur Sicherstellung einer kohärenten Anwendung hoher Aufsichtsstandards erforderlich ist (Art. 67 Abs. 2 f.) SSM-Rahmenverordnung). Wird in Bezug auf ein beaufsichtigtes Unternehmen, das Teil einer beaufsichtigten Gruppe ist, eine öffentliche finanzielle

die drei[104] größten Kreditinstitute eines teilnehmenden Mitgliedstaats als bedeutend eingestuft.[105]

Ist ein beaufsichtigtes Unternehmen Teil einer Gruppe, so trifft die EZB für alle beaufsichtigten Unternehmen der Gruppe die Entscheidung **einheitlich**, ob bedeutende beaufsichtigte Unternehmen vorliegen oder nicht. Grundlage der Entscheidung ist die innerhalb der teilnehmenden Mitgliedstaaten oberste Konsolidierungsebene.[106] Dies führt dazu, dass alle gruppenangehörigen, beaufsichtigten Unternehmen als bedeutend eingestuft werden, selbst wenn sie für sich genommen nicht die Kriterien zur Feststellung der Bedeutung erfüllen.[107]

Die EZB ist berechtigt, unter besonderen Umständen einzelne beaufsichtigte Unternehmen als weniger bedeutend einzustufen, obwohl sie die vorgenannten Kriterien erfüllen.[108] Besondere Umstände liegen vor, wenn spezifische und tatsächliche Umstände bestehen, aufgrund derer die Einstufung eines beaufsichtigten Unternehmens als bedeutend unter Berücksichtigung der Ziele und Grundsätze der SSM-Verordnung, insbesondere der Erfordernisse der Sicherstellung der kohärenten Anwendung hoher Aufsichtsstandards, unangemessen wäre.[109] Die Regelung ist **eng auszulegen**.[110] Sie dient dazu, „inkonsistente Ergebnisse bei der Feststellung der Bedeutung eines Instituts im Hinblick auf die Ziele des SMM [zu] vermeiden."[111] Angewendet wurde die Regelung bislang beispielsweise bei der Wüstenrot-Gruppe, die für eine direkte Aufsicht durch die EZB – obwohl die Kriterien für ein bedeutendes Institut erfüllt waren – als ungeeignet erschien.[112]

Darüber hinaus kann die EZB ein Kreditinstitut unabhängig von den vorgenannten Kriterien als bedeutend einstufen, wenn eine NCA der EZB angezeigt hat, dass sie das Kreditinstitut als bedeutend für die Volkswirtschaft betrachtet[113] oder das Kreditinstitut Tochterbanken in mehr als einem teilnehmenden Mitgliedstaat errichtet hat, der Gesamtwert der Aktiva mindestens 5 Mrd. EUR beträgt und der Anteil seiner grenzüberschreitenden Aktiva oder Passiva an den gesamten Aktiva oder Passiva 20 % übersteigt.[114]

bb) Direkte Aufsicht durch die EZB (bedeutende beaufsichtigte Unternehmen)

Die EZB übt über bedeutende beaufsichtigte Unternehmen die direkte Aufsicht aus. Sie tritt dann direkt gegenüber den beaufsichtigten Unternehmen als „Aufsichtsbehörde" auf,

---

Unterstützung beantragt, werden alle beaufsichtigten Unternehmen, die Teil dieser Gruppe sind, als bedeutend eingestuft (Art. 64 SSM-Rahmenverordnung). Vgl. ferner auch Maßnahmen nach dem Finanzmarktstabilisierungsfondsgesetz, das weitgehend zum 01.1.2016 außer Kraft getreten ist. Seit dem 1.1.2016 wird der Sonderfonds Finanzmarktstabilisierung (SoFFin) abgewickelt.

[104] Vgl. auch Art. 65 f. SSM-Rahmenverordnung.
[105] Art. 39 SSM-Rahmenverordnung.
[106] Art. 6 Abs. 4 UAbs. 1, UAbs. 2 i, ii SSM-Verordnung; vgl. auch *Lehmann/Manger-Nestler* ZBB 2014, 2 (13).
[107] Deutsche Bundesbank, Monatsbericht 10/2014, 48.
[108] Art. 6 Abs. 4 UAbs. 2 und 5 SSM-Verordnung; Art. 71 SSM-Rahmenverordnung. Vgl. auch Deutsche Bundesbank Monatsbericht 10/2014, 48. Die Entscheidung muss für jede Kategorie beaufsichtigter Unternehmen jeweils getrennt erfolgen.
[109] Art. 70 Abs. 1 SSM-Rahmenverordnung.
[110] Art. 70 Abs. 2 SSM-Rahmenverordnung; Deutsche Bundesbank Monatsbericht 10/2014, 48.
[111] Deutsche Bundesbank Monatsbericht 10/2014, 48.
[112] Deutsche Bundesbank Monatsbericht 10/2014, 48.
[113] Art. 6 Abs. 4 UA 2 iii SSM-Verordnung.
[114] Art. 6 Abs. 4 UAbs. 3 SSM-Verordnung; Art. 59 f. SSM-Rahmenverordnung.

inklusive – soweit einschlägig – als konsolidierende „Aufsichtsbehörde".[115] Bedeutende beaufsichtigte Unternehmen richten ihre Ersuchen, Anzeigen oder Anträge im Hinblick auf EZB-Aufgaben grundsätzlich direkt an die EZB und nicht an eine NCA.[116]

69 Die EZB wird bei ihrer Tätigkeit durch die NCA jedoch **unterstützt**.[117] Die Unterstützung der NCA erstreckt sich insbesondere auf die Vorbereitung und Übermittlung von Beschlussentwürfen an die EZB, die Unterstützung bei der Vorbereitung und Durchführung sämtlicher Rechtsakte, inklusive Überprüfungstätigkeiten und der täglichen Bewertung der Lage der beaufsichtigten Unternehmen. Darüber hinaus unterstützen die NCA die EZB auch bei der Durchsetzung von Aufsichtsbeschlüssen der EZB.

70 Der EZB fehlen die personellen Kapazitäten, um alle direkt beaufsichtigten Unternehmen selbst mit eigenem Personal zu beaufsichtigen. Daher wurde zur Beaufsichtigung jedes einzelnen, bedeutenden beaufsichtigten Unternehmens bzw. jeder einzelnen, bedeutenden beaufsichtigten Gruppe ein gemeinsames Aufsichtsteam (**Joint Supervisory Team** – JST) errichtet. Dieses setzt sich aus Mitarbeitern der EZB und den betroffenen NCA zusammensetzt.[118] Auf diese Weise kann die EZB die Ressourcen der NCA weiterhin nutzen und die NCA spielen weiterhin eine „gewichtige Rolle" auch bei der Beaufsichtigung bedeutender, beaufsichtigter Unternehmen.[119]

cc) Indirekte Aufsicht durch die EZB (weniger bedeutende beaufsichtigte Unternehmen)

71 Im Hinblick auf weniger bedeutende beaufsichtigte Unternehmen treten gegenüber den betroffenen Unternehmen weiterhin (fast) ausschließlich die NCA in Erscheinung, in Deutschland also die BaFin. Die BaFin arbeitet insoweit mit der Deutschen Bundesbank zusammen, die technisch jedoch keine NCA ist.[120] Im Bereich der Verwaltungspraxis sind für die indirekte Aufsicht keine großen Änderungen zu erwarten.[121] Aufsichtsbeschlüsse werden grundsätzlich weiterhin durch die NCA (und nicht die EZB) getroffen.[122]

72 Die NCA sind zur Unterrichtung der EZB nur für den Fall verpflichtet, dass eine rasche und erhebliche Verschlechterung der Situation des beaufsichtigten Unternehmens eintritt[123] oder für den Fall, dass durch die NCA wesentliche Aufsichtsverfahren durchgeführt oder zugehörige, wesentliche Aufsichtsbeschlüsse gefasst werden sollen.

73 Zu den **wesentlichen Aufsichtsverfahren** zählen ua Verfahren zur Abberufung der Mitglieder der Leitungsorgane, zur Bestellung eines Sonderverwalters oder Verfahren, die die Reputation des SSM beeinträchtigen können.[124] Im Übrigen kann die EZB die NCA

---

[115] Art. 8, 9 SSM-Verordnung.
[116] Art. 95 SSM-Rahmenverordnung.
[117] Art. 90 SSM-Rahmenverordnung.
[118] Die Aufgaben des JST werden in Art. 3 ff. SSM-Rahmenverordnung genauer dargelegt (vgl. auch Deutsche Bundesbank Monatsbericht 10/2014, 51 ff.).
[119] Deutsche Bundesbank Monatsbericht 10/2014, 51.
[120] Deutsche Bundesbank Monatsbericht 10/2014, 52.
[121] Deutsche Bundesbank Monatsbericht 10/2014, 52.
[122] Art. 4 Abs. 6 SSM-Verordnung.
[123] Art. 96 SSM-Rahmenverordnung.
[124] Art. 97, 98 SSM-Rahmenverordnung. Die Regelung konkretisiert Art. 4 Abs. 5 e) und Abs. 6 SSM-Verordnung nach der die EZB sich üblicherweise darauf beschränkt, auf ad-hoc Basis oder auf kontinuierlicher Basis Informationen von den NCA über die Ausübung ihrer Aufgaben anzufordern. Darüber hinaus berichten die NCA der EZB zB über die Ausübung der im Rahmen der EZB-Aufgaben bestehenden Befugnisse.

ersuchen, sie regelmäßig über die von der NCA ergriffenen Maßnahmen und die Wahrnehmung der Aufgaben zu unterrichten.[125] Die NCA sind in jedem Fall verpflichtet, einmal jährlich der EZB Bericht zu erstatten.[126] Der EZB stehen Ermittlungsbefugnisse zu.[127]

Die EZB ist im Bereich der indirekten Aufsicht nicht berechtigt, einer NCA **Weisungen** im Einzelfall zu erteilen[128] Sie kann jedoch die Delegation der Zuständigkeit zur Aufsicht über ein weniger bedeutendes Institut (bzw. dessen Gruppe) beenden. So ist sie zur Sicherstellung der kohärenten Anwendung hoher Aufsichtsstandards berechtigt, sämtliche einschlägigen Befugnisse in Bezug auf beaufsichtigte Unternehmen unmittelbar selbst auszuüben.[129] Der deutsche Gesetzgeber sieht hierin ein Selbsteintrittsrecht der EZB.[130] Gegen diese Qualifikation spricht jedoch bereits die originäre Zuständigkeit der EZB zur Aufsicht über alle CRR-Kreditinstitute; es liegt **kein Fall instanzieller Zuständigkeit** vor.[131] Auch übt die EZB nach Beendigung der Delegation nicht ansonsten nur der BaFin zustehende Befugnisse aus, sondern vielmehr ihre eigenen Befugnisse nach der SSM-Verordnung.[132] Die EZB ist nicht die Fach-/Rechts-„Aufsichtsbehörde" der BaFin.

74

Die EZB wird die Delegation im Einzelfall beenden, wenn in Bezug auf ein CRR-Kreditinstitut oder eine Gruppe Aufsichtsdefizite festgestellt werden und es zumindest temporär erforderlich erscheint, dass die EZB insoweit ihre **Befugnisse selbst ausübt**. Die Regelung ist als Druckmittel gegenüber den NCA einzustufen. Setzt eine NCA aufsichtsrechtliche Vorgaben nur unzureichend um, kann die EZB diese gegenüber beaufsichtigten Unternehmen selbst durchsetzen.[133] Das Recht zur direkten Ausübung von Befugnissen ist strikt von der Möglichkeit zu unterscheiden, ein weniger bedeutendes Institut als bedeutendes Institut (vgl. unter → Rn. 66) einzustufen. Die von einer Entscheidung der EZB Befugnisse selbst auszuüben betroffenen Unternehmen werden weiterhin nicht als bedeutend eingestuft (auch wenn sie ggf. partiell wie bedeutende Unternehmen behandelt werden).

75

c) Ergänzende Meldepflichten für CRR-Kreditinstitute

Die SSM-Rahmenverordnung verpflichtet CRR-Kreditinstitute (in Ergänzung zu § 24 KWG), der BaFin alle Änderungen der Mitglieder ihrer Leitungsorgane in Bezug auf ihre Aufsichts- und Geschäftsleiterfunktionen mitzuteilen, einschließlich Verlängerungen der Amtszeit der Geschäftsleiter.[134]

76

Ferner sind der BaFin auch alle Tatsachen, die die ursprüngliche Beurteilung der Eignung berühren können, unverzüglich nach Kenntniserlangung mitzuteilen.[135] Dies gilt auch für alle anderen Faktoren, die sich auf die Eignung auswirken können.[136]

77

---

[125] Art. 99 SSM-Rahmenverordnung.
[126] Art. 100 SSM-Rahmenverordnung.
[127] Art. 4 Abs. 5 d) SSM-Verordnung.
[128] Deutsche Bundesbank Monatsbericht 10/2014, 52.
[129] Art. 4 Abs. 5 b) SSM-Verordnung; Erwägungsgrund 5 der SSM-Rahmenverordnung; vgl. Art. 67 ff. SSM-Rahmenverordnung.
[130] Regierungsentwurf des BRRD-Umsetzungsgesetz, BT-Drs. 18/2575, S. 2.
[131] Zur instanziellen Zuständigkeit vgl. *Stelkens* in Stelkens/Bonk/Sachs VwVfG § 44 Rn. 175; *Maurer* § 21 Rn. 49.
[132] vgl. *Guttenberg* S. 33 ff.
[133] Art. 67 SSM-Rahmenverordnung.
[134] Art. 93 Abs. 1 S. 1 SSM-Rahmenverordnung.
[135] Art. 94 SSM-Rahmenverordnung.
[136] Art. 94 SSM-Rahmenverordnung.

78　Der EZB stehen im Hinblick auf die Prüfung der Eignung die Befugnisse zu, die der BaFin nach nationalem Recht zustehen.[137]

5. Verwaltungsverfahrensrecht der EZB, insbesondere Erlass von Aufsichtsbeschlüssen

79　Die SSM-Verordnung und SSM-Rahmenverordnung konkretisieren das für die EZB als „Aufsichtsbehörde" geltende Verwaltungsverfahrensrecht. Sie betreffen nicht die im deutschen Verwaltungsverfahrensgesetz (VwVfG) und Verwaltungszustellungsgesetz (VwZG) enthaltenen, für die BaFin geltenden Vorgaben.

a) Verwaltungsverfahren der EZB als „Aufsichtsbehörde"

80　Art. 25 ff. SSM-Rahmenverordnung konkretisieren die in der SSM-Verordnung enthaltenen, nur sehr rudimentär kodifizierten, **verwaltungsverfahrensrechtlichen Grundsätze** (zusammen: SSM-VwVR).[138]

81　Der Anwendungsbereich des SSM-VwVR erfasst Aufsichtsbeschlüsse der EZB gegenüber beaufsichtigten Unternehmen. Die NCA sind weder Adressat des SSM-VwVR, noch können sie Partei eines entsprechenden Verwaltungsverfahrens sein.[139] Das VwVfG findet auf Aufsichtsbeschlüsse der EZB keine Anwendung, auch nicht ergänzend.[140]

82　Ergänzend gelten jedoch die allgemeinen Rechtsgrundsätze des europäischen Verwaltungsverfahrensrechts[141], denen eine **doppelte Funktion** zukommt: sie erfassen sowohl den Vollzug des EU-Rechts durch nationale Behörden der Mitgliedstaaten (indirekter Vollzug – sog Unionsverwaltungsrecht)[142] als auch den Vollzug des Unionsrechts durch die Unionsorgane selbst (direkter Vollzug)[143]. Seit Inkrafttreten des Vertrages von Lissabon gilt ferner die Charta der Grundrechte, die durch Art. 6 Abs. 1 EUV Rechtsverbindlichkeit erlangt hat.[144] Zu den insoweit anwendbaren Grundsätzen des europäischen Verwaltungsverfahrensrechts gehören insbesondere die Gesetzmäßigkeit der Verwaltung, Rechtssicherheit, Vertrauensschutz, sowie der Bestimmtheits- und Verhältnismäßigkeitsgrundsatz.[145] Der Vorbehalt des Gesetzes ist für Grundrechtseingriffe zu beachten,[146] sodass – wie bereits unter → Rn. 17 ausgeführt – Voraussetzung für den Erlass von Maßnahmen mit Eingriffsqualität immer auch das Bestehen einer Befugnisnorm ist.

---

[137] Art. 93 Abs. 2 SSM-Rahmenverordnung.
[138] Die SSM-Rahmenverordnung schafft in diesem Rahmen auch ein Whistle-Blower-Verfahren (Meldung von Verstößen) nebst entsprechenden Schutzregelungen für den Betroffenen (Art. 36 ff. SSM-Rahmenverordnung).
[139] Art. 26 SSM-Rahmenverordnung.
[140] So auch Deutsche Bundesbank Monatsbericht 10/2014, 55.
[141] So auch Deutsche Bundesbank Monatsbericht 10/2014, 55.
[142] *Stelkens* in Stelkens/Bonk/Sachs VwVfG EuR Rn. 86; *Gärditz* DÖV 2010, 453 (461); *Kahl* Verwaltung Beih. 10 (2010), 49 (59); *Ruffert* in Calliess/Ruffert AEUV Art. 197 Rn. 11; andere Begriffsverwendung zB durch *von Bogdandy/Cassese/Huber* § 57 Rn. 3.
[143] *Stelkens* in Stelkens/Bonk/Sachs VwVfG EuR Rn. 86, 88, 89.
[144] *Stelkens* in Stelkens/Bonk/Sachs VwVfG EuR Rn. 90.
[145] *Stelkens* in Stelkens/Bonk/Sachs VwVfG EuR Rn. 91.
[146] *Stelkens* in Stelkens/Bonk/Sachs VwVfG EuR Rn. 215 ff. mit einer detaillierten Analyse.

aa) Besondere Ermittlungs- und Sanktionsbefugnisse

Der EZB stehen ferner die in Art. 14 ff. SSM-Verordnung geregelten **Untersuchungs- und Sanktionsbefugnisse** zu.[147]

Hierzu zählt insbesondere das Recht,

- **Informationen** von beaufsichtigten Unternehmen (nebst zu diesen Unternehmen gehörenden Personen) und von Unternehmen, auf die Funktionen oder Tätigkeiten durch beaufsichtigte Unternehmen ausgelagert wurden, (zusammen: Adressaten) zu verlangen (Art. 10 SSM-Verordnung). Unklar erscheint, ob Informationen von Unternehmen, auf die Funktionen ausgelagert werden (Insourcer), nur dann verlangt werden können, wenn der Insourcer in einem teilnehmenden Mitgliedstaat niedergelassen oder ansässig ist. Eine entsprechende Beschränkung ist dem Wortlaut von Art. 10 SSM-Verordnung nicht zu entnehmen. Dies gilt auch für Art. 12 SSM-Verordnung, der Prüfungen vor Ort regelt. Hingegen stellt Art. 11 Abs. 1 SSM-Verordnung klar, dass alle von den in Art. 11 SSM-Verordnung geregelten, allgemeinen Untersuchungen betroffene Unternehmen in teilnehmenden Mitgliedstaaten niedergelassen oder ansässig sein müssen. Diese Beschränkung gilt allgemein auch für beaufsichtigte Unternehmen. Daher liegt nahe, alle Untersuchungsbefugnisse der EZB auf Unternehmen zu begrenzen, die in teilnehmenden Mitgliedstaaten niedergelassen bzw. ansässig sind.[148]
- selbst erforderliche **Untersuchungen bei Adressaten** durchzuführen, zB durch Prüfung der Bücher und Aufzeichnungen oder durch die Durchführung von Befragungen (Art. 11 SSM-Verordnung). Wird die EZB bei der Durchführung der Untersuchungen behindert, sind NCA zur Amtshilfe verpflichtet. Die EZB verfügt über keine eigenen Vollzugsbeamten, mit denen sie Behinderungen ihrer Untersuchungen abwehren könnte.[149] Sie ist daher insoweit auf die NCA angewiesen.[150]
- **Prüfungen vor Ort** bei Adressaten durchzuführen (Art. 12 SSM-Verordnung). Auch insoweit muss die betroffene NCA in einem teilnehmenden Mitgliedstaat Amtshilfe leisten. Eine gerichtliche Genehmigung ist erforderlich, soweit diese nach nationalem Recht für die Durchführung von Prüfungen vor Ort erforderlich ist (Art. 13 Abs. 1 SSM-Verordnung). Das nationale Gericht ist in diesem Fall lediglich befugt, die Verhältnismäßigkeit (inklusive fehlender Willkür) nebst der Echtheit des Beschlusses der EZB zu prüfen (Art. 13 Abs. 2 SSM-Verordnung).
- **Verwaltungssanktionen** gegenüber beaufsichtigten Unternehmen zu verhängen, sofern das beaufsichtigte Unternehme fahrlässig oder vorsätzlich gegen direkt anwendbare Rechtsakte der Union verstoßen hat und das Unionsrecht der NCA die Möglichkeit verleiht, Verwaltungsgeldbußen zu verhängen.[151] Die Sanktionsbefugnis der EZB setzt daher voraus, dass bereits anderweitig eine Sanktionsmöglichkeit eingeräumt wurde.[152] Nach hier vertretener Ansicht muss diese anderweitige Sanktionsmöglichkeit unmit-

---

[147] Vgl. hierzu auch Deutsche Bundesbank Monatsbericht 10/2014, 56 f.; EZB Guide to Banking Supervision S. 38 ff.
[148] So iE auch *Lehmann/Manger-Nestler* ZBB 2014, 2 (17).
[149] Deutsche Bundesbank Monatsbericht 10/2014, 57.
[150] Sofern die EZB von ihren Ermittlungsbefugnissen Gebrauch macht, verbleibt damit für die NCA wenig originäre Zuständigkeit (vgl. *Lehmann/Manger-Nestler* ZBB 2014, 2 (17)). Im Übrigen – dh insbesondere bei der indirekten Aufsicht durch die EZB – wird die BaFin weiterhin von ihren Ermittlungsbefugnissen wie bisher Gebrauch machen.
[151] Deutsche Bundesbank Monatsbericht 10/2014, 58.
[152] Deutsche Bundesbank Monatsbericht 10/2014, 58; weiter als hier möglicherweise *Lehmann/Manger-Nestler* ZBB 2014, 2 (14).

telbar im Unionsrecht verankert sein; es reicht nicht aus, dass für einen Verstoß gegen Unionsrecht rein nationale Sanktionsmöglichkeiten verankert wurden. Art. 18 Abs. 1 SSM-Verordnung bringt dies durch die Worte „nach dem Unionsrecht" zum Ausdruck. Von der Regelung werden daher nur EU-Verordnungen erfasst, die selbst Regeln für ein Verwaltungssanktionsrecht enthalten. Damit ist der Anwendungsbereich der Befugnis aktuell (noch) äußerst beschränkt, da EU-Recht in der Vergangenheit Verwaltungssanktionen üblicherweise nicht in Verordnungen sondern in Richtlinien regelt.[153] Die EZB kann im Rahmen ihrer EZB-Aufgaben eine NCA jedoch anweisen, Sanktionsverfahren nach nationalem Recht gegenüber beaufsichtigten Unternehmen einzuleiten.

bb) Rechtsschutz gegen die EZB

85 Ein Verwaltungsverfahren bei der EZB kann auf Antrag oder von Amts wegen eingeleitet werden.[154] Antragsberechtigt sind die natürlichen oder juristischen Personen, an die ein Aufsichtsbeschluss gerichtet war oder die von diesem mittelbar und individuell betroffen sind.[155]

86 Vor der Annahme eines Aufsichtsbeschlusses durch die EZB gewährt die EZB betroffenen Personen **rechtliches Gehör**.[156] Regelmäßig erfolgt dies durch Einräumung einer 2-wöchigen Schriftsatzfrist.[157] In dringenden Fällen kann die Gewährung rechtlichen Gehörs auch erst nach Erlass einer vorläufigen Maßnahme nachgeholt werden.[158] Aufsichtsbeschlüsse der EZB sind zu begründen.[159]

87 Gegen Aufsichtsbeschlüsse der EZB besteht die Möglichkeit, eine „interne administrative Überprüfung" des Beschlusses durch die EZB zu verlangen (**Beschwerde**).[160] Gegenstand der Prüfung ist sowohl die formelle als auch die materielle Rechtmäßigkeit des Beschlusses, nicht jedoch auch dessen „**Zweckmäßigkeit**".[161] Zur Durchführung der Prüfung richtete die EZB einen administrativen Überprüfungsausschuss[162] ein, der auf Antrag und grundsätzlich ohne aufschiebende Wirkung tätig wird.[163] Der **administrative Überprüfungsausschuss** setzt sich aus fünf Personen der Mitgliedstaaten zusammen, die nicht zum aktuellen Personal der EZB, einer NCA oder einer anderen Einrichtung gehören, die mit der Wahrnehmung von Aufgaben im Zusammenhang mit dem SSM betraut sind.[164] Er ist nicht befugt, den betroffenen Aufsichtsbeschluss selbst aufzuheben oder abzuändern; vielmehr gibt der Überprüfungsausschuss lediglich eine Stellungnahme ab und überweist

---

[153] Vgl. zB die Richtlinie 2014/57/EU des Europäischen Parlaments und des Rates vom 16. April 2014 über strafrechtliche Sanktionen bei Marktmanipulation (Marktmissbrauchsrichtlinie) oder Art. 126 CRD IV.
[154] Art. 28 SSM-Rahmenverordnung.
[155] Art. 24 Abs. 5 SSM-Verordnung.; zum Rechtsschutz vgl. auch *Berger* WM 2015, 501 (504).
[156] Art. 22 Abs. 1 S. 1 SSM-Verordnung; Art. 31 SSM-Rahmenverordnung.
[157] Art. 31 Abs. 3 SSM-Rahmenverordnung.
[158] Art. 22 Abs. 1 S. 2 SSM-Verordnung; Art. 31 Abs. 4 – 6 SSM-Rahmenverordnung.
[159] Art. 22 Abs. 2 UAbs. 2 SSM-Verordnung; Art. 33 SSM-Rahmenverordnung.
[160] Art. 24 Abs. 1, 11 SSM-Verordnung; Deutsche Bundesbank Monatsbericht 10/2014, 51; *Lehmann/Manger-Nestler* ZBB 2014, 2 (19).
[161] Erwägungsgrund 64 der SSM-Verordnung; vgl. auch Deutsche Bundesbank Monatsbericht 10/2014, 51, jedoch ohne Hinweis auf die Einschränkung der Prüfung im Hinblick auf Zweckmäßigkeit.
[162] Zur Besetzung des Ausschusses vgl. Art. 24 Abs. 2 SSM-Verordnung.
[163] Auf Antrag des Adressaten kann die EZB den Vollzug des Beschlusses jedoch aussetzen (Art. 34 SSM-Rahmenverordnung).
[164] Art. 24 Abs. 2 SSM-Verordnung.

den Fall zwecks Ausarbeitung eines neuen Beschlussentwurfs an das ursprünglich bereits zuständige Aufsichtsgremium.[165] Das Aufsichtsgremium ist dann zwar verpflichtet, dem EZB-Rat einen neuen Beschlussentwurf zu unterbreiten, der den ursprünglichen Beschluss aufhebt. Die Stellungnahme des Überprüfungsausschusses ist nicht bindend.[166] Schon die Terminologie „Stellungnahme" spricht gegen eine Bindungswirkung. Zudem darf gemäß Art. 21 Abs. 7 SSM-Verordnung, ein Beschluss gleichen Inhalts nochmals erlassen werden. Die Stellungnahme dient damit lediglich als allgemeine Grundlage für die Erarbeitung einer neuen Beschlussvorlage an den EZB-Rat.[167]

Alle Aufsichtsbeschlüsse der EZB, inklusive der Anpassungen von Beschlüssen im Rahmen einer Beschwerde, werden formell durch den **EZB-Rat** erlassen. Ein Beschluss gilt durch den EZB-Rat als angenommen, wenn der EZB-Rat nicht innerhalb von 10 Arbeitstagen einem Beschlussentwurf widerspricht.[168] Dem EZB-Rat steht nicht das Recht zu, den Beschlussentwurf inhaltlich abzuändern, er kann ihn nur in Gänze ablehnen.[169]

Die Beschwerde ist **kein Vorverfahren**. Anders als das deutsche Widerspruchsverfahren nach § 68 VwGO ist die erfolglose Durchführung der internen administrativen Überprüfung nach SSM-VwVR keine Voraussetzung für die Erhebung einer Klage zum Gericht der Europäischen Union (Gericht)[170] und hat auch grundsätzlich keine aufschiebende Wirkung. Der EZB-Rat kann den Vollzug eines Aufsichtsbeschlusses, gegen den Beschwerde eingereicht wurde, jedoch – auf Vorschlag des Überprüfungsausschusses – aussetzen.[171]

Unabhängig von der Durchführung einer internen administrativen Überprüfung durch den Überprüfungsausschuss der EZB ist daher gegen Aufsichtsbeschlüsse der Rechtsweg zum Gericht eröffnet (Artikel 256, 263 Abs. 1 AEUV).[172] Jede natürliche oder juristische Person kann gegen die an sie gerichteten oder sie unmittelbar und individuell betreffenden Handlungen binnen zwei Monaten[173] **Nichtigkeitsklage** erheben (Art. 263 Abs. 3, 5 AEUV).[174] Wurde ein administratives Überprüfungsverfahren durchgeführt, ist Klagegegenstand nicht der ursprüngliche Aufsichtsbeschluss, sondern der im Rahmen des Überprüfungsverfahrens neu erlassene Beschluss, der den ursprünglichen Beschluss ersetzt. Hintergrund hierfür ist, dass ein Ablauf der zweimonatigen Klagefrist während der Durchführung des administrativen Überprüfungsverfahrens vermieden werden soll. Dadurch erlangt das administrative Überprüfungsverfahren einer „aufschiebenden Wirkung" faktisch vergleichbare Rechtsfolgen. Im Ergebnis ist die Nichtigkeitsklage – im Falle der

---

[165] Art. 24 Abs. 7 SSM-Verordnung; *Lehmann/Manger-Nestler* ZBB 2014, 2 (3).
[166] Art. 16 Abs. 5 Beschluss der Europäischen Zentralbank vom 14. April 2014 zur Einrichtung eines administrativen Überprüfungsausschusses und zur Festlegung der Vorschriften für seine Arbeitsweise (EZB/2014/16), ABl. EU L 175, 47; gegen das Bestehen einer Bindungswirkung auch *Lehmann/Manger-Nestler* ZBB 2014, 2 (19).
[167] Deutsche Bundesbank Monatsbericht 10/2014, 51.
[168] Art. 24 Abs. 7 SSM-Verordnung.
[169] *Lehmann/Manger-Nestler* ZBB 2014, 2 (19).
[170] Vgl. Art. 24 Abs. 11 SSM-Verordnung; Deutsche Bundesbank Monatsbericht 10/2014, 51; *Lehmann/Manger-Nestler* ZBB 2014, 2 (19); Bundesministerium der Finanzen Monatsbericht 5/2013, dort unter „Der Einheitliche Aufsichtsmechanismus in der europäischen Bankenaufsicht (SSM)" Ziffer 7.1.
[171] Art. 24 Abs. 8 SSM-Verordnung; *Lehmann/Manger-Nestler* ZBB 2014, 2 (19).
[172] Vgl. Erwägungsgrund 60 der SSM-Verordnung.
[173] Zzgl. Entfernungsfrist, für Deutschland 10 Tage, Art. 60 VerfO.
[174] *Herdegen* WM 2012, 1889 (1896); Gegen die Stellungnahmen des administrativen Überprüfungsausschusses ist ua wegen ihres unverbindlichen Charakters der Rechtsweg nicht eröffnet (so auch *Lehmann/Manger-Nestler* ZBB 2014, 2 (19); Grundlegend zum Rechtsschutz gem. Art. 263 Abs. 5 AEUV: *Gärditz* DÖV 2010, 453 (459 f.).

A. Sanierung und frühzeitiges Eingreifen

Durchführung des Überprüfungsverfahrens – somit binnen zwei Monaten nach Erlass des an das Überprüfungsverfahren anschließenden Aufsichtsbeschlusses zu erheben.

91 Darüber hinaus haftet die EZB für den durch sie oder ihre Bediensteten in Ausübung ihrer Amtstätigkeit verursachten **Schaden** nach den allgemeinen Rechtsgrundsätzen, die den Rechtsordnungen der Mitgliedstaaten gemeinsam sind (Art. 340 AEUV). Die Haftung der NCA für den durch sie oder ihre Bediensteten in Ausübung ihrer Amtstätigkeit verursachten Schaden nach nationalem Recht bleibt hiervon unberührt.[175]

b) Verwaltungsverfahrensrecht der BaFin

92 Auch nach dem 4.11.2014 findet auf die BaFin ausschließlich VwVfG und VwZG Anwendung.[176] Das SSM-VwVR gilt nur für die EZB. Gegen die BaFin ist der Rechtsweg auf der Basis der Verwaltungsgerichtsordnung (VwGO) eröffnet. Insoweit macht es keinen Unterschied, ob die BaFin

- in **eigener Zuständigkeit** handelt, zB weil ein Institut betroffen ist, das kein CRR-Kreditinstitut ist oder weil Maßnahmen ergriffen werden, die nicht dem Bereich der EZB-Aufgaben zuzurechnen sind (zB im Bereich Short-Selling oder Wertpapierdienstleistungen),
- in **eigener Zuständigkeit aufgrund einer Delegation** handelt, zB im Rahmen der indirekten Aufsicht durch die EZB,
- auf **Weisung der EZB** tätig ist, selbst wenn der EZB im Einzelfall nicht selbst die Befugnis zustände, eine entsprechende Maßnahme zu ergreifen oder
- im Wege der **Amtshilfe** tätig ist (zB im Rahmen der Ermittlungsbefugnisse).

In allen Fällen ist das Innenverhältnis zwischen der EZB und der BaFin für die Frage des Rechtsschutzes ohne Bedeutung, insbesondere weil dieses Innenverhältnis für die betroffenen Unternehmen regelmäßig nicht ersichtlich ist.[177]

6. Gruppenaufsicht, Zweigstellen und -niederlassungen

93 Nachfolgend werden einige Besonderheiten im Hinblick auf die Gruppenaufsicht, Zweigstellen von Instituten aus Drittstaaten (§§ 53, 53c KWG) und Zweigniederlassungen (§§ 24a, 53b KWG) dargestellt.

a) Aufsicht im Hinblick auf Gruppen(unternehmen)

94 Die EZB tritt an die Stelle der nationalen konsolidierenden Aufsichtsbehörde (und übt insoweit die Gruppenaufsicht aus), wenn (i) auf der Basis allgemeiner bankaufsichtsrechtlicher Vorschriften eine NCA in einem teilnehmenden Mitgliedstaat konsolidierende Aufsichtsbehörde ist und (ii) mindestens ein Kreditinstitut iSd Art. 4 Abs. 1 Nr. 1 CRR zur Gruppe gehört. Art. Abs. 1 g) SSM-Verordnung stellt insoweit klar, dass zu den EZB-Aufgaben auch die „*Beaufsichtigung auf konsolidierter Basis der in einem teilnehmenden Mitgliedstaat niedergelassenen Muttergesellschaften von Kreditinstituten, einschließlich der Finanzholdinggesellschaften*

---

[175] Erwägungsgrund 61 der SSM-Verordnung.
[176] Vgl. auch Deutsche Bundesbank Monatsbericht 10/2014, 55.
[177] Für die Fälle der Amtshilfe ergibt sich dies bereits aus § 7 Abs. 2 S. 2 VwVfG. Ebenso ist im Rahmen von Delegation und Weisung die Passivlegitimation der ggü. dem Bürger handelnden Behörde allgemein anerkannt; vgl. Überblick bei *Happ* in Eyermann/Fröhler VwGO § 78 Rn. 15; *Redeker/von Oertzen* VwGO § 78 Rn. 2; *Brenner* in Sodan/Ziekow VwGO § 78 Rn. 19f.

und der gemischten Finanzholdinggesellschaften"[178] gehört.[179] Die Beschränkung der Funktion der EZB als konsolidierende Aufsichtsbehörde auf Gruppen, denen mindestens ein Kreditinstitut iSd Art. 4 Abs. 1 Nr. 1 CRR angehört, ist bereits im Wortlaut des Art. 1 Abs. 1 g) SSM-Verordnung verankert („*Muttergesellschaften von Kreditinstituten*"). Die Zuständigkeit der EZB fällt damit hinter dem Anwendungsbereich des Art. 11 CRR zurück. Ferner ist die EZB auch dann nicht zuständig, wenn eine Beaufsichtigung auf Gruppenebene lediglich aus § 10a KWG iVm § 1a KWG folgt. Nach § 1a KWG gelten in Deutschland für bestimmte Institute iSd KWG ausgewählte Vorgaben der CRR entsprechend. Die konsolidierende Aufsicht kann – wie unter → Rn. 64 ff. aufgeführt – entweder direkt oder indirekt erfolgen.

Die SSM-Verordnung nimmt keinen Einfluss auf die nach allgemeinen bankaufsichtsrechtlichen Vorschriften zu bestimmenden Konsolidierungskreise.[180] Eine nach allgemeinen bankaufsichtsrechtlichen Vorschriften gebotene Unterkonsolidierung in einzelnen Mitgliedstaaten bleibt daher ebenso erhalten wie die im materiellen Recht enthaltenen, allgemeinen Vorschriften zur Bestimmung der konsolidierenden Aufsichtsbehörde (für die einzelnen Konsolidierungskreise).[181] Allerdings finden die Vorschriften des einschlägigen Unionsrechts für die Zusammenarbeit zwischen den NCA bei der Beaufsichtigung auf konsolidierter Basis dann keine Anwendung, soweit die EZB die einzige beteiligte zuständige „Behörde" ist.[182]

95

Konsequenterweise übt die EZB nach hier vertretener Auffassung über in teilnehmenden Mitgliedstaaten niedergelassene Finanzholdinggesellschaften und gemischte Finanzholdinggesellschaften die Aufsicht nur dann aus, wenn die Unternehmen Teil einer Gruppe von Unternehmen sind, denen mindestens auch ein Kreditinstitut nach Art. 4 Abs. 1 Nr. 1 CRR angehört.[183] Das Institut muss nicht zwingend ein CRR-Kreditinstitut sein, vielmehr kann es auch in einem nicht teilnehmenden Mitgliedstaat ansässig sein. Sofern der Gruppe lediglich Wertpapierfirmen und andere Institute angehören, die keine Kreditinstitute nach Art. 4 Abs. 1 Nr. 1 CRR sind, sprechen **systematische Gründe** jedoch gegen eine Aufsicht durch die EZB über (gemischte) Finanzholdinggesellschaften dieser Gruppe. Hintergrund ist, dass die EZB in diesen Fällen auch nicht auf Soloebene für die Aufsicht zuständig ist.

96

b) Zweigstellen und -niederlassungen

Im Hinblick auf die Zuständigkeit der EZB als „Aufsichtsbehörde" ist zwischen **Zweigniederlassungen** (§§ 24a, 53b KWG) und Zweigstellen von Unternehmen aus Drittstaaten

97

---

[178] Art. 4 Abs. 1 g) SSM-Verordnung.
[179] Befindet sich die zuständige konsolidierende Aufsichtsbehörde in einem nicht teilnehmenden Mitgliedstaat, wirkt die EZB an der Aufsicht lediglich mit, zB durch Teilnahme der EZB an Treffen des Aufsichtskollegiums (Art. 10 SSM-Rahmenverordnung).
[180] Auf die Frage, wie mit den rein deutschrechtlichen Besonderheiten bei der Bestimmung des Konsolidierungskreises im Rahmen des § 10a KWG umzugehen ist, soll hier nicht eingegangen werden. Die gilt auch für die Frage, inwieweit die aktuelle Fassung des § 10a KWG den Vorgaben der CRR entspricht.
[181] Art. 9 SSM-Rahmenverordnung.
[182] Art. 17 Abs. 2 SSM-Verordnung. Eine Zusammenrechnung mit Tochtergesellschaften erfolgt nicht, Art. 41 SSM-Verordnung.
[183] In diese Richtung auch Deutsche Bundesbank Monatsbericht 10/2014, 46 („Ebenso erfasst werden die in den aufsichtlichen Konsolidierungskreis einbezogenen Muttergesellschaften von Kreditinstituten, einschließlich Finanzholdinggesellschaften und der gemischten Finanzholdinggesellschaften").

(§§ 53, 53c KWG) zu unterscheiden.[184] Anzeigen nach § 24a KWG sind bei der BaFin einzureichen. Erfolgt die Anzeige durch ein bedeutendes CRR-Kreditinstitut, leitet die NCA die Anzeige an die EZB zur Entscheidung weiter.

98 Die EZB beaufsichtigt alle Zweigniederlassungen in teilnehmenden Mitgliedstaaten direkt oder indirekt. Dies gilt auch für EZB-Zweigniederlassungen. Eine EZB-Zweigniederlassung gilt dann als bedeutend (für die Zwecke der direkten Aufsicht), wenn die unter → Rn. 60 ff. dargestellten Voraussetzungen im Hinblick auf die Zweigniederlassung erfüllt sind.[185] Für die Zwecke der Berechnung der Grenze werden Zweigniederlassungen innerhalb eines teilnehmenden Mitgliedstaates zusammengerechnet.[186] Die EZB wendet im Rahmen der Aufsicht über EZB-Zweigniederlassungen die Regeln des „Europäischen Passes" für Aufnahmestaaten an, während die NCA des Herkunftsstaates im Übrigen für die Aufsicht zuständig ist.[187]

99 **Zweigstellen von Unternehmen aus Drittstaaten** fallen – nach hier vertretener Ansicht – nicht in den Anwendungsbereich der SSM-Verordnung.[188] Es handelt sich insoweit um keine Kreditinstitute iSd Art. 4 Abs. 1 Nr. 1 CRR (und damit auch nicht um CRR-Kreditinstitute), selbst wenn sie über eine Erlaubnis für das Erbringen des Einlagen- und Kreditgeschäfts nach §§ 53, 53c KWG verfügen. Zwar werden Unternehmen aus Drittstaaten nicht direkt über den Wortlaut der Definition des Kreditinstituts nach Art. 4 Abs. 1 Nr. 1 CRR vom Anwendungsbereich ausgenommen. Die Beschränkung des Begriffs des Kreditinstituts auf EU-Unternehmen ergibt sich jedoch aus der Systematik der CRR, insbesondere auch aus Art. 23 CRR. Dementsprechend sieht die CRD IV/CRR – anders als die MiFID II[189]/MiFIR[190] – auch kein in der EU harmonisiertes Regime für den Zugang von Drittlandfirmen vor. Den Mitgliedstaaten steht frei, selbst festzulegen, welche Regeln sie auf Zweigstellen solcher Firmen oder auf die grenzüberschreitende Erbringung von Dienstleistungen anwenden wollen. Konsequenterweise werden diese Zweigstellen auch weitgehend von der BRRD-Umsetzung in Deutschland ausgenommen (vgl. § 2 Abs. 1 Sanierungs- und Abwicklungsgesetz (**SAG**) in Abgrenzung zu § 1 Nr. 3 SAG). Eine Anknüpfung des Anwendungsbereichs der SSM-Verordnung an die den nationalen Gesetzgebern der Mitgliedstaaten überlassene Art der Ausgestaltung der Erlaubnis erscheint nicht möglich.

7. Zuständigkeiten bei der Sanierung und Frühintervention

100 Die EZB erlangt im Rahmen der SSM-Verordnung auch Zuständigkeiten im Bereich der Sanierung von CRR-Kreditinstituten und Gruppen, für die die EZB konsolidierende Aufsichtsbehörde ist, sowie im Bereich der Frühintervention.

---

[184] Vgl. hierzu auch Deutsche Bundesbank Monatsbericht 10/2014, 61.
[185] Vgl. Art. 41 Abs. 3 SSM-Rahmenverordnung.
[186] Vgl. Art. 41 Abs. 1 SSM-Rahmenverordnung.
[187] Art. 11 ff. SSM-Rahmenverordnung.
[188] So wohl auch *Ladler* GPR 2013, 328 (331).
[189] Richtlinie 2014/65/EU des Europäischen Parlaments und des Rates vom 15. Mai 2014 über Märkte für Finanzinstrumente sowie zur Änderung der Richtlinien 2002/92/EG und 2011/61/EU (Neufassung).
[190] Verordnung (EU) Nr. 600/2014 des Europäischen Parlaments und des Rates vom 15. Mai 2014 über Märkte für Finanzinstrumente und zur Änderung der Verordnung (EU) Nr. 648/2012.

a) Sanierung und Frühintervention

Art. 4 Abs. 1i) SSM-Verordnung stellt klar, dass zu den EZB-Aufgaben auch „*die Wahrnehmung von Aufsichtsaufgaben in Bezug auf Sanierungspläne und frühzeitiges Eingreifen [gehört], wenn ein Kreditinstitut oder eine Gruppe, für die die EZB die konsolidierende Aufsichtsbehörde ist, die geltenden aufsichtsrechtlichen Anforderungen nicht erfüllt oder voraussichtlich nicht erfüllen wird, sowie – nur in den im einschlägigen Unionsrecht für die zuständige Behörde ausdrücklich vorgesehenen Fällen – in Bezug auf erforderliche strukturelle Änderungen bei Kreditinstituten zur Verhinderung finanzieller Stresssituationen oder von Zusammenbrüchen […]*". 101

Der EZB ist daher „zuständige Behörde" im Rahmen der Richtlinie 2014/59/EU zur Festlegung eines Rahmens für die Sanierung und Abwicklung von Kreditinstituten und Wertpapierfirmen (*Bank Recovery and Resolution Directive* – BRRD; Art. 2 Abs. 1 Nr. 21 BRRD[191]). Ihr stehen im Bereich der Sanierung und des frühzeitigen Eingreifens die Aufgaben, Befugnisse und Pflichten aus der BRRD zu, wie sie im SAG in Deutschland umsetzt wurden. An dieser Aufgabenverteilung wurde im Rahmen des einheitlichen europäischen Abwicklungsmechanismus (*Single Resolution Mechanism* – SRM) festgehalten. Die SRM-Verordnung (EU) Nr. 806/2014 zur Festlegung einheitlicher Vorschriften und eines einheitlichen Verfahrens für die Abwicklung im Rahmen eines einheitlichen Abwicklungsmechanismus und eines einheitlichen Abwicklungsfonds (SRM-Verordnung[192]) nimmt **keinen Einfluss auf Zuständigkeiten im Bereich der Frühintervention**. Allerdings bleibt die Zuständigkeit der EZB im Rahmen der Sanierung und Frühintervention auf den einführend dargestellten territorialen und persönlichen Anwendungsbereich der SSM-Verordnung (vgl. → Rn. 4 ff.) begrenzt. 102

aa) Zuständigkeiten der EZB im Rahmen der Sanierung

Im Hinblick auf bedeutende CRR-Kreditinstitute, die nicht Teil einer Beaufsichtigung auf konsolidierter Basis in der EU sind, ist die EZB im Rahmen der direkten Aufsicht verpflichtet, die Erstellung und Aktualisierung des Sanierungsplans zu überwachen und diesen zu bewerten (Art. 5, 6 BRRD; §§ 12 ff. SAG). Hierzu zählt insbesondere auch die Identifikation wesentlicher Unzulänglichkeiten des Sanierungsplans oder wesentlicher Hindernisse seiner Durchführung und ggf. zB die Erteilung von Weisungen, wie diese Unzulänglichkeiten bzw. Hindernisse beseitigt werden können.[193] **Im Übrigen verbleibt die Zuständigkeit bei der NCA**, dh in Deutschland der BaFin. Handelt es sich um ein weniger bedeutendes CRR-Kreditinstitut, folgt die Zuständigkeit der BaFin aus den Regeln zur 103

---

[191] Richtlinie 2014/59/EU des Europäischen Parlaments und des Rats vom 15. Mai 2014 zur Festlegung eines Rahmens für die Sanierung und Abwicklung von Kreditinstituten und Wertpapierfirmen und zur Änderung der Richtlinie 82/891/EWG des Rates, der Richtlinie 2001/24/EG, 2004/25/EG, 2005/56/EG, 2007/36/EG, 2011/35/EU, 2012/30/EU und 2013/36/EU sowie der Verordnung (EU) Nr. 1092/2010 und (EU) Nr. 648/2012 des Europäischen Parlaments und des Rates.

[192] Verordnung (EU) Nr. 806/2014 des Europäischen Parlaments und des Rates vom 15. Juli 2014 zur Festlegung einheitlicher Vorschriften und eines einheitlichen Verfahrens für die Abwicklung von Kreditinstituten und bestimmten Wertpapierfirmen im Rahmen eines einheitlichen Abwicklungsmechanismus und eines einheitlichen Abwicklungsfonds sowie zur Änderung der Verordnung (EU) Nr. 1093/2010.

[193] Vgl. in diesem Zusammenhang: EBA, Final Draft regulatory technical standards on the assessment of recovery plans under Article 6(8) of Directive 2014/59/EU (Bank Recovery and Resolution Directive – BRRD) vom 18. Juli 2014 (EBA/RTS/2014/12); EBA, Empfehlungen zu Sanierungsplänen vom 23. Januar 2013 (EBA/REC/2013/02).

A. Sanierung und frühzeitiges Eingreifen

indirekten Aufsicht durch die EZB (dh aus der SSM-Verordnung). Ansonsten basiert sie auf dem SAG (zB für Finanzdienstleistungsinstitute).

104   Für Institute, die Teil einer auf konsolidierter Basis in der Union beaufsichtigten Gruppe sind, ist ein **Gruppensanierungsplan** zu erstellen. Die Erstellung von Gruppensanierungsplänen erfolgt grundsätzlich nur auf der höchsten Konsolidierungsebene innerhalb der Union. Anknüpfungsunkt ist insoweit das EU-Mutterunternehmen (Art. 7 Abs. 1 BRRD; § 14 Abs. 1 SAG).

105   Handelt es sich um eine bedeutende Gruppe und ist die EZB konsolidierende Aufsichtsbehörde auf höchster Ebene innerhalb der Union, so überwacht sie die Erstellung und Aktualisierung des Sanierungsplans. Bei der Bewertung arbeitet die EZB mit den NCA in nicht teilnehmenden Mitgliedstaaten zusammen, in denen Tochterunternehmen der Gruppe ansässig oder niedergelassen sind.[194] Der Gruppensanierungsplan enthält Maßnahmen, deren Durchführung auf der Ebene des EU-Mutterunternehmens und jedes einzelnen Tochterunternehmens erforderlich sein können. Im Rahmen der Erstellung des Gruppensanierungsplans kann für einzelne Institute der Gruppe ein Sanierungsplan auch auf **Einzelbasis** verlangt werden (Art. 8 Abs. 2 b) BRRD; § 17 Abs. 2 SAG). Ist die EZB nicht die konsolidierende Aufsichtsbehörde auf der höchsten Ebene in der Union und umfasst die Gruppe bedeutende Unternehmen unter direkter EZB-Aufsicht, nimmt die EZB die Position der NCA bezüglich der beaufsichtigten Unternehmen in den teilnehmenden Mitgliedstaaten ein.

106   Im Hinblick auf weniger bedeutende CRR-Kreditinstitute und weniger bedeutende Gruppen, für die die EZB konsolidierende Aufsichtsbehörde ist, übt die EZB Aufgaben, Befugnisse und Pflichten im Zusammenhang mit der Sanierung nur indirekt durch die NCA aus. Faktisch verbleibt die Aufsicht in diesen Fällen daher bei den NCA. Dies gilt auch für den Fall, dass kein CRR-Kreditinstitut Teil der Gruppe ist. Der Anwendungsbereich der SSM-Verordnung ist dann auf Gruppenebene nicht eröffnet (vgl. → Rn. 94 ff.). Ggf. finden dann die vereinfachten Anforderungen für bestimmte Institute Anwendung (Art. 4 BRRD; § 19 SAG).[195]

bb) Frühintervention

107   Die Zuständigkeit der **EZB** für Maßnahmen der Frühintervention richtet sich nach den in → Rn. 101 ff. dargestellten, allgemeinen Grundsätzen. So ist die EZB im Rahmen der direkten Aufsicht zuständig für Maßnahmen der Frühintervention über
- bedeutende CRR-Kreditinstitute und
- sonstige beaufsichtige Unternehmen, die Teil einer bedeutenden Gruppe sind, der ein Kreditinstitut iSd Art. 4 Abs. 1 Nr. 1 CRR angehört (→ Rn. 94 ff.).

108   Ist das CRR-Kreditinstitut oder dessen Gruppe nicht bedeutend, so liegt im Hinblick auf beaufsichtigte Unternehmen ein Fall der indirekten Aufsicht durch die EZB vor. Maßnahmen der Frühintervention werden daher durch die NCA ergriffen. In allen anderen Fällen (zB bei Finanzdienstleistungsinstituten) folgt die Zuständigkeit der NCA direkt aus nationalem Recht, in Deutschland zB aus dem SAG und KWG.

---

[194] NCA in teilnehmenden Mitgliedstaaten sind insoweit nur über das JST eingebunden; sie verfügen über keine selbstständige Zuständigkeit, da diese im Rahmen der direkten Aufsicht bei der EZB liegt.

[195] Die Ausnahme des Art. 4 BRRD bzw. § 19 SAG steht Instituten, die direkt von der EZB beaufsichtigt werden, nicht zur Verfügung (Art. 4 Abs. 10 BRRD). Dies gilt auch für Institute, die einen beträchtlichen Anteil am Finanzsystem eines Mitgliedstaates haben (Art. 4 Abs. 10 BRRD).

Der Bereich der Frühintervention umfasst: **109**
- die Aufsichtsbefugnisse nach Art. 16 SSM-Verordnung,
- Maßnahmen des frühzeitigen Eingreifens nach Art. 27 – 30 BRRD, wie sie in Deutschland in §§ 36 – 39 SAG umgesetzt wurden[196] und
- Aufsichtsbefugnisse nach Art. 104 der CRD IV, wie sie in Deutschland in §§ 6b, 10, 11, 45, 48t KWG umgesetzt wurden.

Die EZB bzw. NCA unterrichten den durch die SRM-Verordnung errichteten **Ausschuss** (für eine einheitliche Abwicklung im Rahmen des SRM) ggf. erst nachträglich über eine (erste) Maßnahme der Frühintervention.[197] Der Erlass einer ersten Maßnahme der Frühintervention kann durch die EZB/NCA ohne weiteres getroffen werden. Auf der Basis der Unterrichtung durch die EZB bzw. NCA bereitet der Ausschuss ggf. die Abwicklung des betroffenen Instituts bzw. der betroffenen Gruppe vor.[198] Der Ausschuss ist dann zB befugt, an potenzielle Erwerber heranzutreten, um die Abwicklung des Instituts vorzubereiten.[199] Planen EZB bzw. NCA das Ergreifen zusätzlicher Maßnahmen der Frühintervention, bevor die erste getroffene Maßnahme der Frühintervention in Gänze erfüllt wurde, sind sie verpflichtet, (i) den Ausschuss vorab zu informieren und (ii) die Kohärenz der Maßnahme mit der ggf. stattfindenden Vorbereitung der Abwicklung sicherzustellen.[200] **110**

Nicht zu den Maßnahmen der Frühintervention zählen **rein nationale Vorschriften**, die nicht auf EU-Recht zurückgehen, wie zB § 45 KWG. Die Anwendung dieser Regelungen richtet sich weiterhin ausschließlich nach nationalem Recht. Eine Zuständigkeit der EZB zur unmittelbaren Ausübung dieser Befugnisse ist – nach hier vertretener Ansicht – nicht gegeben (aA → A.I Rn. 85 ff.). **111**

Die EZB und NCA tauschen unverzüglich Informationen in Bezug auf bedeutende beaufsichtigte Unternehmen aus, wenn ernsthafte Anzeichen bestehen, dass diese bedeutenden beaufsichtigten Unternehmen nicht mehr die Gewähr für die Erfüllung ihrer Verpflichtungen gegenüber ihren Gläubigern, insbesondere für die Sicherheit der ihnen von ihren Einlegern anvertrauten Vermögenswerte, bieten, oder wenn ernsthafte Anzeichen dafür vorliegen, dass das betroffene Kreditinstitut nicht in der Lage ist, die Einlagen zurückzuzahlen.[201] **112**

b) Abwicklung

Für die Abwicklung von Instituten und Gruppen ist die EZB nicht zuständig. Art. 4 Abs. 1i) SSM-Verordnung stellt insoweit eindeutig klar, dass der EZB keine Abwicklungsbefugnisse zustehen. **113**

Hieran änderte sich auch nichts durch das BRRD-Umsetzungsgesetz, das die Anstalt für **Finanzmarktstabilisierung** (Finanzmarktstabilisierungsanstalt – **FMSA**) als die für Deutschland zuständige Abwicklungsbehörde benannt hat.[202] Seit 2016 teilt die FMSA diese **114**

---

[196] Vgl. insoweit EBA, Leitlinien zu den Bedingungen für die Prüfung der Anwendung von Frühinterventionsmaßnahmen gemäß Artikel 27 Absatz 4 der Richtlinie 2014/59/EU vom 29. Juli 2015 (EBA/GL/2015/03).
[197] Art. 13 Abs. 1 UAbs. 1 SRM-Verordnung.
[198] Art. 13 Abs. 1 UAbs. 2, Abs. 2 UAbs. 1 SRM-Verordnung.
[199] Art. 13 Abs. 1 UAbs. 2 SRM-Verordnung.
[200] Art. 13 Abs. 4 und 5 SRM-Verordnung.
[201] Art. 92 SSM-Rahmenverordnung.
[202] BGBl. 2014 I S. 2091, 2098; § 3 Abs. 1 SAG.

Zuständigkeit mit dem durch die SRM-Verordnung gegründeten Ausschuss als Agentur der Union (vgl. B.I.).[203]

115 Für den Fall, dass durch die FMSA bzw. den Ausschuss Abwicklungsmaßnahmen ergriffen werden, gelten jedoch Besonderheiten im Hinblick auf die Befugnisse der EZB. Sofern die FMSA bzw. der Ausschuss vor dem Hintergrund der (geplanten) Anwendung von Abwicklungsmaßnahmen der EZB Bedenken im Hinblick auf den Entzug einer Erlaubnis mitteilt, sind die EZB (und die NCA) verpflichtet, sich auf einen Zeitraum zu **einigen**, während dessen die EZB von der Durchführung eines beabsichtigten Entzugs der Zulassung absieht.[204] Nach Ablauf des vereinbarten Zeitraums prüft die EZB, ob sie den Entzug der Zulassung weiterverfolgen oder den vereinbarten Zeitraum verlängern will.

8. Zusammenfassung und Gesamtergebnis

116 Die Einführung des SSM wirft zahlreiche neue Rechtsfragen auf, die in den nächsten Jahren durch Wissenschaft und Praxis erst noch gelöst werden müssen. In diesem Zusammenhang wird sich zeigen, inwieweit sich die neue Verteilung der Zuständigkeiten bewährt und das bislang eher rudimentäre Verfahrensrecht der EU sinnvoll fortentwickelt wurde. Zumindest anfänglich bringt der SSM ein beachtliches Maß an Rechtsunsicherheit.

---

[203] Art. 42 SRM-Verordnung.
[204] Art. 84 Abs. 1 SSM-Rahmenverordnung.

III. Sanierungsplanung und Prüfung von Sanierungsplänen

Übersicht

		Rn.
1.	Einleitung	1
2.	Grundlagen der Sanierungsplanung	3
	a) Rechtliche Grundlagen	3
	b) Anwendungsbereich	8
3.	Zielsetzung der Sanierungsplanung	12
	a) Makroökonomische Zielsetzung	12
	b) Sanierungsplanung als Erweiterung der bestehenden Banksteuerung	13
4.	Grundlagen der Prüfung von Sanierungsplänen	18
	a) Verpflichtung des Abschlussprüfers	18
	b) Besonderheiten bei der Prüfung von Sanierungsplänen von Gruppen	23
	c) Prüfungsgegenstand	29
	d) Beurteilungskriterien	34
5.	Prüfung von Sanierungsplänen	43
	a) Strukturvorgaben an einen Sanierungsplan	43
	b) Inhaltliche Vorgaben an einen Sanierungsplan	44
	aa) Zusammenfassung	45
	bb) Strategische Analyse	49
	cc) Indikatoren und Schwellenwerte	62
	dd) Sanierungsmaßnahmen	73
	ee) Sanierungsgovernance	86
	ff) Kommunikation im Sanierungsfall	93
	gg) Informationsmanagement	96
	hh) Belastungsanalysen	99
	ii) Umsetzungsplanung	116
	jj) Aktualisierung des Sanierungsplans	124
6.	Prüfungsvorgehen und Berichterstattung über die Prüfung	129
	a) Grundsatz der Risikoorientierung	129
	b) Prüfungsvorgehen	130
	c) Berichterstattung	137

Schrifttum: BaFin, Mindestanforderungen an das Risikomanagement – MaRisk, Rundschreiben 10/2012 (BA) vom 14.12.2012; BaFin, Mindestanforderungen an die Ausgestaltung von Sanierungsplänen – MaSan, Rundschreiben 03/2014 (BA) vom 25.04.2014.

A. Sanierung und frühzeitiges Eingreifen

1. Einleitung

1   Seit Ausbruch der Finanzmarktkrise im Jahr 2007 ist eine Vielzahl neuer regulatorischer Vorgaben entstanden – sowohl auf globaler als auch auf europäischer und nationaler Ebene –, mit denen zukünftig die Finanzmärkte und die Realwirtschaft vor den Auswirkungen von Schieflagen von Finanzinstituten geschützt werden sollen, ohne dass hierzu erneut öffentliche Mittel bereitgestellt werden müssen. Dieses Rahmenwerk an Regularien besteht einerseits aus der Weiterentwicklung bestehender Regelungen mit dem Ziel einer Verbesserung der Widerstandsfähigkeit, insbesondere hinsichtlich verschärfter Eigenkapital- und Liquiditätsvorschriften, und des Risikomanagements der Institute (zB Basel III, CRD IV/CRR, MaRisk). Andererseits wurden zum 2. Juli 2014 auf europäischer Ebene mit der BRRD[1] bzw. ihrer nationalen Umsetzung in Deutschland mit dem Gesetz zur Sanierung und Abwicklung von Instituten und Finanzgruppen (Sanierungs- und Abwicklungsgesetz – SAG) zum 1. Januar 2015 neue Vorgaben mit spezifischen Vorkehrungen zur Krisenbewältigung entwickelt und in Kraft gesetzt. Im Kern dieser neuen regulatorischen Anforderungen an das Krisenmanagement von Banken steht zum einen die Implementierung wirksamer Sanierungspläne, mit denen die Institute in die Lage versetzt werden sollen, existenzbedrohende krisenhafte Entwicklungen frühzeitig zu erkennen und in eigener Verantwortung effektiv zu bekämpfen. Zum anderen werden den Aufsichtsbehörden Instrumente an die Hand gegeben, um Institute, die nicht in Eigenverantwortung der jeweiligen Geschäftsleitung gerettet werden können, effizient und ohne negative systemische Auswirkungen abzuwickeln.

2   Der vorliegende Beitrag behandelt die Anforderungen an die Ausgestaltung und Implementierung von Sanierungsplänen. Hierzu werden die Kernbestandteile eines Sanierungsplans untersucht und insbesondere in ihrem Wirkungszusammenhang sowie in Hinblick auf ihre erforderliche Einbindung in die bestehende Institutssteuerung beschrieben. Der Beitrag verfolgt hierbei die Zielsetzung, Praktikern in Instituten und Wertpapierfirmen im Anwendungsbereich des SAG Hinweise für die Ausgestaltung von Sanierungsplänen zu geben. Die Anforderungen an die Ausgestaltung von Sanierungsplänen werden hierbei insbesondere aus dem Blickwinkel des Jahresabschlussprüfers betrachtet.

2. Grundlagen der Sanierungsplanung

a) Rechtliche Grundlagen

3   Zum 1. Januar 2015 ist das Sanierungs- und Abwicklungsgesetz[2] in Kraft getreten und hat damit die zuvor am 2. Juli 2014 in Kraft getretene europäische Richtlinie zur Festlegung eines Rahmens für die Sanierung und Abwicklung von Kreditinstituten und Wertpapierfirmen (BRRD) in eine eigenständig deutsche Rechtsnorm überführt. Gleichzeitig mit dieser finalen Umsetzung der europäischen Richtlinie wurden die zuvor per 13. August 2013 in das Kreditwesengesetz übernommenen Bestandteile des zu diesem Zeitpunkt vorliegenden Entwurfs der BRRD wieder außer Kraft gesetzt.

---

[1] Richtlinie 2014/59/EU: Richtlinie der EU zur Festlegung eines Rahmens für die Sanierung und Abwicklung von Kreditinstituten und Wertpapierfirmen (Bank Recovery and Resolution Directive – BRRD).

[2] Gesetz zur Sanierung und Abwicklung von Instituten und Finanzgruppen (**SAG**).

Das SAG (§§ 12 ff. SAG) enthält die Anforderung, dass alle Institute bzw. bei Gruppen das 4
übergeordnete Unternehmen im Geltungsbereich des Gesetzes, für die keine Ausnahmen
(§ 20 SAG) bestehen, einen Sanierungsplan zu erstellen haben.

Auf europäischer Ebene wurden zudem durch die EBA eine Reihe weiterer technischer 5
Regulierungsstandards (Regulatory Technical Standards – RTS), technischer Umsetzungsstandards (Implementing Technical Standards – ITS) und Leitlinien (Guidelines)
veröffentlicht, in denen die Anforderungen an die Inhalte von Sanierungsplänen weiter
konkretisiert werden.[3]

In Deutschland wurden bereits per 25. April 2014 mit dem Rundschreiben „Mindestanforderungen an die Ausgestaltung von Sanierungsplänen" die Anforderungen der BaFin an 6
die Erstellung und Implementierung von Sanierungsplänen konkretisiert.

Gemäß § 29 (1) S. 7 KWG sind Sanierungspläne vom Prüfer im Rahmen der Jahresabschlussprüfung in Hinblick auf die Anforderungen des § 12 Absatz 1 sowie § 13 (1) bis (4) SAG 7
zu prüfen. Das Ergebnis der Prüfung ist in den Bericht über die Abschlussprüfung aufzunehmen. Mit der Anforderung an den Abschlussprüfer, Sanierungspläne im Rahmen der
Jahresabschlussprüfung zu berücksichtigen, geht das SAG über die Regelungsnorm der
BRRD hinaus.

b) Anwendungsbereich

Anwendungsbereich des Sanierungs- und Abwicklungsgesetzes sind alle CRR-Kreditinstitute, Institutsgruppen und CRR-Wertpapierunternehmen sowie inländische Zweigstellen 8
ausländischer Institute im Sinne des § 53 (1) KWG, mit Ausnahme inländischer Zweigstellen
von Instituten mit Sitz in einem anderen Mitgliedsland des Europäischen Wirtschaftsraums
(gemäß § 53b KWG). Hinsichtlich der sich daraus ableitenden Verpflichtung der Institute,
einen Sanierungsplan zu erstellen, ist gemäß dem Wortlaut des § 12 SAG zu unterscheiden
zwischen der Verpflichtung zur Aufstellung eines Sanierungsplans, die sich unmittelbar
aus § 12 (1) S. 1 SAG ergibt und der gemäß § 12 (3) S. 1 SAG erst nach Aufforderung durch
die Aufsicht entstehenden Verpflichtung, diesen Plan erst nach Aufforderung der Aufsicht
vorzulegen. Allerdings lässt sich hier eine gewisse Ungenauigkeit in der Formulierung des
Gesetzes vermuten, da gemäß § 12 (3) S. 1 SAG für die Vorlage des Plans nach Aufforderung
eine Frist von sechs Monaten gewährt werden kann, die auf Antrag des Instituts um bis zu
weitere sechs Monate verlängert werden kann. Aus der Gewährung dieser Frist lässt sich
ableiten, dass der Gesetzgeber auch die Verpflichtung zur Aufstellung eines Sanierungsplans
erst mit der Aufforderung durch die Aufsicht entstehen lassen wollte. Dies entspricht auch
der beobachtbaren Praxis durch die BaFin, die gegenwärtig alle Institute, die bislang keinen
Sanierungsplan erstellt haben, ermutigt, mit der Erstellung eines Sanierungsplans erst nach
entsprechender Aufforderung zu beginnen.

---

[3] Die Mehrzahl der Veröffentlichungen der EBA befanden sich zum Zeitpunkt der Drucklegung
dieses Artikels noch im Entwurfsstadium, so dass hier die jeweils aktuell öffentlich verfügbaren Versionen aufgeführt werden:
EBA/RTS/2014/11 EBA final draft Regulatory Technical Standards on the content of recovery plans
EBA/RTS/2014/12 EBA FINAL draft regulatory technical standards on the assessment of recovery
plans
EBA/GL/2014/06 Guidelines on the range of scenarios to be used in recovery plans
EBA/GL/2015/02 Guidelines on the minimum list of qualitative and quantitative recovery plan
indicators
EBA/GL/2015/16 Guidelines on the application of simplified obligations.

9   Über § 19 SAG ist es der Aufsichtsbehörde möglich, kleineren Instituten im Sinne eines Proportionalitätsansatzes, Erleichterungen in Hinblick auf den Inhalt eines Sanierungsplans zu gewähren. Art und Umfang der gewährten Erleichterungen werden von der Aufsichtsbehörde bestimmt (§ 19 (1) SAG).

10 Institute, die Bestandteil eines institutsbezogenen Sicherungssystems sind, können gemäß § 20 SAG auf Antrag auch vollständig von der Verpflichtung, einen Sanierungsplan zu erstellen, befreit werden, wenn die Anforderungen der §§ 12 bis 18 SAG für die zu befreienden Institute stattdessen durch den Träger des jeweiligen Sicherungssystems erfüllt werden. Bei der Erstellung von Sanierungsplänen durch den Träger des Institutssicherungssystems können ggf. gewährte Erleichterungen gemäß § 19 SAG geltend gemacht werden.

11 Für Gruppen sind Sanierungspläne als Gruppensanierungspläne durch das jeweils übergeordnete Unternehmen zu erstellen.[4] Gruppensanierungspläne müssen die gesamte Institutsgruppe umfassen und hierfür, über die Anforderungen an Einzelsanierungspläne gemäß § 13 SAG hinausgehend, Handlungsoptionen enthalten, die sowohl auf der Ebene des übergeordneten Unternehmens als auch auf der Ebene der nachgeordneten Unternehmen eingesetzt werden können. Zudem ist durch geeignete Regelungen sicherzustellen, dass Handlungsoptionen, die auf verschiedenen Ebenen innerhalb der Institutsgruppe eingesetzt werden, miteinander im Einklang stehen. Insbesondere haben Gruppensanierungspläne Vorkehrungen zu enthalten, die den Einsatz ggf. vorgesehener gruppeninterner finanzieller Unterstützungsleistungen iSd. § 22 SAG ermöglichen.

3. Zielsetzung der Sanierungsplanung

a) Makroökonomische Zielsetzung

12 Oberstes Ziel der auf die Erstellung von Sanierungsplänen bezogenen Regelungen des Sanierungs- und Abwicklungsgesetzes, des MaSan-Rundschreibens der BaFin[5] sowie der entsprechenden Vorgaben der EBA ist es, die Krisenresistenz von Instituten zu stärken. Hierzu sollen die Geschwindigkeit und das Ausmaß der Reaktionsfähigkeit, mit der Institute auf Fehlentwicklungen reagieren können, erhöht werden. Dahinter steht das Bestreben des Gesetzgebers, die Wahrscheinlichkeit einer tatsächlichen Existenzbedrohung von Instituten zu reduzieren und deren Fähigkeit zu erhöhen, eine dennoch eintretende Gefährdung des Fortbestands des Instituts aus eigenen Kräften und insbesondere ohne das Vertrauen auf staatliche Hilfen zu bewältigen. Durch die im Rahmen der Sanierungsplanung zu entwickelnden und umzusetzenden Verfahren, Strukturen und Prozesse ist zu gewährleisten, dass sich Institute „frühzeitig damit befassen, welche Maßnahmen unter anderem in organisatorischer und geschäftspolitischer Hinsicht getroffen werden müssen, um eine Krise möglichst schnell, effektiv und aus eigener Kraft überwinden zu können".[6] Zusammen mit den ebenfalls im SAG geregelten frühzeitigen Eingriffsrechten der Aufsichtsbehörde und den Kompetenzen zur Planung und Durchführung von Abwicklungsmaßnahmen sollen dadurch „die implizite Staatsgarantie für systemrelevante Institute und damit Fehlanreize für die Eingehung unverhältnismäßig hoher Risiken" reduziert werden.[7]

---

[4] § 14 SAG.
[5] Mindestanforderungen an die Ausgestaltung von Sanierungsplänen – MaSan Rundschreiben 03/2014, BaFin.
[6] Siehe Begründung BRRD-Umsetzungsgesetz, BT-Drs. 18/2575, S. 147 (Abschnitt B, Zu § 12).
[7] BT-Drs. 18/2575, S. 1 (Abschnitt A. Problem und Ziel).

b) Sanierungsplanung als Erweiterung der bestehenden Banksteuerung

Die Aufgaben der Institute im Zusammenhang mit der Sanierungsplanung gemäß § 12 ff. SAG werden durch die MaSan in institutioneller, inhaltlicher und prozessualer Sicht konkretisiert.

In institutioneller Hinsicht wird die Sanierungsplanung allen Geschäftsleitern gemeinschaftlich, unabhängig von einer ggf. anderslautenden Ressortverteilung, zugeschrieben.[8] In Finanzgruppen sind die Geschäftsleiter des übergeordneten Unternehmens für den Gruppen-Sanierungsplan insgesamt und die Geschäftsleiter inländischer nachgeordneter Unternehmen für den jeweils sie betreffenden Teil verantwortlich. Dies ergibt sich aus der Systematik des Gesetzes, nachdem auf den Gruppensanierungsplan die Anforderungen des § 13 SAG vollständig Anwendung finden. Dies bedeutet für die Anforderungen des § 13 (5) SAG, dass auch die Geschäftsleiter der nachgeordneten Unternehmen für die Erstellung, die Implementierung und die Aktualisierung des Sanierungsplans sowie für dessen Umsetzung im Krisenfall verantwortlich sind. In diesem Punkt stimmen die Konkretisierungen der MaSan in Bezug auf die §§ 12 ff. SAG mit den Konkretisierungen der MaRisk überein und erweitern insofern die Geschäftsleiterzuständigkeiten um die Aufgaben der Sanierungsplanung.[9]

Inhaltlich greifen die MaSan die in § 13 (2) SAG vorgegebenen Elemente eines Sanierungsplans auf.[10] Hierbei lassen sich für alle Elemente des Sanierungsplans Parallelen zu den gemäß MaRisk in den Instituten bereits vorzusehenden Elementen einer ordnungsgemäßen Risikosteuerung erkennen. So haben zB die gemäß SAG bzw. MaSan zu definierenden Sanierungsindikatoren ihre Entsprechung in den der Steuerung unterliegenden Risikoparametern, die Belastungsszenarien bilden eine parallele Anforderung zu den Stressszenarien der MaSan, die Handlungsoptionen ergänzen die Instrumente, die den Risikomanagern zur Steuerung an die Hand gegeben werden bzw. die in Liquiditäts- bzw. Kapitalnotfallplänen definiert sind.

In prozessualer Hinsicht werden die Aufgaben der Sanierungsplanung durchweg durch die drei Teilaufgaben Erstellung, Implementierung und Aktualisierung des Plans sowie zudem im Krisenfall die Umsetzung von Sanierungsmaßnahmen definiert. Die Implementierung wird hierbei als „die Integration der Inhalte des Sanierungsplans in die Geschäftsprozesse sowie in die Risikosteuerungs- und controllingprozesse des Kreditinstitutes bzw. der Finanzgruppe" konkretisiert.[11]

Zwischen den MaRisk und den MaSan lässt sich mithin ein hoher Gleichklang erkennen, der die Interpretation der MaSan als Erweiterung der Anforderungen an die ordnungsgemäße Ausgestaltung des Risikomanagements von Instituten gemäß MaRisk zulässig erscheinen lässt.

---

[8] MaSan, D.1.
[9] MaRisk, AT 3.1.
[10] Die Inhalte eines Sanierungsplans werden im SAG und den MaSan allerdings in einer abweichenden Struktur beschrieben. Weder das SAG noch die MaSan geben hierbei eine Vorgabe für die Ordnung, in der die Inhalte eines Sanierungsplans ausgestaltet werden, so dass die Regelungen hierdurch in keinem Widerspruch zueinander stehen.
[11] Ebd.

4. Grundlagen der Prüfung von Sanierungsplänen

a) Verpflichtung des Abschlussprüfers

18 Das SAG selbst enthält lediglich Regelungen zur Prüfung von Sanierungsplänen für die Aufsichts- und Abwicklungsbehörde. Die Verpflichtung des Abschlussprüfers, einen Sanierungsplan zu prüfen, ergibt sich aus dem Gesetz über das Kreditwesen (Kreditwesengesetz – KWG).

19 Der Umfang der Jahresabschlussprüfung wurde durch den Gesetzgeber mit Einfügen von § 29 Abs. 1 S. 7 KWG um die Prüfung des Sanierungsplanes erweitert. Nach § 29 Abs. 1 S. 7 KWG ist eine Prüfung des Sanierungsplanes durch den Abschlussprüfer jedoch nicht bei allen Instituten vorgeschrieben, sondern nur bei Kreditinstituten. Nach dem Wortlaut des Gesetzes ist somit nur für einen Teil der Institute, die nach § 12 SAG einen Sanierungsplan aufzustellen haben, dieser auch durch den Abschlussprüfer zu prüfen.

20 Da § 29 Abs. 1 S. 7 KWG bereits mit dem Gesetz zur Abschirmung von Risiken und zur Planung der Sanierung und Abwicklung von Kreditinstituten und Finanzgruppen, nach dem grundsätzlich auch nur Kreditinstitute verpflichtet waren, einen Sanierungsplan zu erstellen, ergänzt wurde, könnte geschlossen werden, dass der Gesetzgeber es lediglich versäumt hat, die Vorschrift anzupassen.

21 Dies ist jedoch fraglich, da die Vorschrift im Rahmen des Gesetzgebungsverfahrens des SAG bearbeitet wurde. Weiterhin hätte ein derartiger redaktioneller Fehler leicht im Rahmen der nach § 29 Abs. 4 KWG erlassenen Verordnung über die Prüfung der Jahresabschlüsse der Kreditinstitute und Finanzdienstleistungsinstitute sowie die darüber zu erstellenden Berichte (Prüfungsberichtsverordnung – PrüfbV) vom 11. Juni 2015 bereinigt werden können. Aber auch aus der PrüfbV ergibt sich nichts Abweichendes. Die hier enthaltene relevante Vorschrift § 15 Sanierungsplanung bezieht sich auch nur auf die „Prüfung nach § 29 Absatz 1 S. 7 des Kreditwesengesetzes". Der Kreis der Institute, deren Sanierungsplan durch den Abschlussprüfer zu prüfen ist, wird durch die PrüfbV nicht über die in § 29 Abs. 1 S. 7 KWG bestimmten Kreditinstitute hinaus erweitert. Auch mit dem am 2. November 2015 in Kraft getretenen Abwicklungsmechanismusgesetz[12] wurde die Anwendung nicht auf Institute ausgeweitet, obwohl mit dem Gesetz die Vorschriften des SAG, des KWG und der PrüfbV geändert wurden. Weitere Voraussetzung für eine Prüfung durch den Abschlussprüfer ist nach § 29 Abs. 1 S. 7 KWG, dass das Kreditinstitut aufgefordert wurde, einen Sanierungsplan nach § 12 SAG aufzustellen. Der Wortlaut in § 29 Abs. 1 S. 7 KWG entspricht nicht der Systematik des SAG. Die Verpflichtung, einen Sanierungsplan zu erstellen, ergibt sich aus § 12 Abs. 1 SAG. Aber nicht jeder aufgestellte Sanierungsplan ist der Aufsichtsbehörde vorzulegen. Dafür muss die Aufsichtsbehörde die jeweiligen Institute nach § 12 Abs. 3 SAG auffordern. § 29 Abs. 1 S. 7 KWG vermischt hier die Regelungen in § 12 Abs. 1 und Abs. 3 SAG. Damit ist fraglich, was das die Prüfung auslösende Kriterium ist: die bloße Verpflichtung, einen Sanierungsplan nach § 12 Abs. 1 SAG aufstellen zu müssen, oder dass eine Aufforderung zur Vorlage des Sanierungsplans nach § 12 Abs. 3 SAG erlassen wurde. Stellt man die Verpflichtung, einen Sanierungsplan nach § 12 Abs. 1 SAG aufzustellen, ab, hätte es in § 29 Abs. 1 S. 7 KWG keines besonderen Hinweises auf eine Aufforderung bedurft. Der Wortlaut lässt daher eher darauf schließen,

---

[12] Gesetz zur Anpassung des nationalen Bankenabwicklungsrechts an den Einheitlichen Abwicklungsmechanismus und die europäischen Vorgaben zur Bankenabgabe, BGBl. 2015 I 1864, **(AbwMechG)**.

dass das eine Prüfung durch den Abschlussprüfer auslösende Kriterium die Aufforderung zur Vorlage des Sanierungsplans nach § 12 Abs. 3 SAG bildet.

Zusammenfassend ist festzustellen, dass nur bei einem Kreditinstitut, das nach § 12 Abs. 3 SAG aufgefordert wurde, den Sanierungsplan der Aufsichtsbehörde einzureichen, eine Prüfung nach § 29 Abs. 2 S. 7 KWG durch den Abschlussprüfer auslöst. 22

b) Besonderheiten bei der Prüfung von Sanierungsplänen von Gruppen

Ist ein Institut, das nach § 12 Abs. 1 SAG einen Sanierungsplan aufstellen müsste, Teil einer Gruppe, hat nach § 12 Abs. 2 SAG allein das übergeordnete Unternehmen einen Sanierungsplan zu erstellen, der sich auf die gesamte Gruppe bezieht. Diese Befreiung einen Sanierungsplan aufzustellen, kann bei grenzüberschreitenden Gruppen nach § 14 Abs. 3 SAG aufgehoben werden. Danach kann die Aufsichtsbehörde in bestimmtem Fällen die Erstellung eines Einzelsanierungsplanes oder eines Teilgruppensanierungsplanes verlangen. 23

§ 29 KWG enthält keine spezifischen Regelungen zur Prüfung von Gruppensanierungsplänen oder Teilgruppensanierungsplänen. Die Prüfung durch den Abschlussprüfer bestimmt sich auch hier zunächst aus § 29 Abs. 1 S. 7 KWG. § 29 KWG ist nur für Abschlussprüfer von Instituten zu beachten. Von der Vorschrift gar nicht erfasst werden Abschlussprüfer von übergeordneten Unternehmen, die keine Institute sind. 24

Übergeordnete Unternehmen ohne Institutseigenschaft waren im deutschen Aufsichtsrecht bis 2009 nicht gesetzlich geregelt. Erst mit dem Gesetz zur Fortentwicklung des Pfandbriefrechts wurde in § 10a KWG die gesetzliche Grundlage dafür geschaffen. Der Gesetzgeber hat auch an verschiedenen Stellen im KWG zu derartigen übergeordneten Unternehmen spezielle Regelungen aufgenommen oder den Instituten gleichgestellt, um die Befugnisse der Aufsicht gegenüber diesen Unternehmen und deren Organe zu sichern (zB. § 2d Abs. 2 KWG, § 46b Abs. 1 KWG). § 29 KWG wurde jedoch bis heute diesbezüglich nicht angepasst. Lediglich § 29 Abs. 4 KWG wurde geändert, um eine genauere Fassung der Ermächtigungsgrundlage der Prüfungsberichtsverordnung zu bezwecken. Nach der Gesetzesbegründung wurde klargestellt, dass auch Regelungen für die Prüfung von Konzernabschlüssen erlassen werden können, die nicht von Instituten aufgestellt werden. Ob in der Prüfungsberichtsverordnung von der eingeräumten Möglichkeit, Regelungen für die Prüfung von Konzernabschlüssen von Nicht-Instituten zu erlassen, auch tatsächlich Gebrauch gemacht wurde, ist unverändert nicht zweifelsfrei erkennbar. Unterstellt, der für Konzernprüfungsberichte geltende Abschnitt 6 der Prüfungsberichtsverordnung vom 11. Juni 2015 würde auch für die Konzernprüfung von übergeordneten Unternehmen gelten, die keine Institute sind, wäre ein Gruppensanierungsplan eines übergeordneten Unternehmens, das kein Institut ist, dennoch nicht erfasst. Die Prüfungsberichtsverordnung enthält in Abschnitt 6 keine Regelungen zur Prüfung von Sanierungsplänen; weder direkt noch indirekt durch einen Verweis auf § 15 PrüfbV. 25

Auch in Bezug auf Gruppensanierungspläne besteht somit eine Prüfungspflicht nur bei Kreditinstituten. Ist das übergeordnete Unternehmen der Gruppe kein Kreditinstitut, wird der Abschlussprüfer des übergeordneten Unternehmens der Finanzgruppe somit nicht aus § 29 Abs. 1 S. 7 KWG oder der Prüfungsberichtsverordnung verpflichtet. 26

Zu Gruppensanierungsplänen von EU-Mutterunternehmen sind mit § 14 SAG ergänzende Regelungen erlassen worden, die das erstellende Unternehmen zu beachten hat. Diese Anforderungen gelten nur für Gruppensanierungspläne von EU-Mutterunternehmen. Im Referentenentwurf des SAG war noch vorgesehen, dass die Regelungen für alle Sanierungs- 27 pläne von übergeordneten Unternehmen über eine Gruppe gelten sollten. Diese Regelungen wurden aber nicht in das finale Gesetz übernommen.

28   Nach § 29 Abs. 1 S. 7 KWG hat der Abschlussprüfer jedoch nur zu prüfen, ob der von einem Kreditinstitut aufgestellte Sanierungsplan die Voraussetzungen nach § 12 Abs. 1 sowie nach § 13 Abs. 1 bis 4 SAG erfüllt. Auf die Anforderungen nach § 14 SAG wird in § 29 KWG kein Bezug genommen. Auch in der Prüfungsberichtsverordnung wird in § 15 Sanierungsplanung nur auf die Anforderungen nach § 12 Abs. 1 und § 13 Abs. 1 bis 4 SAG Bezug genommen. Dass der Abschlussprüfer auch die Erfüllung der Anforderungen nach § 14 SAG zu beurteilen hätte, kann auch der Prüfungsberichtsverordnung nicht entnommen werden.

c) Prüfungsgegenstand

29   Gegenstand der Prüfung nach § 29 Abs. 1 S. 7 KWG ist der von dem Kreditinstitut aufgestellte Sanierungsplan. Verantwortlich für die Aufstellung und Aktualisierung des Sanierungsplans nach den gesetzlichen Vorschriften sind die Geschäftsleiter im Sinne von § 1 Abs. 2 KWG.

30   Aufgabe des Abschlussprüfers ist es zu beurteilen, ob der Sanierungsplan die inhaltlichen und formellen Voraussetzungen nach § 12 Abs. 1 sowie nach § 13 Abs. 1 bis 4 SAG erfüllt.

31   Die BaFin hat mit den MaSan ihre Auffassung an die Ausgestaltung von Sanierungsplänen veröffentlicht. Die MaSan enthalten zu den gesetzlichen Vorschriften zum Teil identische, zum Teil konkretisierende Vorgaben. Diese ergänzende Auslegung der Aufsicht zur Ausgestaltung von Sanierungsplänen ist vom Abschlussprüfer bei der Beurteilung des Sanierungsplans nach § 29 Abs. 1 S. 7 KWG zu berücksichtigen, soweit sie die danach zu prüfenden gesetzlichen Normen § 12 Abs. 1 sowie nach § 13 Abs. 1 bis 4 SAG konkretisieren.

32   Die MaSan enthalten in Abschnitt C. Nr. 3 die Anforderung, dass – sofern das Kreditinstitut Tochterunternehmen eines ausländischen Kreditinstituts ist und dieses ausländische Kreditinstitut einen Gruppensanierungsplan aufstellt – sich der Sanierungsplan des deutschen Tochterunternehmens konsistent in den Gruppensanierungsplan des ausländischen Kreditinstituts einzufügen hat. Losgelöst von der Frage, ob dies eine Anforderung sein könnte, die nicht lediglich die nach § 29 Abs. 1 S. 7 KWG zu prüfenden gesetzlichen Vorschriften konkretisiert, wird es in der Praxis nicht immer gelingen, die erforderlichen Informationen vom ausländischen Mutterunternehmen zu erhalten. Vor diesem Hintergrund kann davon ausgegangen werden, dass die Einhaltung dieser Anforderung nicht Gegenstand der Prüfung nach § 29 Abs. 1 S. 7 KWG ist.

33   Da die MaSan jedoch nicht nur Auslegungen in Bezug auf Inhalt und Struktur von Sanierungsplänen enthalten, sondern auch Vorgaben betreffend interner Prozesse im Zusammenhang mit der Aufstellung von Sanierungsplänen, sind die MaSan nicht lediglich für die Prüfung des Sanierungsplans nach § 29 Abs. 1 S. 7 KWG relevant, sondern sind auch bei der Prüfung des Risikomanagements nach § 29 Abs. 1 S. 2 Nr. 2 KWG zu beachten. Dies liegt jedoch nicht im Fokus dieses Beitrags.

d) Beurteilungskriterien

34   Der Abschlussprüfer hat zu beurteilen, ob der Sanierungsplan abhängig von Größe, Komplexität und Vernetzung sowie von Art, Umfang und Komplexität des Geschäftsmodells und des damit einhergehenden Risikos (Proportionalitätsprinzip) ausgestaltet ist und alle geforderten Bestandteile enthält.

35   Dies erfordert, sowohl formelle als auch materiell inhaltliche Beurteilungen vorzunehmen. Während formelle Aspekte recht ermessensfrei durch einfaches Abgleichen beurteilt

werden können, bestehen bei den materiell inhaltlichen Beurteilungen insbesondere auf Grund der im Sanierungsplan verwendeten zukunftsorientierten Informationen, die notwendigerweise Unsicherheiten unterliegen, erhebliche Ermessensspielräume.

Vor diesem Hintergrund können die gesetzlichen Anforderungen als erfüllt angesehen werden, wenn der Sanierungsplan unter Berücksichtigung des Proportionalitätsprinzips alle gesetzlichen Bestandteile enthält, diese ausreichend detailliert dargestellt sind und die Angaben zutreffend, nachvollziehbar und konsistent sind. 36

Zutreffend bedeutet, dass die Angaben den festgestellten Tatsachen entsprechen müssen und die getroffenen Annahmen nicht in Widerspruch zu sonst gewonnen Erkenntnissen des Abschlussprüfers stehen dürfen. 37

Nachvollziehbarkeit ist gegeben, wenn die Schlussfolgerungen sachlich und rechnerisch richtig aus den Ausgangsdaten und den Annahmen hergeleitet werden können. 38

Konsistenz besteht, wenn die einzelnen Elemente des Sanierungsplans zueinander als auch zu anderen Unterlagen oder Auskünften des Unternehmens nicht in Widerspruch stehen. 39

Ob der Sanierungsplan entsprechend dem Proportionalitätsprinzip ausreichend detailliert ausgestaltet ist, kann daran beurteilt werden, ob ein sachkundiger Dritter, ohne Heranziehung weiterer Unterlagen, sich ein Bild darüber verschaffen kann, wie die Existenzfähigkeit und Stabilität des Kreditinstituts aus Sicht der gesetzlichen Vertreter nachhaltig wiederhergestellt werden soll. 40

Die Bewertung der Angemessenheit des Sanierungsplans setzt entsprechend eine genaue Kenntnis des Instituts, insbesondere in Hinblick auf dessen Geschäftstätigkeit, seines rechtlichen und wirtschaftlichen Umfelds und seiner internen Organisation voraus. Zudem sind für die abstrakte Einschätzung der Möglichkeit, eine krisenhafte Situation abzuwehren, die inhaltlichen Abhängigkeiten zwischen den Bestandteilen eines Sanierungsplans mit einzubeziehen. 41

Für die Prüfung eines Sanierungsplans sind mithin die gleichen Erwägungen anzustellen, wie sie durch das Institut bei der Aufstellung des Sanierungsplans bzw. seiner Aktualisierung erforderlich sind. 42

5. Prüfung von Sanierungsplänen

a) Strukturvorgaben an einen Sanierungsplan

Die Anforderungen in § 13 Abs. 2 SAG, Art. 3 ff. EBA/RTS/2014/11 sowie Abschnitt E. der MaSan definieren die Bestandteile, die in einem Sanierungsplan mindestens enthalten sein müssen. Durch keine der rechtlichen Grundlagen wird hierbei jedoch eine Reihenfolge oder eine feste Struktur vorgegeben, in der die Bestandteile in einem Sanierungsplan behandelt werden müssen. 43

b) Inhaltliche Vorgaben an einen Sanierungsplan

Aus der Logik der Sanierungspläne heraus hat sich zumindest im deutschsprachigen Raum des Geltungsbereichs der BRRD bezüglich der Strukturierung von Sanierungsplänen ein Standard entwickelt, der auch hier den weiteren Betrachtungen zugrunde gelegt wird: 44
- Zusammenfassung
- Strategische Analyse

- Indikatoren und Schwellenwerte
- Sanierungsmaßnahmen
- Sanierungsgovernance
- Kommunikation im Sanierungsfall
- Informationsmanagement
- Belastungsanalysen
- Umsetzungsplanung
- Aktualisierung des Sanierungsplans

aa) Zusammenfassung

45 Der Sanierungsplan hat nach § 13 Abs. 2 Nr. 1 SAG eine Zusammenfassung der wesentlichen Inhalte des Sanierungsplans einschließlich einer Bewertung der Sanierungsfähigkeit des Kreditinstituts zu enthalten.

46 Die Bedeutung einer prägnanten Zusammenfassung des Sanierungsplans ergibt sich vor allem aus dem Umfang und der Komplexität vollumfänglich ausgestalteter Sanierungspläne selbst für kleinere Institute mit weniger differenzierten Geschäftsmodellen. Sie dient damit zum einen dem besseren Verständnis, zB eines prüfenden Lesers (Aufsichtsbehörde, Jahresabschlussprüfer). Zum anderen ermöglicht eine entsprechend aufgebaute Zusammenfassung im konkreten Anwendungsfall einer Krisensituation eine schnellere Orientierung, zB für die Auswahl geeigneter Sanierungsmaßnahmen.

47 Die Anforderungen an die Inhalte der Zusammenfassung werden durch E.1 MaSan und Art. 4, EBA/RTS/2014/11 weiter konkretisiert. So ist insbesondere auf die nachfolgenden Aspekte einzugehen:
- Darstellung der für die Steuerung im Krisenfall relevanten Strukturen und Prozesse (Governance).
- Zusammenfassung der Ergebnisse der strategischen Analyse, einschließlich einer zusammenfassenden Einschätzung der Sanierungsfähigkeit des Instituts. Hierbei ist insbesondere auf die Wirksamkeit der Sanierungsmaßnahmen in unterschiedlichen Krisensituationen und die Angemessenheit der Indikatoren zur rechtzeitigen Identifikation krisenhafter Entwicklungen einzugehen. Die Sanierungsfähigkeit des Instituts in verschiedenen Krisensituationen wird hierbei insbesondere durch die Dauer, bis die Sanierungsmaßnahmen ihre volle Wirkung entfaltet haben, in Relation zur Sensitivität, mit der die Indikatoren auf eine Fehlentwicklung hinweisen können, bestimmt.
- Komprimierte Darstellung der wesentlichen für die Ausgestaltung des Sanierungsplans relevanten Veränderungen des Instituts seit der Vorlage der vorausgehenden Version des Sanierungsplans.
- Zusammenfassende Beschreibung der für den Krisenfall vorgesehenen internen und externen Kommunikationsmaßnahmen.
- Beschreibung aller geplanten Maßnahmen, die aus Sicht des Instituts erforderlich sind, um die Integration der Elemente des Sanierungsplans in die bestehende Banksteuerung zu verbessern sowie um die Anwendbarkeit bzw. Wirksamkeit von Sanierungsmaßnahmen zu erhöhen und Hindernisse zu beseitigen.

48 Die Prüfung, ob die wesentlichen Inhalte des Sanierungsplans in sachgerechter Weise in der Zusammenfassung dargestellt sind, erfolgt im Rahmen einer Einklangprüfung mit den bei der Prüfung der Anforderungen nach § 13 Abs. 2 Nr. 2 bis 10 SAG gewonnenen Einschätzungen. Darüber hinaus hat eine Plausibilisierung mit den Erkenntnissen der Jahresabschlussprüfung zu erfolgen („stimmiges Gesamtbild"). Maßstab ist, ob sich ein sach-

kundiger Dritter anhand der in dem Kapitel enthaltenen Informationen einen Überblick über die Sanierungsfähigkeit des Kreditinstituts verschaffen kann.

bb) Strategische Analyse

Das Kapitel „Strategische Analyse" bildet die Grundlage für eine Beurteilung der Angemessenheit der Kernelemente des Sanierungsplans, also der Indikatoren, der Sanierungsgovernance und der Sanierungsmaßnahmen. 49

Bei Instituten, die als potenziell systemgefährdend klassifiziert wurden, bilden die Beschreibungen in dem Kapitel zudem den Ausgangspunkt für die spätere Erstellung eines Abwicklungsplans durch die zuständige Abwicklungsbehörde.[13] 50

Gemäß § 13 Abs. 2 Nr. 2 SAG muss die strategische Analyse des Instituts mindestens die folgenden Aspekte umfassen:
- eine Darstellung der Unternehmensstruktur und des Geschäftsmodells,
- die Benennung der wesentlichen Geschäftsaktivitäten und kritischen Funktionen[14] sowie
- eine Beschreibung der internen und externen Vernetzungsstrukturen.

Artikel 6 des EBA/RTS/2014/11 detailliert diese Anforderungen weiter.

So hat die Darstellung der Unternehmensstruktur und des Geschäftsmodells für alle dem Sanierungsplan zugrundeliegenden rechtlichen Einheiten die generelle Geschäfts- und Risikostrategie zu umfassen sowie das Geschäftsmodell und die Geschäftsplanung zu beschreiben. Zudem sind alle Jurisdiktionen aufzuführen, in denen das Institut oder Einheiten der Finanzgruppe aktiv sind.[15] 51

Die Klassifikation von Geschäftsaktivitäten als wesentlich hat zum Ziel, jene Geschäftsaktivitäten des Instituts zu identifizieren, die für den Fortbetrieb des Geschäftsmodells und die finanzielle Lage des Instituts von zentraler Bedeutung sind. Dies sind insbesondere Geschäftsaktivitäten, die einen besonderen Beitrag zum Ergebnis des Instituts oder seiner Refinanzierung leisten, aber auch in denen besonders hohe Risiken enthalten sind oder die eine besondere strategische Bedeutung haben, zB weil sie den Zugang zu bestimmten Kundengruppen oder Märkten ermöglichen. 52

Als kritische Funktionen sind hingegen Aktivitäten eines Instituts zu klassifizieren, von deren abrupter Beendigung, zB in Folge einer Insolvenz des Instituts, signifikante negative Effekte auf andere Marktteilnehmer, den Finanzmarkt insgesamt oder die Realwirtschaft zu befürchten sind. Kriterien hierfür sind insbesondere die Bedeutung der Aktivität, also die negativen Konsequenzen, die von einer unmittelbaren Beendigung ausgehen würden, und der Grad der Substituierbarkeit der erbrachten Leistung. Zu berücksichtigen sind in diesem Zusammenhang der Marktanteil des Instituts in dem betreffenden Segment, die Komplexität der Leistung, der Grad der Vernetzung mit anderen Marktteilnehmern sowie die Frage, ob es sich bei der erbrachten Leistung um eine Finanzmarktinfrastruktur-Funktion handelt. 53

Zu den wesentlichen Geschäftsaktivitäten und kritischen Funktionen sind zusätzlich die Kriterien und Algorithmen offenzulegen, die ihrer Identifikation zugrunde gelegt wurden.[16] 54

---

[13] Für Institute, die im Rahmen des Single Supervisory Mechanism direkt durch die EZB beaufsichtigt werden, ist dies das Single Resolution Board – SRB in Brüssel. Für alle übrigen in Deutschland niedergelassenen Institute ist dies die Bundesanstalt für Finanzmarktstabilisierung – FMSA.
[14] Der Begriff „wesentliche Geschäftsaktivitäten" ist in § 2 Abs. 3 Nr. 45 SAG und „kritische Funktionen" in § 2 Abs. 3 Nr. 38 SAG definiert.
[15] Art. 6 Absatz 3 (a) (i) und (ii) EBA/RTS/2014/11.
[16] Art. 6 Absatz 3 (a) (iii) und (iv) EBA/RTS/2014/11.

55 Die wesentlichen Geschäftsaktivitäten und kritischen Funktionen sind zudem den wesentlichen rechtlichen Einheiten und Niederlassungen des Instituts bzw. der Finanzgruppe zuzuordnen. Die Wesentlichkeit einer organisatorischen Einheit bemisst sich in diesem Zusammenhang zum einen – analog zu den Kriterien für die Wesentlichkeit von Geschäftsaktivitäten – anhand ihres Beitrags zum gesamten finanziellen Ergebnis, der Liquiditäts- bzw. Kapitalposition, dem Risikoprofil oder der Summe der Aktiva und Passiva des Instituts bzw. der Finanzgruppe. Zudem gilt eine organisatorische Einheit als wesentlich, wenn sie Schlüsselfunktionen in Bezug auf die Marktaktivitäten ausführt oder zentrale operative, administrative oder auf die Risikosteuerung bezogene Funktionen erbringt. Zum anderen wird für die Wesentlichkeit von Organisationseinheiten berücksichtigt, ob die Einheit kritische Funktionen erbringt, also für die Finanzmarktstabilität relevant ist.[17]

56 Eine ähnlich weitreichende Detaillierung der Inhalte der strategischen Analyse durch den EBA/RTS/2014/11 findet sich in Bezug auf die Beschreibung der internen und externen Verflechtungen des Instituts bzw. der Finanzgruppe.[18] In diesem Zusammenhang wird unterschieden zwischen rechtlichen, finanziellen und operativen Verflechtungen, sowohl innerhalb des Instituts bzw. der Finanzgruppe als auch im Verhältnis zu außenstehenden Dritten. Die geforderte Detaillierung der Darstellung reflektiert die Bedeutung dieser Aspekte sowohl für die Umsetzung von Sanierungsmaßnahmen als auch für die auf dem Sanierungsplan aufsetzende Abwicklungsplanung.

57 Die rechtlichen Verflechtungen innerhalb einer Finanzgruppe sind in der Regel in Unternehmensverträgen zwischen rechtlichen Einheiten der Finanzgruppe begründet. Für die Zwecke der strategischen Analyse sind hier insbesondere Beherrschungsverträge sowie Gewinnabführungs- bzw. Verlustdeckungsverträge bedeutend.

58 Die finanziellen Verflechtungen umfassen vor allem den Bestand gruppeninterner Forderungen und Verbindlichkeiten, einschließlich Verbindlichkeiten, die sich aus Derivaten ergeben, sowie Kapitalverflechtungen und gruppenintern gestellter Sicherheiten. In prozessualer Hinsicht sind aber auch die Verflechtungen relevant, die sich aus der Abhängigkeit zwischen Gruppenunternehmen als Refinanzierungsquellen zur Liquiditäts- und Kapitalbereitstellung ergeben.[19]

59 Entsprechend diesen sehr detaillierten inhaltlichen Anforderungen an die strategische Analyse muss die Prüfung des Sanierungsplans neben einer formellen, ob der Sanierungsplan die vorgenannten Bestandteile enthält (Einklangprüfung), eine ausführliche materielle Prüfung der Darstellung der Unternehmensstruktur, des Geschäftsmodells und der Geschäftsaktivitäten umfassen. Entsprechend den Anforderungen aus § 13 Abs. 1 SAG, dass die Ausgestaltung des Sanierungsplans abhängig von Größe, Komplexität und Vernetzung sowie von Art, Umfang und Komplexität des Geschäftsmodells und des damit einhergehenden Risikos zu erfolgen hat, hat der Prüfer die Inhalte der strategischen Analyse vor dem Hintergrund der Erkenntnisse und Unterlagen aus der Jahresabschlussprüfung materiell zu würdigen (zB Ertrags- und Risikokonzentrationen, wesentliche Märkte nach Sachgebiet und Region). Die Darstellungen im Sanierungsplan sind auch mit der Darstellung im Lagebericht (Risikobericht) zu vergleichen.

---

[17] Art. 6 Absatz 3 (b) (i) bis (vi) EBA/RTS/2014/11; die Beurteilung der Wesentlichkeit einer organisatorischen Einheit bezieht sich gemäß Art. 6 Absatz 3 (b) (vi) EBA/RTS/2014/11 nur auf die finanzielle Stabilität von EU Mitgliedsländern.
[18] Art. 6 Absatz 3 (c) EBA/RTS/2014/11.
[19] Art. 6 Absatz 3 (c) (i) EBA/RTS/2014/11.

In Hinblick auf Art. 6 Absatz 3 (a) (iv) EBA/RTS/2014/11 hat der Prüfer bei der Identifizierung wesentlicher und kritischer Geschäftsaktivitäten iSv § 13 Abs. 2 Nr. 2 lit. c) SAG durch das Kreditinstitut die Begründung für die Auswahl durch die Geschäftsleitung zu hinterfragen und nachzuvollziehen. 60

Auf Basis der berufsüblichen Prüfungshandlungen im Rahmen der Jahresabschlussprüfung wird der Prüfer regelmäßig in der Lage sein, die strategische Analyse zu plausibilisieren. Zusätzliche Prüfungshandlungen können jedoch zwecks Beurteilung der internen und externen Vernetzung erforderlich werden, wobei hierbei neben den Erkenntnissen über ausgelagerte Aktivitäten und Prozesse auch Verflechtungen aus banküblichen und sonstigen Geschäftsbeziehungen zu analysieren sind. 61

cc) Indikatoren und Schwellenwerte

Gemäß § 13 Abs. 2 Nr. 6 SAG hat jedes zur Erstellung eines Sanierungsplans aufgeforderte Institut qualitative und quantitative Indikatoren zu bestimmen, die in einer Krisensituation eine rechtzeitige Durchführung von Handlungsoptionen zur Sicherstellung oder Wiederherstellung der finanziellen Stabilität aus eigener Kraft ermöglichen. 62

Art. 5 (c) (ii) EBA/RTS/2014/11 in Verbindung mit den Leitlinien für die Mindestliste an qualitativen und quantitativen Sanierungsplan-Indikatoren (EBA-GL-2015-02) konkretisieren die Anforderungen gemäß § 13 Abs. 2 Nr. 6 SAG. Demnach ist für die Zwecke eines Sanierungsplans ein Rahmenwerk an Indikatoren zu definieren und einzuführen.[20] Dieses Rahmenwerk muss anhand von Schwellenwerten (ggf. nach Ampelfarben abgestuft) und einer Einbindung in die Eskalations- und Entscheidungsprozesse (Sanierungsgovernance) geeignet sein, negative Entwicklungen hinreichend frühzeitig zu identifizieren, je nach Schwere der Situation diese unmittelbar bis auf die Geschäftsleitungsebene zu eskalieren und Entscheidungsprozesse über die Aktivierung von Gegenmaßnahmen auszulösen. 63

Im Annex II des EBA-GL-2015-02 ist eine Mindestliste an Indikatoren vorgegeben, die die Grundlage einer institutsspezifischen Ausgestaltung des Indikator-Rahmenwerks bildet. Die Liste ist in sechs Kategorien von Indikatoren untergliedert: 64
- Kapitalindikatoren
- Liquiditätsindikatoren
- Profitabilitätsindikatoren
- Auf Qualität der Aktiva bezogene Indikatoren
- Marktbasierte Indikatoren
- Makroökonomische Indikatoren

Zu jeder der Indikatorkategorien sind Arten von Indikatoren aufgeführt, die von den Instituten in ihren Sanierungsplänen grundsätzlich in vollem Umfang als Mindestanzahl an zu definierenden Indikatoren zu berücksichtigen sind. 65

Im Rahmen einer proportionalen Ausgestaltung des Indikator-Rahmenwerks kann von der Mindestliste nach vorgegebenen Regeln mit einer ausführlichen Begründung abgewichen werden. Institute, für die aufgrund ihrer rechtlichen Struktur, ihres Risikoprofils, ihrer Größe bzw. Komplexität marktbasierte Indikatoren bzw. makroökonomische Indikatoren nicht verfügbar sind bzw. keine Aussagekraft haben, können diese Kategorien unter Angabe einer entsprechenden Erläuterung weglassen. 66

Die Indikatorkategorien Kapital, Liquidität, Profitabilität und Qualität der Aktiva sind hingegen fest vorgegeben und müssen von jedem Sanierungsplan abgedeckt werden. 67

---

[20] EBA/GL/2015/02, Rn. 2.

Eine institutsspezifische Anpassung ist bei diesen Kategorien von Indikatoren nur auf der Ebene des einzelnen in der Liste in Annex II vorgegebenen Indikators möglich. Hierbei gilt grundsätzlich, dass – soweit einem Institut seitens der Aufsicht keine weitergehenden Erleichterungen gemäß § 19 SAG eingeräumt wurden – ein Indikator nur durch einen institutsspezifisch besser geeigneten Indikator derselben Kategorie ausgetauscht werden kann, so dass die Mindestanzahl erforderlicher Indikatoren gleich bleibt. Ein Austausch der Indikatoren ist entsprechend, insbesondere mit Verweis auf das Geschäftsmodell bzw. das Risikoprofil des Instituts, zu begründen. Das Weglassen eines Indikators ist nur im Ausnahmefall und nur mit einer detaillierten Herleitung möglich, die auch die mangelnde Möglichkeit erläutert, einen besser geeigneten Indikator ersatzweise aufzunehmen.

68 Das zu implementierende Rahmenwerk an Indikatoren muss dabei insgesamt in Bezug auf das Geschäftsmodell, die Geschäftsstrategie und das Risikoprofil eines Instituts bzw. einer Finanzgruppe angemessen sein. Entsprechend ist die Liste an mindestens erforderlichen Indikatoren in Annex II der Leitlinie EBA-GL-2015-02 institutsspezifisch zu erweitern. Annex III der Leitlinie EBA-GL-2015-02 enthält hierzu eine ergänzende Liste an Indikatoren, die bei diesen Erwägungen einzubeziehen sind.

69 Insgesamt muss das Institut nachweisen können, dass die Auswahl der Indikatoren und die Festlegung der Schwellenwerte geeignet sind, auch bei sich schnell entwickelnden schwerwiegenden Krisen hinreichend frühzeitig Steuerungsimpulse zu generieren, um geeignete Reaktionsprozesse auszulösen.[21]

70 Somit wird durch die Anforderungen des § 13 SAG in Verbindung mit EBA-GL-2015-02 eine Richtschnur für die Beurteilung der Angemessenheit des zu definierenden Rahmenwerks an Indikatoren vorgegeben, die eine gleichzeitige Betrachtung der Handlungsoptionen und der Sanierungsgovernance erfordert. Eine Bewertung der Angemessenheit des zeitlichen Vorlaufs, mit dem die Indikatoren auf eine krisenhafte Entwicklung hinweisen, ist nur vor dem Hintergrund des Volumens verfügbarer Sanierungsmaßnahmen sowie der Dauer bis zu ihrer Wirksamkeit und dem Zeitbedarf für die Eskalations- und Entscheidungsprozesse möglich.

71 Entsprechend hat der Prüfer im Rahmen der Abschlussprüfung zunächst im Wege einer formellen Prüfung festzustellen, welche qualitativen und quantitativen Indikatoren für das Auslösen von Eskalationsprozessen durch das Kreditinstitut festgelegt wurden. Dies umfasst einen Abgleich mit den Mindestanforderungen gemäß Annex II EBA-GL-2015-02. Eine weitergehende Beurteilung der Vollständigkeit, im Sinne einer Identifikation ggf. zusätzlicher fehlender Indikatoren, ist nicht Gegenstand der Prüfung.

72 Zielsetzung der materiellen Prüfung ist die Beurteilung von Eignung und Aussagekraft der vom Institut festgelegten Indikatoren, das Entstehen krisenhafter Entwicklungen anzuzeigen. Insbesondere ist festzustellen, ob die Indikatoren bei geeignet gewählten Schwellenwerten ein frühzeitiges Einleiten von Entscheidungsprozessen zur Umsetzung von Handlungsoptionen ermöglichen.

dd) Sanierungsmaßnahmen

73 Gemäß § 13 Abs. 2 Nr. 3 SAG hat ein Sanierungsplan eine Darstellung zu enthalten, welche Handlungsoptionen dem Institut bzw. der Finanzgruppe zur Verfügung stehen, um im Krisenfall die finanzielle Stabilität zu sichern oder wiederherzustellen. Art. 6 Abs. 4 und 5 EBA/RTS/2014/11 konkretisieren die formalen Anforderungen da-

---

[21] EBA/GL/2015/02, Rn. 18.

hingehend, dass der Sanierungsplan einen Überblick über alle vorgesehenen Handlungsoptionen zu enthalten hat. Inhaltlich sieht der EBA RTS vor, dass als Handlungsoptionen insbesondere Maßnahmen der folgenden Kategorien zu berücksichtigen sind:[22]

- Kapital- und Liquiditätsmaßnahmen, insbesondere Maßnahmen mit dem Ziel, den Fortbestand kritischer Funktionen und wesentlicher Geschäftsaktivitäten zu sichern,
- Maßnahmen der externen Kapitalzuführung bzw. Kapitalerhaltungsmaßnahmen zur Absicherung bzw. Wiederherstellung der Eigenmittel des Instituts bzw. der Finanzgruppe,
- Maßnahmen, die auf eine Sicherstellung der Refinanzierung des Instituts bzw. der Finanzgruppe abzielen, insbesondere solche, die auf eine Sicherung des Zugangs zu hinreichenden Refinanzierungsquellen abzielen. Neben der Sicherstellung des Zugangs zu externen Refinanzierungsquellen, (zB ausreichende Dimensionierung der als Sicherheiten zur Verfügung stehenden Vermögenswerte) sind hierbei auch Vorkehrungen zu treffen, durch die eine Liquiditätsbereitstellung durch Reallokation innerhalb der Finanzgruppe im Rahmen gruppeninterner finanzieller Unterstützungsmaßnahmen ermöglicht wird,
- Maßnahmen zur Reduktion des Kapitalbedarfs durch Abbau von Risiken bzw. der Verschuldungsquote oder durch die Restrukturierung von Geschäftsaktivitäten, einschließlich der Veräußerung von Aktiva, rechtlichen Einheiten bzw. Geschäftsbereichen,
- Maßnahmen zur Neustrukturierung bzw. freiwilligen Reorganisation von Verbindlichkeiten, sowie
- Maßnahmen, die auf eine Verbesserung der Ertragssituation des Instituts abzielen.

Die aufgeführten Kategorien an erwarteten Maßnahmen sind wie schon die Vorgaben in den Leitlinien der EBA zu den Indikatoren grundsätzlich als Mindestanforderungen zu verstehen. Im Sinne einer Proportionalität können nicht für ein Institut geeignete Kategorien jedoch mit einer entsprechend detaillierten Begründung weggelassen werden.

Jede Maßnahme ist hinsichtlich ihrer – gewünschten und unerwünschten – Haupt- und Nebenwirkungen detailliert zu analysieren und nachvollziehbar zu beschreiben. Hierzu sind im Rahmen einer Auswirkungsanalyse insbesondere die finanziellen Effekte der Maßnahme auf die Solvabilität, die Liquidität, die Refinanzierungsposition und die Ertragssituation zu betrachten. Bei der Ermittlung der finanziellen Wirkungen einer Maßnahme ist auch ihre Anwendbarkeit unter verschiedenen Krisenszenarien zu berücksichtigen.[23] Ergänzend sind im Rahmen einer operativen und einer externen Auswirkungsanalyse die Effekte für den Fortbetrieb der Geschäftsaktivitäten und insbesondere der kritischen Funktionen des Instituts zu untersuchen. Die Betrachtung hat hierbei alle Einheiten der Gruppe einzuschließen, die möglicherweise von der Anwendung der Maßnahme betroffen sein könnten.[24]

Die Annahmen, die der Auswirkungsanalyse zugrunde gelegt wurden, sowie die Verfahren und Modelle der Bewertung sind ausführlich zu dokumentieren.[25] Dies ist zum einen erforderlich, um die Auswirkungsanalyse für außenstehende Dritte nachvollziehbar zu machen, und so die Angemessenheit der Handlungsoptionen, insbesondere im Zusammenspiel mit den Indikatoren und der Sanierungsgovernance, beurteilen zu können. Zum anderen erleichtert eine detaillierte Beschreibung die Beurteilung und Auswahl der zu ergreifenden Handlungsoptionen im Krisenfall.

---

[22] Siehe übereinstimmend Erläuterungen zu Abschnitt E.3.1 Nr. 1 MaSan.
[23] Art. 6 Absatz 5 (f) EBA/RTS/2014/11.
[24] Art. 6 Absatz 5 (c) (i) und (ii) EBA/RTS/2014/11.
[25] Art. 6 Absatz 5 (c) (iii) EBA/RTS/2014/11.

76 Ebenso ist jede Maßnahme in Hinblick auf ihre Umsetzbarkeit – insbesondere ihre Umsetzbarkeit unter den Bedingungen eines Krisenfalls – zu analysieren. Hierbei sind mögliche Aspekte zu untersuchen, die einer rechtzeitigen Umsetzung bzw. dem Erzielen der vollen Wirkungskraft der Maßnahme entgegenstehen können.[26] Für die Analyse dieser möglichen Hindernisse gibt der EBA RTS sechs Betrachtungsdimensionen vor.[27] Diese sind wiederum jedoch nur als Mindestanforderung zu verstehen und ersetzen nicht die eigenverantwortliche Ergänzung weiterer institutsspezifischer Dimensionen möglicher Hindernisse.[28]

77 Bei Finanzgruppen ist insbesondere zu untersuchen, inwieweit aus der Struktur der Finanzgruppe bzw. aus Vereinbarungen zwischen Gruppenunternehmen Hindernisse entstehen, die einer effektiven Anwendung der definierten Sanierungsmaßnahmen entgegenstehen können. Insbesondere wird in diesem Zusammenhang auf die Untersuchung möglicher praktischer oder rechtlicher Hindernisse verwiesen, die einer zügigen Durchsetzung finanzieller Unterstützungsmaßnahmen zwischen Gruppenunternehmen entgegenstehen können.

78 Für jedes so identifizierte wesentliche Hindernis ist zu analysieren, ob und ggf. durch welche Maßnahmen diese beseitigt werden können.

79 Darüber hinaus ist für jede Handlungsoption zu prüfen, inwieweit ihre Anwendung den operativen Weiterbetrieb des Instituts in Hinblick auf interne Prozesse (zB Bereitstellung von IT-Leistungen, Zulieferungen oder HR-Prozesse) bzw. den Zugang zu Einrichtungen der Finanzmarktinfrastruktur (zB Einrichtungen in Bezug auf Clearing, Transaktionsabwicklung, Zahlungsverkehr) negativ beeinflusst.[29]

80 Die Maßnahmen sind hinsichtlich der oben beschriebenen Aspekte in einem Detaillierungsgrad zu analysieren und zu beschreiben, der eine Beurteilung ihrer Eignung ermöglicht, in einem Krisenfall die finanzielle Solidität des Instituts zu sichern bzw. wieder herzustellen.[30] Neben einer umfassenden Dokumentation der für die Ermittlung der finanziellen Auswirkungen herangezogenen Verfahren, Modelle und Annahmen (→ Rn. 75), ist hierzu eine genaue Angabe der Prozessschritte für die Umsetzung der Maßnahmen erforderlich, um hieraus die Dauer von der Vorbereitung bis zu ihrer Wirksamkeit ableiten zu können. Zudem wird diese detaillierte Beschreibung des Vorgehens benötigt, um die identifizierten Hemmnisse und mögliche Risiken, die einem Erreichen der Ziele möglicherweise entgegenstehen, beurteilen zu können.[31] Weiterhin soll die Beschreibung im Sinne einer Verfahrensanweisung geeignet sein, die Umsetzung der Maßnahmen zur Abwehr der Auswirkungen einer eingetretenen Krise zu regeln und so wiederum das Erreichen der beabsichtigten Wirkungen sicherzustellen.[32]

81 Im Rahmen einer Jahresabschlussprüfung hat der Prüfer anhand der oben beschriebenen Inhalte die grundsätzliche (objektive) Eignung der in einem Sanierungsplan dargestellten Handlungsoptionen zur Erreichung der Sanierungsziele in einer abstrakten Krise zu beurteilen. Gemäß § 13 Abs. 4 S. 1 Nr. 1 SAG müssen die Sanierungsmaßnahmen „mit überwie-

---

[26] Art. 6 Absatz 5 (d) (ii) EBA/RTS/2014/11.
[27] Als Betrachtungsdimensionen aufgeführt werden rechtliche, operative, geschäftliche, finanzielle und Reputationsrisiken sowie das Risiko einer möglichen Negativauswirkung auf das Kreditrating des Instituts.
[28] In Art. 6 Absatz 5 (d) (ii) EBA/RTS/2014/11 wird vorgeschrieben, dass eine Analyse möglicher Hindernisse insbesondere, die dort aufgeführten sechs Betrachtungsdimensionen zu umfassen hat.
[29] Art. 6 Absatz 5 (d) (v) EBA/RTS/2014/11.
[30] § 13 Absatz 1, Satz 2 SAG.
[31] Art. 6 Absatz 5 (e) und (f) EBA/RTS/2014/11.
[32] Vgl in diesem Sinne EBA/RTS/2014/11, Abschnitt 1 „Executive Summary".

gender Wahrscheinlichkeit geeignet [sein], die Überlebensfähigkeit und finanzielle Solidität des Instituts oder der Gruppe nachhaltig zu sichern oder wiederherzustellen".

Die Beurteilung der im Sanierungsplan dargestellten Handlungsoptionen erfolgt entsprechend abstrakt, losgelöst von einem spezifischen krisenhaften Unternehmens- oder Umweltzustand. Der Prüfer hat hierzu das im Sanierungsplan beschriebene Vorgehen, einschließlich der eingesetzten Verfahren, Modelle und Annahmen, sowie die dokumentierten Ergebnisse der Auswirkungs- und Umsetzbarkeitsanalyse zu beurteilen. Dabei ist zu würdigen, ob nachvollziehbar dargelegt ist, wie und anhand welcher Kriterien das Kreditinstitut die im Sanierungsplan als grundsätzlich geeignet beschriebenen Handlungsoptionen ausgewählt hat, wie das Institut eine Handlungsoption umzusetzen beabsichtigt und inwieweit die jeweils unterstellte Zwecksetzung durch die Handlungsoption erfüllt werden kann. Soweit dies möglich ist, sollten Annahmen durch eigene oder im Markt beobachtbare Erfahrungen mit vergleichbaren Transaktionen unterlegt worden sein. Typischerweise sind in diesem Zusammenhang nicht alle von einem Institut für die Auswirkungs- und Umsetzungsanalyse anzustellenden Analysen durch objektive Kriterien, Modelle oder Vergleichstransaktionen belegbar. Soweit das Erfahrungswissen von Experten als Grundlage für die Beschreibung einzelner Aspekte hinzugezogen wurde, ist zumindest der konkrete Experte, dessen Wissen eingeflossen ist, zu benennen sowie die Daten- und Informationsgrundlage nachvollziehbar zu beziffern, auf Basis derer das Expertenurteil getroffen wurde. 82

Eine Prüfung der dargelegten Handlungsoptionen auf Vollständigkeit ist nicht Gegenstand der Prüfung. 83

Die abstrakte Beurteilung der mit „überwiegender Wahrscheinlichkeit" zu erwartenden Eignung einer Maßnahme als Instrument zur Krisenabwehr schließt explizit die Beurteilung der Identifikation und Berücksichtigung möglicher Hindernisse mit ein, welche die Umsetzbarkeit der Handlungsoptionen einschränken oder ausschließen können, sowie eine Darstellung, ob und wie diese Hindernisse überwunden werden können. Der Prüfer hat die dargestellten Hindernisse im Rahmen seiner Beurteilung der Umsetzbarkeitsanalyse zu würdigen. Bezüglich der Maßnahmen zur etwaigen Beseitigung von Hindernissen ist eine Plausibilitätsprüfung vorzunehmen. Maßstab ist zB der Erfahrungshorizont des Prüfers bezüglich vergleichbarer Transaktionen (zB Kapitalerhöhungen etc). 84

Bei der Würdigung kann auf die Erkenntnisse aus der Jahresabschlussprüfung (zB hinsichtlich Annahmen, Bewertungsmaßstäbe) sowie auf die Erfahrungen des Prüfers (zB hinsichtlich Realisierbarkeit, Erfolgsaussichten, Auswirkungen auf Kapital, Liquidität und Risikotragfähigkeit) zurückgegriffen werden. 85

ee) Sanierungsgovernance

Gemäß § 13 Abs. 2 Nr. 6 SAG hat das Institut in Einklang mit den festgelegten Indikatoren und Schwellenwerten einen „Eskalations- und Informationsprozess zu definieren, der sicherstellt, dass die Geschäftsleiterebene rechtzeitig und umfassend in die Entscheidungen eingebunden wird".[33] In diesem Zusammenhang ist ebenfalls festzulegen, „wann und wie die Aufsichtsbehörde im Rahmen des Eskalations- und Informationsprozesses beim Erreichen von Schwellenwerten der Indikatoren informiert wird."[34] 86

Die MaSan konkretisieren in den Erläuterungen diese Informationspflicht gegenüber der Aufsicht in zeitlicher Hinsicht und bestimmen eine „unverzügliche Informationspflicht 87

---

[33] § 13 Abs. 2 Nr. 6 SAG.
[34] Ebd.

gegenüber der Aufsicht [...] insbesondere in den Fällen, wenn definierte Indikatoren erreicht sind, die gemäß definiertem Eskalations- und Informationsprozess eine unmittelbare Einbindung aller Geschäftsleiter in die Entscheidung außerhalb der turnusmäßigen Risikoberichterstattung notwendig machen."[35] Zudem etablieren die MaSan eine zeitgleiche Informationspflicht auch gegenüber dem Aufsichtsorgan des Instituts.[36]

88 Der technische Regulierungsstandard der EBA zum Inhalt von Sanierungsplänen spricht in diesem Zusammenhang von Eskalations- und Entscheidungsprozessen, die einzusetzen haben, „when the indicators have been met to consider and determine which recovery option may need to be applied in reaction to the situation of financial stress that has materialised".[37]

89 Die im Sanierungsplan zu definierenden Sanierungsgovernance-Prozesse bilden in diesem Sinne den Transmissionsmechanismus zwischen den Indikator-Schwellenwerten und den Sanierungsmaßnahmen. Das Überschreiten der Schwellenwerte soll in keinem Fall unmittelbar an die Aktivierung von Handlungsoptionen geknüpft sein. Die Anforderung in § 13 Abs. 2 Nr. 6 SAG, dass die Geschäftsleiterebene in die Entscheidungen einzubinden ist, wird durch die in § 13 Abs. 5 SAG definierte Verantwortung der Geschäftsleiter für die Umsetzung des Sanierungsplans im Krisenfall nochmal enger gefasst.

90 Gemäß Artikel 5 EBA/RTS/2014/11 zum Inhalt von Sanierungsplänen müssen aus der Beschreibung der Sanierungsgovernance im Sanierungsplan Rolle und Funktion der in den Eskalations- und Entscheidungsprozess einzubindenden Personen, einschließlich ihrer Verantwortung im Krisenfall, nachvollziehbar hervorgehen. Falls der Sanierungsplan für den Krisenfall das Einberufen von speziellen Gremien vorsieht, sind die entsprechenden Angaben zu allen Gremienmitgliedern zu dokumentieren. Zudem sind die festgelegten Eskalations-, Informations- und Entscheidungswege, einschließlich des bis zur Entscheidung über das Ergreifen von Abwehrmaßnahmen erforderlichen Zeitbedarfs zu beschreiben. Auch sind Zeitpunkt und Informationsweg zu beschreiben, wie die Aufsicht über das Überschreiten von Schwellenwerten benachrichtigt wird.[38]

91 Im Rahmen der Abschlussprüfung sind die beschriebenen Eskalations-, Informations- und Entscheidungsprozesse formell in Hinblick auf die geforderte rasche Einbindung der Geschäftsleiterebene sowie die erforderliche Einbindung der Aufsicht und des Aufsichtsorgans zu prüfen. Im Rahmen einer materiellen Prüfung sind die beschriebenen Prozesse insbesondere auf Plausibilität des hierfür beschriebenen Zeitbedarfs zu prüfen.

92 Hierzu hat der Prüfer anhand der Beschreibungen die Angaben über die Geschwindigkeit kritisch zu hinterfragen, mit der adverse Entwicklungen anhand der Indikatoren erkannt und eskaliert werden können und auf der Geschäftsleiterebene auf Basis situationsspezifisch aufbereiteter Informationen Entscheidungen über das Ergreifen von Maßnahmen getroffen werden können.

ff) Kommunikation im Sanierungsfall

93 In gewissem Kontrast zur Bedeutung einer effizienten auf die spezifische Krisensituation ausgerichtete Kommunikation für den Erfolg der Krisenbewältigung, sind die regulatorischen Vorgaben zu diesem Aspekt sowohl im SAG als auch den erläuternden Veröffentlichungen der EBA und der BaFin wenig ausführlich gehalten. § 13 Abs. 2 Nr. 9 SAG fordert

---

[35] MaSan, Abschnitt E 3.2 Nr. 2, Erläuterungen.
[36] MaSan, Abschnitt E 3.2 Nr. 2.
[37] Art. 5 (c) (i) EBA/RTS/2014/11.
[38] Art. 5 (c) (i) EBA/RTS/2014/11.

knapp „ein Kommunikations- und Informationskonzept, in dem die interne und externe Kommunikation unter Berücksichtigung der für bestimmte Handlungsoptionen geltenden Besonderheiten dargelegt wird".

Die Anforderungen werden in EBA/RTS/2014/11 zum Inhalt von Sanierungsplänen lediglich in geringem Umfang weiter konkretisiert.[39] So werden mögliche Adressaten der internen und externen Kommunikation benannt. Zudem werden die Anforderungen an die interne und externe Kommunikation um eine recht generell gehaltene Anforderung ergänzt, dass „effective proposals for managing any potential negative market reactions" vorzuhalten sind.[40] Ebenso ist darzulegen, wie der Kommunikationsplan umgesetzt wird, sobald Handlungsoptionen aktiviert werden. 94

Im Rahmen der Prüfung hat der Prüfer festzustellen, ob durch das Kreditinstitut ein interner und externer Kommunikations- und Informationsplan bezogen auf jede aufgezeigte Handlungsoption erstellt wurde. 95

gg) Informationsmanagement

Gemäß Artikel 5(e) EBA/RTS/2014/11 haben Institute in ihrem Sanierungsplan zu beschreiben, wie sichergestellt ist, dass die für die Umsetzung von Sanierungsmaßnahmen erforderlichen Informationen auch in Krisensituationen und unter Zeitdruck hinreichend schnell und verlässlich verfügbar sind. Die Anforderungen an das Informationsmanagement ergänzen insofern die Anforderungen des Art. 6 Absatz 5 (f) EBA/RTS/2014/11 in Bezug auf die Konkretisierung der Inhalte einer Umsetzbarkeitsanalyse zu den vorgesehenen Handlungsoptionen gemäß § 13 Abs. 2 Nr. 5 SAG. 96

Die Nachvollziehbarkeit der Beschreibungen zur Verfügbarkeit von Informationen wird damit zu einem zentralen Aspekt der Beurteilung der Umsetzungsdauer und des Umsetzungsrisikos einer Handlungsoption. Insbesondere bei Handlungsoptionen, deren Umsetzung die Selektion und Aufbereitung umfangreicher Daten erfordert, wie zB der Verkauf oder die Verbriefung von Kreditportfolien, oder bei denen das Institut über noch keine hinreichende Umsetzungserfahrung verfügt, sind in diesem Zusammenhang ausführlichere Analysen zu den Datenprozessen erforderlich. Deren Ergebnisse sind im Sanierungsplan entsprechend zu dokumentieren. 97

Entsprechend dem Auftrag des Jahresabschlussprüfers, die Angemessenheit der Umsetzungsanalyse zu beurteilen, ist entsprechend auch kritisch zu würdigen, inwieweit der Bereitstellung der für die einzelnen Handlungsoptionen erforderlichen Informationen hinreichende Beachtung geschenkt wurde. Hierbei ist zu analysieren, ob die Dokumentationen im Sanierungsplan nachvollziehbar geeignet sind, die Bereitstellung der benötigten Informationen und damit die rechtzeitige Aktivierung der Maßnahme im Krisenfall zu gewährleisten. 98

hh) Belastungsanalysen

Gemäß § 13 SAG ist die Wirksamkeit und Umsetzbarkeit eines Sanierungsplans anhand von Stress-Szenarien nachzuweisen.[41] Die Leitlinie 2014/06 der EBA und die MaSan konkretisieren die Anforderungen an die Stress-Szenarien. So müssen diese Stress-Szenarien institutsspezifische Krisensituationen beschreiben, deren Ursache primär in dem Institut selbst 99

---

[39] Art. 7 (c) EBA/RTS/2014/11.
[40] Art. 7 (c) EBA/RTS/2014/11.
[41] § 13 Abs. 2 Nr. 7 und 8 SAG.

(idiosynkratische Szenarien), dem Marktumfeld (marktweite Szenarien) oder einer Kombination aus beidem (kombinierte Szenarien) liegen können. Diese drei Grundtypen von Belastungsszenarien sind hinsichtlich der Geschwindigkeit, mit der sie ihre volle Wirkung entfalten, weiter zu differenzieren in sich schnell und langsam entwickelnde Szenarien.[42]

100 Gemäß den aktuellen aufsichtlichen Vorgaben der MaSan haben Institute für jeden dieser insgesamt sechs Szenario-Grundtypen mindestens ein auf das Geschäftsmodell und das Risikoprofil des Instituts spezifisch zugeschnittenes Belastungsszenario als Grundlage für die Überprüfung des Sanierungsplans zu entwickeln.[43] Demgegenüber wird in der Leitlinie 2014/06 der EBA die Überprüfung des Sanierungsplans generell an lediglich mindestens drei Belastungsszenarien und für national und global systemrelevante Institute an mindestens vier Szenarien gefordert.

101 Für die Zwecke eines Sanierungsplans müssen alle Belastungsszenarien in ihrer vollen Wirkung eine akute Bedrohung der finanziellen Solidität und dadurch des Fortbestands des Instituts darstellen („Near Default Situation").[44]

102 Ziel und Zweck der Belastungsszenarien ist, eine nachvollziehbare Überprüfung der Wirksamkeit der Kernelemente des Sanierungsplans zu ermöglichen. Entsprechend sind diese Near-Default-Situationen so zu entwickeln, dass sie auf einzelnen oder einer Kombination von Ereignissen basieren, die in Hinblick auf das Geschäftsmodell und das Risikoprofil für das Institut relevant sind und deren Eintreten sowie deren Auswirkungen zumindest plausibel erscheinen. Im Gegensatz zu den für die Risikosteuerung typischerweise eingesetzten Stresstests ist die Wahrscheinlichkeit, mit der das konkret beschriebene Szenario eintreten könnte, von untergeordneter Bedeutung.

103 Eine Überprüfung der Eignung des Sanierungsplans muss ua in Hinblick auf die Anforderung erfolgen, frühzeitig krisenhafte Entwicklungen zu erkennen, so dass rechtzeitig geeignete Maßnahmen ausgewählt und umgesetzt werden können.[45] Entsprechend ist die Eignung des Sanierungsplans ua konkret daran zu überprüfen, ob die „qualitativen und quantitativen Indikatoren, [...] eine rechtzeitige Durchführung von Handlungsoptionen zur Sicherstellung oder Wiederherstellung der finanziellen Stabilität des Instituts oder der Gruppe dergestalt ermöglichen, dass der Krisenfall aus eigener Kraft und ohne Stabilisierungsmaßnahmen der öffentlichen Hand überwunden werden kann"[46]

104 Eine nachvollziehbare Analyse, ob die Elemente des Sanierungsplans für eine rechtzeitige und adäquate Reaktion des Instituts geeignet sind, erfordert somit eine detaillierte Beschreibung des zeitlichen Verlaufs einer Krise.

105 Die Abfolge der krisenauslösenden Ereignisse und ihrer finanziellen Auswirkungen ist hierbei zunächst ohne den Einsatz von spezifischen Sanierungsmaßnahmen zu beschreiben. Diese Brutto-Darstellung dient dem Nachweis, dass die Schwere der Ereignisse geeignet ist, die Existenzfähigkeit des Instituts zu gefährden und somit das beschriebene Szenario für die Zwecke des Sanierungsplans grundsätzlich tauglich ist.

106 In einer Netto-Darstellung sind entlang derselben Beschreibung der Abfolge von Krisenereignissen, wie in der Bruttosicht, ihre jeweiligen Auswirkungen auf die vom Institut bestimmten Frühwarn- und Sanierungsindikatoren zu beschreiben. Anhand der Verände-

---

[42] EBA/GL/2014/06, RN 8 ff. bzw. MaSan Abschnitte E 3.3 und E 3.4.
[43] MaSan Abschnitt E 3.3 Nr. 2.
[44] EBA/GL/2014/06, RN 9 (c) bzw. MaSan Abschnitt E 3.3 Nr. 2.
[45] EBA/RTS/2014/12 (Final Draft), Einleitungstext RN (2).
[46] § 13 Abs. 2 Nr. 6 SAG.

rung der Indikatoren ist der Zeitpunkt zu beschreiben, zu dem die Eskalations- und Informationsprozesse entsprechend der festgelegten Sanierungsgovernance ausgelöst werden.

Entlang der definierten Governanceprozesse ist unter Berücksichtigung der erforderlichen Zeit für die Analyse der konkreten Bedrohungssituation und die Auswahl der am besten geeigneten Handlungsoptionen der Zeitpunkt zu beschreiben, zu dem die Sanierungsmaßnahmen und flankierenden Kommunikationsmaßnahmen aktiviert werden. 107

Die Auswahl und die Dimensionierung der Sanierungsmaßnahmen ist den spezifischen Bedingungen des beschriebenen Szenarios anzupassen. Für die Zwecke der Belastungsanalysen im Kontext des Sanierungsplans ist zu gewährleisten, dass über alle verwendeten Szenarien hinweg ein möglichst breites Spektrum an Indikatoren und Handlungsoptionen getestet wird. 108

Besonderer Fokus des theoretischen, aber auf einen möglichst realistisch gestalteten Anwendungsfall bezogenen Durchspielens einer Anwendung der Sanierungsmaßnahmen liegt auf der Identifikation möglicher Hindernisse.[47] 109

Die Szenarioanalyse muss in diesem Zusammenhang das Erreichen des Ziels einer nachhaltigen Wiederherstellung der finanziellen Solidität des Instituts belegen. Der Nachweis der Nachhaltigkeit der Sanierungsmaßnahmen erfordert somit, dass die Belastungsszenarien einen hinreichend langen Zeitraum über den Zeitpunkt, zu dem die Indikatoren ihren „Normalwert" wiedererlangt haben, hinaus die Stabilität der Indikatoren anzeigen. In diesem Zusammenhang ist insbesondere der Nachweis relevant, dass das Institut auch nach Anwendung der Sanierungsmaßnahmen über ein profitables Geschäftsmodell verfügt. Dies ist anhand einer entsprechenden Zeitreihe des im Sanierungsplan definierten Profitabilitätsindikators zu belegen. 110

Die Prüfung der Belastungsszenarien im Rahmen der Abschlussprüfung erfolgt in formeller Hinsicht anhand eines Abgleichs der definierten Szenarien mit der Anforderung, sowohl idiosynkratische, marktweite als auch kombinierte Szenarien sowie schnell und langsam entstehende Szenarien aufzuführen. Gemäß den Anforderungen der MaSan sind von den aufgeforderten potenziell systemgefährdenden Instituten demnach mindestens sechs Szenarien zu entwickeln. Gemäß den Leitlinien der EBA zur Ausgestaltung von Belastungsszenarien sind von global bzw. national systemrelevanten Instituten für die Zwecke eines Sanierungsplans mindestens vier, von allen anderen Instituten lediglich mindestens drei Szenarien zu entwickeln. 111

In materieller Hinsicht sind die beschriebenen Belastungsszenarien in Hinblick auf ihre Relevanz, Plausibilität und Tauglichkeit zu analysieren. 112

Für die Relevanz eines Belastungsszenarios ist zu beurteilen, inwieweit jedes einzelne Belastungsszenario in einem nachvollziehbaren Bezug zu dem Geschäftsmodell des Instituts steht. Gleichzeitig müssen durch die Gesamtheit der Ereignisse Belastungsszenarien alle wesentlichen Risiken des Instituts abgedeckt worden sein. Hierzu wird der Prüfer regelmäßig in der Lage sein, in dem er auf sein Vorwissen aus der allgemeinen Risikoprüfung des Instituts für einen Abgleich mit den beschriebenen Szenarien zurückgreift. 113

Das Kriterium der Plausibilität bezieht sich auf die Glaubwürdigkeit der Entwicklung des Szenarios. In der Bruttosicht des Szenarios bezieht sich dieses Kriterium auf die Nachvollziehbarkeit der Ereignisketten und der Schwere der finanziellen Auswirkungen sowie darauf, ob erkennbar alle wesentlichen quantitativen und qualitativen Auswirkungen des Szenarios erfasst wurden. Des Weiteren muss das Szenario hinreichend detailliert beschrieben sein, um in der Nettosicht das Zusammenspiel von dem Überschreiten von Schwellen- 114

---

[47] Art 3 Nr. 2 (c) EBA/RTS/2014/12.

werten, dem Auslösen von Eskalations- und Entscheidungsprozessen sowie dem Aktivieren von Handlungsoptionen und deren Auswirkung auf die Indikatoren zeitlich und inhaltlich nachvollziehen zu können.

115　Die Tauglichkeit eines Szenarios zur Überprüfung der Elemente des Sanierungsplans ergibt sich aus der Schwere des Szenarios in der Bruttosicht, also ohne die Anwendung von Sanierungsmaßnahmen. Hierzu muss ein Szenario in seiner maximalen Wirkung eine für das Institut existenzbedrohende Situation beschreiben. Somit ist für mindestens einen Indikator der Sanierungsschwellenwert zu durchbrechen. In der Gesamtsicht über alle Szenarien hinweg ergibt sich die Tauglichkeit aus der Vollständigkeit, mit der die Indikatoren zu allen für das Institut wesentlichen Risikoarten in mindestens einem Bruttoszenario die Sanierungsschwelle überschritten haben müssen. In der Nettosicht muss das Szenario einen hinreichend langen Zeitraum abdecken, um die Nachhaltigkeit, mit der die finanzielle Solidität wiederhergestellt wurde, anhand der Stabilität der Indikatoren (einschließlich der Profitabilitätsindikatoren) dokumentieren zu können.

ii) Umsetzungsplanung

116　Gemäß § 13 Abs. 2 Nr. 10 SAG muss ein Institut in seinem Sanierungsplan darlegen, welche vorbereitenden Maßnahmen es getroffen hat oder zu treffen beabsichtigt, um die Umsetzung des Sanierungsplans zu erleichtern.

117　Die Umsetzung des Sanierungsplans ist in diesem Zusammenhang zum einen als Integration der Steuerungselemente des Plans in die vorhandenen Strukturen und Prozesse der Bank zu verstehen, also als Einbindung der Indikatoren und Schwellenwerte und der hierauf aufsetzenden Monitoring- und Berichtsprozesse in die bestehende Banksteuerung.

118　Zum anderen bezieht sich die Umsetzung auf die Aktivierung des Sanierungsplans bei Eintreten der Krise, also auf das Ergreifen von finanziellen Maßnahmen und Kommunikationsmaßnahmen zur Krisenabwehr.

119　Die vorbereitenden Maßnahmen zur Erleichterung einer Umsetzung des Sanierungsplans zielen entsprechend auf Aktivitäten zur weiteren Einbindung der Sanierungsplan-Elemente in die bestehende Banksteuerung und die Beseitigung von Hindernissen ab, die im Rahmen der Ausgestaltung der Planelemente identifiziert wurden.

120　Der Prüfer hat im Rahmen der Prüfung festzustellen, ob durch das Kreditinstitut vorbereitende Maßnahmen zur Erleichterung der Umsetzung des Sanierungsplans aufgestellt wurden. Dabei kann bspw. eine Beurteilung der „Richtigkeit" der gemachten Angaben (zB Differenzierung nach bereits veranlassten und nur geplanten Maßnahmen) sachgerecht sein.

121　In § 13 Abs. 4 Nr. 1 SAG wird diese formelle Anforderung um eine inhaltliche Anforderung ergänzt, dass „die Umsetzung der in dem Sanierungsplan vorgesehenen Maßnahmen [...], unter Berücksichtigung der vom betreffenden Institut getroffenen oder geplanten vorbereitenden Maßnahmen gemäß Absatz 2 Nummer 10, mit überwiegender Wahrscheinlichkeit geeignet [ist], die Überlebensfähigkeit und finanzielle Solidität des Instituts oder der Gruppe nachhaltig zu sichern oder wiederherzustellen".[48]

---

[48] In § 13 Abs. 4 Nr. 1 SAG wird offensichtlich ausnahmsweise anstelle des ansonsten verwendeten Begriffs „Handlungsoption" mit synonymer Bedeutung der allgemeinere Begriff „Maßnahme" verwendet. Dieser Schluss ergibt sich aus der grundsätzlichen Aussage des § 13 Abs. 4 SAG, der die zentralen materiellen Anforderungen, die ein Sanierungsplan zu erfüllen hat, in Absatz 1 auf die Sicherung der Überlebensfähigkeit des Instituts bzw. der Gruppe (Innensicht) und in Absatz 2 auf die gleichzeitige Vermeidung negativer Effekte auf das Finanzsystem (Außensicht) bezogen werden.

Hieraus erstreckt sich der im Zusammenhang mit den Sanierungsmaßnahmen disku- 122
tierte inhaltliche Prüfauftrag (→ Rn. 81) auch auf die vorbereitenden Maßnahmen. Materiell ergibt sich hieraus dieselbe Anforderung, dass der Prüfer lediglich die grundsätzliche (objektive) Eignung der in einem Sanierungsplan dargestellten Handlungsoptionen, einschließlich der vom Institut vorgesehenen vorbereitenden Maßnahmen zur Erreichung der Sanierungsziele in einer abstrakten Krise zu beurteilen hat. Gegenstand der Beurteilung ist hierbei die vom Institut vorgesehene Handlungsoption. Eine Beurteilung der vorbereitenden Maßnahmen hat nur insoweit zu erfolgen, als sie im Sinne einer Gesamtbetrachtung bei der Beurteilung der grundsätzlichen Eignung der Handlungsoption mit zu betrachten ist.

Die Anforderung an eine von der Handlungsoption losgelöste Beurteilung der Eignung 123
der vorbereitenden Maßnahmen zur Erleichterung der Umsetzung einer Handlungsoption lässt sich hieraus nicht ableiten. Insbesondere entsteht hieraus keine Pflicht des Prüfers, die Vollständigkeit oder Angemessenheit der vorbereitenden Maßnahmen zu beurteilen.

jj) Aktualisierung des Sanierungsplans

Gemäß § 12 Abs. 4 SAG hat ein Institut seinen Sanierungsplan sowohl regelmäßig als 124
auch außerplanmäßig, anlassbezogen zu aktualisieren.

Die regelmäßige Aktualisierung ist in § 12 Abs. 4 Nr. 2 SAG geregelt und hat, soweit 125
seitens der zuständigen Aufsichtsbehörde nichts Anderslautendes bestimmt wurde, mindestens jährlich zu erfolgen.[49]

Die anlassbezogene Aktualisierung des Sanierungsplans ist in § 12 Abs. 4 Nr. 1 SAG 126
näher geregelt und ist „nach jeder Änderung der Rechts- oder Organisationsstruktur des Instituts, seiner Geschäftstätigkeit oder Finanzlage oder jeder Änderung der allgemeinen Risikosituation, die sich wesentlich auf den Sanierungsplan des Instituts auswirken könnte oder aus anderen Gründen dessen Änderung erforderlich macht," durchzuführen.

Während das Gesetz zur Abschirmung von Risiken und zur Planung der Sanierung und 127
Abwicklung von Kreditinstituten und Finanzgruppen vom 7. August 2013 vorsah, dass der Abschlussprüfer die Einhaltung der damals in § 47a Abs. 4 KWG geregelten Verpflichtungen eines Kreditinstituts zur Aktualisierung des Sanierungsplanes prüft, enthält das SAG diese Prüfungspflicht nicht mehr.

Ungeachtet, ob das SAG eine diesbezügliche explizite Verpflichtung des Abschlussprü- 128
fers enthält, wird sich der Abschlussprüfer bei seiner Prüfung nach § 29 Abs. 1 S. 7 KWG davon überzeugen müssen, ob ihm ein Sanierungsplan in einer ausreichend aktuellen Fassung vorgelegt wird.

6. Prüfungsvorgehen und Berichterstattung über die Prüfung

a) Grundsatz der Risikoorientierung

Der Abschlussprüfer hat zu prüfen, ob der Sanierungsplan die in § 12 Abs. 1 und § 13 129
Abs. 1 bis 4 SAG gestellten Anforderungen erfüllt. Dabei muss er nicht alle Bestandteile oder Angaben im Sanierungsplan lückenlos mit der gleichen Intensität prüfen. Für die Prüfung des Sanierungsplans gilt auch der Grundsatz des risikoorientierten Prüfungsansatzes.

---

[49] In § 19 (1) Nr. 2 SAG ist der zuständigen Aufsichtsbehörde explizit die Möglichkeit gegeben, im Rahmen der Ausgestaltung des Proportionalitätsprinzips Instituten Erleichterungen ua in Hinblick auf die Frist zu gewähren, in der ein Sanierungsplan zu aktualisieren ist.

b) Prüfungsvorgehen

130 Die Umsetzung des risikoorientierten Prüfungsansatzes setzt eine zielgerichtete Prüfungsplanung voraus. Diese ist nicht als ein statischer Prozess zu Beginn der Prüfung zu verstehen, sondern als ein bis zum Abschluss der Prüfung laufend an gewonnene Erkenntnisse anzupassender Vorgang.

131 Ausgangspunkt der Prüfungsplanung ist die Einschätzung des Fehlerrisikos der zu prüfenden Anforderungen. Dabei ist einzuschätzen, welche Bestandteile des Sanierungsplans, gewollt oder ungewollt einen Fehler enthalten können, in dessen Konsequenz der Sanierungsplan nicht den gesetzlichen Anforderungen entspricht. Dabei bleiben zunächst bestehende interne Kontrollen, die Fehler verhindern, entdecken oder korrigieren sollen, außer Betracht. Dieses inhärente Risiko wird ua durch branchenspezifische, unternehmensspezifische oder prüffeldspezifische Faktoren bestimmt.

132 Im Anschluss ist das Risiko einzuschätzen, dass Fehler nicht durch interne Kontrollen verhindert oder aufgedeckt werden (Kontrollrisiko).

133 Auf Basis der Einschätzung des inhärenten Risikos und des Kontrollrisikos identifiziert der Abschlussprüfer Schwerpunkte und legt die Prüfungsstrategie und den Prüfungsumfang sowie die sachliche und zeitliche Mitarbeiterplanung fest.

134 Art und Umfang der Prüfungshandlungen bestimmen sich aus dem risiko- und systemorientierten Prüfungsansatz. Die Festlegung von Art und Umfang der Prüfungshandlungen stehen im pflichtgemäßen Ermessen des Abschlussprüfers. Die erforderliche Prüfungssicherheit kann je nach den Besonderheiten des zu beurteilenden Sachverhalts durch Systemprüfungen (Aufbau- und Funktionstests) oder aussagebezogenen Prüfungshandlungen in Form von Stichproben oder analytischen Prüfungshandlungen oder aus einer Kombination daraus erlangt werden.

135 Für die Risikobeurteilung sowie für die abschließende Beurteilung des Sanierungsplans sind Kenntnisse der Geschäftstätigkeit und des rechtlichen sowie wirtschaftlichen Umfelds des Kreditinstituts von besonderer Bedeutung. Der Abschlussprüfer hat daher durch geeignete Prüfungshandlungen sicherzustellen, dass er ein ausreichendes Verständnis ua über das rechtliche Umfeld, die wirtschaftliche Lage sowie die Fähigkeiten und die Integrität der jeweiligen Geschäftsleitung erlangt.

136 Hierbei kann der Abschlussprüfer sämtliche Informationen nutzen, die er im Rahmen der Abschlussprüfung zur Beurteilung der wirtschaftlichen Lage erheben muss.

c) Berichterstattung

137 Die Berichterstattung über die Prüfung des Sanierungsplans bestimmt sich aus den gesetzlichen und berufsständischen Regelungen. Die Prüfung des Sanierungsplans ist wie oben bereits ausgeführt eine gesetzliche Erweiterung des Umfangs der Jahresabschlussprüfung eines Kreditinstituts. Nach IDW PS 450 Tz 19 ist über das Ergebnis von gesetzlichen Erweiterungen des Prüfungsauftrages im Bericht über die Abschlussprüfung zu berichten. Mit § 29 Abs. 1 S. 8 KWG besteht sogar eine diesbezügliche gesetzliche Regelung, die bestimmt, dass das Ergebnis aller in § 29 Abs. 1 KWG getroffenen Erweiterungen der Abschlussprüfung in den Prüfungsbericht aufzunehmen ist.

138 Mit Prüfungsbericht ist auch hier der Bericht über die Prüfung des Jahresabschlusses zu verstehen. Dies ergibt aus § 26 Abs. 1 S. 3 KWG.

139 Deskriptive Ausführungen zu Form und Inhalt des Sanierungsplans sind grundsätzlich nicht erforderlich, da der Sanierungsplan allen Adressaten des Prüfungsberichts bekannt ist. Deskriptive Ausführungen sind aber erforderlich, soweit sie zum Verständnis und der Beur-

teilung der Auswirkung von festgestellten Verstößen gegen die gesetzlichen Anforderungen an den Sanierungsplan notwendig sind. Die Ausführungen zu getroffenen Feststellungen müssen es den Berichtsadressaten ermöglichen, die Tragweite einer getroffenen Feststellung nachvollziehen und eigenständig beurteilen zu können.

Daneben sind im Prüfungsbericht Ausführungen zum Gegenstand sowie Art und Umfang der Prüfungsdurchführung zu machen, ua zu Angaben zur Prüfungsstrategie, Prüfungsschwerpunkten, der Auswahl geprüfter Einzelfälle (idS Grundgesamtheit, Methode der Auswahl, Anzahl der gewählten Elemente) sowie die zur Beurteilung herangezogenen Kriterien. **140**

Eine Berichterstattung im Bestätigungsvermerk kommt dagegen nicht in Betracht. Nach IDW PS 400 Tz 11 beinhaltet der Bestätigungsvermerk ausschließlich ein auf die Rechnungslegung bezogenes Gesamturteil des Abschlussprüfers, sofern der Bestätigungsvermerk nicht aufgrund gesetzlicher Vorschriften nach Bundes- oder Landesrecht zu erweitern ist. Eine derartige gesetzliche Erweiterung des Bestätigungsvermerks besteht allerdings nicht. Dementsprechend trifft der Abschlussprüfer die Prüfungsaussage ausschließlich im Prüfungsbericht. **141**

IV. Maßnahmen des frühzeitigen Eingreifens

Übersicht

	Rn.
1. Einleitung	1
2. Einordnung	5
a) Systematische Einordnung	5
b) Einordnung als Krisenpräventionsmaßnahme	7
3. Zuständige Behörde für den Erlass von Frühinterventionsmaßnahmen	8
4. Behördliche Zusammenarbeit und Koordinierung von Frühinterventionsmaßnahmen	12
a) Verpflichtung zur Zusammenarbeit und zum Informationsaustausch mit der Abwicklungsbehörde sowie dem Ausschuss	12
b) Koordinierung der Frühinterventionsmaßnahmen und Bestellung eines vorläufigen Verwalters	15
5. Voraussetzungen für den Erlass von Frühinterventionsmaßnahmen	20
a) Verschlechterung der Finanzlage des Instituts	20
b) Drohende Verschlechterung der Finanzlage	26
c) Auslöseereignis nach den EBA-Leitlinien zu den Bedingungen für die Prüfung der Anwendung von Frühinterventionsmaßnahmen	29
aa) Übersicht	30
bb) SREP-ergebnisbezogene Auslöseereignisse	32
cc) Schlüsselindikatoren als Auslöseereignisse	37
dd) Wesentliche Ereignisse als Auslöseereignisse	41
6. Maßnahmen der Aufsichtsbehörde	43
a) An die Geschäftsleitung adressierte Maßnahmen	43
aa) Aktualisierung des bzw. Umsetzung von Maßnahmen aus dem Sanierungsplan	44
bb) Anordnung der Analyse der problematischen Situation	46
cc) Erstellung eines Plans über Verhandlungen von Umschuldungen	47
dd) Änderung der Geschäftsstrategie und operativer Strukturen	48
ee) Informationsbefugnisse	49
ff) Einberufung der Anteilseignerversammlung	54
gg) Abberufung einzelner oder mehrerer Geschäftsleiter	55
b) Abberufung der gesamten Geschäftsleitung	56
c) Bestellung eines vorläufigen Verwalters	59
7. Verhältnismäßigkeitsgrundsatz und Ermessen	66
8. Weitere Maßnahmen nach SSM-Verordnung und KWG	71
a) Maßnahmen nach Art. 16 SSM-Verordnung	73
b) Zusätzliche Eigenmittelanforderungen, § 10 Abs. 3 S. 1 Nr. 3 KWG	75
c) Zusätzliche Liquidität, § 11 Abs. 3 KWG	78
d) Maßnahmen zur Verbesserung der Eigenmittelausstattung und der Liquidität, § 45 KWG	80
9. Sonstiges	86
a) Einhaltung der Beteiligungsrechte nach dem Betriebsverfassungsgesetz	86
b) Ausschluss bestimmter vertraglicher Bedingungen bei frühzeitigem Eingreifen	87
c) Frühinterventionsmaßnahmen und kapitalmarktrechtliche Informationspflicht	88
10. Rechtsschutz gegen Frühinterventionsmaßnahmen	91
a) Rechtsschutz gegen von der BaFin erlassene Frühinterventionsmaßnahmen	92
aa) Widerspruchsverfahren/Vorverfahren	93
bb) Anfechtungsklage	94
cc) Vorläufiger Rechtsschutz	95

IV. Maßnahmen des frühzeitigen Eingreifens

b) Rechtsschutz gegen von der EZB erlassene Frühinterventionsmaßnahmen 96
   aa) Beschwerde 97
   bb) Nichtigkeitsklage gem. Art. 263 AEUV 98
11. Zusammenfassung und Gesamtergebnis 99

Schrifttum: Deutsche Bundesbank, Die neuen europäischen Regeln zur Sanierung und Abwicklung von Kreditinstituten, Monatsbericht Juni 2014; BaFin, Sanierung und Abwicklung, BaFinJournal Januar 2015.

1. Einleitung

Die §§ 36 ff. des Gesetzes zur Sanierung und Abwicklung von Instituten und Finanzgruppen (Sanierungs- und Abwicklungsgesetz (**SAG**))[1] ermöglichen es der Aufsichtsbehörde sogenannte Frühinterventionsmaßnahmen zu erlassen. Im Falle der Verschlechterung der Wirtschafts- und Finanzlage eines Instituts soll es der zuständigen Aufsichtsbehörde durch Frühinterventionsmaßnahmen ermöglicht werden, Abhilfe zu schaffen, bevor das Institut an einen Punkt gelangt, an dem es die Behörden nur noch abwickeln können[2]. 1

Der deutsche Gesetzgeber hat mit den Regelungen der §§ 36 ff. SAG die Vorgaben der Art. 27 bis 30 der Richtlinie 2014/59/EU zur Festlegung eines Rahmens für die Sanierung und Abwicklung von Kreditinstituten und Wertpapierfirmen (*Bank Recovery and Resolution Directive* (**BRRD**)) umgesetzt. 2

Darüber hinaus wird durch Art. 13 der Verordnung (EU) Nr. 806/2014 zur Festlegung einheitlicher Vorschriften und eines einheitlichen Verfahrens für die Abwicklung von Kreditinstituten und bestimmten Wertpapierfirmen im Rahmen eines einheitlichen Abwicklungsmechanismus und eines einheitlichen Abwicklungsfonds (*Single Resolution Mechanism* (**SRM-Verordnung**))[3] die Zusammenarbeit zwischen der Europäischen Zentralbank (**EZB**) bzw. den national zuständigen Behörden und dem Ausschuss für eine einheitliche Abwicklung (*Single Resolution Board* (**Ausschuss**))[4] im Bereich des frühzeitigen Eingreifens geregelt. 3

Der folgende Beitrag geht schwerpunktmäßig auf die Funktionsweise und Inhalte der aufsichtsbehördlichen Frühinterventionsmaßnahmen nach §§ 36 ff. SAG ein. Darüber hinaus wird punktuell auf weitere Maßnahmen eingegangen, sofern diese ebenfalls im Falle der Verschlechterung der Wirtschafts- und Finanzlage des Instituts erlassen werden können und neben den Maßnahmen der Frühintervention nach §§ 36 ff. SAG in Betracht kommen. Er befasst sich hingegen nicht mit Frühinterventionsmaßnahmen, die institutsseitig zB im Rahmen der Sanierungsplanung oder im Bereich finanzieller Unterstützungen ergriffen werden können.[5] 4

---

[1] Gesetz zur Umsetzung der Richtlinie 2014/59/EU des Europäischen Parlaments und des Rates vom 14. Mai 2014 zur Festlegung eines Rahmens für die Sanierung und Abwicklung von Kreditinstituten und Wertpapierfirmen und zur Änderung der Richtlinie 82/891/EWR des Rates, der Richtlinien 2001/24/EG, 2002/47/EG, 2004/25/EG, 2005/56/EG, 2007/36/EG, 2011/35/EU, 2012/30/EU und 2013/36/EU sowie der Verordnungen (EU) Nr. 1093/2010 und (EU) Nr. 648/2012 des Europäischen Parlaments und des Rates (BRRD-Umsetzungsgesetz) vom 10. Dezember 2014, BGBl. I 2091.
[2] Vgl. Erwägungsgrund 40 BRRD.
[3] Verordnung (EU) Nr. 806/2014 des Europäischen Parlaments und des Rates vom 15. Juli 2014 zur Festlegung einheitlicher Vorschriften und eines einheitlichen Verfahrens für die Abwicklung von Kreditinstituten und bestimmten Wertpapierfirmen im Rahmen eines einheitlichen Abwicklungsmechanismus und eines einheitlichen Abwicklungsfonds sowie zur Änderung der Verordnung (EU) Nr. 1093/2010, ABl. L 225, 1.
[4] Vgl. Art. 42 ff. SRM-Verordnung.
[5] Vgl. hierzu insbesondere → A.I. Rn. 65, III.

2. Einordnung

a) Systematische Einordnung

5   Die Maßnahmen zum frühzeitigen Eingreifen reihen sich an die aufsichtsrechtlichen Vorschriften und Anforderungen im SAG zur Vorbereitung der Sanierung, also zur Sanierungsplanung (Teil 2, Kapitel 1) und zur gruppeninternen finanziellen Unterstützung (Teil 2, Kapitel 2) an. Nach der Gesetzesbegründung soll ein Sanierungsplan die Bewältigung einer Krise durch das Institut oder die Gruppe erleichtern und so dazu beitragen, dass eine Abwicklung des Instituts oder der Gruppe vermieden werden kann[6]. Die Regelungen für gruppeninterne finanzielle Vereinbarungen ermöglichen es, für den Fall des Vorliegens der Voraussetzungen für ein frühzeitiges Eingreifen nach § 36 Abs. 1 SAG bei einem Vertragspartner, eine Vereinbarung über die Gewährung einer finanziellen Unterstützung zu treffen (Vgl. hierzu → A.I. Rn. 65 ff.).

6   Im Vergleich zu den voran genannten Kapiteln ergeben sich aus den Vorschriften des dritten Kapitels des SAG zum frühzeitigen Eingreifen jedoch keine direkten Rechte und Pflichten für die Institute, sondern die Aufsichtsbehörde wird zum Erlass von Maßnahmen ermächtigt. Erst durch diese Maßnahmen werden den Instituten Verpflichtungen auferlegt.

b) Einordnung als Krisenpräventionsmaßnahme

7   Nach der Begriffsbestimmung in § 2 Abs. 3 Nr. 37 lit. c) SAG handelt es sich bei der Anwendung von Maßnahmen des frühzeitigen Eingreifens um eine Krisenpräventionsmaßnahme[7]. Zu den Krisenpräventionsmaßnahmen gem. § 2 Abs. 3 Nr. 37 SAG zählen weiterhin (i) die Ausübung von Befugnissen zur Beseitigung von Unzulänglichkeiten oder Hindernissen für die Sanierungsfähigkeit nach § 16 SAG[8], (ii) die Ausübung von Befugnissen zum Abbau oder zur Beseitigung von Hindernissen für die Abwicklungsfähigkeit nach § 59 oder § 60 SAG[9] und (iii) die Ausübung des Instruments der Beteiligung der Inhaber relevanter Kapitalinstrumente gemäß § 89 SAG[10].

3. Zuständige Behörde für den Erlass von Frühinterventionsmaßnahmen

8   Die Maßnahmen des frühzeitigen Eingreifens werden von der nach § 1 Abs. 5 KWG zuständigen Aufsichtsbehörde erlassen. Im Anwendungsbereich des SAG ist dies die EZB, da dieser durch die Verordnung (EU) Nr. 1024/2013 zur Übertragung besonderer Aufgaben im Zusammenhang mit der Aufsicht an die EZB (**SSM-Verordnung**) diese Aufgabe übertragen wurde. Art. 4 Abs. 1 lit. i) der SSM-Verordnung bestimmt, dass zu den Aufgaben der EZB auch die „*Wahrnehmung von Aufsichtsaufgaben in Bezug auf […] frühzeitiges Eingreifen [gehört], wenn ein Kreditinstitut oder eine Gruppe, für die die EZB die konsolidierende Aufsichtsbehörde ist, die geltenden aufsichtsrechtlichen Anforderungen nicht erfüllt oder voraussichtlich nicht erfüllen wird*".[11] Die EZB ist somit zuständige Behörde iSd Art. 2 Abs. 1 Nr. 21 der BRRD.

---

[6] Vgl. BT-Drs. 18/2575, S. 147.
[7] Die Definition in § 2 Abs. 3 Nr. 37 SAG dient der Umsetzung von Art. 2 Abs. 1 Nr. 101 der Richtlinie 2014/59/EU.
[8] § 2 Abs. 3 Nr. 37 lit. a) SAG.
[9] § 2 Abs. 3 Nr. 37 lit. b) SAG.
[10] § 2 Abs. 3 Nr. 37 lit. d) SAG.
[11] Auf ggf. abweichende Zuständigkeiten bei Erlass von Maßnahmen nach dem KWG wird an gesonderter Stelle eingegangen, vgl. → Rn. 71 ff.

IV. Maßnahmen des frühzeitigen Eingreifens

In diesem Zusammenhang kann die EZB zum einen Frühinterventionsmaßnahmen gegenüber (i) bedeutenden Instituten und (ii) sonstigen beaufsichtigten Unternehmen, die Teil einer bedeutenden Gruppe sind, der ein Kreditinstitut iSd Art. 4 Abs. 1 Nr. 4 CRR angehört, erlassen. 9

Für alle gem. Art. 6 Abs. 4 Unterabs. 1 erster Spiegelstrich SSM-Verordnung weniger bedeutenden Kreditinstitute[12], Gruppen oder Zweigniederlassung (indirekte Aufsicht durch die EZB[13]) sowie für alle Institute, die nicht der Aufsicht der EZB unterliegen, ist die Bundesanstalt für Finanzdienstleistungsaufsicht (**BaFin**) die zuständige Aufsichtsbehörde für den Erlass von Frühinterventionsmaßnahmen im Anwendungsbereich des SAG. 10

An dieser Zuständigkeitsverteilung hat sich auch durch die Einführung des Mechanismus zur Bankenabwicklung (*Singel Resolution Mechanism* (**SRM**)) nichts geändert[14]. Der im Rahmen des SRM errichtete Ausschuss ist nicht zum Erlass von Frühinterventionsmaßnahmen befugt. Ihm gegenüber besteht jedoch eine Informationspflicht (Vgl. → Rn. 13), auf deren Grundlage er seine Entscheidung über das weitere Vorgehen zur Vorbereitung der Abwicklung des betreffenden Unternehmens trifft. 11

4. Behördliche Zusammenarbeit und Koordinierung von Frühinterventionsmaßnahmen

a) Verpflichtung zur Zusammenarbeit und zum Informationsaustausch mit der Abwicklungsbehörde sowie dem Ausschuss

Die Aufsichtsbehörde hat die zuständige Abwicklungsbehörde (dies ist im Geltungsbereich des SAG die Bundesanstalt für Finanzmarktstabilität[15]) unverzüglich über getroffene Frühinterventionsmaßnahmen zu unterrichten. Für Maßnahmen nach § 36 Abs. 1 SAG ergibt sich dies unmittelbar aus § 36 Abs. 2 SAG. Die §§ 37 und 38 SAG enthalten keine spezielle Regelung zur Unterrichtungspflicht der Abwicklungsbehörde. Allerdings ergibt sich eine solche aus § 138 Abs. 2 SAG, wonach die Aufsichtsbehörde die Abwicklungsbehörde unverzüglich und vollumfänglich über alle Krisenpräventionsmaßnahmen (hierzu zählen gem. § 2 Abs. 3 Nr. 37 lit c) SAG auch Frühinterventionsmaßnahmen) und alle bankaufsichtlichen Maßnahmen, die sie gegenüber einem Institut oder gruppenangehörigen Unternehmen vornimmt, zu unterrichten hat. 12

Darüber hinaus besteht im Anwendungsbereich der SRM-Verordnung, neben der allgemeinen Verpflichtung zur Zusammenarbeit und zum Informationsaustausch im einheitlichen Aufsichtsmechanismus nach Art. 30 Abs. 2 der SRM-Verordnung, eine spezielle Informationspflicht für die zuständige Aufsichtsbehörde gegenüber dem Ausschuss bei getroffenen Frühinterventionsmaßnahmen[16]. Der Ausschuss beobachtet daraufhin in Zusammenarbeit mit der zuständigen Aufsichtsbehörde die Verfassung des Instituts oder des Mutterunternehmens sowie die Einhaltung aller etwaigen Frühinterventionsmaßnahmen[17]. Diese Maßnahmen dienen dem Ausschuss zur Vorbereitung der Abwicklung des betroffenen Instituts oder der Gruppe[18] oder um den Abwicklungsplan zu aktualisieren[19]. 13

---

[12] Unter Kreditinstituten versteht die SSM-Verordnung solche im Sinne des Art. 4 Abs. 1 Nr. 1 der Verordnung (EU) Nr. 575/2013.
[13] Vgl. hierzu ausführlich → A.II. Rn. 60 ff.
[14] Vgl. hierzu ausführlich → A.II. Rn. 101 ff.
[15] Vgl. § 3 Abs. 1 SAG.
[16] Vgl. Art. 13 Abs. 1 SRM-Verordnung.
[17] Vgl. Art. 13 Abs. 2 UnterAbs. 2 SRM-Verordnung.
[18] Vgl. Art. 13 Abs. 2 UnterAbs. 1 SRM-Verordnung.
[19] Vgl. Art. 13 Abs. 2 UnterAbs. 3 SRM-Verordnung.

14   Sofern die zuständige Aufsichtsbehörde zusätzliche Frühinterventionsmaßnahmen nach §§ 36 SAG, weitere Maßnahmen nach Art. 16 SSM-Verordnung oder nach den zur Umsetzung von Art. 104 CRD IV[20] dienenden Vorschriften[21] erlassen möchte, bevor das Institut oder die Gruppe die erste dem Ausschuss mitgeteilte Maßnahme zur Gänze erfüllt hat, muss sie zunächst den Ausschuss unterrichten, bevor sie dem betroffenen Institut oder der betroffenen Gruppe eine solche zusätzliche Maßnahme auferlegen möchte[22]. Die zusätzlich getroffenen Maßnahmen müssen kohärent zu den vom Ausschuss zur Vorbereitung der Abwicklung getroffenen Maßnahmen sein.

b) Koordinierung der Frühinterventionsmaßnahmen und Bestellung eines vorläufigen Verwalters

15   Durch § 39 Abs. 1 SAG wird das Verfahren bei Frühinterventionsmaßnahmen nach §§ 36 und 38 SAG gegenüber einem EU-Mutterunternehmens[23] geregelt. Die Regelung sieht vor, dass die konsolidierende Aufsichtsbehörde[24] erst nach einer Konsultation innerhalb des Aufsichtskollegiums[25] eine Frühinterventionsmaßnahme verhängen darf. In diesem Fall hat sie die anderen Aufsichtsbehörden und die Europäische Bankenaufsichtsbehörde (*European Banking Authority* (**EBA**)) über diese Entscheidung zu unterrichten.

16   Die Regelung des § 39 Abs. 2 SAG regelt die Koordination der entsprechenden Maßnahmen nach §§ 36 und 38 SAG in Bezug auf ein Tochterunternehmen eines EU-Mutterunternehmens, wenn die Aufsichtsbehörde nicht gleichzeitig konsolidierende Aufsichtsbehörde ist[26]. Die für das Tochterunternehmen zuständige Behörde muss vor dem Erlass einer Frühinterventionsmaßnahme die konsolidierende Aufsichtsbehörde konsultieren und deren Bewertung einholen[27]. Sofern eine Bewertung nicht binnen drei Tagen eingeht, kann sie die Entscheidung ohne die Bewertung treffen[28].

17   Sofern mehrere zuständige Aufsichtsbehörden Frühinterventionsmaßnahmen nach §§ 36 oder 38 bzw. nach den entsprechenden nationalen Bestimmungen in Umsetzung der Art. 27 oder 29 der BRRD bei mehreren Instituten derselben Gruppe planen, hat die nach SAG zuständige Behörde an der gemeinsamen Bewertung der Frage mitzuwirken, ob es (i) sinn-

---

[20] Richtlinie 2013/36/EU des Europäischen Parlaments und des Rates vom 26. Juni 2013 über den Zugang zur Tätigkeit von Kreditinstituten und die Beaufsichtigung von Kreditinstituten und Wertpapierfirmen, zur Änderung der Richtlinie 2002/87/EG und zur Aufhebung der Richtlinien 2006/48/EG und 2006/49/EG (CRD IV), ABl. L 176, 338.

[21] Nach Art. 104 Abs. 1 CRD IV müssen die zuständigen Aufsichtsbehörden unter anderem über folgende Aufsichtsbefugnisse verfügen: (i) das Vorhalten zusätzlicher Eigenmittel anzuordnen, (ii) Anordnung der Verstärkung der Regelungen, Verfahren, Mechanismen und Strategien des Instituts, (iii) Anordnung einen Plan zur Beseitigung der Verstöße aufzustellen, (iv) Anordnung einer bestimmten Rückstellungspolitik oder, dass das Institut in bestimmter Art und Weise seine Aktiva behandelt, (v) Anordnungen in Bezug auf die Änderung der Geschäftstätigkeit, (vi) Anordnung die variable Vergütung zu begrenzten oder (vii) keine Ausschüttungen vorzunehmen, Vgl. ausführlich hierzu Art. 104 Abs. 1 CRD IV.

[22] Vgl. Art. 13 Abs. 4 SRM-Verordnung.

[23] Ein EU-Mutterunternehmen ist ein EU-Mutterinstitut, eine EU-Mutterfinanzholdinggesellschaft oder eine gemischte EU-Mutterfinanzholdinggesellschaft, vgl. § 2 Abs. 3 Nr. 19 SAG.

[24] Konsolidierende Aufsichtsbehörde ist die Behörde, die gem. Art. 4 Abs. 1 Nr. 41 CRR für die Beaufsichtigung auf konsolidierender Basis zuständig ist, vgl. § 2 Abs. 3 Nr. 35 SAG.

[25] Ein Aufsichtskollegium ist ein Aufsichtskollegium iSd § 8e KWG.

[26] Vgl. Reg.Beg. BRRD-Umsetzungsgesetz, BT-Drs. 18/2575, S. 156.

[27] Vgl. § 39 Abs. 2 S. 1 KWG.

[28] Vgl. § 39 Abs. 2 S. 3 KWG.

voller ist, für alle betroffenen Institute ein und denselben vorläufigen Verwalter einzusetzen oder (ii) ob die Frühinterventionsmaßnahmen koordiniert werden[29]. Die beteiligten Behörden sollen eine gemeinsame Entscheidung finden, die mit der entsprechenden Begründung dem EU-Mutterunternehmen zu übermitteln ist[30]. Sofern nach fünf Kalendertagen keine einvernehmliche Entscheidung erzielt wird, kann die nach SAG zuständige Aufsichtsbehörde in Bezug auf die Institute, für die sie zuständig ist, selbstständig über den Erlass von Maßnahmen entscheiden[31].

§ 39 Abs. 4 SAG regelt das Recht der Aufsichtsbehörde zur Anrufung der EBA, wenn sie mit der Entscheidung einer anderen Aufsichtsbehörde über gewisse Frühinterventionsmaßnahmen nicht einverstanden ist, sofern sich diese auf näher in der Regelung beschriebene Maßnahmen beziehen[32]. 18

Ferner kommt die Anrufung der EBA in Betracht, wenn im Verfahren nach § 39 Abs. 3 SAG eine gemeinsame Entscheidung nicht erzielt werden kann[33]. Die EBA fasst ihren Beschluss innerhalb von drei Kalendertagen. Liegt nach Ablauf dieser drei Kalendertage kein Beschluss der EBA vor, entscheiden die Aufsichtsbehörden selbst über die Anordnung einer Maßnahme. 19

5. Voraussetzungen für den Erlass von Frühinterventionsmaßnahmen

a) Verschlechterung der Finanzlage des Instituts

Voraussetzung für den Erlass von Frühinterventionsmaßnahmen ist gem. § 36 Abs. 1 S. 1 SAG, dass sich 20
(i) die Finanzlage eines Instituts signifikant verschlechtert hat[34] und
(ii) das Institut hierdurch gegen die Anforderungen der Verordnung (EU) Nr. 575/2013 (**CRR**), gegen Vorschriften des Kreditwesengesetzes (**KWG**) oder einen der Artikel 3–7, 14–17 und 24, 25 und 26 der Verordnung (EU) Nr. 600/2014 (**MiFIR**) verstößt.

Eine Verschlechterung der Finanzlage kann sich insbesondere aus einer Veränderung der Liquiditätssituation, der Fremdkapitalquote oder auf Grund von Kreditausfällen oder Klumpenrisiken ergeben. 21

Durch die Verschlechterung der Finanzlage muss es zu einem Verstoß gegen die Vorgaben der oben genannten Regelungen bzw. auf deren Grundlage erlassenen technischen Standards[35] gekommen sein. Denkbar sind hier unter anderem Verstöße gegen die Eigenmittelanforderungen des Art. 92 CRR oder Verstöße gegen ergänzende Anforderungen an die Eigenmittelausstattung, die auf Grundlage von § 10 KWG erlassen wurden. Ausgenommen sind hingegen Verstöße gegen die in Titel VII Kapitel 4 CRD IV enthaltenen Kapitalpufferanforderungen (also Verstöße gegen die Anforderungen an den Kapitalerhaltungspuffer, 22

---

[29] Vgl. § 39 Abs. 3 SAG.
[30] Vgl. Reg.Beg. BRRD-Umsetzungsgesetz, BT-Drs. 18/2575, S. 156.
[31] Vgl § 39 Abs. 3 S. 4 SAG.
[32] Hierunter fallen (i) Frühinterventionsmaßnahmen hinsichtlich der Umsetzung von Regelungen oder Maßnahmen aus dem Sanierungsplan, (ii) Frühinterventionsmaßnahmen hinsichtlich der Erstellung eines Plans für Verhandlungen über eine Umschuldung und (iii) Frühinterventionsmaßnahmen hinsichtlich der Änderung der rechtlichen oder operativen Struktur des Instituts.
[33] Vgl. § 39 Abs. 4 S. 2 SAG.
[34] Zur drohenden Verschlechterung siehe sogleich → Rn. 26 ff.
[35] Technische Standards können entweder in Form von technischen Regulierungsstandards oder in Form von technischen Durchführungsstandards verabschiedet werden. Vgl. hierzu *Sedlak*, Bankenaufsicht über Geschäftsorganisation, 2014, S. 66 ff.

den institutsspezifischen antizyklischen Kapitalpuffer, den G-SRI- und den O-SRI-Puffer sowie den Systemrisikopuffer) sowie gegen die Mindestliquiditätsanforderungen gem. Teil 6 CRR[36].

23 Die Bewertung, ob ein Institut gegen die genannten Anforderungen verstößt, soll von der zuständigen Aufsichtsbehörde auf der Grundlage einer umfassenden Bewertung vorgenommen werden. Die Bewertung soll sich im Wesentlichen auf die Ergebnisse des aufsichtlichen Überprüfungs- und Überwachungsprozesses (*Supervisory review and evaluation process* **SREP**) gem. § 6b KWG[37] stützen. Die Anforderungen an den SREP werden durch die EBA-Leitlinien zu gemeinsamen Verfahren und Methoden für den aufsichtlichen Überprüfungs- und Bewertungsprozess (**SREP-Leitlinien**)[38] näher konkretisiert.

24 Trotz dieser Konkretisierung hat die zuständige Aufsichtsbehörde im Hinblick auf die Beurteilung, ob eine signifikante Verschlechterung eingetreten ist, weiterhin einen gewissen Ermessensspielraum. So werden zum einen keine Vorgaben in Bezug auf die Frage vorgegeben, ab welchem konkreten Wert (zB Verschlechterung der Finanzlage um 3% oder 5%) eine Verschlechterung der Finanzlage als signifikant einzustufen ist. Ferner werden auch keine Vorgaben in Bezug auf die Dauer des Zeitraums der Verschlechterung vorgegeben.

25 Die Vorschrift des § 36 Abs. 1 S. 1 SAG dient der Umsetzung von Art. 27 Abs. 1 der BRRD. Auf die Einführung des ebenfalls in der Aufzählung des Art. 27 Abs. 1 BRRD enthaltenen Titel II der Richtlinie 2014/65/EU (MiFID II)[39] wurde vorerst verzichtet, da die MiFID II noch nicht in deutsches Recht umgesetzt war[40].

b) Drohende Verschlechterung der Finanzlage

26 Darüber hinaus kann die Aufsichtsbehörde Frühinterventionsmaßnahmen anordnen, wenn dem Institut nach einer Bewertung der maßgeblichen Umstände, einschließlich der Eigenmittelanforderungen des Instituts zuzüglich 1,5 Prozentpunkten, in naher Zukunft eine Verschlechterung seiner Finanzlage nach § 36 Abs. 1 S. 1 SAG droht.

27 Zur Konkretisierung, wann genau eine Verschlechterung der Finanzlage droht, enthält § 36 Abs. 4 SAG eine Rechtsverordnungsermächtigung. Hiernach wird das Bundesministerium der Finanzen (**BMF**) ermächtigt, nähere Bestimmungen bezüglich der Umstände zu treffen, auf Grund derer auf einen in naher Zukunft drohenden Verstoß nach § 36 Abs. 1 S. 2 SAG geschlossen werden kann. Das BMF kann die Ermächtigung auf die BaFin mit der Maßgabe übertragen, dass die Rechtsverordnung im Benehmen mit der Abwicklungsbehörde ergeht.

28 Im Zeitpunkt der Fertigstellung des Manuskripts lag ein Entwurf der Rechtsverordnung noch nicht vor, so dass das Tatbestandsmerkmal weiterhin auslegungsbedürftig ist. In diesem Zusammenhang bietet es sich an, auf die allgemeinen polizeirechtlichen Begrifflichkeiten zurückzugreifen. Nach hier vertretener Auffassung liegt eine drohende Verschlechterung

---

[36] Vgl. Ziffer 18 EBA/GL/2015/03.
[37] Durch § 6b wurden die Vorgaben des Absch. III CRD IV umgesetzt.
[38] EBA/GL/2014/13 vom 19.12.2015. Die SREP-Leitlinien legen die gemeinsamen Verfahren und Methoden für die Funktionsweise des aufsichtlichen Überprüfungs- und Überwachungsprozesses nach Art. 97 und Art. 107 Abs. 1 lit. a CRD IV fest. Enthalten sind auch Verfahren und Methoden für die Bewertung der Organisation und der Behandlung der Risiken iSd Art. 76 bis 87 der CRD IV. Ferner gehen die SREP-Leitlinien auf die Prozesse und vorgesehenen Maßnahmen nach Art. 98, 100–102, 104, 105 und 107 Abs. 1 lit. b CRD IV ein.
[39] Titel II der MiFID enthält Regelungen und Vorgaben in Bezug auf die Zulassung von Wertpapierfirmen und Bedingungen für die Ausübung der Tätigkeit.
[40] Vgl. Reg.Beg. BRRD-Umsetzungsgesetz, BT-Drs. 18/2575, S. 204.

der Finanzlage vor, wenn im Einzelfall tatsächlich oder jedenfalls aus ex-ante-Sicht bei verständiger Würdigung des Einzelfalls in naher Zukunft die hinreichende Wahrscheinlichkeit einer finanziellen Verschlechterung der Finanzlage besteht. Im Hinblick auf den Wortlaut des Art. 27 Abs. 1, 2. Alt. der BRRD muss es sich um eine dramatische Verschlechterung der Finanzlage handeln.

c) Auslöseereignis nach den EBA-Leitlinien zu den Bedingungen für die Prüfung der Anwendung von Frühinterventionsmaßnahmen

Die EBA hat gem. Art. 27 Abs. 4 BRRD Leitlinien zu den Bedingungen für die Prüfung der Anwendung von Frühinterventionsmaßnahmen erlassen (**EBA-Leitlinien zu den Auslösern für frühzeitiges Eingreifen**)[41]. Diese dienen dazu, dass die nationalen Aufsichtsbehörden bei der Festlegung von Auslöseereignissen für Frühinterventionsmaßnahmen und deren Bewertung einheitlich vorgehen und bei der Entscheidung über den Erlass dieser Maßnahmen die gleichen Kriterien zugrunde legen. Die Leitlinien sind zum 1. Januar 2016 in Kraft getreten.

aa) Übersicht

Die EBA-Leitlinien zu den Auslösern für frühzeitiges Eingreifen legen im Wesentlichen drei verschiedene Auslöseereignisse für die Prüfung der Anwendung von Frühinterventionsmaßnahmen für die zuständige Aufsichtsbehörde fest:
- Eine bestimmte Bewertung des Gesamtergebnisses des aufsichtlichen Überprüfungs- und Überwachungsprozess (**SREP-Gesamtscore**[42])[43] sowie vordefinierte Kombinationen der SREP-Gesamtscore und der Ergebnisse für einzelne **SREP-Elemente**[44],
- wesentliche Veränderungen oder Anomalien finanzieller und nicht finanzieller Indikatoren, die dazu führen, dass die Voraussetzungen für Frühinterventionsmaßnahmen erfüllt sind, und
- wesentliche Ereignisse, die die Voraussetzungen für Frühinterventionsmaßnahmen erfüllen.

Sofern ein Auslöseereignis vorliegt, sollte dies die zuständige Aufsichtsbehörde dazu veranlassen, die Situation eingehender zu untersuchen und eine Entscheidung darüber zu treffen, ob Frühinterventionsmaßnahmen erlassen werden müssen[45]. Die Entscheidung hat die zuständige Aufsichtsbehörde zu dokumentieren.

---

[41] EBA/GL/2015/03 vom 29.07.2015.

[42] Nach der Begriffsbestimmung in den SREP-Leitlinien ist die SREP-Gesamtscore der numerische Indikator des Gesamtrisikos für die Überlebensfähigkeit des Instituts auf der Grundlage der SREP-Gesamtbewertung, vgl. EBA/GL/2015/03 Ziffer 3 „SREP-Gesamtscore".

[43] Die Bezugnahme auf die entsprechenden Begrifflichkeiten in den SREP-Leitlinien ist in der deutschen Übersetzung der EBA-Leitlinien zu den Auslösern für frühzeitiges Eingreifen unsauber formuliert. Anstelle der Bezugnahme auf die Begrifflichkeit des „SREP-Gesamtergebnis" sollte auf die Begrifflichkeit der „SREP-Gesamtscore" abgestellt werden. Dieser Scorewert ist das nach den EBA-Leitlinien zu den Auslösern für frühzeitiges Eingreifen relevante Auslöseereignis.

[44] Nach der Begriffsbestimmung in den SREP-Leitlinien zählen hierzu folgende Element: Geschäftsmodellanalyse, Bewertung der internen Governance und der institutsweiten Risikokontrollen und Bewertung der Kapitalrisiken, vgl. EBA/GL/2015/03 Ziffer 3 „SREP-Element".

[45] Vgl. Ziffer 8 EBA/GL/2015/03.

bb) SREP-ergebnisbezogene Auslöseereignisse

32 Nach den EBA-Leitlinien zu den Auslösern für frühzeitiges Eingreifen sollte insbesondere bei einer Bewertung eines Instituts mit einer SREP-Gesamtscore von „4" unverzüglich darüber entschieden werden, ob Frühinterventionsmaßnahmen anzuwenden sind[46].

33 Der SREP-Gesamtscore spiegelt die Gesamtüberlebensfähigkeit eines Instituts auf einer Skala von „1" bis „4" wider, wobei die Bewertung „4" vergeben wird, wenn die ermittelten Risiken ein hohes Risiko für die Überlebensfähigkeit des Instituts darstellen.[47] Dies kann beispielsweise dann der Fall sein, wenn (i) die Zusammensetzung der Eigenmittel- oder die Liquiditätsausstattung, (ii) das Geschäftsmodell und die Geschäftsstrategie, (iii) die Regelungen zur internen Governance und institutsweiten Kontrollen in hohem Maß Anlass zur Besorgnis geben oder (iv) das Institut in erheblichem Maße auf eine Maßnahme nach dem Sanierungsplan zurückgegriffen hat[48].

34 Daneben kann auch bei einem mittleren Risiko für die Überlebensfähigkeit des Instituts (SREP-Gesamtcore von „3") und gleichzeitiger Bewertung einzelner SREP-Elemente mit einem Ergebnis von „4" ein Auslöseereignis vorliegen. Voraussetzung hierfür ist, dass die Bewertung der SREP-Elemente, die die nachfolgend näher konkretisierten spezifischen Bereiche des Art. 27 Abs. 1 BRRD abdecken, darauf hindeuten, dass das Institut möglicherweise die Voraussetzungen für ein frühzeitiges Eingreifen erfüllt, was zu einem Ergebnis von „4" für die entsprechenden SREP-Elemente führt[49].

35 Folgende Kombinationen werden in den EBA-Leitlinien zu den Auslösern für frühzeitiges Eingreifen aufgelistet[50]. Die aufgelisteten Kombinationen haben hierbei keinen abschließenden Charakter.

Die SREP-Gesamtscore beträgt „3" und es liegt eine Bewertung mit „4" für das Ergebnis für

- die interne Steuerung und die institutionsweiten Kontrollen, oder
- das Geschäftsmodell und die Strategie, oder
- angemessene Kapitalausstattung, oder
- angemessene Liquiditätsausstattung beträgt „4" vor.

36 Im Hinblick auf die Harmonisierung der Aufsichtspraxis bezüglich der Bewertung und Anwendung von Frühinterventionsmaßnahmen ist eine Bezugnahme auf die SREP-Bewertung als Auslöseereignis zu begrüßen. Allerdings muss die Methodik der SREP-Bewertung selbst noch transparenter für die Institute werden.

cc) Schlüsselindikatoren als Auslöseereignisse

37 Nach den SREP-Leitlinien müssen die zuständigen Aufsichtsbehörden regelmäßig die finanziellen und nicht-finanziellen Schlüsselindikatoren überwachen[51]. Die für die Überwachung notwendigen Indikatoren können sich unter anderem aus den Eigenmittel- oder Liquiditätsquoten, den Mindestanforderungen in Bezug auf Eigenmittel und berücksichtigungsfähige Verbindlichkeiten (MREL) oder relevanten marktbasieren Indikatoren (zB Aktienkurs, Spreads, Anleihenspreads) ergeben[52].

---

[46] Vgl. Ziffer 13 EBA/GL/2015/03.
[47] Vgl. Definition in Tabelle 13 sowie Ziffer 28. und 33. EBA/GL2014/13.
[48] Vgl. Aufzählung in Tabelle 13 EBA/GL/2014/13.
[49] Vgl. Ziffer 14 EBA/GL/2015/03.
[50] Vgl. Ziffer 15 EBA/GL/2015/03.
[51] Vgl. allgemein zur Überwachung der Schlüsselindikatoren Ziffer 44 ff. EBA/GL/2014/13.
[52] Vgl. Ziffer 50 EBA/GL/2014/13.

IV. Maßnahmen des frühzeitigen Eingreifens

Weiterhin müssen die zuständigen Aufsichtsbehörden unter Einbeziehung eines Peer-Gruppen Vergleichs geeignete Schwellenwerte festlegen[53]. Bei der Festlegung der Schwellenwerte hat die zuständige Aufsichtsbehörde sowohl die Mindestanforderungen als auch zusätzliche Anforderungen zu berücksichtigen. Somit sind neben den Mindesteigenmittelanforderungen nach Art. 92 CRR auch zusätzliche Eigenmittelanforderungen, die die zuständigen Aufsichtsbehörden nach Art. 104 Abs. 1 lit. a CRD IV erlassen hat, mit zu berücksichtigen. Ausgenommen sind hingegen sämtliche in Titel VII Kapitel 4 CRD IV enthaltenen Kapitalpufferanforderungen (Anforderungen an den Kapitalerhaltungspuffer, den institutsspezifischen antizyklischen Kapitalpuffer, den G-SRI- und den O-SRI-Puffer sowie den Systemrisikopuffer) sowie Anforderungen an die Mindestliquiditätsanforderungen gem. Teil 6 CRR sowie die zusätzlichen Liquiditätsanforderungen, die gem. Art. 105 CRD IV angewendet werden[54]. 38

Sofern die zuständige Aufsichtsbehörde zum Zwecke der Überwachung der Schlüsselindikatoren einen Schwellenwert für die Indikatoren der angemessenen Kapitalausstattung auf ein Niveau zuzüglich optional 1,5 Prozentpunkten über den Eigenmittelanforderungen des Instituts gemäß Art. 27 Abs. 1 BRRD oder auf einen anderen Schwellenwert festlegt, sollten sie sowohl die Eigenmittelanforderungen gemäß Art. 92 CRR als auch die in den SREP-Leitlinien festgelegten zusätzlichen Eigenmittelanforderungen gemäß Art. 104 Abs. 1 lit. a CRD IV berücksichtigen[55]. Nichtberücksichtigt werden sollen jedoch wiederum die Kapitalpufferanforderungen gemäß Titel VII Kapitel 4 der CRD IV[56]. 39

Falls die zuständige Aufsichtsbehörde eine wesentliche Veränderung oder Anomalien der Indikatoren, einschließlich einer Verletzung der Schwellenwerte, feststellt, wird sie in einem ersten Schritt weitere Untersuchungen vornehmen, um die Ursachen zu bestimmen und eine Bewertung der Wesentlichkeit der möglichen aufsichtlichen Auswirkungen auf ein Institut durchführen. Hierzu wird die zuständige Aufsichtsbehörde gegebenenfalls in Dialog mit dem Institut treten[57]. Sofern die Veränderungen oder Anomalien der Indikatoren offensichtlich wesentlich sind, können auch direkt Frühinterventionsmaßnahmen erlassen werden. In einem solchen Fall hat die zuständige Aufsichtsbehörde die Bewertung des jeweiligen SREP-Elements und die SREP-Gesamtbewertung unverzüglich nachzuholen[58]. 40

dd) Wesentliche Ereignisse als Auslöseereignisse

Ungeachtet der zuvor dargestellten Auslöseereignisse können gewisse Ereignisse ein Institut in eine Situation versetzen, in der die Voraussetzungen für ein frühzeitiges Eingreifen erfüllt sind (sog **wesentliche Ereignisse**). Die EBA-Leitlinien zu den Auslösern für frühzeitiges Eingreifen enthalten eine nicht enumerative Liste von wesentlichen Ereignissen[59]: 41

- Ereignisse mit großem operationellen Risiko (fragwürdige Geschäftspraktiken, Betrug, Naturkatastrophen, schwerwiegende IT-Probleme, beträchtliche Geldbußen, die den Instituten von öffentlichen Behörden auferlegt wurden);
- wesentliche Verringerung der Menge an berücksichtigungsfähigen Verbindlichkeiten und Eigenmitteln, die von dem Institut zum Zwecke der Erfüllung der Mindestanforderungen für Eigenmittel und berücksichtigungsfähige Verbindlichkeiten (MREL) gehalten werden;

---

[53] Vgl. Ziffer 17 EBA/GL/2015/03.
[54] Vgl. Ziffer 18 EBA/GL/2015/03.
[55] Vgl. Ziffer 19 EBA/GL/2015/03.
[56] Vgl. Ziffer 19 EBA/GL/2015/03.
[57] Vgl. Ziffer 20 EBA/GL/2015/03.
[58] Vgl. Ziffer 22 EBA/GL/2015/03.
[59] Vgl. Ziffer 24 EBA/GL/2015/03.

- Hinweise auf die Notwendigkeit einer Überprüfung der Qualität der Vermögenswerte und/oder der Durchführung einer unabhängigen Bewertung bestimmter Portfolios/Vermögenswerte, zum Beispiel:
  - die Ergebnisse der Bewertung der SREP-Elemente, die darauf hindeuten, dass die Verbindlichkeiten die Vermögenswerte übersteigen könnten;
  - die Hervorhebung eines Sachverhalts durch Absätze[60] im Vermerk des externen Wirtschaftsprüfers zum Jahresabschluss des Instituts mit Bezug zu materiellen Risiken;
  - nachteilige Ereignisse, die zwischen dem Ende des Berichtszeitraums und dem Datum, an dem die Jahresabschlüsse zur Veröffentlichung freigegebenen werden, vorkommen können und die Nachweise für die Konditionen liefern, die nach dem Berichtszeitraum aufgetreten sind und daher keine Anpassung/Neuformulierung von Jahresabschlüssen (nicht zu berücksichtigende Ereignisse) erfordern; für jede wesentliche Kategorie nicht zu berücksichtigender Ereignisse sollte das Institut die Natur des Ereignisses offenlegen und seine finanzielle Auswirkung schätzen oder eine Stellungnahme abgeben, aus der hervorgeht, dass eine solche Schätzung nicht abgegeben werden kann;
  - dauerhafte und wesentliche Anpassungen in den Jahresabschlüssen des Instituts aufgrund von Fehlern in der Bewertung der Vermögenswerte/Verbindlichkeiten und häufiger Veränderungen der zugrunde gelegten Annahmen in der Rechnungslegung;
- bedeutende Mittelabflüsse, einschließlich Privatkundeneinlagen, die zB durch die Rufschädigung des Instituts entstehen;
- unerwartete Abgänge von Führungs- oder Schlüsselpersonal, sofern dieses nicht ersetzt wurde;
- das Versäumnis eines oder mehrerer Mitglieder des Leitungsorgans[61], die aufsichtsrechtlichen Anforderungen gemäß der Richtlinie 2013/36/EU[62] zu erfüllen, um ein Mitglied des Leitungsorgan zu werden oder zu bleiben;
- eine Herabstufung des Ratings durch eine oder mehrere Ratingagenturen, die möglicherweise zu bedeutenden Mittelabflüssen, der Unfähigkeit zur Erneuerung der Finanzierung oder der Aktivierung der vertraglichen Verpflichtungen in Bezug auf externe Ratings führt.

42 Auch in Bezug auf wesentliche Ereignisse hat die zuständige Aufsichtsbehörde zunächst die Ursachen des wesentlichen Ereignisses zu bestimmen, die möglichen aufsichtlichen Auswirkungen auf das Institut zu bewerten, wobei sie mit dem Institut in einen Dialog tritt, und die Bewertung zu dokumentieren.

---

[60] Ein Absatz zur Hervorhebung eines Sachverhalt ist ein Absatz in oder ein Abschnitt der Stellungnahme des externen Wirtschaftsprüfers zum Jahresabschluss, der hinzugefügt wird, um die Aufmerksamkeit des Lesers auf angemessen dargestellte oder angegebene Sachverhalte im Jahresabschluss zu lenken, die jedoch so bedeutend sind, dass sie grundlegend für das Verständnis des Benutzers in Bezug auf den Jahresabschluss sind (zB Informationen über eine Unsicherheit in Bezug auf die zukünftigen Ergebnisse außergewöhnlicher Rechtsstreitigkeiten oder aufsichtsrechtlicher Maßnahmen, eine Katastrophe größeren Ausmaßes, die beträchtliche Auswirkungen auf die Finanzlage des Instituts hatte oder immer noch hat). Der Absatz zur Hervorhebung eines Sachverhalts relativiert nicht den Vermerk des Wirtschaftsprüfers, daher bedeutet dies nicht, dass die Jahresabschlüsse kein den tatsächlichen Verhältnissen entsprechendes Bild der Finanzlage darstellen, vgl. Fußnote 4 zu Ziffer 24 EBA/GL/2015/03.
[61] Unter einem Leitungsorgan versteht die CRD IV sowohl das jeweilige nach nationalem Recht zuständige Kontrollorgan, als auch das Organ, dass die Geschäfte des Instituts tatsächlich führt, vgl. Erwägungsgrund 56 ff., Art. 3 Abs. 1 Nr. 7 CRD IV.
[62] Diese wurden im deutschen Recht überwiegend in den §§ 25c und 25d KWG umgesetzt.

IV. Maßnahmen des frühzeitigen Eingreifens

6. Maßnahmen der Aufsichtsbehörde

Die Maßnahmen der Frühintervention haben unterschiedliche Eingriffsintensitäten und werden nachstehend, beginnend mit den weniger intensiven Eingriffen dargestellt.

a) An die Geschäftsleitung adressierte Maßnahmen

Die Aufsichtsbehörde kann gem. § 36 Abs. 1 S. 3 SAG insbesondere die nachstehenden Maßnahmen treffen. Die Auflistung hat hierbei keinen abschließenden Charakter, wie sich aus der Verwendung des Wortes „insbesondere" ergibt. Es können somit darüber hinausgehende Maßnahmen erlassen werden. 43

aa) Aktualisierung des bzw. Umsetzung von Maßnahmen aus dem Sanierungsplan

Die zuständige Aufsichtsbehörde kann gem. § 36 Abs. 1 S. 3 Nr. 1 lit. a) SAG von den Geschäftsleitern des Instituts verlangen, dass sie den Sanierungsplan gemäß § 12 Abs. 4 SAG aktualisieren, wenn sich die Umstände, die zur Erfüllung oder zur drohenden Erfüllung der in § 36 Abs. 1 S. 1 SAG genannten Voraussetzungen geführt haben, von den Annahmen im Sanierungsplan unterscheiden[63]. 44

Darüber hinaus besteht gem. § 36 Abs. 1 S. 3 Nr. 1 lit. b) SAG die Möglichkeit, dass die Aufsichtsbehörde die Umsetzung einer oder mehrerer der im Sanierungsplan genannten Handlungsoptionen anordnet. Der Sanierungsplan soll daher auf frühzeitiges Eingreifen bezogene Maßnahmen enthalten, die von der Geschäftsleitung des Instituts bei Vorliegen der Voraussetzungen ergriffen werden können[64]. 45

bb) Anordnung der Analyse der problematischen Situation

Nach § 36 Abs. 1 S. 3 Nr. 1 lit. c) SAG kann die Analyse der Situation angeordnet werden, die zur signifikanten Verschlechterung der Finanzlage geführt hat. Es kann ferner verlangt werden, dass ein Plan zur Überwindung bestehender Probleme einschließlich eines Zeitplans erstellt wird[65]. 46

cc) Erstellung eines Plans über Verhandlungen von Umschuldungen

Nach § 36 Abs. 1 S. 3 Nr. 1 lit. d) SAG kann die Erstellung eines Plans für Verhandlungen über eine Umschuldung mit einigen oder allen Gläubigern angeordnet werden[66]. Der Plan kann sich hierbei aus den Vorgaben des Sanierungsplans ergeben, ist jedoch nicht auf diese Vorgaben beschränkt. 47

dd) Änderung der Geschäftsstrategie und operativer Strukturen

Die Aufsichtsbehörde kann von den Geschäftsleitern verlangen, dass die Geschäftsstrategie sowie die rechtlichen und operativen Strukturen geändert werden[67]. 48

---

[63] Durch diese Regelungen werden die Anforderungen des Artikels 27 Abs. 1 a) der BRRD umgesetzt.
[64] Erwägungsgrund 22 sowie Art. 5 Abs. 5 Unterabs. 2 BRRD.
[65] Durch diese Regelung wird Art. 27 Abs. 1 lit. b) BRRD umgesetzt.
[66] Hierdurch wird Art. 27 Abs. 1 lit. e) BRRD umgesetzt.
[67] Hierdurch werden Art. 27 lit. f) und g) BRRD umgesetzt.

ee) Informationsbefugnisse

49 Nach § 36 Abs. 1 S. 3 Nr. 1 lit. f) SAG kann die Aufsichtsbehörde von der Geschäftsleitung verlangen, dass der Aufsichtsbehörde und auch der Abwicklungsbehörde[68] Zugang zu allen Informationen gewährt wird, die zur Aktualisierung des Abwicklungsplans, zur Vorbereitung der Abwicklung des Instituts und zur Bewertung der Vermögenswerte und Verbindlichkeiten des Instituts für Abwicklungszwecke erforderlich sind[69].

50 Die EBA-Leitlinien zu den Auslösern für frühzeitiges Eingreifen empfehlen, insbesondere Informationen zur Bewertung der Vermögenswerte und Verbindlichkeiten des Instituts anzufordern, wenn ein Institut mit einem SREP-Gesamtergebnis von „4" bewertet wird[70].

51 Fraglich ist, an welchem Ort den Behörden der Zugang zu den erforderlichen Informationen gewährt werden muss. § 36 SAG enthält hierüber keine Regelung. Nach dem öffentlich-rechtlichen Verhältnismäßigkeitsgrundsatz dürfte nicht der Belegenheitsort der Informationen als Ort der Vorlage anzunehmen sein. Denn das Zur-Verfügung-stellen von Unterlagen (in Form einer Übersendung) dürfte eine gegenüber dem Betreten und Durchsuchen von Geschäftsräumen mildere Maßnahme sein.

52 § 36 Abs. 1 S. 3 Nr. 1 lit. f) SAG ermächtigt auch zum Erlass von Prüfungen vor Ort. Im Vergleich zu der Maßnahme des Zugänglichmachens von Informationen handelt es sich um eine weitaus intensivere Maßnahmen. In diesem Fall gilt die Regelung des § 78 Abs. 2 SAG entsprechend, wonach die Bediensteten der Aufsichtsbehörde und der Abwicklungsbehörde oder von diesen beauftragte Personen befugt sind, bei Prüfungen vor Ort die Geschäftsräume auch außerhalb der üblichen Betriebszeiten zu betreten und zu besichtigen. Eine Prüfung außerhalb der Betriebszeiten ist nur zur Verhütung dringender Gefahren für die öffentliche Sicherheit und Ordnung möglich. Dies ist zB dann der Fall, wenn eine Gefahr für die Finanzstabilität besteht. Hiermit kommt der Gesetzgeber den Anforderungen des Art. 13 Abs. 7 GG nach, wonach ein Betreten und Durchsuchen von Geschäftsräumen nur auf Grund eines Gesetzes und zur Verhütung dringender Gefahren für die öffentliche Sicherheit und Ordnung gestattet ist. Die genannten Personen dürfen die Geschäftsräume durchsuchen sowie Kopien und Auszüge aus Büchern und Aufzeichnungen anfertigen, soweit dies für die Durchführung der Prüfung erforderlich und angemessen ist.

53 Die Durchsuchungen der Geschäftsräume kann grundsätzlich nur durch eine richterliche Anordnung, bei Gefahr in Verzug auch durch die Aufsichts- und die Abwicklungsbehörde angeordnet werden. § 78 Abs. 3 und 4 SAG enthalten nähere Bestimmungen über das Verfahren.

ff) Einberufung der Anteilseignerversammlung

54 § 36 Abs. 1 S. 3 Nr. 1 lit. g) SAG setzt Art. 27 Abs. 1 lit. c) BRRD um. Hiernach wird die Aufsichtsbehörde ermächtigt, vom Institut unter Vorgabe von Tagesordnungspunkten verlangen zu können, eine Versammlung der Anteilseigner einzuberufen und gegebenenfalls auch direkt die Einberufung der Versammlung der Anteilseigner vorzunehmen.

---

[68] Diese Regelung wurde durch das Abwicklungsmechanismusgesetz eingeführt, da die Abwicklungsbehörde die Abwicklungsplanung durchführt und es somit sachgerecht ist auch dieser Zugang zu den dort genannten, im Zusammenhang mit Abwicklungsplanung und Abwicklung stehenden Informationen zu verschaffen, vgl. Reg.Beg. Abwicklungsmechanismusgesetz BT-Drs. 18/5009.

[69] Die Regelung dient der Umsetzung von Art. 27 lit. h) Richtlinie 2014/49/EU.

[70] Ziffer 11 EBA/GL/2015/03.

IV. Maßnahmen des frühzeitigen Eingreifens

gg) Abberufung einzelner oder mehrerer Geschäftsleiter

Nach § 36 Abs. 1 S. 3 Nr. 2 SAG kann die Aufsichtsbehörde vom Institut verlangen, dass ein oder mehrere Geschäftsleiter aus ihrer Funktion entlassen oder ersetzt werden, sofern sie gemäß den Vorschriften des Kreditwesengesetzes für die Erfüllung ihrer Aufgaben nicht geeignet sind[71]. 55

b) Abberufung der gesamten Geschäftsleitung

Sofern Maßnahmen nach § 36 SAG nicht ausreichen oder geeignet sind, die wirtschaftliche Situation des Instituts zu verbessern, kann die Aufsichtsbehörde die gesamte Geschäftsleitung ihrer Funktion entheben. Nach der Gesetzesbegründung sollte bei der Ausübung dieser Befugnis allerdings im Hinblick auf die wirtschaftliche Situation des Instituts eine längere Vakanz so weit wie möglich vermieden werden[72]. 56

§ 37 Abs. 1 S. 2 SAG bestimmt, dass die Benennung neuer Geschäftsleiter der Zustimmung der Aufsichtsbehörde bedarf. 57

Durch § 37 Abs. 2 SAG wird klargestellt, dass Befugnisse der Aufsichtsbehörde nach dem Kreditwesengesetz von der Regelung unberührt bleiben. 58

c) Bestellung eines vorläufigen Verwalters

Nach § 38 SAG kann die Aufsichtsbehörde einen vorläufigen Verwalter bestellen, wenn Maßnahmen nach §§ 36, 37 SAG nicht ausreichend wären die signifikant verschlechterte wirtschaftliche Situation des Instituts zu verbessern[73]. Dieser löst entweder die Geschäftsleitung des Instituts vorübergehend ab oder arbeitet vorübergehend mit dieser zusammen. 59

Die Aufgaben und Befugnisse des vorläufigen Verwalters sind von der Aufsichtsbehörde festzulegen. Nach der Gesetzesbegründung soll hierdurch sichergestellt werden, dass die für die wirtschaftlichen Probleme des Instituts relevanten Bereiche konkret definiert und bearbeitet werden[74]. Gleichzeitig begrenzt die Regelung des § 38 Abs. 1 S. 2 SAG die Rechte des vorläufigen Verwalters insoweit, als dieser eine Versammlung der Anteilseigner nur mit vorheriger Zustimmung der Aufsichtsbehörde einberufen kann. Hierdurch wird in Umsetzung von Art. 29 Abs. 5 BRRD sichergestellt, dass die Aufsichtsbehörde auf den Zeitpunkt und den Inhalt der Versammlungen Einfluss nehmen kann. 60

Die Übertragung von Aufgaben und Befugnissen eines Geschäftsleiters auf einen vorläufigen Verwalter sowie die Aufhebung der Übertragung sind von Amts wegen im Register einzutragen[75]. 61

§ 38 Abs. 2 SAG stellt klar, dass die Aufsichtsbehörde für ein Institut auch mehrere vorläufige Verwalter bestellen kann. 62

§ 38 Abs. 3 SAG normiert die Berichtspflicht des vorläufigen Verwalters gegenüber der Aufsichtsbehörde. Der vorläufige Verwalter hat der Aufsichtsbehörde in festgelegten Abständen über seine Tätigkeit zu berichten. Bei Maßnahmen der Frühintervention muss 63

---

[71] Hierdurch wird Art. 27 Abs. 1 lit. d) SAG umgesetzt.
[72] Reg.Beg. BRRD-Umsetzungsgesetz, BT-Drs. 18/2575, S. 155.
[73] Durch § 38 SAG wird Art. 29 BRRD umgesetzt. In Bezug auf Erwägungsgrund 40 der BRRD hat die EBA zwischenzeitlich klargestellt, dass sich die Befugnis zur vorrübergehenden Abberufung nur auf die Geschäftsleitung und nicht auf das Aufsichtsorgan bezieht. Mit diesem soll der vorläufige Verwalter zusammenarbeiten, vgl. Single Rulebook Q&A, Question ID 2015_1771.
[74] Reg.Beg. BRRD-Umsetzungsgesetz, BT-Drs. 18/2575, S. 203.
[75] Hierdurch wird Art. 29 Abs. 1 S. 3 BRRD umgesetzt.

A. Sanierung und frühzeitiges Eingreifen

sichergestellt sein, dass die Aufsichtsbehörde kontinuierlich über den Zustand und die voraussichtliche Entwicklung der wirtschaftlichen Situation Kenntnis erhält, um notfalls weitergehende Maßnahmen zur Rettung des Instituts einleiten zu können.

64 Der vorläufige Verwalter wird gem. § 38 Abs. 4 SAG für einen Zeitraum von maximal einem Jahr bestellt und kann nur in Ausnahmefällen bei Fortbestehen der Voraussetzungen verlängert werden. Darüber hinaus kann die Aufsichtsbehörde den vorläufigen Verwalter jederzeit abberufen. Die Bestellung eines vorläufigen Verwalters endet mit der Bestellung eines Sonderverwalters iSd § 87 SAG.

65 § 38 Abs. 5 SAG stellt klar, dass durch diese Vorschrift die Möglichkeiten der Aufsichtsbehörde, einen Sonderbeauftragten nach § 45c Kreditwesengesetz einzusetzen, nicht beschränkt werden. In der Praxis bedarf es bei gleichzeitiger Bestellung eines vorläufigen Verwalters und Einsetzung eines Sonderbeauftragten einer guten Abstimmung der handelnden Personen (→ A.I. Rn. 52 ff.).

Die Bestellung eines vorläufigen Verwalters bei Gruppen richtet sich nach § 39 Abs. 3 SAG.

7. Verhältnismäßigkeitsgrundsatz und Ermessen

66 Alle Frühinterventionsmaßnahmen sind auf Rechtsfolgenseite als Ermessensvorschriften ausgestaltet. Der zuständigen Aufsichtsbehörde wird somit grundsätzlich ein Entschließungsermessen, also *ob* sie überhaupt eingreifen und tätig werden soll sowie ein Auswahlermessen, also *welche* der möglichen Maßnahmen im konkreten Einzelfall getroffen werden sollen, eingeräumt.

67 Die zu treffenden Frühinterventionsmaßnahmen müssen geeignet und erforderlich sein, um die signifikant verschlechterte wirtschaftliche Situation des Instituts zu verbessern. Dies ergibt sich für die Maßnahmen nach § 36 Abs. 1 SAG direkt aus dem Gesetz[76].

68 Im Hinblick auf die Geeignetheit der Maßnahme sollte die zuständige Aufsichtsbehörde die spezifischen Schwächen berücksichtigen, die im Bericht zu der SREP-Gesamtbewertung oder der Bewertung eines bestimmten SREP-Elementes identifiziert und hervorgehoben wurden[77].

69 Im Hinblick auf die Erforderlichkeit muss die zuständige Aufsichtsbehörde die im Sanierungsplan aufgeführten Sanierungsmaßnahmen berücksichtigen, die das Institut bereits durchführt oder in unmittelbarer Zukunft durchführen will[78].

70 Das Entschließungsermessen der zuständigen Aufsichtsbehörde wird durch die EBA-Leitlinien zu den Auslösern für frühzeitiges Eingreifen dahingehend beschränkt, dass diese bei Vorliegen der in den EBA-Leitlinien beschriebenen Auslöseereignissen eine Prüfung der Anwendbarkeit von Frühinterventionsmaßnahmen vorschreiben. Durch das sog *Comply-or-Explain* Verfahren bei der Anwendung von EBA-Leitlinien kommt den Leitlinien eine gewisse Bindungswirkung zu[79], so dass die zuständigen Aufsichtsbehörden, nachdem sie erklärt haben, dass sie den EBA-Leitlinien nachkommen, diese für die zuständigen Aufsichtsbehörden bindend sind.

---

[76] Vgl. § 36 Abs. 1 S. 1 SAG.
[77] Ziffer 16 EBA/GL/2015/03.
[78] Ziffer 10 EBA/GL/2015/03.
[79] Vgl. allgemein zur Bindungswirkung von Leitlinien *Sonder* BKR 2012, 8.

8. Weitere Maßnahmen nach SSM-Verordnung und KWG

Bei Vorliegen der Voraussetzungen zum Erlass von Frühinterventionsmaßnahmen nach § 36 Abs. 1 S. 1 SAG kommen, neben den beschriebenen Maßnahmen, gegebenenfalls auch weitere Maßnahmen in Betracht. Dass die Maßnahmen des frühzeitigen Eingreifens nach §§ 36 ff. SAG keinen abschließenden Charakter haben ergibt sich unmittelbar aus § 36 Abs. 1 S. 1 SAG. 71

Bei Vorliegen der Voraussetzungen zum Erlass von Frühinterventionsmaßnahmen werden regelmäßig auch die Voraussetzungen zum Erlass von Maßnahmen nach Art. 16 SSM-Verordnung oder nach den im deutschen Recht umgesetzten Maßnahmen der Art. 104 und Art. 105 CRD IV vorliegen[80]. In diesem Zusammenhang kommt insbesondere die Anordnung von Maßnahmen zur Stärkung der Kapital[81]- oder Liquiditätsanforderungen in Betracht. Ferner kommen auch darüber hinausgehende Maßnahmen zB zur Stärkung der internen Governancestruktur und institutsweiter Kontrollen oder Maßnahmen zur Reduzierung des Kredit- oder Gegenparteiausfallrisiko[82] in Betracht.[83] 72

a) Maßnahmen nach Art. 16 SSM-Verordnung

Art. 16 Abs. 1 SSM-Verordnung ermächtigt die EZB zum Erlass von Maßnahmen, wenn das Institut nicht das einschlägige Unionsrecht erfüllt oder nachweislich bekannt ist, dass das Kreditinstitut innerhalb der nächsten zwölf Monate gegen diese Anforderungen verstoßen wird[84]. Da bei Vorliegen der Tatbestandsvoraussetzungen des § 36 SAG in den meisten Fällen auch ein Verstoß gegen einschlägiges Unionsrecht (zB gegen Eigenmittelanforderungen nach Art. 92 CRR) vorliegen dürfte, ist auch das diesbezügliche Tatbestandsmerkmal des Art. 16 Abs. 1 SSM-Verordnung erfüllt. 73

In diesen Fällen hat die EZB die in Art. 16 Abs. 2 SSM-Verordnung genannten Befugnisse und kann insbesondere verlangen, dass das Institut (i) zusätzliche Eigenmittel vorhält[85], (ii) seine Regelungen, Verfahren, Mechanismen und Strategien verstärkt[86], (iii) einen Plan zur Beseitigung der Verstöße aufstellt[87], (iv) eine bestimmte Rückstellungspolitik betreibt oder in bestimmter Art und Weise seine Aktiva behandelt[88], (v) seine Geschäftstätigkeit ändert[89], (vi) seine variable Vergütung begrenzt[90] oder (vii) keine Ausschüttungen vornimmt[91]. 74

---

[80] Die einzelnen Maßnahmen haben unterschiedliche Tatbestandsvoraussetzungen und können teilweise bereits auch dann erlassen werden, wenn die Tatbestandsvoraussetzungen des § 36 SAG noch nicht vorliegen.
[81] Zur Stärkung der Kapitalanforderungen kann zB angeordnet werden, dass Nettogewinne zur Eigenmittelstärkung eingesetzt werden oder Einschränkungen oder die Untersagungen von Ausschüttungen oder Zinsanpassungen angeordnet werden.
[82] Vgl. zu weiteren Aufsichtsmaßnahmen Ziffer 469 ff. EBA/GL/22014/13.
[83] Nicht eingegangen werden soll an dieser Stelle auf Maßnahmen nach §§ 6 Abs. 3, 45c und 46 KWG.
[84] Vgl. Art. 16 Abs. 1 a) und b) SSM-Verordnung.
[85] Art. 16 Abs. 2 a) SSM-Verordnung.
[86] Art. 16 Abs. 2 b) SSM-Verordnung.
[87] Art. 16 Abs. 2 c) SSM-Verordnung.
[88] Art. 16 Abs. 2 d) SSM-Verordnung.
[89] Art. 16 Abs. 2 e) SSM-Verordnung.
[90] Art. 16 Abs. 2 f) SSM-Verordnung.
[91] Art. 16 Abs. 2 f) SSM-Verordnung.

b) Zusätzliche Eigenmittelanforderungen, § 10 Abs. 3 S. 1 Nr. 3 KWG

75 Die zuständige Aufsichtsbehörde[92] kann gem. § 10 Abs. 3 S. 1 KWG von dem Institut oder der Gruppe[93] verlangen, dass dieses/diese zusätzlich zu den sich aus der CRR ergebenden Eigenmittelanforderungen, weitere Eigenmittel für nicht von der CRR erfasste Risiken oder Risikoelemente vorhält.

76 Bei einer signifikanten Verschlechterung der Finanzlage des Instituts ist insbesondere zu prüfen, ob folgende in § 10 Abs. 3 S. 2 KWG erwähnten Tatbestände vorliegen:

77 (i) Die Risikotragfähigkeit des Instituts oder der Gruppe ist nicht gewährleistet[94], (ii) die Überprüfung nach § 6b Abs. 2 S. 2 Nr. 2 KWG lässt es wahrscheinlich erscheinen, dass die vom Institut vorgenommenen Bewertungskorrekturen nicht ausreichen, um eine angemessene Eigenmittelausstattung zu gewährleisten, (iii) andere Maßnahmen lassen keine hinreichende Verbesserung der institutsinternen Verfahren, Prozesse und Methoden in einem angemessenen Zeithorizont erwarten[95], (iv) das Institut verfügt nicht über eine ordnungsgemäße Geschäftsorganisation im Sinne des § 25a Abs. 1 KWG[96].

c) Zusätzliche Liquidität, § 11 Abs. 3 KWG

78 Wenn die signifikante Verschlechterung der Finanzlage auf die Liquiditätssituation des Instituts zurück zu führen ist, kommen auch Maßnahmen nach § 11 KWG in Betracht. Gestützt auf § 11 Abs. 2 und 3 KWG kann die BaFin im Einzelfall zusätzliche Liquiditätsanforderungen anordnen, die über die gesetzlichen Anforderungen hinausgehen. Darüber hinaus können zusätzliche Meldungen in Bezug auf die Liquidität angeordnet werden.

79 Nach dem Wortlaut des § 11 Abs. 3 KWG können die Maßnahmen direkt nur von der BaFin erlassen werden.[97] Die EZB ist insoweit nicht befugt, Maßnahmen nach § 11 Abs. 3 KWG zu erlassen. Allerdings besteht für die EZB gem. Art. 18 Abs. 5 SSM-Verordnung die Möglichkeit, die BaFin aufzufordern, entsprechende Maßnahmen nach § 11 Abs. 3 KWG zu treffen. Teilweise wird auch eine Zuständigkeit der EZB für bedeutend beaufsichtigte Institute im Wege einer weiten europarechtskonformen Auslegung angenommen (→ A.I. Rn. 86 ff.). Im Ergebnis sollte hier der Gesetzgeber für Rechtssicherheit sorgen, damit eine parallele Zuständigkeit im Bereich von Frühinterventionsmaßnahmen vermieden wird.

d) Maßnahmen zur Verbesserung der Eigenmittelausstattung und der Liquidität, § 45 KWG

80 Bei einer signifikanten Verschlechterung der Finanzlage, die zu einem Verstoß gegen die in § 36 Abs. 1 KWG aufgeführten Regelungen führt, kann auch der Erlass von Maßnahmen nach § 45 KWG in Betracht kommen. Diese Maßnahmen bestehen neben den Maßnahmen nach § 36 ff. SAG und überschneiden sich auch teilweise. Nach dieser Regelung wird die BaFin zum Erlass von Maßnahmen zur Eigenmittelausstattung und

---

[92] Dies ist für alle bedeutenden Institute iSd SSM-Verordnung die EZB und für weniger bedeutende Institute sowie für alle nicht CRR-Institute die BaFin.
[93] Einer Institutsgruppe, Finanzholding-Gruppe oder gemischten Finanzholding-Gruppe, vgl. § 10 Abs. 3 S. 1 KWG.
[94] Vgl. § 10 Abs. 3 S. 2 Nr. 2 KWG.
[95] Vgl. § 10 Abs. 3 S. 2 Nr. 9 KWG.
[96] Vgl. § 10 Abs. 3 S. 2 Nr. 10 KWG.
[97] So auch *Geier*, → A.II. Rn. 111.

der Liquidität ermächtigt, wenn die Vermögens-, Finanz- oder Ertragsentwicklung eines Instituts oder andere Umstände die Annahme rechtfertigt, dass es die Eigenmittelanforderungen nach der CRR[98] oder zusätzliche bzw. spezielle Anforderungen an die Eigenmittelausstattung[99] sowie die Liquiditätsvorgaben des § 11 KWG[100] nicht dauerhaft erfüllen können wird[101].

Gem. § 45 Abs. 1 S. 1 KWG kann die BaFin insbesondere die Vorlage (i) einer Darstellung der Entwicklung der wesentlichen Geschäftsaktivitäten[102] über einen Zeitraum von mindestens drei Jahren[103] sowie (ii) eines Konzepts zur Abwendung einer möglichen Gefahrenlage im Sinne des § 35 Abs. 2 Nr. 4 KWG verlangen[104]. Ferner kann angeordnet werden, dass Maßnahmen zur besseren Abschirmung oder Reduzierung der vom Institut als wesentlich identifizierten Risiken und damit verbundener Risikokonzentrationen geprüft werden, wobei auch Konzepte für den Ausstieg aus einzelnen Geschäftsbereichen oder die Abtrennung von Instituten oder Gruppenteilen erwogen werden sollen[105], sowie dass über geeignete Maßnahmen zur Erhöhung des Kernkapitals, der Eigenmittel und der Liquidität des Instituts berichtet wird[106]. 81

Sofern diese Maßnahmen nicht ausreichen sollten, um die Eigenmittelausstattung und Liquidität des Instituts zu verbessern, kommen auch Maßnahmen nach § 45 Abs. 2 KWG in Betracht. Die Maßnahmen können jedoch erst nach Ablauf einer von der BaFin gesetzten angemessenen Frist erlassen werden[107]. 82

Nach § 45 Abs. 2 S. 1 KWG kann die BaFin folgende Tätigkeiten und Handlungen untersagen oder beschränken: (i) Entnahmen durch die Inhaber oder Gesellschafter sowie die Ausschüttung von Gewinnen[108], (ii) bilanzielle Maßnahmen, die dazu dienen, einen entstandenen Jahresfehlbetrag auszugleichen oder einen Bilanzgewinn auszuweisen[109], (iii) die Gewährung von Krediten iSd § 19 Abs. 1 KWG[110] oder (iv) die Auszahlung variabler Vergütungsbestandteile[111]. 83

Darüber hinaus kann sie anordnen, dass (i) die Auszahlung jeder Art von gewinnabhängigen Erträgen auf Eigenmittelinstrumente insgesamt oder teilweise ersatzlos entfällt, wenn 84

---

[98] Anforderungen der Art. 92 bis 386.
[99] Zusätzliche Eigenmittelanforderungen können auf Grundlage von § 10 Abs. 3 und 4 oder § 45b Abs. 1 S. 2 KWG erlassen werden. Darüber hinaus verweist die Vorschrift des § 45 KWG auch auf die Anforderungen an die Eigenkapitalausstattung für Wohnungsunternehmen mit Spareinrichtung nach § 51a KWG.
[100] Daneben verweist die Vorschrift des § 45 KWG auch auf die Anforderungen an die Liquidität für Wohnungsunternehmen mit Spareinrichtung nach § 51b KWG.
[101] § 45 Abs. 1 S. 2 KWG definiert, wann die Annahme, dass das Institut die Anforderungen nicht dauerhaft erfüllen können wird, regelmäßig gerechtfertigt ist.
[102] Dies beinhaltet auch Planbilanzen, Plangewinn- und -verlustrechnungen sowie Angaben zur Entwicklung der bankaufsichtlichen Kennzahlen.
[103] Vgl. § 45 Abs. 1 S. 1 Nr. 1 KWG.
[104] Vgl. § 45 Abs. 1 S. 1 Nr. 4 KWG.
[105] Vgl. § 45 Abs. 1 S. 1 Nr. 2 KWG.
[106] Vgl. § 45 Abs. 1 S. 1 Nr. 3 KWG.
[107] Vgl. § 45 Abs. 5 KWG.
[108] Vgl. § 45 Abs. 2 S. 1 Nr. 1 KWG.
[109] Vgl. § 45 Abs. 2 S. 1 Nr. 2 KWG.
[110] Vgl. § 45 Abs. 2 S. 1 Nr. 4 KWG.
[111] Vgl. § 45 Abs. 2 S. 1 Nr. 6 KWG. Dies gilt nicht für variable Vergütungsbestandteile, die durch Tarifvertrag oder in seinem Geltungsbereich durch Vereinbarung der Arbeitsvertragsparteien über die Anwendung der tarifvertraglichen Regelungen oder aufgrund eines Tarifvertrags in einer Betriebs- oder Dienstvereinbarung vereinbart sind.

sie nicht vollständig durch einen erzielten Jahresüberschuss gedeckt sind[112], (ii) das Institut Maßnahmen zur Reduzierung von Risiken ergreift, soweit sich diese aus bestimmten Arten von Geschäften und Produkten oder der Nutzung bestimmter Systeme ergeben[113], (iii) das Institut den Jahresgesamtbetrag, den es für die variable Vergütung aller Geschäftsleiter und Mitarbeiter vorsieht (Gesamtbetrag der variablen Vergütungen), auf einen bestimmten Anteil des Jahresergebnisses beschränkt oder vollständig streicht[114], oder (iv) das Institut darlegt, wie und in welchem Zeitraum die Eigenmittelausstattung oder Liquidität des Instituts nachhaltig wiederhergestellt werden soll (Restrukturierungsplan[115]) und über den Fortschritt dieser Maßnahmen berichtet[116].

85 Auch nach dem Wortlaut des § 45 KWG können die Maßnahmen direkt nur von der BaFin erlassen werden. Insoweit gilt das bereits in → Rn. 79 gesagte.

9. Sonstiges

a) Einhaltung der Beteiligungsrechte nach dem Betriebsverfassungsgesetz

86 § 36 Abs. 3 SAG bestimmt, dass die Verpflichtung des Instituts, den Betriebsrat nach den allgemeinen Regeln zu beteiligen, unberührt bleibt. Die Institute können hieraus gegenüber der Anordnung der Abwicklungsbehörde keine Hindernisse für eine vollumfängliche und fristgemäße Umsetzung herleiten. Diese Regelung hat lediglich klarstellenden Charakter, da die Beteiligungsrechte des Betriebsrats nur insoweit bestehen, als der Arbeitgeber nicht durch Gesetz oder Verwaltungsakt gebunden ist[117].

b) Ausschluss bestimmter vertraglicher Bedingungen bei frühzeitigem Eingreifen

87 Sofern die zuständige Aufsichtsbehörde eine Frühinterventionsmaßnahme erlassen hat, sind bestimmte vertragliche Vereinbarungen, die es einem Vertragspartner ermöglichen würden, gewisse Rechte auszuüben (zB Kündigungs-, Aussetzungs- oder Aufrechnungsrechte) suspendiert[118]. Eine Frühinterventionsmaßnahme kann auch nicht als Verwertungs- oder Beendigungsfall im Sinne der Finanzsicherheitenrichtlinie[119] oder als Insolvenzverfahren im Sinne der Finalitätsrichtlinie[120] gesehen werden[121]. Dies gilt allerdings nur, wenn die Hauptleistungspflichten aus dem Vertrag, einschließlich Zahlungs- und Leistungspflichten, und die Pflicht zur Stellung von Sicherheiten weiterhin erfüllt werden[122].

---

[112] Vgl. § 45 Abs. 2 S. 1 Nr. 3 KWG.
[113] Vgl. § 45 Abs. 2 S. 1 Nr. 5 KWG.
[114] Vgl. § 45 Abs. 2 S. 1 Nr. 5a KWG. Dies gilt nicht für variable Vergütungsbestandteile, die durch Tarifvertrag oder in seinem Geltungsbereich durch Vereinbarung der Arbeitsvertragsparteien über die Anwendung der tarifvertraglichen Regelungen oder auf Grund eines Tarifvertrags in einer Betriebs- oder Dienstvereinbarung vereinbart sind.
[115] Die Anforderungen an den Restrukturierungsplan werden in § 45 Abs. 2 S. 2 – 5 KWG konkretisiert.
[116] Vgl. § 45 Abs. 2 S. 1 Nr. 7 KWG.
[117] Vgl. Regierungsbegründung zu § 36, BT-Drs. 18/2575, S. 155.
[118] Vgl. § 144 Abs. 3 SAG.
[119] Vgl. Richtlinie 2002/47/EG.
[120] Vgl. Richtlinie 98/26/EG.
[121] Vgl. § 144 Abs. 1 SAG.
[122] Vgl. § 144 Abs. 3 S. 2 SAG.

c) Frühinterventionsmaßnahmen und kapitalmarktrechtliche Informationspflicht

Für von einer Frühinterventionsmaßnahme betroffene Institute wird sich regelmäßig die Frage stellen, ob diese Maßnahme eine Ad-hoc pflichtige Information ist und veröffentlicht werden muss. Nach Art. 17 Abs. 1 UAbs. 1 der Verordnung (EU) Nr. 596/2014 (Marktmissbrauchsverordnung – **MAR**)[123] muss ein Emittent gegenüber der Öffentlichkeit Insiderinformationen, die ihn unmittelbar betreffen, so bald wie möglich bekannt geben. Im Rahmen des Art. 17 Abs. 1 UAbs. 1 MAR ist im Hinblick auf die Frage der Insiderinformation entsprechend den Vorgaben des Art. 7 MAR zu untersuchen, ob sich um nicht öffentlich bekannte präzise Informationen handelt und ob ein erhebliches Kursbeeinflussungspotenzial der Insiderinformation vorhanden ist. 88

Bejahendenfalls stellt sich für das Institut die Frage nach der Selbstbefreiung. Nach Art. 17 Abs. 4 MAR kann der Emittent auf eigene Verantwortung die Offenlegung der Information solange zurückhalten, wie es der Schutz seiner berechtigten Interessen erfordert, keine Irreführung der Öffentlichkeit zu befürchten ist und die Geheimhaltung der Insiderinformation gewährleistet werden kann. Insbesondere im Hinblick auf das berechtigte Interesse ist offen, ob in den Fällen von Frühinterventionsmaßnahmen berechtigte Interessen des Emittenten das Interesse der Kapitalmarktteilnehmer überwiegen. 89

In Bezug auf die kapitalmarktrechtliche Informationspflicht stellt sich die Frage, ob Frühinterventionsmaßnahmen ihr Ziel erreichen können, wenn das Institut verpflichtet ist, diese zu veröffentlichen. Eine Veröffentlichung der angeordneten Maßnahme könnte dazu führen, dass die Kapitalmarktteilnehmer die Wertpapiere des Instituts meiden bzw. verkaufen und Einleger ihre Einlagen abziehen. Hierdurch wird der Verschlechterung der Finanzlage des Instituts nicht entgegengewirkt sondern diese unter Umständen sogar beschleunigt. 90

10. Rechtsschutz gegen Frühinterventionsmaßnahmen

Das Rechtsschutzregime richtet sich nach der Frage, welche Aufsichtsbehörde die entsprechende Maßnahme erlassen hat.[124] 91

a) Rechtsschutz gegen von der BaFin erlassene Frühinterventionsmaßnahmen

Hat die BaFin als zuständige Aufsichtsbehörde die Maßnahmen erlassen, so folgt der Rechtsschutz gegen Frühinterventionsmaßnahmen dem üblichen Muster des Rechtsschutzes gegen Verwaltungsakte[125]. 92

aa) Widerspruchsverfahren/Vorverfahren

Vor der Erhebung einer Anfechtungsklage muss gegen die Frühinterventionsmaßnahme ein Vorverfahren nach § 68 ff. VwGO durchgeführt werden. Dieses ist auch statthaft, da sich die in § 150 Abs. 1 SAG enthaltene Regelung, dass ein Widerspruchsverfahren nicht durchgeführt wird, nur auf Abwicklungsmaßnahmen bezieht. Die Durchführung des Vorverfahrens hat aufschiebende Wirkung, sofern nicht der sofortige Vollzug der Maßnahme 93

---

[123] Die Art. 7 ff. MAR werden zum 3.7.2016 die §§ 13 ff. WpHG ersetzen.
[124] Vgl. ausführlich zum Rechtsschutz *Schmitt*, A.V.
[125] Vgl. hierzu ausführlich *Sedlak* Bankenaufsicht über Geschäftsorganisation S. 311 ff.

angeordnet wurde. In Abweichung vom Regelfall entscheidet über den Widerspruch nicht die nächsthöhere Behörde, sondern die BaFin selbst, da die nächsthöhere Behörde das Bundesministerium der Finanzen und somit eine oberste Bundesbehörde ist[126].

bb) Anfechtungsklage

94 Im Wege der Anfechtungsklage nach § 42 Abs. 1, 1. Alt. VwGO können die Institute die Aufhebung der sie belastenden Frühinterventionsmaßnahme begehren[127].

cc) Vorläufiger Rechtsschutz

95 Sofern Widerspruch und Anfechtungsklage keine aufschiebende Wirkung haben, weil die BaFin die sofortige Vollziehung angeordnet hat, kann das Gericht der Hauptsache auf Antrag gem. § 80 Abs. 5 VwGO die aufschiebende Wirkung wiederherstellen.

b) Rechtsschutz gegen von der EZB erlassene Frühinterventionsmaßnahmen

96 Hat die EZB als zuständige Aufsichtsbehörde die Maßnahmen erlassen, so folgt der Rechtsschutz gegen Frühinterventionsmaßnahmen dem üblichen Muster des europäischen Rechtsschutzes gegen Beschlüsse[128].

aa) Beschwerde

97 Zunächst besteht die Möglichkeit die als Beschluss erlassene Frühinterventionsmaßnahme der EZB durch den administrativen Überprüfungsausschuss überprüfen zu lassen[129]. Der administrative Überprüfungsausschuss überprüft die formelle und materielle Rechtmäßigkeit des Beschlusses, nicht aber dessen Zweckmäßigkeit. Die Einreichung der Beschwerde beim administrativen Überprüfungsausschuss hat keine aufschiebende Wirkung[130]. Der Antrag auf Überprüfung ist schriftlich zu stellen, hat eine Begründung zu enthalten und ist bei der EZB innerhalb eines Monats nach Bekanntgabe des Beschlusses oder innerhalb eines Monats ab dem Zeitpunkt, zu dem der Antragsteller von dem Beschluss Kenntnis erlangt hat, einzureichen[131]. Nach einer Entscheidung über die Zulässigkeit der Beschwerde gibt der administrative Überprüfungsausschuss eine Stellungnahme ab und überweist den Fall zwecks Ausarbeitung eines neuen Beschlussentwurfs an das zuständige Aufsichtsgremium zurück, dass den ursprünglichen Beschluss ausgearbeitet hatte[132]. Die Stellungnahme entfaltet keine Bindungswirkung für das Aufsichtsgremium[133]. Dieser neue Beschlussentwurf

---

[126] Vgl. § 73 Abs. 1 S. 2 Nr. 2 VwGO.
[127] Sofern die entsprechende Maßnahme bereits durchgeführt wurde, kommt als statthafte Klageart die Fortsetzungsfeststellungsklage gem. § 113 Abs. 1 S. 4 VwGO in Betracht. Regelmäßig wird jedoch das Institut auch nach der Durchführung der Maßnahme noch beschwert sein, da die zugrundeliegende Frühinterventionsmaßnahme als Rechtsgrundlage für den von der BaFin erstellten Kostenbescheid dient. Insofern ist keine Erledigung eingetreten. Statthafte Klageart ist auch in diesen Fällen die Anfechtungsklage.
[128] Vgl. hierzu bereits → A.II. Rn. 85 ff.
[129] Vgl. Art. 24 SSM-Verordnung.
[130] Vgl. Art. 24 Abs. 8 SSM-Verordnung.
[131] Vgl. Art. 24 Abs. 6 SSM-Verordnung.
[132] Vgl. Art. 24 Abs. 7 S. 1 SSM-Verordnung.
[133] Vgl. → A.II. Rn. 86; *Lehmann/Manger-Nestler* ZBB 2014, 2 (19).

hebt den ursprünglichen Beschluss auf oder ersetzt ihn durch einen Beschluss desselben Inhalts oder durch einen geänderten Beschluss[134].

bb) Nichtigkeitsklage gem. Art. 263 AEUV

Gegen die Frühinterventionsmaßnahme kann im Einklang mit Art. 263 AEUV Nichtigkeitsklage vor dem Gerichtshof der Europäischen Union erhoben werden. Die Nichtigkeitsklage ist auf die Aufhebung unrechtmäßiger Rechtsakte gerichtet. Zuständig ist für Klagen von juristischen oder natürlichen Personen das Gericht[135]. Die Klagebefugnis von natürlichen und juristischen Personen richtet sich nach Art. 263 Abs. 4 AEUV. Hiernach können die genannten Personen gegen die an sie gerichteten oder sie unmittelbar und individuell betreffenden Handlungen die Nichtigkeitsklage erheben[136]. Die Nichtigkeitsklage muss innerhalb einer Frist von zwei Monaten ab Bekanntgabe des Beschlusses an den Kläger bzw. Kenntnis des Klägers erhoben werden[137]. 98

11. Zusammenfassung und Gesamtergebnis

Die Maßnahmen des frühzeitigen Eingreifens ermöglichen es der zuständigen Aufsichtsbehörde im Falle der Verschlechterung der Wirtschafts- und Finanzlage eines Instituts zu verhindern, dass das Institut abgewickelt werden muss. 99

Die nach §§ 36 ff. SAG möglichen Maßnahmen haben unterschiedliche Eingriffsintensitäten und ermöglichen es somit der zuständigen Aufsichtsbehörde, dass diese unter Wahrung des Verhältnismäßigkeits- und Proportionalitätsgrundsatzes, geeignete Maßnahmen trifft. Der Maßnahmenkatalog folgt hierbei dem aus anderen bankaufsichtsrechtlichen Regelungen bekanntem Schema und reicht von Maßnahmen, die der Informationsgewinnung und Sachverhaltsermittlung der Aufsichts- oder Abwicklungsbehörde dienen, über die Anordnung von konkreten Maßnahmen (zB Umsetzung von Handlungsoptionen aus dem Sanierungsplan oder Anpassung der Geschäftsstrategie sowie der rechtlichen und operativen Strukturen), bis hin zur Abberufung der Geschäftsleitung und Einsetzung eines vorläufigen Verwalters. 100

Die Maßnahmen nach §§ 36 ff. SAG können hierbei nicht isoliert betrachtet werden, sondern müssen im Kontext der weiteren, insbesondere nach der SSM-Verordnung und dem KWG möglichen Maßnahmen, betrachtet werden. 101

---

[134] Vgl. Art. 24 Abs. 7 S. 3 SSM-Verordnung.
[135] Vgl. Art. 256 Abs. 1 AEUV iVm Art. 51 EuGH-Satzung.
[136] Die individuelle Betroffenheit wurde vom EuGH in seiner sog „Plaumann"-Entscheidung näher konkretisiert. Hiernach ist eine solche immer dann gegeben, wenn die Entscheidung den Kläger wegen bestimmter persönlicher Eigenschaften oder besonderer, ihn aus dem Kreis aller übrigen Personen heraushebender Umstände berührt und ihn daher in ähnlicher Weise individualisiert wie den Adressaten, vgl. EuGH, Rs. 25/62, Slg. 1963, 211 (238).
[137] Vgl. Art. 263 Abs. 6 AEUV.

A. Sanierung und frühzeitiges Eingreifen

V. Rechtsschutz im Rahmen der Sanierung

Übersicht

		Rn.
1.	Vorbemerkung	1
2.	Konfliktmanagement	4
	a) Verhandlung	10
	b) Mediation	11
	c) Staatliche Gerichtsverfahren	14
3.	Justiziabilität aufsichtsrechtlicher Sanierungsmaßnahmen	15
	a) Überblick	15
	b) Rechtsschutz gegen Maßnahmen der EZB	17
	aa) Rechtsschutz gegen Beschlüsse der EZB	18
	bb) Einstweiliger Rechtsschutz	59
	cc) Schadensersatz	68
	dd) Akteneinsicht	76
	c) Rechtsschutz gegen Maßnahmen der BaFin	80
	aa) Widerspruch	87
	bb) Anfechtungsklage	91
	cc) Einstweiliger Rechtsschutz	96
	dd) Akteneinsicht	99
	d) Rechtsschutz gegen Sanierungspläne nach dem KredReorgG	101

Schrifttum: *Berger,* Der einheitliche Aufsichtsmechanismus (SSM) – Bankenaufsicht im europäischen Verbund, WM 2015, 501; *Bischof/Jungbauer/Bräuer/Curkovic/Klipstein/Klüsener/Uher,* RVG-Kommentar, 6. Auflage 2014; *Calliess/Ruffert,* EUV/AEUV – Das Verfassungsrecht der Europäischen Union mit Europäischer Grundrechtecharta, Kommentar, 4. Auflage 2011; *Ehlers/Schoch,* Rechtsschutz im Öffentlichen Recht, 1. Auflage 2009: *Glawe,* Der Eilrechtsschutz im Europarecht – Ein Überblick, JA 2013, 63; *Götz,* Hauptprobleme des verwaltungsrechtlichen Vertrages, JuS 1970, 1; *Grabitz/Hilf/Nettesheim,* Das Recht der Europäischen Union: EUV/AEUV, Kommentar, Loseblattausgabe, Stand 2015; *Haft,* Handbuch Mediation, 2. Auflage 2009; *Höfling/Krings,* Der verwaltungsrechtliche Vertrag: Begriff, Typologie, Fehlerlehre, JuS 2000, 625; *Jaeger,* Eilverfahren vor dem Gericht der Europäischen Union, EuR 2013, 3; *Kämmerer,* Rechtsschutz in der Bankenunion (SSM, SRM), WM 2016, 1; *Kopp/Schenke,* Verwaltungsgerichtsordnung Kommentar, 21. Auflage 2015; *Kotzur,* Neuerungen auf dem Gebiet des Rechtsschutzes durch den Vertrag von Lissabon, EuR-Bei 2012, 7; *Lehmann/Manger-Nestler,* Einheitlicher Europäischer Aufsichtsmechanismus: Bankenaufsicht durch die EZB, ZBB 2014, 2; *Linklaters,* Commercial Mediation – A Comparative Review, 2012; *Lorenz,* Der Regierungsentwurf eines Gesetzes zur Restrukturierung und geordneten Abwicklung von Kreditinstituten – Überblick und erste Einordnung, NZG 2010, 1046; *C.Müller/Fischer/J.H. Müller,* Rechtsschutz bei der Erteilung und Entziehung von Erlaubnissen für Kreditinstitute, WM 2015, 1505; Münchener Kommentar zur ZPO, 4. Auflage 2013; *Posser/Wolf,* BeckOK VwGO, Stand 2015; *Prütting/Gehrlein,* ZPO Kommenar, 5. Auflage 2013; *Rengeling/Middeke/Gellermann,* Handbuch des Rechtsschutzes in der Europäischen Union, 3. Auflage 2014; *Ruthig/Storr,* Öffentliches Wirtschaftsrecht, 4. Auflage 2015; *Sacarcelik,* Europäische Bankenunion: Rechtliche Rahmenbedingungen und Herausforderungen der einheitlichen europäischen Bankenaufsicht, BKR 2013, 353; *Schelo,* Neue Restrukturierungsregeln für Banken, NJW 2011, 186; *Scherzberg,* Grundfragen des verwaltungsrechtlichen Vertrages, JuS 1992, 205; *Schoch/Schneider/Bier,* Verwaltungsgerichtsordnung Kommentar, Stand 2015; *Schulz (Hrsg.),* Verwaltungsgerichtsordnung Kommentar, Stand 2015; *Schulz (Hrsg.),* Handbuch Windenergie, 1. Auflage 2014; *Schwarze (Hrsg.),* EU-Kommentar, 3. Auflage 2012; *Sodan/Zickow,* Verwaltungsgerichtsordnung Großkommentar, 4. Auflage 2014; *Stein/Jonas,* Kommentar zur Zivilprozessordnung, 22. Auflage 2008; *Streinz,* EUV/AEUV, 2. Auflage 2012; *Stubbe,* Schiedsgutachten als modernes ADR-Instrument, SchiedsVZ 2006, 150; *Thiele*, Krise der Europäischen Integration? Die Bankenunion als Beleg für die Handlungsfähigkeit der EU, *Thiele*, Europäisches Prozessrecht, 2. Auflage 2014; GewArch 2015, 157; *v. d. Groeben/Schwarze/Hatje*, Europäisches Unionsrecht, 7. Auflage 2015; *Windhorst/Bussian*, Europäische Bankenaufsicht und Legal Privilige – Weigerungsrechte bei Dokumentenanforderungen im Rahmen des einheitlichen Aufsichtsmechanismus (SSM) –, WM 2015, 2265; *Wurm/Wagner/Zartmann*, Rechtsformularbuch, 16. Auflage 2012.

1. Vorbemerkung

Sanierungen im Allgemeinen und Bankensanierungen im Besonderen sind hochkomplex; die Interessenlagen der Anteilsinhaber und der übrigen Gläubiger sind nicht immer kongruent. Die Situation wird zusätzlich dadurch verkompliziert, dass insbesondere bei der Sanierung von international tätigen Banken(-gruppen) eine Vielzahl von natürlichen und juristischen Personen, die zudem in verschiedenen Jurisdiktionen beheimatet sind, betroffen ist. Dementsprechend hoch ist das Konfliktpotenzial. Aber nicht nur zwischen Anteilsinhabern und Gläubigern des betroffenen Instituts bzw. zwischen den Gläubigern untereinander können Konflikte auftreten; vielmehr birgt auch das Verhältnis zwischen der Bankenaufsicht und dem Kreditinstitut weiteres Konfliktpotenzial. 1

Für den Erfolg der Sanierung ist es essentiell, Blockadehaltungen zu vermeiden und etwaige Konflikte rasch aus der Welt zu schaffen. Von zentraler Bedeutung sind daher ein effizientes, schon zu Beginn der Sanierung etabliertes Konfliktmanagement und effiziente Streitlösungsmechanismen. 2

Im Folgenden werden daher zunächst die Instrumente eines erfolgreichen Konfliktmanagements dargestellt. Der zweite Teil dieses Kapitels beschäftigt sich dann mit der Frage, inwieweit die Maßnahmen des Bankenaufsichtsrechts justiziabel sind und welche Rechtsschutzmöglichkeiten vor staatlichen Gerichten bestehen. 3

2. Konfliktmanagement

Schon zu Beginn einer Sanierung sollten (potentielle) Konflikte antizipiert und – soweit möglich – geeignete Streitbeilegungsmechanismen etabliert werden. Dies gilt in erster Linie für mögliche Konflikte mit und zwischen Gläubigergruppen, aber auch hinsichtlich drohender Auseinandersetzungen mit den Aufsichtsbehörden. 4

Etwa ist im deutschen Verwaltungsrecht die Mediation zulässig, soweit der Behörde Handlungsspielräume – insbesondere bei Ermessensentscheidungen – zustehen oder die Voraussetzungen von § 106 VwGO[1] vorliegen[2]. Letzteres ist dann der Fall, wenn ein öffentlich-rechtlicher Vertrag im Sinne von §§ 54 ff. VwVfG[3] abgeschlossen werden kann.[4] 5

---

[1] Verwaltungsgerichtsordnung in der Fassung der Bekanntmachung vom 19. März 1991 (BGBl. I S. 686), die zuletzt durch Artikel 7 des Gesetzes vom 20. Oktober 2015 (BGBl. I S. 1722) geändert worden ist (**VwGO**).
[2] *Schenke/Ruthig* in Kopp/Schenke, VwGO, § 1 Rn. 37.
[3] Verwaltungsverfahrensgesetz in der Fassung der Bekanntmachung vom 23. Januar 2003 (BGBl. I S. 102), das zuletzt durch Artikel 3 des Gesetzes vom 25. Juli 2013 (BGBl. I S. 2749) geändert worden ist (**VwVfG**).
[4] *Ortloff* in Schoch/Schneider/Bier, VwGO, § 106 Rn. 50; *Schenke* in Kopp/Schenke, VwGO, § 106 Rn. 12.

A. Sanierung und frühzeitiges Eingreifen

6   Nach § 54 S. 1 VwVfG kann ein öffentlich-rechtlicher Vertrag geschlossen werden, soweit Rechtsvorschriften nicht entgegenstehen. Insbesondere kann die Behörde gemäß § 54 S. 2 VwVfG statt einen Verwaltungsakt zu erlassen, einen öffentlich-rechtlichen Vertrag schließen.[5] Dies gilt grundsätzlich auch im Rahmen der Eingriffsverwaltung[6]; insbesondere kann aus der Benennung einer Handlungsform im Gesetz nicht auf den Ausschluss anderer Handlungsformen geschlossen werden.[7] Allerdings sind die Tatbestandsvoraussetzungen von Eingriffsnormen nicht disponibel.[8]

7   Welche Handlungsform die Behörde konkret wählt, steht in ihrem pflichtgemäßen Ermessen.[9] Erforderlich für die Wahl des öffentlich-rechtlichen Vertrages ist allerdings ein sachlicher Grund.[10]

8   Soweit ersichtlich, hat die BaFin von dem Instrument des öffentlich-rechtlichen Vertrages bisher keinen Gebrauch gemacht. Teilweise handelt die BaFin statt durch Verwaltungsakt „informell". Dabei wird unter Beachtung der Normen des KWG unmittelbar mit den Geschäftsleitern kommuniziert, um schwierige Situationen flexibel, diskret und schnell zu bereinigen.[11] Somit ist die Mediation zwar nicht grundsätzlich ausgeschlossen, wird aber in der Praxis von der BaFin nicht eingesetzt und dürfte aufgrund fehlender Ermessensspielräume in Einzelfällen bereits nicht zulässig sein.

9   Ein effektives Konfliktmanagement erhöht jedenfalls die Erfolgswahrscheinlichkeit der Sanierung deutlich. Essentielle Aufgabe eines erfolgreichen Konfliktmanagements ist neben der frühzeitigen Identifizierung von Konfliktpotentialen die Auswahl des für den konkreten Konflikt geeigneten Streitbeilegungsmechanismus. Hierbei ist der Konfliktmanager auch im Verwaltungsrecht keinesfalls auf die klassischen Konfliktlösungsmechanismen Verhandlung und staatliches Gerichtsverfahren beschränkt; vielmehr kann er grundsätzlich auf die zahlreichen Formen der alternativen Streitbeilegung – neudeutsch Alternative Dispute Resolution („ADR") – zurückgreifen. Es gilt der Grundsatz, dass es kein ADR-Verfahren gibt, welches für jeden Konflikt geeignet wäre; aber es gibt für jeden Konflikt ein geeignetes ADR-Verfahren. Mit anderen Worten: Es gilt, für den konkreten Einzelfall das geeignete Konfliktlösungsverfahren zu bestimmen.

a) Verhandlung

10   Der natürliche und in einer Studie der Wirtschaftsprüfungsgesellschaft PricewaterhouseCoopers AG mit 93 % unter Kosten-Nutzen-Gesichtspunkten am besten bewertete Konfliktlösungsmechanismus ist die Verhandlung.[12] Die wesentlichen Vorteile von eigenverantwortlichen Verhandlungen liegen auf der Hand: Die Parteien kennen die eigenen Interessen und Bedürfnisse am besten und können dementsprechend **gemeinsam maßgeschneiderte Lösungen** entwickeln. Vor dem Hintergrund dieser Vorteile wird im Bereich des Zivilrechts häufig schon bei Vertragsschluss eine **Verhandlungspflicht** vereinbart; hiernach

---

[5] Sofern keine ausdrücklichen Verbote bestehen, ist im Wege der Auslegung im Einzelfall zu ermitteln, ob ein öffentlich-rechtlicher Vertrag zulässig ist, *Höfling/Krings* JuS 2000, 625 (627 f.), Urteil des BVerwG vom 6. Juli 1973 – IV C 22.72.
[6] *Bonk* in Stelkens/Bonk/Sachs, VwVfG, § 54 Rn. 93, 106; *Ramsauer* in Kopp/Ramsauer, VwVfG, § 54 Rn. 48, Urteil des OVG Münster vom 21. Juni 1960 – VII A 1138/58.
[7] *Höfling/Krings* JuS 2000, 625 (627 f.).
[8] *Götz* JuS 1970, 1 (6).
[9] *Scherzberg* JuS 1992, 205 (209); *Bonk* in Stelkens/Bonk/Sachs, VwVfG, § 54 Rn. 91.
[10] *Höfling/Krings* JuS 2000, 625 (628); *Bonk* in Stelkens/Bonk/Sachs, VwVfG, § 54 Rn. 91.
[11] *Albert* in Reischauer/Kleinhans, KWG, § 6 Rn. 6.
[12] PricewaterhouseCoopers AG, Praxis des Konfliktmanagements deutscher Unternehmen, 2007.

kann ein weiteres Streitbeilegungsforum (Mediation, Gericht, Schiedsgericht, etc.) erst nach Scheitern der Verhandlungen angerufen werden. Bei größeren Projekten haben sich insbesondere **gestufte Eskalationsmodelle**, die die Verhandlungspflicht ausgestalten, praktisch bewährt: Hiernach soll eine Konfliktlösung zunächst auf der Sachbearbeiterebene gefunden werden. Die Sachbearbeiter sind einerseits mit dem (Gesamt-)Projekt und dem Konflikt am besten vertraut, andererseits aber auch emotional am stärksten involviert. Kann zwischen den Sachbearbeitern der Konflikt nicht beigelegt werden, verhandelt die nächsthöhere Hierarchieebene auf beiden Seiten weiter. Nur wenn auch diese den Streit nicht lösen kann, verhandeln Vertreter der jeweiligen Geschäftsleitung.[13] Das Eskalationsmodell setzt darauf, dass regelmäßig Hemmungen bestehen, die nächste Hierarchieebene zu involvieren; durch sanften, psychischen Druck auf die Verhandlungsführer sollen negative Emotionen beiseitegeschoben und konstruktive Lösungsansätze auf der Sachebene in den Vordergrund gestellt werden[14]. Das Verfahren ist aber ungeeignet, wenn weitreichende Entscheidungen, die ohnehin nur auf der Ebene der Geschäftsführung getroffen werden können, in Mitten stehen[15]. Eine weitere Spielart der Verhandlung ist die **Moderation**, bei der ein neutraler Dritter die Verhandlungen leitet und moderiert, ohne inhaltlich Einfluss zu nehmen[16].

b) Mediation

Mit dem am 26. Juli 2012 in Kraft getretenen Mediationsgesetz wurde nunmehr ein gesetzlicher Rahmen für das am weitesten verbreitete ADR-Verfahren, die Mediation, geschaffen. Die Mediation ist in § 1 Abs. 1 **MediationsG**[17] als vertrauliches Verfahren, bei dem die Parteien mit Hilfe eines oder mehrerer neutraler Dritter, den Mediatoren, freiwillig und eigenverantwortlich eine einvernehmliche Beilegung ihres Konflikts anstreben, legal definiert. Grundlegendes Kennzeichen der Mediation ist die absolute **Freiwilligkeit** und **Eigenverantwortlichkeit** der teilnehmenden Parteien. Diese haben es selbst in der Hand, jederzeit das Verfahren entweder zu einem Abschluss eines Kompromisses zu bringen oder zu beenden. Unterstützt werden die Parteien hierbei durch den neutralen und **allparteilichen** Mediator, der das Verfahren strukturiert und den Parteien hilft, miteinander zu kommunizieren. Dadurch soll der Fokus der Parteien auf die hinter ihren starren Positionen liegenden Interessen gelenkt werden, um dann auf dieser Grundlage **eigenverantwortlich** gemeinsam kreative Lösungsoptionen zu entwickeln. Der Mediator hat keinerlei Entscheidungsbefugnis, § 2 MediationsG. Im Vordergrund stehen die unmittelbaren Verhandlungen zwischen den Parteien selbst. Die Aufnahme von Mediations(-verhandlungen) hemmt gemäß § 203 S. 1 BGB[18] den Ablauf etwaiger Verjährungsfristen. § 2 MediationsG beschreibt den Ablauf der Mediation als ein strukturiertes Verfahren, ohne weitere Vorgaben hierzu zu machen. In der Praxis hat sich allerdings – nachdem die Parteien oder eine von den Parteien

11

---

[13] *Stubbe*, Schiedsgutachten als modernes ADR-Instrument, SchiedsVZ 2006, 150 (152).
[14] *Chatzinerantzis* in Schulz (Hrsg.), Handbuch Windenergie Onshore und Offshore, 688 Rn. 907; Stubbe, Schiedsgutachten als modernes ADR-Instrument, Schieds-VZ 2006, 150 (152).
[15] *Chatzinerantzis* in Schulz (Hrsg.), Handbuch Windenergie Onshore und Offshore, 689 Rn. 908.
[16] *Chatzinerantzis* in Schulz (Hrsg.), Handbuch Windenergie Onshore und Offshore, 689 Rn. 909.
[17] Mediationsgesetz vom 21. Juli 2012 (BGBl. I S. 1577), das durch Artikel 135 der Verordnung vom 31. August 2015 (BGBl. I S. 1474) geändert worden ist.
[18] Bürgerliches Gesetzbuch in der Fassung der Bekanntmachung vom 2. Januar 2002 (BGBl. I S. 42, 2909; 2003 I S. 738), das zuletzt durch Artikel 16 des Gesetzes vom 29. Juni 2015 (BGBl. I S. 1042) geändert worden ist (**BGB**).

ermächtigte Institution, beispielsweise die DIS oder die ICC den Mediator ernannt haben – das sogenannte Fünf-Phasen-Modell bewährt:

12
- In der **Eröffnungsphase** erläutert der Mediator den Parteien das Verfahren, die Grundsätze der Mediation sowie seine Rolle und Aufgabe während des Verfahrens. Die Parteien definieren das gemeinsame Ziel des Verfahrens in der sogenannten **Mediationsvereinbarung**, in der die übrigen Grundsätze, die nicht bereits durch das Mediationsgesetz verbindlich festgelegt sind, vereinbart werden: typischerweise betrifft dies Regelungen zur Vertraulichkeit, der Kostenverteilung und dem Ablauf dieses Mediationsverfahrens, wobei der Mediator bei größeren Projekten gegebenenfalls ein Vorgehensmodellkonzept erstellt. Die Regelungen der Mediationsvereinbarung betreffen das Verhältnis der Parteien untereinander.[19] Zusätzlich wird mit dem Mediator ein **Mediationsvertrag** geschlossen, der insbesondere dessen Honorar und sein Verhältnis zu den Parteien festlegt.
- Hieran schließt sich die Phase der **Bestandsaufnahme** an, in der die Parteien den Konflikt aus ihrer jeweiligen Warte darstellen. In komplexen Verfahren wird die Bestandsaufnahme für den Mediator durch einleitende Schriftsätze erleichtert.
- Nach der Bestandsaufnahme, in der die Positionen ausgetauscht wurden, versucht der Mediator mit speziellen Kommunikations- und Fragetechniken die hinter den Positionen stehenden Interessen und Bedürfnisse der Parteien freizulegen und diese den Konfliktparteien vor Augen zu führen. Ziel dieser **Interessenfindungsphase** ist es, die Parteien Kriterien erarbeiten zu lassen, bei deren Erfüllung die Parteien einem Vergleichsvorschlag zustimmen könnten.
- Hieran schließt sich die sogenannte **Lösungsphase** an. Die Lösungsphase ist zweigeteilt: im ersten Teil dieser Phase sollen unter Einsatz verschiedener Kreativtechniken Lösungsansätze entwickelt werden, ohne diese zu bewerten. Bei dieser Entwicklung von Lösungsoptionen geht es nicht um einen Rechtsfindungsprozess sondern darum, eine interessengerechte zukunftsorientierte Streitbeilegungslösung zu erarbeiten. In Teil zwei der Lösungsphase werden die verschiedenen Lösungsoptionen eingehend verhandelt, bewertet und – idealiter – einer einvernehmlichen Lösung zugeführt.
- In der letzten Phase, der sogenannten **Abschlussphase**, werden die von den Parteien gemeinsam entwickelten Lösungen in einer Abschlussvereinbarung festgehalten. Diese sollte für vollstreckbar erklärt werden, beispielsweise als Anwaltsvergleich gemäß § 796a ZPO, als notarielle Urkunde gemäß § 794 Abs. 1 Nr. 5 ZPO oder durch Protokollierung vor einem deutschen Gericht gemäß § 794 Abs. 1 Nr. 1 ZPO.

13 Der wesentliche Vorteil der Mediation liegt darin, dass eine zukunftsorientierte, interessengerechte Lösung von den Parteien selbstständig erarbeitet wird. Hierdurch können Wertschätzungspotentiale aufgedeckt und wirtschaftliche Lösungen gefunden werden, die im Rahmen eines positionsbezogenen, retrospektiven Streitlösungsverfahrens (zB staatliche Gerichtsverfahren und Schiedsverfahren) möglicherweise nicht hätten abgeschlossen werden können. Daher rührt die hohe Erfolgsrate der Mediation von ca. 80%.[20] Zudem fördert der Verzicht auf eine gerichtliche Konfrontation die Wiederherstellung der Gesprächsbereitschaft und damit eine möglichst unbelastete Fortführung der Geschäftsbeziehungen. Da die Mediation keiner größeren Vorbereitung bedarf, kann hierdurch kurzfristig und kosteneffizient eine Streitbeilegung erreicht werden; außerdem spricht die

---

[19] *Wurm/Wagner/Zartmann*, Rechtsformularbuch, 2016; *Haft*, Handbuch Mediation, 2. Kapitel, § 13 Rn. 11 ff.

[20] *Linklaters*, Commercial Mediation – A Comparative Review 2012, 16; *Chatzinerantzis* in Schulz (Hrsg.), Handbuch Windenergie, Onshore und Offshore, 692 Rn. 922.

Flexibilität des Verfahrens für die Durchführung einer Mediation. Demgegenüber besteht jedoch die Gefahr der Verschleppung einer Konfliktlösung und der Ausforschung durch den Gegner, wenn eine Partei nicht ernsthaft an der Mediation teilnimmt, sondern diese dazu missbraucht, um die andere Seite von der Klageerhebung abzuhalten, bzw. um an weitere Informationen zu gelangen. Im Falle des Missbrauchs könnte die unlautere Partei die Mediation dazu nutzen, auszuloten, wo die „Schmerzgrenze" der Gegenseite liegt, um so einen möglichst „günstigen" Vergleich für sich heraus zu handeln. Die Mediation ist als Verfahren daher ungeeignet, wenn zumindest eine der Parteien sich nicht auf das Verfahren einlässt.[21]

c) Staatliche Gerichtsverfahren

Das tradierte Konfliktlösungsverfahren auch in (Bank-)Sanierungsfällen ist das gemäß Art. 92 ff. GG[22] verfassungsrechtlich verankerte staatliche Gerichtsverfahren, bei dem die Konfliktlösung einem mit Hoheitsbefugnissen ausgestatten Spruchkörper übertragen wird. Der Konflikt wird hier durch ein bindendes, vollstreckbares Urteil beigelegt. Dessen Vorteile sind evident: Die Regelungen der Verfahrens- und Kostenordnungen geben dem rechtsstaatlichen Verfahren eine (weitgehend) **feste Struktur**, machen den **Verfahrensablauf (weitgehend) berechenbar** und die **Kosten kalkulierbar**. Als nachteilig wird häufig die Inflexibilität des Verfahrens empfunden, etwa ist gemäß dem Grundsatz des gesetzlichen Richters nach Art. 101 Abs. 1 S. 2 GG, § 16 GVG[23] der Spruchkörper nicht frei wählbar.[24] Zudem sind Verfahren vor deutschen staatlichen Gerichten nach § 169 GVG grundsätzlich öffentlich; die Vertraulichkeit kann daher nicht gewährleistet werden. Vom Öffentlichkeitsgrundsatz wird nur aufgrund besonderer Umstände nach §§ 170 ff. GVG eine Ausnahme gemacht. Das kann nach § 172 Nr. 2 GVG beispielsweise der Fall sein, wenn ein wichtiges Geschäfts-, Betriebs-, Erfindungs- oder Steuergeheimnis zur Sprache kommt, durch dessen öffentliche Erörterung überwiegende schutzwürdige Interessen verletzt würden.

3. Justiziabilität aufsichtsrechtlicher Sanierungsmaßnahmen

a) Überblick

Ob und welche Rechtsschutzmöglichkeiten gegen aufsichtsrechtliche Sanierungsmaßnahmen bestehen, richtet sich – wie im Europa- und Verwaltungsrecht gewöhnlich – nach der handelnden Aufsichtsbehörde und der Rechtsnatur der angegriffenen Maßnahme. Hierbei ist das Trennungsprinzip zu beachten. Danach ist bei Maßnahmen innerhalb eines europäischen Verwaltungsverbunds für die Bestimmung der Rechtsschutzmöglichkeiten

---

[21] Zudem ist die Mediation ungeeignet, Präzedenzfälle zu schaffen, vorläufige Sicherungen eines Rechts herbeizuführen und die Rechtentwicklung im Allgemeinen voranzutreiben; *Chatzinerantzis* in Schulz (Hrsg.), Handbuch Windenergie, Onshore und Offshore, 693 Rn. 927.
[22] Grundgesetz für die Bundesrepublik Deutschland in der im Bundesgesetzblatt Teil III, Gliederungsnummer 100-1, veröffentlichten bereinigten Fassung, das zuletzt durch Artikel 1 des Gesetzes vom 23. Dezember 2014 (BGBl. I S. 2438) geändert worden ist (**GG**).
[23] Gerichtsverfassungsgesetz in der Fassung der Bekanntmachung vom 9. Mai 1975 (BGBl. I S. 1077), das zuletzt durch Artikel 131 der Verordnung vom 31. August 2015 (BGBl. I S. 1474) geändert worden ist (**GVG**).
[24] Dies kann bei komplexen Fragen insbesondere Spezialmaterien zu einer verlängerten Verfahrensdauer führen und sich im Extremfall auch auf die Qualität der Entscheidung auswirken.

zunächst auf die im Einzelfall handelnde Behörde und den konkreten Klagegegenstand abzustellen.[25] Handelt eine nationale Behörde nach außen, sind nur die nationalen Verwaltungsgerichte zuständig, tritt hingegen eine Behörde der Europäischen Union nach außen in Erscheinung, so ist die europäische Gerichtsbarkeit zuständig.

16 Seit Inkrafttreten des Single Supervisory Mechanism am 4. November 2014 übt die Europäische Zentralbank (**EZB**) über bedeutende beaufsichtigte Unternehmen die direkte Aufsicht aus (näher hierzu → A.II. Rn. 50); die BaFin beaufsichtigt als „National Competent Authority" (**NCA**) die weniger bedeutenden beaufsichtigten Unternehmen (näher hierzu → A.II. Rn. 22 ff.).

b) Rechtsschutz gegen Maßnahmen der EZB

17 Die Rechtsschutzmöglichkeiten gegen Rechtsakte der EZB ergeben sich einerseits aus der SSM-Verordnung[26] und andererseits aus dem AEUV[27]. Auch hierbei ist nach der Rechtsqualität der angegriffenen Maßnahme oder Unterlassung zu unterscheiden:

aa) Rechtsschutz gegen Beschlüsse der EZB

18 Gegen Aufsichtsbeschlüsse der EZB besteht ein Wahlrecht des Betroffenen zwischen dem Rechtsschutz vor den Gerichten der Europäischen Union und einer *„interne[n] administrative[n] Überprüfung"*.[28] Die administrative Überprüfung ist kein Vorverfahren im formellen Sinne. Anders als das deutsche Widerspruchsverfahren nach § 68 VwGO ist die erfolglose Durchführung der internen administrativen Überprüfung keine Sachurteilsvoraussetzung für eine Klage zum Gericht der Europäischen Union (**Gericht**).[29] Grafisch lässt sich dieses Rechtsschutzsystem wie folgt darstellen:

---

[25] *Berger* WM 2015, 501 (504).
[26] Verordnung (EU) Nr. 1024/2013 des Rates vom 15. Oktober 2013 zur Übertragung besonderer Aufgaben im Zusammenhang mit der Aufsicht über Kreditinstitute auf die Europäische Zentralbank („**SSM-Verordnung**").
[27] Vertrag über die Arbeitsweise der Europäischen Union, Fassung aufgrund des am 1. Dezember 2009 in Kraft getretenen Vertrages von Lissabon („**AEUV**").
[28] Art. 24 Abs. 1, 11 SSM-Verordnung; Deutsche Bundesbank, Monatsbericht Oktober 2014, 45, 51; *Lehmann/Manger-Nestler* ZBB 2014, 2 (19).
[29] Vgl. Art. 24 Abs. 11 SSM-Verordnung; Deutsche Bundesbank, Monatsbericht Oktober 2014, 45, 51; *Lehmann/Manger-Nestler* ZBB 2014, 2 (19); *Berger* WM 2015, 501 (505); *C. Müller/Fischer/J.H. Müller* WM 2015, 1505 (1507); Bundesministerium der Finanzen, Monatsbericht Mai 2013, Der Einheitliche Aufsichtsmechanismus in der europäischen Bankenaufsicht (SSM), dort unter 7.1.

V. Rechtsschutz im Rahmen der Sanierung

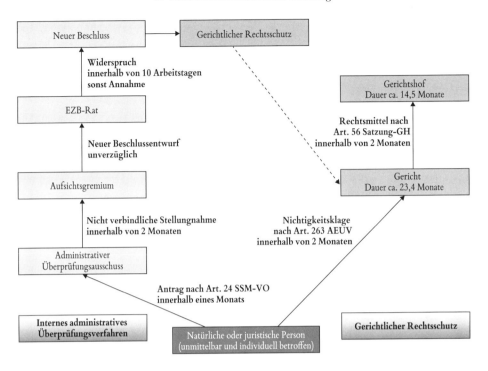

(1) Das administrative Überprüfungsverfahren. Das Überprüfungsverfahren soll der Verfahrensökonomie dienen.[30] Das Verfahren hat gegenüber einer Klage nach dem AEUV den Vorteil eines sachnäheren Entscheidungsgremiums und einer in der Regel kürzeren Verfahrensdauer.[31] 19

Nach Art. 24 Abs. 1 SSM-Verordnung richtet die EZB einen administrativen Überprüfungsausschuss ein, der intern mit der Überprüfung der Entscheidungen der EZB auf Grundlage der SSM-Verordnung betraut ist. Gebildet wird der administrative Überprüfungsausschuss gemäß Art. 24 Abs. 2 SSM-Verordnung aus fünf Personen, die fachlich kompetent sind, jedoch nicht zum aktuellen Personal der EZB, einer NCA (zB der BaFin) oder einer anderen Einrichtung, die an der Umsetzung der Befugnisse aus der SSM-Verordnung beteiligt ist, gehören.[32] Die Mitglieder des administrativen Überprüfungsausschusses werden von der EZB auf fünf Jahre ernannt. Nach Art. 24 Abs. 4 S. 1 SSM-Verordnung handeln sie unabhängig und im öffentlichen Interesse.

(a) Zulässigkeitsvoraussetzungen. Nach Art. 24 Abs. 5 S. 1 SSM-Verordnung kann jede natürliche oder juristische Person die Überprüfung eines Beschlusses der EZB nach der 20

---

[30] Erwägungsgrund 64 der SSM-Verordnung.
[31] *Sacarcelik* BKR 2013, 353 (359).
[32] Konkretisiert werden die Vorschriften zur Ernennung der Mitglieder des administrativen Überprüfungsausschusses in den Art. 2 bis 6 Beschluss der Europäischen Zentralbank vom 14. April 2014 zur Einrichtung eines administrativen Überprüfungsausschusses und zur Festlegung der Vorschriften für seine Arbeitsweise (EZB/2014/16), Amtsblatt der EU vom 15. Juni 2014, L 175/47 („**Beschluss über die Arbeitsweise**").

SSM-Verordnung beantragen[33], wenn der Beschluss an sie gerichtet oder sie unmittelbar und individuell betroffen ist. Die Einschränkung auf Adressaten und Betroffene des Beschlusses entspricht dem Wortlaut nach den Voraussetzungen des Art. 263 Abs. 4 AEUV und ist in diesem Lichte auszulegen.

21 Das von den Sanierungsmaßnahmen betroffene Kreditinstitut ist als Adressat der Maßnahme nach Art. 263 Abs. 4 S. 1 1. Alt. AEUV klagebefugt.

22 Im Übrigen kommt es für die Klagebefugnis auf die unmittelbare und individuelle Betroffenheit an:

23 Eine **unmittelbare Betroffenheit** liegt nach der unionsrechtlichen Rechtsprechung vor, wenn der Rechtsschutzsuchende ipso facto ohne das Hinzutreten weiterer Umstände betroffen ist. Ausreichend ist insoweit, dass der angefochtene Akt die wirtschaftlichen Interessen der Person direkt gefährdet; unbeachtlich ist, ob es noch einer Ausführung durch den Adressaten bedarf, wenn sich die Lage für die Person aufgrund des Rechtsaktes unmittelbar ändert.[34] Die bloße Möglichkeit des Eintritts einer Benachteiligung, sofern weitere Umstände hinzutreten, genügt nicht.[35]

24 Nach der restriktiven Plaumann-Formel des Gerichtshofs der Europäischen Union (**Gerichtshof**) ist **individuell betroffen**, wer durch die Entscheidung wegen bestimmter persönlicher Eigenschaften oder besonderer, ihn aus dem Kreis der übrigen Personen heraushebender Umstände derart berührt wird, dass er in ähnlicher Weise individualisiert wird, wie der Adressat.[36] Die tradierte restriktive Handhabung dieser adressatengleichen Individualisierung hat sich auch in der Folge der begrifflichen Ausweitung des jetzigen Art. 263 Abs. 4 AEUV aufgrund des Vertrages von Lissabon nicht geändert.[37]

25 Vor diesem Hintergrund ist die Klagebefugnis von Gläubigern der betroffenen Kreditinstitute zu beurteilen: Zwar sind diese unmittelbar betroffen, soweit sie durch die Durchführung der Sanierungsmaßnahmen direkt in ihren Ansprüchen eingeschränkt werden oder sich ihre Vermögenslage nachteilig ändert. Problematisch ist hingegen deren individuelle Betroffenheit. Der Gerichtshof hat in einigen Entscheidungen eine individuelle Betroffenheit im Falle der mangelnden Berücksichtigung der negativen Auswirkungen einer Entscheidung erwogen,[38] im Umweltrecht eine Klagebefugnis aber verneint. Daher kann (noch) nicht von einer Etablierung dieser Fallgruppe ausgegangen werden.[39] Zudem sollen Sanierungsmaßnahmen gerade einen Bail-Out durch den Steuerzahler verhindern und – sofern die Rettung nicht anders möglich ist – Anteilsinhaber und Gläubiger an den Kosten der Sanierung beteiligen.[40]

---

[33] Der Antragsteller ist „Herr des Verfahrens"; er kann gemäß Art. 7 Abs. 6 Beschluss über die Arbeitsweise den Antrag jederzeit durch eine schriftliche Erklärung gegenüber dem Sekretariat des administrativen Überprüfungsausschusses auch wieder zurücknehmen.

[34] Vgl. EuG Rs. T-3/93 (Air France/Kommission), Slg. 1994, II-121 Rn. 79 ff.

[35] *Cremer* in Calliess/Ruffert, EUV/AEUV, Art. 263 AEUV Rn. 36; *Dörr* in Grabitz/Hilf/Nettesheim, Das Recht der Europäischen Union, Art. 263 AEUV Rn. 62.

[36] EuGH Rs. 25/62 (Plaumann/Kommission), Slg. 1963, 199 = NJW 1963, 2246; seitdem st. Rspr. vgl. nur EuGH Rs. 169/84(Cofaz/Kommission), Slg. 1986, 391 Rn. 22.

[37] *Galtanides*, v. d. Groeben/Schwarze/Hatje, Europäisches Unionsrecht, Art. 263 AEUV Rn. 64; *Dörr* in Grabitz/Hilf/Nettesheim, Das Recht der Europäischen Union, Art. 263 AEUV Rn. 76.

[38] EuGH Rs. 11/82 (Piraiki-Patraiki/Kommisson), Slg 1985, 207 Rn. 28 ff.; EuG Rs. T-480/93 u. T-483/93 (Antillean Rice Mills ua/Kommission), Slg. 1995, II-2305 Rn. 63 ff.

[39] *Schwarze* in EU-Kommentar, Art. 263 AEUV Rn. 59; *Cremer* in Calliess/Ruffert, EUV/AEUV, Art. 263 AEUV Rn. 46 f.; *Gaitanides* in v. d. Groeben/Schwarze/Hatje, Europäisches Unionsrecht, Art. 263 AEUV; Rn. 70.

[40] Erwägungsgrund (68), SRM-Verordnung.

V. Rechtsschutz im Rahmen der Sanierung

Darüber hinaus ist eine individuelle Betroffenheit aufgrund der Plaumann-Formel auch dann zu verneinen, wenn der Gläubiger von den Sanierungsmaßnahmen aufgrund objektiver Eigenschaften nicht in anderer Weise berührt wird, als jeder andere Marktteilnehmer, der sich tatsächlich oder potenziell in einer vergleichbaren Position befindet.[41] Dies ist in der Regel dann der Fall, wenn von der Sanierungsmaßnahme nicht explizit nur bestimmte Gläubiger betroffen sind. Demnach wird eine Klagebefugnis von Gläubigern, die von Sanierungsmaßnahmen der EZB für ein Kreditinstitut betroffen sind, in der Regel zu verneinen sein.

Gleiches gilt erst Recht für Dritte. Hier fehlt es regelmäßig schon an der mit dem Adressaten vergleichbaren Individualisierung, sodass Dritte idR nicht klagebefugt sind. 26

Der Antrag ist spätestens **einen Monat nach Bekanntgabe** des Beschlusses oder mangels Bekanntgabe nach Kenntnis **schriftlich mit Begründung** zu stellen, Art. 24 Abs. 6 SSM-Verordnung.[42] Er muss in einer der Amtssprachen der Europäischen Union verfasst sein[43] und ist beim Sekretariat des administrativen Überprüfungsausschusses unter folgender Anschrift[44] 27

Europäische Zentralbank
Sekretariat des administrativen Überprüfungsausschusses
60640 Frankfurt am Main

einzureichen.[45]
Dem Antrag muss der angefochtene Beschluss beigefügt werden.[46]
Notwendiger Antragsinhalt sind:
- die Kontaktadresse des Antragsstellers[47],
- die Antragsbegründung[48],
- bei einem gleichzeitigen Antrag auf Herstellung der aufschiebenden Wirkung dessen Begründung[49],
- Kopien aller Unterlagen, auf die der Antragsteller sich berufen will[50] und
- sofern der Antrag mehr als 10 Seiten umfasst, eine Zusammenfassung der vorgenannten Schriftstücke[51].

---

[41] *Schwarze* in EU-Kommentar, Art. 263 AEUV Rn. 46; *Cremer* in Calliess/Ruffert, EUV/AEUV, Art. 263 AEUV, Art. 263 AEUV Rn. 40.
[42] Weder die SSM-Verordnung noch der Beschluss über die Arbeitsweise enthalten Regelungen zur Fristberechnung. Vor dem Hintergrund der grundsätzlich angestrebten Einheit des Rechts im Europarecht (vgl. *Dutta*, Das Statut der Haftung aus Vertag mit Schutzwirkung für Dritte, IPRax 2009, 293 (296); *Lüttringhaus*, Das internationale Privatrecht der culpa in contrahendo nach den EG-Verordnungen „Rom I" und „Rom II", RIW 2008, S. 193 (196); *Schmitt*, Die Haftung wegen fehlerhafter oder pflichtwidrig unterlassener Kapitalmarktinformationen 2010, S. 157) und der Anlehnung der Klagebefugnis an die gerichtlichen Verfahren vor den Europäischen Gerichten macht es Sinn, die inhaltsgleichen Vorschriften des Gerichts (Art. 58 VerfO-EuG) und des Gerichtshofs (Art. 49 VerfO-EuGH) für die Fristberechnung entsprechend heranzuziehen.
[43] Art. 7 Abs. 1 Beschluss über die Arbeitsweise.
[44] Art. 6 Abs. 1 Beschluss über die Arbeitsweise.
[45] Art. 7 Abs. 1 Beschluss über die Arbeitsweise. Das Sekretariat bestätigt nach Art. 7 Abs. 2 iVm Abs. 5 S. 2 Beschluss über die Arbeitsweise den Eingang des Beschlusses und gibt an, ob der Antrag vollständig ist.
[46] Art. 7 Abs. 4 Beschluss über die Arbeitsweise.
[47] Art. 7 Abs. 5 Beschluss über die Arbeitsweise.
[48] Art. 7 Abs. 4 lit. a Beschluss über die Arbeitsweise.
[49] Art. 7 Abs. 4 lit. b Beschluss über die Arbeitsweise.
[50] Art. 7 Abs. 4 lit. c Beschluss über die Arbeitsweise.
[51] Art. 7 Abs. 4 lit. d Beschluss über die Arbeitsweise.

28 Gemäß Art. 24 Abs. 5 S. 2 SSM-Verordnung ist das interne administrative Überprüfungsverfahren gegen einen neuen Beschluss des EZB-Rates nach Art. 24 Abs. 7 S. 4 SSM-Verordnung infolge der Stellungnahme des Überprüfungsausschusses nicht statthaft.[52] Ein solcher Beschluss ist allein im Wege der Nichtigkeitsklage vor dem Gericht überprüfbar (→ Rn. 39 ff.).

29 **(b) Prüfungsgegenstand und -umfang.** Gegenstand der Prüfung durch den administrativen Überprüfungsausschuss ist sowohl die **verfahrensmäßige** als auch die **materielle Vereinbarkeit** des Beschlusses mit der SSM-Verordnung, nicht jedoch auch dessen „Zweckmäßigkeit".[53] Zudem beschränkt sich die Überprüfung durch den administrativen Überprüfungsausschuss auf die in dem Antrag aufgeführte Begründung;[54] das Aufsichtsgremium kann bei der Erarbeitung der Beschlussvorlage für den EZB-Rat dagegen auch andere Gesichtspunkte berücksichtigen[55].

30 Sofern der administrative Überprüfungsausschuss dies zur effizienten Durchführung der Überprüfung als notwendig erachtet, kann er Anweisungen an den Antragsteller erteilen; beispielsweise kann er die Vorlage weiterer Unterlagen oder Auskünfte verlangen[56]. Bei Nichtbefolgung dieser Anweisungen drohen dem Antragsteller negative Kostenfolgen[57]. Zudem kann der administrative Überprüfungsausschuss eine mündliche Anhörung des Antragstellers und der EZB anberaumen.[58]

31 Für den Antragsteller besteht darüber hinaus die Möglichkeit, den administrativen Überprüfungsausschuss um Erlaubnis zu ersuchen, Beweis in Form von schriftlichen Erklärungen, schriftlichen Zeugenaussagen und Sachverständigengutachten zu erbringen.[59] Zeugen und Sachverständige, die bereits eine schriftliche Erklärung abgegeben haben, können auf Antrag in der mündlichen Anhörung persönlich gehört werden, wenn der administrative Überprüfungsausschuss dies als notwendig erachtet.[60] Sie werden dann von dem administrativen Überprüfungsausschuss innerhalb eines vorher festgelegten Zeitfensters vernommen.[61] Zudem kann der Antragsteller von der EZB benannte Zeugen und Sachverständige vernehmen, wenn dies für eine sachgerechte Entscheidung notwendig ist.[62]

32 **(c) Stellungnahme des administrativen Überprüfungsausschusses.** Ist der Antrag zulässig[63], gibt der administrative Überprüfungsausschuss gemäß Art. 24 Abs. 7 SSM-Verordnung spätestens zwei Monate[64] nach Eingang eine Stellungnahme ab[65] und überweist

---

[52] Deklaratorisch hält dies auch Art. 11 Abs. 2 Beschluss über die Arbeitsweise fest.
[53] Art. 11 Abs. 1 Beschluss über die Arbeitsweise.
[54] Art. 10 Abs. 2 Beschluss über die Arbeitsweise.
[55] Art. 17 Abs. 1 Beschluss über die Arbeitsweise.
[56] Art. 12 Beschluss über die Arbeitsweise.
[57] Art. 13 Beschluss über die Arbeitsweise.
[58] Einzelheiten zur Mündlichen Anhörung regelt Art. 14 Beschluss über die Arbeitsweise.
[59] Art. 15 Abs. 1 Beschluss über die Arbeitsweise.
[60] Art. 15 Abs. 2 und 3 Beschluss über die Arbeitsweise.
[61] Art. 15 Abs. 4 Beschluss über die Arbeitsweise.
[62] Art. 15 Abs. 4 Beschluss über die Arbeitsweise.
[63] Erwägungsgrund 64 der SSM-Verordnung; Art. 10 Abs. 1 Beschluss über die Arbeitsweise; vgl. auch Deutsche Bundesbank, Monatsbericht Oktober 2014, 45 (51), jedoch ohne Hinweis auf die Einschränkung der Prüfung im Hinblick auf Zweckmäßigkeit.
[64] Ebenso: Art. 16 Abs. 1 Beschluss über die Arbeitsweise.
[65] Diese wird durch den von dem Vorsitzenden bestimmten Berichterstatter vorbereitet, Art. 8 Beschluss über die Arbeitsweise, und mit einer Mehrheit von mindestens drei Mitgliedern angenommen, Art. 16 Abs. 3 Beschluss über die Arbeitsweise.

den Fall zwecks Ausarbeitung eines neuen Beschlussentwurfs an das ursprünglich bereits zuständige Aufsichtsgremium.[66] Er ist nicht befugt, den betroffenen Aufsichtsbeschluss selbst aufzuheben oder abzuändern.

Die Stellungnahme erfolgt schriftlich und enthält eine Begründung.[67] Hält der administrative Überprüfungsausschuss den Antrag für unvollständig oder für teilweise unzulässig, findet auch diese Einschätzung Eingang in die Stellungnahme.[68]

Die Stellungnahme des administrativen Überprüfungsausschusses ist nicht bindend, Art. 16 Abs. 5 Beschluss über die Arbeitsweise.[69] Zum einen stellt Art. 21 Abs. 7 SSM-Verordnung klar, dass ein Beschluss gleichen Inhalts nochmals erlassen werden darf. Zum anderen spricht schon die Terminologie „*Stellungnahme*" gegen eine Bindungswirkung. Zudem konkretisiert Art. 16 Abs. 2 Beschluss über die Arbeitsweise, dass die Stellungnahme lediglich „*Vorschläge*" für einen geänderten Beschluss unterbreitet. Die Stellungnahme dient damit lediglich als allgemeine Grundlage für die Erarbeitung einer neuen Beschlussvorlage an den EZB-Rat, dem Entscheidungsorgan.[70] Auf Grund dieser Kompetenzverteilung kann es zu Blockadesituationen im Entscheidungsprozess kommen.[71]

Da die Stellungnahmen des administrativen Überprüfungsausschusses und der Beschlussentwurf des Aufsichtsgremiums **nicht bindend** sind und somit auch keine Rechtswirkung entfalten, ist gegen sie kein (gesonderter) Rechtsschutz möglich.[72]

Auf Grundlage dieser Stellungnahme unterbreitet das Aufsichtsgremium dem EZB-Rat unverzüglich einen neuen Beschlussentwurf, der den ursprünglichen Beschluss aufhebt. Dieser neue Entwurf gilt als angenommen, wenn der EZB-Rat nicht innerhalb von zehn Arbeitstagen widerspricht. Dem EZB-Rat steht nicht das Recht zu, den Beschlussentwurf inhaltlich abzuändern, er kann ihn nur in Gänze ablehnen.[73]

(d) Keine aufschiebende Wirkung. Der Antrag auf interne administrative Überprüfung entfaltet nach Art. 24 Abs. 8 SSM-Verordnung grundsätzlich keine aufschiebende Wirkung.[74] Der EZB-Rat kann den Vollzug eines Aufsichtsbeschlusses, gegen den ein Antrag auf interne administrative Überprüfung gestellt wurde, jedoch – auf Vorschlag des Überprüfungsausschusses – aussetzen.[75] Dass nur im Ausnahmefall dem „Rechtsmittel" eine aufschiebende Wirkung zugestanden wird, entspricht der Regelung des Eilrechtsschutzes in Art. 278, 279 AEUV. Ein Rechtsmittel gegen die Nichtaussetzung des Vollzuges besteht nicht.

(2) Gerichtlicher Rechtsschutz. Unabhängig von der Durchführung einer internen administrativen Überprüfung durch den Überprüfungsausschuss der EZB ist gegen Aufsichtsbeschlüsse der Rechtsweg zum Gericht eröffnet, Art. 24 Abs. 11 SSM-Verordnung iVm

---

[66] Art. 24 Abs. 7 SSM-Verordnung; *Lehmann/Manger-Nestler* ZBB 2014, 2 (3).
[67] Art. 16 Abs. 4 Beschluss über die Arbeitsweise.
[68] Art. 11 Abs. 1 Beschluss über die Arbeitsweise.
[69] Gegen das Bestehen einer Bindungswirkung auch: *Lehmann/Manger-Nestler* ZBB 2014, 2 (19), ebenfalls: *Sacarcelik* BKR 2013, 353 (359).
[70] Deutsche Bundesbank, Monatsbericht Oktober 2014, 45 (51).
[71] *Sacarcelik* BKR 2013, 353 (359).
[72] *Lehmann/Manger-Nestler* ZBB 2014, 2 (19).
[73] *Lehmann/Manger-Nestler* ZBB 2014, 2 (19); *Sacarcelik* BKR 2013, 353 (359).
[74] Näheres hierzu regelt auch Art. 9 Beschluss über die Arbeitsweise; vgl. auch EZB, Guide to Banking Supervision, September 2014, 12.
[75] Art. 24 Abs. 8 SSM-Verordnung; *Lehmann/Manger-Nestler* ZBB 2014, 2 (19).

Art. 256 Abs. 1 S. AEUV.[76] Im Bereich des Primärrechtsschutzes kommen eine Nichtigkeitsklage nach Art. 263 AEUV und eine Untätigkeitsklage nach Art. 265 AEUV in Betracht (→ Rn. 54 ff.); auf sekundärer Ebene ein Schadensersatzanspruch gemäß Art. 340 AEUV. Ein Pendant zur Verpflichtungsklage, mit dem der Erlass eines begehrten Beschlusses vor Gericht erzwungen werden kann, kennt der europäische Rechtsschutz nicht.[77]

39 **(a) Nichtigkeitsklage.** Die Nichtigkeitsklage garantiert umfassenden und effektiven Rechtsschutz gegen sämtliche rechtserhebliche Handlungen der Unionsorgane mit Außenwirkung[78]; dh jeden abgeleiteten Rechtsakt der Union, unabhängig davon, ob dieser nun als Beschluss oder Entscheidung bezeichnet wird.[79]

40 **(aa) Sachurteilsvoraussetzungen.** Das Gericht ist für Klagen natürlicher und juristischer Personen gegen Sanierungsmaßnahmen der EZB in erster Instanz zuständig, Art. 256 Abs. 1 S. 1 AEUV.[80]

Klagen sind entweder postalisch an

Kanzlei des Gerichts der Europäischen Union
Rue du Fort Niedergrünewald
L-2925 Luxemburg

zu richten[81] bzw. können zur Fristwahrung auch per Fax an + 352 / 4303 2100 gesendet werden[82]. Bei einer Einreichung per Fax ist das handschriftlich unterzeichnete Original unverzüglich abzusenden und muss spätestens 10 Tage später bei der Kanzlei eingereicht werden.[83]

Die EZB ist nach Art. 263 Abs. 1 AEUV passiv parteifähig.[84]

41 Nach Art. 263 Abs. 4 AEUV ist jede natürliche und juristische Person aktiv parteifähig. Nach der Rechtsprechung des Gerichtshofs umfasst der Begriff der juristischen Person mindestens alle Kapitalgesellschaften, Körperschaften und Verbände des öffentlichen und privaten Rechts, sofern diesen nach nationalem Recht Rechtspersönlichkeit verliehen wurde.[85]

---

[76] Art. 24 Abs. 11 SSM-Verordnung verwendet zwar den Begriff „EuGH", die Zuständigkeit des EuG folgt allerdings aus Art. 256 Abs. 1 S. 1 AEUV; vgl. hierzu auch die deklaratorische Feststellung in Erwägungsgrund 60 der SSM-Verordnung.

[77] *Ruthig/Storr*, Öffentliches Wirtschaftsrecht, 4. Aufl. 2015, S. 115 („*Das Unionsrecht kennt in der Tradition des frz. Prozessrechts nur die Anfechtung der Ablehnungsentscheidung (Nichtigkeitsklage) und die Feststellung der Rechtswidrigkeit einer Unterlassung (Untätigkeitsklage)*"); vgl. auch: EuG Rs. T-22/96 (Langdon/Kommission), Slg. 1996 II-1009; C. *Müller/Fischer/J.H. Müller* WM 2015, 1505 (1507 f.).

[78] *Kotzur*, Neuerungen auf dem Gebiet des Rechtsschutzes durch den Vertrag von Lissabon, EuR-Bei 2012, 7 (16); *Dörr* in Grabitz/Hilf/Nettesheim, Das Recht der Europäischen Union, Art. 263 AEUV Rn. 1.

[79] *Cremer* in Calliess/Ruffert, EUV/AEUV, Art. 263 AEUV Rn. 32; *Gaitanides* in v. d. Groeben/Schwarze/Hatje, Europäisches Unionsrecht, Art. 263 AEUV Rn. 13.

[80] Zur Klarstellung: Der „Gerichtshof der EU" umfasst sowohl den Gerichtshof (EuGH), als auch das Gericht (EuG) und die Fachgerichte (ehemals Kammern), vgl. Art. 19 Abs. 1 EUV.

[81] Ziffer 84 Praktische Durchführungsbestimmungen zur Verfahrensordnung des Gerichts, Amtsblatt der EU vom 18. Juni 2015, L 152/11.

[82] Ziffer 78 Praktische Durchführungsbestimmungen zur Verfahrensordnung des Gerichts, Amtsblatt der EU vom 18. Juni 2015, L 152/11.

[83] Ziffer 79 f. Praktische Durchführungsbestimmungen zur Verfahrensordnung des Gerichts, Amtsblatt der EU vom 18. Juni 2015, L 152/11. Weitere Einzelheiten zu dem praktischen Vorgehen sind den Praktische Durchführungsbestimmungen zur Verfahrensordnung des Gerichts zu entnehmen.

[84] *Cremer* in Calliess/Ruffert EUV/AEUV, Art. 263 Rn. 28.

[85] *Cremer* in Calliess/Ruffert, EUV/AEUV, Art. 263 Rn. 27.

V. Rechtsschutz im Rahmen der Sanierung

Diese sind nach Art. 263 Abs. 4 AEUV klagebefugt, wenn sie Adressat der Handlung sind (Alt. 1), oder sie durch diese Handlung unmittelbar und individuell betroffen sind, ohne selbst Adressat zu sein (Alt. 2) sowie wenn sie durch Rechtsakte mit Verordnungscharakter ohne Durchführungsmaßnahmen unmittelbar betroffen sind (Alt. 3). Mitgliedstaaten können Weisungsbeschlüsse der EZB an die NCAs, beispielsweise die BaFin, unabhängig von einer Verletzung eigener Kompetenzen angreifen.[86] Hinsichtlich der **unmittelbaren und individuellen Betroffenheit** wird auf die Ausführungen → Rn. 20 ff. verwiesen. 42

Die Klage ist nach Art. 263 Abs. 6 AEUV je nach Lage des Falles spätestens **zwei Monate nach Bekanntgabe** der betreffenden Handlung, ihrer Mitteilung an den Kläger oder in Ermangelung dessen von dem Zeitpunkt an, zu dem der Kläger von dieser Handlung Kenntnis erlangt, – zuzüglich der Entfernungsfrist, für Deutschland 10 Tage, Art. 60 Verfahrensordnung des Gerichts (**VerfO-EuG**)[87] – einzureichen.[88] 43

Wurde ein administratives Überprüfungsverfahren durchgeführt, ist Klagegegenstand nicht der ursprüngliche Aufsichtsbeschluss, sondern der im Rahmen des Überprüfungsverfahrens neu erlassene Beschluss, der den ursprünglichen Beschluss ersetzt. Hintergrund hierfür ist, dass ein Ablauf der zweimonatigen Klagefrist während der Durchführung des administrativen Überprüfungsverfahrens vermieden werden soll. 44

(bb) **Prüfungsgegenstand und -umfang.** Das Gericht überprüft, ob der Beschluss der EZB in Bezug auf eine Sanierungsmaßnahme einem der in Art. 263 Abs. 2 AEUV genannten Aufhebungsgründe unterfällt (**objektive Rechtmäßigkeitsprüfung**): 45

- **Überschreitung** des ihr durch die SSM-Verordnung zugewiesenen **Zuständigkeitsbereichs** bei der Verhängung konkreter Sanierungsmaßnahmen;
- **Verletzung wesentlicher Formvorschriften**; etwa verlangt Art. 22 Abs. 1 SSM-Verordnung iVm Art. 31 SSM-RahmenVO den von Maßnahmen aufgrund der SSM-Verordnung betroffenen Personen vor dem Erlass von Aufsichtsbeschlüssen die Möglichkeit einzuräumen, sich schriftlich zu den für den Erlass des Aufsichtsbeschlusses beachtlichen Tatsachen zu äußern. Erfolgt diese Anhörung nicht oder wird sie im Falle dringender Maßnahmen nicht später nachgeholt, wie es Art. 22 Abs. 1 Unterabs. 2 SSM-Verordnung vorsieht, so ist in der Regel von einer Verletzung wesentlicher Formvorschriften auszugehen.[89] Nach Art. 22 Abs. 2 SSM-Verordnung iVm Art. 296 AEUV sind die Beschlüsse der EZB zu begründen. Unterbleibt dies, liegt ebenfalls eine Verletzung wesentlicher Formvorschriften vor.[90]
- **Ermessensfehlgebrauch der EZB** sowohl in der Form des Ermessensmissbrauchs als auch in der Form des Nichtgebrauchs des eingeräumten Ermessens;
- **Verletzung höherrangigen Unionsrechts**.

Gegenstand der gerichtlichen Überprüfung ist der jeweilige Beschluss der EZB in Bezug auf die Sanierungsmaßnahme. Sollte ein internes administratives Überprüfungsverfahren durchgeführt worden sein, ist allein der Beschluss in Form des neuen im Lichte der Stellungnahme des Überprüfungsausschusses erlassene Beschluss – nicht der Ausgangsbeschluss, 46

---

[86] *Kämmerer*, Rechtschutz in der Bankenunion (SSM, SRM), WM 2016, 1 (6 f.).
[87] Amtsblatt der EU vom 23. April 2015, L 105/1.
[88] Die Fristberechnung erfolgt gemäß Art. 58 VerfO-EuG.
[89] *Cremer* in Callies/Ruffert, EU/AEUV, Art. 263 Rn. 85; *Ehricke* in Streinz, EUV/AEUV, Art. 263 AEUV Rn. 80.
[90] *Gaitanides* in v. d. Groeben/Schwarze/Hatje, Europäisches Unionsrecht, Art. 263 AEUV Rn. 130 f.; *Dörr* in Grabitz/Hilf/Nettesheim, Das Recht der Europäischen Union, Art. 263 AEUV Rn. 168.

der Gegenstand des Überprüfungsverfahrens war, da dieser durch den neuen Beschluss entweder aufgehoben oder ersetzt wurde, Art. 24 Abs. 7 S. 3 SSM-Verordnung.

47   Stellungnahmen des administrativen Überprüfungsausschusses sind mangels Rechtsverbindlichkeit, Art. 24 Abs. 7 SSM-Verordnung, kein tauglicher Klagegegenstand einer Nichtigkeitsklage.

48   **(cc) Keine aufschiebende Wirkung.** Auch eine Nichtigkeitsklage hat nach Art. 278 AEUV grundsätzlich keine aufschiebende Wirkung. Das Gericht kann jedoch, wenn ein schwerer, nicht wiedergutzumachender Schaden droht, den Vollzug ausnahmsweise nach Art. 278 S. 2 AEUV aussetzen.[91]

49   **(dd) Rechtsmittel.** Gegen eine Endentscheidung des Gerichts kann die ganz oder teilweise unterlegene Partei nach Art. 256 Abs. 2 AEUV iVm Art. 56 Protokoll Nr. 3 über die Satzung des Gerichtshofs der Europäischen Union (**SatzEuGH**)[92] ein Rechtsmittel beim Gerichtshof einlegen. Diese sind an

Kanzlei des Gerichtshofs der Europäischen Union
Rue du Fort Niedergrünewald
L-2925 Luxemburg
Tel.: +352 / 4303 1
Fax: +352 / 4303 2600

zu adressieren[93] oder per E-Mail an ecj.registry@curia.europa.eu zu richten.[94] Die Einreichung per Fax oder E-Mail ist nur fristwahrend, wenn das unterzeichnete Original des Schriftstücks samt Anlagen und Kopien spätestens zehn Tage nach (rechtzeitiger) Übermittlung des Faxes oder der E-Mail bei der Kanzlei eingeht.[95]

Das Rechtsmittel ist **auf Rechtsfragen beschränkt**; eine erneute Tatsachenprüfung ist ausgeschlossen.[96]

50   Das Rechtsmittel kann gem. Art. 58 SatzEuGH nur auf die Unzuständigkeit des Gerichts, auf einen die Interessen des Rechtsmittelführers beeinträchtigenden Verfahrensfehler oder auf eine Verletzung von Unionsrecht durch das Gericht gestützt werden. Im Hinblick auf gerügte Verfahrensfehler ist auch erforderlich, dass sich der Verfahrensfehler für den Rechtsmittelführer negativ in der Sachentscheidung des Gerichts ausgewirkt hat.

51   Die Frist für die Einlegung eines Rechtsmittels beträgt **zwei Monate** ab Zustellung der angefochtenen Entscheidung (Art. 56 Abs. 1 SatzEuGH)[97], zuzüglich der Entfernungsfrist, für Deutschland 10 Tage, Art. 51 Verfahrensordnung des Gerichtshofs (**VerfO-EuGH**)[98].

---

[91] *Wegener* in Calliess/Ruffert, EU/AEUV, Art. 279 Rn. 21; *Gaitanides* in v. d. Groeben/Schwarze/Hatje, Europäisches Unionsrecht, Art. 278 AEUV Rn. 8, Art. 279 AEUV Rn. 30 f.; *Stoll/Rigod* in Grabitz/Hilf/Nettesheim, Das Recht der Europäischen Union, Art. 279 AEUV Rn. 21.
[92] *Wegener* in Calliess/Ruffert, EU/AEUV, Art. 256 Rn. 10; *Karpenstein* in Grabitz/Hilf/Nettesheim, Das Recht der Europäischen Union, Stand 2015, Art. 256 AEUV Rn. 40.
[93] Ziffer 43 Praktische Anweisungen für die Parteien in den Rechtssachen vor dem Gerichtshof, Amtsblatt der EU vom 31. Januar 2014, L 31/1.
[94] Ziffer 42 Praktische Anweisungen für die Parteien in den Rechtssachen vor dem Gerichtshof, Amtsblatt der EU vom 31. Januar 2014, L 31/1.
[95] Ziffer 42 Praktische Anweisungen für die Parteien in den Rechtssachen vor dem Gerichtshof, Amtsblatt der EU vom 31. Januar 2014, L 31/1. Die Praktischen Anweisungen für die Parteien in den Rechtssachen vor dem Gerichtshof enthalten noch weitere Einzelheiten zum Prozedere.
[96] *Wegener* in Calliess/Ruffert, EU/AEUV, Art. 256 Rn. 10; *Karpenstein* in Grabitz/Hilf/Nettesheim, Das Recht der Europäischen Union, Stand 2015, Art. 256 AEUV Rn. 40.
[97] Die Fristberechnung erfolgt gemäß Art. 49 VerfO-EuGH.
[98] Amtsblatt der EU vom 26. Juni 2013, .L 173/65.

Auch die Einlegung eines Rechtsmittels entfaltet **kein**en **Suspensiveffekt**, sodass keine aufschiebende Wirkung eintritt, sofern nicht die Voraussetzungen des Art. 279 AEUV vorliegen und ein entsprechender Antrag gestellt wird (→ Rn. 59 ff.). 52

Sofern das Rechtsmittel begründet ist, hebt der Gerichtshof die Entscheidung des Gerichts auf und entscheidet entweder selbst endgültig, sofern die Sache spruchreif ist, oder verweist den Rechtsstreit zur Entscheidung an das Gericht zurück (Art. 61 Abs. 1 SatzEuGH). 53

(b) Untätigkeitsklage. Unterlässt die EZB eine in ihrer Zuständigkeit stehende Pflicht, so kann die natürliche oder juristische Person, an die sich der zu ergehende Beschluss richten würde, Untätigkeitsklage gem. Art. 265 Abs. 3 AEUV erheben. 54

Die Untätigkeitsklage ist allerdings nur dann zulässig, wenn die EZB überhaupt nicht tätig geworden ist. Im Fall der rechtswidrigen Ablehnung des Erlasses eines Beschlusses, ist die Untätigkeitsklage nach Art. 265 AEUV nicht statthaft, da die EZB in diesen Fällen bereits durch Ablehnung des Beschlusses tätig geworden ist.[99] 55

Zulässigkeitsvoraussetzung der Untätigkeitsklage ist zudem die unmittelbare und individuelle Betroffenheit des Klageführers (→ Rn. 20 ff.).[100] Insofern ist nicht nur der Adressat des beantragten Beschlusses klagebefugt, sondern auch sonstige Betroffene. In jedem Fall ist jedoch nach Art. 265 Abs. 2 AEUV zuvor die EZB aufzufordern, innerhalb einer Frist von zwei Monaten zu handeln. Nach Verstreichen der Frist muss die Klage gemäß Art. 265 Abs. 2 S. 2 Hs. 2 AEUV innerhalb von zwei Monaten eingereicht werden. Zuständig für die Klage ist das Gericht nach Art. 265 Abs. 1 S. 1 AEUV.

(c) Stellungnahme zu den Rechtsschutzmöglichkeiten gegen Beschlüsse der EZB. 56
Das administrative Überprüfungsverfahren, das in seiner Funktion dem Widerspruchsverfahren im deutschen Verwaltungsrecht ähnelt, soll zur Entlastung der Gerichte beitragen, obgleich seine Durchführung keine Sachurteilsvoraussetzung ist. Die Besetzung des administrativen Überprüfungsausschusses gewährleistet eine große Sachnähe.[101] Damit soll eine effektive Überprüfung der Aufsichtsbeschlüsse der EZB ermöglicht werden.[102] Das Verfahren ist grundsätzlich nicht öffentlich.[103] Zudem sind die Fristen für das administrative Überprüfungsverfahren verhältnismäßig kurz:
- der Antrag ist innerhalb eines Monats einzureichen,[104]
- die Stellungnahme des administrativen Überprüfungsausschusses erfolgt innerhalb von zwei Monaten ab Antragstellung,[105]
- woraufhin das Aufsichtsgremium „unverzüglich" einen neuen Beschlussentwurf vorbereitet,[106]

---

[99] Ebenso: *C. Müller/Fischer/J.H. Müller* WM 2015, 1505 (1507).
[100] EuGH Rs. C-68/95 (BananenmarktVO), NJW 1997, 1225 Rn. 59.
[101] *Sacarcelik* BKR 2013, 353 (359).
[102] *Thiele* in GewArch 2015, 157 (159).
[103] Vgl. Art. 24 Abs. 10 SSM-Verordnung iVm Art. 14 Abs. 3 S. 2 Beschluss über die Arbeitsweise.
[104] Art. 24 Abs. 6 SSM-Verordnung.
[105] Art. 24 Abs. 7 SSM-Verordnung.
[106] Art. 24 Abs. 7 SSM-Verordnung; *Sacarcelik* hält die Formulierung „unverzüglich" ohne die Festlegung einer Höchstfrist für ein Einfallstor für Verzögerungen, *Sacarcelik* BKR 2013, 353 (359). Allerdings enthält Art. 17 Abs. 2 Beschluss über die Arbeitsweise eine Konkretisierung des unbestimmten Rechtsbegriffs „unverzüglich": Einen Beschluss-Entwurf gleichen Inhalts muss das Aufsichtsgremium innerhalb von 10 Arbeitstagen an den EZB-Rat weiterleiten; einen aufhebenden oder abändernden Beschluss-Entwurf innerhalb von 20 Arbeitstagen.

- der, sofern nicht der EZB-Rat diesem innerhalb von 10 Arbeitstagen widerspricht, als angenommen gilt.[107]

Damit ergibt sich eine Gesamtverfahrensdauer von ca. drei bis vier Monaten.

Allerdings entfaltet die Stellungnahme des administrativen Überprüfungsausschusses keine Bindungswirkung gegenüber dem EZB-Rat. Dieser kann – trotz einer anderslautenden Stellungnahme – erneut einen Beschluss gleichen Inhalts verabschieden.[108]

57 Bei einer Überprüfung eines Beschlusses der EZB durch das Gericht oder den Gerichtshof wird dagegen eine – grundsätzlich in öffentlicher Sitzung[109] gefundene – Entscheidung mit Bindungswirkung erreicht. Allerdings lässt ein Blick auf die personelle Ausstattung der beiden Gerichte[110] und die Anzahl der derzeit durch die EZB beaufsichtigten Institute[111] erahnen, dass es zu langen Verfahrensdauern kommen kann, sollte eine Vielzahl von Beschlüssen der EZB angegriffen werden.[112] Die durchschnittliche Verfahrensdauer betrug 2014 vor dem Gericht 23,4 Monate (2013 waren es 26,9 Monate) und in Rechtsmittelsachen vor dem Gerichtshof 14,5 Monate (2013 waren es 16,6 Monate).[113] Dieser positive Trend hinsichtlich der Verfahrensdauern dürfte – zumindest wenn die Gerichte nicht stark in personeller Hinsicht aufgestockt werden – in Bezug auf die Überprüfung der Aufsichtsbeschlüsse der EZB nicht anhalten. Zudem wäre die Bildung von Spezialkammern zur Sicherstellung der Sachnähe wünschenswert.

Darüber hinaus droht im Rahmen des gerichtlichen Rechtsschutzes ein Konflikt mit dem oben bereits dargestellten Trennungsprinzip. Richter der Unionsgerichte sind nicht berechtigt auch nationales Recht, auf das die EZB einen Beschluss evtl. ua gestützt haben kann, zu überprüfen, sodass es in einem derartigen Fall für die Erlangung eines umfassenden Rechtsschutzes erforderlich ist, dass Klage nicht nur beim Gericht, sondern auch bei der zuständigen nationalen Gerichtsbarkeit eingereicht wird.

---

[107] Art. 24 Abs. 7 SSM-Verordnung.
[108] Art. 24 Abs. 7 SSM-Verordnung, so auch: *Sacarcelik* BKR 2013, 353 (359).
[109] Vgl. Art. 109 VerfO-EuG und Art. 79 VerfO-EuGH.
[110] Das Gericht hat neun (http://curia.europa.eu/jcms/jcms/Jo2_7038/, zuletzt aufgerufen am: 14.10.2015), der Gerichtshof 10 Kammern (*Hackspiel* in v. d. Groeben/Schwarze/Hatje, Europäisches Unionsrecht, Art. 16 SatzEuGH Rn. 2).
[111] Gerichtshof der Europäischen Union, Pressemitteilung Nr. 27/15 vom 3. März 2015 – Rechtsprechungsstatistik 2014.
[112] Ebenso: *C. Müller/Fischer/J.H. Müller* WM 2015, 1505 (1510).
[113] Ebenso: *C. Müller/Fischer/J.H. Müller* WM 2015, 1505 (1510).

Tabellarisch lassen sich die Vor- und Nachteile der jeweiligen Verfahren wie folgt darstellen: 58

	Administratives Überprüfungsverfahren	Gerichtlicher Rechtsschutz	
		Nichtigkeitsklage	Untätigkeitsklage
Verfahrensdauer	Ca. 3–4 Monate	Gericht: durchschn. Verfahrensdauer 23,4 Monate Gerichtshof: durchschn. Verfahrensdauer 14,5 Monate[113]	
Fristen	1 Monat ab Bekanntgabe des Beschlusses an den Antragsteller, Art. 24 Abs. 4 SSM-Verordnung	2 Monate ab Bekanntgabe des Beschlusses, Art. 263 Abs. 4 AEUV	Zunächst 2-Monats-Frist zum Tätigwerden, sofern verstrichen weitere 2-Monats-Frist zur Klageeinreichung, Art. 265 Abs. 2 AEUV
Aufschiebende Wirkung	Keine aufschiebende Wirkung, Art. 24 Abs. 8 SSM-Verordnung	Keine aufschiebende Wirkung, Art. 278 AEUV	
Öffentlichkeit	Grds. nicht öffentlich	Grds. öffentlich	
Kosten	Aufsichtsgremium entscheidet nach Art. 21 Abs. 2 Beschl. der EZB 2014/360/EU über die Verteilung der Kosten[114]	Gericht: grds. keine Verfahrenskosten gem. Art. 90 VerfO EuG Gerichtshof: grds. keine Verfahrenskosten[115], Art. 143 VerfO EuGH[116]	
Bindungswirkung	Keine Bindungswirkung der Stellungnahme des administrativen Überprüfungsausschusses	Beteiligte Parteien sind an Entscheidung des Gerichts gebunden, haben aber die Möglichkeit Rechtsmittel beim Gerichtshof einzulegen	

bb) Einstweiliger Rechtsschutz

Grundsätzlich haben Klagen gegen Unionsrechtsakte keine aufschiebende Wirkung, 59
Art. 278. S. 1 AEUV.[118] Dennoch besteht die Möglichkeit, einstweiligen Rechtsschutz zu

---

[114] Rechtsprechungsstatistik 2014, Pressemitteilung 27/15 des Gerichtshofs der Europäischen Union.

[115] Die EZB wird ein Verfahren zur angemessenen Verteilung der Kosten entwickeln, wobei der Antragsteller grundsätzlich einen Anteil der Kosten als Pauschalbetrag zu zahlen hat. Sofern der EZB-Rat den ursprünglichen Beschluss aufgrund des Antrags aufhebt oder abändert soll der Antragsteller grundsätzlich eine Kostenerstattung erhalten, es sei denn, die Kosten der Überprüfung seien übermäßig hoch. Dieses Verfahren zur Kostenentscheidung soll auf der Homepage der EZB veröffentlich werden, EZB-Jahresbericht zur Aufsichtstätigkeit 2014, März 2015, 21 f.

[116] Ebenso: *Geppert* in Rengeling/Middeke/Gellermann, Handbuch des Rechtsschutzes in der Europäischen Union, 3, § 29 Rn. 1.

[117] Hinsichtlich der Rechtsanwaltsgebühren ist nach einer Ansicht in der Literatur § 38 RVG analog anzuwenden, teilweise wird aber auch eine analoge Anwendung des § 37 Abs. 2 RVG bejaht (*Jungbauer* in Bischof/Jungbauer/Bräuer/Curkovic/Klipstein/Klüsener/Uher, RVG Kommentar, § 38 Rn. 20).

[118] Im Gegensatz zur deutschen Regelung, die eine aufschiebende Wirkung von Klagen grundsätzlich vorsieht, § 80 Abs. 1 VwGO.

erlangen, um die Rechte der Parteien bis zur Entscheidung in der Hauptsache zu schützen und irreparable Schäden zu vermeiden.[119] Gem. Art. 278 S. 2 AEUV kann der Gerichtshof die Durchführung der im Hauptsacheverfahren angefochtenen Handlung aussetzen oder gem. § 279 AEUV die erforderlichen einstweiligen Anordnungen treffen.

60 Gegenstand eines Aussetzungsantrages können alle belastenden Beschlüsse der EZB sein, die geeignet sind, Rechtswirkung zu erzeugen und in der Hauptsache mit einer Anfechtungs- oder Nichtigkeitsklage angegriffen werden können.

61 Ein solcher Antrag ist im Verhältnis zur Klage in der Hauptsache akzessorisch (Art. 160 Abs. 1 VerfO-EuGH, Art. 104 Abs. 1 VerfO-EuG); der Antrag auf einstweiligen Rechtsschutz ist nur dann zulässig, wenn spätestens gleichzeitig Klage vor dem Gericht oder dem Gerichtshof erhoben wird.

Problematisch ist diese Akzessorietät im Hinblick auf einstweiligen Rechtsschutz bei Untätigkeit der EZB. Art. 265 AEUV verlangt jedoch eine vorherige Aufforderung der Behörde, vorliegend zumeist der EZB, zum Handeln und damit verbunden die Einräumung einer zweimonatigen Handlungsfrist (näher hierzu → B.XII. Rn. 49 ff.).

62 Die Entscheidung über den Antrag ergeht durch Beschluss des Präsidenten des Gerichts, welches in der Hauptsache zuständig ist (Art. 161 Abs. 1 VerfO-EuGH). Der Beschluss des EuGH ist unanfechtbar (Art. 162 Abs. 1 S. 1 VerfO-EuGH).

63 Antragsbefugt ist grundsätzlich jede natürliche oder juristische Person, die den Schutz eigener Interessen verfolgt. Dafür muss sie eine unmittelbare und individuelle Betroffenheit geltend machen (vgl. → Rn. 20 ff.).

64 Für die Begründetheit des Antrags ist das kumulative[120] Vorliegen folgender Voraussetzungen erforderlich:

- Zunächst muss es dem Antragsteller gelingen, die Notwendigkeit einer Anordnung glaubhaft zu machen[121] und
- die Umstände, die auf das Vorliegen einer dringlichen Situation schließen lassen, zu beweisen.[122]
- Zudem nimmt der Gerichtshof in ständiger Rechtsprechung[123] eine umfassende Interessenabwägung zwischen den Nachteilen auf Seiten des Antragstellers und den durch eine etwaige Anordnung verursachten Nachteilen für den Antragsgegner, das Unionsinteresse oder sonstige Dritte, vor, die im Falle der Begründetheit zugunsten des Antragstellers ausfallen muss.[124]

---

[119] *Glawe* JA 2013, 63 ff.; *Wegener* in Rengeling/Middeke/Gellermann, Handbuch des Rechtsschutzes in der Europäischen Union, § 19 Rn. 3.

[120] Vgl. EuGH C-7/04 (Kommission/Akzo u. Akcros), Slg. 2004, I-8742 Rn. 28.

[121] EuGH C-149/95(Atlantic Container Line ua/Kommission), Slg. 1995, I-2165 Rn. 26; C-39/03 (Artegodan/Kommission), Slg. 2003, I-4485 Rn. 40 und die dort angeführte Rechtsprechung).

[122] EuGH C-213/91 (Albertal ua/Kommission), Slg. 1991, I-5110 Rn. 18; mit weiteren Nachweisen: *Jaeger*, EuR 2013, 3 (13 f.).

[123] ZB EuGH C-78/14 (Kommission/ANKO), ECLI:EU:C:2014:239 Rn. 36 (zu finden unter http://curia.europa.eu – zuletzt aufgerufen am 20.10.2015); Rs. C-280/93 (Deutschland/Rat), Slg. 1993, I-3667 Rn. 29 ff.; C-404/04 (Technische Glaswerke Ilmenau/Kommission), Slg. 2005, I-3542 Rn. 10 f.; EuG Rs. T-158/03 (Industrias Quimicas del Vallés/Kommission), Slg. 2003, II-3041 Rn. 102 ff. In der Vergangenheit hat der EuGH dabei nicht immer trennscharf zwischen der Dringlichkeitsprüfung und der Abwägung der Gesamtinteressen differenziert. Jedenfalls in den neueren Entscheidungen behandelt der EuGH Interessenabwägung jedoch zunehmend als eigenen Prüfungspunkt. Vgl. hierzu: *Thiele*, Europäisches Prozessrecht, § 11 Rn. 42, 55.

[124] Mit weiteren Nachweisen: *Thiele*, Europäisches Prozessrecht, § 11 Rn. 40.

Die Notwendigkeit einer beantragten Anordnung ist nach der Rechtsprechung bereits 65
dann anzunehmen, wenn das Vorbringen des Antragstellers in der Hauptsache nach summarischer Prüfung auf den ersten Anschein nicht offensichtlich unbegründet erscheint (sog „fumus boni iuris" – Anschein der Begründetheit).[125]

An das Kriterium der Dringlichkeit werden strengere Voraussetzungen geknüpft, weshalb die Dringlichkeitsprüfung regelmäßig den Schwerpunkt im Rahmen der Begründetheitsprüfung von Eilanträgen vor Gericht und Gerichtshof bildet. Eine dringliche Situation liegt nach der Judikatur vor, wenn eine vorläufige Entscheidung notwendig ist, um schwere und irreparable Schäden beim Antragsteller zu verhindern.[126] Maßstab ist insofern die Frage, ob dem Antragsteller durch die sofortige Umsetzung der mit der Klage angegriffenen Maßnahme nicht nur unwesentliche Nachteile entstehen können, die auch im Falle des Erfolgs in der Hauptsache nicht mehr nachträglich ausgeglichen werden könnten.[127] Damit reichen voraussichtliche finanzielle Schäden zur Annahme der Dringlichkeit regelmäßig nicht aus, da diese Gegenstand eines späteren finanziellen Ausgleichs sein können.[128] 66

Schließlich nehmen Gerichtshof und Gericht noch eine Gesamtabwägung betroffener 67
widerstreitender Interessen vor, wobei sie im Einzelnen an keine allgemeingültigen Vorgaben gebunden sind und über einen weiten Ermessensspielraum verfügen.[129] Weil der Gerichtshof die praktische Wirksamkeit des Unionsrechts sowie die damit einhergehende Verpflichtung zur Einhaltung mitgliedschaftlicher Verpflichtungen sehr hoch gewichtet[130] und zudem der Grundsatz gilt, dass Klagen vor Gericht und Gerichtshof gerade keine aufschiebende Wirkung haben sollen (Art. 278 S. 1 AEUV), wird hier im Ergebnis aber ebenfalls ein strenger Maßstab zugrunde gelegt.[131] Die bloße Notwendigkeit einer Anordnung reicht für sich genommen für einen dem Antragsteller günstigen Ausgang der Interessenabwägung nach der jüngeren Rechtsprechung jedenfalls nicht aus. Je aussichtsreicher die Sache in der Hauptsache ist, desto gewichtiger werden aber regelmäßig die Interessen der Gegenseite oder sonstige widerstreitende Interessen sein müssen, um den Erlass einer einstweiligen Anordnung verhindern zu können.[132] Solche widerstreitenden Interessen können im Falle der Bankenaufsicht bspw. die Wiederherstellung eines wirksamen Wettbewerbs oder schutzwürdige Rechte und Interessen Dritter sein.

cc) Schadensersatz

Darüber hinaus kann sekundärer Rechtsschutz in Form von Schadensersatz gemäß 68
Art. 340 Abs. 3 AEUV geltend gemacht werden, wenn Bedienstete der EZB in Ausübung ihrer Tätigkeit das Recht eines Einzelnen verletzt haben und dadurch ein Schaden entstanden ist.[133]

Dabei haftet die EZB über die Sonderregelung des Art. 340 Abs. 3 AEUV direkt. Die 69
Schaffung einer solchen Sonderregelung war erforderlich, da die EZB wegen des in Art. 139 Abs. 3 AEUV normierten Ausschlusses von den Rechten und Pflichten im EZB-System für

---

[125] So jedenfalls bei komplizierten Rechtsfragen, EuG Rs. T-41/96 R, Bayer, Slg. 1996, II-381 Rn. 52; s. a. *Schoch* in Ehlers/Schoch, Rechtsschutz im Öffentlichen Recht, § 12 Rn. 48.
[126] EuGH Rs. C-213/91 (Albertal ua/Kommission), Slg. 1991, I-5110 Rn. 18.
[127] *Schoch* in Ehlers/Schoch, Rechtsschutz im Öffentlichen Recht, § 12 Rn. 52 ff.
[128] EuG Rs. T-185/94 (Geotronics/Kommission), Slg. 1994, II-519 Rn. 19.
[129] *Schoch* in Ehlers/Schoch, Rechtsschutz im Öffentlichen Recht, § 12 Rn. 64.
[130] *Glawe* JA 2013, 63 (66).
[131] *Thiele*, Europäisches Prozessrecht, § 11 Rn. 1.
[132] *Thiele*, Europäisches Prozessrecht, § 11 Rn. 57 f.
[133] Deklaratorisch festgehalten in Erwägungsgrund 61 der SSM-Verordnung.

diejenigen Mitgliedsstaaten, in denen nicht der EUR als Gemeinschaftswährung eingeführt wurde, nicht für die gesamte Union handelt. Diese Haftung der EZB richtet sich nach den allgemeinen Rechtsgrundsätzen, die den Rechtsordnungen der Mitgliedstaaten gemeinsam sind (Art. 340 AEUV).

70 Die Rechtsprechung von Gerichtshof und Gericht verlangt für die Begründung eines Schadensersatzanspruches nach Art. 340 AEUV, *„daß die den Organen vorgeworfene Handlung rechtswidrig und ein tatsächlicher Schaden eingetreten ist sowie daß zwischen der Handlung und dem behaupteten Schaden ein ursächlicher Zusammenhang besteht"*.[134]

71 Als Rechtsverletzung kommt im Hinblick auf Beschlüsse der EZB administratives Unrecht in Betracht. Als solches gilt nach der Rechtsprechung jedes Handeln, das nicht zur Entstehung von Rechtsakten mit allgemeiner Geltung, sondern zu Einzelfallentscheidungen führt und damit kein normsetzendes Verhalten ist;[135] dies trifft regelmäßig auf die Beschlüsse der EZB zu. Im Hinblick auf ein Unterlassen ist dieses jedoch nur dann haftungsbegründend, wenn eine entsprechende Handlungspflicht bestand.[136]

72 Ein etwaiger Schaden muss bereits eingetreten sein oder mit großer Sicherheit unmittelbar bevorstehen, die Schadensermittlung erfolgt mittels der Differenzhypothese.[137]

73 Zur Begründung eines Schadensersatzanspruches ist ein Ursachenzusammenhang zwischen der schädigenden Handlung und dem eingetretenen Schaden erforderlich. Dieser darf nicht auf ein geschäftliches Handeln des Geschädigten zurückzuführen sein.[138]
Ein Verschulden der EZB oder ihrer Bediensteten ist keine Haftungsvoraussetzung.[139]

74 Der Schadensersatzanspruch umfasst neben reinen Vermögensschäden auch den entgangenen Gewinn, ebenfalls sind immaterielle Schäden ersatzfähig.[140]

75 Die Haftung der BaFin für den durch sie oder ihre Bediensteten in Ausübung ihrer Amtstätigkeit verursachten Schaden nach nationalem Recht bleibt von einer Haftung der EZB nach Art. 340 AEUV unberührt.[141]

dd) Akteneinsicht

76 In Verfahren vor dem administrativen Überprüfungsausschuss hat der Antragsteller gemäß Art. 20 Abs. 1 Beschluss über die Arbeitsweise nach Einreichung des Antrages und vorbehaltlich entgegenstehender berechtigter Interessen Dritter an der Wahrung ihrer

---

[134] EuGH Rs 4/69, Slg. 1971, 325 Rn. 10; Rs. 153/73, Slg. 1974, 675 Rn. 3; Rs. 49/79, Slg. 1980, 569 Rn. 7; Rs. C-308/87, Slg. 1990, I-1203 Rn. 6; Verb. Rs. 197–200/80 u. a, Slg. 1981, 3211 Rn. 18; EuG, Rs. T-514/93, Slg. 1995, II-621 Rn. 65; Verb. Rs. T-458/93 und T-523/93, Slg. 1995, II-2459 Rn. 90

[135] *Ruffert* in Calliess/Ruffert, EGV/AEUV, Art. 340 AEUV Rn. 13; *Jacob/Kottmann* in Grabitz/Hilf/Nettesheim, Das Recht der Europäischen Union, Art. 340 AEUV Rn. 95.

[136] *Augsberg* in v. d. Groeben/Schwarze/Hatje, Europäisches Unionsrecht, Art. 340 AEUV Rn. 37; *Ruffert* in Calliess/Ruffert, EGV/AEUV, Art. 340 AEUV Rn. 15.

[137] *Jacob/Kottmann* in Grabitz/Hilf/Nettesheim, Das Recht der Europäischen Union, Art. 340 AEUV Rn. 128. *Ruffert* in Calliess/Ruffert, EGV/AEUV, Art. 340 AEUV Rn. 26; *Gellermann* in Streinz, EUV/AEUV, Art. 340 AEUV Rn. 26 f.

[138] EuGH Verb. Rs. 197-200/80 ua (Ludwigshafener Walzmühle/Rat & Kommission), Slg. 1981, 3211.

[139] *Jacob/Kottmann* in Grabitz/Hilf/Nettesheim, Das Recht der Europäischen Union, Art. 340 AEUV Rn. 125; *Gellermann* in Streinz, EUV/AEUV, Art. 340 AEUV Rn. 29; *Augsberg* in v. d. Groeben/Schwarze/Hatje, Europäisches Unionsrecht, Art. 340 AEUV Rn. 55.

[140] *Ruffert* in Callies/Ruffert, EGV/AEUV, Art. 340 AEUV Rn. 29 f.; *Gellermann* in Streinz, EUV/AEUV, Art. 340 AEUV Rn. 26 f.

[141] Erwägungsgrund 61 der SSM-Verordnung.

Geschäftsgeheimnisse ein Recht auf Akteneinsicht. Die einzusehenden Akten bestehen aus allen Unterlagen, die die EZB im Rahmen ihrer Aufsichtstätigkeit erlangt, erstellt oder zusammengestellt hat.[142] Ausgenommen von der Akteneinsicht sind allerdings vertrauliche Informationen[143], zu denen beispielsweise auch Korrespondenz zwischen der EZB und der BaFin gehören kann[144].

In Verfahren vor dem Gericht steht den Hauptparteien Einsicht in die Akten der Rechtssache einschließlich der dem Gericht vorgelegten Verwaltungsakten zu.[145] Diese Möglichkeit kann entweder in den Diensträumen der Kanzlei wahrgenommen werden oder durch Verlangen nach entsprechenden Kopien der Verfahrensschriftstücke oder Auszügen aus den Akten. Regelungen zur Möglichkeit einer Akteneinsicht durch Dritte enthalten die neuen Praktischen Durchführungsbestimmungen zur Verfahrensordnung des Gerichts[146] nicht, in der zuvor geltenden EuG-Kanzler-Dienstanweisung[147] (EuGKanzlDA) war die Gewährung von Akteneinsicht durch Dritte jedoch von der vorherigen Zustimmung des Präsidenten abhängig.[148]

Für Verfahren vor dem Gerichtshof ist die Akteneinsicht explizit lediglich als ein Recht zur Einsichtnahme in solche Dokumente, die sehr umfangreich sind und nur in einfacher Ausfertigung in der Kanzlei eingereicht werden, geregelt.[149] In der Praxis wird den Vertretern der Parteien aber ebenfalls Einsicht in die Verfahrensakte, die alle Schriftsätze mitsamt der Anlagen enthält, gewährt.[150]

Eine Akteneinsicht durch Dritte ist weder in dem administrativen Überprüfungsverfahren noch in Verfahren vor dem Gericht und dem Gerichtshof vorgesehen.[151]

c) Rechtsschutz gegen Maßnahmen der BaFin

Gegen Verwaltungsakte der BaFin steht der nationale Rechtsweg offen. Üblicherweise werden Sanierungsmaßnahmen der BaFin mittels Widerspruchs bzw. Anfechtungsklage nach § 42 Abs. 1 Alt. 1 VwGO angegriffen.

Grundsätzlich haben Widerspruch und Anfechtungsklage gem. § 80 Abs. 1 S. 1 VwGO aufschiebende Wirkung (sog Suspensiveffekt), um zu verhindern, dass vollendeten Tatsachen geschaffen werden, deren Folgen womöglich irreparabel sind. Allerdings ordnet § 49 KWG[152] für eine Reihe von Sanierungsverwaltungsakten der BaFin deren sofortige Vollziehbarkeit an.[153]

---

[142] Art. 20 Abs. 2 Beschluss über die Arbeitsweise.
[143] Art. 20 Abs. 3 Beschluss über die Arbeitsweise.
[144] Art. 20 Abs. 4 Beschluss über die Arbeitsweise.
[145] Prakt. Durchführungsbestimmungen zur Verfahrensordnung des Gerichts, E.2.
[146] In Kraft seit 01.07.2015.
[147] Außer Kraft seit 30.06.2015.
[148] Art. 5 VIII EuGKanzlDA.
[149] Art. 3 § 3 EuGHKanzlDA.
[150] *Neumann* in Rengeling/Middeke/Gellermann, Handbuch des Rechtsschutzes in der Europäischen Union, § 21 Rn. 26.
[151] *Neumann* in Rengeling/Middeke/Gellermann, Handbuch des Rechtsschutzes in der Europäischen Union, § 21 Rn. 27, Fn. 64.
[152] Kreditwesengesetz in der Fassung der Bekanntmachung vom 9. September 1998 (BGBl. I S. 2776), das zuletzt durch Artikel 339 der Verordnung vom 31. August 2015 (BGBl. I S. 1474) geändert worden ist (**KWG**).
[153] §§ 10 Abs. 3, Abs. 4, 45 KWG.

82 Zudem ist die BaFin in Fällen, in denen sie durch Verwaltungsakt unmittelbar Beschlüsse der EZB umsetzt, nach der Rechtsprechung des Gerichtshofes dazu verpflichtet, die sofortige Vollziehung durch europarechtskonforme Auslegung des § 80 II Nr. 4 VwGO anzuordnen.[154]

83 Sollte ein Verwaltungsakt, den die BaFin im Rahmen einer Sanierung erlassen muss, begehrt werden, ist ausnahmsweise auch eine Verpflichtungsklage nach § 42 Abs. 1 Alt. 2 VwGO denkbar.

84 Handelt die BaFin im konkreten Einzelfall auf Anweisung der EZB, ohne dass ihr ein Ermessensspielraum zusteht, kann zusätzlich zur Entscheidung der BaFin auch direkt die Anweisung der EZB angegriffen werden, da diese bereits unmittelbare Wirkung entfaltet.[155]

85 Erging der Verwaltungsakt der BaFin auf Grund einer Anweisung der EZB, erstreckt sich die Prüfungskompetenz des nationalen Gerichts allein auf den Ermessensspielraum der BaFin, dh das Gericht kann die Umsetzung der Anweisung durch die BaFin überprüfen. Die Entscheidung über die Rechtmäßigkeit der Anweisung an sich, obliegt dem Gerichtshof.[156] Ein letztinstanzliches nationales Gericht und auch ein Instanzgericht, wenn dieses von der Ungültigkeit ausgeht,[157] muss deshalb die entsprechende Rechtsfrage im Rahmen des Vorabentscheidungsverfahrens gemäß Art. 267 Abs. 1 Ziff. b AEUV zur Entscheidung vorlegen.

86 Eine Vorlagepflicht des letztinstanzlichen nationalen Gerichts besteht weiterhin nach Art. 267 Abs. 1 Ziff. b AEUV hinsichtlich der Auslegung der SSM-Verordnung. Die Feststellung und Bewertung der dem Fall zugrundeliegenden Tatsachen verbleibt in der ausschließlichen Zuständigkeit des nationalen Gerichts[158], das Urteil des Gerichtshofs in der Vorlagesache entfaltet jedoch insofern eine Bindungswirkung, als dass das Ausgangsgericht und alle mit demselben Verfahrensgegenstand befassten Gerichte *„an die vom Gerichtshof vorgenommene Auslegung gebunden sind"*.[159]

aa) Widerspruch

87 Das Widerspruchsverfahren beginnt mit der Erhebung des Widerspruchs durch den Antragsteller (§ 69 VwGO) bei der Ausgangsbehörde oder bei der Widerspruchsbehörde (§ 70 Abs. 1 S. 1, 2 VwGO). Gemäß § 2 FinDAG[160] untersteht die BaFin der Rechts- und Fachaufsicht des Bundesministeriums der Finanzen (**BMF**). Da das BMF eine oberste Bundesbehörde ist, ist die BaFin nicht nur Ausgangsbehörde, sondern selbst auch Widerspruchsbehörde gem. § 73 Abs. 1 S. 2 Nr. 2 VwGO.

---

[154] *Schoch* in Schoch/Schneider/Bier, VwGO, § 80 Rn. 218 ff.; *Gellermann* in Rengeling/Middeke/Gellermann, Handbuch des Rechtsschutzes in der Europäischen Union, § 37 Rn. 69.
[155] EuGH Rs. C-113/77 (NTN Toyo Bearing Company ua/Rat), Slg. 1985, 1185.
[156] *Thiele* GewArch, 2015, 157 (159).
[157] *Karpenstein* in Grabitz/Hilf/Nettesheim, Das Recht der Europäischen Union, Art. 267 Rn. 62; *Wegener* in Calliess/Ruffert, EUV/AEUV, Art. 267 Rn. 26 f.
[158] *Wegener* in Calliess/Ruffert, EUV/AEUV, Art. 267 Rn. 3.
[159] *Karpenstein* in Grabitz/Hilf/Nettesheim, Das Recht der Europäischen Union, Art. 267 AEUV Rn. 102.
[160] Finanzdienstleistungsaufsichtsgesetz vom 22. April 2002 (BGBl. I S. 1310), das zuletzt durch Artikel 340 der Verordnung vom 31. August 2015 (BGBl. I S. 1474) geändert worden ist (**FinDAG**).

V. Rechtsschutz im Rahmen der Sanierung

Widersprüche gegen bankenaufsichtsrechtliche Maßnahmen sind demnach an eine der folgenden Postanschriften der BaFin zu übermitteln: 88
- Bundesanstalt für Finanzdienstleistungsaufsicht
  Postfach 1253
  53002 Bonn
- Bundesanstalt für Finanzdienstleistungsaufsicht
  Postfach 500154
  60391 Frankfurt am Main
  Bei Dringlichkeit ist ebenfalls eine Übermittlung per Fax zulässig:
  +49(0)2284-108-1550 (Bonn)
  +49(0)2284-108-123 (Frankfurt)

Die Frist für die Einlegung des Widerspruchs beträgt einen Monat seit Bekanntgabe des Verwaltungsakts an das beschwerte Kreditinstitut. Bei nicht ordnungsgemäß beigefügter Rechtsbehelfsbelehrung verlängert sich die Frist auf ein Jahr (§§ 70 Abs. 2, 58 VwGO). Bei unverschuldetem Fristversäumnis kann ein Antrag auf Wiedereinsetzung in den vorigen Stand gestellt werden (§§ 70 Abs. 2, 60 VwGO). 89

Die BaFin (zugleich Ausgangs-und Widerspruchsbehörde) kann dem Widerspruch abhelfen (sog Abhilfebescheid) und den Verwaltungsakt aufheben (§ 72 VwGO) oder ihn zurückweisen. In letzterem Fall endet das Vorverfahren mit dem Erlass eines Widerspruchsbescheids (§ 73 VwGO). 90

bb) Anfechtungsklage

Klagen gegen die BaFin sind in erster Instanz vor dem VG Frankfurt bzw. in zweiter Instanz vor dem VGH Kassel zu erheben (§ 1 FinDAG). 91

(1) Sachurteilsvoraussetzungen. Der Kläger muss geltend machen, durch den rechtswidrigen Verwaltungsakt möglicherweise in seinen **subjektiv-öffentlichen Rechten verletzt** zu sein (§ 42 Abs. 2 VwGO). 92

Die vorherige Durchführung eines erfolglosen Widerspruchverfahrens bzw. seine Entbehrlichkeit ist grundsätzlich Zulässigkeitsvoraussetzung der Anfechtungsklage (§ 68 VwGO). 93

Die Klage ist grundsätzlich einen Monat nach Zustellung des Widerspruchsbescheids bei der BaFin zu erheben (§ 74 Abs. 1 VwGO). Ist ein Widerspruchsverfahren entbehrlich, läuft die Frist ab Bekanntgabe des Verwaltungsakts. Sie ist schriftlich oder zur Niederschrift bei dem VG Frankfurt zu erheben (§§ 81 Abs. 1 S. 1, 82 VwGO). 94

(2) Rechtsfolge. Soweit der Verwaltungsakt rechtswidrig und der Kläger dadurch in seinen Rechten verletzt ist, ist die Klage begründet und das Gericht hebt den angegriffenen Verwaltungsakt auf.[161] 95

cc) Einstweiliger Rechtsschutz

In Fällen, in denen Widerspruch und Klageerhebung keine aufschiebende Wirkung entfalten, kann nach § 80 Abs. 5 VwGO die aufschiebende Wirkung gerichtlich angeordnet werden. 96

Sofern ein von der BaFin erlassener Verwaltungsakt aber lediglich einen EZB-Beschluss unmittelbar umsetzen soll und damit europarechtlich determiniert ist, ist der einstweilige 97

---

[161] § 113 Abs. 1 S. 1 VwGO.

Rechtsschutz limitiert: Zwar ist nach der Rechtsprechung des Gerichtshofs einem nationalen Gericht grundsätzlich die Möglichkeit einzuräumen, Maßnahmen des vorläufigen Rechtsschutzes zu erlassen, um eine umfassende Wirksamkeit der später ergehenden Gerichtsentscheidungen über das Bestehen der europarechtlich abgeleiteten Rechte zu erreichen.[162] Allerdings ist eine Aussetzung eines europarechtliche determinierten Verwaltungsaktes nur unter den folgenden, strengen Voraussetzungen zulässig:[163]

- Das nationale Gericht muss erhebliche Zweifel an der Gültigkeit des dem Verwaltungsakt zugrundeliegenden Primär- oder Sekundärrechts haben und die Frage nach der Gültigkeit dem Gerichtshof, sofern dieser nicht bereits damit befasst war, zur Entscheidung vorlegen.
- Zudem muss die Sache dringlich sein, dh dem Antragsteller ein schwerer, nicht wieder gutzumachender Schaden drohen, wobei ein rein finanzieller Schaden hierbei nicht ausreichend ist.
- Weiterhin muss das nationale Gericht im Interesse der Union darauf achten, eine Verordnung nicht vorschnell als ungültig einzustufen bzw. nicht zur Anwendung gelangen zu lassen.

Liegen diese Voraussetzungen vor, ist eine Aussetzung solange möglich, bis der Gerichtshof über die Gültigkeit der in Frage stehenden Verordnung entschieden hat.[164]

98 Diese Rechtsprechung des Gerichtshofs sieht sich in der Literatur erheblicher Kritik ausgesetzt, da der Gerichtshof durch die Schaffung der obenstehenden Kriterien seine Kompetenzen erheblich überschritten habe.[165] Dennoch ist diese Rechtsprechung als Datum für die Praxis zu sehen. Faktisch dürfte dies dazu führen, dass ein Antrag auf Gewährung einstweiligen Rechtsschutzes gegen Verwaltungsakte der BaFin, die der Umsetzung von EZB-Beschlüssen dienen, nur in Ausnahmefällen erfolgreich sein wird.

dd) Akteneinsicht

99 Im verwaltungsgerichtlichen Verfahren können die Beteiligten nach § 63 VwGO gemäß § 100 VwGO Einsicht in die Gerichtsakten und die dem Gericht vorgelegten Akten nehmen. Dies ist ein wesentlicher Teil der Parteiöffentlichkeit und dient der Verwirklichung des rechtlichen Gehörs und der prozessualen Waffengleichheit.[166] Ein Anspruch auf Beziehung anderer Akten als der des eigenen Verfahrens besteht nicht.[167]

100 Ob – über den Wortlaut des § 100 VwGO – hinaus ein **Akteneinsichtsrecht Nichtbeteiligter** gemäß § 299 Abs. 2 ZPO analog besteht, ist umstritten.[168] Selbst wenn man dies bejaht, führt der Ausschluss der Öffentlichkeit jedoch regelmäßig dazu, dass das Interesse des Verfahrensbeteiligten an der Geheimhaltung das Interesse des Dritten an der Einsicht

---

[162] EuGH Rs. C-213/89 (Queen/Secretary of State for Transport), Slg. 1990, I-2433 Rn. 20 f.
[163] *Gellermann* in Rengeling/Middeke/Gellermann, Handbuch des Rechtsschutzes in der Europäischen Union, § 37 Rn. 70; *Puttler* in Sodan/Ziekow, VwGO, § 80 Rn. 17a.
[164] *Puttler* in Sodan/Ziekow, VwGO, § 80 Rn. 17.
[165] *Puttler* in Sodan/Ziekow, VwGO § 80 Rn. 18.
Eine ausführliche Darstellung des Streitstandes findet sich auch bei: *Schoch* in Schoch/Schneider/Bier, VwGO, 80 Rn. 392 ff.
[166] *Schenke* in Kopp/Schenke, VwGO, § 100 Rn. 1; *Rudisile* in Schoch/Schneider/Bier, VwGO, § 100 Rn. 4; *Posser* in Posser/Wolf, BeckOK VwGO, § 100 Rn. 3.
[167] *Schenke* in Kopp/Schenke, VwGO, § 100 Rn. 1.
[168] Vgl. zum Streitstand *Rudisile* in Schoch/Schneider/Bier, VwGO, Stand 2015, § 100 Rn. 11 f. mit weiteren Nachweisen.

überwiegt;[169] lediglich in besonderen Einzelfällen, in denen ausnahmsweise ein das bereits gerichtlich festgestellte Geheimhaltungsinteresse übersteigendes rechtliches Interesse eines Dritten besteht, kann bei nichtöffentlichen Gerichtsverhandlungen ein Akteneinsichtsrecht Dritter bestehen. Dies ist praktisch kaum vorstellbar.

d) Rechtsschutz gegen Sanierungspläne nach dem KredReorgG

Obwohl das Sanierungsverfahren nach dem Gesetz zur Reorganisation von Kreditinstituten (**KredReorgG**)[170] bislang praktisch keine Anwendung fand und auch in Zukunft nicht zu erwarten ist, dass dieses eine wesentlich größere Bedeutung erlangen wird, sollen die (fehlenden) Rechtsschutzmöglichkeiten gegen Sanierungspläne nach diesem Gesetz hier der Vollständigkeit halber dargestellt werden: 101

Das Sanierungsverfahren ist ein freiwilliges Verfahren. Es wird mit der Anzeige der Sanierungsbedürftigkeit durch die betroffene Bank gegenüber der BaFin eingeleitet, § 2 Abs. 1 KredReorgG. Gleichzeitig legt die Bank der BaFin einen Sanierungsplan vor und unterbreitet einen Vorschlag für einen Sanierungsberater, § 2 Abs. 2 S. 1 KredReorgG. Die BaFin stellt dann einen Antrag auf Durchführung des Sanierungsverfahrens beim OLG Frankfurt, § 2 Abs. 3 S. 1, 2 KredReorgG, § 1 Abs. 3 FinDAG.

Sofern der Sanierungsplan nicht offensichtlich ungeeignet ist (Evidenzkontrolle), ordnet das OLG das Sanierungsverfahren an, § 3 Abs. 1 S. 1 KredReorgG[171]. Der Sanierungsplan kann alle für eine Sanierung geeigneten Maßnahmen enthalten. Nach § 5 Abs. 1 KredReorgG können weitere Maßnahmen zur Förderung der Sanierung gerichtlich beschlossen werden. Eingriffe in Drittrechte sind jedoch nicht zulässig, § 2 Abs. 2 S. 2 KredReorgG. Dementsprechend können Sanierungsmaßnahmen an der fehlenden Zustimmung der Gesellschafter scheitern. Diese Zustimmung kann auch nicht durch Gerichtsbeschluss ersetzt werden.[172] Dementsprechend gibt es keinen gesonderten Rechtsschutz gegen den Sanierungsplan im Sinne des KredReorgG.

---

[169] *Deppenkemper* in Prütting/Gehrlein, ZPO, § 299 Rn. 9; *Prütting* in MüKo, ZPO, § 299 Rn. 25; *Leipold* in Stein/Jonas, ZPO, § 299 Rn. 45.
[170] Kreditinstitute-Reorganisationsgesetz vom 9. Dezember 2010 (BGBl. I, 1900), das zuletzt durch Artikel 343 der Verordnung vom 31. August 2015 (BGBl. I, 1474) geändert worden ist.
[171] *Schelo* NJW 2011, 186 (187).
[172] *Lorenz* NZG 2010, 1046 (1049).

VI. Haftung der Leitungsorgane bei unzureichendem Risikomanagement

Übersicht

		Rn.
1.	Einleitung	1
2.	Strafrechtliche Verantwortung nach § 54a KWG	3
	a) Überblick	3
	b) Geschütztes Rechtsgut, Deliktsnatur und verfassungsrechtliches Bestimmtheitsgebot	4
	c) Täter und Teilnehmer	8
	d) Institut oder Gruppe im Sinne des § 25c Abs. 4a und b KWG	12
	e) Verstoß gegen Pflichtenkatalog aus § 25c Abs. 4a und b KWG	13
	f) Bestandsgefährdung des Instituts	23
	g) Kausalität	26
	h) Nichtbeachtung einer BaFin Anordnung	27
	i) Subjektiver Tatbestand	29
	j) Versuch, Verjährung und Strafantrag	30
3.	Weitere Straftatbestände	31
4.	Gesellschaftsrechtliche und zivilrechtliche Haftung	35
	a) Innenhaftung	36
	b) Außenhaftung	47

Schrifttum: *Ahlbrecht,* Banken im strafrechtlichen Regulierungsfokus – Trennbankengesetz und Steuerhinterziehungsinstitute, BKR 2014, 98; *Bachmann,* Die Geschäftsleiterhaftung im Fokus der Rechtsprechung und Rechtspolitik, BB 2015, 771; *Bachmann,* Zehn Thesen zur deutschen Business Judgement Rule, WM 2015, 105; *Beck/Samm/Kokemoor,* Kommentar zum Kreditwesengesetz mit CRR, Loseblattwerk, 2014; *Boss/Fischer/Schulte-Mattler,* Kommentar zum KWG und Ausführungsvorschriften, 3. Auflage 2008; *Cichy/Cziupka/Wiersch,* Voraussetzungen der Strafbarkeit der Geschäftsleiter von Kreditinstituten nach § 54a KWG nF, NZG 2013, 846; *Dengler,* Die MaRisk-Anforderungen und Ihre Auswirkungen auf die Vorstandshaftung, WM 2014, 2032; *Goeckenjan,* Die neuen Strafrechtsvorschriften nach dem sog Trennbankengesetz (§ 54a KWG und § 142 VAG), wistra 2014, 201; *Goette/Habersack,* Münchener Kommentar zum Aktiengesetz, 4. Auflage 2014; *Hamm/Richter,* Symbolisches und hypertrophes Strafrecht im Entwurf eines „Trennbankengesetzes", WM 2013, 865; *Heidel,* Kommentar zum Aktienrecht und Kapitalmarktrecht, 4. Auflage 2014; *Hopt,* Die Verantwortlichkeit von Vorstand und Aufsichtsrat: Grundsatz und Praxisprobleme unter besonderer Berücksichtigung der Banken, ZIP 2013, 1792; *Jahn,* Moralunternehmergewinne und Gewissheitsverluste, JZ 2011, 340; *Kasiske,* Bestandsgefährdung systemrelevanter Kreditinstitute als eigener Straftatbestand? ZRP 2011, 137; *Kasiske,* Das Kapitalmarktstrafrecht im Treibsand prinzipienorientierter Regulierung – Das neue Strafvorschrift in § 54a KWG und § 142 VAG, ZIS 2013, 257; *Koch,* Die schleichende Erosion der Verfolgungspflicht nach ARAG/Garmenbeck, NZG 2014, 934; *Livonius/Graf/Wolter/Zöller,* Strafverteidigung im Wirtschaftsleben, Festgabe für Hanns W. Feigen, 2014; *Lutter,* Rechtsgutachten zu den Pflichten von Vorstand und Verwaltungsrat der Bayerischen Landesbank im Zusammenhang mit dem Kauf der Hypo Group Alpe Adria im Auftrag des Untersuchungsausschusses des Bayerischen Landtags, 2010; *Lutter,* Zur Rechtmäßigkeit von internationalen Risikogeschäften durch Banken der öffentlichen Hand, BB 2009, 786; *Markgraf/Voss,* Geschäftsleiterhaftung nach § 54a KWG, Die Bank 2014, 75; *Schipke,* Die Weiterentwicklung des Bankeninsolvenzrechts durch das Gesetz zur Reorganisation von Kreditinstituten, 2015; *Schmidt,* Gutachten „Rechtsregeln beim Kauf der Hypo Group Alpe Adria (HGAA) durch die Bayerische Landesbank", 2010; *Schnorbus/Ganzer,* Recht und Praxis der Prüfung und Verfolgung von Vorstandsfehlverhalten durch den Aufsichtsrat, WM 2015, 1832 (Teil I); 1877 (Teil II); *Schröder/Wohlers/Fischer*, Die strafrechtliche Bewältigung der Finanzkrise am Beispiel der Strafbarkeit wegen Untreue, ZStW 123 (2011), 771, 791, 816; *Schröder*, Keine Strafbarkeitsrisiken für verantwortungsvoll handelnde Geschäftsleiter nach § 54a KWG, WM 2014, 100; *Schork/Groß*, Bankstrafrecht, 2013; *Schönke/Schröder*, Kommentar zum StGB, 29. Auflage, 2014; *Schwerdtfeger*, Strafbarkeitsrisiken für Geschäftsleiter von Banken – Teleologische Reduktion des Tatbestands auf systemrelevante Institute und Verhältnis zu § 266 StGB, ZWH 2014, 336; *Tröger*, Durchsetzung der Vorstandshaftung, ZHR 179 (2015), 453; *Wastl*, Trennbankengesetz, Strafrecht, verschärfte Sanktionen … oder einfach nur ein gesetzgeberisches Paradoxon?, WM 2013, 1401; *Zöllner/Noack*, Kölner Kommentar zum Aktiengesetz, 3. Auflage 2009; Stellungnahme des Deutschen Anwaltvereins durch den Ausschuss Strafrecht zum strafrechtlichen Teil des „Entwurfs eines Gesetzes zur Abschirmung von Risiken und zur Planung der Sanierung und Abwicklung von Kreditinstituten und Finanzgruppen", Nr. 29/2013.

1. Einleitung

Die Finanzmarktkrise der letzten Jahre hat nicht nur dazu geführt, dass eine oft als **Regulierungstsunami**[1] genannte Flut von neuen aufsichtsrechtlichen Regelungen über die Finanzindustrie einer gebrochen ist, sondern auch dazu, dass sich das strafrechtliche Normenkorsett für Leitungsorgane von Finanzinstituten verengt hat. Der Gesetzgeber war dabei sicher von der öffentlichen und auch juristisch-akademischen Diskussion[2] beeinflusst, die angesichts der Milliardenbeträge, die für die Bankenrettung in Europa und auch Deutschland ausgegeben werden mussten, eine stärkere persönliche Haftung[3] der Manager von Finanzinstituten gefordert hatte.[4] Dies hat sich in der Schaffung des § 54a KWG widergespiegelt. Nach Abschluss des Gesetzgebungsverfahrens zu § 54a KWG[5] muss man jedoch konstatieren, dass eine strafrechtliche Haftung nicht geeignet ist, das systemische Risiko der Bankenindustrie für unsere Gesellschaft, was gern mit den Begriffen **„too big to fail"** bzw. **„too connected to fail"** bezeichnet wird,[6] zu kontrollieren. Berechtigterweise wird deshalb im Zusammenhang mit § 54a KWG von einer bloßen Symbolpolitik gesprochen und bereits heute eine Streichung der Regelung gefordert.[7] Zivil- bzw. gesellschaftsrechtliche Haftungsvorgaben für Geschäftsleiter wurden in Folge der Finanzmarktkrise dagegen nicht verändert[8], da das bereits existierende Normengerüst ausreichend Rückgriffsmöglichkeiten gegenüber Geschäftsleitern vorsieht und das deutsche Haftungsrecht insgesamt als ausgewogen eingestuft werden kann.[9] In diesem Bereich hat sich die öffentliche Diskussion daher eher auf eine effizientere Durchsetzung etwaiger Ansprüche bzw. eine stärkere Sanktionierung des Fehlverhaltens konzentriert.[10]

1

---

[1] So zB *Fahrenschon, Georg*: „Wir haben es mit einem Regulierungstsunami zu tun, wir brauchen eine Pause, mir würde ein Sabbatical gefallen.", Handelsblatt-Tagung „Banken im Umbruch" 2015 in Frankfurt.
[2] Vgl. *Hopt* ZIP 2013, 1793 (1804); *Schröder/Wohlers/Fischer* ZStW 123 (2011), 771 (791, 816).
[3] Vgl. BT-Drucks. 17/12601, S. 2.
[4] Zur strafrechtlichen Aufarbeitung der Finanzkrise siehe zB *Jahn* JZ 2011, 340 ff.
[5] Vgl. Gesetz zur Abschirmung von Risiken und zur Planung der Sanierung und Abwicklung von Kreditinstituten und Finanzgruppen (RiskAbschG) v. 07.08.2013, BGBl. I 3090 ff.
[6] BT-Drucks. 17/12601, S. 2; *Schipke* S. 8 ff. mit weiteren Nachweisen.
[7] *Wegner* in Beck/Samm/Kokermoor KWG § 54a Rn. 5; *Ahlbrecht* BKR 2014, 98 (103).
[8] Abgesehen von der Veränderung der Verjährungsregelung in § 93 Abs. 6 AktG, die nunmehr eine Frist von 10 Jahren vorsieht. § 52a KWG verlängert die Organhaftung für Banken unabhängig von deren Börsennotierung.
[9] Vgl. hierzu *Bachmann* BB 2015, 771 (775).
[10] Vgl. zB *Tröger* ZHR 170 (2015), 453 ff.; *Hopt* ZIP 2013, 1793 (1802); Herbstkonferenz der Justizministerinnen und Justizminister, 09.11.2001 in Berlin, Beschluss Top II.2, http://justizministerium-

2 Der folgende Beitrag beschäftigt sich in erster Linie mit einer etwaigen strafrechtlichen Verantwortung von Leitungsorganen eines Finanzinstituts bei unzureichendem Risikomanagement. Der Kern der Darstellung setzt sich dabei mit dem neu geschaffenen § 54a KWG auseinander (→ Rn. 3 ff.). Auf weitere mögliche Straftatbestände wird nur kurz der Vollständigkeit halber verwiesen (→ Rn. 31 ff.). Im Anschluss wird auf eine mögliche gesellschaftsrechtliche Haftung des Leitungsorgans im Verhältnis zur Gesellschaft (→ Rn. 36 ff.) eingegangen, soweit kein ausreichendes Risikomanagement implementiert wurde und dadurch dem Finanzinstitut ein Schaden entstanden ist. Ansprüche von Eigentümern bzw. Gläubigern des Finanzinstituts gegenüber Geschäftsleitern werden in diesem Zusammenhang nur kurz behandelt (→ Rn. 47 ff.).

2. Strafrechtliche Verantwortung nach § 54a KWG

a) Überblick

3 Am 2. Januar 2014 trat der neue Straftatbestand § 54a KWG für Geschäftsleiter in Kraft.[11] Dieser sanktioniert Pflichtverletzungen im Risikomanagement mit Freiheitsstrafe bis zu fünf Jahren oder mit Geldstrafe. Die korrespondierenden Pflichten haben erst mit gleichem Tage in Form des neu geschaffenen § 25c Abs. 4a und b KWG Gesetzescharakter erhalten. Vor Einführung dieser Regelungen forderte lediglich § 25a Abs. 1 KWG in unpräziser Weise eine ordnungsgemäße Geschäftsleitung mit angemessenem Risikomanagement.[12]

b) Geschütztes Rechtsgut, Deliktsnatur und verfassungsrechtliches Bestimmtheitsgebot

4 § 54a KWG verfolgt nach dem Willen des Gesetzgebers unzweifelhaft den Schutz des Rechtsguts Stabilität des Finanzsystems, wobei es dabei in erster Linie um die **Stabilität des Finanzsystems** als Ganzem gehen soll.[13] Ob daneben auch der Schutz des Vermögens des jeweils betroffenen Instituts Ziel des Gesetzgebers war, kann aus den Gesetzesmaterialien nicht eindeutig entnommen werden. Aufgrund des Wortlauts der Norm wird man dies bejahen müssen, denn die Systemrelevanz des Instituts, in dem der Täter tätig ist, ist keine Tatbestandsvoraussetzung für die Strafbarkeit nach § 54a KWG.[14] So ist nicht die Finanzstabilität im Ganzen, sondern nur die des jeweiligen Institutes gefährdet, wenn zB eine kleine Sparkasse oder Privatbank durch das unzureichende Risikomanagement eines Geschäftsleiters in eine bedrohliche Lage gebracht wird. Das Gesetz behandelt diesen Fall aber nicht anders als den Fall in dem ein als systemrelevant eingestuftes Institut durch das Versäumnis der Leitungsorgane in Gefahr gebracht wird und damit das gesamte Finanzsystem gefährdet wird. Dies ist als Fehler des Gesetzgebers einzustufen, denn es ist nicht nachvollziehbar, warum das als nicht systemrelevant einzustufende Finanzinstitut eines besonderen Schutzes bedarf, wenn dagegen andere Industriezweige, zB der Energie- oder Transportsektor, trotz ihrer ähnlichen gesellschaftlichen Relevanz weit weniger im Fo-

---

bw.de/pb/,Lde/Startseite/Ministerium/Beschluesse+der+Herbstkonferenz+2011.
[11] Vorschrift eingefügt durch das Gesetz zur Abschirmung von Risiken und zur Planung der Sanierung und Abwicklung von Kreditinstituten und Finanzgruppen vom 07.08.2013, BGBl. I 3090.
[12] *Markgraf* Die Bank 2014, 75 (78).
[13] So BT-Drucks. 17/12601, S. 2; *Wastl* WM 2013, 1401 (1402).
[14] Offengelassen *Wastl* WM 2013, 1401 (1402); Stellungnahme des Deutschen Anwaltvereins durch den Ausschuss Strafrecht, Nr. 29/2013, S. 12; *Wegner* in Schork/Groß Rn. 669.

kus der schutzgeprägten Gesetzgebung stehen. Konsequenterweise müsste man deshalb sinn- und zweckentsprechend entweder den Anwendungsbereich der Norm auf systemrelevante Kreditinstitute begrenzen[15] oder aber den Rechtsgedanken des § 54a KWG auf alle Industriezweige übertragen. Wegen des klaren Wortlauts der Norm lässt sich eine solche Auslegung jedoch nicht vertreten.

Auch die Rechtsnatur der Norm ist auf den ersten Blick nicht klar erkennbar. Folgt man der Gesetzesbegründung, so soll es sich bei § 54a KWG um ein **abstraktes Gefährdungsdelikt** handeln.[16] Damit müsste aber die als Unterlassung beschriebene Tathandlung, vorliegend also das fehlende Sicherstellen eines ordnungsgemäßen Risikomanagements, eine abstrakte Gefahr für das von der Norm geschützte Rechtsgut bewirken. Eine abstrakte Gefahr ist im oben genannten Beispielsfall mit der kleinen Sparkasse oder Privatbank jedoch nicht gegeben. Vielmehr liegt „nur" eine konkrete Gefahr für das individuelle Institut vor.

Im Ergebnis muss man damit als geschütztes Rechtsgut des § 54a KWG neben der Stabilität des Finanzsystems auch den Schutz der Stabilität des individuell betroffenen Instituts annehmen und in der Norm eine Kombination aus einem konkreten und abstrakten Gefährdungsdelikts sehen[17]. Im Gegensatz zu anderen Gefährdungsdelikten stellt hier aber die konkrete Gefährdung für sich betrachtet das „geringere Übel" gegenüber dem Fall dar, in dem neben der konkreten Gefährdung für das Institut auch eine abstrakte Gefahr für die Stabilität des Finanzsystems als Ganzem besteht. Bei der Strafmaßbestimmung wird dies entsprechend zu berücksichtigen sein.

Nach dem in Art. 103 Abs. 2 GG verankerten **Bestimmtheitsgebot** sind Straftatbestände so zu verfassen, dass die Normadressaten bereits anhand des Wortlauts der Vorschrift voraussehen können, ob ihr Verhalten strafbar ist. Mit Blick darauf kann die Verfassungsmäßigkeit der Norm berechtigterweise mit Verweis darauf, dass der Pflichtenkatalog in § 25c Abs. 4a und b KWG derart „konturenlose und unbestimmte Schlagwörter" enthält, angezweifelt werden.[18] Diesem Vorwurf wirkt der erst im laufenden Gesetzgebungsverfahren aufgenommene Strafausschließungsgrund des § 54a Abs. 3 KWG entgegen. Danach ist eine Strafbarkeit nur dann gegeben, wenn eine Anordnung der BaFin missachtet wird (→ Rn. 27 ff.) und dadurch eine Bestandsgefährdung (→ Rn. 22 ff.) entsteht. Damit wird letztlich der erforderliche Ermessensspielraum der Geschäftsleiter geschützt und ein Rahmen für die Strafbarkeit fixiert.[19] Ob dies letztlich die Verfassungsmäßigkeit der Norm begründen kann, scheint fraglich. Keinesfalls kann man dahingehend argumentieren, dass der Normadressat letztlich durch die Anordnung seitens der Aufsicht nach § 54a Abs. 3 KWG die Konkretisierung seiner Pflichten mitgeteilt bekommt,[20] denn damit würde die Aufsicht entscheiden, wann der strafrechtlich relevante Bereich für einen Geschäftsleiter beginnt.[21] Eine solche Kompetenz ist der Aufsichtsbehörde verfassungsrechtlich nicht zugedacht und zudem widerspricht eine solch subjektive Bewertung dem Bestimmtheitserfordernis.

---

[15] So *Schwerdtfeger* ZWH 2014, 336 (338), der eine teleologische Reduktion der Norm auf systemrelevante Institute fordert.
[16] BT-Drucks. 17/12601, S. 50.
[17] Zum Thema Gefährdungsdelikt siehe *Hamm/Richter* WM 2013, 865 (868); *Goeckenjan* wistra 2014, 201 (204).
[18] So zB *Krause* FS Feigen S. 118; *Hamm/Richter* WM 2013, 865 (867); *Markgraf/Voss* Die Bank 2014, 75 (76); *Wegner* in Beck/Samm/Kokemoor KWG § 54a Rn. 5; aA *Goeckenjan* wistra 2014, 201 ff.
[19] *Markgraf/Voss* Die Bank 2014, 75 (76).
[20] So *Goeckenjan* wistra 2014, 201 ff.
[21] *Ahlbrecht* BKR 2014, 98 (99).

c) Täter und Teilnehmer

8   Bei § 54a KWG handelt sich nach dem Willen des Gesetzgebers um ein Sonderdelikt für Geschäftsleiter. Diese allein sind zur Umsetzung des Pflichtenkatalogs nach § 25c Abs. 4a und b KWG verpflichtet und können somit Täter sein. Nur scheinbar werden in Abkehr vom bekannten **Ressortprinzip** alle Geschäftsleiter des Instituts im Rahmen ihrer Gesamtverantwortung[22] in die Haftung genommen.[23] Gesamtverantwortung kann nicht dahingehend verstanden werden, dass die Verantwortung des ressortunzuständigen Geschäftsleiters deckungsgleich mit der des ressortverantwortlichen Geschäftsleiters ist. So ist es denknotwendig, dass die in § 25c Abs. 4a und b KWG auferlegten Sicherstellungspflichten tatsächlich durch die operativen Ebenen unterhalb der Geschäftsleitung umgesetzt werden und sich die Geschäftsleitung bei der Sicherstellung der Pflichten im Wesentlichen – neben dem Festlegen der Leitlinien des Risikomanagements – auf die Schaffung der Umsetzungsvoraussetzungen, zB ausreichendes Budget und Personal, sowie die Überwachung des Umsetzungs- und Sicherstellungsplans, zB durch regelmäßiges Reporting, konzentriert. Diese vertikale Arbeitsverteilung ist vergleichbar mit der hier in Frage stehenden horizontalen Arbeitsverteilung der Geschäftsleiter untereinander, wobei nur die eigenen Pflichten eines Geschäftsleiters Maßstab in Bezug auf § 54a KWG sein können. Die Pflichten des ressortunzuständigen Geschäftsleiters weichen gegenüber dem ressortverantwortlichen Geschäftsleiter inhaltlich ab.[24] Neben den originär zugeordneten Pflichten hat jedes Mitglied eines Leitungsorgans Informations- und Kontrollrechte gegenüber seinen Kollegen im Leitungsorgan und dementsprechend auch flankierende Pflichten. Der Gesetzgeber hat allerdings deutlich gemacht, dass es sich bei den in § 25c Abs. 4a und b KWG verankerten Pflichten um wesentliche Pflichten handelt und sich daran auch die Informations- und Kontrollpflichten des **ressortunzuständigen Geschäftsleiters** orientieren müssen. Die Forderung des Gesetzgebers, dass die Sicherstellungspflichten des Geschäftsführers nicht delegiert bzw. aufgeteilt werden können,[25] steht dem nicht entgegen, denn diese stellt nur klar, dass sich ein Geschäftsleiter nicht seiner Verantwortung entziehen kann.[26] Er ist außerhalb seines eigenen Ressorts sogar zum Einschreiten bei Anhaltspunkten für Pflichtverletzungen des ressortverantwortlichen Geschäftsleiters verpflichtet, wobei er grundsätzlich darauf vertrauen kann, dass der ressortzuständige Geschäftsleiter sich normenkonform verhält.[27] Dieser Vertrauenstatbestand wird jedoch spätestens dann erschüttert, wenn die Aufsichtsbehörde eine Anordnung nach § 54a Abs. 3 KWG erlässt und er davon Kenntnis

---

[22] BT-Drucks. 17/12601, S. 44.
[23] Zum das Strafrecht beherrschende und verfassungsrechtlich verbürgte Schuldprinzip siehe *Hamm/Richter* WM 2013, 865 (869).
[24] Vgl. *Braun/Wolfgarten* in Boos/Fischer/Schulte-Mattler KWG § 25a Rn. 68; *Wegner* in Beck/Samm/Kokermoor KWG § 54a Rn. 6; *Schröder* WM 2014, 100 (103); *Ahlbrecht* BKR 2014, 98 (101); *Krause* FS Feigen S. 126; aA *Kasiske* ZIS 2013, 257 (258).
[25] BT-Drucks. 17/12601, S. 44: „*Die Geschäftsleiter haften für die Einhaltung der Sicherstellungspflichten im Rahmen ihrer Gesamtverantwortung. Da es sich um wesentliche Pflichten handelt, können die Pflichten weder delegiert noch in Einzelressorts aufgeteilt werden.*".
[26] Soweit jedoch nur einzelne Geschäftsleiter eine Anordnung iSd § 54a Abs. 3 KWG erhalten haben, scheidet bereits eine Strafbarkeit der übrigen Geschäftsleiter als Täter aus. Ggfls. kommt eine Strafbarkeit als Teilnehmer in Betracht. Vgl. *Cichy/Cziupka/Wiersch* NZG 2013, 846 (849).
[27] Zum Vertrauenstatbestand des ressortunzuständigen Geschäftsleiter siehe *Schröder* WM 2014, 100 (103 ff.).

erlangt.²⁸ Flankierend steht dem ressortunzuständigen Geschäftsleiter ein Eskalationsrecht an das Aufsichtsorgan (zB Aufsichtsrat oder Beirat) zur Verfügung.

Nach § 37 SAG kann die Aufsichtsbehörde gegenüber dem Institut die Abberufung einzelner oder aller Geschäftsleiter anordnen, wenn sich die signifikant schlechtere wirtschaftliche Situation des Instituts nicht verbessert und einen vorläufigen Verwalter einsetzen (§ 38 SAG). Mit seiner Berufung hat der **vorläufige Verwalter** die Funktion der Geschäftsleitung des Instituts inne und kommt somit grundsätzlich auch als tauglicher Täter iSd § 54a KWG in Frage. Aufgrund der sehr engen Abstimmung²⁹ zwischen dem eingesetzten vorläufigen Verwalter und der Aufsichtsbehörde ist jedoch nicht zu erwarten, dass ein Verwalter den Tatbestand tatsächlich verwirklichen kann. Erschwerend tritt hinzu, dass das Institut sich bei Einsetzung des vorläufigen Verwalters bereits in einer bestandsgefährdeten wirtschaftlichen Lage befindet und insoweit ein „*herbeiführen*" einer Bestandsgefährdung im Sinne des § 54a KWG (→ Rn. 26) schwer möglich sein wird. 9

Leitungsorgane kommen jedoch nur dann als Täter in Frage, soweit sie **Adressat der Anordnung** iSd § 54a Abs. 3 KWG sind. Nach dem als Strafausschließungsgrund bezeichneten § 54a Abs. 3 KWG ist für eine Strafbarkeit eine Anordnung an den Täter erforderlich. Ob in anderen Fallkonstellationen eine strafbare Teilnahmehandlung vorliegt, ist davon abhängig, ob insbesondere der das Leitungsorgan schützende Vertrauenstatbestand erschüttert war und welche Maßnahmen daraufhin ergriffen wurden (→ Rn. 9). 10

Taugliche **Teilnehmer** können theoretisch³⁰ auch Mitarbeiter von Aufsichtsbehörden sein. Dies jedoch nicht dadurch, dass sie es unterlassen haben, rechtzeitig eine materiell erforderliche Anordnung iSd § 54a Abs. 3 KWG zu erlassen, sondern vielmehr nur dann, wenn sie zusammen mit der Geschäftsleitung zB Risikomanagementstandards entwickelt und somit ein unzureichendes Risikomanagement ermöglicht haben.³¹ 11

d) Institut oder Gruppe im Sinne des § 25c Abs. 4a und b KWG

Strafbar kann sich ein Geschäftsleiter nur dann machen, wenn er ein Institut oder eine Gruppe leitet. Wie vorn bereits dargestellt (→ Rn. 4) ist es dabei unerheblich, ob es sich bei dem Finanzinstitut um ein durch die Aufsichtsbehörden als systemrelevant eingestuftes Institut handelt.³² 12

e) Verstoß gegen Pflichtenkatalog aus § 25c Abs. 4a und b KWG

Im Rahmen ihrer Gesamtverantwortung für die ordnungsgemäße Geschäftsorganisation des Instituts nach § 25a Abs. 1 S. 2 KWG haben die Geschäftsleiter eines Instituts dafür Sorge zu tragen, dass das Institut über eine Geschäfts- und Risikostrategie (§ 25c Abs. 4a Nr. 1 KWG), Verfahren zur Ermittlung und Sicherstellung der Risikotragfähigkeit (§ 25c Abs. 4a Nr. 2 KWG), interne Kontrollsysteme und dabei insbesondere eine interne Revision (§ 25c Abs. 4a Nr. 3 KWG), eine angemessene personelle und technisch-organisatorische Ausstattung unter Berücksichtigung der betriebsinternen Erfordernisse, Geschäftsaktivitä- 13

---

²⁸ *Ahlbrecht* BKR 2014, 98 (101); *Cichy/Cziupka/Wiersch* NZG 2013, 846 (848).
²⁹ Vgl. § 38 Abs. 1 S. 2, Abs. 3 SAG.
³⁰ Eine praktische Relevanz kann jedoch nicht gesehen werden, da sich die erforderliche Teilnahmehandlung gegen die behördliche Anordnung nach § 54a Abs. 3 KWG richten müsste.
³¹ *Hamm/Richter* WM 2013, 865 (870).
³² BT-Drucks. 17/12601, S. 44; *Wegner* in Beck/Samm/Kokermoor KWG § 54a Rn. 6; *Hamm/Richter* WM 2013, 865 (868); aA *Schwerdtfeger* ZWH 2014, 336 (338).

ten und Risikosituation (§ 25c Abs. 4a Nr. 4 KWG), Notfallpläne (§ 25c Abs. 4a Nr. 5 KWG) sowie im Falle einer Auslagerung von Aktivitäten und Prozessen auf ein anderes Unternehmen über angemessene Verfahren und Konzepte zur Vermeidung von übermäßigen Risiken (§ 25c Abs. 4a Nr. 6 KWG) verfügt.

14 Für Geschäftsleiter von Institutsgruppen, Finanzholding-Gruppen, gemischten Finanzholding-Gruppen und Instituten im Sinne des Artikel 4 der Verordnung (EU) Nr. 575/2013 sieht § 25c Abs. 4b KWG vor, dass die **Geschäftsleiter des übergeordneten Unternehmens** für die Einhaltung der Sicherstellungspflichten innerhalb der Institutsgruppe etc. verantwortlich sind, soweit das übergeordnete Unternehmen Mutterunternehmen ist, das beherrschenden Einfluss im Sinne des § 290 Abs. 2 HGB über andere Unternehmen der Gruppe ausübt.[33] Dabei spielt die Rechtsform der Muttergesellschaft keine Rolle.

15 Die nun in § 25c Abs. 4a und b KWG verankerten und über § 54a KWG bei Pflichtverstößen strafrechtlich sanktionierten Sicherstellungspflichten stellen den **Mindeststandard** dar, den ein Geschäftsleiter zu erfüllen hat.[34] Das Einfügen dieser Regelung war notwendig, da zur Erfüllung des strafrechtlichen Bestimmtheitsgebots ein Verweis des § 54a KWG auf den § 25a KWG sicher nicht ausreichend gewesen wäre, weil dessen Bestimmtheit zumindest im Sinne des Strafrechts nicht ausreichend ist.[35] Die Pflichten selbst wurden im Wesentlichen aus dem Rundschreiben der BaFin für die Ausgestaltung des Risikomanagements in deutschen Kreditinstituten, den „Mindestanforderungen für das Risikomanagement" (MaRisk), übernommen.[36] Letztere geben die Rechtsauffassung der Aufsichtsbehörde zur Anwendung des § 25a KWG wieder[37] und waren deshalb für einen Verweis in § 54a KWG nicht brauchbar. Die MaRisk stellen in erster Linie eine Selbstbindung der Verwaltung dar, sind jedoch praktisch auch für die Institute und deren Geschäftsleiter von besonderer Bedeutung, da durch die Selbstbindung der Verwaltung eine faktische Außenwirkung erzeugt wird.[38] Ergänzend sei auf den durch das Abwicklungsmechanismusgesetz neu eingefügten § 25a Abs. 4 KWG hingewiesen, wonach das Bundesministerium der Finanzen ermächtigt wird, durch Rechtsverordnung, die nicht der Zustimmung des Bundesrates bedarf, im Benehmen mit der Deutschen Bundesbank nähere Bestimmungen über die Ausgestaltung eines angemessenen und wirksamen Risikomanagements auf Einzelinstituts- und Gruppenebene und der jeweils zugehörigen Tätigkeiten und Prozesse erlassen kann. Das Bundesministerium der Finanzen kann diese Ermächtigung durch Rechtsverordnung auf die Bundesanstalt mit der Maßgabe übertragen, dass die Rechtsverordnung im Einvernehmen mit der Deutschen Bundesbank ergeht. Es ist insoweit zu erwarten, dass die MaRisk in Zukunft in Form einer Rechtsverordnung Gesetzescharakter erhalten wird.

16 Die in § 25c Abs. 4a und b KWG aufgeführten **Sicherstellungspflichten** lassen sich in die Cluster Geschäfts- und Risikostrategie, Risikotragfähigkeit, wirksame Kontrollverfahren, personelle und technische Ausstattung, Notfallkonzepte und Auslagerungsmanagement unterteilen.[39] Im Verhältnis zu den MaRisk sind die gesetzlichen Regelungen des § 25c Abs. 4a und b KWG strikter gefasst worden.[40]

---

[33] *Wegner* in Beck/Samm/Kokermoor KWG § 54a Rn. 10.
[34] *Wegner* in Beck/Samm/Kokermoor KWG § 54a Rn. 6.
[35] BT-Drucks. 17/12601, S. 31; *Hamm/Richter* WM 2013, 865 (866).
[36] BT-Drucks. 17/12601, S. 31.
[37] *Dengler* WM 2014, 2032; *Goeckenjan* wistra 2014, 201 (202).
[38] *Dengler* WM 2014, 2032 (2033).
[39] *Marktgraf/Voss* Die Bank 2014, 75 (77 ff.).
[40] ZB § 25c Abs. 4a Nr. 3 lit. f KWG – Stresstests müssen nunmehr auch für das Gesamtrisikoprofil des Instituts durchgeführt werden. Vgl. anders noch MaRisk (Banken) AT 4.3.3. und AT 4.3.3.5.

Die **Geschäftsstrategie** muss zumindest eine Festlegung der Ziele für die wesentlichen 17
Geschäftsaktivitäten des Instituts beinhalten. Zudem sind in der Strategie Maßnahmen zu
definieren, wie diese gesetzten Ziele erreicht werden können. Korrespondierend dazu muss
die **Risikostrategie** die Ziele der Risikosteuerung je Geschäftsaktivität definieren und
ebenfalls einen entsprechenden Maßnahmenkatalog bereitstellen.

In Hinblick auf die **Risikotragfähigkeit** sind Verfahren aufzuzeigen, die zur Ermitt- 18
lung und Vermeidung der wesentlichen Risiken, wie Marktrisiken, Ausfallrisiken, operationale oder strategische Risiken, Geschäftsrisiken sowie Reputationsrisiken herangezogen
werden können. Das Ergebnis der Risikotragfähigkeitsprüfung ist die sog Risikolandkarte
des jeweiligen Instituts.

Neben der klaren Abgrenzung von Verantwortungsbereichen innerhalb der institutsspe- 19
zifischen Aufbau- und Ablauforganisationen werden bei dem Cluster **wirksame Kontrollverfahren** auch eine interne Revision, das Bestehen eines wirksamen Risikocontrollings
und eine Compliance Funktion gefordert. Flankiert werden muss dies durch ein effizientes
Reporting der Kontrolleinheiten an die Geschäftsleitung und den Verwaltungs- bzw. Aufsichtsrat. Durch geeignete Stresstests sind etwaige Schwächen aufzuzeigen und entsprechend
zu korrigieren.

Die Geschäftsleitung muss dafür Sorge tragen, dass die **personelle und technische** 20
Ausstattung der mit dem Risikomanagement betrauten Einheiten des Instituts insbesondere in Bezug auf die Größe des Unternehmens und die ausgeübten Geschäftsaktivitäten
ausreichend ist.

Die Geschäftsleitung muss zudem sicherstellen, dass für die wesentlichen und zeitkriti- 21
schen Aktivitäten und Prozesse **Notfallkonzepte** erstellt und regelmäßig getestet werden.
Auch hier ist erforderlich, dass die Geschäftsleitung sich regelmäßig die Ergebnisse berichten
lässt und sicherstellt, dass Schwachstellen, die durch die erforderlichen Tests evident werden,
in geeigneter Weise beseitigt werden.

Auch auf **Auslagerungen** von Aktivitäten oder Prozessen hat die Geschäftsleitung be- 22
sonderes Augenmerk zu legen, da ggf. diese eine höhere Komplexität der institutsinternen
Prozesse nach sich ziehen können. Die Geschäftsleitung ist deshalb in diesen Fällen angehalten, ein wirksames Auslagerungsmanagement einzurichten.

f) Bestandsgefährdung des Instituts

Zur Verwirklichung des Tatbestands des § 54a Abs. 1 KWG ist neben einem nicht Sicher- 23
stellen der in § 25c Abs. 4a und b KWG aufgeführten Maßnahmen durch den Geschäftsleiter
erforderlich, dass hierdurch eine Bestandsgefährdung des Instituts, des übergeordneten Unternehmens oder eines gruppenangehörigen Instituts herbeigeführt wird. Der Begriff der
Bestandsgefährdung soll dabei, so der Gesetzgeber, bereits aufsichtsrechtlich verankert
sein.[41] Davon kann jedoch keine Rede sein, denn die in Hinblick auf § 54a KWG relevante
aufsichtsrechtliche Norm § 48b KWG wurde erst zum 1. Januar 2011 in das KWG aufgenommen und dann durch das BRRD-Umsetzungsgesetz (BRRDUG)[42] wieder aus dem
KWG entfernt. Die Regelung findet sich nunmehr in veränderter Fassung in § 63 SAG.

Nach § 48b Abs. 1 KWG[43] lag eine Bestandsgefahr vor, wenn (1) das verfügbare Kernka- 24
pital das nach § 10 Abs. 1 KWG erforderliche Kernkapital zu weniger als 90 v.H. deckt, (2)

---

[41] BT Drucks. 17/12601, S. 50;
[42] BGBl. 2014 I Nr. 59, 2019
[43] Diverse sprachliche Präzisierungen der Norm erfolgten durch Art. 1 CRD IV-Umsetzungsgesetz vom 28.08.2013, BGBl. I 3395 und Art. 1 Gesetz zur Anpassung von Gesetzen auf dem Gebiet

das modifizierte verfügbare Eigenkapital die nach § 10 Abs. 1 KWG erforderlichen Eigenmittel zu weniger als 90 v.H. deckt, (3) die Zahlungsmittel, die dem Institut in einem durch die Rechtsverordnung nach § 11 Abs. 1 S. 2 KWG definierten Laufzeitband zur Verfügung stehen, die in demselben Laufzeitband abrufbaren Zahlungsverpflichtungen zu weniger als 90 v.H. decken oder (4) Tatsachen die Annahme rechtfertigen, dass eine Unterdeckung nach den Nummern 1, 2 oder 3 eintreten wird, wenn keine korrigierenden Maßnahmen ergriffen werden; dies ist insbesondere der Fall, wenn nach der Ertragslage des Instituts mit einem Verlust zu rechnen ist, infolgedessen die Voraussetzungen der Nummern 1, 2 oder 3 eintreten würden.[44] Der nunmehr relevante **§ 63 Abs. 1 SAG** orientiert sich weniger an dem gestrichenen § 48b KWG, sondern setzt vielmehr die aufgestellten Vorgaben des Art. 32 Abs. 4 der Abwicklungsrichtlinie um. Eine Bestandsgefährdung eines Instituts liegt nach § 63 SAG vor, wenn (1) das Institut gegen die mit einer Erlaubnis nach § 32 des Kreditwesengesetzes verbundenen Anforderungen in einer Weise verstößt, die die Aufhebung der Erlaubnis durch die Aufsichtsbehörde rechtfertigen würde oder objektive Anhaltspunkte dafür vorliegen, dass dies in naher Zukunft bevorsteht, (2) die Vermögenswerte des Instituts die Höhe seiner Verbindlichkeiten unterschreiten oder objektive Anhaltspunkte dafür vorliegen, dass dies in naher Zukunft bevorsteht, oder (3) das Institut zahlungsunfähig ist oder objektive Anhaltspunkte dafür vorliegen, dass das Institut in naher Zukunft nicht mehr in der Lage sein wird, die bestehenden Zahlungspflichten im Zeitpunkt der Fälligkeit zu erfüllen, es sei denn, es bestehen ernsthafte Aussichten darauf, dass das Institut durch Garantien im Sinne von Absatz 2 Satz 2 Nummer 1 oder 2 in die Lage versetzt wird, bestehende Zahlungspflichten im Zeitpunkt der Fälligkeit zu erfüllen. Bei den Formulierungen in (2) und (3) lehnte man sich an die in der Insolvenzordnung verwendeten Begriffe an.[45] Bei Nummer (1) wird die Bestandsgefahr dagegen aus einem qualifizierten Verstoß gegen aufsichtsrechtliche Anforderungen abgeleitet.

25 Für § 54a KWG ist es nicht ausreichend, wenn das Aufsichtsrecht – vorliegend § 63 SAG – eine Bestandsgefährdung vermutet.[46] Es ist vielmehr erforderlich, dass innerhalb des Strafverfahrens bewiesen wird, dass eine Bestandsgefahr für das Institut oder die Gruppe[47] bestanden hat.[48] Die Beweislast liegt dabei bei den Strafverfolgungsbehörden und nicht beim vermeintlichen Täter.[49] Auch eine Bewertung seitens der Aufsichtsbehörden entfaltet strafrechtlich keine Bindungswirkung.[50] Daran hat auch die Schaffung der Verordnungsermächtigung nach § 63 Abs. 3 SAG nichts geändert. Staatliche Stützungsmaßnahmen sind bei der Prüfung, ob eine Bestandsgefahr vorliegt, hypothetisch hinwegzudenken.[51] Nach Eintritt der Bestandsgefahr indizierte Rettungs- bzw. Abwicklungsmaßnahmen, sei es durch die Geschäftsleitung selbst oder durch staatliche Stellen, sind dagegen unbeachtlich.[52]

---

des Finanzmarktes vom 15.07.2014, BGBl. I 932, bevor diese dann durch Art. 2 BRRD-Umsetzungsgesetz vom 10.12.2014, BGBl. 2014 I Nr. 59, 2019 aufgehoben wurde.

[44] Vgl. zur alten Rechtslage *Wegner* in Beck/Samm/Kokermoor KWG § 54a Rn 15.
[45] BT Drucks. 18/2575, S. 165.
[46] Zu den verfassungsrechtlichen Bedenken noch in Hinblick auf § 48b KWG siehe *Hamm/Richter* WM 2013, 865 (868); *Goeckenjan* wistra 2014, 201 (204); Stellungnahme des Deutschen Anwaltvereins, Nr. 29/2013 S. 9; *Schröder* WM 2014, 100 (105); *Schwerdtfeger* ZWH 2014, 336 (341).
[47] Zu den Unklarheiten des Begriffs „Gruppe" in *Hamm/Richter* WM 2013, 865 (868).
[48] So auch *Wegner* in Schork/Groß Rn. 679.
[49] *Hamm/Richter* WM 2013, 865 (868).
[50] Noch zu § 48b Abs. 3 KWG *Goeckenjan* wistra 2014, 201 (204).
[51] *Cichy/Cziupka/Wiersch* NZG 2013, 846 (850).
[52] Vgl. auch § 68 Abs. 1 Nr. 6 SAG; noch zu § 48b KWG *Cichy/Cziupka/Wiersch* NZG 2013, 846 (850).

g) Kausalität

Für eine Strafbarkeit ist zudem erforderlich, dass die Krise des Instituts kausal durch die Pflichtverletzung des Geschäftsleiters herbeigeführt wurde.[53] Dies erzeugt für Strafgerichte rein **praktische Probleme**, denn es müsste dem Täter nachgewiesen werden, dass eine Bestandsgefährdung dann nicht eingetreten wäre, wenn der spezifische Pflichtverstoß nicht begangen worden wäre.[54] Was aber in den allermeisten Fällen nicht möglich sein dürfte.[55] Zudem ergibt sich ein weiteres Kausalitätserfordernis aus § 54a Abs. 3 KWG (→ Rn. 27).

26

h) Nichtbeachtung einer BaFin Anordnung

Erst im Gesetzgebungsverfahren wurde auf Empfehlung des Finanzausschusses ein **Strafausschließungsgrund** in § 54a Abs. 3 KWG aufgenommen.[56] Danach ist die Tat nur dann strafbar, wenn dem Geschäftsleiter durch Anordnung[57] nach § 25c Abs. 4c KWG seitens der BaFin die Beseitigung des Verstoßes gegen § 25c Abs. 4a bzw. b KWG aufgegeben wurde und dieser die nachvollziehbare Anordnung[58] nicht beachtet und dadurch die Bestandsgefährdung herbeigeführt hat. Unabhängig davon, ob man rechtsdogmatisch in § 54a Abs. 3 KWG tatsächlich einen Strafausschließungsgrund[59] sehen muss, ist festzuhalten, dass durch § 54a Abs. 3 KWG ein **weiteres Kausalitätserfordernis** in die Norm eingebaut wurde. Dieses führt dazu, dass in Fällen, in denen keine Anordnung[60] der Bundesanstalt bzw. die Anordnung zu einem Zeitpunkt erlassen wird, wo bereits eine Bestandsgefahr für das Institut bestanden hat, eine Strafbarkeit des Täters ausgeschlossen ist. Und selbst in den Fällen, in denen die Anordnung bereits zu einem Zeitpunkt erlassen wird, zudem noch keine Bestandsgefährdung besteht, kann der vermeintliche Täter einwenden, dass deren Nichtbeachtung nicht kausal für die Bestandsgefahr war. Das Strafgericht müsste dann beweisen, dass durch eine Umsetzung der Anordnung der Aufsichtsbehörde die Bestandsgefahr nicht eingetreten wäre.[61]

27

Schließlich muss die Anordnung gegenüber dem Täter erlassen worden sein (vgl. § 54a Abs. 3 KWG). Täter kann demnach nur der **Adressat der Anordnung** sein. Eine Zurechnung gegenüber nicht adressierten Geschäftsleitern findet nicht statt.[62] Solche Geschäftsleiter können allerdings als Teilnehmer strafbar sein. Letzteres gilt auch für Mitarbeiter des Instituts.

28

---

[53] *Marktgraf/Voss* Die Bank 2014, 75 (76).
[54] *Wegner* in Beck/Samm/Kokermoor KWG § 54a Rn. 16.
[55] Ebenso *Krause* FS Feigen S. 123 ff.; *Goeckenjan* wistra 2014, 201 (204); *Schröder* WM 2014, 100 (105).
[56] BT-Drucks. 17/13539, S. 14.
[57] Vgl. *Cichy/Cziupka/Wiersch* NZG 2013, 846 (848).
[58] Zur Rechtmäßigkeit der Anordnung und etwaigen Rechtsschutz gegen diese vgl. *Cichy/Cziupka/Wiersch* NZG 2013, 846 (848).
[59] § 54a Abs. 3 KWG ist eher als Tatbestandsmerkmal einzustufen. Vgl. *Wegner* in Beck/Samm/Kokermoor KWG § 54a Rn. 30; *Schröder* WM 2014, 100 (105); *Goeckenjan* wistra 2014, 201 (204); *Ahlbrecht* BKR 2014, 98 (99).
[60] Zur Frage, ob die Aufsicht über die Befolgung der Anordnung entscheidet, und zudem sich daraus ergebenden Folgeproblemen vgl. *Ahlbrecht* BKR 2014, 98 (100).
[61] Vgl. *Wegner* in Beck/Samm/Kokermoor KWG § 54a Rn. 33.
[62] *Cichy/Cziupka/Wiersch* NZG 2013, 846 (848).

i) Subjektiver Tatbestand

29 § 54a Abs. 1 KWG fordert in jedem Fall ein vorsätzliches Fehlverhalten des Geschäftsleiters in Bezug auf seine Sicherstellungspflichten aus § 25c Abs. 4a und b KWG.[63] Der einfache Vorsatz ist dafür ausreichend. Ein absichtliches Handeln des Täters ist nicht erforderlich. Fahrlässigkeit reicht hingegen nicht aus. Wenn der Täter die Bestandsgefährdung nur fahrlässig herbeiführt, so wird er nach § 54a Abs. 2 KWG mit Freiheitsstrafe bis zu zwei Jahren oder mit Geldstrafe bestraft. Bei einem vorsätzlichen Handeln dagegen mit Freiheitsstrafe bis zu fünf Jahren oder mit Geldstrafe. Insbesondere aufgrund der sehr hohen Kausalitätshürden der Norm ist zu erwarten, dass nur eklatante Fälle zu einer Strafbarkeit führen werden, in denen dem Täter dann sicher aber auch das vorsätzliche Herbeiführen der Bestandsgefahr nachgewiesen werden kann.[64]

j) Versuch, Verjährung und Strafantrag

30 Der Versuch ist in Ermangelung einer ausdrücklichen Regelung nicht strafbar. Die Verjährung bestimmt sich nach § 78a StGB und beginnt mit Beendigung der Tat. Die Verjährungsfrist beträgt 3 Jahre (§ 78 Abs. 3 Nr. 5 StGB). Ein Strafantrag ist nicht erforderlich.

3. Weitere Straftatbestände

31 Neben dem neu geschaffenen § 54a KWG kommt noch der Straftatbestand des § 266 StGB in Frage, wenn der Geschäftsleiter eines Instituts nicht sicherstellt, dass das von ihm geleitete Institut über ein angemessenes Risikomanagement verfügt. § 283 StGB scheidet dagegen idR mangels Eintritts der objektiven Bedingung der Strafbarkeit (§ 283 Abs. 5 StGB) aus.[65] Voraussetzung für eine **strafbare Untreue** des Geschäftsleiters nach § 266 StGB[66] ist ua, dass dieser seine Vermögensbetreuungspflicht gegenüber der Gesellschaft verletzt hat. Dabei ist nicht nur der Nachweis zu erbringen, dass eine konkret benennbare und aus rechtlichen Kriterien abgeleitete Pflichtverletzung begangen wurde, sondern auch, dass ein Vermögensnachteil (=Schaden) eingetreten ist.[67] In bestimmten Konstellationen reicht auch ein schadensgleicher Gefährdungsschaden[68] aus. Dabei sind jedoch die Anforderungen des BVerfG an diese Rechtsfigur zu beachten.[69]

32 Eine einfache Pflichtverletzung ist für § 266 StGB nicht ausreichend. Vielmehr muss die Pflichtverletzung gravierend sein.[70] Letzteres wird man annehmen können, wenn ein Geschäftsleiter entgegen der Anordnung der Aufsichtsbehörde gehandelt hat und dadurch eine Bestandsgefahr für das Institut eingetreten ist. In einem solchen Fall ist neben dem

---

[63] BT Drucks. 17/12601, S. 44; *Hamm/Richter* WM 2013, 865 (866); *Wastl* WM 2013, 1401 (1403).
[64] So auch *Wegner* in Beck/Samm/Kokermoor KWG § 54a Rn. 28.
[65] Vgl. *Goeckenjan* wistra 2014, 201 (205) mit weiteren Verweisen; auch durch § 68 Abs. 1 Nr. 6 SAG hat sich hieran nichts geändert, da die Norm offensichtlich § 54a KWG im Blick hat („ *6. die straf- und zivilrechtliche Verantwortung … für die Bestandsgefährdung … unberührt bleibt.*").
[66] Zum Schutzzweck der Norm § 266 StGB und dem Verhältnis zu § 54a KWG siehe *Kasiske* ZRP 2011, 137 (138).
[67] *Hamm/Richter* WM 2013, 865; *Schwerdtfeger* ZWH 2014, 336 (340).
[68] Vgl. *Perron* in Schönke/Schröder StGB § 266 Rn. 45 ff.
[69] BVerfGE 126, 170 = NJW 2010, 3209 = ZIP 2010, 1596 = WM 2010, 1663.
[70] BGHSt 47, 148 = WM 202, 225 = NJW 2002, 1211 = ZIP 2002, 346 = NStZ 2002, 262; *Bachmann* WM 2015, 105 (111).

vorsätzlichen Handeln, welches sich im Widersetzen gegen die Anordnung der Aufsichtsbehörde manifestiert hat, idR auch ein konkreter Schaden gegeben, denn in einer Krisensituation hat das Institut zB höhere Kosten für die Refinanzierung, muss Abschreibungen auf Aktivpositionen vornehmen oder Notverkäufe tätigen, um Liquidität zu generieren.[71]

Weit schwieriger ist der Nachweis einer Pflichtverletzung zu erbringen, wenn eine Anordnung durch die Aufsichtsbehörde (noch) nicht erlassen wurde. Ein vermeintlicher Täter wird dann zutreffender Weise einwenden können, dass selbst die Aufsichtsbehörde ein Einschreiten für nicht erforderlich erachtet hat. Ihm kann in Bezug auf die Pflichtverletzung insoweit kein vorsätzliches Handeln zur Last gelegt werden, weil die von ihm ergriffenen Risikomanagementmaßnahmen zur Erfüllung der in § 25c Abs. 4a und b KWG verankerten Pflichten auch aus Sicht der Aufsichtsbehörde noch innerhalb des geforderten Bereichs lagen. Aber selbst wenn objektiv betrachtet ein Verstoß gegen die Sicherstellungspflichten vorgelegen und die Aufsichtsbehörde nur ein Einschreiten versäumt hat, dürfte es an einem vorsätzlichen Handeln des Geschäftsleiters idR fehlen. 33

Im Ergebnis kann somit festgestellt werden, dass bei Bejahung des § 54a KWG auch eine Strafbarkeit nach § 266 StGB gegeben sein wird.[72] Wenn § 54a KWG dagegen nicht verwirklicht wurde, wird eine Strafbarkeit des Geschäftsleiters nach § 266 StGB nicht gegeben sein, weil es idR an einem vorsätzlichen Handeln mangeln wird. 34

4. Gesellschaftsrechtliche und zivilrechtliche Haftung

Erfüllt ein Geschäftsleiter seine Sicherstellungspflichten aus § 25c Abs. 4a und b KWG nicht, so kommen zivilrechtliche bzw. gesellschaftsrechtliche Haftungsansprüchen seitens des Instituts[73] bzw. Dritter in Frage. Dagegen stellt das Aufsichtsrecht im Gegensatz zu den Fällen pflichtwidriger Vergabe von Organkrediten nach § 15 KWG keine Anspruchsgrundlagen für die Gesellschaft bzw. deren Gläubiger zur Verfügung.[74] Auch stellt **§ 25c Abs. 4a und b KWG kein Schutzgesetz** im Sinne des § 823 Abs. 2 BGB dar.[75] 35

a) Innenhaftung

Gesellschaftsrechtliche Anspruchsgrundlagen des Instituts aus pflichtwidrigem Handeln des Leitungsorgans sind von der jeweiligen Gesellschaftsform abhängig. Für eine GmbH ist § 43 Abs. 2 GmbHG, für Genossenschaften § 34 Abs. 2 GenG und bei Aktiengesellschaften § 93 Abs. 2 AktG maßgeblich. Bei öffentlich-rechtlich organisierten Instituten wie Landesbanken kann soweit nicht explizit im jeweils gültigen Landesrecht geregelt eine analoge Anwendung der Organhaftungsregelungen des Privatrechts[76] eine Haftung begründen. 36

---

[71] Vgl. *Wastl* WM 2013, 1401 (1404); aA *Schwerdtfeger* ZWH 2014, 336 (341), der insbesondere auf die Frage eingeht, ob die Unterlassung der Sicherstellungspflicht nicht nur mittelbar einen Vermögensnachteil iSd § 266 StGB begründet.
[72] Kritisch zum Konkurrenzverhältnis der beiden Normen *Wastl* WM 2013, 1401 (1404).
[73] Daneben bestehen ggfls. Ansprüche der Gesellschaft aus dem Anstellungsverhältnis mit dem Geschäftsleiter.
[74] vgl. § 17 KWG; *Dengler* WM 2014, 2032 (2033).
[75] *Dengler* WM 2014, 2032 (2034).
[76] Zur richtigen Anspruchsgrundlage für den öffentlich-rechtlichen Bereich vgl. *Lutter* Rechtsgutachten Hypo Group Alpe Adria S. 57 ff., http://www.bayern.landtag.de/fileadmin/scripts/get_file/Gutachten_Prof_Lutter_200510; *Schmidt* Gutachten Hypo Group Alpe Adria S. 71 mit weiteren Nachweisen, https://www.bayern.landtag.de/aktuelles/presse/pressemitteilungen/pressemitteilun-

Da die Anforderungen an eine Geschäftsleiterhaftung für alle Gesellschaftsformen im Wesentlichen deckungsgleich sind, sei hier **beispielhaft** nur **§ 93 Abs. 2 AktG** näher dargestellt.

37 Nach § 93 Abs. 2 AktG sind Vorstandsmitglieder, die ihre Pflichten verletzen, der Gesellschaft zum Ersatz des daraus resultierenden Schadens als Gesamtschuldner verpflichtet, wobei Vorstandsmitglieder Geschäftsleiter iSd § 1 Abs. 2 KWG sind.

38 In der Literatur ist umstritten, ob sich aus § 91 Abs. 2 AktG eine Pflicht des Vorstands zur Implementierung eines umfassenden Risikomanagements ergibt.[77] Dieser Streit ist jedoch für Industriezweige irrelevant, bei denen es spezialgesetzliche Vorgaben für das Risikomanagement wie zB den § 25c Abs. 4a und b KWG gibt. Solche Regelungen geben Geschäftsleitern von Instituten iSd § 1 Abs. 1a und b KWG detaillierte Sicherstellungspflichten in Bezug auf ein Risikomanagementsystem auf.

39 Wie bereits bei § 54a KWG ist auch für § 93 Abs. 2 AktG erforderlich, dass eine **Pflichtverletzung** gegeben ist. Der Anwendungsbereich von § 93 Abs. 2 AktG ist dabei im Vergleich zu § 54a KWG weitergehend und bezieht sich nicht nur auf die Sicherstellungspflichten aus § 25c Abs. 4a und b KWG.

40 In Bezug auf die konkrete Ausgestaltung der Sicherstellungspflichten sind die Tatbestandsvoraussetzungen § 93 Abs. 2 AktG und § 54a KWG deckungsgleich. Im Gegensatz zu § 54a KWG wird in § 93 Abs. 2 AktG jedoch das **pflichtwidrige Verhalten** des Vorstandsmitglieds **vermutet** (§ 93 Abs. 2 S. 2 AktG). Dies hat zur Folge, dass die Beweislast bezüglich der Frage, ob das Vorstandsmitglied die Sorgfalt eines ordentlichen und gewissenhaften Geschäftsleiters angewandt hat, beim diesem liegt.[78] Im konkreten Fall bedeutet dies, dass das Vorstandsmitglied für die in § 25c Abs. 4a und b KWG verankerten Pflichten darlegen und beweisen muss, dass die von ihm veranlassten Maßnahmen innerhalb der Bandbreite des gesetzlich geforderten Risikomanagements lagen.

41 Aber auch wenn festgestellt wird, dass das Risikomanagement nicht ausreichend war, um eine Bestandsgefahr für das Institut zu verhindern, bedeutet dies nicht zwangsläufig, dass der Geschäftsleiter der Gesellschaft gegenüber haftet. Soweit in Hinblick auf die Erfüllung der in Frage stehenden Pflicht ein Beurteilungs- bzw. Ermessensspielraum bestand und das Vorstandsmitglied sich pflichtgemäß in haftungsfreien Spielräumen bewegt hat, ist eine Haftung ausgeschlossen. Der gesetzlich verankerte haftungsfreie Spielraum ist in erster Linie in der **Business Judgement Rule**[79] („BJR"; § 93 Abs. 1 S. 2 AktG) zu sehen. Diesen Spielraum will der Gesetzgeber jedoch nicht auf die Auslegung gesetzlicher Pflichten durch den Vorstand im Anwendungsbereich eröffnet sehen,[80] da er bei Schaffung des § 93 Abs. 1 S. 2 AktG wohl davon ausging, dass es eine klare Trennung von unternehmerischen Entscheidungen und sonstigen Pflichten gibt. Die Praxis zeigt jedoch, dass diese Trennung in vielen Fällen nicht zweifelsfrei vorgenommen werden kann.[81] Aus diesem Grund sind Bereiche anerkannt, die aufgrund ihrer mit der BJR vergleichbaren Interessenslagen und

---

gen-2010/untersuchungsausschuss-bayernlb-hgaa-gutachten-von-prof-schmidt-ab-sofort-im-internet-des-landtages-einsehbar/; *Lutter* BB 2009, 786 (790).

[77] Vgl. *Spindler* in MüKoAktG § 91 Rn. 20 ff. mit weiteren Nachweisen; *Landwehrmann* in Heidel AktG § 91 Rn. 6; *Dengler* WM 2014, 2035 ff.

[78] Vgl. *Spindler* in MüKoAktG § 93 Rn. 180 ff.; *Mertens/Cahn* in Kölner Komm AktG § 93 Rn. 138 ff. mit weiteren Nachweisen.

[79] Zur Beweislast bei der Business Judgement Rule siehe *Mertens/Cahn* in Kölner Komm AktG § 93 Rn. 141.

[80] Begr. RegE UMAG BT-Drucks. 15/5092, S. 11.

[81] Vgl. *Spindler* in MüKoAktG § 93 Rn. 75.

der nicht direkten Anwendbarkeit der BJR haftungsfreie Spielräume für den Vorstand begründen.[82] Beispiele hierfür sind die Anwendungen von unbestimmte Rechtsbegriffe oder Entscheidungen in Bereichen, in denen große Rechtsunsicherheit besteht.[83]

Beurteilungsspielräume können sich dabei insbesondere durch unbestimmte Rechtsbegriffe ergeben, wie sie in § 25c Abs. 4a und b KWG unzweifelhaft verwendet werden. Die unbestimmten Rechtsbegriffen innewohnende Rechtsunsicherheit kann nicht zu Lasten des Anwenders gehen. Wird also zB ein Normverstoß festgestellt, weil ein Gericht die Rechtslage anders beurteilt als das Vorstandsmitglied, begründet dies dann keinen Haftungsanspruch der Gesellschaft gegenüber dem Vorstandsmitglied, wenn das Vorstandsmitglied darlegen und beweisen kann, dass es sich auf Basis eines eingeholten Rechtsrates[84] einer vertretbaren Rechtsmeinung angeschlossen hat.[85] 42

Gleiches gilt für **Ermessensspielräume**. Diese werden beim Risikomanagement durch den Proportionalitätsgrundsatz[86] eröffnet. Letzterer besagt, dass sich die konkrete Ausgestaltung des Risikomanagements an den individuellen Rahmenbedingungen des einzelnen Unternehmens zu orientieren hat, wobei die Rahmenbedingungen des Marktes, in welchen sich das Institut bewegt, eine fortlaufende Adjustierung der Entscheidungen erforderlich machen. Es steht also im Ermessen des Vorstands, mit welchen konkreten Maßnahmen die in § 25c Abs. 4a und b KWG definierten Rahmenbedingungen umgesetzt und wie auf die jeweiligen Veränderungen des relevanten Marktes unternehmensseitig reagiert werden soll. 43

Ein **Verstoß gegen die MaRisk** begründet keine Pflichtverletzung im Sinne des § 93 Abs. 2 AktG, da die MaRisk „nur" eine Selbstbindung der Verwaltung darstellen. Es ist jedoch unstrittig, dass den MaRisk eine indizielle Bedeutung bei der Interpretation des KWG beigemessen wird.[87] 44

Für eine Ersatzpflicht eines Vorstandsmitglieds wegen Verletzung seiner das Risikomanagement betreffenden Sicherstellungspflichten ist erforderlich, dass der Gesellschaft ein Schaden entstanden ist. Zudem muss zwischen der Pflichtwidrigkeit und dem entstandenen Schaden ein Ursachenzusammenhang bestehen. Die Beweislast obliegt in beiden Punkten der Gesellschaft.[88] 45

Nach der ARAG/Garmenbeck-Doktrin[89] ist der **Aufsichtsrat** verpflichtet, Schadensersatzansprüche gegen Vorstandsmitglieder geltend zu machen.[90] Nur in Ausnahmefällen kann bzw. muss er von einer Verfolgung absehen.[91] Ob dabei dem Aufsichtsrat ein Ermessensspielraum zusteht ist umstritten.[92] Ergänzend sei auf § 143 SAG hingewiesen. Danach soll die Abwicklungsbehörde einen Sonderprüfer einsetzen, der etwaige Schadensersatzansprüche gegen Organmitglieder oder ehemalige Organmitglieder wegen der Verletzung von Sorgfaltspflichten prüfen soll. 46

---

[82] Zur Frage der Anwendbarkeit der BJR auch auf rechtlich gebundene Entscheidungen vgl. *Bachmann* WM 2015, 105 (108) mit weiteren Nachweisen.
[83] Zu den Voraussetzungen für eine Haftungsbefreiung vgl. *Spindler* in MüKoAktG § 93 Rn. 77 ff. mit weiteren Nachweisen.
[84] Zum Kriterium „Unabhängigkeit des Rechtsrates" vgl. *Spindler* in MüKoAktG § 93 Rn. 77.
[85] *Spindler* in MüKoAktG § 93 Rn. 83; *Bachmann* WM 2015, 105 (109).
[86] Vgl. MaRisk (Banken) AT 1 Tz. 4, AT 2.1 Tz. 2.
[87] *Dengler* WM 2014, 2032 (2039).
[88] Vgl. *Spindler* in MüKoAktG § 93 Rn. 180 ff.
[89] BGHZ 135, 244 = NJW 1997, 1926 = ZIP 1997, 883.
[90] Zur Prüfungsstruktur und zum Prüfungsmaßstab siehe *Schnorbus/Ganzer* WM 2015, 1832 ff.
[91] *Schnorbus/Ganzer* WM 2015, 1832 (1840, 1877).
[92] Vgl. zum Diskussionsstand *Koch* NZG 2014, 934 ff.; *Schnorbus/Ganzer* WM 2015, 1832 (1841, 1877, 1880).

b) Außenhaftung

47 Eine Haftung des Geschäftsleiters gegenüber **Aktionären** ergibt sich aus § 117 Abs. 2 S. 3 iVm Abs. 1 S. 2 AktG, soweit das Vorstandsmitglied seine Sorgfalt durch rechtswidrige Einflussnahme eines Dritten verletzt hat.[93] Zudem besteht die Möglichkeit, dass ein Aktionär bei Vorliegen der Voraussetzungen des § 148 AktG Ansprüche der Gesellschaft gegenüber dem Vorstandsmitglied geltend macht.[94] Ergänzend dazu können auch Ansprüche aus § 823 und § 826 BGB gegeben sein.

48 **Gläubigern** stehen dagegen nur dann gesellschaftsrechtliche Ansprüche gegen Vorstandsmitglieder zu, soweit die Gesellschaft diese nicht befriedigen kann (§ 93 Abs. 5 S. 1 AktG). In diesem Fall ist der Anspruch deckungsgleich mit dem originär der Gesellschaft zustehenden Anspruch aus § 93 Abs. 2 AktG. Daneben können Ansprüche aus § 823 bzw. § 826 BGB bestehen.

---

[93] Vgl. *Spindler* in MüKoAktG § 117 Rn. 52.
[94] Vgl. zur Durchsetzung der Vorstandshaftung *Tröger* ZHR 179 (2015), 453 (455).

B. Abwicklung

I. Überblick Abwicklung unter besonderer Berücksichtigung der Abwicklung nicht systemrelevanter Institute

Übersicht

	Rn.
1. Einleitung & Vorgeschichte	1
a) Deutsche Gesetzgebung 2007–2010	4
b) Deutsche Gesetzgebung 2011	11
c) Deutsche Gesetzgebung 2013–2014	15
d) Deutsche und europäische Gesetzgebung ab 2015	19
aa) Umsetzung der Sanierungs- und Abwicklungsrichtlinie (BRRD)	20
bb) Einheitlicher Abwicklungsmechanismus (SRM) und Bankenunion	24
2. Überblick: Zuständigkeiten und Verfahren	32
a) Überblick und Einleitung	32
b) Zuständigkeiten und Verfahren nach der SRM-Verordnung	37
aa) Anwendungsbereich (SRM-Verordnung)	38
bb) Zuständigkeiten und Verfahren (SRM-Verordnung)	42
c) SAG	61
aa) Eröffnung des Anwendungsbereichs nach § 1 Nr. 1–4 SAG	63
bb) Einschränkung des Anwendungsbereichs durch die SRM-Verordnung	67
d) Weitere Gesetze (KWG, KredReorgG, RettungsG)	71
aa) KWG	72
bb) KredReorgG	74
cc) RettungsG	81
3. Vorbereitung der Abwicklung (insb. Abwicklungsplanung)	83
a) Anwendungsbereich, Zuständigkeiten und Verfahren	84
b) Abwicklungsplanung und Abwicklungsplan	89
aa) Inhalt und Umfang der Abwicklungsplanung	90
bb) Abwicklungsfähigkeit und Beseitigung von Abwicklungshindernissen	95
c) Mindestanforderungen an Eigenmittel und berücksichtigungsfähige Verbindlichkeiten (Minimum Requirement for Own Funds and Eligible Liabilities – MREL)	99
aa) Errechnung der Mindestanforderung	101
bb) Grundsätze zur Ermittlung der Höhe der Mindestanforderung	106
d) Drittstaaten, insb. Verträge unter dem Recht eines Drittstaats	110
4. Abwicklung	114
a) Voraussetzungen der Abwicklung / betroffene Unternehmen	115
aa) Abwicklungsvoraussetzungen in Bezug auf Institute	116
bb) Abwicklungsvoraussetzungen in Bezug auf Finanzinstitute und Holdinggesellschaften	119
cc) Sonderfall: Kapitalinstrumentebefugnis	122
b) Beschlussverfahren in der Abwicklung	127
aa) Einleitung des Abwicklungsverfahrens	128
bb) Bewertung der Vermögenswerte und Verbindlichkeiten	138
cc) Sonderverwalter	142

B. Abwicklung

	c)	Abwicklungsinstrumente und -befugnisse	143
		aa) Abwicklungsziele und -grundsätze	144
		bb) Abwicklungsinstrumente	149
		cc) Abwicklungsbefugnisse	188
5.	Abwicklungsfinanzierungsmechanismen		196
	a)	SRF	197
	b)	Restrukturierungsfonds	206
	c)	Einlagensicherungssysteme	211
	d)	Außerordentliche finanzielle Unterstützung	216
6.	Abwicklung nicht systemrelevanter Institute		221
	a)	Maßnahmen bei Gefahr (§ 46 KWG), insbesondere Moratorium	226
		aa) Bedeutung der Gefahrenmaßnahmen des § 46 KWG in der Praxis	229
		bb) Tatbestandliche Voraussetzungen der Gefahrenmaßnahmen	234
		cc) Rechtsfolgen der einzelnen Gefahrenmaßnahmen	251
	b)	Sonstige aufsichtsrechtliche Maßnahmen (iwS)	266
		aa) Aufheben der Erlaubnis	267
		bb) Sonderbeauftragter	279
		cc) Maßnahmen nach § 46g KWG	290
		dd) Eröffnung des Insolvenzverfahrens	293

Schrifttum: *Adolff/Eschwey,* Lastenverteilung bei der Finanzmarktstabilisierung, ZHR 177 (2013), 902; *Altvater/von Schweinitz,* Trennbankensystem: Grundsatzfragen und alternative Regulierungsansätze, WM 2013, 625; *Auerbach/Donner,* Änderungen bei den aufsichtlichen Eingriffsinstrumenten des KWG durch das Restrukturierungsgesetz, DB 2011, 17; *Avgouleas/Goodhart,* Critical Reflections on Bank Bail-ins, Journal of Financial Regulation 2015, 1, 3; *Bachmann,* Das neue Restrukturierungsrecht der Kreditinstitute, ZBB 2010, 459; *Bachmann,* Der beschleunigte Anteilserwerb nach dem Finanzmarktstabilisierungsergänzungsgesetz vor dem Hintergrund des Verfassungs- und Europarechts, ZIP 2009, 1249; *Bähre/Schneider,* Kreditwesengesetz-Kommentar, 3. Auflage 1986; *Bauer,* Der Restrukturierungsfonds für Kreditinstitute: Funktionsweise, Maßnahmen und Finanzierung, in Brogl, Handbuch Bankenrestrukturierung: Bankenabgabe – Prävention – Stabilisierung – Haftung, S. 201 ff.; *Bauer/Hildner,* Die Sanierung, Abwicklung und Insolvenz von Banken – Ein vollendeter Dreiklang?, DZWIR 2015, 251; *Bauer/Werner,* TLAC – Neue Herausforderungen für die Kapitalstruktur?, WM 2015, 1135; *Baumann,* Einführung eines Trennbankensystems?, GWR 2013, 307; *Beck, Peter,* Gläubigerrechte und „Moratorium" nach § 46 Abs. 1 Satz 2 Nr. 4 KWG – Überlegungen zu OLG Frankfurt aM WM 2012, 2390, WM 2013, 301; *Beck, Heinz/Samm/Kokemoor,* Kreditwesengesetz mit CRR: Kommentar mit Materialien und ergänzenden Vorschriften, 2015; *Binder,* „Bankensanierung: Perspektiven für die anreizkompatible Restrukturierung systemrelevanter Kreditinstitute" in Allemdinger/Dorn/Lang/Lumpp/Steffek, Corporate Governance nach der Finanz- und Wirtschaftskrise – Vorbilder und Ziele eines modernen Wirtschaftsrechts; *Binder,* Bankeninsolvenzen im Spannungsfeld zwischen Bankaufsichts- und Insolvenzrecht: Regelungsziele, Anwendungsprobleme und Reformansätze, dargestellt am Beispiel des deutschen und des englischen Rechts, 2005; *Binder,* Die Auswirkungen der Basel II-Umsetzung auf die aufsichtsrechtlichen Eingriffskompetenzen nach dem Kreditwesengesetz, WM 2006, 2114; *Binder,* Krisenbewältigung im Spannungsfeld zwischen Aufsichts-, Kapitalmarkt- und Gesellschaftsrecht – Anwendungsprobleme des Finanzmarktstabilisierungsgesetzes, WM 2008, 2340; *Binder,* Institutionalisierte Krisenbewältigung bei Kreditinstituten, ZBB 2009, 19; *Binder,* Komplexitätsbewältigung durch Verwaltungsverfahren? Krisenbewältigung und Krisenprävention nach der EU-Bankensanierungs- und -abwicklungsrichtlinie, ZHR 179 (2015), 83; *Boos/Fischer/Schulte-Mattler,* Kreditwesengesetz. Kommentar zum KWG und Ausführungsvorschriften; 4. Auflage, 2012; *Bormann,* Kreditreorganisationsgesetz, ESUG und Scheme of Arrangement – Insolvenzrechtliche Neuerungen im Spannungsverhältnis zwischen erleichterter Unternehmenssanierung und Beschneidung von Gläubiger- und Gesellschafterrechten, NZI 2011, 892; *Brandner,* Parlamentarische Gesetzgebung in Krisensituationen – Zum Zustandekommen des Finanzmarktstabilisierungsgesetzes, NVwZ 2009, 211; *Brogl,* Einführung zum Bankenrestrukturierungsregime – Historie und Überblick, in Brogl, Handbuch Bankenrestrukturierung: Bankenabgabe – Prävention – Stabilisierung

I. Überblick Abwicklung unter besonderer Berücksichtigung der Abwicklung nicht systemrelevanter Institute

– Haftung, S. 11 ff.; *Brogl,* Finanzmarktstabilisierungsgesetz reaktiviert (2. FMStG – „SoFFin II") – Ausgeweitete Stabilisierungsinstrumente nebst Kompetenztrojaner, jurisPR-BKR 6/2012 Anm. 1; *Calliess/Schoenfleisch,* Die Bankenunion, der ESM und die Rekapitalisierung von Banken, JZ 2015, 113; *Canaris,* in Staub, Großkommentar HGB, Bd. III/3, Bankvertragsrecht, 2. Bearbeitung 1981; *Chattopadhyay,* Der Vorschlag für eine Richtlinie zur Sanierung und Abwicklung von Kreditinstituten, WM 2013, 405; *Consbruch/Möller,* KWG-Kommentar; 3. Auflage 1986; *Conlon/Cotter,* Eurozone Bank Resolution and Bail-In – Intervention, Triggers and Writedowns; *Dohrn,* Der Richtlinienvorschlag zur Festlegung eines Rahmens für die Sanierung und Abwicklung von Kreditinstituten und Wertpapierfirmen, WM 2012, 2033; *Duve/Wimalasena,* Retten Schiedsrichter den EUR oder Ihre Einlagen?, BB 2014, 2755; *Eder,* Die rechtsgeschäftliche Übertragung von Aktien, NZG 2004, 107; *Engelbach/ Friedrich,* Die Umsetzung der BRRD in Deutschland, WM 2015, 662; *Feyerabend/Behnes,* Steuerliche Aspekte des Banken-Restrukturierungsgesetzes, DB 2011, 30; *Frind,* Restrukturierungsgesetz-Entwurf: Weniger wäre manchmal mehr, ZInsO 2010, 1921*; Geier,* Trades, bona fide Acquisitions and Priority Rules in the Electronic Securities Settlement Systems for the Secondary Securities Markets in Germany and England, Journal of Corporate Law Studies (JCLS) 2008, Vol. 8(2), 22*; Geier,* Comparison of the Electronic Securities Settlement Systems for the Secondary Securities Markets in Germany and England; Journal of International Banking Law and Regulation (JIBLR) 2008, Vol. 23 (3), 97; *Geier,* Das Moratorium über die Depotbank, BKR 2010, 144; *Geier,* Die Regelungen des Depotvertrags im Moratorium, ZBB 2010, 289; *Geier/Schmitt/Petrowsky,* Der Anwendungsbereich des „Moratoriums" nach Inkrafttreten des Restrukturierungsgesetzes, BKR 2011, 497; *Geier/Schmitt,* Ablauf der Krise eines Kreditinstituts unter Berücksichtigung des Restrukturierungs- und Zweiten Finanzmarktstabilisierungsgesetzes sowie des Entwurfs eines CRD IV-Umsetzungsgesetzes und der Crisis Management Directive (CMD) – eine Analyse und Prognose, BKR Sonderheft November 2012, 1; *Grabau/Hundt,* Die Sicherheit von Bankguthaben bei Zahlungsunfähigkeit inländischer Kreditinstitute, DZWIR 2003, 275; *Grieser,* Sanierungs- und Reorganisationsberater sowie Sonderbeauftragte nach dem Restrukturierungsgesetz, in Grieser/Heemann, Bankenaufsicht nach der Finanzmarktkrise, 2011, S. 269; *Gurlit,* Finanzmarktstabilisierung und Eigentumsgarantie, NZG 2009, 601; *Haentjens,* Bank Recovery and Resolution: – An Overview of International Initiatives, IILR 2014, 255; *Hellner/Steuer,* Bankrecht und Bankpraxis, Band 4, 2008*; Herring/Fiedler,* Der Sonderbeauftragte in der Bankenaufsicht, § 45c KWG (Neuregelung durch das Restrukturierungsgesetz), WM 2011, 1311; *Höche,* Das Restrukturierungsgesetz: Neue Wege in der Bankenaufsicht (mit Seitenblick auf die Schweiz und das vereinte Königreich), WM 2011, 49; *Hofmann,* Das Rettungsübernahmegesetz im Spiegel des Art. 14 III GG – „Eine Enteignung ist nur zum Wohle der Allgemeinheit zulässig", NVwZ 2009, 673; *Huber, Christian,* Bankrecht: Bankensystem – Bankenaufsicht – Recht der Bankgeschäfte, 2001; *Kämmerer/Starski,* Die Europäische Zentralbank in der Bankenunion oder: Vor Risiken und Nebenwirkungen wird gewarnt, ZG 2013, 318; *Kieper,* Abwicklungssysteme in der Insolvenz, 2004; *Kusserow/Scholl,* Kreditderivate im Kraftfeld der BRRD – Die neuen Musterbedingungen für Kreditderivate – Teil I –, WM 2015, 360; *Kusserow/Scholl,* Kreditderivate im Kraftfeld der BRRD – Die neuen Musterbedingungen für Kreditderivate – Teil II –, WM 2015, 413; *Langenbucher,* Bankaktienrecht unter Unsicherheit, ZGR 2010, 75; *Lehmann/Manger-Nestler,* Europäischer Aufsichtsmechanismus: Bankenaufsicht durch die EZB, ZBB 2014, 1; *Lehmann/Rehahn,* Trennbanken nach Brüsseler Art: Der Kommissionsvorschlag vor dem Hintergrund nationaler Modelle, WM 2014, 1793; *Liebrich/ Wulfken,* Konzeption und Funktion einer Bad Bank, in Grieser/Heemann, Bankenaufsicht nach der Finanzmarktkrise, S. 341 ff.; *Linden,* Besonderheiten des Bankeninsolvenzrechts, ZInsO 2008, 583*; Lorenz,* Der Regierungsentwurf eines Gesetzes zur Restrukturierung und geordneten Abwicklung von Kreditinstituten – Überblick und erste Einordnung, NZG 2010, 1046; *Luz/Neus/Schaber/Schneider/Wagner/Weber,* Kreditwesengesetz (KWG): Kreditwesengesetz (KWG), Kommentar zum KWG inklusive SolvV, LiqV, GroMiKV, MaRisk, 3. Auflage 2015; *Madaus,* Das Insolvenzverfahren der Lehman Brothers Holdings Inc. – ein in jeder Hinsicht besonderes Reorganisationsverfahren, NZI 2008, 715; *Mann,* Das Finanzmarktstabilisierungsgesetz: Eine kritische Analyse, DZWIR 2008, 496; *Meyer,* Restrukturierungsgesetz – Oder: In der Ruhe liegt die Kraft, BB 2011, 1; *Meyer/Degener,* Debt-Equity-Swap nach dem RegE-ESUG, BB 2011, 846; *Möschel,* Die Finanzkrise – Wie soll es weitergehen?, ZRP 2009, 129; *Möslein,* Grundsatz- und Anwendungsfragen zur Spartentrennung nach dem sog Trennbankengesetz, BKR 2013, 397; Münchener Kommentar zum Bürgerlichen Gesetzbuch: BGB; Herausgegeben von *Säcker/Rixecker/Oetker/Limperg,* 7. Auflage 2016; *Müller,* Reorganisation systemrelevanter Banken, KTS 2011, 1; *Neef,* Einlagensicherung bei Bankinsolvenzen, 1980; *Nieding,* Das Finanzmarktstabilisierungsergänzungsgesetz (FMStErgG) – Beitrag zur Rettung des Finanzsystems oder Verfassungsbruch?, jurisPR-BKR 6/2009 Anm. 4; *Obermüller, Manfred,* Insolvenzrecht in der Bankpraxis, 8. Auflage 2011; *Obermüller, Manfred,* Das Bankenrestrukturierungsgesetz – ein kurzer Überblick über ein langes Gesetz, NZI 2011, 81; *Ohler,* Bankensanierung als staatliche Aufgabe, GewArch Beilage WiVerw Nr. 01/2010, 47; *Palandt,* Bürgerliches Gesetzbuch: BGB mit Nebengesetzen, 74. Auflage 2015; *Pannen,* Krise und Insolvenz bei Kreditinstituten, 3. Auflage 2010; *Pannen,* Insolvenznahe Restrukturierung von Kreditinstituten nach dem Restrukturierungsgesetz, in Grieser/Heemann, Bankenaufsicht nach der Finanzmarktkrise, S. 229 ff.; *Peters,* Die geplante europäische Bankenunion – eine kritische Würdigung, WM 2014, 396; *Reischauer/Kleinhans,* Kommentar zum Kreditwesengesetz (KWG), 2015; *Sacarcelik,* Europäische Bankenunion: Rechtliche Rahmenbedingungen und Herausforderungen der einheitlichen europäischen Bankenaufsicht, BKR 2013, 353; *Schalast,* Lehren aus der Finanzkrise?: Entwurf eines Gesetzes zur Umsetzung der geänderten Banken-RL und der geänderten Kapitaladäquanz-RL, BB 2010, 1040; *Schelo,* Neue Restrukturierungsregeln für Banken, NJW 2011, 186; Schimansky/Bunte/Lwowski, Bankrechtshandbuch, 4. Auflage 2011; *Schneider,* Inconsistencies and unsolved Problems in the European Banking Union, EuZW 2013, 452; *Schuster,* Zur Stellung der Anteilseigner in der Sanierung, ZGR 2010, 325; Schwarze/Becker/Hatje/Schoo, EU-Kommentar, 3. Auflage 2012; Schwennicke/Auerbach, Kreditwesengesetz (KWG) mit Zahlungsdiensteaufsichtsgesetz (ZAG): Kommentar; 2. Auflage 2013; *Schwenk,* Wirkungen und Rechtsfolgen eines „Moratoriums" nach § 46a KWG, jurisPR-BKR 6/2008 Anm. 6; *Sester,* Towards a transnational bank restructuring law? The attempt of the G20 to initiate and monitor regulatory responses to the „too big to fail" problem, ECFR 2010, 512; *Spetzler,* Eingriffe in die Rechte von Anteilseignern im Insolvenzverfahren: Ausgliederung als Alternative zum Debt-Equity-Swap, KTS, 2010, 433; *Steck/Petrowsky,* Neue Voraussetzungen für die Abwicklung von Banken, DB 2015, 1391; *Stengel,* Das Kreditinstitute-Reorganisationsgesetz: Rechtliche Aspekte der zukünftigen Sanierung und Reorganisation von Kreditinstituten, DB 2011, Beilage 4 zu Heft 13, 11; *Szagunn/ Haug/Ergenzinger,* Gesetz über das Kreditwesen, Kommentar; 6. Auflage 1997; *Thiele,* Krise der Europäischen Integration? Die Bankenunion als Beleg für die Handungsfähigkeit der EU, GewA 2015, 111; *Tonikidis,* Grundzüge der richtlinienkonformen Auslegung und Rechtsfortbildung, JA 2013, 598; *Wittinger,* „Europäische Satelliten": Anmerkungen zum Europäischen Agentur(un)wesen und zur Vereinbarkeit Europäischer Agenturen mit dem Gemeinschaftsrecht, EuR 2008. 609; *Waibel,* Kapitalanlage: Restrukturierungsgesetz beschert Anlegern Rechtsunsicherheit, VW 2011, 392; *Wojcik/ Ceyssens,* Der einheitliche EU-Bankenabwicklungsmechanismus: Vollendung der Bankenunion, Schutz des Steuerzahlers, EuZW 2014, 893; *Wolfers/Rau,* Finanzmarktstabilisierung, 3. Akt: „Bad Banks" zur Entlastung der Bilanzen, NJW 2009, 2401; *Wolfers/Rau,* Enteignung zur Stabilisierung des Finanzmarktes: Das Rettungsübernahmegesetz, NJW 2009, 1297; *Wolfers/Voland,* Der Weg aus der Krise? – Ein Überblick über das Restrukturierungsgesetz, WM 2011, 1159; *Zeitler,* Vergessene Ursachen der Banken- und Finanzkrise, WM 2012, 673; *Zietsch,* Zur Frage der Zulässigkeit von Aufrechnungen während eines Moratoriums nach §§ 46, 46 a KWG, WM 1997, 954; *Zimmer/Beisken,* Die Regulierung von Leerverkäufen de lege lata und de lege ferenda, WM 2010, 485; *Zimmer/Weck/ Schepp,* Wiederherstellung des Wettbewerbs als Ordnungsprinzip auf den Finanzmärkten: Ist die „Bankenunion" ein taugliches Mittel hierzu?, ZWeR 2014, 257.

1. Einleitung & Vorgeschichte

1 Dieser Beitrag befasst sich ausschließlich mit der Abwicklung von Instituten und deren Gruppen. Er geht inhaltlich über den europarechtlich durch die Verordnung (EU) Nr. 806/2014 zur Festlegung einheitlicher Vorschriften und eines einheitlichen Verfahrens für die Abwicklung von Kreditinstituten und bestimmten Wertpapierfirmen im Rahmen eines einheitlichen Abwicklungsmechanismus und eines einheitlichen Abwicklungsfonds (*Single Resolution Mechanism*-Verordnung – SRM-Verordnung) und die Richtlinie 2014/59/ EU zur Festlegung eines Rahmens für die Sanierung und Abwicklung von Kreditinstituten und Wertpapierfirmen (*Bank Recovery and Resolution Directive* – BRRD) determinierten Rah-

men hinaus und stellt zB auch weitere relevante, im Kreditwesengesetz (KWG) verankerte Befugnisse dar. Nicht Gegenstand sind die Bereiche der Sanierung und der Frühintervention, insbesondere des frühzeitigen Eingreifens.

Der gesetzliche Rahmen der Bankenabwicklung erfuhr in den letzten Jahren wiederholt fundamentale, durch die Finanz- und Schuldenkrise ausgelöste Neuausrichtungen und **Nachjustierungen**. Diese Anpassungen vollzogen sich phasenweise, entsprechend der jeweils vorherrschenden, politischen Strömungen und Erkenntnissen. Zahlreiche der seit Beginn der Krise im Jahr 2007 neu eingeführten Instrumente und Befugnisse sind zwischenzeitlich wieder verschwunden oder wurden niemals angewandt.

Am (aktuellen) Ende dieser Entwicklung steht nunmehr ein vom EU-Gesetzgeber determiniertes komplexes, neues Regelwerk, dessen Funktionsfähigkeit bislang empirisch weitgehend nicht belegt ist. Es betritt in vielerlei Hinsicht Neuland, baut jedoch auf Erfahrungen einzelner Mitglieds- und Drittstaaten und den Arbeiten internationaler Gremien auf.[1] Das so geschaffene, gesetzliche Abwicklungsregime ist (mit Rechtsstand Januar 2016) Gegenstand dieses Beitrags.

a) Deutsche Gesetzgebung 2007–2010

Die Finanzkrise erreichte Deutschland Mitte 2007 zunächst in Form einer Schieflage der Deutschen Industriebank AG (IKB), rund ein Jahr vor der Insolvenz der Investmentbank Lehman Brothers, einem der Höhepunkte der Finanzkrise.[2]

Damals (dh Mitte 2007) sah das KWG für den Fall der Schieflage einer Bank im Wesentlichen die Möglichkeit des Erlasses eines sog Moratoriums[3] und den Entzug der Zulassung vor. Das Moratorium hatte sich bereits damals als eine zur Bankenrettung weitgehend ungeeignete Maßnahme erwiesen.[4] Faktisch diente es – entgegen seiner gesetzlichen Intention – weniger der Sanierung des Instituts als der Vorbereitung eines Insolvenzantrags durch die Bundesanstalt für Finanzdienstleistungsaufsicht (BaFin).[5] Die Verhängung eines Moratoriums über die IKB hätte diese daher vermutlich nicht gerettet, ggf. die Finanzkrise in Deutschland sogar verschärft. Mangels adäquater aufsichtsrechtlicher Maßnahmen wurde deswegen zur Rettung der IKB ein zivilvertraglich verankerter „**Rettungsschirm**" der Kreditanstalt für Wiederaufbau (KfW), des Bundes und einiger privater Banken als Mittel zur Rettung gewählt. Ziel des Vertragswerkes war es, die IKB gegen Risiken aus der Sub-Prime Krise abzuschirmen.[6]

---

[1] Vgl. zB Financial Stability Board (FSB), Key Attributes of Effective Resolution Regimes for Financial Institutions vom November 2011 (Stand: 15.10.2014); Basel Committee on Banking Supervision, Report and Recommendations of the Cross-border Bank Resolution Group vom März 2010; Liikanen, High-level Expert Group on reforming the structure of the EU banking sector vom 2.10.2012 (Liikanen-Report); zum Liikanen-Report: *Altvater/Schweinitz* WM 2013, 625 (625); vgl. ferner *Adolff/Eschwey* ZHR 177 (2013), 902 (954); *Binder* ZHR 179 (2015), 83 (91); *Chattopadhyay* WM 2013, 405 (406 f.); *Dohrn* WM 2012, 2033 (2033); *Haentjens* IILR 2014, 255 (255).

[2] *Schalast* BB 2010, 1040 (1040); zur Entwicklung der Finanzkrise vgl. zB *Möschel* ZRP 2009, 129 (129 f.); *Zeitler* WM 2012, 673 (673).

[3] Der Begriff des Moratoriums wird im Rahmen dieses Beitrags für kombinierte Maßnahme nach § 46 KWG (§ 46a KWF aF) verwendet. Das Moratorium nach § 46g KWG (§ 47 KWG aF) ist hiervon zu unterscheiden (→ Rn. 258 f., 290 ff.).

[4] Eingehend *Binder* in ADLLS Corporate Governance S. 243 ff.; *Binder* ZBB 2009, 19 (21).

[5] Im Ergebnis auch: *Bachmann* ZBB 2010, 459 (459); *Müller* KTS 2011, 1 (3); *Schelo* NJW 2011, 186 (186).

[6] Vgl. *Schuster* ZGR 2010, 325 (326 ff.); *Voland* NZG 2012, 694 (696 f.).

6 Infolgedessen schien die Finanzkrise aus Sicht des deutschen Gesetzgebers mit der Rettung der IKB zunächst überwunden.[7] Gesetzliche Schritte zur Beseitigung struktureller Definite des deutschen Abwicklungsregimes (insbesondere zur Anpassung des KWG) erfolgten daher im Nachgang zur Errichtung des Rettungsschirms nicht unmittelbar, obwohl sich die zivilvertragliche Mechanik des Rettungsschirms als nur sehr bedingt geeignet erwiesen hatte.[8]

7 Rund ein Jahr später verschärfte sich die Krise in Deutschland erneut als die Investmentbank Lehman Brothers im September 2008 insolvent wurde und das deutsche Kreditinstitut der Gruppe, die Lehman Brothers Bankhaus AG, isoliert nicht mehr überlebensfähig war.[9] Die BaFin verhängte – mangels besser geeigneter Befugnisse – über Lehman Brothers Bankhaus AG ein **Moratorium** (nach § 46a KWG aF) und stellte später Insolvenzantrag.[10] Flankierend wurde zur zB Beruhigung der Finanzmärkte am 18. September 2008 für einige Banktitel ein Leerverkaufsverbot (auf fragwürdiger Rechtsgrundlage[11]) erlassen.[12]

8 Das Vertrauen auf den Märkten in die Liquidität der Banken (und in bestimmte Märkte) war und blieb jedoch erschüttert. Aus Sicht des deutschen Gesetzgebers bestand die Notwendigkeit, Banken die Möglichkeit der Stabilisierung durch staatliche Mittel zu eröffnen – die Geburtsstunde der Finanzmarktstabilisierungsgesetzgebung.[13] Am 17. Oktober 2008 verabschiedete der deutsche Gesetzgeber das Gesetz zur Umsetzung eines Maßnahmenpakets zur Stabilisierung des Finanzmarktes (**Finanzmarktstabilisierungsgesetz**)[14], ein Artikelgesetz bestehend unter anderem aus dem Finanzmarktstabilisierungsfondsgesetz (FMStFG) und dem Finanzmarktstabilisierungsbeschleunigungsgesetz (FMStBG). Das Gesetzespaket diente der Errichtung des Sonderfonds Finanzmarktstabilisierung (SoFFin) und der Bundesanstalt für Finanzmarktstabilisierung (Finanzmarktstabilisierungsanstalt – FMSA), die fortan ua berechtigt war, Institute aus den Mitteln des SoFFin zB zu rekapitalisieren und bestimmte Schuldtitel zu garantieren.[15] Damit wurde – in den Grenzen des Beihilferechts – erstmals ein generell-abstrakter, gesetzlicher Rahmen zur Stabilisierung von Instituten mit öffentlichen Mitteln geschaffen. Die konkrete Ausgestaltung der Maßnahmen blieb jedoch Gegenstand vertraglicher Regelungen. Einen Zwang zur Inanspruchnahme staatlicher Mittel sahen die Gesetze nicht vor; die FMSA konnte nur auf Antrag eines betrof-

---

[7] Vgl. *Zeitler* WM 2012, 673 (673).
[8] *Brogl* in Brogl HdB-Banken-Restrukturierung S. 12 f.; eher unkritisch: *Zeitler* WM 2012, 673 (673).
[9] Zum Verfahren über die Lehman Brothers Holdings Inc.: *Madaus* NZI 2008, 715 (715 ff.); ferner auch *Beck* WM 2013, 301 (301 ff.).
[10] Zur BaFin-Mitteilung über die Verhängung des Moratoriums siehe: http://www.bafin.de/SharedDocs/Veroeffentlichungen/DE/Meldung/2008/meldung_081112_lehman_inso.html.
[11] Vgl. *Zimmer/Beisken* WM 2010, 485 (491); Entwurf eines Gesetzes zur weiteren Fortentwicklung des Finanzplatzes Deutschland (Viertes Finanzmarktförderungsgesetz) der Bundesregierung, BT-Drucks. 14/8017, S. 25; 85 f.; BR-Drucks. 257/1/02, S. 1 f.; BR-Drs. 257/02, S. 1 f.; BT-Drs. 14/9096, S. 2; BR-Drs. 434/02, S. 2.
[12] BaFin, Allgemeinverfügungen ua vom 19. September 2008 und vom 21. September 2008; abrufbar unter: http://www.bafin.de/SharedDocs/Aufsichtsrecht/DE/Verfuegung/vf_080919_leerverk.html?nn=2818546.
[13] Hierzu auch: *Mann* DZWIR 2008, 496 (496 ff.).
[14] BGBl. 2008 I 1982; zu den Bedenken hinsichtlich dessen Verfassungsmäßigkeit *Brandner* NVwZ 2009, 211 (211).
[15] §§ 7, 8 FMStFG; *Adolff/Eschwey* ZHR 177 (2013), 902 (926 f.); *Brogl* jurisPR-BKR 6/2012 Anm. 1; *Brück/Schalast/Schanz* BB 2008, 2526 (2526 ff.).

fenen Instituts tätig werden.[16] Im Nachgang beantragen jedoch fast alle großen deutschen Institute (mit Ausnahme der Deutschen Bank AG) Mittel aus dem SoFFin, teilweise sogar in erheblichem Umfang.[17]

Im Jahr 2009 kippte die öffentliche Stimmung im Zusammenhang mit einer in Frage **9** stehenden (weiteren) Leistung des SoFFin an die **Hypo Real Estate Holding** (HRE): der Einsatz von Mitteln aus dem SoFFin wurde (erstmals) als politisch unerwünscht eingestuft.[18] Zwar stand außer Frage, dass die Mittel des SoFFin zur Rettung der HRE geeignet gewesen wären. Auch hatte der SoFFin die HRE bereits zuvor gestützt.[19] Die öffentliche Meinung stemmte sich jedoch gegen eine mittelbare „Profitmitnahme" bestimmter Aktionäre der HRE infolge von Leistungen des durch „Steuergelder" finanzierten SoFFin.[20] Mittelbare Vorteile für Aktionäre wären im Falle einer Rettung durch den SoFFin zwar nicht neu gewesen, jedoch gebot die besondere Aktionärsstruktur der HRE aus Sicht des Gesetzgebers eine abweichende Behandlung. Erstmals wurde in Deutschland ausdrücklich damit (auch) das Ziel verfolgt, die Aktionäre einer in Schieflage geratenen Bank an deren Rettung zu „beteiligen".[21] Hierzu erließ der Gesetzgeber das Finanzmarktstabilisierungsergänzungsgesetz (FMStErgG)[22], ein Artikelgesetz, mit dessen Hilfe ua das Gesetz zur Rettung von Unternehmen zur Stabilisierung des Finanzmarktes (**Rettungsübernahmegesetz – RettungsG**) geschaffen wurde. Das RettungsG hätte (seine Verfassungsmäßigkeit unterstellt[23]) ermöglicht, Aktionären eines Instituts die Aktionärsstellung durch Enteignung zu entziehen, um sicherzustellen, dass sie nicht an einem potenziellen (späteren) Wertgewinnen der Bank mehr teilhaben können.[24] Es markiert den Versuch des Übergangs von einer reinen „Bail-Out" Mechanik zu einer Beteiligung der Anteilsinhaber (dh einem „Bail-In").[25] Im Ergebnis kam das RettungsG nie zur Anwendung. Obwohl sprachlich nicht als Einzelfallgesetz formuliert, ermöglichte das am 7. April 2009 erlasse RettungsG Maßnahmen lediglich bis spätestens zum 31. Oktober 2009.[26] Die HRE wurde im Oktober 2009 durch Anwendung eines aktienrechtlichen Squeeze-Outs verstaatlicht.[27]

Im Jahr 2009 war der deutsche Gesetzgeber generell auf der Suche nach effizienteren **10** Methoden zur Stabilisierung von Instituten. Die bisherige Mechanik der Stabilisierung aus staatlichen Mitteln hatte sich als teuer und nur bedingt nachhaltig herausgestellt.[28] Die die Krise strukturell auslösenden Probleme eines Instituts wurden durch die bislang geschaffenen Maßnahmen nicht direkt adressiert.[29] Mit dem Gesetz zur Fortentwicklung der Finanz-

---

[16] § 4 Abs. 1 S. 1 FMStFG; *Adolff/Eschwey* ZHR 177 (2013), 902 (925).
[17] Vgl. FMSA, Historischer Überblick über die Maßnahmen des SoFFin (Maßnahmensstand: 6. Juli 2015) und zum Volumen der staatlichen Mittel im Vergleich zu jenen anderer Mitgliedsstaaten Liikanen-Report, S. 21.
[18] Vgl. *Günther* WM 2010, 825 (827); ferner auch *Lehmann/Rehahn* WM 2014, 1793 (1793).
[19] *Wolfers/Rau* KSzW 2010, 78 (79).
[20] Vgl. *Lehmann/Rehahn* WM 2014, 1793 (1793); *Lorenz* NZG 2010, 1046 (1048).
[21] Hierzu: *Voland* NZG 2012, 694 (694 f.); *Wolfers/Rau* KSzW 2010, 78 (79).
[22] BGBl. 2009 I 725.
[23] Vgl. hierzu *Brück/Schalast/Schanz* BB 2009, 1306 (1307 ff.); *Hofmann* NVwZ 2009, 673 (673 f.); *Langenbucher* ZGR 2010, 75 (75 ff.); *Nieding* jurisPR-BKR 6/2009 Anm. 4.
[24] Vgl. BT-Drs. 160/09, S. 1 f., 17 f., 28; *Nieding* jurisPR-BKR 6/2009 Anm. 4.
[25] In diesem Sinne auch *Brogl* in Brogl HdB-Banken-Restrukturierung S. 18.
[26] § 6 Abs. 1 RettungsG; hierzu auch: *Wolfers/Rau* NJW 2009, 1297 (1297).
[27] *Gurlit* NZG 2009, 601 (602 ff.); *Voland* NZG 2012, 694 (694 ff.); zum Squeeze-Out vgl.: *Ohler* GewArch Beilage WiVerw Nr. 01/2010, 47 (52 f.).
[28] Vgl. BT-Drs. 16/13591, S. 3; BT-Drs. 16/13156, S. 1; *Schelo* NJW 2011, 186 (186).
[29] Vgl. hierzu: BT-Drs. 16/13156, S. 1, 6.

marktstabilisierung (Finanzmarktstabilisierungsfortentwicklungsgesetz – FMStFortG)[30] sollte im Juli 2009 insoweit langfristig Abhilfe geschaffen werden. Die neuen Regeln ermöglichten es Banken, (auf Antrag) toxische Wertpapiere in eine Art **„Bad Bank"** auszulagern. Das war die Geburtsstunde der sog Abwicklungsanstalten. So wurde am 11. Dezember 2009 mit der „Ersten Abwicklungsanstalt" die Abwicklungsanstalt der Westdeutschen Landesbank (WestLB) gegründet.[31] Im Juli 2010 folgte mit der „FMS Wertmanagement" die Abwicklungsanstalt der HRE.[32] Für die Schulden der Abwicklungsanstalten haften – vereinfacht dargestellt – deren Eigentümer (dh Bund und/oder die Bundesländer).[33] Neben dem Modell der Abwicklungsanstalt schuf das FMStFortG auch die Möglichkeit, toxische Wertpapiere in eine Zweckgesellschaft zu übertragen.[34] Von der Regelung wurde jedoch – aufgrund des damit verbundenen Haftungsregimes – nie Gebrauch gemacht.

b) Deutsche Gesetzgebung 2011

11   Am 1. Januar 2011 trat mit dem Gesetz zur Restrukturierung und geordneten Abwicklung von Kreditinstituten, zur Errichtung eines Restrukturierungsfonds für Kreditinstitute und zur Verlängerung der Verjährungsfrist der aktienrechtlichen Organhaftung (**Restrukturierungsgesetz** – RStruktG)[35] ein neues Abwicklungsregime in Kraft, dass zumindest initial auf Ablösung der Finanzmarktstabilisierungsgesetzgebung ausgelegt war. Es griff als strukturelle Defizite erkannte Mechaniken dieser Gesetzgebung auf und überarbeitete sie. Im Wesentlichen sollten Maßnahmen zur Bankenrettung künftig nicht mehr nur auf Antrag des Instituts zulässig sein und die Finanzindustrie die Abwicklung einzelner Institute selbst im Wege der Schaffung einer Abgabe – der sog Bankenabgabe – mitfinanzieren. Das RStruktG schuf daher auch die Möglichkeit, durch Verwaltungsakt die systemrelevanten (nebst sonstiger, rettungsbedürftiger) Teile einer Bank aus dieser herauszulösen. Ferner wurde ein speziell auf Institute zugeschnittenes Reorganisationsverfahren geschaffen, dass dem Insolvenzplanverfahren nachgebildet ist.[36]

12   Als Artikelgesetz änderte das RStruktG im Wesentlichen das KWG und die aus der Finanzmarktstabilisierungsgesetzgebung stammenden Gesetze. Darüber hinaus erließ es das Gesetz zur Errichtung eines Restrukturierungsfonds für Kreditinstitute (Restrukturierungsfondsgesetz – RStruktFG) und das Gesetz zur Reorganisation von Kreditinstituten (Kreditinstitute-Reorganisationsgesetz – KredReorgG).

- Im KWG wurden Vorschriften über einen privatrechtsgestaltenden Verwaltungsakt (**Übertragungsanordnung**, §§ 48a ff. KWG aF) ergänzt, durch den iE die systemrelevanten (nebst sonstiger, rettungsbedürftiger) Teile eines Instituts abgelöst werden sollten. Dazu bot das Gesetz zwei Wege: (i) eine vollständige Übertragung mit partieller Rückübertragung der nicht rettungsbedürftigen Teile des Instituts und (ii) lediglich die Übertragung der rettungsbedürftigen Teile des Instituts (partielle Übertragungsanordnung).[37] Der übernehmende Rechtsträger sollte – so die ursprüngliche Intention – überleben und

---

[30] BGBl. 2009 I 1980.
[31] *Liebrich/Wulfken* in Grieser/Heemann S. 343.
[32] *Liebrich/Wulfken* in Grieser/Heemann S. 343; *Voland* NZG 2012, 694 (694).
[33] §§ 3a Abs. 2 S. 2 iVm 8a; 8b FMStFG; hierzu auch *Wolfers/Rau* NJW 2009, 2401 (2403 ff.).
[34] §§ 6a – 6d FMStFG.
[35] BGBl. 2010 I 1900 (1921); einen Überblick zu den Regelungen bietet: *Obermüller* NZI 2011, 81 (81 ff.).
[36] Vgl. *Höche* WM 2011, 49 (53 f.); *Schelo* NJW 2011, 186 (188).
[37] Vgl. *Bachmann* ZBB 2010, 459 (467 f.); ferner auch: *Adolff/Eschwey* ZBB 177 (2013), 902 (934 f.).

ggf. mit Mitteln des RStruktFG gestützt werden, während die „Altbank" im Rahmen eines ordentlichen Insolvenzverfahrens abgewickelt würde.[38] Als aufnehmender Rechtsträger kam entweder ein anderes Institut (mit dessen Zustimmung) oder eine durch die FMSA zuvor gegründete, staatseigene Brückenbank in Betracht.[39] Konsequenterweise erlangte die FMSA die Befugnis, Brückenbanken auf Vorrat zu gründen.[40] Das Instrument der Übertragungsanordnung fand (bis zur Streichung der Regelung aus dem KWG zum 31. Dezember 2014) keine Anwendung.

- Das RStruktFG errichtete den Restrukturierungsfonds. Anders als der SoFFin finanziert sich der Restrukturierungsfonds nicht durch staatliche Mittel, sondern durch eine von Instituten zu zahlende Abgabe (**Bankenabgabe**).[41] Er wird – ebenso wie der SoFFin – durch die FMSA verwaltet. Seine Mittel standen auf der Basis des RStruktG nur systemrelevanten Instituten bei Bestandsgefährdung zur Verfügung, allerdings erst nach Erlass einer Übertragungsanordnung,[42] und auch dann nur dem übernehmenden Rechtsträger.[43]
- Das KredReorgG schuf zwei auf Antrag des Instituts freiwillig einzuleitende Verfahren: ein **Sanierungs- und ein Reorganisationsverfahren** (vgl. → B.X. Rn. 3 ff.). Während das Sanierungsverfahren keine Eingriffe in die Rechte Dritter erlaubt und auf die Sanierung des Kreditinstituts durch freiwillige Maßnahmen Dritter und der Gläubiger abzielt,[44] zielt das Reorganisationsverfahren auf Eingriffe in Gläubiger- und Anteilsrechte ab.[45] Lediglich das Reorganisationsverfahren ist dem Bereich der Abwicklung zuzuordnen. Die Eröffnung des Verfahrens bedarf neben eines Antrags des Instituts auch der Prüfung durch die BaFin und einer gerichtlichen Entscheidung des zuständigen Oberlandesgerichts (OLG). Es regelt – in Anlehnung an das Insolvenzplanverfahren der Insolvenzordnung (InsO) – die Abstimmung von Gläubigern nach Klassen über die Abschreibung bzw. Umwandlung ihrer Forderungen, inklusive der Umwandlung von Forderungen in Mitgliedschaftsrechte (Debt-to-Equity-Swap).[46] Das Reorganisationsverfahren kam nie zur Anwendung und wird heute weitgehend als untauglich eingestuft.[47]

Mit dem RStruktG vollzog der deutsche Gesetzgeber einen **Paradigmenwechsel** 13 weg von der Stabilisierung von Instituten durch die reine Zurverfügungstellung öffentlicher Mittel hin zu strukturellen Maßnahmen (Abtrennung der rettungsbedürftigen

---

[38] *Adolff/Eschwey* ZBB 177 (2013), 902 (935); *Obermüller/Kunder* ZInsO 2010, 2016 (2021); *Schelo* NJW 2011, 186 (190).
[39] Vgl. § 5 Abs. 1 RStruktFG aF.
[40] § 5 Abs. 1 RStruktFG aF; §§ 48a ff. KWG aF; BT-Drs. 17/2034, S. 73; *Lorenz* NZG 2010, 1046 (1052).
[41] BT-Drs. 17/3024, S. 4 f., 42; vgl. auch § 2 RStruktFG aF.
[42] *Bachmann* ZBB 2010, 459 (470); *Geier/Schmitt* BKR Sonderheft November 2012, 1 (22); vgl. auch BT-Drs 17/3024, S. 73 f.
[43] §§ 5–8 RStruktFG aF; *Lorenz* NZG 2010, 1046 (1052).
[44] Vgl. §§ 2–6 KredReorgG; ferner auch: *Bachmann* ZBB 2010, 459 (461 ff.); *Höche* WM 2011, 49 (54); *Lorenz* NZG 2010, 1046 (1048 f.).
[45] Vgl. §§ 7–23 KredReorgG; wie auch hierzu: *Bachmann* ZBB 2010, 459 (463 ff.); *Lorenz* NZG 2010, 1046 (1049 f.).
[46] Hierzu auch: *Bauer/Hildner* DZWIR 2015, 251 (253); *Schelo* NJW 2011, 186 (188); zum Deptto-Equity-Swap: *Feyerabend/Behnes* DB 2011, 30 (32); *Meyer/Degener* BB 2011, 846 (847); BT-Drs 17/3024, S. 50 f.
[47] Krit. hinsichtlich des Verfahrens: *Bachmann* ZBB 2010, 459 (465 ff.); *Bauer/Hildner* DZWIR 2015, 251 (254); *Lorenz* NZG 2010, 1046 (1053); *Stengel* DB Beilage 4 zu Heft 13 vom April 2011, 11 (13 f.).

Teile) und zur solidarischen Finanzierung der Kosten durch die Finanzindustrie selbst (Bankenabgabe).[48]

14 Maßnahmen des SoFFin sollten ursprünglich mit Inkrafttreten des RStruktG (mit Ausnahme von Maßnahmen gegenüber Banken, die bereits Mittel des SoFFin erhalten hatten – sog Altfälle) nicht mehr zulässig sein und der SoFFin abgewickelt werden. Hierzu konnte sich der Gesetzgeber jedoch in der Folgezeit iE zunächst nicht durchringen und verlängerte die ursprünglich für Maßnahmen des SoFFin vorgesehene Befristung wiederholt.[49] Hintergrund der Entscheidung war wohl ua, dass eine erfolgreiche Stabilisierung ausschließlich aus dem Restrukturierungsfonds mangels hinreichender Mittel als nicht durchführbar angesehen wurde.

c) Deutsche Gesetzgebung 2013–2014

15 Im Nachgang zum Erlass des RStruktG setzte sich die Auffassung durch, dass eine effiziente Bankenrettung nicht nur ad-hoc Maßnahmen im Krisenfall umfassen darf, sondern bereits vorausschauend – dh vor Eintritt der Schieflage – planerisch regelnd eingreifen muss.[50] So war der Erlass einer Übertragungsanordnung zur Abtrennung der rettungsbedürftigen (insb. der systemrelevanten) Teile eines Instituts im Krisenfall ohne (lange) Vorausplanung rein faktisch nicht praktikabel. Bereits im Vorfeld ist geboten, planerisch festzulegen, wie ein Institut durch Einsatz hoheitlicher Maßnahmen ggf. zu retten wäre. Dabei sind insbesondere auch Hindernisse für eine wirksame Rettung zu identifizieren und zu beseitigen.[51]

16 Zur Schließung dieser „Planungslücke" erließ der deutsche Gesetzgeber – im Vorgriff auf die damals noch im Entwurf befindliche BRRD (→ Rn. 20 ff.) – im Jahr 2013 das Gesetz zur Abschirmung von Risiken und zur Planung der Sanierung und Abwicklung von Kreditinstituten und Finanzgruppen (**Risikoabschirmungsgesetz**)[52]. Das Risikoabschirmungsgesetz enthielt – in Bezug auf potenziell systemrelevante deutsche Institute – Regeln zur Sanierungs- und Abwicklungsplanung, nebst Vorgaben zur Identifikation und Beseitigung von Sanierungs- und Abwicklungshindernissen. Gegenstand der Sanierungsplanung ist die Identifikation von Handlungsoptionen, die dem Institut in einer Belastungssituation zur Verfügung stehen.[53] Die Abwicklungsplanung beschäftigte sich hingegen mit hoheitlichen

---

[48] So: *Bauer/Hildner* DZWIR 2015, 251 (252); *Obermüller* NZI 2011, 81 (90); vgl. auch *Binder* in ADLLS Corporate Governance S. 252 f.
[49] Vgl. zB Zweites Gesetz zur Umsetzung eines Maßnahmenpakets zur Stabilisierung des Finanzmarktes (Zweites Finanzmarktstabilisierungsgesetz – 2. FMStG), BGBl. 2012 I 206; Drittes Gesetz zur Umsetzung eines Maßnahmenpakets zur Stabilisierung des Finanzmarktes (Drittes Finanzmarktstabilisierungsgesetz – 3. FMStG), BGBl. 2012 I 2777; Gesetz zur Umsetzung der Richtlinie 2014/59/EU des Europäischen Parlaments und des Rates vom 15. Mai 2014 zur Festlegung eines Rahmens für die Sanierung und Abwicklung von Kreditinstituten und Wertpapierfirmen und zur Änderung der Richtlinie 82/891/EWG des Rates, der Richtlinien 2001/24/EG, 2002/47/EG, 2004/25/EG, 2005/56/EG, 2007/36/EG, 2011/35/EU, 2012/30/EU und 2013/36/EU sowie der Verordnungen (EU) Nr. 1093/2010 und (EU) Nr. 648/2012 des Europäischen Parlaments und des Rates (BRRD-Umsetzungsgesetz), BGBl. 2014 I 2091 (wobei diese Verlängerung (erneut) „letztmalig" sein soll, so zumindest BT-Drs. 18/2575, S. 206.
[50] BT-Drs. 17/12601, S. 1 ff., 27 ff.; *Baumann* GWR 2013, 301 (307).
[51] BT-Drs. 17/12601, S. 1 f.; vgl. auch *Baumann* GWR 2013, 301 (307).
[52] BGBl. 2013 I 3090.
[53] Vgl. § 47a Abs. 2 KWG aF; BT-Drs. 17/12601 S. 27, 35; nunmehr zB § 13 Abs. 2 Nr. 3 ff. SAG; vgl. insoweit auch EBA, zur Mindestliste der qualitativen und quantitativen Indikatoren des Sanierungsplans vom 23. Juli 2015 (EBA/GL/2015/02); EBA, über die bei Sanierungsplänen zugrunde zu legende Bandbreite an Szenarien vom 18. Juli 2014 (EBA/GL/2014/06).

Maßnahmen, die im Krisenfall auf das Institut angewendet werden können, nebst der Beseitigung insoweit ggf. bestehender Abwicklungshindernisse.[54] Ziel der Abwicklungsplanung ist es, im Krisenfall ua die Fortführung kritischer Funktionen des Instituts zur Vermeidung einer Systemgefährdung sicherzustellen.[55]

Ferner umfasst das Risikoabschirmungsgesetz auch das deutsche Regime zur strukturellen Trennung bestimmter Geschäftsaktivitäten aus Kreditinstituten, die sowohl das Einlagen- als auch das Kreditgeschäft betreiben (sog CRR-Kreditinstitute).[56] Die Regelung wird häufig als **„Trennbankenregime"**[57] bezeichnet. Sie hat das Verbot bestimmter, besonders risikoreich eingestufter Geschäftsaktivitäten durch deutsche CRR-Kreditinstitute zum Gegenstand. Solche besonders risikoreichen Geschäftsaktivitäten sollen organisatorisch und rechtlich vom Einlagengeschäft getrennt werden. Sie können (innerhalb einer Gruppe mit einem CRR-Kreditinstitut) nur noch durch ein speziell (hierfür) zugelassenes Finanzhandelsinstitut erbracht werden (oder sind aus der Gruppe herauszulösen). Als besonders riskant wurden vom deutschen Gesetzgeber insbesondere das Eigengeschäft, der Hochfrequenzhandel (grds. vorbehaltlich Market-Making) und das Kredit-/Garantiegeschäft mit (Dach-)Hedgefonds sowie alternativen Investmentfonds (AIFs), die in beträchtlichem Umfang Leverage einsetzen (Hochrisikofonds), nebst deren Verwaltungsgesellschaften, eingestuft.[58] Nicht vom Verbot erfasst sind Absicherungsgeschäfte (sofern sie nicht mit Hochrisikofonds und deren Verwaltungsgesellschaften abgeschlossen werden), Geschäfte zur Steuerung von Zins-/Währungs-/Liquiditäts-/Kreditrisiken sowie Geschäfte zum Erwerb und zur Veräußerung von langfristig gehaltenen Beteiligungen.[59] Das Regime zur strukturellen Trennung von Geschäftsaktivitäten greift insgesamt nur, wenn ein deutsches CRR-Kreditinstitut oder eine Gruppe, der ein deutsches CRR-Kreditinstitut angehört, bestimmte bilanzielle Kennzahlen erreicht.[60]

Darüber hinaus ist der Erlass eines **Trennbankenregimes auf EU-Ebene** geplant. So veröffentlichte die Europäische Kommission am 29. Januar 2014 den Vorschlag für eine Verordnung über strukturelle Maßnahmen zur Erhöhung der Widerstandsfähigkeit von Kreditinstituten in der Union.[61] Der Entwurf stieß auf erhebliche europarechtliche Bedenken.[62] Das Gesetzgebungsverfahren ist bislang noch nicht abgeschlossen. Erst dann wird sich zeigen, wie der deutsche Gesetzgeber mit dem bereits national verabschiedeten Trennbankensystem weiter verfährt.[63] Es steht jedoch zu erwarten, dass das EU-Regime

---

[54] BT-Drs. 17/12601, S. 27, 38; vgl. auch § 47e KWG aF.
[55] BT-Drs. 17/12601, S. 2.
[56] BT-Drs. 17/12601, S. 27 f.
[57] Die Terminologie aufgreifend: *Lehmann/Rehahn* WM 2014, 1793 (1798 ff.); *Möslein* BKR 2013, 397 (397 f., 401).
[58] § 3 Abs. 1, 2 KWG; BT-Drs. 17/12601, S. 27 f.; hierzu auch: *Baumann* GWR 2013, 301 (307 f.); *van Kann/Rosak* BB 2013, 1475 (1476 f.); *Möslein* BKR 2013, 397 (402 f.).
[59] § 3 Abs. 2 Satz 3 KWG; hierzu auch: *Lehmann/Rehahn* WM 2014, 1793 (1797); *Möslein* BKR 2013, 397 (403 f.); ebenso *van Kann/Rosak* BB 2013, 1475 (1476, 1478), der die Anknüpfung an Schwellenwerte kritisiert.
[60] § 3 Abs. 2 Satz 1 Nr. 1 KWG; vgl. auch: *Lehmann/Rehahn* WM 2014, 1793 (1797); *Möslein* BKR 2013, 397 (401 f.).
[61] Europäische Kommission, Vorschlag für eine Verordnung des Europäischen Parlaments und des Rates über strukturelle Maßnahmen zur Erhöhung der Widerstandsfähigkeit von Kreditinstituten in der Union, 29. Januar 2014, COM/2014/43 final, 2014/0020 (COD).
[62] ZB *Lehmann/Rehahn* WM 2014, 1793 (1803).
[63] In diesem Sinne auch der Bundesrat in BT-Drs. 18/2575, S. 222.

einen erheblich weiteren Anwendungsbereich und andere Inhalte als das Risikoabschirmungsgesetz aufweisen wird.

d) Deutsche und europäische Gesetzgebung ab 2015

19   In der Finanzkrise erließen neben Deutschland auch zahlreiche andere EU-Mitgliedstaaten nationale Regelungen zur Bankenrettung, die im Detail jedoch stark voneinander abwichen. Sie alle krankten daran, dass eine Erstreckung der Wirkungen nationaler Maßnahmen auf die gesamte EU nur schwer zu erreichen war und die unterschiedlichen Regime zu Wettbewerbsverzerrungen führten.[64]

aa) Umsetzung der Sanierungs- und Abwicklungsrichtlinie (BRRD)

20   Die EU griff die Thematik daher auf und erarbeitete die BRRD, die umgangssprachlich zunächst als **Crisis Management Directive** bekannt wurde. Sie enthält (i) Vorgaben zur Planung (Sanierungs-/Abwicklungsplanung), (ii) zum frühzeitigen Eingreifen und (iii) zur Abwicklung. Ferner umfasst die BRRD auch Regelungen zur Finanzierung der Abwicklung. Die Grundstruktur entspricht partiell dem bis 2015 geltenden, deutschen Recht, das seit Inkrafttreten des Risikoabschirmungsgesetzes ebenfalls eine Sanierungs- und Abwicklungsplanung kennt und seit Inkrafttreten des RStruktG auch zB Maßnahmen des frühzeitiges Eingreifens (§§ 45 ff. KWG) und der Abwicklung (insb. § 48a ff. KWG aF – Übertragungsanordnung).

21   Innerhalb der einzelnen Regelungskomplexe verfügt die BRRD jedoch über eine Regelungstiefe und -vielfalt, die weit über das zuvor geltende, deutsche Recht hinausgeht. Während sich die Maßnahmen des KWG aF im Wesentlichen auf die Übertragungsanordnung beschränkten, sieht die BRRD nicht nur allein vier Abwicklungsinstrumente, sondern auch eine Vielzahl unterschiedlicher Abwicklungsbefugnisse (zusammen: Abwicklungsmaßnahmen[65]) vor. Sie führte daher zu einer erheblichen Verbreiterung zulässiger, hoheitlicher Maßnahmen im Abwicklungsfall.

22   Die BRRD war – vorbehaltlich der Regelung zum Bail-In – bis zum 1. Januar 2015 in den Mitgliedstaaten umzusetzen.[66] Für den Bail-In galt eine Umsetzungsfrist zum **1. Januar 2016**,[67] die der deutsche Gesetzgeber jedoch nicht ausnutzte. Die Umsetzung der BRRD in deutsches Recht erfolgte insgesamt zum 1. Januar 2015 durch das BRRD-Umsetzungsgesetz[68] vom 10. Dezember 2014, verkündet am 18. Dezember 2014. In diesem Zusammenhang nahm der deutsche Gesetzgeber ua Anpassungen am RStruktFG vor, um den Vorgaben der BRRD zu Finanzierungsmechanismen Rechnung zu tragen, insb. zur Bankenabgabe. Ferner wurden im FMStFG die Maßnahmen zur finanziellen Unterstützung aus Mitteln des SoFFin nachjustiert. Die Übertragungsanordnung und die Sanierungs-/

---

[64] Vgl. hierzu: *Meyer* BB 2011, 1 (1); *Müller* KTS 2011, 1 (23); *Sester* ECFR 2010, 512 (544); *Wojcik/Ceyssens* EuZW 2014, 893 (894). Zur Entwicklung ab 2015 vgl. auch → B.II. Rn. 2 ff.
[65] Zur Definition vgl. § 2 Abs. 3 Nr. 5 SAG.
[66] Art. 130 Abs. 1 BRRD.
[67] Art. 130 Abs. 1 BRRD.
[68] Gesetz zur Umsetzung der Richtlinie 2014/59/EG des Europäischen Parlaments und des Rates vom 15. Mai 2014 zur Festlegung eines Rahmens für die Sanierung und Abwicklung von Kreditinstituten und Wertpapierfirmen und zur Änderung der Richtlinie 82/891/EWG des Rates, der Richtlinien 2001/24/EG, 2002/47/EG, 2004/25/EG, 2005/56/EG, 2007/36/EG, 2011/35/EU, 2012/30/EU und 2013/36/EU sowie der Verordnungen (EU) Nr. 1093/2010 und (EU) Nr. 648/2012 des Europäischen Parlaments und des Rates (BRRD-Umsetzungsgesetz), BGBl. 2014 I 2091.

I. Überblick Abwicklung unter besonderer Berücksichtigung der Abwicklung nicht systemrelevanter Institute

Abwicklungsplanung im KWG hob das BRRD-Umsetzungsgesetz auf und überführte sie zusammenhängend mit den anderen Vorgaben der BRRD zur Sanierung, zum frühzeitigen Eingreifen und zur Abwicklung, in ein neu erlassenes **Sanierungs- und Abwicklungsgesetz** (SAG). Das KWG ist seitdem inhaltlich wieder weitgehend auf die klassischen Maßnahmen des Moratoriums und des Entzugs der Erlaubnis zurückgefallen, während das KredReorgG – obwohl ohne jegliche praktische Bedeutung – nicht aufgehoben, sondern lediglich redaktionell angepasst wurde.[69]

Mit dem SAG wechselte die Zuständigkeit für die Abwicklungsplanung und Abwicklung von Instituten in Deutschland von der BaFin auf die FMSA.[70] 23

bb) Einheitlicher Abwicklungsmechanismus (SRM) und Bankenunion

Parallel zur Diskussion und Verabschiedung der BRRD beschloss die EU die „Bankenunion"[71], bestehend aus einem einheitlichen Aufsichtsmechanismus (*Single Supervisory Mechanism* – SSM), einem **einheitlichen Abwicklungsmechanismus** (*Single Resolution Mechanism* – SRM), inkl. der Errichtung eines einheitlichem europäischen Abwicklungsfonds (Einheitlicher Abwicklungsfonds[72] – *Single Resolution Fund* – SRF), und einer Überarbeitung der Einlagensicherung.[73] 24

Gegenstand des SSM ist die Übertragung besonderer Aufgaben im Zusammenhang mit der Aufsicht über Kreditinstitute auf die **Europäische Zentralbank** durch die SSM-Verordnung (→ Rn. 46 sowie A.II.). Der SSM trat zum 4. November 2014 in Kraft. In territorialer und persönlicher Hinsicht erfasst er CRR-Kreditinstitute (und deren Gruppen) in den Mitgliedstaaten der Eurozone (nebst weiteren, dem SSM freiwillig beigetretenen Mitgliedstaaten außerhalb der Eurozone) (zusammen: teilnehmende SSM-Mitgliedstaaten).[74] 25

Die Einlagensicherung wurde überarbeitet durch die Richtlinie 2014/59/EU des Europäischen Parlaments und des Rats vom 16. April 2014 über Einlagensicherungssysteme. Gegenstand der Neuregelung ist im Wesentlichen eine Erweiterung des Schutzes der Einleger und eine bessere Finanzierung der Einlagensicherungssysteme. Umgesetzt wurde die Richtlinie zum 3. Juli 2015 durch das Gesetz zur Umsetzung der Richtlinie 2014/59/EU des Europäischen Parlaments und des Rats vom 16. April 2014 über Einlagensicherungssysteme (**DGSD-Umsetzungsgesetz**).[75] Das DGSD-Umsetzungsgesetz schuf das Einlagensicherungsgesetz (EinSiG) und das Anlegerentschädigungsgesetz (AnlEntG). Es hob das zuvor geltende Einlagensicherungs- und Anlegerentschädigungsgesetz (EAEG) auf. Die Einlagensicherung und Anlegerschädigung ist damit nunmehr in zwei getrennten Gesetzen 26

---

[69] Die BRRD ermöglicht den Mitgliedstaaten, an ihren nationalen Abwicklungsbesonderheiten festzuhalten; sie begründet lediglich eine Mindestharmonisierung. Damit soll den Besonderheiten der unterschiedlichen Rechtsordnungen und den vor Erlass der BRRD entstandenen Abwicklungsregimen Rechnung getragen werden (Europäische Kommission, Impact Assessment, SWD (2012) 166 final vom 6. Juni 2012, S. 43).

[70] Nach § 3 Abs. 1 SAG; die FMSA soll – in einem zweiten Schritt – mittelfristig als „Anstalt in der Anstalt" in die BaFin eingegliedert werden; vgl. BT-Drs. 18/2575, S. 2; *Binder* ZHR 179 (2015), 83 (89).

[71] Zur Bankenunion vgl. auch *Thiele* GewA 2015, 111 ff.

[72] Vgl. § 2 Abs. 3 Nr. 14a SAG.

[73] Europäische Kommission Mitteilung der Kommission an das Europäische Parlament und den Rat: Fahrplan für eine Bankenunion S. 4 f.; vgl. auch *Duve/Wimalasena* BB 2014, 2755 (2755); *Lehmann/Manger-Nestler* ZBB 2014, 1 (4 f.); *Peters* WM 2014, 396 ff.; *Schneider* EuZW 2013, 452 (453).

[74] Art. 2 Nr. 1 SSM-Verordnung; *Ceyssens* NJW 2013, 3704 (3706).

[75] BGBl 2015 I 786.

B. Abwicklung

geregelt.[76] Der materielle Schutz durch die Anlegerentschädigung besteht unverändert fort. Im Bereich der Einlagensicherung – und damit des EinSiG – brachte die Reform erhebliche, materielle Rechtsänderungen. So erstreckt sich der Schutz durch die Einlagensicherung nun zB auch auf Unternehmen, die nach den Vorschriften des Dritten Buchs des Handelsgesetzbuchs einen Lagebericht aufzustellen verpflichtet sind.

27 Grundlage des SRM ist die **SRM-Verordnung**. Gegenstand der Verordnung ist die Errichtung des institutionellen Rahmens für eine einheitliche Abwicklung von CRR-Kreditinstituten (nebst ihrer Gruppen) in der Eurozone (und weiterer, dem SRM freiwillig beigetretener Mitgliedstaaten außerhalb der Eurozone) (zusammen: teilnehmende SRM-Mitgliedstaaten). Die teilnehmenden SSM-Mitgliedstaaten und teilnehmenden SRM-Mitgliedstaaten sind zum Zeitpunkt der Drucklegung dieses Buchs identisch (zusammen: teilnehmende Mitgliedstaaten).

28 Die SRM-Verordnung errichtete den **Ausschuss für eine einheitliche Abwicklung** (*Single Resolution Board*[77] – Ausschuss) als Agentur der Union mit Sitz in Brüssel. Zu den Aufgaben des Ausschusses gehören die Erstellung von Abwicklungskonzepten und die damit verbundene Prüfung der Abwicklungsfähigkeit sowie die Beseitigung von Abwicklungshindernissen.[78] Im Abwicklungsfall beschließt der Ausschuss – im Rahmen seiner Zuständigkeit – das anzuwendende Abwicklungskonzept. Die nationalen Abwicklungsbehörden treffen die erforderlichen Maßnahmen zur Umsetzung des Konzepts.[79] Sie wenden insoweit die SRM-Verordnung zwar direkt an. Diese verweist jedoch auf das nationale Recht zurück, das die Vorgaben der BRRD umsetzt (dh in Deutschland auf das SAG).[80] Zur Durchführung der SRM-Verordnung erforderliche Anpassungen am deutschen Recht wurden durch das Gesetz zur Anpassung des nationalen Bankenabwicklungsrechts an den Einheitlichen Abwicklungsmechanismus und die europäische Bankenabgabe (**Abwicklungsmechanismusgesetz** – AbwMechG)[81] vorgenommen. Das AbwMechG enthielt ua redaktionelle Korrekturen zur Angleichung nationalen Rechts an den SRM, die Aufnahme einer Regelung zur Glattstellung beim Bail-In von Wertpapierfinanzierungsgeschäften, Regelungen zur vertraglichen Anerkennung von Aussetzungsrechten und Ergänzungen der des Sonderinsolvenzrechts für Institute.[82]

29 Die SRM-Verordnung errichtete ferner den SRF.[83] Dessen Mittel können nur im Anwendungsbereich der SRM-Verordnung eingesetzt werden. Der Ausschuss ist Eigentümer und Verwalter des SRF. Die Befüllung des SRF regelt das internationale Übereinkommen über die Übertragung von Beiträgen auf den einheitlichen Abwicklungsfonds und über die gemeinsame Nutzung dieser Beiträge vom 21. Mai 2015 (**Übereinkommen vom 21. Mai 2014**),[84] das in nationales Recht durch das Gesetz zu dem Übereinkommen vom 21. Mai 2014 über die Übertragung von Beiträgen auf den einheitlichen Abwicklungsfonds und über die gemeinsame Nutzung dieser Beiträge überführt wurde.[85] Es ergänzt die SRM-

---

[76] BT-Drs. 18/3786, S. 2.
[77] Vgl. Art. 42 ff. SRM-Verordnung; *Wojcik/Ceyssens* EuZW 2014, 893 (894 f.).
[78] Art. 7 Absatz 2 iVm Art. 8 SRM-Verordnung; *Wojcik/Ceyssens* EuZW 2014, 893 (895).
[79] Art. 29 Abs. 1 SRM-Verordnung.
[80] Art. 18 Abs. 9; 29 Abs. 1 UAbs. 2 SRM-Verordnung.
[81] BT-Drs. 18/5009; BT-Drs. 18/5352; BT-Drs. 18/6091; BR-Drs. 419/15; BGBl. 2015 I 1864 ff.
[82] BT-Drs. 18/6091, S. 1.
[83] Art. 67 SRM-Verordnung.
[84] Zum Wortlaut des Übereinkommens vom 21. Mai 2014 vgl. BGBl. 2014 II 1299. Vgl. auch → B.II. Rn. 23 ff.
[85] BGBl. 2014 II 1298; *Calliess/Schoenfleisch* JZ 2015, 113 (119).

Verordnung in Bereichen, die nicht von den Primärverträgen der EU gedeckt sind und daher durch ein Übereinkommen zwischen den teilnehmenden Mitgliedstaaten zu regeln waren.[86] Ziel des Übereinkommens ist es, die Funktionsfähigkeit des SRM durch Übertragung von auf nationaler Ebene erhobenen Mitteln auf den SRF, deren Zuordnung zu einzelnen Kammern des SRF, sowie die langfristige Auflösung dieser Kammern (und die Begründung einer Haftungsgemeinschaft) sicherzustellen (→ Rn. 197 ff.).[87]

Seit Januar 2016 befindet sich der SoFFin in Abwicklung.[88] Die FMSA ist (vorbehaltlich einiger Ausnahmen) auf der Basis der Finanzmarktstabilisierungsgesetzgebung nicht mehr befugt, Finanzmarktteilnehmern neue Mittel aus dem SoFFin zur Stabilisierung zur Verfügung zu stellen.[89] Damit setzte der Gesetzgeber das ursprünglich bereits für 2011 geplante **Auslaufen des SoFFin** um (→ Rn. 14). Parallel wurde die Möglichkeit geschaffen, Institute direkt aus den Mitteln des **Europäischen Stabilisierungsmechanismus (ESM)** zu stützen, dh eine außerordentliche finanzielle Unterstützung aus (ursprünglich) mitgliedstaatlichen Mitteln zu gewähren. So ermächtigt Artikel 15 des Vertrages zur Einrichtung des Europäischen Stabilitätsmechanismuses (ESM-Vertrag) den ESM, Finanzinstitute durch Gewährung von Darlehen direkt zu rekapitalisieren. Innerstaatlich wurde das Gesetz zur finanziellen Beteiligung am Europäischen Stabilitätsmechanismus (ESM-Finanzierungsgesetz – ESMFinG) entsprechend angepasst.[90] Die Gewährung von Mitteln des ESM ist an strenge Voraussetzungen geknüpft, insbesondere ist der Einsatz der Mittel subsidiär zu Stützungshandlungen betroffener Mitgliedstaaten. 30

Die Komponenten und Elemente der Bankenunion sind in der EU seit dem 1. Januar 2016 (fast) vollumfänglich anwendbar. Der Umbau des Rechtsrahmens ist damit im Wesentlichen (vorbehaltlich der weiteren Ausgestaltung einzelner Details) abgeschlossen. Lediglich im Hinblick auf das europäische Trennbankensystems und dessen Interaktionen mit den Vorgaben des Risikoabschirmungsgesetzes stehen abschließende Entwicklungen noch aus. Damit findet nun die praktische Umsetzung der Vorgaben statt, insbesondere im Hinblick auf die Abwicklungsplanung. Die relevanten Vorschriften zur Bankenabwicklung finden sich primär in der SRM-Verordnung und im SAG. Im Hinblick auf die Finanzierung spielt ferner das RStruktFG und ggf. der ESM-Vertrag eine Rolle. Rein formell gilt das KredReorgG fort, es wird jedoch keine praktische Bedeutung erlangen.[91] Maßnahmen nach dem KWG sind regelmäßig im Rahmen der Abwicklung nur bei nicht systemrelevanten Instituten von selbständiger Bedeutung (→ Rn. 221 ff.). 31

2. Überblick: Zuständigkeiten und Verfahren

a) Überblick und Einleitung

Zuständigkeiten und anwendbare Verfahren im Rahmen der Abwicklung richten sich nach der Art der betroffenen Unternehmen und deren Sitz. 32

---

[86] Vgl. hierzu *Lehmann/Manger-Nestler* ZBB 2014, 1 (20); *Wojcik/Ceyssens* EuZW 2014, 893 (897).
[87] Vgl. Art. 1–4; 9, 10 Übereinkommens vom 21. Mai 2014; *Calliess/Schoenfleisch* JZ 2015, 113 (119).
[88] Vgl. § 6 FMStFG; BT-Drs. 18/2575, S. 206 f.
[89] Vgl. § 6 FMStFG; BT-Drs. 18/2575, S. 206 f.
[90] Gesetz zur Änderung der Finanzhilfeinstrumente nach Artikel 19 des Vertrags vom 2. Februar 2012 zur Einrichtung des Europäischen Stabilisierungsmechanismus vom 29. November 2014, BGBl. 2014 II 1015.
[91] Vgl. hierzu bereits → Rn. 80.

33 Zunächst ist zwischen in der EU ansässigen Instituten, die für die Erbringung des Einlagen- und Kreditgeschäfts zugelassen sind, sog **CRR-Kreditinstitute** (→ Rn. 17)[92], und Instituten zu unterscheiden, die nicht über diese Zulassung verfügen (andere Institute). Bei CRR-Kreditinstituten muss weiter danach differenziert werden, ob das CRR-Kreditinstitut seinen Sitz in einem teilnehmenden Mitgliedstaat (→ Rn. 38 ff.) hat. Zu den CRR-Kreditinstituten zählen in Deutschland ansässige Kreditinstitute, die über eine Zulassung nach § 1 Abs. 1 S. 2 Nr. 1 und Nr. 2 KWG verfügen (deutsche CRR-Kreditinstitute).

34 Andere Institute umfassen in der EU ansässige, nach lokalem Recht für die Erbringung von Bank- und Finanzdienstleistungen zugelassene Unternehmen, die keine CRR-Kreditinstitute sind. Zu den anderen Instituten gehören damit auch **CRR-Wertpapierfirmen** iSd § 1 Abs. 3d S. 2 KWG.

35 Der **Kreditinstitutsbegriff** des KWG ist weiter als der des Europarechts; er geht über CRR-Kreditinstitute hinaus. Zu den anderen Instituten gehören daher auch einige Kreditinstitute iSd KWG. Lediglich CRR-Kreditinstitute sind jedoch Kreditinstitute für die Zwecke der SRM-Verordnung und der sonstigen europarechtlichen Regelungen. Zur Definition des Kreditinstituts im Europarecht vgl. zB Art. 4 Abs. 1 Nr. 1 Verordnung (EU) Nr. 575/2013 über Aufsichtsanforderungen an Kreditinstitute und Wertpapierfirmen (*Capital Requirements Regulation* – CRR)[93].

36 Die nachfolgende Darstellung erläutert die Verteilung von Zuständigkeiten und Verfahren in der Abwicklung ausgehend vom Anwendungsbereich der SRM-Verordnung.

b) Zuständigkeiten und Verfahren nach der SRM-Verordnung

37 Dieser Abschnitt bestimmt zunächst den Anwendungsbereich der SRM-Verordnung (→ Rn. 38 ff.), um im Anschluss auf Zuständigkeiten und Verfahren (innerhalb des Anwendungsbereichs) einzugehen (→ Rn. 42 ff.).

aa) Anwendungsbereich (SRM-Verordnung)

38 Die SRM-Verordnung erfasst zunächst alle in teilnehmenden Mitgliedstaaten niedergelassenen CRR-Kreditinstitute.[94]

39 Darüber hinaus findet die SRM-Verordnung auch auf bestimmte andere Unternehmen Anwendung, wenn die EZB im Rahmen des SSM die Gruppenaufsicht wahrnimmt (→ Rn. 49). Die Zuständigkeit der EZB für die Beaufsichtigung einer Gruppe erweitert damit den Anwendungsbereich der SRM-Verordnung.[95] Entscheidend ist, dass die EZB ein Mutterunternehmen auf konsolidierter Basis beaufsichtigt (**SSM-Mutterunternehmen**).[96] Dabei kommt es nicht darauf an, ob es sich um einen Fall der direkten oder der indirekten EZB-Aufsicht handelt (→ Rn. 48 ff.). Voraussetzung für die Beaufsichtigung der Gruppe durch die EZB ist jedoch ua, dass mindestens ein CRR-Kreditinstitut zur Gruppe gehört (→ Rn. 25, 49). Die SRM-Verordnung findet dann auch auf das SSM-Mutterunternehmen und auf alle in den

---

[92] Artikels 4 Abs. 1 Nr. 1 CRR; § 1 Abs. 3 lit. d S. 1 KWG.
[93] Verordnung (EU) Nr. 575/2013 des Europäischen Parlaments und des Rates vom 26. Juni 2013 über Aufsichtsanforderungen an Kreditinstitute und Wertpapierfirmen und zur Änderung der Verordnung (EU) Nr. 646/2012 Text von Bedeutung für den EWR.
[94] Art. 2 lit. a SRM-Verordnung. Vgl. auch → B.II. Rn. 25 ff.
[95] Vgl. Art. 2 SRM-Verordnung iVm Art. 4 Abs. 1 lit. g SSM-Verordnung; *Wojcik/Ceyssens* EuZW 2014, 893 (894).
[96] Art. 3 Abs. 1 Nr. 20 SRM-Verordnung.

I. Überblick Abwicklung unter besonderer Berücksichtigung der Abwicklung nicht systemrelevanter Institute

Konsolidierungskreis einbezogenen Wertpapierfirmen und Finanzinstitute[97] in teilnehmenden Mitgliedstaaten (letztere: **nachgeordneten SSM-Unternehmen**) Anwendung.[98]

Weder die SSM- noch die SRM-Verordnung nehmen Einfluss auf die allgemeinen Regeln zur Bestimmung des aufsichtsrechtlichen Konsolidierungskreises.[99] In den Konsolidierungskreis sind daher ggf. Unternehmen einbezogen, für die der Anwendungsbereich der SRM-Verordnung nicht eröffnet ist. Gegenüber diesen Unternehmen können auf der Basis der SRM-Verordnung jedoch keine hoheitlichen Maßnahmen ergriffen werden. Dabei handelt es sich va um Unternehmen in Ländern, die nicht zu den teilnehmenden Mitgliedstaaten zählen. Ferner gilt dies auch für Unternehmen, die zwar in den **Konsolidierungskreis** einbezogen sind, bei denen es sich jedoch nicht um Wertpapierfirmen, CRR-Kreditinstitute oder Finanzinstitute handelt (zB Anbieter von Nebendienstleistungen, § 10a KWG). Dies bedeutet jedoch nicht, dass sich die Abwicklungsplanung auf Gruppenebene nicht auch auf diese Unternehmen erstrecken würde; sie ist weitgehend auch nicht an den aufsichtsrechtlichen Konsolidierungskreis oder das Hoheitsgebiet der teilnehmenden Mitgliedstaaten gebunden (→ Rn. 49). Dies gilt insbesondere für die Prüfung von Abwicklungshindernissen. 40

Daher ist zwischen von der SRM-Verordnung erfassten Unternehmen (dh in teilnehmenden Mitgliedstaaten niedergelassenen CRR-Kreditinstituten und – im Falle einer Gruppe – zzgl. SSM-Mutterunternehmen und nachgeordneten SSM-Unternehmen (zusammen: **SRM-Unternehmen**)) sowie sonstigen, mit einem SRM-Unternehmen in einem Gruppenverhältnis stehenden Unternehmen zu unterscheiden. 41

bb) Zuständigkeiten und Verfahren (SRM-Verordnung)

Nachfolgend soll auf die in der SRM-Verordnung geregelten Zuständigen und Verfahren eingegangen werden. Durch die SRM-Verordnung wurde – wie oben bereits unter → Rn. 28 f. ausgeführt – der Ausschuss (Ausschuss für eine einheitliche Abwicklung, *Single Resolution Board*[100]) und der SRF (**einheitlicher Abwicklungsfonds**, *Single Resolution Fund*) errichtet. Der institutionelle Rahmen des SRF ist Gegenstand von → Rn. 197 ff. sowie → B.II. Rn. 33 ff., während die Arbeits- und Funktionsweise des Ausschusses nachfolgend dargestellt werden soll. 42

---

[97] Finanzinstitute sind Unternehmen, die keine Institute sind und deren Haupttätigkeit darin besteht, Beteiligung zu erwerben oder eine der nachfolgend genannten Geschäfte zu betreiben: Zahlungsdienste, Ausgabe und Verwaltung von Zahlungsmitteln, Gewährung von Bürgschaften und Kreditzusagen, Handel für eigene Rechnung oder im Kundenauftrag mit Finanzinstrumenten, Teilnahme an Wertpapieremissionen, Beratung von Unternehmen über Kapitalstrukturen, Geldmaklergeschäfte, Portfolioverwaltung und -beratung, Depotgeschäft, Ausgabe von E-Geld. Ferner gelten alle Finanzholdinggesellschaften, gemischte Finanzholdinggesellschaften, Zahlungsinstitute und Vermögensverwaltungsgesellschaften als Finanzinstitute (Art. 4 Abs. 1 Nr. 26 CRR). Das Finanzinstitut entspricht weitgehend dem Finanzunternehmen nach KWG.
[98] Art. 2 lit. a, c SRM-Verordnung; *Wojcik/Ceyssens* EuZW 2014, 893 (894). SSM-Mutterunternehmen können ua CRR-Kreditinstitute oder Finanzholdinggesellschaften sein. Jedenfalls wenn das SSM-Mutterunternehmen in Deutschland ansässig ist, handelt es sich auch um ein übergeordnetes Unternehmen iSd § 10a KWG. Dann sind alle nachgeordneten SSM-Unternehmen auch nachgeordnete Unternehmen iSd § 10a KWG.
[99] Auf die Frage, wie mit den rein deutschrechtlichen Besonderheiten bei der Bestimmung des Konsolidierungskreises im Rahmen des § 10a KWG umzugehen ist, soll hier nicht eingegangen werden. Dies gilt auch für die Frage, inwieweit die aktuelle Fassung des § 10a KWG den Vorgaben der CRR entspricht.
[100] Art. 42 Abs. 1 SRM-Verordnung.

43 Der **Ausschuss** ist eine Agentur der Union mit eigener Rechtspersönlichkeit und Sitz in Brüssel, Belgien.[101] Er verfügt über einen eigenen Haushalt.[102] Rechenschaftspflichtig ist der Ausschuss dem Europäischen Parlament, dem Rat und der Kommission – nicht jedoch den nationalen Parlamenten der Mitgliedstaaten.[103] Bei der Wahrnehmung der ihm übertragenen Aufgaben handelt er unabhängig und im Allgemeininteresse,[104] arbeitet jedoch eng mit den nationalen Behörden zusammen. Der Ausschuss setzt sich zusammen aus der Vorsitzenden, vier weiteren Vollzeitmitgliedern und jeweils einem von jedem teilnehmenden Mitgliedstaat benannten Mitglied, als Vertreter der nationalen Abwicklungsbehörden.[105] Die Kommission und EZB entsenden ständige Beobachter.[106]

44 **(1) Einleitung und Überblick.** Im Hinblick auf die Zuständigkeiten des Ausschusses sind zwei Fallgruppen zu unterscheiden, die nachfolgend als die direkte Zuständigkeit des Ausschusses und die direkte Zuständigkeit der nationalen Abwicklungsbehörden bezeichnet werden.

45 Auf den ersten Blick erinnert diese Differenzierung an die direkte und indirekte Aufsicht durch die EZB im Rahmen der SSM-Verordnung (→ Rn. 49). Strukturell ist die Zuständigkeitsverteilung nach der SRM-Verordnung jedoch anders ausgestaltet.

46 Im Anwendungsbereich der SSM-Verordnung ist die EZB generell und originär (im Rahmen der ihr übertragenen Aufgaben) für die Aufsicht zuständig. Kraft der SSM-Verordnung wird diese Zuständigkeit in bestimmten Fällen an die jeweils betroffene nationale Aufsichtsbehörde (*National Competent Authority*, NCA) delegiert (→ A.II. Rn. 21). Hingegen begründet die SRM-Verordnung bereits keine derartige, umfassende, originäre Zuständigkeit des Ausschusses. So enthält sie keine dem Art. 4 SSM-Verordnung entsprechende Regelung. Dennoch ermöglicht die SRM-Verordnung dem Ausschuss, Aufgaben und Befugnisse auch dann **„unmittelbar auszuüben"**, wenn eigentlich kein Fall der direkten Zuständigkeit des Ausschusses vorliegt.[107] Diese Ermächtigung zur unmittelbaren Ausübung von Aufgaben und Befugnissen findet ihr Pendant in der SSM-Verordnung (→ A.II. Rn. 73 ff.). Anders als in der SSM-Verordnung handelt es sich bei der Ausübung dieser Befugnis im Bereich der SRM-Verordnung jedoch um eine Form des gesetzlich geregelten Selbsteintritts: der eigentlich nicht zuständige Ausschuss kann die Zuständigkeit an sich ziehen, um eine kohärente Anwendung hoheitlicher Abwicklungsstandards sicherzustellen. Im Abweichung zum klassischen Selbsteintritt stehen Ausschuss und nationale Abwicklungsbehörde im Hinblick auf ihre direkte Zuständigkeit jedoch nebeneinander und nicht in einem Über-/Unterordnungsverhältnis. Der Ausschuss ist weder Fach- noch Rechtsaufsichtsbehörde der nationalen Abwicklungsbehörden. Grund für die Differenzierung ist, dass die Aufteilung der direkten Zuständigkeit zwischen dem Ausschuss und der nationalen Abwicklungsbehörden – anders als in der SSM-Verordnung zwischen der EZB und der NCA – unter Vorbehalt eines nationalen Wahlrechts[108] steht; jeder teilnehmende Mitgliedstaat kann entscheiden, ob er im Anwendungsbereich der SRM-Verordnung die eigentlich bestehende direkte

---

[101] Art. 42, 48 SRM-Verordnung; *Wojcik/Ceyssens* EuZW 2014, 893 (894).
[102] Art. 58 SRM-Verordnung.
[103] Art. 45 SRM-Verordnung.
[104] Art. 47 SRM-Verordnung.
[105] Art. 43 Abs. 1 SRM-Verordnung; *Wojcik/Ceyssens* EuZW 2014, 893 (894 f.).
[106] Art. 43 Abs. 2 SRM-Verordnung; vgl. auch Europäische Kommission, Memo/14/295 vom 15. April 2014 – A Single Resolution Mechanism for the Banking Union – frequently asked questions, S. 3.
[107] Art. 7 Abs. 4 SRM-Verordnung.
[108] Art. 7 Abs. 5 SRM-Verordnung.

Zuständigkeit seiner nationalen Abwicklungsbehörde an den Ausschuss überträgt. Wird hiervon – wie in Deutschland – nicht Gebrauch gemacht, verbleibt insoweit die originäre, direkte Zuständigkeit im Mitgliedstaat.

Um diese Unterscheidung auch terminologisch abzubilden, wird nachfolgend im Anwendungsbereich der SRM-Verordnung zwischen der direkten Zuständigkeit durch den Ausschuss und der direkten Zuständigkeit der nationalen Abwicklungsbehörde unterschieden; in Abgrenzung zur direkten und indirekten Aufsicht durch die EZB. Die SRM-Verordnung unterscheidet damit zwei Fälle der Zuständigkeitsverteilung: 47

- Die direkte Zuständigkeit des Ausschusses nebst weiterer Organe der EU auf der Basis der SRM-Verordnung, ggf. gefolgt von einer Weisung des Ausschusses an die nationalen Abwicklungsbehörden, die auf EU-Ebene getroffenen Beschlüsse umzusetzen (→ Rn. 48 ff.).[109]
- Die direkte Zuständigkeit der nationalen Abwicklungsbehörden, ebenfalls basierend auf der SRM-Verordnung (→ Rn. 57 ff.).[110]

(2) Direkte Zuständigkeit des Ausschusses – Anwendungsbereich und Verfahren. 48
Die direkte Zuständigkeit des Ausschusses regelt Art. 7. Abs. 2 SRM-Verordnung.

(a) Anwendungsbereich der direkten Zuständigkeit. Nach hier vertretener Ansicht ist 49
der Ausschuss in den folgenden Fällen direkt zuständig (→ B.II. Rn. 25 ff., 72 ff.):

- Der Ausschuss ist direkt für SRM-Unternehmen zuständig, sofern das SRM-Unternehmen bzw. die Gruppe von der EZB auf der Basis der SSM-Verordnung direkt beaufsichtigt wird. Dies ist dann der Fall, wenn das SRM-Unternehmen für die Zwecke der SSM-Verordnung als **bedeutend** eingestuft wurde (→ A.II. Rn. 61 ff.) oder die EZB sich entschieden hat, die direkte Aufsicht aus anderen Gründen auszuüben (→ A.II. Rn. 66). Die direkte Zuständigkeit des Ausschusses auf Solo- und Gruppenebene folgt daher der direkten Aufsicht durch die EZB.
Diese direkte, auf der SSM-Verordnung beruhende Zuständigkeit folgt aus Art. 7 Abs. 2 lit. a SRM-Verordnung. Die Norm ist vor dem Hintergrund ihres einleitenden Verweises auf „Unternehmen im Sinne des Artikels 2, die nicht Teil einer Gruppe sind" auslegungsbedürftig. Der Verweis könnte so gelesen werden, dass alle in teilnehmenden Mitgliedstaaten ansässigen CRR-Kreditinstitute in den direkten Zuständigkeitsbereich des Ausschusses fallen, selbst wenn die in der Norm nachfolgend genannten, tatbestandlichen Einschränkungen (nach den Ziffern (i) und (ii) der Norm) nicht vorliegen. Die direkte Zuständigkeit des Ausschusses würde dann auch CRR-Kreditinstitute erfassen, die nur indirekt von der EZB beaufsichtigt werden. Zwar deckt sich die direkte Zuständigkeit des Ausschusses nicht vollständig mit der direkten Zuständigkeit der EZB, wie nachfolgend für Art. 7 lit. b SRM-Verordnung dargelegt. Im Gesamtkonzept der SSM- und SRM-Verordnung sprechen die besseren Gründe jedoch dafür, den Einleitungssatz zu Art. 7 Abs. 2 lit. a SRM-Verordnung insgesamt (dh nicht nur in der Gruppenalternative) unter den Vorbehalt der in der Norm nachfolgend genannten Einschränkungen (nach den Ziffern (i) und (ii) der Norm) zu stellen. Für CRR-Kreditinstitute, die nicht der direkten Aufsicht durch die EZB unterliegen, ist der Ausschuss daher nach Art. 7 Abs. 2 lit. a SRM-Verordnung auch nicht direkt zuständig.

---

[109] Art. 7 Abs. 2; 29 SRM-Verordnung.
[110] Art. 7 Abs. 3 SRM-Verordnung.

- Der Ausschuss ist für SRM-Unternehmen direkt zuständig die Teil einer **grenzüberschreitenden Gruppe** sind.[111]

Die Regelung geht nach hier vertretener Ansicht über den Anwendungsbereich der direkten EZB-Aufsicht nach der SSM-Verordnung hinaus. Sie legt nahe, dass grenzüberschreitende Gruppen, denen ein SRM-Unternehmen angehört, *per se* in die direkte Zuständigkeit des Ausschusses fallen.

Das Ausmaß der grenzüberschreitenden Tätigkeit[112] spielt bereits bei der Einstufung einer Gruppe als bedeutend für SSM-Zwecke eine Rolle. Die Vorgaben sind jedoch nicht deckungsgleich: Zum einen stellt Art. 7 Abs. 2 lit. b SRM-Verordnung auf grenzüberschreitende Gruppen und nicht – wie der SSM – auf grenzüberschreitende Tätigkeiten (→ A II Rn. 63) ab. Zum anderen wäre bei Deckungsgleichheit der Vorgaben die Regelung in lit. b zur grenzüberschreitenden Gruppe redundant, da dann immer auch ein Fall nach Art. 2 lit. a SRM-Verordnung vorläge.

Der Begriff „grenzüberschreitend" wird in der BRRD definiert als eine Gruppe, deren einzelne Unternehmen in mehr als einem Mitgliedstaat niedergelassen sind.[113] Aus Sinn und Zweck der Regelung folgt nach hier vertretener Ansicht für die Zwecke der SRM-Verordnung, dass SRM-Unternehmen einer Gruppe in unterschiedlichen *teilnehmenden* Mitgliedstaaten ansässig sein müssen. Nur in diesem Fall ist eine direkte Zuständigkeit des Ausschusses für eine effiziente Abwicklung sinnvoll. Daher sollte der Begriff „grenzüberschreitend" – nach hier vertretener Ansicht – enger als in der BRRD verstanden werden. Gruppen, deren SRM-Unternehmen lediglich in einem teilnehmenden Mitgliedstaat und sonst nur in Drittstaaten oder nicht teilnehmenden Mitgliedstaaten ansässig sind, werden von der Regelung nicht erfasst.

50 **(b) Verfahren bei direkter Zuständigkeit des Ausschusses.** Der Ausschuss nimmt im Rahmen seiner direkten Zuständigkeit die ihm durch die SRM-Verordnung zugewiesenen Aufgaben und Befugnisse wahr.

51 Auf die Übertragung von Aufgaben und Befugnissen an den Ausschuss findet die **Meroni-Doktrin**[114] des Europäischen Gerichtshofs (EuGH)[115] Anwendung, wie sie zuletzt im „Leerverkaufs-Urteil"[116] bestätigt wurde. Der Übertragung von Kompetenzen an nicht in den europäischen Primärverträgen verankerten Agenturen sind strenge Grenzen gesetzt (vgl. → B.II. Rn. 34 ff.),[117] um das für den organisatorischen Aufbau der Gemeinschaften kennzeichnende Gleichgewicht der Gewalten nicht zu gefährden.[118] Ob und inwieweit die SRM-Verordnung diesen Vorgaben genügt, soll hier nicht näher dargestellt werden. In jedem Fall liegt der Gründung des Ausschusses ein politischer Kompromiss zugrunde,

---

[111] Art. 7 Abs. 2 lit. b SRM-Verordnung.
[112] Art. 6 Abs. 4 UAbs. 1 SSM-Verordnung.
[113] Art. 1 Abs. 1 Nr. 27 BRRD; vgl. auch § 2 Abs. 3 Nr. 27 SAG, der insoweit im Wortlaut auf den EWR abstellt; vermutlich ein Redaktionsversehen, vgl. § 2 Abs. 3 Nr. 40 SAG und BT-Drs. 18/5009, S. 63.
[114] EuGH, Urteil vom 13. Juni 1958 = EuGH Slg. 1958, 11 = BeckRS 2044, 73867; vgl. in Bezug auf den SSM: *Sacarcelik* BKR 2013, 356.
[115] Vgl. Erwägungsgrund 16 SRM-Verordnung.
[116] EuGH, ECLI/EU/C/2014/18 = EuZW 2014, 349 mit Komm. Skowron – Großbritannien ua/ Parlament.
[117] Vgl. hierzu auch: *Wittinger* EuR 2008, 609 (618 f.).
[118] *Hatje* in SBHS EUV Artikel 13 Rn. 41; *Wojcik/Ceyssens* EuZW 2014, 893 (895); vgl. auch: EuGH, ECLI/EU/C/2014/18 = EuZW 2014, 349 mit Komm. Skowron – Großbritannien ua/Parlament.

dessen Ziel es ist, für die Zwecke der Bankenunion eine Änderung der Primärverträge zu vermeiden.[119]

Aufgaben und Befugnisse des Ausschusses folgen direkt aus der SRM-Verordnung. Zur **Konkretisierung** nimmt die SRM-Verordnung die BRRD in Bezug. Der durch die SRM-Verordnung eröffnete Rahmen wird dann durch die Inhalte der BRRD materiell aufgefüllt und der Ausschuss tritt partiell an die Stelle der in der BRRD benannten Abwicklungsbehörde.[120] Anders als im Rahmen der SSM-Verordnung spielt für die Tätigkeit des Ausschusses nationales Umsetzungsrecht jedoch keine Rolle. Die SRM-Verordnung verweist nicht auf die nach nationalem Recht einer Abwicklungsbehörde (in Umsetzung der BRRD) eingeräumten Befugnisse, sondern direkt auf die BRRD. Der Ausschuss wendet die SRM-Verordnung und – kraft Verweisungen – die BRRD, nicht jedoch das SAG an. Er hat die zur SRM-Verordnung und BRRD erlassenen sekundären Rechtsakte zu beachten, insbesondere technische Regulierungs- und Durchführungsstandards.[121] Im Hinblick auf Leitlinien und Empfehlungen findet der allgemeine *Comply or Explain*-Mechanismus Anwendung.[122] Die unter → A.II. Rn. 44 ff. im Verhältnis zur EZB dargelegten Grundsätze gelten für den Ausschuss entsprechend. Soweit der Ausschuss entscheidet, einer Leitlinie/Empfehlung der EBA nicht nachzukommen, ist diese Entscheidung für die nationalen Abwicklungsbehörden bindend, wenn sie auf Weisung des Ausschusses handeln. 52

Bei der Ausübung von Befugnissen durch den Ausschusses ist zwischen Maßnahmen außerhalb der eigentlichen Abwicklung (zB im Rahmen der Abwicklungsplanung und der Festlegung der Höhe der Mindestanforderung an die Eigenmittel und berücksichtigungsfähigen Verbindlichkeiten (*Minimum Requirements for Own Funds and Eligible Liabilities* – MREL) einerseits (→ Rn. 83 ff.) und dem Eintritt eines Abwicklungsfalls andererseits zu unterscheiden. 53

Im Bereich vor Eintritt eines Abwicklungsfalls (→ Rn. 84 ff.) stehen dem Ausschuss weitgehende Befugnisse zu.[123] Er entscheidet in **Präsidiums- oder Plenarsitzung** (vgl. → B.II. Rn. 38 ff., Rn. 57 ff.).[124] In seiner Präsidiumssitzung fasst er die wesentlichen vorbereitenden und operativen Entscheidungen, zB zur Genehmigung von Abwicklungsplänen (→ Rn. 89 ff.) und zur Festlegung der MREL-Quote (→ Rn. 104).[125] An den Präsidiumssitzungen des Ausschusses nehmen jedenfalls der Vorsitzende und die vier hauptamtlichen Mitglieder teil. Vertreter nationaler Abwicklungsbehörden können fakultativ teilnehmen.[126] In der mindestens zwei Mal jährlich durchzuführenden Plenarsitzung fasst der Ausschuss Beschlüsse allgemeiner Natur über turnusmäßig durchzuführende Aufgaben (zB Verabschiedung des Jahresprogramms, Annahme und Kontrolle des Haushalts, etc.). Es nehmen alle Ausschussmitglieder teil.[127] Die Einzelzuständigkeit der Vorsitzenden erstreckt sich lediglich auf administrative Tätigkeiten im Zusammenhang mit den Sitzungen des Ausschusses, Personalangelegenheiten, die laufende Verwaltung und die Erstellung des 54

---

[119] Vgl. hierzu auch: *Peters* WM 2014, 396 (401 f.), die eine Anpassung des Primärrechts empfiehlt.
[120] Art. 5 Abs. 1 SRM-Verordnung.
[121] Art. 5 Abs. 2 UAbs. 2 Satz 1 SRM-Verordnung.
[122] Art. 5 Abs. 2 UAbs. 2 Satz 3 SRM-Verordnung.
[123] Art. 7 Abs. 2; 8 Abs. 1; 12 Abs. 1; 54 Abs. 2 lit. a, c SRM-Verordnung.
[124] Art. 49, 53 SRM-Verordnung; vgl. auch: Europäische Kommission, Memo/14/295 vom 15. April 2014 – A Single Resolution Mechanism for the Banking Union – frequently asked questions, S. 3, 6; Europäische Kommission, Memo/14/2764 vom 19. Dezember 2014 – Update- Single Resolution Board top management posts: frequently asked questions, S. 1 f.
[125] Art. 54 SRM-Verordnung.
[126] Art. 53, 43 SRM-Verordnung; *Wojcik/Ceyssens* EuZW 2014, 893 (895).
[127] Art. 49; 50 SRM-Verordnung; *Wojcik/Ceyssens* EuZW 2014, 893 (895).

Haushalts des Ausschusses.¹²⁸ Ferner verfügt der Ausschuss über ein Sekretariat, das die erforderliche administrative und technische Unterstützung leistet.¹²⁹

55 Im Abwicklungsfall sind die Befugnisse des Ausschusses stark begrenzt. Zwar ist der Ausschuss berechtigt, ein **Abwicklungskonzept** zur Anwendung von Abwicklungsmaßnahmen im konkreten Abwicklungsfall zu beschließen.¹³⁰ Das Konzept wird jedoch nur bindend, wenn die Europäische Kommission nicht innerhalb von 24 Stunden nach der Beschlussfassung des Ausschusses Einspruch erhebt.¹³¹ Auch die Ausübung der im Abwicklungskonzept vorgesehenen Abwicklungsmaßnahmen steht nicht dem Ausschuss, sondern den nationalen Abwicklungsbehörden zu, die auf der Basis des Konzepts tätig werden.¹³² Es richtet sich insoweit an die nationalen Abwicklungsbehörden.¹³³ Der genaue Ablauf des Verfahrens wird unter → Rn. 127 ff. dargestellt.

56 Das Abwicklungskonzept beschließt der Ausschuss idR in Präsidiumssitzung, sofern die Unterstützung des SRF für eine spezifische Abwicklungsmaßnahme bestimmte Schwellenwerte nicht erreicht.¹³⁴ Andernfalls ist der Ausschuss in Plenarsitzung für die Beschlussfassung zuständig.¹³⁵ Das von der Präsidiumssitzung entworfene Abwicklungskonzept wird in diesem Fall an die der Plenarsitzung angehörigen Mitglieder des Ausschusses weitergeleitet. Der Plenarsitzung steht ein Zeitraum von drei Stunden zur Entscheidung zu.¹³⁶ Sofern die Plenarsitzung nicht innerhalb dieser Zeitspanne reagiert, tritt das von der Präsidiumssitzung ausgearbeitete Konzept in Kraft. Daher hat jedes Mitglied der Plenarsitzung in diesem Fall das Recht, eine Plenarsitzung einzuberufen.¹³⁷

57 **(3) Direkte Zuständigkeit der nationalen Abwicklungsbehörden – Anwendungsbereich und Verfahren.** Im Anwendungsbereich der SRM-Verordnung kann die direkte Zuständigkeit auch bei den nationalen Abwicklungsbehörden verbleiben. Dies ist der Fall, wenn (i) keine direkte Zuständigkeit des Ausschusses besteht, (ii) der Ausschuss Aufgaben und Befugnisse nach Art. 7 Abs. 4 lit. b SRM-Verordnung nicht unmittelbar ausübt, und (iii) der betroffene Mitgliedstaat nicht von seinem Recht Gebrauch gemacht hat, die direkte Zuständigkeit der nationalen Abwicklungsbehörde auf den Ausschuss zu übertragen.¹³⁸ Deutschland hat von dem Recht zur Übertragung der direkten Zuständigkeit bislang keinen Gebrauch gemacht.

58 Die **FMSA** als deutsche Abwicklungsbehörde ist im Anwendungsbereich der SRM-Verordnung daher in den folgenden zwei Fällen direkt zuständig:¹³⁹

---

¹²⁸ Art. 56 SRM-Verordnung.
¹²⁹ Art. 53 Abs. 5 lit. d SRM-Verordnung.
¹³⁰ Art. 18 Abs. 6 SRM-Verordnung.
¹³¹ Europäische Kommission, Memo/14/295 der vom 15. April 2014 – A Single Resolution Mechanism for the Banking Union – frequently asked questions, S. 5.
¹³² Art. 29 SRM-Verordnung.
¹³³ Begründung des Vorschlags der SRM-Verordnung, COM/2013/0520 final vom 10. Juli 2013, S. 10.
¹³⁴ Art. 18 Abs. 1; 50 Abs. 1 lit. c SRM-Verordnung.
¹³⁵ Art. 50 Abs. 1 lit. c SRM-Verordnung; *Wojcik/Ceyssens* EuZW 2014, 893 (895).
¹³⁶ Art. 50 Abs. 2 UAbs. 2 SRM-Verordnung.
¹³⁷ Art. 50 Abs. 2 UAbs. 2 Satz 1 SRM-Verordnung.
¹³⁸ Art. 7 Abs. 5 SRM-Verordnung; BT-Drs. 18/5009, S. 62 f.
¹³⁹ BT-Drs. 18/5009, S. 62 f. ist insoweit missverständlich, als nicht alle auf der Basis der SSM-Verordnung als „weniger bedeutend" eingestuften Institute/Gruppen in den Bereich der direkten Zuständigkeit des Ausschusses fallen. Die Definition des weniger bedeutenden Instituts in BT-Drs. 18/5009, S. 62 f. darf daher nicht mit dem Begriffsverständnis der SSM-Verordnung gleichgesetzt werden.

I. Überblick Abwicklung unter besonderer Berücksichtigung der Abwicklung nicht systemrelevanter Institute

- Deutsche CRR-Kreditinstitute, die nicht Teil einer Beaufsichtigung auf Gruppenebene sind, und die von der EZB indirekt beaufsichtigt werden.
- Deutsche SRM-Unternehmen, die Teil einer von der EZB indirekt beaufsichtigen Gruppe sind, die nicht „grenzüberschreitend" iSd SRM-Verordnung ist. Dies setzt ua voraus, dass der Gruppe ein CRR-Kreditinstitut angehört (→ Rn. 49) und – nach hier vertretener Auffassung – SRM-Unternehmen der Gruppe in keinem anderen teilnehmenden Mitgliedstaat als in Deutschland ansässig sind (→ Rn. 49).

Die FMSA wendet dann die SRM-Verordnung an, dh es kommt nicht zur direkten Anwendung des SAG (vgl. Art. 7 Abs. 3 SRM-Verordnung).[140] Indirekt, dh kraft Verweisung durch die SRM-Verordnung, findet das SAG jedoch weiterhin Anwendung, zB bei der Ausübung von Abwicklungsmaßnahmen durch die FMSA.[141] Rechtstechnisch unterscheidet sich der Ansatz der SRM-Verordnung daher von der SSM-Verordnung, bei der die BaFin die SSM-Verordnung niemals direkt anwendet (→ A. II. Rn. 22 ff.). 59

Für einzelne Beschlussarten bzw. -inhalte bleibt auch in dieser Fallgruppe der Ausschuss zuständig. Dies ist zB für den Beschluss eines Abwicklungskonzepts der Fall, das die Inanspruchnahme von Mitteln des SRF vorsieht.[142] Im Übrigen kann der Ausschuss die nationale Abwicklungsbehörde warnen, wenn er der Auffassung ist, dass ein von der nationalen Abwicklungsbehörde in direkter Zuständigkeit entworfenes Abwicklungskonzept nicht im Einklang mit der SRM-Verordnung steht.[143] Diese Warnung dient als Vorstufe zur **unmittelbaren Ausübung** von Befugnissen durch den Ausschuss selbst, insbesondere der Ausübung des oben unter dargestellten Selbsteintrittrechts (→ Rn. 46). 60

c) SAG

Das SAG findet – nach hier vertretener Auffassung – nur außerhalb des Anwendungsbereichs der SRM-Verordnung *direkt* Anwendung. Seine Regelungen werden daher im Wesentlichen nur dann direkt relevant, wenn ein Institut bzw. eine Gruppe zwar im Anwendungsbereich der BRRD, nicht jedoch auch im Anwendungsbereich der SRM-Verordnung ist. Die sich daraus ergebenen Abgrenzungsprobleme versucht der Gesetzgeber in § 1 SAG aufzugreifen. 61

§ 1 SAG regelt in den Ziffern 1–4 den Anwendungsbereich des SAG in Anlehnung an die BRRD. Der durch das AbwMechG eingefügte, neue Einleitungssatz zu § 1 SAG stellt den Anwendungsvorrang der SRM-Verordnung klar. 62

aa) Eröffnung des Anwendungsbereichs nach § 1 Nr. 1–4 SAG

Die Regelung des § 1 Nr. 1–4 SAG eröffnet den Anwendungsbereich des SAG in den folgenden Fällen: 63

- CRR-Kreditinstitute, mit Ausnahme der Kreditinstitute, die vom Anwendungsbereich der der Richtlinie 2013/36/EU über den Zugang zur Tätigkeit von Kreditinstituten und

---

[140] BT-Drs. 18/5009, S. 62 f.
[141] Art. 29 Abs. 2 SRM-Verordnung.
[142] Art. 7 Abs. 3 UAbs. 2 SRM-Verordnung. Unklar ist insoweit, ob sich die direkte Zuständigkeit bereits auf den Bereich der Abwicklungsplanung und zB die Festlegung der MREL-Quote erstreckt – oder nur auf die Beschlussfassung bei Eintritt eines Abwicklungsfalls. Die Terminologie der SRM-Verordnung spricht für Letzteres. Allerdings würde der Ausschuss damit im Abwicklungsfall mit einer Abwicklungsplanung konfrontiert, in deren Erstellung er ggf. gar nicht eingebunden war.
[143] Art. 7 Abs. 4 lit. a SRM-Verordnung.

die Beaufsichtigung von Kreditinstituten und Wertpapierformen (*Capital Requirements Directive IV* – CRD IV) ausgenommen sind, wie zB die Kreditanstalt für Wiederaufbau,
- CRR-Wertpapierfirmen mit einem Anfangskapital im Gegenwert von mindestens 730 000 EUR (§ 33 Abs. 1 S. 1 Nr. 1 lit. c KWG) (730k-Wertpapierfirmen),
- übergeordnete Unternehmen einer Institutsgruppe, einer Finanzholding-Gruppe oder einer gemischten Finanzholding-Gruppe gemäß § 10a Abs. 1 KWG und deren nachgeordnete Unternehmen gemäß § 10a Abs. 1 KWG mit Sitz im Inland und
- inländische Unionszweigstellen, dh in Deutschland befindliche Zweigstellen eines Drittstaatsinstituts[144].

64 § 1 Nr. 1–4 SAG soll Art. 1 Abs. 1 BRRD abbilden.[145] Erfasst werden jedoch nur deutsche Institute, deutsche übergeordnete und nachgeordnete Unternehmen sowie deutsche Unionszweigstellen. Dies schließt jedoch nicht aus, dass sich zB die Sanierungs-/Abwicklungsplanung auch auf **Unternehmen im Ausland** erstreckt, sofern die BaFin die Gruppenaufsicht ausübt. Im Hinblick auf ausländische Unternehmen stehen (vorbehaltlich des Sonderfalls einer deutschen Zweigstelle) der deutschen Abwicklungsbehörde jedoch keine direkten hoheitlichen Befugnisse zu.

65 Darüber hinaus ist die Regelung zur Einbindung von Gruppenunternehmen **sprachlich missglückt** und – entsprechend der Vorgaben der BRRD – europarechtskonform auszulegen. Wie bereits unter → Rn. 40 gezeigt, weicht § 10a KWG von den europarechtlichen Vorgaben zur Gruppenkonsolidierung ab. Dies gilt insbesondere für die Definition der in den aufsichtsrechtlichen Konsolidierungskreis einbezogenen Unternehmen. Nach der Rechtsprechung des EuGH sind nationale Gesetze europarechtskonform auszulegen, sofern der nationale Gesetzgeber nicht zum Ausdruck gebracht hat, dass er bewusst von EU-Vorgaben abweichen möchte.[146] Dies ist vorliegend nicht der Fall. Vielmehr zeigt die Regierungsbegründung zum SAG, dass in § 1 Nr. 1–4 SAG lediglich der Anwendungsbereich der BRRD übernommen werden sollte (vgl. Art. 1 Abs. 1 lit. b–d BRRD).[147]

66 Ergänzend sei darauf hingewiesen, dass **Zweigstellen** nach § 53 Abs. 1 KWG zwar vom Anwendungsbereich des SAG erfasst werden. Nach § 2 Abs. 1 SAG gelten sie jedoch – in Abweichung von der Institutsfiktion des § 53 KWG – für die Zwecke des SAG nicht als Institute. Auf sie finden daher grundsätzlich nur die speziellen Vorgaben nach §§ 167 ff. SAG Anwendung.

bb) Einschränkung des Anwendungsbereichs durch die SRM-Verordnung

67 Die Anwendung des SAG steht unter dem Vorbehalt der Maßgeblichkeit der SRM-Verordnung. So stellt § 1 SAG einleitend klar:

„Soweit nicht die [SRM-Verordnung] maßgeblich ist, gilt dieses Gesetz [...]"

68 Wie oben unter → Rn. 38 ff. dargestellt findet die SRM-Verordnung auf SRM-Unternehmen Anwendung. Hierzu zählen auch alle deutschen CRR-Kreditinstitute und Grup-

---

[144] § 1 Nr. 4, 2 Abs. 3 Nr. 31, 44 SAG.
[145] Vgl. BT-Drs. 18/2575, S. 144.
[146] Seit EuGH Slg. 1984, 1891 Rn. 26; Slg. 1997, I-7411, Rn. 40; vgl. auch BVerfGE 75, 237 ff.; der Grund liegt in der Verpflichtungswirkung nach Art. 288 Abs. 3 des Vertrags über die Arbeitsweise der Europäischen Union (AEUV) iVm Art. 4 Abs. 3 des Vertrages über die Europäische Union (EUV); hierzu *Tonikidis* JA 2013, 598 (598 ff.).
[147] Vgl. BT-Drs. 18/5009, S. 62. Die Thematik zieht sich durch das gesamte SAG, wenn zB auf nachgeordnete Unternehmen Bezug genommen wird (zB § 64 Abs. 2 UAbs. 2 SAG).

pen, denen ein CRR-Kreditinstitut angehört. In diesem Fällen findet die SRM-Verordnung **vorrangig Anwendung**.

Der direkte Anwendungsbereich des SAG ist daher nur noch in den folgenden Fällen eröffnet:
- Deutsche 730k-Wertpapierfirmen, die nicht Teil einer Gruppe sind, der auch ein CRR-Kreditinstitut angehört.
- Deutsche übergeordnete bzw. nachgeordnete Unternehmen einer Gruppe, der eine 730k-Wertpapierfirma, nicht jedoch auch ein CRR-Kreditinstitut angehört.[148]
- Deutsche Unionszweigstellen.

Dies bedeutet jedoch nicht, dass die FMSA nicht auch im Bereich des Vorrangs der SRM-Verordnung auf die Befugnisse und Instrumente des SAG zurückgreift, dann allerdings nur über den Umweg der SRM-Verordnung (→ Rn. 59).[149]

d) Weitere Gesetze (KWG, KredReorgG, RettungsG)

Neben dem SAG und der SRM-Verordnung sind im Rahmen der Bankenabwicklung auch das KWG, KredReorgG und das RettungsG relevant. Auf die im RStruktFG und der Finanzmarktstabilisierungsgesetzgebung, insb. dem FMStFG, enthaltenen Regelungen wird zusammenfassend unter → Rn. 196 ff. eingegangen.

aa) KWG

Die im KWG geregelten Befugnisse der BaFin und EZB gelten parallel zum SAG bzw. zur SRM-Verordnung. Der Anwendungsbereich des KWG wurde durch die BRRD-Umsetzung und die SRM-Verordnung nicht eingeschränkt. Allerdings sind große Bereiche der zuvor im KWG geregelten Rechtsmaterien (zB die Sanierungs-/Abwicklungsplanung und die Übertragungsanordnung) aufgehoben und in das SAG (mit Anpassungen) übernommen worden.[150]

Befugnisse mit Abwicklungsnähe enthält das KWG daher nur noch in einem sehr begrenzten Umfang. Hierzu zählt insbesondere der Erlass eines **Moratoriums** nach § 46 KWG sowie nach § 46g KWG, die Regeln zur Bestellung eines Sonderbeauftragten nach § 45c KWG und zum Erlaubnisentzug. Diese Maßnahmen werden eingehend unter → Rn. 221 ff. dargestellt.

bb) KredReorgG

Das KredReorgG regelt ein Sanierungs- wie auch ein Reorganisationsverfahren. Der Gesetzgeber entschied, diese noch aus dem RStruktG stammenden Verfahren neben das SAG treten zu lassen.[151]

---

[148] So auch BT-Drs. 18/5009, S. 62 f. 730k-Wertpapierfirmen, die Teil einer solchen Gruppe sind oder überhaupt nicht Teil einer Gruppe, definiert § 2a Abs. 1 RStruktFG als „CRR-Wertpapierfirmen unter Einzelaufsicht".

[149] So wohl auch BT-Drs. 18/5009, S. 62 f. („die Vorschriften der SRM-Verordnung [erlangen] Geltung, welche die Befugnisse des Ausschusses und der nationalen Abwicklungsbehörden im [SRM] regeln"). Allerdings geht BT-Drs. 18/2009 teilweise vereinfachend davon aus, das SAG sei „zur Ausfüllung von Einzelheiten" und bei mit der SRM-Verordnung identischen Regelungen anwendbar.

[150] Vgl. hierzu auch: *Steck/Petrowsky* DB 2015, 1391 (1392 f.).

[151] BT Drs. 18/2575, S. 141; hierzu auch: *Bauer/Hildner* DZWIR 2015, 251 (252).

75 Das Sanierungsverfahren kann auf Antrag eines Instituts im Vorfeld zur Abwicklung beantragt werden, dh das Vorliegen der Abwicklungsvoraussetzungen ist nicht Voraussetzung für das Verfahren.[152] Es soll hier nicht näher dargestellt werden.

76 Hingegen ist das Vorliegen der Abwicklungsvoraussetzungen Voraussetzung für die Einleitung eines **Reorganisationsverfahrens**.[153] Die Einleitung eines Reorganisationsverfahrens ist grundsätzlich durch das betroffene Kreditinstitut zu beantragen. Ursprünglich angedacht war das Verfahren für den Fall einzuleiten, dass ein Sanierungsverfahren aussichtslos erscheint[154] oder gescheitert ist.

77 Anders als das Sanierungsverfahren ermöglicht das Reorganisationsverfahren Eingriffe in Rechte Dritter. So regelt es zB die Umwandlung von Forderungen in Eigenkapital (*Debt-to-Equity Swap*[155], § 9 KredReorgG) bei Zustimmung aller betroffener Gläubiger. Auch andere Eingriffe sind zulässig (zB nach § 12 KredReorgG) sowie die Verhängung aller nach Gesellschaftsrecht zulässiger Maßnahmen. Das Reorganisationsverfahren sieht eine Ausgliederungsmöglichkeit vor (§ 11 Abs. 3 KredReorgG), es kann daher zur Gründung einer *Good Bank* als auch *Bad Bank* dienen.[156]

78 Der Ablauf des Reorganisationsverfahrens erfolgt in mehreren **Phasen**: der Anmeldung von Forderungen, der Durchführung von Erörterungsterminen und der Abstimmung der Gesellschafter und Gläubiger.[157] Im Anschluss ist der Reorganisationsplan durch das zuständige OLG zu bestätigen.[158]

79 Die Befugnisse der BaFin/EZB bzw. FMSA/des Ausschusses werden durch das Reorganisationsverfahren nicht berührt. Es ist jedoch aufzuheben, wenn die BaFin Maßnahmen nach §§ 45c, 46 oder 46b KWG anordnet oder eine Abwicklungsanordnung ergeht.[159]

80 Nach hier vertretener Ansicht (→ Rn. 12) ist das Reorganisationsverfahren zur Erreichung seiner Zwecke **ungeeignet** und sollte daher nicht angewendet werden.[160] Spätestens mit der Ladung zur Anmeldung von Forderungen wird die Schieflage des Instituts publik,[161] womit allen Gläubigern bewusst ist, dass eine Kürzung ihrer Forderungen in den nächsten Monaten wahrscheinlich erscheint. Aufgrund der im KredReorgG enthaltenen Fristen ist das Verfahren grundsätzlich nicht unter 1½ Monaten durchführbar.[162] Es besteht daher die Gefahr eines Windhund-Rennens[163]: Gläubiger werden vor Inkrafttreten des Reorganisa-

---

[152] § 2 Abs. 1 KredReorgG.

[153] § 7 Abs. 2 KredReorgG; zum Reorganisationsverfahren vgl. auch *Pannen* in Grieser/Heemann S. 236ff.; *Höher* in Brogl HdB-Banken-Restrukturierung S. 151ff.

[154] Maßgeblich ist die subjektive Einschätzung des Instituts, vgl. *Bachmann* ZBB 2010, 459 (463).

[155] Vgl. zum Debt-to-Equity Swap ua *Pannen* in Grieser/Heemann S. 238; *Schelo* NJW 2011, 186 (188); *Spetzler* KTS 2010, 433 (435 ff.).

[156] *Wolfers/Voland* WM 2011, 1159 (1163); *Waibel* VW 2011, 392 (392 f.).; primär die *Bad*-Bank betonend *Bormann* NZI 2011, (892) 893.

[157] §§ 14 ff. KredReorgG; *Bachmann* ZBB 2010, 459 (463 f.).; vgl. auch *Bormann* NZI 2011, 892 (892 f.).

[158] § 20 Abs. 1 KredReorgG; *Bachmann* ZBB 2010, 459 (464); *Bormann* NZI 2011, 892 (893).

[159] § 22 Abs. 3 KredReorgG.

[160] Zu diesem Ergebnis kommt auch *Adolff/Eschwey* ZHR 177 (2013), 902 (933 f.); kritisch auch *Bachmann* ZBB 2010, 459 (464).

[161] Zur Publizität auch *Frind* ZInsO 2010, 1921 (1922).

[162] So besteht für die Anmeldung der Forderungen eine 3-wöchige Mindestfrist (§ 14 KredReorgG). Die Gläubiger sind für die Abstimmung mind. 21 Tage im Voraus zu laden. Gleiches gilt für die Einberufung der Hauptversammlung (§§ 17, 18 KredReorgG). Darüber hinaus ist Zeit für die Prüfung der Forderungen und für Erörterungstermine einzuplanen. Nach *Stengel* DB 2011, Beilage 4 zu Heft 13, 11 (12), kann das Reorganisationsverfahren mehrere Monate dauern.

[163] *Bachmann* ZBB 2010, 459 (463).

tionsplans (§ 21 KredReorgG) versuchen, die ihnen zustehenden Forderungen zu realisieren und hierfür – soweit möglich – Verträge beenden, insbesondere kündigen. Das insoweit geltende Verbot der Beendigung von Schuldverhältnissen (§ 13 KredReorgG) unterbindet dies nicht, da es nicht für die Gesamtdauer des Verfahrens gilt. Dem Windhund-Rennen kann auch nicht durch die (parallele) Verhängung eines Moratoriums nach § 46 KWG oder die flankierende Anordnung von Abwicklungsmaßnahmen begegnet werden.[164] In beiden Fällen wäre – wie oben bereits erwähnt – das Reorganisationsverfahren aufzuheben.

cc) RettungsG

81 Zur Sicherung der Finanzmarktstabilität können auf der Basis des RettungsG Inhaber von Eigenmittelinstrumenten enteignet werden (§ 1 RettungsG). Zuständig für die Durchführung des Enteignungsverfahrens ist das Bundesministerium der Finanzen als Enteignungsbehörde (§ 3 Abs. 1 RettungsG). Die Enteignung erfolgt durch eine Rechtsverordnung des Bundes ohne Zustimmung des Bundesrats (§ 2 RettungsG).

82 Nach § 6 Abs. 1 RettungsG war die Möglichkeit zum Erlass dieser Rechtsverordnungen jedoch zum 31. Oktober 2009 **befristet**. Die Regelung ist im Kontext der HRE-Rettung zu sehen (→ Rn. 9). Infolge der Befristung läuft das RettungsG heute leer (und sollte – auch vor dem Hintergrund der im SAG enthaltenen Instrumente und Befugnisse – aufgehoben werden).

3. Vorbereitung der Abwicklung (insb. Abwicklungsplanung)

83 Die aufsichtsrechtlichen Regeln zur Bankenabwicklung setzen nicht erst im Abwicklungsfall an, sie greifen planerisch vielmehr bereits im **Vorfeld**. Ziel dieser Maßnahmen ist es, für den Ernstfall des Eintritts der Abwicklungsvoraussetzungen vorbereitet zu sein. Nachfolgend werden konkret die Abwicklung vorbereitende Anforderungen im Überblick dargestellt, ohne auf die Bereiche der Sanierung und der Frühintervention, zB des frühzeitigen Eingreifens, einzugehen (vgl. im Detail → B.III. Rn. 19 ff., 39 ff.).

a) Anwendungsbereich, Zuständigkeiten und Verfahren

84 Die Planung der Abwicklung zerfällt in mehrere Komponenten: die Erstellung eines Abwicklungsplans (→ Rn. 90 ff.), die Prüfung auf und Beseitigung von ggf. bestehenden Abwicklungshindernissen (→ Rn. 95), die Festlegung einer MREL-Quote (→ Rn. 99 ff.), sowie flankierende Anforderungen, zB an die Ausgestaltung bestimmter Finanzinstrumente

85 Der gesamte Regelungskomplex findet nur im Anwendungsbereich der SRM-Verordnung und des SAG Anwendung. Er trifft daher nur CRR-Kreditinstitute und 730k-Wertpapierfirmen (jeweils nebst deren Gruppen).

86 Soweit ein Fall der direkten **Zuständigkeit** des Ausschusses vorliegt (→ Rn. 48 ff.), ist dieser (weitgehend abschließend) zur Beschlussfassung im Bereich der Abwicklungsplanung (insb. über den Abwicklungsplan und die Festlegung der MREL-Quote) berufen (→ Rn. 83 ff.).[165] Der Ausschuss darf von den nationalen Abwicklungsbehörden Informatio-

---

[164] AA wohl *Lorenz* NZG 2010, 1046 (1050), der das Moratorium als ergänzende Maßnahme darstellt.
[165] Art. 7; 8 Abs. 1; 9 Abs. 1 SRM-Verordnung; §§ 40 Abs. 1; 46 Abs. 1 SAG; *Wojcik/Ceyssens* EuZW 2014, 893 (896).

nen und Unterlagen anfordern oder diese auffordern, den Entwurf eines Abwicklungsplans zu erstellen und dem Ausschuss vorzulegen.[166] Er kann überdies an die nationalen Abwicklungsbehörden gerichtete Leitlinien und Anweisungen im Hinblick auf die Erstellung der Planentwürfe erlassen.[167]

87 Außerhalb der direkten Zuständigkeit des Ausschusses bleiben die nationalen Abwicklungsbehörden für die Planung der Abwicklung zuständig. Andere Behörden sind im Rahmen des Verfahrens ggf. anzuhören und einzubinden.[168]

88 Der Ausschuss bzw. die nationale Abwicklungsbehörde (je nach Zuständigkeit) können ferner von den betroffenen Unternehmen Unterstützungshandlungen verlangen.[169]

b) Abwicklungsplanung und Abwicklungsplan

89 Gegenstand des Abwicklungsplans ist die Art und Weise der Anwendung der Abwicklungsmaßnahmen (→ Rn. 90 ff.) bei Eintritt der Abwicklungsvoraussetzungen (→ Rn. 115 ff.).[170] Grundlage des **Abwicklungsplans** stellt eine Analyse relevanter Markt- und Abwicklungsszenarien dar, ua unter Berücksichtigung idiosynkratischer und systemweiter Ereignisse.[171] Zuständig für die Abwicklungsplanung, inkl. der Erstellung des Abwicklungsplans, ist der Ausschuss bzw. die nationale Abwicklungsbehörde.[172]

aa) Inhalt und Umfang der Abwicklungsplanung

90 Inhaltlich beschäftigt sich die Abwicklungsplanung mit der Frage, wie **kritische Funktionen** und **wesentliche Geschäftsaktivitäten** in erforderlichem Umfang rechtlich und wirtschaftlich von anderen Funktionen durch Anwendung hoheitlicher Maßnahmen getrennt oder anderweitig aufrecht erhalten werden können, um deren Fortführung bei Eintritt der Abwicklungsvoraussetzungen sicherzustellen.[173] Kritische Funktionen sind Tätigkeiten, Dienstleistungen oder Geschäfte, deren Einstellung wahrscheinlich in einem oder mehreren Mitgliedstaaten die Unterbrechung von für die Realwirtschaft wesentlichen Dienstleistungen oder ein Störung der Finanzstabilität zur Folge hat.[174] Wesentlich sind Geschäftsaktivitäten, die im Falle einer Störung zu einem erheblichen Ausfall von Einnahmen oder Gewinnen, zu erhebliche Verlusten oder zu einem erheblichen Verlust des Beteiligungswerts führen könnten.[175]

---

[166] Vgl. Art. 8 Abs. 2, 4 SRM-Verordnung.
[167] Art. 8 Abs. 3 SRM-Verordnung.
[168] Art. 8 Abs. 2; 9 Abs. 2 SRM-Verordnung; § 40 Abs. 1 Satz 2, 3; 47 Abs. 1 SAG.
[169] Art. 8 Abs. 8 SRM-Verordnung; § 42 Abs. 1 SAG.
[170] Art. 8 Abs. 5 SRM-Verordnung; § 40 Abs. 2 Nr. 1 SAG (vgl. im Detail → B.IV. Rn. 19 ff.).
[171] Art. 8 Abs. 6 UAbs. 4 SRM-Verordnung; § 40 Abs. 2 Nr. 2 SAG.
[172] Art. 8 Abs. 1; 9 SRM-Verordnung; §§ 40; 46 SAG; *Dohrn* WM 2012, 2033 (2034).
[173] Art. 8 Abs. 9 SRM-Verordnung; § 40 Abs. 3 Nr. 3 SAG. Zur inhaltlichen Ausgestaltung der Abwicklungspläne vgl. auch EBA, Final Draft Regulatory Technical Standards on the content of resolution plans and the assessment of resolvability (EBA/RTS/2014/15).
[174] Zur vollständigen Definition vgl. Art. 2 Abs. 1 Nr. 35 BRRD; § 2 Abs. 3 Nr. 38 SAG; vgl. auch EBA, *Technical advice on the delegated acts on critical functions and core business lines* vom 6. März 2015 (EBA/Op/2015/05).
[175] Art. 2 Abs. 1 Nr. 36 BRRD; § 2 Abs. 3 Nr. 45 S. 2 SAG; vgl. auch EBA, Technical advice on the delegated acts on critical functions and core business lines vom 6. März 2015 (EBA/Op/2015/05).

I. Überblick Abwicklung unter besonderer Berücksichtigung der Abwicklung nicht systemrelevanter Institute

Für die Zwecke der Abwicklungsplanung ist zu unterstellen, dass keine **außerordentliche finanzielle Unterstützung** aus öffentlichen Mitteln gewährt wird.[176] Das Gleiche gilt für Notfallliquidität der Zentralbank und anderer Liquiditätshilfen, die nicht auf standardisierten Bedingungen in Bezug auf Besicherung, Laufzeit und Zinssätzen beruhen.[177] 91

Im Grundsatz bezieht sich die Abwicklungsplanung jeweils auf die gesamte Unternehmensgruppe (Gruppenabwicklungsplan), inklusive aller zur Gruppe gehörenden Institute.[178] Für die EU wird jeweils nur ein Gruppenabwicklungsplan erstellt.[179] So kann der Abwicklungsplan zB das Ergreifen von Maßnahmen gegenüber dem Unionsmutterunternehmens[180] und/oder die Aufteilung der Gruppe bzw. Abwicklung von Tochterunternehmen vorsehen.[181] Die Soloebene geht – bei Gruppen – grundsätzlich in der Gruppenebene auf. Nur in Sonderfällen, zB wenn sich die betroffenen Abwicklungsbehörden nicht auf einen Gruppenabwicklungsplan einigen können, kann es vorkommen, dass ein Abwicklungsplan auch auf Soloebene erstellt wird.[182] 92

Gruppenunternehmen werden für die Zwecke der Planung auch dann berücksichtigt, wenn ihnen gegenüber hoheitliche Maßnahmen nicht direkt ergriffen werden können (weil sie nicht in den Anwendungsbereich der SRM-Verordnung bzw. der nationalen Gesetze zur Umsetzung der BRRD fallen).[183] Die Identifikation von **Abwicklungshindernissen** ist damit auch nicht auf den aufsichtsrechtlichen Konsolidierungskreis (→ Rn. 49) oder die EU[184] beschränkt. Allerdings kann der Abwicklungsplan hoheitliche Maßnahmen nur im Hinblick auf Unternehmen vorsehen, die auch in den Anwendungsbereich der BRRD (der den Anwendungsbereich der SRM-Verordnung als Teilmenge enthält) fallen.[185] Dass zum Erlass dieser Maßnahmen ggf. unterschiedliche Abwicklungsbehörden zusammenarbeiten müssen, ändert nichts am Umfang des Abwicklungsplans, sondern lediglich an den erforderlichen Verfahrensschritten für dessen Erlass (bzw. bei dessen Anwendung).[186] So wird 93

---

[176] Art. 8 Abs. 6 UAbs. 5 lit. a SRM-Verordnung; § 40 Abs. 2 Nr. 3 lit. a SAG. Keine außerordentliche finanzielle Unterstützung aus öffentlichen Mitteln ist die Gewährung von Mitteln aus dem SRF / Restrukturierungsfonds.

[177] Art. 8 Abs. 6 UAbs. 5 lit. b, c SRM-Verordnung; § 40 Abs. 2 Nr. 3 lit. b, c SAG.

[178] Art. 8 Abs. 10, 11 SRM-Verordnung; § 46 Abs. 2 SAG. Die für die Gruppenabwicklung zuständigen Behörden müssen dabei Abwicklungskollegien einrichten, die mit den Abwicklungsbehörden der betroffenen Drittstaaten in koordinierter Weise zusammenarbeiten; vgl. Art. 88 SRM-Verordnung. Zur näheren Ausführung: EBA, Final draft Regulatory Technical Standards on resolution colleges under Article 88(7) of Directive 2014/59/EU (EBA/RTS/2015/03).

[179] Anknüpfungspunkt ist das Unionsmutterunternehmen, vgl. Art. 8 Abs. 10 SRM-Verordnung; § 46 Abs. 2 SAG.

[180] Im SAG als EU-Mutterunternehmen bezeichnet, vgl. § 46 Abs. 2 SAG.

[181] Art. 8 Abs. 10 SRM-Verordnung; § 46 Abs. 2 SAG.

[182] Vgl. zB § 48 Abs. 3 SAG.

[183] Vgl. Art. 8 Abs. 10 SRM-Verordnung; §§ 155, 46 SAG.

[184] Vgl. Art. 8 Abs. 10 SRM-Verordnung; § 46 Abs. 2 SAG. Die Regelung ist im Wortlaut zu weitgehend. Sie könnte dahingehend verstanden werden, dass gegenüber allen gruppenangehörigen Unternehmen auch Abwicklungsmaßnahmen ergriffen werden können. Dies ist jedoch unzutreffend, wie die speziellen Vorgaben im Hinblick auf den Erlass von Maßnahmen gegenüber Finanzinstituten und Holdinggesellschaften zeigen, → Rn. 119 ff.

[185] Für Unternehmen in Drittstaaten gelten jedoch Besonderheiten, insbesondere auch im Hinblick auf den Austausch von Informationen mit den dort zuständigen Abwicklungsbehörden.

[186] Das bedeutet, dass Abwicklungsmaßnahmen direkt nur gegenüber Instituten, Finanzinstituten und Holdinggesellschaften ergriffen werden können, und auch dann nur, wenn die unter → Rn. 116 ff. und → Rn. 119 ff. dargestellten Voraussetzungen vorliegen. Die Regelung des Art. 11 UAbs. 1 SRM-Verordnung und § 46 Abs. 3, 4 SAG sind insoweit zu weit. Unter bestimmten Voraus-

bei der Erstellung des Abwicklungsplans analysiert, inwieweit Abwicklungsmaßnahmen in koordinierter Weise angewendet bzw. ausgeübt werden können/müssen.[187] Ein durch den Ausschuss (in direkter Zuständigkeit) beschlossener Abwicklungsplan kann daher Maßnahmen gegenüber einem in den Konsolidierungskreis einbezogenen Finanzinstitut vorsehen, dass in einem nicht teilnehmenden Mitgliedstaat ansässig ist. Die Abwicklungsbehörde im Sitzstaat des Finanzinstituts wird dann an der Erstellung des Abwicklungsplans beteiligt[188] (und ist im Abwicklungsfall für den Erlass ggf. beschlossener Maßnahmen im Hinblick auf das Finanzinstitut zuständig).

94 Die Regeln zur Abwicklungsplanung finden auf **alle Unternehmen** im Anwendungsbereich der SRM-Verordnung bzw. der BRRD Anwendung, unabhängig von ihrer Systemrelevanz. Vereinfachte Anforderungen gelten jedoch ggf., wenn der Ausfall eines Instituts bzw. einer Gruppe keine erheblichen negativen Auswirkungen auf das Finanzsystem hat und keine Bedrohung der Finanzstabilität darstellt, die Abwicklungsfähigkeit also sichergestellt ist (→ Rn. 96 ff.).[189]

bb) Abwicklungsfähigkeit und Beseitigung von Abwicklungshindernissen

95 Im Rahmen der Abwicklungsplanung, insbesondere bei der Erstellung und Aktualisierung der Abwicklungspläne, bewertet der Ausschuss bzw. die zuständige Abwicklungsbehörde – ggf. unter Einbindung anderer, betroffener Behörden – die **Abwicklungsfähigkeit** des Instituts bzw. der Gruppe (zur Herstellung der Abwicklungsfähigkeit im Detail → B. VII. Rn. 16 ff.).[190] Dabei wird der Sanierungsplan daraufhin überprüft, ob er Maßnahmen enthält, die sich negativ auf die Abwicklungsfähigkeit auswirken können.[191]

96 Ein Institut/eine Gruppe[192] ist dann abwicklungsfähig, wenn es/sie entweder im Rahmen regulärer Insolvenzverfahren liquidiert oder durch Anwendung von Abwicklungsmaßnahmen durchführbar und glaubwürdig abgewickelt werden kann.[193] Dabei sind erhebliche negative Auswirkungen auf die Finanzsysteme möglichst zu vermeiden und die Fortführung kritischer Funktionen sicherzustellen.[194]

---

setzungen können auch Maßnahmen im Hinblick auf Unternehmen in Drittstaaten im Abwicklungsplan vorgesehen werden. Diese Maßnahmen sind dann allerdings durch Behörden in Drittstaaten zu ergreifen. Zu den Details vgl. Art. 32, 33 SRM-Verordnung; Art. 93, 97 BRRD; §§ 167 f. SAG.

[187] Art. 8 Abs. 11 lit. b SRM-Verordnung; § 46 Abs. 1, 3 Nr. 2 SAG.

[188] Ggf. im Rahmen von Aufsichtskollegien.

[189] Art. 11, 10 Abs. 5 SRM-Verordnung sowie § 41 Abs. 2 SAG. Die Möglichkeit, von der Erstellung von Abwicklungsplänen gänzlich abzusehen, sieht die SRM-Verordnung lediglich im Hinblick auf Institute vor, die einer Zentralorganisation zugeordnet sind, – anders als die BRRD – nicht jedoch auch im Hinblick auf Institute in einem Institutssicherungssystem. (Art. 11 Abs. 7 SRM-Verordnung). Weiterführend im Hinblick auf die Anwendung der vereinfachten Anforderungen bei Sanierungsplänen: EBA, Leitlinien zur Anwendung vereinfachter Anforderungen nach Artikel 4 Absatz 5 der Richtlinie 2014/59/EU vom 16. Oktober 2015 (EBA/GL/2015/16).

[190] Art. 10, 8 Abs. 6 UAbs. 3 SRM-Verordnung; §§ 40 Abs. 1, 2, 57, 58 SAG; hierzu auch: *Dohrn* WM 2012, 2033 (2034); zu beachten bei der Erstellung von Gruppenabwicklungsplänen sind auch die Vorgaben der Draft Regulatory Technical Standards on Resolution Colleges under Article 88(7) of Directive 2014/59/EU, S. 18 ff.

[191] Art. 10 Abs. 2 SRM-Verordnung; § 15 Abs. 1 SAG.

[192] Die im Rahmen der Beseitigung von Abwicklungshindernissen bei Gruppen geltenden (verfahrenstechnischen) Besonderheiten werden nicht dargestellt, vgl. zu den Details zB § 60 SAG.

[193] Art. 10 Abs. 3; 4 SRM-Verordnung; §§ 57 Abs. 2, 58 Abs. 2 SAG

[194] Art. 10 Abs. 3, 4 SRM-Verordnung; §§ 40 Abs. 3 Nr. 3; 47 Abs. 3 Satz 2; 57 Abs. 2 Nr. 2; 58 Abs. 2 Nr. 2 SAG; COM/2013/0520 final vom 10. Juli 2013, S. 10.

Stehen der Abwicklung wesentliche **Hindernisse** entgegen, teilt der Ausschuss bzw. 97
die zuständige Abwicklungsbehörde dies (in Berichtsform) dem Mutterunternehmen
bzw. Institut mit und empfiehlt angemessene und zielgerichtete Maßnahmen zur Beseitigung.[195] Dem Adressaten des Berichts stehen dann vier Monate zu, ggf. andere Maßnahmen
vorzuschlagen, mit denen die im Bericht aufgezeigten wesentlichen Hindernisse abgebaut
bzw. beseitigt werden können.[196] Der Vorschlag des Adressaten wird durch den Ausschuss
bzw. die zuständige Abwicklungsbehörde (ggf. unter Einbindung weiterer Behörden) bewertet.[197]

Werden die Hindernisse für die Abwicklungsfähigkeit durch den Vorschlag des Ad- 98
ressaten nicht wirkungsvoll abgebaut bzw. beseitigt, stellt dies der Ausschuss bzw. die
zuständige Abwicklungsbehörde fest.[198] Die nationale(n) Abwicklungsbehörde(n) fassen
dann Beschlüsse über Maßnahmen, die zur **Beseitigung** der Abwicklungshindernisse zu
ergreifen sind. Erfolgt die Feststellung des Bestehens von Abwicklungshindernissen durch
den Ausschuss, handelt die nationale Abwicklungsbehörde insoweit auf Weisung des Ausschusses.[199] Die durch nationale Abwicklungsbehörden angeordnete Maßnahmen können
Änderungen der Finanzierungsvereinbarungen oder Dienstleistungsvereinbarungen, den
Abbau von Risikopositionen, die Veräußerung von Vermögenswerten, die Einschränkung
bestimmter Tätigkeiten, Änderungen an der rechtlichen und operativen Struktur, die
Begebung weiterer, berücksichtigungsfähiger Verbindlichkeiten oder die Gründung einer
Holding umfassen.[200] Sie sind damit sehr weitgehend.

c) Mindestanforderungen an Eigenmittel und berücksichtigungsfähige Verbindlichkeiten (Minimum Requirement for Own Funds and Eligible Liabilities – MREL)

Die Bankenabwicklung baut ferner auf den „Mindestanforderungen an Eigenmittel 99
und berücksichtigungsfähige Verbindlichkeiten" (**Minimum Requirement for Own
Funds and Eligible Liabilities** – MREL) auf, die im laufenden Geschäftsbetrieb jederzeit
einzuhalten ist (vgl. auch → B.III. Rn. 65 ff.).[201]

Die Mindestanforderung stellt sicher, dass im Abwicklungsfall genügend abschreibungs- 100
fähige bzw. umwandelbare Eigenmittel und Verbindlichkeiten zur Verfügung stehen, um
Verluste aufzufangen (Verlusttragungsfähigkeit) und – soweit erforderlich – in Abwick-

---

[195] Art. 10 Abs. 7 SRM-Verordnung; § 59 Abs. 1, 2 SAG. Zur Konkretisierung der Einzelschritte erließ die EBA Richtlinien, die das Verfahren weitergehend konkretisieren, vgl. EBA, zur Festlegung von Maßnahmen zum Abbau und zur Beseitigung von Abwicklungshindernissen und den Umständen, unter denen die jeweiligen Maßnahmen gemäß Richtlinie 2014/59/EU ergriffen werden können vom 19. Dezember 2014 (EBA/GL/2014/11).
[196] Art. 10 Abs. 9 SRM-Verordnung; § 59 Abs. 2 SAG.
[197] Art. 10 Abs. 10 Satz 1 SRM-Verordnung; § 59 Abs. 3 SAG.
[198] Art. 10 Abs. 10 Satz 2 SRM-Verordnung; § 59 Abs. 4 SAG.
[199] Art. 10 Abs. 8–10 SRM-Verordnung; § 59 Abs. 2–5 SAG.
[200] Art. 10 Abs. 11 SRM-Verordnung; § 59 Abs. 6 SAG.
[201] Vgl. Art. 12 Abs. 1 SRM-Verordnung; §§ 49 ff. SAG; *Binder* ZHR 179 (2015), 83 (115). Das SAG sieht – anders als die SRM-Verordnung – vor, dass die Mindestanforderung nur auf Verlangen der Abwicklungsbehörde einzuhalten ist. Ein solches Verlangen wird immer in der Festlegung einer MREL-Quote liegen. Materiell unterscheidet sich der Regelungsgehalt des SAG insoweit daher nicht von dem der SRM-Verordnung. Lediglich für Hypothekenkreditinstitute (dh Pfandbriefbanken) kann von der Einhaltung der Mindestanforderung abgesehen werden (vgl. Art. 45 Abs. 3 SRM-Verordnung).

lung befindliche Institute / Gruppen zu rekapitalisieren.²⁰² Sie schafft damit die Voraussetzungen, dass die Inhaber von Kapitalinstrumenten und Gläubiger angemessen an der Abwicklung beteiligt werden (können) (→ Rn. 171 ff.).²⁰³ Die Regelung soll insbesondere verhindern, dass Verbindlichkeiten in einem die Abwicklung beeinträchtigenden Umfang so ausgestaltet werden, dass sie vom Bail-In nicht erfasst sind.²⁰⁴

aa) Errechnung der Mindestanforderung

101 Die Mindestanforderung wird als Prozentsatz ausgedrückt (**MREL-Quote**) und errechnet aus dem Verhältnis der Eigenmittel und berücksichtigungsfähigen Verbindlichkeiten (→ 175 ff.) zu den gesamten Verbindlichkeiten und Eigenmitteln.²⁰⁵

102 Verbindlichkeiten, die vom Instrument der Gläubigerbeteiligung (Bail-In) (→ Rn. 171 ff.) erfasst werden, gelten als „berücksichtigungsfähig" (**berücksichtigungsfähige Verbindlichkeiten**) (→ Rn. 175 ff.).²⁰⁶

103 Vom Zähler der MREL-Quote werden jedoch einige dieser berücksichtigungsfähigen Verbindlichkeiten ausgenommen.²⁰⁷ So fließen in den Zähler der MREL-Quote Verbindlichkeiten nur ein, wenn alle nachfolgend genannten **Kriterien** erfüllt sind:²⁰⁸

- Das Instrument wurde aufgelegt und in voller Höhe eingezahlt.
- Die Verbindlichkeit besteht weder gegenüber dem Institut selbst, noch ist sie von ihm abgesichert oder garantiert.
- Der Erwerb des Instruments wurde weder direkt noch indirekt von dem Institut finanziert.
- Die Verbindlichkeit hat eine Restlaufzeit von mindestens einem Jahr. Bei einer Verbindlichkeit, die ihrem Inhaber einen Anspruch auf frühzeitige Rückzahlung gewährt, ist für die Fälligkeit dieser Verbindlichkeit der früheste Zeitpunkt maßgeblich, zu dem eine solche Rückzahlung verlangt werden kann.
- Es handelt sich nicht um eine Verbindlichkeit aus einem Derivat.
- Es handelt sich nicht um eine Verbindlichkeit aus Einlagen, für die eine Vorzugsstellung in der nationalen Insolvenzrangfolge besteht (→ Rn. 181 f., 213 ff.).

104 Im Anwendungsbereich der direkten **Zuständigkeit** des Ausschusses ist dieser für die Festlegung der MREL-Quote zuständig, während die nationale Abwicklungsbehörde

---

[202] EBA, Final Draft Regulatory Technical Standards on criteria for determining the minimum requirement for own funds and eligible liabilities under Directive 2014/59/EU (EBA/RTS/2015/05), S. 7 f.
[203] Vgl. Art. 12 Abs. 6, 7 SRM-Verordnung. EBA, Final Draft Regulatory Technical Standards on criteria for determining the minimum requirement for own funds and eligible liabilities under Directive 2014/59/EU (EBA/RTS/2015/05), S. 5.
[204] Vgl. EBA, Consultation Paper, Draft Regulatory Technical Standards on criteria for determining the minimum requirement for own funds and eligible liabilities under Directive 2014/59/EU (EBA/CP/2014/41), S. 4; EBA, Final Draft Regulatory Technical Standards on criteria for determining the minimum requirement for own funds and eligible liabilities under Directive 2014/59/EU (EBA/RTS/2015/05), S. 3, 5.
[205] Vgl. Art. 12 Abs. 4 SRM-Verordnung; § 49 Abs. 1 SAG; *Engelbach/Friedrich* WM 2015, 662 (667).
[206] Zum Begriff der berücksichtigungsfähigen Verbindlichkeit → Rn. 175 ff.
[207] Art. 12 Abs. 4 SRM-Verordnung; § 49 Abs. 1 SAG.
[208] Art. 12 Abs. 16 SRM-Verordnung; § 49 Abs. 2 SAG.

sicherzustellen hat, dass die vom Ausschuss festgelegte Quote auch eingehalten wird.[209] In allen anderen Fällen bestimmen die nationalen Abwicklungsbehörden die Quote.[210]

Die MREL-Quote wird grundsätzlich sowohl auf Solo-, als auch auf Gruppenebene festgelegt.[211] Bei der Festlegung wird die Abwicklungsplanung berücksichtigt, insbesondere ob der Abwicklungsplan vorsieht, dass bestimmte Verbindlichkeiten vom Bail-In ausgenommen werden (→ Rn. 175 ff.).[212] Die Festsetzung erfolgt **einzelfallspezifisch**.[213] In Sonderfällen kann für Gruppenunternehmen von der Festlegung einer MREL-Quote auf Soloebene abgesehen werden.[214] 105

bb) Grundsätze zur Ermittlung der Höhe der Mindestanforderung

Die SRM-Verordnung und das SAG bestimmen die zur Festlegung der MREL-Quote relevanten Kriterien. Sie ist idR so zu kalibrieren, dass bei einer Anwendung des Bail-In-Instruments Verluste **absorbiert** und die harte Kernkapitalquote wieder auf ein Niveau **angehoben** werden kann, das erforderlich ist, um den Zulassungsvoraussetzungen zu genügen und das Vertrauen des Marktes aufrechtzuerhalten.[215] Die SRM-Verordnung legt darüber hinaus fest, dass die Mindestanforderung mindestens den Gesamtbetrag aller Anforderungen an Eigenmittel und vorgeschriebenen Puffer nach CRR und CRD IV erreichen muss.[216] 106

Wie die Quote im Detail festgelegt wird, regelt ein technischer Regulierungsstandard, dessen Berechnungsgrundsätze nachfolgend genauer dargestellt werden. Der technische Regulierungsstandard lag bei Drucklegung nur in der Form eines finalen Entwurfs der EBA vor.[217] Die Europäische Kommission schlug am 17. Dezember 2015 Änderungen an dem von der EBA erarbeiteten finalen Entwurf vor, die die EBA weitgehend in ihrer Stellungnahme (Opinion) vom 9. Februar 2016 zurück wies.[218] Grundlage dieser Darstellung ist daher weiterhin der finale Entwurf eines technischen Regulierungsstandards der EBA vom 3. Juli 2015. 107

---

[209] Art. 12 Abs. 14, Art. 29 SRM-Verordnung.
[210] § 49 Abs. 1, 4 SAG.
[211] Art. 12 Abs. 8 SRM-Verordnung; §§ 49, 50 Abs. 1 SAG. Zu den Ausnahmen vgl. zB § 52 SAG. Auf der Basis des SAG ist Adressat der Verpflichtung zur Einhaltung der MREL-Quote immer ein Institut (§ 54 SAG); dies gilt auch für den Fall der Festlegung der MREL-Quote auf Gruppenebene.
[212] Vgl. Art. 7 Abs. 3 lit. d; 12 Abs. 1, 9 und 10 SRM-Verordnung; §§ 40 Abs. 3 Nr. 16, 49 Abs. 4 und 6, 50 Abs. 4, 51 SAG; *Binder* ZHR 179 (2015), 83 (115); *Dohrn* WM 2012, 2033 (2039 f.); ferner, hinsichtlich der Gruppenabwicklungspläne: EBA, Draft Regulatory Technical Standards on Resolution Colleges under Article 88(7) of Directive 2014/59/EU, S. 34 ff.
[213] EBA, Final Draft Regulatory Technical Standards on criteria for determining the minimum requirement for own funds and eligible liabilities under Directive 2014/59/EU (EBA/RTS/2015/05), Erwägungsgrund 2 ff. Entwurf-RTS; *Binder* ZHR 179 (2015), 83 (115).
[214] Art. 12 Abs. 10 SRM-Verordnung; §§ 51 Abs. 1, 52 Abs. 1 SAG.
[215] Art. 12 Abs. 6 SRM-Verordnung; § 49 Abs. 4 Nr. 2, 3 SAG.
[216] Art. 12 Abs. 6 UAbs. 3 SRM-Verordnung; § 49 Abs. 4 SAG.
[217] EBA, Final Draft Regulatory Technical Standards on criteria for determining the minimum requirement for own funds and eligible liabilities under Directive 2014/59/EU (EBA/RTS/2015/05).
[218] Vgl. www.eba.europa.eu sowie EBA, Opinion of the European Banking Authority on the Commission's Intention to Amend the Draft Regulatory Technical Standards Specifying Criteria Relating to the Methodology for Setting Minimum Requirement for Own Funds and Eligible Liabilities According to Article 45(2) of Directive 2014/59/EU, 9. Februar 2016, EBA/Op/2016/02.

B. Abwicklung

- Institute und Gruppen, die nicht systemrelevant[219] sind, und daher in einem regulären Insolvenzverfahren abgewickelt werden können, erfüllen die MREL-Quote bereits durch die Einhaltung der Anforderungen an Eigenmittel[220], der kombinierten Kapitalpuffer-Anforderung[221] und der Vorgaben der CRR an die Verschuldungsquote (alle zusammen: CRR-Anforderungen)[222]. Die Erfüllung bankaufsichtsrechtlicher CRR-Anforderungen wird insoweit grundsätzlich als ausreichend angesehen, um genügend Verlustabsorptionspotenzial zu schaffen.[223] Einer Rekapitalisierung bedarf es nicht, da die Abwicklung lediglich im Rahmen eines Insolvenzverfahrens erfolgt. Insoweit findet die MREL-Quote zwar technisch Anwendung, erlangt regelmäßig jedoch keine selbständige Bedeutung.[224]
- Für systemrelevante Institute und Gruppen, die nicht in einem regulären Insolvenzverfahren abgewickelt werden können gilt, dass sie Eigenmittel und berücksichtigungsfähige Verbindlichkeiten in einem Umfang vorzuhalten haben, der eine Rekapitalisierung auf die CRR-Anforderungen ermöglicht. Auf der Basis der Annahme, dass die den CRR-Anforderungen genügenden Eigenmittel der Verlustabsorption dienen, werden va die berücksichtigungsfähigen Verbindlichkeiten zur Rekapitalisierung herangezogen. Berücksichtigungsfähige Verbindlichkeiten müssen daher regelmäßig ua dazu ausreichen, um durch Anwendung des Bail-In eine Eigenmittelquote von 8 % nebst Einhaltung der kombinierten **Kapitalpuffer-Anforderungen** sicherzustellen.[225] Die MREL-Quote für systemrelevante Institute ist daher grundsätzlich mindestens doppelt so hoch wie die MREL-Quote für nicht systemrelevante Institute. Dies gilt jedoch nur für den Fall, dass auch das gesamte Institut / die gesamte Gruppe rekapitalisiert werden muss. Können Teile des Instituts / der Gruppe (zB infolge der Anwendung von Abwicklungsinstrumenten (→ Rn. 149 ff.)) in einem regulären Insolvenzverfahren abgewickelt werden, bedarf es

---

[219] Insofern ist die Regelung des § 20 Abs. 1 S. 3 zur „potenziellen Systemgefährdung" missverständlich, da sie die Frage, ob ein Institut im Rahmen eines regulären Insolvenzverfahrens abgewickelt werden kann (unzutreffend) mit der Anwendung vereinfachter Anforderungen verknüpft.

[220] Unter Berücksichtigung von Art. 500 CRR (sog Basel I floor) und im Einzelfall zzgl. verhängter Eigenmittelanforderungen nach Art. 104(a) CRD IV, vgl. für Deutschland zB § 48t KWG.

[221] Art. 128 CRD IV; für Deutschland: § 10i KWG.

[222] EBA, Final Draft Regulatory Technical Standards on criteria for determining the minimum requirement for own funds and eligible liabilities under Directive 2014/59/EU (EBA/RTS/2015/05) sowie Entwurf der delegierten Verordnung vom 23. Mai 2016, Art. 1 Abs. 2, 3 Entwurf-RTS sowie Art. 7, 2 Abs. 2 Entwurf-RTS.

[223] EBA, Final Draft Regulatory Technical Standards on criteria for determining the minimum requirement for own funds and eligible liabilities under Directive 2014/59/EU (EBA/RTS/2015/05) sowie Entwurf der delegierten Verordnung vom 23. Mai 2016, Art. 1 Abs. 1, 4f. Entwurf-RTS. Im Einzelfall kann die Abwicklungsbehörde jedoch höhere/niedrigere Vorgaben verhängen, vgl. Entwurf der delegierten Verordnung vom 23. Mai 2016, Art. 1 Abs. 5 Entwurf-RTS.

[224] EBA, Final Draft Regulatory Technical Standards on criteria for determining the minimum requirement for own funds and eligible liabilities under Directive 2014/59/EU (EBA/RTS/2015/05), S. 3 ff.; EBA, Consultation Paper, Draft Regulatory Technical Standards on criteria for determining the minimum requirement for own funds and eligible liabilities under Directive 2014/59/EU (EBA/CP/2014/41), S. 9.

[225] EBA, Final Draft Regulatory Technical Standards on criteria for determining the minimum requirement for own funds and eligible liabilities under Directive 2014/59/EU (EBA/RTS/2015/05), S. 8. Die Rekapitalisierung erfolgt regelmäßig nur durch hartes Kernkapital mit der Folge, dass 8 % hartes Kernkapital nebst Kapitalpuffer zu erreichen sind.

insoweit keiner Rekapitalisierung.[226] Die MREL-Quote fällt dann entsprechend. Im Gegenzug kann die MREL-Quote sich auch erhöhen, wenn der Abwicklungsplan vorsieht, dass bestimmte berücksichtigungsfähige Verbindlichkeiten vom Bail-In ausgenommen werden sollen[227] oder aus anderen Gründen, zB wegen des Geschäftsmodells oder systemischer Risiken.[228] Ebenso ist eine Inanspruchnahme von Einlagensicherungssystemen im Rahmen der Abwicklung (Art. 109 BRRD, → Rn. 215) zu berücksichtigen.[229] Damit ist nicht nur die Systemrelevanz sondern auch die strukturelle Aufstellung des Instituts / der Gruppe, insbesondere die Möglichkeit, einzelne Teile strukturell abzutrennen, für die MREL-Quote von entscheidender Bedeutung.

- Für G-SII und O-SII gelten Sonderregeln, die jedoch weit hinter den ursprünglichen Vorschlägen der ESMA zurück bleiben. Ergänzend sei darauf hingewiesen, dass das Financial Stabilisation Board (FSB) für G-SIFIS einen einheitlichen Standard zur Verlustabsorptionsfähigkeit (*Total Loss Absorbing Capacity* – TLAC)[230] vorschlägt, der jedoch nicht Gegenstand dieses Beitrags ist.

108 Von der ursprünglich bei Erlass der BRRD diskutierten MREL-Quote von 10%[231] hat sich die Verwaltungspraxis daher zwischenzeitlich wegentwickelt. Zur Erfüllung der MREL-Quote kann der Ausschuss / die nationale Abwicklungsbehörde eine Übergangszeit gewähren, die so kurz wie möglich festgelegt werden soll.[232]

109 Welche Auswirkungen die Regelung auf die Ausgestaltung der Passivseite der Bankbilanz haben werden, ist heute nicht absehbar. Es stehen grundsätzlich mehrere Handlungsoptionen zur Verfügung: (i) Emission weiterer Eigenmittel, (ii) Begründung nachrangiger Verbindlichkeiten, die nicht den Vorgaben an Eigenmitteln genügen, (iii) Emission von Instrumenten mit vertraglicher Gläubigerbeteiligungsklausel (vertragliche Bail-In Instrumente), (iv) Reduktion von Verbindlichkeiten, die nur in den Nenner der MREL-Quote einfließen (zB Risikopositionen aus unverbrieften Derivaten). Welche **Handlungsoption(en)** (vgl. C.IV)

---

[226] EBA, Consultation Paper, Draft Regulatory Technical Standards on criteria for determining the minimum requirement for own funds and eligible liabilities under Directive 2014/59/EU (EBA/CP/2014/41), Art. 3 Nr. 2 Entwurf-RTS; EBA, Final Draft Regulatory Technical Standards on criteria for determining the minimum requirement for own funds and eligible liabilities under Directive 2014/59/EU (EBA/RTS/2015/05), S. 8 ff. sowie Entwurf der delegierten Verordnung vom 23. Mai 2016, Art. 3 Entwurf-RTS.

[227] EBA, Final Draft Regulatory Technical Standards on criteria for determining the minimum requirement for own funds and eligible liabilities under Directive 2014/59/EU (EBA/RTS/2015/05), S. 3 sowie Entwurf der delegierten Verordnung vom 23. Mai 2016, Art. 3 Entwurf-RTS.

[228] EBA, Final Draft Regulatory Technical Standards on criteria for determining the minimum requirement for own funds and eligible liabilities under Directive 2014/59/EU (EBA/RTS/2015/05) sowie Entwurf der delegierten Verordnung vom 23. Mai 2016, Art. 4, 5 Entwurf-RTS.

[229] Vgl. EBA, Final Draft Regulatory Technical Standards on criteria for determining the minimum requirement for own funds and eligible liabilities under Directive 2014/59/EU (EBA/RTS/2015/05), S. 8 ff. zu den insoweit relevanten Kriterien sowie Entwurf der delegierten Verordnung vom 23. Mai 2016, Art. 6 Entwurf-RTS.

[230] FSB, Total Loss-Absorbing Capacity (TLAC) Principles and Term Sheet, vom November 2015; BaFin-Journal November 2015, 12 ff.

[231] DG Internal Market, Discussion paper on the debt write-down tool-Bail-In vom 30. März 2012, S. 13; vgl. auch EBA, Final Draft Regulatory Technical Standards on criteria for determining the minimum requirement for own funds and eligible liabilities under Directive 2014/59/EU (EBA/RTS/2015/05), S. 6.

[232] EBA, Final Draft Regulatory Technical Standards on criteria for determining the minimum requirement for own funds and eligible liabilities under Directive 2014/59/EU (EBA/RTS/2015/05) sowie Entwurf der delegierten Verordnung vom 23. Mai 2016, Art. 8 Entwurf-RTS.

ergriffen werden, hängt von einer Vielzahl primär wirtschaftlicher Überlegungen ab. Der Ausschuss bzw. die nationale Abwicklungsbehörde können Vorgaben dazu erlassen, wie die MREL-Quote zu erfüllen ist, zB im Hinblick auf die Ausgabe vertraglicher Bail-In Instrumente.[233] Hierbei handelt es sich um Instrumente, die vertraglich ihre Herabschreibung/ Umwandlung vor anderen berücksichtigungsfähigen Verbindlichkeiten regeln und eine Nachrangklausel enthalten.[234] Die Schaffung vertraglicher Bail-In Instrumente kann va dann erforderlich sein (und angeordnet werden), wenn die Vorgaben des *No-Creditor-Worse-Off* (→ Rn. 148) nicht eingehalten werden können, dh Gläubiger ggf. größere Verluste als in einem regulären Insolvenzverfahren zu tragen hätten. Unabhängig hiervon mag es aus wirtschaftlichen Gründen von Vorteil sein, den Umfang nachrangiger Verbindlichkeiten zu vergrößern, um die Gefahr eines Bail-In nicht nachrangig Verbindlichkeiten zu reduzieren. Dabei ist zu beachten, dass Gläubiger – unabhängig von der Zulässigkeit der Veröffentlichung der MREL-Quote – entgegen teilweise vertretener Ansicht[235] nicht bereits aus der Kenntnis der MREL-Quote auf das für sie bestehende Bail-In-Risiko treffsicher zurückschließen können.

d) Drittstaaten, insb. Verträge unter dem Recht eines Drittstaats

110   Im Rahmen der europäischen Abwicklungsplanung bestehen unterschiedliche Bezugspunkte zu Drittstaaten. Im Wesentlichen sind drei Fälle zu unterscheiden: (i) Tochterunternehmen in Drittstaaten[236], (ii) Zweigstellen nach § 53 KWG und (iii) Verträge, die dem Recht eines Drittstaats unterliegen.

111   Grundsätzlich erstreckt sich die Abwicklungsplanung (auf Gruppenebene) auch auf in Drittstaaten ansässige **Tochterunternehmen**, gegenüber denen jedoch im Rahmen der Abwicklungsplanung (und Abwicklung) grundsätzlich keine hoheitlichen Maßnahmen erlassen werden können (→ Rn. 49).[237] In Drittstaaten begründete Abwicklungshindernisse können direkt nur dadurch beseitigt werden, dass Maßnahmen gegenüber EU-Unternehmen ergriffen werden (zB Anordnung zum Verkauf des Tochterunternehmens in einem Drittstaat) (→ Rn. 49, 111). Über die Regeln zu Übereinkünften/Vereinbarungen mit Drittstaaten besteht – unter bestimmten Voraussetzungen – indirekt die Möglichkeit, in der Abwicklungsplanung auch Maßnahmen einzubeziehen, die in Drittstaaten ergriffen werden, und den Abwicklungsplan entsprechend auszugestalten.

112   **Unionszweigstellen** fallen in den Anwendungsbereich des SAG, gelten jedoch – für die Zwecke des SAG – nicht als Institute.[238] Auf sie findet die Abwicklungsplanung daher keine Anwendung (obwohl unter den Voraussetzungen des § 171 SAG gegenüber einer Zweigstelle ggf. Abwicklungsmaßnahmen ergriffen werden können).[239]

---

[233] Vgl. zB § 53 SAG.
[234] Art. 12 Abs. 11, 12 SRM-Verordnung; § 53 SAG.
[235] *Binder* ZHR 179 (2015), 83 (117).
[236] Auf die Fallgruppe eines EU-Unternehmens, das Tochterunternehmen eines Drittstaatsmutterunternehmens ist, soll hier nicht weiter eingegangen werden. Insoweit steht primär die Erstreckung einer in einem Drittstaat stattfindenden Abwicklungsplanung auf die EU und die Anerkennung dort ergriffener Abwicklungsmaßnahmen im Vordergrund.
[237] Vgl. zB § 50 Abs. 1. S. 3 SAG.
[238] §§ 1 Nr. 4; 2 SAG.
[239] Ergänzend sei hier darauf hingewiesen, dass in einigen Fällen die Erstellung eines Gruppenabwicklungsplans auch dann erforderlich sein kann, wenn technisch gar keine Gruppe in der EU besteht (dh, wenn es zB an einem Mutterunternehmen in der EU fehlt). Zu beachten ist insoweit insbesondere

I. Überblick Abwicklung unter besonderer Berücksichtigung der Abwicklung nicht systemrelevanter Institute

Gemäß § 55 SAG sind Institute und gruppenangehörige Unternehmen in Bezug auf berücksichtigungsfähige Verbindlichkeiten unter dem Recht eines Drittstaats grundsätzlich verpflichtet, vertraglich die **Anerkennung des Bail-In** zu vereinbaren (vgl. zu Hintergründen und Details → B.IX Rn. 44 sowie → B.VI. Rn. 88 ff.).[240] Die Regelung gilt für ab dem 1. Januar 2015 begründete, berücksichtigungsfähige Verbindlichkeiten, mit Ausnahme erstattungsfähiger Einlagen. Berücksichtigungsfähige Verbindlichkeiten unter dem Recht eines Drittstaats fließen in den Zähler der MREL-Quote nicht ein[241], wenn auf Anforderung kein (überzeugender) Nachweis erbracht wird, dass von der betroffenen Rechtsordnung der Bail-In auch anerkannt würde.[242] Ähnliche Vorgaben gelten für die Ausgestaltung relevanter, unter dem Recht eines Drittstaats begebener Kapitalinstrumente, die ohne entsprechende Vertragsregelung nicht zu den bankaufsichtsrechtlichen Eigenmitteln zählen.[243]

113

Für seit dem 1. Januar 2016 begründete Finanzkontrakte besteht – auf der Basis der SAG – ferner eine Verpflichtung, vertraglich die Aussetzung von Beendigungsrechten und bestimmter sonstiger, vertraglicher Rechte anzuerkennen (vgl. auch → B.VI Rn. 88 ff.; → B.IV. Rn. 15).[244] Voraussetzung ist, dass der Finanzkontrakt dem Recht eines Drittstaats unterliegt oder ein Gerichtsstand in einem Drittstaat vereinbart wurde. Für Rahmenverträge gelten Sonderregeln.[245] Die Regierungsbegründung stellt klar, dass das **ISDA Resolution Stay Protocol** vom 4. November 2014 (in seinem Anwendungsbereich) den seit Januar 2016 geltenden Anforderungen an Finanzkontrakten genügt.[246] Die Regelung geht nicht auf Europarecht zurück; sie verfügt im Hinblick auf Gruppen über einen speziellen, von allgemeinen Regeln abweichenden Anwendungsbereich.[247]

---

der Sonderfall, dass ein Drittstaatsmutterunternehmen über mehrere Tochterinstitute oder bedeutende Zweigstellen in der EU verfügt (vgl. zB § 159 SAG).

[240] Hierzu auch: EBA, Final Report, Draft Regulatory Technical Standards on the contractual recognition of write-down and conversion powers under Article 55(3) of Directive 2014/59/EU (EBA/RTS/2015/06).

[241] Art. 12 Abs. 17 Satz 1 SRM-Verordnung; § 49 Abs. 3 SAG.

[242] Art. 12 Abs. 17 Satz 1 SRM-Verordnung; § 49 Abs. 3 SAG.

[243] §§ 55 Abs. 5 SAG.

[244] § 60a SAG.

[245] § 60a SAG; BR-Drs. 193/15, S. 71; BT-Drs. 18/6091, S. 13 f.

[246] BR-Drs. 193/15, S. 71.

[247] § 60a Abs. 3 SAG.

4. Abwicklung[248]

114 Nachfolgend werden zunächst die Abwicklungsvoraussetzungen (→ Rn. 115 ff. sowie → B.II. Rn. 76 ff.) und das bei Vorliegen dieser Voraussetzungen durchzuführende Verfahren dargestellt (→ Rn. 127 ff. sowie → B.II. Rn. 78 ff.). Für die Abwicklung geltende Abwicklungsziele und -grundsätze sind Gegenstand von → Rn. 144 ff. Sie bilden den in → Rn. 13 ff. dargestellten Paradigmenwechsel ab: während die Rettung von Instituten zunächst primär durch staatliche Mittel erfolgte (Bail-Out, → Rn. 5 ff.), steht nunmehr die Beteiligung der Anteilsinhaber[249] und Gläubiger (Bail-In, → Rn. 171 ff.) im Vordergrund.[250] Im Abwicklungsfall können Abwicklungsmaßnahmen zur Anwendung gebracht werden (→ Rn. 115).

a) Voraussetzungen der Abwicklung / betroffene Unternehmen

115 Voraussetzung für die Anordnung von Abwicklungsmaßnahmen durch die FMSA (§ 77 SAG) ist das Vorliegen der Abwicklungsvoraussetzungen. Für die Ausübung der Befugnis zur Beteiligung der Inhaber relevanter Kapitalinstrumente (Kapitalinstrumentebefugnis)[251] gelten die unter → Rn. 122 ff. dargestellten Besonderheiten. Die Kapitalinstrumentebefugnis zählt – anders als nach der Terminologie des SAG (§ 77 Abs. 1 Nr. 1a SAG) – richtigerweise nicht zum Bereich der Abwicklungsmaßnahmen (→ Rn. 124).

aa) Abwicklungsvoraussetzungen in Bezug auf Institute[252]

116 Die genaue Bestimmung des Zeitpunkts des Eintritts der Abwicklungsvoraussetzungen ist für die Umsetzung eines Abwicklungskonzepts bzw. den Erlass der Abwicklungsanordnung – und damit für die Abwicklung – von entscheidender Bedeutung. Tatbestandlich wird mit **unbestimmten Rechtsbegriffen** gearbeitet, die zwar kein Ermessen einräumen. Bei ihrer Anwendung besteht jedoch ein gewisser Prognosen und Beurteilungsspielraum.[253]

117 Die Abwicklungsvoraussetzungen liegen vor, wenn die nachgenannten drei Voraussetzungen kumulativ erfüllt sind.[254]

---

[248] Abwicklung ist die Anwendung eines Abwicklungsinstruments zur Erreichung eines oder mehrerer Abwicklungsziele (§ 2 Abs. 3 Nr. 1 SAG). Die Abwicklung (Resolution) dient der Rettung ua der systemrelevanten Teile eines Instituts/einer Gruppe. Anders als Sanierungsmaßnahmen zielen Abwicklungsmaßnahmen nicht auf eine vollständige Rettung aller Teile des Instituts/der Gruppe. Die Abwicklung kann auch dann erfolgreich sein, wenn über einzelne Teile des Instituts/der Gruppe ein reguläres Insolvenzverfahren eröffnet wird.
[249] Zur zirkulären Definition des Anteilsinhabers vgl. § 2 Abs. 3 Nr. 6 SAG.
[250] So auch *Binder* ZHR, 179 (2015), 83 (104 f.); *Duve/Wimalasena* BB 2014, 2755 (2755).
[251] §§ 77 Abs. 1 Nr. 1a, 89 SAG; Art. 59 BRRD; Art. 21 SRM-Verordnung.
[252] Institute für die Zwecke der SRM-Verordnung sind nur CRR-Kreditinstitute. Institute für die Zwecke der BRRD sind CRR-Kreditinstitute und 730k-Wertpapierfirmen. Für die Zwecke des SAG handelt es sich insoweit jeweils nur um deutsche Institute. Für die Zwecke des SAG können die Abwicklungsvoraussetzungen gegenüber Instituten daher für deutsche CRR-Kreditinstitute oder deutsche 730k-Wertpapierfirma erfüllt sein. Zu Unionszweigstellen → Rn. 66. Besonderheiten bei Unionszweigstellen werden hier nicht näher dargestellt.
[253] *Dohrn* WM 2012, 2033 (2035); vgl. auch: *Conlon/Cotter* S. 18.
[254] Art. 18 Abs. 1 SRM-Verordnung; Art. 32 BRRD; §§ 62 Abs. 1, 63 Abs. 1 SAG; hierzu auch: *Wojcik/Ceyssens* EuZW 2014, 893 (895 f.); Begründung des Vorschlags der SRM-Verordnung, COM/2013/0520 final vom 10. Juli 2013, S. 9.

I. Überblick Abwicklung unter besonderer Berücksichtigung der Abwicklung nicht systemrelevanter Institute

(1) Ein Institut fällt aus oder fällt wahrscheinlich aus [255] dh es liegt eine Bestandsgefährdung iSd des SAG vor[256] (**Bestandsgefährdung**). Dies ist der Fall, wenn eine oder mehrere der nachstehenden Voraussetzungen[257] erfüllt sind:
- Das Institut verstößt gegen die an eine dauerhafte Zulassung geknüpften Anforderungen in einer Weise, die den Entzug der Zulassung rechtfertigen würde. Dies gilt auch, wenn objektive Anhaltspunkte dafür vorliegen, dass die Zulassung in naher Zukunft aufgehoben werden kann, zB weil damit zu rechnen ist, dass (infolge von Verlusten) das Eigenkapital weitgehend aufgebraucht wird.[258]
- Die Vermögenswerte des Instituts unterschreiten die Höhe seiner Verbindlichkeiten (Überschuldung) oder es liegen objektive Anhaltspunkte dafür vor, dass dies in naher Zukunft der Fall sein wird.[259]
- Das Unternehmen ist nicht in der Lage, seine Schulden oder sonstigen Verbindlichkeiten bei Fälligkeit zu begleichen (Zahlungsunfähigkeit) oder es liegen objektive Anhaltspunkte dafür vor, dass dies in naher Zukunft der Fall sein wird.[260]

Einer Bestandsgefährdung steht die Bewilligung außerordentlicher finanzieller Unterstützung aus öffentlichen Mitteln gleich,[261] es sei denn, die Unterstützung aus öffentlichen Mitteln wird zur Abwendung einer schweren Störung der Volkswirtschaft eines Mitgliedstaats und zur Wahrung der Finanzstabilität gewährt.[262]

Zur weiteren Konkretisierung des Tatbestands der Bestandsgefährdung schlägt die EBA vor, an den Prozess der aufsichtsrechtlichen Überprüfung und Bewertung (*Supervisory Review and Evaluation Process* – **SREP**) nach Art. 97 CRD IV anzuknüpfen.[263] Die im Rahmen des SREP vorgenommene Einstufung indiziert damit ggf. das Bestehen einer Ausfallwahrscheinlichkeit für Abwicklungszwecke.

(2) Bei Berücksichtigung zeitlicher Zwänge und anderer relevanter Umstände besteht nach vernünftigem Ermessen keine Aussicht, dass der Ausfall des Instituts innerhalb eines angemessenen Zeitrahmens durch **alternative Maßnahmen** des privaten Sektors oder Maßnahmen der Aufsichtsbehörden abgewendet werden kann.[264]

---

[255] Art. 18 Abs. 1 lit. a SRM-Verordnung; Art. 32 Abs. 1 lit. a BRRD; vgl. auch Erwägungsgrund 41 der BRRD; *Engelbach/Friedrich* WM 2015, 662 (665).

[256] § 62 Abs. 1 Nr. 1 SAG.

[257] Art. 18 Abs. 4 SRM-Verordnung; sinngemäß § 63 Abs. 1, 2 SAG; hierzu auch: *Engelbach/Friedrich* WM 2015, 662 (664 f.).

[258] Art. 18 Abs. 4 lit. a SRM-Verordnung; § 63 Abs. 1 Nr. 1 SAG (mit leicht abweichendem Wortlaut).

[259] Art. 18 Abs. 4 lit. b SRM-Verordnung; § 63 Abs. 1 Nr. 2 SAG.

[260] Art. 18 Abs. 4 lit. c SRM-Verordnung; § 63 Abs. 1 Nr. 3 SAG.

[261] Art. 18 Abs. 4 lit. d SRM-Verordnung; § 63 Abs. 2 Satz 1 SAG.

[262] Zulässige Formen der Unterstützung zur Abwendung einer schweren Störung der Volkswirtschaft eines Mitgliedstaats und zur Wahrung der Finanzstabilität sind: (i) staatliche Garantien für Liquiditätsfazilitäten, die von Zentralbanken zu deren Bedingungen bereitgestellt werden, (ii) staatliche Garantien für neu emittierte Verbindlichkeiten und (iii) die Zufuhr von Eigenmitteln oder der Kaufs von Kapitalinstrumenten zu nicht begünstigenden Preisen und Bedingungen oder infolge von Stresstests (Art. 18 Abs. 4 lit. d SRM-Verordnung; § 63 Abs. 2 SAG). Die Maßnahmen müssen präventiv, zeitlich befristet und verhältnismäßig sein. Sie dürfen nicht dem Ausgleich von Verlusten dienen. Beihilferechtliche Regelungen sind zu beachten (§ 63 Abs. 2 aE; Art. 19 SRM-Verordnung mit Verweis auf Art. 107 AEUV).

[263] EBA, Leitlinien zur Interpretation der Umstände, unter denen ein Institut gemäß Artikel 32 Absatz 6 der Richtlinie 2014/59/EU als ausfallend oder wahrscheinlich ausfallend zu betrachten ist (EBA/GL/2015/07) vom 6. August 2015, S. 5.

[264] Art. 18 Abs. 1 lit. b SRM-Verordnung; § 62 Abs. 1 Nr. 2, 3 SAG.

(3) Das Ergreifen einer Abwicklungsmaßnahme ist im **öffentlichen Interesse** erforderlich. Dies ist der Fall, wenn sie für das Erreichen eines oder mehrerer Abwicklungsziele sowohl notwendig als auch verhältnismäßig ist und die Abwicklungsziele bei einer Liquidation im Wege eines regulären Insolvenzverfahrens nicht im selben Umfang erreichbar sind.[265] Das SAG greift insoweit – anders als die BRRD/SRM-Verordnung – nicht auf den Begriff des öffentlichen Interesses zurück. Seit Inkrafttreten des AbwMechG enthält es jedoch materiell-rechtlich entsprechend auszulegende Voraussetzungen.[266]

118 Abwicklungsmaßnahmen stehen damit nur systemrelevanten Instituten/Gruppen zur Verfügung. Fehlt es an der Systemrelevanz, muss das Institut/die Gruppe in einem regulären Insolvenzverfahren abgewickelt werden; es besteht kein öffentliches Interesses (an einer Abwicklung nach dem SAG),[267] so dass die Abwicklungsvoraussetzungen nicht vorliegen.

bb) Abwicklungsvoraussetzungen in Bezug auf Finanzinstitute und Holdinggesellschaften

119 Abwicklungsmaßnahmen können nicht nur gegenüber Instituten[268] (→ Rn. 116 ff.), sondern – unter bestimmten Voraussetzungen – auch gegenüber Finanzinstituten (→ Rn. 120 f.) und Holdinggesellschaften[269] (→ Rn. 120 f.) ergriffen werden. Voraussetzung hierfür ist zunächst, dass das Finanzinstitut bzw. die Holdinggesellschaft im Anwendungsbereich der SRM-Verordnung bzw. der BRRD/des SAG ist (vgl. hierzu → Rn. 84 ff.).

120 Im Übrigen gelten folgende Grundsätze:
- Abwicklungsmaßnahmen sind gegenüber einer Holdinggesellschaft bzw. einem Finanzinstitut zulässig, wenn die Abwicklungsvoraussetzungen sowohl im Hinblick auf diese Gesellschaft als auch im Hinblick auf ein Tochterinstitut vorliegen.[270]
- Abwicklungsmaßnahmen sind gegenüber einer Holdinggesellschaft bzw. einem Finanzinstitut auch dann zulässig, wenn die Abwicklungsvoraussetzungen nur im Hinblick auf ein Tochterinstitut vorliegen. Dies gilt allerdings nur, wenn Maßnahmen gegen die Holdinggesellschaft / das Finanzinstitut für eine Abwicklung des Tochterinstituts oder der Gruppe erforderlich sind[271] und die Bestandsgefährdung des Tochterinstituts eine Bestandsgefährdung der Gruppe auslöst.[272]

---

[265] Art. 18 Abs. 5 SRM-Verordnung. Die Verhältnismäßigkeitsprüfung ist auf nationaler und europäischer Ebene nicht zwingend gleich; so ist im Europarecht – im Gegensatz zum deutschen Recht – nicht unbedingt eine Angemessenheitsprüfung in Form einer Zweck-Mittel-Relation erforderlich; *Chattopadhyay* WM 2013, 405 (410).

[266] § 61 Abs. 1 Nr. 2, 3 SAG; BT-Drs. 18/5009, S. 66. Im Hinblick auf die immer noch leicht von der BRRD abweichenden, tatbestandlichen Voraussetzungen ist eine europarechtskonforme Auslegung geboten.

[267] Vgl. BT-Drs. 18/2575, S. 215 f.

[268] Art. 2 lit. a SRM-Verordnung; Art. 1 Abs. 1 lit. a BRRD.

[269] Der Begriff der Holdinggesellschaft wird vorliegend vereinfachend für die im SAG und der SRM-Verordnung genauer definierten Arten von Holdinggesellschaften verwendet, vgl. zB § 64 Abs. 2, 4 SAG und Art. 16 SRM-Verordnung.

[270] Art. 16 Abs. 1 SRM-Verordnung; Art. 33 Abs. 2 BRRD; § 64 Abs. 2 SAG.

[271] Art. 16 Abs. 3 SRM-Verordnung; Art. 33 Abs. 4 BRRD; § 64 Abs. 3 SAG. Der im Text wiedergegebenen Formulierung des SAG liegt die zutreffende Annahme zugrunde, dass nach der InsO Insolvenzverfahren nur über einzelne Rechtsträger, niemals jedoch über eine Unternehmensgruppe an sich eröffnet werden (vgl. insoweit weiterer Wortlaut des Art. 33 BRRD und EBA, Single Rulebook Q&A zur BRRD, Frage 2015_1796).

[272] Art. 16 Abs. 3 SRM-Verordnung; Art. 33 Abs. 4 BRRD; § 64 Abs. 3 SAG.

I. Überblick Abwicklung unter besonderer Berücksichtigung der Abwicklung nicht systemrelevanter Institute

An die Abwicklung von Holdinggesellschaften und Finanzinstituten knüpfen sich daher **besondere Anforderungen**, die ua in der Abwicklungsplanung zu beachten sind. Die nachfolgend (sprachlich vereinfachend nur) für Institute dargestellten Abwicklungsmaßnahmen können in Bezug auf Finanzinstitute und Holdinggesellschaften ergriffen werden, wenn die vorgenannten Voraussetzungen erfüllt sind.[273] Soweit das SAG die Möglichkeit vorsieht, Abwicklungsmaßnahmen gegenüber „gruppenangehörigen Unternehmen" zu ergreifen, wird implizit auf die hier dargestellten, zzgl. Voraussetzungen verwiesen.[274] 121

cc) Sonderfall: Kapitalinstrumentebefugnis

Die Kapitalinstrumentebefugnis dient der Beteiligung der Inhaber relevanter Kapitalinstrumente an der Krise eines Instituts, durch Abschreibung der Kapitalinstrumente oder durch Umwandlung der Instrumente in hartes Kernkapital.[275] 122

Relevante Kapitalinstrumente sind Kapitalinstrumente, die für die Zwecke der Erfüllung der Eigenmittelanforderungen als zusätzliches Kernkapital oder Ergänzungskapital anerkannt sind.[276] 123

Die Kapitalinstrumentebefugnis stellt nach hier vertretener Ansicht neben den Abwicklungsmaßnahmen. Sowohl die BRRD als auch die SRM-Verordnung differenzieren terminologisch entsprechend.[277] Lediglich das SAG weist die Kapitalinstrumentebefugnis den Abwicklungsinstrumenten zu und weicht damit von den europarechtlichen Grundlagen ab.[278] Gleichzeitig korrigiert das SAG durch eine Vielzahl von Einzelregelungen[279] die sich daraus ergebenden Effekte und stellt klar, dass die Kapitalinstrumentebefugnis auch dann zur Anwendung kommen kann, wenn die allgemeinen Abwicklungsvoraussetzungen nicht vollumfänglich vorliegen.[280] 124

Die Kapitalinstrumentebefugnis ist **regelmäßig** immer dann auszuüben, wenn ihre tatbestandlichen Voraussetzungen erfüllt sind.[281] Dies ist der Fall, wenn (i) unabhängig vom Bestehen eines öffentlichen Interesses an der Abwicklung die Abwicklungsvoraussetzungen 125

---

[273] Vgl. → Rn. 116 ff.; Art. 16 Abs. 1 aE BRRD; § 64 Abs. 1 SAG; COM/2012/0280 final vom 12. Dezember 2012, S. 10.

[274] Bspw. werden in §§ 66, 89 SAG die Voraussetzungen normiert, unter denen das Instrument der Beteiligung der Inhaber relevanter Kapitalinstrumente (nach dem SAG formell ein Abwicklungsinstrument) angewandt werden kann. Vgl. ferner: §§ 90, 108 SAG.

[275] § 89 SAG; Art. 60 Abs. 1 BRRD; Art. 21 SRM-Verordnung. Die Umwandlung von Instrumenten und Verbindlichkeiten in hartes Kernkapital wirft in Abhängigkeit von der Rechtsform des Instituts Probleme auf. Zur Beseitigung von Abwicklungshindernissen kann ein Rechtsformwechsel (§ 77 Abs. 3 SAG) oder zB die Schaffung genehmigten Kapitals (§ 56 SAG) angeordnet werden. Für Institute und gruppenangehörige Unternehmen nach Landesrecht gelten Ausnahmen, deren Bedeutung in der Praxis ungeklärt ist (*Engelbach/Friedrich* WM 2015, 662 (667 f.); BT-Drs. 18/3088, S. 349, BT-Drs. 18/2572, S. 218 f.; § 56 Abs. 3 SAG). Die Regelung erlangt auch im Hinblick auf die Abwicklungsplanung (→ Rn. 83 ff.) und die Anwendung des Bail-In-Instruments (→ Rn. 171 ff.) Bedeutung.

[276] Art. 2 Abs. 1 Nr. 51 SRM-Verordnung; § 2 Abs. 2 SAG. Kapitalinstrumente müssen nicht zwingend vom Institut selbst emittiert worden sein, um von der Befugnis erfasst zu werden.

[277] Vgl. Art. 22 Abs. 2 SRM-Verordnung sowie Art. 20 Abs. 5 lit. g, Art. 22 Abs. 1 SRM-Verordnung, die zwischen Abwicklungsinstrumenten und Kapitalinstrumentebefugnis differenzieren.

[278] Vgl. § 2 Abs. 3 Nr. 4, 77 Abs. 1 Nr. 1, Abs. 2, 89 SAG.

[279] Vgl. §§ 65, 66, 77 Abs. 1, 2, 89 SAG.

[280] §§ 65, 66 SAG.

[281] Vgl. Wortlaut des § 89 SAG: „[…] so hat die Abwicklungsbehörde […] anzuordnen, […]" und Art. 21 Abs. 1 SRM-Verordnung: „Der Ausschuss übt […] die Befugnis zur Herabschreibung oder Umwandlung von relevanten Kapitalinstrumenten […]"; vgl. auch Art. 77 Abs. 6 SAG.

vorliegen oder (ii) eine außerordentliche finanzielle Unterstützung aus öffentlichen Mitteln gewährt wird.[282] Anders als im Rahmen der Abwicklungsmaßnahmen steht der Abwicklungsbehörde bzw. dem Ausschuss dann kein Ausübungsermessen zu.[283] Das SAG enthält hiervon (partiell) abweichende Vorgaben.[284]

126 Bei Anwendung der Befugnis gelten die folgenden Grundsätze[285]:
- Die Posten des harten Kernkapitals werden als Erstes proportional zu den Verlusten und bis zu ihrer Kapazitätsgrenze verringert.
- Der Nennwert der Instrumente des zusätzlichen Kernkapitals[286] wird – je nachdem, welcher Wert niedriger ist – in dem zur Verwirklichung der Abwicklungsziele nach erforderlichen Maß oder bis zu der Kapazitätsgrenze der relevanten Kapitalinstrumente herabgeschrieben oder in Instrumente des harten Kernkapitals umgewandelt oder beides.
- Der Nennwert der Instrumente des Ergänzungskapitals wird – je nachdem, welcher Wert niedriger ist – in dem zur Verwirklichung der Abwicklungsziele erforderlichen Maß oder im Maß der Kapazität der relevanten Kapitalinstrumente herabgeschrieben oder in Instrumente des harten Kernkapitals umgewandelt oder beides.

b) Beschlussverfahren in der Abwicklung

127 Nachfolgend werden die im Rahmen der Abwicklung einzuhaltenden Verfahrensschritte und Zuständigkeiten im Überblick dargestellt.

aa) Einleitung des Abwicklungsverfahrens

128 Im Hinblick auf das Abwicklungsverfahren ist zwischen den Fallgruppen der direkten Zuständigkeit des Ausschusses und der direkten Zuständigkeit der FMSA zu unterscheiden.

129 **(1) Direkte Zuständigkeit des Ausschusses.** Ist der Ausschuss direkt zuständig (→ Rn. 48 ff.), so erfolgt die Feststellung der Abwicklungsvoraussetzungen und des anzuwendenden Abwicklungskonzepts durch Ausschuss, Rat und Kommission gemeinsam.[287]

130 Der Ausschuss beschließt über das Vorliegen der Abwicklungsvoraussetzungen (→ Rn. 115 ff.),[288] wobei die Aufsichtsbehörde primär für die Feststellung der Bestands-

---

[282] Art. 21 Abs. 1 SRM-Verordnung; §§ 65, 77 Abs. 6, 89 SAG. Für den Fall der Gewährung außerordentlicher finanzieller Unterstützung aus öffentlichen Mitteln im Zusammenhang mit einem Stresstest bestehen Ausnahmen. Vgl. im Übrigen EBA, Leitlinien zu den Arten von Tests, Bewertungen oder Prüfungen, die eine Unterstützungsmaßnahme nach Artikel 32 Absatz 4 Buchstabe d Ziffer iii der Richtlinie zur Sanierung und Abwicklung von Banken auslösen können vom 22. September 2014 (EBA/GL/2014/09).
[283] Während der Ausschuss bzw. die Abwicklungsbehörde nach Art. 14 Abs. 1 SRM-Verordnung bzw. § 77 Abs. 1 SAG die Abwicklungsinstrumente auswählen kann, die am besten geeignet sind, um die ihrer Meinung nach relevanten Abwicklungsziele zu erreichen, lassen Art. 21 Abs. 1 SRM-Verordnung bzw. § 89 SAG keinen Raum für ein Ermessen.
[284] Vgl. § 65 SAG. Seit Inkrafttreten des AbwMechG verweist § 65 SAG in Abs. 1 und 2 zB auch darauf, dass die Abwicklung im Rahmen eines regulären Insolvenzverfahrens weniger zur Erreichung der Abwicklungsziele geeignet ist, m.a.W. auf das öffentliche Interesse an der Abwicklung.
[285] Art. 21 Abs. 10 SRM-Verordnung; § 101 SAG.
[286] Vgl. insoweit insbesondere die Interaktionen mit der CRR ua zu Contingent Convertibles (CoCos): EBA, Konsultationspapier, Draft Guidelines concerning the interrelationship between the BRRD sequence of writedown and conversion and CRR/CRD IV vom 1. Oktober 2014 (EBA/CP/2014/29).
[287] Art. 18 Abs. 1, 6, 7 SRM-Verordnung.
[288] Art. 18 Abs. 1 SRM-Verordnung.

gefährdung (→ Rn. 117) zuständig ist.[289] Eine **Bestandsgefährdung** kann der Ausschuss nur dann selbst feststellen, wenn die Aufsichtsbehörde innerhalb von 3 Kalendertagen nach Unterrichtung durch den Ausschuss keine entsprechende Bewertung vornimmt.[290]

Mit dem Beschluss legt der Ausschluss ein **Abwicklungskonzept** fest,[291] das bestimmt, welche Abwicklungsmaßnahmen wie angewendet werden sollen, und ob eine Inanspruchnahme des SRF erfolgt.[292] Grundlage des Abwicklungskonzepts ist der zuvor erstellte Abwicklungsplan, von dem nur in Ausnahmefällen abgewichen werden darf.[293] Das Abwicklungskonzept kann im Laufe des Abwicklungsverfahrens geändert und aktualisiert werden, sofern sich Anpassungsbedarf ergibt.[294] Jede Änderung ist erneut anhand des hier dargestellten Verfahrens zu beschließen. Sieht das Abwicklungskonzept die Gewährung staatlicher Beihilfen oder eine Unterstützung aus dem SRF vor, darf das Abwicklungskonzept erst beschlossen werden, wenn die Kommission insoweit die beihilferechtliche Zulässigkeit bzw. die Vereinbarkeit mit dem Binnenmarkt festgestellt hat.[295] 131

Unmittelbar nach Festlegung des Abwicklungskonzepts übermittelt der Ausschuss dieses der **Kommission**. Innerhalb von 24 Stunden kann die Kommission das Konzept entweder billigen, den Rat (innerhalb von 12 Stunden) einschalten oder selbst Einwände erheben.[296] Wird der Rat eingeschaltet, kann er gegen das Konzept mit der Begründung Einwände erheben, dass die Abwicklungsvoraussetzungen im Hinblick auf das Merkmal „öffentliches Interesse" nicht erfüllt sind oder eine erhebliche Änderung des Beitrags des SRF billigen bzw. Einwände gegen vorgesehene Beiträge erheben.[297] Solche Einwände kann die Kommission nicht selbst erheben. Im Übrigen steht der Kommission jedoch das Recht zu, Einwände anderer Natur zu erheben, zB gegen den Ausschluss bestimmter Verbindlichkeiten vom Bail-In.[298] 132

Teilt der **Rat** die Auffassung, dass das Merkmal des öffentlichen Interesses nicht erfüllt ist, so ist ein reguläres Insolvenzverfahren über das Unternehmen zu eröffnen bzw. dieses zu liquidieren.[299] In allen anderen Fällen, in denen Einwände erhoben werden, bessert der Ausschuss innerhalb von 8 Stunden sein Abwicklungskonzept nach.[300] 133

Das Abwicklungskonzept tritt in Kraft, wenn weder der Rat noch die Kommission innerhalb von **24 Stunden** nach der Übermittlung des Konzepts durch den Ausschuss an die Kommission Einwände gegen das (ggf. nachgebesserte) Konzept erheben.[301] Eine aktive Billigung des Konzepts ist für dessen Inkrafttreten nicht erforderlich. Wird das Konzept durch die Kommission bereits vor Ablauf der 24 Stunden gebilligt, tritt es entsprechend früher in Kraft; dies kann im Einzelfall die Abwicklung erheblich erleichtern. 134

---

[289] Art. 18 Abs. 1 UAbs. 2 Satz 1 SRM-Verordnung.
[290] Art. 18 Abs. 1 UAbs. 2 Satz 2 SRM-Verordnung.
[291] Art. 18 Abs. 6 Satz 1 SRM-Verordnung.
[292] Art. 23 Abs. 3 SRM-Verordnung.
[293] Art. 23 Abs. 3 SRM-Verordnung.
[294] Art. 23 Abs. 4 SRM-Verordnung.
[295] Art. 19 SRM-Verordnung.
[296] Art. 18 Abs. 7 Abs. 1 SRM-Verordnung.
[297] Art. 18 Abs. 7 UAbs. 3 SRM-Verordnung.
[298] Art. 18 Abs. 7 UAbs. 8 SRM-Verordnung.
[299] Art. 18 Abs. 8 SRM-Verordnung.
[300] Vgl. zum Verfahren auch: *Engelbach/Friedrich* WM 2015, 662 (669).
[301] Art. 18 Abs. 7 UAbs. 5 SRM-Verordnung.

135 Die Beteiligung von Ausschuss, Rat und Kommission soll sicherstellen, dass das Abwicklungskonzept ausgewogen und **unparteiisch** ist.[302] Für das Verfahren wurde ein enges Zeitfenster gewählt, um die Abwicklung über ein Wochenende zu ermöglichen.[303] Für die Umsetzung der im Abwicklungskonzept vorgesehenen Abwicklungsmaßnahmen sind die nationalen Abwicklungsbehörden zuständig, an die sich das Konzept richtet (→ Rn. 55).[304] In Deutschland erlässt die FMSA eine Abwicklungsanordnung, die öffentlich bekanntzugeben ist, und die Abwicklungsmaßnahmen enthält.[305] Die in der Abwicklungsanordnung enthaltenen Abwicklungsmaßnahmen werden grundsätzlich mit Veröffentlichung der Anordnung wirksam.[306]

136 **(2) Direkte Zuständigkeit der FMSA.** Liegt kein Fall der direkten Zuständigkeit des Ausschusses vor, entscheiden die national zuständigen Abwicklungsbehörden. Sofern eine Inanspruchnahme des SRF geplant ist, findet jedoch immer das zuvor dargestellte Verfahren bei **direkter Zuständigkeit des Ausschusses** Anwendung.[307] Für die Feststellung der Bestandsgefährdung (als Teil der Abwicklungsvoraussetzungen) ist – ebenso wie bei direkter Zuständigkeit des Ausschusses – grundsätzlich die Aufsichtsbehörde (dh nicht die Abwicklungsbehörde) zuständig.[308]

137 Ebenso wie bei direkter Zuständigkeit des Ausschusses werden Abwicklungsmaßnahmen durch Erlass einer Abwicklungsanordnung ergriffen (→ Rn. 57 ff.).

bb) Bewertung der Vermögenswerte und Verbindlichkeiten

138 Im Rahmen des Abwicklungsverfahrens sind die Vermögenswerte und Verbindlichkeiten der betroffenen Unternehmen (mehrfach) zu bewerten (zur Bewertung im Detail B.VIII.).

139 Bevor Abwicklungsmaßnahmen getroffen werden oder die Kapitalinstrumentebefugnis ausgeübt wird, ist eine faire, vorsichtige und realistische Bewertung der Vermögenswerte und Verbindlichkeiten der betroffenen Unternehmen durch eine von staatlichen Stellen unabhängige[309] Person vorzunehmen (**ex-ante-Bewertung**).[310] Die ex-ante-Bewertung kann vorläufig oder endgültig erfolgen. Ersteres ist dann der Fall, wenn (zB aus zeitlichen Gründen) nicht alle für eine endgültige Bewertung erforderlichen Anforderungen eingehalten werden können. Bei besonderer Dringlichkeit ist eine Bewertung durch den Ausschuss bzw. die nationale Abwicklungsbehörde (je nach Zuständigkeit) selbst zulässig.[311] Wird nur eine

---

[302] Vgl. Begründung des Vorschlags der SRM-Verordnung, COM/2013/0520 final vom 10.Juli 2013, S. 10.
[303] Europäische Kommission, Memo/14/295 zum einheitlichen Abwicklungsmechanismus vom 15. April 2014, S. 4, Frage 5.
[304] Art. 18 Abs. 9 SRM-Verordnung; *Kämmerer/Starski* ZG 2013, 318 (333); *Wojcik/Ceyssens* EuZW 2014, 893 (896 f.).
[305] §§ 136 ff. SAG.
[306] § 137 Abs. 1 SAG; § 35 Satz 2 VwVfG.
[307] Voraussetzung hierfür ist, dass der Anwendungsbereich der SRM-Verordnung eröffnet ist → Rn. 38 ff.
[308] § 62 Abs. 2 SAG.
[309] Zum Begriff der Unabhängigkeit: EBA, Final Report, Draft Regulatory Technical Standards on independent valuers under Article 36(14) of Directive 2014/59/EU vom 6. Juli 2015 (EBA/RTS/2015/07).
[310] §§ 69–73 SAG; Art. 20 SRM-Verordnung; vgl. auch zur Bewertung: EBA, Consultation Paper, Draft Regulatory Technical Standards on valuation under Directive 2014/59/EU (EBA/CP/2014/38).
[311] § 69 Abs. 1 Nr. 2, 74 SAG; Art. 20 Abs. 3 SRM-Verordnung.

vorläufige Bewertung durchgeführt, ist ein Puffer für zusätzliche Verluste einzuziehen[312] und möglichst bald eine umfassende Bewertung nachzuholen, die den Anforderungen an eine endgültige Bewertung genügt (**ex-post-Bewertung**).[313]

Ex-ante und ex-post-Bewertung sind integraler Bestandteil der Entscheidung über die Anwendung von Abwicklungsmaßnahmen und die Ausübung der Kapitalinstrumentebefugnis.[314] Sie dienen ua dazu, dem Ausschuss bzw. der zuständigen Abwicklungsbehörde aufzuzeigen, ob die Abwicklungsvoraussetzungen vorliegen und wie, dh in welchem Umfang, Kapitalinstrumente bzw. berücksichtigungsfähige Verbindlichkeiten abgeschrieben bzw. umgewandelt werden müssen. 140

Unabhängig hiervon ist möglichst bald nach Durchführung der Maßnahme(n) eine Bewertung durch eine unabhängige Person vorzunehmen. Ziel dieser Bewertung ist es festzustellen, ob die Anteilseigner und Gläubiger in einem regulären Insolvenzverfahren besser gestellt worden wären.[315] Dem betroffenen Anteilsinhabern / Gläubigern steht dann eine **Ausgleichszahlung** aus dem SRF / Restrukturierungsfonds zu.[316] 141

cc) Sonderverwalter

Im Rahmen des Abwicklungsverfahrens kann ein Sonderverwalter bestellt werden, der die Geschäftsleitung eines Instituts (oder gruppenangehörigen Unternehmens) für einen Zeitraum von bis zu einem Jahr, in Ausnahmefällen bis zu 2 Jahres, ersetzen kann.[317] Dem Sonderverwalter können ggf. die Aufgaben und Befugnisse eines Sonderbeauftragen (→ Rn. 279 ff.) sowie die Rechte der Anteilsinhaber oder des Aufsichtsrats übertragen werden. Er kann zur Durchführung einer Kapitalerhöhung, Veränderungen der Eigentümerstruktur und zur Veräußerung des Instituts befugt sein. Mit der Bestellung eines Sonderverwalters endet eine bestehende Bestellung eines vorläufigen Verwalters sowie eines Sonderbeauftragen.[318] 142

c) Abwicklungsinstrumente und -befugnisse

Die nationalen Abwicklungsbehörden (für Deutschland: der FMSA) erlassen die Abwicklungsmaßnahmen (→ Rn. 59), und zwar auch, wenn ein Fall der direkten Zuständigkeit des Ausschusses vorliegt (→ Rn. 55). Sie beachten die Abwicklungsziele und -grundsätze (→ Rn. 144 ff.). Abwicklungsinstrumente und -befugnisse werden in → B.IV. Rn. 4 detailliert dargestellt. 143

aa) Abwicklungsziele und -grundsätze

Sowohl die SRM-Verordnung als auch die BRRD/das SAG normieren einen Katalog von Abwicklungszielen und -grundsätzen (vgl. auch → B.III. Rn. 44 ff.). 144

---

[312] § 74 Abs. 3 SAG; Art. 20 Abs. 10 UAbs. 2 SRM-Verordnung.
[313] Art. 20 Abs. 11 SRM-Verordnung; § 75 Abs. 1 SAG; BT-Drs. 18/2575, S. 167.
[314] §§ 71, 75 Abs. 3 SAG; Art. 20 Abs. 15 SRM-Verordnung; vgl. auch BT-Drs. 18/2575, S. 166 f.
[315] § 146 Abs. 1 SAG; Art. 20 Abs. 16 SRM-Verordnung; *Engelbach/Friedrich* WM 2015, 662 (662).
[316] § 147 SAG; Art. 76 Abs. 1 lit. e SRM-Verordnung.
[317] Vgl. §§ 87, 88 SAG.
[318] Vgl. § 88 SAG sowie § 38 SAG, § 45c KWG.

B. Abwicklung

145 In der Abwicklung werden die folgenden **Ziele** verfolgt:[319]
- Sicherstellung der Kontinuität kritischer Funktionen.
- Vermeidung erheblicher negativer Auswirkungen auf die Finanzstabilität, vor allem durch die Verhinderung einer Ansteckung, beispielsweise von Marktinfrastrukturen, und durch die Erhaltung der Marktdisziplin.
- Schutz öffentlicher Mittel durch geringere Inanspruchnahme außerordentlicher finanzieller Unterstützung aus öffentlichen Mitteln.
- Schutz der von der Einlagensicherung geschützten Einleger und von der Anlegerentschädigung geschützten Anleger.
- Schutz der Gelder und Vermögenswerte der Kunden.

146 Die einzelnen Abwicklungsziele können zueinander in **Konflikt** treten. Formell sind sie zwar gleichrangig, so dass eine angemessene Abwägung im Einzelfall erforderlich ist.[320] Materiell kommt den einzelnen Abwicklungszielen jedoch regelmäßig unterschiedliche Bedeutung zu: Fehlt es bereits an der Erbringung kritischer Funktionen, sind mangels öffentlichem Interesse die Abwicklungsvoraussetzungen schon nicht erfüllt (→ Rn. 90). Wird eine kritische Funktion erbracht, ist deren Aufrechterhaltung von essentieller Bedeutung zur Erreichung der zwei erstgenannten Abwicklungsziele. Die Aufrechterhaltung der kritischen Funktion ist daher in jedem Fall sicherzustellen. Das dritte Abwicklungsziel (der Schutz öffentlicher Mittel) wird ua bereits im Rahmen der Abwicklungsplanung adressiert (→ Rn. 89 ff.) und sollte daher im konkreten Abwicklungsfall ohne weiteres umzusetzen sein. Gedeckte Einlagen und Anleger dürfen – im Rahmen des insoweit bestehenden Einlagen-/Anlegerschutzes – gar keine Nachteile erleiden (→ Rn. 211 ff.). Eine Abwägung mit anderen Abwicklungszielen ist insoweit bereits kraft Gesetzes ausgeschlossen. Das letzte Abwicklungsziel (Schutz der Gelder und Vermögenswerte der Kunden) zielt auf aussonderungsfähige Vermögenswerte ab. Es erfasst insbesondere nicht die vom vorgenannten Abwicklungsziel betroffenen Einlagen, sondern nur Treuhandvermögen und insolvenzfest verwahrte Kundenwertpapiere. Insoweit geht es darum, die Verfügbarkeit der Kundenvermögenswerte auch während der Abwicklung sicherzustellen.[321] Das Ziel tritt – zumindest in Deutschland – nur in Ausnahmefällen in den Vordergrund.[322]

147 Das Ergreifen von Abwicklungsmaßnahmen kann nicht schon damit gerechtfertigt werden, dass die Eröffnung eines Insolvenzverfahrens geeignet sei, (Kunden-)Vermögenswerte zu vernichten.[323] Die Abwicklung schützt Vermögenswerte nicht *per se*. Vielmehr werden insuläre Einzelziele verfolgt: (i) Schutz des Finanzmarktes, insbesondere durch den Schutz systemrelevanter (dh kritischer) Funktionen und (ii) Schutz bestimmter Rechtsverhältnisse und der öffentlichen Hand.[324]

148 Aus diesen Abwicklungszielen lassen sich die **Abwicklungsgrundsätze** ableiten,[325] die nachfolgend dargestellt werden:[326]

---

[319] Art. 14 Abs. 2 SRM-Verordnung; Art. 31 Abs. 2 BRRD; § 67 Abs. 1 SAG. Der Wortlaut des SAG wurde durch das AbwMechG an die europarechtlichen Grundlagen angepasst, vgl. BT-Drs. 18/5009, S. 67. Zur früheren Gesetzesfassung vgl. *Engelbach/Friedrich* WM 2015, 662 (663 f.).
[320] *Chattopadhyay* WM 2013, 405 (410); *Dohrn* WM 2012, 2033 (2035); vgl. hierzu auch schon Art. 31 Abs. 1 BRRD, Art. 14 Abs. 1 SRM-Verordnung; § 67 SAG.
[321] Vgl. zu dieser Problematik dem Grunde nach (vor dem Hintergrund des Moratoriums).
[322] AA *Chattopadhyay* WM 2013, 405 (410).
[323] AA *Chattopadhyay* WM 2013, 405 (410).
[324] Vgl. auch COM/2013/0520 final vom 10. Juli 2013, S. 15.
[325] *Dohrn* WM 2012, 2033 (2035).
[326] Art. 15 SRM-Verordnung; Art. 34 BRRD; sinngemäß und teilweise zusammenfassend: § 68 SAG.

I. Überblick Abwicklung unter besonderer Berücksichtigung der Abwicklung nicht systemrelevanter Institute

- Verluste werden zuerst von den Anteilseignern des in Abwicklung befindlichen Instituts getragen. Nach den Anteilseignern tragen die Gläubiger des in Abwicklung befindlichen Instituts die Verluste grundsätzlich in der insolvenzrechtlichen Rangfolge ihrer Forderungen.[327]
- Das Leitungsorgan und die Geschäftsleitung des in Abwicklung befindlichen Instituts werden ersetzt, außer in den Fällen, in denen die vollständige oder teilweise Beibehaltung des Leitungsorgans und der Geschäftsleitung unter den gegebenen Umständen als für die Erreichung der Abwicklungsziele erforderlich betrachtet wird.[328]
- Das Leitungsorgan und die Geschäftsleitung des in Abwicklung befindlichen Instituts leisten die erforderliche Unterstützung für die Erreichung der Abwicklungsziele.[329]
- Die straf- und zivilrechtliche Verantwortung natürlicher und juristischer Personen für die Bestandsgefährdung bleibt unberührt.[330]
- Gläubiger derselben Klasse werden grundsätzlich in gleicher Weise behandelt.[331]
- Kein Gläubiger hat größere Verluste zu tragen als in einem regulären Insolvenzverfahren (sog *No-Creditor-Worse-Off*).[332]
- Gedeckte Einlagen sind vollständig abgesichert.[333]
- Für Abwicklungsmaßnahmen geltende Schutzbestimmungen werden beachtet.[334]

bb) Abwicklungsinstrumente

Nachfolgend werden Abwicklungsinstrumente[335] im Überblick dargestellt (im Detail → B.III. Rn. 31 ff., → B.IV. Rn. 2 ff.). Sie bestehen aus: **149**
- dem Instrument der Unternehmensveräußerung (→ Rn. 158 ff., → B.IV. Rn. 4 ff.)
- dem Instrument des Brückeninstituts (→ Rn. 162 ff.)
- dem Instrument der Ausgliederung von Vermögenswerten (→ Rn. 166 ff., → B.IV. Rn. 18 ff.) und
- dem Instrument der Gläubigerbeteiligung (**Bail-In-Instrument**) (→ Rn. 171 ff. sowie → B.III. Rn. 55 ff., B.V.).

Das Instrument der Ausgliederung von Vermögenswerten kann nur in Verbindung **150** mit einem anderen Abwicklungsinstrument angewendet werden.[336] Alle übrigen Abwicklungsinstrumente stehen einzeln oder in Kombination zur Verfügung.[337] Finden die Abwicklungsinstrumente der Unternehmensveräußerung, des Brückeninstituts oder der

---

[327] Art. 15 Abs. 1 lit. a SRM-Verordnung. § 68 Abs. 1 Nr. 1 SAG insoweit weitergehend, als eine Beteiligung der Anteilsinhaber und Gläubiger im gleichen Umfang wie in einem regulären Insolvenzverfahren zum Abwicklungsgrundsatz erhoben wird. Die Regelung ist materiell unzutreffend und europarechtskonform auszulegen.

[328] Art. 15 Abs. 1 lit. c SRM-Verordnung; § 68 Abs. 1 Nr. 4 SAG.

[329] Art. 15 Abs. 1 lit. d SRM-Verordnung; § 68 Abs. 1 Nr. 5 SAG.

[330] Art. 15 Abs. 1 lit. e SRM-Verordnung; § 68 Abs. 1 Nr. 6 SAG.

[331] Art. 15 Abs. 1 lit. f SRM-Verordnung. Die Regelung wurde im SAG nicht als selbständiger Abwicklungsgrundsatz ausformuliert, ergibt sich jedoch aus dem Gesamtkontext des SAG.

[332] Art. 15 Abs. 1 lit. g SRM-Verordnung. Die Regelung wurde im SAG nicht als selbständiger Abwicklungsgrundsatz ausformuliert, ergibt sich jedoch aus dem Gesamtkontext des SAG.

[333] Art. 15 Abs. 1 lit. h SRM-Verordnung; § 68 Abs. 1 Nr. 2 SAG.

[334] Art. 15 Abs. 1 lit. i SRM-Verordnung. Die Regelung wurde im SAG nicht als selbständiger Abwicklungsgrundsatz ausformuliert, ergibt sich jedoch aus dem Gesamtkontext des SAG.

[335] Art. 22 Abs. 2, 24–27 SRM-Verordnung; Art. 37 Abs. 3, 38–44 BRRD; Erwägungsgrund 59 der BRRD; abweichend: §§ 2 Abs. 3 Nr. 4, 77 Abs. 1 Nr. 1, 89, 90, 107 Abs. 1 Nr. 1, 2 SAG.

[336] Art. 22 Abs. 4 SRM-Verordnung; § 77 Abs. 7 SAG.

[337] Art. 22 Abs. 2, 4 SRM-Verordnung; § 77 Abs. 1, 5, 6 SAG.

B. Abwicklung

Ausgliederung von Vermögenswerten (zusammen: **Übertragungsinstrumente**) Anwendung, um nur einen Teil der Vermögenswerte, Verbindlichkeiten und Rechtsverhältnisse des in Abwicklung befindlichen Unternehmens zu übertragen, so ist der verbleibende Teil grundsätzlich im Wege eines regulären Insolvenzverfahrens zu liquidieren.[338] Diese Übertragungsinstrumente sind daher in einer Art und Weise auszuüben, dass dem verbleibenden Teil nach ihrer Ausübung keine Systemrelevanz mehr zukommt.[339] Die Kapitalinstrumentebefugnis ist nach hier vertretener Auffassung kein Abwicklungsinstrument und wird daher nicht hier sondern unter → Rn. 122 ff. dargestellt.

151 Der Einsatz der Abwicklungsinstrumente erfolgt immer nur im **öffentlichen Interesse**, subjektive Rechte des Einzelnen auf einen Einsatz werden nicht begründet.[340] So hat ein Kunde keinen Anspruch darauf, auf einen anderen Rechtsträger übertragen werden. Anteilseigner oder Gläubiger des in Abwicklung befindlichen Instituts sowie sonstige Dritte, deren Vermögenswerte, Verbindlichkeiten oder Rechtsverhältnisse nicht auf den übernehmenden Rechtsträger übertragen wurden, stehen idR keinerlei Rechte in Bezug auf den übernehmenden Rechtsträger zu.[341]

152 Die im SAG einheitlich im Abschnitt „Übertragung von Anteilen, Vermögenswerten, Verbindlichkeiten und Rechtsverhältnissen" zusammengefassten Übertragungsinstrumente werden zunächst unter → Rn. 153 ff. beschrieben. Bei den Instrumenten handelt es sich materiell-rechtlich um Übertragungstatbestände, deren Gemeinsamkeiten eine konsolidierte Darstellung nahelegen. Hiervon zu unterscheiden ist der unter → Rn. 171 ff. erörterte Bail-In, der der Umwandlung bzw. Beschränkung bestehender Gläubigerrechte dient, und insoweit auf der Kapitalinstrumentebefugnis (→ Rn. 122 ff.) aufbaut.

153 **(1) Übertragung von Anteilen, Vermögenswerten, Verbindlichkeiten und Rechtsverhältnissen.** Die Übertragungsinstrumente (dh das Instrumente der Unternehmensveräußerung, des Brückeninstituts und der Ausgliederung von Vermögenswerten) unterscheiden sich in den Details ihrer Ausgestaltung; teilen jedoch einen **gemeinsamen Kern** an Regelungen – dies wird nicht zuletzt durch die Aufteilung der Regelungen in einen „allgemeinen" und „besonderen" Teil im SAG verdeutlicht.[342]

154 Mit dem Instrument der Unternehmensveräußerung und des Brückeninstituts können die von einem Unternehmen ausgegebenen Anteile, ein Teil oder die Gesamtheit des Vermögens, ein Teil oder die Gesamtheit der Verbindlichkeiten sowie – wie das SAG klarstellt – einige oder alle Rechtsverhältnisse[343] (**Übertragungsgegenstände**) auf einen privaten Erwerber bzw. ein Brückeninstitut übertragen werden.[344] Das Instrument der Übertragung auf eine Vermögensverwaltungsgesellschaft ermöglicht nur die Übertragung eines Teils des Vermögens, der Verbindlichkeiten bzw. Rechtsverhältnisse, nicht hingegen auch der Anteile.[345] Den Umfang der Übertragungsgegenstände und deren Zusammensetzung

---

[338] Art. 15 Abs. 3 SRM-Verordnung; Art. 34 Abs. 4 BRRD; § 116 Abs. 1 SAG.
[339] Vgl. BT-Drs. 18/2575, S. 166.
[340] Vgl. BT-Drs. 18/2575, S. 215 f.
[341] Art. 38 Abs. 13, 40 Abs. 11, 42 Abs. 11, 12 BRRD, § 107 Abs. 3 SAG.
[342] §§ 78 ff. SAG; vgl. auch: *Binder* ZHR 179 (2015), 83 (98).
[343] Art. 40 Abs. 1 der BRRD nennt als Übertragungsgegenstände „(a) Anteile oder andere Eigenmittel […], (b)) […] Vermögenswerte, Rechte oder Verbindlichkeiten […]". Das SAG definiert Übertragungsgegenstände als „Anteile, Vermögenswerte, Verbindlichkeiten und Rechtsverhältnisse" (§ 107 Abs. 2 SAG).
[344] Vgl. § 107 Abs. 1 Nr. 1 SAG, der Art. 38 Abs. 1 und Art. 40 Abs. 1 der BRRD bzw. Art. 24 Abs. 1 und Art. 25 Abs. 1 SRM-Verordnung sinngemäß zusammenfasst.
[345] BT-Drs. 18/2575, S. 179.

legt die nationale Abwicklungsbehörde unter Berücksichtigung der Abwicklungsziele und -grundsätze fest.[346] Sie ist insoweit ggf. an das vom Ausschuss entwickelte Abwicklungskonzept gebunden (→ Rn. 55).

Die Übertragung stellt einen Rechtsakt *sui generis* dar.[347] Eine Zustimmung des übernehmenden Rechtsträgers zur Übertragung ist erforderlich, nicht jedoch die Zustimmung der Anteilseigner oder Gläubiger des in Abwicklung befindlichen Instituts sowie Dritter.[348] Nach allgemeinen Rechtsgrundsätzen bestehende Zustimmungsvorbehalte oder Verfahrensvorschriften werden durch das SAG weitgehend abbedungen, um Abwicklungshindernisse zu beseitigen. So schließt das SAG insbesondere gesellschaftsrechtliche und wertpapierrechtliche Verfahrensvorschriften aus. Abwicklungsinstrumente werden mit der Bekanntgabe der Abwicklungsanordnung wirksam und wirken unmittelbar **zivilrechtsgestaltend**.[349] Damit sind jegliche gesetzliche oder einzelvertraglich geregelte Verfahrensschritte, Beteiligungs- und Zustimmungserfordernisse, Übertragungshindernisse, Eintragungen und Formvorschriften für die zivilvertragliche Wirkung ohne Bedeutung.[350] Ggf. erforderliche Verfahrenshandlungen müssen jedoch nachgeholt werden, zB Registereintragungen (§ 115 SAG[351]), um die Transparenz der Vermögenszuordnung zu wahren.

Über das verbleibende Restvermögen des in Abwicklung befindlichen Instituts ist nach Ausübung der Übertragungstatbestände ein reguläres Insolvenzverfahren zu eröffnen bzw. die Gesellschaft zu liquidieren.[352] Infolge der Übertragung ua der systemrelevanten Teile auf einen anderen Rechtsträger entfällt die Schutzwürdigkeit des in Abwicklung befindlichen Instituts; an dessen **Fortbestand** besteht kein öffentliches Interesse mehr. Anteilsinhaber und Gläubiger des übertragenden Rechtsträgers sowie sonstige Dritte, deren Vermögenswerte, Verbindlichkeiten oder Rechtsverhältnisse nicht übertragen werden, haben keinerlei Rechte in Bezug auf die Übertragungsgegenstände. Ein Anspruch auf Übertragung besteht nicht (→ Rn. 151). Der Schutz nicht übertragener Anteilsinhaber und Gläubiger ist in den einzelnen Übertragungstatbeständen unterschiedlich ausgestaltet: So gewährt das Instrument der Unternehmensveräußerung dem in Abwicklung befindlichen Institut ggf. eine Gegenleistung (→ Rn. 161). Das Instrument des Brückeninstituts kehrt hingegen die Erlöse aus (→ Rn. 165). Kein Gläubiger bzw. Anteilsinhaber darf durch die Abwicklung schlechter gestellt werden, als im Rahmen eines regulären Insolvenzverfahrens. Wird dieser Grundsatz nicht eingehalten, steht den Anteilsinhabern/Gläubigern ein Anspruch gegen den SRF / Restrukurierungsfonds zu (→ Rn. 203).

---

[346] *Dohrn* WM 2012, 2033 (2036).
[347] BT-Drs. 18/2575, S. 181. Die englische Fassung der BRRD spricht von „*separation*", die deutsche Fassung von „Ausgliederung" (Art. 42 Abs. 1 BRRD). Eine Ausgliederung im umwandlungsrechtlichen Sinne ist damit nicht gemeint. So erhält das Institut im Gegenzug für eine Übertragung keine Anteile an der Zweckgemeinschaft, sondern nur einen Ausgleichsbetrag, der grds. auch negativ sein kann (*Chattopadhyay* WM 2013, 405 (411)). Die deutschsprachige Fassung der BRRD ist daher missverständlich. Das SAG nennt den Vorgang daher auch „Übertragung", vgl. § 132 SAG.
[348] § 109 SAG; Art. 38 Abs. 1, 40 Abs. 1, 42 Abs. 1 BRRD. Die SRM-Verordnung erwähnt die Einwilligung des Erwerbers nicht ausdrücklich.
[349] § 113 SAG (verallgemeinerter Rechtsgedanke). Vgl. auch Art. 38 Abs. 1 UAbs. 2, 40 Abs. 1 UAbs. 2 BRRD.
[350] BT-Drs. 18/2575, S. 181.
[351] Vgl. BT-Drs. 18/2575, S. 181.
[352] § 116 Abs. 1 SAG; Art. 37 Abs. 6 der BRRD. Nach § 116 Abs. 1 S. 1 SAG ist das Vorliegen eines Insolvenzgrundes für die Eröffnung eines Insolvenzverfahrens erforderlich. Den Insolvenzantrag stellt – abweichend von § 46b KWG – die FMSA. Liegt kein Insolvenzgrund vor, ist das in Abwicklung befindliche (Rest-)Institut zu liquidieren.

B. Abwicklung

157 Für die Auswahl der Übertragungsgegenstände gelten umfangreiche **Schutzmechaniken**. So können die Übertragungsgegenstände grundsätzlich nur zusammen mit den bestellten Sicherheiten übertragen werden und Sicherheiten nur zusammen mit den Übertragungsgegenständen, für welche die Sicherheiten bestellt wurden.[353] Für Saldierungs- und Aufrechnungsvereinbarungen, Zahlungs- sowie Wertpapierliefer- und -abrechnungssystemen (§ 1 Abs. 16 KWG – geschützte Systeme) und zentrale Gegenparteien (§ 1 Abs. 31 KWG) gelten Sonderregelungen (vgl. im Detail C.III. und C.V.).[354]

158 **(a) Instrument der Unternehmensveräußerung.** Das Instrument der Unternehmensveräußerung[355] dient dem Erhalt der kritischen Funktionen des Instituts. Primäres Ziel ist die **Übertragung der systemrelevanten Teile**, inkl. zugehöriger Rechtsverhältnisse, auf einen übernehmenden Rechtsträger zur Fortführung unter Wahrung handelsüblicher Bedingungen.[356] Die Übertragung dieser Teile geschieht nicht isoliert, sondern als Teil eines „**Pakets**",[357] dass dem übernehmenden Rechtsträger sinnvollerweise die Fortführung der kritischen Funktionen ermöglicht, den SRF/Restrukturierungsfonds und die Einlagensicherung in möglichst geringem Umfang belastet, und für den übernehmenden Rechtsträger ggf. wirtschaftlich als Erwerbsgegenstand attraktiv macht. Wie genau die konkret zu übertragenden Anteile, Vermögenswerte, Verbindlichkeiten und Rechtsverhältnisse sich im Einzelnen zusammensetzen, kann nicht abstrakt, sondern nur im konkreten Einzelfall – unter Berücksichtigung ggf. erforderlicher Gegenleistungen – bestimmt werden (→ Rn. 138 ff.). Die Auswahl der Übertragungsgegenstände ist auch Teil der Abwicklungsplanung.

159 Grundsätzlich soll der Anwendung des Instruments ein **Vermarktungsprozess** für die Abwicklungsgegenstände vorangestellt werden.[358] Hierzu wird die Abwicklungsbehörde für das Institut oder die zu veräußernden Teile seiner Geschäftstätigkeit – soweit möglich – Angebote im Rahmen eines transparenten, diskriminierungsfreien Bieterverfahrens einholen.[359] Das Verfahren gleicht insgesamt einer kommerziellen Transaktion – mit der Besonderheit, dass der Verkäufer die Abwicklungsbehörde ist und es somit für die Veräußerung der Zustimmung der Anteilsinhaber oder des Instituts nicht bedarf.[360] Während des Verfahrens besteht keine ad-hoc Publizitätspflicht.[361] Auf die Vermarktung kann verzichtet werden, wenn die Abwicklungsbehörde zu der Einschätzung gelangt, dass die Einhaltung der Anforderungen an einen Vermarktungsprozess wahrscheinlich die Effektivität des Instruments und damit das Erreichen der Abwicklungsziele beeinträchtigt.[362] Potentielle

---

[353] § 110 Abs. 1 SAG; Ausnahmen bestehen zB für gedeckte Einlagen, vgl. § 110 Abs. 2 Satz 1 SAG.
[354] § 110 Abs. 3 SAG.
[355] § 107 Abs. 1 lit. a SAG; Art. 38 BRRD, Art. 24 SRM-Verordnung.
[356] Vgl. Erwägungsgrund 61 BRRD.
[357] BT-Drs. 18/2575, S. 183.
[358] § 126 SAG; Art. 39 BRRD.
[359] § 126 Abs. 2 SAG; Art. 24 Abs. 2 SRM-Verordnung, der einen Vermarkungsprozess grds. voraussetzt; Art. 39 Abs. 2 BRRD; Erwägungsgrund 61 der BRRD.
[360] *Adolff/Eschwey* ZHR 177 (2013), 902 (959).
[361] § 126 Abs. 2 Satz 3 SAG.
[362] § 126 Abs. 3 SAG; Art. 39 Abs. 3 BRRD (mit weiteren Beispielen, wann von der Vermarktung angesehen werden kann). Zu den Umständen, unter denen von einer wesentlichen Bedrohung für die Finanzstabilität oder der Effektivität des Instruments iSd Art. 39 Abs. 3 BRRD auszugehen ist EBA, Leitlinien zu den konkreten Umständen, die zu einer wesentlichen Bedrohung der Finanzstabilität führen, sowie zu den Aspekten hinsichtlich der Effektivität des Instruments der Unternehmensveräu-

Erwerber können ggf. auch direkt angesprochen und auf eine Veröffentlichung des Verfahrens verzichtet werden.[363]

Als **übernehmende Rechtsträger** kommen grundsätzlich alle lebensfähigen Institute in Betracht. Dies gilt für inländische Institute selbst dann, wenn sie noch nicht über alle infolge der Übertragung erforderlichen Erlaubnisse verfügen.[364] Ein ggf. erforderliches Inhaberkontrollverfahren wird beschleunigt durchgeführt.[365] Die mehrfache Anwendung des Instruments ist zulässig, auch mit unterschiedlichen übernehmenden Rechtsträgern.[366] Dies gilt auch für Rückübertragungen, allerdings nur mit der Zustimmung des übernehmenden Rechtsträgers.[367]

160

Ist der Wert der Übertragungsgegenstände positiv, schuldet der übernehmende Rechtsträger eine **Gegenleistung** in Höhe des auf einer „fairen und realistischen Bewertung" basierenden Wertes.[368] Die Gegenleistung kann in Geld oder in Schuldtiteln des übernehmenden Rechtsträgers erfolgen. Gehören die Anteile an dem in Abwicklung befindlichen Unternehmen zu den Übertragungsgegenständen, ist die Gegenleistung direkt an die ehemaligen Anteilsinhaber zu leisten.[369] Bei einem negativen Wert der Übertragungsgegenstände ist das in Abwicklung befindliche Institut zur Zahlung einer Ausgleichsverbindlichkeit verpflichtet.[370]

161

(b) Instrument der Übertragung auf ein Brückeninstitut. Das Instrument der Übertragung auf ein Brückeninstitut dient – ebenso wie das Instrument der Unternehmensveräußerung – dem Erhalt der kritischen Funktionen des Instituts. Ziel des Brückeninstituts ist der Betrieb der kritischen Funktionen und die anschließende Veräußerung der übertragenen Vermögenswerte, Verbindlichkeiten und Rechtsverhältnisse zu angemessenen Bedingungen an private Erwerber.[371] Die Instrumente der Unternehmensveräußerung und der Übertragung auf ein Brückeninstitut dienen damit dem gleichen Zweck.[372] Ein Brückeninstitut wird verwendet, wenn für das Instrument der Unternehmensveräußerung zeitnah kein **übernehmender Rechtsträger** gefunden werden kann. Die Gründung von Brückeninstituten auf Vorrat ist zulässig.[373] Sie stehen im Abwicklungsfall daher tatsächlich zur Verfügung.

162

Als Brückeninstitut kann nur ein Rechtsträger dienen, dessen Anteile zumindest teilweise von der Abwicklungsbehörde oder einer anderen öffentlichen Stelle gehalten werden, der von der Abwicklungsbehörde kontrolliert wird und speziell als Brückeninstitut gegründet wurde.[374]

163

ßerung nach Artikel 39 Absatz 4 der Richtlinie 2014/59/EU vom 7. August 2015 (EBA/GL/2015/04), S. 6 ff.

[363] § 126 Abs. 2 Satz 2 SAG; Art. 39 Abs. 2 UAbs. 2 BRRD.
[364] § 119 SAG. Die BRRD enthält Sonderregelungen zur Inhaberkontrolle und zu Erlaubnissen für die Instrumente der Unternehmensveräußerung und des Brückeninstituts (Art. 40 Abs. 9, 41 Abs. 1 lit. e, f BRRD). Das SAG verallgemeinert (BT-Drs. 18/2575, S. 181 f.)
[365] § 120 SAG; Artikel 38 Abs. 8, 9 BRRD. Das SAG verallgemeinert die Vorgaben der BRRD.
[366] § 108 SAG, Art. 38 Abs. 5, 40 Abs. 3, 42 Abs. 6 BRRD. Das SAG verallgemeinert die Vorgaben der BRRD.
[367] § 127 SAG, Art. 38 Abs. 6 BRRD.
[368] § 111 Abs. 2 SAG; *Adolff/Eschwey* ZHR 177 (2013), 902 (959); BT-Drs. 18/2575, S. 180.
[369] § 111 Abs. 5 SAG; undifferenzierter Art. 38 Abs. 4 BRRD.
[370] § 111 Abs. 3 SAG; Art. 38 Abs. 4 BRRD.
[371] Erwägungsgrund 65 BRRD; § 128 Abs. 3 SAG; Art. 40 Abs. 2 lit. b BRRD.
[372] *Adolff/Eschwey* ZHR 177 (2013), 902 (960); sinngemäß auch: *Chattopadhyay* WM 2013, 405 (410); *Engelbach/Friedrich* WM 2015, 662 (665).
[373] § 61 SAG.
[374] § 128 Abs. 1 SAG; Art. 40 Abs. 1 BRRD.

164 Der **Vermarktungsprozess** setzt nicht unmittelbar sondern erst nach Übertragung der Übertragungsgegenstände auf das Brückeninstitut ein.[375] Die Lebenslauer des Brückeninstituts ist grundsätzlich auf 2 Jahre beschränkt.[376] Für den Vermarktungsprozess des Brückeninstituts gelten im Wesentlichen die gleichen Grundsätze wie für die Vermarktung der Übertragungsgegenstände im Rahmen des Instruments der Unternehmensveräußerung.[377]

165 Der Gesamtwert der auf das Brückeninstitut übertragenen Verbindlichkeiten darf nicht den Gesamtwert der übertragenen Rechte und Vermögenswerte übersteigen.[378] Eine Ausgleichszahlung ist daher – anders als für das Instrument der Unternehmensveräußerung – nicht vorgesehen. Die Erlöse aus dem Vermarktungsprozess (nebst Liquidationserlös) fließen jedoch dem in Abwicklung befindlichen Institut zu, über das ein reguläres Insolvenzverfahrens zu eröffnen oder anderweitig zu liquidieren ist.[379] Für die **Rückübertragung** von Übertragungsgegenständen gelten – anders als im Rahmen des Instruments der Unternehmensveräußerung – **enge Grenzen**.[380] Hintergrund hierfür ist, dass eine Vermarktung des Gesamtvermögens sichergestellt wird und diese Vermarktungsaktivitäten gerade auch die schwer veräußerlichen Übertragungsgegenstände umfassen sollen. Die Regelung dient dem Gläubigerschutz.[381] Der Gesetzgeber unterstellt insoweit, dass der Vermarktungsprozess geeignet ist, Übertragungsgegenstände bestmöglich zu verwerten. Das Argument, die engen Grenzen für eine Rückübertragung seien auch aus Gründen der Rechtssicherheit erforderlich,[382] erscheint hingegen weniger überzeugend.

166 **(c) Instrument der Übertragung auf eine Vermögensverwaltungsgesellschaft.** Das Instrument der Übertragung auf eine Vermögensverwaltungsgesellschaft enthält – ebenso wie die zuvor dargestellten Instrumente – einen Übertragungstatbestand. Vermögenswerte, Verbindlichkeiten und Rechtsverhältnisse eines in Abwicklung befindlichen Instituts oder eines Brückeninstituts können auf eine oder mehrere eigens für die Vermögensverwaltung errichtete, **staatlich kontrollierte Zweckgesellschaften** (Vermögensverwaltungsgesellschaften) übertragen werden.[383] Die Gründung von Vermögensverwaltungsgesellschaften auf Vorrat ist – ebenso wie von Brückeninstituten (→ Rn. 162) – zulässig.[384]

167 Vermögensverwaltungsgesellschaften sind Rechtsträger, deren Anteile ganz oder teilweise von der Abwicklungsbehörde oder einer anderen öffentlichen Stelle gehalten werden, die von der Abwicklungsbehörde kontrolliert werden und speziell als Vermögensverwaltungsgesellschaft gegründet wurden.[385] Der Zweck der Vermögensverwaltungsgesellschaft ist die **Verwaltung** der Übertragungsgegenstände mit dem Ziel, deren Verwertungserlös

---

[375] § 129 SAG; Art. 41 Abs. 4 UAbs. 1, 2 BRRD.
[376] § 128 Abs. 4 SAG; vgl. Art. 41 Abs. 5 BRRD.
[377] § 129 SAG, der auf § 126 SAG (Vermarktungsprozess bei der Unternehmensveräußerung) verweist; Art. 41 Abs. 4 BRRD.
[378] § 130 SAG; Art. 40 Abs. 3 BRRD; *Adolff/Eschwey* ZHR 177 (2013), 902 (960).
[379] §§ 111 Abs. 2, 5; 116 abs. 1 SAG; Art. 37 Abs. 6; 40 Abs. 4 BRRD.
[380] § 131 Abs. 1 SAG; Art. 40 Abs. 7 BRRD sowie § 131 Abs. 2 SAG; Art. 40 Abs. 6 lit. b BRRD. Die BRRD ist insoweit weiter als das SAG (BT-Drs. 18/2575, S. 185).
[381] So wohl: *Dohrn* WM 2012, 2033 (2036).
[382] *Chattopadhyay* WM 2013, 405 (411); wobei *Chattopadhyay* noch anmerkt, dass der Grund auch schlicht in allgemeinen verwaltungsrechtlichen Vertrauensschutzerwägungen liegen könne, wie sie auch in §§ 48, 49 VwVfG Ausdruck finden.
[383] §§ 107 Abs. 1 Nr. 2, 133 Abs. 1 SAG; Art. 42 Abs. 1 BRRD; Erwägungsgrund 66 der BRRD; Erwägungsgrund 72 der SRM-Verordnung.
[384] § 61 SAG.
[385] § 133 Abs. 1 SAG; Art. 42 Abs. 2 BRRD.

durch Veräußerung zu maximieren.[386] Hierzu kann die Gesellschaft einen Vermarktungsprozess durchführen.[387]

Anders als das Instrument der Unternehmensveräußerung und der Übertragung auf ein Brückeninstitut dient das Instrument der Übertragung auf eine Vermögensverwaltungsgesellschaft nicht dem Schutz der kritischen Funktionen des Instituts. Vielmehr verfolgt das Instrument – ähnlich der Abwicklungsanstalten – ein **„bad bank"-Modell**.[388] Grundgedanke ist die Übertragung toxischer, unterbewerteter und nicht liquider Aktiva zur Verwertung an eine Vermögensverwaltungsgesellschaft.[389] Tatbestandlich können flankierende andere Vermögenswerte mitübertragen werden.[390] Hiervon wird zur Maximierung des Verwertungserfolgs auch regelmäßig auszugehen sein (Portfoliotheorie). 168

Eine isolierte Anwendung des Instruments der Vermögensverwaltungsgesellschaft stünde im Widerspruch zu den Abwicklungszielen und -grundsätzen. Die Abwicklungsinstrumente sollen gerade nicht dazu genutzt werden, nur toxische Assets aus dem in Abwicklung befindlichen Institut heraus zu übertragen.[391] Das Instrument der Übertragung auf eine Vermögensverwaltungsgesellschaft kann daher nur zusammen mit anderen Abwicklungsinstrumenten angewendet werden.[392] Ferner ist Anwendungsvoraussetzung, dass der Verbleib (bestimmter) toxischer, unterbewerteter und nicht liquider Aktiva in dem in Abwicklung befindenden Institut und deren Abwicklung im Rahmen eines regulären Insolvenzverfahrens negative Auswirkungen auf einen oder mehrere Finanzmärkte hat.[393] Dadurch sollen Wettbewerbsverzerrungen[394] sowie der **„moral-hazard"** vermieden werden, der sich daraus ergeben könnte, dass das in Abwicklung befindlichen Institut davon ausgehen könnte, problematische Vermögenswerte – wie in der Vergangenheit vereinzelt – einfach abstoßen zu können.[395] Das Instrument dient daher iE nur der Unterstützung anderer Abwicklungsinstrumente.[396] 169

Für die Übertragung der Übertragungsgegenstände erhält das in Abwicklung befindliche Institut bzw. das Brückeninstitut eine **Gegenleistung**, die ggf. auch in Schuldtiteln erfüllt werden kann.[397] Die Gegenleistung wird im Zusammenhang mit der Übertragung festgelegt, was ggf. eine Verlustrealisation zur Folge haben kann. Eine Rückübertragung von Übertragungsgegenständen ist unter den engen Voraussetzungen möglich.[398] 170

---

[386] § 132 Abs. 1 SAG; Art. 42 Abs. 5 BRRD; vgl. auch: *Dohrn* WM 2012, 2033 (2036).
[387] § 133 Abs. 4 Satz 2 SAG. Die BRRD sieht einen entsprechenden Vermarktungsprozess nicht vor vgl. BT-Drs. 18/2575, S. 185.
[388] Vgl. Begründung des Richtlinienentwurfs, COM/2012/280 final vom 12. Dezember 2012, S. 15; *Chattopadhyay* WM 2013, 405 (411); vgl. auch *Adolff/Eschwey* ZHR 177 (2013), 902 (962).
[389] Begründung des Richtlinienentwurfs, COM/2012/280 final vom 12. Dezember 2012, S. 15.
[390] *Chattopadhyay* WM 2013, 405 (411).
[391] Dies wird schon durch die fehlende Umsetzung der in Art. 56–58 BRRD enthaltenen staatlichen Stabilisierungsinstrumente deutlich.
[392] § 77 Abs. 7 SAG; Art. 37 Abs. 5 BRRD; *Adolff/Eschwey* ZHR 107 (2013), 902 (962).
[393] Art. 42 Abs. 5 BRRD; welche Kriterien bei der Bewertung solcher negativen Auswirkungen auf den Finanzmarkt beachtet werden sollten, wird in EBA, Final Draft Guidelines on the determination of when the liquidation of assets or liabilities under normal insolvency proceedings could have an adverse effect on one or more financial markets under Article 42(14) of Directive 2014/59/EU (EBA/GL/2015/05) dargestellt,
[394] Erwägungsgrund 66 BRRD.
[395] Begründung des Richtlinienentwurfs, COM/2012/280 final vom 12. Dezember 2012, S. 15.
[396] Impact Assessment zur BRRD vom 6. Juni 2012, SWD (2012) 166 final, S. 122.
[397] § 111 Abs. 5 Satz 2 SAG; vgl. zur Gegenleistung: Art. 42 Abs. 6 BRRD.
[398] §§ 131, 135 SAG; Art. 42 Abs. 10 BRRD.

171 **(2) Bail-In-Instrument (Instrument der Gläubigerbeteiligung).** Das Bail-In-Instrument ist das Herzstück der Abwicklung und dient der angemessenen Beteiligung der Gläubiger an den Verlusten des Instituts und den Kosten der Abwicklung (vgl. im Detail B.V.).[399] Es ermöglicht der Abwicklungsbehörde mittels Verwaltungsakt und ohne Zustimmung der Gläubiger ua Verbindlichkeiten zu kürzen oder in Anteile umzuwandeln.[400] Inhaltlich schließt das Instrument damit an die Kapitalinstrumentebefugnis an. Während die Kapitalinstrumentebefugnis nur Eigenmittelinstrumente erfasst, gilt der Bail-In auch für nicht nachrangige Verbindlichkeiten.[401] Das Instrument der Gläubigerbeteiligung und die Kapitalinstrumentebefugnis wirken insoweit zusammen und werden in der Literatur – vereinfachend – teilweise zusammen als Bail-In bezeichnet.[402] Technisch handelt es sind jedoch um zwei getrennte Regelungskomplexe, die – wie oben unter → Rn. 122 ff. gezeigt – auch unterschiedliche Anwendungsvoraussetzungen aufweisen.

172 **(a) Rekapitalisierung durch Bail-In.** Ziel des Bail-In ist die Stabilisierung der kritischen Funktionen eines in Abwicklung befindlichen Instituts durch **Rekapitalisierung** ohne Inanspruchnahme öffentlicher Gelder.[403] Im Zusammenspiel mit der Kapitalinstrumentebefugnis werden zunächst die Anteilsinhaber des Instituts nebst sonstiger Inhaber von Eigenmittelinstrumenten und dann die sonstigen Gläubiger durch Herabschreibung (*write off*) bzw. Umwandlung (*conversion*) an der Abwicklung beteiligt.[404] Anteilsinhaber und Gläubiger dürfen nicht schlechter gestellt werden als im Rahmen eines regulären Insolvenzverfahrens.[405]

173 Der Bail-In kann in **zwei Formen** zur Anwendung kommen:[406]
- Das Bail-In-Instrument kann zur Rekapitalisierung des in Abwicklung befindlichen Instituts mit dem Ziel genutzt werden, die Einhaltung aufsichtsrechtlicher Vorgaben (insb. der Zulassungsvoraussetzungen) sicherzustellen und das Vertrauen des Marktes in das Institut aufrechtzuerhalten.[407] So kann zB durch die Umwandlung berücksichtigungsfähiger Verbindlichkeiten in Anteile hartes Kernkapital generiert werden.[408]
Die Rekapitalisierung des Instituts setzt regelmäßig voraus, dass die Krise des Instituts nicht grundlegender, struktureller Natur ist, sondern zB nur einem außergewöhnlichen Marktereignis geschuldet. Dann kann die begründete Aussicht bestehen, das Institut rein durch eine Rekapitalisierung und ohne weitergehende, strukturelle Eingriffe zu

---

[399] Siehe Erwägungsgrund 67 BRRD; Art. 43 Abs. 2 BRRD; Art. 27 Abs. 1 SRM-Verordnung; Begründung des Regierungsentwurfs COM/2012/028 final vom 12. Dezember 2012, S. 14 f.; *Avgouleas/Goodhart* Journal of Financial Regulation 2015, 1 (3); *Duve/Wimalasena* BB 2014, 2755 (2755).

[400] §§ 90, 99, 101 SAG; Art. 27 Abs. 1 SRM-Verordnung; Art. 43 Abs. 1, 2 BRRD; *Adolff/Eschwey* ZHR 107 (2013), 902 (962 f.); *Chattopadhyay* WM 2013, 405 (412); *Conlon/Cotter* S. 7.

[401] Vgl. §§ 90 Nr. 1, 91 Abs. 1 SAG; Art. 27 Abs. 1 SRM-Verordnung.

[402] So bspw. *Bauer/Hildner* DZWIR 2015, 251 (257); *Engelbach/Friedrich* WM 2015, 662 (666).

[403] Europäische Kommission, Memo 14/297, EU Bank Recovery and Resolution Directive (BRRD), Frequently Asked Questions, Punkt IV, S. 7 f.; *Duve/Wimalasena* BB 2014, 2755 (2755).

[404] *Duve/Wimalasena* BB 2014, 2755 (2755); *Engelbach/Friedrich* WM 2015, 662 (666).

[405] Vgl. § 145 Abs. 1 SAG; *Duve/Wimalasena* BB 2014, 2755 (2755); vgl. auch: *Engelbach/Friedrich* WM 2015, 662 (666).

[406] § 90 Nr. 1, 2 SAG; Art. 43 Abs. 2 lit. a BRRD; Art. 27 Abs. 1 lit. a, b SRM-Verordnung; vgl. auch DG Internal Market, Discussion paper on the debt write-down tool- Bail-In vom 30. März 2012, S. 6; ferner: *Engelbach/Friedrich* WM 2015, 662 (666).

[407] Vgl. § 95 Abs. 1 Nr. 1 SAG; BT-Drs. 18/2575 S. 174; *Engelbach/Friedrich* WM 2015, 662 (666 f.).

[408] §§ 90 Nr. 1, 95 Nr. 2 SAG; *Engelbach/Friedrich* WM 2015, 662 (666 f.).

I. Überblick Abwicklung unter besonderer Berücksichtigung der Abwicklung nicht systemrelevanter Institute

retten.[409] Die Rekapitalisierung nur zulässig, wenn neben der Erreichung der Abwicklungsziele auch die finanzielle Solidität und Überlebensfähigkeit wiederhergestellt, ein Restrukturierungsplan[410] implementiert und das Management ausgewechselt wird.[411]

- Das Bail-In-Instrument kann der Kapitalisierung aufnehmender Rechtsträger im Zusammenhang mit der Anwendung von Übertragungsinstrumenten (→ Rn. 158 ff.) dienen.[412] Ziel des Bail-In ist dann gerade nicht die Rekapitalisierung des in Abwicklung befindlichen Instituts. Das Institut wird nicht fortgeführt, sondern lediglich der/die aufnehmende(n) Rechtsträger.[413]

Die vom Bail-In und von der Kapitalinstrumentebefugnis betroffenen Anteilsinhaber und Gläubiger erhalten für ihren Rechtsverlust **keine Kompensation**. Ihre Rechtsposition wird beschnitten, jedoch maximal auf den Betrag, der in einem regulären Insolvenzverfahren für die betroffenen Anteilsinhaber und Gläubiger zu realisieren gewesen wäre.[414] Stellt sich nachträglich heraus, dass einzelne Anteilsinhaber und Gläubiger aufgrund der Anwendung des Bail-In Instruments bzw. der Kapitalinstrumentebefugnis einen größeren Verlust als in einem regulären Insolvenzverfahren erlitten haben, erhalten sie eine **Entschädigung** aus dem SRF / Restrukturierungsfonds.[415]

(b) Berücksichtigungsfähige Verbindlichkeiten. Das Instrument des Bail-In erfasst alle Verbindlichkeiten mit Ausnahme relevanter Kapitalinstrumente und ausdrücklich ausgenommener Verbindlichkeiten.[416] Die Abschreibung/Umwandlung relevanter Kapitalinstrumente wird durch die Kapitalinstrumentebefugnis umgesetzt (→ Rn. 122 ff.). Nachrangige Forderungen und Instrumente, die nicht zu den relevanten Kapitalinstrumenten zählen, sind Teil der berücksichtigungsfähigen Verbindlichkeiten. Dies gilt insbesondere auch für vertragliche Bail-In Instrumente (→ Rn. 113).

---

[409] Es handelt sich daher um einen Ausnahmefall; weitergehender noch *Dohrn* WM 2012, 2033 (2038).

[410] Art. 43 Abs. 3 BRRD; Art. 27. Abs. 2 SRM-Verordnung; § 95 Abs. 1 Nr. 1 SAG. Vgl. auch EBA Final Report: Draft Regulatory Technical Standards and guidelines on Business Reorganisation Plans under Directive 2014/59/EU (BRRD) EBA/RTS/2015/12, EBA/GL/2015/21 vom 17. Dezember 2015.

[411] Vgl. Erwägungsgrund 69 BRRD; §§ 87, 102 SAG; Art. 27 Abs. 2 SRM-Verordnung; Art. 43 Abs. 3 BRRD; *Binder* ZHR 179 (2015), 83 (105).

[412] § 95 Nr. 2 lit. a, b SAG; Art. 27 Abs. 1 lit. b SRM-Verordnung; Art. 43 Abs. 1 lit. b BRRD; vgl. auch: *Binder* ZHR 179 (2015), 82 (105 f.); *Engelbach/Friedrich* WM 2015, 662 (666 f.); EBA, Consultation Paper, Draft Guidelinies on the rate of conversion of dept to equity in bail-in (EBA/CP/2014/39).

[413] *Avgouleas/Goodhart* Journal of Financial Regulation 2015, 1 (5); *Gordon/Ringe* S. 36; vgl. auch *Binder* ZHR 179 (2015), 83 (109 f.). Dies gilt auch für den Fall der Nutzung einer Vermögensverwaltungsgesellschaft, der mit Hilfe des Bail-In wirtschaftlich zB die Mittel zur Vermarktung und Veräußerung des Portfolios und zum Betrieb der Gesellschaft zur Verfügung gestellt werden können. Eine Kapitalisierung der Vermögensverwaltungsgesellschaft auf die Vorgaben der CRR ist jedoch nicht erforderlich, da es sich bei der Gesellschaft gerade nicht um ein Institut handelt (*Avgouleas/Goodhart* Journal of Financial Regulation 2015, 1 (5 f.); vgl. Kritik an der Bezeichnung „closed bank": *Binder* ZHR 179 (2015), 83 (110 Fn. 148).

[414] Vgl. BT-Drs. 18/2575, S. 166; EBA, Consultation Paper, Draft Guidelines on the rate of conversion of debt to equity in bail-in (EBA/CP/2014/39), S. 8.

[415] §§ 146, 147 SAG; siehe auch: Art. 76 Abs. 1 lit. e SRM-Verordnung.

[416] Terminologisch unterscheidet sich die BRRD/SRM-Verordnung insoweit vom SAG. Während auf Ebene des EU-Rechts vom Bail-In ausdrücklich ausgenommene Verbindlichkeiten zu den berücksichtigungsfähigen Verbindlichkeiten zählen (Art. 44 BRRD; Art. 27 SRM-Verordnung), sind diese im SAG von der Definition bereits ausgenommen (§ 91 SAG). Materiell-rechtlich entstehen dadurch keine Unterschiede.

B. Abwicklung

176 Vom Bail-In sind kraft Gesetzes die folgenden Verbindlichkeiten *per se* **ausgenommen**, und zwar unabhängig davon, ob sie dem Recht eines Mitgliedstaats oder eines Drittstaats unterliegen[417]:
- Gedeckte Einlagen[418] (→ Rn. 214). Zu den berücksichtigungsfähigen Verbindlichkeiten zählen daher auch erstattungsfähige Einlagen (→ Rn. 213), soweit sie keine gedeckten Einlagen sind.
- Besicherte Verbindlichkeiten[419], auch aus gedeckten Schuldverschreibungen.[420]
- Verbindlichkeiten aus der Verwahrung von Kundenvermögen oder Kundengeldern, für die ein Aus- bzw. Absonderungsrecht besteht,[421] sowie bestimmte Verbindlichkeiten aus einem Treuhandverhältnissen.[422]
- Verbindlichkeiten gegenüber nicht gruppenangehörigen Instituten, mit einer Ursprungslaufzeit von weniger als sieben Tagen.[423] Die Regelung schützt kurzlaufende Interbankenkredite.[424] Auch soll eine kurzfristige Kapitalüberlassung in Krisenzeiten nicht behindert werden.[425] Gleichzeitig begünstigt die Regelung kurzlaufende Finanzierungen, die ggf. Risiken der Fristentransformation begründen.[426]
- Verbindlichkeiten mit einer Restlaufzeit von weniger als sieben Tagen gegenüber geschützten Systemen (→ Rn. 157), deren Betreibern oder Teilnehmern, wenn diese Verbindlichkeiten aus einer Teilnahme an dem geschützten System resultieren.[427]
- Bestimmte Verbindlichkeiten aus Beschäftigungsverhältnissen, gegenüber Geschäfts- und Handelsgläubigern aufgrund von Lieferung und Leistung, und gegenüber den Einlagensicherungssystemen aus Beitragspflichten.[428]

177 Darüber hinaus kann die Abwicklungsbehörde **im Einzelfall** bestimmte berücksichtigungsfähige Verbindlichkeiten oder bestimmte Kategorien berücksichtigungsfähiger Ver-

---

[417] § 91 Abs. 2 SAG; vgl. auch sinngemäß Art. 27 Abs. 3 SRM-Verordnung. Die nach Art. 27 Abs. 3 lit. g SRM-Verordnung bzw. Art. 44 Abs. 4 lit. g BRRD vorgesehene Möglichkeit, bevorrechtigte Steuerforderungen und Beitragsforderungen der Sozialversicherungsträger aus dem Bail-In auszunehmen, wurde im SAG nicht umgesetzt, da auch die InsO keine Privilegierungen von Steuerforderungen oder Beitragsforderungen der Sozialversicherungsträger vorsieht (BT-Drs. 18/2575, S. 173; so wohl auch schon: *Dohrn* WM 2012, 2033 (2038)); kritisch zu den Ausnahmeregelungen *Zimmer/Weck/Schepp* ZWeR 2014, 257 (264 ff.).
[418] § 91 Abs. 2 Nr. 1 SAG; Art. 44 Abs. 2 lit. a BRRD; Art. 27 Abs. 3 lit. a SRM-Verordnung.
[419] Nicht als Besicherung gelten Garantien durch Dritte (EBA, Q&A, Frage-ID 2015_1779): „*Guarantees or liabilities guaranteed by third party are not considered as secured liability in the meaning of Article 43(2)(b) because that concept must be interpreted as covering only liabilities secured/guaranteed by assets of the institution under resolution.*" Vgl. auch § 99 Abs. 8 SAG. Nach hier vertretener Ansicht sollte die Ausnahme nur auf persönliche Sicherheiten Anwendung finden. Nicht erfasst werden nach hier vertretener Ansicht daher zB Pfandrechte Dritter (als dingliche Sicherheit), da sie keine persönliche Haftung begründen. Nicht dargestellt werden soll die Thematik der Wirkungen einer nur teilweisen Besicherung einer Verbindlichkeit.
[420] § 91 Abs. 2 Nr. 2 SAG; Art. 44 Abs. 2 lit. b BRRD; Art. 27 Abs. 3 lit. b SRM-Verordnung.
[421] Mit einer Gegenausnahme für Investmentvermögen nach dem Kapitalanlagegesetzbuch, vgl. § 91 Abs. 2 Nr. 3 SAG; Art. 44 Abs. 2 lit. c BRRD; Art. 27 Abs. 3 lit. c SRM-Verordnung.
[422] § 91 Abs. 2 Nr. 5 SAG; Art. 44 Abs. 2 lit. d BRRD; Art. 27 Abs. 3 lit. d SRM-Verordnung.
[423] § 91 Abs. 2 Nr. 5 SAG; Art. 44 Abs. 2 lit. e BRRD; Art. 27 Abs. 3 lit. e SRM-Verordnung.
[424] *Chattopadhyay* WM 2013, 405 (412); Europäische Kommission, Memo/14/297 der vom 15. April 2014, Punkt IV, S. 8.
[425] *Dohrn* WM 2012, 2033 (2038).
[426] *Dohrn* WM 2012, 2033 (2038).
[427] § 91 Abs. 2 Nr. 6 SAG; Art. 44 Abs. 2 lit. f BRRD; Art. 27 Abs. 3 lit. f SRM-Verordnung.
[428] § 91 Abs. 2 Nr. 7 SAG; Art. 44 Abs. 2 lit. g BRRD; Art. 27 Abs. 3 lit. g SRM-Verordnung.

bindlichkeiten ganz oder teilweise aus dem Anwendungsbereich des Bail-In ausnehmen.[429] Die Gewährung der Ausnahme steht im **Ermessen** der Abwicklungsbehörde (bzw. des Ausschusses). Von ihr kann in den folgenden Fällen Gebrauch gemacht werden:
- Eine zeitnahe Anwendung des Bail-In auf bestimmte, berücksichtigungsfähige Verbindlichkeiten ist nicht möglich.[430] Die Ausnahme soll Verzögerungen bei der Abwicklung vermeiden, zB aufgrund von Bewertungsschwierigkeiten für einzelne Verbindlichkeiten.[431]
- Der Ausschluss ist zwingend notwendig und verhältnismäßig, um die Fortführung der kritischen Funktionen und wesentlichen Geschäftsaktivitäten sicherzustellen.[432] Die Regelung wird va relevant, wenn die unter → Rn. 176 genannte per se Ausnahme zum Schutz der Marktinfrastruktur zu kurz greift. Insbesondere im Bereich des Derivateclearing verfügen Forderungen regelmäßig über eine Restlaufzeit von mehr als sieben Tagen.
- Der Ausschluss ist zwingend notwendig und verhältnismäßig, um die Gefahr einer Ansteckung zu vermeiden, die das Funktionieren der Finanzmärkte so stören würde, dass dies die Wirtschaft eines EU-Mitgliedstaats oder der gesamten EU erheblich beeinträchtigen könnte.[433]
- Die Anwendung des Bail-In auf bestimmte Verbindlichkeiten würde zu einer Wertvernichtung führen, bei der die von anderen Gläubigern zu tragenden Verluste höher wären, als bei Ausschluss der Verbindlichkeiten.[434]

Umfang und Anwendungsbereich der einzelnen Ausnahmetatbestände wurden im Gesetzgebungsprozess zur BRRD kontrovers diskutiert.[435] Ergebnis war eine Kombination aus per se Ausnahmen (→ Rn. 176) und Ermessensausnahmen (→ Rn. 177). Der Katalog zwingender Ausnahmen ist eng gefasst, um die Wirksamkeit des Bail-In-Instruments zu stärken, und eine gerechte Belastung der Gläubiger zu erreichen (durch Verteilung der Nachteile auf möglichst viele Gläubiger).[436] Die Anwendung der **Ermessensausnahme bleibt Ausnahmefällen** vorbehalten.[437] Sie führt zu einer Ungleichbehandlung von Gläubigern mit gleichem Insolvenzrang und einer Mehrbelastung der von der Ausnahme nicht erfassten Gläubiger. Ihre Ausübung ist inhärent in Konflikt mit einzelnen Abwicklungszielen.[438] Die Notwendigkeit der Anwendung der Ermessensausnahme muss daher auch bereits in der Abwicklungsplanung (vor dem Hintergrund der Kapitalstruktur) und bei der Festlegung der MREL-Quote (→ Rn. 101 ff.) untersucht werden.[439]

178

---

[429] § 92 SAG; Art. 44 Abs. 3 BRRD; Art. 27 Abs. 5 SRM-Verordnung.
[430] § 92 Abs. 1 Nr. 1 SAG; Art. 44 Abs. 3 lit. a BRRD; Art. 27 Abs. 5 lit. a SRM-Verordnung.
[431] Vgl. BT-Drs. 18/2575, S. 173.
[432] § 92 Abs. 1 Nr. 2 SAG; Art. 44 Abs. 3 lit. b BRRD; Art. 27 Abs. 5 lit. b SRM-Verordnung; während das SAG die Verhältnismäßigkeit des Ausschlusses fordert, muss dieser nach der BRRD und SRM-Verordnung angemessen sein.
[433] § 92 Abs. 1 Nr. 3 SAG; Art. 44 Abs. 3 lit. c BRRD; Art. 27 Abs. 5 lit. c SRM-Verordnung; auch hier fordert das SAG die Verhältnismäßigkeit des Ausschlusses, während nach der BRRD und SRM-Verordnung diese angemessen sein muss.
[434] § 92 Abs. 1 Nr. 4 SAG; Art. 44 Abs. 3 lit. d BRRD; Art. 27 Abs. 5 lit. d SRM-Verordnung.
[435] DG Internal Market, Discussion paper on the debt write-down tool- Bail-In vom 30. März 2012, S. 7 ff.
[436] DG Internal Market, Discussion paper on the debt write-down tool- Bail-In vom 30. März 2012, S. 7; *Engelbach/Friedrich* WM 2015, 662 (667); *Dohrn* WM 2012, 2033 (2038).
[437] § 92 SAG.
[438] BT-Drs. 18/2575, S. 174.
[439] Vgl. *Chattopadhyay* WM 2013, 405 (412).

B. Abwicklung

179   Werden kraft Ausübung der Ermessensausnahme Verbindlichkeiten vom Bail-In ausgenommen, besteht die Möglichkeit der Zahlung eines Ausgleichsbetrags aus dem SRF / Restrukturierungsfonds sowie – unter außergewöhnlichen Umständen – auch aus alternativen Finanzierungsquellen.[440] Der Ausgleichsbetrag dient nicht der Kompensation von Nachteilen für andere Gläubiger, sondern der Sicherstellung der Verlusttragungsfähigkeit und Rekapitalisierung des Instituts.[441] Er ist daher nur dann zu leisten, wenn die aus der Anwendung des Ausschlusses resultierenden Fehlbeträge nicht vollständig durch Erhöhung des Umfangs der auf andere berücksichtigungsfähige Verbindlichkeiten angewendeten Herabschreibungen oder Umwandlungen ausgeglichen werden können.[442] Ferner stehen die Mittel des SRF / Restrukturierungsfonds auch nur dann zu Verfügung, wenn die Inhaber von Eigenmittelinstrumenten und berücksichtigungsfähigen Verbindlichkeiten durch Herabschreibung, Umwandlung oder auf andere Weise einen Fehlbetrags in Höhe von mind. **8 % der Summe** aus Verbindlichkeiten und Eigenmitteln ausgeglichen haben.[443] Im Regelfall darf die Höhe des durch den SRF / Restrukturierungsfonds zu leistenden Ausgleichsbetrags dann **5 % der Summe** aus Verbindlichkeiten und Eigenmitteln nicht übersteigen.[444] Damit soll sichergestellt werden, dass die Mittel des SRF / Restrukturierungsfonds nicht statt einer Beteiligung der Gläubiger vorrangig zur Rettung des Instituts herangezogen werden. Vom Instrument des Ausgleichsbetrags kann nur restriktiv Gebrauch gemacht werden, um den mit seiner Gewährung verbundenen **„moral hazard"** zu vermeiden.[445]

180   **(c) Bestimmung der Abschreibungs-/Umwandlungssätze.** Der Bail-In findet immer zusammen mit der Kapitalinstrumentebefugnis Anwendung[446] so dass der zur Verlustabsorption und Rekapitalisierung erforderliche, aggregierte Betrag einheitlich errechnet und umgelegt wird.[447]

181   Berücksichtigungsfähige Verbindlichkeiten mit gleichem Insolvenzrang werden grundsätzlich **pro ratarisch** abgeschrieben bzw. umgewandelt.[448] Dies gilt jedoch nicht für Verbindlichkeiten mit unterschiedlichem Rang.[449] Posten des harten Kernkapitals sind daher am Stärksten abzuschreiben bzw. durch Umwandlung relevanter Kapitalinstrumente und berücksichtigungsfähiger Verbindlichkeiten in hartes Kernkapital erheblich zu verwässern.[450] Dabei ist zu beachten, dass nach Auffassung der EBA – unabhängig von der Art der Verbindlichkeit – eine Umwandlung jeweils nur in hartes Kernkapital (dh nicht zB auch in zusätzliches Kernkapital oder Ergänzungskapital) in Betracht kommt.[451] Die Umwandlung von Ver-

---

[440] § 94 SAG; Art. 44 Abs. 4, 7 BRRD; Art. 27 Abs. 6, 9 SRM-Verordnung.
[441] Vgl. BT-Drs. 18/2575, S. 200; vgl. auch Wortlaut des § 7a RStruktFG.
[442] § 7a RStruktFG; Art. 67 SRM-Verordnung.
[443] § 94 SAG; Art. 44 Abs. 5 lit. a BRRD; Art. 27 Abs. 7 lit. a SRM-Verordnung.
[444] § 94 SAG; Art. 44 Abs. 5 lit. b BRRD; Art. 27 Abs. 7 lit. b SRM-Verordnung.
[445] Vgl. Europäische Kommission, Overview of the results of the public consultation on technical details of a possible EU framework for bank resolution and recovery, 5. Mai 2011, S. 10.
[446] Vgl. § 77 Abs. 6 SAG; Art. 22 Abs. 1 SRM-Verordnung; Art. 37 Abs. 2 BRRD.
[447] Vgl. BT-Drs. 18/2575, S. 172. Zu den Umwandlungssätzen vgl. auch EBA, Consultation Paper, Draft Guidelines on the rate of conversion of debt to equity in bail-in (EBA/CP/2014/39) und EBA, Consultation Paper, Draft Guidelines On the treatment of shareholders in bail-in or the write-down and conversion of capital instruments (EBA/CP/2014/40).
[448] § 97 Abs. 1 SAG; Art. 48 BRRD; Art. 17 SRM-Verordnung.
[449] Art. 17 SRM-Verordnung; § 97 SAG; Art. 48 BRRD; vgl. *Binder* ZHR 179 (2015), 83 (111, 118).
[450] § 97 SAG; Art. 48 BRRD; Art. 17 SRM-Verordnung.
[451] Vgl. insgesamt EBA, Consultation Paper, Draft Guidelines on the rate of conversion of debt to equity in bail-in (EBA/CP/2014/39); EBA, Consultation Paper, Draft Guidelines On the treatment of shareholders in bail-in or the write-down and conversion of capital instruments (EBA/CP/2014/40).

bindlichkeiten höherer Seniorität ohne vorheriger, vollständiger Abschreibung aller Anteile bzw. nachrangigen Verbindlichkeiten ist – unter bestimmten Voraussetzungen – zulässig.[452] Bei der Bestimmung der Abschreibungs-/Umwandlungssätze steht dem Ausschuss / der Abwicklungsbehörde ein gewisser Ermessensspielraum zu. Die Ausübung dieses Ermessens darf jedoch nicht zu einer Ungleichbehandlung von Gläubigern des gleichen Insolvenzrangs führen. Dies ist nur unten den engen Voraussetzungen der Ermessensausnahme zulässig.[453]

182 Mit Wirkung für ab dem 1. Januar 2017 eingeleitete Insolvenzverfahren[454] justiert das **AbwMechG** die Behandlung der Forderungen von Insolvenzgläubigern (§ 38 InsO) nach. Nach § 46f Abs. 5 ff. KWG werden dann innerhalb der Forderungen nach § 38 InsO „zunächst die Forderungen berichtigt, keine Schuldtitel […] sind". Der zunächst in Entwürfen des AbwMechG enthaltene Hinweis auf eine technische Nachrangigkeit dieser Forderungen wurde letztlich nicht Gesetz; vielmehr entschied sich der Gesetzgeber iE dafür, innerhalb des § 38 InsO eine Aufspaltung vorzunehmen. Diese differenzierte Behandlung soll die Anwendung des Bail-In erleichtern. Sie privilegiert innerhalb des § 38 InsO bestimmte, berücksichtigungsfähige Verbindlichkeiten, die im Abwicklungsfall nicht einfach zu bewerten wären.[455] Nach Ansicht des deutschen Gesetzgebers kann der Bail-In dadurch besonders rechtssicher und ohne (große) Ansteckungsrisiken angewendet werden.[456] Zu den nicht privilegierten Schuldtiteln iSd. § 46 KWG gehören Bail-In fähige (dh insbesondere unbesicherte) Inhaber-/Orderschuldverschreibungen (sowie vergleichbare, an den Kapitalmärkten handelbare andere Schuldtitel), Schuldscheindarlehen und Namensschuldverschreiben, die in einem Insolvenzverfahren keine Behandlung als privilegierte Einlagen erfahren (→ Rn. 213 f.). Die vorgenannten (unbesicherten) Schuldtitel deutscher CRR-Kreditinstitute werden infolge des AbwMechG kraft Gesetzes auch ohne vertragliche Regelung in einem Insolvenzverfahren gegenüber der zuvor geltenden Rechtslage schlechter gestellt. Im Insolvenzrang sind sie dann unmittelbar vor den nachrangigen Forderungen zu bedienen.[457] Die Sonderregelung gilt nicht für Geldmarktinstrumente. Sie gilt ferner nicht für Schuldtitel, deren Rückzahlung nicht in Geld erfolgt oder der Höhe bzw. dem Grunde nach von einem künftigen, unsicheren Ereignis abhängt. Nicht erfasst sind ferner Schuldtitel, die variabel verzinst sind, sofern die Verzinsung nicht nur von einem festen oder variablen Referenzzins abhängt.[458] (Verbriefte) Derivate, insbesondere Zertifikate, werden wegen potenzieller Bewertungsschwierigkeiten daher nicht als Schuldtitel erfasst;[459] de Regelung nimmt insoweit Anlehnung an den **TLAC**-Vorschlägen des FSB.[460] Der Verknüpfung der Regelung mit der Behandlung von Einlagen im Insolvenzverfahren (→ Rn. 213 f.) hat zur Folge, dass zB die Behandlung von Schuldscheinen im Insolvenzfall ua davon abhängt, ob der Investor Schutz durch die Einlagensicherung genießt.

---

und EBA, Consultation Paper, Draft Regulatory Technical Standards, On the valuation of derivatives pursuant to Article 49(4) of the Bank Recovery and Resolution Directive (BRRD) (EBA/CP/2015/10), S. 7.

[452] *Dohrn* WM 2012, 2033 (2039).
[453] *Dohrn* WM 2012, 2033 (2039).
[454] Vgl. 15 Abs. 2 AbwMechG.
[455] § 46f Abs. 5–7 SAG; BT-Drs. 18/8009, S. 76 f.
[456] BT-Drs. 18/5009, S. 76.
[457] BT-Drs. 18/8009, S. 76 f.; BT-Drs. 18/6091, S. 33 f.
[458] § 46f Abs. 7 KWG; BT-Drs. 18/6091, S. 34.
[459] BT-Drs. 18/5009, S. 77.
[460] Vgl. auch *Bauer/Werner* WM 2015, 1135 (1135).

183 **(d) Exkurs: Unverbriefte Derivate und Finanzleistungen.** Die Frage, ob und wie unverbriefte Derivate vom Bail-In erfasst werden, gehörte zu den umstrittensten Punkten im Rahmen des Gesetzgebungsverfahrens zur BRRD (im Detail: B.IV.).[461] So wurde insbesondere argumentiert, Derivate müssten per se vom Bail-In ausgenommen werden, da sie keine Form von „Kapital" seien[462] und dem täglichen Geschäftsbetrieb zuzurechnen wären.[463] Auch wurde erwogen, den Bail-In nur auf Derivate mit einer Laufzeit von über einem Jahr zu erstrecken[464] bzw. alle Derivate auszunehmen, die über zentrale Gegenparteien abgewickelt werden. Der gefundene Kompromiss enthält keine per se Ausnahme für unverbriefte Derivate vom Bail-In. Vielmehr erfasst der Bail-In unverbriefte Derivate nach vorheriger oder bei gleichzeitiger **Glattstellung**.[465] Die Durchführung eines Liquidationsnetting gilt – im Wege der Auslegung – ebenfalls als Glattstellung für die Zwecke des § 93 SAG. Der Abwicklungsbehörde wird auf den Abwicklungsfall eine entsprechende Glattstellungsmöglichkeit bzw. ein außerordentliches Kündigungsrecht eingeräumt.[466] Bestehende Saldierungsvereinbarungen sind zu respektieren.[467]

184 Das AbwMechG erweiterte den Anwendungsbereich des § 93 SAG nachträglich über reine Derivatepositionen hinaus auf alle **Finanzleistungen**, die in einem Rahmenvertrag zusammengefasst wurden (§ 104 Abs. 2 InsO). Ziel der Änderung war es, in Bezug auf alle typischerweise in Rahmenverträgen enthaltenen Positionen eine Glattstellungsmöglichkeit zu eröffnen. Insbesondere sollte § 93 SAG auch auf Wertpapierfinanzierungsgeschäfte Anwendung finden.[468]

185 Die **Besicherung** von in einem Rahmenvertrag enthaltenen Finanzleistungen/Derivaten kann nach hier vertretener Ansicht den Bail-In ausschließen; es fehlt – in der Terminologie des SAG – ggf. an einer „berücksichtigungsfähigen Verbindlichkeit" (→ Rn. 102). Bei vollständiger Besicherung sollte konsequenterweise daher auch die Glattstellungsmöglichkeit/das außerordentliche Kündigungsrecht entfallen. Dies gilt jedoch nur, wenn alle im Rahmenvertrag enthaltenen Finanzleistungen/Derivate vollständig auf Nettobasis besichert sind, dh bei Glattstellung/Kündigung keine Bail-In fähige Verbindlichkeit des Instituts entstehen würde.

186 Die Glattstellung bzw. Kündigung von Finanzleistungen/Derivaten im Abwicklungsfall kann **krisenverschärfend** wirken, insbesondere birgt die Mechanik Ansteckungsrisiken.[469] Auch dürfte eine zeitnahe Bewertung der Finanzleistungen/Derivatepositionen (ex ante und ex post, → Rn. 138 ff.) für die Zwecke des Bail-In an ihre faktischen Grenzen stoßen.

---

[461] Vgl. insoweit DG Internal Market, Discussion paper on the debt write-down tool Bail-In vom 30. März 2012; DG Internal Market and Services, Technical Details of a Possible EU Framework for Bank Recovery and Resolution vom 6. Januar 2011, S. 86 ff.; FSB, Consultative Document, Effective Resolution of Systemically Important Financial Institutions Recommendations and Timelines vom 19.7.2011; vgl. *Kusserow/Scholl* WM 2015, 413 (419).

[462] ISDA, Response to Discussion paper on the debt write-down tool-Bail-In vom 20. April 2012, S. 4.

[463] ISDA, Response to Discussion paper on the debt write-down tool-Bail-In vom 20. April 2012, S. 3.

[464] DG Internal Market, Discussion paper on the debt write-down tool-Bail-In vom 30. März 2012, S. 10.

[465] § 93 SAG; Art. 12 Abs. 4 UAbs. 2 SRM-Verordnung: hierzu auch: *Binder* ZHR 179 (2015), 83 (112); *Kusserow/Scholl* WM 2015, 360 (368); *Kusserow/Scholl* WM 2015, 413 (418 f.).

[466] § 93 Abs. 2 SAG; vgl. auch *Binder* ZHR 179 (2015), 83 (112).

[467] § 93 Abs. 3 SAG; vgl. auch *Binder* ZHR 179 (2015), 83 (112).

[468] BT-Drs. 18/6091, S. 97.

[469] *Binder* ZHR 179 (2015), 83 (114).

I. Überblick Abwicklung unter besonderer Berücksichtigung der Abwicklung nicht systemrelevanter Institute

Diese Schwierigkeiten können nur bedingt durch Anwendung von Ermessenausnahmen bewältigt werden. Wie oben dargestellt (→ Rn. 177) bedarf die Anwendung der Ermessensausnahme der Rechtfertigung und stößt vor dem Hintergrund der 8%-Grenze (→ Rn. 107) schnell an ihre Grenzen.

Ggf. hilft hier die unter → Rn. 213 dargestellte **Sonderbehandlung** bestimmter Schuldverschreibungen und Schuldscheine deutscher CRR-Kreditinstitute. Die Regelung unterstützt die Schaffung eines Polsters von Schuldtiteln innerhalb der Verbindlichkeiten nach § 38 InsO, um den Bail-In – unter Beachtung des Insolvenzrangs – ggf. nur auf nachrangige Verbindlichkeiten und diese Schuldtitel anwenden zu müssen. Voraussetzung hierfür ist, dass die Gesamtheit der so erfassten Verbindlichkeiten/Schuldtitel zur Verlustabsorption und Rekapitalisierung ausreichen. Auf den Bail-In von Finanzleistungen/Derivatepositionen könnte dann ggf. verzichtet werden, zumal jedenfalls unverbriefte Derivate auch nicht in den Zähler der MREL-Quote einfließen (→ Rn. 102). 187

cc) Abwicklungsbefugnisse

Parallel zur Anwendung der Abwicklungsinstrumente (und der Kapitalinstrumentebefugnis) sind die nationalen Abwicklungsbehörden berechtigt und verpflichtet, alle zur Umsetzung des Abwicklungskonzepts notwendigen (flankierenden) Maßnahmen zu ergreifen (vgl. im Detail → B.IV. Rn. 28 ff.). Sie machen zu diesem Zweck von den ihnen eingeräumten Abwicklungsbefugnissen Gebrauch. Abwicklungsbefugnisse können partiell bereits zur Vorbereitung der Abwicklung ergriffen werden, dh der Erlass einer Abwicklungsanordnung ist nicht zwingend erforderlich.[470] 188

Die Befugnisse sind **sehr weitgehend**. Sie greifen stark in geschützte Rechtspositionen ein und können Wirkungen entfalten, deren Eingriffsintensität den Abwicklungsinstrumenten zumindest vergleichbar ist. Die BRRD enthält eine Generalbefugnisnorm[471]: der Abwicklungsbehörde werden sämtliche Befugnisse eingeräumt, die erforderlich sind, um die Abwicklungsinstrumente anzuwenden; ausdrücklich geregelte Einzelbefugnisse sind daher nur exemplarischer Natur.[472] Das SAG übernimmt diese **Generalbefugnisnorm**. Es enthält in §§ 78–87, 101, 107, 144, 153 SAG lediglich Spezialbefugnisse, die nicht abschließender Natur sind.[473] Von der in § 77 SAG enthaltenen Generalbefugnis darf außerhalb der dort genannten Spezialbefugnisse nur in Ausnahmefällen Gebrauch gemacht werden. Andernfalls bestünde die Gefahr einer Umgehung der sonst geltenden tatbestandlichen Voraussetzungen. 189

Im Wesentlichen stehen der Abwicklungsbehörde auf der Basis des SAG die folgenden Abwicklungsbefugnisse zu: 190
- Anspruch auf Übermittlung von Informationen und zur Durchführung bzw. Vornahme von Vor-Ort-Prüfungen (inklusive von Durchsuchungen).[474]
- Übernahme der Kontrolle über das in Abwicklung befindliche Institut, ggf. im Wege der Bestellung eines Sonderverwalters.[475]
- Abberufung des Leitungsorgans[476] sowie ggf. Ersetzung durch einen Sonderverwalter (→ Rn. 142) (§ 87 Abs. 1 SAG).

---

[470] § 77 Abs. 2; Art. 63 BRRD, vgl. BT-Drs. 18/5009, S. 67.
[471] Art. 63 Abs. 1 Satz 1 BRRD.
[472] Vgl. Erwägungsgrund 84 BRRD.
[473] Vgl. Aufzählung in § 2 Abs. 3 Nr. 2 SAG; ferner: § 77 Abs. 1 Nr. 2 SAG.
[474] § 78 Abs. 1 Nr. 1, 2, Abs. 2 SAG; Art. 34 Abs. 1; 36 Abs. 1 SRM-Verordnung; Art. 63 Abs. 1 lit. a BRRD.
[475] § 86 SAG; Art. 63 Abs. 1 lit. b BRRD.
[476] § 78 Abs. 5 SAG; Art. 63 Abs. 1 lit. l BRRD.

B. Abwicklung

- Umgestaltung privatrechtliche Rechtsbeziehungen des Instituts, insbesondere durch Aufhebung von Erwerbsrechten (§ 78 Abs. 4 SAG) oder von Rechten Dritter an zum Vermögen des Instituts gehörenden Gegenständen (§ 79 Abs. 2 SAG).
- Umgestaltung einzelner oder aller Regelungen eines Vertrags, Recht die weitere Erfüllung von Verträgen abzulehnen, einen übernehmenden Rechtsträger als Vertragspartei einzusetzen[477] oder die Fälligkeit ausgegebener Schuldtitel und berücksichtigungsfähiger Verbindlichkeiten bzw. den zu zahlenden Zinsbetrag oder Zeitpunkt zu ändern.[478] Zulässig ist insbesondere die Anordnung einer zeitlich befristeten Aussetzung von Zahlungen.[479]

191 Beschränkungen im Hinblick auf die Ausübung der Befugnisse bestehen – in Abhängig von der Befugnis – ggf. für besicherte Verbindlichkeiten, Saldierungs-/Aufrechnungsvereinbarungen, Verbindlichkeiten aus gedeckten Schuldverschreibungen und Verbriefungstransaktionen.[480] Ferner gelten Ausnahmen im Hinblick auf geschützte Systeme und zentrale Gegenparteien.[481] Dennoch verbleibt ein sehr **weiter Anwendungsbereich**, zumal für die Ausübung der Befugnisse keine Kompensation-/Ausgleichszahlungen vorgesehen sind. Die Abwicklungsziele und -grundsätze finden Anwendung.[482] Insofern darf durch die Ausübung von Abwicklungsbefugnissen kein Gläubiger schlechter gestellt werden als in einem regulären Insolvenzverfahren.

192 Darüber hinaus steht der Abwicklungsbehörde das Recht zu, **temporäre Maßnahmen** zu verhängen, die einem Moratorium nach § 46 KWG ähneln. So kann sie für den Zeitraum bis zum Ablauf des auf die öffentliche Bekanntgabe der Abwicklungsanordnung (→ Rn. 155) folgenden Geschäftstages Gläubigern die Geltendmachung von Sicherungs- und Beendigungsrechten untersagen[483] und vertragliche Zahlungs-/Lieferpflichten aussetzen[484].

Die Aussetzung von Zahlungs-/Lieferpflichten wirkt, im Gegensatz zum Moratorium nach § 46 KWG (→ Rn. 226 ff.), privatrechtsgestaltend. Sie schiebt die Fälligkeit von Forderungen hinaus.[485] Ausgenommen von der Aussetzung sind erstattungsfähige Einlagen, Zahlungs-/Lieferverpflichtungen gegenüber geschützten Systemen und zentralen Gegenparteien sowie erstattungsfähige Verbindlichkeiten aus Wertpapiergeschäften.[486]

Die Beschränkung der Geltendmachung von Sicherungsrechten erstreckt sich grundsätzlich auf alle Arten von Sicherheiten, dh Sicherheiten dinglicher und schuldrechtlicher Natur sowie Drittsicherheiten. Innerhalb geschützter Systeme gestellte Sicherheiten und Sicherheiten, die an eine zentrale Gegenpartei gestellt werden, sind hiervon nicht erfasst. **Finanzsicherheiten** sind hingegen – anders als im Rahmen des § 46 KWG – von den Wirkungen betroffen.[487]

---

[477] § 79 Abs. 5 SAG; Art. 64 Abs. 1 lit. f BRRD.
[478] § 78 Abs. 1 Nr. 3 SAG, nachträglich geändert um klarzustellen, dass die Befugnis unmittelbar rechtsgestaltend wirkt (BT-Drs. 18/5009, S. 68); Art. 63 Abs. 1 lit. j BRRD.
[479] § 78 Abs. 1 Nr. 3 SAG.
[480] § 79 Abs. 6 SAG; Art. 77 Abs. 1; 79 Abs. 1 lit. b BRRD; vgl. auch BT-Drs. 18/2575, S. 169.
[481] § 79 Abs. 8 SAG; Art. 76 BRRD; BT-Drs. 18/2575, S. 169.
[482] *Dohrn* WM 2012, 2033 (2037).
[483] §§ 83, 84 SAG; Art. 70, 71 BRRD.
[484] § 82 SAG; Art. 69 BRRD.
[485] § 82 Abs. 3, 4 SAG; Art. 69 Abs. 2 BRRD.
[486] § 82 Abs. 2 SAG; Art. 69 Abs. 4 BRRD.
[487] Vgl. § 79 Abs. 6 SAG: „Unbeschadet der Befugnisse der Abwicklungsbehörde gemäß den §§ 82 bis 84 und 144 erstreckt sich die die Befugnis nach Absatz 5 nicht auf Finanzsicherheiten im Sinne des § 1 Absatz 17 des Kreditwesengesetzes, [...]"; im Umkehrschluss bedeutet das, dass § 83 SAG grds. auch auf Finanzsicherheiten Anwendung findet.

I. Überblick Abwicklung unter besonderer Berücksichtigung der Abwicklung nicht systemrelevanter Institute

Die Aussetzung von Beendigungsrechten erstreckt sich auf alle Arten von Beendigungstatbeständen. Sie kann – unter den Voraussetzungen des § 84 Abs. 2 SAG – ausnahmsweise auch gegenüber gruppenangehörigen Unternehmen angeordnet werden, bei denen die besonderen Voraussetzungen für das Ergreifen von Abwicklungsmaßnahmen (gegenüber Nichtinstituten) nicht vorliegen. Die Regelung stellt insoweit gesetzessystematisch einen **Fremdkörper** dar. In Bezug auf geschützte Systeme, zentrale Gegenparteien und Zentralbanken findet die Befugnis keine Anwendung.[488] Nach Ablauf der Aussetzungsfrist können vertraglich vereinbarte Kündigungsrechte geltend gemacht werden, wenn der Kündigungsgrund nach Ablauf der Aussetzung fortbesteht.[489]

In allen drei Fällen werfen insbesondere die Ausnahmen für **geschützte Systeme** und zentrale Gegenparteien erhebliche Anwendungsschwierigkeiten auf, va im Hinblick auf die Berücksichtigung indirekter Teilnehmer an geschützten Systemen. Der Wortlaut der Bereichsausnahmen ist im Hinblick auf die einzelnen Befugnisse jeweils leicht unterschiedlich formuliert, ohne dass jedoch ein Grund für eine unterschiedliche Rechtweite der Ausnahmetatbestände ersichtlich wäre. 193

Die Abwicklungsbehörde ist ferner befugt, die Bereitstellung von Dienstleistungen und Einrichtungen durch Anordnung sicherzustellen um zu gewährleisten, dass die auf einen übernehmenden Rechtsträger übertragenen Tätigkeiten von diesem auch wahrgenommen werden.[490] Im Hinblick auf in Drittstaaten belegene Gegenstände stehen der Abwicklungsbehörde flankierende Rechte zu.[491] 194

Ergänzend sei auch darauf hingewiesen, dass die Abwicklungsbehörde den Gesamtbetrag der variablen Vergütung beschränken kann.[492] Sie ist ferner befugt, den Handel von Instrumenten des in Abwicklung befindlichen Instituts aufzuheben/auszusetzen.[493] 195

5. Abwicklungsfinanzierungsmechanismen

Zur Finanzierung der Abwicklung stehen – im Hinblick auf Unternehmen in Deutschland – im Wesentlichen die Mittel des SRF, Restrukturierungsfonds, SoFFin und ESM zur Verfügung. 196

a) SRF

Der SRF ist in Art. 67 ff. der SRM-Verordnung geregelt (vgl. detaillierter → B.II. Rn. 33 ff.). Seine Mittel können nur im Anwendungsbereich der SRM-Verordnung eingesetzt werden. Eigentümer und Verwalter des SRF ist der Ausschuss.[494] Er bedient sich des SRF ausschließlich für die Zwecke einer effizienten Anwendung der Abwicklungsinstrumente und -befugnisse.[495] 197

---

[488] Art. 83 Abs. 4 SAG; Art. 69 Abs. 4 BRRD.
[489] § 84 Abs. 6 SAG. Unter den Voraussetzungen des § 84 Abs. 5 SAG ist eine Kündigung während der Dauer der Aussetzungsfrist zulässig.
[490] § 79 Abs. 7, 80 SAG; Art. 65 BRRD; EBA, Leitlinien hinsichtlich der Mindestliste an Diensten und Einrichtungen, die ein übernehmender Rechtsträger für den Betrieb des auf ihn übertragenen Geschäfts gemäß Artikel 65 Absatz 5 der Richtlinie 2014/59/EU benötigt vom 6. August 2015 (EBA/GL/2015/06).
[491] § 81 SAG; Art. 67 BRRD.
[492] § 85 SAG.
[493] § 79 Abs. 3 SAG; Art. 64 Abs. 1 lit. c BRRD.
[494] Art. 67, 75 SRM-Verordnung.
[495] Art. 67 Abs. 2 SRM-Verordnung.

198 Seit 2016 berechnet der Ausschuss die Beiträge von Instituten, die in den Anwendungsbereich der SRM-Verordnung fallen.[496] Die **Beiträge** setzen sich aus mindestens jährlich im Voraus erhobenen Beiträgen (ex ante Beiträge) und außerordentlichen, nachträglichen Beiträgen (ex post Beiträgen) zusammen.[497] Der Ausschuss ist bei der Errechnung der Beiträge an die SRM-Verordnung und die BRRD gebunden, insbesondere an die zur Ergänzung der BRRD erlassene, delegierte Verordnung (EU) 2015/63 im Hinblick auf im Voraus erhobene Beiträge zur Abwicklungsfinanzierungsmechanismen (Delegierte Verordnung (EU) 2015/63).[498] Grundlage der Errechnung der ex ante Beiträge ist das Verhältnis der Verbindlichkeiten eines Instituts zu den aggregierten Verbindlichkeiten aller in allen teilnehmenden Mitgliedstaaten ansässiger Institute.[499] Eigenmittel und gedeckte Einlagen bleiben bei der Errechnung des Quotienten unberücksichtigt.[500] Die institutsspezifische Höhe der jährlichen Beiträge setzt sich jeweils aus einem Pauschalbetrag und einem risikoadjustierten Betrag (sog zusätzliche Risikoanpassung) zusammen.[501] Bis zu 30 % der Zahlungsverpflichtung kann ggf. auch durch Gewährung einer unwiderruflichen Zahlungsverpflichtung erfüllt werden.[502] Bis Ende 2023 sollen die Mittel des SRF auf mindestens 1 % der gedeckten Einlagen aller in allen teilnehmenden Mitgliedstaaten zugelassenen Kreditinstitute anwachsen.[503]

199 Die tatsächliche Beitragserhebung erfolgt durch die **nationalen Abwicklungsbehörden**.[504] Die von Instituten im Anwendungsbereich der SRM-Verordnung erhobenen Beiträge werden nach Maßgabe des Übereinkommens vom 21. Mai 2014 auf den SRF übertragen.[505] Die Erhebung der Beiträge erfolgt – in Deutschland – zunächst für den Restrukturierungsfonds, aus dem sie an den SRF weiter übertragen werden.[506] Auf der Ebene

---

[496] Art. 69 ff. SRM-Verordnung. Der Ausschuss ist auch dann für die Berechnung der Beiträge zuständig, wenn im Anwendungsbereich der SRM-Verordnung ein Fall der direkten Zuständigkeit der FMSA vorliegt. Der Wortlaut der Art. 67 ff. SRM-Verordnung (und Erwägungsgrund 7 der delegierten Verordnung (EU) 2015/63) stellen ausschließlich auf den Ausschuss ab. Art. 7 Abs. 3 SRM-Verordnung weist die Zuständigkeit für Art. 67 ff. SRM-Verordnung nicht der nationalen Abwicklungsbehörde zu.

[497] Art. 70, 71 SRM-Verordnung; §§ 12 ff. RStruktFG; COM/2012/0280 final vom 12. Dezember 2012, S. 18.

[498] Vgl. Art. 70 SRM-Verordnung, Erwägungsgrund 7 delegierte Verordnung (EU) 2015/63; im Übrigen vgl. Art. 102 ff. BRRD und (im Umkehrschluß) § 12 RStruktFG; hierzu auch *Wojcik/Ceyssens* EuZW 2014, 893 (896).

[499] Art. 70 Abs. 1 SRM-Verordnung; Parallelnormen in Art. 103 Abs. 2 BRRD, § 12b RStruktFG.

[500] Art. 70 Abs. 1 SRM-Verordnung; Parallelnormen in Art. 103 Abs. 2 UAbs. 1 BRRD, § 12b Abs. 5 RStruktFG.

[501] Art. 70 Abs. 2 SRM-Verordnung; Parallelnormen in Art. 103 Abs. 2 UAbs. 2 BRRD, § 12b Abs. 5 RStruktFG; vgl. auch Erwägungsgründe 5, 6 sowie Art. 5 ff. delegierte Verordnung (EU) 2015/63. Für kleine CRR-Kreditinstitute erfolgt die Erhebung des Beitrags in Form einer Pauschale (vgl. Erwägungsgrund 16 ff. sowie Art. 10 delegierte Verordnung (EU) 2015/63).

[502] Art. 70 Abs. 3 SRM-Verordnung; Parallelnormen in Art. 103 Abs. 3 BRRD, § 12 Abs. 5 RStruktFG, Art. 7 und Art. 8 Abs. 3 Durchführungsverordnung 2015/81 des Rates.

[503] Art. 69 Abs. 1 SRM-Verordnung; die Regelung gilt auch für den Restrukturierungsfonds, vgl. § 12a RStruktFG; vgl. dort auch zu Ausnahmen und Sonderfällen, *Engelbach/Friedrich* WM 2015, 662 (669); Parallelnormen in Art. 102 Abs. 1 BRRD, § 12a RStruktFG; Erwägungsgrund 4 delegierte Verordnung (EU) 2015/63.

[504] Art. 67 Abs. 4 SRM-Verordnung; § 3 Abs. 1 RStruktFG; *Engelbach/Friedrich* WM 2015, 662 (669).

[505] Vgl. Art. 1–4, 9, 10 Übereinkommens über die Übertragung von Beiträgen auf den einheitlichen Abwicklungsfonds und über die gemeinsame Nutzung dieser Beiträge; §§ 11a ff. RStruktFG.

[506] §§ 3 Abs. 1; 11a RStruktFG.

I. Überblick Abwicklung unter besonderer Berücksichtigung der Abwicklung nicht systemrelevanter Institute

des SRF bestehen (für eine Übergangszeit) **nationale Kammern** der teilnehmenden Mitgliedstaaten, denen die Mittel jeweils zugewiesen werden.[507] Diese dienen dazu, aus einem teilnehmenden Mitgliedstaat stammende Mittel primär für die Abwicklung von in diesem Mitgliedstaat ansässigen Instituten (und Gruppen) heranzuziehen.[508]

Für den Fall, dass die verfügbaren Finanzmittel des SRF nicht ausreichen, um Verluste, Kosten und sonstige Aufwendungen im Zusammenhang mit dessen Inanspruchnahme zu decken, werden von in teilnehmenden Mitgliedstaaten ansässigen Instituten im Anwendungsbereich der SRM-Verordnung ex post Beiträge erhoben.[509] Für die Dauer der Ansparphase (dh bis 2024, → Rn. 198) wurde durch das AbwMechG für den Restrukturierungsfonds (→ Rn. 206 ff.) ferner die Möglichkeit geschaffen, bei Bedarf dem SRF ein Darlehen zu gewähren.[510] Darüber hinaus steht dem SRF in Ausnahmefällen auch die Möglichkeit offen, Darlehen bei Finanzierungsmechanismen in nicht teilnehmenden Mitgliedstaaten zu beantragen oder diesen zu gewähren bzw. sich direkt aus dem Finanzsektor (alternative Finanzierungsmöglichkeiten) oder aus öffentlichen Mitteln (zB Finanzierungsfazilität) zu finanzieren.[511]

200

Der Ausschuss entscheidet über die Heranziehung des SRF im Rahmen der Festlegung des Abwicklungskonzepts; eine Inanspruchnahme des SRF bedarf ferner der Billigung durch die **Kommission**.[512] Sie bewertet, ob die Inanspruchnahme den Wettbewerb in einer mit dem Binnenmarkt nicht zu vereinbarenden Weise verfälschen würde oder zu verfälschen droht. Dabei wendet sie die für die Anwendung der Vorschriften über staatliche Beihilfen geltenden Maßstäbe an.[513] In Ausnahmefällen kann die Entscheidung der Kommission durch einen einstimmigen Beschluss des Rates ersetzt werden.[514]

201

Die Mittel des SRF stehen direkt nur Unternehmen im Anwendungsbereich der SRM-Verordnung offen. Bei der Abwicklung von Gruppen, die Institute in nicht teilnehmenden Mitgliedstaaten umfassen, sind ggf. die Mittel der nationalen Finanzierungsmechanismen dieser Mitgliedstaaten einzusetzen.[515]

202

Die Mittel des SRF dürfen nur für folgende **Zwecke** herangezogen werden:[516]

203

- Für die Besicherung der Vermögenswerte oder Verbindlichkeiten des in Abwicklung befindlichen Instituts, seiner Tochterunternehmen, eines Brückeninstituts oder einer für die Vermögensverwaltung gegründeten Zweckgesellschaft.
- Für die Gewährung von Darlehen an das in Abwicklung befindliche Institut, seine Tochterunternehmen, ein Brückeninstitut oder eine für die Vermögensverwaltung gegründete Zweckgesellschaft.
- Für den Erwerb von Vermögenswerten des in Abwicklung befindlichen Instituts.
- Für die Bereitstellung von Kapital für ein Brückeninstitut und eine für die Vermögensverwaltung gegründete Zweckgesellschaft.

---

[507] Art. 1 Abs. 1 lit. b des Übereinkommens über die Übertragung von Beiträgen auf den einheitlichen Abwicklungsfonds und über die gemeinsame Nutzung dieser Beiträge; § 11a Abs. 3 RStruktFG; *Engelbach/Friedrich* WM 2015, 662 (669).
[508] Art. 99, 100 BRRD; Art. 4, 5 Abs. 1 des Übereinkommens über die Übertragung von Beiträgen auf den einheitlichen Abwicklungsfonds und über die gemeinsame Nutzung dieser Beiträge.
[509] Art. 71 SRM-Verordnung.
[510] § 12j RStruktFG; BT-Drs. 18/6091, S. 99.
[511] Art. 72–74 SRM-Verordnung.
[512] Art. 19 Abs. 1, 3 SRM-Verordnung
[513] Art. 19 Abs. 3 UAbs. 2 SRM-Verordnung, der auf Art. 107 AEUV verweist.
[514] Art. 19 Abs. 10 SRM-Verordnung
[515] Art. 76, 78 SRM-Verordnung.
[516] Art. 76 Abs. 1 SRM-Verordnung.

- Für Entschädigungszahlungen an Anteilseigner oder Gläubiger, falls sie größere Verluste erlitten haben als sie bei einer Liquidation im Rahmen eines regulären Insolvenzverfahrens (→ Rn. 148).
- Für Beitragsleistungen an das in Abwicklung befindliche Institut anstelle der Herabschreibung oder Umwandlung der Verbindlichkeiten bestimmter Gläubiger, wenn das Bail-In-Instrument angewandt wird und bestimmte berücksichtigungsfähige Verbindlichkeiten vom Anwendungsbereich des Bail-in ausgenommen wurden (Bail-In Ausnahme → Rn. 176 ff. und → Rn. 205).

204 Bei Anwendung des Instruments der Unternehmensveräußerung können die vorgenannten Maßnahmen auch in Bezug auf den Erwerber in Anspruch genommen werden.

205 Die Mittel des SRF dürfen grundsätzlich nicht herangezogen werden, um Verluste direkt auszugleichen oder ein Unternehmen zu rekapitalisieren.[517] Führt die Inanspruchnahme des SRF indirekt dazu, dass ein Teil der Verluste eines Unternehmens an den SRF weitergegeben wird, gelten die Grundsätze der Bail-in Ausnahme (→ Rn. 176 ff.) entsprechend. Dies hat zur Folge, dass die Mittel des SRF grundsätzlich nur unter Beachtung der 8 %/5 %-Grenzen zur Verfügung stehen (→ Rn. 179).

b) Restrukturierungsfonds

206 Der Restrukturierungsfonds ist ein nationaler Finanzierungsmechanismus.[518] Ursprünglich durch das RStruktG errichtet, gilt er seit Januar 2015 als Finanzierungsmechanismus iSd Art. 100 BRRD.[519] Die Errichtung des SRM beseitigt nicht die Notwendigkeit, parallel auch nationale Abwicklungsfinanzierungsmechanismen vorzuhalten.

207 Der Restrukturierungsfonds ist ein **Sondervermögen des Bundes**, das bei der FMSA errichtet wurde.[520] Beitragspflichtig sind die vom SAG erfassten Institute und Unionszweigstellen.[521] Nur diese können für Abwicklungsmaßnahmen nach dem SAG herangezogen werden.

208 Vorbehaltlich der für Beiträge aus den Jahren 2011–2014 geltenden (hier nicht dargestellten[522]) Sondervorschriften, ist zwischen Instituten zu unterscheiden, die nur in den Anwendungsbereich der BRRD (und damit des SAG) fallen und solchen, die auch im Anwendungsbereich der SRM-Verordnung sind. Das Delta stellen Unionszweigstellen und CRR-Wertpapierfirmen unter Einzelaufsicht dar. CRR-Wertpapierfirmen unter Einzelaufsicht sind 730k-Wertpapierfirmen, die nicht in eine direkt oder indirekte konsolidierte Aufsicht durch die EZB einbezogen sind.[523]

209 Maßnahmen des Restrukturierungsfonds im Hinblick auf CRR-Wertpapierfirmen unter Einzelaufsicht und Unionszweigstellen richten sich nach den Vorgaben des RStruktFG, der Verordnung über die Erhebung der Beiträge zum Restrukturierungsfonds für Kreditinstitute (Restrukturierungsfonds-Verordnung – RStruktFV) und ggf. die delegierte

---

[517] Art. 76 Abs. 3 SRM-Verordnung.
[518] Art. 68 SRM-Verordnung; *Chattopadhyay* WM 2013, 405 (413 f.); *Engelbach/Friedrich* WM 2015, 662 (669).
[519] Vgl. auch § 2 Abs. 3 Nr. 20 SAG, *Zimmer/Weck/Schepp* ZWeR 2014, 257 (268 f.).
[520] § 1 RStruktFG; *Bauer* in Brogl HdB-Banken-Restrukturierung S. 203; *Pannen* in Grieser/Heemann S. 254.
[521] § 2 RStruktFG.
[522] Vgl. zB §§ 3 Abs. 3, 4; 3b RStruktFG.
[523] §§ 2a Abs. 1; 3 Abs. 2; 12b RStruktFG; BT-Drs. 18/5009, S. 78.

Verordnung (EU) 2015/63.[524] Die Höhe der Beiträge wird durch die FMSA bestimmt.[525] Die von CRR-Wertpapierfirmen unter Einzelaufsicht und Unionszweigstellen erhobenen Beiträge werden nicht an den SRF übertragen.[526] Insoweit gelten die Befugnisse der FMSA nach § 3a RStruktFG über zulässige Maßnahmen des Restrukturierungsfonds in der Abwicklung.[527]

Für alle anderen, beitragspflichtigen deutschen Institute gelten die oben unter → Rn. 198 ff. dargestellten Grundsätze. Durch den Ausschuss berechnete und die FMSA erhobene Beiträge werden an den SRF übertragen.[528] Die RStruktFV findet insoweit keine Anwendung.[529]

210

c) Einlagensicherungssysteme

Für Einlagensicherungssysteme bestehen Sonderregelungen für den Fall der Abwicklung nach Maßgabe des SAG bzw. der SRM-Verordnung.

211

Die die Einlagensicherung betreffenden gesetzlichen Grundlagen enthält seit dem 3. Juli 2015 das Einlagensicherungsgesetz (EinSiG) (→ vgl. Rn. 26). In den Anwendungsbereich des Gesetzes fallen alle deutschen CRR-Kreditinstitute und die deutschen Zweigstellen ausländischer Unternehmen, die in Deutschland das Einlagen- und Kreditgeschäft betreiben.[530]

212

Erstattungsfähig sind grundsätzlich alle nicht ausdrücklich von der Einlagensicherung ausgenommenen Einlagen (**erstattungsfähige Einlagen**).[531] Ausnahmen in personeller Hinsicht bestehen für Einlagen durch Finanzinstitute, Wertpapierfirmen, Versicherungsunternehmen und Organismen für gemeinsame Anlagen, Pensions- und Rentenfonds sowie staatliche Stellen (§ 6 EinSiG). Die bis zum 3. Juli 2015 geltende Ausnahme für Unternehmen, die nach den Vorschriften des Dritten Buchs des Handelsgesetzbuchs einen Lagebericht aufzustellen haben, wurde aufgehoben.[532] Auch **große Industrieunternehmen** können daher nunmehr vom Schutz durch die Einlagensicherung profitieren.[533] In sachlicher Hinsicht erfasst die Einlagensicherung keine „Schuldverschreibungen eines CRR-Kreditinstituts und Verbindlichkeiten aus eigenen Akzepten und Solawechseln".[534] Abweichend vom

213

---

[524] Die delegierte Verordnung (EU) 2015/63 gilt nicht für Unionszweigstellen. Die Regelung der Beitragserhebung bleibt insoweit einem anderen (noch nicht erlassenen) delegierten Rechtsakt vorbehalten. Bis dahin findet § 1 Abs. 2, 3 RStruktFV Anwendung. Der Umfang, in dem die delegierte Verordnung (EU) 2015/63 auf 730k-Wertpapierfirmen Anwendung findet ist unklar. Art. 2 Abs. 1 S. 1 delegierte Verordnung (EU) 2015/63 bezieht 730k-Wertpapierfirmen per se in den Anwendungsbereich ein. Nach Erwägungsgrund 3 sollen einige 730k-Wertpapierfirmen jedoch außen vor bleiben. Die Ausnahme greift § 1 Abs. 1 RStruktFV auf.
[525] §§ 1 Abs. 1, 12 Abs. 2 RStruktFG.
[526] § 11a RStruktFG.
[527] Die Regelung geht im Hinblick auf einzelne Maßnahmen über die in der BRRD ausdrücklich festgelegten Funktionen eines Finanzierungsmechanismus hinaus. Vgl. die Schranke des § 3a Abs. 4 RStruktFG.
[528] § 11a Abs. 2 RStruktFG.
[529] § 8 RStruktFG. Im Übrigen wäre der Ausschuss bei der Errechnung der Beitragspflicht auch nicht an nationales Recht der Mitgliedstaaten gebunden.
[530] § 1 EinSiG. Als Einlagensicherungssysteme haben sich auch die institutsbezogenen Sicherungssysteme der regionalen Sparkassen- und Giroverbände und der Sicherungseinrichtung des Bundesverbandes der Deutschen Volksbanken und Raiffeisenbanken anerkennen lassen, vgl. BT-Drs. 18/3786, S. 54. Meldung der BaFin, Einlagensicherung: Neues Gesetz in Kraft, 3. Juli 2015.
[531] § 2 Abs. 3 Nr. 18 SAG iVm § 2 Abs. 4 EinSiG.
[532] § 3 Abs. 2 Nr. 9 EAEG aF; vgl. auch BT-Drs. 18/3786, S. 55.
[533] BT-Drs. 18/3786, S. 55 f.
[534] § 6 Nr. 11 EinSiG.

B. Abwicklung

214 Gesetzeswortlaut legt die Regierungsbegründung jedoch nahe, dass Schuldscheine und Namensschuldverschreibungen von der Ausnahme nicht erfasst sein sollen.[535]

214 Die Einlagensicherung schützt erstattungsfähige Einlagen bis zur Höhe von 100.000 EUR (**Deckungssumme**).[536] In Ausnahmefällen kann die Deckungssumme 500.000 EUR betragen[537] (bis zur Höhe von 100.000 bzw. 500.000 Euro: gedeckte Einlagen)[538]. Die Einstufung von Einlagen als erstattungsfähige Einlagen bzw. gedeckte Einlagen hat Einfluss auf ihre Behandlung im Rahmen eines Insolvenzverfahrens. Erstattungsfähige Einlagen werden im Rang vor den übrigen Insolvenzforderungen befriedigt mit der Maßgabe, dass gedeckte Einlagen innerhalb des Vorrangs **vorrangig zu befriedigen** sind (§ 46f KWG). Seit Inkrafttreten des AbwMechG gilt der Vorrang für erstattungsfähige Einlagen, soweit es sich nicht um gedeckte Einlagen handelt, nur noch im Hinblick auf Einlagen von natürlichen Personen, Kleinstunternehmen und kleinen und mittleren Unternehmen.[539] Daraus ergeben sich auch Besonderheiten bei der Anwendung des Bail-In (→ Rn. 182).

215 Im Rahmen der Abwicklung haftet die Einlagensicherung dem SRF/Restrukturierungsfonds, soweit durch die Anwendung von Abwicklungsmaßnahmen Einleger weiterhin auf ihre Einlagen zugreifen können.[540] Hintergrund ist, dass sich die Einlagensicherung insoweit Zahlungen an Einleger erspart. Dementsprechend besteht keine Haftung, wenn im Rahmen der Abwicklung erstattungsfähige Einlagen bis zur Höhe der Deckungssumme durch Anwendung des Instruments der Unternehmensveräußerung oder des Brückeninstituts übertragen (und damit geschützt) werden. Für die Haftung des Einlagensicherungssystems bestehen Höchstgrenzen, insbesondere darf keine Schlechterstellung des Einlagensicherungssystems gegenüber einer Liquidation im Rahmen eines regulären Insolvenzverfahrens erfolgen.[541]

d) Außerordentliche finanzielle Unterstützung

216 Zur Finanzierung der Abwicklung stehen auch staatliche Mittel zur Verfügung.

217 Bis Ende 2015 konnte innerhalb Deutschlands außerordentliche finanzielle Unterstützung im Wesentlichen aus Mitteln des **SoFFin** gewährt werden. Der SoFFin ist ein nicht rechtsfähiges Sondervermögen des Bundes.[542] Er finanziert sich – anders als der Restrukturierungsfonds und SRF – nicht aus Beiträgen von Instituten, sondern direkt aus staatlichen Mitteln. Über Stabilisierungsmaßnahmen des SoFFin entscheidet das Bundesministerium der Finanzen auf Antrag eines Unternehmens des Finanzsektors, sofern keine Grundsatzfragen bzw. Angelegenheiten von besonderer Bedeutung bzw. Entscheidungen über wesentliche Auflagen betroffen sind. In den letztgenannten Fällen liegt die Entscheidungskompetenz bei einem interministeriellen Ausschuss (Lenkungsausschuss).[543]

---

[535] So zumindest BT-Drs. 18/3786, S. 56.
[536] § 8 Abs. 1 EinSiG; BT-Drs. 18/3786, S. 56; COM/2013/0520 final vom 10. Juli 2013, S. 3 f.; vgl. auch Europäische Kommission, Memo/14/296 vom 15. April 2014, S. 1 ff.; COM/2010/0368 final, S. 7.
[537] § 8 Abs. 2 EinSiG; vgl. auch Europäische Kommission, Memo/14/296 vom 15. April 2014, S. 1 ff.
[538] Vgl. auch § 2 Abs. 3 Nr. 23 SAG iVm § 2 Abs. 5 EinSiG; BT-Drs. 18/3786, S. 56 f.
[539] BT-Drs. 18/6091, S. 32 f., 97; zur früheren Rechtslage vgl. *Geier* Bundesregierung plant Erleichterung der Bankenabwicklung, Börsenzeitung vom 30. Mai 2015.
[540] Art. 79 SRM-Verordnung; § 145 SAG; § 20 EinSiG.
[541] § 8 Abs, 1, 2 EinSiG; BT-Drs. 18/3786, S. 56 f.
[542] §§ 2 Abs. 2, 3 FMStFG.
[543] § 4 Abs. 1 FMStFG.

I. Überblick Abwicklung unter besonderer Berücksichtigung der Abwicklung nicht systemrelevanter Institute

218 Seit dem 31. Dezember 2015 befindet der SoFFin sich in Abwicklung.[544] Seine Mittel stehen nur noch **in Sonderfällen** zur Verfügung.[545] Die in Art. 56–58 BRRD vorgesehenen staatlichen Stabilisierungsinstrumente, die staatliche Eigenkapitalunterstützung und die vorübergehende staatliche Übernahme wurden im deutschen Recht **nicht umgesetzt**.[546] Die SRM-Verordnung sieht Maßnahmen dieser Art nicht vor. Ob Art. 56 ff. BRRD außerhalb des Anwendungsbereichs der SRM-Verordnung hätten umgesetzt werden müssen, soll hier nicht weiter verfolgt werden.

219 Instituten stehen ggf. auch die Mittel des **ESM** zur Verfügung. So ermächtigt Artikel 15 ESM-Vertrag[547] den ESM, Finanzinstitute iSd ESM-Vertrags durch Gewährung von Darlehen direkt zu rekapitalisieren.[548] Voraussetzung für die Darlehensgewährung ist eine Störung der Finanzmarktstabilität in der gesamten Eurozone oder in einem Mitgliedstaat der Eurozone.[549] Die Mittel des ESM können nur gegenüber systemrelevanten Finanzinstituten iSd. ESM-Vertrags eingesetzt werden, und auch dann nur als letztes Mittel: Vorrangig ist die Anwendung von Abwicklungsmaßnahmen (insb. des Bail-In).[550] Ferner ist zu prüfen, ob ggf. Mittel des privaten Sektors zur Verfügung stehen.[551] Darüber hinaus stehen die Mitgliedstaaten vor dem ESM in der Pflicht, eine Stabilisierung des Instituts herbeizuführen.[552] Das betroffene Finanzinstitut muss überlebensfähig sein, um Mittel des ESM zu erhalten.[553] Antragsberechtigt sind nicht Institute, sondern lediglich die ESM-Mitglieder selbst (dh die Mitgliedstaaten der Eurozone).[554]

220 Sieht das Abwicklungskonzept außerordentliche finanzielle Unterstützung aus staatlichen Mittel in Form einer **Beihilfe** vor, hat die Kommission über diese Komponente des Abwicklungskonzepts nach den Maßstäben des EU Beihilferechts zu befinden.[555] Entsprechend findet auch auf Maßnahmen der direkten Rekapitalisierung durch ESM eine beihilferechtliche Prüfung Anwendung.

---

[544] § 12 Abs. 1 FMStFG.
[545] § 12 Abs. 1a, 1b FMStFG.
[546] BT-Drs. 18/2575, S. 206, 217 f.
[547] Vertrag zur Errichtung des Europäischen Stabilitätsmechanismus zwischen dem Königreich Belgien, der Bundesrepublik Deutschland, der Republik Estland, Irland, der Hellenischen Republik, dem Königreich Spanien, der Französischen Republik, der Italienischen Republik, der Republik Zypern, dem Großherzogtum Luxemburg, Malta, dem Königreich der Niederlande, der Republik Österreich, der Portugiesischen Republik, der Republik Slowenien, der Slowakischen Republik und der Republik Finnland vom 25. März 2011.
[548] ESM, Guideline on Financial Assistance for the Direct Recapitalisation of Institutions, 8. Dezember 2014.
[549] Details zur direkten Rekapitalisierung finden sich in Art. 3 Nr. 1 ESM, Guideline on Financial Assistance for the Direct Recapitalisation of Institutions, 8. Dezember 2014.
[550] Vgl. Art. 3 Nr. 1 lit. a ESM, Guideline on Financial Assistance for the Direct Recapitalisation of Institutions, 8. Dezember 2014.
[551] Art. 3 Nr. 1 ESM, Guideline on Financial Assistance for the Direct Recapitalisation of Institutions, 8. Dezember 2014.
[552] Insoweit könnte die Abwicklung des SoFFin und die fehlende Umsetzung der Art. 56–58 BRRD in Deutschland ggf. problematisch sein.
[553] Vgl. Art. 2 ESM, Guideline on Financial Assistance for the Direct Recapitalisation of Institutions, 8. Dezember 2014.
[554] Art. 1 Nr. 4; 4 Nr. 1 ESM, Guideline on Financial Assistance for the Direct Recapitalisation of Institutions, 8. Dezember 2014.
[555] Art. 19 Abs. 1 SRM-Verordnung.

6. Abwicklung nicht systemrelevanter Institute

221 Gegenüber Instituten/Gruppen ohne Systemrelevanz steht der Aufsichtsbehörde lediglich ein eingeschränkter Kanon hoheitlicher Befugnisse zur Verfügung, die im Falle einer Schieflage ergriffen werden können. Nicht systemrelevant sind Institute bzw. Gruppen, die im Rahmen eines regulären Insolvenzverfahrens abgewickelt werden können und auf die daher die Abwicklungsmaßnahmen des SAG bzw. der SRM-Verordnung keine Anwendung finden. Ferner zählen hierzu Institute/Gruppen außerhalb des Anwendungsbereichs des SAG (zB bestimmte Wertpapierfirmen).

222 Technisch liegen in Bezug auf solche Institute/Gruppen die Abwicklungsvoraussetzungen nicht vor, da die Durchführung von Abwicklungsmaßnahmen – mangels Systemrelevanz – nicht zur Erreichung der Abwicklungsziele erforderlich und verhältnismäßig ist.[556] Auf der Basis der Terminologie der BRRD bzw. der SRM-Verordnung fehlt es insoweit an dem für die Durchführung eines Abwicklungsverfahrens erforderlichen **öffentlichen Interesses**.[557] Die sprachliche Abweichung des SAG von den europarechtlichen Grundlagen begründet materiell-rechtlich – spätestens seit Inkrafttreten des AbwMechG – keine Unterschiede (mehr).[558]

223 Für Institute/Gruppen im Anwendungsbereich des SAG stellt sich die Frage, ob auch ohne Vorliegen der Abwicklungsvoraussetzungen die **Kapitalinstrumentebefugnis** (→ Rn. 122 ff.) zur Anwendung gebracht werden kann bzw. muss. Tatbestandlich setzt sie das Vorliegen der Abwicklungsvoraussetzungen nicht voraus; das Bestehen von Systemrelevanz ist gerade nicht erforderlich.[559] Das Instrument erfasst ausschließlich nachrangige Gläubiger, die in einem regulären Insolvenzverfahren keine (vollständige) Befriedigung erlangen würden; die Befriedigung dieser Gläubiger wird bereits über den insolvenzrechtlichen Wasserfall beschränkt (und gekappt). Eine isolierte Anwendung der Kapitalinstrumentebefugnis (ohne Bail-In) ist nicht geeignet, das Institut zu rekapitalisieren. Sie erlangt daher bei Anschluss eines regulären Insolvenzverfahrens regelmäßig keine selbständige, wirtschaftliche Bedeutung (kann jedoch theoretisch die Rettung des Instituts vor Eröffnung des Insolvenzverfahrens durch Dritte erleichtern). Ihre Anwendung ist ggf. **zwingend**.

224 Die nachfolgend dargestellten Maßnahmen für nicht systemrelevante Institute/Gruppen können tatbestandlich zwar auch auf systemrelevante Institute/Gruppen angewendet werden. Das SAG bzw. die SRM-Verordnung bieten insoweit jedoch regelmäßig besser geeignete und flexiblere Instrumente und Befugnisse.

225 Zu den nachfolgend dargestellten, aufsichtsrechtlichen Instrumenten gehören Maßnahmen bei Gefahr (§ 46 KWG) (→ Rn. 226 ff.), insb. das sog Moratorium nach § 46 Abs. 1 S. 2 Nr. 4–6 KWG (→ Rn. 258 ff.), die Bestellung eines Sonderbeauftragten (§ 45c KWG) (→ Rn. 279 ff.), der Entzug der Erlaubnis (→ Rn. 267), und das Moratorium nach § 46g KWG (→ 290 ff.). Ferner werden ausgewählte Besonderheiten im Hinblick auf die Eröffnung eines Insolvenzverfahrens dargestellt (→ 293 ff.).[560]

---

[556] § 62 Abs. 1 Nr. 2 SAG.
[557] Art. 18 Abs. 1 UAbs. 1 lit. c, Abs. 5 SRM-Verordnung; Art. 32 Abs. 1 lit. c BRRD
[558] Vgl. insoweit § 62 Abs. 1 Nr. 2 aE; BT-Drs. 18/5009, S. 66.
[559] § 65 SAG; Art. 59 Abs. 3 BRRD; Art. 21 Abs. 1 SRM-Verordnung.
[560] Die in diesen Abschnitten enthaltenen Ausführungen enthalten Passagen aus und beruhen partiell auf früheren Aufsätzen des Autors, zB *Geier*, Das Moratorium über die Depotbank, BKR 2012, 133; *Geier*, Die Regelungen des Depotvertrags im Moratorium, ZBB 2010, 289; *Geier/Schmitt/ Petrowsky*, Der Anwendungsbereich des „Moratoriums" nach Inkrafttreten des Restrukturierungsgesetzes, BKR 2011, 497; *Geier/Schmitt*, Ablauf der Krise eines Kreditinstituts unter Berücksichtigung

I. Überblick Abwicklung unter besonderer Berücksichtigung der Abwicklung nicht systemrelevanter Institute

a) Maßnahmen bei Gefahr (§ 46 KWG), insbesondere Moratorium

Bei historisch-empirischer Betrachtung erlangten im Rahmen der Bankenabwicklung in Deutschland vor allem die „Maßnahmen bei Gefahr" nach § 46 KWG, insbesondere das Moratorium (früher § 46a KWG aF), an Bedeutung (vgl. auch → B.X. Rn. 17 ff.). 226

Bei Gefahr stehen der Aufsichtsbehörde die folgenden Befugnisse zur Verfügung: 227
(1) Erlass von Anweisungen für die Geschäftsführung des Instituts.
(2) Verbot der Annahme von Einlagen oder Geldern oder Wertpapieren von Kunden und die Gewährung von Krediten.
(3) Untersagung oder Beschränkung der Inhaber und Geschäftsleiter in der Ausübung ihrer Tätigkeit.
(4) Erlass eines vorübergehenden Veräußerungs- und Zahlungsverbot an das Institut.
(5) Schließung des Instituts für den Verkehr mit der Kundschaft.
(6) Verbot der Entgegennahme von Zahlungen, die nicht zur Erfüllung von Verbindlichkeiten gegenüber dem Institut bestimmt sind.
(7) Verbot oder Beschränkung von Zahlungen an konzernangehörige Unternehmen, sofern die Geschäfte für das Institut nachteilig sind.

Maßnahmen nach Ziffer (4) – (6) werden zusammenfasend üblicherweise als „**Moratorium**" bezeichnet.[561] Die Regelung wurde durch das RStruktG aus § 46a KWG in § 46 KWG überführt. Seitdem ist der Tatbestand des § 46 KWG weitgehend unverändert geblieben. Zuständig für den Erlass von Maßnahmen bei Gefahr ist die BaFin. Wurde eine Abwicklungsmaßnahme angeordnet, kann eine Maßnahme nach § 46 KWG nur noch mit Zustimmung der FMSA angeordnet werden (§ 82 Abs. 5 SAG). 228

aa) Bedeutung der Gefahrenmaßnahmen des § 46 KWG in der Praxis

Das Gesetz qualifiziert Maßnahmen nach § 46 KWG als **Sanierungsmaßnahmen**.[562] Dabei handelt es sich um Maßnahmen, mit denen die finanzielle Lage eines Instituts gesichert oder wiederhergestellt werden soll und die die bestehenden Rechte Dritter beeinträchtigen können.[563] Ziel solcher Maßnahmen war ursprünglich, ein Insolvenzverfahren zu vermeiden und das Institut anderweitig aus der Krise zu führen. So war nach § 46a KWG aF, der zwischenzeitlich in § 46 KWG aufgegangen ist,[564] für die Verhängung des Moratoriums erforderlich, dass „zur Vermeidung eines Insolvenzverfahrens" gehandelt wird.[565] Um das Insolvenzverfahren zu vermeiden, sollte durch Erlass eines Moratoriums der Geschäftsbetrieb des Instituts temporär angehalten und das Institut vorübergehend durch hoheitliche 229

---

des Restrukturierungs- und Zweiten Finanzmarktstabilisierungsgesetzes sowie des Entwurfs eines CRD-IV Umsetzungsgesetzes und der Crisis Management Directive (CMD) – eine Analyse und Prognose; BKR Sonderheft November 2012.

[561] Vgl. nur *Lindemann* in BFS KWG § 46 Rn. 2; *Binder* WM 2006, 2114 (2117); *Geier* BKR 2010, 144 (145); *Geier* ZBB 2010, 289 (290); *Kokemoor* in Beck/Samm/Kokemoor KWG, 141. Erg. Lfg. 2009, § 46a Rn. 5; *Consbruch/Möller* KWG § 46a Rn. 3.
[562] § 46d Abs. 1 KWG.
[563] § 46d Abs. 3 KWG.
[564] Vgl. BT-Drs. 17/3024, S. 60.
[565] Dadurch wurde der zeitliche Anwendungsbereich der Maßnahme deutlich nach vorne verlagert. Zudem besteht die Möglichkeit, auch andere Gefahren als eine Insolvenz zum Anlass der Verhängung eines Moratoriums zu nehmen (etwa die Sicherung der Vermögenswerte des Instituts). Zur Voraussetzung der „Vermeidung eines Insolvenzverfahrens", *Geier/Schmitt/Petrowsky* BKR 2011, 497 (497).

Maßnahmen geschlossen werden. Die so gewonnene Zeit war dazu bestimmt, etwa einen Käufer für das Institut zu finden.[566]

230 Maßnahmen nach § 46 KWG (bzw. § 46a KWG aF) stellten sich für die Zwecke der Sanierung als **unzulänglich** heraus.[567] Zwar kann durch das Schließen des Instituts während der Dauer der Maßnahme zB verhindert werden, dass Gläubiger ihre Einlagen abziehen. Eine Kündigung der Verträge (soweit vertraglich zulässig) wird durch § 46 KWG jedoch nicht ausgeschlossen.[568] Das Moratorium vermeidet daher nicht, dass ggf. für den Fortbestand des Instituts essentielle Verträge (zB zur Anbindung an die Marktinfrastruktur[569] oder bestimmte Absicherungsgeschäfte) beendet werden. Ferner führt die Unterbrechung der Erbringung von Dienstleistungen durch das Moratorium zu einem nicht mehr wiedergutzumachenden Vertrauensverlust der Kunden. So erwies es sich fast immer als unmöglich, einen Käufer für das Institut zu finden. An das Moratorium schloß sich regelmäßig ein Insolvenzverfahren und die damit verbundene Abwicklung des Instituts an.[570] Faktisch wirkt § 46 KWG somit wie eine Abwicklungsmaßnahme. Sie wird demgemäß hier im Zusammenhang mit der Abwicklung dargestellt.

231 Neuere Entwicklungen verschärften zudem die fehlende Eignung des Moratoriums als Instrument der Sanierung:
- Bei systemrelevanten Banken mit kritischen Funktionen (→ Rn. 90) stünde die Verhängung eines Moratoriums im Widerspruch zu den nunmehr gesetzlich verankerten, allgemeinen **Sanierungs-/Abwicklungszielen**. Ziel der Maßnahmen ist es, den Geschäftsbetrieb der Bank in allen systemrelevanten Teilen und den wesentlichen Geschäftsaktivitäten (→ Rn. 96, 145) ohne Unterbrechung aufrecht zu erhalten. Der damit verbundene Paradigmenwechsel hindert eine Anwendung des Moratoriums auf systemrelevante Institute.
- Nach der Entscheidung des **BGH vom 12. März 2013**[571] kommt dem Moratorium gegenüber Gläubigern des Instituts keine Stundungswirkung zu, mit der Folge, dass während der Dauer des Moratoriums Verzugszinsen auflaufen.[572] Dabei ist zu beachten, dass nach Auffassung des BGH der Erlass eines Zahlungsverbots bereits dann durch das Institut verschuldet ist, „wenn die zum Erlass des Zahlungsverbots führenden Umstände dem betrieblichen oder unternehmerischen Risikobereich des Kreditinstituts zuzurechnen sind [...]. Dabei fallen zur Insolvenz führende Zahlungsschwierigkeiten – sofern sie nicht lediglich durch äußere Umstände bedingt sind – grundsätzlich in die Risikosphäre des Unternehmens [...]".[573] Die Vermutung des Verschuldens (§ 280 Abs. 1 S. 2 BGB) wird nur in den seltensten Ausnahmefällen widerlegt werden können. Die während der

---

[566] Siehe insbesondere die Ausschussbegründung zu § 46a KWG; BT-Drs. 7/4631, S. 8.
[567] *Bachmann* ZBB 2010, 459 (459 f.).
[568] Das Moratorium schließt eine Kündigung von Verträgen nicht aus, vgl. so ausdrücklich zB *Geier* BKR 2010, 144 (148); *Lindemann* in BFS KWG § 46 Rn. 100; zu einzelnen Gestaltungsrechten vgl. *Binder* Bankeninsolvenzen im Spannungsfeld S. 316; *Lindemann* in BFS KWG § 46 Rn. 77 ff.
[569] Vgl. zB Kapitel 1, Abschnitt 1, dort unter 7.2 Clearing Bedingungen der Eurex Clearing AG.
[570] *Geier/Schmitt/Petrowsky* BKR 2011, 497 (497). Das gegenüber der Kaupthing Bank hf., Niederlassung Deutschland, verhängte Moratorium wurde nach fast einem Jahr wieder aufgehoben. Dabei handelt es sich um einen Sonderfall, da die Hauptniederlassung unter die Kontrolle der isländischen Behörden gestellt wurde und für zahlungsunfähig erklärt wurde, ein Insolvenzverfahren über die Hauptniederlassung jedoch nicht eröffnet wurde. Vgl. auch zu den älteren Fällen eines Moratoriums und der allgemeinen Problematik: *Pannen* Kap. 1 Rn. 103.
[571] BGHZ 197, 21 = NJW 2013, 3437.
[572] BGH NJW 2013, 3437 Rn. 13 ff.
[573] BGH NJW 2013, 3437 Rn. 55; BGH WM 2008, 923 Rn. 2, 17 f.

I. Überblick Abwicklung unter besonderer Berücksichtigung der Abwicklung nicht systemrelevanter Institute

Dauer des Moratoriums entstehende Zinslast beeinträchtigt die Sanierungsfähigkeit des Instituts erheblich, insb. auch die Suche nach einem Käufer.
- Die BaFin ist verpflichtet, unverzüglich, spätestens jedoch innerhalb von 5 Arbeitstagen nachdem sie davon Kenntnis erlangt hat, dass ein CRR-Kreditinstitut nicht in der Lage ist, fällige Einlagen zurückzuzahlen, den **Entschädigungsfall** festzustellen (§ 10 Abs. 2 S. 1 EinSiG). Unabhängig hiervon ist der Entschädigungsfall spätestens 6 Wochen nach Verhängung eines Moratoriums festzustellen (§ 10 Abs. 2 S. 2 EinSiG). Mit der Feststellung des Entschädigungsfalls ist eine Sanierung des von einem Moratorium erfassten Instituts schon rein faktisch nicht mehr realistisch.[574]

Darüber hinaus ist davon auszugehen, dass die Aufsichtsbehörde künftig im Vorfeld bereits Maßnahmen der **Frühintervention** ergreift, um so den Eintritt einer tatsächlichen Gefahr präventiv zu vermeiden.[575] Dies gilt umso mehr, als das Moratorium nicht direkt auf die Beseitigung der Schieflage einwirkt[576] und die Sanierung regelmäßig – infolge der mit dem Moratorium verbundenen Publizität – sogar erschwert. Ein potenzieller Käufer sollte bereits vor Verhängung des Moratoriums gesucht werden. Wird das Institut durch Maßnahmen der Frühintervention begleitet, sollte die Verhängung eines Moratoriums regelmäßig entbehrlich sein. Schlagen alle Maßnahmen der Frühintervention bei einem nicht systemrelevanten Institut fehl, stellt sich die Frage, ob die Zwischenschaltung eines Moratoriums vor Insolvenzeröffnung überhaupt noch zielführend ist. 232

Mit den vorgenannten Argumenten ist davon auszugehen, dass das Moratorium künftig lediglich für nicht systemrelevante Banken eine Rolle spielen wird. 233

bb) Tatbestandliche Voraussetzungen der Gefahrenmaßnahmen

Maßnahmen nach § 46 KWG können ergriffen werden, wenn (i) eine Gefahr für die Erfüllung der Verpflichtungen eines Instituts gegenüber seinen Gläubigern, insbesondere für die Sicherheit der ihm anvertrauten Vermögenswerte, oder (ii) der begründete Verdacht besteht, dass eine wirksame Aufsicht über das Institut nicht möglich ist. 234

(1) Gefahr für die Erfüllung von Verbindlichkeiten. Die Auslegung des Tatbestandsmerkmals „Gefahr für die Erfüllung von Verpflichtungen eines Instituts gegenüber seinen Gläubiger" ist stark umstritten. 235

(a) Darstellung des Streitstandes. In der Literatur[577] und Rechtsprechung[578] wird überwiegend vertreten, dass eine „Gefahr für die Erfüllung der Verbindlichkeiten" unabhängig von Liquiditätsproblemen bestehen kann. Ein unmittelbarer Insolvenzbezug sei hierzu nicht 236

---

[574] So schon – allerdings zur Gesetzeslage von 2010 – *Binder* in ADLLS Corporate Governance S. 244 f.; ferner auch *Binder* Bankeninsolvenzen im Spannungsfeld S. 532 ff.
[575] *Geier/Schmitt* BKR Sonderheft November 2012, 27.
[576] So auch *Lorenz* NZG 2010, 1046 (1047).
[577] Besonders deutlich *Schwennicke/Haß/Herweg* in Schwennicke/Auerbach KWG § 46 Rn. 8 („Nicht Voraussetzung für Maßnahmen nach § 46 [KWG] ist, dass das Institut bereits mit der Erfüllung seiner Verpflichtungen in Verzug geraten ist"); *Obermüller* Rn. 1.756 ff.; *Lindemann* in BFS KWG § 46 Rn. 35 ff., insbesondere Rn. 43; *Pannen* Kap. 1 Rn. 32 ff., insb. Rn. 39; *Lehnhoff* in Reischauer/Kleinhans KWG, Erg.-Lfg. 1/10, § 46 Rn. 5; *Bähr/Schneider* KWG § 46 Rn. 2; *Linden* ZInsO 2008, 583 (587); vgl. auch *Grabau/Hundt* DZWIR 2003, 275 (276).
[578] Vgl. VG Köln Beschluss vom 30.5.2001, WM 2001, 1613; OVG Berlin Beschluss vom 22.5.1995 (Az.: 1 S 27.95), S. 7; VG Berlin Urteil vom 23./27.12.1983 (Az.: 14 A 189/81); OVG Berlin Beschluss vom 3.12.1976 (Az.: I S 155 und 156/76); OVG Berlin Beschluss vom 20.12.1972 (Az.: I S 68/72).

erforderlich.[579] Die Auffassung findet ihre Grundlage ua in der Regierungsbegründung zum vierten Finanzmarktförderungsgesetz,[580] nach der die Handlungsunfähigkeit des Instituts zur Verhängung einer Maßnahme nach § 46 KWG ausreichend sein kann, auch wenn kein Insolvenzgrund vorliegt. Dies gelte unabhängig von der Frage, ob eine Gefahr für den Verlust von Vermögenswerten der Kunden besteht.[581] So können Grundlage des § 46 KWG vielmehr auch rechtswidrige oder nicht adäquate Geschäftspraktiken sein, beruhend zB auf einer Unfähigkeit[582] / Unzuverlässigkeit[583] der Geschäftsleiter, Unterschlagungen[584], schwerwiegenden organisatorischen Mängeln[585], mangelhafter Buchführung,[586] oder Verstößen gegen das Außenwirtschaftsgesetz[587]. Auch Maßnahmen zur Aufklärung (Gefahrerforschung),[588] zB um Informationen in Bezug auf die tatsächliche Lage des Instituts zu erhalten, können von § 46 KWG gedeckt sein.

237 Demgegenüber wird insbesondere von *Binder* vertreten, die „Gefahr für die Erfüllung der Verbindlichkeiten" sei dem Vorliegen eines Insolvenzgrunds iSd §§ 17–19 InsO gleichzusetzen.[589] Maßnahmen nach § 46 KWG könnten daher erst dann ergriffen werden, wenn auch die Voraussetzungen für die Eröffnung eines Insolvenzverfahrens vorliegen.[590] Die Auffassung beruht auf der Begründung zur zweiten KWG-Novelle (Einführung des § 46 KWG aF).[591]

238 **(b) Eigene Stellungnahme.** Nach hier vertretener Ansicht ist das Tatbestandsmerkmal der „Gefahr für die Erfüllung der Verbindlichkeiten" **autonom aufsichtsrechtlich** auszulegen. Es ist insbesondere nicht mit dem Insolvenzgrund der drohenden Zahlungsunfähigkeit (§ 18 InsO; § 46 Abs. 1 S. 1 2. Halbsatz KWG) gleichzusetzen. Darüber hinaus liegt eine „Gefahr für die Erfüllung der Verbindlichkeiten" nur bei Gefahren vor, die ihre Grundlage

---

[579] So fasst auch *Binder* die zur Thematik analysierte Literatur und Rechtsprechung zusammen, vgl. *Binder* Bankeninsolvenzen im Spannungsfeld S. 139.
[580] Gesetz zur weiteren Fortentwicklung des Finanzplatzes Deutschland (BGBl. 2002 I 2010).
[581] BT-Drs. 14/8017, S. 113.
[582] OVG Berlin Beschluss vom 22.5.1995 (Az.: 1 S 27.95), S. 8; VG Berlin Urteil vom 23./27.12.1983 (Az.: 14 A 189/81); *Obermüller* Rn. 1.756; *Lindemann* in BFS KWG § 46 Rn. 43; *Pannen* Kap. 1 Rn. 39; *Lehnhoff* in Reischauer/Kleinhans KWG, Erg.-Lfg. 1/10, § 46 Rn. 5; *Szagunn/Haug/Ergenzinger* KWG § 46 Rn. 3; *Linden* ZInsO 2008, 583 (587); *Bähr/Schneider* KWG § 46 Rn. 2; *Schwennicke/Haß/Herweg* in Schwennicke/Auerbach KWG § 46 Rn. 7.
[583] OVG Berlin Beschluss vom 22.5.1995 (Az.: 1 S 27.95), S. 8; *Obermüller* Rn. 1.756; *Lindemann* in BFS KWG § 46 Rn. 43; *Pannen* Kap. 1 Rn. 39; *Lehnhoff* in Reischauer/Kleinhans KWG, Erg.-Lfg. 1/10, § 46 Rn. 5; *Szagunn/Haug/Ergenzinger* KWG § 46 Rn. 3; *Linden* ZInsO 2008, 583 (587); *Schwennicke/Haß/Herweg* in Schwennicke/Auerbach KWG § 46 Rn. 7.
[584] *Pannen* Kap. 1 Rn. 39; *Lehnhoff* in Reischauer/Kleinhans KWG, Erg.-Lfg. 1/10, § 46 Rn. 5.
[585] OVG Berlin Beschluss vom 22.5.1995 (Az.: 1 S 27.95), S. 7, *Obermüller* Rn. 1.756; *Linden* ZlnsO 2008, 583 (587); *Schwennicke/Haß/Herweg* in Schwennicke/Auerbach KWG § 46 Rn. 7.
[586] *Obermüller* Rn. 1.756; *Pannen* Kap. 1 Rn. 39; *Bähre/Schneider* KWG § 46 Rn. 2; *Lindemann* in BFS KWG § 46 Rn. 43; *Lehnhoff* in Reischauer/Kleinhans KWG, Erg.-Lfg. 1/10, § 46 Rn. 5.
[587] OVG Berlin Beschluss vom 3.12.1976 (Az.: I S 155 und 156/76); *Pannen* Kap. 1 Rn. 39.
[588] In diese Richtung VG Berlin Beschluss vom 13.12.1972 (Az.: VG III A 366/72).
[589] *Binder* Bankeninsolvenzen im Spannungsfeld S. 146 f.; *Binder* WM 2008, 2340 (2342); etwas einschränkend *Binder* WM 2006, 2114 (2116): „(jedenfalls nahezu) deckungsgleich mit den Insolvenzgründen der Überschuldung oder (drohenden) Zahlungsunfähigkeit im Sinne der §§ 17–19 InsO"; *Willemsen/Rechel* in LNSSSW KWG § 46 Rn. 9 f.; nicht eindeutig, aber in diese Richtung gehend *Samm* in Beck/Samm/Kokemoor KWG, 105. Erg. Lfg. 2004, § 46 Rn. 24 einerseits aber Rn. 32 andererseits.
[590] Auf die Terminologie abstellend *Binder* Bankeninsolvenzen im Spannungsfeld S. 142 f.
[591] *Binder* Bankeninsolvenzen im Spannungsfeld S. 148 ff., insb. S. 151.

im Bereich der Eigenmittel oder der Liquidität finden. Verstöße gegen Organisations- und Verhaltensvorschriften sind unzureichend.

(aa) Autonom aufsichtsrechtliche Auslegung. Eine Gleichsetzung der Gefahr nach § 46 **239** KWG mit dem Insolvenzgrund der drohenden Zahlungsunfähigkeit scheidet bereits aus historischen Gründen aus. Anders als § 46 KWG sah § 46a KWG aF neben der „Gefahr für die Erfüllung der Verbindlichkeiten" auch ein Handeln „zur Vermeidung des Konkurses" bzw. später „zur Vermeidung eines Insolvenzverfahrens" vor.[592] Nach Auffassung des Finanzausschusses zur 2. KWG-Novelle hatte die Aufsichtsbehörde im Rahmen des § 46a KWG aF daher zu prüfen, ob für die Erfüllung der Gläubigeransprüche eine „konkrete, augenscheinliche Gefährdung besteht, die – wenn nichts zur Stützung oder Sanierung des Kreditinstituts getan wird – in naher Zukunft zur Konkursreife [nunmehr: Insolvenzreife] führt. Ist diese Voraussetzung gegeben, liegt die Anordnung von Maßnahmen nach § 46a Abs. 1 [KWG aF] im pflichtgemäßen Ermessen [der Bundesanstalt]".[593] Die Aufsichtsbehörde „vermeidet" ein Insolvenzverfahren aufgrund ihres alleinigen Insolvenzantragsrechts bereits dadurch, dass sie keinen Insolvenzantrag stellt (§ 46b KWG; vgl. auch unter → Rn. 294 ff.). Das Merkmal „zur Vermeidung eines Insolvenzverfahrens" kann daher nur so zu verstehen sein, dass Maßnahmen nach § 46a KWG aF den Eintritt eines Insolvenzgrundes im Vorfeld verhindern sollen.[594] Sie sind damit bereits vor Eintritt eines Insolvenzgrundes zulässig.

Darüber hinaus wurde im Rahmen der Konsolidierung von § 46 KWG aF und § 46a **240** KWG aF in § 46 KWG der Anwendungsbereich des Moratoriums auch **zeitlich vorverlagert**. In der Begründung des Regierungsentwurfs heißt es hierzu: „Die Regelungen des bisherigen § 46a Abs. 1 KWG für das Moratorium *im Falle der Insolvenznähe* des Instituts werden hinsichtlich der *Voraussetzungen* und der Ausnahmen vom Veräußerungsverbot modifiziert und in § 46 KWG überführt. [Hervorhebungen durch Verfasser]"[595] Der Wegfall der Formulierung „zur Vermeidung des Insolvenzverfahrens" ermöglicht daher die Verhängung eines Moratoriums, auch wenn andernfalls ein Insolvenzverfahren überhaupt nicht in Betracht gekommen wäre.[596]

Für ein aufsichtsrechtliches und gegen ein insolvenzrechtliches Verständnis der Formu- **241** lierung „Gefahr für die Erfüllung der Verpflichtungen eines Instituts gegenüber seinen Gläubigern, insbesondere für die Sicherheit der ihm anvertrauten Vermögenswerte" in § 46 KWG spricht auch § 35 Abs. 2 Nr. 4 KWG. § 46 KWG verweist zwar nicht ausdrücklich auf § 35 Abs. 2 Nr. 4 KWG. Es sind jedoch keine Gründe ersichtlich, die gegen eine einheitliche

---

[592] Geändert durch das Einführungsgesetz zur Insolvenzordnung, BGBl. 1994 I 2911; vgl. BR-Drs. 511/92, S. 105.
[593] Bericht des Finanzausschusses zur 2. KWG-Novelle, BT-Drucks 7/4631, S. 8 (§ 46a KWG). Zu § 46a KWG aF wurde bestritten, dass es sich bei der Formulierung „zur Vermeidung des Insolvenzverfahrens" um ein eigenständiges Tatbestandsmerkmal handelt (*Lindemann* in BFS KWG § 46 Rn. 44; *Binder* Bankeninsolvenzen im Spannungsfeld S. 149 ff.). Die Regelung würde lediglich das Ermessen der Aufsichtsbehörde einschränken. Tatbestandlich seien § 46a KWG aF und § 46a KWG aF insoweit identisch (*Binder* Bankeninsolvenzen im Spannungsfeld S. 146.). Nach hier vertretener Auffassung handelte es sich bei der Formulierung „zur Vermeidung des Insolvenzverfahrens" um ein subjektives Tatbestandsmerkmal (). Im Bericht des Finanzausschusses zur 2. KWG-Novelle, durch die die Formulierung eingeführt wurde, wird insoweit ausdrücklich von einer „Voraussetzung" und damit einem eigenständigen Tatbestandsmerkmal gesprochen.
[594] So wohl auch *Pannen* Kap. 1 Rn. 99.
[595] BT-Drs. 17/3024, S. 60 (§§ 46, 46a KWG), Hervorhebung durch die Verfasser; aA *Obermüller* NZI 2011, 81 (84).
[596] In diese Richtung deutend: BT-Drs. 17/3024, S. 1.

Auslegung und ein einheitliches Verständnis des Begriffs der Gefahr für die Erfüllung der Verbindlichkeiten innerhalb des KWG sprechen würden. § 35 Abs. 2 Nr. 4 KWG hat seit dem 1. Januar 2014 folgenden Wortlaut:

„Die Aufsichtsbehörde kann die Erlaubnis außer nach den Vorschriften des Verwaltungsverfahrensgesetzes aufheben, wenn […] Gefahr für die Erfüllung der Verpflichtungen des Instituts gegenüber seinen Gläubigern, insbesondere für die Sicherheit der dem Institut anvertrauten Vermögenswerte, besteht und die Gefahr nicht durch andere Maßnahmen nach diesem Gesetz abgewendet werden kann; eine Gefahr für die Sicherheit der dem Institut anvertrauten Vermögenswerte besteht auch
a) bei einem Verlust in Höhe der Hälfte der nach Artikel 72 der Verordnung (EU) Nr. 575/2013 in der jeweils geltenden Fassung maßgebenden Eigenmittel oder
b) bei einem Verlust in Höhe von jeweils mehr als 10 vom Hundert der nach Artikel 72 der Verordnung (EU) Nr. 575/2013 in der jeweils geltenden Fassung maßgebenden Eigenmittel in mindestens drei aufeinanderfolgenden Geschäftsjahren."

242 Im Rahmen der 2. KWG-Novelle wurde die „auch"-Regelung im zweiten Halbsatz des § 35 Abs. 2 Nr. 4 KWG nachträglich ergänzt,[597] die zum 1. Januar 2014 lediglich sprachlich an die CRR angepasst wurde. Nicht abschließend geklärt ist, ob auf diesen 2. Halbsatz für die Zwecke des § 46 KWG verwiesen wird. So führte das OVG Berlin in seinem Beschluss vom 22. Mai 1995 aus, dass den „zusätzlich aufgeführten gefahrbegründenden Sachverhalten" des zweiten Halbsatzes bei der Anwendung des § 46 KWG keine „maßstabgebende Bedeutung" zukommen solle.[598] Eine Begründung hierfür blieb das Gericht jedoch schuldig. Die Auffassung vermag nicht zu überzeugen. Es sind keine Anhaltspunkte dafür ersichtlich, dass der „Gefahr für die Sicherheit der dem Institut anvertrauten Vermögenswerte" innerhalb des KWG unterschiedliche Bedeutung zukommen sollte.[599] Die Regelung führt lediglich klarstellend zwei **spezielle Fälle** an, in denen eine Gefahr für die Vermögenswerte besteht.[600] So kann auch bei einem erheblichen Verlust an Eigenmitteln eine Gefahr für die Erfüllung der Verbindlichkeiten bestehen, und zwar unabhängig davon, ob die Eigenmittel insgesamt den Vorgaben der CRR (noch) genügen und auch unabhängig davon, ob (parallel) Liquiditätsengpässe auftreten.[601]

243 Die „Gefahr für die Erfüllung der Verbindlichkeiten" des § 46 KWG ist daher autonom aufsichtsrechtlich und ohne Bezug zum Insolvenzrecht auszulegen. Dabei ist § 35 Abs. 2 Nr. 4 KWG zu beachten.

244 **(bb) Eigenmittel- und Liquiditätsbezug.** Nicht jeder Verstoß gegen Vorgaben des KWG oder der CRR begründet bereits eine Gefahr für die Erfüllung der Verbindlichkeiten.

245 Die insbesondere in der Rechtsprechung[602] vertretene Auffassung, rechtswidrige oder nicht adäquate Geschäftspraktiken könnten die Verhängung eines Moratoriums rechtfertigen, ist nach hier vertretener Auffassung unzutreffend. Eine Verhängung von Maßnahmen nach § 46 KWG auf der Basis derartiger Verstöße ist – zumindest zwischenzeitlich – nicht

---

[597] Durch 2. KWG-Novelle zu § 35 Abs. 2 Nr. 5 KWG; durch 6. KWG-Novelle wieder zur § 35 Abs. 2 Nr. 4 KWG.
[598] Gemäß OVG Berlin Beschluss vom 22.5.1995 (Az.: 1 S 27.95), S. 3 f.
[599] Vgl. BT-Drs. 7/3657, S. 15.
[600] BT-Drs. 7/3657. Zum 1. Januar 2014 erfolgte eine erneute Anpassung durch das CRV IV-Umsetzungsgesetz an die CRR.
[601] So kann zB im Zusammenspiel mit § 36 KWG die Absetzung der für die Verluste verantwortlichen Geschäftsleiter möglich sein, vgl. BT-Drs. 7/3657.
[602] OVG Berlin Beschluss vom 22.5.1995 (Az.: 1 S 27.95), S. 8; VG Berlin Urteil vom 23./27.12.1983 (Az.: 14 A 189/81); OVG Berlin Beschluss vom 3.12.1976 (Az.: I S 155 und 156/76).

(mehr) von der Rechtslage gedeckt. Ob insoweit in der Vergangenheit ein Bedürfnis für eine erweiternde Auslegung des § 46a KWG aF bestand, soll hier ausdrücklich dahin stehen.

Sowohl das KWG als auch die CRD IV unterscheiden strikt zwischen Sachverhalten, die eine Gefahr für die Erfüllung der Verbindlichkeiten begründen und Verstößen gegen allgemeine, aufsichtsrechtliche Vorgaben. So kann zB nach § 35 Abs. 2 Nr. 6 KWG die Aufsichtsbehörde die Erlaubnis aufheben, wenn „das Institut nachhaltig gegen Bestimmungen dieses Gesetzes [...] verstoßen hat". Verstöße gegen **Organisations- und Verhaltensvorgaben** sind daher nicht dem § 35 Abs. 2 Nr. 4 KWG sondern der Nr. 6 zuzuordnen. Entgegen einer früher vom Autor vertretenen Auffassung[603], können Maßnahmen bei Gefahr daher idR nur wegen eigenmittel- und/oder liquiditätsbezogenen Gefahren verhängt werden. Sonstige Compliance-Verstöße sind regelmäßig unzureichend. Jedoch kann in Einzelfällen ein sonstiger Compliance-Verstoß eigenmittel- und/oder liquiditätsbezogene Gefahren begründen, die dann ihrerseits die Verhängung einer Maßnahme bei Gefahr rechtfertigen.

(2) Gefahr für Wirksamkeit der Aufsicht. Maßnahmen bei Gefahr können seit der 6. KWG-Novelle[604] nach § 46 KWG auch verhängt werden, wenn „der begründete Verdacht besteht, dass eine wirksame Aufsicht über das Institut nicht möglich ist (§ 33 Abs. 3 Nr. 1 bis 3 [KWG])".

Die Regelung enthält seit Inkrafttreten des CRD IV-Umsetzungsgesetzes einen **Verweisungsfehler**. Durch das CRD IV-Umsetzungsgesetz wurden die Absätze des § 33 KWG durch Streichung des früheren Absatzes 2 neu sortiert. Dabei wurde übersehen, dass die in § 46 KWG enthaltene Verweisung entsprechend anzupassen gewesen wäre. Die Fehlerhaftigkeit der aktuellen Verweisung zeigt bereits die Tatsache, dass § 33 Abs. 3 KWG keine Ziffern 1–3 enthält. Insofern ist der Verweis korrigierend als Verweis auf Abs. 2 auszulegen, der den früheren Abs. 3 wortidentisch fortführt.[605]

Auf der Basis der korrigierten Verweisung besteht der begründete Verdacht jedenfalls dann, wenn

(1) „das Institut mit anderen Personen oder Unternehmen in einen Unternehmensverbund eingebunden ist oder in einer engen Verbindung zu einem solchen steht, der durch die Struktur des Beteiligungsgeflechtes oder mangelhafte wirtschaftliche Transparenz eine wirksame Aufsicht über das Institut beeinträchtigt;

(2) eine wirksame Aufsicht über das Institut wegen der für solche Personen oder Unternehmen geltenden Rechts- oder Verwaltungsvorschriften eines Drittstaates beeinträchtigt wird;

(3) das Institut Tochterunternehmen eines Instituts mit Sitz in einem Drittstaat ist, das im Staat seines Sitzes oder seiner Hauptverwaltung nicht wirksam beaufsichtigt wird oder dessen zuständige Aufsichtsstelle zu einer befriedigenden Zusammenarbeit [...] nicht bereit ist."

Nach hier vertretener Auffassung handelt es sich bei den vorgenannten Fallgruppen lediglich um **Regelfallbeispiele**. Auch aus anderen Gründen kann im Einzelfall der Verdacht bestehen, dass eine wirksame Aufsicht nicht möglich ist. So nimmt nach hier vertretener, aber umstritten[606] Ansicht, der Verweis des § 46 KWG auf „§ 33 Abs. 3 Nr. 1–3 KWG" nicht nur S. 2 Nr. 1–3 sondern die Gesamtregelung (inklusive S. 1) in Bezug. Der Verweis auf „§ 33

---

[603] *Geier/Schmitt/Petrowsky* BKR 2011, 497 (497).
[604] BGBl. 1997 I 2518.
[605] Vgl. § 1 Nr. 60 b CRD-IV-Umsetzungsgesetz (BGBl. I 2013, 3395).
[606] *Schwennicke/Haß/Herweg* in Schwennicke/Auerbach KWG § 46 Rn. 9; *Samm* in Beck/Samm/Kokemoor KWG, 105. Erg. Lfg. 2004, § 46 Rn. 39 ff.; aA *Lindemann* in BFS KWG § 46 Rn. 45, 47.

Abs. 3 Nr. 1–3 KWG" war bei Erlass der Regelung eindeutig.[607] Mit dem 4. Finanzmarktförderungsgesetz[608] wurde die Regelung jedoch um einen Satz 1 ergänzt.[609] Seitdem handelt es sich bei den Nr. 1–3 um Regelfallbeispiele („insbesondere"). Der Verweis in § 46 KWG wurde weder durch das Restrukturierungsgesetz, noch das CRD IV-Umsetzungsgesetz oder das BRRD-Umsetzungsgesetz korrigiert, und das, obwohl seit Inkrafttreten des CRD IV-Umsetzungsgesetzes die Regelung nunmehr in § 33 Abs. 2 KWG und nicht mehr in Abs. 3 enthalten ist.[610] An anderen Stellen verweist das Gesetz pauschal auf „§ 33 Abs. 3 KWG" (gemeint: § 33 Abs. 2 KWG), so zB in § 45c Abs. 2 Nr. 4 KWG.[611] Entgegen der früher vom Autor vertretenen Auffassung,[612] kann aus der insoweit abweichenden Formulierung (dh pauschaler Verweis auf die Regelung ohne Bezug auf die Nr. 1–3) jedoch kein Rückschluss auf die Auslegung des § 46 KWG gezogen werden. Es bestehen keine hinreichenden Anhaltspunkte (mehr) dafür, dass sich der Gesetzgeber bei Erlass des § 45c KWG im Rahmen des RStruktG der unterschiedlichen Verweisung bewusst war. Wäre dies der Fall gewesen, hätte mannigfaltige Gelegenheit bestanden, die in der Verweisung des § 46 KWG enthaltene Regelungsungenauigkeit zu berichtigen (zunächst auf „§ 33 Abs. 3 S. 2 Nr. 1–3 KWG" und dann auf „§ 33 Abs. 2 S. 2 Nr. 1–3 KWG"). Der Korrektheit von Verweisungen scheint der Gesetzgeber zwischenzeitlich generell nur noch eine untergeordnete Bedeutung beizumessen; Regelungsungenauigkeiten werden zunehmend in Kauf genommen. Insofern liegt nahe, die fehlende Anpassung des § 46 KWG als **Regelungsungenauigkeit** zu werten und davon auszugehen, dass auf die Gesamtregelung des § 33 Abs. 2 KWG verwiesen wird.

cc) Rechtsfolgen der einzelnen Gefahrenmaßnahmen

251 § 46 KWG ermöglicht den Erlass aller Arten einstweiliger Maßnahmen. Die in § 46 Abs. 1 S. 2 KWG enthaltene Aufzählung spezieller, einstweiliger Maßnahmen ist nicht abschließend. Maßnahmen nach § 46 KWG ergehen als Verwaltungsakt gegenüber dem betroffenen Institut.[613]

252 Nachfolgend werden die in § 46 Abs. 1 S. 2 KWG genannten, speziellen Maßnahmen im Überblick dargestellt:

253 **(1) Weisung an Geschäftsführung / Untersagung Tätigkeit (§ 46 Abs. 1 S. 2 Nr. 1, 3 KWG).** Gem. § 46 Abs. 1 S. 2 Nr. 1 und Nr. 3 KWG kann die Aufsichtsbehörde Weisungen an die Geschäftsführung erteilen (Nr. 1) und Inhabern / Geschäftsleitern vorübergehend die Ausübung ihrer Tätigkeit untersagen oder diese beschränken (Nr. 3).

254 Die Regelung tritt neben §§ 45 ff. KWG, insbesondere den durch das RStruktG eingeführten § 45c KWG (Sonderbeauftragter)[614], und seit Inkrafttreten des BRRD-Umsetzungsgesetzes auch neben § 27 ff. SAG. Die §§ 45 ff. KWG und §§ 27 ff. SAG ermöglichen

---

[607] *Willemsen/Rechel* in LNSSSW KWG § 46 Rn. 13.
[608] Gesetz zur weiteren Fortentwicklung des Finanzplatzes Deutschland, BGBl. I 2002, 2010 ff.
[609] BGBl. 2002 I 2055.
[610] § 1 Nr. 60 lit. b CRD-IV-Umsetzungsgesetz.
[611] § 45c Abs. 2 Nr. 4 KWG ermöglicht die Bestellung eines Sonderbeauftragen, wenn „die Aufsicht über das Institut aufgrund von Tatsachen im Sinne des § 33 Absatz 3 KWG beeinträchtigt ist". Die Regelung löste zum 1. Januar 2011 die Bestellung der Aufsichtsperson nach § 46 Abs. 1 Nr. 4 KWG aF ab. Ein Sonderbeauftragter kann nunmehr bereits zu einem deutlich früheren Zeitpunkt eingesetzt werden, als zuvor die Aufsichtsperson nach § 46 KWG aF.
[612] *Geier/Schmitt/Petrowsky* BKR 2011, 497 (501).
[613] *Lehnhoff* in Reischauer/Kleinhans KWG, Erg.-Lfg. 1/10, § 46 Rn. 16.
[614] BGBl. 2010 I 1900.

die Bestellung eines Sonderbeauftragen bzw. eines Sonderverwalters, der auch die Funktionen der Geschäftsleiter wahrnehmen kann. Wie unter → Rn. 235 ff. dargestellt, steht – für nicht systemrelevante Institute – zu erwarten, dass künftig bereits erheblich vor Eintritt der konkreten Gefahr nach § 46 KWG die Funktionen der Geschäftsleiter durch einen Sonderbeauftragten wahrgenommen werden. Damit verbleibt für § 46 Abs. 1 S. 2 Nr. 1 und Nr. 3 KWG faktisch kein selbständiger Anwendungsbereich.

(2) Verbot der Annahme von Einlagen, Geldern und Kundenwertpapieren sowie Verbot der Gewährung weiterer Kredite (§ 46 Abs. 1 S. 2 Nr. 2 KWG). Nach § 46 Abs. 1 S. 2 Nr. 2 KWG kann die Aufsichtsbehörde die Entgegennahme weiterer Einlagen und Gelder von Kunden sowie von Kundenwertpapieren temporär verbieten. Dies gilt auch für die Gewährung von Krediten an Kunden. 255

Die BaFin machte von dieser Befugnis in der Vergangenheit Gebrauch. Anders als das sog Moratorium nach § 46 Abs. 1 S. 2 Nr. 4–6 KWG wird die isolierte Verhängung einer Maßnahme nach Nr. 2 regelmäßig **nicht publik** (gemacht).[615] Sie ist als *ultima ratio* zu verstehen, da die Eingehung von Neugeschäften faktisch verboten wird, ohne direkt auf die Ursache der Gefahr für die Erfüllung von Verbindlichkeiten einzuwirken. Dies gilt umso mehr, als die Vermögensposition der Kunden unberührt bleibt.[616] „Geeignet" ist die Maßnahme daher insbesondere als **Druckmittel** – ähnlich § 45b KWG – um eine zügige Beseitigung anderweitig bestehender Missstände zu fördern. Auch die Verhängung zusätzlicher Eigenmittelanforderungen nach § 45b KWG ist aus sich heraus nicht geeignet, die dort geregelten organisatorischen Missstände zu beseitigen. § 45b KWG ermöglicht, jedoch „durch die Androhung und ggf. Festsetzung eines höheren regulatorischen Eigenkapitals mittelbar Druck auf das Institut auszuüben, seine Geschäfte tatsächlich an den vorhandenen Risiken und dem vorhandenen internen Kapital auszurichten".[617] Ebenso ist § 46 Abs. 1 S. 2 Nr. 2 KWG zu verstehen: auch die Untersagung von Neugeschäft übt Druck auf das Institut aus, bestehende Gefahren für die Erfüllung von Verbindlichkeiten zeitnah zu beseitigen. 256

Konsequenterweise enthält daher auch der Katalog des § 45 KWG und des § 27 SAG keine vergleichbare Spezialbefugnis. Die Aufzählungen sind zwar lediglich exemplarischer Natur („insbesondere"). Jedoch erscheint es unverhältnismäßig eine § 46 Abs. 1 S. 2 Nr. 2 KWG vergleichbare Maßnahme bereits im Rahmen der Frühintervention zu verhängen. § 46 KWG ist für ein Verbot entsprechenden Neugeschäfts **lex specialis**. Dies schließt indes nicht aus, dass im Einzelfall auch bereits unter § 45 KWG oder § 27 SAG die Möglichkeit besteht, Risikopositionen mit einzelnen oder allen Kunden durch Weisung an die Geschäftsleitung zu begrenzen. 257

(3) Moratorium (§ 46 Abs. 1 S. 2 Nr. 4–6 KWG). Nach § 46 Abs. 1 S. 2 Nr. 4–6 KWG kann die BaFin (i) ein vorübergehendes Veräußerungs- und Zahlungsverbot erlassen,[618] (ii) die Schließung des Instituts für den Verkehr mit Kunden anordnen und (iii) die Entgegennahme von Zahlungen untersagen, die nicht zur Erfüllung von Verbindlichkeiten 258

---

[615] Die Maßnahmen nach Nr. 2 gelten im Gegensatz zu denen der Nr. 4–6 nicht als Sanierungsmaßnahme iSd § 46d KWG und sind somit nicht nach § 46d Abs. 2, 3 KWG von der BaFin bekanntzumachen (*Lindemann* in BFS KWG § 46d Rn. 12).
[616] Zum Verlust der Verfügungsmacht vgl. *Geier* ZBB 2010, 289 ff. und *Geier* BKR 2010, 144 ff.
[617] BR-Drs. 277/09, S. 19, 24.
[618] Die Aufsichtsbehörde ist ferner befugt, Zahlungen an konzernangehörige Unternehmen zu untersagen oder zu beschränken, wenn diese Geschäfte für das Institut nachteilig sind (§ 46 Abs. 1 S. 2 KWG). Sie kann ferner bestimmen, dass Zahlungen nur unter bestimmten Voraussetzungen zulässig sind (§ 46 Abs. 1 S. 3 KWG).

B. Abwicklung

gegenüber dem Institut bestimmt sind. Die Kombination dieser Maßnahmen wird als „Moratorium" bezeichnet und ist vom Moratorium nach § 46g KWG (→ Rn. 290 ff.) abzugrenzen. Während der Dauer des Moratoriums sind Zwangsvollstreckungen, Arreste und einstweilige Verfügungen in das Vermögen des Instituts nicht zulässig (§ 46 Abs. 2 S. 5 KWG).

259 Eine Ausnahme vom Verbot der Entgegennahme von Zahlungen, die nicht zur Erfüllung von Verbindlichkeiten dienen, besteht für den Fall, dass eine Sicherungseinrichtung sich bereit erklärt, die Befriedigung der Berechtigten in vollem Umfang sicherzustellen (**Verpflichtungserklärung**). Die Abgabe der Verpflichtungserklärung kann davon abhängig gemacht werden, dass eingehende Zahlungen (soweit sie nicht der Erfüllung von Verbindlichkeiten dienen) von dem Vermögen des Instituts getrennt zu Gunsten der Sicherungseinrichtung gehalten und verwaltet werden (§ 46 Abs. 2 S. 1 KWG). Auch darf das Institut bei Erlass des Moratoriums laufende Geschäfte abwickeln und neue Geschäfte eingehen, soweit diese zur Abwicklung erforderlich sind, wenn die Sicherungseinrichtung die hierzu erforderlichen Mittel zur Verfügung stellt und einen daraus entstehenden Schaden ersetzt (§ 46 Abs. 2 S. 2 KWG).

260 (a) **Vorübergehende Unmöglichkeit.** Das in § 46 Abs. 1 S. 2 Nr. 4 KWG enthaltene Veräußerungs- und Zahlungsverbot begründet – entgegen der (noch) herrschenden Literaturmeinung[619] – **keine Stundungswirkung** zu Lasten der Gläubiger des Instituts. Eine Stundungswirkung hätte zur Folge, dass Forderungen der Gläubiger des Instituts während der Dauer des Moratoriums nicht fällig werden und das Institut daher nicht in Verzug geraten könnte.[620] Die Verfechter der Stundungswirkung verweisen üblicherweise auf § 89 VAG aF (das Moratorium über Versicherungsunternehmen),[621] den Bericht und Antrag des Finanzausschusses über den Regierungsentwurf eines 2. Änderungsgesetzes zum KWG[622] sowie auf die Begründung des Regierungsentwurfs zum 4. Finanzmarktförderungsgesetz[623]. Ferner wird – als allgemeiner Rechtsgedanke – die Überlegung bemüht, dass das Institut durch das behördlich angeordnete Veräußerungs- und Zahlungsverbot gar nicht mehr in der Lage sei zu zahlen und sich hierauf auch gegenüber Gläubigern berufen können müsse.[624]

261 Der Autor wandte sich bereits 2010 gegen eine Stundungswirkung des Moratoriums und führte insoweit aus:[625]

„Der Wortlaut des § 46a KWG [nunmehr § 46 KWG] enthält [...] keine Anhaltspunkte für das Bestehen einer Stundungswirkung.[626] *Die Stundungswirkung steht ferner im Widerspruch zu den*

---

[619] Für die Stundungswirkung: OLG Frankfurt WM 2012, 2390 (aufgehoben durch BGH NJW 2013, 3437); *Kokemoor* in Beck/Samm/Kokemoor KWG, 141. Erg. Lfg. 2009, § 46a 46b Rn. 28; *Reischauer/Kleinhans* KWG, Erg.-Lfg. 3/07, § 46a Rn. 5; *Szagunn/Haug/Ergenzinger* KWG § 46a Rn. 4a; *Pannen* S. 34 f., *Schimansky/Bunte/Lwowski* Bank-HdB § 133 Rn. 20; aA *Lindemann* in BFS KWG § 46 Rn. 75 f.; *Beck* WM 2013, 301 (302).

[620] *Kokemoor* in Beck/Samm/Kokemoor KWG, 141. Erg. Lfg. 2009, § 46a Rn. 28; *Binder* Bankeninsolvenzen im Spannungsfeld S. 313; zur Interaktion zwischen Stundung und Fälligkeit vgl. *Krüger* in Staudinger/Bittner BGB § 271 Rn. 16 f.; *Krüger* in MüKoBGB § 271 Rn. 21; *Grüneberg* in Palandt BGB § 271 Rn. 12; vgl. auch *Zietsch* WM 1997, 965 ff.

[621] Bei § 69 VAG aF, nunmehr § 89 Abs. 1 S. 2 VAG, wird eine Stundungswirkung bejaht (RArbG JW 1933, 796 f.; OLG Stettin VerAfP 24, (185) 196; aA KG JRPV 1931, 30 (31)).

[622] BT-Drs. 7/4631, S. 8.

[623] BT-Drs. 14/8017, S. 141.

[624] OLG Frankfurt WM 2012, 2391; aufgehoben durch BGH NJW 2013, 3437.

[625] *Geier* ZBB 2010, 289 (290 Fn. 6); *Beck* WM 2013, 301 (302).

[626] Nachfolgend so auch LG Frankfurt WM 2012, 403 (404); *Binder* EWiR 2012, 295 (296).

I. Überblick Abwicklung unter besonderer Berücksichtigung der Abwicklung nicht systemrelevanter Institute

Regeln der Insolvenzordnung[627], nach denen mit der Eröffnung des Insolvenzverfahrens Forderungen gerade fällig gestellt werden. Dies zeigt, dass für eine Stundung auch keine zwingenden, wirtschaftlichen Gründe ins Feld geführt werden können. Darüber hinaus erscheint es in dogmatischer Hinsicht fraglich, wie ein nur gegenüber der [Bank] bekanntgegebener Verwaltungsakt privatrechtsgestaltende Wirkung zu Lasten Dritter entfalten kann, ohne diesen zumindest bekanntgegeben worden zu sein. Die BaFin veröffentlicht auf ihrer Internetseite üblicherweise nur einen Hinweis darauf, dass ein Verwaltungsakt erlassen wurde. Der Verwaltungsakt selbst wird jedoch nicht veröffentlicht. [...]"[628]

Dieser Argumentation hat sich der BGH[629] zwischenzeitlich im Ergebnis angeschlossen: das Moratorium verfügt über keine Stundungswirkung. Es begründet nach allgemeinen Rechtsgrundsätzen lediglich eine vorübergehende rechtliche **Unmöglichkeit** analog § 275 Abs. 1 BGB (Leistungshindernis).[630] Sowohl der Wortlaut als auch die Gesetzessystematik stehen nach Ansicht des BGH der Stundungswirkung entgegen.[631] Ein hoheitlicher Eingriff in private Rechtsverhältnisse hätte einer besonderen, bestimmten, gesetzlichen Legitimation bedurft (Gesetzesvorbehalt), zumal final in vertraglich begründete Rechte Dritter eingegriffen würde.[632] Die Annahme einer Stundungswirkung hätte „einfachgesetzliche Gläubigerrechte in schwerwiegenderer Weise als eine bloße zeitweilige Undurchsetzbarkeit fälliger Forderungen" beeinträchtigt.[633]

(b) Ausschluss dinglicher Ansprüche. Das Leistungshindernis des Moratoriums erfasst auch dingliche Ansprüche (zB § 985 BGB), selbst wenn diese – zB infolge eines Aussonderungsrechts – von einem (anschließenden) Insolvenzverfahren nicht berührt würden.[634] Die Anordnung des Moratoriums soll dem Institut eine **„Verschnaufpause"** verschaffen.[635] Ziel ist es, ein Ausbluten des Kreditinstituts durch bevorzugte Befriedigung einzelner Gläubiger bis zum Abschluss von Sanierungsüberlegungen oder – praktisch wahrscheinlicher – bis zur Insolvenzverfahrenseröffnung zu verhindern.[636] Das Moratorium dient damit zum einen der Massesicherung.[637] Zum anderen geht es darüber hinaus: Um seinem Ziel gerecht zu werden, ist der Geschäftsbetrieb der Bank mit Kunden während der Dauer des Moratoriums umfassend einzustellen. Kunden des Instituts würden sonst während der Dauer des Moratoriums die ihnen gehörenden Vermögenswerte (zB Kundenwertpapiere) abziehen. Dies ist jedoch nur mit Zustimmung der Aufsichtsbehörde zulässig.[638] Dem-

---

[627] BGH NJW 2013, 3437 Rn. 31; ähnlich auch LG Frankfurt WM 2012, 403 (404).

[628] Eine öffentliche Bekanntgabe ist nur unter den Voraussetzungen des § 46d Abs. 2 KWG und nur außerhalb Deutschlands (Aufnahmemitgliedstaat) erforderlich. Die öffentliche Bekanntgabe ist keine Wirksamkeitsvoraussetzung. Im Herkunftsstaat sieht das KWG eine öffentliche Bekanntgabe nicht vor. Auch dies spricht dagegen, einen privatrechtsgestaltenden Verwaltungsakt anzunehmen.

[629] BGH NJW 2013, 3437, so auch schon LG Frankfurt, WM 2012, 403.

[630] BGH NJW 2013, 3437 Rn. 52, 26.

[631] BGH NJW 2013, 3437 Rn. 17.

[632] BGH NJW 2013, 3437 Rn. 18, 20 f., 29. So ordnet § 46g KWG die Möglichkeit, eine Stundung zu begründen, ausdrücklich an (§ 46g Abs. 3 KWG).

[633] BGH NJW 2013, 3437 Rn. 19.

[634] Für eine umfassende Wirkung des Moratoriums wohl: *Reischauer/Kleinhans* KWG, Erg.-Lfg. 3/07, § 46a Rn. 5; *Szagunn/Haug/Ergenzinger* KWG § 46a Rn. 4a; *Pannen* S. 34 f.; *Schimansky/Bunte/Lwowski* Bank-HdB § 133 Rn. 19.

[635] BGH NJW 2013, 3437 Rn. 25, 42.

[636] BGH NJW 2013, 3437 Rn. 42.

[637] BGH NJW 2013, 3437 Rn. 43.

[638] Die BaFin kann die Zustimmung erteilen, dass Inhaber eines Schließfaches Zugriff auf ihre dort gelagerten Gegenstände, sowie Inhaber eines Wertpapierdepots Zugriff auf ihre Wertpapiere

entsprechend verfügt das Moratorium gerade über keine gesetzlich verankerte Regelung zu Aussonderungsrechten (und ggf. Absonderungsrechten).[639] Auf § 47 InsO wird in § 46 KWG nicht Bezug genommen. Eine Ausnahme besteht lediglich für Finanzsicherheiten und dingliche Sicherheiten der Zentralbanken, deren Verwertung von einem Moratorium nicht erfasst wird.[640] Ebenso wird der Schutz von Zahlungs- sowie Wertpapierliefer- und -abrechnungssystemen nach der Richtlinie 98/26/EG (Finalitätsrichtlinie) durch das Moratorium nicht beeinträchtigt.

264 **(c) Ausübung von Gestaltungsrechten.** Das Moratorium beeinträchtigt nicht die Ausübung von Gestaltungsrechten.[641] Ob die Verhängung des Moratoriums einen Kündigungsgrund darstellt, hängt vom Inhalt des Vertrages ab.[642] Entsprechende Kündigungsrechte sollten aus Gläubigersicht in den Verträgen enthalten sein.[643]

265 **(d) Relatives Verfügungsverbot.** Das Moratorium begründet ein relatives, kein absolutes Verfügungsverbot. Die von *Neeff*[644] vertretene Auffassung, das Veräußerungs- und Zahlungsverbot erginge vorrangig im öffentlichen Interesse und wirke daher absolut, ist abzulehnen. Vielmehr stellt das Moratorium ein behördliches Veräußerungsverbot nach § 136 BGB dar, das relativ wirkt.[645]

b) Sonstige aufsichtsrechtliche Maßnahmen (iwS)

266   Nachfolgend werden weitere aufsichtsrechtliche Maßnahmen erörtert, die bei einer Schieflage des Instituts bzw. einer gesamtwirtschaftlichen Schieflage ergriffen werden können. Zu den nachfolgend dargestellten aufsichtsrechtlichen Instrumenten zählen insbesondere die Aufhebung der Erlaubnis (→ 267 ff.), die Bestellung eines Sonderbeauftragten (§ 45c KWG) (→ Rn. 279 ff.) und das Moratorium nach § 46g KWG (→ 290 ff.). Ferner werden Besonderheiten im Hinblick auf die Eröffnung eines Insolvenzverfahrens dargestellt (→ 293 ff.).

---

nehmen können (vgl. *Geier* BKR 2010, 144 (149).

[639] *Geier* BKR 2010, 144 (147).

[640] § 46 Abs. 2 S. 7 ff. KWG stellt insoweit klar: „Die Vorschriften der Insolvenzordnung zum Schutz von Zahlungs- sowie Wertpapierliefer- und -abrechnungssystemen einschließlich interoperabler Systeme, und im Rahmen des von einer zentralen Gegenpartei betriebenen Systems sowie von dinglichen Sicherheiten der Zentralbanken und von Finanzsicherheiten finden bei Anordnung einer Maßnahme nach Absatz 1 Satz 2 Nummer 4 bis 6 entsprechend Anwendung." Die Verweisung ist gesetzestechnisch missglückt, da die entsprechenden Vorschriften auf das Moratorium sinnvollerweise nicht 1:1 übertragen werden können. Im Ergebnis ist die Verweisung dahingehend zu verstehen, dass trotz den Wirkungen des Moratoriums nach den Regeln eines Zahlungs- sowie Wertpapierliefer- und -abrechnungssystemes nicht mehr widerrufliche Aufträge auch trotz Verhängung des Moratoriums dinglich noch durchgeführt werden (Finalität). Ferner hindert das Moratorium nicht die Verwertung von Finanzsicherheiten und Aufrechnungen im Sinne der Finalitätsrichtlinie.

[641] So ausdrücklich zB *Lindemann* in BFS KWG § 46 Rn. 100; zu einzelnen Gestaltungsrechten vgl. beispielsweise *Binder* Bankeninsolvenzen im Spannungsfeld S. 316; *Lindemann* in BFS KWG § 46, Rn. 77 ff.

[642] Das Vertragsverhältnis kann gekündigt werden, wenn die Verhängung eines Moratoriums als Kündigungsgrund ausdrücklich vereinbart wurde. Andernfalls ist zu prüfen, ob die Rechtswirkungen des Moratoriums geeignet sind, eine außerordentliche Kündigung aus wichtigem Grund rechtfertigen. Dies ist eine Frage des Einzelfalls.

[643] Zur Vorsicht sollte ferner vertraglich auch klargestellt werden, dass nach der Kündigung entstehende Forderungen nicht mehr durch das Bankenpfandrecht gesichert werden sollen.

[644] *Neeff* S. 145 ff., insb. S. 160.

[645] Vgl. hierzu *Geier* BKR 2010, 144 (146).

I. Überblick Abwicklung unter besonderer Berücksichtigung der Abwicklung nicht systemrelevanter Institute

aa) Aufheben der Erlaubnis

Die Aufsichtsbehörde ist berechtigt, unter den allgemeinen Voraussetzungen des Verwaltungsverfahrensgesetzes (VwVfG) und unter den besonderen Voraussetzungen des § 35 Abs. 2 KWG, die Erlaubnis für das Betreiben von Bankgeschäften oder die Erbringung von Finanzdienstleistungen aufzuheben. Sinn und Zweck der Regelung ist es zu verhindern, dass zugelassene Institute weiterhin Finanzdienstleistungen erbringen oder Bankgeschäfte führen, obgleich sie nicht mehr die aufsichtlichen Anforderungen erfüllen oder eine sonstige Gefahr für ihre Gläubiger darstellen.[646]

267

Im Hinblick auf die hier in Frage stehende Schieflage eines Instituts sind insoweit folgende Fallgruppen zu unterscheiden:

268

(1) Entzug der Erlaubnis wegen Wegfall der Erteilungsvoraussetzungen oder Gefahr für die Erfüllung der Verbindlichkeiten. In einer Schieflage des Instituts kann § 35 Abs. 2 Nr. 3 KWG iVm § 33 Abs. 1 Nr. 1 KWG ggf. relevant werden. Die Regelung ermächtigt die Aufsichtsbehörde, nachträglich die Erlaubnis zum Betreiben von Bankgeschäften bzw. zur Erbringung von Finanzdienstleistungen aufzuheben, wenn das notwendige Anfangskapital dem Institut nicht mehr zur Verfügung steht.[647] Die Höhe des notwendigen Kapitals richtet sich nach dem Umfang der dem Institut erteilten Erlaubnis, bei CRR-Kreditinstituten zB 5 Mio. Euro.[648]

269

Ergänzend sei darauf hingewiesen, dass ein Entzug der Erlaubnis – ebenso wie die Verhängung eines Moratoriums (→ Rn. 258 ff.) – zulässig ist, wenn Tatsachen die Annahme rechtfertigen, dass die wirksame Aufsicht über das Institut beeinträchtigt ist.[649]

270

Eine Aufhebung der Erlaubnis ist auch bei Bestehen einer Gefahr für die Erfüllung der Verbindlichkeiten zulässig.[650] Die Regelung wird durch § 46 KWG in Bezug genommen (→ Rn. 247). Als milderes Mittel zum Entzug der Erlaubnis steht ggf. die Abberufung der verantwortlichen Geschäftsleiter[651] oder die Bestellung eines Sonderbeauftragten zur Verfügung.[652]

271

(2) Entzug der Erlaubnis wegen Verstößen gegen aufsichtsrechtliche Vorgaben. Darüber hinaus ermöglichen § 35 Abs. 2 Nr. 6, 8 KWG auch den Entzug der Erlaubnis bei bestimmten aufsichtsrechtlichen Verstößen.

272

Die allgemeinen, aufsichtsrechtliche Verstöße erfassenden Regelungen wurden durch das CRD IV-Umsetzungsgesetz neu gefasst. Ihr neuer Anwendungsbereich erschließt sich vor dem Hintergrund der seit dem 1. Januar 2014 geltenden, europarechtlichen Vorgaben. So zielt der Gesetzgeber mit § 35 Abs. 2 Nr. 6, 8 KWG auf die Umsetzung des Art. 18 lit. d–f CRD IV ab.[653] Die Regelungen des Art. 18 lit. d–f CRD IV haben auszugsweise den folgenden Wortlaut:

273

„Entzug der Zulassung

Die zuständigen Behörden können einem Kreditinstitut die erteilte Zulassung nur entziehen, wenn […]

---

[646] *Fischer* in BFS KWG § 35 Rn. 1.
[647] *Fischer* in BFS KWG § 35 Rn. 20 ff.
[648] § 33 Abs. 1 Nr. 1 S. 1 lit. d KWG.
[649] § 35 Abs. 2 Nr. 3 iVm § 33 Abs. 2 Nr. 1–3 KWG.
[650] § 35 Abs. 2 Nr. 4 KWG.
[651] § 36 Abs. 1 KWG iVm § 35 Abs. 2 Nr. 4 KWG.
[652] § 45c Abs. 2 Nr. 4 KWG.
[653] Vgl. BR-Drs. 510/12, S. 147.

d) das Institut den Aufsichtsanforderungen der Teile 3, 4 und 6 [CRR] oder denen des Artikels 104 Absatz 1 Buchstabe a oder des Artikels 105 [CRD IV] nicht mehr genügt oder [...],

e) ein anderer in den nationalen Rechtsvorschriften vorgesehener Fall für den Entzug vorliegt oder

f) das Institut einen Verstoß nach Artikel 67 Absatz 1 [CRD IV] begeht."

274 Art. 18 lit. e CRD IV wird durch § 35 Abs. 2 Nr. 6 KWG abgebildet, der den Entzug der Erlaubnis bei nachhaltigen Verstößen gegen das KWG, das GWG, das WpHG oder die zur Durchführung dieser Gesetze erlassenen Verordnungen oder Anordnungen ermöglicht.

275 § 35 Abs. 2 Nr. 8 KWG erstreckt den Tatbestand auch auf die direkt anwendbaren europarechtlichen Vorgaben der CRR und dient der Umsetzung des Art. 18 lit. d Alt. 1 CRD IV.[654] Nach Art. 18 lit. d Alt. 1 CRD IV kann die Erlaubnis entzogen werden, wenn „[...] die in den Artikeln 92 bis 403 sowie 411 bis 428 der [CRR] [...] niedergelegten aufsichtsrechtlichen Anforderungen nicht erfüllt sind". Damit wird auf die Teile 3 (Eigenmittelanforderungen), 4 (Großkredite) und 6 (Liquidität) der CRR verwiesen. Ein Verstoß gegen **sonstige Vorschriften** (zB zur Verschuldensquote (Art. 429 ff. CRR) und zur Offenlegung (Art. 431 ff. CRR)) **wird nicht erfasst**. Soweit sich im Hinblick auf diese Regelungen im KWG oder sonstigen Gesetzes Vorschriften finden (zB § 26a KWG), können diese – auch bei Nachhaltigkeit des Verstoßes – aus systematischen Gründen keinen Entzug der Erlaubnis rechtfertigen.

276 Der Verweis auf Art. 92 ff. CRR (Eigenmittelanforderungen), ohne gleichzeitig auch auf die Normen zur Berechnung der Eigenmittel und zur Konsolidierung zu verweisen (Art. 6–91 CRR) ist nach hier vertretener Ansicht dahingehend auszulegen, dass reine **Berechnungsverstöße** oder Fehler bei der Bestimmung des Konsolidierungskreises nicht geeignet sind, einen Entzug der Erlaubnis zu rechtfertigen. Dies ist erst dann der Fall, wenn die durch die CRR für das harte Kernkapital (4,5 %), Kernkapital (6 %) und die Gesamtkapitalquote (8 %) vorgegebenen Kapitalquoten nicht mehr eingehalten sind.[655]

277 Ein Verstoß gegen die kombinierten **Kapitalpuffer-Anforderungen** (der nicht auch mit einem Verstoß gegen die Eigenmittelanforderungen nach Art. 92 CRR einhergeht) kann nicht zu einem Entzug der Erlaubnis führen. Die Kapitalpufferanforderungen sind nicht in der CRR, sondern in der CRD IV enthalten, und werden daher von dem Verweis auf Art. 92–428 CRR nicht umfasst. Zwar könnte argumentiert werden, im Falle eines Verstoßes gegen kombinierte Kapitalpuffer-Anforderungen läge ein Verstoß gegen das KWG (dh § 10i KWG) vor, der die Kapitalpuffer-Anforderungen der CRD IV in das deutsche Recht überträgt. Ein solcher Verstoß kann jedoch – selbst wenn nachhaltig – niemals zu einem Entzug der Erlaubnis führen, da die Regelung des § 10i KWG im Hinblick auf die Rechtsfolgen abschließend ist. Ziel der Schaffung der Kapitalpuffer-Anforderungen war es

---

[654] Die Verweise auf Art. 67, 104, 105 CRD IV innerhalb des Art. 18 CRD IV wurden richtigerweise nicht in § 35 KWG übernommen. Das Gesetz wurde insoweit zutreffend korrigiert (§ 1 Nr. 24 b Gesetz zur Anpassung von Gesetzen auf dem Gebiet des Finanzmarktes, BGBl. I 2014, 934). Art. 104 CRD IV (Aufsichtsbefugnisse), Art. 105 CRD IV (Besondere Liquiditätsanforderungen) und Art. 67 CRD IV (Sonstige Bestimmungen) wurden im deutschen Recht umgesetzt. Art. 104 findet seine Umsetzung in § 25a Abs. 3 S. 2–4 KWG, Art. 105 in §§ 6b Abs. 2 Nr. 2, 35 Abs. 2 Nr. 8 KWG, Art. 67 in §§ 10a, 56 KWG (BT-Drs. 17/10974; BGBl. 2013 I, S. 3395). Ein Verstoß gegen diese Normen – sofern nachhaltig – wird daher bereits durch § 35 Abs. 2 S. 1 Nr. 6 KWG erfasst.

[655] Darüber hinaus kann einem Wertpapierhandelsunternehmen die Erlaubnis entzogen werden, wenn seine Eigenmittel nicht mindestens ¼ seiner Kosten (Art. 9 Abs. 97 CRR) entsprechen (§ 35 Abs. 2 S. 1 Nr. 5 KWG).

gerade nicht, per se höhere Eigenkapitalanforderungen zu schaffen, sondern vielmehr eine Puffervorstufe zu etablieren, für die besondere Rechtsfolgen gelten.[656]

Vor dem Hintergrund des Grundsatzes der **Verhältnismäßigkeit** sind alle Maßnahmen nach § 35 KWG ultima ratio.[657] Der Tatsache, dass in einzelnen Fallgruppen ausdrücklich auf die Nachhaltigkeit eines Verstoßes abgestellt wird (§ 35 Abs. 2 S. 1 Nr. 6 KWG) und in anderen nicht, ist keine materielle Bedeutung beizumessen. Eine Aufhebung der Erlaubnis im Falle eines nicht nachhaltigen Verstoßes (zB gegen Eigenmittelanforderungen) wäre unverhältnismäßig. Insofern ist davon auszugehen, dass die Nachhaltigkeit der in Frage stehenden Verstöße in allen hier erörterten Fallgruppen des § 35 KWG im Rahmen der Verhältnismäßigkeit erforderlich ist. 278

bb) Sonderbeauftragter

Flankierend bietet das KWG die Möglichkeit, einen Sonderbeauftragten zu bestellen. 279

(1) Tatbestandliche Voraussetzungen. Nach § 45c KWG kann die Aufsicht einen Sonderbeauftragten bestellen, diesen mit der Wahrnehmung von Aufgaben bei einem Institut betrauen und ihm die hierfür erforderlichen Befugnisse übertragen. Die Regelung gilt entsprechend für (gemischte) Finanzholding-Gesellschaften, die übergeordnetes Unternehmen sind, und Personen, die die Geschäfte dieser Gesellschaften führen (§ 45c Abs. 8 KWG). 280

§ 45c KWG wurde durch das RStruktG als Nachfolgeregelung zu § 36 Abs. 1 a KWG aF[658] eingeführt,[659] ua um „ein eigenständiges Aufsichtsinstrument mit überwiegend **präventivem Charakter**" zu etablieren.[660] Im Zuge dessen verschärfte der Gesetzgeber die Anforderungen an die Person des Sonderbeauftragten.[661] 281

Der Tatbestand des § 45c KWG ist in Abs. 1 sehr **weit gefasst**. Er enthält keine ausdrücklichen Tatbestandsvoraussetzungen für die Bestellung eines Sonderbeauftragten.[662] Abs. 2, der die Übertragung einzelner Aufgaben und Befugnisse ausdrücklich regelt, sieht für jede dort ausdrücklich enthaltene Aufgaben bzw. Befugnis zwar tatbestandliche Voraussetzungen vor, Abs. 2 ist jedoch nicht abschließend („insbesondere").[663] Daraus darf allerdings nicht gefolgert werden, dass eine Übertragung von nicht in Absatz 2 genannten Aufgaben und Befugnissen an den Sonderbeauftragten ohne weiteres möglich sei.[664] Insoweit greift der Grundsatz der Verhältnismäßigkeit, dem erhebliche Bedeutung zukommt.[665] Auch die Bestellung eines Sonderbeauftragten als reinen Beobachter (dh ohne Befugnisse) stellt bereits einen Eingriff in die Rechte des Instituts dar.[666] Soweit der Sonderbeauftragte (auch) nach außen hin erkennbar auftritt, gelten besonders strenge Maßstäbe. 282

---

[656] BT-Drs. 17/10974, S. 63.
[657] *Fischer* in BFS KWG § 35 Rn. 12.
[658] BT-Drs. 17/3024, S 59; *Herring/Fiedler* WM 2011, 1311 (1315).
[659] Artikel 2 Nr. 9 RStruktG.
[660] BT-Drs. 17/3024, S. 60; kritisch bzgl. fehlender Tatbestandsvoraussetzungen: *Herring/Fiedler* WM 2011, 1311 (1317 f.).
[661] Diese muss zuverlässig und geeignet sein, die ihr anvertrauten Aufgaben wahrzunehmen, wobei sich die Eignung nach den durch das KWG geregelten Anforderungen an das zu ersetzende Organ richtet (BT-Drs. 17/3024, S. 60).
[662] BT-Drs. 17/3024, S. 3; *Bachmann* ZBB 2010, 459 (469); *Herring/Fiedler* WM 2011, 1311 (1315); *Auerbach/Donner* DB 2011, Beilage 4 zu Heft 13, 17 (18).
[663] Siehe auch die Gesetzesbegründung zu § 45c KWG, BT-Drs. 17/3024, S. 60.
[664] Gegen den „allzuständigen Sonderbeauftragten" auch *Herring/Fiedler* WM 2011, 1311 (1316).
[665] BT-Drs. 17/3024, S. 60.
[666] *Willemsen/Rechel* in LNSSSW KWG § 45c Rn. 26.

B. Abwicklung

283 Im hier in Frage stehenden Fall der Abwicklung, ist der Anwendungsbereich des § 45c KWG regelmäßig eröffnet. So kann ein Sonderbeauftragte zB bestellt werden, um Maßnahmen des Instituts zur Abwendung einer Gefahr im Sinne des § 35 Abs. 2 Nr. 4 KWG oder des § 46 Abs. 1 S. 1 KWG zu überwachen oder Maßnahmen zur Abwendung einer Gefahr selbst zu ergreifen. Darüber hinaus ist § 45 Abs. 2 Nr. 9 KWG zu beachten: Nach Nr. 9 kann der Sonderbeauftragte auch zur **Vorbereitung einer Abwicklungsanordnung** nach § 77 SAG bestellt werden (→ Rn. 90 ff., 135). Die Regelung ist nur auf nur auf systemrelevante Institute/Gruppen anwendbar, dort jedoch vor dem Hintergrund der Abwicklungsplanung nicht zielführend.

284 Die Bestellung eines Sonderbeauftragten ist parallel zur Bestellung eines **vorläufigen Verwalters** (und – vorbehaltlich der Grenzen der Verhältnismäßigkeit – auch unabhängig hiervon) möglich (§ 38 Abs. 5 SAG). Der vorläufige Verwalter ist dem Bereich des frühzeitigen Eingreifens zuzurechnen (und damit nicht der Abwicklung). Dies zeigt zum einen die Systematik des SAG (§ 38 SAG steht im Kapitel 2 über das frühzeitige Eingreifen) als auch die Subsidiarität seiner Bestellung gegenüber Maßnahmen des frühzeitigen Eingreifens nach §§ 37, 36 SAG. Tatbestandlich ist für die Bestellung eines vorläufigen Verwalters erforderlich, dass sich die wirtschaftliche Situation des Instituts signifikant verschlechtert hat.

285 Gleichzeitig ist der Sonderbeauftragte – anders als der vorläufige Verwalter nach § 38 SAG – auch **keine reine Krisenmaßnahme**. Eine signifikant verschlechterte wirtschaftliche Situation des Instituts ist nicht zwingend erforderlich. Dies zeigen bereits die Regelungen § 45c Abs. 2 Nr. 1, 2, 6 KWG, die alle tatbestandlich erfüllt sein können, ohne dass sich das Institut an sich in einer Schieflage befindet (insoweit ist die Einordnung der Regelung in die §§ 45 ff. KWG systematisch fraglich). Beim Sonderbeauftragten handelt es sich vielmehr um eine allgemeine aufsichtsrechtliche Maßnahme.[667] Er kann bestellt werden, um aufsichtsrechtliche Defizite des Instituts zu kompensieren oder der Umsetzung bzw. Begleitung aufsichtsrechtlicher Maßnahmen zu dienen. Darüber hinaus steht er im Bereich der Abwicklung als flankierendes Instrument zur Verfügung.

286 Den §§ 45 ff. KWG und §§ 29 ff. SAG ist im Ergebnis gemein, dass der Eintritt einer konkreten Gefahr für die Erfüllung der Verbindlichkeiten tatbestandlich nicht erforderlich ist. Entsprechende Maßnahmen können daher seit Inkrafttreten des RStruktG und des BRRD-Umsetzungsgesetzes regelmäßig bereits erheblich vor Eintritt des § 46 KWG ergriffen werden. Die Frage, wie die Parallelität von § 45c KWG und § 38 SAG im Bereich des frühzeitigen Eingreifens aufzulösen ist, soll hier nicht weiter erörtert werden, da sie nicht der Abwicklung zuzuordnen ist. Mit der Bestellung eines Sonderverwalters endet sowohl die Bestellung eines vorläufigen Verwalters als auch des Sonderbeauftragten.

287 **(2) Qualifikationsanforderungen und Rechtsfolgen.** Als Sonderbeauftragter kann nur bestellt werden, wer unabhängig, zuverlässig und zur ordnungsgemäßen Wahrnehmung der ihm übertragenen Aufgaben im Sinne einer nachhaltigen Geschäftspolitik des Instituts und der Wahrung der Finanzmarktstabilität geeignet ist.[668]

288 Der Sonderbeauftragte kann im Rahmen der ihm übertragenen Aufgaben von den Mitgliedern der Organe und den Beschäftigten des Instituts Auskünfte und die Vorlage von Unterlagen verlangen, an allen Sitzungen und Versammlungen der Organe und sonstiger Gremien des Instituts in beratender Funktion teilnehmen, die Geschäftsräume des Instituts

---

[667] Gesetzesbegründung zu § 45c KWG, BT-Drs. 17/3024, S. 60; vgl. *Grieser* in Grieser/Heemann S. 277 f.
[668] § 45c Abs. 1 S. 2 KWG.

betreten, Einsicht in dessen Geschäftspapiere und Bücher nehmen und Nachforschungen anstellen.[669]

Nimmt der Sonderbeauftragte die Aufgaben und Befugnisse eines Organs oder Organmitglieds des Instituts wahr, ruhen die Aufgaben und Befugnisse des betroffenen Organs oder Organmitglieds. 289

cc) Maßnahmen nach § 46g KWG

Das sog „Moratorium" des § 46 Abs. 1 S. 2 Nr. 4–6 KWG ist vom Moratorium nach § 46g KWG abzugrenzen. 290

Voraussetzung für die Anwendung des § 46g KWG ist die Befürchtung wirtschaftlicher Schwierigkeiten bei Kreditinstituten, die schwerwiegende Gefahren für die Gesamtwirtschaft, insbesondere den geordneten Ablauf des allgemeinen Zahlungsverkehrs erwarten lassen. Voraussetzung für § 46g KWG ist damit eine **gesamtwirtschaftliche Störung**, nicht nur eine Schieflage eines einzelnen Instituts.[670] Maßnahmen nach § 46g KWG können daher auch alle Banken bzw. Börsen gleichermaßen erfassen. Jedoch ist auch die Verhängung eines Moratoriums über eine Gruppe oder Gruppen von Banken sowie über einzelne Banken zulässig. 291

Maßnahmen nach § 46g KWG werden nicht von der BaFin, sondern von der Bundesregierung durch Rechtsverordnung erlassen. Die Regelung hat in der Finanzkrise in Deutschland keine Bedeutung erlangt.[671] Wurde eine Abwicklungsmaßnahme angeordnet, bedarf die Anwendung des § 46g KWG der Zustimmung der FMSA (§ 82 Abs. 5 SAG). 292

dd) Eröffnung des Insolvenzverfahrens

Für die Eröffnung von Insolvenzverfahren über das Vermögen eines Instituts (und übergeordneten Unternehmens) gelten Besonderheiten (vgl. auch → B.X. Rn. 33 ff.). 293

Bei Eintritt der Überschuldung, Zahlungsunfähigkeit oder drohenden Zahlungsunfähigkeit haben die Personen, die die Geschäfte des Unternehmens tatsächlich besorgen (bei Instituten: die Geschäftsleiter), dies der BaFin unter Beifügung aussagekräftiger Unterlagen unverzüglich anzuzeigen (§ 46b Abs. 1 S. 1 KWG). Die nach der InsO insoweit ggf. bestehende Pflicht, einen **Insolvenzantrag** zu stellen, wird durch eine Anzeige gegenüber der BaFin ersetzt (§ 46b Abs. 1 S. 2 KWG). 294

Der Antrag auf Eröffnung des Insolvenzverfahrens kann nur durch die BaFin gestellt werden (§ 46b Abs. 1 S. 4 KWG); im Falle eines Antrags wegen drohender Zahlungsunfähigkeit ist die Zustimmung des betroffenen Unternehmens erforderlich (§ 46b Abs. 1 S. 5 KWG). Wird ein Abwicklungsverfahren nach SAG durchgeführt, tritt die **FMSA** an die Stelle der BaFin (§ 116 SAG). 295

Nachfolgend werden die für die Eröffnung des Insolvenzverfahrens außerhalb der Abwicklung nach SAG geltenden Besonderheiten dargestellt: 296

(1) Recht bzw. Pflicht der BaFin zur Stellung eines Insolvenzantrags. Die Stellung eines Insolvenzantrags steht nach hier vertretener Ansicht im pflichtgemäßen Ermessen der 297

---

[669] § 45c Abs. 1 S. 3 f. KWG.
[670] BT-Drs. 17/12601, S. 27; zur Vorgängernorm § 47 KWG aF: vgl. *Lindemann* in BFS KWG § 47 Rn. 10 und *Lindemann* in BFS KWG § 46 Rn. 2, 35 ff.; *Binder* WM 2006, 2114 (2118); *Geier/Schmitt/Petrowsky* BKR 2011, 497 (497); *Geier* BKR 2010, 144 (145 f.); *Schwenk* jurisPR-BKR 6/2008 Anm. 6.
[671] *Lindemann* in BFS KWG § 47 Rn. 2.

BaFin.⁶⁷² Dies gilt spätestens seit Inkrafttreten des SAG nicht nur für den Fall der drohenden Zahlungsunfähigkeit, sondern auch den der tatsächlich eingetretenen Zahlungsunfähigkeit und der Überschuldung.

298 Zwar ist der Wortlaut des § 46b KWG insoweit nicht eindeutig. Das „**kann**" in § 46b Abs. 1 S. 4 KWG („*kann nur von der Bundesanstalt gestellt werden*") ist nicht zwingend als Hinweis auf ein Ermessen zu lesen.⁶⁷³ Vielmehr mag die Formulierung „kann nur" lediglich den Ausschluss anderer Antragsteller klarstellen. Spätestens jedoch mit Inkrafttreten des BRRD-Umsetzungsgesetzes ist es zwingend erforderlich, den Antrag nach § 46b KWG in das pflichtgemäße Ermessen der BaFin zu stellen. Es besteht keine Pflicht der BaFin, nach Erhalt der Anzeige nach § 46b Abs. 1 S. 1 KWG in jedem Fall (und erst recht nicht immer sofort) einen Insolvenzantrag zu stellen, da anderenfalls eine geordnete Abwicklung des Instituts nicht sichergestellt werden könnte. Andernfalls bestünde die Gefahr, dass Abwicklungsmaßnahmen konterkariert würden. Die BaFin darf jedoch mit der Stellung des Insolvenzantrags zum Schutz der Gläubiger auch nicht ohne weiteres (endlos) zuwarten.⁶⁷⁴ Im Rahmen der Ausübung des **Ermessens** hat die BaFin die ihr (und anderen Behörden) zur Verfügung stehenden Maßnahmen und Handlungen gegeneinander und gegen die Stellung des Insolvenzantrags abzuwägen.⁶⁷⁵

299 Bei systemrelevanten Instituten wird dies immer zur Folge haben, dass zunächst **kein Insolvenzantrag** gestellt wird sondern vielmehr der Abwicklungsplan zur Anwendung kommt. Die Abwicklung eines Instituts (auf der Basis des Abwicklungsplans) ist damit gerade auch über den Eintritt der Insolvenz hinaus möglich, ohne dass eine Verpflichtung der BaFin zur Stellung eines Insolvenzantrags bestünde. Mit Erlass der Abwicklungsanordnung geht das Antragsrecht auf die FMSA über. Nach Abspaltung ua der systemrelevanten Teile durch ein Übertragungsinstrument ist für den verbleibenden Teil ohne weiteres ein Insolvenzantrag zu stellen oder die Gesellschaft zu liquidieren. (→ Rn. 150)

300 Bei nicht systemrelevanten Instituten kann es geboten sein, von der Stellung des Insolvenzantrags zunächst zB zu Gunsten anderer Maßnahmen oder Handlungen abzusehen. Der Katalog in Betracht kommender Maßnahmen ist allerdings beschränkt. Wie bereits gezeigt (→ Rn. 5, 258 ff.), kann das Moratorium regelmäßig nicht zur Rettung der Bank beitragen und ist daher als Maßnahme regelmäßig ungeeignet. Dies gilt insbesondere für den Fall, dass ein Moratorium lediglich dazu verhängt würde, um Zeit zur Prüfung der Antragsvoraussetzungen zu gewinnen.

301 Im Einzelfall kann zB jedoch geboten sein, für kurze Zeit trotz Vorliegen der Antragsvoraussetzungen sowohl von der Stellung des Insolvenzantrags als auch dem Ergreifen hoheitlicher Maßnahmen abzusehen, weil sich zB konkret die **Möglichkeit zum Verkauf** des Instituts an einen solventen Käufer abzeichnet. Dies ist jedoch nur dann zulässig, wenn Gläubiger durch die Verzögerung keinen erkennbaren Vermögensnachteil erleiden. Flankierende Maßnahmen (zB nach § 45 KWG) sind zulässig. Bis zur Eröffnung des (vorläufigen) Insolvenzverfahrens besteht für die BaFin eine Pflicht, Maßnahmen/Handlungen zum Schutz des Instituts und seiner Gläubiger zu ergreifen; dies gilt selbst für den Fall, dass

---

⁶⁷² Die BaFin ist auch bei Eintritt der Überschuldung oder (drohenden) Zahlungsunfähigkeit nicht verpflichtet, unverzüglich einen Insolvenzantrag zu stellen; vielmehr liegt die Stellung des Antrags im Ermessen der BaFin (BT-Drs. 17/3547, S. 6).
⁶⁷³ So jedoch *Lindemann* in BFS KWG § 46b Rn. 12.
⁶⁷⁴ Insoweit muss eine Ermessensreduzierung auf Null vorliegen, wenn die wirtschaftliche Lage des Instituts offensichtlich aussichtslos erscheint, vgl. VG Berlin NJW-RR 1996, 1073.
⁶⁷⁵ Zum Ermessen der BaFin im Rahmen des § 46b KWG siehe *Lindemann* in BFS KWG § 46b Rn. 12 ff.

I. Überblick Abwicklung unter besonderer Berücksichtigung der Abwicklung nicht systemrelevanter Institute

durch die BaFin bereits ein Insolvenzantrag gestellt wurde.[676] Der BaFin steht jedoch ein Auswahlermessen zu, welche Maßnahmen oder Handlungen sie ergreift. Im Rahmen der Ermessensausübung ist zu berücksichtigen, ob eine anderweitige Sanierung des Instituts unter Berücksichtigung der anvertrauten Vermögenswerte und Interessen der Gläubiger erfolgversprechender erscheint.[677]

(2) Verhältnis des Insolvenzrechts zu verwaltungsrechtlichen Maßnahmen. Mit der Eröffnung eines Insolvenzverfahrens erledigen[678] sich nach hier vertretener Ansicht alle per Verwaltungsakt zuvor ergriffenen hoheitlichen Maßnahmen der Aufsichtsbehörde, sofern diese nicht bereits vollzogen wurden. Insbesondere erledigt sich ein vor Eröffnung des Insolvenzverfahrens erlassenes Moratorium (§ 46 Abs. 1 S. 2 Nr. 4–6 KWG). Die Wirkungen der Insolvenzordnung gehen insoweit regelmäßig weiter, als die zuvor verhängten hoheitlichen Maßnahmen der BaFin. So wird zB das relative Verfügungsverbot des Moratoriums[679] durch das absolute Verfügungsverbot der Insolvenzordnung verdrängt.[680]

302

Nach Eröffnung des Insolvenzverfahrens kann die BaFin nach hier vertretener Auffassung **keine Maßnahmen** mehr erlassen.[681] Erledigte Verwaltungsakte können jedoch – deklaratorisch – durch Verwaltungsakt auch nach Eröffnung des Insolvenzverfahrens noch aufgehoben werden.[682] Die BaFin hat hiervon zB im Falle der Lehman Brothers Bankhaus AG Gebrauch gemacht.[683]

303

---

[676] Wie hier auch einschränkend *Lindemann* in BFS KWG § 46 Rn. 32 f. wonach zwar das Aufrechterhalten, nicht aber das Ergreifen solcher Maßnahmen zulässig sei. Unter der Geltung des § 46a KWG aF wurde in der Literatur jedoch ein genereller Ausschluss von aufsichtsrechtlichen Maßnahmen des KWG nach der Eröffnung des Insolvenzverfahrens gefordert (*Kokemoor* in Beck/Samm/Kokemoor KWG, 141. Erg.-Lfg. 2009, § 46a Rn. 23; *Schwennicke/Haß/Herweg* in Schwennicke/Auerbach KWG § 46 Rn. 14).

[677] *Kokemoor* in Beck/Samm/Kokemoor KWG, 105. Erg.-Lfg. 2004, § 46b Rn. 17; *Lindemann* in BFS KWG § 46b Rn. 12.

[678] Zur Erledigung eines Verwaltungsakts und der Möglichkeit, eine Feststellungsklage zu erheben siehe nur *Hüttenbrink* in BeckOK VwGO § 68 Rn. 18 f. mwN.

[679] *Consbruch/Möller* KWG §§ 46a–c, dort unter 3; *Kokemoor* in Beck/Samm/Kokemoor KWG, 141. Erg.-Lfg. 2009, § 46a Rn. 29; *Binder* Bankeninsolvenzen im Spannungsfeld S. 232 ff.; *Lindemann* in BFS KWG § 46 Rn. 87; *Canaris* in Staub HGB, Bd. 3, Rn. 518a; *Huber* S. 113; *Kieper* S. 200 f.; aA *Neef* S. 145 ff., insb. S. 160. Vgl. auch zum gutgläubigen Erwerb innerhalb des Settlement-Systems: *Decker* in Hellner/Steuer, Bd. 4, 78. Lfg., Rn. 8/89c, 73 ff.; *Eder* NZG 2004, 107 (112); *Geier* JCLS 2008 Vol. 8 (2), 225 ff.; *Geier* JIBLR 2008 Vol. 23 (3), 97 ff. Zu den Wirkungen des Moratorium auf Depotbanken vgl. *Geier* BKR 2010, 144; *Geier* ZBB 2010, 289.

[680] Vgl. *Lindemann* in BFS KWG § 46 Rn. 33.

[681] *Lindemann* in BFS KWG § 46 Rn. 32 f. *Kokemoor* in Beck/Samm/Kokemoor KWG, 141. Erg.-Lfg. 2009, § 46a Rn. 23; *Schwennicke/Haß/Herweg* in Schwennicke/Auerbach KWG § 46 Rn. 14.

[682] Vgl. VG Frankfurt Beschluss vom 19.4.2012 (Az.: 1 K 3190/11.F).

[683] Aktualisierung der Pressemitteilung der BaFin vom 15.9.2008, abrufbar unter: http://www.bafin.de/SharedDocs/Veroeffentlichungen/DE/Pressemitteilung/2008/pm_080915_lehman.htm.

II. Institutionell-organisatorische Aspekte des Einheitlichen Abwicklungsmechanismus

Übersicht

	Rn.
1. Vorbemerkung	1
2. Legislative Entstehungsgeschichte des SSM	2
a) Ökonomische Rationalitäten und internationale Gegenmaßnahmen	2
b) Abwicklungsregime als zweite Säule der Bankenunion	5
c) Richtlinienvorschlag	7
d) Verordnungsvorschlag	9
3. Struktur des Einheitlichen Abwicklungsmechanismus	10
a) Überblick	10
b) Rechtsgrundlagen	14
aa) SRM-Sekundärrecht	16
bb) Multilaterales Übereinkommen über den Abwicklungsfonds	23
4. Allgemeine Grundsätze	25
a) Kongruenter Anwendungsbereich von SSM und SRM	25
b) Begrifflichkeiten und Prinzipien	31
5. Institutioneller Rahmen, insb. Single Resolution Board	33
a) Abwicklungsausschuss	34
aa) Rechtspersönlichkeit als EU-Agentur	34
bb) Organisationsstruktur	38
cc) Unabhängigkeit	49
dd) Rechenschaftspflichten	53
b) Tagungsformationen und Entscheidungsfindung	57
aa) Präsidiumssitzung	58
bb) Plenarsitzung	62
c) Finanzvorschriften	67
6. Überblick über Aufgaben und Befugnisse des SRM	69
a) Abwicklungsziel	69
b) Aufgaben und Befugnisse	70
c) Entscheidungsprozess im Abwicklungsverfahren	72
aa) Ausgangspunkt	72
bb) Verfahrensschritte bei der Abwicklung	75
7. Rolle der EZB	82
8. Zusammenarbeit mit den nationalen Abwicklungsbehörden am Beispiel der FMSA	85
a) Grundsätze	85
b) Rolle der nationalen Parlamente	90
9. Kooperation mit dem ESFS, insbesondere EBA und ESRB, sowie dem ESM	93
a) Zusammenarbeit mit der EBA	93
b) Verhältnis zum ESRB	96
c) Direkte Rekapitalisierung von Banken durch den ESM	98

II. Institutionell-organisatorische Aspekte des Einheitlichen Abwicklungsmechanismus

Schrifttum: *Binder*, Auf dem Weg zu einer europäischen Bankenunion? Erreichtes, Unerreichtes, offene Fragen, ZBB 2013, 297; *Bruni*, Learning on the Road towards the Banking Union, in *Calciano/Sacrano/Fiordelisi*, The Restructuring of Banks and Financial Systems in the EUR Area and the Financing of the SMEs, 2015, S. 81 ff.; *Dohrn*, Der Richtlinienvorschlag zur Festlegung eines Rahmens für die Sanierung und Abwicklung von Kreditinstituten und Wertpapierfirmen, WM 2012, 2033; *Görisch*, Demokratische Verwaltung durch Unionsagenturen, 2009; *Häde*, Jenseits der Effizienz: Wer kontrolliert die Kontrolleure?, EuZW 2011, 663; *Haentjens*, Bank Recovery and Resolution: An Overview of International Initiatives, IILR 2014, 255; *Horwath/Quaglia*, Die Bankenunion als Krönung der Wirtschafts- und Währungsunion?, integration 2015, 44; *Hufeld*, Stellungnahme zur Zweiteilung des SRM-Rechts: EU-Verordnung 806/2014 und Übereinkommen, Anhörung im Finanzausschuss des Deutschen Bundestages am 6. Oktober 2014; *Kramer/Hinrichsen*, Die Europäische Zentralbank, JuS 2015, 673; *Lehmann/Manger-Nestler*, Das neue Europäische Finanzaufsichtssystem, ZBB 2011, 2; *Lehmann/Manger-Nestler*, Einheitlicher Europäischer Aufsichtsmechanismus: Bankenaufsicht durch die EZB, ZBB 2014, 2; *Manger-Nestler*, EU-Agenturen als Ausdruck des europäischen Demokratiemangels?, ZEuS 2015, 315; *Manger-Nestler*, in Blanke/Pilz (Hrsg.), Die „Fiskalunion", 2014, S. 299 ff.; *Manger-Nestler/Böttner*, Ménage à trois? – Zur gewandelten Rolle der EZB im Spannungsfeld zwischen Geldpolitik, Finanzaufsicht und Fiskalpolitik, EuR 2014, 621; *Michel*, Institutionelles Gleichgewicht und EU-Agenturen, 2015; *Repasi*, Gutachten zur rechtlichen Machbarkeit eines „Single Resolution Mechanism", 10.7.2013; *Wojcik/Ceyssens*, Der einheitliche EU-Bankenabwicklungsmechanismus: Vollendung der Bankenunion, Schutz des Steuerzahlers, EuZW 2014, 893; *Wellerdt*, Organisation of Banking Regulation, 2015; *Zavvos/Kaltsouni*, in Haentjens/Wessels (Hrsg.), Research Handbook on Crisis Management in the Banking Sector, S. 117 ff.

1. Vorbemerkung

Das Hauptaugenmerk dieses Abschnitts ist gerichtet auf die organisatorisch-institutionellen Aspekte des Einheitlichen Abwicklungsmechanismus (*Single Resolution Mechanism*, SRM). Dazu zählen neben den Rechtsgrundlagen (→ Rn. 14 ff.) vor allem die Strukturen (→ Rn. 10 ff.) sowie der institutionelle Rahmen (→ Rn. 33 ff.), der mit dem SRM für das verfahrensmäßige Zusammenwirken der beteiligten Organe und Einrichtungen von EU und Mitgliedstaaten errichtet wurde. Insgesamt handeln im SRM der Abwicklungsausschuss (*Single Resolution Board*, SRB), der zugleich die institutionelle Drehscheibe bildet, sowie der Rat, die Kommission, die Europäische Zentralbank (EZB) und die Abwicklungsbehörden der teilnehmenden Mitgliedstaaten. Die nachfolgende Darstellung widmet sich insbesondere der organisatorischen wie verfahrensmäßigen Dimension des neu geschaffenen Abwicklungsregimes sowie dem Zusammenspiel von Aufsichts- und Abwicklungsstrukturen bei der Erfüllung der übertragenen Aufgaben und Befugnisse (→ Rn. 69 ff.). Neben der besonderen Rolle, die der EZB im SRM zugewiesen ist (→ Rn. 82 ff.), wird auch auf das Verhältnis des SRM zum Europäischen Finanzaufsichtssystem (*European System of Financial Supervision*, ESFS) – dort vor allem zur *European Banking Authority* (EBA) sowie zum *European Systemic Risk Board* (ESRB) sowie zum *Europäischen Stabilitätsmechanismus* (ESM) eingegangen (→ Rn. 93 ff.).

1

B. Abwicklung

2. Legislative Entstehungsgeschichte des SSM

a) Ökonomische Rationalitäten und internationale Gegenmaßnahmen

2   Die Erfahrungen der Finanzkrise 2007, deren Auswirkungen in Gestalt der Staatsschuldenkrise nach wie vor spürbar sind, haben eindringlich gezeigt, dass die Insolvenz von als systemrelevant einzustufenden Instituten mit plötzlichen und erheblichen Gefahren für die Finanzmarktstabilität und die Realwirtschaft verbunden sein kann. Um solche, in ihrer Tragweite kaum abschätzbare Ansteckungseffekte (*Contagion*) und systemische Folgewirkungen zu verringern, sahen sich europäische (wie auch außereuropäische) Staaten gezwungen, insolvenzbedrohte Institute durch staatliche Rettungsprogramme (*Bail-outs*) „am Leben zu erhalten". Allerdings können solche unkonventionellen Maßnahmen allenfalls kurzfristige, weil letztlich steuerfinanzierte Finanzhilfen leisten; erforderlich sind parallel vor allem Maßnahmen, die über die bloße Liquiditätsbereitstellung hinausgehen. Hinzu kommt – spätestens seit der Insolvenz der US-Investmentbank *Lehman Brothers* – die Einsicht, dass konventionelle Insolvenzverfahren aufgrund von Dauer und Komplexität regelmäßig ungeeignet sind, um systemrelevante Institute zu begleiten.[1] Es bedarf vielmehr verstetigter und robuster Regelwerke, die die Abwicklung von Banken ohne den Einsatz von Steuergeldern, aber in einem rechtssicheren und einheitlichen europäischen Rahmen beherrschbar machen. Nur mit der letztgenannten Option lässt sich das Dilemma zwischen systemisch gefährlichen Insolvenzverfahren einerseits und ökonomisch sowie politisch bedenklichen *Bail-outs* andererseits auflösen.[2]

3   Auf internationaler Ebene wurde das Thema schon kurz nach Ausbruch der Finanzkrise 2007 behandelt.[3] Bereits die Beschlüsse der G20-Gipfeltreffen in 2008 und 2009[4] betonten die Notwendigkeit grenzüberschreitender Restrukturierungs- und Abwicklungsmechanismen. Federführend bei der Etablierung einheitlicher Standards war das *Financial Stability Board* (FSB), ein Gremium, das Vertreter von Regierungen, Finanzaufsichtsbehörden und Zentralbanken der 24 wichtigsten Industrie und Schwellennationen der Erde vereint; hinzukommen Repräsentanten des Internationalen Währungsfonds (IWF), der EU-Kommission sowie der EZB. Die G20 beauftragten das FSB, ein internationales Rahmenwerk zur Sanierung und Abwicklung systemrelevanter Finanzinstitute zu erarbeiten.

4   Im Oktober 2011 legte das FSB die „*Key Attributes of Effective Resolution Regimes for Financial Institutions*" (**Key Attributes**) vor, die von den G20 verabschiedet wurden.[5] Die *Key Attributes* skizzieren die Anforderungen, die an ein grenzüberschreitend einsatzfähiges Abwicklungsregime zu stellen sind.[6] Insbesondere wurde gefordert, dass auf nationaler – bzw. supranationaler – Ebene Abwicklungsbehörden errichtet und diese mit Instrumenten ausgestattet werden, die eine geordnete Abwicklung von Finanzinstituten ohne Kosten für den Steuerzahler ermöglichen. Die in den *Key Attributes* niedergelegten Grundsätze der Abwicklungsinstrumente umreißen die Grundzüge der vorzusehenden Befugnisse, der dabei anzuwendenden Prinzipien sowie der grenzüberschreitenden Zusammenarbeit

---

[1] *Wojcik/Ceyssens* EuZW 2014, 893 (893).
[2] Ebenso *Deutsche Bundesbank* Monatsbericht Juni 2014, 31 (32).
[3] Vgl. ausführlich zur Entwicklung der internationalen Initiativen *Haentjens* IILR 2014, 255 ff.
[4] Erklärung der G-20 Gipfel, Washington 2008 (http://www.g20.org/images/stories/docs/eng/washington.pdf); Pittsburgh 2009 (http://www.g20.org/images/stories/docs/eng/pittsburgh.pdf); Cannes 2011 (http://www.g20.org/images/stories/docs/eng/cannes.pdf).
[5] Vgl. http://www.financialstabilityboard.org/publications/r_111104cc.pdf (23.02.2016).
[6] *Haentjens* IILR 2014, 255 (260); *Wellerdt* S. 36.

der beteiligten Behörden. Die im FSB vertretenen Staaten haben sich verpflichtet, die Key Attributes bis zum Jahr 2015 in nationales Recht umzusetzen. Mit dieser nationalen wie supranationalen Präzisierung der Prinzipien ist gleichzeitig auch ein nachhaltiger Ansatz zur Lösung des weltweiten „*too big to fail*"-Problems verbunden.

b) Abwicklungsregime als zweite Säule der Bankenunion

Aus europäischer Perspektive markiert der *Single Supervisory Mechanism* (SSM) einen richtungsweisenden Schritt auf dem Weg zur einheitlichen Überwachung systemrelevanter Institute in der Eurozone. Allerdings bliebe eine europäische „Bankenunion" unvollendet, wenn nur Aufsichtsstrukturen und -befugnisse unionalisiert werden, hingegen daraus folgende Entscheidungen über die Abwicklung von Instituten weiterhin allein den nationalen Behörden der (teilnehmenden) Mitgliedstaaten oblägen. Die erheblichen Kosten, die die Mitgliedstaaten für staatliche Beihilfemaßnahmen zur Stützung des Finanzsektors aufwendeten und die allein zwischen Oktober 2008 und Oktober 2011 circa 37 % des EU-BIP umfassten[7], zeigen, dass ein effektives Krisenmanagement vor allem auch ein koordiniertes Vorgehen bei der Abwicklung von Instituten erfordert. Folglich muss ein integrierter Finanzmarkt, der einen gemeinsamen Währungsraum mitumfasst, auch über einen gemeinsamen Ansatz bei der Aufsicht über Institute und bei deren Abwicklung im Krisenfall verfügen. Nur auf diese Weise kann das Ziel der Bankenunion, die engen Verbindungen zwischen Staatsfinanzen und Banken zu durchbrechen, nachhaltig erreicht werden. 5

Auf Grundlage des *van Rompuy*-Berichts[8] forderte der Europäische Rat[9] Ende Juni 2012 einheitliche Regeln zur Restrukturierung und Abwicklung maroder Institute. Umgehend legte die Kommission einen Vorschlag für eine Richtlinie[10] vor, die in 117 Artikeln einen gemeinsamen Rechtsrahmen für ein integriertes Krisenmanagement sowie die Abwicklung von Kreditinstituten beinhaltete. Im Juli 2013 folgte ein Vorschlag für eine Verordnung zur Bankenabwicklung in den SSM-Staaten.[11] 6

c) Richtlinienvorschlag

Im Richtlinienvorschlag[12] verknüpfte die Kommission institutionelle Aspekte mit einem harmonisierten Abwicklungsinstrumentarium, das durch die (neu zu schaffenden oder bereits existenten) nationalen Abwicklungsbehörden einheitlich anzuwenden sei (→ B.I. 7

---

[7] In diesem Zeitraum genehmigte die Kommission 4,5 Billionen EUR an Finanzhilfen, vgl. Kommission, Pressemitteilung v. 6.6.2012, IP/12/570, abrufbar unter: http://europa.eu/rapid/press-release_IP-12-570_de.htm?locale=en.

[8] Europäischer Rat v. 26.6.2012, Bericht des Präsidenten, „Auf dem Weg zu einer echten Wirtschafts- und Währungsunion", EUCO 120/12.

[9] Europäischer Rat, Tagung v. 13./14.12.2012, Schlussfolgerungen, EUCO 205/12, Ziff. 11.

[10] Vorschlag für eine Richtlinie des Europäischen Parlaments und des Rates zur Festlegung eines Rahmens für die Sanierung und Abwicklung von Kreditinstituten und Wertpapierfirmen und zur Änderung der Richtlinien 77/91/EWG und 82/891/EG des Rates, der Richtlinien 2001/24/EG, 2002/47/EG, 2004/25/EG, 2005/56/EG, 2007/36/EG und 2011/35/EG sowie der Verordnung (EU) Nr. 1093/2010, KOM(2012) 280 final. Vgl. ausführlich *Dohrn* WM 2012, 2033 ff.

[11] Vorschlag für eine Verordnung des Europäischen Parlaments und des Rates zur Festlegung einheitlicher Vorschriften und eines einheitlichen Verfahrens für die Abwicklung von Kreditinstituten und bestimmten Wertpapierfirmen im Rahmen eines einheitlichen Abwicklungsmechanismus und eines einheitlichen Bankenabwicklungsfonds sowie zur Änderung der Verordnung (EU) Nr. 1093/2010 des Europäischen Parlaments und des Rates, KOM(2013) 520 final. Dazu *Binder* ZBB 2013, S. 297 ff.

[12] KOM(2012) 280 final.

Rn. 20 ff.). Dabei war den Mitgliedstaaten überlassen, welche nationale Einrichtung als Abwicklungsbehörde fungieren solle,[13] weshalb als denkbare Organisationsmodelle die nationale Zentralbank, die Finanzaufsichtsbehörde oder eine neue, separate Institution in Betracht kamen. Für den wichtigen Fall der grenzüberschreitenden Abwicklung wurde die Einrichtung sog Abwicklungskollegien vorgeschlagen und damit das Modell formalisierter Kooperation zwischen den zuständigen nationalen Behörden übernommen,[14] das bereits bei der EBA für die Gruppenaufsicht[15] existiert.

8 Der einheitliche Rechtsrahmen beinhaltete einen Katalog (mindest-)harmonisierter Abwicklungsinstrumente. Die Kommission ließ sich dabei vom Gedanken leiten, dass die Abwicklungsbehörden mit zunehmender Verschlechterung der Lage über immer eingriffsintensivere Befugnisse[16] verfügen, die von „Prävention" (Sanierungs- und Abwicklungspläne)[17] über „Frühintervention" (zB bei Nichterfüllung von Eigenkapitalanforderungen)[18] bis zur eigentlichen „Abwicklung"[19] des Instituts reichen.

Die Richtlinie 2014/59/EU[20] über Sanierung und Abwicklung (*Bank Recovery and Resolution Directive*, BRRD) wurde im Mai 2014 verabschiedet und war bis Ende Dezember 2014 in nationales Recht umzusetzen (Art. 130 Abs. 1 BRRD). Der deutsche Gesetzgeber ist dieser Umsetzungspflicht mit dem BRRD-Umsetzungsgesetz (→ B.I. Rn. 22) nachgekommen.[21] Neben zum Teil größeren Änderungen und Anpassungen bestehender Gesetze (etwa dem Kreditwesengesetz, dem Restrukturierungsfondsgesetz oder dem Finanzmarktstabilisierungsfondsgesetz) beinhaltet das Umsetzungsgesetz in seinem Art. 1 das Gesetz zur Sanierung und Abwicklung von Instituten und Finanzgruppen (Sanierungs- und Abwicklungsgesetz – SAG).

d) Verordnungsvorschlag

9 Gut ein Jahr nach dem RL-Entwurf präsentierte die Kommission den Vorschlag für eine Verordnung zur Schaffung des SRM (→ B.I. Rn. 24 ff.).[22] Der Verordnungsvorschlag beinhaltete für die am SSM beteiligten Mitgliedstaaten ab 2015 einheitliche institutionelle Strukturen in Form einer gemeinsamen Abwicklungsinstanz (Abwicklungsausschuss),

---

[13] Art. 3 Abs. 1–3 KOM(2012) 280 final.
[14] Art. 80–83 KOM(2012) 280 final.
[15] Vgl. Art. 21 VO (EU) Nr. 1093/2010. Vgl. zur Funktionsweise *Lehmann/Manger-Nestler* ZBB 2011, 2 ff.
[16] Art. 31–64 KOM(2012) 280 final.
[17] Art. 5–13 KOM(2012) 280 final.
[18] Art. 25 KOM(2012) 280 final.
[19] Art. 31 Abs. 2 lit. a) – d) KOM(2012) 280 final.
[20] V. 15. Mai 2014 zur Festlegung eines Rahmens für die Sanierung und Abwicklung von Kreditinstituten und Wertpapierfirmen und zur Änderung der RL 82/891/EWG des Rates, der RL 2001/24/EG, 2002/47/EG, 2004/25/EG, 2005/56/EG, 2007/36/EG, 2011/35/EU, 2012/30/EU und 2013/36/EU sowie der VO (EU) Nr. 1093/2010 und (EU) Nr. 648/2012 des Europäischen Parlaments und des Rates, ABl. L 173/190.
[21] Gesetz zur Umsetzung der Richtlinie 2014/59/EG des Europäischen Parlaments und des Rates vom 15.5.2014 zur Festlegung eines Rahmens für die Sanierung und Abwicklung von Kreditinstituten und Wertpapierfirmen und zur Änderung der Richtlinie 82/891/EWG des Rates, der Richtlinien 2001/24/EG, 2002/47/EG, 2004/25/EG, 2005/56/EG, 2007/36/EG, 2011/35/EU, 2012/30/EU und 2013/36/EU sowie der Verordnungen (EU) Nr. 1093/2010 und (EU) Nr. 648/2012 des Europäischen Parlaments und des Rates (BRRD-Umsetzungsgesetz) v. 10.12.2014, BGBl. I 2091.
[22] KOM(2013) 520 final. Vgl. ausführlich zum Entwurf und zur Debatte *Howarth/Quaglia* integration 2015, 44 (53 ff.).

materiellrechtliche Regelungen zur Reihenfolge der haftungsmäßigen Inanspruchnahme (Haftungskaskade) sowie den – ab 2016 schrittweise beginnenden – Aufbau eines gemeinsamen Bankenabwicklungsfonds (*Single Resolution Fund*, SRF). Nach sehr kontroversen,[23] aber zügig abgeschlossenen Trilogverhandlungen zwischen Parlament, Rat und Kommission einigten sich die EU-Organe im März 2014 auf einen Kompromiss, der in Gestalt der SRM-Verordnung im ordentlichen Gesetzgebungsverfahren im Juli 2014 verabschiedet wurde.[24] Die SRM-Verordnung ist am 19.8.2014 in Kraft getreten und seit dem 1.1.2016 vollständig inhaltlich anwendbar.[25]

3. Struktur des Einheitlichen Abwicklungsmechanismus

a) Überblick

Der SRM besteht aus einem unionsrechtlichen Regelwerk, das die Abwicklung von in Schieflage geratenen Instituten in den teilnehmenden Mitgliedstaaten einer integrierten Entscheidungsstruktur unterwirft und nach einheitlichen materiellen[26] wie formalen[27] Kriterien organisiert.[28] 10

Die einheitlichen Vorschriften und das einheitliche Verfahren werden vom **Abwicklungsausschuss** (SRB), einer aus Vertretern der Union und der Teilnehmerstaaten konstituierten EU-Agentur, in Zusammenarbeit mit dem Rat und der Kommission sowie den nationalen Abwicklungsbehörden im Rahmen des mit der SRM-Verordnung geschaffenen einheitlichen Abwicklungsmechanismus angewandt. Die Aufgaben innerhalb des SRM sind dabei zwischen dem SRB und den nationalen Abwicklungsbehörden aufgeteilt.[29] Der SRB ist zuständig für die Erstellung der Abwicklungspläne und aller Beschlüsse im Zusammenhang mit der Abwicklung von als bedeutend geltenden Unternehmen[30] und von solchen Unternehmen, bezüglich derer die EZB beschlossen hat, sämtliche einschlägigen Befugnisse unmittelbar auszuüben[31] sowie für andere grenzüberschreitende Gruppen.[32] In Bezug auf andere Unternehmen oder Gruppen sind die nationalen Abwicklungsbehörden nach wie vor zur Wahrnehmung verschiedener Aufgaben verpflichtet und für deren Durchführung verantwortlich. Dazu gehören insbesondere die Annahme von Abwicklungsplänen und Bewertung der Abwicklungsfähigkeit gem. Art. 8–10 SRM-Verordnung, Maßnahmen der Frühintervention nach Art. 13 Abs. 3 SRM-Verordnung sowie die Annahme von Abwicklungsbeschlüssen und die Anwendung von in der SRM-Verordnung genannten 11

---

[23] *Wojcik/Ceyssens* EuZW 2014, 893 (894).
[24] VO (EU) Nr. 806/2014 des Europäischen Parlaments und des Rates v. 15.7.2014 zur Festlegung einheitlicher Vorschriften und eines einheitlichen Verfahrens für die Abwicklung von Kreditinstituten und bestimmten Wertpapierfirmen und eines einheitlichen Abwicklungsfonds sowie zur Änderung der VO (EU) Nr. 1093/2010, ABl. L 225/1; im Folgenden als SRM-Verordnung bezeichnet.
[25] *Wojcik/Ceyssens* EuZW 2014, 893 (894).
[26] → B.III. Rn. 39 ff.
[27] Zum Abwicklungsverfahren → Rn. 72 ff.
[28] Art. 1 S. 1 SRM-Verordnung.
[29] Art. 7 SRM-Verordnung.
[30] Gem. Art. 6 Abs. 4 der VO 1024/2013.
[31] Gem. Art. 6 Abs. 5 lit. b der VO 1024/2013.
[32] Art. 7 Abs. 2 SRM-Verordnung.

B. Abwicklung

Abwicklungsinstrumenten, solange diese keine Inanspruchnahme des Abwicklungsfonds erfordern.[33]

12 Um die Abwicklung notleidender Institute zu finanzieren, wird ein **Abwicklungsfonds** (SRF) als integraler Bestandteil des SRM errichtet.[34] Bedeutung und Funktionsweise des SRF werden nachfolgend nur soweit erwähnt, wie sie für das Verständnis dieses Abschnitts erforderlich sind; Einzelheiten zum SRF finden sich in einem separaten Kapitel.[35] Der SRF normiert eine kaskadenartige Haftungsverantwortung mit dem Ziel, private Anteilseigner und Gläubiger als erstes in Anspruch zu nehmen (*Bail-in-Mechanismus*).[36] Der SRF wird schrittweise aufgebaut durch Übertragung von Mitteln aus den nationalen Abwicklungsfonds, die sich aus Beiträgen der jeweiligen nationalen Institute speisen; in Deutschland stammen die Mittel des SRF aus dem Restrukturierungsfonds, der aus der Bankenabgabe finanziert wird. Er springt erst in zweiter Linie ein und bevor letztlich die Mitgliedstaaten – und damit die Steuerzahler – für mögliche Verluste aufkommen.[37] Finanziert wird der SRF darüber hinaus aus der sog Bankenabgabe, dh jährlichen Abgaben[38] der Banken, die der Ausschuss für jeden Beitragszeitraum auf der Grundlage der jährlichen Zielausstattung des Fonds für die einzelnen Institute festlegt,[39] bis der Fonds seine Zielmarke i.H.v. 1% der durch Einlagensicherungssysteme garantierten Einlagen von Banken unter SSM-Aufsicht erreicht.[40] In Gestalt der Bankenabgabe wird das Prinzip der gefahrenabwehrrechtlichen Störerhaftung unionsrechtlich fixiert, demzufolge die Verursacher der Gefahrensituation – konkret Eigentümer bzw. Gläubiger der in Schieflage geratenen Institute – in Anspruch genommen werden.

13 Zu skizzieren ist schließlich die Rolle des **Europäischen Stabilitätsmechanismus** im Rahmen des Abwicklungsmechanismus (→ B. I. Rn. 30 ff.). Die ursprünglich vorgesehene Funktion des ESM als umfangreiches „fiskalisches Sicherheitsnetz"[41] wurde dahingehend begrenzt, dass eine direkte Rekapitalisierung von Finanzinstituten durch außerordentliche Finanzhilfen aus (ursprünglich) mitgliedstaatlichen Mitteln (Art. 15 ESM-Vertrag)[42] als *ultima ratio*-Instrument an strenge Voraussetzungen geknüpft ist;[43] auf Einzelheiten zum Verhältnis zwischen ESM und SRM wird am Ende des Kapitels näher eingegangen.

b) Rechtsgrundlagen

14 Die rechtlichen Grundlagen des SRM dienen der Schaffung eines integrierten Finanzrahmens in der EU und bilden zusammen mit den Gründungsakten des SSM die beiden

---

[33] Art. 7 Abs. 3 SRM-Verordnung.
[34] S. zu den legislativen Vorarbeiten *Manger-Nestler* in Blanke/Pilz S. 307 ff.
[35] S. zur Finanzierung der Bankenabwicklung → C.I. Rn. 7 ff.
[36] Art. 15 Abs. 1 lit. a, b iVm Art. 27 SRM-Verordnung.
[37] Art. 76 Abs. 3 SRM-Verordnung.
[38] Der Fonds-Beitrag selbst zählt nicht zu den Abwicklungsinstrumenten (Art. 22 Abs. 2), kommt daher nur subsidiär in Frage (Art. 27 Abs. 6 und 7 SRM-Verordnung).
[39] Art. 4 der Durchführungs-VO 2015/81 69, ABl. L 15/1.
[40] Art. 69 SRM-Verordnung.
[41] Van Rompuy-Bericht (Fn. 9), EUCO 120/12, S. 5.
[42] Vertrag zur Errichtung des Europäischen Stabilitätsmechanismus zwischen dem Königreich Belgien, der Bundesrepublik Deutschland, der Republik Estland, Irland, der Hellenischen Republik, dem Königreich Spanien, der Französischen Republik, der Italienischen Republik, der Republik Zypern, dem Großherzogtum Luxemburg, Malta, dem Königreich der Niederlande, der Republik Österreich, der Portugiesischen Republik, der Republik Slowenien, der Slowakischen Republik und der Republik Finnland vom 25.3.2011.
[43] ESM, Guideline on Financial Assistance for the Direct Recapitalisation of Institutions v. 8.12.2014.

Säulen der Bankenunion. Das harmonisierte EU-Abwicklungsrecht bildet letztlich einen spezifischen Teilbereich des europäisierten Bankenaufsichtsrechts. Dies wird daran deutlich, dass das SRM-Abwicklungsrecht an das SSM-Aufsichtsrecht anknüpft. Dementsprechend erstreckt sich der Anwendungsbereich des SRM auf die am SSM „teilnehmenden Mitgliedstaaten".[44] Daran wird zugleich ein weiteres Prinzip sichtbar, das für beide Säulen der Bankenunion charakteristisch ist: das sog EUR-Plus-Konzept, wonach alle Staaten der Eurozone sowie weitere Staaten auf freiwilliger Basis (*Opt-in*) teilnehmen.

Betrachtet man die Rechtsnatur der Gründungsdokumente, offenbart sich eine Zweiteilung des SRM-Rechts. Diese resultiert aus einem Nebeneinander von europäischem Sekundärrecht, insbesondere der SRM-Verordnung, sowie einem multilateralen Übereinkommen zur Errichtung des gemeinsamen Abwicklungsfonds. 15

aa) SRM-Sekundärrecht

Die grundlegenden Bestimmungen, die den quantitativen Hauptteil des zweigliedrigen SRM-Rechts bilden, finden sich in der **VO (EU) Nr. 806/2014**,[45] dem eigentlichen SRM-Gründungsrechtsakt. Enge inhaltliche Verknüpfungen bestehen mit der Richtlinie 2014/59/EU (BRRD),[46] die einen harmonisierten Rechtsrahmen der Abwicklungsinstrumente beinhaltet, sowie mit den beiden Gründungsrechtsakten des SSM.[47] Das SRM-Abwicklungsrecht knüpft inhaltlich an das SSM-Aufsichtsrecht an, weshalb es zudem vielfältige Berührungspunkte mit der EBA-VO (VO [EU] Nr. 1093/2010)[48] gibt, die die Befugnisse der Europäischen Bankenaufsichtsbehörde EBA festlegt. Die EBA-Verordnung wurde infolge der SRM-Zuständigkeiten angepasst, was sie in ein gewisses Näheverhältnis zu den Gründungsrechtsakten von SSM und SRM rückt. 16

Die SRM-Verordnung, die seit Mitte August 2014 gilt (Art. 99 Abs. 1), sieht ein gestaffeltes Inkrafttreten vor: Die Vorschriften über den Abwicklungsausschuss gelten seit 1. Januar 2015 (Art. 99 Abs. 3), während die übrigen Regelungen, insbesondere zum Abwicklungsfonds, seit dem 1. Januar 2016 wirksam sind (Art. 99 Abs. 2). 17

In 99 Artikeln und damit fast drei Mal so umfangreich wie der SSM-Gründungsakt, systematisiert die SRM-Verordnung eine europäisierte, öffentlich-rechtliche Auffangordnung, in der ein entpolitisiertes Entscheidungsgremium (SRB) über Bankeninsolvenzen in SSM-Staaten entscheidet. Gegliedert ist die SRM-Verordnung in vier große Teile: Neben Allgemeinen Bestimmungen (Teil I: Art. 1–7) bilden die Besonderen Bestimmungen (Teil II: Art. 8–41), die Aufgaben, Verfahrensweisen und Befugnisse innerhalb des SRM regeln, sowie der Institutionelle Rahmen (Teil III: Art. 42–92) die beiden großen Schwerpunkte der VO; am Schluss stehen Durchführungsbefugnisse und Schlussbestimmungen (Teil IV: Art. 93–99). 18

---

[44] Art. 4 Abs. 1 SRM-Verordnung.
[45] Vgl. → Rn. 9.
[46] Vgl. → Rn. 8.
[47] VO (EU) Nr. 1024/2013 des Rates v. 15.10.2013 zur Übertragung besonderer Aufgaben im Zusammenhang mit der Aufsicht über Kreditinstitute auf die Europäische Zentralbank, ABl. L 287/63 sowie VO (EU) Nr. 1022/2013 des Europäischen Parlaments und des Rates v. 22.10.2013 zur Änderung der VO (EU) Nr. 1093/2010 zur Errichtung einer Europäischen Aufsichtsbehörde (Europäische Bankenaufsichtsbehörde) hinsichtlich der Übertragung besonderer Aufgaben auf die Europäische Zentralbank gemäß der VO (EU) Nr. 1024/2013, ABl. L 287/5.
[48] V. 24.11.2010, ABl. L 331/12, zuletzt geändert durch Art. 95 ÄndVO (EU) 806/2014 v. 15. 7. 2014.

19 Art. 114 AEUV diente der SRM-Verordnung als primärrechtlicher Kompetenztitel, wobei der Unionsgesetzgeber die Inanspruchnahme der Rechtsgrundlage in 18 Erwägungsgründen sehr ausführlich begründete. Die Harmonisierungskompetenz kann nur dann als Rechtsgrundlage fungieren, wenn die einheitlichen organisatorisch-institutionellen Strukturen Teil eines komplexen Harmonisierungskonzeptes sind. Erforderlich ist deshalb, dass Maßnahmen bzw. Befugnisse iRd Art. 114 AEUV entweder zur Harmonisierung des Binnenmarktes beitragen oder selbst die Harmonisierung beinhalten. Der Unionsgesetzgeber verweist insbesondere auf die Gefahren für das Funktionieren des Binnenmarktes, die aus Wettbewerbsungleichheiten und Risiken infolge finanzieller Fragmentierung sowie mangelndem Vertrauen in die „Fähigkeit der Mitgliedstaaten, die Banken zu stützen" erwachsen;[49] hinzukommen „unterschiedliche Anreize und Vorgehensweisen der Mitgliedstaaten hinsichtlich der Behandlung von Gläubigern von in Abwicklung befindlichen Banken"[50] und Partikularinteressen nationaler Behörden. Schließlich bestehe die Notwendigkeit, im Zeichen gleicher Wettbewerbsbedingungen eine „Parallelität mit dem einheitlichen Aufsichtsmechanismus" herzustellen,[51] womit auf das Gesamtkonzept der Bankenunion Bezug genommen wird.

20 Das durch die SRM-Verordnung vereinheitlichte und weitgehend europäisierte Abwicklungsregime trägt fraglos dazu bei, Wettbewerbsverfälschungen zu beseitigen, die aus vormals parzellierten und politisierten Regelungen, teilweise ungeregelten Maßnahmen erwuchsen. Auch die im Zuge des SRM möglichen staatlichen Beihilfen[52] zur Bankenrettung (→ B.I. Rn. 220), unter Umständen mit Unterstützung des Abwicklungsfonds,[53] fügen sich in das einheitliche Abwicklungsregime als zweite Säule der Bankenunion ein. Hinter der SRM-Verordnung steht daher ein Gesamtkonzept, das zielgebunden[54] auf materielle, prozedurale und institutionelle Einheitlichkeit setzt, zunächst für den Kreis der SSM-Mitgliedstaaten,[55] perspektivisch für die gesamte Union.[56] Es besteht daher kein Zweifel, dass der „europäische Mehrwert" nur durch einheitliche Entscheidungsstrukturen und -befugnisse gewährleistet werden kann.

21 Inwieweit diese Befugnisse von einer rechtlich verselbständigten EU-Agentur – dem SRB – oder letztlich doch (nur) von der Kommission ausgeübt werden dürfen bzw. müssen, ist weniger eine Frage der Rechtsgrundlage als des zulässigen Umfangs der tatsächlichen übertragenen Abwicklungsbefugnisse.[57] Dass ein hoher Grad an institutioneller Verselbständigung, sprich die Gründung von Agenturen, zulässig ist, beweist sowohl deren Anerkennung im institutionellen Rahmen (Art. 13 Abs. 1, 2 EUV) des Lissabon-Vertrags (zB Art. 263 UAbs. 1 S. 2, UAbs. 5 sowie Art. 298 Abs. 1 AEUV) als auch die Rechtsprechung

---

[49] Erwägungsgrund (1) SRM-Verordnung.
[50] Erwägungsgrund (3) SRM-Verordnung.
[51] Erwägungsgrund (17) SRM-Verordnung.
[52] Klarstellend sei darauf verwiesen, dass es sich bei der kontroversen Beurteilung um staatliche Beihilfen nicht um die SRM-Mittel, sondern etwaige andere Mittel handelt. Während die deutsche Bankenabgabe steuerlich nicht abzugsfähig ist, findet sich bei der europäischen Abgabe keine derartige Regelung; zudem Art. 114 AEUV als Rechtsgrundlagen von BRRD und SRM-Verordnung eine Harmonisierung von Steuerbestimmungen explizit aus.
[53] Art. 19 SRM-Verordnung.
[54] Art. 14 SRM-Verordnung.
[55] Art. 4 SRM-Verordnung.
[56] Erwägungsgrund (17) SRM-Verordnung.
[57] Dazu ausführlich *Manger-Nestler* ZEuS 2015, 315 (325 ff.); ebenso in Bezug auf den SRM *Wojcik/Ceyssens* EuZW 2014, 893 (897).

des EuGH, der in mehreren Urteilen (*Meroni*,[58] *Romano*,[59] *ESMA*[60]) die Anforderungen an die Befugnisdelegation präzisierte.[61]

Von Art. 114 AEUV hingegen nicht gedeckt ist die separate völkervertragliche Grundlage, mittels derer das Regelwerk der Ausstattung des Abwicklungsfonds geregelt wurde.[62] Der Fonds selbst ist integraler Bestandteil des SRM und Eigentum des Abwicklungsausschusses.[63] **22**

bb) Multilaterales Übereinkommen über den Abwicklungsfonds

Aus kompetenzrechtlichen Gründen konnte der Abwicklungsfonds nicht durch einen Sekundärrechtsakt der Union errichtet werden. Der Fonds ist daher nur dem Grunde nach in der SRM-Verordnung vorgesehen. Zur Übertragung der finanziellen Mittel auf den Fonds bedurfte es eines separaten zwischenstaatlichen Gründungsrechtsaktes, des *Übereinkommens über die Übertragung von Beiträgen auf den einheitlichen Abwicklungsfonds und über die gemeinsame Nutzung dieser Beiträge*[64] (*Agreement on the Transfer and Mutualisation of Contributions to the Single Resolution Fund*) zwischen 26 EU-Mitgliedstaaten; Großbritannien und Schweden nehmen auf eigenen Wunsch nicht am SRF teil. **23**

Als multilateraler Vertrag formell dem Völkervertragsrecht zugehörig, ergänzt sein materiellrechtlicher Gehalt[65] die SRM- (sowie früheren BRRD-)Regelungen[66] zum Abwicklungsfonds[67] und stellt somit die „Kohärenz mit dem Unionsrecht"[68] sicher, die der EuGH im *Pringle*-Urteil[69] postulierte. Der Abschluss eines separaten zwischenstaatlichen Abkommens außerhalb der Gründungsverträge, der bereits beim ESM-Vertrag praktiziert wurde und ein weiteres Beispiel für die als „Unionsmethode" apostrophierte Flucht ins Völkerrecht darstellt, war indes unumgänglich. Das Europäische Parlament (EP) wehrte sich vehement gegen die „Nebenvereinbarung", um sich ein Mitspracherecht im ordentlichen Gesetzgebungsverfahren zu sichern.[70] Indes wäre das Regelwerk der Fondsausstattung (Aufbauphase) nicht von der Harmonisierungskompetenz (Art. 114 AEUV) gedeckt gewesen[71] und wurde daher folgerichtig aus dem sekundärrechtlichen Rechtsrahmen „herausgebrochen". Durch die umgekehrte Bezugnahme des völkerrechtlichen Abkommens auf die SRM-Verordnung werden die sekundärrechtlichen Grundsätze im Übereinkommen änderungsfest eingefroren. Hintergrund dieser auf den ersten Blick umständlichen Vorge- **24**

---

[58] EuGH Rs. 9/56, *Meroni I*, ECLI:EU:C:1958:7, 11, 36 ff.; Rs. 10/56, *Meroni II*, ECLI:EU:C:1958:8, 53, 75 ff.
[59] EuGH Rs. 98/80, *Romano/IMANI*, ECLI:EU:C:1981:104.
[60] EuGH Rs. C-270/12, *Vereinigtes Königreich/Parlament und Rat (ESMA)*, ECLI:EU:C:2014:18.
[61] Vgl. ausführlich zum Problemkreis *Görisch* S. 241 ff.; *Häde* EuZW 2011, 663 ff.; *Manger-Nestler* ZEuS 2015, 315 (325 ff.); *Michel* S. 124 ff.
[62] → Rn. 23 f.
[63] Art. 67 SRM-Verordnung.
[64] BGBl. 2014 II 1299; im Folgenden „Übereinkommen".
[65] Insb. Art. 3–8 Übereinkommen.
[66] Art. 1 Abs. 1 lit. a) Übereinkommen.
[67] Art. 67 ff. SRM-Verordnung.
[68] Art. 2 Abs. 2 Übereinkommen.
[69] EuGH Rs. C-370/12, Rn. 101 – *Pringle*, ECLI:EU:C:2012:756.
[70] *Howarth/Quaglia* integration 2015, 44 (57 ff.).
[71] Ebenso *Hufeld* S. 4 f. abrufbar unter: https://www.bundestag.de/blob/333192/08086787207c66 55c138325cb8f7d1ee/11-–prof–hufeld-data.pdf (23.02.2016); im Ergebnis wohl auch *Wojcik/Ceyssens* EuZW 2014, 893 (897). AA *Repasi* S. 8 f., abrufbar unter: http://www.igw.uni-heidelberg.de/lehrstuehle/prof_mg/files_repasi/130710-Gutachten-SRM-Rene-Repasi.pdf (23.02.2016).

hensweise war offenbar die Tatsache, dass die Teilnehmerstaaten den mühsam ausgehandelten Kompromiss für die Aufbauphase des Fonds, der zunächst aus nationalen Kammern besteht, die später zu einer einheitlichen europäischen Vermögensmasse verschmolzen werden, nicht gefährden und daher dem politischen Zugriff im Verfahren nach Art. 114 AEUV entziehen wollten.

4. Allgemeine Grundsätze

a) Kongruenter Anwendungsbereich von SSM und SRM

25   Der Anwendungsbereich der SRM-Verordnung ist an denjenigen der SSM-Verordnung gekoppelt. Dies entspricht der inneren Logik des Zusammenhangs zwischen Verantwortung und Haftung,[72] wonach eine gemeinsame Bankenaufsicht auch eine einheitliche Verantwortung für die Krisenbewältigung erfordert – und umgekehrt. Daraus folgt, dass das einheitliche Abwicklungsregime prinzipiell auf die „in den teilnehmenden Mitgliedstaaten niedergelassenen Kreditinstitute" beschränkt ist.[73] Finanzholdinggesellschaften[74] sowie Wertpapierfirmen und Finanzinstitute[75] unterfallen nur dem SRM, wenn sie durch die EZB auf konsolidierter Basis beaufsichtigt werden.

26   Für die exakte Bestimmung des räumlich-sachlichen Anwendungsbereichs nimmt Art. 4 Abs. 1 SRM-Verordnung Bezug auf die SSM-Verordnung[76] und bestimmt – im semantischen Verständnis einer Bankenunion – die Kongruenz der Teilnehmerstaaten im Aufsichts- und Abwicklungsmechanismus (→ B. I. Rn. 39 ff., 84 ff.). Spiegelbildlich zum Aufsichtsregime soll die einheitliche Abwicklung aller in den teilnehmenden Mitgliedstaaten niedergelassenen Kreditinstitute möglich sein,[77] dh automatisch unterfallen die in einem der 19 Mitgliedstaaten der Eurozone niedergelassenen Institute dem SSM und damit auch dem SRM.

27   Die weitere Unterscheidung zwischen bedeutenden (systemrelevanten) und weniger bedeutenden Instituten,[78] an die die SSM-Verordnung eine gestufte Verantwortung von EZB und nationalen Aufsichtsbehörden knüpft, ist indes auch für den SRM sachlogisch relevant und wird bei den Befugnissen des Ausschusses begrifflich übernommen. Demnach werden (Abwicklungs-)Beschlüsse für bedeutende Unternehmen oder Gruppen, die direkt von der EZB beaufsichtigt werden, sowie für grenzüberschreitende Gruppen einheitlich im SRB getroffen;[79] insoweit laufen SSM- und SRM-Regelungen parallel.

28   Hingegen bleiben für die weniger bedeutenden oder nicht grenzüberschreitend tätigen Unternehmen und Gruppen die nationalen Abwicklungsbehörden weiterhin zuständig (→ B. I. Rn. 44 ff., 87 ff.). Weniger bedeutende Institute können jedoch immer dann dem SRM-Regime, insb. dem Ausschussverfahren unterfallen, wenn die nationalen Abwicklungsbehörden den Einsatz von SRF-Mitteln für notwendig erachten. Um Asymmetrien

---

[72] *Wojcik/Ceyssens* EuZW 2014, 893 (894).
[73] Art. 2 lit. a) SRM-Verordnung.
[74] Art. 2 lit. b) SRM-Verordnung.
[75] Art. 2 lit. c) SRM-Verordnung.
[76] Vgl. Art. 2 Nr. 1 iVm Art. 4 Abs. 1 VO (EU) 1024/2013. Vgl. zum räumlichen Anwendungsbereich des SSM *Lehmann/Manger-Nestler* ZBB 2014, 2 (14).
[77] Art. 2 lit. a) SRM-Verordnung.
[78] Dies folgt im Umkehrschluss aus Art. 6 Abs. 4 Unterabs. 1 iVm Art. 4 Abs. 1 lit. a) und c) VO (EU) 1024/2013; vgl. dazu *Lehmann/Manger-Nestler* ZBB 2014, 2 (13 f.).
[79] Erwägungsgrund (28) sowie Art. 7 Abs. 2 lit. a) und b) SRM-Verordnung.

innerhalb des Binnenmarkts bei der Behandlung ausfallender Institute zu verhindern,[80] ist dies nur nach vorheriger Genehmigung des Abwicklungskonzepts durch das SRB im Ausschussverfahren möglich.

In den Anwendungsbereich des SRM fallen auch Mutterunternehmen, Wertpapierfirmen und Finanzinstitute, die unter der **Gruppenaufsicht**[81] durch die EZB stehen. Auch wenn die EZB diese Institute nicht einer Einzelaufsicht unterziehen würde, ist sie die einzige Aufsichtsbehörde, die sich ein Gesamtbild von dem Risiko machen kann, dem eine Gruppe und damit indirekt auch deren einzelne Mitglieder ausgesetzt sind. Ein Ausschluss aus dem SRM würde es unmöglich machen, die **Gruppenabwicklung** zeitlich zu planen und eine Abwicklungsstrategie für Gruppen zu verfolgen, sodass Abwicklungsbeschlüsse deutlich an Wirksamkeit verlieren würden. 29

Nutzt ein Nicht-Euro-Mitglied die Möglichkeit der „**engen Zusammenarbeit**" mit der EZB, dh unterwirft er sich freiwillig dem SSM,[82] unterliegen auch die in diesem EU-Mitgliedstaat niedergelassenen Institute entsprechend der SSM-Kriterien der einheitlichen Aufsicht durch die EZB. Wird die freiwillige SSM-Mitgliedschaft per Beschluss beendet (*Opt-out*) oder ausgesetzt, fallen ab Geltungsbeginn des Beschlusses die in diesem Nicht-Euro-Mitgliedstaat[83] niedergelassenen Unternehmen nicht mehr unter die einheitlichen (Aufsichts- und) Abwicklungsvorschriften.[84] Ruht die SSM-Mitgliedschaft nicht nur vorübergehend, sondern wird endgültig beendet, beschließt das SRB binnen drei Monaten über die Rückerstattung der Beiträge zum Abwicklungsfonds.[85] 30

b) Begrifflichkeiten und Prinzipien

Mit dem Ziel, die Vielzahl abwicklungstechnischer Termini für die einheitliche Anwendung im SRM maniabel zu gestalten, werden 54 Begriffe in Art. 3 Abs. 1 SRM-Verordnung legaldefiniert (Abs. 1); ergänzt wird dieses Glossar durch Verweise auf die **Begriffsbestimmungen** der BRRD (Abs. 2). Das damit geschaffene hohe Maß an Rechtsverbindlichkeit und -sicherheit, das den vereinheitlichenden Charakter der SRM-Verordnung zweifelsohne stützt, erschwert auf der anderen Seite die Übersichtlichkeit und Griffigkeit der Vorschriften. Gefordert ist daher eine hohe Spezialisierung der Rechtsanwender sowohl bei den betroffenen Instituten als auch auf Ebene der EU- wie nationalen Behörden. 31

Zusätzlich zu den ausführlichen Begründungserwägungen[86] der SRM-Verordnung formuliert Art. 6 „**Allgemeine Grundsätze**", die charakteristische Prinzipien supranationalen Handelns auf die einheitliche Aufgabenerfüllung in Abwicklungsfragen übertragen. Ohne auf den Inhalt einzelner Grundsätze näher einzugehen, werden vier Kernprinzipien erkennbar: **(1) Keine Diskriminierung** (Abs. 1) von abwicklungs"betroffenen" Individuen als Ausdruck eines einheitlichen, integeren **Binnenmarkt**es (Abs. 2); **(2) Folgenabschätzung** (Abs. 4), insb. bei **Gruppenabwicklung** (Abs. 3), als Ausdruck nachhaltiger und **verhältnismäßiger** (Abs. 5) Abwicklungsmaßnahmen; **(3)** Wahrung der **haushaltspolitischen** 32

---

[80] Erwägungsgrund (22) SRM-Verordnung.
[81] Vgl. dazu → B.III. Rn. 1 ff.
[82] Art. 2 Nr. 1 iVm Art. 7 VO (EU) 1024/2013.
[83] Für Euro-Mitgliedstaaten besteht das *opt-out* aus dem SSM nicht, da die Währungsunion keine Austrittsmöglichkeit zulässt.
[84] Art. 4 Abs. 2 SRM-Verordnung.
[85] Art. 4 Abs. 3 SRM-Verordnung.
[86] Dem eigentlichen Verordnungstext vorangestellt sind 124 Erwägungsgründe.

Eigenverantwortung der Teilnehmerstaaten (Abs. 6) als Grenze; sowie **(4)** die **dezentrale Ausführung** der SRB-Beschlüsse (Abs. 7) durch die nationalen Abwicklungsbehörden.

5. Institutioneller Rahmen, insb. Single Resolution Board

33 Im Gegensatz zur BRRD zielt die SRM-Verordnung nicht mehr nur auf eine Mindestharmonisierung, sondern bewirkt die „Zentralisierung der Entscheidungsprozesse im Bereich der Abwicklung"[87]. Dies geschieht institutionell durch Schaffung eines „Ausschusses für die einheitliche Abwicklung" (*Single Resolution Board*), der als Hauptentscheidungsgremium im Abwicklungsmechanismus fungiert, und dessen institutioneller Rahmen in Teil III[88] der SRM-Verordnung geregelt wird.

a) Abwicklungsausschuss

aa) Rechtspersönlichkeit als EU-Agentur

34 Das institutionalisierte Herzstück des Abwicklungsprozesses bildet der Abwicklungsausschuss, der als entpolitisiertes, weil unabhängiges und zugleich entscheidungsbefugtes Gremium des SRM die zentrale Verantwortung für Abwicklungsentscheidungen in der Eurozone trägt.[89] Dabei ist es kein Zufall, dass sowohl die Zusammensetzung als auch das Ernennungsverfahren deutliche Parallelen zur mit der SSM-Verordnung geschaffenen einheitlichen Bankenaufsicht aufweisen. Vielmehr dokumentiert dies die innere, weil inhaltlich enge Verzahnung von SSM und SRM als gleichberechtigte Pfeiler der Bankenunion.[90]

35 Seit dem 1. Januar 2016 nimmt das SRB einheitlich diejenigen Entscheidungs- und Abwicklungsbefugnisse wahr, die zuvor den – nach harmonisiertem BRRD-Sekundärrecht – zuständigen nationalen Abwicklungsbehörden oder der für die Gruppenabwicklung zuständigen Stelle oblagen.[91] Die Abwicklungsbehörden der teilnehmenden Mitgliedstaaten bleiben Teil des nunmehr zentral auf europäischer Ebene organisierten Abwicklungsmechanismus; ihre Befugnisse werden in den SRM integriert.[92]

36 Das SRB wurde als Agentur der Union[93] mit eigener Rechtspersönlichkeit[94] geschaffen und besitzt in jedem Mitgliedstaat die weitestgehende Rechts- und Geschäftsfähigkeit, die juristischen Personen nach dem nationalen Recht zuerkannt ist.[95] Davon erfasst ist auch der Erwerb und die Veräußerung beweglichen und unbeweglichen Vermögens,[96] weshalb das SRB zugleich Eigentümer des einheitlichen Abwicklungsfonds[97] ist.

---

[87] Erwägungsgrund (10) SRM-Verordnung.
[88] Art. 42–66 SRM-Verordnung.
[89] Art. 7 Abs. 1 SRM-Verordnung.
[90] *Wojcik/Ceyssens* EuZW 2014, 893 (895).
[91] Art. 3 Abs. 1 SRM-Verordnung.
[92] Dazu → Rn. 85 ff.
[93] Ebenso *Wellerdt* S. 69. Dagegen bezeichnet *Bruni* in Calciano/Sacrano/Fiordelisi S. 108, den Ausschuss etwas unscharf als „intergouvernmental specialised resolution agency".
[94] Art. 42 Abs. 1 S. 2 und 3 SRM-Verordnung.
[95] Art. 42 Abs. 2 SRM-Verordnung.
[96] Art. 42 Abs. 2 S. 2 SRM-Verordnung.
[97] Art. 67 Abs. 3 SRM-Verordnung.

II. Institutionell-organisatorische Aspekte des Einheitlichen Abwicklungsmechanismus

Der Unionsgesetzgeber wählte für das SRB die Organisationsform einer EU-Agentur, womit er letztlich auf den ursprünglichen Kommissionsvorschlag[98] einschwenkte. Die damit verbundene zentralisierte Entscheidungsfindung ist angesichts der klaren Präferenz für einheitliche Aufsichtsbefugnisse auf Unionsebene die begrüßenswerte, weil progressivere Lösung.[99] Sie nutzt zudem ein Strukturmodell, dass – im Gegensatz zu zwischenstaatlichen Lösungen, beispielsweise dem ESM-Vertrag[100] – innerhalb des Unionsgefüges angesiedelt ist und stärkt damit die harmonisierenden Elemente des Binnenmarktes. Mit dem SRB als Agentur, die ihren Sitz in Brüssel hat,[101] entschied sich die EU für ein Modell, das seit einiger Zeit bei „Regulierungsagenturen" im Binnenmarkt *en vogue* ist und das für die Finanzmarktaufsicht und -regulierung erstmals bei Gründung des ESFS für die drei European Supervisory Authorities (ESA) – EBA, ESMA und EIOPA – genutzt wurde. Das SRB ist die nunmehr 46. EU-Agentur, was zeigt, dass sich die Agenturen als fester Bestandteil einer tertiären europäischen Verwaltungsebene etabliert haben, weshalb ihnen ihre Existenzberechtigung als „vertragsfremde Einrichtung" seit dem Lissabon-Vertrag nicht mehr abgesprochen werden kann. Keineswegs abgeschlossen sind damit jedoch vielfältige unionsrechtsdogmatische Fragen, die das Agenturwesen als Teil europäisierter Verwaltungsstrukturen an unionale Grundwerte wie Demokratie und Rechtsstaatlichkeit (rück-)binden.[102] Ein auf die genuinen Besonderheiten supranationaler Verwaltungsstrukturen zugeschnittener Demokratiemaßstab ist heranzuziehen, wenn der Unabhängigkeitsgrad[103] der Agentur sowie die dadurch möglicherweise eher begrenzten Rechenschafts- und Transparenzpflichten bzw. parlamentarische Kontrollrechte beurteilt werden sollen.[104] Gerade weil die EU-Agenturen keine originäre Position im institutionellen Gleichgewicht der Unionsorgane besitzen, sind rechtsstaatliche Maßstäbe sowie die Gewährung von verwaltungsbehördlichem wie gerichtlichem Rechtsschutz[105] bei der Überprüfbarkeit von Agenturentscheidungen von maßgeblicher Bedeutung.

bb) Organisationsstruktur

(1) Mitglieder

(a) Zusammensetzung. Der Ausschuss besteht insgesamt aus 24 Mitgliedern. Er setzt sich zusammen aus dem Vorsitzenden,[106] der den Ausschuss vertritt,[107] vier weiteren Vollzeitmitgliedern[108] sowie 19 mitgliedstaatlichen Vertretern, die jeweils ihre nationale Abwicklungsbehörde[109] repräsentieren. Um bei den mitgliedstaatlichen Vertretern das Prinzip *one country, one vote* zu wahren, darf auch bei mehreren Abwicklungsbehörden in dem Teilnehmerstaat nur ein stimmberechtigter nationaler Vertreter abstimmen.[110]

---

[98] Vgl. Art. 38 Abs. 1, Art. 16 Abs. 6, 7 KOM(2013) 520 final.
[99] Kritisch *Binder* ZBB 2013, 297 (311).
[100] Dafür plädierend *Bruni* in Calciano/Sacrano/Fiordelisi S. 108.
[101] Art. 48 SRM-Verordnung.
[102] S. dazu ausführlich *Manger-Nestler* ZEuS 2015, 315 ff.
[103] → Rn. 49 ff.
[104] Dazu ausführlich *Manger-Nestler* ZEuS 2015, 315 (342 f.).
[105] → B.XII. Rn. 3 ff.
[106] Art. 43 Abs. 1 lit. a), Abs. 5 lit. c) iVm Art. 56 SRM-Verordnung.
[107] Art. 43 Abs. 3 SRM-Verordnung.
[108] Art. 43 Abs. 1 lit. b) iVm Art. 56 SRM-Verordnung.
[109] Art. 43 Abs. 1 lit. c) SRM-Verordnung.
[110] Art. 43 Abs. 4 SRM-Verordnung.

39   Die Kommission und die EZB benennen je einen Vertreter, die als ständige Beobachter das Recht (nicht die Pflicht!) besitzen, an Präsidiums- und Plenarsitzungen ohne Stimmrecht teilzunehmen.[111]

40   Zur internen Organisation, die die SRM-Verordnung etwas umständlich als „Verwaltungs- und Managementstruktur" umschreibt, zählen schließlich die Verweise auf Sitzungsstruktur (Plenar-/Präsidiumssitzung)[112] sowie die Rolle des Vorsitzenden,[113] die jeweils nur Klarstellungscharakter haben; schließlich die Erwähnung des Sekretariats, das die erforderliche administrative und technische Unterstützung leistet.[114]

41   Als erste Vorsitzende wurde Ende 2014 *Elke König* ernannt, vormals Präsidentin der deutschen Finanzaufsichtsbehörde BaFin; die vier weiteren ständigen Mitglieder sind *Timo Löyttyniemi* als Vizepräsident sowie *Mauro Grande*, Director of Strategy and Policy Coordination, *Antonio Carrascosa*, Director of Resolution Planning and Decisions, *Joanne Kellermann*, Director of Resolution Planning and Decisions, und *Dominique Laboureix*, Director of Resolution Planning and Decisions. Sämtliche sechs Vollzeitmitglieder wurden aufgrund ihrer fachlichen Expertise im Bereich der Finanzaufsicht und -regulierung sowie Bankenabwicklung ernannt.

42   Die Regelungen zur Amtszeit bzw. Wiederernennung widerspiegeln ein hohes Maß an personeller Autonomie.[115] Sie stellen die zeitliche Begrenzung der Amtsausübung sicher und garantieren, dass jedes Vollzeitausschussmitglied sich voll auf die Amtsführung konzentriert und kein weiteres Amt auf nationaler, Unions- oder internationaler Ebene bekleidet.[116] Alle Vollzeitmitglieder des Ausschusses haben eine Amtszeit von fünf Jahren; der erste SRB-Vorsitzende hat eine Amtszeit von 3 Jahren.[117] Eine Wiederernennung ist grundsätzlich nicht möglich.[118] Jedoch kann die Amtszeit des Vorsitzenden einmalig um fünf Jahre verlängert werden;[119] kommt es zu einer solchen Verlängerung, ist der Vorsitzende bei Ende des Gesamtzeitraums für ein weiteres Auswahlverfahren für die gleiche Stelle gesperrt.[120]

43   **(b) Auswahl- und Ernennungsverfahren.** Der **Ernennung** vorangeht ein offenes **Auswahlverfahren**, über das das EP und der Rat „in jeder Phase zeitnah gebührend" unterrichtet werden.[121] Die Kommission leitet das Auswahlverfahren, indem sie auf Grundlage einer Auswahlliste, die sie nach Anhörung des SRB erstellt,[122] dem EP einen Vorschlag für die Auswahl der Vollzeitmitglieder unterbreitet, dem das EP wiederum zustimmen muss; der Rat wird in dieser Verfahrensphase lediglich unterrichtet.[123] Hat das EP der Auswahlliste zugestimmt, erlässt der Rat mit qualifizierter Mehrheit einen Durchführungsbeschluss zur Ernennung der Vollzeitmitglieder.[124]

---

[111] Art. 43 Abs. 3 SRM-Verordnung.
[112] Art. 43 Abs. 5 lit. a), b) SRM-Verordnung.
[113] Art. 43 Abs. 5 lit. c) SRM-Verordnung.
[114] Art. 43 Abs. 5 lit. d) iVm Art. 56 Abs. 2 UAbs. 2 SRM-Verordnung.
[115] → Rn. 49 ff.
[116] Art. 56 Abs. 5 UAbs. 2 SRM-Verordnung.
[117] Art. 56 Abs. 7 S. 1 SRM-Verordnung.
[118] Art. 56 Abs. 2 SRM-Verordnung.
[119] Art. 56 Abs. 7 S. 2 SRM-Verordnung.
[120] Art. 56 Abs. 8 SRM-Verordnung.
[121] Art. 56 Abs. 4 SRM-Verordnung.
[122] Da das SRB sich erst nach der Auswahl der ersten Ausschussmitglieder konstituierte, verzichtete Art. 56 Abs. 6 UAbs. 2 SRM-Verordnung auf die vorherige Anhörung des Ausschusses.
[123] Art. 56 Abs. 6 UAbs. 1 SRM-Verordnung.
[124] Art. 56 Abs. 6 UAbs. 3 S. 2, 3 SRM-Verordnung.

II. Institutionell-organisatorische Aspekte des Einheitlichen Abwicklungsmechanismus

Im Falle einer schweren Verfehlung kann jedes Vollzeitmitglied des SRB in einem 44
formalisierten Verfahren seines Amtes enthoben werden; die Entscheidung über die **Amtsenthebung** trifft der Rat, der aufgrund eines vom EP gebilligten Kommissionsvorschlags mit qualifizierter Mehrheit beschließt.[125]

(2) **Rolle des Vorsitzenden.** Dem Ausschussvorsitzenden widmet die SRM-Verordnung 45
in Art. 56 eine eigene, umfangreiche Vorschrift. Wenngleich etwas unübersichtlich regelt dieselbe Vorschrift auch die Modalitäten der Auswahl, Ernennung und Amtszeit des Vorsitzenden, der seine Tätigkeit in Vollzeit ausübt,[126] sowie der fünf weiteren, ebenfalls Vollzeitmitglieder des SRB.[127]

Der Ausschussvorsitzende besitzt eine herausgehobene Position innerhalb des SRB, da 46
ihm die Führung und Leitung des Ausschusses übertragen ist. Dies wird auch daran deutlich, dass seine Stimme bei Stimmengleichheit in den Plenar- wie Präsidiumssitzungen den Ausschlag gibt.[128] Zu den in Art. 56 Abs. 2 SRM-Verordnung genannten, sieben verschiedenen Aufgabenbereichen des Vorsitzenden zählen die Vorbereitung und Einberufung der Plenar- und Präsidiumssitzungen (lit. a]); Angelegenheiten betreffend das Personal (lit. b]), die laufende Verwaltung (lit. c]) sowie Haushaltsfragen (lit. d]); die Ausschussleitung (lit. e]) mit dem Ziel der Umsetzung des Jahresarbeitsprogramms (lit. f]) sowie der Entwurf des Jahresberichts (lit. g]).

(3) **Ausschüsse.** Das SRB kann **interne Ausschüsse** einsetzen, die das Board bei der 47
Wahrnehmung seiner Funktionen unterstützen.[129]

Bereits durch den Unionsgesetzgeber errichtet und damit nicht zur Disposition des 48
SRB steht der **Beschwerdeausschuss**,[130] der aus fünf fachlich ausgewiesenen, aus den Mitgliedstaaten stammenden Personen besteht, die weder zum aktuellen Personal des SRB gehören noch sonst auf mitgliedstaatlicher oder EU-Ebene mit Abwicklungsfragen befasst sein dürfen.[131] Qua dieser Zusammensetzung handelt der Ausschuss als unabhängige Beschwerdeinstanz innerhalb des SRB und allein im öffentlichen, dh Interesse der Union.[132] Mit dem Beschwerdeverfahren hat der Unionsgesetzgeber ein effektives, rechtsstaatliches Verwaltungsrechtsbehelfsverfahren geschaffen, das zugleich die rechtsschutzrelevanten Maßnahmen des SRB in das unionale Rechtsschutzsystem einbindet. Eine Beschwerde ist einer Klage vor dem Gerichtshof regelmäßig vorgeschaltet;[133] in Fällen, in denen keine Beschwerde möglich ist bzw. der Ausschuss untätig bleibt, kann direkt Klage erhoben werden.[134] Für Einzelheiten zum Rechtsschutz einschließlich der Rolle des Europäischen Gerichtshofes bei der Überprüfung der Rechtmäßigkeit der Beschlüsse des SRB bzw. der nationalen Aufsichtsbehörden sei auf das separate Kapitel verwiesen.[135]

---

[125] Art. 56 Abs. 9 UAbs. 1 SRM-Verordnung.
[126] Art. 56 Abs. 1 SRM-Verordnung.
[127] Art. 56 Abs. 4, 6 SRM-Verordnung.
[128] Art. 52 Abs. 1 S. 3 (Plenarsitzung); Art. 55 Abs. 3 (Präsidiumssitzung) SRM-Verordnung.
[129] Art. 84 SRM-Verordnung.
[130] Art. 85 SRM-Verordnung.
[131] Art. 85 Abs. 2 S. 1, 2 SRM-Verordnung.
[132] Art. 85 Abs. 5 SRM-Verordnung.
[133] Art. 86 Abs. 1, 2 SRM-Verordnung.
[134] Art. 86 Abs. 1, 2. HS sowie Abs. 3 SRM-Verordnung.
[135] → B.XII. Rn. 3 ff.

cc) Unabhängigkeit

49 Sowohl das SRB als auch die nationalen Abwicklungsbehörden handeln im SRM „unabhängig und im Allgemeininteresse"[136]. Für die Mitglieder des SRB wird die Unabhängigkeit in personeller[137] wie funktionaler Hinsicht präzisiert. Die funktionale, dh die durch die Aufgabenerfüllung begrenzte Unabhängigkeit besteht in doppelter Hinsicht: SRB-Mitglieder dürfen weder Weisungen von Unionsorganen und -einrichtungen, noch von mitgliedstaatlichen Regierungen sowie öffentlichen oder privaten Stellen „anfordern oder entgegennehmen";[138] umgekehrt ist es den genannten Institutionen auf EU- wie auf nationaler Ebene untersagt, selbst die SRB-Mitglieder aktiv zu beeinflussen.[139] Vom Wortlaut her entspricht dies exakt dem Autonomiegrad, den der SSM der EZB bei der Erfüllung ihrer Aufsichtsaufgaben garantiert[140] – mit dem Unterschied, dass die EZB im SSM nur für die bedeutenden Institute die alleinigen Aufsichtsentscheidungen trifft, ansonsten auf die Kooperation mit der nationalen Aufsicht angewiesen ist. Nur am Rande sei angemerkt, dass – trotz ähnlichem Wortlaut (Art. 130 AEUV) und großer inhaltlicher Schnittmengen – das Unabhängigkeitskriterium in der SSM-Bankenaufsicht gerade nicht deckungsgleich ist mit dem Autonomieverständnis, das der EZB bei Erfüllung geldpolitischen Hauptaufgabe zugrunde liegt.[141] Dass sich daraus zumindest die Gefahr von Interessenkonflikten ergeben kann, ist offensichtlich.

50 Betrachtet man hingegen isoliert von der Geldpolitik den aufsichtsrechtlichen Unabhängigkeitsmaßstab, ist der Gleichlauf zwischen SSM und SRB zweckmäßig und systematisch. Er stattet unionalisierte Exekutivstrukturen (Single Supervisory Board in der EZB sowie das SRB) mit eigenständigen Entscheidungsbefugnissen aus, die qua inhaltlicher Überscheidungen in einem Nähe- und Abhängigkeitsverhältnis zueinander stehen, und zurrt damit die gleichen Kriterien für die rechtliche wie politische Unbeeinflussbarkeit fest.

51 Der gewährte hohe Grad an funktionaler Unabhängigkeit erschöpft sich nicht in seinem semantischen Selbstzweck, sondern umschreibt ein spezifisches Merkmal für die Art und Weise (*modus operandi*) der Aufgabenerfüllung. Insofern kann die Frage, ob die Unabhängigkeit tatsächlich gewahrt wurde, nur im Zusammenhang mit einer konkreten Aufgabe oder einzelnen Befugnissen beurteilt werden.[142] Aus dieser Funktionsbezogenheit folgt auch, dass Unabhängigkeit keine vollkommene Freiheit von Kontrolle bedeuten kann. Das gilt besonders, wenn es sich um unabhängige Exekutivstrukturen handelt, die – zumindest in Maßstäben nationaler Gewaltenteilung gedacht – über eingriffsintensive Befugnisse verfügen. Wenngleich für unionale Verwaltungsstrukturen ein genuin europäisches Verständnis heranzuziehen ist, kann auch hier der Telos keine unkontrollierbare Freiheit bedeuten. Da Abwicklung von (wie auch Aufsicht über) Banken eine klassische Verwaltungsaufgabe darstellt, kann deren Ausübung weder der richterlichen Kontrolle noch politischen, bestenfalls parlamentarischen Rechenschaftspflichten entzogen sein. Das damit umschriebene Verhältnis zwischen Unabhängigkeit und Kontrolle, das für das SRB im Einzelnen nur

---

[136] Art. 47 Abs. 1 SRM-Verordnung.
[137] Art. 56 Abs. 5 UAbs. 2 SRM-Verordnung, → Rn. 42.
[138] Art. 47 Abs. 2 S. 2 SRM-Verordnung.
[139] Art. 47 Abs. 3 SRM-Verordnung.
[140] Vgl. Art. 19 Abs. 1, 2 VO (EU) 1024/2013. S. dazu ausführlich → A. II. Rn. 11.
[141] Zu diesem Problemkreis vgl. *Lehmann/Manger-Nestler* ZBB 2014, 2 (8 f.); *Manger-Nestler/Böttner* EuR 2014, 621 (625 u. 628 ff.).
[142] Vgl. im allgemeinen Kontext der EU-Agenturen *Groß* JZ 2012, 1087 (1087 f.); *Manger-Nestler* ZEuS 2015, 315 (333 f.).

anhand der konkreten übertragenen Befugnisse geklärt werden kann, ist gleichzeitig auch ein Beispiel dafür, dass die Reichweite demokratischer wie judizieller Rückbindungen bei der „neuen Generation" von Regulierungsagenturen im Binnenmarkt noch differenzierter aufgearbeitet werden muss.

Weniger eine Frage des Unionsrechts als vielmehr einer möglichen Überformung des nationalen Bankenabwicklungsrechts ist der Umstand, dass die SRM-Verordnung auch die nationalen Abwicklungsbehörden zum „unabhängigen" Handeln verpflichtet.[143] Die Formulierung bezieht sich formal auf sämtliche am SRM beteiligten Institutionen; allerdings wird in den Folgeabsätzen ausdrücklich nur noch auf die „doppelt genähte" Autonomie des SRB Bezug genommen. Die SRM-Verordnung enthält sich daher detaillierter inhaltlicher Vorgaben für die funktionale Unabhängigkeit der nationalen Abwicklungsbehörden und überlässt deren Ausgestaltung daher dem nationalen Verwaltungsrecht. 52

dd) Rechenschaftspflichten

Rechenschaftspflichten, die in Art. 45 SRM-Verordnung ausführlich normiert sind, dienen dem Zweck, die unabhängige Aufgabenerfüllung im institutionellen EU-Gefüge zu kontrollieren und damit demokratisch „einzufangen". Im Einzelnen umfassen die Rechenschaftspflichten Berichts- und Informationspflichten sowie Anhörungsrechte, die der Ausschuss gegenüber dem EP sowie den nationalen Parlamenten der Teilnehmerstaaten, dem Rat, der Kommission bzw. dem Rechnungshof zu erfüllen hat.[144] Sie entsprechen inhaltlich weitgehend den Berichterstattungs- und Rechenschaftspflichten, die auch der EZB im SSM auferlegt sind[145] und sichern somit in diesem Punkt die Parallelität zwischen Aufsicht und Abwicklung. 53

(1) Berichtspflichten. Das SRB hat seine jährlichen Berichtspflichten gegenüber dem EP, den nationalen Parlamenten der Teilnehmerstaaten, dem Rat, der Kommission und dem Rechnungshof zu erfüllen; bei EP und Rat findet eine öffentliche Anhörung des Ausschussvorsitzenden zum Jahresbericht statt.[146] Zudem wird der Bericht, der nach Abwicklungstätigkeiten sowie finanziellen und administrativen Tätigkeiten gegliedert ist,[147] auf der Website des Ausschusses veröffentlicht.[148] 54

(2) Anhörungsrechte. Anhörungsrechte des Ausschussvorsitzenden sind sowohl gegenüber dem EP als auch im Verhältnis zum Rat statuiert, wobei die Regelungen für das EP erfreulicherweise konkreter ausfallen. Demnach richtet das **Europäische Parlament** einen eigenen Ausschuss zur Wahrnehmung von Abwicklungsaufgaben ein und hört den SRB-Vorsitzenden mindestens einmal jährlich an.[149] Damit besteht neben der *ex post*-Kontrolle der Ausschusstätigkeit auch die Möglichkeit, den Ausschussvorsitzenden zur laufenden Arbeit des SRB vor den Parlamentsausschuss zu zitieren. Daneben hat das Plenum das Recht, Fragen zu stellen, die das SRB innerhalb von 5 Wochen und damit in zeitlich kurzer Frist 55

---

[143] Art. 47 Abs. 1 SRM-Verordnung.
[144] Art. 45 Abs. 1, 2 SRM-Verordnung.
[145] Vgl. Art. 20 VO (EU) Nr. 1024/2013.
[146] Art. 45 Abs. 2, 3 SRM-Verordnung.
[147] Dies folgt aus Art. 56 Abs. 2 lit. g) SRM-Verordnung, der die Pflicht des Ausschussvorsitzenden normiert, den Jahresbericht entsprechend der genannten Kriterien zu entwerfen.
[148] Art. 45 Abs. 2 SRM-Verordnung.
[149] Art. 45 Abs. 4 SRM-Verordnung.

mündlich oder schriftlich beantworten muss.[150] Es besteht auch die Möglichkeit zu vertraulichen Gesprächen, die zwischen dem SRB-Vorsitzenden und dem EP-Ausschuss geführt werden;[151] Einzelheiten über die Modalitäten solcher Gespräche regelt eine interinstitutionelle Vereinbarung.[152] Schließlich ist das SRB verpflichtet, im Falle von Untersuchungen mit dem EP zusammenzuarbeiten.[153] Details dieser Kooperationspflicht, insbesondere der Zugang zu Dokumenten sowie der Umgang mit sog Verschlusssachen wurden binnen 6 Monaten nach Ernennung des SRB-Vorsitz in der erwähnten interinstitutionellen Vereinbarung geregelt.[154] Insgesamt ist daher festzustellen, dass gegenüber dem EP als einzig direkt demokratisch legitimiertem EU-Organ beachtliche und anerkennenswerte Grundstandards demokratischer Verantwortung (*Accountability*) festgeschrieben sind, die Inhalte und Grenzen des Zusammenwirkens praktisch erheblich erleichtern.

56 Im Gegensatz dazu besitzt der **Rat** das Recht, nicht aber die turnusmäßige Pflicht, den Ausschussvorsitzenden anzuhören.[155] Wie das EP hat auch der Rat ein Fragerecht, dem das SRB nachkommen muss.[156]

b) Tagungsformationen und Entscheidungsfindung

57 Die Entscheidungsfindung des Ausschusses kann in verschiedenen Tagungsformationen mit unterschiedlicher personeller Zusammensetzung erfolgen. Abhängig von der zu behandelnden Aufgabe tagt das SRB entweder im Plenum[157] oder in Form einer Präsidiumssitzung,[158] wobei die jeweiligen Ausschussformationen über unterschiedliche, insgesamt aber weitreichende[159] Beschlussfassungsbefugnisse verfügen. Während die Präsidiumssitzungen im Bedarfsfalle (*ad hoc*) stattfinden, um die Plenarbeschlüsse vorzubereiten und umzusetzen, trifft das Plenum Grundsatzfragen zur Arbeitsweise des SRB sowie zur Inanspruchnahme des Fonds.

aa) Präsidiumssitzung

58 An der Präsidiumssitzung nehmen regelmäßig die vier Vollzeitmitglieder sowie der Ausschussvorsitzende teil.[160] Bei Beratungen über die Abwicklung eines Instituts oder einer Gruppe, die in nur einem teilnehmenden Mitgliedstaat niedergelassen ist, sollen auch der/die Vertreter der betreffenden nationalen Abwicklungsbehörde(n) durch Teilnahme in den Entscheidungsprozess einbezogen werden.[161] Während die mitgliedstaatlichen Ausschussmitglieder in den Präsidiumssitzungen wechseln können, stellen die ständigen Teilnehmer

---

[150] Art. 45 Abs. 6 SRM-Verordnung.
[151] Art. 45 Abs. 7 SRM-Verordnung.
[152] Vereinbarung zwischen dem Europäischen Parlament und dem Ausschuss für die einheitliche Abwicklung über die praktischen Modalitäten für die Ausübung der demokratischen Rechenschaftspflicht und die Kontrolle über die Wahrnehmung der dem Ausschuss für die einheitliche Abwicklung im Rahmen des einheitlichen Abwicklungsmechanismus übertragenen Aufgaben v. 16.12.2015, ABl. L 339/58.
[153] Art. 45 Abs. 8 S. 1 SRM-Verordnung.
[154] Art. 45 Abs. 8 S. 2, 3 SRM-Verordnung.
[155] Art. 45 Abs. 5 SRM-Verordnung.
[156] Art. 45 Abs. 6 SRM-Verordnung.
[157] Art. 49–52 SRM-Verordnung.
[158] Art. 53–55 SRM-Verordnung.
[159] *Wellerdt* S. 70.
[160] Art. 53 Abs. 1 UAbs. 1 SRM-Verordnung.
[161] Art. 53 Abs. 2 iVm Abs. 3 bzw. Abs. 4 (Gruppenabwicklung) SRM-Verordnung.

sicher, dass alle Entscheidungen in diesem Gremium entsprechend der allgemeinen Grundsätze[162] kohärent, sachgerecht und verhältnismäßig getroffen werden.

Zusätzlich zu EZB und Kommission, die als ständige Beobachter teilnehmen,[163] kann das SRB zu den Präsidiumssitzungen weitere Beobachter „einschließlich des Vertreters der EBA"[164] sowie im Falle von Gruppenabwicklung[165] die nationalen Abwicklungsbehörden nichtteilnehmender Mitgliedstaaten einladen. 59

Präsidiumssitzungen finden nicht turnusmäßig, sondern nach Bedarf statt,[166] womit das SRB über die notwendige Flexibilität verfügt, um *ad hoc* über die Abwicklung eines Instituts beraten zu können. Die Sitzungen werden in der Regel vom Vorsitzenden einberufen und geleitet.[167] Die Beschlüsse werden im Konsens der teilnehmenden Ausschussmitglieder gefasst; kann eine Übereinstimmung nicht erzielt werden, gilt die einfache Mehrheit.[168]

Gegenstände der Präsidiumssitzung sind die Vorbereitung der Plenarbeschlüsse des SRB[169] sowie die Annahme der in der SRM-Verordnung vorgesehenen Umsetzungsbeschlüsse[170]. Darüber hinaus trifft die Präsidiumssitzung die Beschlüsse über den Abwicklungsfonds als Teil II des Ausschusshaushalts.[171] In dringenden Fällen kann die Präsidiumssitzung bestimmte vorläufige Beschlüsse im Namen der Plenarsitzung treffen; die gilt insbesondere bei Verwaltungs- und Haushaltsfragen.[172] Insgesamt fällt das Gros der Entscheidungen daher im Exekutivmodus der Präsidiumssitzung.[173] 60

Nur auf den ersten Blick klingt das Aufgabenspektrum der Präsidiumssitzungen nach unspektakulären Vorarbeiten bei der Abwicklungsplanung; bei genauerem Hinsehen entpuppt es sich als eigentliche sachlich-inhaltliche Entscheidung(sgrundlage) der Abwicklung, die nur bei Überschreiten bestimmter Schwellenwerte an die Plenarsitzung zurückfällt.[174] Angesichts der institutsspezifischen Art der Informationen, die in den Abwicklungsplänen enthalten sind, soll prinzipiell die Präsidiumssitzung die Beschlüsse im Zusammenhang mit der Erstellung, der Bewertung und der Genehmigung der Abwicklungspläne vorbereiten und „in größtmöglichem Umfang" auch verabschieden.[175] Ergänzt wird diese Aufgabe durch die Festlegung der entsprechenden MREL-Anforderungen.[176] Schließlich ist die Präsidiumssitzung für die schnellstmögliche Übermittlung des Abwicklungskonzepts an die Kommission verantwortlich.[177] Die genannten Aufgaben zeigen deutlich, dass die Ausarbeitung der Abwicklungskonzepte sowie die Abwicklungsverfahren von der einheitlichen EU-Verwaltungspraxis[178] fachlich-administrativ dominiert werden, um sie gleichzeitig dem Zugriff mitgliedstaatlicher Partikularinteressen weitgehend zu entziehen. Unterstützt wird 61

---

[162] → Rn. 31 f.
[163] Art. 53 Abs. 1 UAbs. 3 iVm Art. 43 Abs. 3 SRM-Verordnung.
[164] Art. 53 Abs. 1 UAbs. 3 S. 1 SRM-Verordnung.
[165] Art. 53 Abs. 1 UAbs. 3 S. 2 SRM-Verordnung
[166] Art. 53 Abs. 1 S. 2 SRM-Verordnung.
[167] Art. 53 Abs. 1 UAbs. 2 SRM-Verordnung.
[168] Art. 55 Abs. 1, 2 SRM-Verordnung.
[169] Art. 54 Abs. 1 lit. a) SRM-Verordnung.
[170] Art. 54 Abs. 1 lit. b) SRM-Verordnung.
[171] Art. 54 Abs. 4 SRM-Verordnung.
[172] Art. 54 Abs. 3 SRM-Verordnung.
[173] *Wojcik/Ceyssens* EuZW 2014, 893 (895).
[174] Art. 50 Abs. 1 SRM-Verordnung.
[175] Erwägungsgrund (33) sowie Art. 54 Abs. 2 lit. a) SRM-Verordnung.
[176] Art. 54 Abs. 2 lit. c) SRM-Verordnung.
[177] Art. 54 Abs. 2 lit. d) SRM-Verordnung.
[178] Erwägungsgrund (19) SRM-Verordnung.

diese Position durch die Mitentscheidungsbefugnisse der EZB, die dieser als unionalisierte und damit nationalen Positionen *de iure* entzogene Aufsichtsinstitution in Bezug auf die „Einschätzung" der Ausfallwahrscheinlichkeit eines Unternehmens obliegt.[179]

bb) Plenarsitzung

62 An den Plenarsitzungen,[180] die mindestens zweimal jährlich sowie auf Veranlassung vom Ausschussvorsitzenden einberufen werden,[181] nehmen sämtliche Ausschussmitglieder, dh die fünf Vollzeitmitglieder sowie die 19 Vertreter der nationalen Abwicklungsbehörden teil. Ebenso wie bei Präsidiumssitzungen kann das SRB zusätzlich zu den ständigen Beobachtern (EZB, Kommission) zu den Präsidiumssitzungen weitere Beobachter, insb. einen EBA-Vertreter einladen.[182]

63 Angesichts der Größe des Plenums werden Beschlüsse dort nicht im Konsensverfahren, sondern regelmäßig mit einfacher Mehrheit der stimmberechtigten Mitglieder gefasst; bei Stimmengleichheit entscheidet die Stimme des Ausschussvorsitzenden.[183] Eine qualifizierte Mehrheit, die zusätzlich zur einfachen Mehrheit mindestens 30% der Fondsbeiträge repräsentieren muss, gilt für Beschlüsse über die Inanspruchnahme des SRF sowie über die gegenseitige Unterstützung nationaler Finanzierungsmechanismen.[184] Beschlüsse über die Erhebung von nachträglichen Beiträgen, über freiwillige Darlehen zwischen Finanzierungsmechanismen und über alternative Finanzierungsmöglichkeiten (Art. 71–74 SRM-Verordnung) sowie Beschlüsse über die gegenseitige Unterstützung der nationalen Finanzierungsmechanismen (Art. 78 SRM-Verordnung), die über die Inanspruchnahme der verfügbaren SRF-Finanzmittel hinausgehen, müssen hingegen mit Zweidrittelmehrheit unter Beteiligung von 30% der Fonds-Eigner gefasst werden. Während des Übergangszeitraums von acht Jahren bis zur vollständigen Zusammenlegung des Fonds beträgt diese Schwelle mindestens 50% der Beiträge.[185]

64 In Plenarsitzungen beschließt das SRB vor allem über Grundsatzangelegenheiten, die die Arbeitsweise des Ausschuss betreffen, beispielsweise das Jahresarbeitsprogramm sowie den jährlichen Tätigkeitsbericht,[186] den Haushalt sowie Finanzvorschriften des Ausschusses,[187] Personalfragen und Beschäftigungsbedingungen sowie interne Bestimmungen[188].

65 Besonderes Gewicht haben die Plenarbeschlüsse, die die **Inanspruchnahme des Fonds** oberhalb der Schwellenwerte, dh in betragsmäßig besonders hohem Umfang legitimieren.[189] Im Sinne eines einheitlichen Abwicklungskonzepts ist es essentiell, dass es bei Inanspruchnahme des SRF keinen Vorteil des zuerst Handelnden gibt und dass die Abflüsse aus dem Fonds überwacht werden.[190] Jedes Plenumsmitglied kann daher innerhalb einer eng gesetz-

---

[179] Art. 18 Abs. 1 lit. a) SRM-Verordnung.
[180] Art. 49–51 SRM-Verordnung.
[181] Art. 51 Abs. 2 SRM-Verordnung.
[182] Art. 51 Abs. 3 (EBA); für EZB und Kommission iVm Art. 43 Abs. 3 SRM-Verordnung.
[183] Art. 52 Abs. 1 SRM-Verordnung.
[184] Art. 52 Abs. 2 SRM-Verordnung.
[185] Art. 52 Abs. 3 SRM-Verordnung.
[186] Art. 50 Abs. 1 lit. a), g) SRM-Verordnung.
[187] Art. 50 Abs. 1 lit. b), h) SRM-Verordnung.
[188] Art. 50 Abs. 1 lit. k) (Geschäftsordnung), lit. j) (Bestimmungen zur Verhinderung und Bewältigung von Interessenskonflikten), lit. o) (Kooperation mit OLAF), lit. q) (Rahmen für praktische Vereinbarungen mit nationalen Abwicklungsbehörden) SRM-Verordnung.
[189] Art. 50 Abs. 1 lit. c) iVm Abs. 2 UAbs. 2 SRM-Verordnung.
[190] Erwägungsgrund (33) SRM-Verordnung.

ten Frist beantragen, dass im Plenum über eine Abwicklungsmaßnahme entschieden wird, die oberhalb der Schwelle von fünf Mrd. EUR liegt, wobei der Gewichtungsfaktor für die Liquiditätsunterstützung 0,5 beträgt, dh wenn eine Liquiditätsunterstützung mit keinem oder einem bedeutend geringeren Risiko als andere Formen der Unterstützung verbunden ist, insbesondere im Fall einer kurzfristigen, einmaligen Kreditverlängerung für solvente Institute gegen angemessene hochwertige Sicherheiten.[191]

Zudem soll in der Plenarsitzung die Anwendung der Abwicklungsinstrumente evaluiert werden, sobald die akkumulierte Nettoinanspruchnahme des Fonds in den vorangegangenen aufeinanderfolgenden zwölf Monaten die Schwelle von fünf Mrd. EUR pro Jahr erreicht hat.[192] Schließlich gibt das Plenum Leitlinien vor, die die Präsidiumssitzung bei nachfolgenden Abwicklungsbeschlüssen zu beachten hat; inhaltlich sollen diese die nicht diskriminierende Anwendung der Abwicklungsinstrumente sichern, einer Substanzverringerung des Fonds vorbeugen und zwischen Liquiditätshilfen und anderen Unterstützungsformen unterscheiden.[193]

66

c) Finanzvorschriften

Der Ausschuss verfügt über einen eigenen Haushalt, der nicht Teil des Haushalts der Union ist[194] und vom SRB selbst beschlossen[195] wird. Der Haushalt muss ausgeglichen sein[196] und darf sich nur aus den Zuweisungen und darüber hinaus nicht aus Haushaltmitteln der Mitgliedstaaten speisen.[197] Gleiches gilt auch für die Kosten der Abwicklungsmaßnahmen, die vollständig aus der Bankenabgabe zu finanzieren sind.[198] Entsprechend ist der Haushalt in zwei Teile geteilt, der einmal die Verwaltung des Ausschusses selbst wiedergibt (Teil I)[199] und zum anderen den Abwicklungsfonds betrifft (Teil II)[200].

67

Der Haushalt unterliegt einer zweifachen Kontrolle. Zum einen wird für die interne Kontrolle ein Rechnungsprüfer bestellt.[201] Zum anderen ist der vorläufige Jahresabschluss des Ausschuss als EU-Agentur in Einklang mit Art. 287 Abs. 1 S. 2 AEUV Gegenstand einer externen Rechnungsprüfung durch den Rechnungshof der Union.[202] Auf Grundlage der Bemerkungen des Rechnungshofs ist der endgültige Jahresabschluss zu erstellen, der von der Plenarsitzung des Ausschusses genehmigt werden muss[203] und anschließend dem EP, dem Rat, der Kommission und dem Rechnungshof vorzulegen ist.[204] Weitere Bemerkungen des Rechnungshofs sind vom Vorsitzenden zu beantworten.[205] Im Sinne größtmöglicher Transparenz ist der endgültige Jahresabschluss zudem im Amtsblatt der EU zu veröffentli-

68

---

[191] Erwägungsgrund (33) sowie Art. 50 Abs. 1 lit. c) SRM-Verordnung.
[192] Art. 50 Abs. 1 lit. d), 1. Satzteil SRM-Verordnung.
[193] Art. 50 Abs. 1 lit. d), 2. Satzteil SRM-Verordnung.
[194] Art. 58 Abs. 1 S. 1 SRM-Verordnung.
[195] Art. 61 SRM-Verordnung.
[196] Art. 58 Abs. 2 SRM-Verordnung.
[197] Art. 57 Abs. 2 iVm Art. 59 SRM-Verordnung.
[198] Art. 57 Abs. 2 iVm Art. 60 SRM-Verordnung.
[199] Art. 58 Abs. 3 iVm Art. 59 SRM-Verordnung.
[200] Art. 58 Abs. 3 iVm Art. 60 SRM-Verordnung.
[201] Art. 62 SRM-Verordnung.
[202] Art. 63 Abs. 2 UAbs. 1 SRM-Verordnung.
[203] Art. 63 Abs. 4 SRM-Verordnung.
[204] Art. 63 Abs. 5 SRM-Verordnung.
[205] Art. 63 Abs. 6 SRM-Verordnung.

chen.²⁰⁶ Dem Ausschussvorsitzenden, der für die Ausführung des Haushalts verantwortlich zeichnet,²⁰⁷ wird von der Plenarsitzung des Ausschusses schließlich die Entlastung erteilt.²⁰⁸ Zur Bekämpfung von Betrugs- oder Korruptionsdelikten oder sonstiger rechtswidriger Handlungen zum Nachteil der finanziellen Interessen der Union ist das Europäische Amt für Betrugsbekämpfung (OLAF) befugt, die notwendigen Untersuchungen durchzuführen.²⁰⁹

6. Überblick über Aufgaben und Befugnisse des SRM

a) Abwicklungsziel

69   Im öffentlichen Interesse verdrängt die SRM-Verordnung das reguläre Insolvenzverfahren des (mitgliedstaatlichen) Privatrechts.²¹⁰ Sie führt an Stelle dessen eine irreguläre Ordnung ein, die im Sinne ihrer Abwicklungsziele übergreifende, „ansteckende" Bankeninsolvenzen abfedert, „wilde Rettungen" vermeidet und die Inanspruchnahme öffentlicher Mittel minimiert.²¹¹ Die insgesamt fünf Abwicklungsziele kombinieren Aspekte der Finanzsystemstabilität mit dem Ein-/Anlegerschutz und statuieren daher Allgemeinwohlinteressen als Schwelle für den Eingriff in die Rechte von Anteilsinhabern und Gläubigern. Anhand der gleichrangigen Zielvorgaben ist im Ergebnis eine Abwägungsentscheidung²¹² zu treffen, ob eine Abwicklung unter dem Regime des SRM stattfinden soll.²¹³ Da das Vorliegen eines öffentlichen Interesses zwingende Voraussetzung für die Abwicklung ist und damit insoweit noch keine Abwägung stattfindet, kommt die eigentliche Abwägungsentscheidung erst in einem zweiten Schritt, konkret bei der Art der Abwicklung zum Tragen. Unter Berücksichtigung von Verhältnismäßigkeitserwägungen ermöglicht eine europäisierte Abwicklungsentscheidung indes in jedem Falle ein koordiniertes und frühzeitiges Eingreifen innerhalb der SRM-Teilnehmerstaaten, wobei die Verluste im Wege einer Haftungskaskade zu tragen sind.

b) Aufgaben und Befugnisse

70   Ohne der ausführlichen Darstellung der Abwicklungsinstrumente und -befugnisse vorzugreifen,²¹⁴ sollen Aufgaben und Befugnisse des SRB an dieser Stelle soweit skizziert werden, wie dies für das institutionelle und verfahrensmäßige Verständnis erforderlich ist. Insgesamt wagt der Unionsgesetzgeber mit dem Aufgabenspektrum, das dem SRB übertragen ist, einen Balanceakt. Im SRM soll einerseits eine relative Offenheit für instrumentelle Flexibilität bei der Bewältigung ungewisser Krisensituationen möglich sein, auf der anderen Seite erfordert die Harmonisierung einen hohen Grad an Verrechtlichung. Zu den drei großen **Aufgabenbereichen** des SRB zählen (1) die **Abwicklungsplanung**,²¹⁵

---

²⁰⁶ Art. 63 Abs. 7 SRM-Verordnung.
²⁰⁷ Art. 63 Abs. 1 SRM-Verordnung.
²⁰⁸ Art. 63 Abs. 8 SRM-Verordnung.
²⁰⁹ Art. 66 SRM-Verordnung.
²¹⁰ Art. 18 Abs. 5 SRM-Verordnung.
²¹¹ Art. 14 Abs. 2 lit. a) – c) SRM-Verordnung.
²¹² Art. 14 Abs. 1 SRM-Verordnung.
²¹³ Art. 18 Abs. 5 SRM-Verordnung.
²¹⁴ S. dazu → B.IV. Rn. 2 ff.
²¹⁵ Art. 8–12 SRM-Verordnung.

insbesondere die Erarbeitung von Abwicklungsplänen, (2) die **Frühintervention**[216] im Sinne einer Prüfung der Abwicklungsfähigkeit eines Instituts sowie (3) die eigentliche **Abwicklung**[217], dh die Vorbereitung und Durchführung des Abwicklungsbeschlusses.[218] Um die kohärente Anwendung der Abwicklungsstandards[219] sicherzustellen, sind die am SRM beteiligten nationalen wie europäischen Behörden zur Zusammenarbeit und zum Informationsaustausch verpflichtet.[220]

Um die genannten Aufgaben wahrzunehmen, verfügt das SRB über weitgehende **Untersuchungs- und Ermittlungsbefugnisse**,[221] die notfalls auch sanktionsbewährt eingesetzt werden können.[222] Insbesondere kann es nicht nur auf sämtliche Informationen der nationalen wie EU-Aufsichtsbehörden (EZB) zugreifen, sondern auch selbst direkt oder durch die nationalen Behörden alle notwendigen Nachforschungen anstellen und, nach gerichtlicher Genehmigung, Vor-Ort-Prüfungen[223] durchführen. Zudem verfügt das SRB über weitreichende Befugnisse, um Hindernisse für die Abwicklungsfähigkeit eines Instituts zu beseitigen, beispielsweise durch die Verpflichtung des Instituts, Vermögenswerte zu veräußern oder die organisatorische Komplexität so zu reduzieren, dass kritische von nichtkritischen Funktionen durch Abwicklungsinstrumente getrennt werden können.

c) Entscheidungsprozess im Abwicklungsverfahren

aa) Ausgangspunkt

Die Entscheidungsprozesse im SRM sind komplex und vielschichtig ausgestaltet. Das gilt besonders für das Abwicklungsverfahren, dessen zentrale Verfahrensnorm Gegenstand schwieriger politischer Verhandlungen war und in der Kompromisslösung des Art. 18 SRM-Verordnung festgezurrt wurde. Hintergrund der verflochtenen Entscheidungsstrukturen sind primärrechtliche Grenzen, die – zusammen mit der einschlägigen EuGH-Judikatur[224] – die Reichweite der Befugnisse limitieren, die auf Agenturen übertragbar sind und damit nicht von EU-Organen selbst wahrgenommen werden. Es ist offensichtlich, dass der Erarbeitung eines Abwicklungskonzepts ein weites Ermessen inhärent ist, das ohne Verstoß gegen die Anforderungen der *Meroni*-Rechtsprechung vom SRB allein nicht hätte wahrgenommen werden können.[225] Aus diesem Grund sieht die SRM-Verordnung die Einbeziehung von Kommission und Rat vor.[226] Während das Abwicklungskonzept *inhaltlich* vom SRB erarbeitet wird, wird es *formal* von den Unionsorganen Kommission und Rat erlassen. Dafür ist indes keine positive Entscheidung nötig. Vielmehr gilt ein Abwicklungskonzept

---

[216] Art. 13 SRM-Verordnung.
[217] Art. 14–29 SRM-Verordnung.
[218] Art. 7 Abs. 2 SRM-Verordnung.
[219] Art. 7 Abs. 4 SRM-Verordnung.
[220] Art. 30–33 SRM-Verordnung.
[221] Art. 34–37 SRM-Verordnung.
[222] Art. 38–41 SRM-Verordnung.
[223] Art. 36, 37 SRM-Verordnung.
[224] EuGH Rs. 9/56, *Meroni I*, ECLI:EU:C:1958:7; EuGH Rs. 10/56, *Meroni II*, ECLI:EU:C:1958:8; EuGH Rs. 98/80, *Romano/IMANI*, ECLI:EU:C:1981:104; EuGH Rs. C-270/12, *Vereinigtes Königreich/Parlament und Rat* (ESMA), ECLI:EU:C:2014:18. Vgl. ausführlich zur Befugnisdelegation *Manger-Nestler* ZEuS 2015, 315 (325 ff.).
[225] → Rn. 34 ff.
[226] *Wojcik/Ceyssens* EuZW 2014, 893 (896).

B. Abwicklung

des SRB als beschlossen, wenn weder der Rat noch die Kommission innerhalb von 24 Stunden nach seiner Übermittlung durch den Ausschuss Einwände erheben.

73   Das Abwicklungsverfahren stellt sich zudem als Kompromiss dar zwischen der mitgliedstaatlichen Forderung nach Einbindung in ratsähnliche Entscheidungsstrukturen und dem, teilweise vom EP vertretenen Postulat, die Kommission als Exekutivorgan stärker zu beteiligen.[227] Wenngleich der geltende Verordnungstext im Vergleich zu vorherigen Entwürfen deutlich vereinfacht wurde, bleiben die Strukturen kompliziert und umständlich. Indes sind Klarheit und Geschwindigkeit von Entscheidungsprozessen für das Management von Banken- und Finanzkrisen essentiell.[228] Insofern werden die (Abwicklungs-)Entscheidungen des SRB die Frage beantworten, ob die gefundene Lösung effektiv und praktikabel ist und an den internationalen Finanzmärkten als glaubwürdig akzeptiert wird.

74   Beim Abwicklungsverfahren ist prinzipiell zu unterscheiden zwischen der **direkten Zuständigkeit des Ausschusses** und der direkten Zuständigkeit der nationalen Abwicklungsbehörden,[229] in Deutschland der FMSA (→ B.I. Rn. 136 f.). Im Folgenden wird nur das Verfahren der direkten Beteiligung europäischer Organe und Einrichtungen dargestellt, sprich der Feststellung der Abwicklungsvoraussetzungen und des anzuwendenden Abwicklungskonzepts durch Ausschuss, Rat und Kommission gemeinsam.[230]

bb) Verfahrensschritte bei der Abwicklung

75   Als *lesson learned* aus der Finanzkrise sollen die verfahrensmäßigen Schritte gewährleisten, dass eine Bank über das Wochenende, also vom Zeitpunkt der Schließung der US-Märkte am Freitagabend bis zur Eröffnung der Märkte in Asien am Montagmorgen, abgewickelt werden kann. Dabei sind zwei Verfahrensabschnitte, die zeitlich und inhaltlich aufeinander aufbauen, institutionell zu trennen: Steht die Abwicklung einer Bank bevor, ist zunächst die Tragfähigkeit des Instituts zu beurteilen, bevor der eigentliche Beschluss über die Abwicklung getroffen werden kann (→ B. I. Rn. 116 ff.).

76   **(1) Abwicklungstrigger.** Das SRB wird tätig, sobald es entsprechende Hinweise seitens der zuständigen Aufsichtsbehörde(n) erhält; dies ist infolge der kongruenten Anwendungsbereiche von SRM und SSM in aller Regel die EZB, die für bedeutende Institute der Eurozone die direkte Aufsicht führt.[231] Gerät ein Institut, das dem Anwendungsbereich des SRM unterfällt, in Schieflage, fordert das SRB die EZB auf, die Tragfähigkeit des Instituts zu beurteilen. Da die EZB als zuständige Aufsichtsbehörde[232] über die notwendigen Daten und Informationen verfügt, ist es inhaltlich zweifelsohne sinnvoll, ihr die Bewertung der Ausfallwahrscheinlichkeit (*failing or likely to fail*) zu überlassen. Allerdings darf nicht verkannt werden, dass die EZB als Aufseher damit – bildlich gesprochen – auch den Schalter für die Abwicklung umlegen kann (Abwicklungstrigger). Welche Rückwirkungen aus dieser Befugnis für die sonstigen Aufgaben, allen voran die Geldpolitik, folgen, ist gesondert zu klären.[233] Um möglichen Aufsichtsversäumnissen bereits in dieser frühen Phase

---

[227] Deutsche Bundesbank Monatsbericht Juni 2014, 51.
[228] Zu diesbezüglichen Bedenken *Howarth/Quaglia* integration 2015, 44 (53 ff. u. 58 f.).
[229] Sofern eine Inanspruchnahme des SRF geplant ist, findet jedoch immer das Verfahren bei direkter Zuständigkeit des Ausschusses Anwendung. Voraussetzung hierfür ist, dass der Anwendungsbereich der SRM-Verordnung eröffnet ist (→ Rn. 25 ff. sowie → B.I. Rn. 38 ff.).
[230] Art. 18 Abs. 1, 6, 7 SRM-Verordnung.
[231] → Rn. 25 ff.
[232] Art. 4 der VO (EU) 1024/2013.
[233] Siehe dazu → Rn. 82 ff.

zu begegnen, kann die Präsidiumssitzung des SRB auch selbst die Entscheidung über die Tragfähigkeit treffen, wenn die EZB drei Tage nach Aufforderung durch das SRB keine Entscheidung mitgeteilt hat.[234] Die übrigen Voraussetzungen für eine Abwicklung, konkret das öffentliche Interesse sowie keine Abwendung des Ausfalls durch andere Maßnahmen, werden immer vom SRB selbst beurteilt.

Eine Abwicklungsmaßnahme ist als im öffentlichen Interesse liegend zu betrachten, wenn sie für das Erreichen eines oder mehrerer der genannten Abwicklungsziele (Art. 14 SRM-Verordnung) notwendig und mit Blick auf diese Ziele verhältnismäßig ist und wenn dies bei einer Liquidation des Unternehmens im Wege eines regulären Insolvenzverfahrens nicht im selben Umfang der Fall wäre.[235] Sind jedoch Kommission und Rat der Ansicht, dass das vom Ausschuss angenommene Abwicklungskonzept nicht das Kriterium des öffentlichen Interesses erfüllt, so kann der Rat auf Vorschlag der Kommission binnen 12 Stunden entsprechende Einwände geltend machen. In diesem Falle wird das jeweilige Unternehmen nach dem anwendbaren nationalen Recht geordnet liquidiert.[236] 77

(2) Beschluss über das Abwicklungskonzept. Im Fall der Entscheidung für eine Abwicklung entwickelt das SRB das Abwicklungskonzept.[237] Obwohl das SRB als EU-Agentur mit eigener Rechtspersönlichkeit errichtet wurde,[238] verfügt es nicht über die alleinige Entscheidungsbefugnis über die Abwicklung eines Instituts. Mit Blick auf den institutionelle Rahmen und das Organgefüge der Union hat der EuGH wiederholt betont (*Meroni*-, *ESMA*-Urteil), dass Ermessensentscheidungen nicht auf EU-Einrichtungen delegiert, sondern nur von primärrechtlich legitimierten Organen getroffen werden dürfen.[239] Diese Grundsätze erfordern, dass die eigentliche Entscheidung über die Abwicklung in einem komplexen institutionellen Zusammenspiel zwischen SRB, Kommission und Rat fällt.[240] Das Abwicklungskonzept tritt demnach nur dann in Kraft, wenn weder Rat noch Kommission binnen 24 Stunden Einwände erheben.[241] Im Falle von Einwänden muss das SRB das Abwicklungskonzept binnen acht Stunden anpassen.[242] 78

Wird über die Abwicklung eines Instituts im SRB entschieden, beschließt die Präsidiumssitzung im Regelfall im Konsens; ausnahmsweise ist die einfache Mehrheit ausreichend.[243] Ein von der Präsidiumssitzung verabschiedetes Abwicklungskonzept, das aufgrund der Inanspruchnahme des Fonds[244] der Zustimmung des Plenums bedarf, gilt als angenommen, wenn nicht mindestens ein Plenumsmitglied binnen einer 3-Stunden-Frist die Einberufung der Plenumssitzung verlangt, in der dann die Entscheidung über das Abwicklungskonzept getroffen wird. 79

Die Kommission kann bei Prüfung des Abwicklungskonzepts einwenden, dass der SRB seinen Ermessensspielraum missbraucht hat. Der Rat darf hingegen nur auf Vorschlag der Kommission, nicht aber auf eigene Initiative tätig werden. Er kann eine SRB-Entscheidung 80

---

[234] Art. 18 Abs. 1 UAbs. 2 S. 2 SRM-Verordnung.
[235] Art. 18 Abs. 5 SRM-Verordnung.
[236] Art. 18 Abs. 8 SRM-Verordnung.
[237] Art. 18 Abs. 6 SRM-Verordnung.
[238] → Rn. 34 ff.
[239] → Rn. 37.
[240] Darauf verweisen auch *Wojcik/Ceyssens* EuZW 2014, 893 (895).
[241] Art. 18 Abs. 7 UAbs. 5 SRM-Verordnung.
[242] Art. 18 Abs. 7 UAbs. 7 SRM-Verordnung.
[243] → Rn. 59.
[244] Nutzung des SRF in Höhe von mindestens 5 Mrd. EUR bzw. 10 Mrd. Liquiditätshilfe (→ Rn. 65).

zum einen bei fehlendem öffentlichen Interesse ablehnen; zum anderen kann er bei einer wesentlichen (> 5%) Abänderung der verwendeten Fondsmittel die Änderungsentscheidung der Kommission ablehnen oder ihr zustimmen; er beschließt in beiden Fällen mit einfacher Mehrheit.[245] Die Kommission muss aus Gründen der Wettbewerbsverzerrung ferner den Einsatz öffentlicher Beihilfen (Art. 107 AEUV) bzw. von SRF-Mitteln genehmigen,[246] weswegen ihr in diesem Zusammenhang eine Schlüsselposition zukommt. Durch den Genehmigungsvorbehalt der Kommission wahrt die SRM-Verordnung zum einen den Vorrang des Beihilfenrechts und zum anderen eine Gleichbehandlung zwischen teilnehmenden und nicht-teilnehmenden Mitgliedstaaten.[247]

81 Die Gesamtbetrachtung des Abwicklungsverfahrens im institutionellen Unionsgefüge macht deutlich, dass der Abwicklungsausschuss zwar die Grundentscheidung über die Abwicklung trifft. Letztlich besitzen Rat und Kommission aber einen maßgeblichen Einfluss, da sie aufgrund ihrer weitreichenden Vorbehaltsrechte im Abwicklungsverfahren[248] praktisch zu Vetospielern „in zweiter Reihe" werden. Da das Primärrecht auf absehbare Zeit höchstwahrscheinlich keine Rechtsgrundlage für eine echte EU-Abwicklungsbehörde mit effizienten eigenen Entscheidungsbefugnissen schaffen wird,[249] ist diese komplexe Gemengelage, die rechtsdogmatisch wenig befriedigend ist, die tägliche praktische Arbeitsgrundlage im SRM.

7. Rolle der EZB

82 Der EZB kommt innerhalb des SRM eine nicht zu unterschätzende Rolle zu, auch wenn ihr – im Gegensatz zum SSM – keine direkten Entscheidungsbefugnisse in Bezug auf Abwicklung oder Sanierung übertragen wurden. Der primärrechtliche Zuschnitt des Mandats der EZB würde derartige Beschlussfassungsbefugnisse *de lega lata* auch nicht decken. Dies gilt insbesondere für Art. 127 AEUV, der in Abs. 6 nur die Übertragung „besonderer Aufgaben im Zusammenhang mit der Aufsicht über die Kreditinstitute" vorsieht. Wenngleich weitreichende inhaltliche Überschneidungen zwischen Aufsicht und Abwicklung bzw. Sanierung von Instituten bestehen, sind diese Zuständigkeiten in ihrer organisatorisch-institutionellen Zuordnung klar voneinander zu trennen. Insofern bewegt sich die derzeitige Aufgabenvielfalt[250] der EZB im Dreieck zwischen Geldpolitik, Mikro- und Makroaufsicht bereits an der Grenze des primärrechtlich zulässigen Maßes. Bereits zu Beginn der Verhandlungen über den SRM stand außer Frage, dass Beschlüsse über Abwicklung und Sanierung nicht von der EZB selbst getroffen werden dürfen. Vielmehr kann die EZB nur dann unabhängige und an hohen europäischen Aufsichtsstandards orientierte Aufsichtsentscheidungen (einschließlich des Lizenzentzugs als *ultima ratio*) treffen, wenn sichergestellt ist, dass die finanziellen Folgen eines solchen Beschlusses europäisch aufgefangen werden und nicht die erneute Gefahr einer Staatsschuldenkrise für den betroffenen Mitgliedstaat bergen.[251]

---

[245] Art. 18 Abs. 7 UAbs. 4 iVm Art. 52 Abs. 1 SRM-Verordnung.
[246] Art. 19 SRM-Verordnung.
[247] *Wojcik/Ceyssens* EuZW 2014, 893 (896).
[248] Art. 18 Abs. 7 UAbs. 4 und Abs. 8 SRM-Verordnung.
[249] Vgl. dazu Deutsche Bundesbank Monatsbericht Juni 2014, 51.
[250] Dazu ausführlich *Manger-Nestler/Böttner* EuR 2014, 621 (628 ff.); ebenso *Kramer/Hinrichsen* JuS 2015, 673 (677 ff.).
[251] *Selmayr* in v. d. Groeben/Schwarze/Hatje AEUV Art. 127 Rn. 61.

Indes ist die EZB damit nicht – wie die Kommission – auf den bloßen Beobachterstatus 83
im SRB beschränkt,[252] sondern liefert aus ihrer Aufsichtstätigkeit im SSM wichtige Informationen zur Beurteilung von Instituten, die als Grundlage für Sanierung bzw. Abwicklung herangezogen werden. Dies gilt insbesondere für abwicklungsrechtliche Initialzündung, den Abwicklungstrigger, bei dem die EZB nach Aufforderung durch das SRB die Tragfähigkeit des Instituts (*failing or likely to fail*) zu beurteilen hat.[253] Nur bei Untätigkeit der EZB kann das SRB selbst eine Entscheidung treffen, die in diesem Falle die Beurteilung der EZB ersetzt. Mit der Beurteilung der Ausfallwahrscheinlichkeit eines Instituts liefert die EZB somit die maßgebliche Informationsgrundlage, aufgrund derer das SRB konkrete Abwicklungsbeschlüsse zu treffen hat.

Der EZB kommt daher eine Schlüsselstellung an der Schnittstelle zwischen Aufsicht 84
und Abwicklung zu,[254] die – positiv formuliert – von der Zentralbank ein Höchstmaß an mikroprudenziellem Sachverstand und makropudenzieller Weitsicht erfordern. Gleichzeitig dürfen die vom SRB angeforderten Beurteilungen keinerlei Aus- oder Rückwirkungen auf geldpolitische Entscheidungen haben, die die funktional unabhängige Zentralbank am vorrangigen Ziel der Preisstabilität auszurichten hat (Art. 127 Abs. 1 S. 1, Art. 130 AEUV). Auch wenn das Mandat der EZB rechtlich damit klar umrissen ist, steht die Zentralbank vor der praktischen Herausforderung, die unterschiedlichen Aufgaben, die ihr im Zuge der Finanz- und Staatsschuldenkrise schrittweise übertragen wurden, so zu erfüllen, dass die Pluralität der Zielvorgaben (Preisstabilität sowie mikro- wie makroprudenzielle Finanzsystemstabilität) nicht zum Ziel- und damit zum Interessenskonflikt mutiert.[255] Um dieser „Zerreißprobe" Stand zu halten, sind im Vorfeld klar abgegrenzte Organisationsstrukturen (notfalls im Sinne von *chinese walls*) notwendig; die mandatsgetreue Aufgabenerfüllung muss sodann durch regelmäßige und stetige Transparenz- sowie Rechenschaftspflichten gegenüber demokratisch legitimierten Organen von Union und Mitgliedstaaten kontrolliert werden.

8. Zusammenarbeit mit den nationalen Abwicklungsbehörden am Beispiel der FMSA

a) Grundsätze

In struktureller Parallelität zum SSM wird auch im Rahmen des Einheitlichen Abwick- 85
lungsmechanismus ein Verbund zwischen der supranationalen und der mitgliedstaatlichen Behördenebene geschaffen, bei dem grundsätzlich der Ausschuss als EU-Agentur für das wirkungsvolle und effektive Funktionieren des SRM verantwortlich ist.[256] Reicht eine Abwicklungsmaßnahme über den räumlichen Anwendungsbereich des SRM hinaus und betrifft niedergelassene Institute und Unternehmen in nicht-teilnehmenden Mitgliedstaaten oder Drittstaaten, so ist es der SRB, der im Verhältnis zu diesen Ländern die nationalen Abwicklungsbehörden der teilnehmenden Mitgliedstaaten vertritt.[257]

---

[252] → Rn. 39.
[253] → Rn. 76 f.
[254] *Howarth/Quaglia* integration 2015, 44 (57 ff.)
[255] Darauf hinweisend auch *Kramer/Hinrichsen* JuS 2015, 673 (679); *Selmayr* in v. d. Groeben/Schwarze/Hatje AEUV Art. 127 Rn. 62.
[256] Art. 7 Abs. 1 SRM-Verordnung; vgl. dazu *Zavvos/Kaltsouni* in Haentjens/Wessels S. 126 ff.
[257] Art. 32 Abs. 1 SRM-Verordnung.

86 Auch innerhalb des SRM erfolgt die Aufgabenverteilung zwischen dem Abwicklungsausschuss und den nationalen Abwicklungsbehörden der teilnehmenden Mitgliedstaaten in Anlehnung an den SSM: Für diejenigen Institute, die der Aufsicht des supranationalen Verbundes unterstehen, müssen denknotwendigerweise auch die einheitlichen Regeln des gemeinsamen Abwicklungsregimes gelten. Demnach ist der SRB verantwortlich, für die dem SRM unterfallenden Unternehmen die Abwicklungspläne zu erstellen und alle im Zusammenhang mit der Abwicklung zu treffenden Beschlüsse zu fassen. Die Beschlussfassungsbefugnis des SRB umfasst insbesondere auch die Abwicklungsbeschlüsse für bedeutende Unternehmen oder Gruppen, die direkt von der EZB beaufsichtigt werden, sowie für grenzüberschreitende Gruppen.[258] Die Umsetzung der SRB-Beschlüsse wird von den nationalen Abwicklungsbehörden durchgeführt und überwacht. Insbesondere obliegt es ihnen, nach Annahme des Abwicklungskonzepts durch den SRB gegenüber den Unternehmen die konkreten Maßnahmen zu treffen, um das Abwicklungskonzept anzuwenden. Dabei üben die nationalen Behörden ihre durch nationales, zur Umsetzung der sekundärrechtlichen Rechtsakte (BRRD) ergangenes Recht übertragenen Befugnisse aus.[259]

87 Allerdings nimmt das SRB seine Aufgaben nur in Bezug auf solche Institute und Unternehmen wahr, die direkt von der EZB beaufsichtigt werden; dies sind – vereinfacht gesprochen – die (etwa 130) bedeutenden Institute der Teilnehmerstaaten. Für das Gros der anderen unter die SRM-Verordnung fallenden Institute, dh für Unternehmen und Gruppen, die nicht bedeutend oder nicht grenzüberschreitend tätig sind, bleiben die nationalen Aufsichts- und Abwicklungsbehörden zuständig.[260] Das gilt insbesondere für die Abwicklungsplanung, die Bewertung der Abwicklungsfähigkeit, die Ausräumung von Hindernissen für die Abwicklungsfähigkeit, die Maßnahmen, die die Abwicklungsbehörden während einer Frühintervention ergreifen dürfen, sowie die eigentlichen Abwicklungsmaßnahmen.[261] Sofern die nationalen Abwicklungsbehörden allein über Abwicklungsfragen entscheiden dürfen, sind sie auf Rechtsakte beschränkt, die ohne Nutzung des SRF durchgeführt werden können, da der Einsatz von SRF-Mitteln nur auf Grundlage eines Abwicklungskonzept erfolgen kann, das zuvor vom SRB zu genehmigen ist.[262]

88 Beide Ebenen, sprich SRB und nationale Abwicklungsbehörden, sind zu enger Zusammenarbeit untereinander sowie mit allen anderen relevanten Akteuren der Abwicklung (Rat, Kommission, EZB) verpflichtet.[263] Bei der sekundärrechtlichen Ausgestaltung der Kooperationsbeziehungen zwischen dem Ausschuss und den nationalen Abwicklungsbehörden zeigt sich indes die Vorrangstellung des SRB im SRM. Im Interesse einer einheitlichen und wirksamen Zusammenarbeit gibt der Ausschuss Leitlinien heraus und richtet allgemeine Anweisungen an die nationalen Abwicklungsbehörden, nach denen sie Aufgaben ausführen und Abwicklungsbeschlüsse fassen.[264] Zudem kann er von den nationalen Abwicklungsbehörden Informationen über alle relevanten Tätigkeiten abfordern.[265] Seine Untersuchungs- und Ermittlungsbefugnisse[266] kann der SRB auch ohne die nationalen

---

[258] Erwägungsgrund (28) sowie Art. 7 Abs. 2 SRM-Verordnung; vgl. zur Gruppenaufsicht → B.I. Rn. 49 ff.; zur Gruppenabicklung → B.III. Rn. 1 ff.
[259] *Wojcik/Ceyssens* EuZW 2014, 893 (896 f.).
[260] Art. 7 Abs. 3 SRM-Verordnung.
[261] Erwägungsgrund (28) sowie Art. 7 Abs. 3 SRM-Verordnung.
[262] Art. 7 Abs. 3 UAbs. 2 SRM-Verordnung.
[263] Art. 30 Abs. 2 SRM-Verordnung.
[264] Art. 31 Abs. 1 UAbs. 2 lit. a SRM-Verordnung.
[265] Art. 31 Abs. 1 UAbs. 2 lit. c, d, UAbs. 3 SRM-Verordnung.
[266] → Rn. 70 f.

Abwicklungsbehörden wahrnehmen.[267] Die nationalen Behörden sind insoweit jedoch zur Amtshilfe verpflichtet.[268] Diese Obliegenheit widerspricht dabei nicht der in Art. 47 Abs. 1 der VO niedergelegten umfassenden Unabhängigkeit der nationalen Abwicklungsbehörden, da dieser Autonomiemaßstab systematisch im Zusammenhang mit der dem Verbund inhärenten Kooperation auszulegen ist. Wie bereits für die EBA gilt auch für das SRB, dass in den Fällen, in denen die einschlägigen Rechtsvorschriften der Union den zuständigen Behörden der Mitgliedstaaten ein eigenes Ermessen einräumen, die Beschlüsse des Ausschusses die Ausübung dieses Ermessens im Einklang mit dem Unionsrecht nicht ersetzen können.[269]

In Deutschland handelt die Bundesanstalt für Finanzmarktstabilisierung (FMSA)[270] seit Januar 2015 (auch) als Abwicklungsbehörde. Sie wurde 2008 gegründet und hat ihren Sitz in Frankfurt/M. Ihre Rolle als wichtiger Pfeiler der deutschen Finanzarchitektur wird an ihrem Aufgabenumfang deutlich. Neben der Gewährung von Stabilisierungsmaßnahmen aus dem Finanzmarktstabilisierungsfonds (SoFFin) ist die FMSA für die Erhebung der Bankenabgabe in Deutschland für den SRF zuständig und übt ua die Rechtsaufsicht über die unter ihrem Dach errichteten Abwicklungsanstalten aus. Darüber hinaus werden von ihr Brückeninstitute vorgehalten und verschiedene Beteiligungen an Kreditinstituten verwaltet.

89

b) Rolle der nationalen Parlamente

Um die Arbeit des ansonsten unabhängig agierenden[271] Abwicklungsausschusses demokratisch rückzubinden, ist neben dem EP als direkt demokratisch legitimiertem EU-Organ auch den gewählten Volksvertretungen der teilnehmenden Mitgliedstaaten eine Rolle zugewiesen. Die fehlende Input-Legitimation, die durch die Unabhängigkeit des Ausschusses induziert ist, wird durch die mit Transparenz- und Rechenschaftspflichten verbundenen Kontrollmechanismen zumindest teilweise kompensiert. Da die Tätigkeit des SRB erhebliche Auswirkungen auf „die öffentlichen Finanzen, die Institute, deren Kunden und Angestellte sowie auf die Märkte in den teilnehmenden Mitgliedstaaten" haben kann,[272] sind die genannten Elemente einer verstärkten Output-Legitimation unumgänglich, um – wenn auch national wie unional unterschiedlichen – Demokratiemaßstäben im Ansatz gerecht zu werden.[273]

90

Dementsprechend ist der jährliche Rechenschaftsbericht, den der Ausschuss dem EP, dem Rat, der Kommission und dem Rechnungshof vorzulegen hat,[274] zugleich den Parlamenten der teilnehmenden Mitgliedstaaten zu übermitteln. Jedes nationale Parlament hat die Möglichkeit, in Form einer begründeten Stellungnahme darauf zu reagieren; darin aufgeworfene Fragen und Bemerkungen sind vom Ausschuss (mündlich oder schriftlich) zu beantworten.[275] Abseits des jährlichen Rechenschaftsberichts kann ein nationales Parlament jederzeit Bemerkungen oder Fragen zu den Aufgaben des Ausschusses an selbigen

91

---

[267] Art. 31 Abs. 1 UAbs. 2 lit. b SRM-Verordnung.
[268] Art. 35 Abs. 2 UAbs. 2 und Art. 36 Abs. 5 SRM-Verordnung.
[269] Erwägungsgrund (18) SRM-Verordnung.
[270] S. die Website der Einrichtung www.fmsa.de.
[271] → Rn. 49 ff.
[272] Erwägungsgrund (43) SRM-Verordnung.
[273] Ausführlich zu den Anforderungen an input-/output-Legitimation von EU-Agenturen vgl. *Manger-Nestler* ZEuS 2015, 315 (333 ff.).
[274] → Rn. 46.
[275] Art. 46 Abs. 2 iVm Art. 45 Abs. 2 SRM-Verordnung.

B. Abwicklung

richten, auf die der SRB schriftlich zu antworten hat.[276] Neben dem Fragerecht steht den Parlamenten der Mitgliedstaaten ein Zitationsrecht gegenüber dem Ausschussvorsitzenden zu, um gemeinsam mit ihm und einem Vertreter der nationalen Abwicklungsbehörde in einen „Gedankenaustausch" über die Abwicklung eines inländischen, der Verordnung unterfallenden Unternehmens zu treten.[277]

92 Die in der Verordnung vorgesehenen Verfahren in Bezug auf das Verhältnis der supranationalen (Abwicklungsausschuss) zur mitgliedstaatlichen Ebene (nationale Parlamente) präjudiziert dabei in keiner Weise die innerstaatlichen Rechenschaftsobliegenheiten der nationalen Abwicklungsbehörden, insoweit diese innerhalb ihrer verbleibenden oder durch die Verordnung zugewiesenen Aufgaben[278] agieren.[279]

9. Kooperation mit dem ESFS, insbesondere EBA und ESRB, sowie dem ESM

a) Zusammenarbeit mit der EBA

93 Infolge der Parallelität der Aufsicht im SSM und der Abwicklung im Rahmen des SRM ist die Zusammenarbeit mit dem ESFS von großer Bedeutung,[280] um Kohärenz der Maßnahmen zu gewährleisten. Besondere Bedeutung kommt dabei dem Verhältnis der EBA zum SRM zu. Aufsicht und Abwicklung sind quasi zwei Seiten einer Medaille, deren Anwendung auf der gleichen Ebene von wechselseitigen Abhängigkeiten gekennzeichnet ist.[281] Da SSM und SRM zugleich dem Ziel der Schaffung eines Binnenmarktes für Finanzdienstleistungen dienen, darf die Übertragung von Abwicklungsaufgaben, einschließlich der Übertragung der Befugnis zum Erlass delegierter Rechtsakte durch die Kommission, umgekehrt das Funktionieren des Binnenmarktes für Finanzdienstleistungen keinesfalls behindern. Die EBA muss deshalb ihre Rolle behalten und weiterhin ihre bestehenden Befugnisse und Aufgaben wahrnehmen. Dazu zählt insbesondere, dass die EBA die kohärente Anwendung der für alle Mitgliedstaaten geltenden Rechtsvorschriften der Union weiterentwickelt und somit auch für eine stärkere Konvergenz der Abwicklungsverfahren in der Union als Ganzes sorgt.[282]

94 Zur Sicherstellung der Kohärenz der Abwicklungsmaßnahmen mit den Befugnissen der EBA wurden die nationalen Abwicklungsbehörden und der SRB durch die VO 806/2014 den „zuständigen Behörden" im Sinne der EBA-VO 1093/2010 gleichgestellt, wenn sie Abwicklungsmaßnahmen[283] ergreifen; sie dürfen dabei allerdings keine Ermessensspielräume wahrnehmen oder politische Entscheidungen treffen.[284] In diesem Sinne unterliegt der Ausschuss den von der EBA vorgeschlagenen und von der Kommission erlassenen verbindlichen technischen Regulierungs- und Durchführungsstandards[285] sowie allen von der EBA herausgegebenen Leitlinien und Empfehlungen.[286] Sofern dies in der Richtlinie 2014/59/

---

[276] Art. 46 Abs. 1 SRM-Verordnung.
[277] Art. 46 Abs. 3 SRM-Verordnung.
[278] Vgl. Art. 7 Abs. 3 SRM-Verordnung.
[279] Art. 46 Abs. 4 SRM-Verordnung.
[280] Vgl. Erwägungsgründe (35) und (89) SRM-Verordnung.
[281] Vgl. Erwägungsgrund (11) SRM-Verordnung.
[282] Erwägungsgrund (24) SRM-Verordnung.
[283] Art. 16 SRM-Verordnung.
[284] Art. 4 Abs. 2 Nr. iv der VO 1093/2010 idF der VO 806/2014.
[285] Gemäß Art. 10–15 der VO 1093/2010.
[286] Gemäß Art. 16 der VO 1093/2010.

EU vorgesehen ist, nehmen die zuständigen Behörden mit Blick auf Abwicklungs- und Sanierungsmaßnahmen am Streitbeilegungsverfahren der EBA[287] teil.[288]

Eine solche Gleichstellung des Ausschusses steht im Einklang mit den der EBA zugewiesenen Aufgaben, dazu beizutragen, dass Sanierungs- und Abwicklungspläne aufgestellt und aufeinander abgestimmt werden, sich aktiv an deren Umsetzung zu beteiligen sowie die Abwicklung von insolvenzbedrohten Unternehmen und insbesondere von grenzüberschreitenden Gruppen zu erleichtern.[289] Zur Verzahnung von Aufsicht und Abwicklung im Sinne einer konsistenten Vorgehensweise wurde bei der EBA ein permanenter interner Abwicklungsausschuss (*Resolution Committee*) eingerichtet, der die Beschlüsse der EBA sowie die Entwürfe technischer Regulierungsstandards und Durchführungsstandards für die spezifischen Abwicklungsaufgaben vorbereitet.[290] Der Ausschuss setzt sich aus den zuständigen nationalen Abwicklungsbehörden aller Mitgliedstaaten zusammen;[291] der SRB ist mit einem Vertreter beteiligt, dem jedoch nur ein Teilnahme-, jedoch kein Stimmrecht zugebilligt ist.[292] Um eine Vermengung von Interessen zu vermeiden und ähnlich der Trennung der geldpolitischen von den Aufsichtsaufgaben der EZB im Rahmen des SSM, soll der EBA-Abwicklungsausschuss von den anderen Aufgabenbereichen der EBA organisatorisch separiert arbeiten.[293]

b) Verhältnis zum ESRB

Geplante Abwicklungsmaßnahmen müssen immer auch die gesamtökonomischen und makroprudenziellen Auswirkungen in den Blick nehmen.

Bei der Festlegung der zu ergreifenden Sanierungs- und Abwicklungsmaßnahmen sollen der SRB sowie die nationalen Abwicklungsbehörden den Warnungen und Empfehlungen des ESRB Rechnung tragen.[294] Konkret bedeutet dies, dass bei der Bewertung der Abwicklungsfähigkeit von Unternehmen oder Gruppen unter anderem auf die potenziellen erheblichen negativen Auswirkungen auf das Finanzsystem und die Bedrohung für die Finanzstabilität durch die geplante Abwicklung abzustellen ist.[295] Darunter zu verstehen sind Situationen, in denen das Finanzsystem tatsächlich oder potenziell der Gefahr einer Störung ausgesetzt ist, welche zu einer Finanzkrise führen kann, die wiederum das ordnungsgemäße Funktionieren, die Effizienz und die Integrität des Binnenmarktes oder der Wirtschaft bzw. des Finanzsystems eines oder mehrerer Mitgliedstaaten gefährden könnte. Bei der Feststellung der erheblichen negativen Auswirkungen berücksichtigt der SRB die entsprechenden Warnungen und Empfehlungen des ESRB und die einschlägigen von der EBA aufgestellten Kriterien, die bei der Ermittlung und Messung des Systemrisikos anzulegen sind.[296] Sollte der Ausschuss unter diesen Gesichtspunkten zu der Einschätzung gelangen, dass ein Unternehmen oder eine Gruppe nicht abwicklungsfähig ist, so hat er darüber wiederum die EBA zu informieren,[297] sodass ggf. weitere aufsichtsrechtliche Maßnahmen, etwa mit Blick auf

---

[287] Gemäß Art. 19 der VO 1093/2010.
[288] Art. 5 Abs. 2 UAbs. 2 SRM-Verordnung.
[289] Art. 25 der VO 1093/2010 sowie Erwägungsgrund (118) SRM-Verordnung.
[290] Art. 127 RL 2014/59.
[291] Art. 127 Abs. 1 S. 3 iVm Art. 3 RL 2014/59.
[292] Art. 30 Abs. 5 SRM-Verordnung.
[293] Art. 127 Abs. 3 RL 2014/59.
[294] Erwägungsgrund (46) SRM-Verordnung.
[295] Art. 10 Abs. 3 UAbs. 1 und Abs. 4 UAbs. 1 SRM-Verordnung.
[296] Art. 10 Abs. 5 SRM-Verordnung.
[297] Art. 10 Abs. 3 UAbs. 2 und Abs. 4 UAbs. 2 SRM-Verordnung.

die Beseitigung der fehlenden Abwicklungsfähigkeit, getroffen werden können. Auch wenn mit den genannten rechtlichen Kriterien zukünftige Krisensituationen nicht vollkommen auszuschließen sind, dienen die geschaffenen Konsultationsprozesse zwischen den mit hoher Sachkunde ausgestatteten Institutionen und Gremien, konkret ESRB, EBA, SSM und SRM, zweifelsohne dazu, bei drohenden Gefahren für die Finanzstabilität in Europa einer abgestimmten Vorgehensweise in den Schranken des Rechts den Weg zu ebnen und somit unkontrollierte Alleingänge auf europäischer wie nationaler Ebene zu verhindern.

c) Direkte Rekapitalisierung von Banken durch den ESM

98   Eine insbesondere politisch nicht unproblematische Verbindung zwischen den Banken und den Mitgliedstaaten bestand bisher insoweit, als Banken nur durch nationale Hilfszahlungen gestützt werden konnten. Finanzmittel des ESM konnten dafür nicht direkt in Anspruch genommen werden. Nach Art. 15 des ESM-Vertrages[298] waren aber Finanzhilfen an einen Mitgliedstaat zum Zwecke der Bankenrekapitalisierung möglich. Diese Hilfen wurden jedoch formal dem Mitgliedstaat zur Verfügung gestellt und trugen so zur Erhöhung seiner Schuldenlast bei. Beispielsweise beanspruchte Spanien auf diesem Wege in den Jahren 2012 und 2013 rd. 41,3 Mrd. Euro, die dem *Fondo de Restructuración Ordenado Bancaria* (FROB), dem Rekapitalisierungsfonds der spanischen Regierung, zur Verfügung gestellt worden sind.

99   Am 8. Dezember 2014 nahm der Gouverneursrat des ESM im Anschluss an die Ratifikation durch die Mitgliedstaaten eine Entscheidung zum Instrument der direkten Bankenrekapitalisierung an.[299] Somit ist es nunmehr möglich, dass sich der ESM an der Stützung notleidender Banken im Euro-Raum direkt beteiligt. Gleichwohl können die Finanzhilfen nicht von dem betroffenen Institut direkt beantragt werden. Antragsberechtigt ist allein der Mitgliedstaat, in dem das Institut seinen Sitz hat. Möglich ist dies jedoch nur als *ultima ratio* nachdem die privaten Gläubiger und Investoren (nach BRRD) und der SRF an der Finanzierung beteiligt sind. Um die Kreditwürdigkeit des ESM insgesamt zu schonen, stehen mit dem neuen Instrument rd. 60 Mrd. EUR Kapital zur Verfügung. Wie auch bei der Gewährung von Finanzhilfen an einen Mitgliedstaat wird ein *Memorandum of Understanding* (MoU) unterzeichnet. Der ESM soll in aller Regel für die Zeit der finanziellen Unterstützung Anteilseigner am Hilfe suchenden Institut werden und somit auch Einflussnahmemöglichkeiten auf die *Governance* und das Geschäftsmodell der notleidenden Bank erhalten.

---

[298] S. zur Rechtsgrundlage → Rn. 13.
[299] ESM, Guideline on Financial Assistance for the Direct Recapitalisation of Institutions v. 8.12.2014.

III. Abwicklungsvoraussetzungen, Abwicklungsplanung und -fähigkeit, inklusive Gruppenabwicklung und MREL

Übersicht

	Rn.
1. Einleitung	1
2. Europäische Vorgaben	10
a) Anwendungsbereich der BRRD	14
b) Regelungen der BRRD	18
aa) Abwicklungsplanung nach der BRRD	20
bb) Abwicklung nach der BRRD	25
3. Abwicklung nach der SRM-Verordnung/nach dem SAG	39
a) Abwicklungsplanung	41
b) Abwicklungsfähigkeit	43
c) Abwicklungsziele und -voraussetzungen	44
d) Bail-in als Abwicklungsinstrument	55
4. Minimum Required Own Funds and Eligible Liabilities	65

Schrifttum: *Adrian, Tobias/Brunnermeier, Markus*, CoVar, in Staff report 34 (Revised) Federal Reserve Bank of New York 2008; *Attinger, Barbara*, Crisis Management and Bank Resolution – Quo Vadis Europe?, European Central Bank Working Paper, No. 13, Dezember 2011; *Babis, Valia*, Bank Recovery and Resolution: What about Shareholder Rights?, University of Cambridge, Faculty of Law Working Paper, No. 23, September 2012; *Beck, Heinz/Samm, Carl-Theodor/Kokemoor, Axel*; Kreditwesengesetz mit CRR, Kommentar mit Materialien und ergänzenden Vorschriften, Loseblattsammlung, Stand: Oktober 2015; *Berg, Sigbjorn Alte*, Systemic surcharges and measures of systemic importance, in: Journal of Financial Regulation and Compliance 2011; *Binder, Jens-Hinrich*, Bankeninsolvenzen im Spannungsfeld zwischen Bankaufsichts- und Insolvenzrecht: Regelungsziele, Anwendungsprobleme und Reformansätze, dargestellt am Beispiel des deutschen und englischen Rechts, Duncker & Humblot 2005; *Brandi, Tim/Giesler, Konrad*, Banking Resolution und Bail-in – gesetzliche, europäische Vorgaben, in Zeitschrift für das gesamte Kreditwesen, H. 18, 2013, (2013); *Brunnermeier, Markus/Crockett, Andrew/Goodhart, Charles/Persaud, Avanish/Shin, Hyun Song*, The Fundamental Principles of Financial Regulation, in Geneva Reports on the World Economy 11/2009; *Dombret, Andreas*, Die aktuelle Finanzkrise – Ursachen, Folgen und Herausforderungen, in Pfingsten (Hrsg.), Ursachen und Konsequenzen der Finanzkrise, Münsteraner Bankentage 2009, Wiesbaden 2012; *Engelbach, Sascha/Friedrich, Till*, Die Umsetzung der BRRD in Deutschland, WM 2015, 662; *Feil, Erich*, Insolvenzordnung – Praxiskommentar, 7. Aufl., Wien 2010; Financial Stability Board, Guidance to assess the systemic importance of financial institutions, markets and instruments: initial considerations, 2009; *Fletzberger, Bernd*, Richtlinienvorschlag der Kommission zum Krisenmanagement von Kreditinstituten – eine erste Analyse der Präventions- und Sanierungsmaßnahmen, in ZFR, H. 7, 2012; *Franke, Günter/Krahnen, Jan Pieter*, Marktkräfte und Finanzstabilität: Desiderata und Anreizwirkungen eines institutionellen Rahmens für Bankenrestrukturierung, in Zeitschrift für Bankrecht und Bankwirtschaft 2012; *Garcia, Gillian/Lastra, Rosa/Nieto, Maria*, Bankruptcy and Reorganisation Procedures for Cross-border Banks in the EU: Towards an Integrated Approach to the Reform of the EU Safety Net, in Mimeo 2008; *Hadjiemmanuil*, Bank Resolution Policy and the Organisation of Bank Insolvency Proceedings: Critical Dilemmas, in Mayes/Liuksila (Hg.), Who Pays for Bank Insolvency?, Palgrave-Macmillan, 2003; *Grieser, Simon/Heemann, Manfred*, Europäisches Bankaufsichtsrecht, Frankfurt School Verlag 2016; *Hirte, Heribert/Heinrich, Tobias*, § 73 Bankenrechtskoordinierung und -integration, in Derleder, Peter/Knops, Kai-Oliver/Bamberg, Heinz Georg (Hg.), Handbuch zum deutschen und europäischen Bankrecht, Springer-Verlag Heidelberg 2009, 2. Auflage; *Holland, John*, Banks, knowledge and crisis: a case of knowledge and learning failure, in Journal of Financial Regulation and Compliance 2010; *Hopt, Klaus/Kumpan, Christoph/Steffek, Felix*, Preventing bank insolvencies in the financial crisis: the German Financial Market Stabilisation Acts, in European Business Organization Law Review 2009; *Hüpkes, Eva*, Form Follows Function – A New Architecture for Regulating and Resolving Global Financial Institutions, in European Business Organization Law Review 10/2009; *Klaus/Schäffer*, Implizite Staatsgarantien verschärfen die Probleme – Trennbankensystem allein ist keine Lösung, in DIW Wochenbericht, Nr. 18, 2013; *Kokkoris, Ioannis/Olivares-Caminal, Rodrigo* (Hg.), Antitrust Law amidst Financial Crises, Cambridge University Press 2012; *Mayes, David*, Resolution Methods for Cross-Border Banks in the Present Crisis, in LaBrosse, John Raymond/Olivares-Caminal, Rodrigo/Singh, Dalvinder (Hg.), Financial Crisis Management and Bank Resolution, Informa Law 2009; *Mersch*, Neueste politische Entscheidungen zur Bankenunion und ihre Auswirkungen auf die EZB als Aufsichtsbehörde, in ÖBA – Zeitschrift für das gesamte Bank- und Börsewesen, H. 10, 2013; *Müller*, Reorganisation systemrelevanter Banken, in KTS – Zeitschrift für Insolvenzrecht, H. 1, 2011; *Poelzig, Dörte*, Anreize und Desiderate der Bankenrestrukturierung aus einer juristischen Perspektive, in Zeitschrift für Bankrecht und Bankwirtschaft 2012; *Reisenhofer, Barbara/Galostian Fard, Jasmin/Habliczek, Gerald*, Sanierung und Abwicklung von Banken – BaSAG, finanzverlag, 2015; *Schillig*, Bank Resolution Regimes in Europe II – Resolution Tools and Powers, Working Paper, August 2012; *Schiltknecht*, Die neue Bankeninsolvenzverordnung – FINMA, Ein wichtiges Element zur effektiven Sanierung und zum geordneten Marktaustritt von Banken, Oktober 2012; *Singh, Dalvinder/LaBrosse, John Raymond*, Developing a Framework for Effective Financial Crisis Management, in OECD Journal 2011; *Steck, Andreas/Petrowsky, Janis*; Neue Voraussetzungen für die Abwicklung von Banken, DB 2015, 1391; *Tomsic*, The Emerging EU Framework for Bank Recovery and Resolution, in Corporate Rescue and Insolvency, April 2011; *Véron*, A realistic bridge towards European banking union, in Bruegel Policy Contribution, Issue 2013/09; *Véron/Wolff*, From supervision to resolution: Next Steps on the road to European banking union, in Bruegel Policy Contribution, Issue 2013/04

1. Einleitung

1   In diesem Beitrag sollen die Themenkomplexe der Abwicklungsvoraussetzungen, der Abwicklungsplanung und -fähigkeit einschließlich der Gruppenabwicklung und der Anforderungen der Minimum Requirement for Eligible Liabilities („**MREL**") und im Zusammenhang stehende Einzelfragen behandelt werden.[1]

2   In jüngster Zeit wurden in diesem Bereich verschiedene bedeutende Neuerungen gesetzlicher Regelungen vorgenommen, auf die in diesem Beitrag umfassend eingegangen werden wird.

3   Hervorzuheben sind an dieser Stelle die folgenden Neuregelungen und Änderungen:
Zum einen wurde am 10. Dezember 2014 das BRRD-Umsetzungsgesetz („BRRD-UmsG")[2] ausgefertigt, das primär der Umsetzung der Richtlinie 2014/59/EU (Bank Resolution and Recovery Directive – „BRRD") dient. Durch die BRRD sollten europaweite Mindeststandards für den Umgang mit bestandsgefährdeten Kreditinstituten geschaffen werden. Der deutsche Gesetzgeber hat die wesentlichen materiellen Vorgaben der BRRD im Sanierungs- und Abwicklungsgesetz („SAG"), umgesetzt. Die §§ 47 ff. KWG aF, in denen bislang die Sanierung und Abwicklung von potentiell systemgefährdeten Instituten geregelt war, wurden aufgehoben.

---

[1] Der Autor dankt Herrn Dr. Anselm Reinertshofer für seine Mithilfe für diesen Beitrag.
[2] Gesetz zur Umsetzung der Richtlinie 2014/59/EU des Europäischen Parlaments und des Rates vom 15.5.2014 zur Festlegung eines Rahmens für die Sanierung und Abwicklung von Kreditinstituten und Wertpapierfirmen und zur Änderung der Richtlinie 82/891/EWG des Rates, der Richtlinien 2001/24/EG, 2002/47/EG, 2004/25/EG, 2005/56/EG, 2007/36/EG, 2011/35/EU, 2012/30/EU und 2013/36/EU sowie der Verordnungen (EU) Nr. 1093/2010 und (EU) Nr. 648/2012 des Europäischen Parlaments und des Rates (BRRD-Umsetzungsgesetz) vom 10. Dezember 2014, BGBl. I, S. 2091.

III. Abwicklungsvoraussetzungen, Abwicklungsplanung und -fähigkeit, inklusive Gruppenabwicklung und MREL

Weiterhin hat der europäische Gesetzgeber hat die Regelungen der BRRD durch die für den Euroraum gültige Verordnung (EU) Nr. 806/2014 (Single Resolution Mechanism – im Folgenden „**SRM-Verordnung**") konkretisiert. Deren endgültige Fassung wurde am 30. Juli 2014 in das Amtsblatt der Europäischen Union aufgenommen und ist seit 1. Januar 2016 vollständig in Kraft.[3] Das vorrangige Ziel der SRM-Verordnung ist die Schaffung einheitlicher Abwicklungsvoraussetzungen für den gesamten Euroraum. Zudem werden die Entscheidungen über Abwicklungsmaßnahmen und die Abwicklungsfinanzierung durch den einheitlichen Abwicklungsausschuss (Single Resolution Board – „SRB") und den einheitlichen Abwicklungsfonds (Single Resolution Fund – „SRF") zentralisiert.[4] 4

Die BRRD (konkretisiert durch die SRM-Verordnung) stellt neben dem einheitlichen Aufsichtsmechanismus (Verordnung (EU) Nr. 1024/2013, Single Supervisory Mechanism- „SSM-Verordnung") und der Harmonisierung der Einlagensicherung (Richtlinie 2014/49/EU, Deposit Guarantee Schemes Directive – „DGSD") eine Säule der europäischen Bankenunion dar. 5

Zuletzt wurde am 5. November 2015 das Abwicklungsmechanismusgesetz („**AbwMechG**")[5] verkündet, das in weiten Teilen am 6. November 2015 in Kraft trat. Das AbwMechG dient insbesondere der Anpassung an die SRM-Verordnung und sieht mehrere wesentliche Änderungen des SAG vor. Hervorzuheben ist dabei insbesondere die Klarstellung zum Verhältnis der SRM-Verordnung und des SAG in § 1 SAG (neu). 6

Die BRRD ist als Nukleus der Abwicklungsregelungen im Folgenden zunächst im Überblick zu erörtern, um den Gesamtkontext darzustellen. 7

Im darauffolgenden Abschnitt wird ein Hauptaugenmerk auf den insofern konkretisierenden Regelungen der SRM-Verordnung liegen, wobei parallel auch auf die Regelungen des SAG eingegangen werden wird. Dabei ist zunächst das Verhältnis zwischen den Regelungen der unmittelbar geltenden SRM-Verordnung und dem SAG zu erläutern. 8

In den jeweiligen Abschnitten werden auch die Vorschriften und Besonderheiten hinsichtlich einer Gruppenabwicklung und die Regelungen zu zusätzlichen Kapitalanforderungen der MREL behandelt werden. 9

2. Europäische Vorgaben

Die Finanzkrise hat deutlich gemacht, dass es auf Ebene der Europäischen Union keine eindeutigen und angemessenen Instrumentarien gab, um Insolvenzen systemrelevanter Finanzinstitute wirksam begegnen zu können. Aufgrund von Unzulänglichkeiten bei Rettungsmaßnahmen und den mit der Insolvenz systemrelevanter Finanzinstitute einherge- 10

---

[3] Verordnung Nr. 806/2014 des Europäischen Parlaments und des Rates vom 15. Juli 2014 zur Festlegung einheitlicher Vorschriften und eines einheitlichen Verfahrens für die Abwicklung von Kreditinstituten und bestimmten Wertpapierfirmen im Rahmen eines einheitlichen Abwicklungsmechanismus und eines einheitlichen Abwicklungsfonds sowie zur Änderung der Verordnung (EU) Nr. 1093/2010 (ABl. Nr. L 225/1 vom 30. Juli 2014).
[4] *Engelbach/Friedrich* WM 2015, 662.
[5] Gesetz zur Anpassung des nationalen Bankenabwicklungsrechts an den Einheitlichen Abwicklungsmechanismus und die europäischen Vorgaben zur Bankenabgabe (Abwicklungsmechanismusgesetz – AbwMechG) vom 2. November 2015, BGBl. I, S. 1864.

B. Abwicklung

henden volkswirtschaftlichen Risiken, sahen sich die nationalen Regierungen gezwungen, diese mit Steuergeldern zu retten.[6]

11 Angesichts dieser unzureichenden Rechtslage erarbeitete die Kommission ein Konzept für ein geplantes EU-weite geltendes Krisenmanagement-System im Finanzsektor.[7] Das Ergebnis wurde in Form der Richtlinie 2014/59/EU am 12. Juni 2014 im Amtsblatt der EU veröffentlicht.[8] Die Vorschriften der BRRD wurden am 31. Dezember 2014 in den Mitgliedsstaaten umgesetzt.[9] Hiervon ausgenommen sind die Vorschriften zum Bail-in-Instrument, die spätestens ab dem 1. Januar 2016 anzuwenden sind. Mit dem Bail-in-Instrument, über das Investoren an Verlusten für in Schieflage geratene Finanzinstitute beteiligt werden, wird bereits ein wesentliches Ziel der BRRD angesprochen. Durch die Einführung eines „glaubwürdigen" Sanierungs- und Abwicklungsrahmens soll künftig ein Rückgriff auf den Steuerzahler als Rettungsmaßnahme für notleidende Finanzinstitute verhindert werden.[10]

12 Dieses Ziel soll durch Harmonisierung der Anforderungen an die Verfahren zur Sanierung („recovery") und Abwicklung („resolution") von Finanzinstituten und an das materielle Abwicklungsrecht, insbesondere durch die Ermöglichung eines frühzeitigen Eingreifens der zuständigen Aufsichtsbehörden erreicht werden. Dabei bleibt die Zuständigkeit für die Anwendung der Vorschriften der BRRD den nationalen Behörden erhalten, denen ein erweitertes Abwicklungsinstrumentarium zur Verfügung gestellt wird. Damit wurde ein Meilenstein im Bankinsolvenzrecht erreicht.[11]

13 Zu den wesentlichen Neuerungen gehören über die Einführung des erwähnten Bail-in-Instruments hinaus, die Pflicht zur präventiven Erstellung von Sanierungs- und Abwicklungsplänen, die regelmäßig zu aktualisieren sind. Diese Pläne tragen zur Identifizierung problematischer Strukturen bei, auf welche die zuständigen Behörden präventiv Einfluss nehmen können. Weiterhin fördern sie die grenzübergreifende Koordination zuständiger Behörden. Die Errichtung von Abwicklungskollegien unter Leitung der Europäischen Bankaufsichtsbehörde („European Banking Authority" – **EBA**") soll der Erleichterung einer grenzübergreifenden Abwicklung dienen. Die Einrichtung eines dedizierten Abwicklungsfonds, welcher von der Bankindustrie finanziert wird, ist als Konsequenz zur Verhinderung einer Finanzierung aus steuerlichen Mitteln zu sehen.

---

[6] *Grieser/Mecklenburg-Guzmán/Schenk* in Grieser/Heemann, Europäisches Bankaufsichtsrecht, S. 967.

[7] Siehe Mitteilung der Kommission vom 20. Oktober 2009, KOM(2009) 561 endg.; Mitteilung der Kommission vom 20. Oktober 2010, KOM (2010) 579 endg.

[8] Richtlinie 2014/59/EU des Europäischen Parlaments und des Rates vom 15. Mai 2014 zur Festlegung eines Rahmens für die Sanierung und Abwicklung von Kreditinstituten und Wertpapierfirmen und zur Änderung der Richtlinie 82/891/EWG des Rates, der Richtlinien 2001/24/EG, 2002/47/EG, 2005/56/EG, 2007/36/EG, 2011/35/EU, 2012/30/EU und 2013/36/EU sowie der Verordnungen (EU) NR. 1093/2010 und (EU) Nr. 648/2012 des Europäischen Parlaments und des Rates (ABl. Nr. L 173/190 vom 12. Juni 2014).

[9] Art. 130 Abs. 1 BRRD.

[10] Erwgr. Nr. 1 BRRD.

[11] *Tomsic*, The Emerging EU Framework for Bank Recovery and Resolution, in Corporate Rescue and Insolvency, April 2011, S. 40; *Véron/Wolff*, From supervision to resolution: Next Steps on the road to European banking union, in Bruegel Policy Contribution, Issue 2013/04, S. 3; Véron, A realistic bridge towards European banking union, in Bruegel Policy Contribution, Issue 2013/09, S. 11.

III. Abwicklungsvoraussetzungen, Abwicklungsplanung und -fähigkeit, inklusive Gruppenabwicklung und MREL

a) **Anwendungsbereich der BRRD**

Regelungen zur Insolvenz von Finanzinstituten betrafen hauptsächlich Institute, die Einlagen von Kunden annehmen. Die Finanzkrise hat verdeutlicht, dass eine Erweiterung auf Institute im Investmentbereich erforderlich ist. Dementsprechend erfasst der Anwendungsbereich der BRRD unter anderem Finanzinstitute, die in der Union niedergelassen und Tochterunternehmen eines Kreditinstituts oder einer Wertpapierfirma sind.[12] Erfasst werden daneben auch Zweigstellen von Instituten, die außerhalb der Union niedergelassen sind.[13] 14

Somit entschied sich die Kommission gegen die Vorschläge des FSB, dem Anwendungsbereich der BRRD nur Finanzinstitute mit systemischer Relevanz[14] zu unterstellen. Die Gründe dafür sind vielschichtig. Im Schrifttum wird beispielsweise auf das Problem hingewiesen, dass es sehr problematisch ist, den genauen Anteil des Risikos, das eine Bank darstellt, zu bestimmen.[15] Weiterhin ist zu beachten, dass auch von einzelnen nicht systemrelevanten Banken Risiken von systemischer Relevanz durch sog „Herdentierverhalten", das heißt Massenfehlverhalten/-entscheidungen, hervorgerufen werden können.[16] 15

Die zuständigen Behörden haben jedoch bei der Erstellung von Sanierungs- und Abwicklungsplänen einen gewissen Handlungsspielraum, unter Berücksichtigung der Auswirkungen des Ausfalls eines Instituts aufgrund der Art seiner Geschäfte, Beteiligungsstruktur, Rechtsform, Risikostruktur etc., vereinfachte Anforderungen an die Finanzinstitute zu stellen.[17] 16

Art. 93 bis 98 BRRD enthalten Regelungen zu den Beziehungen mit Drittländern. Einerseits wird die Möglichkeit eröffnet, in von dem Rat auszuhandelnden Übereinkünften mit Drittländern die Art und Weise der Zusammenarbeit zwischen den Abwicklungsbehörden und den jeweiligen Drittlandsbehörden in Bezug auf den Informationsaustausch und der Sanierungs- und Abwicklungsplanung zu regeln.[18] Andererseits regelt Art. 94 BRRD die Anerkennung und Durchsetzung der Abwicklungsverfahren von Drittländern in den Fällen, in denen es keine Übereinkunft gibt oder eine solche keine Aussagen zur Regelung der Anerkennung und Durchsetzung trifft. Dann entscheidet grundsätzlich das europäische Abwicklungskollegium über die Anerkennung der Abwicklungsverfahren von Drittländern in Bezug auf Drittlandsinstitute oder Mutterunternehmen in zwei Fällen: Erstens, wenn von den Drittlandsinstituten oder Mutterunternehmen mindestens in zwei Mitgliedstaaten niedergelassenen Unionstochterunternehmen oder Unions-Zweigstellen unterhalten werden, die von mindestens zwei Mitgliedstaaten als bedeutend erachtet werden. Zweitens in Bezug auf Drittlandsinstituten oder Mutterunternehmen, die über Vermögenswerte, 17

---

[12] Art. 1 Abs. 1 Buchstabe b BRRD.
[13] Art. 1 Abs. 1 Buchstabe e BRRD.
[14] Zu den Kriterien der Ermittlung der Systemrelevanz, siehe FSB/IMF/BIS, Guidance to assess the systemic importance of financial institutions, markets and instruments: initial considerations – Backround paper vom 28. Oktober 2009.
[15] Vgl. *Berg*, Systemic surcharges and measures of systemic importance, in Journal of Financial Regulation and Compliance 2011, S. 377 ff. sowie Adrian/Brunnermeier, CoVar, in Staff report 34/2008 (Revised) Federal Reserve Bank of New York.
[16] Vgl. *Brunnermeier/Crockett/Goodhart/Persaud/Shin*, The Fundamental Principles of Financial Regulation (2009) 11, Geneva Reports on the World Economy.
[17] Art. 4 Abs. 1 BRRD.
[18] Art. 93 BRRD.

Rechte oder Verbindlichkeiten verfügen, die in mindestens zwei Mitgliedstaaten belegen sind oder dem Recht dieser Mitgliedstaaten unterliegen.[19]

b) Regelungen der BRRD

18 Die BRRD greift Maßnahmen wie beispielsweise die Einrichtung einer Bad Bank auf, die bereits während der Finanzkrise erprobt wurden. Durch die Regelung dieser Maßnahmen wird nun das materielle Abwicklungsrecht harmonisiert und die Zuständigkeit für die Anwendung der Befugnisse bei den national zuständigen Behörden belassen. Neu eingeführt wurden dabei weiter reichende Befugnisse wie beispielsweise Möglichkeiten eines frühzeitigen Eingriffs. Neu ist auch das bereits eingangs angesprochene „Bail-in"-Instrumentarium zur Beteiligung der Investoren an Verlusten. Die Mitgliedstaaten sind daher angehalten ihr nationales Recht entsprechend anzupassen. Die BRRD sieht im wesentlichen drei Phasen vor: Vorbereitung, Frühzeitiges Eingreifen und Abwicklung.

19 Ein wesentlicher Zweck der BRRD ist es, im Vorfeld möglichst früh auf eine sich anbahnende Schieflage eines Finanzinstituts reagieren zu können. Die zuständigen Behörden sollen rechtzeitig eingreifen können, damit Ausfällen von grenzüberschreitend tätigen Finanzinstituten vorgebeugt werden kann. Ihr Fokus ist auch darauf gerichtet, welche Maßnahmen ergriffen werden müssen, um Liquiditätsproblemen entgegenzuwirken. Als neue Maßnahme wurde daher die Pflicht zur präventiven Erstellung von Sanierungs- und Abwicklungsplänen eingeführt, die mitunter als die wichtigsten Maßnahmen der Vorbereitung bewertet werden.[20] Die Maßnahmen gehen auf den Vorschlag des FSB zurück, gegenüber dem die BRRD insofern abweicht, als er die Pflicht zur präventiven Erstellung von Sanierungs- und Abwicklungsplänen nicht auf systemgefährdende Finanzinstitute beschränkt.[21] Lediglich für kleine Institute bei denen auch im Falle einer Insolvenz nicht von einer Systemgefährdung auszugehen ist, sind Erleichterungen bei der Sanierungsplanung vorgesehen.[22] Dies gilt beispielsweise für die deutschen Sparkassen und Genossenschaftsbanken, die einem Institutssicherungssystem angehören. Die Maßnahmen zur Erstellung von Sanierungs- und Abwicklungsplänen soll auch eine frühzeitige Identifikation etwaiger Sanierungs- und Abwicklungshindernissen ermöglichen.

aa) Abwicklungsplanung nach der BRRD

20 Neben den Sanierungsplänen sind auch Abwicklungspläne präventiv zu erstellen. Anders als bei den Sanierungsplänen wird der Abwicklungsplan von den nationalen Abwicklungsbehörden für jedes Institut selbst erstellt. Sofern dieses Institut jedoch Teil einer Gruppe ist, die einer Beaufsichtigung auf konsolidierender Basis im Sinne der Richtlinie 2013/36/EU unterliegt, finden die besonderen Vorgaben der Artt. 12ff. BRRD zu Gruppenabwicklungsplänen Anwendung.[23] Der Abwicklungsplan enthält Optionen für die vorgesehenen Abwicklungsinstrumente und -befugnisse und besteht grundsätzlich aus einem darstellenden (Art. 10 Abs. 7 Buchstabe a bis e BRRD) und einem gestaltenden Teil (Art. 10 Abs. 7 Buchstabe f bis r BRRD), der auf die Sicherstellung der Abwicklungsfähigkeit („resolvabi-

---

[19] Art. 94 Abs. 2 BRRD.
[20] *Fletzberger*, Richtlinienvorschlag der Kommission zum Krisenmanagement von Kreditinstituten – eine erste Analyse der Präventions- und Sanierungsmaßnahmen, in ZFR, H. 7, 2012, S. 299.
[21] Siehe Art. 5 Abs. 1 BRRD.
[22] Art. 4 BRRD.
[23] Art. 10 Abs. 1 BRRD.

III. Abwicklungsvoraussetzungen, Abwicklungsplanung und -fähigkeit, inklusive Gruppenabwicklung und MREL

lity") des Instituts gerichtet ist. Dabei hat er insbesondere darauf einzugehen, wie kritische Funktionen und Kerngeschäftsbereiche im erforderlichen Umfang rechtlich und wirtschaftlich von anderen Funktionen getrennt werden könnten, um ihre Fortführung nach einem Ausfall des Instituts sicherzustellen.[24] Des Weiteren sind Verfahren zur Ermittlung des Werts und der Marktfähigkeit der kritischen Funktionen, der Kerngeschäftsbereiche und der Vermögenswerte des Instituts,[25] Vorkehrungen zur Gewährleistung, dass die beizubringenden Informationen auf dem aktuellen Stand sind sowie die verschiedenen Abwicklungsstrategien, die im Kontext der unterschiedlichen möglichen Szenarien und der Zeithorizonte angewandt werden könnten, zu beschreiben.[26] Er hat auch eine detaillierte Beschreibung der Optionen zur Aufrechterhaltung des Zugangs zu Zahlungsverkehrs- und Clearingdiensten und anderen Infrastrukturen zu enthalten. Hinzu kommen eine Bewertung der Übertragbarkeit von Kundenpositionen sowie Erläuterungen zur Finanzierung der Abwicklungsoptionen und zu kritischen gegenseitigen Abhängigkeiten.[27]

Die Abwicklungspläne sind mindestens jährlich oder im Falle wesentlicher Änderungen der Rechts- oder Organisationsstruktur des Instituts, seiner Geschäftstätigkeit oder seiner Finanzlage zu überprüfen.[28] Ebenso wie die Sanierungspläne werden auch Abwicklungspläne einer Bewertung unterzogen. Die Bewertung ist dabei auf die Abwicklungsfähigkeit des Instituts gerichtet. Dieses ist dann als abwicklungsfähig im Sinne von Art. 15 Abs. 1 UAbs. 2 BRRD zu betrachten, wenn die Abwicklungsbehörde davon überzeugt ist, dass das Institut im Rahmen eines regulären Insolvenzverfahrens liquidiert oder durch Anwendung verschiedener Abwicklungsinstrumente und -befugnisse abgewickelt werden kann, ohne sich dabei wesentlich auf die Finanzsysteme des Mitgliedstaats oder anderer Mitgliedstaaten auszuwirken. Zudem müssen die in Art. 31 BRRD vorgegebenen Ziele bei der Anwendung der Abwicklungsinstrumente und der Ausübung der Abwicklungsbefugnisse erreicht werden können: 21

- die Sicherstellung der Kontinuität kritischer Funktionen,
- die Vermeidung erheblicher negativer Auswirkungen auf die Finanzmarktstabilität, insbesondere die Vermeidung von Ansteckungseffekten,
- den Schutz von einlagengesicherten Einlegern und Anlegern sowie
- dem Schutz von Geldern und Vermögenswerten von Kunden.

Die Mitgliedstaaten haben nach Art. 11 BRRD sicherzustellen, dass die Abwicklungsbehörden von den Instituten in dem nötigen Umfang die Mitwirkung bei der Erstellung von Sanierungs-[29] und Abwicklungsplänen und die Übermittlung aller für die Erstellung und Durchführung von Abwicklungsplänen erforderlichen Informationen verlangen können. 22

Da die Abwicklungspläne die Sicherstellung der Abwicklungsfähigkeit des Instituts bezwecken, werden den Abwicklungsbehörden weitreichende Befugnisse gem. Art. 17 f. BRRD eingeräumt, wenn sie wesentliche Hindernisse für die Abwicklungsfähigkeit des Instituts feststellt. Dazu gehören unter anderem die Aufforderung gegenüber dem Institut: 23

---

[24] Art. 10 Abs. 7 Buchstabe c BRRD.
[25] Art. 10 Abs. 7 Buchstabe g BRRD.
[26] Art. 10 Abs. 7 Buchstabe h und j BRRD.
[27] Art. 10 Abs. 7 Buchstabe l, i und k BRRD.
[28] Art. 10 Abs. 6 BRRD.
[29] Der Sanierungsplan wird der Abwicklungsbehörde gem. Art. 6 Abs. 4 BRRD von der zuständigen Behörde vorgelegt, damit die Abwicklungsbehörde diesen prüfen kann, um Maßnahmen in dem Sanierungsplan zu ermitteln, die sich nachteilig auf die Abwicklungsfähigkeit des Instituts auswirken können.

- zur Änderung bestehender Finanzierungsvereinbarungen (Art. 17 Abs. 5 Buchstabe a BRRD);
- zur Begrenzung der maximalen individuellen aggregierten Risikopositionen (Art. 17 Abs. 5 Buchstabe b BRRD);
- zur Veräußerung bestimmter Vermögenswerte (Art. 17 Abs. 5 Buchstabe d BRRD);
- zur Einschränkung oder Einstellung bestehender oder geplanter Tätigkeiten (Art. 17 Abs. 5 Buchstabe e BRRD);
- zur Unterbindung oder Einschränkung der Entwicklung neuer oder bestehender Geschäftsbereiche bzw. die Veräußerung neuer oder bestehender Produkte (Art. 17 Abs. 5 Buchstabe f BRRD); sowie
- zur Änderung der rechtlichen oder operativen Strukturen des Instituts oder eines unmittelbar oder mittelbar ihrer Kontrolle unterstehenden Unternehmens der Gruppe (Art. 17 Abs. 5 Buchstabe g BRRD).

24 Letzteres (Art. 17 Abs. 5 Buchstabe g BRRD) ist Ausdruck dessen, dass sich in der Vergangenheit weitreichende Hindernisse für eine geordnete Abwicklung von Instituten ergeben haben, deren operative Struktur oftmals nicht im Einklang mit der rechtlichen Struktur stand.[30] Dies hat dazu geführt, dass Institute mit komplexen Strukturen entstanden, die auf Grund der sogenannten „Too complex to fail"-, „Too interconnected to fail"- und „Too big to fail"-Problematik nur bedingt abwicklungsfähig waren und deren Bail-out die einzig mögliche Handlungsalternative war. Unverkennbar erhält somit die zuständige nationale Abwicklungsbehörde weitreichende Einflussmöglichkeiten in Bezug auf die Geschäftstätigkeit sowie die rechtliche Organisationsstruktur von Instituten.

bb) Abwicklung nach der BRRD

25 In ihrer Konzeption ist die BRRD darauf ausgerichtet, dass die Risikotragfähigkeit der Institute grundsätzlich über ein frühzeitiges Eingreifen der zuständigen Aufsichtsbehörden sichergestellt wird. Erst in den Fällen, in denen eine Sanierung nicht erfolgreich sein und sich die Schieflage des betreffenden Finanzinstitutes weiter verstärken wird, räumt die BRRD der Abwicklungsbehörde weitreichende Befugnisse zur Abwicklung von Instituten ein. Dabei stellt die BRRD eine Reihe von Abwicklungsinstrumenten zur Verfügung, die den in Art. 31 Abs. 2 BRRD genannten Abwicklungszielen Rechnung zu tragen haben. Dazu zählen:
- die Sicherstellung der Kontinuität kritischer Funktionen,
- die Vermeidung erheblicher negativer Auswirkungen auf die Finanzstabilität,
- der Schutz öffentlicher Mittel durch geringere Inanspruchnahme außerordentlicher finanzieller Unterstützung,
- der Schutz der einlegergeschützten Einleger und der Schutz der Anleger sowie
- der Schutz der Gelder und Vermögenswerte der Kunden.

26 Zur Eröffnung des Abwicklungsverfahrens müssen gem. Art. 32 Abs. 1 BRRD die drei folgenden Voraussetzungen kumulativ erfüllt sein:
- Die Abwicklungsbehörde stellt nach Anhörung der zuständigen Behörde fest, dass ein Ausfall des Instituts wahrscheinlich ist oder dieses ausfällt. Die Kriterien dafür sind in Art. 32 Abs. 4 BRRD aufgeführt.

---

[30] *Hüpkes*, Form Follows Function – A New Architecture for Regulating and Resolving Global Financial Institutions, in: European Business Organization Law Review 10/2009, S. 369.

III. Abwicklungsvoraussetzungen, Abwicklungsplanung und -fähigkeit, inklusive Gruppenabwicklung und MREL

- Es besteht nach vernünftigem Ermessen keine Aussicht, dass der Ausfall des Instituts innerhalb eines angemessenen Zeitrahmens durch alternative Maßnahmen der Privatwirtschaft (beispielsweise Maßnahmen im Rahmen institutsbezogener Sicherungssysteme) oder der Aufsichtsbehörden (beispielsweise Frühinterventionsmaßnahmen oder Kapitalherabsetzung) abgewendet werden kann.
- Eine Abwicklungsmaßnahme ist im öffentlichen Interesse erforderlich. Das Kriterium des öffentlichen Interesses ist in Art. 32 Abs. 5 BRRD definiert.

Die Abwicklungsmaßnahme liegt dann im öffentlichen Interesse, wenn sie für die Erreichung eines Abwicklungsziels erforderlich und verhältnismäßig ist. Als weitere Voraussetzung muss hinzukommen, dass das Abwicklungsziel und die Verhältnismäßigkeit bei einer Liquidation des Instituts im Wege eines regulären Insolvenzverfahrens nicht in demselben Umfang gewährleistet wären. Damit wird auch zum Ausdruck gebracht, dass das Abwicklungsregime der BRRD nicht das bisherige Insolvenzrecht verdrängt, sondern als zusätzliche Alternative zur Verfügung steht. Es bedarf einer Einzelfallprüfung, ob der Durchführung eines Insolvenzverfahrens gegenüber der Durchführung eines Abwicklungsverfahrens im Interesse der Vermeidung einer Schlechterstellung der Gläubiger („no creditor worse off") vorgezogen wird.[31] Bei den Abwicklungsmaßnahmen ist die Besonderheit der Finanzinstitute zu berücksichtigen. Wenngleich für Finanzinstitute wie für andere Unternehmen die Insolvenzordnung gilt, ist bei ihrer Abwicklung vor allem auf das systemische Risiko zu achten. Zugleich müssen die Interessen der Einleger sowie die Kontinuität der Dienstleistungen Berücksichtigung finden. Angesichts dessen erlauben alle Abwicklungsinstrumente mit Ausnahme des Bail-in-Instruments, die Abspaltung kritischer Bankgeschäfte.[32] Diese Maßnahme dient auch der Verbesserung der Abwicklungsfähigkeit der Institute.[33]

Außerdem sind bei der Anwendung der Abwicklung und Ausübung von Abwicklungsbefugnissen gem. Art. 34 Abs. 1 BRRD allgemeine Grundsätze zu beachten. Zu diesen zählen die primäre Tragung von Verlusten der Anteilseigner, anschließend der Gläubiger entsprechend der Rangfolge im Insolvenzverfahren, die grundsätzliche Ersetzung der Leitungsorgane des abzuwickelnden Instituts, die vollständige Sicherung gedeckter Einlagen sowie die Durchführung der Abwicklungsmaßnahmen nach Maßgabe der vorgesehenen Schutzbestimmungen der BRRD.

Sollten die Voraussetzungen für eine Abwicklung erfüllt sein, so stehen den zuständigen Behörden verschiedene Instrumente und Befugnisse zur Verfügung. So besteht neben dem Insolvenzverfahren auch die Möglichkeit einer geordneten Abwicklung und Umstrukturierung, sofern die Voraussetzungen dazu erfüllt sind. Nachfolgend werden die entsprechenden Instrumente vorgestellt, wobei sich deren Anwendung nicht zwingend gegenseitig ausschließt. Als letztes Mittel schließt die BRRD die Möglichkeit eines Bail-outs, dass von der öffentlichen Hand finanziert wird, gemäß Art. 56 ff. BRRD nicht vollkommen aus. Voraussetzung ist allerdings, dass die übrigen Abwicklungsinstrumente so umfassend wie möglich erwogen und eingesetzt wurden. Nur, wenn die Anwendung aller Abwicklungsinstrumente zur Wahrung der Systemstabilität unzureichend ist kann ein solcher Bail-out in Betracht kommen.

---

[31] Deutsche Bundesbank, Monatsbericht Juni 2014: Die neuen europäischen Regeln zur Sanierung und Abwicklung von Kreditinstituten, S. 37.
[32] Vgl. *Schillig*, Bank Resolution Regimes in Europe II – Resolution Tools and Powers, Working Paper, August 2012, S. 5.
[33] *Klaus/Schäfer* (2013), S. 14.

30   Bei grenzüberschreitenden Verfahren bietet die BRRD Lösungen zur Koordination des Abwicklungsverfahrens. So sollen beispielsweise Abwicklungskollegien Abhilfe schaffen. Dem Abwicklungskollegium gehören ua die für die Gruppenabwicklung zuständige Behörde, Abwicklungsbehörden der einzelnen Mitgliedsstaaten, die zuständigen Ministerien, die für die Einlagensicherung zuständige Behörde des Mitgliedstaates sowie die EBA an.[34] Außerdem wird unter Zweckmäßigkeitsgesichtspunkten bei gemeinsam zu treffenden Entscheidungen zweifelsfrei bestimmt, welcher Behörde das Letztentscheidungsrecht zusteht.[35] Gleiches gilt hinsichtlich der gemeinsamen Entscheidung über die Finanzierung des Verfahrens. Hier wird das Letztentscheidungsrecht zur Finanzierung des Abwicklungsverfahrens den jeweiligen Abwicklungsbehörden zugewiesen.

31   Bisher war die Übertragung von Vermögenswerten meist unmöglich oder sie konnte entweder nur mit erheblichen Zeitverzögerungen ausgeführt werden oder nahm die Form einer Enteignung an.[36] Mit dem Instrument der Unternehmensveräußerung haben die Abwicklungsbehörden nunmehr gem. Art. 38 BRRD die Möglichkeit, auf einen Rechtsträger, bei dem es sich nicht um ein Brückeninstitut handelt, ausgegebene Anteile oder andere Eigentumsanteile, einzelne Vermögenswerte, Rechte oder Verbindlichkeiten eines sich in Abwicklung befindlichen Instituts zu übertragen. Dadurch können kritische Funktionen durch einen anderen Geschäftsträger fortgeführt werden. Hierfür ist die Zustimmung von Anteilseignern oder anderen Gläubigern oder Schuldnern mit Ausnahme des übernehmenden Rechtsträgers nicht erforderlich. Ebensowenig sind andere als die in Art. 39 BRRD genannten Verfahrensvorschriften des Gesellschaftsrechts oder Wertpapierrechts zu beachten. Art. 39 Abs. 1 BRRD legt die Kriterien fest, welche im Rahmen der Vermarktung einzuhalten sind. So muss diese unter anderem stets transparent sein, im Interesse der Wahrung der Finanzstabilität erfolgen und darf kein falsches Abbild der zu übertragenden Vermögenswerte darstellen. Von der Einhaltung der aufgeführten Kriterien für die Vermarktung kann nur abgesehen werden, wenn eine Beeinträchtigung der Erreichung der Abwicklungsziele zu befürchten und zur Abwendung einer schweren Bedrohung für die Finanzstabilität oder zur Vermeidung negativer Auswirkungen auf die Finanzstabilität erforderlich ist.[37]

32   Alternativ zur Übertragung von Vermögenswerten auf einen erwerbswilligen Rechtsträger oder in dem Fall, dass ein solcher nicht gefunden wird, besteht nach Art. 40 BRRD die Möglichkeit, die Vermögenswerte auf ein von der Abwicklungsbehörde eingerichtetes Brückeninstitut zu übertragen. Bei diesem Brückeninstitut muss es sich um eine juristische Person handeln, die ganz oder teilweise im Eigentum der öffentlichen Hand steht und von der Abwicklungsbehörde kontrolliert wird (Art. 40 Abs. 2 BRRD). Damit wird auch der entscheidende Unterschied gegenüber dem Instrument der Unternehmensveräußerung deutlich: die Abwicklungsbehörde kann das von ihr gegründete Brückeninstitut steuern und maßgeblich Einfluss nehmen. Die Übertragung auf das Brückeninstitut dient gem. Art. 40 Abs. 1 BRRD dazu, kritische Funktionen zu erhalten. Dabei hat die Abwicklungsbehörde sicherzustellen, dass der Gesamtwert der auf das Brückeninstitut übertragenen Verbindlichkeiten nicht den Gesamtwert der Rechte und Vermögenswerte übersteigt, die von dem in Abwicklung befindlichen Institut übertragen oder aus anderen Quellen bereitgestellt

---

[34] Art. 88 Abs. 1 und 2 BRRD.
[35] Vgl. Art. 13 Abs. 5 BRRD.
[36] *Hopt/Kumpan/Steffek*, Preventing bank insolvencies in the financial crisis: The German Financial Market Stabilisation Acts, in European Business Organization Law Review 2009, 10(4), S. 523 ff.
[37] Art. 39 Abs. 3 BRRD.

werden.³⁸ Die in dem abzuwickelnden Institut verbleibenden Vermögenswerte bzw. nicht relevante Funktionen können in einem regulären Insolvenzverfahren liquidiert werden. Die Abwicklungsbehörden können auch Rechte, Vermögenswerte oder Verbindlichkeiten von dem Brückeninstitut zurück auf das in Abwicklung befindliche Institut übertragen, sofern die in einer Urkunde ausdrücklich festgelegten Bedingungen, insbesondere der Zeitraum, innerhalb dessen die Rückübertragung nur erfolgen kann, eingehalten werden.³⁹ In der Regel sollen die Vermögenswerte, Rechte oder Verbindlichkeiten innerhalb eines Zeitraums von zwei Jahren weiterverkauft werden. Da diese Frist von zwei Jahren sehr kurz bemessen ist, insbesondere im Hinblick auf Krisenzeiten, in denen ein Käufer aufgrund von allgemeinen Liquiditätsengpässen nur schwer zu finden ist, besteht eine Verlängerungsoption gem. Art. 41 Abs. 6 BRRD. Das Brückeninstitut kann auch selbst im Rahmen eines regulären Insolvenzverfahrens abgewickelt werden, sofern alle oder weitgehend alle Vermögenswerte, Rechte und Verbindlichkeiten an einen Dritten veräußert oder in der Regel nach zwei Jahren nicht an einen Dritten veräußert wurden.⁴⁰ Die erzielten Erlöse fließen den Anteilseignern des Brückeninstituts zu, es sei denn, das Brückeninstitut wurde von mehr als einem in Abwicklung befindlichen Institut genutzt. In diesem Fall erfolgt die Verteilung des Erlöses entsprechend der übertragenen Vermögenswerte und Verbindlichkeiten.⁴¹

Als weiteres Abwicklungsinstrument sieht Art. 42 BRRD die Möglichkeit vor, Vermögenswerte, Rechte oder Verbindlichkeiten eines sich in Abwicklung befindlichen Instituts oder eines Brückeninstituts auf eine oder mehrere Zweckgesellschaften zu übertragen, die eigens für die Vermögensverwaltung errichtet wurden.⁴² Bei dieser Zweckgesellschaft (sog Bad Bank) muss es sich um eine juristische Person handeln, die ganz oder teilweise im Eigentum der öffentlichen Hand steht und die die ihr übertragen Vermögenswerte mit dem Ziel verwaltet, deren Wert bis zur späteren Veräußerung oder geordneten Liquidation zu maximieren.⁴³ Dies führt zu einer Entlastung der Bilanz des in Abwicklung befindlichen Instituts. Im Unterschied zur Brückenbank bezweckt die Bad Bank keine Fortführung kritischer Funktionen. Vielmehr sollen durch die Auslagerung nicht bewahrenswerter Aktivitäten „schlechte" Vermögenswerte schrittweise über die Kontrolle der Abwicklungsbehörde veräußert oder geordnet liquidiert werden.⁴⁴

Eine weitere Lehre aus der Finanzkrise war, dass es zur Vermeidung von Bankenkrisen erforderlich ist, die Gläubiger und Eigentümer sowie das Management des Finanzinstituts deutlicher in die Verantwortung für Risiken einzubeziehen und Anreize für ein krisenvermeidendes Verhalten zu setzen.⁴⁵ Dazu gehört auch die Beteiligung an den entstehenden Kosten, womit dem Grundgedanken der Aufrechterhaltung der Marktdisziplin Rechnung getragen werden soll, welche unter anderem als wesentlicher Faktor von Finanzstabilität

---

³⁸ Art. 40 Abs. 3 BRRD.
³⁹ Art. 40 Abs. 6 und 7 BRRD.
⁴⁰ Art. 41 Abs. 8 BRRD.
⁴¹ Art. 41 Abs. 8 und 9 BRRD.
⁴² Art. 42 BRRD.
⁴³ Art. 42 Abs. 3 BRRD.
⁴⁴ Deutsche Bundesbank, Monatsbericht Juni 2014: Die neuen europäischen Regeln zur Sanierung und Abwicklung von Kreditinstituten, S. 38.
⁴⁵ Vgl. *Poelzig*, Anreize und Desiderate der Bankenrestrukturierung aus einer juristischen Perspektive, in: Zeitschrift für Bankrecht und Bankwesen 2012, S. 412.

angesehen wird.[46] Des Weiteren wird der Entstehung von Fehlanreizen vorgebeugt, die sich im Zusammenhang mit dem Vertrauen systemrelevanter Finanzinstitute auf eine finanzielle Unterstützung mit öffentlichen Mitteln ergeben. Der Verlustbeteiligung liegt dabei die Annahme zugrunde, dass Risiken sorgfältiger durchdacht werden, wenn der Entscheidungsträger selbst dafür einzustehen hat. Des Weiteren sorgt die Einbeziehung der Gläubiger und Eigentümer dafür, das Management besser zu überwachen, da nunmehr Konsequenzen von Exzessen mitgetragen werden müssen.

35 Das Instrument zur Herabschreibung oder Umwandlung von Kapitalinstrumenten (Art. 60 BRRD) ist kein Abwicklungsinstrument im engeren Sinne.[47] Dieses Instrument kann zu einer Erleichterung beitragen, ohne dass andere Abwicklungsinstrumente genutzt werden müssen.[48] Nach Art. 43 Abs. 2 BRRD sollen die Abwicklungsbehörden befugt sein, Gläubiger an der Finanzierung von Rekapitalisierungsmaßnahmen zu beteiligen oder Forderungen und Schuldtitel in Eigenkapital umzuwandeln. Dies bewirkt eine Kapitalherabsetzung der Gläubiger, die mit einer anschließenden Kapitalerhöhung seitens des Instituts einhergeht. Letzteres erfolgt darüber, dass die jeweiligen Forderungen als Sacheinlagen dienen. Da hiermit eine Verwässerung der Anteile für die Anteilsinhaber verbunden ist, waren diese bislang angemessen zu entschädigen. Die Rechtslage hat sich insofern geändert, dass eine Löschung oder Verwässerung von Anteilen nunmehr ohne eine Entschädigungspflicht möglich ist. Dies verhindert, dass öffentliche Mittel zur Rettung eingesetzt werden müssen. Dieses Instrument ist weitreichender als die bisherigen Maßnahmen, die den zuständigen Behörden zur Verfügung stehen. Bisweilen waren sie darauf angewiesen, eine Gläubigerversammlung einzuberufen, um die Zustimmung für ein solches ein Bail-in einzuholen. Die BRRD ermächtigt die Abwicklungsbehörde nunmehr zur Durchsetzung dieses Instruments unabhängig von der Zustimmung der Gläubiger.

36 Über die Einführung des Bail-in-Instruments, das eine unmittelbare Verlusttragung ermöglicht, wird daher ein echtes juristisches Novum geschaffen, das in der politischen Debatte am kontroversesten diskutiert worden ist.[49] Allerdings ist bei dem Einsatz dieses Abwicklungsinstruments der Grundsatz zu beachten, dass betroffene Gläubiger gem. Art. 34 Abs. 1 Buchstabe g BRRD keine größeren Verluste zu tragen haben als sie es im Fall einer Liquidation des Instituts zu tragen gehabt hätten. Sie dürfen also nicht schlechter gestellt werden als sie im Rahmen der Durchführung eines regulären Insolvenzverfahrens gestanden hätten. Das Bail-in-Instrument stellt jedoch insofern keine Innovation dar, wie es bereits in der Finanzkrise erprobt wurde. Wegen seiner Eingriffsintensität und der Problematik seiner Vereinbarkeit mit verfassungsrechtlichen Vorgaben kam es nur zeitlich verzögert zum Einsatz.[50]

37 Die der Abwicklungsbehörde nach Artt. 68–71 BRRD eingeräumte Befugnisse sind mit weitreichenden Folgen verbunden und nicht unbedenklich. So haben sie die Möglichkeit

---

[46] Vgl. *Franke/Krahnen*, Marktkräfte und Finanzstabilität: Desiderata und Anreizwirkungen eines institutionellen Rahmens für Bankenrestrukturierung, in Zeitschrift für Bankrecht und Bankwesen 2012, S. 400 ff.

[47] Deutsche Bundesbank, Monatsbericht Juni 2014: Die neuen europäischen Regeln zur Sanierung und Abwicklung von Kreditinstituten, S. 38.

[48] Vgl. *Schillig*, Bank Resolution Regimes in Europe II – Resolution Tools and Powers, Working Paper, August 2012, S. 30.

[49] Deutsche Bundesbank, Monatsbericht Juni 2014: Die neuen europäischen Regeln zur Sanierung und Abwicklung von Kreditinstituten, S. 39.

[50] Vgl. *Hopt/Kumpan/Steffek*, Preventing bank insolvencies in the financial crisis: the German Financial Market Stabilisation Acts, in European Business Organization Law Review 2009, S. 516.

einer vorübergehenden Aussetzung von Forderungen von Gläubigern und Gegenparteien, welche die zuständigen Behörden bis Mitternacht des nächsten Geschäftstages aussetzen können.[51] Auf der anderen Seite können sich die Abwicklungsbehörden dadurch genügend Zeit zur Ermittlung der übertragbaren Vermögenswerte verschaffen.

Die zuständigen Behörden haben dafür Sorge zu tragen, dass die Maßnahmen angemessen und nicht diskriminierend sind und außerdem im öffentlichen Interesse liegen. Sollte die Anwendung unverhältnismäßig sein, so stellt dies einen nicht zu rechtfertigenden Eingriff in die Eigentumsrechte dar.[52] Des Weiteren sind auch andere Verbindlichkeiten vom Anwendungsbereich ausgeschlossen. Beispielsweise soll der Interbankenmarkt verschont bleiben, um die die Liquidität nicht zu gefährden. Daher werden Verbindlichkeiten mit einer Laufzeit unter sieben Tagen gänzlich ausgeschlossen.[53] Die Mitgliedsstaaten können vorsehen, im Rahmen der Umsetzung der BRRD weitere Verbindlichkeiten ganz oder teilweise vom Bail-in zu befreien (Art. 64 Abs. 1 Buchstabe 1 BRRD).[54] Als problematisch erweist sich dabei, dass die Modifikation des Anwendungsbereichs eine Modifikation der Haftungskaskade zur Folge hat und demzufolge der Preis bzw. die Rendite die Risikoklasse nicht mehr adäquat wiederspiegelt. Dafür gewährt die BRRD die Möglichkeit, auf Mittel aus dem Abwicklungsfonds zurückzugreifen, um geschädigte Gläubiger entsprechend zu entschädigen. Dennoch ist zuvor zu überprüfen, ob die Kosten nicht von anderen Gläubigern getragen werden können.

3. Abwicklung nach der SRM-Verordnung/nach dem SAG

Durch die Schaffung des einheitlichen Abwicklungsmechanismus verändert die SRM-Verordnung das institutionelle Gefüge der Bankenabwicklung. Zwar ist sie als EU-Verordnung in Deutschland unmittelbar anwendbares Recht und bedarf keiner nationalen Umsetzung. Dennoch bedarf das SAG der Anpassung an den einheitlichen Abwicklungsmechanismus. Der Anpassungsbedarf resultiert insbesondere aus der Veränderung der behördlichen Zuständigkeiten im einheitlichen Abwicklungsmechanismus. Bedeutende und der unmittelbaren EZB-Aufsicht unterstehende Institute und gruppenangehörige Unternehmen sowie grenzüberschreitende Gruppen unterliegen nach der SRM-Verordnung der unmittelbaren Zuständigkeit des Ausschusses. Dieser erhält jedoch in der SRM-Verordnung grundsätzlich nicht die Befugnis, unmittelbar gegenüber Instituten und gruppenangehörigen Unternehmen zu handeln. Vielmehr handelt er in erster Linie in Form von Beschlüssen, die von den nationalen Abwicklungsbehörden umgesetzt werden. Bezüglich derjenigen Institute und gruppenangehörigen Unternehmen, die in den Anwendungsbereich der SRM-Verordnung fallen, ohne dass sie der Abwicklungszuständigkeit des Ausschusses unterfielen, bleibt zwar weiterhin die nationale Abwicklungsbehörde zuständig. Diese Zuständigkeit ergibt sich allerdings direkt aus der SRM-Verordnung, welche gegenüber

---

[51] Vgl. *Schiltknecht*, Die neue Bankeninsolvenzverordnung – FINMA, Ein wichtiges Element zur effektiven Sanierung und zum geordneten Marktaustritt von Banken, Oktober 2012, S. 2 f.
[52] Vgl. *Attinger*, Crisis Management and Bank Resolution – Quo Vadis Europe? European Central Bank Working Paper, No. 13, Dezember 2011, S. 10; *Babis*, Bank Recovery and Resolution: What about Shareholder Rights?, University of Cambridge, Faculty of Law Working Paper, No. 23, September 2012, S. 24 f.
[53] Art. 44 Abs. 2 Buchstabe e) BRRD sowie Erwgr. 70 BRRD.
[54] Art. 44 Abs. 3 BRRD; siehe auch *Brandi/Giesler*, Banking Resolution und Bail-in – gesetzliche, europäische Vorgaben, in Zeitschrift für das gesamte Kreditwesen, 2013, 894.

B. Abwicklung

dem SAG Anwendungsvorrang genießt. Dies hat zur Folge, dass die Regelungen des SAG insoweit teilweise von – inhaltsgleichen und weitgehend auch textgleichen – Vorschriften der SRM-Verordnung überlagert werden.[55] Im SAG hat dies durch das AbwMechG seinen Niederschlag gefunden, indem in § 1 SAG ein Einschub eingefügt wurde, nach dem das SAG gilt, soweit nicht die SRM-Verordnung maßgeblich ist.

40 Im Folgenden sollen daher die Regelungen der SRM-Verordnung und des SAG parallel dargestellt werden. Daher soll mit der gebotenen Sorgfalt vorrangig auf die Fertigstellung der Abwandlungspläne der Institute samt auf die Bewertung der Abwandlungsfähigkeit und auf die Ergebnisse aller notwendigen Maßnahmen zur Überwindung aller etwaigen Hindernisse bei denen Abwandlungsfähigkeit geachtet werden.[56]

a) Abwicklungsplanung

41 Der Planung einer Abwicklung, zu der sich gesetzliche Regelungen in Artikel 8 ff. der SRM-Verordnung sowie in §§ 40 ff. SAG finden, kommt im Hinblick auf ihre Wirksamkeit entscheidende Rolle zu.[57]

42 Damit stellen die Abwicklungspläne ein wichtiges Element der Notfallplanung dar. Diese sind unabhängig von der finanziellen Lage des Instituts von der Abwicklungsbehörde in Abstimmung mit der Aufsichtsbehörde aufzustellen und sollen als eine Art individuelle Handlungsanleitung dienen, dass ein Institut außerhalb eines regulären Insolvenzverfahrens abgewickelt werden muss (vgl. Art. 8 Abs. 6 SRM-Verordnung, § 40 Abs. 2 SAG). Der Inhalt der Abwicklungspläne ist in § 40 Abs. 2, 3 SAG sowie Art. 8 Abs. 9 SRM-Verordnung geregelt. Im Rahmen der Erstellung der Abwicklungspläne durch die zuständigen Behörden obliegen dem betreffenden Institut umfangreiche Mitwirkungspflichten einschließlich verschiedener Informationszulieferungspflichten, die sich insbesondere aus § 42 SAG sowie Art. 8 Abs. 8 SRM-Verordnung ergeben. Besondere gesetzliche Anforderungen bestehen bezüglich der Erstellung von Gruppenabwicklungsplänen (Art. 8 Abs. 10, 11 SRM-Verordnung bzw. §§ 46 ff. SAG).

b) Abwicklungsfähigkeit

43 Eine dem Maßnahmenkatalog zuzuordnende Aufgabe ist die Prüfung der Abwicklungsfähigkeit des jeweiligen Instituts. Hierbei prüft die Abwicklungsbehörde, ob ein Institut entweder über ein Insolvenzverfahren liquidiert werden kann oder das Institut über die konkrete Anwendung von Abwicklungsmaßnahmen nach der SRM-Verordnung bzw. dem SAG abzuwickeln ist (vgl. Artikel 10 SRM-Verordnung sowie § 57 SAG). Dabei soll nach Art. 10 Abs. 3 SRM-Verordnung bzw. § 57 Abs. 2 SAG insbesondere die bei möglichst weitgehender Vermeidung wesentlicher negativer Auswirkungen auf Finanzsysteme der Bundesrepublik Deutschland, den anderen Mitgliedstaaten der EU oder der Union (vgl. Art. 10 Abs. 3 und 5 SRM-Verordnung, § 57 Abs. 2 Nr. 2 SAG) die Fortführung kritischer Funktionen des Instituts (Art. 10 Abs. 3 S. 2 SRM-Verordnung, § 57 Abs. 2 Nr. 2 SAG) sowie die rechtliche und wirtschaftliche Trennung dieser Funktionen und Kerngeschäftsbereiche von den verbleibenden Teilen gewährleistet sein (§ 57 Abs. 2 Nr. 3 SAG). Stellt die Abwick-

---

[55] Entwurf eines Gesetzes zur Anpassung des nationalen Bankenabwicklungsrechts an den Einheitlichen Abwicklungsmechanismus und die europäischen Vorgaben zur Bankenabgabe (Abwicklungsmechanismusgesetz – AbwMechG), Bt-Drs 18/5009, S. 2.
[56] Erwg. 47 SRM-Verordnung
[57] Erwg. 46 SRM-Verordnung

lungsbehörde das Bestehen von Abwicklungshindernissen fest, kann sie (nach Aufforderung und erfolglosem Verstreichen einer Abhilfefrist) als ultima ratio auf die Beseitigung des Abwicklungshindernisses gerichtete Anordnungen treffen (vgl. dazu Art. 10 Abs. 7–11 SRM-Verordnung sowie § 59 SAG). Hierzu zählen unter anderem der Abschluss von Verträgen zur Sicherstellung kritischer Funktionen, die Begrenzung von Risikopositionen, die Veräußerung von Vermögensgegenständen und die Einschränkung bzw. Einstellung bestimmter Geschäftsaktivitäten. Eines der Hauptziele einer möglichen Abwicklung ist die Erhaltung der Kontinuität der von der Abwicklungsbehörde als wesentlich erachteten Dienstleistungen durch das betreffende Institut Hinsichtlich der Bewertung der Abwicklungsfähigkeit von Gruppen sind insbesondere Art. 10 Abs. 4 SRM-Verordnung sowie §§ 58 SAG zu nennen; die Abwicklungsfähigkeit ist hierbei auf Gruppenebene zu bewerten. Etwaige Abwicklungshindernisse sind dabei auf Gruppenebene abzubauen (vgl. Art 10 Abs. 7 SRM-Verordnung, § 60 SAG).[58]

c) Abwicklungsziele und -voraussetzungen

Durch das AbwMechG wurden die in § 67 Abs. 1 SAG geregelten Abwicklungsziele an die in Art. 31 Abs. 2 BRRD sowie Art. 14 Abs. 2 SRM-Verordnung enthaltenen Abwicklungsziele angeglichen. In der bisherige Fassung des SAG vor dem AbwMechG hatte ein Umsetzungsdefizit vorgelegen, da bislang lediglich die Abwendung einer Systemgefährdung sowie der Schutz öffentlicher Mittel als Abwicklungsziele in § 67 Abs. 1 SAG aF enthalten waren. Dieses Umsetzungsdefizit wurde durch Angleichung der Vorschrift im SAG an die europäischen Vorgaben nun beseitigt. Nach den nunmehr gleich lautenden Art. 10 Abs. 2 SRM-Verordnung und § 67 Abs. 1 SAG liegen die Ziele einer Abwicklung insbesondere in der Sicherstellung der Kontinuität kritischer Funktionen, der Vermeidung erheblicher negativer Auswirkungen auf die Finanzstabilität, dem Schutz öffentlicher Mittel durch geringere Inanspruchnahme, dem Schutz der Einleger und Anleger sowie der Gelder und Vermögenswerte der Kunden. die Vermeidung der Inanspruchnahme außerordentlicher finanzieller Unterstützung aus öffentlichen Mitteln. Die Abwicklungsziele geben den wesentlichen Handlungsmaßstab für die Abwicklungsbehörden vor und stehen grundsätzlich gleichrangig nebeneinander (vgl. Art. 14 Abs. 3 SRM-Verordnung; § 67 Abs. 2 SAG). 44

Im engen Zusammenhang mit den Abwicklungszielen sind die Abwicklungsgrundsätze zu sehen. In der Theorie beschreiben die Abwicklungsgrundsätze die Verfahrensgrundsätze zur Erreichung der Abwicklungsziele. 45

Nach der Vorgabe der SRM-Verordnung (dort Art. 15) sind Verluste zuerst von den Anteilseignern und dann von den Gläubigern des betreffenden Instituts zu tragen. § 68 Abs. 1 Nr. 1 SAG sieht vor, dass Verluste von Anteilsinhabern und Gläubigern des betreffenden Instituts in demselben Umfang zu tragen sind wie in einem ordentlichen Insolvenzverfahren, welches zum Zeitpunkt der Anordnung der Abwicklung eröffnet worden wäre. Die Vorschrift bringt zwei wesentliche Grundsätze der Abwicklungszielgebung zum Ausdruck. Zum einen sollen vorrangig die Gläubiger und Eigentümer des in Abwicklung befindlichen Unternehmens die Verluste tragen. Zum anderen soll aber sichergestellt werden, dass niemand infolge einer Abwicklungsmaßnahme höhere Verluste erleidet als im Rahmen eines (hypothetischen) Insolvenzverfahrens, das zum Zeitpunkt der Abwicklungsmaßnahme durchgeführt worden wäre („no creditor worse off").[59] 46

---

[58] *Bornemann* in Beck/Samm/Kokemoor, SAG, Rn. 163.
[59] *Engelbach/Friedrich* WM 2015, S. 662, 664.

47 Eine Schlechterstellung der Anteilsinhaber bzw. Gläubiger im Rahmen einer Abwicklungsmaßnahme muss jedoch nicht vermieden, sondern lediglich ausgeglichen werden. Hierfür ist unmittelbar nach einer Abwicklungsmaßnahme durch einen unabhängigen und sachverständigen Prüfer zu ermitteln, ob und in welchem Umfang Anteilsinhaber und Gläubiger durch die Abwicklungsmaßnahme im Vergleich zu der Situation, die sich bei Eröffnung und Durchführung eines Insolvenzverfahrens über das Vermögen des Instituts (zu dem Zeitpunkt, in dem die Bestandsgefährdung des Instituts festgestellt wurde) eingestellt hätte, benachteiligt worden sind (vgl. § 146 SAG). Zu diesem Zweck sind die tatsächliche Behandlung jedes Anteilinhabers und Gläubigers und die hypothetische Befriedigungsquote im Rahmen eines ordentlichen Insolvenzverfahrens zu vergleichen (hypothetischer Insolvenzszenariovergleich).

48 Weiterhin ist anzumerken, dass der Schutz der gedeckten Einlagen in der SRM-Verordnung und im SAG im Rahmen der Abwicklungsgrundsätze (Art. 15 Abs. 1 lit. h SRM-Verordnung, § 68 Abs. 1 Nr. 2 SAG) thematisiert wird.

49 Wesentlicher Auslöser für die Durchführung einer Abwicklungsmaßnahme ist die Bestandsgefährdung eines Instituts, in der BRRD als Ausfall oder wahrscheinlichen Ausfall („failing or likely to fail") bezeichnet.[60]

50 Eine Bestandsgefährdung eines Instituts liegt gemäß § 63 Abs. 1 SAG (s.a. Art. 18 Abs. 4 SRM-Verordnung) vor, wenn
I. das Institut gegen die mit einer Erlaubnis nach § 32 KWG verbundenen Anforderungen in einer Weise verstößt, die die Aufhebung der Erlaubnis durch die Aufsichtsbehörde rechtfertigen würde oder objektive Anhaltspunkte dafür vorliegen, dass dies in naher Zukunft bevorsteht,
II. die Vermögenswerte des Instituts die Höhe seiner Verbindlichkeiten unterschreiten oder objektive Anhaltspunkte dafür vorliegen, dass dies in naher Zukunft bevorsteht, oder
III. das Institut zahlungsunfähig ist oder objektive Anhaltspunkte dafür vorliegen, dass das Institut in naher Zukunft nicht mehr in der Lage sein wird, die bestehenden Zahlungspflichten im Zeitpunkt der Fälligkeit zu erfüllen, es sei denn, es bestehen ernsthafte Aussichten darauf, dass das Institut durch Garantien in die Lage versetzt wird, bestehende Zahlungspflichten im Zeitpunkt der Fälligkeit zu erfüllen.

51 Insbesondere ist bei der Bewertung dieses Szenarios auf die Kapital- und Liquiditätssituation des jeweiligen Instituts abzustellen. Aber auch andere Ereignisse, die eine Aufhebung der Erlaubnis des Instituts rechtfertigen, können den Tatbestand erfüllen.

52 Der deutsche Gesetzgeber hat im Rahmen der Umsetzung von dem Wahlrecht des Art. 32 Abs. 2 BRRD Gebrauch gemacht, wonach neben der Aufsichtsbehörde auch die Abwicklungsbehörde das Vorliegen der Bestandsgefährdung feststellen darf.

53 Neben dem Vorliegen einer Bestandsgefährdung ist als weitere Abwicklungsvoraussetzung zu nennen, dass die Durchführung einer Abwicklungsmaßnahme zur Erreichung eines oder mehrerer Abwicklungsziele erforderlich und verhältnismäßig sein muss (vgl. § 62 Abs. 1 Nr. 2 SAG sowie Art. 18 Abs. 1 SRM-Verordnung). Eine besondere Schwierigkeit der verhältnismäßigen Ausgestaltung einer Abwicklungsmaßnahme dürfte unter anderem darin liegen, einen angemessenen Ausgleich der Interessen der von der Maßnahme

---

[60] *Steck/Petrowsky* DB 2015, 1391, 1393; vgl. Art. 32 Abs. 1 lit. a BRRD und Art. 18 Abs. 1 lit. a SRM-Verordnung.

betroffenen Gruppen zu erreichen (insbesondere Eigentümer, Gläubiger und Mitarbeiter des Instituts).[61]

Das Vorliegen einer Bestandsgefährdung rechtfertigt nach nur dann eine Abwicklungs- 54 maßnahme, wenn die Bestandsgefährdung sich innerhalb des zur Verfügung stehenden Zeitrahmens nicht ebenso sicher durch andere Maßnahmen als durch Abwicklungsmaßnahmen beseitigen lässt (§ 62 Abs. 1 Nr. 3 SAG). Als alternative Maßnahmen nennt das SAG Maßnahmen des privaten Sektors einschließlich Maßnahmen eines Institutssicherungssystems und Maßnahmen der Aufsichtsbehörde, insbesondere Maßnahmen des frühzeitigen Eingreifens.[62]

d) Bail-in als Abwicklungsinstrument

Die BRRD gibt vier Abwicklungsinstrumente als Mindeststandard vor. Hierbei handelt 55 es sich gemäß Art. 37 Abs. 4 BRRD um das Instrument der Unternehmensveräußerung, das Instrument des Brückeninstituts, das Instrument der Ausgliederung von Vermögenswerten und das Bail-in-Instrument.

Das Bail-in-Instrument setzt sich aus zwei Komponenten zusammen, namentlich dem 56 Instrument der Beteiligung der Inhaber relevanter Kapitalinstrumente und dem Instrument der Gläubigerbeteiligung. Ihr Einsatz kann entweder zur Rekapitalisierung des betroffenen Instituts (wenn dadurch die Lebensfähigkeit des Instituts wiederhergestellt wird) oder im Zusammenhang mit den Übertragungsinstrumenten erfolgen. Beide Mechanismen sollen gewährleisten, dass Verluste bzw. identifizierter Kapitalisierungsbedarf nach Maßgabe der Haftungskaskade der BRRD in erster Linie von den Anteilinhabern und danach von den Gläubigern des Instituts gedeckt werden. Der Unterschied liegt im Eingriffsobjekt: bei den (vorrangig haftenden) Inhabern relevanter Kapitalinstrumente handelt es sich um Inhaber von Instrumenten, die als regulatorische Eigenmittel nach Art. 25 ff. CRR anzusehen sind.[63]

Der Rang eines Eigen- oder Fremdkapitalgebers in der Haftungskaskade bemisst sich 57 dabei nach der Einordnung des jeweiligen Instruments nach den Eigenmittelregeln der CRR. Demgemäß gilt die folgende Abfolge an: Anteile und andere Instrumente des harten Kernkapitals, Instrumente des zusätzlichen Kernkapitals, Instrumente des Ergänzungskapitals und berücksichtigungsfähige Verbindlichkeiten. Die Reihenfolge innerhalb der verschiedenen Arten berücksichtigungsfähiger Verbindlichkeiten bemisst sich dabei nach dem Rang, den die jeweilige Forderung als Insolvenzforderung eingenommen hätte.

In der Sache stehen der Abwicklungsbehörde mit der Umwandlungsbefugnis (conver- 58 sion) und der Herabschreibungsbefugnis (write off) zwei verschiedene Techniken für die Anwendung des Bail-in-Instruments zur Verfügung. Im Rahmen der Umwandlung kann die Abwicklungsbehörde anordnen, dass die relevanten Kapitalinstrumente bzw. berücksichtigungsfähigen Verbindlichkeiten – vergleichbar einem Debt-to-Equity-Swap – in Instrumente des harten Kernkapitals (also in der Regel Stammaktien) umgewandelt werden. Zum anderen kann die Abwicklungsbehörde neben der Umwandlung auch den Nennwert bzw. den ausstehenden Restbetrag der relevanten Kapitalinstrumente bzw. berücksichtigungsfähigen Verbindlichkeiten ganz oder teilweise herabschreiben.

---

[61] *Steck/Petrowsky* DB 2015, 1391, 1396.
[62] *Steck/Petrowsky* DB 2015, 1391, 1396.
[63] *Engelbach/Friedrich* WM 2015, S. 662, 667.

59 Sowohl die Umwandlung als auch die Herabschreibung stellen Instrumente zur Generierung von Eigenkapital dar. Aus Sicht der betroffenen Gläubiger ergeben sich jedoch erhebliche Unterschiede in der Eingriffsintensität, da allein die Umwandlung eine (zumindest theoretische) Besserungssystematik in Form der Chance auf Teilnahme an einem etwaigen künftigen Unternehmenserfolg enthält. Aus diesem Grund ist der Einsatz der Herabschreibung nur zulässig, um sicherzustellen, dass der Nettovermögenswert des Instituts gleich null ist oder um im Fall eines drohenden Verlustes sicherzustellen, dass der Nettovermögenswert null nicht unterschreitet. Im Fall eines positiven Nettovermögenswerts steht der Abwicklungsbehörde folglich nur die Umwandlung zur Verfügung.

60 Der Anwendung des Bail-in-Instruments geht die Festlegung des Gesamtbetrags der relevanten Kapitalinstrumente oder berücksichtigungsfähigen Verbindlichkeiten des Instituts, die herabzuschreiben bzw. umzuwandeln sind, durch die Abwicklungsbehörde voraus. Hierbei kann die Behörde einen zusätzlichen Betrag ansetzen, um ein ausreichendes Marktvertrauen in das in Abwicklung befindliche Institut sicherzustellen und es in die Lage zu versetzen, über einen Zeitraum von mindestens einem Jahr die Zulassungsvoraussetzungen weiterhin zu erfüllen.

61 Die wesentliche Rechtsfolge des Bail-in in Form der Herabschreibung, wonach die berücksichtigungsfähige Verbindlichkeit bzw. das relevante Kapitalinstrument in Höhe des herabgeschriebenen Betrags als „beglichen" gilt. Folglich ist von einer Erfüllungswirkung auszugehen. Gleiches dürfte (auch ohne gesetzliche Anordnung) bei der Umwandlung gelten. Um die Entlastungswirkung für das Institut zu erreichen, wird das Institut gegenüber dem Mitschuldner, dem Bürgen, dem sonstigen Dritten oder anderen Rückgriffsberechtigten in gleicher Weise befreit, wie gegenüber dem Inhaber relevanter Kapitalinstrumente oder dem Gläubiger.

62 Grundsätzlich ist das Instrument der Gläubigerbeteiligung auf alle Verbindlichkeiten eines Instituts anzuwenden, die keine relevanten Kapitalinstrumente sind. Darüber hinaus sind gesetzlich bestimmte Verbindlichkeiten vom Anwendungsbereich des Instruments der Gläubigerbeteiligung ausgenommen, da ihre Einbeziehung den Abwicklungszielen zuwiderliefe. Hierzu zählen ua gedeckte Einlagen, besicherte Verbindlichkeiten, Verbindlichkeiten aus der Verwaltung von Kundenvermögen oder Kundengeldern, sofern dem Kunden in einem Insolvenzverfahren ein Aussonderungs- oder Absonderungsrecht zusteht, Verbindlichkeiten gegenüber anderen Instituten mit einer Ursprungslaufzeit von weniger als sieben Tagen, Verbindlichkeiten gegenüber Beschäftigten mit Ausnahme bestimmter variabler Vergütungsbestandteile und Verbindlichkeiten gegenüber Geschäfts- oder Handelsgläubigern aufgrund von Lieferungen und Leistungen, die für den laufenden Geschäftsbetrieb des Instituts von wesentlicher Bedeutung sind. Zudem kann die Abwicklungsbehörde bestimmte berücksichtigungsfähige Verbindlichkeiten im Einzelfall ganz oder teilweise vom Instrument der Gläubigerbeteiligung ausnehmen, etwa um die Anwendung des Instruments nicht zu verzögern oder die Fortführung kritischer Funktionen zu gewährleisten.

63 Um zu verhindern, dass die Institute ihre Verbindlichkeiten unter den Ausnahmetatbeständen und damit nicht als berücksichtigungsfähige Verbindlichkeiten strukturieren, sieht § 49 SAG in Umsetzung von Art. 45 BRRD vor, dass jedes Institut auf Verlangen der Abwicklungsbehörde einen Mindestbetrag an berücksichtigungsfähigen Verbindlichkeiten vorhalten muss.

64 Aus der weiten Definition der berücksichtigungsfähigen Verbindlichkeiten folgende Erstreckung des Bail-in auf Verbindlichkeiten, die dem Recht eines Drittstaates unterliegen folgt auch der Sinn entsprechende Haftungsmasse zu generieren. Um sicherzustellen, dass diese Verbindlichkeiten tatsächlich bail-in-fähig werden können, sind Institute künftig ver-

pflichtet, für relevante Kapitalinstrumente und berücksichtigungsfähige Verbindlichkeiten, die nach dem 1. Januar 2015 begeben werden und dem Recht eines Drittstaats unterliegen, die vertragliche Anerkennung des Bail-in-Instruments sicherzustellen. Auf Verlangen hat das Institut der Abwicklungsbehörde sogar ein Rechtsgutachten in Bezug auf die rechtliche Durchsetzbarkeit der entsprechenden Vertragsbestimmung vorzulegen.

4. Minimum Required Own Funds and Eligible Liabilities

Unmittelbar vor dem G20-Gipfel im November 2014 im australischen Brisbane wurde von dem Financial Stability Board (FSB) ein Konsultationspapier veröffentlicht, das die Einführung einer neuen Kapitalkennzahl TLAC (Tota Loss Absorbing Capacity) vorsieht. Zugleich wurde von der EBA der Konsultatiosentwurf eines technischen Standards zur Ermittlung von MREL (Minimum Required Own Funds and Eligible Liabilities) vorgelegt.

Ansatzpunkt ist das Instrument „Bail-in-Tool". Damit jederzeit ausreichend bail-in-fähiges Kapital zur Verfügung steht, stellt Art. 45 BRRD bzw. § 93 SAG zusätzliche Anforderungen an die Qualität von berücksichtigungsfähigen Verbindlichkeiten auf und sieht eine von den Instituten einzuhaltende Mindest-MREL-Quote vor, die von der Abwicklungsbehörde institutsspezifisch zu setzen ist.[64]

Sie verlangen, dass systemrelevante Institute ein Mindestmaß an Verbindlichkeiten vorhalten müssen, die im Abwicklungsfall von den gewöhnlichen bevorrechtigten Gläubigern zur Verlustdeckung bzw. Rekapitalisierung herangezogen werden können, ohne dass hierdurch die Bereitstellung kritischer Funktionen unterbrochen würde und ohne Ansatzpunkte für erfolgreiche Anfechtungsklagen oder Schadensersatzansprüche zu bieten. Im Rahmen der Abwicklung würden zunächst das Eigenkapital des betreffenden Institutes und die sonstigen Kernkapitalbestandteile zur Verlustdeckung herangezogen – gefolgt von einer Herabsetzung des Ergänzungskapitals bzw. seiner Umwandlung in Eigenkapital. Die Deckung darüber hinausgehender Verluste bzw. eine (weitere) Rekapitalisierung des fortzuführenden Instituts (bzw. Institutsteils) erfolgt mittels Herabsetzung bzw. Umwandlung der übrigen Verbindlichkeiten, die zur Anrechung auf MREL-Quote ausgewiesen sind. Weitere Gläubiger würden nur dann beteiligt, wenn die Summe der vorhandenen Eigenmittel sowie der MREL-fähigen Verbindlichkeiten nicht für die Verlustdeckung und Rekapitalisierung ausgereicht hätte.

Für Einzelheiten sei auf den Beitrag „Überblick Abwicklung unter besonderer Berücksichtigung der Abwicklung nicht systemrelevanter Institute verwiesen.

Im Zusammenhang mit der MREL-Feststellung aber auch bei sonstigen Überprüfungs- und Bewertungsprozessen haben deren Ausgestaltung und Durchführung eine erhebliche Relevanz für die betroffenen Institute.

Die EBA hat am 19. Dezember 2014 ihre endgültigen Leitlinien zum aufsichtlichen Überprüfungs- und Bewertungsprozess („SREP") veröffentlicht.[65]

In den Leitlinien wird ein umfassendes SREP-Rahmenwerk eingeführt, das aus verschiedenen Komponenten besteht. Zunächst werden die Institute dem Proportionalitätsgedanken folgend in vier Kategorien eingeteilt, wobei die aufsichtlich bedeutendsten Institute zur ersten Kategorie gehören werden. Diese Kategorisierung basiert auf Größe, Struktur und interner Organisation sowie Art, Umfang und Komplexität der Geschäftsaktivitäten eines

---

[64] *Bauer/Werner* WM 2015, 1135.
[65] EBA/GL/2014/13 vom 19. Dezember 2014.

B. Abwicklung

Institutes und sollte das vom Institut ausgehende Risiko für das Finanzsystem reflektieren. Neu in den Fokus der Aufsicht ist dabei die Analyse des Geschäftsmodells geraten, wobei unklar bleibt, wie sich entsprechende Aufsichtshandlungen von der unternehmerischen Haftung für die Geschäftsentwicklung abgrenzen soll. Diese Diskussion wurde bereits vor Jahren im Zusammenhang mit dem Wunsch der Aufsicht geführt, die Geschäftsstrategien der Institute zu prüfen.

72   In Abhängigkeit von ihrer Einstufung unterliegen die Institute einem unterschiedlichen Mindestlevel der Beaufsichtigung, was grundsätzlich auch der bisherigen Philosophie der „bankaufsichtlichen Risikoprofile" von der Deutschen Bundesbank entspricht. Praktisch wirkt sich dies auf den Turnus zur Überwachung von bestimmten Schlüsselindikatoren, zur Bewertung verschiedener Kernbereiche sowie für den regelmäßigen Aufsichtsdialog aus. Im besonderen Fokus der Bewertungen stehen die interne Governance und Kontrollen, die wesentlichen Risiken und die Angemessenheit der Eigenkapital-und Liquiditätsausstattung.

73   Jede einzelne Komponente wird mit einem Scoring-System bewertet. Anschließend werden diese Teilergebnisse auf einen SREP-Gesamt-Score verdichtet. Die Score-Werte bewegen sich zwischen 1 (kein erkennbares Risiko) und 4 (hohes Risiko). Entsprechende Scoring-Tabellen sind als Orientierungsmaßstab zu jedem genannten Element in den Leitlinien enthalten. Für den SREP-Gesamt-Score existiert zusätzlich die Kategorie F („failing or likely to fail" gemäß Art. 32 BRRD).

74   Damit beabsichtigt die EBA eine Verknüpfung zwischen laufender Beaufsichtigung und Krisenmanagement (Sanierung und Abwicklung). Die Score-Werte müssen geeignet sein, um eine Indikation für die Überlebensfähigkeit der Institute und die Notwendigkeit von Aufsichtsmaßnahmen oder Frühinterventionsmaßnahmen zu liefern.

75   Folglich haben die SREP auch für die MREL-Feststellung eine erhebliche Relevanz.

76   Daher sollen die für die Überwachung verwendeten Indikatoren – neben anderen – auch die institutsspezifischen Indikatoren im Hinblick auf die Mindestanforderungen in Bezug auf Eigenmittel und berücksichtigungsfähige Verbindlichkeiten umfassen.[66]

77   Ziffer 4.9 der SREP sieht vor das im Rahmen des Prozesses auch eine Ermittlung der wesentlichen Anfälligkeiten vorgenommen werden sollte. Nach Durchführung der Geschäftsmodellanalyse soll die zuständige Behörde die wesentlichen Anfälligkeiten bewerten, denen das Institut auf Grund seines Geschäftsmodells oder seiner Geschäftsstrategie ausgesetzt ist oder ausgesetzt sein kann. Als Untersuchungsgrundlagen sind beispielsweise ein schlechtes erwartetes Finanzergebnis, Vertrauen auf eine unrealistische Strategie, übermäßige Konzentrationen oder zu hohe Volatilität (zB von Erträgen), Übernahme übermäßiger hoher Risiken, Probleme bei der Finanzierungsstruktur und/oder bedeutende externe Faktoren (zB Auswirkungen gesetzlicher Vorschriften wie der Auferlegung des „Ring Fencing" von Geschäftseinheiten) heranzuziehen. Nach erfolgter Bewertung soll sich die Behörde ein Urteil über die Tragfähigkeit des Geschäftsmodells und die Nachhaltigkeit der Strategie des Instituts sowie über alle notwendigen Maßnahmen bilden, die zur Bewältigung von Problemen und zur Ausräumung von Bedenken erforderlich sind. Gegebenenfalls kann ein Ergebnis dieses Bewertungsprozesses auch die Notwendigkeit einer Anpassung der MREL sein.

---

[66] Randzeichen 50 (c) der Leitlinie.

IV. Abwicklungsbefugnisse und Abwicklungsinstrumente

Übersicht

	Rn.
1. Einleitung	1
2. Abwicklungsinstrumente (§§ 107–135 SAG)	2
a) Instrument der Unternehmensveräußerung	4
aa) Wesentliche Rechtsgrundlagen	4
bb) Funktionsweise	4
b) Instrument der Übertragung auf eine Vermögensverwaltungsgesellschaft	18
aa) Wesentliche Rechtsgrundlagen	18
bb) Funktionsweise	18
3. Abwicklungsbefugnis, Voraussetzungen und weitere Befugnisse (§§ 62–88 SAG)	28

1. Einleitung

Im Gesetz zur Sanierung und Abwicklung von Instituten und Finanzgruppen (SAG) findet man im vierten Teil die Vorschriften, die die Abwicklung von Instituten und Finanzgruppen normieren, mithin jene Vorschriften, die den (Abwicklungs-)Ernstfall regeln. Inhaltlich finden sich in diesem Teil die Vorschriften zu Abwicklungsbefugnis, Voraussetzungen und weitere Befugnisse (Kapitel 1) sowie die Abwicklungsinstrumente (Kapitel 2). Da die Eingriffsvoraussetzungen je nach Abwicklungsinstrument variieren (können), werden im Folgenden zunächst die Abwicklungsinstrumente und ihre Funktionsweise vorgestellt sowie die Abwicklungsbefugnisse (Abschnitt 2) und anschließend die Abwicklungsvoraussetzungen (Abschnitt 3).

2. Abwicklungsinstrumente (§§ 107–135 SAG)

§ 77 Abs. 1 SAG lassen sich fünf Abwicklungsinstrumente entnehmen, nämlich
- die Bail-in-Instrumente im weiteren Sinne:
  a) Instrument der Beteiligung der Inhaber relevanter Kapitalinstrumente nach § 89 SAG
  b) Instrument der Gläubigerbeteiligung nach § 90 SAG sowie
- sowie die Separierungsinstrumente:
  c) Instrument der Unternehmensveräußerung nach § 107 Abs. 1 Nr. 1a SAG
  d) Instrument der Übertragung auf ein Brückeninstitut nach § 107 Abs. 1 Nr. 1b SAG
  e) Instrument der Übertragung auf eine Vermögensverwaltungsgesellschaft nach § 107 Abs. 2 SAG

Gegenstand dieses Abschnitts ist die Beschreibung der Funktionsweise der zuvor unter c) und e) genannten Instrumente, also derjenigen Abwicklungsinstrumente, die der Abwicklungsbehörde die Möglichkeit geben, die Übertragung von Anteilen, Vermögenswerten, Verbindlichkeiten oder Rechtsverhältnissen auf einen anderen Rechtsträger anzuordnen (§§ 107–135 SAG). Nicht Gegenstand dieses Abschnitts sind die zuvor unter a) und b) genannten Instrumente, mit denen die Herabschreibung oder Umwandlung von Kapitalinstrumenten und/oder Verbindlichkeiten angeordnet werden kann sowie das Instrument der Übertragung auf ein Brückeninstitut.

B. Abwicklung

a) Instrument der Unternehmensveräußerung

aa) Wesentliche Rechtsgrundlagen

- BRRD: allgemeine Vorschriften Art. 63–72; 76–80; spezielle in Art. 38, 39
- SAG: allgemeine Vorschriften in den §§ 78–86, 107–125, spezielle in §§ 126, 127
- SRM-Verordnung: Art. 24,
  Andere:
- EBA Guidelines on the minimum list of services or facilities that are necessary to enable a recipient to operate a business transferred to it under Article 65(5) of Directive 2014/59/EU (EBA/GL/2015/06 vom 6.8.15)
- EBA on factual circumstances amounting to a material threat to financial stability and on the elements related to the effectiveness of the sale of business tool under Article 39(4) of Directive 2014/59/EU (EBA/GL/2015/04 vom 7.8.15)
- Technical Advice by the European Banking Authority on classes of arrangements to be protected in a partial property transfer /EBA/Op/2015/15 vom 14. August 2015) (im Folgenden: „EBA-Standard zu Kategorien geschützter Vereinbarungen")

bb) Funktionsweise

4   Das Instrument der Unternehmensveräußerung kann erst nach Anwendung des Instruments der Beteiligung der Inhaber relevanter Kapitalinstrumente zum Einsatz kommen und soweit dieses nicht bereits zur Erreichung der Abwicklungsziele ausreichend ist, § 77 Abs. 6 SAG. Im Übrigen können Abwicklungsinstrumente grundsätzlich einzeln oder in beliebiger Kombination angewendet werden, § 77 Abs. 5 SAG.

5   Liegen die Abwicklungsvoraussetzungen vor (s. u. Abschnitt 3), kann die Abwicklungsbehörde in einer Abwicklungsanordnung anordnen, dass die von einem (gruppenangehörigen) Institut ausgegebenen Anteile oder sein Vermögen auf einen Dritten übertragen werden, § 107 Abs. 1 Nr. 1a SAG. Das Gesetz definiert die von der hoheitlichen Maßnahme erfassbaren Übertragungsgegenständen bewusst weit und erfasst nach der Legaldefinition des § 107 Abs. 2 SAG Anteile, Vermögenswerte, Verbindlichkeiten und Rechtsverhältnisse, wobei sie jeweils in ihrer Gesamtheit oder als ein Teil erfasst werden können. Die Abwicklungsanordnung ergeht als Allgemeinverfügung nach § 35 S. 2 Verwaltungsverfahrensgesetz und bedarf damit für ihre Wirksamkeit lediglich der öffentlichen Bekanntgabe des verfügenden Teils nach § 41 Abs. 3 Verwaltungsverfahrensgesetz in ortsüblicher Weise, § 114 Abs. 1 SAG. § 140 Abs. 4 SAG lässt sich entnehmen, dass die Veröffentlichung auf der Internetseite der Abwicklungsbehörde zu erfolgen hat. Die Übertragung bedarf der öffentlich beurkundeten Einwilligung des übernehmenden Rechtsträger (§ 109 Abs. 1 SAG). Für seine Beschlussfassungen kann er sich auf die verfahrensvereinfachenden und -beschleunigenden Regelungen des Finanzmarktstabilisierungsbeschleunigungsgesetzes stützen, §§ 125 Abs. 2 SAG. Auf Seiten des übertragenden Rechtsträgers werden die erforderlichen Beschlüsse durch die Abwicklungsanordnung ersetzt werden, § 113 Abs. 2 SAG.

6   Bei der Auswahl der **Übertragungsgegenstände** ist die Abwicklungsbehörde an § 110 SAG gebunden, der die Behörde in ihren Auswahlmöglichkeiten insoweit limitiert, als Übertragungsgegenstände grundsätzlich nur zusammen mit ihren Sicherheiten übertragen werden können, § 110 Abs. 1 SAG. Etwas anderes gilt nur, wenn es sich um gedeckte Einlagen, §§ 110 Abs. 2 iVm § 2 Abs. 3 Nr. 23 SAG, handelt und die Trennung der gedeckten Einlagen von den Sicherheiten erforderlich ist, um die Verfügbarkeit der gedeckten Einlagen zu gewährleisten. Dies gilt nach § 110 Abs. 3 entsprechend für

- Sicherheiten, die der Besicherung von Verbindlichkeiten in einem System iSd § 1 Abs. 16 Kreditwesengesetz dienen (zB Target2 Bundesbank, CASCADE oder CREATION der Clearstream Banking AG) oder in ein System von Zentralbanken einbezogen sind iVm § 110 Abs. 4 SAG;
- Saldierungsvereinbarungen i.S.d § 2 Abs. 3 Nr. 43 SAG sowie Aufrechnungsvereinbarungen;
- Verbindlichkeiten aus begebenen Verbriefungstransaktionen und die verbrieften Forderungen;
- Gedeckte Schuldverschreibungen iSd § 2 Abs. 3 Nr. 24 SAG.

Der EBA-Standard zu Kategorien geschützter Vereinbarungen präzisiert das Verständnis erfasster (und nicht erfasster) Vereinbarungen, die in den Anwendungsbereich der Schutzvorschriften fallen. Der Standard gibt für die Praxis einige wichtige Anhaltspunkte für die Arten von Vereinbarungen und Vertragsklauseln, die auf den Aufteilungsschutz des § 110 SAG setzen können bzw. in welchen Fällen von einer restriktiven Lesart der Abwicklungsbehörde ausgegangen werden sollte. Dabei folgt der EBA-Standard dem Grundgedanken, dass die Rechtfertigung der Ausnahmen gleichermaßen in der Verringerung von Ansteckungsrisiken[1] sowie der Erkenntnis, dass die ausgenommenen Vereinbarungen in erheblichem Maße Refinanzierungsquellen der Institute darstellen[2], liegt. Tragendes Prinzip der im Standard vorgenommenen Präzisierungen ist auch, dass aufsichtlich getroffene Einstufungen grundsätzlich Geltung für Zwecke der Abwicklung beanspruchen sollen[3]. Dagegen wägt der Standard die Notwendigkeit der glaubwürdigen Durchführbarkeit des Abwicklungsinstruments ab. Im Einzelnen lassen sich aus dem EBA-Standard zu Kategorien geschützter Vereinbarungen folgende wesentliche Erkenntnisse ableiten: 7

Der Grundsatz des § 110 Abs. 1 SAG, wonach Übertragungsgegenstände nur zusammen mit den bestellten Sicherheiten übertragen werden können, ist einschränkend dergestalt zu verstehen, dass Sicherheiten klar dem jeweiligen Übertragungsgegenstand in Menge und Wert identifizierbar und zuordenbar sein müssen, wobei das Bedürfnis einer gewissen Übersicherung anerkannt wird[4]. Als Beispiel, das diesen Anforderungen nicht genügt, wird die „floating charge" vor „crystallisation" nach englischem Recht angeführt. 8

Hinsichtlich der Schutztatbestände der Saldierungs- und Aufrechnungsvereinbarungen regt der EBA-Standard an, den Anwendungsbereich auf Finanzkontrakte zu beschränken[5]. Ferner werden sog „Sweep up"- Klauseln grundsätzlich als Abwicklungshindernis und damit kritisch gesehen[6]. Auch sog „walk away"- Klauseln in Saldierungsvereinbarungen werden im Einklang mit der aufsichtlichen Eigenmitteleinstufung nach Art. 296 (2)(d) der Verordnung (EU) Nr. 575/2013 (CRR) für nicht schützenswert gehalten[7]. Ein „cross-product-netting" ist jedenfalls dann nicht von vornherein aus dem Schutzbereich ausgeschlossen, wenn es im Einklang mit Art. 295 (c) CRR erfolgt[8]. 9

Nicht zuletzt gibt das nationale Insolvenzrecht maßgebliche Anhaltspunkte für die Einstufung einer Vereinbarung unter die Tatbestände des § 110 SAG. Denn dieses limitiert 10

---

[1] Vgl. Nr. 12 des EBA-Standards zu Kategorien geschützter Vereinbarungen.
[2] Vgl. etwa Nr. 20, 26, 47 des EBA-Standards zu Kategorien geschützter Vereinbarungen.
[3] Vgl. grundsätzlich Beweggrund 95 der BRRD sowie Nr. 12 des EBA-Standards zu Kategorien geschützter Vereinbarungen.
[4] Nr. 10, 21, 22 des EBA-Standards zu Kategorien geschützter Vereinbarungen.
[5] Nr. 35, 42 des EBA-Standards zu Kategorien geschützter Vereinbarungen.
[6] Nr. 32 und Fn. 11 des EBA-Standards zu Kategorien geschützter Vereinbarungen.
[7] Nr. 43 des EBA-Standards zu Kategorien geschützter Vereinbarungen.
[8] Nr. 44 und Fn. 13 des EBA-Standards zu Kategorien geschützter Vereinbarungen.

B. Abwicklung

die Abwicklungsbehörde in ihrem Ermessen mit dem nach § 146 SAG vorgeschriebenen Vergleich mit einem hypothetischen Insolvenzverfahren.

11 Die **allgemeinen Abwicklungsbefugnisse** der §§ 78–88 dienen überwiegend der Vorbereitung, Beschleunigung und Erleichterung der Durchführung des Abwicklungsinstruments. Der Vorbereitung einer Abwicklungsanordnungen dienen die §§ 78 und 79 SAG. Demnach hat die Abwicklungsbehörde bei Vorliegen der Abwicklungsvoraussetzungen umfassende Rechte zur Prüfung vor Ort, die in ihrer Ausgestaltung stark an polizeiliche Befugnisse angelehnt sind, vgl. § 78 Abs. 1 Nr. 2, Abs. 2–4 SAG. Die praktische Relevanz der Befugnisse nach Absatz 2–4 bleibt abzuwarten. Ex ante ist eine solche Situation schwerlich vorstellbar, zumal die benötigten Informationen in aller Regel IT-mäßig verarbeitet und ohne Unterstützung des fachkundigen Personals nicht zeitnah abrufbar sein dürften. Von größerer praktischer Relevanz dürften dagegen die übrigen Befugnisse des § 78 Abs. 1 SAG sein, insbesondere mit Blick auf § 68 Abs. 1 Nr. 4 SAG das Recht, die Abberufung der Geschäftsleitung des in Abwicklung befindlichen Instituts zu verlangen, § 78 Abs. 1 Nr. 5 SAG. Ebenso adressiert § 79 SAG eine Reihe praktischer Abwicklungshindernisse im Vorfeld der Abwicklungsanordnung, die effizient nur durch die Abwicklungsbehörde beseitigt werden können. Ins Auge fällt insbesondere die Befugnis zur Anordnung von Kontinuitätsmaßnahmen. Hierunter fallen alle Maßnahmen, die erforderlich sind, um der Abwicklungsmaßnahme zur Wirksamkeit zu verhelfen bzw. dem übernehmenden Rechtsträger zur Wahrnehmung der übertragenden Tätigkeit, § 79 Abs. 7 SAG. Beispiele hierfür sind ausweislich der Gesetzbegründung der angeordnete Eintritt in Verträge des in Abwicklung befindlichen Instituts durch den übernehmenden Rechtsträger oder die Ersetzung des in Abwicklung befindlichen Instituts durch den übernehmenden Rechtsträger in einem Zivilprozess[9]. Bemerkenswert ist auch die ohne ausdrückliche Schranken vorgesehene behördliche Befugnis, bestehende Verträge einseitig zu ändern, § 79 Abs. 5 Nr. 1 SAG. Hiervon betroffene Gläubiger steht ein Schadensersatzanspruch nach § 147 S. 2 SAG zu. In dieser Konstellation dürfte die Bewertung nach § 146 SAG, wonach Maßstab für die Höhe eines Schadensersatzanspruchs der Vergleich mit dem Ausgang eines hypothetischen Insolvenzverfahrens ist, den sachverständigen Prüfer in besonderem Maße fordern, da diese Möglichkeit in einem regulären Insolvenzverfahren nicht bestanden hätte. Größte praktische Relevanz dürfte insbesondere § 82 SAG zukommen, der der Abwicklungsbehörde die Befugnis zur Aussetzung vertraglicher Pflichten verleiht. Dies zeigt das Beispiel der HETA Asset Resolution AG, bei der die österreichische Abwicklungsbehörde die Aussetzung der Zins- und Fälligkeitszahlungen bestimmter Verbindlichkeiten für über ein Jahr angeordnet hat[10].

12 Im gesetzlichen Regelfall hat die Abwicklungsbehörde nach Abschluss der Bewertung aber rechtzeitig vor Erlass der Abwicklungsanordnung einen **Vermarktungsprozess** für die Übertragungsgegenstände einzuleiten, § 126 Abs. 2 S. 4, Abs. 1 S. 1 SAG. Der Vermarktungsprozess hat die in § 126 Abs. 2 SAG aufgeführten Grundsätzen einzuhalten, die letztlich dem Ziel eines schnellen, transparenten, die Finanzmarktstabilität wahrenden und gewinnmaximierenden Bieterverfahrens dienen sollen. Für die Beurteilung der eingegangenen Angebote bietet die Bewertung der Übertragungsgegenstände nach § 69 SAG der Abwicklungsbehörde die Grundlage, § 111 Abs. 1 SAG. Weicht der tatsächlich erzielte Kaufpreis von dem nach § 69 SAG ermittelten Wert ab, können daraus keine Rechte abgeleitet werden, § 126 Abs. 4 SAG. Um den Erfolg des Instruments nicht durch unerwünschte

---

[9] BT-Drs. 18/2575, zu § 79, S. 169.
[10] Mandatsbescheid der Österreichischen Finanzmarktaufsicht FMA vom 1. März 2015, GZ FMA-AW00001/0001-ABB/2015.

Öffentlichkeit zu gefährden, unterliegen potentielle Erwerber der gesetzlichen Verschwiegenheitspflicht nach § 5 Abs. 2 Nr. 2 SAG.

Betrachtet man einen der prominenteren Fälle des Versuchs der Veräußerung einer Bank in der Krise der jüngeren Vergangenheit, nämlich den der Veräußerung der WestLB durch den Veräußerungsbevollmächtigten Friedrich Merz in den Jahren 2010/2011, stellt sich die Frage nach den Erfolgsaussichten eines solchen Verfahrens unter dem Zeitdruck des „Abwicklungswochenendes". Zwar erfolgten die Bemühungen um die WestLB in einem anderen, „Ante-BRRD-Rechtsrahmen" in Umsetzung einer Beihilfeentscheidung der Europäischen Kommission[11], als Lehrstück für die zu erwartenden Probleme, Zeitaufwand und Kosten einer solchen Maßnahme eignet sich der Fall dennoch. Die gesetzlich vorgesehenen Möglichkeiten, den Vermarktungsprozess zu flexibilisieren und auf ihn ggf. vollständig zu verzichten, §§ 126 Abs. 2 S. 4, 2. HS, Abs. 3 SAG, scheinen jedenfalls eher dann der praktische Regelfall denn die Ausnahme zu werden, wenn Anteile, Tochterunternehmen oder Geschäftsbereiche des betroffenen Institut veräußert werden sollen. Dagegen scheinen erste praktische Erfahrungen unter dem BRRD-Rechtsrahmen – soweit ersichtlich – zu zeigen, dass der gesetzliche Regelfall mit Blick auf einzelne Verbindlichkeiten funktionieren kann. So informierte die ungarische Zentralbank in ihrer Eigenschaft als Abwicklungsbehörde im Oktober 2015 über die Anwendung des Instruments der Unternehmensveräußerung auf die MKB Bank Zrt. hinsichtlich zweier Darlehn, die auf unterschiedliche Käufer übertragen wurden[12]. Nähere Anhaltspunkte zu den Umständen, unter denen die Behörde auf die Durchführung eines Vermarktungsprozesses verzichten kann, lassen sich den seit dem 1. August 2015 geltenden Leitlinien der Europäischen Bankenaufsicht EBA Nummer EBA/GL/2015/04 entnehmen. In die Beurteilung der Beeinträchtigung der Effektivität des Instruments der Unternehmensveräußerung nach § 126 Abs. 3 SAG hat die Behörde etwa *„[…] das Risiko, dass das Marketing gegenüber einem größeren potenziellen Käuferkreis und die Offenlegung von Risiken und Bewertungen oder die Bestimmung kritischer und nicht kritischer Funktionen in Bezug auf das in Abwicklung befindliche Institut zu einer zusätzlichen Unsicherheit und einem Verlust des Marktvertrauens führt"* [13] einfließen zu lassen. Insbesondere sollte sich durch die Vorbereitungen auf den Vermarktungsprozess nicht das Risiko erhöhen, dass das Institut in die Abwicklung eintritt.

Der Gesetzgeber geht ausweislich der Gesetzbegründung[14] davon aus, dass nach der Anwendung des Instruments der Unternehmensveräußerung die „too-big-too-fail"-Problematik der Durchführung eines regulären **Insolvenzverfahren** bzw. der Liquidation nicht mehr entgegensteht. Daher ist die Abwicklungsbehörde gehalten zu prüfen, ob hinsichtlich des abgebenden Rechtsträgers ein Insolvenzgrund vorliegt. Kommt sie zu dem Ergebnis, dass ein solcher vorliegt, stellt sie unverzüglich einen Insolvenzantrag, § 116 Abs. 1 S. 1. Abweichend von einem regulären Insolvenzverfahren über das Vermögen eines Instituts kann der Insolvenzantrag nur von der Abwicklungsbehörde (nicht der Aufsichtsbehörde) gestellt werden, §§ 116 Abs. 1 S. 2 SAG iVm § 46b Abs. 1 S. 4 KWG. Kommt die Abwicklungsbehörde zu dem Ergebnis, dass kein Insolvenzgrund vorliegt, veranlasst sie die Liquidation der Gesellschaft, § 116 Abs. 1 S. 2 SAG. Die von der Abwicklungsanordnung

---

[11] ENTSCHEIDUNG DER KOMMISSION vom 12.5.2009 ÜBER DIE STAATLICHE BEIHILFE, C 43/2008 (ex N 390/2008), die Deutschland zur Umstrukturierung der WestLB AG gewähren will.

[12] Entscheidung Nr. H-SZN-I 27/2015, reference number 4506-123/2015 sowie Entscheidung Nr. H-SZN-I 28/2015, reference number 4506-121/2015.

[13] EBA/GL/2015/04, Titel III Nr. 5a.

[14] BT-Drs. 18/2575, zu § 116, S. 181.

B. Abwicklung

erfassten Übertragungsgegenstände gehören nicht zur Insolvenzmasse. Das gilt auch dann, wenn die Übertragung der Übertragungsgegenstände daran gescheitert ist, dass eine ausländische Rechtsordnung die Abwicklungsanordnung nicht anerkennt, § 117 Abs. 3 SAG. Eine Haftung des übernehmenden Rechtsträgers für von der Abwicklungsanordnung nicht erfasste Verbindlichkeiten ist ausgeschlossen, § 116 Abs. 2 SAG.

15 Dem bei grenzüberschreitenden Sachverhalten nicht selten auftretenden Problem, dass eine **ausländische Rechtsordnung** die Wirkungen einer Abwicklungsanordnung nicht anerkennt, begegnet § 117 SAG. Demnach ist der übertragende Rechtsträger verpflichtet, sämtliche Maßnahmen zu ergreifen, die den Rechtsübergang nach dem ausländischen Recht ermöglichen sollen, § 117 Abs. 1 SAG. Ferner sind übertragender und übernehmender Rechtsträger verpflichtet, sich gegenseitig so zu stellen, als wäre die Übertragung erfolgreich gewesen, § 117 Abs. 2. § 117 SAG greift sogar dann, wenn Zweifel daran bestehen, ob die ausländische Rechtsordnung die Abwicklungsanordnung anerkennt, § 117 Abs. 3 SAG. In der Praxis sollte § 117 SAG seinen Hauptanwendungsbereich bei Drittstaaten iSd § 2 Abs. 3 Nr. 12 SAG haben, also solchen Staaten, die kein Mitgliedstaat des Europäischen Wirtschaftsraums sind (vgl. § 2 Abs. 3 Nr. 40 SAG). Für Mitgliedstaaten sollte über die Umsetzung des Art. 117 BRRD in nationales Recht das Risiko der Nichtanerkennung der Abwicklungsanordnung reduziert sein.

16 Der aufnehmende Rechtsträger hat grundsätzlich ohne Privilegierungen die erforderlichen **Erlaubnis-, Zulassungs- und Genehmigungsverfahren** zu durchlaufen. Die §§ 119–122 geben der Abwicklungsbehörde bestimmte Rechte, sich in diese Vorgänge zu involvieren. Auffällig ist das Zusammenspiel von § 120 Abs. 3 SAG und § 122 Abs. 3 SAG. Demnach könnte eine inländische Behörde die erforderliche Zustimmung nur mit Genehmigung der Abwicklungsbehörde untersagen, soweit ein ausländischer Rechtsakt in Deutschland umgesetzt wird und die Abwicklungsbehörde dieses Verfahren koordiniert. Bei einem rein inländischen Verfahren könnte dagegen die Aufsicht eine Übertragung nach § 107 untersagen. Hier leuchtet nicht ein, warum der Gedanke des § 122 Abs. 3 SAG bei rein inländischen Sachverhalten nicht erst recht gelten soll.

17 Die Abwicklungsbehörde hat die Möglichkeit, innerhalb von vier Monaten nach dem Wirksamwerden der Abwicklungsanordnung die **Rückübertragung** von Übertragungsgegenständen anzuordnen. Hierfür bedarf sie der Zustimmung des abgebenden Rechtsträgers, § 127 Abs. 1 SAG. Der betroffene Übertragungsgegenstand gilt als von Anfang an im Vermögen des Übertragenden verblieben, § 127 Abs. 2 SAG. § 127 Abs. 3 SAG sieht vor, dass in dem Fall Gegenleistung oder Ausgleichsverbindlichkeit nach § 111 anzupassen ist. Die Gesetzbegründung erläutert hierzu, dass das Gesetz keine konkreten Vorgaben enthalte, weil die Umstände des Einzelfalls entscheidend seien. Als Beispiel führt sie aus, dass, wenn die Gegenleistung aus Schuldtitel bestehe, unter Umständen schon Zinszahlungen erfolgt seien[15]. Das scheint mit Blick auf § 111 SAG jedoch nicht schlüssig zu sein. Zunächst entstehen im Falle der Anwendung des Instruments der Unternehmensveräußerung weder eine Gegenleistung noch eine Ausgleichsverbindlichkeit im Sinn der in § 111 Abs. 2–6 SAG verwendeten termini technici. Es dürfte in der Sache zwar unstreitig sein, dass es auch beim Instrument der Unternehmensveräußerung einen Gegenwert im Sinne eines (positiven oder negativen) Kaufpreises geben muss. Das ergibt sich aber implizit aus dem Vermarktungsprozess und explizit aus § 126 Abs. 4 SAG. Dieser muss auch einem Drittvergleich standhalten, § 112 SAG. Die Vorgaben des § 111 Abs. 2- 6 beziehen sich aber auf jeweils andere Abwicklungsinstrumente als das Instrument der Unternehmensveräußerung. Auch das

---

[15] BT-Drs. 18/2575 zu § 127, S. 184.

Beispiel der Gesetzesbegründung läuft zumindest dann ins Leere, wenn man davon ausgeht, dass die Möglichkeit, die Gegenleistung in Schuldtiteln des übernehmenden Rechtsträgers erbringen zu können, nur in den gesetzlich vorgesehenen Fällen, hier also dem Instrument der Übertragung auf eine Vermögensverwaltungsgesellschaft, besteht, vgl. §§ 111 Abs. 5 S. 2 SAG. Regelungszweck des § 127 Abs. 3 SAG scheint vielmehr ein Ausgleich, der zwischenzeitlich erbrachten Aufwendungen bzw. erhaltenen Erträge zwischen den betroffenen Einheiten zu sein. Dies wäre die schlüssige Lesart, da nach § 126 Abs. 4 SAG Abweichungen von dem nach § 69 ermittelten Wert ja gerade keine Ansprüche der Verfahrensbeteiligten oder Dritter begründen können sollen. Die Möglichkeit der Abwicklungsbehörde anzuordnen, dass die ihr zustehenden Gebühren und Auslagen vorweg durch Abzug von der Gegenleistung beglichen werden, besteht nach dem Wortlaut des 142 Nr. 1 SAG für das Instrument der Unternehmensveräußerung nicht.

b) Instrument der Übertragung auf eine Vermögensverwaltungsgesellschaft

aa) Wesentliche Rechtsgrundlagen

- BRRD: allgemeine Befugnisse Art. 63–72; 76–80; spezielle in Art. 42
- SAG: allgemeine Vorschriften in den §§ 78–86, 107–125, spezielle in §§ 132–135
- SRM-Verordnung: Art. 26
  Andere:
- EBA Guidelines on the minimum list of services or facilities that are necessary to enable a recipient to operate a business transferred to it under Article 65(5) of Directive 2014/59/EU (EBA/GL/2015/06 vom 6.8.15)
- EBA Guidelines on the determination of when the liquidation of assets or liabilities under normal insolvency proceedings could have an adverse effect on one or more financial markets under Article 42 (14) of Directive 2014/59/EU (EBA/GL/2015/05 vom 7.8.15)
- Technical Advice by the European Banking Authority on classes of arrangements to be protected in a partial property transfer /EBA/Op/2015/15 vom 14. August 2015)

bb) Funktionsweise

Das Instrument der Übertragung auf eine Vermögensverwaltungsgesellschaft kann erst nach Anwendung des Instruments der Beteiligung der Inhaber relevanter Kapitalinstrumente zum Einsatz kommen und soweit dieses nicht bereits zur Erreichung der Abwicklungsziele ausreichend ist, § 77 Abs. 6 SAG. Anders als das Instrument der Unternehmensveräußerung kann das Instrument der Übertragung auf eine Vermögensverwaltungsgesellschaft nur gemeinsam mit einem anderen Abwicklungsinstrument angewendet werden, § 77 Abs. 7 SAG. Ausweislich der Legaldefinition des § 2 Abs. 3 Nr. 4 sind Abwicklungsinstrumente die Instrumente nach §§ 89, 90 oder 107. Demnach wäre § 77 Abs. 7 SAG bereits mit der nach Absatz 6 ohnehin angeordneten Anwendung des Instruments der Beteiligung der Inhaber relevanter Kapitalinstrumente nach § 89 SAG erfüllbar. Dann käme der Norm im Vergleich zu Absatz 6 allerdings kein eigener Regelungsgehalt zu. Intendiert scheint vielmehr zu sein, das Instrument der Übertragung auf eine Vermögensverwaltungsgesellschaft als Begleitinstrument des Instruments der Gläubigerbeteiligung bzw. der Instruments der Unternehmensveräußerung und des Instruments der Übertragung auf ein Brückeninstitut nach § 90 und 107 SAG zu sehen. Dafür spricht auch Art. 37 Abs. 5 iVm Abs. 3 BRRD, der hier umgesetzt werden soll.

18

19 Die Umstände des Einzelfalls können allerdings dazu führen, dass mit Blick auf § 146 SAG vorab oder begleitend jedenfalls das Instrument der Gläubigerbeteiligung nach § 90 SAG zum Einsatz kommen muss[16]. So darf der Schutzmechanismus des § 110 SAG nicht dazu führen, dass das eigentlich vorgesehene Prinzip der Beteiligung der Gläubiger an den Verlusten des abzuwickelnden Instituts durch eine teilweise Vermögensübertragung ausgehebelt wird. Dies ist beispielsweise in einem Szenario denkbar, in dem mit Teilen des Vermögens unbesicherte Gläubiger etwa aus Gründen des Erhalts kritischer Funktionen ohne Verlustbeteiligung auf den übernehmenden Rechtsträger übertragen werden sollen.

20 Liegen die Abwicklungsvoraussetzungen vor (s. u. Abschnitt 3), kann die Abwicklungsbehörde in einer Abwicklungsanordnung anordnen, dass ein Teil oder die Gesamtheit des Vermögens eines in Abwicklung befindlichen Instituts oder gruppenangehörigen Unternehmens einschließlich seiner Verbindlichkeiten auf eine Vermögensverwaltungsgesellschaft übertragen wird, § 107 Abs. 1 Nr. 2 SAG. Auch die Übertragung von einem Brückeninstitut ist möglich, vgl. § 132 Abs. 1 Nr. 2, Alt. 2, 133 Abs. 4 SAG.

21 Zusätzlich zu den allgemeinen Anwendungsvoraussetzungen muss eine der weiteren Voraussetzungen des § 132 SAG vorliegen. Demnach muss die Übertragung auf die Vermögensverwaltungsgesellschaft entweder erforderlich sein, weil die Verwertung im Rahmen eines Insolvenzverfahrens negative Auswirkungen auf den Finanzmarkt haben könnte (§ 132 Abs. 1 Nr. 1 SAG) oder um das ordnungsgemäße Funktionieren des abgebenden Rechtsträger sicherzustellen (§ 132 Abs. 1 Nr. 2 SAG). Auch die Möglichkeit der Verwertungserlösmaximierung genügt den Anforderungen, § 132 Abs. 1 Nr. 3 SAG. Die EBA Guidelines on the determination of when the liquidation of assets or liabilities under normal insolvency proceedings could have an adverse effect on one or more financial markets under Article 42 (14) of Directive 2014/59/EU (EBA/GL/2015/05 vom 7.8.15) geben Anhaltspunkte, wann ein Insolvenzverfahren negative Auswirkungen auf den Finanzmarkt haben könnte.

22 Hinsichtlich der erfassbaren Übertragungsgegenstände und des Ablaufs des Erlasses einer Abwicklungsanordnung gibt es keine Unterschiede zum Instrument der Unternehmensveräußerung. Die für die Übertragung erforderliche Einwilligung des übernehmenden Rechtsträger bedarf allerdings nicht der öffentlichen Beurkundung (arg. ex § 109 Abs. 1 S. 2 SAG).

23 Die Vermögensverwaltungsgesellschaft muss sich in öffentlicher Hand befinden oder von der Abwicklungsbehörde kontrolliert werden, § 133 Abs. 1 SAG. Ihr Gründungsdokumente, Geschäftsleiter, Vergütungsregeln sowie ihre Geschäftsorganisation bedürfen der Zustimmung der Abwicklungsbehörde, §§ 132 Abs. 2, 128 Abs. 2 SAG. Als satzungsmäßiger Gesellschaftszweck ist die Verwaltung der Übertragungsgegenstände mit dem Ziel, die Verwertungserlöse durch Veräußerung oder geordnete Abwicklung zu maximieren, vorzusehen, § 133 Abs. 3 SAG. Die Haftung der Geschäftsleiter der Vermögensverwaltungsgesellschaft ist auf Vorsatz und grobe Fahrlässigkeit beschränkt; eine Schadensersatzpflicht nach § 31 BGB ist ausgeschlossen, § 133 Abs. 5 SAG.

24 Anders als beim Instrument der Unternehmensveräußerung besteht keine Insolvenzantragspflicht über das Vermögen des in Abwicklung befindlichen Instituts nach § 116 Abs. 1 SAG.

25 Ist der Wert der Übertragungsgegenstände auf Grundlage der nach § 69 SAG durchgeführten Bewertung positiv, schuldet die Vermögensverwaltungsgesellschaft dem abgebenden Rechtsträger eine Gegenleistung, ist der Wert negativ schuldet der abgebende Rechtsträger der Vermögensverwaltungsgesellschaft eine Ausgleichsverbindlichkeit, § 111

---

[16] Nr. 13 des EBA-Standards zu Kategorien geschützter Vereinbarungen.

Abs. 2 bzw. Abs. 3 SAG. Die Gegenleistung ist in Geld, Anteilen oder in von der Vermögensverwaltungsgesellschaft emittierten Schuldtiteln zu leisten, § 111 Abs. 5 S. 1, 2 SAG. Das Gesetz sieht keine Präferenz hinsichtlich der Ausgestaltung der Gegenleistung vor. Sind Übertragungsgegenstände Anteile des in Abwicklung befindlichen Instituts, wird die Gegenleistung den Anteilsinhabern des Instituts geschuldet, sonst dem Institut selber, § 111 Abs. 5 S. 4, 5 SAG. Sind die Anteilsinhaber nicht bekannt, kann die Gegenleistung nach den Vorschriften des Bürgerlichen Gesetzbuchs hinterlegt werden, § 111 Abs. 5 S. 7 SAG. Besteht die Gegenleistung in Anteilen, darf die Abwicklungsanordnung erst erlassen werden, wenn die hierfür erforderlichen Beschlüsse der Anteilsinhaberversammlung des übernehmenden Rechtsträgers gefasst wurden, § 109 Abs. 2 SAG.

Die Verpflichtung zur Gegenleistung bzw. Ausgleichsverbindlichkeit entsteht mit Bekanntgabe der Abwicklungsanordnung, § 111 Abs. 6 S. 1, wobei sich die Fälligkeit und der insolvenzrechtliche Rang der Ausgleichsverbindlichkeit nach Fälligkeit und Rang der von der Übertragung erfassten Verbindlichkeiten richtet, § 111 Abs. 6 S. 2 SAG. Die Bedienung der Ausgleichsverbindlichkeit durch das in Abwicklung befindliche Institut kann damit je nach Verbindlichkeiten abgestuft und über einen langen Zeitraum hinweg erfolgen. Die Übertragung muss einem Drittvergleich standhalten, § 112 SAG. Erfolgt die Übertragung auf die Vermögensverwaltungsgesellschaft von einem Brückeninstitut, richtet sich die Ermittlung der Gegenleistung / Ausgleichsverbindlichkeit nach § 134 SAG. Aufgrund der Formulierung des § 134 SAG, die sich auf die Gegenleistung bezieht, die das Brückeninstitut geleistet hat oder zu leisten hat, ist davon auszugehen, dass mit der Gegenleistung, die das Brückeninstitut zu leisten hat, die Ausgleichsverbindlichkeit gemeint ist und der Verweis auf § 111 Abs. 2 sowie Absatz 3 beziehen sollte. Die vom Brückeninstitut erbrachte Gegenleistung bzw. zugeschriebene Ausgleichsverbindlichkeit soll die Untergrenze der bei der Übertragung auf die Vermögensverwaltungsgesellschaft festzulegende Leistung sein. Die Abwicklungsbehörde kann anordnen, dass die ihr zustehenden Gebühren und Auslagen vorweg durch Abzug von der Gegenleistung beglichen werden, §§ 111 Abs. 5 S. 6, 142 Nr. 1 SAG.

Die Abwicklungsbehörde hat die Möglichkeit, die Rückübertragung von Übertragungsgegenständen anzuordnen. Hierfür gelten andere Voraussetzungen als beim Instrument der Unternehmensveräußerung. Nach §§ 135, 131 Abs. 1 Nr. 1 SAG muss diese Möglichkeit in der Abwicklungsanordnung allerdings ausdrücklich vorbehalten worden sein oder es muss sich herausgestellt haben, dass die betroffenen Gegenstände von der Abwicklungsanordnung gar nicht erfasst waren, §§ 135, 131 Abs. 1 Nr. 2 SAG. Die Möglichkeit der Rückübertragung ist befristet, wobei die Abwicklungsbehörde die Dauer der Befristung festlegt, §§ 133, 128 Ans. 1 S. 2 SAG.

3. Abwicklungsbefugnis, Voraussetzungen und weitere Befugnisse (§§ 62–88 SAG)

Der vierte Teil des SAG befasst sich mit der eigentlichen Abwicklung und dort im ersten Kapitel mit der Abwicklungsbefugnis, Voraussetzungen und weiteren Befugnissen. Einleitend sind daher zunächst die Begrifflichkeiten zu klären, die in der nachfolgenden Übersicht zusammengefasst sind. Oberbegriff und Ausgangsbpunkt der behördlichen Eingriffsrechte der Bankenabwicklung ist die Abwickungsmaßnahme. Hierunter fallen nach der Legaldefinition des § 2 Abs. 3 Nr. 5 SAG drei Alternativen:

Abwicklungsmaßnahme, § 2 Abs. 3 Nr. 5 SAG		
Alternative 1 Entscheidung über die **Abwicklung eines Instituts** bei Vorliegen der Abwicklungsvoraussetzungen nach § 62 SAG oder § 64 SAG	**Alternative 2** **Abwicklung eines Instituts** Abwicklung = Anwendung eines Abwicklungsinstruments (zur Erreichung der Abwicklungsziele); § 2 Abs. 3 Nr. 1 SAG	**Alternative 3** Ausübung einer **Abwicklungsbefugnis**
Abwicklungsinstrumente sind nach § 2 Abs. 3 Nr. 4: • Instrument der Beteiligung der Inhaber relevanter Kapitalinstrumente, § 89 SAG • Instrument der Gläubigerbeteiligung, § 90 SAG • Instrumente der Übertragung von Anteilen, Vermögenswerten, Verbindlichkeiten und Rechtsverhältnissen, § 107 SAG Von den Abwicklungs-instrumenten ist nur das Instrument der Beteiligung der Inhaber relevanter Kapitalinstrumente nach § 89 SAG zugleich **Krisen-präventionsinstrument**, § 2 Abs. 3 Nr. 37d SAG **Abwicklungsziele** sind in § 67 SAG festgehalten		**Abwicklungsbefugnisse** sind nach § 2 Abs. 3 Nr. 2: • §§ 78–86 SAG • § 101 SAG • § 107 SAG • § 144 SAG • § 153 SAG
In Abwicklung befindliches Institut, § 2 Abs. 3 Nr. 33 SAG = Institut, für das eine Abwicklungsmaßnahme getroffen wurde		
Gruppenabwicklung, § 2 Abs. 3 Nr. 29 SAG • Abwicklungsmaßnahme auf der Ebene des Mutterunternehmens oder des einer der Beaufsichtigung auf konsolidierter Basis unterliegenden Instituts sowie • die Koordinierung der Anwendung von Abwicklungsinstrumenten und der Ausübung von Abwicklungsbefugnissen durch Abwicklungsbehörden in Bezug auf Unternehmen einer Gruppe, die die Voraussetzungen für eine Abwicklung erfüllen		
Krisenmanagementmaßnahme, § 2 Abs. 3 Nr. 36 SAG • ist eine Abwicklungsmaßnahme oder • Ausübung einer Kontrollbefugnis nach § 86 Abs. 1		

29 Die Legaldefinitionen werfen einige Unklarheiten auf. So fehlt etwa in der ersten Alternative ein Verweis auf die §§ 65, 66 SAG, die die Abwicklungsvoraussetzungen für das Instrument der Beteiligung der Inhaber relevanter Kapitalinstrumente nach § 89 SAG beinhalten. Unklar ist auch der Hintergrund der Einstufung der Eingriffsmöglichkeiten nach § 107 sowohl als Abwicklungsinstrument als auch als Abwicklungsbefugnis. Denn § 107 SAG normiert über das Instrument der Übertragung von Anteilen, Vermögenswerten, Verbindlichkeiten und Rechtsverhältnissen hinaus keine behördlichen Eingriffsrechte, sodass für eine zusätzliche Einstufung als Abwicklungsbefugnis keine Notwendigkeit zu bestehen scheint. Für Zwecke dieses Kapitels gilt in entsprechender Anpassung der Legaldefinitionen folgendes Verständnis:
- Abwicklungsvoraussetzungen sind solche nach §§ 62, 64, 65 und 66 SAG
- Abwicklungsbefugnisse sind die in § 2 Abs. 3 Nr. 2 SAG aufgelisteten ohne § 107 SAG.

30 Die Abwicklungsbefugnisse in diesem Sinne wurden bereits oben unter 2) bei den dort beschriebenen Separierungsinstrumenten skizziert.

31 Im Folgenden werden die Abwicklungsvoraussetzungen im vorgenannten Sinne näher beleuchtet. Dabei ist zu beachten, dass die Prüfung des Vorliegens der Abwicklungsvoraussetzungen primär eine Verantwortlichkeit der zuständigen Behörden ist. Allerdings unterliegen auch sämtlich Institute im Sinne des § 2 Abs. 1 SAG und gruppenangehörigen Unternehmen nach § 2 Abs. 3 Nr. 30, 28 einer Mitteilungspflicht nach § 138 SAG. Dem-

IV. Abwicklungsbefugnisse und Abwicklungsinstrumente

nach hat die Geschäftsleitung die Aufsichts- und Abwicklungsbehörden unverzüglich über die nach ihrer Einschätzung vorliegende (drohende) Bestandsgefährdung des Instituts/gruppenangehörigen Unternehmens zu informieren. Die vorwerfbare Verletzung der Mitteilungspflicht stellt eine Ordnungswidrigkeit dar und kann mit einem Bußgeld von bis zu fünf Millionen EUR belegt werden, § 138 Abs. 1 Nr. 8, Abs. 2 Nr. 1 SAG. Sollte mit der unterbliebenen/unrichtigen Mitteilung ein wirtschaftlicher Vorteile für das Unternehmen einher gegangen sein, kann das Bußgeld nach Maßgabe des § 138 Abs. 3 und 4 erhöht werden und bis zu 10 % des Jahresnettoumsatzes des Vorjahres des Unternehmens oder das Zweifache des erlangten Mehrerlöses betragen.

Die Abwicklungsvoraussetzungen folgen einem komplexen System und variieren in Abhängigkeit vom Abwicklungsinstrument. Sie folgen dem übergeordneten Grundsatz, dass vorrangig Anteilsinhaber und Inhaber anderer Instrumente des harten Kernkapitals iSd Art. 28 CRR[17] sowie des zusätzlichen Kernkapitals i.S.d Art. 52 und Ergänzungskapitals iSd Art. 63 CRR herangezogen werden. Dem folgend gibt es neben den Abwicklungsvoraussetzungen, die für alle Abwicklungsinstrumente gelten („Resolution Trigger"), für das Instrument der Betiligung der Inhaber relevanter Kapitalinstrumente als Krisenpräventionsinstrument eine weitere vorgezogene Eingriffsmöglichkeit, die sich nach den Vorgaben der BRRD[18] an der Nichttragfähigkeit des Instituts (Point of non vialbility – PONV) ausrichtet. Daraus werden ferner Vorgaben zur Anwendungsreihenfolge der Abwicklungsinstrumente abgeleitet. Die Abwicklungsvoraussetzungen unterscheiden zudem nach der Eingriffsebene, also der Anwendung auf Ebene eines übergeordneten oder untergeordneten Unternehmens. Vor diesem Hintergrund bietet sich eine Darstellung in Prüfungsschemata je Abwicklungsinstrument und Eingriffsebene an. 32

Eine Ausnahme stellen die Inhaber von CET1-Kapitalia dar. Es is zwar vorgeschrieben, dass die Anteilsinhaber nach § 2 Abs. 3 Nr. 6 SAG und die Inhaber anderer Instrumente des harten Kernkapitals iSd § 2 Abs. 3 Nr. 32, Art. 28 CRR (zusammen CET 1) des betroffenen Instituts als erste in der Haftungskaskade herangezogen werden, § 97 Abs. 1 Nr. 1 SAG. Erst wenn diese Kategorie aufgebraucht ist, werden die Inhaber relevanter Kapitalinstrumente und dann die Gläubiger berücksichtigungsfähiger Vebrindlichkeiten herangezogen, § 97 Abs. 1 S. 2 SAG. Allerdings gibt es für sie keine gesonderten Abwicklungsvoraussetzungen, da sich ihre Verlustbeteiligung mittelbar aus der Abwicklung des Instituts ergibt, vgl. § 100 Abs. 1 SAG. 33

---

[17] Verordnung (EU) Nr. 575/2013 des Euroäischen Parlaments und des Rates vom 26. Juni 2013 über Aufsichtsanforderungen an Kreditinstitute und Wertpapierfirmen und zur Änderung der Verordnung (EU) Nr. 646/2012.

[18] Vgl. insbes. Erwägungsgrund 81 der BRRD.

Instrument der Beteiligung der Inhaber relevanter Kapitalinstrumente, § 89 SAG

	Variante „PONV" auf Mutterebene, § 65 Abs. 1 Alt. 1, § 62 SAG	
A. Vorliegen relevanter Kapitalinstrumente, die die Voraussetzungen des § 65 Abs. 1 Nr. 2 oder 3 erfüllen	I. Relevante Kapitalinstrumente nach § 2 Abs. 2 SAG (AT 1 und Tier 2)	
	II. Von einem inländischen Mutterunternehmen iSd § 2 Abs. 4 Nr. 1 SAG iVm Art. 4 Abs. 1 Nr. 15 CRR ausgegeben und auf Einzel- oder konsolidierter Basis für Eigenmittelanforderungen anerkannt, § 65 Abs. 2 Nr. 2	
	ODER	
	Von einem Institut ausgegeben, dem außerordentliche finanzielle Unterstützung aus öff. Mitteln iSd § 2 Abs. 3 Nr. 9 SAG (Beihilfe) bewilligt wird, die nicht der Schließung von in aufsichtlichen Stresstests ermittelten Kapitallücken dienen (§ 65 Abs. 1 Nr. 3, § 63 Abs. 2 S. 2 Nr. 3)	
B. Voraussetzungen des § 62 Abs. 1 SAG liegen vor	I. Bestandsgefährdung, §§ 62 Abs. 1 Nr. 1, 65 Abs. 2 SAG	1) Maßnahmen nach § 45 Abs. 2 KWG (ggf. iVm § 45 Abs. 1 S. 3 KWG) wären gerechtfertigt, dh • Verstoß gegen Eigenmittelanforderungen nach Art. 24–386 CRR oder • § 10 Abs. 3 (SREP) und 4 KWG oder • § 45b Abs. 1 S. 2 KWG (Maßnahmen bei organisatorischen Mängeln ODER 2) es liegen objektive Anhaltspunkte dafür vor, dass ein Verstoß nach Nr. 1) in naher Zukunft bevorsteht, § 65 Abs. 2 Nr. 2 SAG
		3) Nach der ab dem 1.1.16 gültigen EBA-Richtlinie[19] sind in die Beurteilung der (drohenden) Bestandsgefährdung drei objektive Elemente einzubeziehen: a) Kapital (Anhaltpunkte: Art. 92 CRR+104 (1)(a) BRRD + aufsichtlicher AQR + Abwicklungsbewertung)[20], insbesondere SREP-Score „F" oder „4"[21] b) Liquidität (Anhaltpunkte: Art. 105 CRD IV, Nichtzahlung fälliger Forderungen, Rating Downgrade, Liquiditätspuffer, Ansteigen der Fundingkosten)[22] c) andere Zulassungsvoraussetzungen (Anhaltspunkte: Entzug der Zulassung, wesentlich falsche Bilanzen/aufsichtliche Meldungen, kein Abschlussprüfervermerk, erhebliche operationelle Mängel)[23] Die Kriterien sind allerdings weder zwingend kumulativ zu verstehen, noch soll ihre Verletzung zu einem Automatismus führen. Im Ergebnis ist unter Abwägung der Gesamtumstände ein „expert judgement" zu treffen.[24]

---

[19] EBA/GL/2015/07 vom 6.8.15 (Guidelines on failing or likely to fail)
[20] Nr. 19–22 der EBA/GL/2015/07
[21] Nr. 31–32 der EBA/GL/2015/07
[22] Nr. 23–25 der EBA/GL/2015/07
[23] Nr. 26–30 der EBA/GL/2015/07
[24] Nr. 7, 15 der EBA/GL/2015/07

IV. Abwicklungsbefugnisse und Abwicklungsinstrumente

	Variante „PONV" auf Mutterebene, § 65 Abs. 1 Alt. 1, § 62 SAG	
		4) Abwicklungsbehörde stellt Vorliegen der Voraussetzungen des § 62 Abs. 1 SAG fest
	II. Durchführung der Maßnahme zur Erreichung der Abwicklungsziele erforderlich und verhältnismäßig und dies bei einem regulären Insolvenzverfahren nicht im selben Umfang der Fall wäre, § 62 Abs. 1 Nr. 2	
	III. Die Bestandsgefährdung lässt sich nicht durch alternative Maßnahmen ebenso sicher und schnell beseitigen, § 62 Abs. 1 Nr. 3	Alternative Maßnahmen können sowohl Maßnahmen des Privatsektors (einschließlich Institutssicherungssysteme) oder solche der Aufsicht (Frühintervention nach §§ 36–38 SAG oder Maßnahmen in besonderen Fällen nach §§ 45–46 KWG), § 62 Abs. 1 Nr. 3 a), b) SAG

Instrument der Beteiligung der Inhaber relevanter Kapitalinstrumente, § 89 SAG

	Variante „Resolution Trigger" auf Mutterebene, § 65 Abs. 1 Alt. 1, § 62 SAG	
A. Vorliegen relevanter Kapitalinstrumente, die die Voraussetzungen des § 65 Abs. 1 Nr. 2 oder 3 erfüllen	I. Relevante Kapitalinstrumente nach § 2 Abs. 2 SAG (AT 1 und Tier 2)	
	II. Von einem inländischen Mutterunternehmen iSd § 2 Abs. 4 Nr. 1 SAG iVm Art. 4 Abs. 1 Nr. 15 CRR ausgegeben und auf Einzel- oder konsolidierter Basis für Eigenmittelanforderungen anerkannt, § 65 Abs. 2 Nr. 2 ODER Von einem Institut ausgegeben, dem außerordentliche finanzielle Unterstützung aus öff. Mitteln iSd § 2 Abs. 3 Nr. 9 SAG (Beihilfe) bewilligt wird, die nicht der Schließung von in aufsichtlichen Stresstests ermittelten Kapitallücken dienen (§ 65 Abs. 1 Nr. 3, § 63 Abs. 2 S. 2 Nr. 3)	
B. Voraussetzungen des § 62 Abs. 1 liegen vor	I. Bestandsgefährdung des Instituts, § 62 Abs. 1 Nr. 1 iVm § 63 SAG	1) Aufhebung der Erlaubnis nach § 32 KWG ist gerechtfertigt oder es liegen objektive Anhaltspunkte vor, dass dies in naher Zukunft bevorsteht, § 63 Abs. 1 Nr. 1 oder 2) Vermögenswerte unterschreiten Verbindlichkeiten oder es liegen objektive Anhaltspunkte vor, dass dies in naher Zukunft bevorsteht, § 63 Abs. 1 Nr. 2 oder 3) Institut ist zahlungsunfähig oder es liegen objektive Anhaltspunkte vor, dass dies in naher Zukunft bevorsteht, § 63 Abs. 1 Nr. 3 (Abwendungsmöglichkeit durch staatliche Garantien nach § 63 Abs. 2 Nr. ½ SAG)) oder 4) Bewilligung einer außerordentlichen finanziellen Unterstützung aus öffentlichen Mitteln, § 63 Abs. 2 S. 1 SAG (Ausnahmen für bestimmte Sachverhalte nach § 63 Abs. 2 S. 2 SAG wie)

Variante „Resolution Trigger" auf Mutterebene, § 65 Abs. 1 Alt. 1, § 62 SAG	
	5) Nach der ab dem 1.1.16 gültigen EBA-Richtlinie[25] sind in die Beurteilung der (drohenden) Bestandsgefährdung drei objektive Elemente einzubeziehen a) Kapital (Anhaltpunkte: Art. 92 CRR+104 (1)(a) BRRD + aufsichtlicher AQR + Abwicklungsbewertung)[26], insbesondere SREP-Score „F" oder „4")[27] b) Liquidität ((Anhaltpunkte: Art. 105 CRD IV, Nichtzahlung fälliger Forderungen, Rating Downgrade, Liquiditätspuffer, Ansteigen der Fundingkosten)[28] c) andere Zulassungsvoraussetzungen (Anhaltpunkte: Entzug der Zulassung, wesentlich falsche Bilanzen/aufsichtliche Meldungen, kein Abschlussprüfervermerk, erhebliche operationelle Mängel)[29] Die Kriterien sind allerdings weder kumulativ zu verstehen, noch soll ihre Verletzung zu einem Automatismus führen. Im Ergebnis ist unter Abwägung der Gesamtumstände ein „expert judgement" zu treffen.[30]
	6) Abwicklungsbehörde stellt nach Anhörung der Aufsichtsbehörde (oder umgekehrt) die Bestandsgefährdung fest, § 62 Abs. 2 SAG
II. Durchführung der Maßnahme zur Erreichung der Abwicklungsziele erforderlich und verhältnismäßig und dies bei einem regulären Insolvenzverfahren nicht im selben Umfang der Fall wäre, § 62 Abs. 1 Nr. 2	
III. Die Bestandsgefährdung nicht durch alternative Maßnahmen ebenso sicher und schnell beseitigen lässt, § 62 Abs. 1 Nr. 3	Alternative Maßnahmen können sowohl Maßnahmen des Privatsektors (einschließlich Institutssicherungssysteme) oder solche der Aufsicht (Frühintervention nach §§ 36–38 SAG oder Maßnahmen in besonderen Fällen nach §§ 45–46 KWG), § 62 Abs. 1 Nr. 3 a), b) SAG

---

[25] EBA/GL/2015/07 vom 6.8.15 (Guidelines on failing or likely to fail)
[26] Nr. 19–22 der EBA/GL/2015/07
[27] Nr. 31–32 der EBA/GL/2015/07
[28] Nr. 23–25 der EBA/GL/2015/07
[29] Nr. 26–30 der EBA/GL/2015/07
[30] Nr. 7, 15 der EBA/GL/2015/07

IV. Abwicklungsbefugnisse und Abwicklungsinstrumente

Instrument der Beteiligung der Inhaber relevanter Kapitalinstrumente, § 89 SAG

	Variante „PONV" auf Tochterebene, § 65 Abs. 1 Alt. 1, § 62 SAG
A. Vorliegen relevanter Kapitalinstrumente, die die Voraussetzungen des § 65 Abs. 1 Nr. 1, 3 erfüllen	I. Relevante Kapitalinstrumente nach § 2 Abs. 2 SAG (AT 1 und Tier 2)
	II. Von einem Tochterunternehmen iSd § 2 Abs. 4 Nr. 2 SAG iVm Art. 4 Abs. 1 Nr. 16 CRR ausgegeben und auf Einzel- und konsolidierter Basis für Eigenmittelanforderungen anerkannt, § 65 Abs. 2 Nr. 2 ODER
	Von einem Institut ausgegeben, dem außerordentliche finanzielle Unterstützung aus öff. Mitteln iSd § 2 Abs. 3 Nr. 9 SAG (Beihilfe) bewilligt wird, die nicht der Schließung von in aufsichtlichen Stresstests ermittelten Kapitallücken dienen (§ 65 Abs. 1 Nr. 3, § 63 Abs. 2 S. 2 Nr. 3)
B. Voraussetzungen des § 62 Abs. 1 SAG liegen vor	I. Bestandsgefährdung, §§ 62 Abs. 1 Nr. 1, 65 Abs. 2, SAG	1) Maßnahmen nach § 45 Abs. 2 KWG (ggf. iVm § 45 Abs. 1 S. 3 KWG) wären gerechtfertigt, dh • Verstoß gegen Eigenmittelanforderungen nach Art. 24–386 CRR oder • § 10 Abs. 3 (SREP) und 4 KWG oder • § 45b Abs. 1 S. 2 KWG (Maßnahmen bei organisatorischen Mängeln ODER 2) es liegen objektive Anhaltspunkte dafür vor, dass ein Verstoß nach Nr. 1) in naher Zukunft bevorsteht, § 65 Abs. 2 Nr. 2 SAG
		3) Nach der ab dem 1.1.16 gültigen EBA-Richtlinie[31] sind in die Beurteilung der (drohenden) Bestandsgefährdung drei objektive Elemente einzubeziehen: a) Kapital (Anhaltspunkte: Art. 92 CRR+104 (1)(a) BRRD + aufsichtlicher AQR + Abwicklungsbewertung)[32], insbesondere SREP-Score „F" oder „4"[33] b) Liquidität ((Anhaltspunkte: Art. 105 CRD IV, Nichtzahlung fälliger Forderungen, Rating Downgrade, Liquiditätspuffer, Ansteigen der Fundingkosten)[34] c) andere Zulassungsvoraussetzungen (Anhaltspunkte: Entzug der Zulassung, wesentlich falsche Bilanzen/aufsichtliche Meldungen, kein Abschlussprüfervermerk, erhebliche operationelle Mängel)[35] Die Kriterien sind allerdings weder zwingend kumulativ zu verstehen, noch soll ihre Verletzung zu einem Automatismus führen. Im Ergebnis ist unter Abwägung der Gesamtumstände ein „expert judgement" zu treffen.[36]

---

[31] EBA/GL/2015/07 vom 6.8.15 (Guidelines on failing or likely to fail)
[32] Nr. 19–22 der EBA/GL/2015/07
[33] Nr. 31–32 der EBA/GL/2015/07
[34] Nr. 23–25 der EBA/GL/2015/07
[35] Nr. 26–30 der EBA/GL/2015/07
[36] Nr. 7, 15 der EBA/GL/2015/07

Variante „PONV" auf Tochterebene, § 65 Abs. 1 Alt. 1, § 62 SAG	
	4) Abwicklungsbehörde teilt Absicht der Feststellung des PONV der Aufsichtsbehörde des Tochterunternehmens mit, § 66 Abs. 2 SAG.
	5) Abwicklungsbehörde und die für die Feststellung zuständige Behörde des Mitgliedsstaates des Tochterunternehmsn stellen in Form einer gemeinsamen Entscheidung nach § 166 Abs. 3, 4 das Vorliegen der Voraussetzungen des § 62 Abs. 1 SAG fest, § 66 Abs. 7 SAG. Wird keine gemeinsame Entscheidung getroffen, wird keine PONV-Feststellung nach § 65 Abs. 1 Nr. 1 SAG getroffen, § 66 Abs. 7 S. 2 SAG.
	II. Durchführung der Maßnahme zur Erreichung der Abwicklungsziele erforderlich und verhältnismäßig und dies bei einem regulären Insolvenzverfahren nicht im selben Umfang der Fall wäre, § 62 Abs. 1 Nr. 2
III. Die Bestandsgefährdung lässt sich nicht durch alternative Maßnahmen ebenso sicher und schnell beseitigen, § 62 Abs. 1 Nr. 3	Alternative Maßnahmen können sowohl Maßnahmen des Privatsektors (einschließlich Institutssicherungssysteme) oder solche der Aufsicht (Frühintervention nach §§ 36–38 SAG oder Maßnahmen in besonderen Fällen nach §§ 45–46 KWG), § 62 Abs. 1 Nr. 3 a), b) SAG.

IV. Abwicklungsbefugnisse und Abwicklungsinstrumente

Instrument der Beteiligung der Inhaber relevanter Kapitalinstrumente, § 89 SAG

	Variante „Resolution Trigger" auf Tochterebene, §§ 65 Abs. 1 Alt. 1, 62, 66 SAG	
A. Vorliegen relevanter Kapitalinstrumente, die die Voraussetzungen des § 65 Abs. 1 Nr. 2 oder 3 erfüllen	I. Relevante Kapitalinstrumente nach § 2 Abs. 2 SAG (AT 1 und Tier 2)	
	II. Von einem Tochterunternehmen iSd § 2 Abs. 4 Nr. 2 SAG iVm Art. 4 Abs. 1 Nr. 16 CRR ausgegeben und auf Einzel- und konsolidierter Basis für Eigenmittelanforderungen anerkannt, § 65 Abs. 2 Nr. 2 ODER Von einem Institut ausgegeben, dem außerordentliche finanzielle Unterstützung aus öff. Mitteln iSd § 2 Abs. 3 Nr. 9 SAG (Beihilfe) bewilligt wird, die nicht der Schließung von in aufsichtlichen Stresstests ermittelten Kapitallücken dienen (§ 65 Abs. 1 Nr. 3, § 63 Abs. 2 S. 2 Nr. 3)	
B. Voraussetzungen des § 62 Abs. 1 liegen vor	I. Bestandsgefährdung der Gruppe, §§ 65 Abs. 1 Nr. 1, 62 Abs. 1 Nr. 1 iVm § 63 SAG	1) Aufhebung der Erlaubnis nach § 32 KWG ist gerechtfertigt oder es liegen objektive Anhaltspunkte vor, dass dies in naher Zukunft bevorsteht, § 63 Abs. 1 Nr. 1 oder
		2) Vermögenswerte unterschreiten Verbindlichkeiten oder es liegen objektive Anhaltspunkte vor, dass dies in naher Zukunft bevorsteht, § 63 Abs. 1 Nr. 2 oder
		3) Institut ist zahlungsunfähig oder es liegen objektive Anhaltspunkte vor, dass dies in naher Zukunft bevorsteht, § 63 Abs. 1 Nr. 3 (Abwendungsmöglichkeit durch staatliche Garantien nach § 63 Abs. 2 Nr. ½ SAG)) oder
		4) Bewilligung einer außerordentlichen finanziellen Unterstützung aus öffentlichen Mitteln, § 63 Abs. 2 S. 1 SAG (Ausnahmen für bestimmte Sachverhalte nach § 63 Abs. 2 S. 2 SAG wie)
		5) Nach der ab dem 1.1.16 gültigen EBA-Richtlinie[37] sind in die Beurteilung der (drohenden) Bestandsgefährdung drei objektive Elemente einzubeziehen
		a) Kapital (Anhaltpunkte: Art. 92 CRR+104 (1)(a) BRRD + aufsichtlicher AQR + Abwicklungsbewertung)[38], insbesondere SREP-Score „F" oder „4"[39]
		b) Liquidität ((Anhaltspunkte: Art. 105 CRD IV, Nichtzahlung fälliger Forderungen, Rating Downgrade, Liquiditätspuffer, Ansteigen der Fundingkosten)[40]
		c) andere Zulassungsvoraussetzungen (Anhaltspunkte: Entzug der Zulassung, wesentlich falsche Bilanzen/aufsichtliche Meldungen, kein Abschlussprüfervermerk, erhebliche operationelle Mängel[41]

[37] EBA/GL/2015/07 vom 6.8.15 (Guidelines on failing or likely to fail)
[38] Nr. 19–22 der EBA/GL/2015/07
[39] Nr. 31–32 der EBA/GL/2015/07
[40] Nr. 23–25 der EBA/GL/2015/07
[41] Nr. 26–30 der EBA/GL/2015/07

Variante „Resolution Trigger" auf Tochterebene, §§ 65 Abs. 1 Alt. 1, 62, 66 SAG		
		Die Kriterien sind allerdings weder kumulativ zu verstehen, noch soll ihre Verletzung zu einem Automatismus führen. Im Ergebnis ist unter Abwägung der Gesamtumstände ein „expert judgement" zu treffen.[42]
		4) Abwicklungsbehörde teilt Absicht der Feststellung des Resolution Trigger der konsolidierenden Aufsichtsbehörde mit; sollte diese nicht die für die Teststellung zuständige Behörde sein, teilt sie ihre Absicht auch dieser Behörde mit, § 66 Abs. 1 SAG.
		5) Behörden nach 4) bewerten, ob alternative Maßnahmen vorliegen (insbes. Frühinterventionsmaßnahmen, Maßnahmen nach Art. 104 Abs. 1 CRD IV (RL 2013/36/EU) oder ein Mittel- und Kapitaltransfer der Mutter), § 66 Abs. 4, 5 SAG
		6) wenn keine alternative Maßnahme nach 5) vorliegt, entscheidet Abwicklungsbehörde, ob die Feststellung des Resolution Trigger / beabsichtigte außerordentliche finanzielle Unterstützung bzgl. der Tochter angemessen ist, § 66 Abs. 6 SAG.
		7) Abwicklungsbehörde und die für die Feststellung zuständige Behörde des Mitgliedsstaates des Tochterunternehmens stellen in Form einer gemeinsamen Entscheidung nach § 166 Abs. 3, 4 das Vorliegen der Voraussetzungen des § 62 Abs. 1 SAG für die Gruppe fest, § 66 Abs. 7 SAG. Wird keine gemeinsame Entscheidung getroffen, wird keine PONV-Feststellung nach § 65 Abs. 1 Nr. 1 SAG getroffen, § 66 Abs. 7 S. 2 SAG.
	II. Durchführung der Maßnahme zur Erreichung der Abwicklungsziele erforderlich und verhältnismäßig und dies bei einem regulären Insolvenzverfahren nicht im selben Umfang der Fall wäre bzgl. der Gruppe, § 62 Abs. 1 Nr. 2	
	III. Die Bestandsgefährdung bzgl. der Gruppe nicht durch alternative Maßnahmen ebenso sicher und schnell beseitigen lässt, § 62 Abs. 1 Nr. 3	Alternative Maßnahmen können sowohl Maßnahmen des Privatsektors (einschließlich Institutssicherungssysteme) oder solche der Aufsicht (Frühintervention nach §§ 36–38 SAG oder Maßnahmen in besonderen Fällen nach §§ 45–46 KWG), § 62 Abs. 1 Nr. 3 a), b) SAG

---

[42] Nr. 7, 15 der EBA/GL/2015/07

IV. Abwicklungsbefugnisse und Abwicklungsinstrumente

Instrument der Gläubigerbeteiligung, § 90 SAG, Instrument der Unternehmensveräußerung, § 107 Abs. 1 Nr. 1a SAG, und Instrument der Übertragung auf ein Brückeninstitut, § 107 Abs. 1 Nr. 1b SAG

Auf Institutsebene, 62 SAG		
A. Instrument der Beteiligung der Inhaber relevanter Kapitalinstrumente wurde angewandt und hat nicht ausgereicht, um die Abwicklungsziele zu erreichen, § 77 Abs. 6 SAG 2)		
B. Voraussetzungen des § 62 Abs. 1 liegen vor	I. Bestandsgefährdung des Instituts, § 62 Abs. 1 Nr. 1 iVm § 63 SAG	1) Aufhebung der Erlaubnis nach § 32 KWG ist gerechtfertigt oder es liegen objektive Anhaltspunkte vor, dass dies in naher Zukunft bevorsteht, § 63 Abs. 1 Nr. 1 oder 2) Vermögenswerte unterschreiten Verbindlichkeiten oder es liegen objektive Anhaltspunkte vor, dass dies in naher Zukunft bevorsteht, § 63 Abs. 1 Nr. 2 oder 3) Institut ist zahlungsunfähig oder es liegen objektive Anhaltspunkte vor, dass dies in naher Zukunft bevorsteht, § 63 Abs. 1 Nr. 3 (Abwendungsmöglichkeit durch staatliche Garantien nach § 63 Abs. 2 Nr. ½ SAG)) oder 4) Bewilligung einer außerordentlichen finanziellen Unterstützung aus öffentlichen Mitteln, § 63 Abs. 2 S. 1 SAG (Ausnahmen für bestimmte Sachverhalte nach § 63 Abs. 2 S. 2 SAG)
		5) Nach der ab dem 1.1.16 gültigen EBA-Richtlinie[43] sind in die Beurteilung der (drohenden) Bestandsgefährdung drei objektive Elemente einzubeziehen a) Kapital (Anhaltspunkte: Art. 92 CRR+104 (1)(a) BRRD + aufsichtlicher AQR + Abwicklungsbewertung)[44], insbesondere SREP-Score, „F" oder „4"[45] b) Liquidität ((Anhaltspunkte: Art. 105 CRD IV, Nichtzahlung fälliger Forderungen, Rating Downgrade, Liquiditätspuffer, Ansteigen der Fundingkosten)[46] c) andere Zulassungsvoraussetzungen (Anhaltspunkte: Entzug der Zulassung, wesentlich falsche Bilanzen/aufsichtliche Meldungen, kein Abschlussprüfervermerk, erhebliche operationelle Mängel[47] Die Kriterien sind allerdings weder kumulativ zu verstehen, noch soll ihre Verletzung zu einem Automatismus führen. Im Ergebnis ist unter Abwägung der Gesamtumstände ein „expert judgement" zu treffen.[48]
		6) Abwicklungsbehörde stellt nach Anhörung der Aufsichtsbehörde (oder umgekehrt) die Bestandsgefährdung fest, § 62 Abs. 2 SAG

[43] EBA/GL/2015/07 vom 6.8.15 (Guidelines on failing or likely to fail)
[44] Nr. 19–22 der EBA/GL/2015/07
[45] Nr. 31–32 der EBA/GL/2015/07
[46] Nr. 23–25 der EBA/GL/2015/07
[47] Nr. 26–30 der EBA/GL/2015/07
[48] Nr. 7, 15 der EBA/GL/2015/07

Auf Institutsebene, 62 SAG	
II. Durchführung der Maßnahme zur Erreichung der Abwicklungsziele erforderlich und verhältnismäßig und dies bei einem regulären Insolvenzverfahren nicht im selben Umfang der Fall wäre, § 62 Abs. 1 Nr. 2	
III. Die Bestandsgefährdung nicht durch alternative Maßnahmen ebenso sicher und schnell beseitigen lässt, § 62 Abs. 1 Nr. 3	Alternative Maßnahmen können sowohl Maßnahmen des Privatsektors (einschließlich Institutssicherungssysteme) oder solche der Aufsicht (Frühintervention nach §§ 36–38 SAG oder Maßnahmen in besonderen Fällen nach §§ 45–46 KWG), § 62 Abs. 1 Nr. 3 a), b) SAG

Instrument der Übertragung auf eine Vermögensverwaltungsgesellschaft, § 107 Abs. 1 Nr. 2 SAG

Auf Institutsebene, 62 SAG	
A. Instrument der Beteiligung der Inhaber relevanter Kapitalinstrumente wurde angewandt und hat nicht ausgereicht, um die Abwicklungsziele zu erreichen, § 77 Abs. 6 SAG 2)	
B. Ein anderes Abwicklungsinstrument nach § 90 oder § 107 SAG wird gleichzeitig angewendet, § 77 Abs. 7 SAG[49].	
C. Voraussetzungen des § 62 Abs. 1 liegen vor	I. Bestandsgefährdung des Instituts, § 62 Abs. 1 Nr. 1 iVm § 63 SAG	1) Aufhebung der Erlaubnis nach § 32 KWG ist gerechtfertigt oder es liegen objektive Anhaltspunkte vor, dass dies in naher Zukunft bevorsteht, § 63 Abs. 1 Nr. 1 oder 2) Vermögenswerte unterschreiten Verbindlichkeiten oder es liegen objektive Anhaltspunkte vor, dass dies in naher Zukunft bevorsteht, § 63 Abs. 1 Nr. 2 oder 3) Institut ist zahlungsunfähig oder es liegen objektive Anhaltspunkte vor, dass dies in naher Zukunft bevorsteht, § 63 Abs. 1 Nr. 3 (Abwendungsmöglichkeit durch staatliche Garantien nach § 63 Abs. 2 Nr. ½ SAG)) oder 4) Bewilligung einer außerordentlichen finanziellen Unterstützung aus öffentlichen Mitteln, § 63 Abs. 2 S. 1 SAG (Ausnahmen für bestimmte Sachverhalte nach § 63 Abs. 2 S. 2 SAG wie)

---

[49] Zur Frage des Begriffs des Abwicklungsinstruments in dieser Norm.

IV. Abwicklungsbefugnisse und Abwicklungsinstrumente

Auf Institutsebene, 62 SAG	
	5) Nach der ab dem 1.1.16 gültigen EBA-Richtlinie[50] sind in die Beurteilung der (drohenden) Bestandsgefährdung drei objektive Elemente einzubeziehen a) Kapital (Anhaltpunkte: Art. 92 CRR+104 (1)(a) BRRD + aufsichtlicher AQR + Abwicklungsbewertung)[51], insbesondere SREP-Score „F" oder „4"[52] b) Liquidität ((Anhaltpunkte: Art. 105 CRD IV, Nichtzahlung fälliger Forderungen, Rating Downgrade, Liquiditätspuffer, Ansteigen der Fundingkosten)[53] c) andere Zulassungsvoraussetzungen (Anhaltpunkte: Entzug der Zulassung, wesentlich falsche Bilanzen/aufsichtliche Meldungen, kein Abschlussprüfervermerk, erhebliche operationelle Mängel[54] Die Kriterien sind allerdings weder kumulativ zu verstehen, noch soll ihre Verletzung zu einem Automatismus führen. Im Ergebnis ist unter Abwägung der Gesamtumstände ein „expert judgement" zu treffen.[55]
	6) Abwicklungsbehörde stellt nach Anhörung der Aufsichtsbehörde (oder umgekehrt) die Bestandsgefährdung fest, § 62 Abs. 2 SAG
II. Durchführung der Maßnahme zur Erreichung der Abwicklungsziele erforderlich und verhältnismäßig und dies bei einem regulären Insolvenzverfahren nicht im selben Umfang der Fall wäre, § 62 Abs. 1 Nr. 2	
III. Die Bestandsgefährdung nicht durch alternative Maßnahmen ebenso sicher und schnell beseitigen lässt, § 62 Abs. 1 Nr. 3	Alternative Maßnahmen können sowohl Maßnahmen des Privatsektors (einschließlich Institutssicherungssysteme) oder solche der Aufsicht (Frühintervention nach §§ 36–38 SAG oder Maßnahmen in besonderen Fällen nach §§ 45–46 KWG), § 62 Abs. 1 Nr. 3 a), b) SAG

---

[50] EBA/GL/2015/07 vom 6.8.15 (Guidelines on failing or likely to fail)
[51] Nr. 19–22 der EBA/GL/2015/07
[52] Nr. 31–32 der EBA/GL/2015/07
[53] Nr. 23–25 der EBA/GL/2015/07
[54] Nr. 26–30 der EBA/GL/2015/07
[55] Nr. 7, 15 der EBA/GL/2015/07

B. Abwicklung

V. Beteiligung der Anteilsinhaber und Gläubiger, insbesondere Bail-in[1]

Übersicht

	Rn.
1. Einleitung	1
2. Rangfolge der Forderungen in der Abwicklung	6
3. Herabschreibung und Umwandlung von Kapitalinstrumenten	17
a) Anwendung und Befugnisse	19
b) Voraussetzungen	25
4. Spezifische Regelungen des Instruments der Verlustbeteiligung	31
a) Institutionelle Einordnung der Regeln zur Verlustbeteiligung	32
b) Anwendungsbereich des Instruments der Verlustbeteiligung („Bail-in")	36
aa) Ausnahmen vom Bail-in	38
bb) Rolle des Abwicklungsfonds im Rahmen der Verlustbeteiligung	45
c) Spezifische Regelungen zur Mindestverlustbeteiligung	50
5. Regeln des Gläubigerschutzes	57
a) Unabhängige und separate Bewertung	58
b) Gewährleistung der Schutzbestimmungen im SRM	61

Schrifttum: *Avgouleas/Goodhart*, A Critical Evaluation of Bail-in as a Bank Recapitalisation Mechanism, Centre for Economic Policy Research Discussion Paper 10065, 2014; *Bauer/Werner*, TLAC – Neue Herausforderungen für die Kapitalstruktur?, WM 2015, 1135; *Buch/Körner/Weigert*, Towards deeper financial integration in Europe: What the banking union can contribute, IWH Diskussionspapier Nr. 13, 2013; *Chennells/Wingfield*, Bank failure and bail-in: an introduction, Bank of England (BoE) Quarterly Bulletin Q3 2015; *Conlon/Cotter*, Anatomy of a bail-in, Journal of Financial Stability 2014, 257; *Dewatripont*, European banking: Bailout, bail-in and state aid control, International Journal of Industrial Organization 5/2014, 37; *Dohrn, Thomas*, Der Richtlinienvorschlag zur Festlegung eines Rahmens für die Sanierung und Abwicklung von Kreditinstituten und Wertpapierfirmen, WM 2012, 2033; Europäische Bankenaufsichtsbehörde, Draft Guidelines on the rate of conversion of debt to equity in bail-in, Consultation Paper EBA/CP/2014/39, 2014; Europäische Bankenaufsichtsbehörde, Draft Regulatory Technical Standards on valuation under Directive 2014/59/EU, Consultation Paper EBA/CP/2014/38, 2014; Europäische Bankenaufsichtsbehörde, Draft Guidelines On the treatment of shareholders in bail-in or the write-down and conversion of capital instruments, Consultation Paper EBA/CP/2014/40, 2014; Europäische Bankenaufsichtsbehörde, Draft Regulatory Technical Standards on the valuation of derivatives pursuant to Article 49(4) of the Bank Recovery and Resolution Directive (BRRD), Consultation Paper EBA/CP/2015/10, 2015; Europäische Bankenaufsichtsbehörde, Draft Guidelines on the interrelationship between the BRRD sequence of writedown and conversion and CRR/CRD IV, Consultation Paper EBA/CP/2014/29, 2014: Europäische Bankenaufsichtsbehörde, Technical advice on the delegated acts on the circumstances when exclusions from the bail-in tool are necessary, EBA/Op/2015/07, 2015; Europäische Kommission, Verständigung Monti I über Anstaltslast und Gewährträgerhaftung, Pressemitteilung IP/02/343 vom 28.2.2002; Europäische Kommission, Finalising the Banking Union: European Parliament backs Commission's proposals (Single Resolution Mechanism, Bank Recovery and Resolution Directive, and Deposit Guarantee Schemes Directive), Statement/14/119, 2014; Europäische Kommission, BRRD Fragen und Antworten (derzeit überarbeitet), 1. Januar 2015; *Feld/Fuest/Haucap/Schweitzer/Wieland/Wigger*, Europäische Bankenunion: Vom Prinzip Hoffnung zum Prinzip Haftung, Kronberger Kreis-Studien,

---

[1] Der vorliegende Beitrag gibt ausschließlich die persönlichen Überlegungen und Meinungen der Autoren wieder.

Stiftung Marktwirtschaft 2014; *Franke/Krahnen/von Lüpke,* Effective resolution of banks: Problems and solutions, Zeitschrift für vergleichende Rechtswissenschaft 2014, 556; *Gordon/Ringe,* How to save bank resolution in the European banking union, VoxEU/CEPR, April 2014; Financial Stability Board (FSB), Adequacy of Loss-Absorbing Capacity of Global Systemically Important Banks in resolution, Consultative Document, November 2014; Financial Stability Board (FSB), Principles for Cross-border Effectiveness of Resolution Actions, November 2015; *Hellwig,* Yes Virginia, There is a European Banking Union! But It May Not Make Your Wishes Come True, Max-Planck-Institut zur Erforschung von Gemeinschaftsgütern (MPI) 2014; *Howarth/Quaglia,* The Steep Road to European Banking Union: Constructing the Single Resolution Mechanism, Journal of Common Market Studies, 8/2014, 125; *Huertas/Nieto,* How much is enough? The case of the Resolution Fund in Europe, VoxEU/CEPR, März 2014; *Ignatowski/Korte,* Resolution threats and bank discipline – What Europe can learn for the Single Resolution Mechanism from U.S. experience, SAFE Policy Letter 33, Oktober 2014; *Schäfer/Schnabel/Weder di Mauro,* Getting to bail-in: Effects of creditor participation in European Bank restructuring, Sachverständigenrat zur Begutachtung der Gesamtwirtschaftlichen Entwicklung, Arbeitspapier Nr. 8, 2014; *Smits,* Is my money safe at European banks? Reflections on the 'bail-in'provisions in recent EU legal texts, Capital Markets Law Journal 2014, 137; *Tóth,* The Financial Background of the European Deposit Guarantee Schemes and the Resolution Mechanism, Munich Personal RePEc Archive Paper Nr. 64794, 2015; *Persaud,* Why Bail-In Securities Are Fool's Gold, Peterson Institute for International Economics Policy Brief 2014, 14; *Zavvos/Kaltsouni,* The Single Resolution Mechanism in the European Banking Union: Legal Foundation, Governance Structure and Financing, in; Haentjens/Wessels (Hrsg), Research Handbook on Crisis Management in the Banking Sector, 2015, S. 117.

1. Einleitung

In diesem Beitrag werden die Regeln zur Verlustabsorption und Rekapitalisierung von Banken/Kreditinstituten behandelt, wie sie in der Richtlinie zur Sanierung und Abwicklung von Kreditinstituten und Wertpapierfirmen (BRRD)[2] sowie in der Verordnung zur Festlegung einheitlicher Vorschriften und eines einheitlichen Verfahrens für die Abwicklung von Kreditinstituten und bestimmten Wertpapierfirmen im Rahmen eines einheitlichen Abwicklungsmechanismus und eines einheitlichen Abwicklungsfonds (SRM-Verordnung)[3] festgelegt sind.[4] Es wird dabei auf die in einer Abwicklung geltende Rangfolge der Inhaber- und Gläubigerbeteiligung sowie auf die spezifischen Regelungen hinsichtlich des Instruments der Gläubigerbeteiligung (der sogenannte **„Bail-in"**) eingegangen. Hinsichtlich der Bail-in-Regeln werden insbesondere die gesetzlichen Ausnahmen, die Regelungen zur Mindestverlustbeteiligung von Inhabern und Gläubigern in Fällen der

1

---

[2] Richtlinie 2014/59/EU des Europäischen Parlaments und des Rates vom vom 15. Mai 2014 zur Festlegung eines Rahmens für die Sanierung und Abwicklung von Kreditinstituten und Wertpapierfirmen und zur Änderung der Richtlinie 82/891/EWG des Rates, der Richtlinien 2001/24/EG, 2002/47/EG, 2004/25/EG, 2005/56/EG, 2007/36/EG, 2011/35/EU, 2012/30/EU und 2013/36/EU sowie der Verordnungen (EU) Nr. 1093/2010 und (EU) Nr. 648/2012 des Europäischen Parlaments und des Rates (ABl. L 173, 190).

[3] Verordnung 2014/806/EU des Europäischen Parlaments und des Rates vom 15. Juli 2014 zur Festlegung einheitlicher Vorschriften und eines einheitlichen Verfahrens für die Abwicklung von Kreditinstituten und bestimmten Wertpapierfirmen im Rahmen eines einheitlichen Abwicklungsmechanismus und eines einheitlichen Abwicklungsfonds sowie zur Änderung der Verordnung (EU) Nr. 1093/2010 (ABl. L 225, 1).

[4] Die SRM-Verordnung ergänzt somit die relevanten Regeln der BRRD zur Bankenabwicklung für die Staaten der Bankenunion. Zum Verhältnis zwischen SRM-Verordnung und BRRD vgl. im Übrigen Art. 5 SRM-Verordnung.

Fondsnutzung sowie die Frage des Gläubigerschutzes (das sogenannte „**No Creditor Worse Off**"-**Prinzip**) diskutiert.

2   Die neuen Abwicklungsregeln für Kreditinstitute und bestimmte Wertpapierfirmen beruhen auf der Erfahrung der jüngsten Vergangenheit, dass das herkömmliche Insolvenzrecht auf systemrelevante Banken wegen der damit einhergehenden Risiken für die Finanzstabilität de facto nicht angewendet wird. Die verbindlichen Regelungen zur Abwicklungsfinanzierung verfolgen daher das Ziel, die Kongruenz von Haftung und Handlung wiederherzustellen, die im Zuge der zur Wahrung der Finanzstabilität notwendigen „Bail-out-Politik" verlorengegangen ist.[5] Damit sollen Banken zu einer nachhaltigen Geschäftspolitik hinsichtlich des Eingehens von Risiken bewegt und somit ein positiver Anreiz zur Finanzstabilität geleistet werden.[6]

3   Nach der in Artikel 7 SRM-Verordnung vorgenommenen Aufgabenteilung zwischen dem Ausschuss für die einheitliche Abwicklung (im Folgenden „der **Ausschuss**") und den nationalen Abwicklungsbehörden wenden der Ausschuss und die nationalen Abwicklungsbehörden die Bestimmungen der SRM-Verordnung an. Die Aufteilung der Aufgaben innerhalb des einheitlichen Abwicklungsmechanismus folgt dabei den Bestimmungen der Artikel 7 und 29 der SRM-Verordnung, nach denen der Ausschuss bei den direkt von der EZB beaufsichtigten sowie anderen grenzüberschreitenden Gruppen[7] für die Erstellung der Abwicklungspläne und alle Beschlüsse im Zusammenhang mit einer Abwicklung verantwortlich ist. Für die Umsetzung der Entscheidungen weist der Ausschuss die nationalen Behörden an, die wiederum kraft Verweisung in der SRM-Verordnung ihre Befugnisse im Rahmen der nationalen Rechtsvorschriften zur Umsetzung der BRRD ausüben.[8] Für die nicht direkt von der EZB überwachten, gemäß der obigen Definition nicht grenzüberschreitenden Gruppen treffen weiterhin die nationalen Abwicklungsbehörden die Entscheidungen zur Planung und Durchführung einer Abwicklung, wobei der Ausschuss über Leitlinien und allgemeine Anweisungen eine einheitliche Anwendung der Bestimmungen der SRM-Verordnung sicherstellt.[9]

4   In materieller Hinsicht sind somit die Regelungen der SRM-Verordnung für die Abwicklung einschlägig, da sie als europäisches Recht Anwendungsvorrang besitzen. Daher wird im Folgenden nur auf die Regelungen der SRM-Verordnung verwiesen, ggf. unter Angabe der entsprechenden Regelungen in der BRRD. Es ist dabei festzuhalten, dass die Regelungen der SRM-Verordnung weitestgehend deckungsgleich mit denen der BRRD sowie deren deutscher Umsetzung im Sanierungs- und Abwicklungsgesetz (SAG) sind.[10] Wo materielle Unterschiede bestehen, wird gesondert auf diese hingewiesen.

5   Nicht Bestandteil dieser Abhandlung ist die Ausnahme von den Mindest-Bail-in-Regeln gemäß Artikel 43 Abs. 8 Buchstabe a bis c BRRD, da diese auf Deutschland nicht anwendbar und daher nicht im SAG umgesetzt ist.[11] Nicht betrachtet werden ferner die Regelungen

---

[5] Vgl. *Buch/Körner/Weigert* IWH Diskussionspapier.
[6] Vgl. zur empirischen Evidenz der Bedeutung des Abwicklungsregimes für das Risikoverhalten von Banken *Ignatowski/Korte* SAFE Policy Letter 33. Zur Kritik der europäischen Regelungen vgl. *Hellwig* MPI 2014.
[7] Vgl. Art. 3 Abs. 1 Nr. 24 iVm Art. 2 SRM-Verordnung.
[8] Vgl. Art. 7 Abs. 2 und 3 SRM-Verordnung iVm Art. 29 SRM-Verordnung.
[9] Vgl. Art. 7 Abs. 4 iVm Art. 31 Abs. 1 Buchst. a SRM-Verordnung.
[10] Vgl. *Zavvos/Kaltsouni* in Haentjens/Wessels Research Handbook S. 117 ff.
[11] Art. 44 Abs. 8 Buchst. a BRRD regelt die sogenannte „schwedische Ausnahme", nach der abweichend von den Regeln des Mindest-Bail-in (su) der Abwicklungsfinanzierungsmechanismus zur Verlustabsorption und Rekapitalisierung herangezogen wird, sofern (a) die private Mindest-

der Artikel 56 BRRD (Staatliche Stabilisierungsinstrumente), 57 BRRD (Instrument der staatlichen Eigenkapitalunterstützung) und 58 BRRD (Instrument der vorübergehenden staatlichen Übernahme), da diese nach vorläufiger Auffassung der Kommission im Anwendungsbereich der SRM-Verordnung nicht anwendbar sind[12] und im SAG vom deutschen Gesetzgeber nicht umgesetzt wurden. Ebenfalls nicht Bestandteil dieser Abhandlung sind die „Bestimmungen des Übereinkommens über die Übertragung von Beiträgen auf den einheitlichen Abwicklungsfonds und über die gemeinsame Nutzung dieser Beiträge" (IGA)[13], soweit diese nicht direkt für die Regeln zur Verlustabsorption und Rekapitalisierung relevant sind.[14]

2. Rangfolge der Forderungen in der Abwicklung

Das Abwicklungsregime muss den Schutz von Eigentumsrechten und somit die Vergleichbarkeit mit dem „regulären Insolvenzverfahren"[15] gewährleisten. Daher orientiert sich die Rangfolge in der Abwicklung („**Haftungskaskade**") wesentlich an der **Rangfolge in einem regulären Insolvenzverfahren**. Wo im Abwicklungsregime Abweichungen von der Rangfolge im Insolvenzverfahren vorgesehen sind (→ Rn. 38 ff.), stehen diese unter dem strengen Vorbehalt des sogenannten „No Creditor Worse Off"-Prinzips, wonach die Anwendung der Abwicklungsinstrumente keinen Eigentümer oder Gläubiger einer Bank schlechter als im regulären Insolvenzverfahren stellen darf (→ Rn. 57 ff.). 6

Konkret folgt die Haftungskaskade der Bankenabwicklung dem im deutschen Insolvenzrecht vorgegebenen Rahmen[16], dh der Rangfolge, nach der Anteilseigner und Gläubiger an Verlusten beteiligt werden. Dabei werden entlang der Haftungskaskade die Inhaber relevanter Kapitalinstrumente, in der BRRD legal definiert als Instrumente des zusätzlichen Kernkapitals sowie des Ergänzungskapitals,[17] und Gläubiger in der folgenden Reihenfolge herangezogen:[18] 7

1. Anteile und andere Instrumente des harten Kernkapitals;
2. Instrumente des zusätzlichen Kernkapitals;
3. Instrumente des Ergänzungskapitals;
4. nachrangige Verbindlichkeiten, bei denen es sich nicht um zusätzliches Kernkapital oder Ergänzungskapital handelt;

Verlustabsorption statt der 8% der gesamten Verbindlichkeiten einschließlich Eigenmittel mindestens 20% der risikogewichteten Vermögenswerte des betroffenen Instituts entspricht, (b) der Abwicklungsfinanzierungsmechanismus des betroffenen Mitgliedstaats über einen durch im Voraus erhobene Beiträge (ausschließlich der Beiträge zu einem Einlagensicherungssystem) gemäß Art. 100 Abs. 6 und Art. 103 BRRD aufgebrachten Betrag in Höhe von mindestens 3% der gedeckten Einlagen aller im Hoheitsgebiet dieses Mitgliedstaats zugelassenen Kreditinstitute verfügt und (c) das betroffene Institut auf konsolidierter Basis über Vermögenswerte von unter 900 Mrd. EUR verfügt.

[12] Vgl. EU Kommission BRRD Fragen und Antworten, General. Link SRMR.
[13] BGBl. 2014 II 1318.
[14] Zur Genese und Bedeutung des IGA vgl. *Howarth/Quaglia* JCMS 2014, 125.
[15] Art. 2 Abs. 1 Nr. 47 BRRD definiert reguläre Insolvenzverfahren wie folgt: „Gesamtverfahren, welche die Insolvenz des Schuldners voraussetzen und den vollständigen oder teilweisen Vermögensbeschlag gegen den Schuldner sowie die Bestellung eines Liquidators oder Verwalters zur Folge haben und nach nationalem Recht üblicherweise auf Institute Anwendung finden, sei es speziell auf die betroffenen Institute oder generell auf natürliche oder juristische Personen."
[16] Vgl. insb. § 38 und § 39 InsO iVm § 46f Abs. 4 KWG sowie Art. 108 BRRD.
[17] Vgl. Art. 2 Abs. 1 Nr. 74 iVm Nr. 69 und Nr. 73 BRRD.
[18] Vgl. Art. 17 SRM-Verordnung iVm Art. 48 Abs. 1 BRRD.

5. restliche berücksichtigungsfähige Verbindlichkeiten[19] gemäß der insolvenzrechtlich festgelegten Rangfolge[20].

8 Für das Heranziehen von Anteilseigner und Gläubiger entlang der Haftungskaskade ist ein von der Abwicklungsbehörde bestimmter Gesamtbetrag aus Herabschreibung oder Umwandlung relevanter Kapitalinstrumente und berücksichtigungsfähiger Verbindlichkeiten maßgeblich. Dieser Gesamtbetrag wird im Zuge einer fairen, vorsichtigen und realistischen Bewertung der Vermögenswerte und Verbindlichkeiten festgelegt (→ Rn. 52 f.),[21] um gegebenenfalls Verluste zu absorbieren und das Institut zu rekapitalisieren.[22] Berücksichtigungsfähige Verbindlichkeiten mit gleichem Insolvenzrang werden grundsätzlich pro rata abgeschrieben bzw. umgewandelt. Dabei ist zu beachten, dass nach Auffassung der EBA – unabhängig von der Art der Verbindlichkeit – eine Umwandlung jeweils nur in hartes Kernkapital (dh auch zB nicht in zusätzliches Kernkapital oder Ergänzungskapital) in Betracht kommt.[23]

9 Dabei kann die Abwicklungsbehörde Verbindlichkeiten eines Kreditinstituts, die denselben Rang besitzen, grundsätzlich erst dann heranziehen, wenn dieser Gesamtbetrag durch vollständige Heranziehung aller vorhergehenden Kategorien nicht erreicht wird.[24] Die Umwandlung von Verbindlichkeiten höherer Seniorität ohne vorherige vollständige Heranziehung aller Kapitalinstrumente bzw. nachrangigen Verbindlichkeiten ist zulässig, wenn die relevanten Verbindlichkeiten von der Anwendung des Bail-in-Instruments (zum Teil) ausgenommen werden. Denn bei der Bestimmung der Abschreibungs-/Umwandlungssätze steht dem Ausschuss bzw. der Abwicklungsbehörde ein gewisser Ermessensspielraum zu. Die Ausübung dieses Ermessens darf jedoch nicht zu einer Ungleichbehandlung von Gläubigern des gleichen Insolvenzrangs führen.[25]

10 Die nachrangigen und restlichen berücksichtigungsfähigen Verbindlichkeiten können darüber hinaus im Einklang mit der geltenden Insolvenzrangfolge weiter unterteilt

---

[19] Art. 2 Abs. 1 Nr. 71 BRRD definiert „berücksichtigungsfähige Verbindlichkeiten" wie folgt: „die Verbindlichkeiten und andere Kapitalinstrumente als solche des harten Kernkapitals, des zusätzlichen Kernkapitals oder des Ergänzungskapitals eines Instituts oder eines Unternehmens im Sinne von Artikel 1 Absatz 1 Buchstabe b, c oder d, die nicht aufgrund von Art. 44 Abs. 2 vom Anwendungsbereich des Bail-in-Instruments ausgenommen sind."

[20] Beispielsweise genießen gemäß Art. 108 BRRD erstattungsfähige Einlagen über 100.000 EUR eine insolvenzrechtliche Privilegierung und gesetzlich gesicherte Einlagen bis 100.000 EUR eine „Super-Privilegierung" (→ Rn. 48).

[21] vgl. Art. 20 Abs. 1 SRM-Verordnung.

[22] Art. 21 Abs. 8 SRM-Verordnung iVm Art. 20 SRM-Verordnung sowie Art. 47 und 48 BRRD und §§ 96, 97 SAG. Gemäß Art. 47 Abs. 3 Buchst. c BRRD kann der Bail-in-Betrag gegebenenfalls auch mit dem Ziel ermittelt werden, die harte Kernkapitalquote des in Abwicklung befindlichen Instituts oder eines Brückeninstituts wiederherzustellen.

[23] Vgl. EBA Consultation Paper CP/2014/39, Consultation Paper CP/2014/40 sowie Consultation Paper CP/2015/10, 7 und Consultation Paper CP/2014/29, 9.

[24] Vgl. Art. 48 Abs. 1 BRRD iVm § 97 SAG sowie Art. 17 SRM-Verordnung. Gemäß dem Wortlaut des § 97 SAG wird eine Kategorie erst herangezogen, wenn durch Maßnahmen der Abwicklungsbehörde in der jeweils vorhergehenden Kategorie der betreffende nach § 96 Absatz 1 festgelegte Betrag nicht erreicht wurde. Innerhalb der berücksichtigungsfähigen Verbindlichkeiten gilt Satz 1 entsprechend für den Rang, den die Verbindlichkeiten als Insolvenzforderungen eingenommen hätten."

[25] Vgl. *Dohrn* WM 2012, 2033 (2039) sowie (→ Rn. 38 ff.).

werden.²⁶ Dies bedeutet, dass zuerst nachrangige Verbindlichkeiten und anschließend die restlichen berücksichtigungsfähigen Verbindlichkeiten herabgeschrieben werden.²⁷

Ein insolvenzrechtlicher Nachrang kann zum einen durch vertragliche Regelungen, zum anderen per Gesetz begründet werden.²⁸ Im Hinblick auf einen **gesetzlichen Nachrang** justiert das AbwMechG die Behandlung der Forderungen von Insolvenzgläubigern (§ 38 InsO) mit Wirkung für ab dem 1. Januar 2017 eingeleitete Insolvenzverfahren nach.²⁹ Gemäß § 46f Abs. 5 ff. KWG werden dann innerhalb der Forderungen nach § 38 InsO „zunächst die Forderungen berichtigt, die keine Schuldtitel nach Absatz 6 Satz 1 sind". Zu den nicht privilegierten Schuldtiteln iSd § 46f KWG Abs. 6 S. 1 gehören Bail-in fähige (dh insbesondere unbesicherte) Inhaber-/Orderschuldverschreibungen (sowie vergleichbare, an den Kapitalmärkten handelbare andere Schuldtitel), Schuldscheindarlehen und Namensschuldverschreibungen, die in einem Insolvenzverfahren keine Behandlung als privilegierte Einlagen erfahren. Eine Ausnahme für bestehende Schuldtitel im Sinne eines „Grandfatherings" erfolgt nicht. **11**

Die vorgenannten (unbesicherten) Schuldtitel deutscher CRR-Kreditinstitute – soweit diese insolvenzfähig sind³⁰ – werden infolge des AbwMechG kraft Gesetzes auch ohne vertragliche Regelung in einem Insolvenzverfahren gegenüber der zuvor geltenden Rechtslage schlechter gestellt. Im Insolvenzrang sind sie dann unmittelbar vor den nachrangigen Forderungen zu bedienen.³¹ **12**

Der zunächst in Entwürfen des AbwMechG enthaltene Hinweis auf eine technische Nachrangigkeit dieser Forderungen wurde letztlich nicht ins Gesetz übernommen; vielmehr entschied sich der Gesetzgeber dafür, innerhalb des § 38 InsO eine Aufspaltung vorzunehmen. Schuldtitel im Sinne des Gesetzes werden dabei nach allen übrigen nichtnachrangigen („senior"), aber vor allen nachrangigen Verbindlichkeiten bedient. Die Regelung privilegiert somit innerhalb des § 38 InsO bestimmte berücksichtigungsfähige Verbindlichkeiten, die im Abwicklungsfall nicht einfach zu bewerten wären.³² Nach Ansicht des deutschen Gesetzgebers kann der Bail-in von einfach zu bewertenden Instrumenten dadurch besonders rechtssicher im Hinblick auf die „No Creditor Worse Off" Bedingung (→ Rn. 57 ff.) und ohne (große) Ansteckungsrisiken angewendet werden.³³ **13**

---

²⁶ In der deutschen Umsetzung der Haftungskaskade durch das SAG werden nachrangige Verbindlichkeiten und restliche berücksichtigungsfähige Verbindlichkeiten zusammengezogen zu einer Kategorie. Die Aufgliederung einzelner Instrumente nach Rang und Privilegierungen ergibt sich aus den entsprechenden vertraglichen Vereinbarungen sowie den insolvenzrechtlichen Bestimmungen. Vgl. dazu ua § 97 SAG iVm §§ 38 f. InsO sowie § 46f Abs. 4 KWG.
²⁷ Vgl. Art. 48 Abs. 1 Buchst. d und e BRRD. Art. 17 SRM-Verordnung präzisiert, dass im Falle der Gläubigerbeteiligung entsprechend die „umgekehrte" Insolvenzrangfolge anzuwenden ist. Damit wird dem Umstand Rechnung getragen, dass im Insolvenzfall auf die Befriedigung der noch ausstehenden Verbindlichkeiten und nicht – wie im Abwicklungsfall – auf die Heranziehung der Gläubiger abgestellt wird.
²⁸ Vgl. ua Verbindlichkeiten nach § 39 Abs. 2 InsO, die keine regulatorischen Kapitalinstrumente darstellen.
²⁹ Vgl. Art. 15 Abs. 2 iVm Artikel 2 Abs. 23 Buchst. b AbwMechG.
³⁰ Die Ausnahme bezieht sich nur auf Förderbanken, die nicht insolvenzfähig sind. Die Insolvenzunfähigkeit von Förderbanken ist in den meisten Errichtungsgesetzen für diese Anstalten explizit geregelt.
³¹ BT-Drs. 18/5009, S. 76 f.; BT-Drs. 18/6091, S. 33 f.
³² § 46f Abs. 5–7 KWG sowie Art. 2 Abs. 23 Buchst. b AbwMechG; BT-Drs. 18/5009, S. 76 f.
³³ BT-Drs. 18/5009, S. 76.

B. Abwicklung

14 Ausgenommen vom gesetzlichen Nachrang sind Schuldtitel, die gemäß § 91 Abs. 2 SAG vom Bail-in ausgenommen sind, von Anstalten des öffentlichen Rechts begeben wurden, die nicht insolvenzfähig sind,[34] sowie Geldmarktinstrumente. Weiterhin ausgenommen sind Schuldtitel, bei denen die Rückzahlung oder die Höhe des Rückzahlungsbetrages vom Eintritt oder Nichteintritt eines zum Zeitpunkt der Begebung des Schuldtitels noch unsicheren Ereignisses abhängig ist oder die Erfüllung auf andere Weise als durch Geldzahlung erfolgt. Ebenfalls ausgenommen sind Schuldtitel, wenn die Zinszahlung oder die Höhe des Zinszahlungsbetrages vom Eintritt oder Nichteintritt eines zum Zeitpunkt der Begebung des Schuldtitels noch unsicheren Ereignisses abhängt, es sei denn, die Zinszahlung oder die Höhe des Zinszahlungsbetrages ist ausschließlich von einem festen oder variablen Referenzzins abhängig und die Erfüllung erfolgt durch Geldzahlung.[35] (Verbriefte) Derivate, insbesondere Zertifikate, werden daher wegen potenzieller Bewertungsschwierigkeiten[36] nicht als Schuldtitel erfasst;[37] die Regelung lehnt sich insoweit an den Total Loss Absorbing Capacity (TLAC)-Vorschlägen des FSB an.[38]

15 Im Falle der restlichen berücksichtigungsfähigen Verbindlichkeiten, die keinem expliziten Nachrang unterliegen (sogenannte „senior" Verbindlichkeiten), sieht Artikel 108 BRRD für reguläre Insolvenzverfahren einen expliziten Vorrang für erstattungsfähige Einlagen von natürlichen Personen und kleinen und mittleren Unternehmen[39] gegenüber anderen „senior" Gläubigern vor. Dies betrifft Einlagen, die die Anforderungen für die Einlagensicherung erfüllen, die jedoch die Deckungssumme von 100.000 EUR überschreiten und daher nicht durch die Einlagensicherung geschützt sind.[40] Die Verknüpfung der Regelung mit der Behandlung von Einlagen im Insolvenzverfahren hat daher zur Folge,

---

[34] Dies gilt insbesondere für Förderbanken, deren Insolvenzunfähigkeit in den meisten Errichtungsgesetzen für diese Anstalten explizit geregelt ist. Sparkassen und Landesbanken können von der Ausnahme nicht profitieren, weil sie aufgrund der sog Verständigung Monti I insolvenzfähig sein müssen: „Die öffentlichen Kreditinstitute werden den gleichen Regeln für den Insolvenzfall wie private Kreditinstitute unterworfen, ihre Gläubiger werden somit in ihrer Position denen privater Kreditinstitute gleichgestellt."

[35] § 46f Abs. 7 KWG; BT-Drs. 18/6091, S. 34.

[36] Hinsichtlich der Anwendung des Bail-in Instruments auf Verbindlichkeiten aus Derivaten sieht Art. 49 Abs. 2 BRRD vor, dass diese zuvor glattzustellen sind. Daher sind die Abwicklungsbehörden befugt, bei Inkrafttreten der Abwicklung alle Derivatekontrakte zu diesem Zweck zu kündigen und glattzustellen. Weiterhin legt Abs. 3 fest, dass wenn Transaktionen mit Derivaten einer Saldierungsvereinbarung unterliegen, die Abwicklungsbehörde oder ein unabhängiger Sachverständiger als Teil der Bewertung nach Artikel 36 BRRD den Nettowert der aus diesen Transaktionen resultierenden Verbindlichkeit gemäß den Bedingungen dieser Vereinbarung bestimmt. Der Wert der Verbindlichkeiten aus Derivaten wird dabei nach in Art. 49 Abs. 4 festgelegten Grundsätzen bestimmt, die gemäß Abs. 5 durch technische Regulierungsstandards nach Anhörung der Europäischen Wertpapier- und Marktaufsichtsbehörde (ESMA) von der EBA präzisiert werden (vgl. EBA Consultation Paper EBA/CP/2015/10).

[37] BT-Drs. 18/5009, S. 77.

[38] Vgl. auch *Bauer/Werner* WM 2015, 1135 sowie FSB Consultative Document 2014.

[39] Vgl. Art. 2 Abs. 1 Nr. 107 BRRD iVm Art. 2 Abs. 1 des Anhangs der Empfehlung 2003/361/EG der Kommission. Demnach wird ein mittleres Unternehmen definiert über eine Anzahl von weniger als 250 beschäftigte Mitarbeiter und einen Umsatz iHv maximal 50 Mio. EUR oder einer Jahresbilanz iHv maximal 43 Mio. Euro.

[40] Denselben insolvenzrechtlichen Rang sieht die Bankenabwicklungsrichtlinie auch für Einlagen von natürlichen Personen und kleinen und mittleren Zweigstellen von Instituten mit Sitz außerhalb der Europäischen Union vor, deren Einlagen „erstattungsfähig" wären, wenn diese ihren Sitz in der EU hätten.

dass zB die Behandlung von Schuldscheinen im Insolvenzfall ua davon abhängt, ob der Investor Schutz durch die Einlagensicherung genießt und ggf. eine natürliche Person, ein Kleinstunternehmen oder ein kleines und mittleres Unternehmen ist.

Demgegenüber genießen die von der Einlagensicherung gedeckten Einlagen zusammen mit Verbindlichkeiten gegenüber Einlagensicherungssystemen den insolvenzrechtlich höchsten Rang, wobei aufgrund der Ausnahme gedeckter Einlagen lediglich die Einlagensicherungssysteme für diese letzte Stufe der Haftungskaskade relevant sind. Der Schutz gedeckter Einleger bis zur Deckungssumme von 100.000 EUR ist eines der expliziten Abwicklungsziele im Bankenabwicklungsregime.[41] Im Insolvenzfall sind diese gedeckten Einlagen durch das Einlagensicherungssystem geschützt. Im Abwicklungsfall sind sie gänzlich zum Schutz der Einleger von einem Bail-in ausgenommen.[42] Dennoch ist in der Haftungskaskade anstelle der geschützten Einleger eine **Beteiligung der Einlagensicherungssysteme** an den Kosten der Abwicklung im Rahmen des Bail-in-Instruments vorgesehen, auf die weiter unten noch näher eingegangen wird (→ Rn. 48 f.). 16

3. Herabschreibung und Umwandlung von Kapitalinstrumenten

Der Ausschuss und die nationalen Abwicklungsbehörden haben die Befugnis, relevante Kapitalinstrumente herabzuschreiben oder umzuwandeln, um dadurch die Existenzfähigkeit eines Unternehmens oder einer Gruppe wiederherzustellen. Diese Maßnahmen für relevante Kapitalinstrumente stehen in engem Zusammenhang mit dem Bail-in-Instrument, aber stellen kein „echtes" Abwicklungsinstrument im Sinne des Artikels 22 Abs. 2 SRM-Verordnung dar[43]. In der Praxis wird die Herabschreibung und Umwandlung von Kapitalinstrumenten zumeist in Kombination mit einem Abwicklungsinstrument erfolgen, auch wenn sie grundsätzlich einem Abwicklungsverfahren vorgelagert sind und dadurch auch unabhängig von einer Abwicklungsmaßnahme durchgeführt werden können.[44] 17

Für die Durchführung einer Herabschreibung oder Umwandlung relevanter Kapitalinstrumente müssen bereits wesentliche Voraussetzungen für eine Abwicklung erfüllt sein.[45] Abhängig davon, ob nach Herabschreibung oder Umwandlung alle Abwicklungsvoraussetzungen erfüllt sind, erfolgt die Maßnahme gemäß Artikel 21 Abs. 7 SRM-Verordnung entweder unabhängig oder zusammen mit einer Abwicklungsmaßnahme[46]. Somit ist die 18

---

[41] Vgl. Art. 14 Abs. 1 Buchst. d SRM-Verordnung.
[42] Vgl. hierzu auch *Smits* CMLJ 2014, 137.
[43] Vgl. Definition der Abwicklungsinstrumente in Art. 3 Abs. 1 Nr. 9 iVm Art. 22 Abs. 2 SRM-Verordnung.
[44] Vgl. § 89 SAG iVm § 101 SAG sowie Art. 59 Abs. 1 BRRD.
[45] Vgl. Art. 21 Abs. 1 Buchst. a iVm Art. 18 Abs. 1 Buchst. b der SRM-Verordnung: Gemäß Art. 18 Abs. 1 Buchst. b der SRM-Verordnung stellt bereits die Durchführung einer Herabschreibung oder Umwandlung selbst eine der Abwicklungsvoraussetzungen dar. Das Vorliegen der übrigen Abwicklungsvoraussetzungen kann jedoch gleichzeitig auch Voraussetzung für die Herabschreibung oder Umwandlung sein. Die entsprechende Abwicklungsvoraussetzung nach Art. 18 Abs. 1 Buchst. b der SRM-Verordnung ist somit erst dann erfüllt, wenn unter anderem durch eine Herabschreibung oder Umwandlung von relevanten Kapitalinstrumenten der Ausfall des Instituts nicht abgewendet werden kann. Hinsichtlich der Voraussetzungen für die Anwendung des Instruments der Beteiligung der Inhaber relevanter Kapitalinstrumente wird in § 65 Abs. 1 und Abs. 2 SAG explizit auf das Vorliegen der Abwicklungsvoraussetzungen in § 62 Abs. 1 SAG verwiesen.
[46] Gemäß Art. 21 Abs. 8 SRM-Verordnung üben die nationalen Abwicklungsbehörden die Herabschreibungs- oder Umwandlungsbefugnisse hinsichtlich SSM-Institute und grenzüberschreitend

Herabschreibung oder Umwandlung relevanter Kapitalinstrumente grundsätzlich der Anwendung eines Abwicklungsinstruments vorgeschaltet.[47] In diesem Fall kann die Herabschreibung oder Umwandlung relevanter Kapitalinstrumente insbesondere mit der Anwendung des Instruments der Gläubigerbeteiligung entlang der Haftungskaskade einhergehen.

a) Anwendung und Befugnisse

19 Die Bestimmungen zur Herabschreibung oder Umwandlung relevanter Kapitalinstrumente sind in Artikel 21 SRM-Verordnung festgelegt. Ziel der Herabschreibung oder Umwandlung ist die Beteiligung von Inhabern relevanter Kapitalinstrumente entlang der Haftungskaskade im Einklang mit der Insolvenzrangfolge. Demzufolge werden zuerst die Posten des harten Kernkapitals (CET 1) proportional zu den Verlusten verringert. Hierfür stehen den nationalen Abwicklungsbehörden die Löschung oder Übertragung der Instrumente sowie eine Verwässerung infolge einer Umwandlung anderer Kapitalinstrumente und berücksichtigungsfähiger Verbindlichkeiten als Maßnahmen zur Verfügung.[48]

20 Die Kapazitätsgrenze ist dabei erreicht, wenn die nächste Kategorie entlang der Haftungskaskade heranzuziehen ist. Nach vollständiger Herabschreibung des harten Kernkapitals wird anschließend der Nennwert der Instrumente des zusätzlichen Kernkapitals (AT 1) herabgeschrieben, in hartes Kernkapital umgewandelt oder beides. Dies geschieht in einem Maß, das entweder zur Verwirklichung der Ziele der Maßnahme erforderlich ist oder bis die Kapazitätsgrenze der Instrumente des zusätzlichen Kernkapitals erreicht ist. In einer weiteren Stufe wird unter den gleichen Bestimmungen wie im Fall des zusätzlichen Kernkapitals der Nennwert der Instrumente des Ergänzungskapitals (T2) herabgeschrieben, in hartes Kernkapital umgewandelt oder beides.[49] Dabei gilt, dass die Instrumente des Ergänzungskapitals, soweit es sich rechtlich um Schuldtitel handelt, unabhängig vom Abwicklungsfall bereits im Zuge ihrer Ausgabe vertragliche Bedingungen für die Verlustabsorption und einen entsprechenden Nachrang in der Insolvenzrangfolge enthalten müssen.[50]

21 Durch die Herabsetzung des Nennwerts der Kapitalinstrumente können, wie im Falle einer vereinfachten Kapitalherabsetzung, frei werdende Mittel zur Verlustabsorption verwendet werden.[51] Die Umwandlung relevanter Kapitalinstrumente in hartes Kernkapital wird hingegen mit dem Ziel der Rekapitalisierung verfolgt.

22 Die BRRD enthält zudem in Artikel 47 Abs. 1 spezifische Bestimmungen für die Behandlung von Anteilseignern bei einer Herabschreibung oder Umwandlung von Kapitalinstrumenten oder bei Anwendung des Bail-in-Instruments. Die nationalen Abwicklungsbehörden können Anteile der Eigentümer demnach komplett löschen oder sie auf andere Gläubiger übertragen. Für die praktische Durchführung der Umwandlung relevanter Kapitalinstrumente in hartes Kernkapital kann die Abwicklungsbehörde von dem Institut

---

tätiger Institute auf unverzüglicher Anweisung des Ausschusses aus, wenn eine oder mehrere Voraussetzungen dafür erfüllt sind, jedoch nicht alle Abwicklungsvoraussetzungen. Diese Befugnisse stehen ihnen durch die in nationales Recht umgesetzten Bestimmungen zur Herabschreibung oder Umwandlung von Kapitalinstrumenten zu Verfügung, auf dessen Grundlage sie dabei handeln.

[47] Vgl. Art. 60(5) BRRD.
[48] Vgl. Art. 60 Abs. 1 Buchst. a BRRD iVm Art. 47 Abs. 1 BRRD
[49] Vgl. Art. 21 Abs. 10 SRM-Verordnung bzw. Art. 60 BRRD.
[50] Vgl. hinsichtlich der Verlustabsorption und des Nachrangs für relevante Kapitalinstrumente Art. 73 iVm Art. 28, 52, 54 und 63 der Verordnung (EU) Nr. 575/2013 des Europäischen Parlaments und des Rates vom 26. Juni 2013 über Aufsichtsanforderungen an Kreditinstitute und Wertpapierfirmen und zur Änderung der Verordnung (EU) Nr. 648/2012 (CRR) (ABl. L 176, 1).
[51] Vgl. §§ 229 ff. und § 240 AktG.

die Ausgabe von Instrumenten des harten Kernkapitals an die Inhaber relevanter Kapitalinstrumente verlangen, deren Nennwert zuvor herabgeschrieben wurde.[52]

Weist das Institut einen positiven Nettovermögenswert unter Berücksichtigung der Bewertung nach Artikel 20 SRM-Verordnung[53] auf, ist die Verwässerung der Alteigentümer eine weitere mögliche Maßnahme.[54] Dies ist in der Praxis insbesondere dann der Fall, wenn die Umwandlung zur Erreichung regulatorisch geforderter Kapitalquoten erfolgt. Solch eine Verwässerung kann durch Umwandlung relevanter Kapitalinstrumente in hartes Kernkapital erreicht werden sowie durch die Umwandlung berücksichtigungsfähiger Verbindlichkeiten (falls die Abwicklungsvoraussetzungen vorliegen und gleichzeitig das Bail-in-Instrument angewandt wird). Demnach werden Alteigentümer bei Überschuldung des Instituts zur Gänze herangezogen und verlieren alle Rechte. Bei positivem Nettovermögenswert des Instituts kann die Abwicklungsbehörde entscheiden, dass Alteigentümer zwar ihre Rechte behalten, allerdings wird die Beteiligung gemäß dem entsprechenden Satz für die Umwandlung von Verbindlichkeiten in Eigenkapital nach Artikel 50 BRRD iVm § 98 SAG[55] erheblich verwässert.[56] 23

Eine Umwandlung relevanter Kapitalinstrumente in hartes Kernkapital erfolgt anhand spezifischer Umwandlungsquoten für unterschiedliche Kategorien von Instrumenten.[57] In diesem Fall ist eine höhere Umwandlungsquote für Instrumente mit höherem Rang nach geltendem Insolvenzrecht vorgesehen[58]. Gemäß Artikel 50 Abs. 2 iVm § 98 Abs. 1 SAG muss die Umwandlungsquote dabei den betroffenen Gläubiger angemessen für jegliche Verluste entschädigen, die ihm durch die Anwendung der Herabschreibungs- und Umwandlungsbefugnisse entstanden sind (→ Rn. 59). Für die Festlegung von Umwandlungsquoten durch die Abwicklungsbehörden erarbeitet die EBA bis zum 3. Januar 2016 Leitlinien.[59] Nach dem Konsultationspapier der EBA sind bei der Festlegung der Umwandlungsquoten insbesondere das Prinzip des „No Creditor Worse Off" (→ Rn. 57 ff.) als auch das Prinzip der grundsätzlichen Geltung der Insolvenzrangfolge zu beachten.[60] 24

b) Voraussetzungen

Für die Anwendung der Befugnis zur Herabschreibung oder Umwandlung von Kapitalinstrumenten müssen gemäß Artikel 21 SRM-Verordnung eine oder mehrere der folgenden Voraussetzungen erfüllt sein, die grundsätzlich sehr eng an die Abwicklungsvoraussetzungen angelehnt sind, so dass eine Abwicklung immer dann erfolgen würde, wenn eine Herabschreibung der Kapitalinstrumente nicht ausreicht:[61] 25

a) Es wurde festgestellt, dass die Abwicklungsvoraussetzungen nach Artikel 16 und 18 SRM-Verordnung erfüllt waren, bevor eine Abwicklungsmaßnahme eingeleitet wurde.

---

[52] Vgl. Art. 60 Abs. 2 und 3 BRRD sowie § 101 Nr. 8 und § 90 Nr. 1 Buchst. a und b SAG. Hinsichtlich der weiteren Auswirkungen einer Herabschreibung eines relevanten Kapitalinstruments oder einer berücksichtigungsfähigen Verbindlichkeit vgl. § 99 Abs. 1–3, 6 SAG.
[53] Vgl. §§ 69–75 SAG bei rein nationalen Abwicklungsfällen.
[54] Vgl. Art. 47 Abs. 1 Buchst. b BRRD.
[55] Vgl. Art. 50 BRRD.
[56] Vgl. Art. 47 Abs. 1 BRRD.
[57] Vgl. Art. 50 BRRD iVm § 98 Abs. 1 SAG.
[58] Vgl. § 98 Abs. 2 SAG sowie Art. 50 Abs. 3 BRRD.
[59] Vgl. Art. 50 Abs. 4 BRRD.
[60] Vgl. EBA Consultation Paper EBA/CP/2014/39.
[61] Vgl. dazu auch Art. 59 Abs. 3 BRRD.

b) Das Unternehmen ist nur dann weiter existenzfähig, wenn die relevanten Kapitalinstrumente herabgeschrieben oder in Instrumente des harten Kernkapitals umgewandelt werden.

c) Eine Gruppe ist nur dann weiterhin existenzfähig, wenn die Befugnis zur Herabschreibung oder Umwandlung in Bezug auf die relevanten Kapitalinstrumente ausgeübt wird, die von einem Tochterunternehmen ausgegeben werden und die auf Einzelbasis und auf konsolidierter Basis zur Erfüllung der Eigenmittelanforderungen anerkannt sind.

d) Eine Gruppe ist nur dann weiterhin existenzfähig, wenn die Befugnis zur Herabschreibung oder Umwandlung in Bezug auf diese relevanten Kapitalinstrumente ausgeübt wird, die auf der Ebene des Mutterunternehmens ausgegeben werden und auf Einzelbasis auf der Ebene des Mutterunternehmens oder auf konsolidierter Basis zur Erfüllung der Eigenmittelanforderungen anerkannt sind.

e) Dem Unternehmen oder der Gruppe wird eine außerordentliche finanzielle Unterstützung aus öffentlichen Mitteln bewilligt, außer es handelt sich um eine vorsorgliche Maßnahme zur Schließung von Kapitallücken, die in einem Stresstest festgestellt wurden, und die zur Abhilfe einer schweren volkswirtschaftlichen Störung und zur Wahrung der Finanzstabilität durchgeführt wird.

26 Sowohl die EZB als auch der Ausschuss können feststellen, ob die Voraussetzungen nach den Buchstaben a, c und d für die Anwendung der Herabschreibung oder Umwandlung von Kapitalinstrumenten erfüllt sind.[62] Offen ist, wieso die EZB eine solche Feststellung für Unternehmen nach dem Buchstaben b nicht vornehmen darf. Angesichts der Tatsache, dass die Aufgabenteilung hinsichtlich der Abwicklungsvoraussetzungen nach Artikel 18 SRM-Verordnung abschließend geregelt ist, erscheint der Verweis in Artikel 21 Abs. 1 UAbs. 2 Satz 2 SRM-Verordnung auf Buchstabe a als Verweisfehler, sprich der EZB müssten analoge Befugnisse im Hinblick auf einzelne Unternehmen im Sinne des Buchstabens b wie im Hinblick auf Gruppen nach den Buchstaben c und d zustehen.

27 Der Feststellung, ob die Voraussetzungen für die Anwendung der Befugnisse nach den Buchstaben b, c oder d erfüllt sind, geht eine Einschätzung voraus, ob ein Unternehmen oder eine Gruppe nicht mehr existenzfähig ist. Die Kriterien dafür sind maßgeblich an die Kriterien für das Vorliegen einzelner Abwicklungsvoraussetzungen nach Artikel 18 Abs. 1 SRM-Verordnung angelehnt: Nicht mehr existenzfähig ist ein Kreditinstitut oder eine Gruppe, wenn es gemäß Artikel 21 Abs. 3 Buchst. a SRM-Verordnung in seinem Bestand gefährdet ist („failing or likely to fail") und wenn zudem gemäß Artikel 21 Abs. 3 Buchst. b SRM-Verordnung nach vernünftigem Ermessen keine Aussicht besteht, den Ausfall des Instituts durch andere Maßnahmen der Privatwirtschaft oder der Aufsichtsbehörden abzuwenden, außer durch eine Herabschreibung oder Umwandlung von Kapitalinstrumenten.[63]

28 Während für die Feststellung der Bestandsgefährdung im Sinne des Artikels 21 Abs. 3 SRM-Verordnung bei Unternehmen auf Einzelinstitutsebene dieselben Bestimmungen entsprechend den Abwicklungsvoraussetzungen nach Artikel 18 Abs. 4 SRM-Verordnung gelten, gilt gemäß Artikel 21 Abs. 5 SRM-Verordnung eine Gruppe als in ihrem Bestand und somit in ihrer Existenz gefährdet, wenn ihr Verstoß gegen ihre konsolidierten Aufsichtsanforderungen ein aufsichtliches Eingreifen rechtfertigen würde oder wenn objektive

---

[62] Vgl. Art. 21 Abs. 1 UAbs. 2 Satz 2 SRM-Verordnung: „Die EZB bewertet nach Anhörung des Ausschusses, ob die in den Buchstaben a, c und d des Unterabs. 1 genannten Voraussetzungen erfüllt sind. Der Ausschuss kann in seiner Präsidiumssitzung ebenfalls eine solche Bewertung vornehmen."

[63] Die Bewertung, ob ein Unternehmen ausfällt oder wahrscheinlich ausfällt, ist auch eine von drei Voraussetzungen für ein Abwicklungsverfahren gemäß Art. 18 Abs. 1 SRM (su).

Anhaltspunkte dafür vorliegen, dass dies in naher Zukunft bevorsteht, unter anderem weil Verluste aufgetreten sind oder erwartet werden, die die Eigenmittel erheblich verringern.[64] Ein solches Eingreifen liegt immer dann vor, wenn die zuständige Aufsicht eine Maßnahme auf Basis der nationalen Umsetzung der Artikel 27–29 BRRD, der nationalen Umsetzung des Artikels 104 der Eigenkapitalrichtlinie (CRD IV)[65] oder des Artikel 16 Abs. 2 der Verordnung zur Übertragung besonderer Aufgaben im Zusammenhang mit der Aufsicht über Kreditinstitute auf die Europäische Zentralbank (SSM-Verordnung)[66] durchführt. Dies bedeutet, dass für Gruppen die Befugnis zur Herabschreibung oder Umwandlung von Kapitalinstrumenten bereits dann gegeben ist, wenn die Eingriffsvoraussetzungen des Artikels 27 Abs. 1 BRRD, der nationalen Umsetzung des Artikels 104 CRD IV oder des Artikels 16 SSM-Verordnung gegeben sind und keine alternativen Maßnahmen im Sinne des Artikels 21 Abs. 3 Buchst. b SRM-Verordnung zur Verfügung stehen.

Bei der Anwendung der Befugnisse zur Sicherung der Existenzfähigkeit einer Gruppe dürfen Kapitalinstrumente auf Ebene des Tochterunternehmens nicht zu schlechteren Bedingungen herabgeschrieben oder umgewandelt werden als ein von einem Mutterunternehmen ausgegebenes gleichrangiges relevantes Kapitalinstrument.[67] **29**

Grundlage für die Durchführung der Herabschreibung oder Umwandlung relevanter Kapitalinstrumente ist eine vorherige Bewertung der Vermögenswerte und Verbindlichkeiten gemäß Artikel 20 SRM-Verordnung. Diese Bewertung ermöglicht dabei die Ermittlung des Umfangs der Herabschreibung relevanter Kapitalinstrumente, um Verluste zu absorbieren, sowie des Umfangs der Umwandlung mit dem Ziel einer Rekapitalisierung. Zudem beruht auf der Bewertung des Nettovermögenswertes auch die Behandlung der Anteilseigner hinsichtlich einer Löschung oder Verwässerung von Eigentumstiteln.[68] **30**

4. Spezifische Regelungen des Instruments der Verlustbeteiligung

Die Regelungen des Instruments der Verlustbeteiligung („Bail-in") sind von besonderer Bedeutung für die Architektur des europäischen Abwicklungsregimes, denn sie erlegen den einzelnen (privaten als auch öffentlichen) Akteuren eine Haftung auf und bestimmen somit die Anreizstruktur, insbesondere innerhalb der Bankenunion mit ihrer Vergemeinschaftung der zur Abwicklung auf nationaler Ebene erhobenen Beiträge von Banken.[69] Dabei bleibt festzuhalten, dass unabhängig von der praktischen Durchführbarkeit der Bail-in-Regeln insbesondere für komplexe Banken bereits die Einführung des Regimes bzw. dessen Anwendung in einzelnen einfacheren Fällen zu einer erhöhten Wahrscheinlichkeit einer Ver- **31**

---

[64] Vgl. Art. 21 Abs. 5 SRM-Verordnung.
[65] Richtlinie 2013/36/EU des Europäischen Parlaments und des Rates vom 26. Juni 2013 über den Zugang zur Tätigkeit von Kreditinstituten und die Beaufsichtigung von Kreditinstituten und Wertpapierfirmen, zur Änderung der Richtlinie 2002/87/EG und zur Aufhebung der Richtlinien 2006/48/EG und 2006/49/EG (ABl. L 176, 338).
[66] Verordnung (EU) Nr. 1024/2013 des Rates vom 15. Oktober zur Übertragung besonderer Aufgaben im Zusammenhang mit der Aufsicht über Kreditinstitute auf die Europäische Zentralbank (ABl. L 287, 63).
[67] Vgl. Art. 21 Abs. 6 SRM-Verordnung.
[68] Vgl. Art. 21 Abs. 8 SRM-Verordnung sowie Art. 20 Abs. 5 Buchst. c.
[69] Vgl. zu den Vor- und Nachteilen des „Bail-in" *Avgouleas/Goodhart* CEPR Discussion Paper 10065.

lustbeteiligung bestimmter Schuldtitel und somit zu einem teilweisen Verlust der impliziten Staatsgarantie systemrelevanter Institute führt.[70]

a) Institutionelle Einordnung der Regeln zur Verlustbeteiligung

32 Die in der SRM-Verordnung festgelegten Regeln zur Verlustabsorption entsprechen in wesentlichen Teilen den Regelungen der BRRD und somit denen des SAG. Sie stellen damit den Kern der europäischen Antwort auf das Problem dar, dass systemrelevante Großbanken aufgrund ihrer Bedeutung für die Finanzstabilität („too big/complex/interconnected to fail") keiner glaubwürdigen Insolvenzandrohung unterliegen und damit das Haftungsprinzip als konstituierendes Element einer marktwirtschaftlichen Ordnung ausgehebelt wird.[71]

33 Gleichsam ist die Mindestbeteiligung von Gläubigern auch eine wesentliche Bedingung europäischer Solidarität; der Vergemeinschaftung der von den Instituten zur Abwicklungsfinanzierung auf nationaler Ebene erhobenen Beiträge. So verlangen die Regeln des Europäischen Stabilitätsmechanismus (ESM) zwingend eine Gläubigerbeteiligung, die den Regeln des SRM und der BRRD genügt. Gleichzeitig verweist das IGA in Artikel 9 Abs. 1 Buchst. c und d auf die Dauerhaftigkeit der geltenden Bestimmungen zur Verlustbeteiligung von Gläubigern als Voraussetzung für die Gültigkeit des IGA. Um dies zu unterstreichen, stellt Erwägungsgrund 16 des IGA heraus, dass die Zustimmung der Vertragsparteien unter der Prämisse erfolgt, dass keine Veränderung im Sinne einer Aufweichung der Regeln zur Verlustabsorption durch die Eigentümer und Gläubiger eines Instituts erfolgen soll.

34 Das Beharren auf der Verlustbeteiligung privater Gläubiger als notwendige Bedingung für die Nutzung vergemeinschafteter Mittel des Fonds lässt sich mit der asymmetrischen Anreizstruktur der Vergemeinschaftung europäischer Mittel erklären. Kleine Länder profitieren überproportional vom Zugang zu einem gemeinsamen Fonds in Höhe von 1 % der gesicherten Einlagen der Eurozone, während für größere Länder der positive Effekt aus der Vergemeinschaftung deutlich geringer ist. Für kleinere Länder würde der Anreiz für eine effektive Abwicklungsplanung fehlen, da diese auf einen vollständigen „Bail-out" durch europäische Mittel setzen könnten, um so niedrigere Refinanzierungskosten für den heimischen Bankensektor zu Lasten der Institute in anderen Ländern („Moral Hazard") zu erreichen. Bei größeren Ländern bestünde die Gefahr, dass ohne ausreichende private Verlustabsorption vergleichsweise schnell eine Überforderung der gemeinschaftlichen Ressource entstünde.[72] Tatsächlich ist von verschiedenen Kommentatoren angemerkt worden, dass die Ausstattung des einheitlichen Abwicklungsfonds in Höhe von 1 %

---

[70] Vgl. *Chennells/Wingfield* BoE Quarterly Bulletin 2015 und *Schäfer/Schnabel/Weder di Mauro* Arbeitspapier 2014.

[71] Vgl. Erwägungsgrund 73 SRM-Verordnung: „[...] Das Bail-in-Instrument dient eben diesem Ziel, indem es sicherstellt, dass die Anteilseigner und Gläubiger des ausfallenden Unternehmens Verluste in angemessenem Umfang tragen und einen angemessenen Teil der Kosten, die durch den Ausfall des Unternehmens entstehen, übernehmen. Durch das Bail-in-Instrument erhalten Anteilseigner und Gläubiger der Unternehmen deshalb einen stärkeren Anreiz zur Überwachung des guten Zustands eines Unternehmens unter normalen Bedingungen. [...]."

[72] Vgl. zur Bedeutung des „Moral Hazard" für insbesondere die deutsche Verhandlungsposition in *Howarth/Quaglia* JCMS 2014, 125.

der gesetzlich gesicherten Einlagen (Schätzungen der EU-Kommission zufolge rund 55 Mrd. EUR)[73] vergleichsweise klein ist.[74]

Die Regeln zur Verlustabsorption sind aber keine hinreichende Bedingung für die Durchsetzung des Haftungsprinzips, denn sie stellen einzig eine Selbstbindung des Gesetzgebers dar, die jedoch nichts über die Erreichbarkeit der Mindestbeteiligung aussagt. Dass die Abwicklungsbehörden die geforderten Schwellenwerte zur Nutzung des Abwicklungsfinanzierungsmechanismus und alternativer Finanzierungsquellen faktisch erreichen können, hängt ab von einer vorausschauenden Abwicklungsplanung, der grenzüberschreitenden Anerkennung von Abwicklungsmaßnahmen,[75] einer gründlichen Bewertung der Abwicklungsfähigkeit und konservativen Anforderungen an die Mindestanforderungen an Eigenmitteln und berücksichtigungsfähigen Verbindlichkeiten (die sogenannten „MREL" – Minimum Requirement for own funds and Eligible Liabilities).[76] Letztere dienen dazu zu verhindern, dass Unternehmen ihre Verbindlichkeiten auf eine Art und Weise strukturieren, die die Wirksamkeit des Bail-in-Instruments einschränken würden.[77] Ohne eine solche konservative Anforderung kann insbesondere in systemischen Krisen die Verpflichtung zum Bail-in in einer bestimmten Höhe dem Abwicklungsziel Schutz der Finanzmarktstabilität widersprechen.[78]

35

b) Anwendungsbereich des Instruments der Verlustbeteiligung („Bail-in")

Das Bail-in-Instrument kann nach der SRM-Verordnung entweder allein oder in Verbindung mit anderen Abwicklungsinstrumenten angewandt werden. Wird das Bail-in-Instrument als alleiniges Abwicklungsinstrument eingesetzt, gelten besondere Bedingungen. Dies wird insbesondere mit der Notwendigkeit begründet, mögliche Wettbewerbsverzer-

36

---

[73] Vgl. EU Kommission Statement 2014. Da die Schätzungen für die Zielausstattung für das Jahr 2024 auf Basis von Zahlen des Jahres 2012 geschätzt wurden, wird die tatsächliche Zielausstattung wahrscheinlich höher ausfallen. So erwartet *Tóth* MPRA Paper 2015 in Abhängigkeit des Wirtschaftswachstums eine deutlich höhere Zielausstattung.

[74] Vgl. hierzu *FFHSWW* Stiftung Marktwirtschaft 2014 sowie *Hellwig* MPI 2014. Insbesondere *Hellwig* weist auf die Diskrepanz zwischen der geplanten Zielausstattung des Fonds sowie den im Krisenfall notwendigen Summen zur Liquiditätssicherung hin.

[75] Art. 55 BRRD iVm § 55 SAG verpflichtet Institute zu der Aufnahme vertraglicher Bestimmungen für die Anerkennung von Bail-in hinsichtlich entsprechender Verbindlichkeiten, die dem Recht eines Drittstaates unterliegen. Zudem wird mit dem durch das AbwMechG in das SAG eingeführte § 60a SAG dem ISDA-Protokoll Rechnung getragen, nach dem Institute verpflichtet werden, vertragliche Bestimmungen für die Anerkennung einer vorübergehenden Aussetzung von Beendigungsrechten in Finanzkontrakten aufzunehmen, die dem Recht eines Drittstaats unterliegen. Um die Effektivität grenzüberschreitender Abwicklungsmaßnahmen zu erhöhen, hat das FSB im November 2015 *Prinzipien für die Wirksamkeit grenzüberschreitender Abwicklungsmaßnahmen* (Vgl. FSB Principles for Cross-border Effectiveness 2015) veröffentlicht, mit denen Hindernisse bei der grenzüberschreitenden Anerkennung von Rechtsakten im Rahmen der Abwicklungsmaßnahmen adressiert und die Rechtssicherheit bei der Durchführung von grenzüberschreitend wirkenden Abwicklungsmaßnahmen gestärkt werden soll.

[76] Vgl. hierzu Art. 45 BRRD sowie Art. 12 SRM-Verordnung. Zur praktischen Bedeutung von ex-ante vorhandenen Schuldtiteln zur Verlustabsorption vgl. beispielhaft *Gordon/Ringe* VoxEU/ CEPR 2014. Auf Ebene der G20 soll mit der „Total Loss Absorbing Capacity" (TLAC) ein globaler Minimumstandard zur Festlegung einer solchen Anforderung an bestimmte Schuldtitel erfolgen (vgl. FSB Key Attributes 2014). Zur Kritik an „designierten" Bail-in-Schuldtiteln vgl. *Persaud* PIIE Policy Brief 2014, 14.

[77] Vgl. Erwägungsgrund 83 SRM-Verordnung.

[78] Vgl. hierzu *Avgouleas/Goodhart* CEPR Paper 10065 und *Dewatripont* IJIO 2014, 37.

rungen so gering wie möglich zu halten, da ein eigentlich ausfallendes Institut am Markt gehalten wird – und zwar unabhängig von der Frage, ob hierzu Fondsmittel eingesetzt werden.[79] Daher sehen Artikel 51 und 52 BRRD vor, dass bei einer Anwendung des Bail-in-Instruments durch die Abwicklungsbehörden zur Rekapitalisierung eines Instituts ein Reorganisationsplan erstellt wird mit dem Ziel, die langfristige Existenzfähigkeit des Institutes wiederherzustellen – wo anwendbar unter Beachtung der EU-Vorschriften über staatliche Beihilfen.

37   Bei der alleinigen Anwendung des Bail-in-Instruments zur Rekapitalisierung eines die Voraussetzungen für eine Abwicklung erfüllenden Instituts soll dies in einem Umfang erfolgen, der ausreichend ist, um (a) es wieder in die Lage zu versetzen, den Zulassungsbedingungen zu genügen, sowie (b) hinreichend Vertrauen des Marktes in das Institut oder Unternehmen aufrechtzuerhalten.[80] Für diesen Zweck kann das Bail-in-Instrument nur angewendet werden, wenn die begründete Aussicht besteht, dass dieses Instrument – zusammen mit anderen einschlägigen Maßnahmen einschließlich der Maßnahmen, die im Einklang mit dem vorzulegenden Reorganisationsplan[81] umgesetzt werden – über die Verwirklichung relevanter Abwicklungsziele hinaus die finanzielle Solidität und langfristige Überlebensfähigkeit des jeweiligen Unternehmens wiederherstellt.[82] Wird diese Bedingung nicht erreicht, ist das Bail-in-Instrument in Verbindung mit (a) dem Instrument der Unternehmensveräußerung, (b) dem Instrument des Brückeninstituts oder (c) dem Instrument der Ausgliederung von Vermögenswerten anzuwenden.

aa) Ausnahmen vom Bail-in

38   Die SRM-Verordnung nimmt im Weiteren bestimmte Verbindlichkeiten von der Anwendung des Bail-in-Instruments aus. Die entsprechenden Regelungen des Artikel 27 Abs. 3 SRM-Verordnung entsprechen dabei vollständig den Regelungen des Artikels 44 Abs. 2 BRRD, die im SAG im Artikel 91 Abs. 2 für Deutschland umgesetzt sind. Zu den vom Bail-in-Instrument ausgenommenen Verbindlichkeiten gehören, unabhängig davon, ob sie dem Recht eines Mitgliedstaats oder eines Drittlands unterliegen:[83]
a) Einlagen, die der gesetzlichen Einlagensicherung unterliegen;
b) besicherte Verbindlichkeiten einschließlich gedeckter Schuldverschreibungen und Verbindlichkeiten in Form von Finanzinstrumenten, die zu Absicherungszwecken verwen-

---

[79] Vgl. Erwägungsgrund 75 SRM-Verordnung: „ […]. Sofern anwendbar sollten solche Pläne mit dem Umstrukturierungsplan vereinbar sein, den das Unternehmen der Kommission gemäß dem Rechtsrahmen der Union für staatliche Beihilfen vorzulegen hat. Insbesondere sollte der Plan – über die Maßnahmen zur Wiederherstellung der langfristigen Existenzfähigkeit des Unternehmens hinaus – Maßnahmen zur Beschränkung der Beihilfen auf das Mindestmaß der Lastenverteilung sowie Maßnahmen zur Begrenzung von Wettbewerbsverzerrungen enthalten."
[80] Vgl. Art. 27 Abs. 1. Buchst. a SRM-Verordnung.
[81] Vgl. Art. 27 Abs. 16 SRM-Verordnung. Die SRM-Verordnung verweist an dieser Stelle auf die einschlägigen Regelungen der BRRD im Art. 52 Abs. 1, 2 und 3. Gemäß Art. 52 Abs. 4 BRRD werden in einem Reorganisationsplan Maßnahmen festgelegt, die darauf abzielen, innerhalb eines angemessenen Zeitrahmens die langfristige Existenzfähigkeit eines Instituts oder von Teilen seiner Geschäftstätigkeit wiederherzustellen. Diese Maßnahmen müssen sich auf realistische Annahmen hinsichtlich der Wirtschafts- und Finanzmarktbedingungen stützen, unter denen das Institut tätig sein wird.
[82] Vgl. Art. 27 Abs. 2. UAbs. 1 SRM-Verordnung.
[83] Vgl. im Folgenden Art. 27 Abs. 3 Buchst. a–g SRM-Verordnung, Art. 43 Abs. 2 Buchst. a–g BRRD sowie Art. 91 Abs. 2 Ziffer 1–7 SAG.

det werden, einen festen Bestandteil des Deckungspools bilden und nach nationalem Recht ähnlich wie gedeckte Schuldverschreibungen besichert sind;
c) bestimmte[84] Verbindlichkeiten aus der Verwaltung von Kundenvermögen oder Kundengeldern, darunter Kundenvermögen oder Kundengelder, sofern der jeweilige Kunde nach dem geltenden Insolvenzrecht geschützt ist;
d) etwaige Verbindlichkeiten aus einem Treuhandverhältnis zwischen einem Institut als Treuhänder und einer anderen Person als Begünstigten, sofern der Begünstigte nach dem geltenden Insolvenz- oder Zivilrecht geschützt ist;
e) Verbindlichkeiten gegenüber Instituten – ausgenommen Unternehmen, die Teil derselben Gruppe sind – mit einer Ursprungslaufzeit von weniger als sieben Tagen;
f) Verbindlichkeiten mit einer Restlaufzeit von weniger als sieben Tagen, die Systemen oder Systembetreibern[85] oder deren Teilnehmern geschuldet werden und auf der Teilnahme an einem entsprechenden System beruhen;
g) Verbindlichkeiten gegenüber
  i) Beschäftigten aufgrund ausstehender Lohnforderungen, Rentenleistungen oder anderer fester Vergütungen, ausgenommen variable Vergütungsbestandteile, die nicht tarifvertraglich geregelt sind;
  ii) Geschäfts- oder Handelsgläubigern aufgrund von Lieferungen und Leistungen, die für den alltäglichen Geschäftsbetrieb eines Instituts oder eines Unternehmens im Sinne des Artikels 2 von wesentlicher Bedeutung sind, einschließlich IT-Diensten, Versorgungsdiensten sowie Anmietung, Bewirtschaftung und Instandhaltung von Gebäuden;
  iii) Steuer- und Sozialversicherungsbehörden, sofern es sich nach dem anwendbaren Recht um bevorrechtigte Verbindlichkeiten handelt;
  iv) gesetzlichen Einlagensicherungssystemen[86] aus fälligen Beiträgen.

39 Da Verbindlichkeiten nach og Buchst. g Ziffer iii in Deutschland insolvenzrechtlich nicht privilegiert sind, ist diese Ausnahmeregelung im SAG nicht umgesetzt. Hinsichtlich der oben aufgeführten Ausnahmen sind zudem zwei Rückausnahmen zu beachten. Zum einen findet Buchst. g Ziffer i keine Anwendung auf den variablen Bestandteil von Vergütungen von Trägern eines erheblichen Risikos.[87] Zum anderen stellt die SRM-Verordnung klar, dass die Abwicklungsbehörde das Bail-in-Instrument, soweit dies angezeigt ist, auf denjenigen Teil einer besicherten Verbindlichkeit anwenden kann, der nicht durch den Vermögenswert der hinterlegten Sicherheit gedeckt ist, sowie auf erstattungsfähige Einlagen, insoweit diese die vorgesehene Deckung von 100.000 EUR pro Einleger übersteigen.[88]

40 Neben diesen ex lege ausgeklammerten Verbindlichkeiten erlaubt die Verordnung, dass die Abwicklungsbehörde in Ausnahmefällen bei der Anwendung des Bail-in-Instruments

---

[84] Vgl. Art. 27 Abs. 3 Buchst. c SRM-Verordnung sowie Art. 4 Abs. 1 Buchst. a Richtlinie 2011/61/EU des Europäischen Parlaments und des Rates vom 8. Juni 2011 über die Verwalter alternativer Investmentfonds und zur Änderung der Richtlinien 2003/41/EG und Art. 1 Abs. 2 der Richtlinie 2009/65/EG und der Verordnungen (EG) Nr. 1060/2009 und (EU) Nr. 1095/2010 (ABl. L 174, 1).
[85] Richtlinie 98/26/EG des Europäischen Parlaments und des Rates vom 19. Mai 1998 über die Wirksamkeit von Abrechnungen in Zahlungs- sowie Wertpapierliefer- und -abrechnungssystemen (ABl. L 166, 45).
[86] Vgl. Richtlinie 2014/49/EU des Europäischen Parlaments und des Rates vom 16. April 2014 über Einlagensicherungssysteme (ABl. L 173, 149).
[87] Vgl. Art. 92 Abs. 2 CRD IV (ABl. L 176, 338).
[88] Vgl. Art. 27 Abs. 4 UAbs. 1 SRM-Verordnung.

bestimmte Verbindlichkeiten aus dem Anwendungsbereich vollständig oder teilweise herausnimmt, sofern:[89]
a) für diese Verbindlichkeiten trotz redlicher Bemühungen der betreffenden nationalen Abwicklungsbehörde ein Bail-in innerhalb einer angemessenen Frist nicht möglich ist,
b) der Ausschluss zwingend erforderlich und angemessen ist, um die Kontinuität der kritischen Funktionen und Kerngeschäftsbereiche[90] sicherzustellen, sodass die Fähigkeit des in Abwicklung befindlichen Instituts, die wichtigsten Geschäfte, Dienste und Transaktionen fortzusetzen, aufrechterhalten wird,[91]
c) der Ausschluss zwingend erforderlich und angemessen ist, um die Gefahr einer ausgedehnten Ansteckung- vor allem in Bezug auf erstattungsfähige Einlagen von natürlichen Personen, Kleinstunternehmen und kleinen und mittleren Unternehmen[92] – abzuwenden, die das Funktionieren der Finanzmärkte, einschließlich der Finanzmarktinfrastrukturen, derart stören würde, dass dies die Wirtschaft eines Mitgliedstaats oder der Union erheblich beeinträchtigen könnte[93] oder
d) die Anwendung des Bail-in-Instruments auf diese Verbindlichkeiten zu einer Wertvernichtung führen würde, bei der die von anderen Gläubigern zu tragenden Verluste höher wären, als wenn diese Verbindlichkeiten vom Bail-in ausgeschlossen würden.

41 Die Möglichkeit von Ad-hoc-Ausnahmen ist in der Literatur umstritten: Während die einen darin die fortgesetzte Möglichkeit einer „Bail-out"-Strategie sehen,[94] weisen andere Beobachter auf die Gefahren eines umfassenden Bail-ins hin.[95] Hinsichtlich der Frage, wann eine berücksichtigungsfähige Verbindlichkeit oder eine Kategorie von Verbindlichkeiten von der Anwendung des Bail-in-Instruments auszunehmen ist, soll die Abwicklungsbehörde folgende Faktoren in Betracht ziehen:[96]
a) den Grundsatz, dass Verluste in erster Linie von den Anteilseignern und dann grundsätzlich von den Gläubigern des in Abwicklung befindlichen Instituts entsprechend ihrer Rangfolge zu tragen sind;

---

[89] Vgl. hierzu im Folgenden Art. 27 Abs. 5 Buchst. a-d SRM-Verordnung.
[90] Gemäß Art. 3 Abs. 2 SRM-Verordnung gelten die Begriffsbestimmungen der BRRD, soweit nicht explizit in der SRM-Verordnung aufgeführt. Die BRRD definiert nach Art. 2 Abs. 1 Nr. 35 „kritische Funktionen" als „Tätigkeiten, Dienstleistungen oder Geschäfte, deren Einstellung aufgrund der Größe, des Marktanteils, der externen und internen Verflechtungen, der Komplexität oder der grenzüberschreitenden Tätigkeiten eines Instituts oder einer Gruppe wahrscheinlich in einem oder mehreren Mitgliedstaaten die Unterbrechung von für die Realwirtschaft wesentlichen Dienstleistungen oder eine Störung der Finanzstabilität zur Folge hat, besonders mit Blick auf die Substituierbarkeit dieser Tätigkeiten, Dienstleistungen oder Geschäfte". Weiterhin werden „Kerngeschäftsbereiche" nach Art. 2 Abs. 1 Nr. 36 definiert als „Geschäftsbereiche und damit verbundene Dienste, die für ein Institut oder eine Gruppe, der ein Institut angehört, wesentliche Quellen der Einnahmen, der Gewinne oder des Franchise-Werts darstellen."
[91] Gemäß Art. 2 Abs. 2 BRRD wird der Kommission die Befugnis übertragen, delegierte Rechtsakte zur Präzisierung der Kriterien für die Bestimmung der „kritischen Funktionen" und zur Präzisierung der Kriterien für die Bestimmung der „Kerngeschäftsbereiche" zu erlassen.
[92] Vgl. Art. 2 Abs. 1 Nr. 107: Kleinstunternehmen sowie kleine und mittlere Unternehmen in der Definition anhand des Jahresumsatzkriteriums nach Art. 2 Abs. 1 des Anhangs der Empfehlung 2003/361/EG der Kommission vom 6. Mai 2003 betreffend die Definition der Kleinstunternehmen sowie der kleinen und mittleren Unternehmen (ABl. L 124, 36).
[93] Vgl. hierzu auch Erwägungsgrund 77 SRM-Verordnung.
[94] Vgl. hierzu beispielhaft *Franke/Krahnen/von Lüpke* ZVglRWiss 2014, 556.
[95] Vgl. hierzu beispielhaft *Dewatripont* IJ IO 2014, 37.
[96] Vgl. hierzu im Folgenden Artikel 27 Abs. 12 Buchst. a–c SRM-Verordnung.

b) die Verlustabsorptionskapazität, über die das in Abwicklung befindliche Institut noch verfügen würde, wenn die Verbindlichkeit oder Kategorie von Verbindlichkeiten ausgeschlossen würde und
c) die Erforderlichkeit der Beibehaltung ausreichender Mittel zur Abwicklungsfinanzierung.

Gemäß Artikel 44 Abs. 11 BRRD wird der Kommission die Befugnis übertragen, delegierte Rechtsakte zu erlassen, um die Umstände zu präzisieren, unter denen ein Ausschluss erforderlich ist, damit die oben genannten Ziele erreicht werden können. Die Europäische Bankenaufsichtsbehörde EBA hat hierzu im März 2015 umfangreiche technische Kommentare vorgelegt, um die oben aufgeführten Kriterien näher zu spezifizieren und explizit darauf hinzuweisen, dass die Ermessenausnahme restriktiv zu handhaben ist. Dabei hat sich die EBA dagegen entschieden, in diesem Zusammenhang weitere Verbindlichkeiten explizit zu nennen, die wahrscheinlich unter die Ermessenausnahme fallen könnten, um nicht eine zusätzliche Klasse von de facto ausgenommenen Verbindlichkeiten im Sinne des Artikel 44 Abs. 2 BRRD zu schaffen.[97]

42

Sofern eine berücksichtigungsfähige Verbindlichkeit oder eine Kategorie berücksichtigungsfähiger Verbindlichkeiten ganz oder teilweise vom Bail-in-Instrument ausgenommen wird, kann der entsprechende Betrag an Verlustabsorption bzw. Rekapitalisierung auf die übrigen berücksichtigungsfähigen Verbindlichkeiten unter dem Anwendungsbereich des Bail-in-Instruments übergewälzt werden. Dabei gilt, dass der Umfang der auf die anderen berücksichtigungsfähigen Verbindlichkeiten angewandte Herabschreibung oder Umwandlung die Bedingung des „No Creditor Worse Off" (→ Rn. 57 ff.) gemäß Artikel 15 Abs. 1 Buchst. g SRM-Verordnung einhalten muss, dh keine Schlechterstellung der betroffenen Gläubiger im Vergleich zu der (hypothetisch) zu erwartenden Insolvenzquote. Diese richtet sich nicht nur nach den zu erwartenden zusätzlichen Verlusten aus der Zerschlagung des Unternehmens („dead weight costs of insolvency"), sondern auch nach der nationalen Insolvenzrangfolge.[98]

43

Vor dem Hintergrund der oben beschriebenen Regelungen kann argumentiert werden, dass sich insbesondere für bestimmte langlaufende, einfach strukturierte („plain vanilla") Schuldtitel ein faktischer Nachrang aus den gesetzlichen Bestimmungen des Abwicklungsregimes ergibt.[99] Dieser aus dem Abwicklungsregime als eine Art „Sonderinsolvenzrecht" resultierende Nachrang steht im Widerspruch zu den Regeln des regulären Insolvenzrechts und kann regelmäßig zu einer Verletzung des „No-Creditor-Worse-Off"-Prinzips führen. Insofern ist der in Deutschland ab dem 1. Januar 2017 geltende gesetzliche Nachrang dahin gehend zu verstehen, dass er eine faktische Kongruenz zwischen Abwicklungsregime und Insolvenzrecht herbeiführt und somit gleichzeitig Transparenz für Investoren dieser Instrumente schafft.[100] Gleichzeitig erlaubt der gesetzliche Nachrang eine Abwicklungsstrategie, bei der zunächst „plain vanilla" Schuldtitel abgeschrieben oder gewandelt werden, bevor „operative Verbindlichkeiten", wie ungesicherte Einlagen, oder Derivate herangezogen werden müssten.[101]

44

---

[97] Vgl. EBA Technical advice EBA/OP/2015/07, 3.
[98] Vgl. Art. 27 Abs. 5 UAbs. 2 SRM-Verordnung.
[99] Vgl. hierzu auch *Huertas/Nieto* voxEU/CEPR 2014.
[100] Vgl. zur Bedeutung von Transparenz hinsichtlich des Bail-in-Risikos bestimmter Instrumente für die Finanzmarktstabilität *Dewatripont* IJIO 2014, 37.
[101] Eine solche Strategie hätte in der vergangen Finanzkrise wahrscheinlich ausgereicht, ausfallende Banken in Europa zu rekapitalisieren (vgl. zur Höhe des hypothetisch notwendigen Bail-in *Conlon/Cotter* JFS 2014, 257.

bb) Rolle des Abwicklungsfonds im Rahmen der Verlustbeteiligung

45 Der Fonds kann einen Beitrag zur Verlustabsorption und Verlustbeteiligung bei dem in der Abwicklung befindlichen Institut leisten, wenn eine berücksichtigungsfähige Verbindlichkeit oder eine Kategorie berücksichtigungsfähiger Verbindlichkeiten ganz oder teilweise[102] ausgeschlossen und die Verluste, die von diesen Verbindlichkeiten absorbiert worden wären, nicht vollständig an andere Gläubiger weitergegeben worden sind. Dies kann beispielsweise der Fall sein, wenn eine weitere Heranziehung von Gläubigern aufgrund von möglichen Ansteckungseffekten im Widerspruch zu den Abwicklungszielen steht.

46 Die Unterstützung kann dabei zum einen in Form einer Verlustabsorption erfolgen, um Verluste abzudecken, die nicht von berücksichtigungsfähigen Verbindlichkeiten absorbiert wurden, mit dem Ziel, den Nettovermögenswert des in Abwicklung befindlichen Instituts wieder auf null zu bringen.[103] Sie ist aber zum anderen auch möglich in Form einer Rekapitalisierung durch den Erwerb von Eigentumstiteln oder Kapitalinstrumenten, um das Institut zu rekapitalisieren.[104] Somit ist die Beteiligung des Fonds im Rahmen des Bail-in-Instruments eng mit der Frage der ad-hoc Ausnahmen verknüpft;[105] eine Heranziehung des Fonds, um die Verluste eines Institutes auszugleichen oder zu rekapitalisieren, ist außerhalb des Bail-in-Instruments explizit ausgeschlossen. Davon unberührt bleibt die Möglichkeit, den Fonds für die in Art. 76 Abs. 1 SRM-Verordnung niederlegten Zwecke heranzuziehen, zu denen insbesondere die Liquiditätsunterstützung des sich in Abwicklung befindlichen Institutes gehört.[106]

47 Artikel 27 Abs. 8 SRM-Verordnung legt dabei fest, aus welchen Mitteln der Beitrag des Fonds erfolgen kann: zum einen aus den zur Verfügung stehenden ex-ante Beiträgen der Institute.[107] Zum anderen durch Beträge, die durch alternative Finanzierungsmöglichkeiten, einschließlich des Zugangs zu vorab vertraglich geregelten öffentlichen Finanzierungsfazilitäten gemäß den Artikeln 73 und 74 SRM-Verordnung aufgebracht werden, wenn die ex-ante Beträge nicht ausreichen. Hierbei legt Artikel 73 Abs. 2 SRM-Verordnung fest, dass die Darlehen oder andere Formen der Unterstützung im Einklang mit den Artikeln 69, 70 und 71 innerhalb der Laufzeit der Ausleihung voll rückerstattet werden. Eine fortlaufende Kreditfinanzierung von Abwicklungsmaßnahmen ist somit nicht vorgesehen. In Verbindung mit der Bestimmung nach Artikel 71 Abs. 1 UAbs. 2 SRM-Verordnung, dass der Gesamtbetrag der jährlichen außerordentlichen nachträglich erhobenen Beiträge das Dreifache der jährlichen Summe der gemäß Artikel 70 SRM-Verordnung festgelegten

---

[102] Vgl. Art. 27 Abs. 14 SRM-Verordnung.
[103] Vgl. Art. 27 Abs. 13 Buchst. a SRM-Verordnung.
[104] Vgl. Art. 27 Abs. 13 Buchst. b SRM-Verordnung und Artikel 27 Abs. 6 SRM-Verordnung.
[105] Vgl. Artikel 76 Abs. 1 SRM-Verordnung, der die Aufgaben des Fonds abschließend regelt. Die Verlustabsorption und Rekapitalisierung durch den Fonds kann unter Verweis auf Art. 27 Abs. 5 SRM-Verordnung nur anstelle der vom Bail-in ausgenommenen Gläubiger erfolgen.
[106] Vgl. zur Kritik an der unzureichenden Ausstattung des Fonds für Liquiditätsunterstützung *Hellwig* MPI 2014. Für eine gegenteilige Einschätzung vgl. *Huertas/Nieto* voxEU/CEPR 2014.
[107] Vgl. zur Zielausstattung des Fonds Art. 69 SRM-Verordnung sowie zur Erhebung der ex-ante Beiträge Art. 70 SRM-Verordnung.

V. Beteiligung der Anteilsinhaber und Gläubiger, insbesondere Bail-in

Beiträge nicht übersteigt[108], ergibt sich somit eine effektive Begrenzung der Kreditaufnahme.[109]

Schließlich wird die Rolle der gesetzlichen Einlagensicherung in der Abwicklung skizziert. Gemäß Artikel 108 BRRD genießen die gesetzlich gesicherten Einlagen bis zur Anspruchsgrenze von 100.000 EUR pro Bank und Kunde (sogenannter „Single Customer View") eine „Super-Privilegierung" in der Insolvenzrangfolge. Für die gesetzliche Einlagensicherung bedeutet dies, dass sie erst am Ende der Haftungskaskade gemäß Artikel 79 SRM-Verordnung für die in dem Artikel 109 Abs. 1 und 4 BRRD genannten Zwecke an Stelle der gesetzlich gesicherten Einlagen haftet: 48

- für die Verluste des Institutes im Rahmen des Bail-in, die gemäß Artikel 46 Abs. 1 Buchst. a BRRD von der Einlagensicherung zu tragen gewesen wären, wenn gedeckte Einlagen in den Anwendungsbereich des Bail-in-Instruments einbezogen worden wären und in gleichem Umfang herabgeschrieben worden wären wie bei Gläubigern mit demselben Rang nach dem nationalen Insolvenzrecht und
- für denjenigen Teil der gesetzlich gesicherten Einlagen, der bei einer Teilübertragung der Einlagen mit Hilfe des Instruments für die Unternehmensveräußerung oder des Instruments des Brückeninstituts nicht übertragen wird.

Auf jeden Fall geht die Haftung des Einlagensicherungssystems nicht über den Betrag der Verluste hinaus, die es hätte erleiden müssen, wenn das Institut nach dem regulären Insolvenzverfahren liquidiert worden wäre.

- Wird das Bail-in-Instrument angewendet, muss das Einlagensicherungssystem keinen Beitrag zu den Kosten der Rekapitalisierung des Instituts oder des Brückeninstituts gemäß Artikel 46 Abs. 1 Buchst. b BRRD leisten.

Da gesetzlich gesicherte Einlagen vom Bail-in ausgenommen sind, erfolgt der Beitrag der Einlagensicherung in Form einer Zahlung an das sich in Abwicklung befindliche Institut. Der Verweis in der SRM-Verordnung auf die entsprechenden Regelungen der BRRD macht aber eine Verlustbeteiligung der gesetzlichen Einlagensicherung an Stelle der vom Bail-in ausgenommenen gesetzlich gesicherten Einlagen vergleichbar unwahrscheinlich. Dies ist insbesondere dadurch begründet, dass die Einlagensicherung an der höchsten Stelle in der Insolvenzrangfolge steht, gleichzeitig aber nur zur Verlustabsorption und nicht zur Rekapitalisierung herangezogen werden kann. Hinzu kommen im Anwendungsbereich der SRM-Verordnung weitere Schutzmechanismen, die eine Überforderung der gesetzlichen Einlagensicherung verhindern sollen: 49

- So ist nach Artikel 79 Abs. 3 SRM-Verordnung die Einlagensicherung vor Einbeziehung in den Bail-in durch den Ausschuss anzuhören und
- die Haftung eines Einlagensicherungssystems geht nicht über 50 % des Betrags hinaus, der gemäß Artikel 10 Abs. 2 der Richtlinie 2014/49/EU als seine Zielausstattung vorgeschrieben ist.[110]

---

[108] Gemäß Art. 71 Abs. 1 Unterabs. 1 SRM-Verordnung erfolgt die Berechnung der Höhe der außerordentlichen nachträglich erhobenen Beiträge und ihre Zuweisung zu den einzelnen Instituten nach den in den Artikeln 69 und 70 SRM-Verordnung festgelegten Regeln.

[109] Die genaue Höhe der Kreditaufnahmegrenze hängt dabei insbesondere von der Höhe der jährlichen ex-ante Beitragssumme, der Laufzeit sowie dem Zinsniveau ab. Im extremen Fall einer gegen unendlich gehenden Laufzeit gilt, dass die Kreditaufnahme zum Zeitpunkt t dem Rentenbarwert einer unendlichen Rente entspricht, deren jährliche Rentenzahlung bei einem festen Zinssatz i der Summe von drei Beitragsjahren entspricht.

[110] Art. 79 Abs. 5 SRM-Verordnung beinhaltet eine Regelung hinsichtlich der Erhebung von Beiträgen zur gesetzlichen Einlagensicherung, wonach der reguläre Beitrag zum Einlagensiche-

B. *Abwicklung*

c) Spezifische Regelungen zur Mindestverlustbeteiligung

50 Die Regelungen zur Mindestverlustbeteiligung, dh der zwingend erforderliche Mindestbeitrag von Anteilseignern und Gläubigern zu den Verlusten und dem Rekapitalisierungsbedarf eines Institutes für die Inanspruchnahme des Fonds, ergeben sich zum einen aus Artikel 27 Abs. 7 bis 11, zum anderen aus Artikel 76 Abs. 3 S. 2 SRM-Verordnung. Letztere Vorschrift erweitert das Verbot der direkten Verlustabsorption und Rekapitalisierung aus Satz 1 um den Grundsatz, dass, wenn der Fonds durch die Anwendung einer Maßnahme nach Art. 76 Abs. 1 SRM-Verordnung indirekt Verluste absorbiert,[111] die Regeln der Mindestverlustbeteiligung gemäß Artikel 27 SRM-Verordnung gelten. Die Vorschrift bezieht sich jedoch nicht auf eine indirekte Rekapitalisierung, dh der Fonds kann beispielsweise eine Brückenbank mit nicht negativem Vermögenswert auch ohne Beachtung der Mindestverlustbeteiligung kapitalisieren.

51 Nach Artikel 27 Abs. 7 kann der Fonds den oben angeführten Beitrag nur leisten, sofern
a) von den Anteilseignern oder den Inhabern relevanter Kapitalinstrumente und anderer berücksichtigungsfähiger Verbindlichkeiten durch Herabschreibung, Umwandlung oder auf andere Weise ein Beitrag zum Verlustausgleich und zur Rekapitalisierung in Höhe von **mindestens 8 % der gesamten Verbindlichkeiten** einschließlich Eigenmittel[112] des in Abwicklung befindlichen Instituts – berechnet zum Zeitpunkt der Abwicklungsmaßnahme gemäß der in Artikel 20 Abs. 1–15 SRM-Verordnung vorgesehenen Bewertung – geleistet worden ist und
b) der Beitrag des Fonds 5 % der gesamten Verbindlichkeiten einschließlich Eigenmittel des in Abwicklung befindlichen Instituts – berechnet zum Zeitpunkt der Abwicklungsmaßnahme gemäß der in Artikel 20 Abs. 1–15 SRM-Verordnung vorgesehenen Bewertung – nicht übersteigt.

52 Dem Verweis auf die Bewertung kommt dabei besondere Bedeutung zu, da durch die Vorschriften des Artikels 20 SRM-Verordnung festgelegt wird, in welchem Umfang Kapitalinstrumente zur Erfüllung der oben dargestellten Mindestquoten herangezogen werden können. So fordert Artikel 20 Abs. 1 SRM-Verordnung, dass eine faire, vorsichtige und realistische Bewertung der Vermögenswerte und Verbindlichkeiten eines Unternehmens durch eine vom Institut oder von staatlichen Stellen unabhängige Person vorgenommen wird. Diese dient insbesondere der Feststellung, dass die Voraussetzungen für die Anwendung von Abwicklungsmaßnahmen erfüllt sind, sowie der fundierten Entscheidung über

---

rungssystem in einer Höhe festgelegt wird, die es ermöglicht, die Zielausstattung binnen sechs Jahren zu erreichen, wenn die verfügbaren Finanzmittel solcher Systeme gemäß Art. 79 Abs. 1–4 SRM-Verordnung eingesetzt werden und in der Folge auf weniger als zwei Drittel der Zielausstattung des Einlagensicherungssystems abgeschmolzen sind.

[111] Das Konzept der „indirekten Verlustabsorption" wird weder in der BRRD noch in der SRM-Verordnung näher bestimmt. Es ist ökonomisch zu interpretieren, zB müsste bei einem Kauf von Aktiva des sich in Abwicklung befindenden Instituts durch den Fonds gemäß Art. 76 Abs. 1 Buchst. c SRM-Verordnung beurteilt werden, inwieweit der Kaufpreis marktüblichen Bedingungen entspricht. Bei einem Kauf über Marktpreisen würde es sich um eine indirekte Verlustabsorption handeln.

[112] Generell wird bei den Regeln zur Verlustabsorption auf bilanzielle Größen abgestellt – mit Ausnahme des Nenners bei der Berechnung der Mindest-Bail-in-Quote. Dieser ergibt sich aus den gesamten Verbindlichkeiten eines Instituts einschließlich der Eigenmittel. Letztere sind in Art. 3 Abs. 1 Nr. 40 legal definiert als „Eigenmittel im Sinne von Art. 4 Abs. 1 Nr. 118 der Verordnung (EU) Nr. 575/2013 (CRR). Die Eigenmittel im Sinne der SRM-Verordnung bestehen somit aus der Summe der regulatorischen Tier 1 und Tier 2 Instrumente. Diese können insbesondere aufgrund von Abzugsposten geringer sein als das bilanzielle Eigenkapital.

V. Beteiligung der Anteilsinhaber und Gläubiger, insbesondere Bail-in

die Art und Weise der zu treffenden Abwicklungsmaßnahmen. Darüber hinaus – und für die Anwendung der Minimum-Bail-in-Regeln entscheidend – stellt Art. 20 Abs. 5 Buchst. g SRM-Verordnung klar, dass die Bewertung auch dazu dienen soll, dass jegliche Verluste in Bezug auf Vermögenswerte eines Instituts zum Zeitpunkt der Anwendung der Abwicklungsinstrumente oder der Ausübung der Befugnis zur Herabschreibung oder Umwandlung von relevanten Kapitalinstrumenten vollständig erfasst werden.

Dass Verluste vollständig erfasst werden müssen, ist dabei so auszulegen, dass die außergewöhnlichen Verluste, die sich aus der Bewertung nach Artikel 20 SRM-Verordnung ergeben, sich über die Gewinn- und Verlustrechnung eines Unternehmens auf die Kapitalposition eines Institutes auswirken. Die damit verbundene Reduktion des bilanziellen Eigenkapitals folgt somit nicht aus der Anwendung der Befugnisse nach Artikel 21 SRM-Verordnung und kann somit auch nicht zur Erfüllung der in Artikel 27 Abs. 7 Buchst. a genannten Quote herangezogen werden. Diese Auslegung wird weiterhin gestützt durch die Vorgabe in Artikel 20 Abs. 7 Buchst. a SRM-Verordnung, wonach die Bewertung durch eine aktualisierte Bilanz und einen Bericht über die Finanzlage des Instituts zu ergänzen ist. Schließlich ergibt sich dies auch aus der Intention des Gesetzgebers, wonach gemäß Erwägungsgrund 80 SRM-Verordnung historische Verluste nicht zur Erfüllung der Mindest-Bail-in-Quote herangezogen werden dürfen. 53

Dies bedeutet, dass das zum Zeitpunkt der Feststellung, dass das Institut ausfällt oder wahrscheinlich ausfällt,[113] vorhandene Eigenkapital nur insoweit zur Erfüllung der Mindestquote von 8 % herangezogen werden kann, soweit es nach der Bewertung und der damit einhergehenden Erfassung von Verlusten noch vorhanden ist. Dies bedeutet konkret, dass in Fällen, in denen die Verluste das Eigenkapital zum Zeitpunkt der Feststellung des Ausfalls oder des wahrscheinlichen Ausfalls übersteigen, diese Instrumente keinen Beitrag zur Erreichung der 8 %-Schwelle leisten. Gleichzeitig gilt, dass in diesem Fall die regulatorischen Eigenmittel, die in den Nenner des Quotienten eingehen (gesamte Verbindlichkeiten einschließlich der Eigenmittel), auf null herunterzusetzen sind, dh die Bewertung nach Artikel 20 SRM-Verordnung somit Einfluss auf Zähler und Nenner des Quotienten hat. 54

Hat der Fonds seinen Beitrag in Höhe von 5 % geleistet, kann eine weitere Finanzierung aus alternativen Finanzierungsquellen angestrebt werden, nachdem alle nicht besicherten und nicht bevorrechtigten Verbindlichkeiten, die keine ihrer Art nach erstattungsfähigen, aber nicht abgesicherten Einlagen sind, vollständig herabgeschrieben oder umgewandelt worden sind.[114] Mit Hilfe dieser Ausnahmenregelung sollen insbesondere dem Grunde nach erstattungsfähige Einlagen über dem gesetzlichen Schutzniveau von 100.000 EUR zur Wahrung der Finanzstabilität vom Bail-in ausgenommen werden. Da gesetzlich gesicherte Einlagen eine Teilmenge der erstattungsfähigen Einlagen darstellen, kann mit dieser Regelung ebenfalls die gesetzliche Einlagensicherung aus der Verlustabsorption herausgenommen werden. Dafür können noch vorhandene, noch nicht in Anspruch genommene ex-ante-Beiträge aus dem Fonds ebenfalls herangezogen werden.[115] Somit hängt die Möglichkeit, zusätzliche Mittel aus dem Fonds bzw. alternativen Finanzierungsquellen zur Abwicklung heranzuziehen, entscheidend von der Ausgestaltung des nationalen Insolvenzrechts und den darin enthaltenden Regelungen zur Bevorrechtigung von Verbindlichkeiten ab. 55

Offen bleibt aber, wie Änderungen des nationalen Insolvenzrechtes, die durch weitgehende Privilegierung von Verbindlichkeiten die Möglichkeiten zur Inanspruchnahme des 56

---

[113] Vgl. Art. 18 SRM-Verordnung.
[114] Vgl. Art. 27 Abs. 9 SRM-Verordnung.
[115] Vgl. Art. 27 Abs. 10 SRM-Verordnung.

Fonds vergrößern können, vor dem Hintergrund des Artikel 9 Abs. 1 IGA zu bewerten sind. Dieser legt fest, dass die Zustimmung zum IGA unter dem Verständnis erfolgt, dass die in der BRRD und SRM-Verordnung verabschiedeten Regeln zur Verlustbeteiligung nicht veränderbar sind, wobei auszulegen wäre, inwieweit dies auch für indirekte Änderungen durch Anpassungen im nationalen Insolvenzrecht gelten soll.[116]

5. Regeln des Gläubigerschutzes

57 Der Schutz der Gläubiger gehört zu den allgemeinen Grundsätzen für eine Abwicklung. Demzufolge hat kein Gläubiger größere Verluste zu tragen, als er im Fall einer Liquidation eines Unternehmens im Wege eines regulären Insolvenzverfahrens erleiden würde.[117] Aus diesem Grund gibt die Insolvenzrangfolge maßgeblich den Rahmen für die Haftungskaskade vor. Die Einhaltung des „No Creditor Worse Off than in normal insolvency proceedings"-Prinzips ist elementar für die erfolgreiche Anwendung des Instruments der Gläubigerbeteiligung oder anderer Abwicklungsinstrumente sowie der Beteiligung von Inhabern relevanter Kapitalinstrumente. Das Prinzip stellt einen direkten Bezug zu der alternativen Behandlung der Gläubiger dar, wenn statt der Abwicklungsmaßnahmen ein reguläres Insolvenzverfahren durchgeführt würde (unter der Annahme, dass ein „Bail-out" durch den Steuerzahler ausgeschlossen ist).

a) Unabhängige und separate Bewertung

58 Der direkte Zusammenhang zwischen den Abwicklungsmaßnahmen und einem Insolvenzverfahren wird bereits bei der Bewertung für Abwicklungszwecke deutlich, welche die notwendige Grundlage für die Maßnahmen der Abwicklungsbehörde darstellt.[118] Diese Bewertung muss eine Einschätzung zur Behandlung der Anteilseigner und Gläubiger bei einer hypothetischen Liquidation im Rahmen eines regulären Insolvenzverfahrens enthalten.[119] Um in bestimmten Fällen ein zeitnahes Handeln der Abwicklungsbehörden zu gewährleisten, reicht aber bereits eine vorläufige Bewertung als zulässige Grundlage für die Beteiligung von Anteilseignern und Gläubigern aus.[120] In diesen Fällen wird baldmöglichst eine endgültige Bewertung des Nettovermögens vorgenommen, um eine angemessene Behandlung der Anteilseigner und Gläubiger nach Durchführung der Maßnahmen sicherzustellen, indem gegebenenfalls auch der herabgeschriebene Wert der Forderungen der Gläubiger oder der Eigentümer relevanter Kapitalinstrumente wieder erhöht wird.[121]

59 Unabhängig davon sieht jedoch die SRM-Verordnung zum Schutz der Gläubiger eine zusätzliche separate Bewertung vor. Diese hat zum Ziel zu klären, ob Anteilseigner, Gläubiger oder gegebenenfalls auch das einschlägige Einlagensicherungssystem[122] in einem regulären Insolvenzverfahren besser behandelt worden wären als im Rahmen der durchgeführten Abwicklungsmaßnahmen.[123] Sie ist möglichst bald nach Durchführung der Abwicklungs-

---

[116] Einige Mitgliedsstaaten haben im Rahmen der nationalen BRRD-Umsetzung eine Einlagenprivilegierung eingeführt, die über die im Art. 108 BRRD vorgesehene Regelung hinausgeht.
[117] Vgl. Art. 15 Abs. 1 Buchst. g SRM-Verordnung.
[118] Vgl. Art. 20 Abs. 15 SRM-Verordnung.
[119] Vgl. Art. 20 Abs. 9 SRM-Verordnung, Art. 36 Abs. 8 BRRD und § 73 SAG.
[120] Vgl. Art. 20 Abs. 13 SRM-Verordnung sowie Art. 36 Abs. 9 BRRD bzw. § 74 SAG.
[121] Vgl. Art. 20 Abs. 11 und 12 SRM-Verordnung.
[122] Vgl. Art. 79 Abs. 5 SRM-Verordnung.
[123] Vgl. Art. 20 Abs. 16 iVm Art. 17 und Art. 18 SRM-Verordnung.

V. Beteiligung der Anteilsinhaber und Gläubiger, insbesondere Bail-in

maßnahmen durch eine Person durchzuführen, die unabhängig von staatlichen Stellen, vom Ausschuss, von der nationalen Abwicklungsbehörde oder dem betroffenen Institut ist.[124] Im Rahmen dieser Bewertung wird die tatsächliche Behandlung der Anteilseigner, Gläubiger und gegebenenfalls der Einlagensicherungssysteme im Zuge der durchgeführten Abwicklungsmaßnahmen – inklusive der durch die Umwandlungsquote erhaltenen angemessenen Entschädigung (→ Rn. 24) – mit deren hypothetischer Behandlung im Falle eines regulären Insolvenzverfahrens verglichen.[125] Dabei wird angenommen, dass zu dem Zeitpunkt der Entscheidung über eine oder mehrere Abwicklungsmaßnahmen statt der durchgeführten Abwicklungsmaßnahmen ein reguläres Insolvenzverfahren eingeleitet worden wäre. Eine außerordentliche finanzielle Unterstützung des Instituts aus öffentlichen Mitteln wird im Rahmen der Bewertung nicht berücksichtigt.[126]

Die Bestimmungen für die unabhängige Bewertung einer unterschiedlichen Behandlung nach SRM-Verordnung hinsichtlich der Maßnahmen bei bedeutenden und grenzüberschreitend tätigen Instituten entsprechen im Wortlaut den Bestimmungen der BRRD, die maßgeblich sind für die Bewertung bei weniger bedeutenden und national tätigen Instituten durch die nationalen Abwicklungsbehörden.[127] Gemäß Artikel 36 Abs. 14 ff. sowie Artikel 74 Abs. 4 BRRD erarbeitet die EBA technische Regulierungsstandards im Hinblick auf die Bewertung für Abwicklungszwecke sowie die Bewertung einer unterschiedlichen Behandlung.[128] 60

b) Gewährleistung der Schutzbestimmungen im SRM

Führt die Bewertung einer unterschiedlichen Behandlung zu dem Ergebnis, dass bei der Umsetzung einer Abwicklungsmaßnahme Anteilseigner oder Gläubiger oder das Einlagensicherungssystem höhere Verluste erlitten haben als bei einer hypothetischen Liquidation im Rahmen eines regulären Insolvenzverfahrens, haben diese nach nationalem Recht einen Anspruch auf die Auszahlung des entsprechenden Differenzbetrags aus den Finanzierungsmechanismen.[129] Im Einheitlichen Abwicklungsmechanismus steht als Abwicklungsfinanzierungsmechanismus lediglich der einheitliche Abwicklungsfonds[130] zur Verfügung, der folglich auch die Ausgleichszahlungen übernimmt, wenn das „No-Creditor-Worse-Off"-Prinzip verletzt wurde.[131] 61

Unter Berücksichtigung der Aufgabenteilung zwischen dem Ausschuss und den nationalen Abwicklungsbehörden[132] verweist Artikel 29 Abs. 1 SRM-Verordnung auf die Einhaltung der Schutzbestimmungen der BRRD. In Bezug auf die Gewährleistung des 62

---

[124] Vgl. Art. 20 Abs. 16 SRM-Verordnung iVm Art. 20 Abs. 11: Die unabhängige Person kann jedoch auch dieselbe unabhängige Person sein, welche die endgültige Bewertung für Abwicklungszwecke vornimmt, sofern diese Bewertungen getrennt voneinander durchgeführt werden.
[125] Vgl. Art. 20 Abs. 17 SRM-Verordnung sowie Art. 74 Abs. 2 BRRD.
[126] Vgl. Art. 20 Abs. 18 SRM-Verordnung sowie Art. 74 Abs. 3 BRRD.
[127] Vgl. Art. 20 Abs. 16–18 sowie Art. 74 Abs. 1–3 BRRD.
[128] Vgl. EBA Consultation Paper EBA/CP/2014/38.
[129] Vgl. Art. 75 BRRD, umgesetzt in Deutschland durch § 147 SAG.
[130] Die am SRM teilnehmenden Mitgliedstaaten übertragen gemäß dem Übereinkommen über die Übertragung von Beiträgen auf den einheitlichen Abwicklungsfonds und über die gemeinsame Nutzung dieser Beiträge („IGA") bis 31. Januar 2016 die Summe ihrer bis zu diesem Zeitpunkt nach BRRD erhobenen Beiträge an den Einheitlichen Abwicklungsfonds.
[131] Vgl. Art. 76 Abs. 1 Buchst. (e) und Erwägungsgrund 63 SRM-Verordnung.
[132] Vgl. Art. 7 SRM-Verordnung.

„No Creditor Worse Off"-Prinzips[133] sind die entsprechenden Schutzbestimmungen für den tatsächlichen Fall einer schlechteren Behandlung von Anteilseignern und Gläubigern im nationalen Recht zur Umsetzung der BRRD festgelegt[134] und müssen bei allen Abwicklungsmaßnahmen im SRM eingehalten werden – sowohl bei Maßnahmen der nationalen Abwicklungsbehörden als auch bei der Umsetzung von Beschlüssen des Ausschusses durch die nationalen Abwicklungsbehörden. Dies ergibt sich aus der Aufgabenteilung im einheitlichen Abwicklungsmechanismus, demzufolge die nationalen Abwicklungsbehörden bei der Durchführung der erforderlichen Maßnahmen jene Befugnisse ausüben, die sie durch Umsetzung der BRRD in nationales Recht erhalten haben.[135] Damit soll sichergestellt werden, dass bei allen Abwicklungsmaßnahmen – unabhängig davon, ob es sich um eine Entscheidung des Ausschusses oder einer nationalen Behörde im Rahmen der jeweiligen Aufgabenteilung handelt – letztendlich dieselben Schutzbestimmungen gemäß SRM-Verordnung und BRRD gelten.

63 Offen ist jedoch, inwieweit die bestehenden Regelungen der SRM-Verordnung einen durchsetzbaren Anspruch der Gläubiger analog zu der Regelung in Artikel 75 BRRD darstellen. Offen ist weiterhin, wie ein nachträglicher Ausgleich im Verhältnis zu den Regeln der Mindestbeteiligung steht. Dabei ist insbesondere unklar, ob der Fonds eine solche Zahlung leisten kann, wenn dadurch die Mindest-Bail-in-Quote (→ Rn. 51) unterschritten würde.

---

[133] Vgl. Art. 15 Abs. 1 Buchst. g SRM-Verordnung iVm Art. 29 Abs. 1 SRM-Verordnung.
[134] Vgl. ua Art. 75 BRRD, umgesetzt in Deutschland durch § 147 SAG.
[135] Vgl. Art. 7 Abs. 3 SRM-Verordnung sowie Art. 29 Abs. 1 UAbs. 2 SRM-Verordnung.

VI. Sonderregeln für Finanzkontrakte

Übersicht

	Rn.
1. Einführung	1
a) Überblick	1
b) Hintergrund	2
c) Die Beendigungsmechanik unter Rahmenverträgen für Finanzkontrakte	8
aa) Rahmenverträge	9
bb) Abwicklungsmaßnahmen und Gesamtbeendigungsklauseln	10
d) Regelungsbestand	18
2. Begriffe	23
a) Finanzkontrakt	23
b) Saldierungsvereinbarung	27
c) Aufrechnungsvereinbarung	28
d) Rahmenvereinbarung	29
e) Derivate	30
3. Finanzkontrakte in der Abwicklung	31
a) Generelle Beendigungssperre	32
b) Zeitweise Aussetzung von Rechten und Pflichten	40
aa) Zeitraum der Aussetzung	41
bb) Gegenstand der Aussetzung	42
c) Übertragung	46
aa) Finanzkontrakte als Gegenstand der Übertragung	47
bb) Besondere Eingriffsbefugnisse bei Übertragung	50
d) Gläubigerbeteiligung (Bail-in)	53
aa) Anwendungsbereich und Ausnahmen	54
bb) Bail-in in Finanzkontrakte	66
4. Finanzkontrakte im Vorfeld einer Abwicklung	76
a) Zentrale Erfassung von Finanzkontrakten	77
aa) Zentralen Erfassung von Finanzkontrakten im Rahmen der Abwicklungsplanung	78
bb) Zentralen Erfassung von Finanzkontrakten im Rahmen der Sanierungsplanung	86
b) Vertragliche Anerkennung	88
aa) Einführung	88
bb) Vertragliche Anerkennung des bail-in (§ 55 SAG)	92
cc) Vertragliche Anerkennung der zeitweisen Aussetzung von Beendigungsrechten (§ 60a SAG)	108
dd) Musterklauseln zur Umsetzung der vertraglicher Anerkennungspflichten	116

Schrifttum: *Behrends,* in Zerey (Hrsg.), Finanzderivate Rechtshandbuch, 4. Aufl. 2015; *Benzler,* Bail-in und Drittstaatenproblematik, Börsen-Zeitung 05.03.2016, S. 9; *Bosch,* Finanztermingeschäfte in der Insolvenz – Zum Netting im Insolvenzverfahren – Teil I, WM 1995, 365 und Teil II, WM 1995, 413; *Binder,* Resolution: Concepts, Requirements and Tools, Ch. 2, in Binder/Singh (Hrsg.), Bank Resolution: The European Regime, Oxford: Oxford University Press (erscheint 2015) – Vorabdruck abrufbar unter http://ssrn.com/abstract=2499613; *Binder,* Komplexitätsbewältigung durch Verwaltungsverfahren – Krisenbewältigung und Krisenprävention nach der EU-Bankensanierungs- und -abwicklungsrichtlinie, ZHR 179 (2015), 83; *Burkert/Cranshaw,* Bail-in – Gläubigerbeteiligung in einer Bankenkrise und die Behandlung von Treuhandverhältnissen, DZWiR 2015, 443; *Decker,* Zinssatz- und Währungsswaps unter rechtlichen Aspekten, dargestellt anhand des Muster-Rahmenvertrages für Swapgeschäfte, WM 1990, 1001; *Dohrn,* Der Richtlinienvorschlag zur Festlegung eines Rahmens für die Sanierung und Abwicklung von Kreditinstituten und Wertpapierfirmen, WM 2012, 2033; *Edwards/Morrison,* Derivatives and the Bankruptcy Code: Why the Special Treatment?, Columbia Law and Economics Research Paper No. 258, v. 16. August 2004, abrufbar unter http://papers.ssrn.com/sol3/Papers.cfm?abstract_id=589261; *Engelbach/Friederich,* Die Umsetzung der BRRD in Deutschland, WM 2015, 662; *Fleming/Sarkar,* The Failure Resolution of Lehman Brothers, Federal Reserve Bank of New York Economic Policy Review, Special Issue: Large and Complex Banks: December 2014, Volume 20, Number 2, S. 175; *Fried,* in Zerey (Hrsg.), Finanzderivate Rechtshandbuch, 4. Aufl. 2015; *Geen/Grosshandler/Hughes/Kleyman/McIlwain/Riley/Snodgrass,* A Step Closer to Ending Too-big-To-Fail – The ISDA Resolution Stay Protocol and Contractual Recognition of Cross-border Resolution, Futures & Derivatives Law Report, April 2015, Issue 3, S. 1 ff.; *Gleeson,* Legal Aspects of Bank Bail-Ins, Special Paper 205 LSE Financial Markets Group Paper Series, 2012, abrufbar unter http://www.lse.ac.uk/fmg/workingPapers/specialPapers/PDF/SP205.pdf; *Guynn,* Are Bailouts Inevitable?, Yale Journal on Regulation, Volume 29, Number 1, 121; *Hübner/Leuner,* Sanierung und Abwicklung von Banken nach SAG und SRM-Verordnung, ZIP 2015, 2259; *Huertas,* Safe to Fail: How Resolution Will Revolutionise Banking, eBook Ausgabe, Palgrave MacMillan 2014; *Jahn,* in Schimansky/Bunte/Lwowski, Bankrechts-Handbuch, 4. Aufl. 2011, § 114; *Jahn,* Die Finanzkrise und ihre rechtlichen Auswirkungen auf Rahmenverträge über OTC-Derivategeschäfte, BKR 2009, 25; *Kämmerer,* Rechtsschutz in der Bankenunion (SSM, SRM), WM 2016, 1; *Köhling,* Die Clearing-Rahmenvereinbarung – deutsche Vertragsdokumentation für das Kundenclearing, BKR 2013, 498; *Kusserow/Scholl,* Kreditderivate im Kraftfeld der BRRD – Die neuen Musterbedingungen für Kreditderivate – Teil I, WM 2015, 361 und Teil II, WM 2015, 413; *Morrison/Roe/Sontchi,* Rolling Back the Repo Safe Harbors, Discussion Paper No. 793, September 2014, abrufbar unter: http://www.law.harvard.edu/programs/olin_center/papers/pdf/Roe_793.pdf; *Obermüller,* Lösungsklauseln im Bankgeschäft, ZInsO 2013, 476; *Paech,* The Value of Insolvency Safe Harbours (March 25, 2015), LSE Legal Studies Working Paper No. 9/2015; *Paech,* Netting, Finanzmarktstabilität und Bankenrestrukturierung, WM 2010, 1965; *Roe,* 63 Stan. L. Rev. 539, The Derivative's Market's Payment Priorities as Financial Crises Accelerator, 2011; *Scott,* Interconnectedness and Contagion, Discussion Paper, Committee on Capital Markets, 20. November 2012; *Sommer,* Why Bail-In? And How!, Federal Reserve Bank of New York Economic Policy Review, Special Issue: Large and Complex Banks: December 2014, Volume 20 Number 2, 207; *Summe,* Lessons Learned from the Lehman Bankruptcy, Kapitel 5, in *Scott/Taylor* (Hrsg.), Bankruptcy – Not Bailouts, 2012.

1. Einführung

a) Überblick

1   Dieser Abschnitt beschäftigt sich mit den Auswirkungen des Abwicklungsregimes auf Finanzkontrakte[1] und Verträge über Finanzkontrakte. Dabei sollen nicht nur auf die Folgen von Abwicklungsmaßnahmen[2] auf Finanzkontrakte oder die sie umfassenden Rahmenverträge aus Sicht eines Vertragspartners betrachtet, sondern auch auf die sich für Institute[3] als mögliches Abwicklungssubjekt im Hinblick auf Finanzkontrakte ergebenden besonderen Pflichten zur Sicherstellung der Abwicklungsfähigkeit eingegangen werden. Die Untersuchung beschränkt sich dabei auf das Abwicklungsregime der BRRD und des SAG, unter

---

[1] Zum Begriff „Finanzkontrakte" → Rn. 23.
[2] Der Begriff wird im Folgenden im Sinne des § 2 Abs. 3 Nr. 5 SAG und damit als Oberbegriff für die Ausübung der verschiedenen Abwicklungsbefugnisse im Sinne des § 2 Abs. 3 Nr. 2 SAG sowie die Anwendung eines Abwicklungsinstrumentes im Sinne des § 2 Abs. 3 Nr. 4 SAG verwendet.
[3] Der Begriff wird hier und im Folgenden im Sinne des § 2 Abs. 1 SAG verwendet und umfasst damit CRR-Kreditinstitute und CRR-Wertpapierfirmen.

Berücksichtigung der SRM-Verordnung.[4] Das KredReorG und andere, außerhalb des SAG bestehenden Eingriffsrechte der Aufsichtsbehörden mit vergleichbarer Zielrichtung bleiben außer Betracht. Der Schwerpunkt wird auf bilateral zwischen einem Institut und einer Gegenpartei abgeschlossenen Finanzkontrakten liegen, da hier der Kreis der potentiell Betroffenen am größten ist und sich hier in der Praxis die meisten Fragen stellen werden. Als Querschnittsthema kommt es zu Überschneidungen mit vielen bereits an anderer Stelle angesprochenen Aspekten. Diese werden daher soweit wie möglich verkürzt und aus der spezifischen Perspektive einer Vertragspartei eines Finanzkontraktes dargestellt.

b) Hintergrund

Im Zuge der Finanzkrise sind Finanzkontrakte, namentlich Derivate sowie Wertpapier- 2 darlehens- und Wertpapierpensionsgeschäfte,[5] wie kaum ein anderer Bereich des Finanzmarkts in das Blickfeld der Regulierung gerückt. Sie sind nicht nur Gegenstand zweier spezieller produktbezogener Regulierungsvorhaben,[6] sie werden auch in besonderem Maße von den Regulierungsvorhaben zur grundlegenden Neuausrichtung der Eigenkapitalvorgaben getroffen.[7]

So ist dies auch beim neuen Bankensanierungs- und -abwicklungsregime. Bereits bei 3 Entwicklung der internationalen Rahmenvorgaben für ein effektives Abwicklungsregime lag ein Schwerpunkt auf der Frage des Umgangs mit Finanzkontrakten. Sowohl die 2010 veröffentlichten BCBS-Empfehlungen[8] und die im Oktober 2011 veröffentlichten FSB-Key

---

[4] Verordnung (EU) Nr. 806/2014 des Europäischen Parlaments und des Rates vom 15. Juli 2014 zur Festlegung einheitlicher Vorschriften und eines einheitlichen Verfahrens für die Abwicklung von Kreditinstituten und bestimmten Wertpapierfirmen im Rahmen eines einheitlichen Abwicklungsmechanismus und eines einheitlichen Abwicklungsfonds sowie zur Änderung der Verordnung (EU) Nr. 1093/2010 (SRM-Verordnung).

[5] Im deutschen Sprachgebrauch wurden bislang meist die Begriffe „Finanzgeschäfte" oder auch „Finanztermingeschäfte" als Oberbegriff verwendet. Der Begriff Finanzkontrakte ist etwas missverständlich, da er bislang eher zur Abgrenzung börsengehandelter Termingeschäfte vom „OTC" Geschäft verwendet wurde. Zum Finanzkontrakte-Begriff → Rn. 23 f.

[6] Verordnung (EU) Nr. 648/2012 des Europäischen Parlaments und des Rates über OTC-Derivate, zentrale Gegenparteien und Transaktionsregister vom 4. Juli 2012 (European Market Infrastructure Regulation – EMIR) sowie die am 23. Dezember im ABl. L 337/1 veröffentlichte Verordnung 2015/2365 des Europäischen Parlaments und des Rates über die Meldung und Transparenz von Wertpapierfinanzierungsgeschäften (Securities Financing Transaction (SFT) Regulation) vom 25. November 2015, die am 12. Januar 2016 in Kraft getreten ist. Darüber hinaus hat natürlich auch die Neuordnung der europäischen Rahmenbedingungen der Märkte für Finanzinstrumente (Ersetzung der bisherigen Richtlinie 2004/39/EG über Märkte für Finanzinstrumente (MiFID) durch Richtlinie 2014/65/EU vom 15. Mai 2014 über Märkte für Finanzinstrumente und die Verordnung (EU) Nr. 600/2014 vom 15. Mai 2014 über Märkte für Finanzinstrumente erhebliche Auswirkungen auf Finanzkontrakte.

[7] Zu denken ist etwa an die Neuregelung der zur Vorgaben zur Eigenkapitalunterlegung bei über zentrale Gegenparteien abzuwickelnde OTC-Derivate nach Art. 305 ff. der Verordnung (EU) Nr. 575/2013 (CRR) oder die regulatorische Behandlung von Derivaten in den Bestimmungen zur CVA-Charge und zur Leverage Ratio in Art. 429 ff. CRR.

[8] Committee on Banking Regulation, 'Report and Recommendations of the Cross-border Bank Resolution Group' (March 2010), dort Recommendation 8/S. 45 zu Risikominderungstechniken und Nettingvereinbarungen.

Attributes[9] enthalten dementsprechend bereits sehr detaillierte Empfehlungen und Vorgaben für einen besonderen Regelungsrahmen für Finanzkontrakte im Fall einer Abwicklung.

4   Die internationalen Rahmenvorgaben zum Umgang mit Finanzkontrakten im Abwicklungsfall werden gegenwärtig sogar weiter ausgebaut. Neueste Ergänzung sind die im November veröffentlichten FSB-Leitlinien zur Effektivität grenzüberschreitender Abwicklungsmaßnahmen (FSB Principles for Cross-border Effectiveness of Resolution Actions).[10] Ein Kernstück dieser Leitlinien ist die Forderung nach Einführung der Möglichkeit der zeitweisen Aussetzung von Beendigungsrechten bei Finanzkontrakten sowie nach Vertragsklauseln in Rahmenverträgen für Finanzkontrakte, mit denen die Gegenparteien die Wirkung einer solchen zeitweisen Aussetzung von Beendigungsrechten anerkennen (vertragliche Anerkennung/contractual recognition).[11] Dieses Vorhaben hatte der FSB-Vorsitzende im Frühjahr 2015 sogar als den neben den Vorgaben für das Verlustabsorptionskapital (TLAC) zweiten wichtigen Schritten auf dem Weg zur Beendigung von „too-big-to-fail" bezeichnet.[12]

5   Diese jüngste FSB-Initiative zu vertraglichen Anerkennungsklauseln steht im direkten Zusammenhang mit den seit 2013 von den Aufsichtsbehörden Deutschlands, Großbritanniens, der Schweiz und den Vereinigten Staaten initiierten[13] intensiven Diskussionen mit der International Swaps and Derivatives Association (ISDA) sowie einer Gruppe großer

---

[9] FSB Key Attributes of Effective Resolution Regimes for Financial Institutions (FSB-Key Attributes). Sie wurden zwischenzeitlich revidiert und am 14. Oktober 2014 neu veröffentlicht. Die für Finanzkontrakte relevanten Aspekte sind im Wesentlichen unverändert geblieben. Finanzkontrakte bzw. Nettingvereinbarungen werden unter anderem in Ziff. 3.2 (xi), 4 und 7.2 sowie in einem gesonderten Anhang (Anhang 5 zu Appendix I/S. 51 ff.) angesprochen.

[10] FSB Principles for Cross-border Effectiveness of Resolution Actions (FSB-Principles), veröffentlicht am 3. November 2015. Vgl. hierzu auch Pressemitteilung des FSB vom 3. November 2015, „New measures to promote resolvability, including effective cross-border resolution" abrufbar unter http://www.financialstabilityboard.org/wp-content/uploads/Resolution-consultation-press-release.pdf.

[11] Der Veröffentlichung der Leitlinien ist ein längerer Diskussionsprozess vorausgegangen, der mit Veröffentlichung eines Konsultationspapiers am 29. September 2014 begann („Cross-border recognition of resolution action Consultative Document").

[12] Statement of Mark Carney, Chairman of the Financial Stability Board to the International Monetary and Financial Committee vom 18. April 2015, „*Agreement was reached last year on two key steps forward in ending too-big-to-fail for global systemically important banks (G-SIBs). The first agreement was on a proposal for a common international standard on the total loss absorbing capacity (TLAC) that G-SIBs must have. The second was an industry agreement to prevent cross-border derivative contracts being disruptively terminated in the event of a G-SIB entering resolution; national authorities will use regulatory and supervisory actions to support comprehensive industry adoption of the agreement. [...] The FSB's guidance on statutory and contractual approaches to the cross-border recognition of resolution actions is being finalised, following a recent public consultation. Work is underway to promote broad adoption of contractual recognition clauses to make temporary stays of early termination rights effective in a cross-border context*"; abrufbar unter http://www.financialstabilityboard.org/wp-content/uploads/IMFC-Statement-April-2015-FSB-Chairman-Mark-Carney.pdf.; zu einer ähnlichen Bewertung der Bedeutung kommt der Internationale Währungsfonds: Im „IMF Policy Paper – Cross border resolution: recent developments" vom 2. Juni 2014 ist das Fehlen einer Möglichkeit zur Aussetzung von Beendigungsrechten bei Finanzkontrakten eines von zwei Beispielen für ein wesentliches Defizit eines Abwicklungsregimes, vgl. S. 9/Tz. 16.

[13] Vgl. gemeinsames Schreiben der Bank of England (BoE), der Bundesanstalt für Finanzdienstleistungsaufsicht (BaFin), der Eidgenössischen Finanzmarktaufsicht (FINMA) und dem Einlagensicherungsfonds der Vereinigten Staaten (Federal Deposit Insurance Corporation – FDIC) an die International Swaps and Derivatives Association (ISDA) vom Anfang November 2013, siehe hierzu etwa die Pressemitteilung der BaFin vom 5. November 2013, abrufbar unter https://www.bafin.de/SharedDocs/Veroeffentlichungen/DE/Pressemitteilung/2013/pm_131105_isda_derivate.html.

global-sytemrelevanter Banken (den so genannten G 18 Banken),[14] und der Entwicklung des 2014 ISDA Resolution Stay Protocols mit entsprechenden vertraglichen Anerkennungsklauseln für die ISDA-Rahmenverträgen in 2014.[15] Das Protokoll ist kürzlich nach unter hohem Zeitdruck geführten Verhandlungen aktualisiert und erweitert worden.[16] Zudem ist die Entwicklung einer Alternative zu diesem Protokoll (das ISDA Resolution Stay Jurisdictional Modular Protocol) und eine Ergänzung und Erweiterung um ein gesondertes Protokoll zur vertraglichen Anerkennung der Gläubigerbeteiligung (bail-in) geplant (hierzu näher → Rn. 117). Aus umgekehrter Perspektive berücksichtigen bereits die 2013 veröffentlichten UNIDROIT Netting Principles die Besonderheiten, die sich durch die Einführung von Sanierungs- und Abwicklungsregimen für Banken für Rahmenverträge für Finanzkontrakte ergeben können.[17]

Die Schlüsselstellung, die Finanzkontrakten im Fall der Abwicklung zugestanden wird, hängt unmittelbar mit den für Finanzkontrakte typischen Beendigungsmechanismen der für sie geltenden marktüblichen Rahmenverträge zusammen. Ausgangspunkt ist dabei die Erwartung, dass die Einleitung von Abwicklungsmaßnahmen diese Beendigungsmechanismen auslösen und dies dann die geordnete Abwicklung des Instituts oder der Gruppe be- oder gar verhindert.[18] In der öffentlichen Diskussion wird die Beendigungsmechanik in Rahmenverträgen für Finanzkontrakte denn auch als ein wesentliches, wenn nicht sogar das zentrale Hindernis für geordnete Bankenabwicklungen, gerade im Fall grenzüberschreitend tätiger Gruppen erkannt.[19] Als mahnendes Beispiel gilt dabei gemeinhin das

6

---

[14] Die Gruppe ist inzwischen auf 21 Institute bzw. Institutsgruppen angewachsen.

[15] Siehe hierzu Pressemitteilung der ISDA vom 11. Oktober 2014 „Major Banks Agree to Sign ISDA Resolution Stay Protocol" anlässlich der Unterzeichnung durch 18 international tätige Kreditinstitute.

[16] Vgl. Pressemitteilung des FSB vom 12. November 2015: „FSB welcomes extension of industry initiative to promote orderly cross-border resolution of G-SIBs", abrufbar unter http://www.financialstabilityboard.org/wp-content/uploads/20151111-Contractual-stays-press-release.pdf. und Pressemitteilung der ISDA vom 12. November 2015 „Major Banks Sign relaunched ISDA Resolution Stay Protocol ISDA" abrufbar unter: http://www2.isda.org/news/major-banks-sign-relaunched-isda-resolution-stay-protocol. Das überarbeitete und erweiterte Protokoll wurde in „ISDA 2015 Universal Resolution Stay Protocol" umbenannt. Unter anderem ist nun die Einbeziehung andere Rahmenvertragsdokumentationen möglich. Mit Veröffentlichung haben 21 global-systemische Institutsgruppen das Protokoll gezeichnet.

[17] UNIDROIT Principles on the Operation of Close-out Netting Provisions. Sanierungs- und Abwicklungsregime werden in Principle 8 gesondert angesprochen. Es wird hier klargestellt, dass die Principles Abwicklungsmaßnahmen und ihre Auswirkungen auf das Netting, insbesondere eine Aussetzung von Beendigungsgründen unberührt lassen wollen, soweit angemessene Schutzvorschriften bestehen. In diesem Zusammenhang wird auf die FSB Key Attributes als Leitbild verwiesen.

[18] *Huertas* S. 109 ff.; Green und andere Futures & Derivatives Law Report, Volume 35, Issue 3, 2 (Fn. 3); *Gleeson* S. 22 f.; *Guynn* 29 Yale J. on Reg., 139.

[19] Vgl. FSB Key Attributes, I-Annex 5, Ziff. 1.1 /S. 51: „*In the case of a SIFI, the termination of large volumes of financial contracts upon entry into resolution could result in a disorderly rush for the exits that creates further market instability and frustrates the implementation of resolution measures aimed at achieving continuity*", ähnlich auch die im November 2015 veröffentlichten FSB-Principles, S. 7: „*Such close-out action upon entry into resolution could disrupt the provision of critical functions, lead to the firm in resolution having an unbalanced book and undermine the objective of a resolution action that seeks to maintain the continuity of critical functions.*" oder auch dasgemeinsame Schreiben der Bank of England, BaFin, Schweizer Finanzmarktaufsicht (FinMa) und der Federal Deposit Insurance Corporation (FDIC) von Anfang November 2013: „*A key challenge in the development and implementation of [strategies to resolve global systemically important financial institutions] continues to be the risk of disorderly termination of derivatives*", der Brief ist auf der

Insolvenzverfahren über die Lehman Brothers Holdings Inc.[20] Die kritische Sicht auf die Beendigungsmechanik für Finanzkontrakte mag zum Teil durch eine in den USA seit längerem geführte Debatte über die US-amerikanischen insolvenzrechtlichen Sonderbestimmungen für Verträge über Finanzkontrakte bestärkt worden sein. Im Mittelpunkt standen dabei Wertpapierpensionsgeschäfte und die hier fehlende Möglichkeit, bei Einleitung des Insolvenzverfahrens Beendigungsrechte aussetzen zu können. Ein Auslöser der Debatte war offenbar der Beinah-Zusammenbruch des Long Term Capital Management-Fonds (LTCM) in 1998.[21]

7 Umgekehrt wird aber auch die Bedeutung von Rahmenverträgen als Instrumente der Risikominimierung gerade im Fall einer systemischen Krise gesehen[22] und die Gefahr erkannt, dass Eingriffe in die Beendigungsmechanik diese risikomindernde Wirkung aushebeln können und so wiederum Quelle neuer systemischer Risiken werden bzw. Ansteckungsgefahren begründen können.[23] Die Wirkung der Beendigungsmechanik bei

---

Internetseite der FDIC veröffentlicht worden, abrufbar unter https://www.fdic.gov/news/news/press/2013/pr13099a.pdf.; siehe auch *Paech* WM 2010, 1965 (1967).

[20] Insgesamt sollen hier in Folge der Eröffnung des Insolvenzverfahrens etwa 733.000 von insgesamt rund 930.000 also rund 80% der Derivatekontrakte beendet worden sein, vgl. *GGHKIRS* Futures & Derivatives Law Report, Volume 35, Issue 3, 2 (Fn. 3) sowie *Summe* S. 78; zur Lehman-Insolvenz und der Rolle von Finanzkontrakten siehe auch *Fleming/Sarkar* S. 175 ff., danach seien Hauptursachen für die Komplexität der Abwicklung von Lehman Brothers im Rahmen des Insolvenzverfahrens („Chapter 11") die unzureichende Vorausplanung und das (große) Portfolio an nicht über zentrale Gegenparteien geclearten Derivatepositionen. Vgl. aber auch *Scott* Interconnectedness and Contagion, der zu dem Ergebnis kommt, dass die Derivatepositionen von Lehman letztlich keine systemischen Risiken darstellten (S. 44 ff.) und dies vor allem auf die risikoreduzierende Wirkung von Nettingvereinbarungen zurückzuführen sei (S. 50 ff.). Zu Lehman als Lehrbeispiel für die Ungeeignetheit traditioneller Abwicklungsmechanismen für Banken, siehe *Binder* Resolution S. 5 ff.

[21] Besonders einflussreich und kritisch: *Edwards/Morrison* und *Roe* 63 Stan. L. Rev., 539. Für *Roe* war der Umstand, dass die im US-amerikanischen Insolvenzrecht grundsätzlich vorgesehene Sperre von Kündigungsrechten nicht für qualifizierte Finanzkontrakte, insbesondere Wertpapierpensionsgeschäfte galten, einer der Haupttreiber der Finanzkrise. *Morrison/Roe/Sontchi* S. 7, Speziell zu Wertpapierpensionsgeschäften und den für sie seinerzeit geltenden Ausnahmeregelungen. Diese sehr kritischen Analysen konzentrieren sich allerdings auf die Besonderheiten des US-amerikanischen Rechts und Marktes. Auf die Funktion der Beendigungsregelungen als Element der Vermeidung von Ansteckungsgefahren wird nur oberflächlich eingegangen. Nicht berücksichtigt bleibt auch der Umstand, dass die Schutzwirkung der Beendigungsrechte in der Insolvenz beiden Vertragsparteien gleichermaßen zugutekommt, also gerade auch Nichtbanken schützt. Ebensowenig werden die Konsequenzen bedacht, die ein erzwungenes Festhalten an den betreffenden Geschäften, die erheblichen Wertschwankungen ausgesetzt sind, für die andere Vertragspartei hätte. Differenzierter und vor allem mit rechtsordnungsübergreifendem Blick, *Paech* LSE Law, Society and Economy Working Papers 9/2015; zu Sinn und Zweck der Schutzbestimmungen für Finanzkontrakte im US-amerikanischen Recht: *Summe* S. 69 f. Mit Einführung der auch Finanzkontrakte erfassenden Möglichkeit der Aussetzung von Beendigungsrechten im Bankenabwicklungsregime ist der Hauptkritikpunkt weggefallen.

[22] Vgl. Basel Committee on Banking Regulation, 'Report and Recommendations of the Cross-border Bank Resolution Group' (March 2010), Recommendation 8/S. 45. Siehe auch Erwägungsgrund 95 der BRRD, wonach die Eingriffsrechte der Abwicklungsbehörden im Zusammenhang mit einer Übertragung die eigenkapitalentlastende Wirkung von Nettingvereinbarungen nicht beeinträchtigten sollen. Ähnlich auch *Dohrn* WM 2012, 2033 (2037), wonach Sinn und Zweck des „Sonderregimes" für Nettingvereinbarungen in der BRRD die Gewährleistung der Funktionsfähigkeit als Risikominderungsinstrument sowie der aufsichtlichen Anerkennung sind.

[23] Zu den potentiellen Ansteckungsrisiken, vgl. EBA Dokument (EBA/Op/2015/07) „Technical Advice on delegated acts on the circumstances when exclusions from the bail-in tool are necessary" vom 6. März 2015, dort S. 12f/Rz. 42 ff.; siehe auch *Paech* LSE Law, Society and Economy Working

Finanzkontrakten bei Ausfall einer Gegenpartei entspricht insoweit – bildhaft gesprochen – der einer Feuertür, die das Überspringen der Krise bei dem ausgefallenen Vertragspartner auf die Gegenpartei und deren Vertragspartner verhindert.[24] Ein wesentliches Merkmal der Regelungen im neuen Abwicklungsregime zu Finanzkontrakten oder mit unmittelbarer Auswirkung auf Finanzkontrakte ist daher der Versuch, diese gegenläufigen Interessen in Einklang zu bringen.[25]

c) Die Beendigungsmechanik unter Rahmenverträgen für Finanzkontrakte

Finanzkontrakte werden also letztlich wegen der für sie geltenden Gesamtbeendigungsklauseln gleichzeitig als potentielles Abwicklungshindernis und als besonders schützenswert betrachtet. Das neue internationale und europäische Sanierungs- und Abwicklungsregime reagiert auf diesen Umstand zum einen mit Sonderregelungen, die Beendigungsmechanismen in Rahmenverträgen neutralisieren sollen, und zum anderen mit speziellen Schutzvorschriften für Rahmenverträge. Regelungszweck und die Wirkung der Bestimmungen zu Finanzkontrakten im Abwicklungsregime müssen deshalb mit Blick auf die Funktion von Rahmenverträgen und der darin enthaltenen Beendigungsregelungen (häufig auch als Lösungsklauseln bezeichnet) ausgelegt werden. Nachfolgend wird daher ein kurzer Überblick über die für die Vertragsdokumentationen für Finanzkontrakte typischen Beendigungsregelungen und deren zivil- und aufsichtsrechtlichen Sinn und Zweck gegeben. Zudem soll anhand zweier konkreter Beispiele, dem deutschen Rahmenvertrag für Finanztermingeschäfte (DRV) und dem 2002 ISDA Master Agreement stellvertretend für die verschiedenen Arten von Rahmenvertragsdokumentationen[26] nachvollzogen werden, wie Abwicklungsmaßnahmen unter den vertraglichen Beendigungsregelungen behandelt würden, wenn man die gesetzlichen Sonderregelungen für Finanzkontrakte außer Acht lässt.

8

aa) Rahmenverträge

Die bekannteste und international am weitesten verbreitete Vertragsdokumentation für Finanzkontrakte sind sicherlich die ISDA Rahmenverträge (das 1992 bzw. 2002 ISDA Master Agreement) für OTC-Derivate. Internationale Gegenstücke für Wertpapiertransaktionen sind das Global Master Repurchase Agreements (GMRA – für Wertpapierpen-

9

Papers 9/2015, 29, zum Instrument der Aussetzung von Beendigungsrechten als Mittel zur Vermeidung von Ansteckungsrisiken, sowie *Gleeson* S. 4, der sich wegen dieser Ansteckungsrisiken dafür ausspricht, zur Risikosteuerung dienende Finanzinstrumente, wie etwa Derivate (Swaps), vom bail-in auszunehmen; zu Ansteckungsrisiken im Zusammenhang mit Bankenabwicklungen allgemein, *Scott* S. 106 ff.
[24] Zur Bedeutung des Close-out nettings als Instrument zur Verhinderung von Dominoeffekten, siehe auch *Paech* WM 2010, 1965.
[25] Zu diesem grundsätzlichen Zielkonflikt siehe auch *Binder* ZHR 179 (2015), 83 (113 f.).
[26] Im Fall von gecleartem Geschäften ist für das Rechtsverhältnis zwischen zentraler Gegenpartei (central counterparty – CCP) und Clearingmitglied kein eigenständiger bilateraler Rahmenvertrag, sondern das jeweilige Regelwerk maßgeblich. Im Ergebnis handelt es sich auch hier aber um eine zweiseitige vertragliche Vereinbarung. Die in den Regelwerken enthaltenen Beendigungsbestimmungen entsprechen funktional den Bestimmungen in den im Markt üblichen Rahmenverträgen und sind inhaltlich meist eng daran ausgerichtet oder sogar identisch. Abweichungen ergeben sich in diesem Verhältnis allerdings aus den speziellen Schutzbestimmungen der jeweiligen zentralen Gegenpartei für den Fall des Ausfalls eines Clearingmitglieds, insbesondere der Regelungen zur Ermöglichung der Übertragung von Kundenpositionen auf ein Ersatz-Clearingmitglied (Porting).

sionsgeschäfte) sowie das Global Master Securities Lending Agreement (GMSLA – für Wertpapierdarlehen).[27] Vor allem im Europäischen Raum sind daneben auch der Europäische Rahmenvertrag (für OTC-Derivate, Wertpapierdarlehen und Wertpapierpensionsgeschäfte – auch als EBF-Rahmenvertrag oder European Master Agreement bzw. EMA bekannt) sowie die deutschen Rahmenverträge[28] weiter verbreitet.[29] Wesentlicher Bestandteil aller Rahmenvertragsdokumentationen ist die so genannte Nettingvereinbarung (Saldierungsvereinbarung im Sinne der BRRD und des SAG). Sie besteht im Kern aus zwei Elementen: einer Regelung über die Einheitlichkeit der Vertragsbeziehung, mit der alle einzelnen, unter dem jeweiligen Rahmenvertrag abgeschlossenen Geschäfte (Einzelabschlüsse im Sinne der deutschen Rahmenverträge) zu einem einheitlichen Vertragsverhältnis zusammengefasst werden,[30] und einer Gesamtbeendigungsklausel, die bei Eintritt eines Beendigungsgrundes, vor allem dem Ausfall der Gegenpartei, entweder ein Kündigungsrecht begründet oder eine automatische Beendigung des gesamten Vertragsverhältnisses vorsieht. Mit Kündigung oder automatischer Beendigung erfolgt dann die Verrechnung aller Forderungen unter dem Rahmenvertrag und aus allen unter dem Rahmenvertrag abgeschlossenen und noch offenen (also noch nicht bereits vollständig abgewickelten) Geschäften zu einer einheitlichen Netto-Ausgleichsforderung (Close-out oder Liquidationsnetting).[31] Nettingvereinbarungen ermöglichen es den Vertragsparteien, die Ausfallrisiken aus den unter den Rahmenverträgen abgeschlossenen Geschäften auf den Nettobetrag der potentiellen Ausgleichsforderung zu begrenzen und auf dieser Basis zu steuern und weiter zu minimieren (etwa durch Besicherung). Unter bestimmten Voraussetzungen[32] sind sie auch

---

[27] Vorläufer waren das Overseas Securities Lender's Agreement (OSLA) und das Gilt-Edged Stock Lending Agreement (GESLA).

[28] Rahmenvertrag für Finanztermingeschäfte (DRV) erstmals veröffentlicht 1993 und 2001, nach geringfügigen Anpassungen im Hinblick auf die Euro-Einführung neu veröffentlicht, Rahmenvertrag für Wertpapierdarlehen von 1999 und Rahmenvertrag für Wertpapierpensionsgeschäfte von 2005.

[29] Daneben gibt es eine Reihe nationaler Rahmenverträge, etwa den Französischen Rahmenvertrag für Finanztermingeschäfte (Convention cadre FBF relative aux opérations sur instruments financiers à terme), den Schweizer Rahmenvertrag für OTC-Derivate oder auch den Österreichischen Rahmenvertrag für Finanztermingeschäfte.

[30] „Single-Agreement Clause". Das Prinzip der Einheitlichkeit des Vertrages gilt dabei nicht nur für den Fall der Insolvenz, sondern während der gesamten Laufzeit für das gesamte Vertragsverhältnis. Dies folgt sowohl aus der Stellung der Einheitlichkeitsbestimmungen in den verschiedenen Rahmenverträgen (regelmäßig als zentrale Bestimmung am Anfang des Vertragstextes, wie im Fall des DRV in Nr. 1 Abs. 2) als auch dem Sinn und Zweck der Einheitsvertragsregelung als rechtliche Grundlage für eine einheitliche Risikobetrachtung während der gesamten Laufzeit des Vertrages, erst recht (aber eben nicht nur) im Fall der Insolvenz. Die Kündigung von Einzelabschlüssen durch eine Partei ist dementsprechend auch nur ausnahmsweise aufgrund gesonderter Vereinbarung zulässig.

[31] Zur Struktur, Bedeutung und Funktionsweise von Nettingvereinbarungen und den sich hier ergebenden insolvenzrechtlichen Fragen grundlegend, *Bosch* WM 1995, 365 u. 413; vgl. auch *Jahn* in Schimansky/Bunte/Lwowski Bankrechts-HdB § 114 Rn. 43 f.; *Fried* in Zerey Finanzderivate-HdB § 16 Rn. 1 ff. bzw. 8 ff.

[32] Die aufsichtsrechtlichen Anforderungen ergeben sich vor allem aus Art. 295 ff. CRR. Eine Bedingung für die regulatorische Anerkennung ist die Verfügbarkeit von Rechtsgutachten zur Wirksamkeit und Durchsetzbarkeit der verwendeten vertraglichen Nettingbestimmungen. Entsprechende Gutachten werden üblicherweise von den die Rahmenvertragsdokumentationen herausgebenden Verbänden eingeholt.

aufsichtsrechtlich als risikomindernd im Sinne der CRR anerkannt und haben damit eine eigenkapitalentlastende Wirkung.[33]

bb) Abwicklungsmaßnahmen und Gesamtbeendigungsklauseln

Die Beendigungsregelungen der verschiedenen Rahmenvertragsdokumentationen sind aufgrund der identischen Zielrichtung zwar sehr ähnlich, unterschieden sich aber in den Einzelheiten, unter anderem schon deshalb, weil sie auf das jeweils für sie geltende Recht zugeschnitten sind. Darüber hinaus können die Vertragsparteien natürlich auch Sonderkündigungsrechte individuell vereinbaren. Nicht unüblich sind etwa an einen Kontrollwechsel (change of control) sowie an Pflicht- und Vertragsverletzungen bestimmter Dritter (cross default) oder an bestimmte Kennzahlen sowie sonstige wesentliche Änderungen (material adverse change) anknüpfende Sonderkündigungsrechte.[34] Eine einheitliche und abschließende Beurteilung, welche Abwicklungsmaßnahmen Beendigungsrechte auslösen können, ist daher nicht möglich. Vielmehr hängt dies immer von den konkret vereinbarten Beendigungsregelungen und den jeweiligen Umständen des Einzelfalls ab. Betrachtet man aber nur einige der eingriffsintensivsten Abwicklungsmaßnahmen, die Gläubigerbeteiligung (bail-in), die Übertragung von Vermögenswerten und Verbindlichkeiten auf einen anderen Rechtsträger (asset transfer – Übertragung) und die zeitweisen Aussetzung von Zahlungs- und Sicherungspflichten, zeigt sich – nachfolgend am Beispiel des 2002 ISDA Master Agreement und des deutschen Rahmenvertrages für Finanztermingeschäfte (DRV) dargelegt – dass es in der Tat wahrscheinlich ist, dass diese Maßnahmen rahmenvertragliche Beendigungsrechte auslösen würden – wären sie denn nicht durch gesetzliche Sonderbestimmungen neutralisiert. Diese Ergebnisse lassen sich grundsätzlich auch auf die Beendigungsregelungen marktüblicher Rahmenverträge für Wertpapierdarlehen und Wertpapierpensionsgeschäfte übertragen, da die Beendigungsregelungen dieser Verträge mit denen ihrer jeweiligen Gegenstücke für OTC-Derivate im Wesentlichen übereinstimmen.

(1) Abwicklungsmaßnahmen unter dem DRV. Der DRV kennt nur den Kündigungstatbestand des wichtigen Grundes gemäß Nr. 7 Abs. 1. Der Begriff des wichtigen Grundes wird durch ein Beispiel, der Nichtleistung einer fälligen Zahlung oder sonstigen Leistung trotz Nachfristsetzung, konkretisiert.[35] Weitere Regelbeispiele gibt es nicht. Es gelten somit im Übrigen die allgemeinen Grundsätze. Ein wichtiger Grund ist danach gegeben, wenn eine Fortsetzung des Vertragsverhältnisses für eine Vertragspartei nach Abwägung der beiderseitigen Interessen unzumutbar wäre. Als ein typisches Beispiel hierfür gilt die wesentliche Verschlechterung der Vermögenslage.[36]

---

[33] Vgl. *Fried* in Zerey Finanzderivate-HdB § 16 Rn. 12 ff. und 18 ff. zur eigenkapitalreduzierenden Wirkung von Nettingvereinbarungen unter der CRR und den Voraussetzungen für die aufsichtsrechtliche Anerkennung.

[34] Zu bonitätsabhängigen Beendigungsrechten und material adverse change-Klauseln in Rahmenverträgen, siehe etwa *Jahn* BKR 2009, 25.

[35] Die Beendigungsregelung der Clearing-Rahmenvereinbarung (CRV), der Vertragsdokumentation für über zentrale Gegenparteien abzuwickelnde Finanztermingeschäfte, entspricht inhaltlich weitgehend der des DRV. Die hier gemachten Ausführungen gelten daher entsprechend auch für die CRV mit Abweichungen bei Ausfall des Clearingmitglieds, da die Schutzvorschriften der zentralen Gegenpartei Vorrang haben, vgl. hierzu auch: *Köhling* BKR 2013, 498.

[36] Vgl. *Jahn* in Bankrechts-HdB § 114 Rn. 41; und schon *Decker* WM 1990, 1001 (1013) zum Vorläufer des DRV. Eine Unzumutbarkeit kann im Fall des Rahmenvertrages nur in gravierenden Ausnahmefällen anzunehmen sein. Dabei ist die vertraglich vereinbarte Risikoverteilung zu berück-

12 Ergänzend zum Kündigungsrecht aus wichtigem Grund sieht der Nr. 7 Abs. 2 Satz 1 des DRV den selbständigen Beendigungstatbestand einer automatischen Beendigung (also ohne Kündigung) im Insolvenzfall vor. Ein Insolvenzfall für die Zwecke des DRV liegt nach Nr. 7 Abs. 2 Satz 2 DRV vor, wenn ein Konkurs- oder sonstiges Insolvenzverfahren eingeleitet wird.[37]

13 Abwicklungsmaßnahmen im Sinne des SAG und auch vergleichbare Verfahren nach dem Recht anderer Rechtsordnungen,[38] werden wohl nicht zwingend als Insolvenzfall im Sinne der Nr. 7 Abs. 2 Satz 2 DRV verstanden werden können.[39] In der Praxis dürfte es auf diese Frage aber kaum ankommen. Denn die Einleitung von Abwicklungsmaßnahmen wird nicht selten mit einer spürbaren Verschlechterung oder erheblichen Gefährdung der Vermögenslage bzw. Beeinträchtigung der Leistungsfähigkeit des betroffenen Instituts einhergehen – allein schon, weil die gesetzlichen Abwicklungsvoraussetzungen gegeben sein müssen. Damit könnten bei Einleitung von Abwicklungsmaßnahmen die materiellen Voraussetzungen für eine Kündigung aus wichtigem Grund gegeben sein.[40]

14 Die nur zeitweise Aussetzung von Zahlungs- und Sicherungspflichten aufgrund von Abwicklungsmaßnahmen muss im Gegensatz dazu nicht notwendigerweise zusätzlich den Tatbestand der Nichtleistung fälliger Zahlungen erfüllen – jedenfalls dann nicht, wenn die Aussetzung so kurz befristet wird, dass die Zahlungs- und Lieferpflichten nach Ende der Aussetzungsfrist rechtzeitig vor Ablauf der vertraglichen geregelten Nachfrist erfüllt werden. Bei Besicherungspflichten wird dies in der Praxis allerdings wegen der hier geltenden deutlich kürzeren Nachfristen kaum möglich sein.

15 **(2) Abwicklungsmaßnahmen unter dem 2002 ISDA Master Agreement.** Das 2002 ISDA Master Agreement regelt die Beendigungsgründe als englischem oder New Yorker Recht unterliegendem Vertrag in Form einer abschließenden Aufzählung von zur Kündigung[41] berechtigenden Ereignissen („events of default" bzw. „termination events"). Praktisch besonders relevant könnten im Fall von Abwicklungsmaßnahmen vor allem folgende Ereignisse sein: Die Nichtleistung/Nichtzahlung (Failure to Pay or Deliver),[42] die Vertragsverletzung bzw. Nichtanerkennung vertraglicher Pflichten (Breach of Agreement/Repudiation),[43] Vertragsverletzungen hinsichtlich Besicherungspflichten (Credit Sup-

---

sichtigen. Eine negative Entwicklung der Positionen kann daher nicht zur Unzumutbarkeit führen, vgl. auch *Behrends* in Zerey Finanzderivate-HdB § 6 Rn. 36 f.

[37] Abgestellt wird hier auf die Antragstellung, wobei bei Antragstellung durch andere als die betroffene Partei selbst, diese objektiv gerechtfertigt sein muss.

[38] Ein wichtiger, aber nicht hinreichender Indikator für die Vergleichbarkeit wird sein, ob die Verfahren auf den FSB-Key Attributes beruhen.

[39] Letztlich kommt es hierfür darauf an, ob das Abwicklungsregime des SAG als Sonderinsolvenzrecht für bestimmte Finanzmarktteilnehmer zu verstehen ist oder als ein Verfahren sui generis. Für letzteres spricht der Umstand, dass die Abwicklungsmaßnahmen nach dem SAG das geordnete Insolvenzverfahren nicht vollständig verdrängen und diesem lediglich vorgeschaltet werden können (um eine Anwendung des Insolvenzverfahrens weniger wahrscheinlich zu machen).

[40] Im Ergebnis dürften praktisch alle Ereignisse, die unter dem ISDA Rahmenverträgen als spezifische Kündigungsgründe ausdrücklich geregelt sind (siehe dazu unmittelbar im Anschluss), unter diese Generalklausel zu fassen sein, da sie jeweils die (weitere) Leistungsfähigkeit der Gegenpartei oder fundamentale Aspekte der Vertragsbeziehung betreffen. Materiell dürfte es daher kaum zu Abweichungen kommen.

[41] Die Parteien können dabei im Hinblick auf den Beendigungsgrund „Bankruptcy" statt Kündigung automatische Beendigung wählen (Section 6 (a)).

[42] Section 5 (a) (i).

[43] Section 5 (a) (ii).

port Default),[44] Vertragsverletzungen unter einem anderen Vertrag (Cross Default)[45] und die Insolvenz (Bankruptcy).[46] Der Begriff der Insolvenz wird im 2002 ISDA Master Agreement durch eine Auflistung verschiedener Fallgruppen mit neun Unterfällen sehr viel umfassender geregelt als etwa im DRV, und der Begriff des Insolvenzfalls deutlich weiter gefasst. Einer dieser Unterfälle, Ziff. (4), betrifft die Einleitung aufsichtlicher Verfahren, die in vergleichbarer Weise wie ein Insolvenzverfahren in die Rechte der Gläubiger eingreifen.

Sowohl die Gläubigerbeteiligung als auch die Übertragung auf ein Brückeninstitut **16** und die damit verbundenen Eingriffe in die Vertragsbeziehung dürften im Fall des 2002 ISDA Master Agreements gleich unter mehrere Beendigungsgründe subsumiert werden können. Beispielsweise dürfte in beiden Fällen regelmäßig der Tatbestand der „Failure to Pay" verwirklicht sein. Denn mit einer Gläubigerbeteiligung im Hinblick auf die unter einem Rahmenvertrag abgeschlossenen Derivategeschäfte werden die vereinbarten Zahlungspflichten nicht mehr erfüllt. Im Fall der Übertragung auf ein Brückeninstitut würden diese Pflichten jedenfalls nicht mehr vom (ursprünglichen) Vertragspartner erfüllt. Aus den gleichen Gründen dürften die weiteren Beendigungsgründe „Breach of Agreement" bzw. „Repudiation" sowie „Credit Support Default" gegeben sein.[47] Die Gläubigerbeteiligung und die Übertragung auf ein Brückeninstitut könnten ferner unter den weiten Insolvenzbegriff gefasst werden, da es sich in beiden Fällen um behördliche Maßnahmen handelt, die nach Art und Intensität mit den Eingriffsmöglichkeiten im Insolvenzverfahren ohne weiteres vergleichbar sind.[48]

Etwas anders sieht dies – wie schon im Fall des DRV – bei der Aussetzung von Zahlungs- **17** und Besicherungspflichten aus: Denn angesichts der im 2002 ISDA Master Agreement geregelten Nachfristen hängt es letztlich von der Länge dieser Maßnahmen bzw. dem Zeitpunkt ab, zu dem die betroffene Vertragspartei die Erfüllung der vertraglichen Pflichten wieder aufnimmt, ob noch ein Beendigungsgrund gegeben ist. Hier wären allerdings, wie im Fall des DRV, wiederum die deutlich verkürzten Nachfristen im Hinblick auf Besicherungspflichten zu beachten.

d) Regelungsbestand

Der für Finanzkontrakte maßgebliche Regelungsrahmen des deutschen Abwicklungs- **18** regimes ergibt sich im Wesentlichen aus folgenden Bestimmungen:
- § 2 Abs. 3 Nrn. 11, 21 und 43 SAG mit den Definitionen der Begriffe „Derivat", „Finanzkontrakt" und „Saldierungsvereinbarung".
- § 13 Abs. 6, § 42 Abs. (3) und § 43 SAG mit den Verpflichtungen zur zentralen Erfassung der von einem Institut oder der Institutsgruppe abgeschlossenen Finanzkontrakte.
- § 55 und der neue § 60a SAG mit den Regelungen über die Verpflichtung zur Einführung von Klauseln zur vertraglichen Anerkennung bestimmter Abwicklungsmaßnahmen (konkret: Aussetzung von Beendigungsrechten sowie Gläubigerbeteiligung)

---

[44] Section 5 (a) (iii).
[45] Section 5 (a) (vi).
[46] Section 5 (a) (vii).
[47] Darüber hinaus dürfte jedenfalls der Beendigungsgrund des Breach of Agreement auch unter weiteren Gesichtspunkten erfüllt sein, etwa im Fall der Übertragung, weil eine Abtretung oder Übertragung von Rechten und Pflichten im 2002 ISDA Master Agreement nur unter engen Voraussetzungen zulässig ist, siehe hierzu auch *Kusserow/Scholl* WM 2015, 413 (418).
[48] Im Ergebnis auch *Kusserow/Scholl* WM 2015, 413 (418 f.).

in Verträgen über Finanzkontrakte oder auch in anderen, berücksichtigungsfähige Verbindlichkeiten begründenden Vertragsbeziehungen (vertragliche Anerkennungsklauseln).
- § 79 Abs. 6 SAG mit den Schutzbestimmungen für Saldierungs- bzw. Aufrechnungsvereinbarungen zur Sicherung der Einheitlichkeit der Vertragsbeziehung im Hinblick auf Abwicklungsmaßnahmen im Zusammenhang mit einer Übertragung auf einen anderen Rechtsträger, sowie §§ 107 und 110 SAG mit den Regelungen zur Anwendung des Instrumentes der Übertragung auf Saldierungs- und Aufrechnungsvereinbarungen.
- §§ 83 und 84 SAG mit der Regelung der Befugnis zur zeitweisen Beschränkung von Sicherungsrechten und Aussetzung von Beendigungsrechten.
- §§ 91 bis 93 SAG mit den Regelungen über die Gläubigerbeteiligung (bail-in), einschließlich Sonderregelungen zur Anwendung dieses Instrumentes auf Derivate und andere Finanzleistungen im Sinne des § 104 Abs. 2 InsO.
- § 144 SAG mit der Regelung über eine allgemeine und zeitlich unbegrenzte Sperrung von Beendigungsrechten wegen Einleitung von Abwicklungsmaßnahmen.

Neben diesen Bestimmungen des SAG steht die unmittelbar geltende SRM-Verordnung. Diese enthält eigenständige Regelungen zur Anwendung von Abwicklungsinstrumenten und -befugnissen durch die neue europäische Abwicklungsbehörde, die sich zum Teil mit parallelen Bestimmungen der BRRD und damit auch des SAG überschneiden. Obgleich das Verhältnis der SRM-Verordnung zur BRRD und den nationalen Umsetzungen in vielerlei Hinsicht noch ungeklärt ist, dürfte es bei der Anwendung der Befugnisse und Instrumente gegenüber Vertragspartnern keine materiellen Abweichungen geben.[49]

---

[49] Die neben dem SAG unmittelbar geltende SRM-Verordnung regelt vor allem den Rechtsrahmen und die Befugnisse des einheitlichen Abwicklungsausschusses (Single Resolution Board – SRB) als europäische Abwicklungsbehörde. Soweit dessen Zuständigkeit gegeben ist, tritt der SRB an die Stelle der nationalen Abwicklungsbehörde (Art. 5 Abs. 1 SRM-Verordnung). Der SRB – und soweit nach der SRM-Verordnung geboten, die miteinzubindende Europäische Kommission und die nationale Abwicklungsbehörde – handeln auf Grundlage und im Rahmen der jeweiligen nationalen gesetzlichen Bestimmungen sowie der unmittelbar geltenden europäischen Rechtsakte, insbesondere delegierten Rechtsakte (Art. 2 Abs. 2 SRM-Verordnung). Damit stehen dem SRB prinzipiell die im SAG geregelten Abwicklungsinstrumente und -befugnisse innerhalb der dort gesetzten Grenzen zur Verfügung. Dabei kann dahin gestellt bleiben, ob der SRB die Bestimmungen das SAG als nationales Recht anwendet werden, oder, wie von *Kämmerer* WM 2016, 9 vertreten, als in europäisches Recht umgedeutete Normen. Abweichungen kann es allenfalls dort geben, wo die SRM-Verordnung eigenständige materielle Regelungen zur Ausübung von Abwicklungsinstrumenten bzw. befugnisse enthält, und nur soweit diese von den parallelen Regelungen der BRRD und den diese umsetzenden Bestimmungen des SAG abweichen. Bei den in hier zu betrachtenden für Finanzkontrakte relevanten Regelungen sind keine materiellen Abweichungen erkennbar: Zwar enthält die SRM-Verordnung eigenständige Regelungen über die zentralen Abwicklungsinstrumente bzw. -befugnisse, insbesondere auch zum bail-in (Art. 27 der SRM-Verordnung). Diese Bestimmungen regeln aber nur Teilaspekte und insbesondere nicht die konkrete Anwendung der Befugnisse und Instrumente durch die zuständige Abwicklungsbehörde und deren Rechtswirkung gegenüber den Vertragspartnern. Die Regelungen zum bail-in in Art. 27 SRM-Verordnung sind zudem inhaltlich praktisch identisch mit denen der BRRD (mit gewissen sprachlichen Abweichungen vor allem in der deutschen Fassung sowie einem leicht geänderten Aufbau). Sie dienen auch nicht als Rechtsgrundlage zur Umsetzung und Anwendung der Abwicklungsmaßnahmen, sondern stecken den Ermessensspielraum des SRB für die zu treffenden Festlegungen im zu entwickelnden Abwicklungskonzept ab. Tatsächlich umgesetzt werden das Konzept und die darin vorgesehenen Maßnahmen durch die nationale Abwicklungsbehörde und dann auf Grundlage der dieser durch die jeweilige nationale Umsetzung der BRRD eingeräumten Befugnisse (Art. 29 Abs. 1 SRM-Verordnung). Zum nicht vollständig geklärten Verhältnis der SRM-

VI. Sonderregeln für Finanzkontrakte

Über die Bestimmungen des SAG und der SRM-Verordnung hinaus werden die verschiedenen, zur BRRD zu erlassenden delegierten Rechtsakte als unmittelbar geltendes Recht zu beachten sein. Diese Rechtsakte werden gegenwärtig noch entwickelt. In den meisten, aber nicht allen Fällen, ist die europäische Bankaufsichtbehörde EBA damit betraut worden, die Entwürfe für eine entsprechende Delegierte Verordnungen der Europäischen Kommission zu erarbeiten. Einige der Entwürfe liegen entweder in Form eines Konsultationspapiers der EBA vor oder wurden der Kommission in Gestalt eines finalen Berichts bereits zur Verabschiedung vorgelegt. In einigen Fällen obliegt die Entwicklung des Rechtsaktes der Europäischen Kommission selbst. Hier ist die EBA jedoch in mehreren Fällen um technische Unterstützung (Technical Advice) gebeten worden. Für Finanzkontrakte werden insbesondere folgende delegierte Rechtsakte von unmittelbarer Bedeutung sein: 19

- Delegierte Verordnung zur vertraglichen Anerkennung gemäß Art. 55 BRRD.[50]
- Delegierte Verordnung zur Bewertung von Derivaten im Fall der Gläubigerbeteiligung.[51]
- Delegierte Verordnung über Mindestanforderungen an die zu Finanzkontrakten zu erfassenden Daten.[52]
- Delegierter Rechtsakt der Kommission zu den besonderen Umständen, unter denen Ausnahmen von der Gläubigerbeteiligung gerechtfertigt sind.[53]
- Delegierter Rechtsakt der Kommission zu Arten von Vereinbarungen, die bei einer nur teilweisen Übertragung von Vermögenswerten und Verbindlichkeiten zu schützen sind.[54]

Darüber hinaus können – zumindest mittelbar – auch die verschiedenen, von der europäischen Bankaufsichtbehörde EBA zu erlassenden untergesetzlichen Leitlinien (Guidelines) zur Vereinheitlichung der Aufsichtspraxis relevant werden. Bereits veröffentlicht wurden etwa ein finaler EBA-Entwurf der Leitlinien (Final Draft Guidlines) zu den nach Art. 41 Abs. 5 BRRD von der zuständigen Abwicklungsbehörde zu treffenden Feststellungen, ob eine Liquidation im Rahmen eines ordentlichen Insolvenzverfahrens negative Konsequenzen für die Finanzmärkte haben kann (EBA-Leitlinien zu Auswir- 20

Verordnung zur BRRD, siehe aber auch *Binder* ZHR 179 (2015), 83 (91). Zum Rechtsschutz gegen Maßnahmen des SRB, siehe *Kämmerer*, WM 2016, 9.

[50] Noch nicht verabschiedet. Es liegt aber der finale Vorschlag der EBA vor: EBA Dokument EBA/RTS/2015/06 vom 3. Juli 2015: Final Report „Draft Regulatory Technical Standards on the contractual recognition of write down and conversion powers under Article55(3) of Directive 2014/59/EU.

[51] Noch nicht verabschiedet. Es liegt aber der finale Vorschlag der EBA vor: EBA Dokument EBA/RTS/2015/11 vom 17. Dezember 2015: Final Report „Draft Regulatory Technical Standards (RTS) on the valuation of derivatives pursuant to Article 49(4) of the Bank Recovery and Resolution Directive (BRRD)".

[52] Noch nicht verabschiedet. Es liegt aber der finale Vorschlag der EBA vor: EBA Dokument EBA/RTS/2015/13 vom 17. Dezember 2015. Final Report „Draft Regulatory Technical Standard on a minimum set of the information on financial contracts that should be contained in the detailed records and the circumstances in which the requirement should be imposed (Article 71(8) BRRD)".

[53] Bislang liegen hierzu ein Technical Advice der EBA sowie der Kommissionsentwurf für die Delegierte Verordnung vom 4. Februar 2016 vor: EBA Dokument EBA/Op/2015/07 vom 6. März 2015 „Technical advice on the delegated acts on the circumstances when exclusions from the bail-in tool are necessary".

[54] Noch nicht verabschiedet. Es liegt aber ein Technical Advice der EBA vor: EBA Dokument EBA/Op/2015/15 vom 14 August 2015, „EBA Technical Advice on Art. 76 BRRD (Protected Arrangements), „Advice by the European Banking Authority on classes of arrangements to be protected in a partial property transfer".

kungen eines Insolvenzverfahrens),[55] sowie Leitlinien zur Spezifikation der Maßnahmen zur Reduzierung oder Beseitigung von Abwicklungshindernissen und den Umständen unter denen Abwicklungsmaßnahmen ergriffen werden können (EBA-Leitlinien zu Abwicklungshindernissen).[56] Der Erkenntnisgewinn ist, allerdings aufgrund der sehr allgemeinen Aussagen und des Empfehlungscharakters dieser Leitlinien, eher gering.[57] Sie sind aber vielleicht ein Indikator, bei welchen Aspekten künftig eine größere Prüfungstiefe der Aufsichts- und Abwicklungsbehörden zu erwarten sein wird. Von größerer praktischer Relevanz – insbesondere für die Aufsichtspraxis – werden voraussichtlich die von der EBA zu konkreten Aspekten beantworteten Fragen zur Auslegung von Bestimmungen der BRRD im Rahmen des EBA Fragen und Antworten Verfahrens (Single Rulebook Q&A) sein.

21   Die sich aus den vorgenannten Regelungen ergebenden Pflichten und Rechte können im Ergebnis in zwei, von der zeitlichen Abfolge aber auch den Hauptadressaten, klar abgrenzbare Regelungskomplexe unterteilt werden: Zum einen gibt es Verpflichtungen im Hinblick auf Finanzkontrakte, die bereits im Vorfeld von Abwicklungsmaßnahmen greifen und auf das Institut bzw. die Institutsgruppe als mögliches Abwicklungssubjekt zielen. Sie sollen dessen geordnete Abwicklung erleichtern oder erst ermöglichen. Diese Maßnahmen im Vorfeld sind systematisch der Sanierungs- oder Abwicklungsplanung und der Sicherstellung der Abwicklungsfähigkeit zuzuordnen.[58] Sie stehen aber im engen sachlichen Zusammenhang mit den Abwicklungsmaßnahmen. Hierzu zählen die Bestimmungen über der obligatorische Einführung vertraglicher Anerkennungsklauseln in bestimmten Verträgen und die Verpflichtungen zur Erfassung von Finanzkontrakten in einer Datenbank. Zum anderen gibt es Beschränkungen sowie besondere Schutzbestimmungen, die im Rahmen der eigentlichen Abwicklung zum Tragen kommen. Sie treffen oder schützen vor allem die Vertragspartner des Abwicklungssubjektes. Hierzu zählen die Bestimmungen über der zeitweisen Beschränkung oder auch dauerhafte Aussetzung von Sicherungs-, Zahlungs- und Beendigungsrechten sowie die besonderen Schutzbestimmungen und Sonderregelungen für die Anwendung bestimmter Abwicklungsinstrumente auf Derivate und andere Finanzkontrakte.

22   Da sich die von Instituten als potentielles Abwicklungssubjekt im Vorfeld zu ergreifenden Verpflichtungen besser vor dem Hintergrund der Abwicklungsmaßnahmen und ihrer Auswirkungen auf die Vertragsbeziehungen und Geschäfte beschreiben lassen, wer-

---

[55] EBA Dokument EBA/GL/2015/05 vom 20 Mai 2015 „Final Draft Guidelines on the determination on when the liquidation of assets or liabilities under normal insolvency proceedings could have adverse effects on one or more financial markets under Article 42 (14) of Directive 2014/59/EU".

[56] EBA Dokument EBA/GL/2014/11 vom 19 Dezember 2014 „Guidelines on the specification of measures to reduce or remove impediments to resolvability and the circumstances on which each measure may be applied under Directive 2014/59/EU".

[57] Der erstgenannte finale Entwurf der EBA-Leitlinien zu Auswirkungen eines Insolvenzverfahrens enthält unter anderem die Empfehlung für die Abwicklungsbehörden, bei Übertragungen von Derivateportfolien die Marktauswirkungen sorgfältig zu prüfen, siehe Ziff. 6 iVm Ziff. 3. Die zweitgenannten endgültigen EBA-Leitlinien zu Abwicklungshindernissen empfehlen den Abwicklungsbehörden etwa, eine Beschränkung der Entwicklung von Finanzprodukten zu erwägen, dem dem Recht eines Drittstaates unterliegen, Ziff. 13 Buchstabe (h) sowie das Volumen und die Komplexität des Handelsbuchs gerade im Hinblick auf Derivate-Portfolien und andere Finanzkontrakte besonders zu überwachen, Ziff. 13 Buchstabe (n).

[58] Auch wenn eine dieser Pflichten zumindest in der BRRD, die Pflicht zur Erfassung von Finanzkontrakten in zentralen Datenbanken nach Art. 71 Abs. 7 BRRD, zusammen mit Eingriffsrechten der Abwicklungsbehörden im Abwicklungsfall geregelt ist. Dies unterstreicht aber nur den engen sachlichen Zusammenhang zwischen diesen vorgelagerten Pflichten und den Eingriffsrechten.

VI. Sonderregeln für Finanzkontrakte

den – nach einem Überblick über die wesentlichen Begriffe – im Folgenden zunächst die zeitlich an sich später greifenden Regelungen auf der Abwicklungsebene untersucht. Auf die Vorfeldmaßnahmen wird dann im Anschluss eingegangen.

2. Begriffe

a) Finanzkontrakt

Der Begriff „Finanzkontrakt" wird im SAG in § 2 Abs. 3 Nr. 21 definiert.[59] Die Definition ist weitgehend identisch mit der der BRRD in Art. 2 (1) Nr. 100. Sie unterscheidet zunächst zwischen fünf Kategorien von Geschäften: 23
- Wertpapierkontrakten, insbesondere Wertpapierdarlehen, Wertpapierpensionsgeschäften, Wertpapieroptionen, jeweils mit verschiedenen Unterformen,
- Warenkontrakten,
- Terminkontrakten,
- Swap-Vereinbarungen und
- kurzläufigen Interbank-Kreditvereinbarungen (Kreditvereinbarungen zwischen Banken mit einer Laufzeit von nicht mehr als drei Monaten).

Als eigenständige sechste Kategorie werden darüber hinaus auch Rahmenvereinbarungen für Finanzkontrakte als Finanzkontrakt eingestuft.

Die Definition enthält zudem eine Auffangregelung für „vergleichbare" Geschäfte. 24
Die Auffangregelung des SAG ist dabei vom Wortlaut her etwas weiter gefasst, als die der BRRD: Letztere beschränkt den Auffangtatbestand allein auf mit „Swap-Vereinbarungen" vergleichbare Geschäfte und stellt zudem das ergänzende Kriterium der Marktverbreitung auf. Das SAG verzichtet auf solche Einschränkungen. In der Praxis wird dieser Unterschied jedoch – erst recht bei gebotener Richtlinien-konformer Auslegung der Bestimmung des SAG – kaum eine Rolle spielen, da schon die übrigen Regelbeispiele ein sehr breites Spektrum an Finanzkontrakten abdecken.

Der Finanzkontrakte-Begriff des SAG – und damit auch der BRRD – stimmt in 25
weiten Teilen mit dem bislang im deutschen Aufsichts- und Insolvenzrecht verankerten Begriffen der Finanzleistung bzw. des Finanz(termin)geschäftes überein. Die Begriffe sind aber nicht vollständig deckungsgleich. Vielmehr wird man wohl davon ausgehen müssen, dass der insolvenzrechtlich geprägte Begriff der Finanzleistung enger ist, da zumindest in Randbereichen einige offene Fragen über dessen Reichweite bestehen.[60] Die Unterschiede

---

[59] Finanzkontrakte werden in der SRM-Verordnung ebenso wenig angesprochen wie die nachfolgend näher betrachteten Begriffe Saldierungsvereinbarung, Aufrechnungsvereinbarung und Rahmenvereinbarung. Derivate werden zwar in Art. 3 Abs. 1 Nr. 43 SRM-Verordnung definiert. Der Begriff wird aber nur in der Regelung zu den Mindestanforderungen an Eigenmittel und berücksichtigungsfähige Verbindlichkeiten (Art. 12 Abs. 4 und Abs. 16 Buchstabe e) verwendet.

[60] Ein Grund hierfür ist, dass die Regelbeispiele des § 104 Abs. 2 InsO von der regulatorischen und Marktentwicklung inzwischen überholt wurden. Neuere Formen von Finanzgeschäften, etwa mit Referenzwerten, die keinen unmittelbaren Bezug zu Wertpapieren oder bepreisten Gütern und Leistungen haben, zB Emissionsrechte (soweit nicht als Wertpapier einzustufen) oder auch Wetterderivate, lassen sich daher nicht ohne Weiteres unter diese Regelbeispiele subsumieren, siehe hierzu etwa *Fried* in Zerey Finanzderivate-HdB § 21 Rn. 23 ff. und *Obermüller* ZInsO 2013, 476 (479). Andere Zweifelsfälle sind Optionen, bei denen der Optionskäufer die Prämie bereits vollständig gezahlt hat, vgl. hierzu schon *Bosch* WM 1995, 413 (417) sowie *Fried* in Zerey Finanzderivate-HdB § 21 Rn. 33; *Piekenbrock/Ludwig* WM 2014, 2197 ff., und gemischte Rahmenverträge, also solche, die sowohl

in der Reichweite der jeweiligen Begriffe spielen vor allem im Zusammenhang mit dem im Herbst 2015 durch das Abwicklungsmechanismusgesetz (AbwMechG) erweiterten § 93 SAG eine Rolle, da hier auf § 104 Abs. 2 InsO und nicht auf den SAG-Begriff „Finanzkontrakte" verwiesen wird. Auf diesen Punkt wird noch einmal im Zusammenhang mit den Ausführungen zur Gläubigerbeteiligung im Hinblick auf Finanzkontrakte und andere Derivate eingegangen. Sowohl der Begriff der Finanzkontrakte als auch der Finanzleistung im Sinne des § 104 Abs. 2 InsO erfassen aber jedenfalls den Katalog der klassischen Finanzgeschäfte, insbesondere börsengehandelte wie außerbörslich (OTC) gehandelte Derivate, Wertpapierpensionsgeschäfte, Wertpapierdarlehen und Edelmetallgeschäfte. Mit den in Buchstabe e) der Definition aufgeführten „Kreditvereinbarungen zwischen Instituten mit einer Laufzeit von bis zu drei Monaten" sind kurzläufige Geldmarktinstrumente gemeint, deren Funktion und Charakter mit den anderen, von der Definition erfassten Finanzinstrumenten vergleichbar ist.[61]

26   Bei näherer Betrachtung zeigt sich allerdings, dass der Begriff des „Finanzkontraktes" im SAG und der BRRD letztlich nur im Vorfeld der eigentlichen Abwicklungsmaßnahmen verwendet wird, und zwar nur im Zusammenhang mit dem Mindestbetrag berücksichtigungsfähiger Verbindlichkeiten (MREL-Quote) sowie im SAG zusätzlich noch in der neue eingeführten Vorschrift des § 60a SAG. In den Bestimmungen zu den Abwicklungsmaßnahmen kommt der Begriff nicht vor. Dort wird stattdessen auf die Begriffe „Derivat" und „Saldierungsvereinbarung" abgestellt.

b) Saldierungsvereinbarung

27   Der Begriff der Saldierungsvereinbarung wird in § 2 Abs. 3 Nr. 43 des SAG definiert. Im SAG ist dies der Oberbegriff für verschiedene Formen von Aufrechnungsvereinbarungen. Die Definition zählt – nicht abschließend – drei Regelbeispiele für entsprechende Vereinbarungen auf: Close-out Nettingvereinbarungen sowie Aufrechnungs- oder Close-out Netting im Sinne der Finanzsicherheiten-Richtlinie und Finalitäts-Richtlinie.[62] Die Wortwahl ist gewöhnungsbedürftig, da im aufsichtsrechtlichen Zusammenhang bisher der

---

Finanzleistungen als auch Nicht-Finanzleistungen umfassen, vgl. etwa *Fried* in Zerey Finanzderivate-HdB § 21 Rn. 44 f. Die bestehenden Rechtsunsicherheiten sind insbesondere wegen der steigenden Bedeutung des Nettings in Folge der verschiedenen Regulierungsmaßnahmen unbefriedigend, die die rechtliche Wirksamkeit und Durchsetzbarkeit vertraglicher Nettingvereinbarungen voraussetzen. Beispielsweise setzen sowohl die EMIR-Vorgaben für das Clearing von OTC-Derivaten als auch die EMIR-Besicherungsanforderungen für nicht-clearingpflichtige OTC-Derivate die Rechtswirksamkeit vertraglicher Nettingvereinbarungen (einschließlich der Nettingbestimmungen in den Regelwerken von der zentralen Gegenparteien) für sämtliche Formen von OTC-Derivaten voraus.

[61] Hier kommt es auf die ursprünglich vereinbarte Laufzeit und nicht etwa die Restlaufzeit an. Dies folgt zum einen aus dem Wortlaut, denn das „bis zu" lässt darauf schließen, dass die Regelung für Instrumente mit Laufzeiten mit ein Spannbreite von einem Tag oder untertägig bis maximal zu einer Laufzeit von drei Monaten erfasst sein sollen. Zudem ergibt sich das aus dem Sinn und Zweck der Regelung. Denn andernfalls wäre de facto das gesamte Interbank-Kreditgeschäft erfasst, da ja jedes Geschäft zu irgendeinem Zeitpunkt eine Restlaufzeit von weniger als drei Monaten erreichen würde. Ein derart weites Verständnis kann aber nicht gewollt sein, schon weil dann Instrumente erfasst würden, die eine völlig andere Funktion und einen völlig anderen Charakter haben, als die sonstigen vom Begriff erfassten Finanzinstrumente.

[62] Richtlinie 2002/47/EG des Europäischen Parlaments und des Rates vom 6. Juni 2002 über Finanzsicherheiten und Richtlinie 98/26/EG des Europäischen Parlaments und des Rates vom 19. Mai 1998 über die Wirksamkeit von Abrechnungen in Zahlungs- sowie Wertpapierliefer- und -abrechnungssystemen.

VI. Sonderregeln für Finanzkontrakte

Begriff der „Aufrechnungsvereinbarung" üblich war. Das SAG folgt hier der deutschen Fassung der BRRD. Dort[63] allerdings wird „Saldierungsvereinbarung" als deutschsprachiges Äquivalent zum englischen Begriff „netting arrangement" verwendet und ist zudem kein Oberbegriff, sondern steht neben dem Begriff der Aufrechnungsvereinbarung (als Äquivalent zu „set-off arrangement").[64] Der Begriff der Saldierungsvereinbarung des SAG ist damit weit zu verstehen und ist jedenfalls weiter, als der der BRRD. Er erfasst rahmenvertragliche Nettingvereinbarungen genauso wie die Nettingbestimmungen in den Bedingungswerken von zentralen Gegenparteien und vergleichbare vertragliche oder auch gesetzliche Nettingregelungen. Insbesondere unter Berücksichtigung des Sinns und Zwecks umfasst er auch Schuldumwandlungsvereinbarungen im Rahmen einer Gesamtschadensermittlung („Novationsnetting"), ebenso wie mehrstufige Aufrechnungsvereinbarungen (Master Netting Agreements).

c) Aufrechnungsvereinbarung

Im SAG wird an zwei Stellen, § 110 Abs. 3 Nr. 3 und § 79 Abs. 6, auch der Begriff der im SAG nicht definierte Begriff der Aufrechnungsvereinbarung verwendet. Es dürfte sich hier um ein redaktionelles Versehen handeln. Denn der Begriff steht hier – wie in den entsprechenden Bestimmungen der BRRD – neben dem definierten Begriff der Saldierungsvereinbarung. Es ist nicht ersichtlich, welche andere Form von Vereinbarung neben den bereits als Saldierungsvereinbarungen zu qualifizierenden erfasst werden soll. Letztlich bleibt dies aber ohne Folgen, denn entweder wird der Begriff im Sinne der BRRD auszulegen sein[65] oder aber die betreffenden Vereinbarungen sind bereits vom Begriff der Saldierungsvereinbarung mitumfasst.

28

d) Rahmenvereinbarung

Der ausschließlich in der Definition des Begriffs „Finanzkontrakte" und in dem neu eingefügten § 60a SAG verwendete Begriff der „Rahmenvereinbarung" ist gesetzlich nicht definiert. Gemeint sind aber jedenfalls Saldierungsvereinbarungen bzw. ein Rahmenvertrag für Finanzkontrakte im Sinne und für die Zwecke des § 104 Abs. 2 InsO, wiederum einschließlich entsprechender Bestimmungen im Regelwerk zentraler Gegenparteien.[66]

29

e) Derivate

Das SAG definiert den Begriff Derivat in § 2 Abs. 3 Nr. 11 durch Verweis auf den Derivatebegriff des KWG (§ 1 Abs. 11 Satz 3 KWG). Dieser ist identisch mit dem des WpHG, dort definiert in § 2 Abs. 2 WpHG. Damit folgt das SAG im Ergebnis der Logik der BRRD, die ihrerseits auf den Derivatebegriff der EMIR und mithin der Richtlinie 2004/39/EG über Märkte für Finanzinstrumente (MiFID) zurückgreift (vgl. Art. 2 Abs. 1 Nr. 65 BRRD). Diese Verweistechnik bringt aber notgedrungen Rechtsunsicherheiten mit sich, da so die seit langem bestehenden Uneinheitlichkeiten bei der Umsetzung der MIFID in den verschiedenen Mitgliedstaaten auch auf das Abwicklungsregime durchschlagen können. Praktisch relevant könnten diese Unterschiede bei einer grenzüberschreitenden Umset-

30

---

[63] Art. 2 Abs. 1 Nr. 98 BRRD.
[64] Art. 2 Abs. 1 Nr. 99 BRRD.
[65] So etwa *Fried* in Zerey Finanzderivate-HdB § 17 Rn. 51.
[66] Vgl. → Rn. 8.

zung der Gläubigerbeteiligung werden. Denn die Anerkennungspflicht im Hinblick auf Abwicklungsmaßnahmen kann unter der BRRD nur soweit gehen, wie das nationale Abwicklungsrecht mit dem Abwicklungsregime übereinstimmt, welches die extraterritoriale Umsetzung und Anerkennung von Maßnahmen beansprucht.[67]

3. Finanzkontrakte in der Abwicklung

31   Im Folgenden soll nun betrachtet werden, wie sich die einzelnen Abwicklungsmaßnahmen auf Finanzkontrakte und Rahmenverträge für Finanzkontrakte auswirken. Die Untersuchung beschränkt sich dabei auf die Auswirkungen auf zwischen dem Institut, das Gegenstand der Abwicklungsmaßnahmen ist, und dessen Gegenparteien abgeschlossene Finanzkontrakte bzw. die zwischen diesen bestehenden Rahmenverträge. Die Auswirkungen, die sich bei Abwicklungsmaßnahmen im Hinblick auf zentrale Gegenparteien und die über diese abgewickelten Geschäfte ergeben, werden bereits an anderer Stelle behandelt, so dass hierauf nur am Rande eingegangen wird. Ebenfalls nicht näher untersucht werden die Folgen, die sich für Finanzkontrakte ergeben, die Bezug auf ein abzuwickelndes Institut nehmen, etwa Kreditderivate, die auf ein abzuwickelndes Institut referenzieren.[68]

a) Generelle Beendigungssperre

32   Für Finanzkontrakte und die sie erfassenden Rahmenverträge ist die erste Konsequenz der Einleitung von Abwicklungsmaßnahmen eine gesetzliche Beendigungssperre. Sie ergibt sich aus § 144 SAG, der Art. 68 BRRD umsetzt.[69] Die Sperre gilt dabei für alle Beendigungsrechte, einschließlich Kündigungs- und Aufrechnungsrechten, die an eine Krisenpräventions- oder Krisenmanagementmaßnahme im Sinne des SAG oder an unmittelbar mit der Anwendung einer solchen Maßnahme verbundene Ereignisse anknüpfen.

33   Die Beendigungssperre des § 144 SAG wirkt in mehrerlei Hinsicht: Zunächst gelten die betreffenden Maßnahmen oder Ereignisse nach § 144 Abs. 1 Satz 1 SAG kraft Gesetz nicht als Verwertungs- oder Beendigungsfall im Sinne des Art. 2 Abs. 1 Buchstabe l) der Finanzsicherheiten-Richtlinie[70] oder als Insolvenzfall im Sinne des Art. 2 Buchstabe j) der

---

[67] Welche praktischen Auswirkungen Differenzen zwischen den Abwicklungsregimen des Abwicklungslandes und dem Zielland haben können, lässt sich zumindest zum Teil an dem Rechtsstreit über die Wirkung von Abwicklungsmaßnahmen der österreichischen Abwicklungsbehörde im Hinblick auf die Heta Asset Resolution AG für deren deutsche Vertragspartner ermessen. Im erstinstanzlichen Verfahren vor dem LG München I war die Anerkennung der Abwicklungsmaßnahmen in Deutschland gemäß Art. 3 Abs. 2 der Bankenrichtlinie (Richtlinie 2001/24/EG), geändert durch Art. 117 Abs. 2 BRRD abgelehnt worden, weil die nach dem österreichischen BaSAG getroffenen Maßnahmen nicht von der BRRD gedeckt waren, vgl. Urteil des LG München I vom 8. Mai 2015, Az. 32 O 26502/12, Buchstabe B Ziff. II. 3 b) bb) (= BeckRS 2015, 15096). Im Fall von Maßnahmen, die Derivate betreffen, wäre dann möglicherweise für eine Anerkennung entscheidend, ob Abweichungen beim Derivatebegriff bestehen bzw. diese noch von der BRRD gedeckt sind. In der Praxis könnten solche Abweichungen Ansatzpunkt für Streitigkeiten im Abwicklungsfall werden. Wünschenswert wäre daher ein europaweit einheitlicher Derivatebegriff.
[68] Vgl. hierzu aber *Kusserow/Scholl* WM 2015, 361 ff.
[69] Die ursprünglich Absatz 5 Satz 2 geregelte Verpflichtung, nur Musterverträge zu verwenden, die den Absätzen 1 und 3 entsprechen, ist im Zusammenhang mit der Einführung des neuen § 60a SAG durch das AbwMechG aufgehoben worden.
[70] Richtlinie 2002/47/EG des Europäischen Parlaments und des Rates vom 6. Juni 2002 über Finanzsicherheiten.

Finalitätsrichtlinie.[71] Durch diesen Verweis auf die Finanzsicherheiten-Richtlinie sind alle zum Close-out Netting berechtigenden Ereignisse im Zusammenhang mit der Stellung von Finanzsicherheiten von der Sperre erfasst. Über den Verweis auf die Finalitätsrichtlinie werden zusätzlich dann auch an Sanierungs- und Liquidationsmaßnahmen anknüpfende Beendigungsrechte im Verhältnis zu einem System bzw. Systembetreiber erfasst. Ergänzend untersagt § 144 Abs. 3 SAG jede Ausübung von Kündigungs-, Verrechnungs-, Zurückbehaltungs- und Aufrechnungsrechten sowie die Geltendmachung von Ansprüchen aus Sicherheiten wegen solcher Krisenpräventions- oder Krisenmanagementmaßnahmen und etwaiger unmittelbar damit verbundener Ereignisse.[72] § 144 Abs. 5 SAG erklärt schließlich vertragliche Vereinbarungen für unwirksam, die den vorgenannten Regelungen zuwiderlaufen.

34 Der sachliche Anwendungsbereich der Beendigungssperre ist nicht auf Finanzkontrakte und Rahmenverträge für Finanzkontrakte beschränkt. Sie sind jedoch Hauptziel der Regelung. Dies ergibt sich bereits aus den Verweisen auf die Finanzsicherheiten- und die Finalitätsrichtlinie sowie aus der Gesetzesbegründung zu § 144 SAG. Dort werden Beendigungsrechte in Rahmenverträgen für Derivate, konkret die ISDA Rahmenverträge, als einziges Beispiel für eine Anwendung der Beendigungssperre genannt.[73]

35 Durch die Bezugnahmen auf Krisenpräventions- und Krisenmanagementmaßnahmen greift die Sperre, was die sie auslösenden aufsichtlichen Maßnahmen angeht, sehr weit. Sie erfasst nicht nur alle dem Krisenmanagement[74] zuzuordnenden Abwicklungsmaßnahmen des SAG, also insbesondere die Aussetzung von Zahlungs-, Sicherungs- und Beendigungsrechten, die Gläubigerbeteiligung und die Übertragung von Vermögenswerten und Verbindlichkeiten auf einen anderen Rechtsträger, sondern auch der eigentlichen Abwicklung vorgelagerter Maßnahmen,[75] beispielsweise die Feststellung eines Abwicklungshindernisses durch die zuständigen Abwicklungsbehörden im Hinblick auf ein Institut nach § 59 SAG oder der Identifizierung wesentlicher Abwicklungshindernisse im Hinblick auf eine Gruppe nach § 60 SAG.[76] Die Wirkung der Beendigungssperre ist zudem auch nicht auf das unmittelbar von den Maßnahmen betroffene Institut begrenzt: Gemäß § 144 Abs. 1 Satz 1 SAG gilt die Sperre auch im Hinblick auf die Gruppe oder einzelne gruppenangehörige Unternehmen gerichtete Maßnahmen, und sperrt damit auch die Ausübung von Rechten aus drittbezogenen ("cross default") Beendigungsregelungen.

36 Die Beendigungssperre wirkt jedoch nicht uneingeschränkt, es gibt zwei – besonders für Finanzkontrakte relevante – Ausnahmen:

37 1. Nichterfüllung von Hauptleistungspflichten:
Sie greift zunächst nach § 144 Abs. 3 Satz 2 SAG nur, solange die Hauptleistungspflichten unter dem betreffenden Vertrag weiter erfüllt werden. Zu diesen Hauptleistungspflichten zählen insbesondere Zahlungs- und Leistungspflichten, sowie die Pflicht zu Stellung

---

[71] Richtlinie 98/26/EG des Europäischen Parlaments und des Rates vom 19. Mai 1998 über die Wirksamkeit von Abrechnungen in Zahlungs- sowie Wertpapierliefer- und -abrechnungssystemen.
[72] § 144 Abs. 3 Nr. 1 und 2 SAG. Daneben ist auch die Erlangung des Eigentums an und die Ausübung der Kontrolle über das betreffende Institut untersagt.
[73] Gesetzentwurf der Bundesregierung zum BRRD-Umsetzungsgesetz, BT-Drs. 18/2575, S. 187.
[74] Der Begriff der Krisenmanagementmaßnahme und der hiervon erfassten Einzelmaßnahmen wird in § 2 Abs. 3 Nr. 36 SAG definiert.
[75] Der Begriff der Krisenpräventionsmaßnahme und der hiervon erfassten Einzelmaßnahmen wird in § 2 Abs. 3 Nr. 37 SAG definiert.
[76] Dies wird wohl auch der Grund sein, warum das ISDA 2015 Universal Resolution Stay Protocol die Anerkennungswirkung nicht auf diese Maßnahmen erstreckt, hierzu → Rn. 117.

B. Abwicklung

von Sicherheiten. Für Rahmenverträge für Finanzkontrakte bedeutet dies, dass die Beendigungssperre nicht eintritt, wenn Zahlungs- und Lieferungspflichten unter den vom Rahmenvertrag erfassten Geschäften, und vor allem etwaige Besicherungspflichten unter einer abgeschlossenen Besicherungsvereinbarung, nicht weiter vertragsgemäß erfüllt werden.[77] Hierdurch wird sichergestellt, dass die Beendigungssperre auch nur solange besteht, wie die hiervon erfassten Rahmenverträge weiterhin ihre Funktion erfüllen (können). So werden unverhältnismäßige Eingriffe in die Rechtsposition der Gegenpartei vermieden.[78] Vertragliche Zahlungs-, Liefer- und Sicherungspflichten können im Zusammenhang mit einzelnen Abwicklungsmaßnahmen zeitweise ausgesetzt werden (hierzu unmittelbar im Anschluss → Rn. 40). Eine Nichterfüllung vertraglicher Pflichten wegen einer solchen zeitweisen Aussetzung der betreffenden Pflichten stellt gemäß § 144 Abs. 1 Satz 2 und Abs. 3 Satz 3 SAG keine Verletzung vertraglichen Pflichten für die Zwecke der Ausnahmeregelung des § 144 Abs. 3 Satz 2 SAG dar und lässt damit die Beendigungssperre unberührt.

38 2. Anderweitiger Beendigungsgrund:
Ferner stellt § 144 Abs. 4 SAG klar, dass die Beendigungssperre auch keine Wirkung entfaltet, wenn ein Beendigungsrecht wegen eines Grundes besteht, der nicht mit den aufsichtlichen Krisenpräventions- und -managementmaßnahmen zusammenhängt. Ein praktisches Beispiel könnte etwa die Wahrnehmung eines vorab vereinbarten vorzeitigen Beendigungsrechts im Hinblick auf bestimmte Einzelabschlüsse unter dem Anhang über die vorzeitige Erfüllung durch Ausgleichszahlung über zum DRV an dem zuvor vereinbarten Beendigungstag sein.

39 Im Ergebnis bedeutet dies, dass alle vertraglichen Beendigungsmöglichkeiten im Hinblick auf Rahmenverträge für Finanzkontrakte oder auch einzelne Finanzkontrakte (Einzelabschlüsse unter einem DRV), ob nun in Form eines Kündigungsrechts aus wichtigem Grund, wie unter dem DRV oder wegen Eintritts eines vertraglich vereinbarten Beendigungsgrundes, wie im Fall des 2002 ISDA Master Agreement, genauso wie eine automatische Beendigung aufgrund eines Insolvenzfalls wegen der Einleitung von Abwicklungsmaßnahmen oder wegen der sich hieraus ergebenden Folgen für das Vertragsverhältnis, solange gesperrt sind, wie die vertraglichen Zahlungs- und Lieferpflichten und vor allem die Besicherungspflichten (etwa Austausch von Variation Margin oder Stellung von Initial Margin, soweit vereinbart) in vereinbarter Weise und innerhalb der vereinbarten Fristen erfüllt werden. Zudem ist es den Vertragspartnern eines von den Maßnahmen betroffenen Instituts verwehrt, gestellte Sicherheiten zu verwerten oder nicht mehr benötigte Sicherheiten zurückzubehalten.[79] Unzulässig wäre es auch, Zurückbehaltungsrechte im

---

[77] Allerdings vorbehaltlich einer zeitweisen Aussetzung nach §§ 82 und 84 SAG, dazu → Rn. 40.
[78] Die Vorschrift spricht dabei von Ereignissen, die „entstanden" sind. Die Verwendung der Vergangenheitsform ist jedoch nicht als zeitliche Einschränkung dahingehend zu verstehen, dass die Ausnahme nur für solche Gründe gelten soll, die vor bzw. bei Einleitung der Maßnahmen bereits gegeben waren. Sie muss auch für anderweitige Beendigungsgründe gelten, die nach Beginn der Maßnahmen neu entstehen (soweit diese nicht wiederum aufgrund anderer Bestimmungen gesperrt sind). Denn es gibt keinen sachlichen Grund dafür, erst während der Abwicklung aufkommende anderweitige Beendigungsmöglichkeiten auszuschließen, insbesondere wenn man berücksichtigt, dass die zuständige Abwicklungsbehörde ja die Möglichkeit hat, eine Beendigung zeitweise auszusetzen, um die geplanten Abwicklungsmaßnahmen umsetzen zu können.
[79] Im Wege der Vollrechtsübertragung gestellte und in das Eigentum des Sicherungsnehmers übergegangene Sicherheiten bleiben hiervon unberührt, da nach erfolgtem Eigentumsübergang keine weiteren Verwertungsverhandlungen vorgenommen werden müssen, die Gegenstand einer solchen Sperre sein könnten.

VI. Sonderregeln für Finanzkontrakte

Hinblick auf vertragliche Ansprüche des betroffenen Instituts geltend zu machen. Dies gilt im Fall von über zentrale Gegenparteien abgewickelte Finanzkontrakte entsprechend für Beendigungsrechte einer zentralen Gegenpartei gegenüber dem Clearingmitglied aufgrund der Bestimmungen des maßgeblichen Regelwerks. Denn anders als im Fall des Abwicklungsinstruments der zeitweisen Aussetzung vertraglicher Pflichten und Rechte (siehe hierzu unmittelbar im Anschluss) gibt es bei der allgemeinen Beendigungssperre keine Ausnahmen für zentrale Gegenparteien oder auch Wertpapierabwicklungs- und -abrechnungssysteme.

b) Zeitweise Aussetzung von Rechten und Pflichten

40 Neben der allgemeinen Beendigungssperre des § 144 SAG zielt auch die Befugnis zur zeitweisen Aussetzung vertraglicher Pflichten und Rechte nach §§ 82 bis 84 SAG vor allem auf Finanzkontrakte.[80] Dieses Mittel wird im Abwicklungsfall eine zentrale Rolle spielen, weil es der Vorbereitung aller weiteren – unter Umständen auch eingriffsintensiverer – Abwicklungsmaßnahmen dient und diesen wohl regelmäßig vorgeschaltet werden wird. Durch die zeitweise Aussetzung werden alle bestehenden Vertragsbeziehungen eingefroren. Den Abwicklungsbehörden wird so ein geschützter Zeitraum zur Vorbereitung der weiteren Abwicklung im Rahmen des „Abwicklungswochenendes" einräumt. Wie auch bei der allgemeinen Beendigungssperre des § 144 SAG sind Finanzkontrakte sogar ein, wenn nicht das Hauptziel der Maßnahme.

aa) Zeitraum der Aussetzung

41 Der Zeitraum der Aussetzung ist, wie in vielen anderen Abwicklungsregelungen,[81] auf maximal zwei Geschäftstage beschränkt. Die Frist beginnt mit öffentlicher Bekanntgabe der Anordnung gemäß § 137 Abs. 2 SAG und endet jeweils mit Ablauf des auf den Tag der Veröffentlichung der Bekanntgabe folgenden Geschäftstag. Damit kann das Abwicklungswochenende unter Ausnutzung der Wochenendtage oder auch etwaiger Feiertage über die bekannten zwei Tage/48 Stunden hinaus ausgedehnt werden.

bb) Gegenstand der Aussetzung

42 Das Aussetzungsrecht besteht aus drei Elementen, die jeweils gesondert oder auch zusammen angeordnet werden können:
1. Aussetzung von Zahlungs- und Lieferpflichten – § 82 AG:

43 Zunächst kann die Abwicklungsbehörde gemäß § 82 SAG Zahlungs- und Lieferpflichten ganz oder teilweise aussetzen. Dies gilt grundsätzlich auch für Liefer- und Zahlungspflichten aus Finanzkontrakten, da diese als solche nicht ausgenommen sind. Etwas anderes gilt hier jedoch für über zentrale Gegenparteien abgewickelte Finanzkontrakte. Denn § 82 enthält neben weiteren Ausnahmen, etwa für entschädigungsfähige Einlagen, auch eine Ausnahme für Zahlungs- und Lieferpflichten gegenüber Systemen im Sinne des § 1

---

[80] Die in § 79 Abs. 6 Satz 1 SAG geregelte besondere Beendigungssperre im Zusammenhang mit Maßnahmen nach Absatz 5 gilt nicht für Rahmenverträge für Finanzkontrakte, da eine Ausnahme für Rahmenverträge für Finanzkontrakte und Finanzsicherheiten gilt, → Rn. 50 f.
[81] Beispielsweise die in den US-amerikanischen Bestimmungen zu den Eingriffsrechten der FDIC in Finanzkontrakte in 12 U.S.C. § 1821 (e) (10) geregelte Frist bis 17.00 Uhr des auf die Bestellung der FDIC als „Receiver", vgl. hierzu etwa *Summe* S. 66;

Abs. 16 KWG und deren Betreibern im Sinne § 1 Abs. 16a KWG[82], zentralen Gegenparteien im Sinne des § 1 Abs. 31 KWG und Zentralbanken. Wie im Fall der allgemeinen Beendigungssperre des § 144 SAG ist auch die Wirkung der zeitweise Aussetzung von Leistungspflichten nicht auf das unmittelbar von den Abwicklungsmaßnahmen betroffene Instituts beschränkt, sondern gilt auch für alle gruppenangehörige Unternehmen. Eine Aussetzung von Zahlungs- und Lieferpflichten nach § 82 SAG kann beispielsweise Wertpapierlieferpflichten im Rahmen von Wertpapierfinanzierungsgeschäften oder etwa Zahlungspflichten unter einem Zinsswap treffen. Die Fälligkeit dieser Leistungspflichten würde dann nach § 82 Abs. 4 SAG auf den Zeitpunkt des Ablaufens der Schutzfrist verschoben.

2. Aussetzung von Sicherungsrechten – § 83 SAG:

44 Neben einer Aussetzung von Leistungspflichten nach § 82 SAG können gemäß § 83 SAG, für den gleichen Zeitraum und auch mit Wirkung für gruppenangehörige Unternehmen, zusätzlich Sicherungsrechte ausgesetzt werden. Wiederum ausgenommen hiervon sind Sicherungsrechte von Systemen, Systembetreibern, zentralen Gegenparteien und Zentralbanken (§ 83 Abs. 2 SAG). Der Begriff der Sicherungsrechte wird dabei angesichts des Sinn und Zwecks eher weit zu verstehen sein und umfasst jedenfalls die Nachbestellung vertraglich geforderter Sicherheiten, etwa Variation oder Initial Margin-Leistungen, genauso wie den Austausch von Sicherheiten, wenn diese nicht mehr den vertraglichen Anforderungen entsprechen sollten, sowie alle hiermit zusammenhängenden Rechte. Nicht berührt werden jedoch im Wege der Vollrechtsübertragung geleistete Sicherheiten, da mit Übergang in das Eigentum des Sicherungsnehmers keine weiteren Sicherungsrechte mehr wahrgenommen werden können, die noch Gegenstand einer Sperre sein könnten. Mit Ablauf der Schutzfrist leben die eingefrorenen Pflichten wieder vollumfänglich auf und die ausgebliebenen Leistungen sind nachzuholen. Dabei wird dann notwendigerweise auf die Situation zum Zeitpunkt des Wiederauflebens der Sicherungspflicht abzustellen sein, dh die Sicherheiten müssen aufgrund der dann maßgeblichen Bewertungen gestellt bzw. ausgetauscht werden.

3. Aussetzung vertraglicher Beendigungsrechte – § 84 SAG

45 Ebenfalls für den gleichen Zeitraum wie im Fall der Aussetzung von Leistungspflichten gemäß § 82 SAG und Sicherungsrechten nach § 83 SAG können schließlich auch vertragliche Beendigungsrechte nach § 84 Abs. 1 SAG gegenüber dem betroffenen Institut ausgesetzt werden. Hiervon ausgenommen sind auch hier Systeme, Systembetreiber, zentrale Gegenparteien und Zentralbanken (§ 84 Abs. 4 SAG). Diese besondere Beendigungssperre ergänzt die Beendigungssperre nach § 144 SAG. Im Gegensatz zu dieser erfasst sie auch

---

[82] § 82 Abs. 2 Nr. 2 SAG. Der Systembegriff des KWG ist dabei weit und erstreckt sich auch auf die Teilnehmer sowie die jeweiligen Geschäfte und die Stellung von Sicherheiten, zu den vom Begriff erfassten Stellen zählen unter anderem Wertpapierliefer- und abrechnungssysteme zentraler Gegenparteien. vgl. *Fried* in Zerey Finanzderivate-HdB § 18 Rn. 34. Zudem werden auch „gleichwertige" Systeme in Drittstaaten erfasst. Welche Stellen in der EU als System anerkannt sind, ergibt sich für die verschiedenen Mitgliedstaaten aus auf der Internetseite der ESMA veröffentlichten Liste der notifizierten „Designated Payment and Securities Settlement Systems". Hierzu zählt etwa die für das Clearing von Derivaten eingesetzten Wertpapierliefer- und -abwicklungssystem der Clearstream Banking AG. Es spricht sogar einiges dafür, dass der Systembegriff bzw. die Ausnahmeregelungen für Systeme auch auf Drittstaaten-Systeme zu erstrecken ist, die nicht alle Gleichwertigkeitsanforderungen erfüllen. Denn es ergibt wenig Sinn, diese für die Zwecke der Abwicklung anders zu behandeln als die anerkannten Systeme. Zudem wird es ein regelmäßig ein Interesse daran geben, den Zugang zu diesen Marktinfrastrukturen zu erhalten.

Beendigungsrechte bei Nichterfüllung vertraglicher Hauptpflichten. Anders als im Fall der Aussetzungsrechte nach §§ 82 und 83 SAG kann die Wirkung der zeitweisen Aussetzung von Beendigungsrechten gemäß nach § 84 Abs. 2 SAG nur unter bestimmten Umständen auch auf Beendigungsrechte gegenüber gruppenangehörigen Unternehmen des betroffen Instituts (cross-default) erstreckt werden. Hierzu müssen drei Voraussetzungen kumulativ gegeben sein: Das von den Maßnahmen betroffene Institut tritt als Garant auf oder steht in vergleichbarer Weise für die Erfüllung der vertraglichen Verpflichtungen des gruppenangehörigen Unternehmens ein, das Beendigungsrecht wird ausschließlich wegen der des Vorliegens eines Insolvenzfalls bzw. der Abwicklungsvoraussetzungen oder der Durchführung von Abwicklungsmaßnahmen ausgelöst, und, soweit parallel zur Aussetzung eine Übertragung von Vermögensgegenständen und Verbindlichkeiten angeordnet wurde, die unter dem betroffenen Vertrag bestehenden Rechte und Pflichten werden einheitlich übertragen oder auf andere Weise geschützt. Letztere Bedingung dient vor allem dem Schutz der Einheitlichkeit des Vertrages im Fall von Rahmenverträgen für Finanzkontrakte. Bei der Berechnung des Zeitraums der Aussetzung ist im Fall einer gruppenweiten Geltung, anders als im Fall der Aussetzung Beendigung gegenüber dem betroffenen Institut, auf den Geschäftstag am Sitz der von der Aussetzung betroffenen Gegenpartei abzustellen. Für unter Rahmenverträgen abgeschlossene Finanzkontrakte heißt dies, dass mit Anordnung sämtliche Beendigungsrechte (Kündigungs- wie automatische Beendigungsrechte) ausgesetzt sind, auch solche, die nicht im Zusammenhang mit den Abwicklungsmaßnahmen bestehen. Mit Ablauf der Schutzfrist leben dann gemäß § 84 Abs. 6 Satz 2 nur solche Beendigungsrechte wieder auf, die nicht unter die allgemeine Beendigungssperre des § 144 SAG fallen. Zudem können nur solche Beendigungsrechte ausgeübt werden, für die die Voraussetzungen weiterhin gegeben sind. Im Fall der Übertragung müssten diese dann nach erfolgter Übertragung noch gegenüber dem neuen Rechtsträger bestehen bzw. in dessen Person begründet sein. Im Fall des Verbleibs beim in Abwicklung befindlichen Institut können noch weiterhin gegebene Beendigungsrechte nur geltend gemacht werden, wenn keine Gläubigerbeteiligung stattgefunden hat.

c) Übertragung

Gegenstand einer Übertragung können gemäß § 107 Abs. 2 SAG einschränkungslos sämtliche Vermögensgegenstände und Verbindlichkeiten[83] und damit auch Finanzkontrakte bzw. das Finanzkontrakte-Portfolio sein. Die Übertragung kann nach § 107 Abs. 1 Nr. und 2 SAG auf unterschiedliche Weise durchgeführt werden, zielt aber im Regelfall auf eine Aufspaltung in einen auf Fortführung der Geschäftstätigkeit ausgerichteten Teil mit den „guten" Vermögensbestandteilen („good bank") und einen anderen auf Abwicklung ausgerichteten Teil mit den „schlechten" Vermögensbestandteilen („bad bank"). Im Zusammenhang mit einer Übertragung hat die Abwicklungsbehörde weitreichende Befugnisse, einschließlich des Rechts, in bestehende Verträge einzugreifen. Sinn und Zweck dieser Eingriffsbefugnisse ist es, den Abwicklungsbehörden die Mittel zu geben, die Wirksamkeit der Übertragung sicherzustellen.[84] Im Folgenden werden zunächst die unmittelbaren Folgen einer Übertragung untersucht. Die Eingriffsbefugnisse im Zusammenhang mit der Übertragung werden dann gesondert im Anschluss betrachtet.

46

---

[83] Und sogar Unternehmensanteile des betroffenen Instituts oder gruppenangehöriger Unternehmen.
[84] Zum Sinn und Zweck der Befugnisse, vgl. Erwägungsgrund 87 der BRRD.

aa) Finanzkontrakte als Gegenstand der Übertragung

47 Für Finanzkontrakte ist die Übertragung vor allem unter einem Gesichtspunkt von besonderer Bedeutung: Eine Aufspaltung des Vermögens und der Verbindlichkeiten einer Vertragspartei berührt ein ganz zentrales Wesensmerkmal eines Rahmenvertrages für Finanzkontrakte, nämlich die Einheitlichkeit der unter einem Rahmenvertrag abgeschlossenen einzelnen Geschäfte und damit Grundlage für die einheitliche Risikobetrachtung sowie die aufsichtsrechtliche Anerkennung von Rahmenverträgen als Instrumente des Risikominderung. Mit einer Übertragung stellt sich somit vor allem die Frage, wie es sich mit dieser Einheitlichkeit verhält. Die BRRD und das SAG beantworten diese Frage auf gleiche Weise, wie dies schon die durch das Restrukturierungsgesetz von 2010 eingeführten und inzwischen wieder aufgehobenen Regelungen zur Übertragungsanordnung gemäß den §§ 48a ff. KWG getan haben, und wie es auch in den FSB-Key Attributes[85] vorgezeichnet ist: durch besondere Schutzvorschriften (in der Diktion der FSB-Key Attributes „Safeguards") für Sicherheiten und die hierdurch besicherten Ansprüche sowie für unter einem Rahmenvertrag zusammengefasste Finanzkontrakte. Ein erklärtes Ziel dieser Schutzvorschriften ist dabei die Erhaltung der aufsichtsrechtlichen Anerkennung und der damit verbundenen eigenkapitalentlastenden Wirkung von Rahmenverträgen.[86] Die BRRD selbst enthält keine abschließenden Regelungen für die zu treffenden Schutzvorschriften. Eine Konkretisierung soll hier erst noch durch einen delegierten Rechtsakt der Europäischen Kommission erfolgen.[87] Allerdings ergeben sich bereits aus den Art. 76 ff. BRRD inhaltliche Mindestvorgaben, insbesondere zum Katalog der zu schützenden Vereinbarungen und auch dem dabei zu verfolgenden Schutzzweck.

48 Die Schutzvorschriften des SAG für Finanzkontrakte ergeben sich aus § 110 Abs. 1 iVm Abs. 3 SAG: Gemäß § 110 Abs. 1 SAG können Übertragungsgegenstände nur zusammen mit den bestellten Sicherheiten und umgekehrt Sicherheiten nur mit den dazugehörigen besicherten Ansprüchen übertragen werden. Dies gilt nach § 110 Abs. 3 SAG entsprechend für Sicherheiten, die in Systemen im Sinne des § 1 Abs. 16 KWG oder einem System von Zentralbanken einbezogen sind (§ 110 Abs. 3 Nr. 1 SAG) sowie für Saldierungs- und Aufrechnungsvereinbarungen (§ 110 Abs. 3 Nrn. 2 und 3 SAG). Der Begriff der Saldierungsvereinbarung umfasst alle relevanten Formen von Rahmenverträgen für Finanzkontrakte, einschließlich der in Regelwerken einer zentralen Gegenpartei enthaltenen Saldierungsvereinbarungen. Die zusätzliche Nennung von Aufrechnungsvereinbarungen neben den Saldierungsvereinbarungen hat keine praktischen Auswirkungen.[88] Durch die beschriebenen Schutzvorschriften des SAG sind sowohl unter einem bilateralem Rahmenvertrag als auch den Bestimmungen des Regelwerks einer zentralen Gegenpartei zu einem einheitlichen Vertragsverhältnis zusammengefasste Finanzkontrakte im Fall der Übertragung vor einer Aufspaltung geschützt und die Portfolien können nur in ihrer Gesamtheit und zusammen mit etwaigen gestellten Sicherheiten übertragen werden.[89]

---

[85] Vgl. Anhang 5 zu Appendix I, Ziff. 1.2 und 2.1/S. 51 ff.
[86] Vgl. Erwägungsgrundes 95 der BRRD.
[87] Die Ermächtigung folgt aus Art. 76 Abs. 2 der BRRD. Hierzu liegt bislang bereits ein Technical Advice der EBA vor: „Technical advice on the classes of arrangements to be protected in a partial property transfer" vom 14. August 2015 (EBA/Op/2015/15).
[88] Zum Begriff der Saldierungsvereinbarung im Sinne des SAG → Rn. 27.
[89] Daneben werden zusätzlich auch Verbriefungsstrukturen und der Deckungsstock von Pfandbriefen in gleicher Weise geschützt (§ 110 Abs. 3 Nrn. 4 und 5 SAG).

VI. Sonderregeln für Finanzkontrakte

Kommt es zu einer Übertragung, verbleibt das unter dem Rahmenvertrag (bzw. den Re- **49** gelwerk einer zentralen Gegenpartei) zusammengefasste Portfolio also nicht bei dem bisherigen Rechtsträger, sind im zwei Szenarien möglich: Das Vertragsverhältnis wird mit dem aufnehmenden Rechtsträger fortgeführt,[90] ohne dass dies – wegen der bereits angesprochenen Beendigungssperren – zur Beendigung berechtigen würde, oder der aufnehmende Rechtsträger wird nach erfolgter Übertragung nach § 116 Abs. 1 SAG Gegenstand eines ordentlichen Insolvenzverfahren bzw. einer Liquidation. In letzteren Fällen entstehen dann die für diese Fälle vereinbarten vertraglichen Beendigungsrechte, die Beendigungssperren der § 144 SAG und §§ 82 ff. SAG greifen dann nicht mehr. Verbleibt das Portfolio beim abzuwickelnden Rechtsträger, ist zu beachten, dass die übertragenen Vermögensgegenstände und Verbindlichkeiten gemäß § 116 Abs. 2 SAG nicht zur Insolvenzmasse gehören, diese also erheblich verkürzt sein kann.

bb) Besondere Eingriffsbefugnisse bei Übertragung

Im Zusammenhang mit einer Übertragung werden der Abwicklungsbehörde in § 79 **50** SAG sehr weitreichende Eingriffsbefugnisse in bestehende Rechte und Vertragsbeziehungen eingeräumt. Die Eingriffsbefugnisse ergeben sich im Einzelnen aus den Absätzen 2 bis 7. Sie umfassen die Berechtigung zur
- Änderung oder Beseitigung von Rechten Dritter an Gegenständen (§ 79 Abs. 2 Satz 1 SAG),
- Umgestaltung von Sicherungsrechten (§ 79 Abs. 2 Satz 2 SAG),
- Umgestaltung einzelner Vertragsbestimmungen oder eines Vertrages in seiner Gesamtheit (§ 79 Abs. 5 Nr. 1 SAG),
- Ablehnung der Erfüllung vertraglicher Pflichten (§ 79 Abs. 5 Nr. 2 SAG),
- Ersetzung der Vertragspartei durch einen übernehmenden Rechtsträger (§ 79 Abs. 5 Nr. 3 SAG) und
- Anordnung von Kontinuitätsmaßnahmen; dies sind Maßnahmen die Erforderlich sind, um die Wirksamkeit von Abwicklungsmaßnahmen und die Wahrnehmung übertragener Tätigkeiten durch den übernehmenden Rechtsträger sicherzustellen (§ 79 Abs. 7 SAG).

Im Hinblick auf die nach § 79 Abs. 5 SAG eingeräumten Befugnisse (Vertragsumgestaltung, Erfüllungsablehnung und Parteiersetzung) regelt § 79 Abs. 6 Satz 1 SAG eine spezielle Beendigungssperre.

Allerdings unterliegen diese – ansonsten sehr weitreichenden – Eingriffsmöglichkeiten **51** in zweierlei Hinsicht Einschränkungen:

Die erste und wichtigste betrifft dabei vor allem Finanzkontrakte und ergibt sich aus § 79 Abs. 6 Satz 2 SAG: Danach können die Eingriffsbefugnisse aus § 79 Abs. 5 SAG, also die Berechtigung zur Umgestaltung einzelner Vertragsbestimmungen oder des Vertrages, zur Ablehnung der Erfüllung vertraglicher Pflichten und zur Ersetzung der Vertragspartei, gerade nicht auf Finanzsicherheiten sowie Saldierungs- und Aufrechnungsvereinbarungen angewendet werden. Darüber hinaus dürfen Eingriffe nach § 79 Abs. 5 SAG gegenüber Systemen im Sinne des § 1 Abs. 16 KWG nicht die rechtliche Wirksamkeit von Aufträgen, Aufrechnungen sowie die Sicherheiten berühren. Die besonderen Eingriffsbefugnisse nach Absatz 5 und die in diesem Zusammenhang geltende spezielle Beendigungssperre haben damit keine Auswirkungen auf Finanzkontrakte bzw. Rahmenverträge für Finanzkontrakte.

---

[90] Dies kann auch gemäß § 107 Abs. 1 Nr. 2 SAG eine Vermögensverwaltungsgesellschaft sein, deren Gesellschaftszweck nach § 133 Abs. 3 SAG die geordnete Abwicklung bzw. Verwertung ist.

52 Das Ausübungsermessen der Abwicklungsbehörde wird im Übrigen auch durch die Zweckbindung der Eingriffsbefugnisse sowie durch das in § 68 Abs. 1 Nr. 1 SAG niedergelegte Nichtschlechterstellungsprinzip („No Creditor Worse Off"-Prinzip) begrenzt. Die Abwicklungsbehörde kann mithin nur solche Eingriffe vornehmen, die objektiv erforderlich sind, um die Übertragung zu abzusichern. Zudem wird sie Eingriffe vermeiden, die über das hinausgehen, was im Rahmen eines geordneten Insolvenzverfahrens möglich wäre bzw. die Betroffenen objektiv schlechter stellen würde, als im Rahmen einer geordneten Insolvenz, allein um etwaige Ersatzansprüche wegen Verletzung des Nichtschlechterstellungsprinzips auszuschließen.

d) Gläubigerbeteiligung (Bail-in)

53 Das eingriffsintensivste und das deswegen auch im Vorfeld der Einführung der BRRD mit am kontroversesten diskutierte[91] Abwicklungsinstrument ist die Gläubigerbeteiligung, der sogenannte „bail-in" (im Folgenden wird der Einfachheit halber nur noch letzterer Begriff verwendet). Es wird zum Teil als das zentrale Element des neuen Abwicklungsregimes bezeichnet.[92] Wichtigstes Ziel des bail-in ist es, die Kosten einer Abwicklung so fern wie möglich vom Steuerzahler zu halten.[93]

aa) Anwendungsbereich und Ausnahmen

54 Das Instrument des bail-in kann grundsätzlich auch auf Finanzkontrakte erstreckt werden, auch solche, die unter Rahmenverträgen abgeschlossen wurden.[94] Nicht vom bail-in erfasst werden nur solche Finanzkontrakte bzw. Rahmenverträge für Finanzkontrakte, die unter einen der gesetzlichen Ausnahmetatbestände fallen. Hier ist zwischen den im konkreten Einzelfall von der Abwicklungsbehörde gemäß § 92 SAG (Art. 44 Abs. 3 BRRD) bzw. Art. 27 Abs. 5 SRM-Verordnung zulässigen Ausschlüssen einerseits, und den allgemeinen (per-se) Ausnahmetatbeständen des § 91 Abs. 2 SAG (Art. 44 Abs. 2 BRRD) bzw. Art. 27 Abs. 3 SRM-Verordnung andererseits, zu unterscheiden. Besonders relevant ist diese Un-

---

[91] Vgl. Deutsche Bundesbank Monatsbericht 6/2014, 39, abrufbar unter https://www.bundesbank.de/Redaktion/DE/Downloads/Veroeffentlichungen/Monatsberichte/2014/2014_06_monatsbericht.pdf?__blob=publicationFile. Näher zu den Diskussionen über die Einführung des Instrumentes auf EU-Ebene, vgl. *Dohrn* WM 2012, 2033 (2033 u. 2037 f.), *Engelbach/Friederich* WM 2015, 662 (666).
[92] So *Huertas* S. 92 ff. und *Hübner/Leunert* ZIP 2015, 2259 (2261); ähnlich *Binder* ZHR 179 (2015), 83 (104) („Schwerpunkt des neuen Abwicklungsinstrumentariums"). Grundsätzlich zum Instrument des bail-in, vgl. *Sommer* FRBNY Economy Policy Review, December 2014, 207, sowie *Burkert/Cranshaw* DZWiR 2015, 443 (mit dem Schwerpunkt auf Treuhandverhältnissen).
[93] Vgl. Erwägungsgrund 67 der BRRD oder die Stellungnahme des Single Resolution Board (SRB) im Rahmen des Gesetzgebungsverfahrens zum AbwMechG vom 29. Juni 2015 (S. 1) sowie *Huertas* S. 91 ff.
[94] Insbesondere Derivate sind, wie sich aus der Sonderregelung für den bail-in in Derivate in § 93 SAG bzw. Art. 49 BRRD ergibt, sogar ausdrücklich als bail-in Ziel vorgesehen. Dies gilt, obgleich Verbindlichkeiten aus Derivaten nach Art. 45 Abs. 1 zweiter Unterabsatz BRRD und § 49 Abs. 1 SAG zwar Teil der Berechnungsgrundlage für die Ermittlung des institutsspezifischen Mindestbetrags berücksichtigungsfähiger Verbindlichkeiten (MREL-Quote) sind, diese Verbindlichkeiten aber nach Art. 45 Abs. 4 lit. (e) BRRD und § 49 Abs. 2 Nr. 5 SAG gerade nicht für die Erfüllung der MREL-Quote herangezogen werden dürfen (also offenbar die Vermutung besteht, dass diese nur ausnahmsweise einem bail-in unterzogen werden).

terscheidung bei der Bestimmung des Anwendungsbereichs der Pflicht zur Vereinbarung vertraglicher Anerkennungsklauseln im Hinblick auf einen möglichen bail-in.[95]

(1) Einzelfallausnahmen – § 92 SAG. § 92 SAG räumt in Umsetzung des Art. 44 Abs. 3 BRRD den Abwicklungsbehörden die Möglichkeit ein, zur Verfolgung bestimmter Zwecke im Einzelfall von einem bail-in in einzelne Verbindlichkeiten oder Kategorien von Verbindlichkeiten abzusehen. Diesen Absehensmöglichkeiten im Einzelfall werden enge Grenzen gesetzt. Die Einzelheiten wird ein delegierter Rechtsakt der Europäischen Kommission festlegen.[96] Unter bestimmten Umständen könnten gerade bei Finanzkontrakten die Voraussetzungen für eine solche Ausnahme im Einzelfall gemäß § 92 SAG bzw. Art. 44 Abs. 3 BRRD gegeben sein. Zu denken ist insbesondere an die unter § 93 Abs. 1 Nr. 3 sowie Nr. 4 SAG angesprochene Möglichkeit des Absehens vom bail-in zur Vermeidung von Ansteckungsgefahren oder einer unverhältnismäßigen Wertvernichtung.[97]

Die EBA geht in ihrem für den noch ausstehenden delegierten Rechtsakt der Europäischen Kommission vorgelegten Technical Advice näher auf den Aspekt der potentiellen Wertevernichtung bei einem bail-in in Derivate ein und empfiehlt hier vor Entscheidung über einen bail-in in Derivate eine sorgfältige Abwägung und die Berücksichtigung der möglichen Verluste.[98] Das muss entsprechend auch für Wertpapierdarlehen und Wertpapierpensionsgeschäfte gelten, soweit diese nicht ohnehin unter die allgemeine Ausnahme für besicherte Verbindlichkeiten fallen. Es ist also durchaus nicht unwahrscheinlich, dass die Abwicklungsbehörden gerade bei Finanzkontrakten von diesen Absehensmöglichkeiten im Einzelfall Gebrauch machen werden.[99] Letztlich wird es aber immer eine Einzelfallentscheidung sein. Es kann deshalb nicht verlässlich prognostiziert werden, welche Bedeutung diese Absehensmöglichkeiten für Finanzkontrakte in der Praxis tatsächlich haben werden.

(2) Allgemeine Ausnahmen – § 91 SAG. Die allgemeinen Ausnahmetatbestände ergeben sich über die gesetzliche Bestimmung des Anwendungsbereichs eines bail-in. Dieser ist gemäß § 91 Abs. 1 SAG auf „berücksichtigungsfähige Verbindlichkeiten" beschränkt. Was berücksichtigungsfähige Verbindlichkeiten sind, ergibt sich durch eine negative Abgrenzung: Berücksichtigungs- und damit bail-in-fähig sind alle Verbindlichkeiten, die nicht relevante Kapitalinstrumente im Sinne des § 2 Abs. 2 SAG sind (zusätzliches Kernkapital und Ergänzungskapital) und nicht unter einen der abschließend aufgezählten Ausnahmetatbestände des § 91 Abs. 2 Nrn. 1 bis 7 SAG fallen. Insbesondere für Wertpapierfinanzierungsgeschäfte im Interbankbereich könnten die Ausnahme für Verbindlichkeiten gegenüber nicht gruppenangehörigen Instituten mit einer Ursprungslaufzeit von weniger als sieben Tagen gemäß

---

[95] Vgl. → Rn. 92 ff. Zum Verhältnis der SRM-Verordnung zu den materiellen Bestimmungen des SAG, vgl. → Rn. 18.
[96] Noch nicht verabschiedet. Es liegen aber ein EBA-Technical Advice vom 6. März 2015 („Technical advice on the delegated acts on the circumstances when exclusions from the bail-in tool are necessary (EBA/Op/2015/07)), sowie der Kommissionsentwurf vom 4. Februar 2016 vor.
[97] Auch die in § 92 Abs. 1 Nr. 2 SAG genannte Absehensmöglichkeit im Hinblick auf die Sicherstellung der Fortführung kritischer Funktionen kann zumindest im Fall von Absicherungsinstrumenten relevant werden.
[98] Ziff. 60 ff./S. 17 f., Technical advice on the delegated acts on the circumstances when exclusions from the bail-in tool are necessary" vom 6. März 2015 (EBA/Op/2015/07). Der Kommissionsentwurf greift diese Gedanken teilweise auf, sieht aber – auch wegen der Spezialregelung des Art. 49 BRRD keinen Raum dafür den bail-in in Derivate von vornherein auszuschließen, siehe etwa Erwägungsgrund 17.
[99] So auch *Binder* ZHR 179 (2015), 83 (114).

§ 91 Abs. 2 Nr. 5 SAG von Bedeutung sein, da hier sehr kurze Laufzeiten bzw. jederzeitige Beendigungsmöglichkeiten nicht unüblich sind.¹⁰⁰ Die für Finanzkontrakte wichtigste Ausnahme dürfte aber die für besicherte Verbindlichkeiten gemäß § 91 Abs. 2 Nr. 2 SAG sein. Daher wird hier nur auf diesen Ausnahmetatbestand eingegangen.

58 **(a) Begriff der besicherten Verbindlichkeit.** Der Begriff der besicherten Verbindlichkeit wird nur in der BRRD gesondert definiert. Nach Art. 2 Abs. 1 Nr. 67 BRRD sind dies Verbindlichkeiten, bei denen

> „der Anspruch des Gläubigers auf Zahlung oder auf eine andere Form der Leistung durch ein Pfand oder pfandrechtsähnliches Zurückbehaltungsrecht oder durch eine Sicherungsvereinbarung abgesichert ist, einschließlich Verbindlichkeiten aus Pensionsgeschäften und anderen Sicherungsvereinbarungen in Form der Eigentumsübertragung".¹⁰¹

59 § 91 Abs. 2 Nr. 2 SAG konkretisiert den Begriff der besicherten Verbindlichkeit darüber hinaus dahingehend, dass dieser zum einen in Deckung befindliche Derivate im Sinne des § 4 Abs. 3 Satz 2 des Pfandbriefgesetzes mitumfasst und zum anderen nur soweit greift, wie der Wert der gestellten Sicherheiten den Wert der abgedeckten Verbindlichkeiten zumindest abdeckt.¹⁰²

60 Für die Auslegung des Begriffes wird auch die Delegierte Verordnung zur vertraglichen Anerkennung gemäß Art. 55 BRRD berücksichtigt werden müssen.¹⁰³ Die Delegierte Verordnung betrifft zwar unmittelbar nur das Verständnis des Begriffs der besicherten Verbindlichkeit für die Zwecke des Art. 55 Abs. 1 BRRD. Das hier geltende Verständnis wird allerdings grundsätzlich auch auf die Auslegung des Begriffes für die Zwecke der Bestimmung des Anwendungsbereichs eines bail-in nach Art. 44 BRRD übertragbar sein.¹⁰⁴ Der

---

¹⁰⁰ Für gegenüber Wertpapierabwicklungs- und -abrechnungssystemen sowie Zahlungssystemen bestehenden Verbindlichkeiten (bzw. Systeme und Systembetreibern im Sinne der Systemen im Sinne von § 1 Abs. 16 und 16a KWG) gibt es zudem die spezielle Ausnahme für Verbindlichkeiten mit einer Restlaufzeit von weniger als sieben Tagen (§ 91 Abs. 2 Nr. 6 BRRD) zum Systembegriff vgl. → Rn. 43.
¹⁰¹ Die deutsche Sprachfassung der Definition ist hier irreführend. So ist mit „Eigentumsübergang" eigentlich eine Vollrechtsübertragung („title transfer collateral arrangement") gemeint. Die englische Sprachfassung definiert „besicherte Verbindlichkeit" (secured liability) demgegenüber wie folgt: „'secured liability' means a liability where the right of the creditor to payment or other form of performance is secured by a charge, pledge or lien, or collateral arrangements including liabilities arising from repurchase transactions and other title transfer collateral arrangements".
¹⁰² Diese Einschränkung folgt aus dem letzten Halbsatz von § 91 Abs. 1 Nr. 2 SAG. Ausweislich der Gesetzbegründung dient diese Einschränkung lediglich der Klarstellung und soll etwaige Anreize verhindern, nicht hinreichend werthaltige Sicherheiten zu stellen, vgl. Begründung zum Gesetzentwurf der Bundesregierung für das BRRD-Umsetzungsgesetz zu § 91 SAG, BT-Drs. 18/2575, S. 173. Im Ergebnis wird hier Art. 44 Abs. 2 dritter Unterabsatz Satz 2 BRRD umgesetzt, der klarstellt, dass ein bail-in unbeschadet der Ausnahme für besicherte Verbindlichkeiten möglich ist, soweit der Wert der gestellten (verpfändeten) Sicherheiten den Wert der besicherten Verbindlichkeiten nicht abdeckt. Die Parallelregelung in der SRM-Verordnung ist Art. 27 Abs. 4.
¹⁰³ Die Delegierte Verordnung ist noch nicht verabschiedet worden, es liegt aber bereits der finale Vorschlag der EBA vom 3. Juli 2015 vor: EBA Dokument EBA/RTS/2015/06 vom 3. Juli 2015 „Final Report „Draft Regulatory Technical Standards on the contractual recognition of write down and conversion powers under Article 55 (3) of Directive 2014/59/EU"
¹⁰⁴ Aufgrund der spezifischen Zwecksetzung kann das Verständnis von besicherten Verbindlichkeiten im Zusammenhang mit Art. 55 BRRD bei der Bestimmung des Anwendungsbereichs der Pflicht zur Vereinbarung vertraglicher Anerkennungsklauseln, unter Umständen etwas weiter sein, als für die Zwecke des tatsächlichen Anwendungsbereichs des bail-in, so auch *Fried* in Zerey Finanzderivate-

von der EBA im Rahmen des Konsultationsverfahrens vorgelegte erste Entwurf für diese Delegierte Verordnung[105] hatte zunächst für Unruhe gesorgt, da die EBA darin ein sehr enges Verständnis zugrunde legte. Danach wären unter Umständen Besicherungsvereinbarungen für Finanzkontrakte prinzipiell nicht geeignet gewesen, die geforderte durchgehende und vollständige Absicherung zu garantieren.[106] In dem inzwischen vorliegenden finalen EBA-Entwurf für diese Delegierte Verordnung wurde die betreffende Bestimmung etwas präzisiert. Art. 2 (1) der finalen Entwurfsfassung der Delegierten Verordnung stellt nunmehr klar, dass Besicherungsvereinbarungen dann die Anforderungen erfüllen, wenn diese eine vollständige Besicherung der Verbindlichkeiten vorsehen und zudem die Vertragsparteien während der gesamten Laufzeit im Einklang mit geltenden aufsichtlichen Anforderungen dazu verpflichten, kontinuierlich Sicherheiten zur vollständigen Abdeckung der Verbindlichkeiten zu stellen.[107]

(b) Besicherungsvereinbarungen für Finanzkontrakte. Für die Frage, ob Besicherungsvereinbarungen zu Rahmenverträgen für Finanzkontrakte in den Anwendungsbereich der Ausnahme fallen, ergibt sich daraus Folgendes: 61

Da die Definition des Begriffs der besicherten Verbindlichkeiten Wertpapierpensionsgeschäfte als ein Beispiel einer besicherten Verbindlichkeit aufführen, gilt eine gesetzliche Vermutung dafür, dass diese Anforderungen bei diesen Geschäften grundsätzlich erfüllt sind. Es wird zudem auch davon ausgegangen werden können, dass Besicherungsvereinbarungen für Rahmenverträge für Finanzkontrakte dann die Voraussetzungen erfüllen, wenn diese zum einen eine Besicherung des Gesamtbetrag der bei Beendigung anfallenden Netto-Ausgleichsforderung vorsehen (also nicht nur die Besicherung eine Teilportfolios bzw. eine Teilbetrages) und zum anderen angemessene Mechanismen zur ständigen Anpassung an die Schwankungen des besicherten Nettoausfallrisikos vorsehen. Der Verweis in Art. 2 (1) des EBA-Entwurfs der Delegierten Verordnung auf geltende aufsichtliche Anforderungen an 62

HdB § 17 (Fn. 45). Das hieße aber im Umkehrschluss zumindest auch, dass was nicht als besicherte Verbindlichkeit für die Zwecke des Art. 55 gilt, dies erst Recht auch nicht für die Zwecke des Art. 44 BRRD sein kann. Allerdings könnte umgekehrt der Begriff für die Zwecke des § 55 SAG auch enger zu verstehen sein, da der bail-in auch dann zulässig ist, wenn eine entsprechende Anerkennungsklausel nicht vereinbart worden ist (vgl. Art. 55 Abs. 2 BRRD). Abweichungen beim grundsätzlichen Verständnis für die jeweiligen Zwecke dürften allerdings eher unwahrscheinlich sein. Abweichende Ergebnisse können sich allerdings aus den unterschiedlichen Betrachtungszeitpunkten ergeben: Für die Zwecke des eigentlichen bail-ins ist dies der Zeitpunkt der Abwicklung, was eine Bewertung der dann gegebenen konkreten Umstände zulässt. Für die Zwecke des § 55 SAG ist dies grundsätzlich der Zeitpunkt des Vertragsabschlusses, womit immer nur eine abstrakte Betrachtung möglich ist.

[105] EBA Consultation Paper EBA/CP/2014/33 vom 5. November 2014, „Draft Regulatory Technical Standards on the contractual recognition of write-down and conversion powers under Article 55(3) of the Bank Recovery and Resolution Directive (BRRD)".

[106] Nach dem im Konsultationspapier enthaltene Vorschlag zur Konkretisierung des Begriffs sollte eine Verbindlichkeiten nicht als besichert gelten, *„to the extent that it is, or may become, unsecured in part or in full even if the liability was at the point of its creation fully secured."* Das konnte so verstanden werden, dass auch nur die theoretische Gefahr einer nachträglich eintretenden auch noch so geringen und zeitweisen Untersicherung ausgereicht hätte, um die Qualifizierung als besicherte Verbindlichkeit auszuschließen.

[107] *"For the purposes of point (a) of the first subparagraph of Article 55 (1) of Directive 2014/59/EU, a liability shall not be considered as an excluded liability where, at the time at which it is created, it is: (a) not fully secured; (b) fully secured but governed by contractual terms that do not oblige the debtor to maintain the liability fully collateralised on a continuous basis in compliance with regulatory requirements of Union law or of a third country law achieving effects that can be deemed equivalent to Union law".*

die Besicherung lässt zudem den Schluss zu, dass diese Voraussetzungen jedenfalls bei Besicherungsvereinbarungen für OTC-Derivate gegeben sind, die den künftigen Anforderungen unter EMIR an die Besicherung von nicht über zentrale Gegenparteien abgewickelter OTC-Derivate oder gleichwertigen Anforderungen anderer Jurisdiktionen genügen.[108] Die Vereinbarung von Mindesttransferbeträgen innerhalb der aufsichtsrechtlich gesetzten Grenzen dürfte einer Einstufung als besicherte Verbindlichkeit nicht entgegenstehen.[109] Das gleiche muss ferner entsprechend auch für andere Besicherungsvereinbarungen zu Rahmenverträgen für Finanzkontrakte gelten, für die zwar keine speziellen aufsichtlichen Anforderungen an die Besicherung bestehen, die aber in vergleichbarer Weise und mit gleich wirksamen Mechanismen, insbesondere durch die Stellung von Variation Margin, für eine umfassende Absicherung sorgen[110] – und erst recht bei einer vereinbarten Übersicherung durch Stellung von Initial Margin.[111]

63   Die sich aus § 91 Abs. 2 Nr. 2 SAG ergebende weitere Einschränkung, wonach der Wert der Sicherheiten mindestens das besicherte Risiko abdecken muss, wird in der Praxis aufgrund der in den Besicherungsvereinbarungen bestehenden Vorgaben zur Qualität der zugelassenen Sicherheiten, den Bewertungsregelungen sowie den Nachbesicherungs- bzw. Austauschpflichten im Hinblick auf nicht mehr den Anforderungen genügende Sicherheiten, keine Rolle spielen und einer Einstufung der den oben genannten Anforderungen entsprechenden Besicherungsvereinbarungen als besicherte Verbindlichkeit nicht entgegenstehen.

64   **(c) Deckungsderivate.** Unmittelbar aus § 91 Abs. 2 Nr. 2 SAG folgt, dass in Deckung befindliche Derivate im Sinne des § 4 Abs. 3 Satz 2 des Pfandbriefgesetzes als besicherte Verbindlichkeit zu werten sind. Die erforderliche Abdeckung des Wertes wird hier ebenfalls durch Verwendung geeigneter Besicherungsvereinbarungen gewährleistet sein.

---

[108] Diese werden durch eine Delegierte Verordnung festgelegt. Hierzu liegt bislang nur ein Entwurf der europäischen Aufsichtsbehörden EBA, EIOPA und ESMA vor (Second Consultation – Draft Regulators Technical Standards on risk-mitigation techniques for OTC derivatives contracts not cleared by a CCP under Article 11 (15) of regulation (EU) No 648/2012 vom 12. Juni 2015. Die darin geregelten Vorgaben basieren auf internationale Rahmenbedingungen, den BCBS-IOSCO Standards (*„Margin requirements for non-centrally cleared derivatives"*). Sie verlangen unter anderem unter bestimmten Umständen die Stellung von Initial Margin und damit eine ständige gegenseitige Übersicherung.

[109] Für vereinbarte Freibeträge (thresholds amounts) dürfte dies allerdings nicht entsprechend gelten.

[110] So auch *Fried* in Zerey Finanzderivate-HdB § 17 Rn. 38.

[111] Der Umstand, dass eine Besicherungsvereinbarung unter Umständen nicht die Voraussetzungen zur Einstufung des Rahmenvertrages als besicherte Verbindlichkeit erfüllt, ändert natürlich nichts daran, dass die gestellten Sicherheiten bei einem dann zulässigen bail-in zu berücksichtigen sind und der bail-in somit auf den nach Anrechnung der Sicherheiten verbleibenden Restbetrag beschränkt ist. Das ergibt sich zudem auch aus der Regelung zur Ermittlung des Ausgleichsbetrags in Art. 5 der künftigen Delegierten Verordnung zu Art. 49 (4) BRRD zur Bewertung von Derivaten im Fall der Gläubigerbeteiligung. Ähnliches müsste auch in dem Fall gelten, wenn zum Zeitpunkt der Durchführung von Abwicklungsmaßnahmen festgestellt werden sollte, dass trotz Bestehens einer geeigneten Besicherungsvereinbarung die gestellten Sicherheiten das Ausfallrisiko aus irgendeinem Grund nicht vollständig abdecken. Auch hier wäre dann ein bail-in in den nach einem Close-out unter Anrechnung der gestellten Sicherheiten verbleibenden Restbetrag möglich. Wegen der unterschiedlichen Betrachtungszeitpunkte ändert dies aber nichts daran, dass die Verbindlichkeiten aus dem besicherten Vertragsverhältnis als besicherte Verbindlichkeiten für die Zwecke des Art. 55 BRRD bzw. § 55 SAG einzustufen waren.

(d) Garantien. Jedenfalls nach Auffassung der EBA und der Europäischen Kommission **65** nicht geeignet ist eine Absicherung durch eine Garantie und andere persönliche Sicherheiten. Dies hat die EBA in Abstimmung mit der Europäischen Kommission in einer der ersten Antworten auf eine Anfrage zur BRRD im Rahmen des Fragen und Antworten Verfahrens der EBA (Single Rulebook Q&A) zum Verständnis von Art. 44 Abs. 2 Buchstabe b) BRRD klargestellt. Demnach kann nur von besicherten Verbindlichkeiten ausgegangen werden, wenn die Verbindlichkeit durch Vermögenswerte des abzuwickelnden Instituts abgesichert werden.[112] Zumindest unter Berücksichtigung von Erwägungsgrund 70 der BRRD wäre allerdings auch ein weiteres Verständnis vertretbar gewesen.[113]

bb) Bail-in in Finanzkontrakte

Die spezifischen Eigenschaften von unter einem Rahmenvertrag abgeschlossen Finanz- **66** kontrakten werfen drei grundsätzliche Fragen auf. Die erste ist dabei die nach dem eigentlichen Gegenstand des bail-in: Denn es gibt, lässt man etwaige fällige Zahlungsansprüche unter laufenden Finanzkontrakten außer Acht, keine Verbindlichkeit im eigentlichen Sinne: Sie entsteht erst nach Beendigung und Abrechnung, also nach Close-out Netting. Bis zur Beendigung ist rechtlich gesehen noch keine Forderung entstanden, es handelt sich vielmehr um eine rechnerische Position. Die zweite – eng damit verbundene – Frage ist die nach der Bewertung dieser Eventualverbindlichkeit bei einem bail-in. Die BRRD geht auf diese Fragen mittels Sondervorschriften in der BRRD und einer Delegierten Verordnung ein; in beiden Fällen allerdings beziehen sich diese nur auf Derivate.[114] Das wirft zwangsläufig die dritte Frage nach dem Schicksal von Rahmenverträgen für andere Finanzkontrakte als Derivate auf, die eine identische Zwecksetzung und Funktionsweise aufweisen.[115] In der BRRD bleibt diese Frage unbeantwortet. Das SAG ist hier, nach den Änderungen durch das AbwMechG, weiter.[116] Im Folgenden werden daher die Auswirkungen auf Derivate und andere Finanzkontrakte getrennt betrachtet.

(1) Bail-in in Derivate. Der bail-in in Derivate ist in der BRRD in Art. 49 und im SAG **67** in § 93 geregelt. Die Vorschriften regeln dabei jeweils drei verschiedene Aspekte: die Erfor-

---

[112] Question ID 2015_1779, vom 6. Februar 2015: *„Guarantees or liabilities guaranteed by third party are not considered as secured liability in the meaning of Article 43(2)(b) because that concept must be interpreted as covering only liabilities secured/guaranteed by assets of the institution under resolution."* Da die Frage über eine reine Anwendungsfrage hinausging, ist die Europäische Kommission gemäß der für solche Fälle gängigen Praxis in die Beantwortung eingebunden worden. Der Verweis auf Art. 43 BRRD in der Antwort ist ein redaktionelles Versehen.

[113] Vgl. Erwägungsgrund 70, erster Satz: „*Das Bail-in-Instrument sollte nicht auf Forderungen angewandt werden, die abgesichert, besichert oder auf andere Art und Weise garantiert sind*" Praktisch relevant wird dies vor allem im Zusammenhang mit der noch zu behandelnden Pflicht zur Vereinbarung vertraglicher Anerkennungsklauseln im Hinblick auf den bail-in, hierzu → Rn. 92 ff.

[114] Zum Derivatebegriff der BRRD bzw. des SAG → Rn. 30. Zur Delegierten Verordnung → Rn. 70.

[115] Vgl. auch *Fried* in Zerey Finanzderivate-HdB § 19 Rn. 15.

[116] Vgl. → Rn. 73. Das Fehlen einer eigenen Vorschrift in der BRRD für andere Finanzkontrakte, insbesondere Wertpapierpensionsgeschäfte und Wertpapierdarlehen kann nur darauf zurückzuführen sein, dass man davon ausging, dass diese als besicherte Verbindlichkeiten von vornherein nicht Gegenstand eines bail-in sein können. Jedenfalls gibt es keinen Hinweis darauf, dass hier ein etwaiger bail-in bewusst nicht durch Close-out durchgeführt werden sollte. Zudem wäre eine solche Lesart unvereinbar mit der Finanzsicherheiten-Richtlinie, deren Schutzvorschriften für Nettingvereinbarungen gerade nicht von den BRRD Regelungen zum bail-in überschrieben wurden, hierzu auch → Rn. 68.

derlichkeit eines Close-outs, die Berechtigung zur Beendigung sowie den Verfahrensablauf einschließlich Bewertung und die hier maßgeblichen Zeitpunkte.

68 **(a) Close-out.** Zunächst bestimmt § 93 Abs. 1 SAG (in Umsetzung von Art. 49 Abs. 2 BRRD), dass ein bail-in in Derivate bzw. die Verbindlichkeiten aus Derivaten nur nach oder gleichzeitig mit „Glattstellung" zulässig ist, dies gilt sowohl für unter einem Rahmenvertrag abgeschlossene als auch nicht in einen Rahmenvertrag einbezogene Geschäfte. Der im SAG und der deutschen Fassung der BRRD verwendete Begriff der Glattstellung ist in diesem Zusammenhang etwas missverständlich: Gemeint ist hier nicht die Aufhebung eines Geschäfts durch Abschluss eines spiegelbildlich ausgestalteten Gegengeschäfts, sondern dessen Beendigung und Abrechnung, also der Close-out. Die englische Fassung der BRRD spricht daher auch von „Closing-out".[117]

Ein bail-in in Derivate ist damit immer nur nach Beendigung des Rahmenvertrages und Ab- sowie Verrechnung der darunter abgeschlossenen Geschäfte, einschließlich der gestellten Sicherheiten, zur einer einheitlichen Netto-Ausgleichsforderung möglich (vgl. § 93 Abs. 3 SAG und Art. 43 Abs. 3 BRRD). Ein bail-in in einzelne Geschäfte und damit eine Durchbrechung der Einheitlichkeit des Rahmenvertrages ist folglich ausgeschlossen. Letztlich ist dies nur Ausfluss des Nichtschlechterstellungsprinzips. Denn ein bail-in unter Missachtung der insolvenz- und aufsichtsrechtlich anerkannten Funktion eines Rahmenvertrages würde die Gegenpartei offensichtlich schlechter stellen, als im Fall der Insolvenz. Darüber hinaus wird so die Vereinbarkeit der BRRD mit der Finanzsicherheiten-Richtlinie und den darin enthaltenen Schutzvorschriften für Nettingvereinbarungen sicher gestellt: Die Finanzsicherheiten-Richtlinie ist zwar an die BRRD angepasst worden, um bestimmte Eingriffe in Rahmenverträge für Finanzkontrakte im Zusammenhang mit Abwicklungsmaßnahmen vom Schutzbereich auszunehmen, insbesondere um die Beendigungsrechte zu neutralisieren. Das gilt aber gerade nicht für die Befugnisse im Zusammenhang mit dem bail-in.[118]

69 **(b) Gesetzliches Beendigungsrecht.** Im Hinblick auf das Erfordernis eines Close-outs als Voraussetzung für einen bail-in gewährt § 93 Abs. 2 SAG (in Umsetzung von Art. 49 Abs. 2 erster Unterabsatz Satz 2 BRRD) der Abwicklungsbehörde die Befugnis zur Kündigung, also ein gesetzliches Beendigungsrecht (keine automatische Beendigung und keine Beendigungspflicht). Hierdurch wird Abwicklungsbehörde überhaupt erst in die Lage versetzt, die rechtliche Voraussetzung dafür zu schaffen, dass eine Verbindlichkeit entsteht, in die dann der bail-in vollzogen werden kann. Die Beendigung als solche vollzieht sich dann grundsätzlich nach den Regeln des beendeten Rahmenvertrages, das heißt in Form

---

[117] So auch *Kusserow/Scholl* WM 2015, 413 (419). Das ergibt sich auch unabhängig davon daraus, dass in Absatz 2 von einer Kündigung gesprochen wird.

[118] Mit Art. 118 der BRRD wurde Art. 7 der Finanzsicherheiten-Richtlinie dahingehend geändert, dass sich die Schutzwirkung der Art. 4 bis 7 der Finanzsicherheiten-Richtlinie nicht auf die sich aus Titel IV Kapitel V und VI der BRRD ergebenden Beschränkungen der Durchsetzung und Wirksamkeit von Nettingvereinbarungen erstreckt. Damit bleibt aber die Schutzwirkung gegenüber dem in Kapitel IV geregelten bail-in unberührt. In den deutschen und französischen Sprachfassungen der BRRD wird in Art. 118 BRRD auf „Kapitel IV und V" verwiesen. Dies ist allerdings erkennbar ein redaktionelles Versehen: In vielen anderen Sprachfassungen, etwa der englischen und dänischen, niederländischen und spanischen erfolgen jeweils ein Verweis auf Kapitel V und VI. Dass die Verweise in der deutschen und französischen Sprachfassung „versprungen" sind, ergibt auch daraus, dass ein weiterer Verweis in derselben Vorschrift auf Titel IV Kapitel VI fehl geht; aus dem Sachzusammenhang ergibt sich, dass hier nur die in Titel IV Kapitel VII geregelten Schutzbestimmungen gemeint sein können.

VI. Sonderregeln für Finanzkontrakte

einer einheitlichen Beendigung aller Geschäfte und Verrechnung zu einer einheitlichen Netto-Ausgleichsforderung unter Einbeziehung der gestellten Sicherheiten. Allerdings gibt es Abweichungen beim konkreten Ablauf des Verfahrens und der Bewertung (siehe dazu unmittelbar im Anschluss). Gegenstand des bail-in ist dann die nach Ab- und Verrechnung aller Geschäfte sowie der gestellten Sicherheiten zustande kommende positive Ausgleichsforderung der Gegenpartei des abzuwickelnden Instituts.

(c) Verfahrensablauf, Bewertung und maßgebliche Zeitpunkte. § 93 Abs. 3 und 4 SAG, die Art. 49 Abs. 3 und 4 BRRD umsetzen, regeln die Grundsätze für den Verfahrensablauf, für die Bestimmung der maßgeblichen Zeitpunkte und die Bewertung im Fall eines bail-in in unter Saldierungsvereinbarungen abgeschlossene Derivate. Diese allgemeinen Grundsätze werden noch durch die bereits angesprochene Delegierte Verordnung näher konkretisiert. Hierzu liegt der finale Vorschlag der EBA vor.[119] Dieser EBA-Entwurf enthält auch Regelungen zum bail-in in über zentrale Gegenparteien durchgeführte Geschäfte. Ein bail-in in diese Geschäfte ist damit zwar theoretisch möglich, dürfte aber in der Praxis nur in Ausnahmefällen in Frage kommen – schon weil die Geschäfte aufgrund der strengen Besicherungspflichten regelmäßig als besicherte Verbindlichkeiten einzustufen sein werden und schon deshalb vom bail-in ausgeschlossen sein dürften.[120] Im Folgenden sollen nur die wesentlichen Eckpunkte des EBA-Vorschlags – und zwar beschränkt auf den bail-in in nicht über zentrale Gegenparteien abgewickelte Geschäfte – vorgestellt werden:

70

Vor dem eigentlichen bail-in in Derivate unterrichtet die Abwicklungsbehörde zunächst die Gegenpartei über die Absicht, diesen durchzuführen. Der bail-in wird zu dem in der Mitteilung angegeben Datum und Zeitpunkt wirksam (oder, wenn kein Datum und Zeitpunkt angegeben wurde, mit Zugang). In der Mitteilung wird der Gegenpartei eine Frist gesetzte, innerhalb derer diese Nachweise über durchgeführte Ersatzgeschäfte vorzulegen hat. Die Gegenpartei ist somit grundsätzlich gehalten, innerhalb der in der Mitteilung gesetzten Frist Ersatzgeschäfte abzuschließen. Eine zwingende Pflicht hierzu besteht allerdings letztlich nicht. Denn die Ersatzgeschäfte werden nur als Grundlage für die Bewertung herangezogen, und auch nur, wenn diese zu marktüblichen Konditionen („commercially reasonable") abgeschlossen wurden.

71

Die erforderliche Bewertung des nach Close-out anfallenden einheitlichen Ausgleichsbetrages wird von einem hierzu bestellten Experten durchgeführt. Die Bewertung erfolgt auf Grundlage der nachgewiesenen Ersatzgeschäfte, oder – soweit diese nicht durchgeführt werden konnten oder die Konditionen als nicht marktüblich („commercially reasonable") eingeschätzt werden – nach der in der noch ausstehenden Delegierten Verordnung festgelegten Methode. Der EBA-Vorschlag sieht hier eine Orientierung an adjustierte „mid-market" Preise vor. Der jeweils maßgebliche Zeitpunkt für die Bewertung ist, bei auf nachgewiesenen Ersatzgeschäften basierender Bewertung, der Zeitpunkt des Abschlusses dieser Ersatzgeschäfte, und in allen anderen Fällen, der Zeitpunkt des Close-outs, dass heißt, der in der Mitteilung genannte Zeitpunkt bzw. der Zeitpunkt des Zugangs der Mitteilung.

72

---

[119] EBA Dokument EBA/RTS/2015/11 vom 17. Dezember 2015 vor: Final Report „Draft Regulatory Technical Standards (RTS) on the valuation of derivatives pursuant to Article 49(4) of the Bank Recovery and Resolution Directive (BRRD)".

[120] Zudem dürfte vielfach die Ausnahme für Wertpapierabwicklungs- und -abrechnungssysteme greifen. Einzig verbleibender Anwendungsfall wären dann über zentrale Gegenparteien abgewickelte Geschäfte, bei denen weder die Voraussetzungen für die Anerkennung als zentrale Gegenpartei im Sinne der EMIR noch als Wertpapierabwicklungs- und -abrechnungssystem gegeben sind, und zudem auch noch keine vollständige Besicherung erfolgt.

73 (2) Bail in sonstige Finanzkontrakte. Wie bereits dargelegt, gilt die Sondervorschrift des Art. 49 der BRRD über die Notwendigkeit eines Close-outs, die Einräumung eines entsprechenden gesetzlichen Beendigungsrechts und zum konkreten Verfahrensablauf einschließlich Bewertung und maßgeblicher Zeitpunkte, nur für Derivate im Sinne der BRRD. Wertpapierpensionsgeschäfte und Wertpapierdarlehen lassen sich wohl nicht unter diesen Derivatebegriff fassen.[121] Sie fallen dann aber grundsätzlich nicht in den Anwendungsbereich des Art. 49 BRRD. Für unter einem Rahmenvertrag abgeschlossene Geschäfte ist dieses Ergebnis ist allerdings angesichts der identischen Funktionsweise der verwendeten Rahmenverträge und Beendigungsregelungen sowie den identischen insolvenzrechtlichen Rahmenbedingungen, nicht nachvollziehbar.

74 Das Fehlen einer entsprechenden Regelung in der BRRD für Wertpapierpensionsgeschäfte und Wertpapierdarlehen kann aus mehreren Gründen jedoch nicht bedeuten, dass die BRRD bei diesen Geschäften, soweit diese nicht als besicherte Verbindlichkeiten vom bail-in ausgenommen sind,[122] einen bail-in in die einzelnen Geschäfte unter Durchbrechung der Einheitlichkeit des Rahmenvertrages vorsieht oder diesen gar verlangt: Dies wäre zunächst schon nicht mit dem Nichtschlechterstellungsprinzip vereinbar.[123] Denn die Einheitlichkeit des Rahmenvertrages ist auch für diese Geschäfte insolvenzrechtlich anerkannt. Folglich würde sich eine Abwicklungsbehörde, die einen bail-in ohne Close-out in einzelnen Geschäften vornimmt, wohl zwangsläufig Ersatzansprüchen aussetzen. Darüber hinaus stünde ein bail-in in Einzelpositionen unter Missachtung der Einheitlichkeit des Rahmenvertrages im direkten Widerspruch zur Finanzsicherheiten-Richtlinie, deren Schutzvorschriften für Nettingvereinbarungen ja gerade nicht im Hinblick auf einen bail-in eingeschränkt wurden.[124] Zudem wäre rein rechtlich unklar, was in diesem Fall Gegenstand des bail-ins sein soll, da ja eine einheitliche Forderung im rechtlichen Sinne nicht existiert, sondern erst durch Close-out noch geschaffen werden müsste. Bei Auslegung nach Sinn und Zweck und unter Berücksichtigung des Prinzips der Nichtschlechterstellung wird die BRRD daher so zu verstehen sein, dass die Abwicklungsbehörden entweder in Analogie zu Art. 49 BRRD oder im Rahmen ihrer allgemeinen Abwicklungsbefugnisse berechtigt ist, entsprechende Rahmenverträge zu beenden und den bail-in dann in die nach Beendigung

---

[121] Hierfür spricht bereits, dass nicht der sehr viel weitere Finanzkontrakte-Begriff gewählt wurde.

[122] Was bei Wertpapierpensionsgeschäften vermutet werden kann, → Rn. 62. Bei Wertpapierdarlehen wird dies allerdings nicht immer der Fall sein, da hier nicht immer eine vollständige Besicherung vorgesehen ist.

[123] So auch die Begründung des Finanzausschusses zur Einfügung des § 93 Abs. 5 SAG, vgl. Beschlussempfehlung des Finanzausschusses vom 23. September 2015, BT-Drs. 18/6091, S. 86: „*Die Änderung dient der Anfügung des § 93 Absatz 5 des Sanierungs- und Abwicklungsgesetzes. Der neue Absatz 5 stellt die Einhaltung des in § 68 Absatz 1 Nummer 1 des Sanierungs- und Abwicklungsgesetzes festgehaltenen Abwicklungsgrundsatzes sicher, dass Anteilsinhaber und Gläubiger im Rahmen einer Abwicklung nicht schlechter gestellt werden dürfen als bei Durchführung eines regulären Insolvenzverfahrens. Aufrechnungs- und Saldierungsrechte aus Rahmenvereinbarungen nach dem nationalen Insolvenzrecht finden nicht nur für Derivate, sondern für sämtliche in § 104 Absatz 2 der Insolvenzordnung genannten Finanzleistungen bei Vorliegen eines Insolvenzgrundes Anerkennung. Im Gegensatz dazu ist die Anerkennung von Aufrechnungs- und Saldierungsvereinbarungen nach § 93 Absatz 1 bis 4 des Sanierungs- und Abwicklungsgesetzes bisher nur für Verbindlichkeiten aus Derivaten vorgesehen. Die Ausweitung dieser Bestimmungen durch entsprechende Anwendung auf Verbindlichkeiten aus Finanzleistungen im Sinne von § 104 Absatz 2 der Insolvenzordnung – wie etwa auf davon erfasste Wertpapierfinanzierungsgeschäfte – in dem angefügten § 93 Absatz 5 des Sanierungs- und Abwicklungsgesetzes ist daher geboten.*"

[124] Vgl. → Rn. 68.

und Verrechnung, wiederum unter Einbeziehung der Sicherheiten, entstehenden Netto-Ausgleichsforderung durchführt.[125]

Unter dem SAG stellt sich diese Frage mittlerweile nach Verabschiedung und Inkrafttreten des AbwMechG nicht mehr: Durch Einfügung des neuen Absatzes 5 in § 93 SAG[126] wird nunmehr für das das deutsche Recht ausdrücklich klargestellt, dass die Sondervorschrift des § 93 SAG entsprechend auch für Rahmenverträge für alle Finanzleistungen im Sinne des § 104 Abs. 2 InsO gilt.[127] Damit unterliegen jedenfalls Rahmenverträge für Wertpapierpensionsgeschäfte sowie Wertpapierdarlehen insoweit denselben Regeln, wie Rahmenverträge für Derivate.[128] Der Verweis auf § 104 Abs. 2 InsO ist unter dem Gesichtspunkt des möglichst engen Gleichlaufs mit dem Insolvenzrecht nachvollziehbar. Allerdings werden damit die bestehenden Unschärfen des Finanzleistungsbegriffs in das SAG importiert.[129] 75

4. Finanzkontrakte im Vorfeld einer Abwicklung

Unter den Pflichten im Rahmen der aufsichtsrechtlichen Vorschriften und Anforderungen zur Vorbereitung der Sanierung und zur Frühintervention der §§ 12 bis 39 SAG sowie der abwicklungsrechtlichen Vorschriften und Anforderungen zur Vorbereitung der Restrukturierung und Abwicklung der §§ 40 bis 61 SAG gibt es zwei Arten von Pflichten, die unmittelbar mit den besprochenen Abwicklungsmaßnahmen im Hinblick auf Finanzkontrakte zusammenhängen und zudem auch weitreichende Auswirkungen auf die operationellen Prozesse, das Vertragsmanagement und die Vertragsgestaltung von Finanzkontrakten haben werden. Es handelt sich dabei zum einen um Pflichten zur zentralen Erfassung von Finanzkontrakten und zum anderen um die zwingende Aufnahme von Vertragsklauseln über die Anerkennung bestimmter Abwicklungsmaßnahmen durch die Gegenparteien (die schon mehrfach angesprochenen vertraglichen Anerkennungsklauseln). 76

a) Zentrale Erfassung von Finanzkontrakten

Eine Pflicht zur zentralen Erfassung kann auf zweierlei Weise begründet werden: Einmal als Bestandteil der Sanierungsplanung und einmal als Bestandteil der Abwicklungsplanung. Beiden ist gemein, dass sie nur auf ausdrückliches Verlangen der jeweils zuständigen Behörde entsteht. Da letztere Pflicht am umfassendsten geregelt ist, wird zunächst auf diese eingegangen. 77

---

[125] Ähnlich: *Fried* in Zerey Finanzderivate-HdB § 17 Rn. 37.
[126] Absatz 5 ist erst im Rahmen des parlamentarischen Verfahrens auf Empfehlung des Finanzausschusses eingefügt worden, vgl. Beschlussempfehlung des Finanzausschusses vom 23. September 2015, BT-Drs. 18/6091, S. 86.
[127] *„(5) Die Absätze 1 bis 4 gelten entsprechend für Verbindlichkeiten aus Finanzleistungen im Sinne des § 104 Absatz 2 der Insolvenzordnung, die in einem Rahmenvertrag zusammengefasst sind, für den vereinbart ist, dass er bei Vorliegen eines Insolvenzgrundes nur einheitlich beendet werden kann."*
[128] Mit dieser Klarstellung wurde unter anderem einer Forderung der der Bundesanstalt für Finanzmarktstabilisierung (FMSA) entsprochen, vgl. Stellungnahme der FMSA zum Entwurf eines Gesetzes zur Anpassung des nationalen Bankenabwicklungsrechts an den Einheitlichen Abwicklungsmechanismus und die europäischen Vorgaben zur Bankenabgabe (Abwicklungsmechanismusgesetz – AbwMechG) vom 1. Juli 2015, S. 2. Auch die FMSA begründete diese Forderung mit einem Verweis auf einen Konflikt mit dem Nichtschlechterstellungsprinzip.
[129] Vgl. → Rn. 30.

aa) Zentrale Erfassung von Finanzkontrakten im Rahmen der Abwicklungsplanung

78 Die zentrale Erfassung von Finanzkontrakten für die Zwecke der Abwicklungsplanung ist in § 42 Abs. 3 und § 43 SAG geregelt; die Regelungen setzen Art. 71 Abs. 7 sowie Art. 10 Abs. 8 BRRD um.[130] Zuständige Behörden sind die Bankaufsicht, also BaFin oder EZB, sowie die Abwicklungsbehörden, also die FMSA oder der Single Resolution Board (SRB).

79 **(1) Pflicht zur zentralen Erfassung.** Auf Verlangen der zuständigen Behörden hat ein Institut sämtliche Finanzkontrakte zentral zu verwahren und angemessen zu verwalten (§ 42 Abs. 3 SAG). Im Fall einer Institutsgruppe kann dies auch für die gesamte Institutsgruppe und die einzelnen gruppenangehörigen Unternehmen angeordnet werden (§ 43 SAG). Die zuständige Behörde kann in diesem Fall das dieser Gruppe übergeordnete Unternehmen verpflichten, die zentrale Verwahrung für die Gruppe zu übernehmen (§ 43 Abs. 1 Satz 1 SAG). Soweit keine solche Anordnung erfolgt, steht es Institutsgruppen frei, ein Gruppenmitglied mit der die zentrale Verwaltung für die gesamte Gruppe zu betrauen (§ 43 Abs. 1 Satz 2 SAG). Das betreffende Gruppenmitglied muss allerdings im Inland ansässig sein.

80 Das Erfassungs- und Verwaltungssystem hat folgende Anforderungen zu erfüllen:
- Die erfassten Finanzkontrakte müssen kurzfristig auffindbar und überprüfbar sein (§ 43 Abs. 1 Nr. 1 SAG).
- Das betroffene Institut muss im Zusammenhang mit der Erfassung die zu erfassenden Verträge auswerten und gemäß ihrer Bedeutung für das Institut bzw. die Gruppe kategorisieren und einordnen.[131]
- Abhängig von der vorgenommenen Kategorisierung und festgestellten Bedeutung sind dann Informationen zum Inhalt des Geschäfts bzw. des zugrundeliegenden Vertrages zu erfassen (§ 43 Abs. 1 Nr. 2 SAG).
- Es muss eine kurzfristige Auswertung der erfassten Informationen leistbar sein. Die Behörden sollen hierdurch in die Lage versetzt werden, sich einen Überblick über die Verträge über Finanzkontrakten zu verschaffen und vor allem, die zur Vorbereitung einer Übertragung und der notwendigen Auswahl der Übertragungsgegenstände erforderlichen Informationen *„geordnet und schnell"* abrufen zu können.[132]

81 Im Ergebnis müssen also Verfahren und Prozesse implementiert bzw. Systeme eingerichtet werden, mit denen nicht nur Unterlagen bzw. Aufzeichnungen zu den Geschäften und der wesentliche Inhalt der zugrundeliegenden Vertragsbestimmungen erfasst werden. Erforderlich ist auch die Einführung eines Systems bzw. eines Verfahrens zur Kategorisierung bzw. Bewertung der Bedeutung für das Institut und die Gruppe. Schließlich müssen die im Falle einer Abwicklung erforderlichen Informationen zu Finanzkontrakten, dies sind vor allem die für die Auswahl der Übertragungsgegenstände relevanten Daten, kurzfristig und in auswertbarer Form verfügbar sein. Die gesetzlichen Regelungen enthalten hierzu

---

[130] § 42 Abs. 3 Nr. 1 SAG und § 43 SAG überschneiden sich: Die erste Vorschrift regelt die Erfassungspflicht für das einzelne Institut, die zweite für das Institut, dessen gruppenangehörige Unternehmen sowie das übergeordnete Unternehmen einer Gruppe. Beide Vorschriften dürften im Ergebnis zusammen zu lesen sein.

[131] Vgl. Begründung zum Gesetzentwurf der Bundesregierung zum BRRD-Umsetzungsgesetz zu § 43 SAG, BT-Drs. 18/2575, S. 157: *„dass Verträge vom Institut oder gruppenangehörigen Unternehmen auf ihre Bedeutung für das Institut oder gruppenangehörige Unternehmen untersucht und eingestuft sind und davon abhängig die wesentlichen Vertragsinhalte erfasst sind"*.

[132] Vgl. die Begründung zum Regierungsentwurf für das BRRD-Umsetzungsgesetz zu § 43 SAG, BT-Drs. 18/2575, S. 157.

VI. Sonderregeln für Finanzkontrakte

keine näheren Vorgaben, die Anforderungen können aber von den zuständigen Behörden konkretisiert werden (→ Rn. 85). Da Sinn und Zweck eine Auswertung während eines Abwicklungswochenendes ist, wird von einem sehr engen Zeitfenster auszugehen sein.

Dem Wortlaut nach könnte § 42 Abs. 3 SAG und § 43 SAG so verstanden werden, dass auf ein entsprechende Anordnung der zuständigen Behörde stets eine einzige zentrale Datenbank einzurichten wäre, in der alle Aufzeichnungen aller Gruppenmitglieder und Niederlassungen unmittelbar zu erfassen wären. Das allerdings ist weder vom Sinn und Zweck geboten, noch wäre dies in allen Fällen überhaupt durchführbar. Denn einer solchen Zentralisierung von Vertragsdaten können etwa bei grenzüberschreitenden Sachverhalten unter anderem nationaler Datenschutzbestimmungen oder Regelungen zum Schutz des Bankgeheimnisses entgegenstehen. Zudem könnte es zu Kollisionen mit entsprechenden Erfassungspflichten anderer Rechtsordnungen kommen. Bei Auslegung und Anwendung der Befugnisse muss deshalb die Funktion der zu erfassenden Informationen im Vordergrund stehen. Es müssen daher auch dezentrale Erfassungssysteme zulässig sein, jedenfalls sofern die benötigten Informationen bei Bedarf an einer Stelle zusammengeführt und verfügbar gemacht werden können. 82

Ergänzende Vorgaben zu den in Erfüllung der Pflichten mindestens zu erfassenden Daten werden sich aus einer Delegierten Verordnung ergeben. Hierzu liegt bislang nur der finale Vorschlag der EBA vor.[133] Dort sind die mindestens zu erfassenden Angaben in einem Anhang aufgeführt. Insgesamt wären danach 43 verschiedene Datenelemente zu erfassen, unter anderem die Identität der Gegenpartei (anhand der LEI), deren Klassifizierung als finanzielle oder nichtfinanzielle Gegenpartei, das Sitzland, das anwendbare Recht sowie Angaben zum Vorhandensein vertraglicher Anerkennungsklauseln bei dem Recht eines Drittstaates unterliegenden Verträgen, zu den geltenden vertragliche Beendigungsregelungen, und zur Art und Wert etwaiger gestellter Sicherheiten. 83

Die Delegierte Verordnung wird auch Vorgaben aufstellen, unter welchen Umständen die zuständigen Behörden jedenfalls die Erfassung von Finanzkontrakten verlangen sollen. Nach dem vorliegenden EBA-Vorschlag ist dies der Fall, wenn der Abwicklungsplan Abwicklungsmaßnahmen im Hinblick auf das betreffende Institut vorsieht. Damit wären im Umkehrschluss alle Institute von der Pflicht zur Erfassung von Finanzkontrakten befreit, für die keine Abwicklungspläne erstellt werden. 84

(2) Ergänzende Befugnisse. In § 43 Abs. 2 SAG werden den Aufsichts- und Abwicklungsbehörden ergänzende Befugnisse eingeräumt. Sie können danach jederzeit Auskünfte über und Auswertungen der erfassten Finanzkontrakte anfordern, nähere Vorgaben zur Art und Weise der Erfassung machen und die Erfassung zusätzlicher Aufzeichnungen verlangen. 85

bb) Zentralen Erfassung von Finanzkontrakten im Rahmen der Sanierungsplanung

Die zentrale Erfassung von Finanzkontrakten im Rahmen der Sanierungsplanung ist in § 13 Abs. 6 SAG geregelt. Anders als im Fall der vorgenannten parallelen Pflicht im Rahmen der Abwicklungsplanung fehlt hier eine entsprechende Bestimmung in der BRRD. 86

---

[133] EBA Dokument EBA/RTS/2015/13 vom 17. Dezember 2015: Final Report „Draft Regulatory Technical Standard on a minimum set of the information on financial contracts that should be contained in the detailed records and the circumstances in which the requirement should be imposed (Article 71(8) BRRD).

B. Abwicklung

87   Wie im Fall des § 43 SAG bedarf es einer gesonderten Anordnung der zuständigen Aufsichtsbehörde, die sich dabei mit der Abwicklungsbehörde abstimmen muss. Im Kern entspricht diese Pflicht weitgehend der Pflicht zur Erfassung von Finanzkontrakten nach § 42 Abs. 3 SAG und § 43 SAG. Sie sind aber nicht identisch. § 13 SAG spricht lediglich von der „Führung detaillierter Aufzeichnungen in einer zentralen Datenbank über Finanzkontrakte", weitere inhaltliche Vorgaben fehlen. Schon allein weil davon auszugehen ist, dass Institute, die im Rahmen der Sanierungsplanung zur Erfassung von Finanzkontrakten verpflichtet werden, dies auch im Rahmen der Abwicklungsplanung werden tun müssen, wird man sich wohl an den Vorgaben für die parallele Pflicht aus § 43 SAG orientieren. Das oben hierzu Gesagte hinsichtlich des Verständnisses des Begriffes der zentralen Datenbank gilt dann hier entsprechend.

b) Vertragliche Anerkennung

aa) Einführung

88   Das SAG enthält – nach Inkrafttreten des AbwMechG und den damit verbundenen Ergänzung und Änderungen des SAG, mit den § 55 und § 60a SAG zwei[134] parallele Bestimmungen, die Institute dazu verpflichten, von ihren Vertragspartner die vertragliche Anerkennung bestimmter Abwicklungsmaßnahmen zu verlangen. Erstere, § 55 SAG, betrifft die vertragliche Anerkennung des bail-in, letztere, der neu eingeführte § 60a SAG, die vertragliche Anerkennung der zeitweisen Aussetzung von Beendigungsrechten. Insbesondere beim Adressatenkreis und dem sachlichen wie räumlichen Anwendungsbereich gibt es erhebliche Überschneidungen. Der Kreis der erfassten Vertragsbeziehungen ist aber nicht identisch. § 55 SAG erfasst grundsätzliche alle Formen von Vertragsbeziehungen, einschließlich solche über Finanzkontrakte. § 60a SAG erfasst ausschließlich Finanzkontrakte. § 55 SAG erfasst dabei Verträge, die dem Recht eines Drittstaates unterliegen. § 60a SAG erfasst Verträge über Finanzkontrakte, die dem Recht eines Drittstaates unterliegen, oder für die ein Gerichtsstand in einem Drittstaat vereinbart wurde. Aufgrund der Überlappungen beim Anwendungsbereich, vor allem aber, weil Institute beide Pflichten parallel umsetzen werden müssen und viele der sich hierbei stellenden praktischen Fragen zum Umgang mit Finanzkontrakten sich gleichen werden, ist es sinnvoll, hier beide Pflichten zusammen zu betrachten.

89   Welche Bedeutung vertraglichen Anerkennungsklauseln gerade auf internationaler Ebene beigemessen wird, ist bereits in der Einführung angesprochen worden. Im Kern geht es hier um das Grundproblem, dass Abwicklungsmaßnahmen grundsätzlich nur in der jeweiligen Jurisdiktion unmittelbare Rechtswirkung entfalten können. Eine effektive Abwicklung eines international tätigen Instituts und erst recht einer Institutsgruppe ist aber nur möglich, wenn die wesentlichen Abwicklungsinstrumente grenzüberschreitend eingesetzt werden können. Im Mittelpunkt der internationalen Diskussionen über diese Problem stehen dabei das Instrument der Aussetzung von Beendigungsrechten in Rahmenverträgen für Finanzkontrakte sowie der bail-in in relevante Finanzinstrumente.[135] Sinn und Zweck

---

[134] Im Zusammenhang mit der Einführung des § 60a SAG ist § 144 Abs. 5 Satz 2 SAG aufgehoben worden. Dieser begründete eine Pflicht zur Einführung von vertraglichen Anerkennungsklauseln im Hinblick auf die in § 144 Abs. 3 SAG genannten Aussetzungs- und Eingriffsrechte in allen Musterverträgen, ohne jede sachliche oder räumliche Einschränkung. Der Anwendungsbereich dieser Vorschrift hätte sich weitgehend mit § 60a SAG überschnitten.

[135] Vgl. → Rn. 4.

dieser Klauseln ist es damit, die Erfolgswahrscheinlichkeit von Abwicklungsmaßnahmen bei grenzüberschreitenden Sachverhalten zu erhöhen.[136] Die vertraglichen Klauseln sollen hier vor allem helfen, die Zeit bis zum Abschluss zwischenstaatlicher Übereinkünfte über die wechselseitige Anerkennung von Abwicklungsregimen und Abwicklungsmaßnahmen zu überbrücken oder sollen solche zwischenstaatliche Übereinkünfte flankieren.[137]

Das Vertrauen auf zivilrechtliche Instrumente zur Umsetzung aufsichtlichen Handelns mit extraterritorialer Wirkung ist ein relativ neues Phänomen. Zu einem gewissen Grad vergleichbare Bestrebungen gibt es bislang etwa unter der EMIR. Hier müssen bestimmte aufsichtsrechtlich geforderte Risikominderungstechniken vertraglich auch gegenüber nicht der EMIR unterliegende Vertragspartnern aus Drittstaaten durchgesetzt werden, etwa die Pflicht zum regelmäßigen Portfoliodatenabgleich. Die Eingriffsintensität der geforderten vertraglichen Pflichten ist allerdings erheblich geringer, als im Fall der Anerkennung von Abwicklungsmaßnahmen. Dieses Beispiel taugt daher nur bedingt, um die Herausforderungen abzuschätzen, die sich für die Institute aber auch deren Vertragspartner aus diesen neuen Pflichten ergeben. 90

Von Vertragspartnern vorab zivilrechtlich die Anerkennung potentiell sehr weitreichender und empfindlicher öffentlich-rechtlich begründeter Eingriffsrechte einer aus Sicht der Betroffenen fremden staatlichen Behörde zu dulden, ist rechtliches Neuland. Die geforderten Vertragsklauseln berühren zum Teil fundamentale Rechtsprinzipien – angefangen mit dem im Völker- und Verwaltungsrecht verankerten Territorialitäts- und Souveränitätsprinzip. Es wird sich vermutlich erst in der Praxis zeigen, ob dieses Instrument die gewünschte Wirkung haben wird und die Umsetzung von Abwicklungsmaßnahmen tatsächlich und wirksam vereinfacht, oder nicht sogar im Gegenteil, neue Ansatzpunkte für rechtliche Auseinandersetzungen im Abwicklungsfall schafft. 91

bb) Vertragliche Anerkennung des bail-in (§ 55 SAG)

(1) Gegenstand und Adressaten. § 55 SAG setzt, passenderweise, Art. 55 BRRD um. Er begründet die Pflicht, in allen in den Anwendungsbereich fallenden Verträge Klauseln aufzunehmen, mit denen die Vertragspartner die Wirkung eines bail-in anerkennen. Einzelne Aspekte der sich aus § 55 SAG ergebenden Pflichten werden durch einen delegierten Rechtsakt, die Delegierte Verordnung zur vertraglichen Anerkennung gemäß Art. 55 BRRD[138] konkretisiert. Sie wird unter anderem Vorgaben zum Gegenstand und Inhalt der zu vereinbarenden Vertragsklauseln aufstellen sowie den zeitlichen Anwendungsbereich näher bestimmen. 92

---

[136] Vgl. etwa Erwägungsgrund 15 der Delegierten Verordnung zu Art. 44 (3) zu den besonderen Umständen, unter denen Ausnahmen vom bail-in gerechtfertigt sind (in der Fassung des Kommissionsentwurfs vom 4. Februar 2016: „The mechanism provided for under Art. 55 aims to uncrease the likelihood that those liabilities can be bailed in within a reasonable time."

[137] Vgl. FSB Principles for Cross-border Effectiveness of Resolution Actions vom 3. November 2015 (hierzu auch → Rn. 4: „*Contractual recognition approaches can help support the cross-border enforceability of resolution action. If properly crafted and widely adopted, contractual recognition approaches offer a workable solution until comprehensive statutory regimes for giving cross-border effect to resolution action are adopted. Contractual arrangements may also complement and support statutory regimes once such regimes are in place*".

[138] Die Delegierte Verordnung ist bislang noch nicht in Kraft getreten, es liegt aber bereits der finale Vorschlag der EBA vor: EBA Dokument EBA/RTS/2015/06 vom 3. Juli 2015: Final Report „Draft Regulatory Technical Standards on the contractual recognition of write down and conversion powers under Article 55(3) of Directive 2014/59/EU.

B. Abwicklung

93   Adressaten der Pflicht sind unterschiedslos alle Institute und deren gruppenangehörige Unternehmen.

94   **(2) Betroffene Vertragsbeziehungen.** Der Kreis der von der Pflicht betroffenen Vertragsbeziehungen ist im Fall des § 55 SAG bzw. Art. 55 BRRD sehr weit. Sie ist insbesondere nicht auf bestimmte Produktkategorien beschränkt oder schwellenwertabhängig. Im Prinzip werden alle Vertragsbeziehungen erfasst, die Verbindlichkeiten des potentiell abzuwickelnden Institut begründen (können) und damit grundsätzlich auch Finanzkontrakte. Damit gehen die BRRD und das SAG über den internationalen Konsens hinaus: In den kürzlich veröffentlichten finalen FSB-Principles[139] werden entsprechende vertragliche Anerkennungsklauseln hinsichtlich eines bail-in nur für Kapitalmarktinstrumente gefordert.

(a) Räumlicher und sachlicher Anwendungsbereich. Der Anwendungsbereich des § 55 SAG bzw. Art. 55 BRRD ist allerdings zumindest teilweise in sachlicher und räumlicher Hinsicht eingeschränkt.

- Räumlicher Anwendungsbereich

95   Zunächst zur räumlichen Beschränkung: Die Verpflichtung besteht nur im Hinblick auf Vertragsbeziehungen, die dem Recht eines Drittstaates unterliegen. Dies sind alle Vertragsbeziehungen, für die die Geltung des Rechts eines Drittstaates vereinbart wurde. Gemäß der Gesetzesbegründung soll die Verpflichtung des § 55 SAG zudem auch greifen, „*wenn der Vertrag zwar dem Recht eines Mitgliedstaats unterliegt, aber der Vertragspartner seinen Geschäftssitz oder Wohnsitz in einem Drittstaat hat*".[140] Das ist jedoch weder vom Wortlaut der gesetzlichen Bestimmung im SAG noch der parallelen Regelung in der BRRD[141] gedeckt und widerspricht erkennbar auch dem Verständnis der europäischen Bankaufsichtsbehörde EBA.[142]

96   Nach § 55 Abs. 4 SAG können die zuständigen Abwicklungsbehörden zudem bestimmte Rechtsordnungen von den Verpflichtungen aus § 55 SAG gesondert ausnehmen. Voraussetzung hierfür ist, dass das Recht des betreffenden Drittstaates oder ein zwischenstaatliches Abkommen mit diesem Drittstaat die Anerkennung der Wirkung der Gläubigerbeteiligung gewährleistet. Entsprechenden Anerkennungen wurden bislang von keiner Abwicklungsbehörde ausgesprochen und es steht auch nicht zu erwarten, dass dies kurzfristig geschehen wird. Sollte allerdings eine solche Anerkennung erfolgen, entfiele die Verpflichtung zur Vereinbarung der vertraglichen Anerkennungsklauseln im Hinblick auf alle Verträge, die dem Recht dieser Rechtsordnung unterliegen.

- Sachlicher Anwendungsbereich

97   Sachlich ist der Anwendungsbereich auf „berücksichtigungsfähige Verbindlichkeiten" begrenzt. Dies sind im Ergebnis Verbindlichkeiten aus allen Vertragsbeziehungen, die

---

[139] FSB Principles for Cross-border Effectiveness of Resolution Actions, veröffentlicht am 3. November 2015, vgl. hierzu → Rn. 4.

[140] Begründung zum Gesetzentwurf der Bundesregierung für das BRRD-Umsetzungsgesetz zu § 55 SAG, BT-Drs. 18/2575, S. 160.

[141] Erwägungsgrund 78 der BRRD und Art. 55 BRRD sprechen von „*Vertragsbestimmungen ... für die das Recht der Drittländer gilt*" bzw. „*Verbindlichkeiten ... die dem Recht eines Drittstaates unterliegen*".

[142] Belegt wird dies insbesondere durch den EBA-Vorschlag für die Delegierte Verordnung zu den Mindestanforderungen an die zu Finanzkontrakten zu erfassenden Informationen. Dieser verlangt, wie oben dargelegt, auch Angaben zum Vorhandensein von vertraglicher Anerkennungsklauseln hinsichtlich eines bail-in, allerdings nur für solche Verträge, die dem Recht eines Drittstaates unterliegen, vgl. Feld 12 des „Annex" zum EBA-Vorschlag für die Delegierten Verordnung: „Contractual recognition – Resolution (third country-governed contracts only)"

nicht nach § 91 Abs. 2 SAG vom bail-in ausgenommen sind bzw. die nicht Einlagen im Sinne des § 46f Abs. 4 Nr. 2 KWG sind (§ 55 Abs. 3 Nr. 1 und 2 SAG). Damit beschränkt sich der Kreis auf die schon im Zusammenhang mit der Beschreibung der Auswirkungen des bail-in auf Finanzkontrakte angesprochenen, als „berücksichtigungsfähig" einzustufenden Vertragsbeziehungen. Insoweit kann auf die dort getroffenen Aussagen zu Auslegung und Anwendung dieses Begriffes, etwa im Fall besicherter Rahmenverträge, verwiesen werden.[143]

---

[143] Zum Verständnis des Begriffs der besicherten Verbindlichkeit, → Rn. 58 ff. Der Kreis der erfassten Vertragsbeziehung ist damit immer noch sehr weit und umfasst auch Verträge und Instrumente, die nicht für einen bail-in geeignet sind oder in die ein bail-in kontraproduktiv wäre. Ein plastisches Beispiel sind Verbindlichkeiten aus Handelsfinanzierungsinstrumenten. Unabhängig davon, dass es sich hier vielfach um Eventualverbindlichkeiten handelt, in die ein bail-in schon allein aus diesem Grund schwer vorstellbar ist, wäre dieser schon wegen der Auswirkung auf den korrespondierenden Rückgriffsanspruch wirtschaftlich sinnlos. Bilanziell betrachtet wäre ein bail-in hier ein Nullsummenspiel: Jede Kürzung des Zahlungsanspruchs gegen das Institut (wenn dieser überhaupt entsteht) verringert gleichzeitig den Rückgriffsanspruch des Instituts gegen den Auftraggeber. Wirtschaftlich entspricht die Wirkung des Rückgriffsanspruchs im Ergebnis damit weitgehend der einer Besicherung der Forderung gegen das Institut mit Vermögenswerten des Instituts, so dass eine entsprechende Anwendung der Ausnahmeregelung für besicherte Verbindlichkeiten gerechtfertigt wäre. Das Gleiche gälte auch für Kreditzusagen (die allerdings auch aus anderen Gründen nicht als Zahlungsverbindlichkeiten für die Zwecke des § 55 SAG bzw. Art. 55 BRRD einzuordnen sind, siehe dazu unten). Rein vom Wortlaut könnten auch Verträge erfasst sein, deren Gegenstand gar nicht die Begründung einer Zahlungsverbindlichkeit ist, aus denen aber Verbindlichkeiten erwachsen können, etwa in Gestalt von Schadensersatzpflichten. Dann wären letztlich alle Vertragsbeziehungen eines Instituts betroffen, soweit sie nicht unter einen der wenigen sonstigen Ausnahmetatbestände des § 91 Abs. 2 SAG fallen. Ein derart weites Anwendungsfeld kann allerdings nicht gewollt sein. Ziel muss es vielmehr sein, dass die Anerkennungsklauseln alle für einen bail-in objektiv relevanten (Zahlungs) Verbindlichkeiten erfassen, und auch nur dort, wo aufgrund der Geltung eines Vertragsstatuts eines Drittstaates das Risiko besonders hoch ist, dass die Abwicklungsmaßnahmen nicht ohne weiteres durchgesetzt werden können. Gemeint sein können damit nur Zahlungsverbindlichkeiten aus Vertragsbeziehungen, deren Sinn und Zweck die Begründung eines Zahlungsanspruchs gegen die Bank ist, also auf Geldzahlung gerichtete Primäransprüche. Sekundäre Ansprüche, erst recht solche, die ein Fehlverhalten bzw. eine Vertragspflichtverletzung des Instituts voraussetzen, fallen damit von vorherein nicht unter den Begriff der Verbindlichkeit für die Zwecke des § 55 SAG bzw. Art. 55 BRRD. Entsprechendes muss auch für Kreditzusagen eines Institutes und vergleichbare vertragliche Ansprüche gegen das Institut gelten (ähnlich auch *Benzler*, Börsen-Zeitung vom 5. März 2016, S. 9). Alles andere wäre auch für die Vertragspartner unzumutbar, die ja immerhin Handlungen einer für sie fremden Behörde unter fremdem Recht anerkennen sollen und daher gezwungen sind, die rechtlichen Konsequenzen einer solchen vertraglichen Anerkennung zu prüfen und zu bewerten. Dies gilt erst recht, weil entsprechende Klauseln außerhalb von Kapitalmarktinstrumenten international nicht üblich sein werden. Informationen durch das nach § 55 SAG verpflichtete Institut über den Inhalt und Hintergrund der Klauseln können eine solche eigenständige Prüfung und Bewertung durch die Gegenpartei nicht ersetzten. Die hierdurch für die Vertragspartner entstehenden Belastungen können nur bei Verbindlichkeiten mit einer hinreichenden Relevanz für einen eventuellen bail-in gerechtfertigt sein. Zudem wäre es zweifelhaft, ob eine Erstreckung der Pflicht auf sämtliche Vertragsbeziehungen im Kerngeschäftsbereich eines Instituts noch verhältnismäßig wäre, da hier jedenfalls die Nachteile und Belastungen für die Beteiligten in keinem Verhältnis zu dem zu erwartenden Nutzen stünden. Es spricht also einiges dafür, dass der Anwendungsbereich im Sinne einer teleologischen Reduktion auf die für einen bail-in objektiv relevanten Verbindlichkeiten zu reduzieren ist. Dies sind insbesondere solche Instrumente, die für die Erfüllung der MREL-Quote herangezogen werden können oder für die, wie etwa Derivate, die Möglichkeit des bail-in gesetzlich vorgesehen ist (soweit keine der Ausnahmen greift). Zumindest aber wird dieser Aspekt bei der Frage der Rechtsfolgen einer nicht voll-

98 **(b) Bedeutung für Rahmenverträge für Finanzkontrakte.** Damit entfällt die Pflicht zur Vereinbarung der vertraglichen Anerkennungsklauseln jedenfalls bei allen Verträgen, die deutschem, englischem oder einem anderen Recht eines Mitgliedstaates unterliegen, oder die als besicherte Verbindlichkeiten im Sinne des § 55 SAG sowie Art. 55 BRRD eingestuft werden können, also insbesondere im Fall der Verwendung von Besicherungsvereinbarungen für Rahmenverträge für OTC-Derivate, die den künftigen EMIR-Anforderungen genügen, sowie Besicherungsvereinbarungen für andere Finanzkontrakte, die in vergleichbarer Weise für eine umfassende Besicherung der Verbindlichkeiten sorgen.[144] Praktisch relevant kann die Verpflichtung damit etwa bei New Yorker Recht unterstehenden ISDA Rahmenverträgen sowie im Fall von Schweizer Rahmenverträgen und bei ausnahmsweise dem Schweizer Recht unterstellten deutschen Rahmenverträgen werden (wenn diese Rahmenverträge jeweils nicht oder nur teilweise besichert werden).

99 **(3) Inhalt der Vertragsklauseln.** Die inhaltlichen Vorgaben für die abzuschließenden Klauseln ergeben sich aus § 55 Abs. 1 Nr. 1 und 2 SAG in Verbindung mit der künftigen Delegierten Verordnung zur vertraglichen Anerkennung gemäß Art. 55 BRRD (Art. 3 des EBA-Entwurfs).

100 § 55 SAG beschreibt allgemein, was Gegenstand der vertraglichen Anerkennung durch den Vertragspartner sein muss: Diese sind zum einen die Anerkennung der grundsätzlichen Möglichkeit einer Gläubigerbeteiligung im Hinblick auf die betroffene Verbindlichkeit und zum anderen die Erklärung des Einverständnisses in eine (gegebenenfalls) vollständigen Herabschreibung des Nennwerts oder des ausstehenden Restbetrags oder eine Umwandlung in Instrumente des harten Kernkapitals.

101 Die in der neben § 55 SAG zu beachtenden Delegierten Verordnung aufgestellten Anforderungen überschneiden sich zum Teil mit denen des § 55 Abs. 1 SAG, gehen aber auch teilweise darüber hinaus. Konkret fordert die Delegierte Verordnung (Art. 3 (a) bis (d) des EBA-Entwurfs), dass folgende Aspekte vertraglich zu regeln sind.
- Eine Anerkennung, dass die betreffenden Verbindlichkeiten im Rahmen von Abwicklungsmaßnahmen der Gläubigerbeteiligung unterzogen werden können – Art. 3 (a).
- Eine Beschreibung der den jeweiligen Abwicklungsbehörden in diesem Zusammenhang zustehenden Rechte (insbesondere das Herabschreibungsrecht und Recht zur Umwandlung von Kapitalmarktinstrumenten) – Art. 3 (b).
- Eine Anerkennung der rechtlich bindenden Wirkung solcher, von einer Abwicklungsbehörde durchgeführten Abwicklungsmaßnahmen, insbesondere der Reduzierung des (ausstehenden Betrages) nebst Zinsen oder der Umwandlung in Aktien/Anteilsscheine – Art. 3 (c) (1)
- Anerkennung der Berechtigung zur einseitigen Änderung von Vertragsbestimmungen zur besseren Umsetzbarkeit der Abwicklungsmaßnahmen – Art. 3 (c) (2).
- Anerkennung, dass in Folge der Durchführung der Abwicklungsmaßnahmen Aktien- bzw. Anteilsscheine ausgegeben werden können.

---

ständigen Umsetzung zu berücksichtigen sein. Eine Klarstellung und Korrektur der Richtlinie kann jedoch allenfalls mittelfristig, etwa im Zuge der planmäßigen Revision der BRRD erwartet werden.

[144] Sollte im Zeitpunkt der Abwicklung trotz Bestehens einer solchen qualifizierten Besicherungsvereinbarung und Qualifizierung derselben als besicherte Verbindlichkeit für die Zwecke des § 55 SAG der Wert der gestellten Sicherheiten das Ausfallrisiko nicht vollständig abdecken, wäre allerdings – wegen der unterschiedlichen Betrachtungszeitpunkte – ein bail-in in den nach Close-out unter Einbeziehung der gestellten Sicherheiten verbleibenden Restbetrag möglich, siehe auch → Rn. 62.

- Anerkennung, dass die vertraglichen Regelungen über die Anerkennung von Abwicklungsmaßnahmen abschließend sind, also keine weiteren Vereinbarungen oder entgegenstehende Vereinbarungen getroffen worden sind.

Der Anforderungskatalog erscheint unnötig detailliert, vor allem, wenn man die Bandbreite der gegebenenfalls in den Anwendungsbereich der Pflicht fallenden Formen von Vertragsbeziehungen berücksichtigt. Besonders eine Anforderung, die ausdrückliche Anerkennung der Berechtigung zur einseitigen Vertragsänderungen, wird zudem in der Praxis nicht nur den Vertragspartnern schwer vermittelbar sein, sondern könnte auch auf rechtliche Grenzen stoßen. Denn nicht in allen Rechtsordnungen wird ein derart weitreichendes einseitiges Eingriffsrecht wirksam vereinbart werden können, insbesondere nicht gegenüber allen Arten von Vertragsparteien. Ähnliches gilt für die geforderte Beschreibungen der Eingriffsrechte: Sinn und Zweck der vertraglichen Anerkennungsklauseln ist nicht die Information der Gegenpartei, erst recht nicht im Sinne einer Rechtsberatung, sondern allein die Identifizierung der konkreten Abwicklungsmaßnahmen, die von der Anerkennung erfasst sein sollen, also die möglichst präzise Bestimmung des Gegenstandes der Anerkennung. Eine umfassende Beschreibung der Rechtslage ist hierzu nicht erforderlich und sogar eher schädlich. Denn würde eine informatorische Beschreibung Gegenstand der vertraglichen Vereinbarung, böte diese im Konfliktfall zusätzliche Ansatzpunkte für rechtliche Angriffe. Es kann hier also nur um die möglichst eindeutige Benennung der Eingriffsrechte gehen.

(4) Zeitlicher Anwendungsbereich. Gemäß § 55 Abs. 3 Nr. 3 SAG gelten die Pflichten des § 55 SAG nur für Verbindlichkeiten, die ab dem 1. Januar 2015 begründet worden sind.[145] Vor diesem Stichtag abgeschlossen Vertragsbeziehungen werden nur erfasst, wenn es zu einer wesentlichen Änderung der Vertragsgrundlagen kommt. Letzteres folgt nicht aus § 55 SAG selbst, sondern aus der Delegierte Verordnung zur vertraglichen Anerkennung gemäß Art. 55 BRRD (Art. 2 (2) des EBA-Entwurfs). Diese legt durch Aufzählung von Regelbeispielen auch fest, was in diesem Zusammenhang jedenfalls als unwesentliche Änderung gilt. Hierzu zählen beispielsweise nicht die Hauptpflichten („substantive rights and obligations") betreffende Änderungen, etwa Änderungen der Adressangaben eines Unterzeichners oder eines Zustellungsbevollmächtigten sowie Korrekturen oder automatische Zinsanpassungen.[146]

Etwas anderes gilt für unter Rahmenverträgen für Finanzkontrakte abgeschlossene Geschäfte. Denn hier werden die vertraglichen Anerkennungsklauseln im Hinblick auf den Rahmenvertrag vereinbart und erfassen so notwendigerweise sämtliche unter diesem Rahmenvertrag zu einem einheitlichen Vertragsverhältnis zusammengefassten Geschäfte – auch die vor dem Stichtag abgeschlossenen. Das gilt wiederum nicht für solche Rahmenverträge, unter denen nach dem Stichtag keine weiteren Geschäfte mehr abgeschlossen werden.[147] Hier wird es zulässig sein, auf eine Vereinbarung der Anerkennungsklauseln zu verzichten, bzw. diese nur dann aufzunehmen, wenn unter dem betreffenden Rahmenvertrag doch noch ein neues Geschäft abgeschlossen werden sollte.

---

[145] Für deutsche Institute ergibt sich hieraus faktisch eine Rückwirkung: Denn die gesetzlichen Anforderungen stehen erst vollständig fest, wenn die hierfür maßgebliche Delegierte Verordnung in Kraft getreten ist. Auch aus diesem Grund ist der Zeitpunkt des Inkrafttretens der Pflicht aus Art. 55 BRRD in vielen Mitgliedstaaten auf einen späteren Zeitpunkt gelegt worden.

[146] Vgl. Art. 1 (3) des EBA-Entwurfs für die Delegierte Verordnung: „*change to the contact details of a signatory or the addressee for the service of documents, typographical changes to correct drafting errors or automatic adjustments of interest rates*".

[147] Für die parallele Bestimmung des § 60a SAG ist dies ausdrücklich so geregelt.

B. Abwicklung

105 **(5) Rechtsgutachten.** Nach § 55 Abs. 2 SAG können die zuständigen Abwicklungsbehörden die Vorlage von Rechtsgutachten zur Wirksamkeit und Durchsetzbarkeit der verwendeten Vertragsklauseln verlangen. Da sie nur auf Verlangen vorzulegen sind, besteht grundsätzlich keine Pflicht für sämtliche verwendete Klauseln Gutachten zu allen Rechtsordnungen, in denen diese zum Einsatz kommen, einzuholen und vorzuhalten. Das wäre bei der potentiell uferlosen Reichweite der Pflicht für die betroffenen Institute auch faktisch unmöglich.[148] Gegenstand eines solchen Gutachtens kann nur die rechtliche Wirksamkeit und Durchsetzbarkeit der Klausel an sich unter dem Recht des relevanten Drittstaates sein, nicht aber die Wirksamkeit und Durchsetzbarkeit der Abwicklungsmaßnahmen als solche.[149] Offen bleibt, welche Konsequenzen – über eine mögliche Nichtanrechenbarkeit gemäß § 49 Abs. 3 SAG hinaus – der nicht unwahrscheinliche Fall nach sich zieht, dass ein Gutachten die Wirksamkeit und Durchsetzbarkeit der Klausel oder einzelner Bestimmungen für eine bestimmte Rechtsordnung verneint.[150]

106 **(6) Rechtsfolgen.** § 55 SAG sieht, außer im Fall von relevanten Kapitalinstrumenten im Sinne des SAG, keine spezifischen Rechtsfolgen für das Fehlen der geforderten Vertragsklauseln vor. Bei solchen Kapitalinstrumenten entfällt gemäß Absatz 6 die Anrechenbarkeit als Eigenmittelbestandteil.[151]

107 Art. 55 BRRD enthält ebenfalls keine spezielle Rechtsfolgenregelung. Absatz 2 stellt lediglich klar, dass ein Versäumnis die geforderten Klauseln zu vereinbaren, die Abwicklungsbehörde nicht an einem bail-in in die betreffenden Verbindlichkeiten hindert. Diese Vorschrift belegt aber zumindest, dass die BRRD nicht von einer flächendeckenden Einführung von Anerkennungsklauseln in allen erfassten Vertragsbeziehungen ausgeht. Aus der

---

[148] Was im Übrigen noch einmal die Notwendigkeit einer einschränkenden Auslegung des § 55 SAG und einer Begrenzung des Anwendungsbereichs auf für einen bail-in objektiv relevante Verbindlichkeiten unterstreicht.

[149] Aus der BRRD und dem SAG selbst folgen keine näheren Vorgaben zu den in einem etwaigen Gutachten zu Anerkennungsklauseln zu adressierenden Rechtsfragen. Die kürzlich veröffentlichten FSB Principles for Cross-border Effectiveness of Resolution Actions vom 3. November 2015 konkretisieren unter Ziff. 9 (d) allerdings die Anforderungen an Gutachten zur Wirksamkeit und Durchsetzbarkeit von Anerkennungsklauseln hinsichtlich eines bail-in im Fall von Kapitalmarktinstrumenten. Diese sollen danach grundsätzlich folgende vier Aspekte abdecken: (i) die Wirksamkeit und Durchsetzbarkeit der Vertragsklauseln unter dem anwendbaren Recht, (ii) die Vereinbarkeit mit etwaiger Einwilligungen und Verzichtserklärungen mit gesetzlichen Vorgaben für die Änderungen von Emissionsbedingungen/der Bedingungen für Kapitalmarktinstrumente, (iii) die Auswirkungen allgemeiner Rechtsprinzipien („ordre public"), (iv) Vereinbarkeit mit bestehenden Informations- und Offenlegungspflichtenpflichten bei Kapitalmarktinstrumenten.

[150] Aus § 49 Abs. 2 SAG dürfte folgen, dass dieser Umstand, wie auch eine unvollständige Umsetzung der Pflichten im Rahmen der Bewertung der Abwicklungsfähigkeit des Institutes bzw. der Institutsgruppe zu berücksichtigen ist, und die zuständige Aufsichts- und Abwicklungsbehörde hier einen nicht unerheblichen Ermessensspielraum haben, siehe auch unten zu den Rechtsfolgen bei nicht vollständiger Umsetzung.

[151] In eine ähnliche Richtung geht § 49 Abs. 3 SAG. Danach können dem Recht eines Drittstaates unterliegende Verbindlichkeiten nicht auf die MREL-Quote angerechnet werden, wenn auf entsprechendes Verlangen der Abwicklungsbehörde kein (überzeugender) Nachweis erbracht werden kann, dass ein bail-in in diese Verbindlichkeit in der betreffenden Rechtsordnung anerkannt würde. Die Regelung betrifft zwar nicht unmittelbar vertragliche Anerkennungsklauseln. Allerdings dürften vertragliche Anerkennungsklauseln einen gegebenenfalls erforderlichen Nachweis erleichtern oder entbehrlich machen. Eine vergleichbare Regelung zur Nichtanrechenbarkeit von Verbindlichkeiten, die keine vertraglichen Anerkennungsklauseln enthalten, findet sich auch in Art. 12 Abs. 12 der SRM-Verordnung.

systematischen Stellung des Art. 55 BRRD direkt nach Art. 54 BRRD mit den Regelungen zur Beseitigung verfahrenstechnischer Hindernisse für einen bail-in bzw. des § 55 SAG in Kapitel 2 mit den Anforderungen in Bezug auf berücksichtigungsfähige Verbindlichkeiten, relevante Kapitalinstrumente und genehmigtes Kapital, sowie in Abschnitt 1 mit den Regelungen über den Mindestbetrag berücksichtigungsfähiger Verbindlichkeiten, kann geschlossen werden, dass die Folgen einer nicht vollständigen Umsetzung im Rahmen der Abwicklungsplanung und Bewertung der Abwicklungsfähigkeit zu berücksichtigen sein werden und die in diesem Zusammenhang vorgesehenen aufsichtlichen Instrumente zur Verfügung stehen.[152]

cc) Vertragliche Anerkennung der zeitweisen Aussetzung von Beendigungsrechten (§ 60a SAG)

(1) Gegenstand, Adressaten und betroffene Vertragsbeziehungen (räumlicher und sachlicher Anwendungsbereich). Die erst kürzlich mit dem AbwMechG neu eingeführte Vorschrift des § 60a SAG geht nicht auf die BRRD zurück, sondern auf eine entsprechende Initiative des FSB und der Aufsichtsbehörden Deutschlands, der Schweiz, des Vereinigten Königreichs und der Vereinigten Staaten.[153]

108

Gegenstand der Pflichten aus § 60a SAG ist die vertragliche Anerkennung der zeitweisen Aussetzung von Beendigungsrechten und damit verbundener Eingriffsrechte. Der Adressatenkreis entspricht weitgehend dem des § 55 SAG. Betroffen sind also grundsätzlich alle Institute und gruppenangehörigen Unternehmen. Anders als im Fall des § 55 SAG unterliegt die für übergeordneten Gruppenunternehmen bestehende Pflicht zur Durchsetzung des § 60a SAG gegenüber den ihnen nachgeordneten Unternehmen allerdings in mehrerlei Hinsicht Einschränkungen: Die übergeordneten Unternehmen einer gemischten Finanzholding-Gruppen, die selbst kein Institut sind, sind insgesamt befreit. Gegenüber nachgeordneten Unternehmen im Ausland besteht eine Durchsetzungspflicht zudem nur soweit ein gruppenangehöriges Unternehmen eine Garantie für die betreffenden Verbindlichkeiten übernommen hat oder in vergleichbarer Weise für deren Erfüllung eintritt. Darüber hinaus gilt § 10a Abs. 8 KWG entsprechend; die Durchsetzungspflicht besteht also nur, soweit sie gesellschaftsrechtlich auch umsetzbar ist.

109

Der räumliche Anwendungsbereich ist etwas weiter als der des § 55 SAG: Neben Vertragsbeziehungen, die dem Vertragsstatut eines Drittstaates unterliegen, sind auch solche erfasst, für die ein Gerichtsstand in einem Drittstaat besteht. Aus der Gesetzesbegründung folgt, dass es hier auf die tatsächliche Vereinbarung eines Gerichtsstandes ankommt. Dies umfasst den Fall, dass mehrere Gerichtsstände ausdrücklich vereinbart werden, von denen einer in einem Drittstaat liegt.[154]

110

---

[152] Vom Ergebnis entspräche dies dann der Rechtslage bei der parallelen Regelung des § 60a SAG.
[153] Vgl. → Rn. 5.
[154] Vgl. die Begründung zum Regierungsentwurf des AbwMechG zu § 60a SAG, BT-Drs. 18/5009, S. 65: *§ 60a verpflichtet daher Institute und gruppenangehörige Unternehmen, auf vertraglichem Weg sicherzustellen, dass die Aussetzung durch die Abwicklungsbehörde bei Finanzkontrakten, die dem Recht eines Drittstaats unterliegen oder für die ein Gerichtsstand in einem Drittstaat vereinbar[t] ist, anerkannt wird. Bei mehreren vereinbarten Gerichtsständen gilt die Pflicht bereits dann, wenn einer der Gerichtsstände in einem Drittland belegen ist.* Im Referentenentwurf des Gesetzes waren noch weitere Anknüpfungspunkte an Drittstaaten, etwa der Sitz der Gegenpartei als Anknüpfungspunkte für die Pflicht aufgeführt worden waren. Der Verzicht auf diese zusätzlichen Anknüpfungspunkte belegt, dass es hier gerade nicht um die Erfassung aller Verträge mit Anknüpfungspunkten an Rechtsordnungen von Drittstaaten geht, sondern um die Erfassung der Vertragsbeziehungen, bei denen eine etwaige gerichtliche Auseinandersetzung vor den Gerichten eines Drittstaates und

B. *Abwicklung*

111 Im Gegensatz dazu ist der sachliche Anwendungsbereich des § 60a SAG durch die Beschränkung auf Finanzkontrakte deutlich enger als der des § 55 SAG. Zu beachten ist in diesem Zusammenhang, dass aufgrund des abweichenden Regelungszwecks des § 60a SAG auch Finanzkontrakte von der Pflicht umfasst werden, die als besicherte Verbindlichkeiten vom bail-in und § 55 SAG ausgenommen wären.

112 Wie im Fall des § 55 SAG wird die Pflicht damit vor allem bei New Yorker Recht unterstehenden ISDA Master Agreements, Schweizer Rahmenverträgen und ausnahmsweise dem Schweizer Recht unterstellten deutschen Rahmenverträgen zum Tragen kommen.[155] Über zentrale Gegenparteien abgewickelte Geschäfte, einschließlich des zwischen einem Kunden und einem Clearingmitglied abgeschlossenen Elements[156] und über Wertpapierabwicklungs- und -abrechnungssystemen sowie mit Zentralbanken abgeschlossene Finanzkontrakte und Rahmenverträge für Finanzkontrakte sind allerdings ausgenommen (§ 60a Abs. 2 Nr. 2 SAG).

113 **(2) Inhalt der Vertragsklauseln.** Die inhaltlichen Anforderungen ergeben sich aus § 60a Abs. 1 Nr. 1 und 2 SAG. Danach muss die vertragliche Anerkennung folgende Aspekte umfassen:

- Anerkennung der Anwendbarkeit der Bestimmungen zur vorübergehenden Aussetzung von Beendigungsrechten und sonstigen vertraglichen Rechten aus §§ 82 bis 84 (zeitweise Aussetzung von Zahlungs- und Lieferpflichten, Beschränkung von Sicherungsrechten und Beendigungsrechten), § 144 Abs. 3 (allgemeine Beendigungssperre) sowie § 169 Abs. 5 Nr. 3 und 4 SAG (Anwendung der vorgenannten Aussetzungsrechte und Beschränkungen im Fall von Drittstaatsabwicklungsverfahren).
- Einverständnis mit der Ausübung der Befugnisse nach diesen Bestimmungen.

114 **(3) Zeitlicher Anwendungsbereich.** Die Pflicht gilt nach § 60a Abs. 2 Nr. 1 SAG für alle ab dem 1. Januar 2016 begründeten Verbindlichkeiten, ist also auf Neuverträge bzw. Neuabschlüsse beschränkt. Dies gilt jedoch mit Rücksicht auf die Einheitlichkeit von Rahmenverträgen[157] nicht für Rahmenverträge für Finanzkontrakte (Saldierungsvereinbarungen), allerdings nur soweit unter diesen auch noch nach dem Stichtag neue Geschäfte abgeschlossen werden.[158]

115 **(4) Rechtsfolgen.** Anders als § 55 SAG enthält § 60a SAG eine ausdrückliche Rechtsfolgenregelung. Abs. 4 ermächtigt die Abwicklungsbehörde, Verwaltungsakte zur Umsetzung der Pflichten aus § 60a SAG zu erlassen. Ihr wird dabei ein weiter Ermessensspielraum eingeräumt. So können insbesondere (aber eben nicht nur) die Besonderheiten des Geschäftsmo-

---

nach dem Recht eines Drittstaates besonders wahrscheinlich ist. Zudem ist wohl auch der operative und aufsichtliche Charakter der Pflicht zu beachten: Eine Umsetzung der Pflichten muss organisatorisch darstellbar und überprüfbar sein. Dafür bedarf es klarer und objektiver Anknüpfungskriterien.

[155] Die Vereinbarung eines vom Vertragsstatut abweichenden Gerichtsstandes dürfte in der Praxis eher die Ausnahme bilden.

[156] Beide Elemente bilden unter EMIR eine Einheit, gerade im Hinblick auf die bei Ausfall des Clearingmitglieds zu ergreifenden Schutzmaßnahmen der zentralen Gegenpartei.

[157] Vgl. die Begründung zum Regierungsentwurf des AbwMechG zu § 60a, BT-Drs. 18/5009, S. 65.

[158] Die entsprechende Klarstellung war im Regierungsentwurf noch nicht enthalten und erfolgte erst im parlamentarischen Verfahren. Das Gleiche hätte aber wohl auch ohne diese gesetzliche Klarstellung gegolten, da eine rückwirkende Erfassung von vor dem Stichtag abgeschlossenen Geschäften nur dann notwendig und gerechtfertigt ist (und müsste daher auch entsprechend für § 55 SAG gelten).

dells, des betroffenen Marktes in dem Drittstaat, die Systemrelevanz und die Auswirkungen auf die Abwicklungsfähigkeit des Instituts berücksichtigt werden.

dd) Musterklauseln zur Umsetzung der vertraglichen Anerkennungspflichten

Zur praktischen Umsetzung der vertraglichen Anerkennungspflichten sind bereits erste Musterklauseln entwickelt worden bzw. werden derzeit entwickelt.

(1) ISDA Master Agreements. Für Derivate besonders wichtig sind vor allem die Initiativen der ISDA. Bereits im November 2014 war bekanntlich nach intensiven Diskussionen mit den Aufsichtsbehörden Deutschlands, Großbritanniens, der Vereinigten Staaten und der Schweiz sowie dem FSB ein ISDA-Protokoll zur vertraglichen Anerkennung der zeitweisen Aussetzung von Beendigungsrechten (ISDA 2014 Resolution Stay Protocol) veröffentlicht worden. Es erlaubt den Beitretenden die vertragliche Anerkennung bestimmter Aussetzungsrechte ausgewählter Abwicklungsregime („opt-in") entweder unter Bedingungen der Einhaltung bestimmter Schutzvorschriften oder unbedingt.[159] In der Gesetzesbegründung zu § 60a SAG wird dieses Protokoll ausdrücklich als ein geeignetes Mittel zur Umsetzung der gesetzlichen Pflichten genannt.[160] Das Protokoll ist kürzlich überarbeitet und erweitert worden. Die in „ISDA 2015 Universal Resolution Stay Protocol" umbenannte neue Version ersetzt die Fassung von 2014. Wichtigste Änderung ist die Möglichkeit der Erstreckung auf andere Rahmenvertragsdokumentationen. Insbesondere können so die maßgeblichen internationalen Rahmenverträge für Wertpapiertransaktionen (GMSLA, GMRA und deren Vorläufer) einbezogen werden. Zudem wurden die von der Anerkennungswirkung erfassten Bestimmungen in den jeweiligen abgedeckten Rechtsordnungen neu definiert. Danach erstreckt sich etwa die Anerkennung der aussetzenden Wirkung einer nach dem SAG ergriffenen Maßnahme im Fall der §§ 82 bis 84 SAG sowie §§ 144 und 169 nicht auf die der eigentlichen Abwicklung vorgelagerten Krisenpräventionsmaßnahmen.[161] Die Beitretenden können darüber hinaus auch weitere Rahmenvertragsdokumentationen einbeziehen.[162] Das Protokoll sieht die Anerkennung von sechs Abwicklungsregimen (Deutschland, Frankreich, Japan, Schweiz, Vereinigtes Königreich und Vereinigte Staaten) vor. Die Begrenzung des Protokolls auf einzelne Abwicklungsregime ist nicht möglich. Der Kreis der erfassten Abwicklungsregime soll sukzessive durch Länderannexe (Country Annexes) erweitert werden.

Das Protokoll steht grundsätzlich allen Marktteilnehmern offen. Es richtet sich aber vornehmlich an global-systemisch relevante Institutsgruppen. Derzeit wird ein weiteres Protokoll für eine breitere Nutzerbasis (ISDA Resolution Stay Jurisdictional Modular Protocol) entwickelt. Es wird den Zeichnern aufgrund des modularen Aufbaus, die genaue Bestimmung der zu erfassenden Abwicklungsregime erlauben.[163] Darüber hinaus ist auch

---

[159] Vgl. hierzu Green und andere Futures & Derivatives Law Report, Volume 35, Issue 3.
[160] Vgl. Begründung zum Regierungsentwurf des AbwMechG zu § 60a SAG, BT-Drs. 18/5009, S. 65.
[161] Zum Begriff der Krisenpräventionsmaßnahmen → Rn. 35.
[162] Rechtstechnisch erfolgt dies über die Definition des Begriffs „Covered Agreement". Das Protokoll gilt für alle Covered Agreements. Diese Definition erfasst neben ISDA Master Agreements auch alle im Securities Financing Transaction Annex – SFT Annex sowie alle in einem gesonderten Other Agreements Annex aufgeführten Rahmenverträge.
[163] Siehe Internetseite der ISDA zum ISDA 2015 Universal Stay Protocol: *„While any entity may adhere to the ISDA 2015 Universal Protocol, it is expected that the buyside generally will not adhere to the ISDA 2015 Universal Protocol, but instead to the ISDA Resolution Stay Jurisdictional Modular Protocol (ISDA Jurisdictional Modular Protocol), which will be published by ISDA in the near future. Please consult with your regulator*

B. Abwicklung

die Entwicklung eines gesonderten Protokolls zur vertraglichen Anerkennung des bail-in geplant.

119 **(2) Deutsche Rahmenverträge.** Für die deutschen Rahmenverträge wird derzeit eine Zusatzvereinbarung zur vertraglichen Anerkennung entwickelt (SAG-Zusatzvereinbarung). Diese soll die sowohl die vertragliche Anerkennung der Wirkung von Maßnahmen in Ausübung der Abwicklungsbefugnisse gemäß §§ 78 bis 86, 101, 107 sowie 144 und 153 SAG zur Umsetzung der Pflichten des § 60a SAG, als auch die vertragliche Anerkennung der Wirkung der Anwendung der Abwicklungsinstrumente nach den §§ 89, 90 oder 107 SAG zur Umsetzung der Pflichten gemäß § 55 SAG abdecken. Die Vertragsparteien werden die Möglichkeit haben, den Anwendungsbereich auf die Umsetzung der Pflichten des § 60a SAG zu beschränken, etwa wenn eine die Anforderungen für eine Anerkennung als besicherte Verbindlichkeiten erfüllende Besicherungsvereinbarung gilt und damit die Anerkennung nach § 55 SAG für den betreffenden Vertrag entbehrlich ist.

120 **(3) Weitere Muster.** Speziell für unter New Yorker Recht begebene Schuldtitel eines in Großbritannien ansässigen Emittenten hat die Association for Financial Markets in Europe (AFME) im September 2015 eine Musterklausel zu vertraglichen Anerkennung des bail-in gemäß Art. 55 BRRD veröffentlicht.

121 Auch weitere Verbände und Organisationen prüfen derzeit die Entwicklung eigener Musterklauseln für die von ihnen herausgegeben Musterverträge oder Regelwerke. Wo sich dies abzeichnet, dürfte es sinnvoll sein, auf die Veröffentlichung der entsprechenden Musterklauseln für die jeweilige Standardvertragsdokumentation zu warten, da bei Verwendung von Standardklauseln von einer deutlich größeren Marktakzeptanz ausgegangen werden kann.

---

and take legal advice before adhering to the ISDA 2015 Universal Protocol", Dokument abrufbar unter: http://www2.isda.org/functional-areas/protocol-management/protocol/22.

VII. Herstellung der Abwicklungsfähigkeit

Übersicht

		Rn.
1.	Einleitung	1
	a) Vorbemerkung	1
	b) Begriff der „Abwicklungsfähigkeit"	3
	c) Begriffliche Abgrenzung	11
	aa) Herstellung der Abwicklungsfähigkeit im Vorfeld der Implementierung von konkreten Abwicklungsmaßnahmen	12
	bb) Herstellung der Abwicklungsfähigkeit nach der Implementierung von konkreten Abwicklungsmaßnahmen	13
	cc) Abgrenzung zur Herstellung der Sanierungsfähigkeit	14
2.	Herstellung der Abwicklungsfähigkeit	16
	a) Kontext der Abwicklungsplanung	16
	b) Katalog an Tätigkeiten/Analysen im Zusammenhang mit der Abwicklungsplanung	18
	aa) Kritische Funktionen und wesentliche Geschäftsaktivitäten	19
	bb) Leistungsbeziehungen	21
	cc) Management Informationssysteme (MIS)	22
	dd) Konzernstrukturen	23
	ee) Abwicklungsinstrumente	24
	ff) Systemische Risiken	25
	c) Herstellung der Abwicklungsfähigkeit	27
3.	Abwicklungshindernisse	28
	a) Komplexitätsreduktion	28
	b) Identifikation von Abwicklungshindernissen	30
	c) Vorfragen im Rahmen der Abwicklungsstrategie	31
	aa) Point of Entry	32
	bb) Bail-In oder Übertragungen	35
	cc) Divergierende Abwicklungsstrategien	37
	d) Mögliche Abwicklungshindernisse	38
	aa) Strukturelle und organisationsbezogene Hindernisse	39
	bb) Finanzielle Hindernisse	83
	cc) Informationshindernisse	112
4.	Beseitigung möglicher Abwicklungshindernisse	115
	a) Verfahren	115
	aa) Zuständigkeit des Ausschusses für die einheitliche Abwicklung	115
	bb) Nationale Sachverhalte – FMSA als Abwicklungsbehörde	123
	cc) Internationale Sachverhalte	126
	dd) Zusammenarbeit der Behörden	132
	b) Umfassende Befugnisse der Abwicklungsbehörden	133
	aa) Unbestimmte Rechtsbegriffe	135
	bb) Prognoseentscheidungen	136
	cc) Ermessen	139
	c) Grundrechtseingriffe und Verhältnismäßigkeit	142
	aa) Geeignetheit	145
	bb) Erforderlichkeit	147
	cc) Angemessenheit	150
	d) Rechtsschutz	155
	e) Ausblick	156
	aa) Referenzszenario	157
	bb) Auswirkungen auf Institute	158
	cc) Verantwortlichkeit	159
	dd) Rolle der Institute	160

B. Abwicklung

Schrifttum: *Avgouleas/Goodhart*, Critical Reflections on Bank Bail-ins, JFR 2015, 3; *Binder*, Gleichung mit (zu?) vielen Unbekannten: Nachhaltige Bankenstrukturen durch Sanierungs- und Abwicklungsplanung?, ZBB 2015, 153; *Binder*, Komplexitätsbewältigung durch Verwaltungsverfahren?, ZHR 179 (2015), 83; *Chattopadhyay*, Der Vorschlag für eine Richtlinie zur Sanierung und Abwicklung von Kreditinstituten, WM 2013, 405; *Greene/Beller/Rosen/Silverman/Braverman/Sperber/Grabar*, US Regulation of the International Securities and Derivatives Markets, 11. Auflage 2014; *Hannemann/Schneider/Weigl*, Mindestanforderungen an das Risikomanagement, 4. Auflage 2013; *König*, Interview: Neue EU-Behörde will Banken „freundlich nachhelfen", Börsenzeitung vom 5.9.2015; *Kusserow/Scholl*, Kreditderivate im Kraftfeld der BRRD – Die neuen Musterbedingungen für Kreditderivate – Teil II, WM 2015, 413; *Lehmann/Hoffmann*, Bankenrestrukturierung mit Hindernissen: Die Übertragung im Ausland belegener systemrelevanter Funktionen, WM 2013, 1389; Münchener Kommentar zur Zivilprozessordnung, 4. Auflage 2013; *Nierhaus*, Beweismaß und Beweislast. Untersuchungsgrundsatz und Beteiligtenmitwirkung im Verwaltungsprozeß, 1989; *Ossenbühl*, Die richterliche Kontrolle von Prognoseentscheidungen der Verwaltung, in: System des verwaltungsgerichtlichen Rechtsschutzes: FS für Christian-Friedrich Menger zum 70. Geburtstag, Köln 1985, S. 732; *Schuster*, „Too big to fail" als Rechtsproblem, DB 2010, 71; *Wolfers/Rau*, Enteignung zur Stabilisierung des Finanzmarktes: Das Rettungsübernahmegesetz, NJW 2009, 1297; *Wolfers/Voland*, Sanierung und Insolvenz von Banken unter besonderer Berücksichtigung der Vorgaben des Verfassungs- und Europarechts, in: Hopt/Wohlmannstetter (Hrsg.), Handbuch Corporate Governance von Banken, 2011, S. 342 ff.

1. Einleitung

a) Vorbemerkung

1 Im Rahmen eines Handbuchs ist es nahezu unmöglich, dem Rechtsanwender eine allgemeingültige Darstellung der Herstellung der Abwicklungsfähigkeit von Instituten zur Verfügung zu stellen. Dazu ist der normative Rahmen der SRM-Verordnung und des SAG zu weit gesteckt und die Abwicklungsfähigkeit eines konkreten Instituts von zu vielen Unbekannten abhängig. Sie richtet sich vor allem nach der Abwicklungsstrategie für dieses Institut, dh der (Kombination verschiedener) Abwicklungsinstrumente, die der Abwicklungsplan der Abwicklungsbehörde vorsieht und den der Umsetzung der Abwicklungsstrategie im Einzelfall entgegenstehenden Hindernissen. Dreh- und Angelpunkt der Herstellung der Abwicklungsfähigkeit ist in jedem Fall die **Einschätzung der zuständigen Abwicklungsbehörde**, die zugleich mit einer erstaunlichen Kompetenzfülle zur Beseitigung von Abwicklungshindernissen ausgestattet ist.

2 Den Instituten ist angesichts der weiten gesetzlichen Regelungen – zum großen Teil mit Koppelungsvorschriften versehen – anzuraten, sich in ihrem Vorgehen eng mit ihrer/ihren Abwicklungsbehörde(n) abzustimmen, um nicht Gefahr zu laufen, letztendlich eine Konzern-, Finanz oder Produktstruktur vorgegeben zu bekommen, die die Organisation und das Geschäftsmodell des Instituts weitgehend dem Primat der Abwicklungsfähigkeit unterwirft. Ob das im Ergebnis gelingt, ist gleichwohl fraglich.[1] Da es an Präzedenzfällen sowohl von Seiten der Abwicklungsbehörden wie der zuständigen Gerichte fehlt und eine Veröffentlichung angeordneter Maßnahmen auch in der Zukunft unterbleiben wird[2], unternimmt dieser Beitrag den Versuch, Aspekte zu beleuchten, auf die die zuständigen Abwicklungsbehörden voraussichtlich besonderen Wert legen, um Entscheidungsträgern in Instituten einen Wegweiser für künftige Überlegungen an die Hand zu geben.

---

[1] Vgl. zB *Binder* ZHR 179 (2015), 83 (132).
[2] *König* Interview mit der Börsenzeitung vom 5.9.2015, S. 3

b) Begriff der „Abwicklungsfähigkeit"

Bereits unmittelbar nach der Finanzkrise von 2007/2008 beschäftigten sich nationale und europäische Gesetzgeber, das Financial Stability Board (FSB) und der Baseler Ausschuss für die Bankenaufsicht mit der Frage, wie eine Abwicklung grenzüberschreitend tätiger Institute erfolgen kann. Häufiger Gegenstand der Erörterung waren die Größe, Komplexität und wechselseitigen Beziehungen von Instituten, die einer „normalen" Abwicklung im Sinne eines Insolvenz- oder Liquidationsverfahrens im Wege standen. Die Negativbeispiele der Insolvenz von Lehman Brothers oder die Bail-Out Maßnahmen für zahlreiche europäische Banken zeigten, dass eine große international agierende Bank nicht ohne erhebliche Auswirkungen auf andere Banken und Volkswirtschaften abwicklungsfähig war. Ziel der künftigen Regulierung musste es also sein, die Größe, Komplexität und wechselseitigen Beziehungen von Instituten dergestalt handhabbar zu machen, dass eine Abwicklung bei gleichzeitiger Aufrechterhaltung ausschließlich der **kritischen Funktionen**[3] der Institute möglich ist.

Angesichts dieser Zielsetzung formulierte das FSB[4], dass ein Institut abwicklungsfähig ist, wenn die Abwicklungsbehörden es für **durchführbar** und **glaubhaft** halten, dass im Zuge der Abwicklung die systemkritischen Funktionen eines Instituts geschützt werden können, ohne dass es zu Störungen im Finanzsystem kommt und ohne dass Steuergelder eingesetzt werden müssen. Die Glaubhaftigkeit der Abwicklungsfähigkeit ist dann gegeben, wenn der Abwicklung keine Hindernisse entgegenstehen, die die Implementierung der geplanten Abwicklungsmaßnahmen aufgrund ihrer Auswirkungen auf Finanzmarkt und Realwirtschaft als unwahrscheinlich erscheinen lassen. Ihr soll eine echte Einschüchterungswirkung gegen den *Moral Hazard* zukommen. Die Glaubhaftigkeit eines Abwicklungsszenarios erhöht sich mithin in dem Maße, in dem wesentliche Abwicklungshindernisse abgebaut werden.

Auch wesentliche Abwicklungshindernisse selbst werden seit den ersten Basler Ausschuss/FSB[5]-Empfehlungen zumindest thematisch erfasst und kategorisiert und sind zumeist eben jener Komplexität von Kreditinstituten geschuldet, die nicht nur der Ansteckung von Risiken innerhalb einer Gruppe Vorschub leisten kann, sondern auch gerade im Abwicklungsfall einer Isolierung von wesentlichen Geschäftsbereichen und systemwichtigen Funktionen entgegen steht.

Wenn im Kontext des SAG von „Abwicklung" die Rede ist, ist die Implementierung der Abwicklungsmaßnahmen gemeint. Damit ist aber noch nicht die tatsächliche Abwicklung iS einer Liquidation oder Verwertung der Vermögensgegenstände erfasst, sondern uU eine vorgelagerte Tätigkeit. Der Begriff der Abwicklungsfähigkeit ist in § 57 Abs. 2 SAG entsprechend legaldefiniert. Danach ist ein Institut abwicklungsfähig,

---

[3] Gemäß § 1 Abs. 3 Nr. 38 SAG die „Tätigkeiten, Dienstleistungen und Geschäfte, deren Einstellung zu einer Störung der für die Realwirtschaft unverzichtbaren Dienste oder zu einer Störung der Finanzmarktstabilität in einem oder mehreren Mitgliedstaaten aufgrund der Größe des Instituts oder der Gruppe oder deren Marktanteils, deren externen und internen Verflechtungen, deren Komplexität oder deren grenzüberschreitenden Tätigkeiten führen kann, und zwar insbesondere im Hinblick auf ihre Substituierbarkeit."
[4] Financial Stability Board, Key Attributes of Effective Resolution Regimes for Financial Institutions, 15. October 2014, I-Annex 3, S. 37.
[5] Financial Stability Board, Key Attributes of Effective Resolution Regimes for Financial Institutions, 15. October 2014, Ziff. 10.

"wenn es aus Sicht der Abwicklungsbehörde möglich ist, über das Vermögen des Instituts entweder ein Insolvenzverfahren zu eröffnen und durchzuführen oder dieses durch Anwendung von Abwicklungsinstrumenten und -befugnissen abzuwickeln, insofern dabei
- *(i) auch in einer Situation allgemeiner finanzieller Instabilität oder bei Eintritt systemweiter Ereignisse wesentliche nachteilige Auswirkungen auf Finanzsysteme in der Bundesrepublik Deutschland, den anderen Mitgliedstaaten oder der Union insgesamt soweit wie möglich vermieden werden,*
- *(ii) die Fortführung für das Institut kritischer Funktionen gewährleistet ist, sofern der Geschäftsbetrieb des Instituts solche kritischen Funktionen umfasst, und*
- *(iii) kritische Funktionen und wesentliche Geschäftsaktivitäten im erforderlichen Umfang rechtlich und wirtschaftlich von anderen Funktionen getrennt werden."*

7   Die Entscheidung darüber, wann die Abwicklungsfähigkeit eines Instituts gegeben ist, liegt in allen Fällen weitestgehend im Ermessen der Abwicklungsbehörde (*„aus Sicht der Abwicklungsbehörden"*) und bemisst sich jeweils an den Abwicklungsmaßnahmen, die planmäßig für dieses Institut ins Auge gefasst werden. Demgemäß kann es nicht „die" Abwicklungsfähigkeit schlechthin geben. Vielmehr muss für jedes Abwicklungsinstrument und für die Kombination verschiedener Abwicklungsinstrumente gesondert gefragt werden, wie die Abwicklungsfähigkeit hergestellt oder verbessert werden kann und ob es Zielkonflikte gibt. Die Frage der Abwicklungsfähigkeit erfordert eine **ex-ante Einschätzung** der Abwicklungsbehörden[6], ob ein Institut im Wege des Insolvenzverfahrens oder darüber hinaus durch Anwendung von Abwicklungsinstrumenten und -befugnissen abgewickelt werden kann. Im Rahmen dieser Entscheidung berücksichtigt die Abwicklungsbehörde die Systemrelevanz und zwar sowohl für die relevanten Finanzsysteme (Nr. 1) als auch – soweit dieser Vorschrift ein eigener Regelungsgehalt zukommen soll – die für die Realwirtschaft kritischen Funktionen[7] des Instituts (Nr. 2). Eine Überleitung zur Thematik der Herstellung der Abwicklungsfähigkeit findet sich sodann in § 57 Abs. 2 Nr. 3 SAG, wo die rechtliche Abtrennbarkeit kritischer Funktionen und wesentlicher Geschäftsaktivitäten[8] eines Instituts und damit bereits die Beseitigung von Abwicklungshindernissen adressiert wird.

8   § 58 Abs. 1 SAG regelt dabei die praktisch besonders bedeutsame internationale Einbindung im Falle von Gruppen. Die nach § 155 SAG für die Gruppenabwicklung zuständige Abwicklungsbehörde bewertet die Abwicklungsfähigkeit „innerhalb" eines Abwicklungskollegiums nach Abstimmung mit der konsolidierenden Aufsichtsbehörde sowie den Abwicklungsbehörden die für Tochterunternehmen zuständig sind oder in deren Jurisdiktion sich bedeutende Zweigniederlassungen befinden.

9   Nach Art. 10 Abs. 3 und 4 SRM-Verordnung bewertet der Ausschuss, inwieweit ein Unternehmen bzw. eine Gruppe abwicklungsfähig ist. Ein Unternehmen ist sinngemäß unter den gleichen Voraussetzungen als abwicklungsfähig zu betrachten wie im nationalen Recht. In Art. 10 Abs. 5 SRM-Verordnung findet sich zudem eine Präzisierung, wann von erheblichen negativen Auswirkungen auf das Finanzsystem bzw. einer Bedrohung für die Finanzstabilität ausgegangen werden kann. Damit ist eine Situation gemeint, in der das Finanzsystem tatsächlich oder potenziell der Gefahr einer Störung ausgesetzt ist, welche zu einer Finanzkrise führen kann, die das ordnungsgemäße Funktionieren, die Effizienz und die Integrität des Binnenmarktes oder der Wirtschaft oder des Finanzsystems eines oder mehrerer Mitgliedstaaten gefährden könnte. Bei der Feststellung der erheblichen negativen

---

[6] Vgl. zum Prognosebegriff → Rn. 136 f.
[7] Vgl. Definition kritische Funktionen in § 1 Abs. 3 Ziff. 38 SAG.
[8] Vgl. Definition wesentliche Geschäftsaktivitäten § 2 Abs. 3 Nr. 45 SAG.

VII. Herstellung der Abwicklungsfähigkeit

Auswirkungen hat der Ausschuss die entsprechenden Warnungen und Empfehlungen des ESRB und die einschlägigen von der EBA aufgestellten Kriterien, die bei der Ermittlung und Messung des Systemrisikos anzulegen sind, zu berücksichtigen.

Als Basis für die Einschätzung der Abwicklungsfähigkeit im Sinne der SRM-Verordnung und des SAG fungiert der Abwicklungsplan, womit klar ist, dass die Abwicklungsfähigkeit im Sinne dieser Normen und die Frage nach deren Herstellung eher **konzeptioneller Natur** sind. Mit ihr beschäftigen sich die → Kap. B.III. Rn. 28 ff. und → Kap. B.IV. Rn. 114 ff. 10

c) Begriffliche Abgrenzung

Die Abwicklungsfähigkeit im materiellen Sinne kann sich aber nicht in diesem konzeptionellen Verständnis erschöpfen, da diese lediglich im Kontext der Abwicklungsplanung erfolgt und auch nur die in diesem Stadium identifizierbaren Abwicklungshindernisse berücksichtigen kann. Ob eine tatsächliche Abwicklungsfähigkeit besteht, ist häufig erst unmittelbar vor der Abwicklung ersichtlich, auch weil hier zahllose Detailfragen gelöst werden müssen, die den Rahmen einer Abwicklungsplanung sprengen würden. Dies ist allerdings unschädlich, solange sie für die Glaubhaftigkeit der Abwicklungsmaßnahmen keine zwingenden Voraussetzungen darstellen. 11

Entsprechend stattet das SAG die Abwicklungsbehörden mit weitergehenden Befugnissen aus, die die Abwicklungsfähigkeit „im materiellen Sinne" bis zur tatsächlichen Abwicklung herzustellen oder sicherzustellen helfen und die in → Rn. 12. kurz beleuchtet werden. Hier verläuft dann auch die Grenze zwischen den vorbereitenden Befugnissen im Kontext der Abwicklungsplanung einerseits und den eigentlichen Abwicklungsbefugnissen andererseits.

aa) Herstellung der Abwicklungsfähigkeit im Vorfeld der Implementierung von konkreten Abwicklungsmaßnahmen

Zur Herstellung der Abwicklungsfähigkeit im materiellen Sinne dienen auch alle jenen Maßnahmen, die – ohne konkrete Abwicklungsmaßnahmen zu sein – im unmittelbaren Vorfeld einer Abwicklungsmaßnahme implementiert werden, aber unzweifelhaft erst die Voraussetzung für die Anwendung der Abwicklungsmaßnahmen schaffen. 12

Der Abwicklungsbehörde kommt auch hier ein erheblicher Eingriffs- und Ermessensspielraum zu. Aus § 77 Abs. 1 SAG ergibt sich, dass sie neben einer Abwicklungsanordnung nach § 136 SAG auch von den in §§ 78 ff. SAG eingeräumten Befugnissen Gebrauch machen kann[9]. § 77 Abs. 3 SAG ermächtigt die Abwicklungsbehörden, bei einem Institut einen Rechtsformwechsel in eine Aktiengesellschaft nach § 149 SAG anzuordnen, um die Anwendung der Abwicklungsmaßnahmen – insbesondere von Kapitalinstrumenten – durchsetzen zu können. § 78 SAG enthält mehrere Befugnisse zur Vorbereitung einer Abwicklungsmaßnahme: Nach Ziff. 1 kann das Institut verpflichtet werden, sämtliche zur Vorbereitung einer Maßnahme erforderlichen Informationen zu übermitteln, nach Ziff. 2 sind Vor-Ort-Prüfungen zu dulden und zu unterstützen und nach Ziff. 3 kann angeordnet werden, dass die Fälligkeit von Schuldtiteln oder berücksichtigungsfähigen Verbindlichkeiten eines Instituts oder von Zinszahlungen geändert oder zeitlich befristet ausgesetzt werden kann. Im Zusammenhang mit einer Übertragungsanordnung kann die Abwicklungsbehörde nach § 79 SAG die Rechte Dritter an Gegenständen im Vermögen des Instituts

---

[9] Diese Maßnahmen werden nachstehend nur skizziert, da sie detailliert in → B.IV Rn. 28 ff. dargestellt werden.

ändern, weitreichend in Verträge eingreifen und die Aussetzung der Börsenzulassung der von dem abzuwickelnden Institut begebenen Finanzinstrumente betreiben. Die §§ 82 bis 84 SAG beinhalten darüber hinaus weitreichende Eingriffe in bestehende Vertragsverhältnisse. Gemäß § 80 Abs. 3 SAG hat das Institut in Auslagerungsverträgen darauf hinzuwirken, dass die Bereitstellung von Diensten und Einrichtungen gewährleistet ist.

Da diese Maßnahmen im unmittelbaren zeitlichen und inhaltlichen Zusammenhang mit der Implementierung einer Abwicklungsmaßnahme stehen und nur bei Vorliegen der Abwicklungsvoraussetzungen zulässig sind, sind ungleich schwerere Eingriffe in grundrechtlich geschützte Rechtspositionen als bei der abwicklungsplanbasierten Herstellung von Abwicklungsfähigkeit zulässig[10]. Letztere sollte im Idealfall dazu führen, dass auch solche vorbereitenden Maßnahmen, soweit erforderlich, im Abwicklungsfalle durchführbar sind.

bb) Herstellung der Abwicklungsfähigkeit nach der Implementierung von konkreten Abwicklungsmaßnahmen

13   Auch die Ermöglichung einer „Abwicklung nach der Abwicklung", dh der konkreten Liquidation eines Instituts oder Brückeninstituts, sollte im Auge behalten werden, zumal der Gesetzgeber selbst in diesem Kontext eine Maximierung der Verwertungserlöse im Wege der geordneten Abwicklung (zB in §§ 132 Abs. 1 Nr. 2, 133 Abs. 3 SAG) für geboten hält. Dieses Verständnis von Abwicklung liegt zB den Abwicklungsanstalten zugrunde und wird bei den Abwicklungsinstituten Brückenbank und Vermögensverwaltungsgesellschaft relevant. Diese Institutionen haben im Grundsatz den Hauptvorteil der Abwicklungsanstalten, die „*option to wait*", erhalten[11], die den zeitlichen Rahmen für die Wertaufholung von Vermögensgegenständen erweitert und damit die wesentliche Ursache für den Erfolg einer nachgelagerten Abwicklung darstellt. In diesem Kontext mag es auf Ebene der einzelnen Vermögenspositionen noch Handlungsbedarf geben, um die Abwicklungsfähigkeit, zB durch werterhöhende Maßnahmen sicherzustellen. Zu denken ist hier an die Restrukturierung von Kreditengagements oder die Neuausrichtung von Beteiligungsgesellschaften.

cc) Abgrenzung zur Herstellung der Sanierungsfähigkeit

14   Die Sanierungsplanung und die Herstellung der Sanierungsfähigkeit erfolgen parallel zu Herstellung der Abwicklungsfähigkeit, betreffen jedoch einen vorgelagerten Zeitraum. Die Sanierungsfähigkeit dient der Sicherstellung des Fortbestands des Kreditinstituts, was die Abwicklungsfähigkeit ja gerade nicht zwingend voraussetzt. Die Herstellung der Sanierungsfähigkeit und die Beseitigung von Sanierungshindernissen sind im Gesetz weit weniger prominent geregelt. In § 13 Abs. 2 Nr. 5 SAG wird eine Analyse der Umsetzbarkeit der dargestellten Handlungsoptionen, einschließlich der möglichen Umsetzungshindernisse, sowie eine Darstellung, ob und wie diese Hindernisse überwunden werden können, als Bestandteil des Sanierungsplans gefordert.

15   Sanierungspläne können grundsätzlich Handlungsoptionen beinhalten, die sich nachteilig auf eine nachgelagerte Abwicklung eines Instituts auswirken können. Als Beispiel seien eine erhebliche Ausweitung des *Retail*-Einlagengeschäfts oder eine gruppeninterne finanzielle Unterstützung genannt. Die erste Maßnahme kann – bei gleichbleibender Bilanzgröße – per se die Menge an Bail-In-fähigen Verbindlichkeiten reduzieren, die zweite Maßnahme

---

[10] Vgl. → Rn. 142 ff.
[11] Bei der Brückenbank durch die Zweijahresfrist des § 128 Abs. 4 S. 1 Nr. 3 SAG bzw. restriktive Verlängerungsoptionen freilich etwas eingeschränkt.

erschwert ggf. die finanzielle Entflechtung (vgl. → Rn. 42 ff.). Vor diesem Hintergrund können gemäß § 15 Abs. 1 SAG auch die Abwicklungsbehörden einen Sanierungsplan prüfen, um dort vorgesehene Maßnahmen zu identifizieren, die eine Abwicklung nachteilig beeinflussen können. Auf dieser Stufe kann die Abwicklungsbehörde der Aufsichtsbehörde aber nur Empfehlungen im Hinblick hierauf geben. Dies ist an dieser Stelle sachgerecht, da die erfolgreiche Sanierung eines Kreditinstituts vorzugswürdig ist. Problematisch wird es hingegen dann, wenn sich Abwicklungs- und Aufsichtsbehörde nicht über jeweils geeignete Maßnahmen verständigen können.

2. Herstellung der Abwicklungsfähigkeit

a) Kontext der Abwicklungsplanung

Nach Art. 10 Abs. 3 SRM-Verordnung bzw. § 57 Abs. 1, 3 SAG bewertet die Abwicklungsbehörde[12] im Kontext der Abwicklungsplanung (§§ 57 Abs. 4, 40 Abs. 3 Nr. 7 SAG) die Abwicklungsfähigkeit eines nicht gruppenangehörigen Instituts. Art. 10 Abs. 4 SRM-Verordnung bzw. § 58 Abs. 1, 3 SAG stellt die Parallelnorm für Gruppen dar. Maßgebend für die Frage, ob Abwicklungsfähigkeit besteht, sind zunächst die Annahmen und Voraussetzungen, die der Abwicklungsplan formuliert. Dies sind zunächst die präferierte Abwicklungsstrategie (*Multiple Point of Entry* (MPOE)- oder *Single Point of Entry* (SPOE)-Ansatz, Abwicklungsinstrumente, in Konzernen die Auswahl der Gesellschaften, auf die die Abwicklungsinstrumente angewendet werden), die Verfügbarkeit von Informationen für die Entscheidung über die Implementierung von Abwicklungsmaßnahmen, die operative Kontinuität kritischer Systeme und Zugang zu Funktionen (vor allem Handels-, Clearing- und Zahlungsverkehrssysteme) und die Finanzierung (Finanzierungs-, Kapital- und Liquiditätsanforderungen sowie potenzielle Finanzierungsquellen). Soweit diese Kernelemente der Abwicklungsplanung festgelegt sind, bilden sie damit auch das **Zielbild**, an dem sich die Herstellung der Abwicklungsfähigkeit auszurichten hat.

Die Bewertung der Abwicklungsfähigkeit eines Instituts durch die Abwicklungsbehörde folgt dabei der im Gesetz angelegten Kaskade:

(i) Wenn von einem Institut keine Systemgefährdung ausgeht, wird vorrangig eine Liquidation im Rahmen eines normalen Insolvenzverfahrens geprüft und angestrebt. Die Abwicklungsfähigkeit besteht in einem solchen Fall ohne weiteres und es bedarf keiner weiteren flankierender Eingriffe durch die Abwicklungsbehörden.

(ii) Wenn ein Institut systemrelevant ist, besteht ausgehend von der Abwicklungsstrategie die Abwicklungsfähigkeit, (a) wenn die systemrelevanten Funktionen im Falle einer Insolvenz aufrechterhalten oder übertragen werden können, ohne dass es zu den gesetzlich umrissenen negativen Auswirkungen auf Finanzsystem und Realwirtschaft kommt und/oder (b) Bail-In Maßnahmen ohne weiteres umgesetzt werden können und wenn dies jeweils hinreichend glaubhaft vermittelt werden kann.

---

[12] In Deutschland die FMSA, im Kontext der Verordnung (EU) Nr. 806/2014 des Europäischen Parlaments und des Rates vom 15. Juli 2014 zur Festlegung einheitlicher Vorschriften und eines einheitlichen Verfahrens für die Abwicklung von Kreditinstituten und bestimmten Wertpapierfirmen im Rahmen eines einheitlichen Abwicklungsmechanismus und eines einheitlichen Abwicklungsfonds sowie zur Änderung der Verordnung (EU) Nr. 1093/2010, ABl. L 225, 1 (SRM-Verordnung) der Ausschuss für die einheitliche Abwicklung (Ausschuss) und, soweit es um die Umsetzung von Maßnahmen geht, die nationale Abwicklungsbehörde, nachfolgend wird weiterhin der Begriff „Abwicklungsbehörde" verwendet.

(iii) Können die systemrelevanten Funktionen im Falle einer Insolvenz nicht aufrechterhalten oder übertragen werden oder ist der Einsatz von Bail-In Instrumenten nicht ausreichend, besteht das Risiko, dass die Abwicklungsinstrumente nicht greifen und/oder durch ihren Einsatz erhebliche anderweitige Schäden verursacht werden. Dies hat zur Folge, dass aus Sicht des betroffenen Instituts und der anderen Marktteilnehmer eine Implementierung der planmäßig vorgesehenen Abwicklungsinstrumente unwirksam oder wenig wahrscheinlich ist. Da damit dem Gesetzeszweck, den *Moral Hazard* zu verhindern, nicht entsprochen wird, muss die Abwicklungsfähigkeit dergestalt hergestellt werden, dass die unter (ii) dargestellten Maßnahmen erfolgreich implementiert werden können. In diesem Kontext spricht man von der **Beseitigung von Abwicklungshindernissen**.

b) Katalog an Tätigkeiten/Analysen im Zusammenhang mit der Abwicklungsplanung

18   Für Zwecke der Bewertung der Abwicklungsfähigkeit eines Instituts[13] ist die Abwicklungsbehörde nach Art. 10 Abs. 6 SRM-Verordnung bzw. § 57 Abs. 3 SAG gehalten, mindestens die in Abschnitt C des Anhangs der BRRD enthaltenen Aspekte zu prüfen. Diese konkretisieren zT die Kriterien aus § 57 Abs. 2 Ziff. 1 bis 3 SAG, zT formulieren sie ihrerseits darüber hinaus eigenständige Kriterien. Ihre Betrachtung liefert auch erste Anhaltspunkte dafür, welche Abwicklungshindernisse es geben mag, die zum Zwecke der Herstellung der Abwicklungsfähigkeit beseitigt werden müssen.

aa) Kritische Funktionen und wesentliche Geschäftsaktivitäten

19   Die Möglichkeit der isolierten Aufrechterhaltung von kritischen Funktionen und wesentlichen Geschäftsaktivitäten im Falle einer Abwicklung sind zentrale Anliegen der Abwicklungsplanung, da nur so sichergestellt werden kann, dass die Auswirkungen einer Abwicklung des Instituts einerseits sowohl für die Finanz- als auch für die Realwirtschaft beherrschbar bleibt („kritische Funktionen") und andererseits für Gläubiger die Aufrechterhaltung eines möglichst maximalen Unternehmenswerts sichergestellt ist („wesentliche Geschäftsaktivitäten").

20   Die Abwicklungsbehörden müssen sicherstellen, dass die jeweiligen kritischen Funktionen und wesentlichen Geschäftsaktivitäten im Falle einer Abwicklung identifiziert sind, getreu dem Gesetzeszweck isoliert und übertragen und für eine Übergangszeit fortgeführt werden können. Vor diesem Hintergrund hat die Abwicklungsbehörde zu prüfen,
(i) inwieweit das Institut in der Lage ist, kritische Funktionen und wesentliche Geschäftsaktivitäten juristischen Personen zuzuordnen.
(ii) inwieweit Rechts- und Unternehmensstrukturen auf kritische Funktionen und wesentliche Geschäftsaktivitäten abgestimmt sind und
(iii) inwieweit Regelungen bestehen, mit denen sichergestellt wird, dass Personal, Infrastrukturen, Finanzierung, Liquidität und Kapital im erforderlichen Maß vorhanden sind, um die kritischen Funktionen und wesentlichen Geschäftsaktivitäten zu stützen und aufrechtzuerhalten.
Zusätzlich haben die Behörden vorab zu prüfen, wie hoch und welcher Art die berücksichtigungsfähigen Verbindlichkeiten des Instituts sind.

---

[13] Im Zusammenhang mit der Bewertung der Abwicklungsfähigkeit einer Gruppe wird bei der Bezugnahme auf ein Institut davon ausgegangen, dass diese sich auf jedes Institut oder jede Einheit im Sinne des Artikels 1 Absatz 1 lit. c oder d BRRD innerhalb der Gruppe bezieht.

bb) Leistungsbeziehungen

Sollte der Abwicklungsplan (ua) die Abtrennung von kritischen Funktionen und wesentlichen Geschäftsaktivitäten vorsehen, sind die Dienstleistungen, die operativ zur Aufrechterhaltung kritischer Funktionen und wesentlicher Geschäftsaktivitäten erforderlich sind, zu erfassen. In der Regel werden bestimmte **Zentralfunktionen** vor allem in den Bereichen IT, Operations und die Risikomanagementfunktionen in größeren Bankkonzernen für sämtliche Konzerngesellschaften erbracht. Absolut kritisch ist insbesondere der Fortbestand von Vereinbarungen mit Anbietern von Finanzmarktinfrastruktur wie Zahlungsdienste-, Wertpapierabwicklungs- und Clearinganbietern (vgl. § 2 Abs. 3 Ziff. 22 SAG). Im Falle der Abtrennung von kritischen Funktionen und wesentlichen Geschäftsaktivitäten müssen diese Dienstleistungen von Internen und Externen weiter erbracht werden. Soweit bereits eine organisatorische Trennung zwischen den Bereichen der Bank besteht, die die Kerngeschäftsbereiche und die kritischen Funktionen erfüllen, werden im Falle einer wesentlichen Auslagerung (§ 25b KWG) in der Regel bereits aus Gründen der MaRisk-Konformität entsprechende detaillierte Serviceverträge bestehen. Das Gleiche gilt für bestehende Serviceverträge mit externen Anbietern. Soweit diese Servicebeziehungen noch nicht bestehen oder nicht bestehen müssen, da derzeit die gleiche juristische Person den Service erbringt, ist zu prüfen, inwieweit dies unter dem Gesichtspunkt einer eventuellen späteren Heraustrennbarkeit auswirkt. Die Abwicklungsbehörden sind nicht zuletzt vor dem Hintergrund einer eventuellen Anwendbarkeit der §§ 80, 82 ff. SAG daher gehalten zu prüfen 21

(i) inwieweit die vom Institut geschlossenen Dienstleistungsvereinbarungen im Fall einer Abwicklung des Instituts in vollem Umfang durchsetzbar sind;
(ii) inwieweit die Unternehmensverfassung des Instituts angemessen ist, um die internen Strategien des Instituts in Bezug auf getroffene Dienstgütevereinbarungen umzusetzen und deren Einhaltung sicherzustellen;
(iii) inwieweit das Institut für den Fall einer Ausgliederung kritischer Funktionen oder wesentlicher Geschäftsaktivitäten über ein Verfahren für die Übertragung der im Rahmen von Dienstgütevereinbarungen erbrachten Dienste auf Dritte verfügt;
(iv) inwieweit Notfallpläne und -maßnahmen bestehen, die einen dauerhaften Zugang zu Zahlungs- und Abrechnungssystemen sicherstellen.

cc) Management Informationssysteme (MIS)

Die Entscheidung, ob und wie abzuwickeln ist, kann nur auf Basis ausreichender, aktueller und zutreffender Informationen getroffen werden. Hierzu sind die im Rahmen von Geschäftsberichten oder Kapitalmarktkommunikation erfolgenden Veröffentlichungen nicht ausreichend, insbesondere zumeist nicht detailliert und aktuell genug. Daher empfiehlt sich der Zugriff auf Management Informationssysteme, die die aktuelle Entwicklung des Instituts, sämtliche Geschäfte und wesentliche Parameter der Unternehmenssteuerung transparent machen. Entscheidend ist aber, dass auch die für eine (Entscheidung über die) Abwicklung des Instituts erforderlichen Informationen in den Management Informationssystemen vorhanden, auf aktuellem Stand und abrufbar sind. Zentral ist zB die Bewertung, welche Bereiche des Instituts **wesentliche Geschäftsaktivitäten** erbringen. Dies ist nur unter Rückgriff auf sämtliche institutsinternen Informationen über Gegenparteien möglich. Hier ist aber auch zB an Bail-In Instrumente zu denken, die eine präzise Qualifikation und Bezifferung von relevanten Kapitalinstrumenten und berücksichtigungsfähigen Verbindlichkeiten erfordern, um die Haftungskaskade in ausreichendem, aber auch nur in dem erforderlichen Maße in Anspruch zu nehmen. Schließlich ist noch festzustellen, ob die Management In- 22

formationssysteme auch in der Krise und in der Abwicklung die Informationsversorgung gewährleisten können. In diesem Kontext muss die Abwicklungsbehörde daher prüfen
(i) ob die Management-Informationssysteme ausreichend sind, um sicherzustellen, dass die Abwicklungsbehörden in der Lage sind, korrekte und vollständige Informationen über die wesentlichen Geschäftsaktivitäten und die kritischen Funktionen zu erheben, sodass eine rasche Entscheidungsfindung erleichtert wird;
(ii) ob die Management-Informationssysteme in der Lage sind, jederzeit – auch unter sich rasch verändernden Bedingungen – die für eine effektive Abwicklung des Instituts wesentlichen Informationen bereitzustellen;
(iii) inwieweit das Institut seine Management-Informationssysteme einem Stresstest auf der Grundlage von durch die Abwicklungsbehörde vorgegebenen Szenarien unterzogen hat;
(iv) inwieweit das Institut die Kontinuität seiner Management-Informationssysteme sicherstellen kann, und zwar sowohl für das betroffene Institut als auch – im Fall einer Trennung wesentlicher Geschäftsaktivitäten und kritischer Funktionen von den übrigen Operationen und Geschäftsbereichen – für das neue Institut;
(v) inwieweit das Institut angemessene Verfahren implementiert hat, um sicherzustellen, dass die Abwicklungsbehörden die für die Identifizierung der Einleger und der von den Einlagensicherungssystemen gedeckten Beträge erforderlichen Informationen erhalten.

dd) Konzernstrukturen

23 Konzernverflechtungen können einer effektiven Abwicklung im Wege stehen, da Funktionen und Tätigkeiten gesellschaftsübergreifend organisiert und finanziert sind. In diesem Fall bestehen nicht nur Infektionsrisiken, sondern es ist auch die Abwicklung erschwert. Es liegt auf der Hand, dass die Herauslösung von kritischen Funktionen schwieriger ist, wenn die diese Funktionen erbringende Einheit in vielfacher Hinsicht in eine Konzernorganisation **eingegliedert** ist. Die betrifft die bereits erwähnten IT- und Operationssysteme, aber auch das konzernweit erfolgende Risikomanagement, ein einziges Handelsbuch auf Ebene der Konzernmutter, konzerninterne Finanzierungsvereinbarungen – auch in Form von Patronats- oder Garantierklärungen – und konzernweite Liquiditätsmanagementsysteme. Ein besonderes Augenmerk ist künftig auf die finanzielle und Risiko-Adäquanz von gruppeninternen Geschäften zu legen, da eine Herauslösung aus dem Konzern im Rahmen der Abwicklung dazu führt, dass eine Neubewertung mit den entsprechenden negativen Konsequenzen erforderlich werden kann.

Im Fall von Konzernverbünden prüfen die Abwicklungsbehörden daher zusätzlich:
(i) falls gruppeninterne Garantievereinbarungen bestehen: inwieweit diese Garantien zu Marktkonditionen gewährt werden und inwieweit die Risikomanagementsysteme in Bezug auf diese Garantien robust sind;
(ii) falls die Gruppe an Back-to-back-Transaktionen beteiligt ist: inwieweit diese Transaktionen zu Marktkonditionen durchgeführt werden und inwieweit die Risikomanagementsysteme in Bezug auf diese Transaktionen solide sind;
(iii) inwieweit sich durch gruppeninterne Garantien oder Back-to-back-Transaktionen die Ansteckungsgefahr innerhalb der Gruppe erhöht;
(iv) inwieweit die Rechtsstruktur der Gruppe durch die Zahl der juristischen Personen, die Komplexität der Gruppenstruktur oder die Schwierigkeit, Geschäftsbereiche auf Unternehmenseinheiten auszurichten, ein Hindernis für die Anwendung der Abwicklungsinstrumente darstellt;

(v) inwieweit die Gruppenstruktur es der Abwicklungsbehörde ermöglicht, die gesamte Gruppe oder eine oder mehrere Einheiten der Gruppe ohne erhebliche direkte oder indirekte Beeinträchtigung des Finanzsystems, des Marktvertrauens oder der Wirtschaft mit dem Ziel abzuwickeln, den Wert der Gruppe insgesamt zu maximieren;
(vi) mit welchen Regelungen und Mitteln die Abwicklung bei Gruppen erleichtert werden könnte, deren Tochtergesellschaften in verschiedenen Rechtsgebieten niedergelassen sind;
(vii) falls sich die Bewertung auf eine gemischte Holdinggesellschaft bezieht: inwieweit sich die Abwicklung von Unternehmen der Gruppe, bei denen es sich um Kreditinstitute, Wertpapierfirmen oder andere Finanzinstitute handelt, negativ auf die nicht im Finanzsektor operierenden Teile der Gruppe auswirken könnte;
(viii) ob interne Dienstgütevereinbarungen bestehen und wie solide diese sind.

ee) Abwicklungsinstrumente

Anhang C der BRRD[14] fordert auch eine Einschätzung der Abwicklungsbehörden zur Auswahl und zum Einsatz von Abwicklungsinstrumenten. Dies ist folgerichtig, da hiervon die Abwickelbarkeit abhängt. Hierbei handelt es sich aber nicht um einen mit den vorherigen Prüfungspunkten gleichgeordneten, sondern vielmehr um einen parallel zu verortenden Prüfungspunkt. Auswahl und Einsatz der Abwicklungsinstrumente sind Folge der Analyse der Abwicklungsbehörde und zugleich wieder Maßstab für die in → Rn. 19–23 angesprochenen Einzelprüfungen. Es handelt sich um einen iterativen Prozess, in dem ausgehend von dem Ist-Zustand des Instituts die Abwicklungsinstrumente und Maßnahmen ausgewählt und anhand der obigen Kriterien auf Durchführbarkeit überprüft werden. Kann die Durchführbarkeit nicht bestätigt werden, sind entweder andere Abwicklungsinstrumente zu wählen oder Abwicklungshindernisse zu beseitigen[15]. Eine weitere große Herausforderung für Abwicklungsbehörden besteht in diesem Kontext in der grenzüberschreitenden Tätigkeit von Instituten und Institutsgruppen. Zu trennen ist hier zwischen Kreditinstituten, die nur in der Union tätig sind, und solchen, die weltweit operieren. Im Hinblick auf Abwicklungsinstrumente haben die Abwicklungsbehörden zu prüfen:

(i) ob die Abwicklungsinstrumente angesichts ihrer Verfügbarkeit und der Struktur des Instituts den Abwicklungszielen entsprechend eingesetzt werden können;
(ii) wie glaubhaft ein den Abwicklungszielen entsprechender Einsatz der Abwicklungsinstrumente angesichts der möglichen Auswirkungen auf Gläubiger, Gegenparteien, Kunden und Mitarbeiter und möglicher Maßnahmen von Drittstaatsbehörden ist,
(iii) ob Drittstaatsbehörden über die zur Unterstützung von Abwicklungsmaßnahmen von Abwicklungsbehörden aus der Union erforderlichen Abwicklungsinstrumente verfügen und welche Auswirkungen sich hieraus ergeben.

ff) Systemische Risiken

Da tatbestandlich auch die systemischen Risiken bei der Frage der Abwicklungsfähigkeit zu berücksichtigen sind, bedarf es auch diesbezüglich einer Prüfung der Abwicklungsbehörde. Der Begriff der „Prüfung" ist in diesem Kontext irreführend, da vor allem eine Prognose über die Auswirkungen einer Abwicklung auf die Finanzmärkte, die Realwirtschaft und Finanzsysteme zu treffen ist. Eine solche Prognose ist aufgrund der Komplexität und den

---

[14] Richtlinie 2014/59/EU vom 15. Mai 2014, ABl. L 173, 190.
[15] Vgl. hierzu nachstehend → Kap. B.III. Rn. 28 ff. und → Kap. B.IV Rn. 114 ff.

B. Abwicklung

zahlreichen Unbekannten kaum seriös anzustellen. Dies erkennt auch der erste Prüfungspunkt an. Gleichwohl ist es erforderlich, dass die Abwicklungsbehörden nach bestem Wissen die Geeignetheit der von ihnen vorgesehenen Maßnahmen antizipieren. Somit müssen die Abwicklungsbehörden noch beurteilen,

(i) inwieweit die Auswirkungen, die die Abwicklung des Instituts auf das Finanzsystem und das Vertrauen der Finanzmärkte hat, angemessen bewertet werden können;

(ii) inwieweit die Abwicklung des Instituts eine erhebliche unmittelbare oder mittelbare Beeinträchtigung des Finanzsystems, des Marktvertrauens oder der Wirtschaft nach sich ziehen könnte;

(iii) inwieweit die Ansteckung anderer Institute oder der Finanzmärkte durch Einsatz der Abwicklungsinstrumente und -befugnisse eingedämmt werden könnte;

(iv) inwieweit sich die Abwicklung des Instituts erheblich auf den Betrieb von Zahlungs- und Abrechnungssystemen auswirken könnte.

26 Für die Frage der Herstellung der Abwicklungsfähigkeit sind die beiden letztgenannten Absätze → Rn. 24 f. irrelevant, da sie selbst keine Elemente enthalten, die einer Einflussnahme zugänglich wären. Die anderen Absätze aber führen im Falle einer Verneinung der jeweiligen Voraussetzungen unmittelbar zu der Frage, ob an dem Zustand im Interesse der Abwicklungsfähigkeit etwas geändert werden kann und soll und, wenn ja, wie.

c) Herstellung der Abwicklungsfähigkeit

27 Kommt die Abwicklungsbehörde im Rahmen der vorstehend skizzierten Prüfung zu dem Ergebnis, dass eine Abwicklungsfähigkeit eines Instituts nicht gegeben ist und dies auch nicht durch einen ebenso effektiven Einsatz alternativer (Kombinationen von) Abwicklungsinstrumente(n) behoben werden kann, sind die zuständige Abwicklungsbehörde und das betroffene Institut gehalten, sich über die Herstellung der Abwicklungsfähigkeit Gedanken zu machen und entsprechende Maßnahmen zur Beseitigung von Abwicklungshindernissen zu ergreifen. Das Gesetz sieht hierbei die Initiative der Abwicklungsbehörde vor[16].

3. Abwicklungshindernisse

a) Komplexitätsreduktion

28 Als bedeutsamste Abwicklungshindernisse wurden in der Vergangenheit die **Größe** („*too big to fail*") und **Komplexität** („*too complex to fail*") von Instituten identifiziert. Erfahrungsgemäß ergeben sich allein aus der mit der Größe einer Organisation einhergehende Finanz- und Organisationsverfassung, aus den konzerninternen Leistungsbeziehungen und der – häufig steuerlich oder regulatorisch – getriebenen internationalen gruppenweiten Verflechtung Hindernisse, die einer Abwicklung entgegenstehen. Je größer und komplexer ein Institut war, desto wahrscheinlicher ist es auch, dass keine Abwicklung erfolgen kann. Vor diesem Hintergrund sah es der Gesetzgeber als ordnungspolitisch geboten an, Voraussetzungen zu schaffen, unter denen auch große, grenzüberschreitend tätige und komplex organisierte Institute oder Konzerne abgewickelt werden können. Einen vergleichbaren Katalog an Abwicklungshindernissen zählte auch bereits § 46e KWG in der Fassung des Trennbankengesetzes bis zum 31.12.2014 auf, der der europarechtlichen Regelung vorgriff. Nach Umsetzung der BRRD reflektieren §§ 59 ff. SAG sowie auf Ebene des einheitlichen

---

[16] Vgl. nachstehend → Kap. B.IV. Rn. 114 ff.

Abwicklungsmechanismus Art. 10 der SRM-Verordnung mittlerweile diesen gesetzgeberischen Willen.

Noch ungeklärt ist die Frage, wie der Begriff der Abwicklungs*hindernisse* zu begreifen ist. **29** Nach dem Wortlaut fallen sämtliche Erschwernisse, die eine Abwicklung verkomplizieren oder verteuern, ebenso darunter, wie solche, die eine Abwicklung de facto unmöglich machen. Auch wenn zahlreiche Abwicklungshindernisse ihre Ursache in der Komplexität von Instituten oder Institutsgruppen haben, ist die Aufgabe der Abwicklungsbehörden im Zuge der Beseitigung von Abwicklungshindernissen **nicht die Beseitigung von Komplexität per se** oder von Konzernverflechtungen. Zu diesem Zweck gibt es andere Regulierungsvorhaben. Die Beseitigung von Abwicklungshindernissen sollte sich bereits aus Gründen der Wahrung der Verhältnismäßigkeit ausschließlich auf solche Hindernisse beschränken, die eine Abwicklung verunmöglichen oder so aufwändig gestalten, dass die Glaubhaftigkeit der Abwicklungspläne darunter ernsthaft leidet.

b) Identifikation von Abwicklungshindernissen

Im Zuge der Abwicklungsplanung obliegt der Abwicklungsbehörde im Rahmen ihrer **30** Prüfung vor diesem Hintergrund gerade auch die Identifikation von Abwicklungshindernissen. Diese können sich aus den verschiedensten Gründen ergeben, eine abschließende Würdigung ist in Anbetracht der Vielzahl an unterschiedlichen Instituten, deren Verfasstheit und deren individueller Themen kaum zu bewerkstelligen. Einen detaillierteren Anknüpfungspunkt zur Identifikation zu erwartender Abwicklungshindernisse liefert der Maßnahmenkatalog von § 59 Abs. 6 SAG, der weitgehend[17] Art. 17 Abs. 5 BRRD entspricht. Um ein einheitliches Verständnis der Maßnahmen in Art. 17 Abs. 5 BRRD zu unterstützen, wurde die EBA in Art. 17 Abs. 9 BRRD damit beauftragt, Richtlinien zu erarbeiten, die weitere Details der Maßnahmen und die Umstände ihrer Anwendbarkeit näher ausgestalten. Ergebnis dieses Prozesses sind die „EBA-Leitlinien zur Festlegung von Maßnahmen zum Abbau und zur Beseitigung von Abwicklungshindernissen und den Umständen, unter denen die jeweiligen Maßnahmen angewendet werden können" vom 19.12.2014[18] (EBA-Leitlinien). Im Rahmen der Konsultation wurde bisweilen die Besorgnis geäußert, dass den Leitlinien ein de-facto Checklisten-Charakter zukommt und Abwicklungsbehörden dazu gezwungen wären, zu jeder dort vorgesehenen Maßnahme Stellung zu nehmen.[19] Dies ist nicht der Fall. Die nationalen Abwicklungsbehörden sind zwar gemäß Art. 16 Abs. 3 der VO zur Errichtung einer Europäischen Aufsichtsbehörde (Europäische Bankenaufsichtsbehörde)[20] und der Ausschuss gemäß Art. 5 Abs. 2 SRM-Verordnung zur weitestgehenden Befolgung der Leitlinien verpflichtet, allerdings in ihrer Gesamtheit. Folglich ist zu erwarten, dass sich die Abwicklungsbehörden grundsätzlich an diesem vergleichsweise detaillierten und dennoch recht generischen Katalog orientieren, wenn sie die Tragfähigkeit der Abwicklungspläne prüfen.[21] Sie werden sich dabei aber auf die Maßnah-

---

[17] Zu den Abweichungen vgl. nachstehend die einzelnen Leitlinien.
[18] EBA/GL/2014/15.
[19] Vgl. zB AFME Consultation Response, S. 1;
[20] Verordnung (EU) Nr. 1093/2010 des Europäischen Parlaments und des Rates vom 24. November 2010 zur Errichtung einer Europäischen Aufsichtsbehörde (Europäische Bankenaufsichtsbehörde), zur Änderung des Beschlusses Nr. 716/2009/EG und zur Aufhebung des Beschlusses 2009/78/EG der Kommission, ABl. L 331, 12.
[21] Zum Stand der Umsetzung vgl. den auf der Website der EBA veröffentlichten Compliance Table; abrufbar unter: https://www.eba.europa.eu/documents/10180/933988/EBA+GL+2014+11-

men beschränken, die ihre Abwicklungsstrategie für das jeweilige Institut unterstützen. Mit diesen Vorschriften wird sich mithin jedes Institut auseinandersetzen müssen. § 59 Abs. 10 SAG enthält eine Verordnungsermächtigung, die das Bundesministerium der Finanzen ermächtigt, durch Rechtsverordnung, nähere Bestimmungen bezüglich der in Absatz 6 vorgesehenen Maßnahmen und der Voraussetzungen, unter denen sie jeweils angeordnet werden können, zu treffen. Das Bundesministerium der Finanzen kann die Ermächtigung durch Rechtsverordnung auf die Abwicklungsbehörde übertragen. Es ist zu erwarten, dass hierdurch weitestgehend die EBA-Leitlinien in nationales Recht inkorporiert werden[22].

c) Vorfragen im Rahmen der Abwicklungsstrategie

31 Dennoch gibt es einige generelle Vorfragen im Rahmen der Abwicklungsstrategie, die nicht ohne Auswirkungen auf die Einschätzung, ob ein Abwicklungshindernis vorliegt, bleiben.

aa) Point of Entry

32 Eine *Multiple Point of Entry*-Strategie verlangt von der zuständigen Abwicklungsbehörde, dass sie bei der Einschätzung der Abwickelbarkeit nur auf das in die Krise geratene – ihrem Zuständigkeitsbereich unterliegende – Tochterunternehmen als ihren *Point of Entry* abstellt und damit häufig nur einen **Teilkonzern** betrachten muss. Die entsprechenden Abwicklungshindernisse sind dann anhand der für diesen Teilkonzern vorgesehenen Abwicklungsmaßnahmen zu ermitteln. Ziff. 11 (b) der Leitlinien betrifft zB ausschließlich den Fall, in dem es in diesem Kontext zu einer gespaltenen Zuständigkeit kommt.

33 Bei einem *Single Point of Entry* liegt das Augenmerk der zuständigen Abwicklungsbehörde hingegen beim **Gesamtkonzern**. Hier wird in der Analyse der Abwicklungshindernisse folglich stärker auf Konzernebene abgestellt und im Zweifel das Aufsetzen einer Holdingstruktur verfolgt. Auf diese Holding konzentriert sich dann in der Folge auch die Frage der Abwickelbarkeit. Hierauf beziehen sich in besonderem Maße die in Ziff. 7 (b), 7(c), 8(a), 11(a) oder 13 der EBA-Leitlinien vorgestellten Maßnahmen.

34 Zurecht wird darauf hingewiesen, dass es auch Kombinationen beider Ansätze geben kann bzw. manche Maßnahmen in beiden Fällen denkbar sind, so dass eine grundsätzliche Einteilung der Maßnahmen nach der Strategie allein nicht zu einer ausreichenden Differenzierung führt.

bb) Bail-In oder Übertragungen

35 Abwicklungshindernisse, die einer Bail-In Maßnahme entgegenstehen, beziehen sich vor allem auf die **Kapitalausstattung**, das (Nicht-)Vorhandensein relevanter Kapitalinstrumente und/oder (k)eine ausreichende Anzahl an berücksichtigungsfähigen Verbindlichkeiten. Auch Konzern-Finanzierungsstrukturen, die den Bail-In bei operativen Tochtergesellschaften erschweren, können die Wirksamkeit dieser Maßnahme unterminieren. Zudem ist hier insbesondere eine weitgehende Transparenz über diese relevanten Informationen vor der Entscheidung über die Implementierung der Maßnahmen erforderlich.

Compliance+Table-Guidelines+on+Measures+to+reduce+or+remove+impediments+to+resolvability. pdf/8d90a9d7-caba-4048-878c-96548d4cd107.

[22] Vgl. Gesetzesbegründung, BT-Drs. 18/2575, S. 163.

Demgegenüber steht bei Übertragungsmaßnahmen die **Heraustrennbarkeit** von we- 36
sentlichen Geschäftsaktivitäten und kritischen Funktionen und deren **Übertragbarkeit** im
Vordergrund. Dies erfolgt häufig im Wege eines Asset Deals oder einer umwandlungsrechtlichen Trennung der Kernbereiche und kritischen Funktionen von dem Restinstitut und
der Überführung in eine gesonderte juristische Person und geht mit dem nachfolgenden
Aufbau einer eigenständigen Organisation einher. Aus diesem Grund besteht in diesem
Kontext auch ein besonderes Interesse an Serviceverträgen innerhalb der Gruppe. Schließlich darf die neue Struktur nicht zu einer Risikoerhöhung führen und die Finanzierung
muss gesichert bleiben.

cc) Divergierende Abwicklungsstrategien

Gibt es alternative Abwicklungsstrategien zB für den Fall, dass die bevorzugte Strate- 37
gie nicht umgesetzt werden kann, stellt sich die Frage, ob auch Maßnahmen angeordnet
werden können, die zu einem Abbau von Abwicklungshindernissen auch für diese alternativen Abwicklungsstrategien führen. Um die Belastungen für Institute möglichst gering
zu halten und um zu vermeiden, dass die verschiedenen Abwicklungsstrategien nicht zur
Anordnung von Maßnahmen führen, die gegenteilige Effekte haben, sollte immer nur
eine Abwicklungsstrategie verfolgt werden und als Richtschnur für die Beseitigung
von Abwicklungshindernissen dienen. In diesem Fall dürfte es bereits an der Erforderlichkeit der Alternativmaßnahmen fehlen. Stellt sich heraus, dass eine Abwicklungsstrategie
nicht umsetzbar ist, muss eine Alternativstrategie zur vorrangigen Abwicklungsstrategie
und eventuelle Abwicklungshindernisse dann an dieser gemessen werden. Gerade in den
ersten Jahren sollte den Abwicklungsbehörden aber zugestanden werden, dass sie auch
Abwicklungshindernisse benennt, die Alternativmaßnahmen entgegenstehen. Dies ist zB
der Fall, solange noch unklar ist, ob sich die Abwicklungshindernisse, die der vorrangigen
Abwicklungsstrategie entgegenstehen, überhaupt beseitigen lassen. Die EBA-Leitlinien[23]
berücksichtigen dies, indem sie Alternativmaßnahmen nur zulassen, wenn diese der Implementierung der vorrangigen Abwicklungsstrategie nicht entgegenstehen.

d) Mögliche Abwicklungshindernisse

Aus operativer Sicht sind die in § 59 Abs. 6 SAG, Art. 17 Abs. 5 BRRD aufgeführten 38
Maßnahmen danach zu differenzieren, ob es sich um Maßnahmen handelt, die (a) strukturell
die bestehende Organisations-, rechtliche oder Geschäftsstruktur eines Konzerns betreffen,
(b) finanzielle Auswirkungen auf die Aktiv- oder Passivseite oder die Produkte eines Instituts haben oder (c) die Informationsversorgung betreffen. Zudem sollten Abwicklungshindernisse danach beurteilt werden, welchen Abwicklungsmaßnahmen sie konkret im Wege
stehen. Die nachstehende Darstellung geht auch darauf ein.

aa) Strukturelle und organisationsbezogene Hindernisse

Soweit die Abwicklungsstrategie vorsieht, dass wesentliche Einheiten eines Instituts 39
unabhängig voneinander fortgeführt werden sollen, zB weil nur bestimmte Gesellschaften
eines Konzerns kritische Funktionen erfüllen, die Gruppe insgesamt restrukturiert wird
oder eine Übertragungsanordnung vorgesehen ist, müssen die Abwicklungsbehörden im
Interesse der Glaubhaftigkeit der Abwicklungsstrategie dafür Sorge tragen, dass eine solche

---

[23] EBA/GL/2014/15, 2 (c), S. 6.

Trennung rechtlich und operativ umgesetzt werden kann. Dies setzt auf Seiten der Abwicklungsbehörden einen genauen Blick auf die einzelnen Gesellschaften der Gruppe voraus und eine Analyse, inwieweit diese alleinstehend überlebensfähig wären. Die Vereinfachung von Gruppenstrukturen kann vor diesem Hintergrund ein Mittel sein, das im Ergebnis zur besseren Abwickelbarkeit des Gesamtkonzerns beiträgt.

40   Zu berücksichtigen ist in jedem Einzelfall, dass sich die bestehende Konzernstruktur und die internen Kapital- und Liquiditätsvereinbarungen aus den unterschiedlichsten Gründen ergeben haben. Meist dienen bestehende Strukturen zumeist der effizienten Nutzung von Kapital und Liquidität, häufig sind sie aber auch regulatorischen oder rechtlichen Anforderungen (zB Risikobegrenzung) geschuldet oder aus Steuergründen vorteilhaft. Mitunter sind sie auch nur Restanten einer früheren Übernahme. Backoffice Funktionen werden in Gruppen in jüngerer Zeit häufig von einem sogenannten *Corporate Center*, also aus internen Service-Einheiten heraus erbracht und damit wesentliche (Risiko-) Managementfunktionen zentral für alle Gruppengesellschaften wahrgenommen.[24] Soweit Abwicklungsbehörden Maßnahmen anordnen, die in bestehende Strukturen eingreifen, müssen sie sich deren Genese und sich daraus ergebender Wechselwirkungen bewusst sein.

41   Als strukturelle Hindernisse werden vor allem die in Art. 17 Abs. 5 (a), (g), (h) und (k) BRRD benannten qualifiziert. Um diese zu beseitigen, stehen den Abwicklungsbehörden ua die folgenden Befugnisse zur Verfügung:

(1) Gruppeninterne Finanz- und Leistungsbeziehungen[25]

42   **(a) Änderung von Konzernfinanzierungsvereinbarungen**[26]. Finanzielle Verflechtungen zwischen Konzernunternehmen können es den Abwicklungsbehörden erheblich erschweren, Institutsgruppen im Zuge der Abwicklung zu trennen. Vor diesem Hintergrund ermächtigt Art. 17 Abs. 5 lit. a BRRD die Abwicklungsbehörden dazu auf die gruppeninternen Finanzierungsvereinbarungen Einfluss zu nehmen. Insbesondere soll durch diese Maßnahmen auch eine klare Zuordnung von Verbindlichkeiten anhand der Verlusttragfähigkeit einzelner Gruppengesellschaften und nach Maßgabe der Abwicklungsstrategie erfolgen.

43   Die finanzielle Verfassung einer jeden Gruppengesellschaft kann potenziell **Auswirkungen auf die finanzielle Verfassung von anderen Gruppengesellschaften** haben. So kann zB die Insolvenz einer Gruppengesellschaft dazu führen, dass bei anderen Gruppengesellschaften, insbesondere solchen, die kritische Funktionen erfüllen, erheblicher Abschreibungsbedarf entsteht und diese dadurch Verluste erleiden müssten. Dies ist vor allem dann der Fall, wenn sich in deren Bilanz auf der Aktivseite in erheblichem Umfang Forderungen gegen das Gruppeninstitut finden, über welches ein Insolvenzverfahren eröffnet werden soll.

44   Als problematisch kann es sich indes herausstellen, wenn einzelne Gruppenunternehmen aufgrund von Patronats-, Garantie- oder anderweitigen Verlustausgleichsverpflichtungen in der Haftung für andere Gruppenunternehmen verbleiben. Diese Haftung greift im Falle der Zahlungsunfähigkeit und erstreckt sich zB bei einer Patronatserklärung idR auf sämtliche Verbindlichkeiten des insolventen Gruppenmitglieds. Auch aus Liquiditätssicht kann die Querfinanzierung zwischen verschiedenen Einheiten einer Gruppe problematisch sein, wenn das zur Bereitstellung der Liquidität in der Gruppe verantwortliche Unternehmen seine Funktion nicht mehr uneingeschränkt erfüllen kann, etwa weil – wie in Krisensituati-

---

[24] Vgl. zB die eine solche Entwicklung fördernde Vorschrift des § 25c Abs. 4b KWG.
[25] Art. 17 Abs. 5 (a) BRRD.
[26] Ziff. 7a der EBA-Leitlinien, § 59 Abs. 6 Nr. 1 SAG.

onen nicht unüblich – die eigene Liquiditätssituation oder die anderer Gruppenunternehmen eine Weitergabe nicht mehr ermöglicht.

Andererseits ist zu berücksichtigen, dass Patronats- oder Garantieerklärungen im Hinblick auf die Gesellschaften, zu deren Gunsten sie abgegeben wurden, im Krisenfall nur dieser einen Gesellschaft dazu führen können, dass die erforderliche Liquidität gruppenintern zur Verfügung gestellt wird und keine Abwicklungsmaßnahmen erforderlich werden. Dies ist beispielsweise dann zu berücksichtigen, wenn ein Institut sich im Wesentlichen über Einlagengeschäft refinanziert, welches im Falle einer Krise rasch abgezogen werden kann. Zu berücksichtigen ist ferner, dass eine eigenständige Liquiditätsbeschaffung anderer Konzerngesellschaften häufig mit höheren Kosten verbunden ist. 45

Das SAG bleibt bei der Umsetzung dieser Vorschrift in § 59 Abs. 6 Nr. 1 SAG hinter der Formulierung der Richtlinie und der EBA-Leitlinien zurück, da es als Maßnahme nur „den Abschluss oder die Änderung von Vereinbarungen über eine *gruppeninterne finanzielle Unterstützung*" vorsieht. Diese Vorschrift greift zu kurz und muss richtlinienkonform dahingehend ausgelegt werden, dass sämtliche innerhalb der Gruppe bestehenden Finanzierungsvereinbarungen hierunter fallen, nicht nur Unterstützungsvereinbarungen iSd § 22 SAG, die nur unter den Voraussetzungen des § 23 SAG zulässig sind. 46

(b) Abschluss von (internen) Serviceverträgen[27]. Einer Trennung von Instituten innerhalb einer Gruppe steht häufig im Wege, dass es keine Dienstleistungsverträge oder zumindest Übergangsvereinbarungen gibt, die eine **Fortführung von Funktionen und Dienstleistungen zwischen Gruppengesellschaften** oder von Seiten Dritter ermöglichen, wenn bisher innerhalb einer Gruppengesellschaft erbrachte Funktionen und Dienstleistungen künftig auf verschiedene Gruppengesellschaften aufgeteilt werden. Das Gleiche gilt erst recht im Falle der Herauslösung bestimmter Funktionen aus dem Konzern zB im Wege einer Übertragungsanordnung oder einer Maßnahme nach § 123 UmwG oder vergleichbarer ausländischer Normen. 47

Soweit Gruppengesellschaften untereinander Dienstleistungen erbringen, wird es sich bei solchen, die zur Aufrechterhaltung kritischer Funktionen erforderlich sind, idR um Dienstleistungen oder Funktionen handeln, die eine wesentliche Auslagerung iSv § 25b KWG iVm AT 9 MaRisk darstellen. In diesem Fall wird es auch gruppenintern entsprechende detaillierte Regelungen geben, da die MaRisk in ihrem Anwendungsbereich keine grundsätzliche Privilegierung von Konzerngesellschaften vorsehen.[28] Hier ist nur sicherzustellen, dass diese Verträge eine Herauslösung aus dem Konzernverbund und die Übertragung auf einen anderen Rechtsträger zulassen und die Durchführung von Abwicklungsmaßnahmen (wie eine Übertragungsanordnung) anerkennen. Soweit es in den Verträgen also *change of control*-Klauseln gibt oder ein Kündigungsrecht bei Abwicklungsmaßnahmen vorgesehen ist, müssten diese Verträge entsprechend angepasst werden. 48

Wo dies allerdings nicht der Fall ist, etwa weil ein gruppeninternes Risikomanagement als risikomindernd qualifiziert wird[29], sollten im Hinblick auf die Aufrechterhaltung kritischer Funktionen zwischen Konzerngesellschaften – auch im Falle einer Abwicklung zumindest für einen Übergangszeitraum unkündbare – Leistungsbeziehungen wie zwischen fremden Dritten etabliert werden, um im Abwicklungsfall die Unabhängigkeit und damit die Übertragbarkeit einzelner wesentlicher Gruppengesellschaften sicherzustellen. 49

---

[27] Ziff. 7b der EBA-Leitlinien, § 59 Abs. 6 Nr. 2 SAG.
[28] *Vgl. Hannemann/Schneider/Weigl* S. 563.
[29] Vgl. BaFin Übermittlungsschreiben zum zweiten Entwurf zur Modernisierung der Outsourcing-Regelungen und Integration in die MaRisk vom 10. August 2007, S. 2.

Dies schließt den zeitigen Abschluss schriftlicher, hinreichend detaillierter Serviceverträge ein. Erfahrungsgemäß nimmt die Verhandlung und insbesondere die hinreichend präzise Erfassung und Beschreibung der Leistungen, Mitwirkungshandlungen und Kontrollfunktionen erhebliche Zeit in Anspruch, die im Rahmen der Umsetzung einer Abwicklungsmaßnahme nicht zur Verfügung steht. Daher ist ungeachtet der Vorschrift des § 80 SAG, der im Abwicklungsfall die Anordnung der Bereitstellung von Diensten und Einrichtungen ermöglicht, zu raten, auch im Falle von „Sollbruchstellen", dh dort, wo eine Trennung von Geschäftsbereichen gesellschaftsrechtlich (noch) nicht vollzogen ist, aber im Abwicklungsfalle erfolgen kann (und soll), sich bereits Gedanken über entsprechende Vereinbarungen und deren jeweiligen Leistungsumfang zu machen. So kann beispielsweise ein konzernweites Muster eines (Rahmen-) Dienstleistungsvertrags entworfen werden, der kurzfristig zwischen den einzelnen Gesellschaften abgeschlossen und mit den entsprechenden Leistungsscheinen versehen werden kann. Dies würde es Instituten ermöglichen, kurzfristig sämtliche Leistungsbeziehungen transparent zu machen und zu externalisieren.

50 **(2) Änderung rechtlicher und operativer Strukturen**[30]. Die Möglichkeit einer Anordnung, die rechtlichen oder operativen Strukturen des Instituts zu ändern, um die Komplexität zu reduzieren und dadurch sicherzustellen, dass Kernbereiche und kritische Funktionen durch Anwendung der Abwicklungsinstrumente rechtlich und wirtschaftlich von anderen Funktionen getrennt werden können, hat das Potenzial, die Institute und ihre Binnenorganisation weitgehend zu verändern. Dieser Maßnahme kommt zudem Leitbildcharakter zu, da zahlreiche der im Kontext von Art. 17 (5) (g) BRRD nachstehend genannten Einzelmaßnahmen diese Trennung entweder voraussetzen oder befördern sollen.

51 (a) **Grundsatz**[31]. Wenn die Abwicklungsbehörde zu der Entscheidung gelangt, dass die bestehenden rechtlichen oder operativen Strukturen des Instituts und der Gruppe zu komplex oder zu verflochten sind, um bei einer Abwicklung die fortgesetzte Verfügbarkeit kritischer Funktionen gewährleisten, kann sie die Änderung rechtlicher oder operativer Strukturen eines Instituts anordnen. Damit kann sichergestellt werden, dass kritische Funktionen operativ aus der Verzahnung mit solchen Gesellschaften, über deren Vermögen im Zweifel ein Insolvenzantrag gestellt werden soll, herausgelöst und getrennt von anderen Funktionen fortgeführt werden können.

52 Gleiches gilt für die Übertragung eines gesamten Instituts oder einer Gruppe im Rahmen einer dies vorsehenden Abwicklungsstrategie. Dies betrifft vor allem die **gesellschaftsrechtliche Trennung verschiedener Funktionseinheiten**, die eine (Nicht-) Abwicklung einzelner Gruppengesellschaften ermöglichen soll, einschließlich der vorbereitenden Zuordnung von Vermögenswerten zu konkreten Funktionseinheiten, um im Abwicklungsfall nicht mit den zahlreichen Problemen einer dinglichen Übertragung von Geschäften konfrontiert zu sein. Die Sicherung des Fortbestands von wesentlichen Geschäftsaktivitäten und/oder kritischen Funktionen im Insolvenzfall erfordert zwingend deren Überführung in eine eigenständige Gesellschaft, da diese nur so der Insolvenzmasse des Restinstituts entzogen werden können.

53 Die Überführung kann im Wege umwandlungsrechtlicher Maßnahmen wie Aufspaltung, Abspaltung oder Ausgliederung (jeweils nach § 123 UmwG) erfolgen, wobei in diesem Fall die Nachhaftungsvorschriften des § 133 UmwG zu berücksichtigen sind, die – anders als zB in § 8a Abs. 8 Ziff. 5 FMStFG – hier nicht abbedungen sind und auch aus

---

[30] Art. 17 Abs. 5 (g) BRRD.
[31] Ziff. 13 (a) der EBA-Leitlinien, § 59 Abs. 6 Nr. 7 SAG.

VII. Herstellung der Abwicklungsfähigkeit

verfassungsrechtlichen Gründen nicht abbedungen werden könnten. Vor diesem Hintergrund und angesichts des Umstands, dass auch Rechtsverhältnisse betroffen sein können, die einer Auslandsjurisdiktion unterstehen, in welcher die partielle Gesamtrechtsnachfolge des UmwG nicht anerkannt wird, ist eine Einzelübertragung im Wege eines *Asset Deals* vorzugswürdig. Zu berücksichtigen ist aber, dass die zahlreichen Erleichterungen, die eine Übertragungsanordnung nach § 113 Abs. 2 Nr. 1 lit. b SAG mit sich bringt, in diesem Verfahrensstadium (noch) nicht greift. Dort wird festgelegt, dass gesetzliche oder vertragliche Beteiligungs- oder Zustimmungserfordernisse als erfüllt gelten bzw. Übertragungshindernisse einer Übertragung nach § 107 SAG nicht entgegenstehen. Im Umkehrschluss bedeutet dies, dass es zur Übertragung von Vermögenspositionen im Rahmen der Beseitigung von Abwicklungshindernissen **der Zustimmung der Gegenparteien oder anderer Dritter** (zB eines Agents oder Treuhänders oder einer Behörde) **bedarf** und sonstige **Übertragungshindernisse** (wie zB eine bestimmte Qualifikation der Zieleinheit nach dem jeweiligen nationalen Recht) **nicht entgegenstehen dürfen**.

Folgende Besonderheiten sind bei einer Übertragung in diesem Stadium zu beachten: 54

- Zu den übertragbaren **Aktiva** gehören insbesondere die klassischen Bankbilanzpositionen Wertpapiere und Darlehensrückzahlungsansprüche. Der Wertpapierbegriff umfasst alle Wertpapiere im engeren Sinne sowie sonstige Finanzinstrumente und ggf. Schuldtitel. Es bietet sich an, auch die Mitübertragung damit im Zusammenhang stehender Rechte und Pflichten explizit zu vereinbaren, um eine einheitliche Verwaltung der Wertpapiere nach Übertragung sicherstellen zu können. In diesem Sinne sind zB Vinkulierungsvereinbarungen, Kontoverhältnisse, Dienstleistungsverträge oder Lieferansprüche zB bei Repo- oder Pensionsgeschäften mit zu übertragen. 55
Übertragbar sind ferner sämtliche Darlehens- und sonstige Kreditverträge, aber auch damit im Zusammenhang stehende Einzugsermächtigungen, Kündigungs- und sonstige Gestaltungsrechte. Insbesondere im Kontext syndizierter Darlehen sind die umfangreichen vertraglichen Zusatzabreden zu berücksichtigen.[32] Diese beinhalten Konsortial-, Pool- oder ähnliche Vereinbarungen, Treuhandvereinbarungen, Verträge mit Drittsicherungsgebern, Sicherheitentreuhändern, Verwaltungstreuhändern, Zahlungstreuhändern und anderen Konsortialmitgliedern. Wesentlich sind die Sicherheitenverträge, insbesondere, soweit sie nicht klassische Kreditsicherheiten darstellen. Umfasst sein können ferner sämtliche übertragbaren Beteiligungen mit Mitgliedschafts- und Vermögensrechten (Bezugsrechte, Einzahlungsverpflichtungen, Patronats- oder Garantieerklärungen, Konsortialverträge, Treuhandverträge, Unternehmensverträge, Gesellschaftervereinbarungen).
Einen Sonderfall stellen sogenannte „gespaltene Sicherheiten" dar, da dort eine Sicherheit mehrere Rückzahlungsansprüche gegen einen Kreditnehmer absichert. Dies ist insbesondere dann problematisch, wenn einige der Ansprüche übertragen werden und andere nicht. In diesem Fall könnte zunächst die gesamte Sicherheit übertragen werden und in einem zweiten Schritt ein Sicherheitentreuhandverhältnis zwischen neuen und alten Rechtsträger vereinbart werden.

---

[32] So enthalten beispielsweise Darlehensverträge nach LMA-Standard nach englischem Recht in der Regel zahlreiche Transferhindernisse: Zunächst existieren explizite Zustimmungsvorbehalte zugunsten des Darlehensnehmers. Auch ist in der Regel eine Qualifikation des Abtretungsempfängers als Finanzinstitut erforderlich, wenn nicht sogar die Transfer auf die in einer Liste aufgeführten Empfänger beschränkt ist. Schließlich können Mindestbeträge festgelegt werden, die der ursprüngliche Darlehensgeber (i) behalten muss oder (ii) übertragen darf. Zudem fallen in der Regel noch Kosten des Transfers an, die dem (Verwaltungs)Treuhänder (Facility Agent) zu zahlen sind.

56 • Die Übertragbarkeit von Positionen der **Passivseite** umfasst sämtliche begebene Wertpapiere, Verträge und Rechtsverhältnisse des Passivvermögens sowie Rückstellungen. Sie hängt in erster Linie davon ab, welchem Recht das jeweilige Vertragsverhältnis unterliegt und ob es vertragliche Hinderungsgründe gibt.
Soweit Kundeneinlagen übertragen werden, ist davon auszugehen, dass die Zieleinheit über eine Bankerlaubnis verfügen muss, zumindest soweit sie noch Kreditgeschäft übernimmt/tätigt. Ob die Aufsichtsbehörden für den Fall der Auszahlung übernommener, aber noch nicht gezogener Kreditlinien eine Ausnahme hiervon zulassen, ist noch nicht entschieden. Auch die Übernahme von Refinanzierungsverbindlichkeiten bzw. insbesondere deren Neubegebung stellt grundsätzlich Einlagengeschäft dar, sodass im Ergebnis die Passivseite von Kreditinstituten nicht auf Nicht-Banken übertragen werden kann. Bei der Übertragung von Refinanzierungsverbindlichkeiten, die börsengehandelt sind, liegt in der Regel zudem ein Emittentenwechsel vor, der idR eine gesamtschuldnerische Haftung begründet.

57 • Neben Aktiva und Passiva ist häufig auch die Übertragung weiterer Rechtsverhältnisse erforderlich, die sich der Kategorisierung in Aktivum/Passivum zumindest im Zeitpunkt der Trennung entziehen. Hierzu zählen (i) außerbilanzielle Vermögensgegenstände, die häufig nicht unbeträchtliche Risiken bergen, so zB Ansprüche gegen Zweckgesellschaften, (ii) **Derivatgeschäfte**, die ausgehend von ihrer Konstruktion und dem jeweiligen Underlying kurzzeitig zwischen Aktiv- und Passivposition schwanken können, (iii) Prozessrechtsverhältnisse, (iv) Rechtsverhältnisse, deren Existenz im Zeitpunkt der Übertragung noch nicht bekannt ist, wie nach Übertragung entstehende Rückgewährrechtsverhältnisse und (v) Surrogate. Eine Sonderregelung wird in der Regel für Derivate zu treffen sein. Grundsätzlich sollte eine Novation möglich sein. Wo dies nicht gelingt, greift eine Baruntergeteilung, die nur Verbindlichkeiten umfasst, zu kurz. Sachgerechter ist es hier, eine eigenständige Risikoübernahmevereinbarung abzuschließen, die im Wesentlichen die Zahlungsströme der Derivate durchleitet.

58 Unter organisatorischer Trennung ist eine eigenständige Aufbau- und Ablauforganisation zumindest für jede Einheit, die Kernbereichs- und kritische Funktionen erfüllt, zu verstehen. Ist eine Einheit zu stark von Prozessen abhängig, die in anderen Konzerngesellschaften oder Geschäftsbereichen angesiedelt sind, besteht das Risiko, dass eine Herauslösung dieser Einheit nicht ohne weiteres erfolgen kann ohne dadurch (zB im Falle einer Insolvenz des Restinstituts) weitere Risiken einzugehen. Zum Teil ist eine Trennung auch gar nicht eindeutig möglich, da bestimmte Funktionsbereiche wie etwa IT oder auch der Eigenhandel nicht eindeutig bestimmten Geschäftsbereichen zuzuordnen sind.[33] Je nach Abwicklungsstrategie sollten daher unternehmensübergreifende Buchungs- und Wertpapierabwicklungspraktiken reduziert werden und sichergestellt sein, dass die abzuwickelnden Unternehmen innerhalb der Gruppe allein betrachtet über hinreichende eigenständige Ressourcen für Finanzen und Risikomanagement verfügen und für jedes im Kernbereich tätige Unternehmen eigenständige effektive Governance-, Kontroll- und Managementmechanismen einrichten.

59 Zu erwägen ist, ob diese Übertragung zum Zwecke der Beseitigung von Abwicklungshindernissen in einem späteren Insolvenzverfahren angefochten werden kann. Dies ist sicher dort nicht der Fall, wo die Übertragung unmittelbar in einer Abwicklungsmaßnahme (zB Übertragung auf Vermögensverwaltungsgesellschaft oder Brückenbank) mündet, da insoweit § 141 SAG Sperrwirkung entfalten dürfte. Der Wortlaut des § 141 SAG als grundsätz-

---

[33] *Chattopadhyay* WM 2013, 405 (408).

lich eng auszulegende Ausnahmevorschrift privilegiert aber nur Abwicklungsmaßnahmen und die Ausübung von Abwicklungsbefugnissen, nicht aber vorgelagerte Tätigkeiten der Abwicklungsbehörden wie solche zur Herstellung der Abwicklungsfähigkeit. Eine Anwendung der Vorschriften über die Insolvenzanfechtung erscheint gleichwohl mit dem Gesetzeszweck der §§ 57 ff. nicht vereinbar, jedenfalls dort, wo das Ziel der Maßnahmen die Aufrechterhaltung kritischer Funktionen ist, die gerade nicht in die Insolvenzmasse fallen sollen. Die Abwicklungsbehörden sollten vor diesem Hintergrund in einer Krise des Instituts berücksichtigen, dass die zu dieser Zeit erfolgende Anordnung von Maßnahmen zur Herstellung der Abwicklungsfähigkeit der Insolvenzanfechtung unterliegen könnten.

(b) Bildung regionaler Blöcke oder Kerngeschäftssparten[34]. Einen Unterfall der Änderung rechtlicher oder operativer Strukturen stellt die gesellschaftsrechtliche Neuausrichtung der Struktur eines Instituts an regionalen Blöcken oder Geschäftssparten dar. Eine solche Neuausrichtung halten die EBA-Leitlinien insbesondere für erwägenswert, wenn dies zur Umsetzung einer MPOE-Strategie erforderlich ist. Eine solche Neuausrichtung anhand von Geschäftssparten ist vor allem dann relevant, wenn kritische Funktionen derzeit **ausschließlich** bestimmten Geschäftssparten zugeordnet werden können. Hier ist vor allem an zentrale Funktionen wie Risikomanagement, Management des Handelsbuchs, Liquiditätssteuerung, wichtige Finanzfunktionen sowie die Sicherheitenverwaltung zu denken, die organisatorisch wie rechtlich enger an die Kerngeschäftsbereiche herangezogen werden sollten. 60

(c) Abtrennung zusätzlicher Aktivitäten[35]. Wenn infolge aufsichtsrechtlicher Entscheidungen oder gesetzlicher Vorgaben eine organisatorische Trennung bestimmter Aktivitäten gefordert wird, sollen die Abwicklungsbehörden auch prüfen, ob sie im Bedarfsfall eine Trennung zusätzlicher Aktivitäten verlangen, um die Durchführbarkeit und Glaubhaftigkeit des Einsatzes von Abwicklungsmaßnahmen auf jeden Teile der Gruppe auch nach der Trennung sicherzustellen. So darf beispielsweise die Einführung eines Trennbankengesetzes nicht dazu führen, dass die getrennten Institute individuell nicht mehr abwickelbar sind. Dies bedeutet aber auch, dass die Abwicklungsbehörden eingebunden werden und eine Prüfung der Zielstruktur vornehmen können. 61

(d) Ansässigkeit von Tochtergesellschaften[36]. Die Abwicklungsbehörden sollen ferner berücksichtigen, ob Tochterunternehmen, die für die Fortführung kritischer Funktionen entscheidend sind, in der EU oder in solchen Drittländern ansässig sind, die die **Abwicklungsmaßnahmen anerkennen**. Anderenfalls droht dem Tochterunternehmen ein Insolvenzverfahren nach nationalem Recht, ohne dass die Instrumente der BRRD zum Einsatz kommen können. De facto bedeutet das für die Institute, dass sie sich mit konzerninternen grenzüberschreitenden Sitzverlegungen ihrer Tochtergesellschaften oder der Übertragung der im Nicht-EU-Ausland belegenen kritischen Funktionen auf europäische Konzerngesellschaften beschäftigen müssen. Diese wurde im Vorfeld kritisiert, da sie eine explizite Bewertung von Auslandsjurisdiktionen als abwicklungsbehindernd unterstellt, was ggf. die Kooperation mit solchen Jurisdiktionen erschweren kann. Dessen ungeachtet kann eine Nicht-Anerkennung von Abwicklungsmaßnahmen im Ausland im Ergebnis eine Abwicklung verhindern, zB wenn eine Fortgeltung der IT-Leistungsbeziehungen bei einem Outsourcing nicht sichergestellt werden kann. 62

---

[34] Ziff. 13b der EBA-Leitlinien.
[35] Ziff. 13c der EBA-Leitlinien.
[36] Ziff. 13d der EBA-Leitlinien.

63 **(e) Vorbereitung einer Herauslösung**[37]. Soweit eine SPOE-Strategie die Abwicklung von Geschäftssparten ohne kritische Funktionen beinhaltet, sehen die Leitlinien vor, dass die Abwicklungsbehörden berücksichtigen, ob diese Geschäftssparten herausgelöst und ggf. verkauft werden können. Dies ist insbesondere im Kontext von Auslandsniederlassungen von Belang. U. a. kann hier eine Umwandlung von Auslandszweigniederlassungen in Tochtergesellschaften oder eine vorbereitende interne Trennung von Geschäftssparten innerhalb der Auslandsniederlassungen verlangt werden, um diese Trennung im Abwicklungsfalle leichter vollziehen zu können. Zwingend ist dies freilich nicht. Wenn ohnedies eine Abwicklung geplant und möglich ist, besteht kein Anlass für eine Herauslösung und Veräußerung. Zusätzlich bestehen die Risiken, dass mit der Schaffung einer neuen juristischen Person auch verschiedene Abwicklungsbehörden die Zuständigkeit beanspruchen und dass der Zugriff lokaler Gläubiger auf die *„geringfencten"* Vermögensgegenstände der Auslandsgesellschaft um den Preis des dann fehlen Zugriffs auf Vermögensgegenstände des Konzerns in anderen Jurisdiktionen erfolgt.

64 **(f) Neuorganisation kritischer Funktionen**[38]. Auch im Falle einer Aufspaltung, Übertragung oder Veräußerung besteht die Notwendigkeit der Aufrechterhaltung kritischer Funktionen und dem Zugang zur Institutsinfrastruktur und zu gemeinsamen Dienstleistungen. Die Abwicklungsbehörden sollten erforderlichenfalls von Instituten eine Änderung ihrer operativen Struktur verlangen, um die Abhängigkeit wesentlicher Unternehmen(-steile) oder zentraler Geschäftssparten in Untergruppen von wichtiger Infrastruktur, IT-Ausstattung, Personal oder anderen kritischen Dienstleistungen aus anderen Untergruppen zu verringern. Auch dies ist eine konsequente Folge, wenn eine vollständige Trennbarkeit von Unternehmensteilen dargestellt werden soll. Dies bedeutet aber auch, dass gesonderte Governance- und Kontrollmechanismen eingerichtet werden müssen und die erforderlichen finanziellen Ressourcen dort zur Verfügung stehen müssen, wo interne und externe Dienstleister ihre kritischen Dienstleistungen weiterhin erbringen sollen.

65 Sofern dies zur Gewährleistung der Erbringung kritischer Dienstleistungen für mehrere Konzernunternehmen nach der Abwicklung (ie im Trennungsfall) erforderlich ist, muss dann sogar erwogen werden, ob Institute die Dienstleistungen nicht in **operative Tochtergesellschaften** verlagern. Dabei können die Abwicklungsbehörden verlangen, dass (i) sich diese Tochterunternehmen nur auf das Erbringen dieser Dienstleistungen beschränken und die sich hieraus ergebenden Risiken minimieren, (ii) diese über eine Kapitalausstattung verfügen, die für die Kostendeckung über einen angemessenen Zeitraum ausreicht, (iii) sie die für eine Auslagerung erforderlichen Anforderungen zB nach den MaRisk erfüllen und (iv) sie ihre Dienstleistungen auf der Grundlage von Vereinbarungen und einem gemeinsamen Governance-Verständnis erbringen, die jeweils eine Abwicklung überleben.

66 **(g) Aufrechterhaltung des Zugangs zu Clearing-, Zahlungs- und Abrechnungssystemen**[39]. Eine wesentliche Voraussetzung für eine erfolgreiche und glaubhafte Abwicklung ist der fortbestehende Zugang bestimmter Unternehmen einer Institutsgruppe zu den bestehenden Finanzinfrastrukturen (Clearing-, Zahlungsdienste-, Abrechnungssysteme). Denn ohne Zugang zu den Finanzinfrastrukturen können Institute nicht mehr am Zahlungsverkehr teilnehmen, keine Wertpapiergeschäfte mehr abwickeln oder keine flächendeckende Bargeldversorgung mehr anbieten. Damit ist ein Institut nicht nur gegenüber dem Markt nicht mehr

---

[37] Ziff. 13 i der EBA-Leitlinien.
[38] Ziff. 13e, f der EBA-Leitlinien.
[39] Ziff. 13 g der EBA-Leitlinien.

handlungsfähig, sondern riskiert auch eine verheerende Kettenreaktion. Sofern beispielsweise Zahlungen auf ein Derivat nicht rechtzeitig geleistet werden können, besteht das Risiko, dass über eine *cross default* Klausel im Rahmenvertrag sämtliche Kontrakte mit der Gegenseite fällig gestellt werden, obwohl die Liquidität beim Institut eigentlich vorhanden ist.

Demnach müssen Institute Vorkehrungen treffen, damit sie, relevante Konzerngesellschaften und ggf. Dritte, die kritische Funktionen im Zuge der Abwicklung übernehmen, in der Abwicklungssituation weiterhin Zugang zu den erforderlichen Finanzinfrastrukturen haben und ggf. darauf hinwirken, dass – soweit noch nicht geschehen – bestehende Verträge dahingehend nachverhandelt werden, dass eine **Aufrechterhaltung des Zugangs** zu diesen Strukturen auch im Abwicklungsfall und auch für Brückenbanken oder Dritte, die im Zuge der Abwicklung Vermögensgegenstände übernehmen, sichergestellt wird. Im Zweifel kann dies die Abwicklungsbehörde auch anordnen, dieser Anordnung kann von Seiten des Instituts aber – wie stets bei Eingriffen in bestehende Verträge, bei denen die Zustimmung der Gegenseite zur Vertragsänderung erforderlich ist – nur im Sinne einer Pflicht zur Beförderung umgesetzt werden. Zu berücksichtigen ist auch, dass die Anbieter von Finanzmarktinfrastrukturen selbst hierdurch keine erhöhten Risiken eingehen sollten und ihr ordnungsgemäßes Funktionieren sichergestellt ist. Da es sich hierbei um eine Anforderung handelt, die industrieweit umzusetzen ist, ist ohnedies zu erwägen, ob nicht eine flankierende Unterstützung der Institute in ihren Verhandlungen mit den FMI Anbietern durch die Aufsichts- oder Abwicklungsbehörden erfolgen sollte. 67

(h) Verhinderung von kritischen Abhängigkeiten unter Nicht-EU-Auslandsrecht[40]. 68
Die erfolgreiche Anerkennung von Abwicklungsmaßnahmen im Ausland setzt voraus, dass ausländische Rechtsordnungen diesen **grundsätzlich Geltung verschaffen**. Dies betrifft sowohl Bail-in Maßnahmen, bei denen die Umgestaltung der Eigenkapital- oder Fremdkapitalinstrumente von dem Gesellschaftsstatut oder des auf die Fremdkapitalinstrumente anzuwendenden Rechts anerkannt werden muss, als auch Übertragungsmaßnahmen, bei denen die Übertragungsanordnung von der ausländischen Rechtsordnung, der die zu übertragenden Vertrags- oder Rechtsverhältnisse unterliegen, anerkannt werden muss. Im Zweifel bietet es sich immer an, zumindest bei vertraglichen Verpflichtungen immer das Recht eines EU-Mitgliedstaats zur Anwendung zu bringen, beim Gesellschaftsstatut ist dies bei Ansässigkeit der Gesellschaft in einem Nicht-EU-Mitgliedstaat ungleich schwieriger, wenn nicht sogar gänzlich ausgeschlossen. Im Einzelnen:

- Es ist sehr zweifelhaft, ob ein außereuropäisches Gesellschaftsrecht europäische Bail-In Maßnahmen akzeptieren würde. Es handelt sich um einen massiven Eingriff in die Organisationsverfassung der Gesellschaft und Eigentumsposition der Gesellschafter, der zudem für die Kernkapitalinstrumente häufig enteignenden Charakter hat. Auch die gesellschaftsrechtlich veranlassten Maßnahmen wie eine Einziehung oder Liquidation sind nur unter dem anwendbaren Gesellschaftsstatut möglich. Hier könnte jedenfalls das Institut verpflichtet werden, seine Gesellschafterrechte zB bei Tochtergesellschaften entsprechend auszuüben, um den Maßnahmen der Abwicklungsbehörden auch im Ausland Geltung zu verschaffen. Gleiches gilt für eine Berücksichtigung relevanter Verbindlichkeiten, die sich aus Sicht des ausländischen Gesellschaftsrechts als Debt-to-Equity Swap darstellt und der Zustimmung der Gläubiger und der Gesellschafter bedarf. Selbst dort, wo nationale Rechtsordnungen einen entsprechenden staatlichen Eingriff kennen, wird kaum eine Maßnahme einer ausländischen Behörde anerkannt werden. 69

---

[40] Ziff. 13 h der EBA-Leitlinien.

B. Abwicklung

Daher wird eine Abwicklungsbehörde präventiv entsprechende Maßnahmen eines Instituts (Kapitalerhöhungen, Gesellschaftsgründungen) und deren Finanzierung (Sacheinlagen) in solchen Dritt-Jurisdiktionen sehr aufmerksam verfolgen müssen und im Zweifel eine Begründung für die Notwendigkeit einer entsprechenden Maßnahme in dieser Auslandsjurisdiktion einfordern. Im Zweifel wird die Abwicklungsbehörde darauf hinwirken, solche Maßnahmen nach Möglichkeit im Hinblick auf Gesellschaften vorzunehmen, die nach einer europäischen Rechtsordnung verfasst sind. In diesem Kontext ist auf den FSB-Konsultationsprozess zur grenzüberschreitender Anerkennung von Abwicklungsmaßnahmen zu verweisen, der diesen Prozess neu ordnen könnte.[41]

70 • Bei Refinanzierungsverbindlichkeiten wird es im Zusammenhang mit problematischen Rechtsverhältnissen unter Nicht-EU Jurisdiktionen in der Praxis in erster Linie um Verträge gehen, die dem Recht des Staates New York unterliegen. Zur Refinanzierung insbesondere größerer Institute ist ein Zugang zum US-Kapitalmarkt erforderlich, da die Aufnahmefähigkeit von Investoren aus anderen Jurisdiktionen zur Liquiditätsbeschaffung nicht ausreicht oder weil auf diese Weise auch US-Dollar-Positionen auf der Aktivseite währungskongruent refinanziert werden. Schuldverschreibungs- oder Commercial Paper Programme, die in den USA platziert werden und sich an US-Anleger richten, unterliegen – sofern es sich nicht um Privatplatzierungen nach Rule 144A oder um Auslandsemissionen nach Regulation S handelt – idR der Rechtsordnung eines US-amerikanischen Bundesstaats[42] (ie, New York), da die Investoren nicht gewillt sind, sich auf fremde Rechtsordnungen und zB deren Unsicherheiten einzulassen. Die Wahl der Rechtsordnung hat mit anderen Worten unmittelbare Auswirkungen auf die Platzierbarkeit von Fremdkapitalinstrumenten und damit uU auf die Refinanzierbarkeit großer Teile des Bankportfolios. Ein Eingriff an dieser Stelle kann zu empfindlichen Risikoprämien oder Liquiditätsproblemen für die Institute führen.

71 • Für Finanzkontrakte[43] existiert zwischenzeitlich eine gesetzliche Regelung in § 60a SAG, als auch das Protokoll der ISDA zur grenzüberschreitenden Anerkennung der Aussetzung von Beendigungsrechten (*ISDA 2015 Universal Resolution Stay Protocol*), welches die zumindest temporäre Anerkennung von staatlichen Interventionen – wie Abwicklungsmaßnahmen – vorsieht und damit in seinem sachlichen und persönlichen Anwendungsbereich eine abschließende Regelung darstellen dürfte[44]. In diesem Kontext ist zu berücksichtigen, dass das FSB eine Verpflichtung für die nationalen Behörden vorsieht, die Unterzeichnung des Protokolls von den Marktteilnehmern zu verlangen[45] und die meisten großen Banken zumindest das Vorgängerprotokoll (*ISDA 2014 Resolution Stay Protocol*)[46] bereits unterzeichnet haben.

72 • Auch bei der Frage der Übertragbarkeit von Aktiva spielt das anwendbare Recht eine erhebliche Rolle.[47] Ein wesentlicher Aspekt für den Zuschnitt des zu übertragenden Portfolios und letztlich für die Transferwege ist die Frage, ob eine Übertragungsanordnung in anderen Drittstaats[48]-Jurisdiktionen anerkannt würde.[49] Diese Frage ist deshalb

---

[41] Vgl. http://www.financialstabilityboard.org/publications/c_140929.pdf.
[42] Vgl. *GBRSBSG* S. 2–137.
[43] § 2 Abs. 3 Nr. 21 SAG.
[44] → Rn. 85 ff.
[45] Hieraus resultiert § 60a SAG.
[46] Das *ISDA 2014 Resolution Stay Protocol* bezieht sich ausschließlich auf OTC-Derivateverträge.
[47] Vgl. B.IX. „Kollisionsrechtliche Grenzen der Abwicklung".
[48] Vgl. § 153 SAG, welcher die Anerkennung innerhalb der EU regelt.
[49] Vgl. zu der Problematik detailliert *Lehmann/Hoffmann* WM 2013, 1389 (1391 ff.).

von besonderer Bedeutung, da im Abwicklungsfalle zum einen nur vergleichsweise wenig Zeit zur Verfügung steht, um die zu übertragenden Positionen zu identifizieren, und zum anderen eine rechtssichere Zuordnung zu dem vorgesehenen Zielrechtsträger nicht nur aus sachenrechtlichen Gründen erforderlich, sondern auch zur Erreichung der Gesetzesziele (Abschirmung der systemrelevanten Teile) geboten ist. Durch den Verbleib systemrelevanter Positionen auf der *Legacy*-Bilanz kann sich die gesamte Abwicklungsmaßnahme als ungeeignet herausstellen. Vor diesem Hintergrund sollte in vertraglichen Vereinbarungen künftig darauf geachtet werden, dass darin nicht ohne Not das Recht einer Jurisdiktionen für anwendbar erklärt wird, in der Abwicklungsmaßnahmen nicht rechtssicher ermöglicht werden. Als Vertragsstatut in bilateralen Verträgen lässt sich die Anwendbarkeit einer außereuropäischen Jurisdiktion (entsprechende Verhandlungsmacht vorausgesetzt) in der Regel verhindern, schwieriger ist dies ggf. in komplexeren Rechtsverhältnissen wie Konsortialrechtsverhältnissen, wo zumeist Mehrheitsentscheidungen getroffen werden. Ausgeschlossen ist eine Rechtswahl zumeist bei dinglichen Sicherheiten, die in entsprechenden Drittstaaten belegen sind und die *lex rei sitae* gilt. So oder so stellen die zusätzlichen Anforderungen der Abwicklungsbehörden eine Herausforderung für die Kautelarpraxis in Instituten dar.

(i) Maßnahmen im Hinblick auf Tochtergesellschaften. Ziff. 13j und 15b der EBA-Leitlinien befassen sich mit dem Sonderfall, wie im Rahmen einer SPOE-Strategie mit Tochtergesellschaften umzugehen ist. So ist bei einer SPOE Strategie darauf zu achten, dass die Mutter (i) Verluste in allen Teilen der Gruppe ausgleichen und (ii) die Betriebsfähigkeit der kritische Funktionen ausführenden Teile einer Gruppe gewährleisten kann. 73

Gegebenenfalls soll die Mutter auch verpflichtet werden können, Finanzmittel in nachrangiger Form für das Tochterunternehmen bereitzustellen, um die **Aufwärtsverlagerung von Verlusten** von der Ebene des Tochterunternehmens zu ermöglichen und damit die Einbeziehung des Tochterunternehmens in die Abwicklung zu vermeiden. Eine Aufrechnungsmöglichkeit sollte in einem solchen Fall natürlich nicht vorgesehen werden, da diese genau den gegenteiligen Effekt hätte. Die Refinanzierung sollte ferner dergestalt erfolgen, dass die Gruppe oder Teile der Gruppe, die kritische Funktionen erbringen, infolge eines Bail-in oder einer Heranziehung berücksichtigungsfähiger Verbindlichkeiten nicht auseinanderbricht. Hierfür eignet sich das oa Holdingmodell besonders, da dadurch die Finanzierung zentralisiert und die Aufwärtsverlagerung von Verlusten über die bereits erwähnten Instrumente sichergestellt werden kann. 74

Jegliche Maßnahmen mit Bezug auf die Finanzausstattung haben unmittelbare Auswirkungen auf die **Mindestanforderungen an Eigenmittel** (MREL). Im Zweifel ist zu fragen, ob es nicht ausreicht, dass ein ausreichendes Maß an MREL sichergestellt wird. 75

(j) Gründung einer Holding-Gesellschaft[50]. Diverse Klauseln verweisen auf die Vorzüge der Zwischenschaltung einer Holdinggesellschaft.[51] Es ist vor diesem Hintergrund also konsequent, wenn auch die Gründung einer solchen Holdinggesellschaft von den Abwicklungsbehörden angeordnet werden kann. Der Begriff der Holdinggesellschaft ist aktienrechtlich nicht geregelt, am nächsten kommt einer Definition § 18 Abs. 1 S. 1 AktG. Spezialgesetzlich finden sich in § 2 Abs. 1 Nr. 1 KAGB, § 104a Abs. 2 S. 4 VAG und § 2 Abs. 10 des Finanzkonglomerate-Aufsichtsgesetzes (FKAG) Definitionen von Holdinggesellschaften, die letztlich alle auf die Beteiligung an Tochtergesellschaften als Gesellschaftszweck verweisen. 76

---

[50] Ziff. 13k der EBA-Leitlinien.
[51] Vgl. Ziff. 13j, 14, 15b der EBA-Leitlinien.

77 Sofern dies auf Gruppenebene erfolgt, ist damit ein erheblicher Aufwand verbunden, da die bisherige Konzernmutter in einer solchen Holding aufgehen müsste. Die Aktionäre des Instituts würden künftig Aktionäre der Holding und müssten über die Einbringung der operativen Bank in eine Holding oder über die Ausgliederung der operativen Töchter beschließen. Die operativen und finanziellen Gruppenstrukturen müssen komplett verändert werden, ohne allzu viele kritische Funktionen bei der Holding anzusiedeln[52], was bankaufsichtsrechtlich aber wieder problematisch wäre. Erfahrungen aus den USA zeigen zudem, dass Bank Holding Companies in der Regel zu einer erheblich gesteigerten – vor allem operationellen – Komplexität innerhalb der Gruppe führen[53]. In den USA sind große Auslandsbanken bereits heute verpflichtet, eine Intermediate Holding Company (ICH) einzuführen und sich auf diese Weise den *enhanced prudential standards* des *Dodd Frank Act* zu unterwerfen. Im Falle einer Insolvenz hat eine Holdingstruktur den Vorteil, dass im Idealfall nur die Holdinggesellschaft selbst in die Insolvenz gehen kann und alle anderen operativen Einheiten weiter existieren können. Dies setzt allerdings voraus, dass die insolvenzbegründenden Kapital- und Liquiditätsengpässe ausschließlich auf Ebene der Holding zentralisiert werden können und anfallen, was wiederum aus anderen Gründen nicht ganz unproblematisch ist.[54]

78 **(k) Schlüsselpersonal**[55]. Für die Erfüllung der Kernfunktionen und kritischen Operationen ist qualifiziertes Personal erforderlich. Dies betrifft vor allem die Markt- und Kreditrisikoseite, aber auch IT und Operations. Steht dieses Personal nicht zur Verfügung, geht das Institut ein hohes operatives Risiko ein. Wesentliches Wissen über häufig proprietäre IT-Plattformen und Risikomanagementsysteme ginge mit einem Weggang bestimmter Mitarbeiter unwiederbringlich verloren. Das Gleiche gilt für Mitarbeiter des Finanzbereichs, die sich mit der Bewertung vor allem komplexer Produkte befassen und für Mitarbeiter mit historischem Wissen, die gerade in Zeiten umfassender rechtlicher Aufarbeitungen der Gestaltung und des Vertriebs von Produkten erfolgskritisch werden können. Das Schlüsselpersonal ist aufgrund der häufig herausgehobenen Stellung und der Fachkompetenz im Markt in der Regel nachgefragt und damit vergleichsweise fungibel. Soll das Schlüsselpersonal für die Zeit der Abwicklung noch zur Verfügung stehen, ist es zeitnah zu identifizieren und zum Verbleib in einem möglicherweise in die Insolvenz gehendem Institut zu incentivieren.

79 **(l) Identifizierung wesentlicher Kennzahlen durch die Management Informationssysteme**[56]. Die Management Informationssysteme bereiten die Unternehmensdaten auf aktueller Basis auf und ermöglichen dem Management jederzeit umfassende Informationen über die Geschäfts-, Kapital und vergleichbare Kennzahlen in einem Institut. Im Zuge der Abwicklungsplanung sollen diese Informationen ergänzt werden um die für die Umsetzung der Abwicklungsstrategie und die Bewertungen erforderlichen Daten. Insbesondere sollen diese Informationen die im Zeitpunkt eines Bail-Ins hierfür erforderlichen Daten beinhalten, wie Identifikationsmerkmale für bail-in-fähige Verbindlichkeiten, Zahlungsaussetzungen und die technische Durchführung einer möglichen Herabschreibung/Umwandlung.

---

[52] Vgl. zB Ziff. 14b der EBA-Leitlinien.
[53] www.newyorkfed.org/research/epr/12v18n2/1207avra.pdf, S. 74, ohne dass damit per se die Frage beantwortet würde, ob eine vereinfachte Organisationsstruktur eine Reorganisation in der Insolvenz erleichtern würde – idS, S. 75.
[54] → Rn. 39 f.
[55] Ziff. 13 l der EBA-Leitlinien.
[56] Ziff. 13 m der EBA-Leitlinien.

(m) Reduzierung der Komplexität und des Volumens des Handelsbuchs[57]. Die 80
Komplexität des Handelsbuchs ist eines der Haupthindernisse für eine rasche Abwicklung.
Insbesondere der Mangel an Transparenz und die fehlende Möglichkeit, die einzelnen
Bestandteile des Handelsbestands adäquat zu bewerten und zu entflechten, erweisen sich
in der Praxis als Hindernisse.[58] Tatbestandlich ist diese Voraussetzung „Komplexität" nur
äußerst schwierig zu fassen, da der Begriff keine hinreichend präzise Eingriffsvoraussetzung
formuliert. Gemeint ist vor allem, dass die Bewertung bestimmter Positionen des Handelsbestands aufgrund deren **Komplexität und Volatilität** häufig sehr schwierig ist, was die
Implementierung einer Bail-in Maßnahme erheblich erschweren kann. Zu beachten ist in
diesem Kontext, dass sich das Verständnis dessen, was im Handelbuch noch ausgewiesen
werden kann, im Zuge der *Fundamental Review of the Trading Book* des Basler Komitees für
Bankenaufsicht noch ändern wird, so dass zu diesem Zeitpunkt weiterführende Erläuterungen verfrüht sind.

(3) Gründung einer EU-Zwischenholding[59]. Sofern Abwicklungsbehörden befürchten, 81
dass die geordnete Abwicklung des in der EU angesiedelten Teils eines nicht der EU-Auf-
sicht unterstehenden Instituts nicht möglich ist, zB, da es sich um große Auslandsniederlassungen handelt und kein „Mutterunternehmen" existiert, das einer EU-Rechtsordnung
unterliegt, können sie – analog der US-amerikanischen Regulierung – die Gründung einer
EU-Zwischenholding fordern. Dies ist insbesondere dann ratsam, wenn dies erforderlich ist,
um auf dieser Ebene bail-in-fähige Verbindlichkeiten zu begeben. Die Geschäftstätigkeit der
EU-Zwischenholding sollte begrenzt sein, damit nicht zusätzliche Komplexität und Risiken
entstehen, im Grunde handelt es sich bei ihr um ein reines **Verlustabsorptionsvehikel**. Im
Vorfeld der EBA-Leitlinien wurde diese Maßnahme kritisiert, da die Zwischenholding aufgrund der Weitergabe der Finanzierung als nachrangige Verbindlichkeit an Konzerntöchter
keine günstigen Refinanzierungskonditionen erhalte. Darauf hat die EBA noch einmal
klargestellt, dass diese Maßnahme nur dann infrage komme, wenn eine Refinanzierung
auf dieser Ebene erforderlich ist, um die richtige Höhe und Verortung von Verlusttragungs-
kapazitäten sicherzustellen.

(4) Auftrennung gemischter Holdinggesellschaften[60]. Besteht bei einem integrierten 82
Finanzdienstleistungskonzern eine gemischte Holdinggesellschaft, soll die Abwicklungsbehörde in die Lage versetzt werden, die Errichtung einer getrennten Finanzholdinggesell-
schaft zu verlangen, wenn dies die getrennte Abwicklung von Bank- und Anlagetätigkeiten
wesentlich erleichtert.

bb) Finanzielle Hindernisse

(1) Verschärfung von Grenzwerten

(a) Verschärfung von Grenzwerten für Risikopositionen[61]. § 59 Abs. 6 Nr. 3 SAG 83
ermöglicht den Abwicklungsbehörden eine Einwirkung auf die maximalen individuellen
und aggregierten Risikopositionen eines Instituts. Diese Regelung verwundert, gibt es
doch zB mit der GroMiKV bereits eine Sonderregelung für zulässige Risiken. Ausdrücklich

---

[57] Ziff. 13n der EBA-Leitlinien.
[58] → Rn. 94 f.
[59] Art. 17 Abs. 5 (h), Ziff. 14a, b der EBA-Leitlinien, § 59 Abs. 6 Nr. 8 SAG.
[60] Art. 17 Abs. 5 (k) BRRD, Ziff. 17 der EBA-Leitlinien.
[61] Art. 17 (5) (b) der Richtlinie, § 59 Abs. 6 Nr. 3 SAG.

regelt das Gesetz allerdings, dass diese Begrenzung auch für berücksichtigungsfähige Verbindlichkeiten iSd § 91 Abs. 1 SAG gegenüber anderen Instituten besteht. Damit wird die Stoßrichtung dieser Vorschrift leicht abgeändert. Primär geht es nicht um die Begrenzung von Risikopositionen per se, sondern um die **Verhinderung von Wechselwirkungen** innerhalb der Finanzindustrie, bei der ein Bail-In bei einem Institut unmittelbaren – existenzgefährdenden – Abschreibungsbedarf bei einem anderen Institut auslösen kann, soweit das Risikoexposure nur groß genug ist.

84   Unzutreffenderweise nimmt die nationale Vorschrift in ihrem letzten Teilsatz Verbindlichkeiten gegenüber einem gruppenangehörigen Unternehmen von der Risikobegrenzung aus, da auch hier im Abwicklungsfall, wie nachstehend dargestellt wird, erhebliche Risiken drohen können. Dies stellt auch Ziff. 8b der Leitlinien klar.

85   **(b) Verschärfung von Grenzwerten für Risikopositionen gegenüber gruppeninternen Unternehmen**[62]. Sofern die Abwicklungsstrategie die Trennbarkeit von Rechtsträgern innerhalb einer Gruppe vorsieht, können die Abwicklungsbehörden vom Institut auch eine Verschärfung der Grenzwerte für die Risikotragfähigkeit im Hinblick auf Forderungen gegenüber Gruppengesellschaften verlangen, wenn diese (internen) Risikopositionen die Abwicklungsfähigkeit des Instituts beeinträchtigen. Dies dient der Beschränkung der finanziellen Verflechtung der Unternehmen der Gruppe untereinander und bedeutet, dass die Risiken aus Geschäften mit Gruppengesellschaften künftig so **wie zwischen unbeteiligten Dritten** zu gewichten sind und damit voraussichtlich einen größeren Teil des Risikodeckungspotentials als bisher beanspruchen sollen. Im Falle einer Trennung der Funktionen besteht dann nicht das Risiko, dass eine Konzerngesellschaft eine inadäquate Risikoposition ausweist.

86   In der Praxis kann dies zur Folge haben, dass künftig auch konzernintern Limite zB für Liquiditätsrisiken eingeführt werden und marktübliche Risikominimierungstechniken, wie Netting-Vereinbarungen, die Standardisierung von Verträgen oder die Besicherung von Geschäften, mehr Gewicht erhalten könnten.

87   **(c) Begrenzung von Risikopositionen gegenüber Zweckgesellschaften**[63]. Dem gleichen Ziel dient auch die Begrenzung von Risikopositionen gegenüber solchen Zweckgesellschaften, die über nicht gezogene Kreditzusagen, Garantien oder Patronatserklärungen des Instituts verfügen, jedoch nicht in der Bilanz des Instituts konsolidiert werden und nicht im Anwendungsbereich der Abwicklungsbefugnisse liegen. Diese Begrenzung regelt einen Spezialfall, mit ihr wird zugleich eine explizite **Lehre aus der Finanzkrise** gezogen.

88   Vor der Finanzkrise wurden vor allem zum Zwecke der Vermeidung von Eigenkapitalunterlegung und Risikodiversifikation Kredite auf dem Institut gehörende Zweckgesellschaften übertragen, die den Ankauf durch die Ausgabe von günstigen Refinanzierungsverbindlichkeiten mit kurzer Laufzeit finanzierten. Da die Kredite selbst meist viel länger liefen als die Refinanzierungsverbindlichkeiten, mussten die Institute Liquiditätslinien oder vergleichbare Absicherungsinstrumente bereitstellen, um die Investoren bei Fälligkeit der Papiere vor Verlusten dadurch zu bewahren, dass keine Anschlussrefinanzierung gefunden werden konnte. Diese Absicherungsinstrumente, meist Garantien, wurden so ausgestaltet, dass die bankaufsichtsrechtlichen Regeln für solche außerbilanziellen Verpflichtungen – meist wegen ihrer kurzen Laufzeit – keine Unterlegung mit Eigenkapital erforderten. Nach der Immobilienkrise im Jahr 2007 war niemand mehr bereit Refinanzierungsverbindlich-

---

[62] Ziff. 8a der EBA-Leitlinien.
[63] Ziff. 8b der EBA-Leitlinien.

VII. Herstellung der Abwicklungsfähigkeit

keiten von Zweckgesellschaften zu kaufen. Auch ein Verkauf der Kredite (vor allem US-Hypothekendarlehen) war nicht mehr möglich. Die Zweckgesellschaften nahmen folglich die Liquiditätslinie ihrer Institute in Anspruch, welche diese Kredite wegen der mangelnden Solvenz der Zweckgesellschaften unmittelbar abschreiben mussten und dadurch zT eine massive Eigenkapitalbelastung erfuhren.

(2) **Veräußerungsmaßnahmen**[64]

(a) **Veräußerung von Vermögensgegenständen vor der Abwicklung**[65]. Wenn die Abwicklungsstrategie die Veräußerung bestimmter Vermögensgegenstände vorsieht, lautet eine Lehre aus der letzten Finanzkrise, dass viele Vermögensgegenstände gerade in einer solchen Situation aus verschiedenen Gründen nicht mehr veräußert werden können. Die EBA-Leitlinien sehen an dieser Stelle eine vorzeitige Veräußerung vor, um einer erwarteten **Verschlechterung der Veräußerbarkeit** von Vermögensgegenständen im Abwicklungsszenario entgegenwirken. Diese Klausel möchte zweierlei erreichen: Zum einen die Sicherstellung der Abwicklung durch vorzeitige Veräußerung solcher Produkte, die einer Abwicklung im Wege stehen, und im zweiten Schritt die besondere Berücksichtigung einer (potenziell) erschwerten Veräußerbarkeit von Vermögensgegenständen in der Krise. Denn ein Ziel der geordneten Bankenabwicklung besteht ja auch gerade darin, *Fire Sales* zu verhindern, die vorhandene Vermögenswerte vernichten und zur Instabilität auf den Finanzmärkten beitragen. 89

Abwicklungsbehörden können vor diesem Hintergrund zum einen von Instituten die Veräußerung von Vermögenswerten vor der Abwicklung verlangen, wenn die Abwicklungsstrategie die Veräußerung dieser Vermögensgegenstände erforderlich macht und die Veräußerung im Rahmen einer späteren Abwicklung **wesentliche nachteilige Auswirkungen** auf die Verwendung oder die Umsetzung der Abwicklungsinstrumente hätte oder diese erheblich erschweren würde. Zu denken ist hier insbesondere an Forderungen gegen andere Kreditinstitute in einem gestörten Interbankenmarkt oder an Vermögenswerte, die wegen ihrer Komplexität, rechtlichen oder steuerlichen Ausgestaltung, Laufzeit etc. in einem Krisenszenario nur schwer zu veräußern sind. 90

Vor diesem Hintergrund ist auch die vorherige Veräußerung von Vermögenswerten zu erwägen, wenn deren Veräußerung im Zuge der Abwicklung wesentliche weitere nachteilige Folgen für das Finanzsystem hätte. Dies ist in der Regel dann der Fall, wenn hierdurch erfahrungsgemäß zusätzlicher Druck auf die Preise entsteht und somit Wertverluste drohen oder die Unsicherheit über die finanzielle Stabilität anderer Institute eine Veräußerung erschweren. Die Anwendung von Abwicklungsmaßnahmen sorgt (zB über *Cross-default* Klauseln oder Netting-Vereinbarungen) häufig dafür, dass zahlreiche Finanzkontrakte zeitgleich fällig gestellt werden. Eine Bewertung der zu veräußernden Vermögensgegenstände würde vor diesem Hintergrund erfolgen und erfahrungsgemäß sehr niedrig ausfallen. 91

Zu fragen ist ferner, welche Vermögensgegenstände im Zuge der Abwicklung **zur Generierung liquider Mittel** – soweit in der Abwicklungsstrategie vorausgesetzt – im Falle einer Abwicklung **nicht geeignet** wären. Auch im Hinblick auf solche Vermögensgegenstände eröffnen die EBA-Leitlinien die Möglichkeit, von Instituten die Veräußerung bestimmter Vermögenswerte zu fordern, wenn sich die Vermögensstruktur des Instituts voraussichtlich nachteilig auf die Durchführung einer Abwicklungsstrategie auswirken würde. Eine solche Situation ist zB dann denkbar, wenn die Abwicklungsstrategie die 92

---

[64] Art. 17 (5) (d) der Richtlinie.
[65] Ziff. 10a/b der EBA-Leitlinien, § 59 Abs. 6 Nr. 5 SAG.

Liquidation von Vermögensgegenständen zur Generierung liquider Mittel für die Weiterführung kritischer Funktionen erfordert. Auch in diesem Fall ist es vorausschauend, bereits im Vorfeld solche Vermögensgegenstände zu veräußern, die unter Stressbedingungen oder im Zeitpunkt der Abwicklung voraussichtlich nicht liquidierbar wären.[66]

93   Die Abwicklungsbehörden sind in jedem Fall gehalten, die jeweiligen Auswirkungen solcher Veräußerungen auf die Märkte der betroffenen Vermögensgegenstände zu beachten. Dies ist insbesondere relevant, wenn Abwicklungsbehörden den Instituten auferlegen, sich **in großem Umfang** von Vermögensgegenständen einer Art zu trennen, wodurch es kurzfristig zu einem Überangebot kommt, was sich entsprechend negativ im Preis und damit in den Bilanzen der Institute bemerkbar macht. Auch lohnt sich ein Blick auf die Restlaufzeit der Vermögensgegenstände und auf die derzeitigen Marktumstände (zB gibt es *Market Makers*, die einen Preis stellen müssen, oder wie sehen die *Credit Spreads* aus?). Wenn die Institute sich im großen Umfang von Vermögensgegenständen trennen müssen, erhöht dies zugleich das Risiko einer Blasenbildung auf benachbarten (Ersatz-)Märkten. Zu berücksichtigen ist ferner, dass es im Vorfeld äußerst schwierig ist, sich auf Vermögensgegenstände festzulegen, die voraussichtlich in einer Krise nicht veräußerbar sind, da die Risikoaversion der Vertragspartner im Extremfall sogar dazu führt, dass an sich höchst liquide Vermögensgegenstände wie Staatsanleihen illiquide werden.

(3) Tätigkeitsbeschränkungen[67]

94   **(a) Einschränkung von Tätigkeiten im Handel**[68]. Abwicklungsbehörden sehen sich häufig mit sehr komplexen Strukturen im Handelsbereich konfrontiert. Üblich ist bei Kreditinstituten einer gewissen Größe, dass realgeschäftsbezogene Sicherungsgeschäfte nicht auf Einzelgeschäftsbasis erfolgen sondern durch (rechtlich nicht existente) interne Sicherungsgeschäfte mit „dem Handelsbuch" des Instituts abgeschlossen wurden. Hat das Institut zB das Zinsrisiko aus einem Fremdwährungsdarlehen in USD abgesichert (wozu es regelmäßig gehalten ist), ist es in der Regel kein Swap Geschäft mit einem Dritten über die Gegenposition eingegangen, sondern hat ein entsprechendes „internes" Sicherungsgeschäft mit dem Handelsbuch abgeschlossen. Dort wird die offene US-Dollar Position als Teil einer Gesamtposition US Dollar mit anderen bestehenden Positionen verrechnet oder als Teil einer konsolidierten Position in einem Gegengeschäft abgebildet. Im Handelsbuch laufen somit sämtliche Derivatgeschäfte des Instituts zusammen. Die erforderliche Risikoabsicherung „mit der Straße", dh mit Gegenparteien außerhalb der eigenen Gruppe erfolgt dann auf konsolidierter Basis, wie auch die Wertermittlung.

95   Diese Konsolidierung auf der Derivateseite steht einer Trennung verschiedener Einheiten oder Geschäftsbereiche entgegen, da **keine Einzelzuordnung von Sicherungsgeschäften** aus Bankprodukten mit solchen, die das Institut zu seiner eigenen Absicherung mit Dritten abschließt, besteht. Die EBA-Leitlinien sehen für diesen Fall eine Beschränkung komplexer Handels-, Hedging-, Buchungs-, Funding- oder Risikomanagementfunktionen vor.

96   Eine wesentliche Aufgabe besteht für die Abwicklungsbehörden darin, diese Trennung zumindest für die Kernbereiche anzustoßen, da der mit den Novationen einhergehende Aufwand nicht unterschätzt werden kann. Zunächst sind die internen Sicherungsgeschäfte aufzulösen, was aber unmittelbare Folgen auf die Gesamtposition des Instituts gegenüber

---

[66] Auch in diesem Kontext gelten uneingeschränkt die Ausführungen unter → Rn. 103 zu komplexen Produkten und deren Bewertung.
[67] Art. 17 (5) (e) der Richtlinie.
[68] Ziff. 11a der EBA-Leitlinien.

Dritten hat. Mit diesen ist also zeitgleich eine Änderung der Geschäfte zu verhandeln. Zugleich sind gesonderte Sicherungsgeschäfte für die dergestalt herausgelösten Geschäfte neu abzuschließen. Dies wird nur im Ausnahmefall zu historischen Konditionen gelingen, was im Ergebnis bedeutet, dass Kreditinstitute durch Neuabschluss von Geschäften zu aktuellen Konditionen in diesem Kontext einen Großteil der Risiken realisieren müssen, gegen die sie sich mittels Derivatgeschäfte absichern wollten.

Sofern Kreditinstitute aufgetrennt werden, bedeutet das auch, dass jeder Teil eigene Derivate- oder Repo-Rahmenverträge abschließen muss und ein Netting auf Gesamtbankebene nicht mehr möglich ist.

(b) **Einschränkung von Aktivitäten**[69]. Die Geschäftsaktivitäten von Instituten in Drittstaaten können problematisch werden, sofern diese für die Aufrechterhaltung kritischer Funktionen erforderlich sind, aber in den Drittstaaten kein hinreichender Abwicklungsmechanismus vorgesehen ist und eine Fortführung der für die Aufrechterhaltung kritischer Funktionen erforderlichen Aktivitäten des Instituts im Rahmen der Abwicklung durch die entsprechenden Länder nicht sichergestellt werden kann. In diesem Fall schlagen die EBA-Leitlinien eine Einschränkung der entsprechenden Aktivitäten in diesen Staaten vor. In diesem Kontext ist auf den FSB-Konsultationsprozess zur grenzüberschreitenden Anerkennung von Abwicklungsmaßnahmen zu verweisen, der diese Leitlinie dann weitestgehend obsolet machen könnte.[70]

(c) **Beschränkung von Dienstleistungen**[71]. Die Abwicklungsbehörden können auch eine Einschränkung bei Dienstleistungen fordern, die ein Institut für andere Institute erbringt, wenn diese Dienstleistungen im Abwicklungsfall des diese erbringenden Instituts nicht fortgeführt werden können und dies die Stabilität des dienstleistungsempfangenden Instituts gefährden könnte.

(d) **Untersagung zusätzlicher Aktivitäten**[72]. Sollten bestimmte Aktivitäten auf eine Zweckgesellschaft ausgelagert werden, etwa, weil dies infolge einer aufsichtsrechtlichen Entscheidung erforderlich ist, und sollte diese Zweckgesellschaft andere Aktivitäten nicht ausführen dürfen, kann die Abwicklungsbehörde dieser Zweckgesellschaft auch die Ausübung solcher unerwünschter Tätigkeiten untersagen.

(4) **Einschränkungen bei Neuprodukten oder neuen Geschäftsfeldern**[73]

(a) **Einschränkung bei abwicklungsbehindernden Produkten**[74]. Bestimmte Bankprodukte sind aufgrund ihrer Struktur grundsätzlich geeignet, den Einsatz von Abwicklungsinstrumenten zu behindern. Dies ist letztlich bei allen Produkten der Fall, die in einem Fall der Fälle entweder eine Funktions- oder Geschäftsbereichstrennung massiv erschweren oder die Bail-In Fähigkeit reduzieren.

Hierzu zählen in erster Linie die in → Rn. 94 ff. bereits erwähnten Handelsgeschäfte. Potenziell können hierunter aber auch zahlreiche andere Geschäfte fallen, die beispielsweise über Sicherungsgeschäfte und Sicherheiten getrennte Einheiten verklammern. So kann und

---

[69] Ziff. 11b der EBA-Leitlinien.
[70] Vgl. http://www.financialstabilityboard.org/publications/c_140929.pdf.
[71] Ziff. 11c der EBA-Leitlinien.
[72] Ziff. 11d der EBA-Leitlinien.
[73] Art. 17 (5) (f) der Richtlinie, § 59 Abs. 6 Nr. 6 SAG.
[74] Ziff. 12a/b der EBA-Leitlinien.

wird idR[75] eine Sicherheit verschiedene Forderungen des Instituts gegen einen Kunden absichern. Geht im Rahmen einer Übertragung nur ein Teil der Forderungen gegen den Kunden über, stellt sich die Frage, wie mit der Sicherheit umzugehen ist. Ähnliches gilt, wenn zB im Rahmen von Projektfinanzierungen verschiedene rechtliche Einheiten eines Instituts involviert sind. Diese Fragen sind zB durch den Einsatz von Treuhandvereinbarungen lösbar, allerdings um den Preis einer deutlich erhöhten Komplexität innerhalb der Gruppe.

101 Ein Abwicklungshindernis im Hinblick auf einen Bail-In ist denkbar, wenn sich im Rahmen der Abwicklungsplanung herausstellt, dass es zu viele Verbindlichkeiten gibt, die nicht Bail-In-fähig wären. Hier ist an den Fall zu denken, dass die Eigenkapitalinstrumente und sonstigen relevanten Kapitalinstrumente sowie im Falle der Gläubigerbeteiligung der Mindestbetrag an berücksichtigungsfähigen Verbindlichkeiten[76] nicht erreicht wird. Nicht berücksichtigungsfähig sind gedeckte Einlagen, besicherte Verbindlichkeiten, Verbindlichkeiten aus der Verwaltung von Kundenvermögen oder Kundengeldern – sofern dem Kunden in einem Insolvenzverfahren ein Aussonderungs- oder Absonderungsrecht zustünde – Verbindlichkeiten gegenüber anderen Instituten mit einer Ursprungslaufzeit von weniger als sieben Tagen, Verbindlichkeiten gegenüber Beschäftigten – mit Ausnahme bestimmter variabler Vergütungsbestandteile – und Verbindlichkeiten gegenüber Geschäfts- oder Handelsgläubigern aufgrund von Lieferungen und Leistungen, die für den laufenden Geschäftsbetriebs des Kreditinstituts von wesentlicher Bedeutung sind. Soweit die Produktpalette eines Instituts außergewöhnlich viele der oben genannten Kriterien umfasst, könnte die Abwicklungsbehörde auf eine Änderung der Produktstruktur hinwirken, um Bail-in-fähige Verbindlichkeiten zu schaffen. Auch wird sie in diesem Fall bestimmte grundsätzlich berücksichtigungsfähige Verbindlichkeiten ggf. nicht länger vom Instrument der Gläubigerbeteiligung ausnehmen.

102 Ein Eingreifen der Abwicklungsbehörden in die Produktpalette einer Bank stellt einen massiven Eingriff in die Berufsausübungsfreiheit nach Art. 12 dar und sollte grundsätzlich besonders hohen Hürden bei der Verhältnismäßigkeitsprüfung unterliegen[77]. Sollten Produkte oder Geschäftsaktivitäten hingegen gezielt strukturiert werden, um die Anwendung von Abwicklungsinstrumenten zu verhindern, wie dies beispielsweise bei der grundlosen Strukturierung von Verbindlichkeiten in einer Weise, die eine Ausnahme vom Instrument der Gläubigerbeteiligung nach § 91 Abs. 2 SAG begründet (zB in Form von besicherten Derivatgeschäften[78] oder Verbindlichkeiten), der Fall ist, wäre dies anders zu bewerten.

103 **(b) Einschränkung bei komplexen Produkten**[79]. Die Komplexität bestimmter Produkte erschwert es Außenstehenden, die zB nicht über die entsprechende IT- und Operations-Infrastruktur verfügen, das Bestehen und die Höhe von Verbindlichkeiten präzise vorauszusagen. Gegebenenfalls ist eine Einschränkung bei der Entwicklung oder Veräußerung solcher Produkten geboten, wenn durch deren Komplexität die **Bewertung der Verpflichtungen des Instituts** durch die Abwicklungsbehörde behindert oder die Bewertung für Abwicklungszwecke gemäß §§ 69 ff. SAG erheblich erschwert wird. Hierbei handelt es sich meist um (hoch-) strukturierte komplexe Finanzprodukte wie Zertifikate oder Derivate, deren Auszahlungsprofil kaum trennscharf zu ermitteln ist, da ihr Underlying zB in hohem Maße von exogenen Faktoren und ggf. sich wandelnden Berechnungsgrundlagen abhängt.

---

[75] Vgl. zB § 14 Abs. 2 Banken AGB.
[76] Vgl. § 49 SAG.
[77] Vgl. → Rn. 144 ff.
[78] Vgl. *Kusserow/Scholl* WM 2015, 413 (421).
[79] Ziff. 12 c der EBA-Leitlinien.

VII. Herstellung der Abwicklungsfähigkeit

Häufig tritt noch eine hohe Volatilität hinzu. In einem solchen Fall ist eine (Netto-)Position des Instituts mit verhältnismäßigem Aufwand kaum zu ermitteln. Entsprechendes gilt für eine Prognose, die im Abwicklungsplan unterstellt wird. Zu beachten ist allerdings, dass eine reine Erschwerung der Abwicklung nur in Extremfällen zur Beseitigung von Hindernissen berechtigen sollte.

(5) Ausgabe neuer Verbindlichkeiten[80]

(a) Ausgabe von Eigen- und Fremdkapitalinstrumenten[81]. Auch zur Ausgabe von Eigenkapital- und Fremdkapitalinstrumenten soll ein Institut verpflichtet werden können; und zwar in einem Umfang, dass ein eventueller Verlustausgleich bei sämtlichen von der Abwicklungsstrategie erfassten Gruppenunternehmen – insbesondere auch solcher ohne ausreichende eigene Verlustabsorptionsmöglichkeit – möglich ist. Die Ausgabe von Kapitalinstrumenten wird in der Praxis nur schwer ohne fundamentales Vertrauen der Kapitalmärkte umsetzbar sein. Im Hinblick auf Eigenkapitalinstrumente ist zum einen zu fragen, wer über die Kapitalerhöhung beschließt und wer die Eigenkapitalanteile (idR Aktien) übernimmt. Denkbar ist jedenfalls eine Ausnutzung genehmigten oder bedingten Kapitals, soweit dies im Rahmen der Bestimmungen der Ermächtigung erfolgt. Auch was die Fremdkapitalaufnahme anbelangt, ist diese Vorschrift nicht ohne weiteres umzusetzen. Sobald die Kapitalmärkte Anhaltspunkte dafür haben, dass es sich um eine Zwangsrefinanzierung handelt, wirkt sich dies unmittelbar erheblich negativ auf die Bonität des Instituts und die Platzierbarkeit von Schuldverschreibungen aus, was im Ergebnis zu erhöhtem Zinsaufwand bei dem Institut führt. Dies hat zur Folge, dass das betreffende Institut gerade in die Liquiditätsprobleme hineinlaufen kann, deren Folgen durch das SAG ausgeschlossen werden sollen. Auch müssen Besonderheiten bestimmter Banken Berücksichtigung finden, zB dass bestimmte Banken (wie Pfandbriefbanken) vergleichsweise wenig Kapital im Verhältnis zu ihren Verbindlichkeiten aufweisen.

Da davon auszugehen ist, dass infolge einer Abwicklungsmaßnahme, insbesondere einer Bail-In Maßnahme, eine erneute Refinanzierung des Instituts gar nicht oder nur zu äußerst erschwerten Bedingungen und verschlechterten Konditionen möglich sein wird[82], kann an dieser Stelle präventiv überlegt werden, ob bei der Gelegenheit der Anordnung einer Ausgabe von Refinanzierungsinstrumenten nicht der Versuch einer weitestgehend fristenkongruente Refinanzierung für die Aktivitäten und Geschäfte, die die Abwicklung überleben sollen, unternommen wird.

(b) Ausgabe von Refinanzierungsverbindlichkeiten bei einer MPOE-Strategie[83]. Gleiches gilt für die MPOE Strategie, wo an jedem Ansatzpunkt ausreichende Verlusttragungsfähigkeit vorhanden sein sollte, um die Verluste des jeweils in diesem Ansatzpunkt beginnenden Teilkonzerns zu absorbieren. Auch hier gilt es eine enge Verzahnung mit den MREL herzustellen, damit die Institute ein einheitliches Verständnis über ihre Verlusttragungsfähigkeit entwickeln können.

---

[80] Art. 17 (5) (i) der Richtlinie.
[81] Ziff. 15a der EBA-Leitlinien, § 59 Abs. 6 Nr. 9 SAG.
[82] Vgl. *Argouleas/Goodhart* JFR 2015, 3 (20).
[83] Ziff. 15c der EBA-Leitlinien.

B. Abwicklung

(6) Andere Maßnahmen[84]

107 **(a) Herstellung der Mindestanforderungen an Eigenmittel und berücksichtigungsfähigen Verbindlichkeiten**[85]. Die Abwicklungsbehörden sind ferner verpflichtet, andere Maßnahmen zu ergreifen, damit die Institute die Mindestanforderung an Eigenmittel und berücksichtigungsfähige Verbindlichkeiten gemäß Art. 45 BRRD erfüllen. Insbesondere kann den Instituten dabei aufgegeben werden, berücksichtigungsfähige Verbindlichkeiten, Instrumente des zusätzlichen Kernkapitals oder Instrumente des Ergänzungskapitals **nachzuverhandeln**, um insbesondere bei Verbindlichkeiten, die dem Recht von Drittstaaten unterliegen, einem Bail-In Geltung zu verschaffen. Diese Neuaushandlung wird bei den Fremdkapitalinstrumenten auf eine Konditionenänderung und damit auf eine Änderung der Emissionsbedingungen hinauslaufen. Bei börsennotierten Schuldtiteln wird eine solche nachträgliche Änderung in der Praxis nicht oder nur mit erheblichem Aufwand möglich sein.

108 Die Abwicklungsbehörden sollen sicherstellen, dass die Verlusttragungsfähigkeit von berücksichtigungsfähigen Verbindlichkeiten im Hinblick auf die Abwicklungsstrategie und unter Berücksichtigung unter anderem von (i) Laufzeit, (ii) Nachrangigkeit, (iii) Eigentümer und Übertragbarkeit, (iv) dem Risiko einer Ausnahme der Verbindlichkeiten vom Verlustausgleich, (v) grenzüberscheitender Durchsetzbarkeit und (vi) sonstigen rechtlichen Hindernissen wie der fehlenden Anerkennung von Abwicklungsinstrumenten oder der Bestehen einer Aufrechnungslage, jeweils nach dem anwendbaren Recht eines Drittstaats, gegeben ist.

109 **(b) Verträge über Finanzkontrakte.** Für Verträge über Finanzkontrakte stellt der durch das AbwMechG eingeführte § 60a SAG in diesem Kontext eine gesetzlich geregelte Sondervorschrift für die Herstellung der Abwicklungsfähigkeit dar. Danach sind Institute nach dem 1.1.2016 verpflichtet, in Finanzkontrakten[86], die dem Recht eines Drittstaats unterliegen oder für welche ein Gerichtsstand in einem[87] Drittstaat besteht, vertragliche Bestimmungen aufzunehmen, durch welche die Gegenpartei (i) die vorübergehende Aussetzung von Beendigungsrechten nach den §§ 82 bis 84, 144 und 169 SAG im Hinblick auf die Verbindlichkeiten aus dem Derivateverhältnis anerkennt und (ii) sich mit der damit einhergehenden Beendigung von Aussetzungsrechten einverstanden erklärt.

110 Hintergrund der Regelung sind die Beendigungsrechte (vor allem im Zuge von *Cross Default*- Klauseln oder sonstiger *Close Out*-Rechte) der Gegenparteien bei Finanzkontrakten, wenn ein Institut in eine Krise gerät. Unter deutschem Recht sind die Abwicklungsbehörden befugt, solche Beendigungsrechte auszusetzen, die Anerkennung einer solchen Aussetzung in anderen Jurisdiktionen ist allerdings fraglich. Da eine Nichtanerkennung der Aussetzungsbefugnis de facto zu einem *Close Out* führt und dies eine Abwicklung erheblich beeinträchtigen kann, sind Institute wie gruppenangehörige Unternehmen aufgefordert, diese Anerkennung vertraglich sicherzustellen.

111 In der Regel erfolgt dies über einen Beitritt der Institute zum **Protokoll der ISDA zur grenzüberschreitenden Anerkennung der Aussetzung von Beendigungsrechten**. Im Jahr 2014 veröffentlichte die ISDA ein Protokoll, dass diese Anerkennung für OTC-Derivategeschäfte vorsieht (*ISDA 2014 Resolution Stay Protocol*). Am 4. November 2015 veröffentlichte

---

[84] Art. 17 (5)(j) der Richtlinie.
[85] Ziff. 16 der EBA-Leitlinien.
[86] Vgl. § 2 Abs. 3 Nr. 21 SAG.
[87] Bei mehreren vereinbarten Gerichtsständen greift die Vorschrift auch ein, sofern nur einer davon in einem Drittstaat besteht, vgl. BT Drs. 18/5009, S. 65.

VII. Herstellung der Abwicklungsfähigkeit

die ISDA ein weitestgehend identisches Protokoll (*ISDA 2015 Universal Resolution Stay Protocol*), dessen Anwendungsbereich sich aber zusätzlich auf Repo-Geschäfte und andere standardisierte Rahmenverträge für die Wertpapierleihe erstreckt und welches das *ISDA 2014 Resolution Stay Protocol* im Beitrittsfalle ersetzt[88]. Sind die Vertragsparteien einem der ISDA-Protokolle beigetreten, so führt dies dazu, dass die Aussetzungsrechte der Abwicklungsbehörde insoweit anerkannt werden. In Neuverträge ist künftig ein Verweis auf das jeweilige ISDA-Protokoll aufzunehmen, Altverträge werden mit Beitritt automatisch angepasst.

cc) Informationshindernisse

(1) Grundsatz[89]. Es ist offensichtlich, dass fehlende wesentliche Informationen über das Institut, die Geschäftspolitik, dessen Kapital- oder Risikolage ein ernsthaftes Abwicklungshindernis darstellen, da eine Entscheidung der Abwicklungsbehörde über die Liquidationsfähigkeit oder das Ob und Wie der Anwendung einer oder mehrerer Abwicklungsmaßnahmen nur unter Berücksichtigung auch der Details des konkreten Einzelfalls erfolgen kann. Auch bereits im Vorfeld der Implementierung einer Abwicklungsmaßnahme müssen der Abwicklungsbehörde umfassende Informationen zur Verfügung stehen, die die laufende Kontrolle und die Vorbereitung einer Entscheidung ermöglichen. Je wahrscheinlicher ein Abwicklungsfall wird, desto dichter werden im Zweifel die Informationsbedürfnisse der Abwicklungsbehörde, insbesondere, soweit für einen Bail-In oder für eine Übertragung notwendige Informationen betroffen sind (Änderung der Art und Qualität der berücksichtigungsfähigen Verbindlichkeiten, Kapitalmaßnahmen etc.). 112

(2) Informationen über Eigenkapital und nachrangige Schulden sowie über Gläubiger/-typen sowie privilegierte Gläubiger[90]. Diese Klauseln legen für den Bail-In zentrale Informationsanforderungen fest. Ohne genaue Informationen darüber, welche Eigenkapitalinstrumente und welche Verbindlichkeiten jeweils präzise in welcher Höhe für einen Bail-In zur Verfügung stehen, können die Abwicklungsinstitute mit der ihnen eigenen Kaskade nicht angeordnet werden. Vor allem die strikten Voraussetzungen für jede Stufe der Kaskade erfordert eine präzise Abschätzung, inwieweit die Eigenkapitalinstrumente auf der vorherigen Stufe ausreichen. Die Abwicklungsbehörde muss ferner wissen, in welcher Höhe Gläubigeransprüche als berücksichtigungsfähige Verbindlichkeiten zur Verfügung stehen, da sich danach die Inanspruchnahme nach der Haftungskaskade und in der Folge die Quoten errechnen. Zu berücksichtigen sind hierbei auch die privilegierten Gläubiger und uU die Ausübung diskretionärer Befugnisse der Abwicklungsbehörde nach § 92 SAG. Springt die Abwicklungsbehörde hier zu kurz und ist zB eine vorgesehene Berücksichtigung berücksichtigungsfähiger Eigenkapitalinstrumente uU nicht ausreichend, muss diese ad hoc ausgeweitet oder um andere Abwicklungsinstrumente ergänzt werden. Dies ist nicht Ziel der Abwicklungsplanung, die – um glaubhaft zu sein – im Idealfall nur noch zu implementieren sein sollte. 113

(3) Informationen über kritische Funktionen, Gläubiger mit besonderer Bedeutung für kritische Funktionen, wesentliche Informationen über das Risikomanagement[91]. Anknüpfend an allgemeine Informationspflichten sieht Ziff. 9 (d) vor, dass sichergestellt wird, dass die Informationssysteme des Instituts auch alle zur Entwicklung 114

---

[88] Die Beitrittszeit läuft und ist derzeit nicht befristet.
[89] § 59 Abs. 6 Nr. 4 SAG.
[90] Ziff. 9b und c der EBA-Leitlinien.
[91] Ziff. 9d der EBA-Leitlinien.

und Umsetzung der Abwicklungsstrategie erforderlichen Daten bereitstellen, wobei insbesondere die Identifikation der Elemente (i) kritische Funktionen, (ii) Gläubiger (-typen), die bei der Abwicklung mit der höchsten Wahrscheinlichkeit zum Verlustausgleich herangezogen werden, (iii) Gläubiger von Verbindlichkeiten mit besonderer Bedeutung für kritische Funktionen oder die Umsetzung der Abwicklungsstrategie wie gedeckte oder ungedeckte Einlagen von KMU und natürlichen Personen, sowie (iv) für das Risikomanagement der Gruppe maßgebliche Stellen, Dienstleistungen und Funktionen, die aufrechterhalten werden müssen, um den ununterbrochenen Fortbestand kritischer Funktionen zu sichern, sichergestellt werden muss.

4. Beseitigung möglicher Abwicklungshindernisse

a) Verfahren

aa) Zuständigkeit des Ausschusses für die einheitliche Abwicklung

115 Die Beseitigung von Abwicklungshindernissen aufgrund einer Bewertung der Abwicklungsfähigkeit durch den Ausschuss ist in Art. 10 Abs. 7 bis 13 SRM-Verordnung geregelt. Bereits Erwägungsgrund (47) SRM-Verordnung formuliert es als vorrangige Aufgabe des Ausschusses, alle notwendigen Maßnahmen zum Abbau bzw. zur Ausräumung aller Hindernisse für die Abwicklungsfähigkeit der systemrelevanten Institute zu ergreifen.

116 Gelangt der Ausschuss nach einer Bewertung der Abwicklungsfähigkeit eines Instituts oder einer Gruppe nach Anhörung der zuständigen Behörden[92], einschließlich der EZB, zu der Feststellung, dass der Abwicklungsfähigkeit dieses Unternehmens oder dieser Gruppe „**wesentliche**" **Hindernisse entgegenstehen**, erstellt er in Zusammenarbeit mit den zuständigen Behördeneinen an das Institut oder das Mutterunternehmen gerichteten Bericht, in dem die wesentlichen Hindernisse für die effektive Anwendung von Abwicklungsinstrumenten und die Ausübung von Abwicklungsbefugnisse analysiert werden. In dem Bericht werden auch die Auswirkungen auf das Geschäftsmodell des Instituts beurteilt und zunächst nur Empfehlungen für angemessene und zielgerichtete Maßnahmen formuliert, die nach Auffassung des Ausschusses erforderlich und geeignet sind, um diese Hindernisse zu beseitigen[93].

117 Die Beschränkung auf „wesentliche" Hindernisse bedeutet, dass der Ausschuss im Rahmen der Abwicklungsplanung bereits eine wertende Analyse potenzieller Abwicklungshindernisse im Hinblick darauf vorzunehmen hat, ob sie einer Abwickelbarkeit tatsächlich entgegenstehen. In diesem Kontext wird es interessant, ob der Ausschuss auch solche Hindernisse aufgreifen wird, die einer Abwicklung zwar nicht unmittelbar entgegenstehen, sie aber verkomplizieren oder verteuern. Eine strikte Orientierung am Verordnungszweck sowie der Verhältnismäßigkeitsprüfung spricht dafür, nur echte – nämlich die **Fehlanreize perpetuierende** – Hindernisse als wesentlich einzustufen[94]. Es sollte Abwicklungsbehörden aber zugestanden sein, auch solche Hindernisse aufzuzeigen, die im Zweifel entfallen, wenn andere Hindernisse beseitigt werden. Gerade zu Beginn des iterativen Prozesses mag es sein, dass Abwicklungsbehörden mehr Hindernisse identifizieren, als letztendlich zu beseitigen sind, weil zB Wechselwirkungen unklar sind oder anderweitige Bankenregulierung zum Wegfall identifizierter Hindernisse führen mag.

---

[92] Zuständige Behörde iSv Art. 2 Nr. 2 der Verordnung (EU) Nr. 1024/2013.
[93] Art. 10 Abs. 7 SRM-Verordnung.
[94] Vgl. Erwägungsgründe (46) und (47) SRM-Verordnung.

VII. Herstellung der Abwicklungsfähigkeit

Der Bericht muss zudem die **Gründe** enthalten, die zu der Bewertung bzw. Feststellung 118 geführt haben, und darlegen, inwiefern die Bewertung bzw. Feststellung dem Gebot der Verhältnismäßigkeit genügt. Dieser Bericht wird auch den zuständigen Behörden und den Abwicklungsbehörden nicht teilnehmender Mitgliedstaaten übermittelt, in denen sich bedeutende Zweigstellen von Instituten, die nicht Teil einer Gruppe sind, befinden[95].

Innerhalb von vier Monaten nach Eingang des Berichts soll das Institut oder das Mut- 119 terunternehmen dem Ausschuss **mögliche Maßnahmen vorschlagen**, mit denen die im Bericht aufgezeigten wesentlichen Hindernisse abgebaut bzw. beseitigt werden können. Der Ausschuss unterrichtet die zuständigen Behörden, die EBA und, wenn bedeutende Zweigstellen von Instituten, die nicht Teil einer Gruppe sind, in nicht teilnehmenden Mitgliedstaaten[96] ansässig sind, die Abwicklungsbehörden dieser Mitgliedstaaten über jede von dem Institut oder Mutterunternehmen vorgeschlagene Maßnahme[97]. Der Ausschuss bewertet nach Anhörung der zuständigen Behörden, ob die vom Institut vorgeschlagenen Maßnahmen geeignet sind, die in Frage stehenden wesentlichen Hindernisse effektiv abzubauen bzw. zu beseitigen.

Gelangt der Ausschuss zu der Einschätzung, dass die Hindernisse für die Abwicklungs- 120 fähigkeit durch die von dem Institut oder Mutterunternehmen vorgeschlagenen Maßnahmen nicht wirkungsvoll abgebaut bzw. beseitigt werden können, fasst er nach Anhörung der zuständigen Behörden sowie gegebenenfalls der für die Makroaufsicht benannten Behörde einen Beschluss, in dem er feststellt, dass die Hindernisse für die Abwicklungsfähigkeit durch die vorgeschlagenen Maßnahmen **nicht wirkungsvoll abgebaut bzw. beseitigt** werden. Der Beschluss enthält in diesem Fall auch eine Anweisung an die nationalen Abwicklungsbehörden, dass diese das Institut, das Mutterunternehmen oder ein Tochterunternehmen der betroffenen Gruppe zur Einleitung einer[98] der in Art. 10 Abs. 11 SRM-Verordnung genannten Maßnahmen[99] verpflichten. Aus dem Wortlaut wird nicht unmittelbar ersichtlich, ob die Anweisung sich bereits auf eine konkrete Maßnahme beziehen muss, m.a.W. das Auswahlermessen durch den Ausschuss ausgeübt wird, oder ob dies in das Ermessen der nationalen Behörde gestellt wird bzw. werden kann. Aus dem Kontext von Art. 10 Ab. 10 S. 3 SRM-Verordnung sowie aus dem Zweck des integrierten Abwicklungsrahmens, dem *„home bias"* nationaler Abwicklungsbehörden bei der Abwicklung von Instituten entgegenzuwirken, ergibt sich, dass zumindest konkrete Maßnahmen angeordnet oder zur Auswahl gestellt werden müssen. Die Ausdetaillierung obliegt dann den nationalen Abwicklungsbehörden.

Im Zuge der Festlegung solcher Maßnahmen hat der Ausschuss nachzuweisen, inwiefern 121 die von dem Institut vorgeschlagenen Maßnahmen die Hindernisse für die Abwicklungsfähigkeit nicht ausräumen konnten und inwiefern die vorgeschlagenen alternativen Maßnahmen im Hinblick auf die Ausräumung der Hindernisse für die Abwicklungsfähigkeit verhältnismäßig sind. Der Ausschuss muss hierbei die Bedrohung der Finanzstabilität durch diese Hindernisse für die Abwicklungsfähigkeit und die Auswirkungen der Maßnahmen auf die Geschäftstätigkeit des Instituts, seine Stabilität und seine Fähigkeit, einen Beitrag

---

[95] Art. 10 Abs. 8 SRM-Verordnung.
[96] Vgl. Art. 4 SRM-Verordnung.
[97] Art. 10 Abs. 9 SRM-Verordnung.
[98] Möglich sind wohl auch mehrere Maßnahmen, vgl. den englischen Wortlaut im Art. 10 Abs. 10, 11 SRM-Verordnung: *"any of"*.
[99] Diese entsprechen den in Art. 17 Abs. 5 BRRD genannten Maßnahmen, vgl. → Rn. 38 ff.

zur Wirtschaft zu leisten, auf den Binnenmarkt für Finanzdienstleistungen sowie auf die Finanzstabilität in anderen Mitgliedstaaten und in der Union insgesamt berücksichtigen.

122   Die nationalen Abwicklungsbehörden ergreifen sodann die Maßnahmen **unmittelbar**[100] und setzen die Weisungen des Ausschusses unter Ausübung der ihnen im Rahmen des nationalen Rechts nach Umsetzung der BRRD zustehenden Befugnisse und unter den dort genannten Bedingungen um[101]. In diesem Fall gilt dann gegenüber den Instituten also wieder § 59 Abs. 4 S. 2 bis 10 SAG bzw. 60 Abs. 4 bis 9 SAG unmittelbar[102].

bb) Nationale Sachverhalte – FMSA als Abwicklungsbehörde

123   Zunächst teilt die Abwicklungsbehörde dem Institut, der BaFin und den weiteren nach § 57 Abs. 1 SAG einzubindenden Behörden schriftlich mit, dass der Abwicklungsfähigkeit des Instituts **wesentliche**[103] **Hindernisse** entgegenstehen (§ 59 Abs. 1 SAG). Das Institut hat nach Erhalt der Mitteilung nach § 59 Abs. 1 SAG vier Monate Zeit, um der Abwicklungsbehörde geeignete Maßnahmen vorzuschlagen, mit denen die in der Mitteilung genannten Hindernisse beseitigt oder zumindest abgebaut werden sollen (§ 59 Abs. 2 SAG). Spätestens diesen Zeitraum sollten die Institute gut nutzen und in einen Dialog mit den Abwicklungsbehörden eintreten, um die Maßnahmen so wenig belastend wie möglich für sie auszugestalten. Die Abwicklungsbehörden bewerten sodann, ob die vom Institut vorgeschlagenen Maßnahmen geeignet sind, die identifizierten Abwicklungshindernisse zu beseitigen oder abzubauen (§ 59 Abs. 3 SAG). Sofern die Abwicklungsbehörde in ihrer Bewertung zu dem Ergebnis kommt, dass die vorgeschlagenen Maßnahmen hierzu geeignet sind, ordnet die Abwicklungsbehörde die unverzügliche Umsetzung der vom Institut vorgeschlagenen Maßnahmen an. (§ 59 Abs. 4 S. 1 SAG)

124   Dem Gesetzgeber ist bewusst, dass die Abwicklungsbehörden vor allem mit den Maßnahmen nach § 59 Abs. 6 Nr. 5 bis 7 SAG Eingriffe von erheblichem Gewicht anordnen können[104]. Vor diesem Hintergrund sollen solche Maßnahmen nur angeordnet werden können, wenn dem Institut zuvor erneut **Gelegenheit gegeben** wurde, selbst Maßnahmen zur Beseitigung der Abwicklungshindernisse vorzuschlagen, und erst wenn auch diese nach Einschätzung der Abwicklungsbehörde ungeeignet sind. Bewertet die Abwicklungsbehörde diese als ausreichend, ordnet die Abwicklungsbehörde analog § 59 Abs. 4 S. 1 SAG deren sofortige Umsetzung an.

125   Zudem ist die Abwicklungsbehörde gemäß § 59 Abs. 7 SAG vor der Anordnung von Maßnahmen nach § 59 Abs. 4 S. 2 SAG gehalten, nach Abstimmung mit der BaFin, der Deutschen Bundesbank und ggf. dem Ausschuss für Finanzstabilität die potenziellen Auswirkungen der betreffenden Maßnahme auf das jeweilige Institut, auf den gemeinsamen Markt für Finanzdienstleistungen, die die Finanzstabilität in anderen Mitgliedstaaten und der EU als solcher, zu prüfen. Ob § 59 Abs. 7 SAG angesichts der Vorschrift des § 57 Abs. 5 SAG, der eine vergleichbare Abwägung vorsieht, ein eigenständiger Regelungsgehalt zukommt, ist unklar. Jedenfalls ergänzt er § 57 Abs. 5 SAG dergestalt, dass (i) noch einmal eine intensive unionsweite Analyse der Systemrisiken und anderen Auswirkungen unternommen wird und (ii) weitere Behörden eingeschaltet werden, die gegebenenfalls zu einer präziseren Einschätzung der makroprudenziellen Risiken verhelfen können. Das hier gefundene Er-

---

[100] Art. 10 Abs. 11 S. 2 SRM-Verordnung.
[101] Vgl. Art. 6 Abs. 7 SRM-Verordnung.
[102] Vgl. → B. II. Rn. 86.
[103] Vgl. hierzu → Rn. 117.
[104] Zu Grundrechtseingriffen vgl. nachstehend → Rn. 142 ff.

gebnis wird aber in der Abwägungsvorgang des § 57 Abs. 5 SAG Eingang finden und keine eigenständige nachgelagerte Verhältnismäßigkeitsprüfung mehr eröffnen.

cc) Internationale Sachverhalte

Die Abwicklung systemrelevanter Institute hat in Europa nahezu immer eine grenzüberschreitende Bedeutung. Kein größeres Kreditinstitut kommt ohne Präsenz in den wichtigsten europäischen Wirtschaft- und Finanzmärkten aus. Das europäische Bankenaufsichtsrecht fördert diese Entwicklung mit einer zentralen Regulierung zB über den „europäischen Pass", der nur eine Zulassung in der Heimatjurisdiktion und das Passporting in andere europäische Jurisdiktionen vorsieht. Im Falle einer Abwicklung muss dann grenzüberschreitend geklärt werden, wer die Abwicklungsfähigkeit von Institutsgruppen ermittelt und bewertet und wer den Abbau und die Beseitigung von Abwicklungshindernissen bei Institutsgruppen überwacht. Die hierfür einschlägigen Regelungen finden sich in § 58 und § 60 SAG. 126

Die Zuständigkeit einer nationalen Abwicklungsbehörde für Gruppen richtet sich nach § 155 SAG. Die Zuständigkeit der nationalen Abwicklungsbehörde erstreckt sich auf alle Institute, die von der **nationalen Aufsichtsbehörde konsolidiert** beaufsichtigt werden oder würden, sofern es die Zuständigkeit der Europäischen Zentralbank nach der Verordnung (EU) Nr. 1024/2013 nicht gäbe. 127

Nach § 58 SAG führt die Abwicklungsbehörde die Bewertung der Abwicklungsfähigkeit der Gruppe innerhalb eines Abwicklungskollegiums (vgl. § 156 SAG) nach Abstimmung mit der konsolidierenden Aufsichtsbehörde, den für die Tochterunternehmen zuständigen Abwicklungsbehörden und den Abwicklungsbehörden der Mitgliedstaaten und Drittstaaten, in denen sich bedeutende Zweigniederlassungen befinden, soweit Belange dieser bedeutenden Zweigniederlassungen betroffen sind, durch. Nach § 58 Abs. 2 ist eine Abwicklungsfähigkeit auch hier gegeben, wenn über die Vermögen der Gruppenunternehmen entweder ein Insolvenzverfahren eröffnet werden kann oder es durch Anwendung von Abwicklungsinstrumenten und -befugnissen abgewickelt werden kann. Dabei gelten im Hinblick auf jedes Gruppenunternehmen die gleichen Vorbehalte wie in § 57 Abs. 1 SAG. § 58 Abs. 3 bis 6 SAG entsprechen im Wesentlichen ihren Pendants in § 57 SAG. Die erfolgte Bewertung der Abwicklungsfähigkeit wird von den Abwicklungskollegien berücksichtigt. 128

Komplizierter gestaltet sich der Prozess zur Beseitigung von Abwicklungshindernissen in Gruppen, der in § 60 SAG geregelt ist, da hier die **für Tochterunternehmen zuständigen Abwicklungsbehörden** und die Abwicklungsbehörden der Mitgliedstaaten und Drittstaaten, in denen sich **bedeutende Zweigniederlassungen** befinden, in die Entscheidungsfindung eingebunden werden. Auch strukturell unterscheidet sich die Vorschrift von § 59 SAG. So hat die zuständige Abwicklungsbehörde nach § 60 Abs. 1, 2 SAG einen Bericht zu verfassen, in welchem wesentliche Hindernisse für eine *effektive* Anwendung der Abwicklungsinstrumente und Ausübung der Abwicklungsbefugnisse in Bezug auf die Gruppe analysiert und bereits in diesem ersten Schritt Empfehlungen für Maßnahmen formuliert werden, die nach Auffassung der Abwicklungsbehörde erforderlich oder angemessen sind, um diese Hindernisse zu beseitigen, wobei jeweils die Auswirkungen auf das Geschäftsmodell der Gruppe zu berücksichtigen sind. Dieser Bericht ist an die vorbezeichneten Behörden und das EU-Mutterunternehmen zu übermitteln. 129

Das EU-Mutterunternehmen hat nach § 60 Abs. 3 SAG vier Monate Zeit, um der Abwicklungsbehörde alternative Maßnahmen vorzuschlagen, mit denen die im Bericht aufgezeigten Hindernisse beseitigt oder abgebaut werden können. Die Abwicklungsbehörde 130 übermittelt diesen Maßnahmenvorschlag wieder an die vorbezeichneten Behörden und soll sich nach Abstimmung mit den übrigen Aufsichtsbehörden und Abwicklungsbehörden der Staaten, in denen sich bedeutende Zweigniederlassungen befinden, gemeinsam mit den für die Tochterunternehmen zuständigen Abwicklungsbehörden um eine **gemeinsame Entscheidung** hinsichtlich der Identifizierung der wesentlichen Abwicklungshindernisse und der Bewertung der von Behörden und Unternehmen vorgeschlagenen Maßnahmen bemühen. Bei der Entscheidung sollen die möglichen Auswirkungen der Maßnahmen in den Mitgliedstaaten berücksichtigt werden. Auch kann vorgesehen werden, dass eine oder mehrere Maßnahmen nur auf Ebene einzelner Gruppenunternehmen angeordnet werden.

131 Falls nach vier Monaten auch unter Hinzuziehung der Europäischen Bankenaufsichtsbehörde (vgl. § 60 Abs. 4 S. 4 SAG) noch keine gemeinsame Entscheidung vorliegt, **entscheidet die Abwicklungsbehörde allein**, bzw. im Einklang mit dem Beschluss der Europäischen Bankenaufsichtsbehörde, sofern diese von einer der betroffenen Behörden angerufen und mit dieser Entscheidung befasst wurde (60 Abs. 5 S. 4 SAG), über die auf Gruppenebene zu treffenden Maßnahmen (§ 60 Abs. 5 S. 1 SAG). Diese Entscheidung ist zu begründen und dem EU-Mutterunternehmen mitzuteilen. Maßnahmen auf Ebene der Tochterunternehmen bleiben in diesem Fall den dort zuständigen Abwicklungsbehörden vorbehalten. § 60 Abs. 6 und 7 SAG enthalten daher spiegelbildliche Verpflichtungen und Befugnisse zu § 60 Abs. 4 und 5 SAG für die nur für Tochterunternehmen einer Gruppe, nicht aber für die Gruppenabwicklung selbst zuständige Abwicklungsbehörde. Auch diese hat sich zunächst um eine gemeinsame Entscheidung zu bemühen und kann im Falle einer unterbliebenen gemeinsamen Entscheidung der Abwicklungsbehörden nach vier Monaten für die Tochtergesellschaften, für die sie zuständig ist, eine eigenständige Entscheidung treffen.

Falls eine gemeinsame Entscheidung nicht zustande kommt, gelten gemäß § 60 Abs. 8 SAG die von der für die Gruppenabwicklung zuständigen Abwicklungsbehörde sowie die für die Tochterunternehmen zuständigen Abwicklungsbehörde getroffenen Entscheidungen als bindend.

dd) Zusammenarbeit der Behörden

132 Die vorstehenden Darstellungen haben gezeigt, dass eine erfolgreiche Herstellung der Abwicklungsfähigkeit in erheblichem Maße davon abhängt, ob die verschiedenen involvierten nationalen und europäischen Behörden und Institutionen einen *modus operandi* entwickeln, der eine rasche und konstruktive Entscheidungsfindung ermöglicht. Insbesondere kann die gespaltene Zuständigkeit in §§ 60 Abs. 4 bis 8 SAG dazu führen, dass sich widersprechende Maßnahmen zum Abbau von Abwicklungshindernissen auf Konzern- und auf Einzelinstitutsebene auferlegt werden. Prozedural ist ein Rahmen vorgegeben, es wird sich aber zeigen, ob der Kollegialansatz in der Praxis dazu führt, dass die Partikularinteressen der Mitgliedstaaten von untergeordneter Bedeutung bleiben.[105]

b) Umfassende Befugnisse der Abwicklungsbehörden

133 Im Verhältnis zwischen Ausschuss und nationalen Abwicklungsbehörden ist im Kontext der Anordnung der Beseitigung von Abwicklungshindernissen nicht ganz trennscharf zu ermitteln, **welche Behörde unmittelbar gegenüber dem Institut agiert**[106]. Hier ist

---

[105] Hierzu ausführlich *Binder* ZHR 179 (2015), 83 (126 ff.).
[106] Vgl. zB Art. 10 Abs. 10 SRM-Verordnung.

danach zu differenzieren, ob ein Beschluss des Ausschusses auch ohne nationale Umsetzung bereits unmittelbare Außenwirkung entfaltet. Ist dies der Fall, dann liegt eine das Institut belastende Anordnung bereits in der Entscheidung des Ausschusses.

Eine Anordnung von Maßnahmen durch die nationalen Abwicklungsbehörden stellt auf jeden Fall einen Verwaltungsakt dar[107]. Viel spricht dafür, dass auch bereits die vorherigen Mitteilungen den Charakter eines Verwaltungsakts haben, da es sich auch insoweit um eine hoheitliche Maßnahme handelt, die zur Regelung eines Einzelfalls auf dem Gebiet des öffentlichen Rechts getroffen wird und die auf unmittelbare Rechtswirkung nach außen gerichtet ist. Im Kontext der Herstellung der Abwicklungsfähigkeit ist es aufgrund der dann etablierten Kommunikation von Instituten mit Abwicklungsbehörden auch denkbar, dass der schrittweise Abbau von Abwicklungshindernissen im Wege eines öffentlich-rechtlichen Vertrags vereinbart wird. 134

aa) Unbestimmte Rechtsbegriffe

Auf Tatbestandsseite von Art. 10 SRM-Verordnung sowie der §§ 57 ff. SAG finden sich zahlreiche unbestimmte Rechtsbegriffe, die nach allgemeinen verwaltungsrechtlichen Grundsätzen uneingeschränkt gerichtlich überprüfbar sind. Im Hinblick auf die zahlreichen Prognoseentscheidungen, die die Abwicklungsbehörden treffen müssen, stellt sich sogar die Frage, ob es sich nicht insoweit um Beurteilungsspielräume handelt, die nicht justiziabel sind. Anerkannt sind behördliche Beurteilungsspielräume von der Rechtsprechung dort, wo besondere Sachkompetenz erforderlich ist, die ein besonders kundiger und prädestinierter Entscheidungsträger bezüglich der Materie hat. Eine wesentliche Fallgruppe betrifft dabei sogenannte **„Prognose- und Risikoentscheidungen"**. Verwaltungsbehörden müssen vielfach Prognosen treffen, bei denen nach anerkannten Erfahrungssätzen ein Wahrscheinlichkeitsurteil ex ante zu fällen ist, auch wenn offen ist, welche Richtung und welchen Ausgang der zu beurteilende Fall nimmt. Dieser Umstand stellt die Rechtsprechung bei der Kontrolle derartiger behördlicher Prognosen vor außerordentliche Schwierigkeiten. Aus diesem Grund wird der Verwaltung diesbezüglich ein Beurteilungsspielraum eingeräumt. In Anbetracht der hochkomplexen Prognosen, die die Abwicklungsbehörden vornehmen, ist eine Qualifikation einzelner unbestimmter Rechtsbegriffe als Beurteilungsspielräume nicht abwegig. Vorzugswürdig ist jedoch eine weitest mögliche gerichtliche Überprüfbarkeit der Maßnahmen der Abwicklungsbehörden mit den nachstehend beschriebenen Einschränkungen für Prognoseentscheidungen. 135

bb) Prognoseentscheidungen

Art. 17 Abs. 4 BRRD oder Art. 10 Abs. 10 SRM-Verordnung sieht vor, dass die Abwicklungsbehörden den „Nachweis" erbringen müssen, dass die vom Institut vorgeschlagenen Maßnahmen nicht ausreichen und inwiefern die vorgeschlagenen alternativen Maßnahmen verhältnismäßig sind, um die Abwicklungshindernisse zu beseitigen. Das ist terminologisch verunglückt und wurde zurecht vom deutschen Gesetzgeber nicht aufgegriffen. Denn ein „Nachweis" im Sinne einer positiven Feststellung der Richtigkeit von Tatsachen wird hier nicht geführt werden können, da alle Maßnahmen die zum Abbau von Abwicklungshindernissen angeordnet werden, auf der Basis von Prognoseentscheidungen[108], dh Entscheidun- 136

---

[107] Gesetzesentwurf, BT Drs. 18/2575, S. 163, „Teil der Eingriffsverwaltung".
[108] Vgl. zum Begriff grundlegend *Ossenbühl* FS Menger S. 732 ff.

gen, die auf Grundlage der Beurteilung von künftigen Entwicklungen erfolgen, getroffen werden.

137 Prognosen können zwar nach hM Gegenstand eines Beweises sein[109]. Bei ihnen handelt es sich aber zwingend um Wahrscheinlichkeitsurteile, da zukünftige Tatsachen nicht mit Sicherheit vorhergesagt werden können. Daher kann als Beweismaß nicht der Gewissheitsstandard gelten. Entscheidend für den „Nachweis" der Richtigkeit einer Prognose ist somit der **Umstand, ob die Prognose so sorgfältig erstellt wurde, dass sich aus ihr die Wahrscheinlichkeit des tatsächlichen Eintretens der prognostizierten Umstände ergibt**[110]. Institut wie Abwicklungsbehörde müssen also darlegen können, dass die geplanten wie die angeordneten Maßnahmen nach dem aktuellen Stand der Erkenntnis mit überwiegender Wahrscheinlichkeit den angestrebten Erfolg bringen werden.

138 Was den Darlegungs- und Beweismaßstab für die Institute betrifft, so ist zu beachten, dass hiervon neben den Prognosen über die Wirksamkeit der in den von ihnen vorgeschlagenen Maßnahmen auch die Umsetzung der hierfür erforderlichen Vorkehrungen umfasst ist. Letzteres hat einem strengen Beweismaß zu genügen, das darauf ausgerichtet ist, dass die vereinbarten Maßnahmen tatsächlich umfassend umgesetzt worden sind.

cc) Ermessen

139 Der Gesetzgeber hat im Hinblick auf den Abbau bzw. die Beseitigung von Abwicklungshindernissen den Abwicklungsbehörden auch auf der Rechtsfolgenseite ein erhebliches Ermessen über das Ob, die Auswahl und die konkrete Ausgestaltung von Maßnahmen eingeräumt. Nur so kann der Gesetzgeber jedoch dem Umstand Rechnung tragen, dass sich die Abwicklungsfähigkeit nur im Hinblick auf die Besonderheiten eines Instituts feststellen lässt und Verallgemeinerungen den besonderen Umständen in der Regel nicht gerecht werden. Zwar sieht § 59 Abs. 10 SAG eine Verordnungsermächtigung vor, doch ist zum heutigen Stand lediglich geplant, die EBA Leitlinien im nationalen Recht zu verankern. Diese sind, wie oben dargestellt, aber nicht mehr als Prüfungspunkte, deren Gewichtung und Zusammenwirken nach wie vor der Anwendung im Einzelfall überlassen bleibt.

140 Das weite Ermessen der Abwicklungsbehörden ist gleichwohl bemerkenswert, da Art. 10 Abs. 11 SRM-Verordnung bzw. §§ 59 f. SAG Maßnahmen zulässt, die nicht nur nahezu den gesamten Kanon dessen umfassen, was in der Bankenregulierung in den vergangenen Jahren diskutiert – und zT verworfen – wurde, sondern die zugleich **massive Eingriffe in Freiheitsgrundrechte zur Folge haben** können. Die weitreichenden Eingriffsbefugnisse sind deshalb so bemerkenswert, weil sie anders als bisherige im Bank- oder Insolvenzrecht verankerte und gut zu rechtfertigende Eingriffe im Stabilisierungs-, Reorganisations- oder Liquidationsfall[111] nur einer **rein abstrakten Gefahrenlage** gegenüberstehen. Die Anordnungsbefugnis in § 59 Abs. 6 SAG setzt nämlich gerade nicht voraus, dass die Abwicklung eines Kreditinstituts unmittelbar bevorsteht oder überwiegend wahrscheinlich ist.

141 Hinzu tritt die eingeschränkte gerichtliche Überprüfbarkeit. Ermessensentscheidungen werden nur auf ihre Rechtmäßigkeit und im Hinblick auf eine fehlerfreie Ermessensausübung überprüft. Eine Zweckmäßigkeitskontrolle findet nicht statt.

---

[109] *Prütting* in MüKoZPO § 284 Rn. 41; *Nierhaus* S. 31.
[110] *Ossenbühl* FS Menger S. 732.
[111] Vgl. hierzu ausführlich *Wolfers/Voland* in Hopt/Wohlmannstetter Corporate-GovernanceHdB S. 342 ff.

c) Grundrechtseingriffe und Verhältnismäßigkeit

Sowohl der europäische als auch der deutsche Gesetzgeber erkennen an, dass es sich, zumindest, wenn die Umsetzung von Maßnahmen im Zuge der Herstellung der Abwicklungsfähigkeit verlangt wird, um Grundrechtseingriffe hoher Intensität handeln kann[112] und stets eine Verhältnismäßigkeitsprüfung durchzuführen ist. **142**

Die Anordnung von Maßnahmen, die in die Organisations- oder Finanzverfassung eingreifen, oder die Emission von Schuldverschreibungen oder die Einstellung bestimmter Produkttypen fordern, stellen Eingriffe in die verfassungsrechtlich geschützte[113] Unternehmensführung dar und greifen somit sowohl in das Recht auf unternehmerische Freiheit nach Art. 16 der Charta der Grundrechte der Europäischen Union als auch in die durch die nationalen Grundrechte[114], namentlich Art. 12 Abs. 1 iVm Art. 19 Abs. 3 GG geschützte Berufsausübungsfreiheit sowie in die allgemeine Handlungsfreiheit nach Art. 2 Abs. 1 iVm Art. 19 Abs. 3 GG ein. Auch liegt in zahlreichen Maßnahmen ein Eingriff in das Eigentumsrecht nach Art. 17 der Charta der Grundrechte der Europäischen Union bzw. eine Inhalts- und Schrankenbestimmung des nationalen Eigentumsgrundrechts und zwar sowohl für die Eigentümer und Gläubiger eines Instituts, als auch für das Institut selbst (Art. 14 Abs. 1 iVm Art. 19 Abs. 3 GG), soweit zB die Veräußerung von Vermögensgegenständen oder die Änderung der Struktur des Unternehmens (zB Holding-Struktur) oder von Verträgen verlangt wird. Im Hinblick hierauf ist allerdings zu berücksichtigen, dass bei der Beseitigung von Abwicklungshindernissen im Hinblick auf Aktionäre und Dritte noch keine besonders belastenden Eingriffe in das Anteilseigentum des Aktionärs oder das Eigentumsrecht der Gläubiger vorliegen wird, wie dies in einem Abwicklungsfall vor allem bei einer Bail-in Maßnahme geschieht.[115] **143**

Der Ausschuss muss bei seiner Entscheidung nach Art. 10 Abs. 10 SRM-Verordnung die Notwendigkeit berücksichtigen, dass alle Auswirkungen auf das Institut oder die Gruppe abgewendet werden, die über das zur Ausräumung der Hindernisse für die Abwicklungsfähigkeit notwendige Maß hinausgehen würden oder unverhältnismäßig wären[116]. Soweit die nationale Abwicklungsbehörde FMSA Maßnahmen anordnet, um Abwicklungshindernisse zu beseitigen, muss sie sich die Frage stellen, ob die angeordneten Maßnahmen einem legitimen Zweck dienen und sodann, ob sie geeignet, erforderlich und angemessen sind, um die Abwicklungsfähigkeit im Sinne der Finanzmarktstabilität herzustellen oder zu erhalten. Der legitime Zweck besteht hier im Schutz der Gläubiger, insbesondere der Einlagengläubiger, und, soweit es sich um systemrelevante Banken handelt, in der Sicherung stabiler und funktionsfähiger Finanzmärkte.[117] **144**

---

[112] BT Drs. 18/2575, S. 163; Erwägungsgrund (46) SRM-Verordnung.
[113] Vgl. BVerfGE 50, 290 (363).
[114] Die Frage, inwieweit nationale Grundrechte im Zuge der Richtlinienumsetzung bzw. bei einem Handeln der FMSA durch europäische Grundrechte überlagert werden, soll an dieser Stelle nicht geklärt werden. Funktional dürfte die Grundrechtsprüfung anhand weitestgehend vergleichbarer Kriterien erfolgen.
[115] *Wolfers/Voland* in Hopt/Wohlmannstetter Corporate-GovernanceHdB S. 343 ff.
[116] Art. 10 Abs. 10 S. 5 SRM-Verordnung.
[117] Vgl. Erwägungsgrund (47) SRM-Verordnung; *Schuster* Der Betrieb 2010, 71 (72); *Wolfers/Rau* NJW 2009, 1297 (1299).

aa) Geeignetheit

145 Die Geeignetheit wird stets dann bejaht werden müssen, wenn die identifizierten Abwicklungshindernisse durch die Maßnahme zeitnah (zumindest in einem die Abwicklung dann ermöglichenden Umfang) abgebaut werden können. Aus dem Kausalitätszusammenhang ergibt sich, dass hier auf den Erfolg der Gesamtheit der Maßnahmen abzustellen ist, da einzelne Maßnahmen isoliert betrachtet gegebenenfalls keinen großen Effekt haben können. Jede einzelne der Maßnahmen muss aber einen ursächlichen Beitrag leisten.

146 Nach allgemeinen verwaltungsrechtlichen Grundsätzen kann keine Maßnahme ergehen, wenn die Abwicklungshindernisse durch außerhalb der Kontrolle des Instituts liegende Faktoren begründet sind, auf die es nicht durch zumutbare Maßnahmen reagieren kann[118]. Nicht außerhalb der Kontrolle des Instituts liegt es jedoch, wenn dieses in einem Staat ansässig oder tätig ist, in dem keine wirksamen gesetzlichen Regeln zur Abwicklung bestehen oder der Abwicklung wesentliche gesetzliche Hindernisse entgegenstehen.

bb) Erforderlichkeit

147 Dem Kriterium der Erforderlichkeit kommt besondere Bedeutung zu. Die Vielzahl der Maßnahmen, zu denen die Abwicklungsbehörden befugt sind, macht es unumgänglich, dass dieses Korrektiv **bei jeder möglichen Maßnahme geprüft wird**. Liest man dies als implizites Tatbestandsmerkmal in die Maßnahmen hinein, relativieren sich zahlreiche der in Kapitel III 3 dargestellten Maßnahmen, da nicht uneingeschränkt von deren Erforderlichkeit ausgegangen werden kann.

148 Zu diesem Zweck beschränkt zB Erwägungsgrund (46) SRM-Verordnung den Ermessensspielraum des Ausschusses auf das zur Vereinfachung der Struktur und der Tätigkeiten des Instituts unbedingt erforderliche Maß, um die Abwicklungsfähigkeit zu verbessern. Eine Maßnahme ist dann erforderlich, wenn es kein milderes Mittel gibt, das in gleichem Maße zur Zielerreichung dient. Insoweit hat die Abwicklungsbehörde im Rahmen der Abwicklungsplanerstellung auch immer zu prüfen, ob nicht andere Maßnahmen zur Herstellung der Abwicklungsfähigkeit weniger belastend und damit vorzugswürdig sind. Ob es eine weniger belastende Maßnahme gibt, ist inhaltlich anhand der dadurch entstehenden Kosten und der negativen Auswirkungen auf die Geschäftstätigkeit und Ertragslage des Instituts sowie auf die Interessen der Eigentümer und Gläubiger zu ermitteln. Kein milderes Mittel ist stets der Einsatz öffentlicher Gelder (Art. 9 Abs. 2 BRRD). Kein milderes Mittel ist aber auch eine weniger effektive Abwicklungsstrategie. Denkbar sind hier allerdings Ergänzungen oder Modifikationen der Abwicklungsstrategie oder die verstärkte Zusammenarbeit der Abwicklungsbehörden mit anderen Behörden, zB, um Informationen zu erhalten.

149 Prozessual wird die Erforderlichkeit einer Maßnahme weitgehend durch die sich aus §§ 59, 60 SAG ergebenden umfangreichen Mitwirkungs- und Abhilfemöglichkeiten eines Instituts im Vorfeld der Anordnung einer Maßnahme sichergestellt. Diesen Vorschriften liegt der Gedanke zugrunde, dass die Eingriffsintensität einer besonderen Maßnahme wesentlich gemildert werden kann, indem dem Institut zunächst funktionale statt inhaltliche Vorgaben gemacht werden, dh nur die Beseitigung des Abwicklungshindernisses, nicht aber die konkrete Maßnahme vorgegeben wird. Nur wenn das vorgegebene Ziel nicht erreicht wird, ist es erforderlich, dass die Abwicklungsbehörde zur Gefahrenabwehr selbst konkrete Maßnahmen anordnet. Hält die Abwicklungsbehörde vom Institut vorgeschlagenen Maß-

---

[118] Gesetz zur Abschirmung von Risiken und zur Planung der Sanierung und Abwicklung von Kreditinstituten und Finanzgruppen– Gesetzentwurf, BT Drs. 17/12601, S. 54 zu § 47e.

nahmen für geeignet, muss sie selbst keine Erforderlichkeitsprüfung mehr vornehmen, da es insoweit an einem schutzwürdigen Interesse des Instituts fehlt.

Die Abwicklungsplanung eines Instituts wird in der Praxis in einem iterativen Prozess zwischen Abwicklungsbehörde, Institut und den Beratern ablaufen, an dessen Ende ein erster Abwicklungsplan steht, der für die Folgejahre aber in gleicher Weise fortentwickelt wird. Dadurch ist das Institut eng eingebunden in die Identifikation und Bewertung von Abwicklungshindernissen wie in deren Beseitigung.

cc) Angemessenheit

Die Angemessenheit einer Maßnahme wird in der Gesetzesbegründung und in den Vorarbeiten bereits dann bejaht, wenn die Abwägung zwischen dem Aufwand und den sonstigen negativen Auswirkungen für das Institut (seine Geschäftstätigkeit, seine Stabilität und die Fähigkeit, einen Beitrag zur Wirtschaft zu leisten)[119] im Falle der Umsetzung einer Maßnahme einerseits und die Abwehr einer Bedrohung der Finanzstabilität auf dem Binnenmarkt für Finanzdienstleistungen sowie in anderen Mitgliedstaaten und in der Union insgesamt durch Abwicklungshindernisse andererseits zu Gunsten der letzteren ausfällt.[120]

Richtig ist, dass die Beseitigung von Abwicklungshindernissen einen der wichtigsten Bestandteile der Krisenprävention darstellt und der Finanzstabilität dient. Es besteht die Gefahr, dass aufgrund von Abwicklungshindernissen der Marktaustritt eines Instituts als Grundprinzip der marktwirtschaftlichen Ordnung bei Misserfolg nicht erfolgen kann. Wenn dieses entscheidende Korrektiv marktwirtschaftlichen Handelns nicht mehr greift, werden Fehlanreize gesetzt. Marktteilnehmer, die nicht Gefahr laufen, auszuscheiden, profitieren vielmehr von einer **impliziten staatlichen Garantie**, die zum einen (aufgrund der Sozialisierung von Verlusten) zur Eingehung erheblicher Risiken verleitet[121], zum anderen aber auch (zB aufgrund der dann geringeren Kapitalkosten) zu erheblichen Wettbewerbsverzerrungen im Vergleich zu den nicht-systemgefährdenden Instituten führt. § 59 SAG hält ausweislich der Gesetzesbegründung vor diesem Hintergrund das Instrumentarium bereit, um den „*Zustand des marktwirtschaftlichen Wirtschaftens, der mit dem drohenden Marktaustritt einhergeht, wieder her(zustellen)…*". Das Recht, einen Marktaustritt (zB durch besonders komplexe Strukturen) mittels staatlicher Unterstützung zu vermeiden, werde von der Verfassung weder garantiert noch geschützt. Nur durch die Sicherstellung einer abwicklungsfähigen Einheit könne verhindert werden, dass sich Institute aufgrund ihrer eigenen betriebswirtschaftlichen Optimierung den Anreiz nehmen, auf die implizite staatliche Garantie zu verzichten. Nur so könne auch einer sich aus der Inkaufnahme höherer Risiken ergebende Instabilität der Finanzmärkte begegnet werden.

Dieser Argumentation ist wenig entgegenzusetzen. Es fragt sich allerdings, ob die Abwehr einer Bedrohung der Finanzstabilität durch Abwicklungshindernisse ein geeignetes Angemessenheits-Korrektiv darstellt, da zumindest bei systemrelevanten Instituten stets die unübersehbaren Konsequenzen einer – abstrakten – Banken- oder Finanzkrise im Raum stehen.[122] Somit wird das Kriterium der Angemessenheit im Ergebnis entwertet, da die Rechtsgüterabwägung nie zu Gunsten des Instituts und seiner Eigentümer ausfallen kann.

---

[119] Art. 17 Abs. 4 BRRD.
[120] Vgl. Art. 17 Abs. 4 BRRD.
[121] *Argouleas/Goodhart* JFR 2015, 3 (19) mwN.
[122] Vgl. Erwägungsgründe (46) und (47) SRM-Verordnung: „Angesichts der potenziell systemischen Wesensart sämtlicher Institute […]".

153 Die Angemessenheitsprüfung sollte danach etwas differenzierter erfolgen und den Gedanken berücksichtigen, dass die vorbezeichneten Eingriffsmaßnahmen im Kontext der Herstellung der Abwicklungsfähigkeit **keiner konkreten Gefährdungssituation gegenüberstehen**. So müsste berücksichtigt werden, ob die konkreten Maßnahmen zum jetzigen Zeitpunkt bereits umgesetzt werden müssen oder ob nicht vorbereitende Maßnahmen ausreichend sind, solange ein Institut keine Krisensymptome zeigt. Hintergrund der Befugnis zur Beseitigung von Abwicklungshindernissen ist, wie dargestellt, die Gefahr, dass bei Eintritt einer konkreten Schieflage eine Systemgefährdung nicht mehr vermieden werden kann. Ist ein Abwicklungshindernis auch zu einem späteren Zeitpunkt – etwa im Abwicklungsfall selbst – noch zu beseitigen, etwa weil kein größerer zeitlicher oder organisatorischer Aufwand damit verbunden ist, kann die Angemessenheit einer jetzigen Maßnahme in Frage gestellt werden. Zu berücksichtigen ist auch, ob die festgestellten Abwicklungshindernisse ggf. nur temporärer Natur sind.

154 Schließlich ist zu berücksichtigen, dass sich der regulatorische Rahmen in den nächsten Jahren insgesamt Schritt für Schritt ändern wird, sodass es weitere Vorgaben für die Bewältigung von Bankinsolvenzen geben wird, die aber in Regelwerken außerhalb der Sanierungs- und Abwicklungsplanung angesiedelt sind.[123] Als Beispiel sind die MREL unter Art. 45 BRRD[124] oder die Grundsatzüberprüfung des Handelsbuchs (*Fundamental Review of the Trading Book*) zu nennen, die präzisere und speziellere Regelungen für einige der im Rahmen der Abwicklungsfähigkeit zulässigen Maßnahmen bereithalten. Weitere Beispiele sind Basel 2.5 und die CRD III, die risikoreiche Geschäfte in Banken zunehmend unattraktiver machen, oder die Verpflichtung, Wertpapiergeschäfte über zentrale Gegenparteien abzuwickeln. Diese Entwicklungen müssen die Abwicklungsbehörden im Auge behalten und bei eventuellen Maßnahmen zur Herstellung der Abwicklungsfähigkeit berücksichtigen. Anderenfalls besteht die Gefahr, dass die Institute kurzfristig zur aufwändigen Umsetzung von Maßnahmen angehalten werden, die sich mittelfristig als nicht kompatibel mit den anderweitigen regulatorischen Anforderungen oder als nicht mehr erforderlich herausstellen. Auch für die Beseitigung von Abwicklungshindernissen gilt, dass die „maßgeblichen Parameter erst schrittweise entwickelt werden müssen"[125].

Aus ordnungspolitischer Sicht ist vergleichend ein Blick in die Schweiz empfehlenswert, wo durch regulatorische Anreizsysteme Abwicklungshindernisse beseitigt werden sollen. So hat die jüngst implementierte Holdingstruktur der UBS AG zur Folge, dass die Eigenkapitalanforderungen an das Institut künftig gesenkt werden. Angesichts dessen könnte sich der Gesetzgeber darüber Gedanken machen, ob solche „Maßnahmen" in Ergänzung des bestehenden Katalogs nicht katalysierend wirken können.

d) Rechtsschutz

155 Gegen Beschlüsse des Ausschusses nach Art. 10 Abs. 10 SRM-Verordnung findet gemäß Art. 85 Abs. 3 SRM-Verordnung ein zweistufiges Rechtsschutzverfahren statt[126]. Dies ist allerdings einzuschränken, da nur der Beschluss, dass ein wirkungsvoller Abbau bzw. eine Beseitigung von Abwicklungshindernissen durch die vom Institut selbst vorgeschlagenen Maßnahmen nicht möglich ist, unmittelbare Außenwirkung entfaltet. Die konkrete Anordnung von Maßnahmen nach Art. 10 Abs. 11 SRM-Verordnung richtet sich an die nationale

---

[123] Vgl. *Binder* ZBB 2015, 153 (164).
[124] *Binder* ZBB 2015, 153 (164).
[125] So in Bezug auf Abwicklungspläne: *Binder* ZBB 2015, 153 (164).
[126] → B.XII. Rn. 27 ff.

Abwicklungsbehörde, entfaltet also keine unmittelbare Außenwirkung. Ein Rechtsschutz des Instituts in diesem Fall also nur gegen die konkreten Maßnahmen der nationalen Abwicklungsbehörde möglich. Diese richten sich nach dem nationalen Recht, in Deutschland also nach den §§ 42, 68 VwGO[127].

e) Ausblick

Die derzeitigen Regelungen lassen zahlreiche Fragen offen, die nachfolgend lediglich skizziert werden können. **156**

aa) Referenzszenario

Es bleibt abzuwarten, wie die Abwicklungsbehörden mit ihren Kompetenzen umgehen. In einer „idealen Welt der Abwicklungsbehörden" würde der Sorge vor den Folgen einer erneuten Bankenkrise dadurch begegnet, dass sehr viele Sollbruchstellen rund um die erhaltenswerten Teile einer Bank, dh Einlagengeschäft und bestimmtes Kreditgeschäft gefordert würden. Dies hätte nicht nur eine weitgehende gesellschaftsrechtliche Aufteilung von Banken in systemrelevante und nicht-systemrelevante Teile zur Folge, die einem Trennbankensystem nicht unähnlich wäre. Zusätzlich müsste bestehenden Abwicklungshindernissen auch dadurch begegnet werden, dass Funktions- und Supportgesellschaften, die auch kritische Funktionen bereithalten, gesondert aufgesetzt und vertraglich mit den – aus aufsichtsrechtlicher Sicht zumindest systemrelevanten, aus operativer Sicht mit sämtlichen – operativen Gesellschaften verknüpft werden. Zudem müssten Auslandsgesellschaften bei einer MPOE-Strategie sämtliche Nicht-EU-Auslandsgeschäfte abgegrenzt werden. Schließlich hätte diese reine Lehre auch Auswirkungen auf die Finanzierungsstrukturen im Konzern, die von Holdinggesellschaften ausgehen und so ausgestaltet sind, dass operative Töchter im Insolvenzfall der Holding unter einem anderen Dach oder alleinstehend fortbestehen können. **157**

bb) Auswirkungen auf Institute

Wie kompatibel dieser Ansatz mit den Geschäfts- und Ertragsmodellen von Instituten ist, wird eine zentrale Frage der nächsten Jahre. Von der Kompetenzfülle, die den Abwicklungsbehörden eingeräumt wurde, werden diese voraussichtlich zunächst nur sehr zurückhaltend Gebrauch machen. Niemandem ist geholfen, wenn Institute aufgrund einer von den Abwicklungsbehörden geforderten Unternehmensstruktur ihre Geschäftstätigkeit einstellen müssen. Insbesondere die Kombination mehrerer Maßnahmen (zB Aufbau und Unterhalt zweier getrennter Organisationen, teure zusätzliche Refinanzierung und Einschränkungen bei der Geschäftstätigkeit) kann zur Folge haben, dass Kreditinstitute keine Erträge mehr erwirtschaften können. Hierbei ist auch zu beachten, dass global längst nicht alle Institute den gleichen Beschränkungen unterliegen. **158**

cc) Verantwortlichkeit

Bei umfangreichen Maßnahmen würde sich die Verantwortung für die Ausgestaltung der Unternehmensorganisation zunehmend von der Geschäftsleitung auf die Aufsichtsbehörden verlagern. Damit ginge die Verantwortung für die dadurch induzierten Auswirkungen auf die operative Ertragskraft der Institute einher. Die Grenze zwischen sinnvollen **159**

---

[127] → B.XII. Rn. 5 ff.

Eingriffen zum Abbau von Abwicklungshindernissen und der Ersetzung originär unternehmerischer Entscheidungen zu finden [128], ist eine der großen Herausforderungen für die Abwicklungsbehörden in den nächsten Jahren. Hier ist das derzeitige Verständnis der abzuwägenden Rechtsgüter in der Angemessenheitsprüfung keine große Hilfe.

Auch aktienrechtlich stellt sich die Frage für die Verantwortung von Organen zB inwiefern sie ihrer Sorgfaltspflicht nach § 93 Abs. 1 Satz 1 AktG im Falle unzureichender Vorschläge nach § 59 Abs. 2 SAG nachgekommen sind, falls hierdurch eine Anordnung ungleich belastenderer aufsichtsrechtlicher Maßnahmen erfolgte. Hier stellen sich auf Seiten der Institute Fragen von vergleichbarer Komplexität wie bei den Abwicklungsbehörden, wenn zB das Wohl der Gesellschaft in diesem Kontext ermittelt wird oder die Angemessenheit der vorhandenen Informationen zu bemessen ist.

dd) Rolle der Institute

160   Vor dem Hintergrund, dass das regulatorische Umfeld sich derzeit erst herausbildet und jegliche Präzedenzfälle sowohl der Abwicklungsbehörden als auch der Gerichte fehlen, ist es vor allem auch Aufgaben der Institute selbst, die eigene Struktur und die eigenen Aktivitäten kritisch auf Gesamtabwickelbarkeit zu überprüfen und gegebenenfalls neue, abwicklungskompatible(re) Strukturen und Produkte zu entwickeln. Dies erscheint umso mehr geboten, als den Instituten im Falle einer Maßnahme nach § 59 Abs. 2 SAG nur vier Monate Zeit für die Entwicklung einer Maßnahme zur Verfügung stehen. Organisatorisch kann dies dadurch sichergestellt werden, dass in den Bereichen, die sich mit Konzernentwicklung befassen, spezialisierte Mitarbeiter grundsätzlich und im Rahmen laufender Unternehmensprozesse um das Thema „Herstellung der Abwicklungsfähigkeit" kümmern. Auf Produktebene kann vorgesehen werden, dass die Auswirkungen neuer Produkte auf die Abwicklungsfähigkeit beispielsweise in den Prozessen zur Einführung neuer Produkte (NPP) berücksichtigt werden.

---

[128] So beschreibt zutreffend das Spannungsfeld *Binder* ZBB 2015, 153 (164).

VIII. Bewertung und Prüfung im Rahmen der Abwicklung

Übersicht

	Rn.
1. Einleitung	1
2. Rahmenbedingungen der Bewertung bei Abwicklung nach BRRD und SAG	9
a) Bewertungsziele und -zwecke	9
b) Bewertungszeitpunkt bzw. Bewertungszeitraum	14
c) Bewertungsstichtag	18
d) Vorläufige und endgültige Bewertung	21
e) Anforderungen an den Bewerter	28
f) Bewertungsobjekte und Bewertungsgrundsätze	32
g) Rechtsmittel	36
3. Detailregelungen zu den bei Abwicklung geforderten Bewertungen	38
a) Grundsätzliche Regelungen im EBA-Konsultationspapier	38
b) Maßgeblichkeit von Bewertungsregeln aus handelsrechtlicher Rechnungslegung und aufsichtsrechtlichem Reporting	42
c) Allgemeine Vorgaben im EBA-Konsultationspapier	44
aa) Vorgaben zu den level-1- und level-2-Bewertungen	44
bb) Vorgaben zu den level-3-Bewertungen	51
d) Detailregelungen der technischen Regulierungsstandards für Bewertungen	52
aa) Technischer Regulierungsstandard zur Bewertung für Abwicklungszwecke	52
bb) Hinweise für level-1-Bewertungen	58
cc) Hinweise für level-2-Bewertungen	66
dd) Technischer Regulierungsstandard zur Bewertung für die Feststellung ungleicher Behandlung nach Abwicklung (level-3-Bewertung)	79
4. Detailregelungen zur Bewertung von Verbindlichkeiten aus Derivaten	96
5. Zum Prüfungsbegriff in BRRD und SAG	109
6. Zusammenfassung und Würdigung	112

Schrifttum: *Binder*, Bankeninsolvenzen im Spannungsfeld zwischen Bankaufsichts- und Insolvenzrecht, 2005; *Binder*, ZHR 179 (2015), 83; Bundesbank, Monatsbericht 06/2014; Bundesverband deutscher Banken e.V., Stellungnahme vom 9.9.2014; EBA Consultation Paper 2014/38 vom 7.11.2014; EBA Consultation Paper 2015/10 vom 13.5.2015; EBA Regulatory Technical Standard 2015/07 vom 6.7.2015 (Final Report mit Draft-RTS); *Steck/Petrowsky* DB 2015, 1391.

1. Einleitung

Die Schieflagen einzelner Finanzinstitute nach dem Ausbruch der Finanzkrise ab 2007 **1** setzte mehrere nationale Regierungen massiv unter Druck: Oftmals blieb keine Alternative, als diese Banken mit Mitteln des Staatshaushalts zu stützen und so einen Zusammenbruch des betroffenen Instituts mit einer Dominowirkung auf weitere national bzw. international tätige Institute zu vermeiden. Die Kritik der Öffentlichkeit an diesen **„Bail-outs"** und die Erkenntnis, dass ein reguläres Insolvenzverfahren für eine große, international vernetzte Bank eben aufgrund der Ansteckungsgefahren nicht vertretbare Risiken birgt[1], führten ua

---

[1] Vgl. Bundesbank Monatsbericht 06/2014, 32.

B. Abwicklung

zur Erarbeitung einer europäischen Richtlinie, der Bank Recovery and Resolution Directive, kurz: BRRD.[2] Sie harmonisiert und regelt die **Sanierung** (= Recovery) und **Abwicklung** (= Resolution) von Kreditinstituten und Wertpapierfirmen in den Mitgliedsländern der EU und wurde am 12.6.2014 veröffentlicht.

2   Die Umsetzung der Richtlinie in bundesdeutsches Recht erfolgte mit dem „BRRD-Umsetzungsgesetz", welches ein neues Sanierungs- und Abwicklungsgesetz, kurz: SAG[3], schuf und darüber hinaus Änderungen des KWG, des RStruktFG, des PfandBG, des FMStFG, des KredReorgG und der FMStFV vorgenommen hat.[4] Das SAG wurde mit Gesetz vom 28.5.2015[5] überwiegend redaktionell geändert. Das Ende 2015 im abschließenden Gesetzgebungsverfahren befindliche Abwicklungsmechanismusgesetz, kurz: AbwMechG[6], wird ua weitere Änderungen des SAG vornehmen, die im Zuge der Umsetzung der Verordnung (EU) Nr. 1093/2010 („SRM-Verordnung") erforderlich werden.[7]

3   Kernpunkt der BRRD sind jene zwei Verfahren, die im Falle einer „erheblichen Verschlechterung der Finanzlage des Instituts"[8] ergriffen werden können:

- eine in **Eigenverantwortung des Instituts vorzunehmende Sanierung**, für die eine vom Institut zu erstellende, regelmäßig zu überarbeitende und durch die Aufsichtsbehörde zu prüfende Sanierungsplanung vorliegen muss und,
- eine mittels **hoheitlichem Eingriff vorzunehmende Abwicklung** des Instituts, welche einem durch die Aufsicht eigens für solche Situationen vorab erstellten Abwicklungsplan folgt, falls eine Sanierung nicht gelingt oder von vornherein aussichtslos erscheint und die Abwicklung im öffentlichen Interesse ist, weil beispielsweise ein reguläres Insolvenzverfahren bestimmte Abwicklungsziele nicht oder nicht im erforderlichen Umfang erreicht. Die Behörde kann die Unterstützung des Instituts für die Erstellung dieses Abwicklungsplans verlangen.

4   Eine Sanierung ist ohne hoheitlich-behördliche Eingriffe, ausschließlich auf privatrechtlicher Basis und nicht gegen den Willen von Kapitalgebern durchzuführen, wobei die Aufsichtsbehörde unter bestimmten Umständen vom Institut verlangen kann, Sanierungsmaßnahmen auszuführen (die BRRD gibt den Aufsichtsbehörden Befugnisse für ein „frühzeitiges Eingreifen"). Eine Abwicklung hingegen greift auch in bestehende privatrechtliche Verträge der Kapitalgeber mit dem Institut ein und wird von der Aufsichtsbehörde bei Vorliegen bestimmter Voraussetzungen (in diesem Zusammenhang vor allem die nicht vorhandene oder nicht ausreichende Sanierungsfähigkeit bei einer Bestandsgefährdung des Instituts) eröffnet und durch die Aufsichtsbehörde mittels Nutzung verschiedener Abwicklungsinstrumente umgesetzt.

5   Die Abwicklung eines Instituts stellt dabei die „Ultima Ratio" dar. Im Zentrum der behördlichen Aufsichtstätigkeit stehen die in BRRD und SAG geregelten Instrumente des

---

[2] Richtlinie 2014/59/EU vom 15.5.2014, im Folgenden „BRRD", ABl. L 173, 190. Vgl. hierzu zB *Binder* ZHR 179 (2015), 83.

[3] BGBl. 2014 I 2091.

[4] Der mit dem KredReorgG vom 9.12.2010 eingeführte § 48a KWG, der zuvor die Abwicklung von Instituten geregelt hat, wurde dabei wieder gestrichen. Dennoch enthält das KWG auch weiterhin eigenständige Eingriffsbefugnisse für die Aufsichtsbehörde, und das KredReorgG besteht weiterhin als selbständiges Gesetz, vgl. auch *Steck/Petrowsky* DB 2015, 1391.

[5] BGBl. 2015 I 786.

[6] Im Referentenentwurf noch „SRM-Anpassungsgesetz" genannt.

[7] Vgl. auch *Steck/Petrowsky* DB 2015, 1391.

[8] Art. 5 Abs. 1 BRRD, im englischen Sprachgebrauch auch „failing or likely to fail" bezeichnet.

Sanierungsplans, des frühzeitigen Eingriffs und des Abwicklungsplans als ex-ante disziplinierende Elemente.[9]

Die BRRD stellt der Abwicklungsbehörde vier Instrumente zur Abwicklung von Instituten zur Verfügung:
a) Verkauf von Unternehmen und Unternehmensteilen
b) Übertragung von Anteilen oder Vermögenswerten sowie Verbindlichkeiten auf ein Brückeninstitut
c) Ausgliederung von Vermögenswerten auf eine Zweckgesellschaft bzw. „Bad Bank"
d) Herabschreibung und Umwandlung von Kapitalinstrumenten

Mit Ausnahme der Einschränkung, dass die Ausgliederung von Vermögenswerten auf eine Zweckgesellschaft nicht isoliert erfolgen darf, bestehen für die Aufsichtsbehörde keine Beschränkungen bei der Kombination der Maßnahmen.

Insbesondere wenn die in der BRRD beschriebenen Abwicklungsmaßnahmen a. bis c. nicht ausreichen, um die Ziele der Abwicklung (hier vor allem die Schonung der öffentlichen Haushalte bei gleichzeitigem Schutz von gedeckten Einlagen oder besicherten Verbindlichkeiten) zu erreichen, kommt das in der Entstehung der BRRD heftig umstrittene[10] „Bail-in" zum Tragen, also die Inanspruchnahme von (auch nicht nachrangigen) Fremdkapitalgebern des Instituts gegen deren Willen.[11]

Kommt es im Zuge von behördlich angeordneten Abwicklungsmaßnahmen zu einer monetären Beteiligung von Kapitalgebern, sollen diese darauf vertrauen dürfen, mit den ergriffenen Maßnahmen nicht schlechter gestellt zu werden als im Falle eines regulären Insolvenzverfahrens für das von den angeordneten Maßnahmen betroffene Institut. Dieses „**no creditor worse off**"-**Prinzip** ist ein weiterer Kernpunkt der Richtlinie.[12]

2. Rahmenbedingungen der Bewertung bei Abwicklung nach BRRD und SAG

a) Bewertungsziele und -zwecke

Die hoheitlich-behördliche Abwicklung ist eine sehr weitreichende Maßnahme, die deutlich über das hinausgeht, was beispielsweise in § 46 Abs. 1 KWG (bis 2010 § 46a KWG) als „**aufsichtsrechtliches Moratorium**" geregelt war. Zweck des Moratoriums war, durch Schließung des Geschäftsbetriebs eines Instituts dessen Vermögen zu sichern mit dem Ziel, später eine Liquidation nach allgemeinem Insolvenzrecht durchführen zu können.[13] Zwar kommen die Abwicklungsregelungen der BRRD ebenfalls einem aufsichtsrechtlichen Vorverfahren zu einem späteren **Insolvenzverfahren** gleich, durch die Tragweite der be-

---

[9] Vgl. erneut *Steck/Petrowsky* DB 2015, 1391 (1393).
[10] Vgl. Bundesbank Monatsbericht 06/2014, 39.
[11] Während das Instrument der Herabschreibung und Umwandlung von Kapitalinstrumenten im Falle von Hybridkapital oder nachrangigen Anleihen letztlich nur die von vornherein angelegte Verlustabsorbtion dieser Passiva umsetzen, erstreckt sich dieses „Bail-in" auch auf eine Haftung von vertraglich nicht-nachrangig ausgestalteten Verbindlichkeiten.
[12] Der Grundsatz, dass Kapitalgeber bei einer Mithaftung im Rahmen einer behördlich angeordneten Abwicklung nicht schlechter gestellt werden dürfen als in einer hypothetischen Insolvenz, ergibt sich schon aus verfassungsrechtlichen Überlegungen, vgl. *Steck/Petrowsky* DB 2015, 1391 (1393).
[13] Vgl. *Binder* Bankeninsolvenzen im Spannungsfeld S. 532.

hördlichen Handlungsmöglichkeiten spielt das spätere Insolvenzverfahren dann aber eine untergeordnete Rolle.[14]

10   Angesichts dieser Eingriffs- und Gestaltungsrechte für die Aufsichtsbehörde werden für die Entscheidung, ob Abwicklungsmaßnahmen umzusetzen sind, für die Frage, welche Maßnahmen in welchem Umfang erforderlich sind und bei Beteiligung von Kapitalgebern an einer aufsichtsrechtlich angeordneten Institutsabwicklung auch für den **Vergleich zwischen der „Abwicklungsbelastung" und einer fiktiven „Insolvenzbelastung"** der Kapitalgeber Berechnungen der Werte von Vermögensgegenständen und Verbindlichkeiten des Instituts gefordert.[15] Diese Wertermittlungen sollen die Gründe für die Entscheidungen der Behörde über Abwicklung und Abwicklungsmaßnahmen dokumentieren und eben jenen Vergleich zur Einhaltung des **„no creditor worse off"-Prinzips** gewährleisten.

11   Konzeptionell beinhaltet die Richtlinie damit drei Bewertungsstufen:[16]
1. Bewertung zur Unterstützung der Entscheidung, ob ein Institut die **Voraussetzungen** für die Anwendung von Abwicklungsmaßnahmen erfüllt (level-1-Bewertung, Art. 36 Abs. 4 lit. a) BRRD)
2. Bewertung zur Unterstützung der Entscheidung, welche **Abwicklungsmaßnahme(n)** in welchem Umfang zu ergreifen ist (sind) (level-2-Bewertung, Art. 36 Abs. 4 lit. b)-g) BRRD)
3. Bewertung zur Bestimmung der Höhe eventueller **Kompensationszahlungen** an Kapitalgeber, welche im Rahmen von „Bail-in-Instrumenten" in Anspruch genommen wurden, um diese monetär nicht schlechter als in einem (hypothetischen) regulären Insolvenzverfahren zu stellen (level-3-Bewertung, Art. 74 BRRD)

Die Bewertungen nach (1) und (2) finden dabei zeitlich vor dem eigentlichen Ergreifen von Abwicklungsmaßnahmen statt (ex-ante-Bewertungen), die Bewertung nach (3) ist „möglichst bald nach der Durchführung der Abwicklungsmaßnahme"[17] durchzuführen (ex-post-Bewertung).

12   Das SAG setzt die BRRD in bundesdeutsches Recht um. Inhaltlich finden sich
- in §§ 69–76 SAG die Regelungen aus Art. 36 BRRD,
- in § 146 SAG die Regelungen aus Art. 74 BRRD und
- in § 93 SAG die Regelungen aus Art. 49 BRRD.

13   Analog zur Richtlinie sieht auch die deutsche Umsetzung im SAG eine Bewertung der Vermögenswerte und Verbindlichkeiten eines Instituts vor, bevor die Abwicklungsbehörde die Abwicklung anordnet und dabei Abwicklungsmaßnahmen ergreift, und eine weitere Bewertung nach der Umsetzung der Abwicklungsmaßnahme, um den hypothetischen Insolvenzvergleich zu erstellen:
- level-1-Bewertung in § 71 Nr. 1 SAG
- level-2-Bewertung in § 71 Nr. 2 SAG (in Bezug auf den Maßnahmenkatalog) und § 71 Nr. 3–6 SAG (in Bezug auf den Umfang einzelner Maßnahmen)
- level-3-Bewertung in § 146 SAG

b) Bewertungszeitpunkt bzw. Bewertungszeitraum

14   Die Zeitpunkte bzw. Zeiträume, an denen die Bewertungen der Vermögenswerte und Verbindlichkeiten durchzuführen sind, ergeben sich aus der Natur der Sache:

---

[14] Vgl. *Binder* ZHR 179 (2015), 83 (89).
[15] Vgl. auch EBA/CP/2014/38, 4.
[16] Zur Bezeichnung vgl. auch EBA/CP/2014/38, 4.
[17] Art. 74 Abs. 1 BRRD.

VIII. Bewertung und Prüfung im Rahmen der Abwicklung

Die level-1-Bewertung und die level-2-Bewertung sind **Voraussetzung für das Ergreifen von Abwicklungsmaßnahmen** durch die Abwicklungsbehörde und folglich der Anordnung der behördlichen Abwicklung zeitlich vorgelagert. Die Abwicklungsvoraussetzungen sind gegeben und die ex-ante-Bewertungen müssen vorgenommen werden, sobald eine Bestandsgefährdung vorliegt (Art. 32 Abs. 1 lit. a) BRRD bzw. § 62 Abs. 1 Nr. 1 SAG), Abwicklungsmaßnahmen zur Erreichung der kodifizierten Abwicklungsziele erforderlich werden und ihr Ergreifen als Alternative zu einem regulären Insolvenzverfahren als verhältnismäßig und im öffentlichen Interesse stehend beurteilt werden kann (Art. 32 Abs. 1 lit. c) BRRD bzw. § 62 Abs. 1 Nr. 2 SAG) und die Bestandsgefährdung innerhalb des zur Verfügung stehenden Zeitrahmens nicht durch andere Maßnahmen aus dem privaten Sektor, aus dem Kreise der Institutssicherungssysteme oder durch Maßnahmen der Aufsichtsbehörde im Rahmen ihrer sonstigen Befugnisse[18] (Art. 32 Abs. 1 lit. b) BRRD bzw. § 62 Abs. 1 Nr. 3 SAG) abgewendet werden kann.

Die level-3-Bewertung ist als **ex-post-Bewertung** nach der Anordnung und der Umsetzung von Abwicklungsmaßnahmen durchzuführen. Während die Richtlinie in Art. 74 Abs. 1 mit einer Zeitangabe „möglichst bald nach der Durchführung der Abwicklungsmaßnahme" vage bleibt, greift die deutsche Umsetzung in § 146 Abs. 1 S. 1 mit der Formulierung „unverzüglich" auf allgemeine Rechtsgrundsätze zurück, wonach die abschließende Bewertung ohne schuldhaftes Verzögern durchzuführen ist. Bezieht man die Möglichkeit eines freihändigen Verkaufs von Vermögenswerten einschließlich Unternehmen und Unternehmensteilen als Abwicklungsmaßnahme mit ein, kann der Zeitraum bis zur Erstellung der level-3-Bewertung durchaus auch mehrere Monate oder länger betragen.

Angesichts der Komplexität der Sachverhalte und dem zu erwartenden Zeitdruck bei der Entscheidungsfindung über eine Abwicklung wurde in die Richtlinie die Möglichkeit aufgenommen, die beiden ex-ante-Bewertungen für die Entscheidung über das Anordnen von Abwicklungsmaßnahmen auch **provisorisch** zu erstellen (siehe hierzu Abschnitt 2.d). Die Richtlinie und das SAG sprechen in diesem Zusammenhang von „vorläufigen Bewertungen".[19] Auch wenn solche vorläufigen Bewertungen ex lege eine ausreichende Basis für die weitere Entscheidung über die Durchführung von behördlichen Abwicklungsmaßnahmen sind, ist baldmöglichst (aber tautologisch nach der Entscheidung über Abwicklung und Durchführung von Abwicklungsmaßnahmen) eine endgültige Bewertung zu erstellen, womit es auch nach dem Ergreifen der Abwicklungsmaßnahmen zu einer level-1- bzw. level-2-Bewertung kommen kann bzw. wird.

Es ist davon auszugehen, dass für die ex-ante-Bewertungsarbeiten regelmäßig nur wenige Tage oder gar Stunden zur Verfügung stehen und die Bewertungsbedingungen diesbezüglich wesentlich von der Qualität und der Aktualität der bei der Abwicklungsbehörde vorgehaltenen Abwicklungspläne und aufsichtsrechtlichen sowie sonstigen Meldedaten abhängen. Weniger Zeitdruck ist bei den ex-post-Bewertungen zu erwarten, bei denen keine unmittelbare Eilbedürftigkeit mehr besteht.

c) Bewertungsstichtag

In der Richtlinie wird der Bewertungsstichtag nicht klar festgelegt. Dieser ergibt sich nur aus den Zwecken der Bewertungen (Art. 36 Abs. 4 BRRD und Art. 74 Abs. 3 BRRD)

---

[18] Für die deutsche Abwicklungsbehörde die in §§ 36–38 SAG geregelten „frühzeitigen Eingriffsrechte" sowie die Maßnahmen nach §§ 45–46 KWG.
[19] Vgl. Art. 36 Abs. 2 und 9 BRRD, § 74 SAG.

und muss sich bei level-1- und level-2-Bewertungen sachlogisch auf den **Zeitpunkt der Prüfung der Abwicklungsvoraussetzungen** bzw. der **Entscheidung über das Ergreifen von Abwicklungsmaßnahmen** beziehen. Level-1- und level-2-Bewertungen werden damit regelmäßig auf den Tag der (ggf. auch nur voraussichtlichen) Entscheidungsfindung der Abwicklungsbehörde zu bestimmen sein, was im technischen Regulierungsstandard der EBA auch so vorgesehen ist.[20]

19 Bei level-3-Bewertungen könnte erneut auf den Tag der Beschlussfassung der Abwicklungsbehörde abzustellen sein oder alternativ der Zeitpunkt des Inkrafttretens der Umwandlung oder Herabschreibung des jeweiligen Kapitalinstruments abgestellt werden. Der technische Regulierungsstandard der EBA gibt hierzu vor, dass auf den Abwicklungsstichtag („resolution date"), also den **Tag der Beschlussfassung der Abwicklungsbehörde**, abzustellen ist.[21]

20 Auch das SAG schreibt nicht explizit vor, zu welchem Stichtag die Bewertungen vorzunehmen sind. Erneut ergibt sich aber aus dem Sachzusammenhang und den technischen Regulierungsstandards, dass es sich um die Zeitpunkte der Beschlussfassung über die Voraussetzungen für und die Maßnahmen einer Abwicklung (ex-ante-Bewertungen) bzw. den Zeitpunkt des Inkrafttretens der Maßnahmen (ex-post-Bewertungen) handeln muss. Kommt es zwischen der Beschlussfassung und dem Inkrafttreten zu einem exogenen Schock[22], sind auch wesentliche Abweichungen denkbar.

d) Vorläufige und endgültige Bewertung

21 Der in Art. 36 Abs. 1 BRRD verankerte Regelfall sieht vor, dass die Bewertungen für Zwecke der Feststellung von Abwicklungsvoraussetzungen (level 1) und für die Festlegung von Art und Umfang der Maßnahmen (level 2) durch eine ua behördenunabhängige Person durchgeführt werden. In Ausnahmefällen, in denen beispielsweise aus Zeitgründen die Beauftragung eines unabhängigen Dritten nicht möglich ist, kann die Abwicklungsbehörde nach Art. 36 Abs. 2 BRRD selbst eine Bewertung für die Zwecke der level-1- und level-2-Bewertung erstellen. Eine solche behördlicherseits erstellte Bewertung gilt nach Art. 36 Abs. 2 als vorläufig.

22 Vergegenwärtigt man sich die Situationen, in denen es während des Höhepunkts der Finanzkrise in 2008 und 2009 zu Bankenrettungen kam, muss für die Praxis davon ausgegangen werden, dass die vorläufige Bewertung durch die Behörde zum **Regelfall** werden dürfte. Wenn die Abwicklungsbehörde prüft, ob die Abwicklungsvoraussetzungen gegeben sind, muss in deren Entscheidungsgremium bereits weitgehend konsensfähig sein, dass der Ausfall eines Instituts droht und auch durch das Ergreifen von Sanierungsmaßnahmen kurzfristig keine Lösung des Problems möglich ist. Wenn aber in diesem Sinne „Gefahr in Verzug" vorliegt, erscheint das Szenario einer Auswahl und einer Beauftragung eines „externen" Bewerters als wenig wahrscheinlich.[23] Die Frage „Abwicklung oder keine Ab-

---

[20] Vgl. EBA/CP/2014/38, 15 mit dem vorgesehenen Wortlaut für Art. 2 lit. (d) des RTS on valuation for the purposes of resolution.

[21] Vgl. EBA/CP/2014/38, 15 mit dem vorgesehenen Wortlaut für Art. 2 lit. (d) des RTS on valuation for the purposes of resolution.

[22] Zu denken wäre an großflächige IT-Datenverluste oder aber volkswirtschaftliche Großschadensereignisse mit überregionaler Auswirkung.

[23] Dennoch wird die Behörde bei ihrer eigenverantwortlich vorgenommenen vorläufigen Bewertung mit hoher Wahrscheinlichkeit auf externe Beratungsunterstützung zumindest für Einzelsachverhalte zurückgreifen.

wicklung" wird binnen 48 bis 96 Stunden zu klären sein, denn das Stadium „Abwicklung in Prüfung" ist für ein Institut, welches unter den Regelungsbereich der Richtlinie bzw. des SAG fällt, unter allen Umständen zu vermeiden.

Auch wenn die Level-1- und level-2-Bewertungen von einem externen Dritten vorgenommen wurden, gelten diese nach Art. 36 Abs. 9 als vorläufig, solange sie nicht alle in Art. 36 Abs. 6 und 8 genannten Anforderungen erfüllen. Dabei handelt es sich um 23

- die Vorlage einer aktualisierten Bilanz und eines Berichts über die Finanzlage des Instituts,
- eine Zusammenstellung der Vermögenswerte samt Schätzungen derer Buchwerte,
- eine Aufstellung der bilanziellen und außerbilanziellen Verbindlichkeiten samt Angaben zu den einzelnen Krediten und deren Rang in einem Insolvenzverfahren[24] sowie
- Angaben zur Unterteilung der Gläubiger in Klassen gemäß ihrer jeweiligen Rangfolge nach dem anwendbaren Insolvenzrecht sowie eine Einschätzung der zu erwartenden Behandlung dieser Klassen in einem regulären Insolvenzverfahren.[25]

In diesem Sinne vorläufige level-1- und level-2-Bewertungen[26] sind dabei explizit eine zulässige Grundlage für das Ergreifen von Abwicklungsmaßnahmen.[27] Die **spätere Erstellung** einer alle inhaltlichen Anforderungen erfüllenden und von einer unabhängigen Person zu erstellenden ex-ante-Bewertung ist jedoch nach Art. 36 Abs. 10 BRRD zwingend geboten. Vorläufige Bewertungen müssen einen Sicherheitsabschlag für zusätzliche Verluste berücksichtigen (Art. 36 Abs. 9 BRRD). 24

Die endgültige Fassung einer als vorläufig geltenden level-1- oder level-2-Bewertung nach Art. 36 Abs. 10 BRRD ist nicht zu verwechseln mit der level-3- bzw. ex-post-Bewertung nach Art. 74 BRRD. Es handelt sich dabei um **verschiedene** Bewertungen, die inhaltlich voneinander zu trennen sind (so auch der Wortlaut in der Richtlinie, Art. 36 Abs. 10 BRRD). Es stellt sich die Frage, welche Bedeutung einer endgültigen und im Nachhinein durch einen unabhängigen Dritten erstellten level-1-Bewertung zukommen kann: Das Institut ist zum Zeitpunkt der Erstellung einer solchen endgültigen Bewertung bereits von den Abwicklungsmaßnahmen betroffen, ggf. wurden Kapitalgebergruppen auch bereits über die Instrumente der Umwandlung oder Herabsetzung ihrer Vermögenspositionen mit in Anspruch genommen und damit **unumkehrbare Fakten** geschaffen. Sollte eine endgültige level-1-Bewertung zum Ergebnis kommen, dass die Anordnung der behördlichen Abwicklung auf einer unrichtigen vorläufigen ex-ante level-1-Bewertung fußt, kann die Abwicklung als solche nicht mehr rückgängig gemacht werden. Betroffenen Kapitalgebern stünde eine Entschädigung zu, die sich auf eine Bewertung stützen müsste, die von einem Fortbestand des Instituts ausginge. Die Vorstellung, dass ein unabhängiger Dritter im Nachhinein die Abwicklungsvoraussetzungen infrage stellt und für betroffene Kapitalgeber den Weg einer Entschädigungsklage öffnet, führt zu Szenarien, die nicht im Sinne einer Stabilisierung der Finanz- und Kapitalmärkte in Krisensituationen sind. 25

Analog zur Richtlinie gibt auch die deutsche Umsetzung der Abwicklungsbehörde in § 69 Abs. 1 Nr. 2 und § 74 SAG die Möglichkeit, selbst vorläufige Bewertungen anzustellen, die nach § 74 Abs. 4 SAG eine zulässige Grundlage zum Ergreifen jeglicher Abwicklungs- 26

---

[24] Vgl. Art. 36 Abs. 6 BRRD.
[25] Vgl. Art. 36 Abs. 8 BRRD.
[26] Vorläufig entweder aufgrund der Durchführung durch die Behörde selbst oder aufgrund der Nichterfüllung aller Anforderungen.
[27] Vgl. Art. 36 Abs. 12 BRRD.

maßnahmen darstellen. Auch gelten von unabhängigen Dritten vorgenommene Bewertungen gemäß § 75 Abs. 1 SAG solange als vorläufig, bis alle in den §§ 70 bis 73 genannten Anforderungen als erfüllt gelten. Eine abschließende Bewertung ist bei Vorläufigkeit bzw. bei Erstellung durch die Abwicklungsbehörde zwingend und in jedem Fall von einem sachverständigen und unabhängigen Prüfer vorzunehmen (§ 75 Abs. 1 SAG). Auch im SAG wird zwischen den beiden abschließend zu erstellenden Bewertungen klar unterschieden: einerseits die endgültige Fassung der entscheidungsbegründenden Bewertung nach § 75 SAG, andererseits der Vergleich der monetären Positionen der von einer Herabschreibung oder Umwandlung betroffenen Kapitalgeber mit der hypothetischen Insolvenzposition nach § 146 SAG. Wie auch in der BRRD verlangt § 74 Abs. 3 SAG die begründete Vornahme eines **Sicherheitsabschlags** auf jedes im Gesetzessinne vorläufige Bewertungsergebnis.

27 Schematisch lassen sich die Bewertungen mit ihren Zielsetzungen, ihrem zeitlichen Anfall, ihren Bewertungsstichtagen und ihren Erstellern wie folgt darstellen:

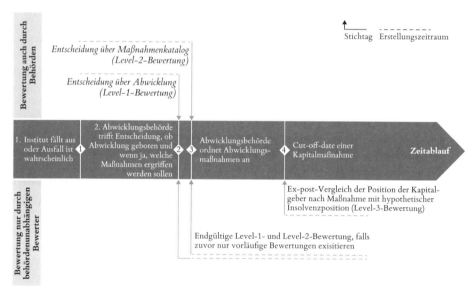

Abb. 1: Schematische Abfolge von Bewertungen, eigene Darstellung

e) Anforderungen an den Bewerter

28 Während die Richtlinie selbst in Art. 36 Abs. 1 BRRD von einer „Person" spricht, die die Bewertung nach Maßgabe der Art. 36, 49 und 74 BRRD vornehmen soll, ist im SAG in § 69 Abs. 1 Nr. 1 von einem „unabhängigen, sachverständigen Prüfer", in § 70 Abs. 1 von einem „Prüfer", in § 93 Abs. 3 und 4 von einem „unabhängigen Sachverständigen", § 146 Abs. 1 Nr. 1 wieder von einem „unabhängigen, sachverständigen Prüfer" und in § 146 Abs. 2 und 5 wiederum nur von einem „Prüfer" die Rede. Es fehlt in der deutschen Umsetzung an einer stringenten Terminologie.

29 In der Gesetzesbegründung zu § 70 SAG wird auf § 48d KWG alte Fassung verwiesen, dessen Regelung zur Auswahl und Bestellung des Prüfers in den § 70 Abs. 2 SAG übernom-

men wurden.²⁸ In der Begründung zu § 146 SAG heißt es, dass trotz der unterschiedlichen Zielsetzungen der Bewertungen nach § 69 und § 146 SAG nicht ausgeschlossen ist, „dass die Bewertungen gemäß § 69 und § 146 vom selben unabhängigen, sachverständigen Prüfer, auch zeitgleich, durchgeführt werden."²⁹ § 93 Abs. 3 SAG verweist wiederum auf § 69 SAG.

Insgesamt kann davon ausgegangen werden, dass es sich bei allen Bewertungshandlungen um **einen Wirtschaftsprüfer bzw. eine Wirtschaftsprüfungsgesellschaft** handelt, an die dieselben Anforderungen zu stellen sind wie an einen Abschlussprüfer nach den Vorschriften des HGB. Das deutsche SAG sieht hinsichtlich der Beauftragung in § 70 Abs. 2 eine gerichtliche Bestellung durch das für den Sitz der Abwicklungsbehörde zuständige Landgericht (bei Zuständigkeit des entsprechenden Oberlandesgerichtes für Beschwerdeführung hinsichtlich der Bestellung). Es bleibt unklar, inwieweit eine aus der Bestellung ausgehende Öffentlichkeitswirksamkeit, welche den Kapitalmarkt über die potentiell drohende Institutsabwicklung in Kenntnis setzen und die (drohende) Bestandskrise des Instituts augenblicklich verschärfen würde, vermieden werden kann.³⁰ 30

Im abschließenden Bericht der EBA zum RTS zur Unabhängigkeit des Bewerters ist in Übereinstimmung mit den vorstehenden Ausführungen klargestellt, dass bei Bewertungen nach Art. 36, 49 Abs. 3 und 74 BRRD identische Anforderungen an den Bewerter zu stellen sind.³¹ Ein Vergleich der in weiterer Folge des RTS genannten Unabhängigkeitstatbestände, getrennten Eigentumsverhältnisse und Interessenkonflikte mit den handelsrechtlichen Unabhängigkeitsvorschriften eines Abschlussprüfers zeigen, dass die Regelungen des RTS nicht über jene in bundesdeutsches Recht umgesetzten hinausgehen; die deutschen Regelungen gehen am Beispiel der zwingenden Teilnahme des bewertenden Prüfers an der Qualitätskontrolle nach § 57a WPO stellenweise noch weiter. 31

f) Bewertungsobjekte und Bewertungsgrundsätze

Es handelt sich jeweils um eine „faire, vorsichtige und realistische Bewertung der Vermögenswerte und Verbindlichkeiten".³² In der deutschen Umsetzung heißt es in § 72 Abs. 1 SAG, dass sich die Bewertung auf vorsichtige Annahmen, insbesondere auch in Bezug auf Ausfallwahrscheinlichkeiten und Verlustquoten zu stützen hat. Die dem Richtlinientext vorangestellten Gründe geben den Rahmen: Die Begründung Nr. 52 stellt klar, dass ein Ausweis möglichst aller Verluste bereits bei Ausfall des Instituts erfolgen soll, was eben jene vorsichtige Bewertung erfordert.³³ 32

Die Bewertungsobjekte sind alle bilanziellen und außerbilanziellen Vermögenswerte und Verbindlichkeiten des Kreditinstituts. Selbst wenn explizit nicht genannt, sind auch Rückstellungen Bestandteil der bewertungspflichtigen Passiva, stellen diese doch ebenfalls Schulden (im Sinne von betraglich und/oder zeitlich noch nicht feststehenden Verbindlichkeiten) dar. Weshalb sich weder in der BRRD noch im SAG ein klarstellender Hinweis zur Bedeutung von Rückstellungen findet, bleibt unklar. Auch in den technischen Regu- 33

---

²⁸ BT-Drs. 18/2757, S. 167. § 48d KWG alte Fassung verweist wie auch §§ 70 Abs. 2 und 146 Abs. 2 SAG auf die §§ 10 Abs. 1 S. 3, Abs. 3 und 4 sowie 11 UmwG und diese wiederum auf die allgemeinen Regelungen zur Auswahl des Abschlussprüfers nach §§ 319, 319a, 319b, 320 und 323 HGB verweisen.
²⁹ BT-Drs. 18/2757, S. 187.
³⁰ Vgl. die entsprechende Anmerkung in Bankenverband Stellungnahme vom 9.9.2014, 13.
³¹ Vgl. EBA/RTS/2015/07, 8.
³² Art. 36 Abs. 1 BRRD.
³³ Vgl. Begründung Nr. 52 zur BRRD. Ein entsprechender Verweis findet sich auch in EBA/CP/2014/38, 7

lierungsstandards der EBA zur Interpretation und praktischen Umsetzung der Richtlinie finden sich nur Anhaltspunkte für eine Aufnahme von Rückstellungen in den Katalog der bewertungspflichtigen Passiva.[34]

34 In der Gesetzesbegründung zum SAG wird in Bezug auf § 72 eine nicht-sachgerechte Vermengung von Bewertungsbegriffen vorgenommen. Wörtlich heißt es: „Ausgangspunkt ist das Prinzip der Vorsicht". Nach dem Normzweck ist die Vorsicht im klassischen bilanzrechtlichen Sinne zu verstehen, und ihr sei ein „worst-case"-Szenario zugrunde zu legen.[35] Weder geht das klassische Bilanzrecht im HGB hinsichtlich des Vorsichtsprinzips von einem „worst-case"-Szenario aus, noch entspricht das deutsche Verständnis von Vorsicht den Bewertungsgrundsätzen der internationalen Rechnungslegungsvorschriften, welche die Institute, die im Fokus der Richtlinie stehen, überwiegend anwenden. Wenn aufsichtsrechtliche Meldungen zunehmend auf Reportingzahlen nach IFRS basieren, schafft die Gesetzesbegründung mit dem Hinweis auf das klassische Bilanzrecht eher Verwirrung. Das Abstellen auf ein „worst-case"-Szenario konterkariert den Zweck der level-1- und level-2-Bewertung und ist einzig im Rahmen der level-3-Bewertung angemessen.[36] Auslegungsbedürftig ist auch die in § 73 Abs. 2 Nr. 2 SAG enthaltene Aussage, wonach eine „Schätzung des Buchwerts" vorzunehmen sei. Die infrage kommenden Institute dürften regelmäßig nach internationalen Rechnungslegungsstandards bilanzierungspflichtig sein, so dass bereits vom Grundsatz her für die meisten Vermögenswerte und Verbindlichkeiten der laufenden Buchführung aktuelle Fair Values entnehmbar sein sollten. Weil der letzte geprüfte Jahresabschluss aber regelmäßig nicht auf den Abwicklungsstichtag lauten wird, hat der Bewerter Aussagen über die Angemessenheit der Fair-Value-Bestimmung und der Eignung dieser Fair Values als jeweilige Bemessungsgrundlage für die konkrete Abwicklungsmaßnahme zu treffen.[37]

35 Vom Grundsatz her haben Bewertungen im Rahmen der Richtlinie keine Ausstrahlungswirkung auf handelsrechtliche Abschlüsse oder das reguläre aufsichtsrechtliche Reporting. Diese klare Sonderstellung der Bewertungsgrundsätze bei der Abwicklung von Instituten findet sich ua in der Präambel des Entwurfs der technischen Regulierungsstandards zur Bewertung.[38]

g) Rechtsmittel

36 Grundsätzlich muss bei Eingriffen staatlicher Stellen in privatrechtliche Vereinbarungen der Rechtsweg beschritten werden dürfen. So sieht auch die Richtlinie in Art. 85 BRRD vor, dass die Mitgliedsstaaten in der nationalen Umsetzung Rechtsmittel gegen Abwicklungsmaßnahmen vorsehen. In Art. 36 Abs. 13 BRRD wird klargestellt, dass **Rechtsmittel gegen die Bewertungen als solche nicht zulässig sind,** sondern lediglich die Abwicklungsanordnung oder die Abwicklungsmaßnahmen Objekt eines Rechtsmittels sein können.

37 Dementsprechend sieht auch das SAG in § 69 Abs. 2 eine gerichtliche Überprüfung der Bewertung nur im Rahmen einer gerichtlichen Überprüfung von Abwicklungsmaßnahmen

---

[34] Siehe Art. 8 Abs. 1 lit. (e) EBA/CP/2014/38, wo „legal disputes" beispielhaft für Bereiche mit besonders hoher Bewertungsunsicherheit genannt werden. Konkretisierend hätte der EBA-Entwurf hier auf gebildete oder zu bildende Rückstellungen für solche Rechtsstreitigkeiten verweisen können.
[35] BT-Drs. 18/2757, S. 167.
[36] Vgl. zu entsprechender Kritik auch Bankenverband Stellungnahme vom 9.9.2014, 12.
[37] Vgl. auch die entsprechenden Anmerkungen in Bankenverband Stellungnahme vom 9.9.2014, 13.
[38] Vgl. EBA/CP/2014/38, 10.

oder von Gläubigerbeteiligungen vor, gegen die Bewertung als solches kann gerichtlich nicht vorgegangen werden.

3. Detailregelungen zu den bei Abwicklung geforderten Bewertungen

a) Grundsätzliche Regelungen im EBA-Konsultationspapier

Die BRRD delegiert an die European Banking Authority, kurz: EBA, die Erarbeitung von so genannten technischen Regulierungsstandards, (Regulatory Technical Standards, kurz: RTS), welche Detailfragen auslegungs- und interpretationsbedürftiger Regelungen der BRRD konkretisieren sollen. Dabei handelt es sich um 38

- RTS zur Bewertung auf der Grundlage von Art. 36 Abs. 15 BRRD (letzter Stand des RTS: Konsultationspapier vom 7.11.2014)
- RTS zur Bewertung von Derivaten auf der Grundlage von Art. 49 Abs. 4 BRRD (letzter Stand des RTS: Konsultationspapier vom 13.5.2015)
- RTS zur Unabhängigkeit des Bewerters auf Grundlage von Art. 36 Abs. 14 BRRD (letzter Stand des RTS: Abschließender Bericht der EBA vom 6.7.2015)

Für die Durchführung der Bewertungen einschlägig ist der bislang als Konsultationspapier vorliegende technische Regulierungsstandard EBA/CP/2014/38. Zu EBA RTS/2015/07 siehe oben Abschnitt 2.e), zu EBA/CP/2015/10 siehe unten Abschnitt 4.

Eine level-1-Bewertung soll dem technischen Regulierungsstandard zufolge in erster Linie mit den jeweils anzuwendenden Rechnungslegungsstandards konsistent sein und ebenso die ggf. vorsichtigeren Vorgaben zur Berechnung der aufsichtsrechtlichen Kapitalanforderungen berücksichtigen. Gedanklich ist dabei auf die Situation vor einem Eingriff der Abwicklungsbehörde abzustellen.[39] 39

Eine level-2-Bewertung stellt laut technischem Regulierungsstandard stärker eine **wirtschaftliche Betrachtungsweise** in den Vordergrund und soll auch von den Rechnungslegungs- und aufsichtsrechtlichen Standards abweichen können. Dies insbesondere, um die vollständige Erfassung drohender Verluste zu gewährleisten, denn nach der Umsetzung von Abwicklungsmaßnahmen soll das Institut bei vorsichtiger Bemessung ausreichend rekapitalisiert sein; zudem führen einzelne Abwicklungsmaßnahmen wie der Verkauf von Geschäftsteilen zwangsläufig zur Realisierung von Werten unter wirtschaftlicher statt buchhalterischer Betrachtungsweise.[40] Die level-2-Bewertung berücksichtigt damit also (angedachte) Maßnahmen der Abwicklungsbehörde. 40

Für eine level-3-Bewertung schließlich stellt der technische Regulierungsstandard zur Gänze auf **Zerschlagungswerte** (der RTS verwendet den Begriff „gone-concern basis") ab. Das Ergebnis soll dem Barwert der aus einem regulären Insolvenzverfahren zu erwartenden Zahlungsströme entsprechen.[41] 41

b) Maßgeblichkeit von Bewertungsregeln aus handelsrechtlicher Rechnungslegung und aufsichtsrechtlichem Reporting

Die grundsätzliche Orientierung an den Rechnungslegungsstandards bzw. an den aufsichtsrechtlichen Regelungen soll den Bewerter nicht so weit binden, dass er eine bloße 42

---

[39] Vgl. EBA/CP/2014/38, 5 f.
[40] Vgl. EBA/CP/2014/38, 5.
[41] Vgl. EBA/CP/2014/38, 4 (7).

Übernahme dieser Wertansätze bzw. eine Aktualisierung auf den Stichtag der Bewertung vornimmt. Eine level-1-Bewertung ist eben keine „Werthaltigkeitsbescheinigung".[42] Der technische Regulierungsstandard gibt dem Bewerter auf, auch eine Abweichung von Annahmen des noch amtierenden Managements in Betracht zu ziehen.[43]

43 Insbesondere bei einer level-2-Bewertung, deren Erstellungspflicht bei Erfüllung von Abwicklungsvoraussetzungen entsteht und die einzelne Abwicklungsmaßnahmen analysieren sowie das ergriffene Maßnahmenpaket begründen soll, ist die **Abkehr von der dokumentären Sichtweise** unter Umständen sogar geboten: Geht es beispielsweise um die Abwicklungsmaßnahme „Verkauf von Unternehmen und Unternehmensteilen", ist sachlogisch auf einen transaktionsbezogenen Bewertungsansatz abzustellen, der auch abseits von Krisenszenarien regelmäßig von buchhalterischen oder regulatorischen Wertbegriffen abweicht.[44]

c) Allgemeine Vorgaben im EBA-Konsultationspapier

aa) Vorgaben zu den level-1- und level-2-Bewertungen

44 Ex-ante-Bewertungen sollten auf eine Schätzung der zukünftigen Cashflows aus den Vermögenswerten und Verbindlichkeiten des Instituts in betraglicher und zeitlicher Dimension sowie dazu konsistente Abzinsungssätze gerichtet sein, denn das Ziel der Bewertungen ist jeweils das den tatsächlichen Verhältnissen entsprechende Abbild der Finanzlage des Instituts. Hierfür hat der Bewerter jedwede zum Bewertungsstichtag verfügbare Information zu berücksichtigen.

45 Bei einer level-1-Bewertung stellt sich die Frage, ob die Voraussetzungen für eine Abwicklung oder eine Umwandlung bzw. Herabschreibung von Kapitalinstrumenten gegeben sind. Dabei steht alleine das Kriterium **„failing or likely to fail"**, also das Vorhandensein oder eine überwiegende Wahrscheinlichkeit eines Ausfalls des Instituts im Fokus der Überlegungen. Ob eine Abwicklung im öffentlichen Interesse ist oder ob anderweitige behördliche Eingriffsrechte bzw. privatrechtliche Maßnahmen den Ausfall vermeiden könnten, ist im Rahmen einer level-1-Bewertung nicht von Bedeutung – eine solche zukunftsgerichtete Einschätzung einzelner Abwicklungsmaßnahmen ist bei der level-1-Bewertung fehl am Platz.[45]

46 Der Bewerter muss sein Augenmerk insbesondere auf jene Teilbereiche legen, die einer besonderen Unsicherheit unterliegen – als Beispiele werden im technischen Regulierungsstandard Kredite und Kreditportfolien oder „repossessed assets"[46] angegeben. Konkrete Vorgaben gibt der technische Regulierungsstandard indes nicht, die Auswahl einer angemessenen Bewertungsmethode obliegt dem Bewerter selbst – sie solle lediglich den Kriterien des technischen Regulierungsstandards entsprechen. Klargestellt wird allerdings, dass sich der Bewerter bei seiner Tätigkeit auch auf **interne Modelle des Instituts** stützen kann,

---

[42] Dies kommt ua auch darin zum Ausdruck, dass sowohl nach Art. 36 Abs. 6 lit. a) BRRD und nach § 73 Abs. 2 S. 2 Ziffer 1 SAG eine aktualisierte Bilanz und ein Bericht über die Finanzlage des Instituts vorzulegen ist.
[43] Vgl. EBA/CP/2014/38, 6.
[44] Vgl. EBA/CP/2014/38, 7.
[45] Vgl. EBA/CP/2014/38, 7.
[46] Vermögenswerte, die im Rahmen von Sicherheitenverwertungen in das Eigentum des Instituts übergegangen sind.

VIII. Bewertung und Prüfung im Rahmen der Abwicklung

sofern das Risikomanagement des Instituts oder die Datenqualität keine hinreichenden Gründe für Zweifel daran nennen.

Sobald die Abwicklungsbehörde feststellt, dass die Abwicklungsvoraussetzungen gegeben sind, ist es Aufgabe der level-2-Bewertung, einen Katalog an angemessenen Abwicklungsmaßnahmen zu begründen. Je nach Abwicklungsmaßnahme begründet eine level-2-Bewertung dabei auch den **Umfang** einer Umwandlung oder Herabschreibung von Kapitalinstrumenten oder die Auswahl der auf einen anderen Rechtsträger bzw. das Brückeninstitut zu übertragenden Vermögenswerte, Verbindlichkeiten oder Anteilspapiere sowie den zu zahlenden Gegenwert dieser Übertragungsgegenstände. Im Rahmen dieser Bewertung sind die Auswirkungen der zur Auswahl stehenden Abwicklungsinstrumente[47] auf die Cashflows zu erfassen.

Die Schätzung der erwarteten Cashflows aus den Vermögenswerten und Verbindlichkeiten des Instituts in betraglicher und zeitlicher Dimension sowie die Ableitung dazu konsistenter Abzinsungssätze durch den Prüfer hat insbesondere bei der level-2-Bewertung vor dem Hintergrund der beabsichtigten Abwicklungsmaßnahmen zu erfolgen – der behördlicherseits ins Auge gefasste Maßnahmenkatalog determiniert die Cashflows und stellt damit einen wesentlichen Bewertungsfaktor dar.

Bei Abwicklungsmaßnahmen, die einen Verkauf von Vermögenswerten umfassen, bilden Abgangswerte („exit values") und der potentielle Veräußerungszeitpunkt die Grundlage für die Schätzung von Höhe und zeitlichem Anfall der zu bewertenden Cashflows. Bei Abwicklungsmaßnahmen, die ein weiteres Halten von Vermögenswerten nach sich ziehen, sind sämtliche Faktoren, einschließlich jener aus den Abwicklungsmaßnahmen stammenden Faktoren, in den zu bewertenden Cashflows zu berücksichtigen. Bei Abwicklungsmaßnahmen, welche eine Umwandlung von Kapitalinstrumenten nach sich ziehen, ist im Rahmen von level-2-Bewertungen zudem eine betragliche Abschätzung des Werts der neuen (dann Eigen-)Kapitalinstrumente nach der Umwandlung vorzunehmen. Ziel dieser Abschätzung ist die ex-ante-Festlegung eines Umtauschverhältnisses, das für die Vermögensposition der betroffenen Kapitalgeber die Einhaltung des „no creditor worse off"-Grundsatzes bewahrt.[48]

Sofern level-1- oder level-2-Bewertungen als vorläufig entweder aufgrund der Durchführung durch die Behörde selbst oder aufgrund der Nichterfüllung aller Anforderungen gelten, müssen diese einen Abschlag berücksichtigen, um einen Sicherheitspuffer gegenüber einer endgültigen level-1- bzw. level-2-Bewertung zu begründen. Hinweise auf zusätzliche Verluste in noch unsicherer Höhe bzw. zeitlichem Anfall begründen dem technischen Regulierungsstandard zufolge einen Abschlag bei level-1-Bewertungen; bei level-2-Bewertungen bleibt die Einführung des technischen Regulierungsstandards vage und nimmt auf aus den Abwicklungsmaßnahmen resultierende Cashflow-beeinflussende Faktoren Bezug.[49]

---

[47] Vgl. EBA/CP/2014/38, 8. Der Abwicklungsplan sollte bereits eine Reihe von Abwicklungsinstrumenten beinhalten wobei die Auswahlmöglichkeiten der Abwicklungsbehörde keinesfalls auf die im Abwicklungsplan beschriebenen Maßnahmen beschränkt ist.

[48] Vgl. EBA/CP/2014/38, 8. Der Einführungstext zum technischen Regulierungsstandard verweist hier aber lediglich auf allgemein anerkannte Bewertungsmethoden („generally accepted valuation methodologies").

[49] Vgl. EBA/CP/2014/38, 9.

bb) Vorgaben zu den level-3-Bewertungen

51　Die in Art. 73 BRRD geregelte level-3-Bewertung setzt den „no creditor worse off"-Grundsatz um, der für die Richtlinie eine fundamentale Rolle spielt. Alle von Abwicklungsmaßnahmen monetär betroffenen Kapitalgeber sollen im Rahmen einer Abwicklung mindestens den Betrag erhalten, der ihnen im Rahmen eines **regulären Insolvenzverfahrens** des Instituts zugeflossen wäre und zwar unabhängig davon, ob das jeweilige Kapitalinstrument umgewandelt oder herabgeschrieben wurde. Methodisch handelt es sich bei einer level-3-Bewertung also um eine Differenzbetrachtung der Vermögensposition bei Abwicklung mit der Vermögensposition bei Annahme eines Insolvenzverfahrens zum Tag der behördlichen Abwicklungsanordnung.[50]

d) Detailregelungen der technischen Regulierungsstandards für Bewertungen

aa) Technischer Regulierungsstandard zur Bewertung für Abwicklungszwecke

52　Die technischen Regulierungsstandards der EBA zur Bewertung sind zweigeteilt: Ein erster technischer Regulierungsstandard bezieht sich auf die Bewertung für Abwicklungszwecke nach Art. 36 BRRD („valuation for the purposes of resolution"), ein zweiter auf die Bewertung für die Feststellung ungleicher Behandlung nach Abwicklung gemäß Art. 74 BRRD („valuation to determine difference in treatment following resolution"). Der auf die Bewertung nach Art. 36 BRRD gerichtete technische Regulierungsstandard ist wiederum in drei Teile gegliedert: einen allgemeinen einführenden Teil, einen Teil für die level-1-Bewertung und einen Teil für die level-2-Bewertung.

53　In der Präambel des technischen Regulierungsstandards werden die wesentlichen und im vorliegenden Beitrag bereits beschriebenen Rahmenbedingungen der Richtlinie und der Anforderungen an eine behördliche Abwicklung zusammenfassend beschrieben, um die Einzelregelungen im Gesamtkontext zu verankern. Im ersten Teil des technischen Regulierungsstandards erfolgen die wesentlichen Begriffsdefinitionen wie valuation, valuer, entity, valuation date und measurement base. Inhaltlich gehen die Ausführungen nicht über formale Verweise auf die jeweiligen Bezugsstellen in der Richtlinie hinaus und bringen dem Anwender keine zusätzlichen Erkenntnisse.

54　Ferner werden in den Definitionen folgende Wertkategorien voneinander abgegrenzt:

Kategorie	RTS Art. 2 lit.	Beschreibung
Fair value	(e)	Fair value bezeichnet den Wert, der beim Erwerb eines Vermögensgegenstands oder der Übertragung einer Verbindlichkeit in einer regulären Transaktion zwischen Marktteilnehmern zum Bewertungsstichtag erzielt werden könnte. Explizit wird auf die Definition in den relevanten Rechnungslegungsstandards verwiesen, womit insbesondere IFRS 13 für die Wertermittlung relevant wird.

---

[50] Vgl. EBA/CP/2014/38, 9.

VIII. Bewertung und Prüfung im Rahmen der Abwicklung

Kategorie	RTS Art. 2 lit.	Beschreibung
Hold value	(f)	Hold value bezeichnet den Barwert der – mit einem geeigneten Zinssatz diskontierten – Cashflows, die das Unternehmen unter fairen, vorsichtigen und realistischen Annahmen durch das Halten bestimmter Vermögensgegenstände und Verbindlichkeiten im Rahmen des ordentlichen Geschäftsverlaufs erwarten kann. Hierbei werden Faktoren, die das Kundenverhalten angesichts einer Abwicklung beeinträchtigen, berücksichtigt (beispielsweise Verschlechterung der Bereitschaft der Kreditnehmer, Kapitaldienst zu leisten) und Geschäftsmöglichkeiten, die sich aus Abwicklungshandlungen (beispielsweise Verwertung von Vermögenswerten und Verbindlichkeiten vor Endfälligkeit) ergeben können, außen vor gelassen.
Exit value	(g)	Exit value umfasst die Cashflows, die das Unternehmen realistischerweise durch Verkauf bzw. Übertragung von Vermögensgegenständen oder Verbindlichkeiten innerhalb einer bestimmten Veräußerungsperiode zu erwarten hat. Ein exit value berücksichtigt hierbei die besonderen Rahmenbedingungen (zeitlich, betragsmäßig) der Veräußerung im Abwicklungsfall in Form von bewerterseitig zu determinierenden Abschlägen.
Franchise value	(h)	Franchise value bezeichnet den Barwert derjenigen Cashflows, die vernünftigerweise im Rahmen zukünftiger Geschäftsmöglichkeiten, inklusive solcher aus verschiedenen Abwicklungshandlungen stammenden, zu erwarten sind.
Equity value	(i)	Equity value im Sinne des dritten Teils dieses Regulierungsstandards bezeichnet einen Schätzwert des Marktpreises aller übertragenen oder ausgegebenen Anteile, der aus Anwendung ordnungsmäßiger Bewertungsstandards resultieren würde.

In Art. 3 des technischen Regulierungsstandards werden allgemeine Anforderungen genannt, die nochmals auf die Bedeutung der Berücksichtigung aller Umstände mit Einfluss auf Cashflows und den zugehörigen Abzinsungssätzen der Vermögenswerte und Verbindlichkeiten des untersuchungsgegenständlichen Instituts hinweisen. Klargestellt wird ferner, dass der Bewerter die verwendeten Kernannahmen zu begründen und offenzulegen hat und Abweichungen zu Einschätzungen des Managements auf „beste verfügbare Informationsgrundlagen" aufbauen sollten. Offen bleibt, was genau hiermit gemeint ist.[51] Gefordert sind neben Betragsangaben für die Werte einzelner Vermögenswerte oder Verbindlichkeiten auch Wertbandbreiten. Für die Ausgestaltung der Bandbreiten verweist der technische Regulierungsstandard auf EBA/RTS/2014/06, den technischen Regulierungsstandard zur „prudent valuation". 55

Grundsätzlich soll die Bewertung alle zum Bewertungsstichtag vorliegenden und seitens des Bewerters als **relevant** erachteten Informationen berücksichtigen. Der technische Regulierungsstandard zählt in Art. 4 hierzu neben dem letztverfügbaren Jahres- bzw. Quartalsabschluss interne Unternehmensdaten, einschlägige Marktdaten, Erkenntnisse aus Gesprächen mit dem Management und dem Abschlussprüfer, gegebenenfalls vorhan- 56

---

[51] Denkbar wäre zB der Rückgriff auf eine Marktbewertung anstelle einer seitens des Managements herangezogenen modellhaften Bewertung.

dene Einschätzungen der Aufsichtsbehörden zur finanziellen Situation des Instituts[52], branchenspezifische Analysen zur „asset quality" (also der Güte von Kreditbüchern und anderen Finanzanlagen), an die konkrete Situation anzupassende Bewertungen vergleichbarer Institute, bereinigte Vergangenheitsdaten und auf das Institut individuell übertragene Trend-Analysen.

57 Art. 5 des technischen Regulierungsstandards gibt schließlich Leitlinien für jene Fälle, in denen das vom Ausfall bedrohte bzw. betroffene Institut Teil einer Institutsgruppe ist. Klargestellt wird, dass in solchen Fällen bestehende **vertragliche Unterstützungsvereinbarungen** zu berücksichtigen sind, sofern abzusehen ist, dass die Voraussetzungen hierfür vorliegen bzw. vorliegen werden. Gemeint sein dürften dabei insbesondere Patronatserklärungen, Nachkapitalisierungszusagen oder Verlustausgleichsmechanismen. Effekte aus der Nutzung von Markenrechten oder (technischer) Infrastruktur können nur einen Eingang in die Bewertung finden, wenn diese auch unter den beschränkten finanziellen Rahmenbedingungen, in denen sich das Institut befindet, im Abwicklungsfall weiterhin Bestand haben. Unabhängig davon muss der Bewerter festhalten, welche Ressourcen eines Instituts innerhalb einer Gruppe für Verluste anderer Einheiten zur Verfügung stehen könnten.

bb) Hinweise für level-1-Bewertungen

58 Teil II des technischen Regulierungsstandards zur Bewertung für Abwicklungszwecke geht auf die level-1-Bewertung ein, also jener Bewertung eines Instituts zur Feststellung, ob ein Ausfall droht bzw. wahrscheinlich ist. In Art. 7 des technischen Regulierungsstandards werden übergreifende Prinzipien festgehalten: Die Bewertung hat, wie in der Richtlinie selbst vorgegeben, **fairen und realistischen Annahmen** zu folgen. Der Bewerter soll hierzu die Annahmen, Daten, Methoden und Beurteilungen kritisch hinterfragen, welche den Wertermittlungen in den Finanzberichten und in den aufsichtsrechtlichen Meldungen zugrunde liegen. Insgesamt sollen die Bewertungen aber **konsistent** zu den für das Institut einschlägigen **Rechnungslegungsstandards** und den zu beachtenden **aufsichtsrechtlichen Bewertungsvorgaben** erfolgen; jegliche Abweichung ist zu benennen und zu begründen. Die Wahl des angemessenen Bewertungsansatzes liegt in den Händen des Bewerters, der sich wie oben ausgeführt bei seinen Bewertungen abhängig von seiner Einschätzung zur Güte des Risikomanagementsystems und der Datenqualität auch auf interne Modelle des Instituts stützen darf.

59 Dem Zweck einer level-1-Bewertung (liegt ein Ausfall des Instituts vor bzw. ist ein solcher wahrscheinlich) folgend, hat der Bewerter die Frage zu beantworten, ob das Institut die Voraussetzungen für die weitere behördliche Erlaubnis zum Geschäftsbetrieb erfüllt. Hierzu muss eine Aussage getroffen werden, in welchem Maße die wertrelevanten Annahmen den Zähler und den Nenner von aufsichtsrechtlichen Kapitalquoten beeinflussen.

60 In Art. 8 des technischen Regulierungsstandards wird augenscheinlich aufbauend auf den Erkenntnissen aus den Erfahrungen der Jahre 2008 ff. ein induktiv zusammengestellter Katalog aus Einzelelementen genannt, die der Bewerter besonders beachten soll. Kennzeichen dieser Einzelelemente, deren Aufzählung nicht abschließend sein soll, ist eine (besondere) signifikante Unsicherheit der jeweiligen Bewertung:
- Kredite und Kreditportfolien, bei denen die zu erwartenden Cashflows von der Fähigkeit, dem Willen oder dem Anreiz des Vertragspartners zur Leistungserfüllung abhän-

---

[52] Einschließlich all jener durch die Abwicklungsbehörde im Rahmen des frühzeitigen Eingreifens gemäß Art. 27 BRRD gewonnenen Erkenntnisse aus den dort in lit. h) genannten Vor-Ort-Kontrollen.

gen und von den Annahmen zu Zahlungsverzugsquoten, Ausfallwahrscheinlichkeiten, Verlusthöhe bei Ausfall sowie durch Ausfallmuster bei Portfolien beeinflusst werden;
- repossessed assets, bei denen Cashflows nicht nur vom Wert des Vermögensgegenstandes bei Verwertung, sondern auch von der Art und Weise der (Zwangs-)Verwertung abhängt;
- zum fair value angesetzte Vermögenswerte, bei denen die Annahmen in den mark-to-market- oder mark-to-model-Ansätzen im Lichte der Prognoseunsicherheit im allgemeinen Berichts- und Rechnungswesen des Instituts fälschlicherweise nicht angemessen vorgenommen wurden;
- Geschäfts- oder Firmenwerte sowie andere immaterielle Vermögenswerte, bei denen der Werthaltigkeitstest im Rechnungswesen stark von subjektiven Einschätzungen des Instituts selbst zu Cashflows, Abzinsungssatz und Abgrenzung der Cash Generating Units abhängt;
- Rechtsstreitigkeiten oder Maßnahmen der Aufsichtsbehörde, bei denen in Bezug auf die Höhe und den zeitlichen Anfall verschiedene bedingte Szenarien mit jeweils spezifischen Unsicherheitsgraden existieren können.

Zur Wertfindung dieser Einzelelemente sollen entsprechende Annahmen vor dem Hintergrund insbesondere **61**
- der allgemeinen wirtschaftlichen und branchenspezifischen Umstände,
- des Geschäftsmodells des Instituts und eventueller Strategieänderungen,
- der Kreditvergaberichtlinien und anderer Investitionsvorgaben des Instituts,
- der Gefahr von Ereignissen, die zu einer Verschlechterung der Kreditwürdigkeit und des Liquiditätszugangs führen (payment shocks),
- der Parameter bei der Bemessung der Risikogewichte und der Summe von risikogewichteten Aktiva in der Berechnung von Mindestkapitalanforderungen,
- der Fähigkeit des Instituts, angesichts seiner Refinanzierungsstruktur Vermögenswerte über die angenommene Dauer halten zu können und damit überhaupt prognostizierbare Cashflows zu generieren,
- allgemeine und institutsspezifische Liquiditäts- oder Refinanzierungsengpässe beachtet und integriert werden.

Im Rahmen der Bewertung identifizierte **Gewinnrealisierungspotenziale** sind vom **62** Bewerter separiert hervorzuheben, und die Umstände solcher Gewinnrealisierungen sind entsprechend darzulegen.

Art. 9 des technischen Regulierungsstandards beinhaltet nähere Ausführungen zu dem **63** in Abschnitt 2.d) erläuterten Sicherheitsabschlag einer vorläufigen level-1-Bewertung. Sofern Fakten und Umstände die Existenz von zusätzlichen Unsicherheiten in Bezug auf Höhe oder zeitlichen Anfall von Cashflows nahelegen, ist der (vorläufige) Bewerter gehalten, einen Abschlag vorzunehmen. Die Entscheidung über das Vorhandensein solcher Fakten und Umstände ist dabei mit der Aufsichtsbehörde abzustimmen und soll die institutsspezifischen Hauptrisikofelder berücksichtigen, welche sich wiederum aus festgestellten Unzulänglichkeiten im Berichts- und Rechnungswesen ergeben können. Konkrete quantitative Vorgaben zur Höhe des Abschlags werden jedoch nicht gemacht: Der Bewerter soll vorhandene aufsichtsrechtliche Vorgaben oder allgemeingültige Kriterienkataloge für eine faire und angemessene Bewertung von Vermögenswerten und Schulden in Betracht ziehen und bei fehlenden Hinweisen auf weitere Verlustpotentiale den Abschlag mit Null bemessen.

Sofern vorläufige level-1-Bewertungen von der Abwicklungsbehörde erstellt werden, **64** kommt der Frage nach der Abgrenzung der Abwicklungsbehörde (stellt vorläufige Bewertung auf) von der Aufsichtsbehörde (unterstützt die Abschätzungen zur Vornahme eines Sicherheitsabschlags) besondere Bedeutung zu. Die geplante deutsche Umsetzung einer „Behörde in der Behörde"[53] lässt den Mangel an konkreten Umsetzungsvorgaben besonders deutlich werden.

65 Für den Bewerter stellt sich neben den offenen methodischen Punkten auch die Frage nach einer angemessenen Darstellungsform. Ein pragmatischer Ansatz ist unseres Erachtens die tabellarische Erfassung aller bilanziellen und außerbilanziellen Vermögenswerte und Verbindlichkeiten mit der Darstellung identifizierender Daten aus dem Inventar und den vorhandenen sowie durch den Bewerter ermittelten Werten auch vor dem Hintergrund der Überführbarkeit aus Systemen des institutseigenen Berichtswesen in behördliche Informationsverarbeitungssysteme unseres Erachtens ein pragmatischer Ansatz zu sein.

cc) Hinweise für level-2-Bewertungen

66 Teil III des technischen Regulierungsstandards zur Bewertung für Abwicklungszwecke geht auf die level-2-Bewertung ein, also jene Bewertung zur Festlegung, welche Abwicklungsmaßnahmen und welche Kombination ergriffen werden sollten. Art. 10 des technischen Regulierungsstandards stellt nochmals die Zwecke einer solchen Bewertung dar: Im Zentrum der Überlegungen steht die **Begründung der angemessenen Abwicklungsmaßnahme(n)** und in Abhängigkeit von den gewählten Abwicklungsmaßnahmen die Ableitung des Umfangs von Annullierungen, Übertragungen oder Verwässerungen von Anteilspapieren am Institut, die Ableitung des Umfangs der Herabschreibung oder Umwandlung von in Mithaftung bezogenen Verbindlichkeiten des Instituts, die Übertragung von Vermögenswerten, Verbindlichkeiten oder Anteilspapieren des Instituts an Dritte oder Brückeninstitute sowie den Wert der eventuellen Gegenleistungen für die übertragenen Vermögenswerte, Verbindlichkeiten oder Anteilspapiere.

67 Übergreifende Prinzipien für eine level-2-Bewertung finden sich in Art. 11 des technischen Regulierungsstandards. Der Bewerter soll sich demzufolge mit der Abwicklungsbehörde hinsichtlich des behördlichen Abwicklungsplans oder anderen Abwicklungslösungen ins Benehmen setzen. Seine Aufgabe ist es, **mehrere voneinander getrennte Bewertungen** zu erstellen, welche jeweils die Auswirkungen einer ausreichend breiten Palette an Abwicklungsmaßnahmen auf die erwarteten Cashflows abbilden. Die Auswahl ist dabei explizit nicht begrenzt auf den behördlichen Abwicklungsplan oder andere Abwicklungslösungen – dem Bewerter steht es demnach frei, **eigene Abwicklungsmaßnahmen** bzw. Kombinationen solcher zu analysieren. Grundlegend für die Bewertung ist die Anforderung, dass sämtliche erwartete Verluste aus der weiteren Verwendung (einschließlich Verwertung) der Vermögenswerte, Verbindlichkeiten und Derivate des Instituts vollumfänglich im Moment der Umsetzung des jeweiligen Abwicklungsinstruments erfasst werden.

68 Sofern im Rahmen der Bewertungen von Vermögenswerten und Verbindlichkeiten Werte ermittelt werden, die signifikant von denen im regulären Berichts- und Rechnungswesen enthaltenen abweichen, sind weitere Erläuterungen anzugeben, wie die in Art. 36 Abs. 6 geforderte zum Abwicklungsstichtag aktualisierte Bilanz ggf. anzupassen ist.

69 Falls der Abwicklungsplan eine Umwandlung von Kapitalinstrumenten oder Verbindlichkeiten des Instituts vorsieht, ist zur Bestimmung der **Umwandlungsquote** nach Art. 50

---

[53] Das SAG sieht in § 3 Abs. 1 vor, dass als deutsche Abwicklungsbehörde die Bundesanstalt für Finanzmarktstabilisierung (FMSA) fungieren soll. In der Gesetzesbegründung heißt es, dass nach dem gefestigten Aufbau der Strukturen die Abwicklungsbehörde als Anstalt in der Anstalt auf die Bundesanstalt für Finanzdienstleistungsaufsicht (BaFin) übertragen werden soll, vgl. BT-Drs. 18/2757, S. 145.

BRRD in einer separaten Bewertung der Marktwert der Anteilspapiere des Instituts nach Umwandlung anzugeben, den die Eigentümer der umgewandelten Kapitalinstrumente zum Ausgleich erhalten.

Sofern der Maßnahmenkatalog auch ein „Bail-in" von aus Derivatekontrakten resultierenden Verbindlichkeiten umfasst, gilt nach Art. 11 Abs. 6 des technischen Regulierungsstandards die level-2-Bewertung solange als vorläufig, wie eine Glattstellung oder Auflösung der Derivateposition noch nicht erfolgt ist. In solch einem Fall wird aus dem Bezugsdatum der endgültigen ex-post-Bewertung das Datum der Glattstellung bzw. Auflösung. 70

Art. 12 des technischen Regulierungsstandards verweist nochmals auf die Notwendigkeit der Schätzung aller mit den Vermögenswerten und Verbindlichkeiten des Instituts verbundenen zu erwartenden Cashflows sowie konzeptionell hierzu passender Abzinsungsätze, sagt jedoch nicht konkret, wie diese bewertet werden sollen, sondern lediglich Folgendes: 71

- Die Cashflows sind auf Basis eines angemessenen Aggregationsniveaus zu schätzen, welches von einer Einzelbetrachtungsweise bis hin zu einem Portfolioansatz reichen kann.
- Für Assets, die im Rahmen der Abwicklung beim Institut verbleiben sollen, gilt der oben in Abschnitt 3.d) aa) definierte „hold value" als zweckadäquate Bewertungskategorie. Für Assets, die bis zum jeweiligen Ablaufdatum im abzuwickelnden Institut verbleiben sollen, darf bei der Bewertung von einer Normalisierung des Marktumfelds ausgegangen werden, und der Bewerter muss Annahmen zur Refinanzierung dieser Vermögenswerte treffen. Unklar bleibt im technischen Regulierungsstandard, was unter „normalisiertem Marktumfeld" zu verstehen sein soll: Geht es um die Entspannung der individuellen Krisensituation des betroffenen Instituts und seines Kapitalmarktzugangs und seiner Refinanzierungsmöglichkeiten, oder geht es beispielsweise auch um das Ende des Niedrigzinsumfeldes?
- Für Assets, die im Rahmen der Abwicklung für den Verkauf vorgesehen sind, gilt der oben in Abschnitt 3.d) aa) definierte „exit value" am Ende der unterstellten Verkaufsperiode als zweckadäquate Bewertungskategorie.
- Die heranzuziehenden Abzinsungsätze müssen den zeitlichen Anfall der Cashflows, die Refinanzierungskosten vor dem Hintergrund der Finanzlage des Instituts nach dem Beginn der Umsetzung der Abwicklungsmaßnahmen sowie die Marktverhältnisse berücksichtigen. Zudem sind sie zwingend mit dem angenommenen Marktszenario konsistent anzusetzen.

Etwas mehr Anhaltspunkte ergeben sich aus Art. 13 des technischen Regulierungsstandards, in dem Einzelaspekte zur Schätzung und Abzinsung der erwarteten Cashflows gegeben werden. Der Bewerter hat bei der Festlegung der Hauptcharakteristika einzelner Vermögenswerte und Verbindlichkeiten sowie zu den Cashflows, die je nach Maßgabe der Abwicklungsmaßnahme mit dem Halten bis zum Ablauf oder dem Halten bis zum Verkauf dieser Vermögenswerte oder Verbindlichkeiten verbunden sind, eine **Experteneinschätzung** vorzunehmen. 72

Sofern die Abwicklungsmaßnahme das Halten eines Vermögenswerts, das Fortbestehen einer Verbindlichkeit oder die Fortsetzung eines Geschäftsbetriebs vorsieht, kann der Bewerter auch von bisher in Bewertungen dieser Vermögenswerte, Verbindlichkeiten oder Geschäftsbetriebe verwendeten Annahmen oder Erwartungen abweichen, wenn sie sich konsistent aus langfristigen historischen Entwicklungen und einem angemessenen Planungshorizont für die Sanierung ergeben. Ebenso können bei der Bestimmung des Werts umgewandelter Eigenkapitalinstrumente für die Abschätzung der Umwandlungsquote sachgerechte Erwartungen für die Bewertung zukünftiger Geschäftsmöglichkeiten 73

B. Abwicklung

getroffen werden. Allgemein gesprochen kann der Bewerter Faktoren, welche zukünftige Cashflows positiv beeinflussen und hinreichend konkretisiert sind, im Rahmen seiner Bewertung berücksichtigen.

74 Werden Vermögenswerte, Verbindlichkeiten oder Geschäftsbetriebe aufgegeben und im Rahmen der Abwicklungsmaßnahme „auf Ablauf" gestellt, soll die Bewertung **Kosten und Nutzen eines Workouts**, also einer Abwicklung dieser Positionen, berücksichtigen.

75 Kann in der jeweiligen Situation des Instituts nicht davon ausgegangen werden, dass Vermögenswerte oder Geschäftsteile gehalten und weiter betrieben werden oder sieht der Abwicklungsplan explizit einen **Verkauf** vor, steht der oben in Abschnitt 3.d) aa) definierte „exit value" als Bewertungsmaßstab fest. Hierbei sollte die Bewertung folgende Punkte mit in Betracht ziehen:
- Gegebenenfalls angepasste Wertverhältnisse und Verkaufszeiträume von beobachtbaren Vergleichstransaktionen;
- spezielle Vor- und Nachteile der jeweiligen Verkaufstransaktion im Lichte der jeweils handelnden Kontrahenten;
- spezielle Eigenschaften eines Vermögenswerts oder einer Geschäftseinheit, die nur für einen einzelnen potenziellen Käufer oder eine bestimmte Gruppe von Marktteilnehmern von Relevanz sind;
- die möglichen Auswirkungen der vorgesehenen Verkäufe auf den verbleibenden Geschäftsbetrieb des Instituts.

Soweit der Abwicklungsplan vorsieht, dass einzelne Vermögenswerte oder Geschäftsteile im Zuge der Abwicklung separiert und damit in eine andere (nicht abzuwickelnde Einheit) übertragen werden, sollte die Bewertung nur jenen Teil des „exit values" dieser Vermögenswerte bzw. Geschäftsteile berücksichtigen, der im Rahmen der Abwicklungsmaßnahme verkauft werden soll.

76 Sollen Vermögenswerte oder Geschäftsteile als Konsequenz einer Abwicklungsmaßnahme im Rahmen eines **regulären Insolvenzverfahrens** liquidiert werden, kann der Bewerter auf „exit values" und Verwertungszeiträume von vergleichbaren Verwertungsprozessen abstellen. In jedem Fall muss bei der Schätzung der erwarteten Cashflows die potenzielle Illiquidität der Vermögenswerte und das Fehlen von verlässlich bestimmbaren Verwertungserlösen berücksichtigt werden.

77 Kommt der Bewerter zum Schluss, dass der Abschluss eines erfolgreichen Verkaufsprozesses zu erwarten ist, soll er von der Ermittlung eines „exit value" absehen und stattdessen die Cashflows unter der Annahme eines fortgeführten Haltens oder eines Haltens bis zum Ablauf abschätzen und der Bewertung zugrunde legen.

78 Wie schon im Falle der level-1-Beurteilung enthält der technische Regulierungsstandard in Art. 14 Regelungen zum Sicherheitsabschlag bei einer vorläufigen level-2-Bewertung (siehe erneut Abschnitt 2.d) Der Bewerter soll hier eine Experteneinschätzung vornehmen und jene Faktoren identifizieren, die zukünftige Cashflows infolge einer zu ergreifenden Abwicklungsmaßnahme beeinflussen. Einzelne Assets können dabei bis zu einem Erinnerungsbuchwert voll abgeschrieben werden. Ebenso kann der Bewerter angepasste Verlustschätzungen von Vergleichsinstituten heranziehen, um den Sicherheitsabschlag im Rahmen der vorläufigen Bewertung zu determinieren.

VIII. Bewertung und Prüfung im Rahmen der Abwicklung

dd) Technischer Regulierungsstandard zur Bewertung für die Feststellung ungleicher Behandlung nach Abwicklung (level-3-Bewertung)

Der auf die Bewertung nach Art. 74 BRRD gerichtete technische Regulierungsstandard 79
ist in zwei Teile gegliedert: einen allgemeinen einführenden Teil und einen Teil für die eigentliche level-3-Bewertung. Die Präambel fasst die hier bereits beschriebenen Rahmenbedingungen und Anforderungen zusammen und unternimmt den Versuch, auch den auf Art. 74 BRRD abgestimmten technischen Regulierungsstandard im Gesamtkontext zu verankern.

Bewertungsstichtag für die Feststellung einer ungleichen Behandlung nach Abwicklung 80
ist der Tag, an dem die Abwicklungsbehörde die Abwicklung eines Instituts beschlossen hat. Dieser wird regelmäßig von dem Stichtag abweichen, an dem Kapitalgeber Kompensationszahlungen erhalten. Konkret sind die (nicht zu diskontierenden) aus der Abwicklungsmaßnahme resultierenden an die Kapitalgeber fließenden Zahlungen mit dem Barwert der Zahlungen aus einem hypothetischen ordentlichen Insolvenzverfahren des Instituts zu vergleichen. Insofern werden **Barwerteffekte als vernachlässigbar** klassifiziert.

Der technische Regulierungsstandard stellt zudem einleitend klar, dass die Bewertung 81
nach Art. 74 BRRD so bald als möglich nach Umsetzung der Abwicklungsmaßnahmen zu erfolgen hat. Für die Ermittlung der Behandlung von Kapitalgebern in einem regulären Insolvenzverfahren soll die Bewertung ausschließlich auf den Informationsstand zum Tag der Beschlussfassung über die behördliche Abwicklungsmaßnahme zugreifen, soweit diese einen Einfluss auf die Bewertung von Vermögenswerten und Verbindlichkeiten in einem Insolvenzverfahren hätte. Die aus der umgesetzten Abwicklungsmaßnahme resultierende Behandlung der Kapitalgeber soll auf dem Informationsstand per Umsetzung der Maßnahmen abstellen.

Art. 2 des technischen Regulierungsstandards enthält Begriffsdefinitionen wie valuation, 82
valuer, entity und commutation. Auch hier gehen die Ausführungen inhaltlich nicht über formale Verweise auf die jeweiligen Bezugsstellen in der Richtlinie hinaus und bringen dem Anwender kaum zusätzliche Erkenntnisse.

Für die Bewertung zum Zweck der Feststellung einer ungleichen Behandlung werden 83
in den Definitionen folgende Begriffe voneinander abgegrenzt:

Begriff	RTS Art. 2 lit.	Beschreibung
Difference in treatment	(b)	Difference in treatment bezeichnet den Unterschied zwischen tatsächlich im Rahmen der Abwicklung eingetretener Behandlung von Anteilseignern und Gläubigern und der hypothetischen Behandlung dieser, hätte das Institut ein reguläres Insolvenzverfahren durchlaufen.
Liquidation	(c)	Liquidation beschreibt die Veräußerung der Vermögensgegenstände eines Instituts und die Nutzung der daraus resultierenden Erlöse, um Verbindlichkeiten zu begleichen, wie es im Rahmen regulärer Insolvenzverfahren üblich ist, sowie die Ausschüttung der Erlöse an die Eigen- und Fremdkapitalgeber des Instituts.
Resolution date	(e)	Resolution date bezeichnet das Datum, an dem die Entscheidung zur Abwicklung eines Instituts in Folge der Feststellung, dass dieses Institut die Abwicklungsvoraussetzungen erfüllt, gefällt wird.

B. Abwicklung

Begriff	RTS Art. 2 lit.	Beschreibung
Actual treatment date	(f)	Actual treatment date bezeichnet das Datum, an dem Abwicklungsmaßnahmen veranlasst werden.
Relevant discount rate	(g)	Relevant discount rate beschreibt denjenigen Zinssatz bzw. diejenigen Zinssätze, welche der zeitlichen Struktur und dem Risikogehalt der (zum resolution date zu erwartenden) Cashflows mit den Komponenten risikofreier Zinssatz sowie Risikoprämie angemessen reflektiert. Die Risikoprämie kann dabei aus vergleichbaren Finanzinstrumenten, die von vergleichbaren Instituten[54] ausgegeben wurden, abgeleitet werden oder auf andere Charakteristika der zu bewertenden Vermögenswerte abstellen.

84 Der Bewerter soll zunächst ein umfassendes **Inventar** aller identifizierbaren Vermögenswerte des Instituts anlegen, aus denen zuordenbare Cashflows nachweislich oder mit hinreichender Wahrscheinlichkeit fließen werden. Ebenso ist ein Verzeichnis aller Verbindlichkeiten des Instituts anzulegen und darin die jeweilige **Rangfolge** in einem regulären Insolvenzverfahren anzugeben. Belastete oder verpfändete Vermögenswerte sind zusammen mit den durch sie besicherten Verbindlichkeiten separat zu kennzeichnen.

85 Für die Feststellung einer ungleichen Behandlung hat der Bewerter den in Art. 4 des technischen Regulierungsstandards dargelegten Bewertungsmechanismus zu befolgen:
a) Bestimmung der Behandlung von Eigen- und Fremdkapitalgebern bzw. Einlagensicherungssystemen, die in einem regulären Insolvenzverfahren von Abwicklungsmaßnahmen betroffen sind.
b) Bestimmung des gegebenenfalls auf den Tag der Abwicklungsanordnung abgezinsten Wertes von restrukturierten Forderungen sowie des Barwerts anderer Zuflüsse, welche die Eigen- und Fremdkapitalgeber zum Zeitpunkt des Ergreifens der Abwicklungsmaßnahme zum Ausgleich erhalten haben.
c) Bestimmung des Betrags für jede im Verbindlichkeitenverzeichnis vorgesehene Rangfolge-Klasse an Kapitalgebern, um den das in a) genannte Ergebnis über dem in b) genannten Ergebnis liegt.

86 Die Bestimmung der Behandlung von Eigen- und Fremdkapitalgebern in einem regulären Insolvenzverfahren (siehe vorstehend a)) wird in Artikel 5 des technischen Regulierungsstandards behandelt. Sie lässt sich auf die Ableitung eines **Barwerts** der in einem regulären Insolvenzverfahren zu **erwartenden Cashflows** reduzieren. Gibt das jeweilige nationale Insolvenzrecht bzw. die national übliche Insolvenzpraxis keine eigenen Vorschriften für Abzinsungssätze, sollen dabei die im Abwicklungs-Regelwerk allgemein beschriebenen Anforderungen an den Abzinsungssatz beachtet werden. Bei der Abschätzung der Cashflows hat der Bewerter die einschlägigen nationalen insolvenzrechtlichen Vorschriften und gegebenenfalls die jeweils üblichen Vorgehensweisen in der Insolvenzpraxis zu beachten, sofern sie die erwartete Veräußerungsdauer oder Rückflussquoten beeinflussen. Vernünftigerweise vorhersehbare Kosten für Insolvenzverwaltung und Insolvenzdurchführung sind ebenso wie Refinanzierungskosten in die Bewertung einzubeziehen.

---

[54] Vor dem Hintergrund der hier geregelten level-3-Bewertung müsste das vergleichbare Institut, welches vergleichbare Instrumente emittiert hat, in Abwicklung bzw. Insolvenz sein. Fraglich ist, ob der Bewerter hier Titel mit ausreichender Liquidität vorfinden wird, um diese als Vergleichsmaßstab heranziehen zu können.

Für Vermögensgegenstände, für die es einen aktiven Markt gibt, soll die Bewertung die beobachtbaren Preise im Regelfall übernehmen, es sei denn, dass spezifische Umstände des in Abwicklung befindlichen Instituts die Marktfähigkeit von dessen Vermögenswerten behindern.

Für Vermögensgegenstände, für die kein aktiver Markt existiert, hat der Bewerter eine Reihe von Faktoren bei der Festlegung von Höhe und zeitlichem Anfall der erwarteten Cashflows zu beachten:
- beobachtbare Preise von vergleichbaren Vermögenswerten auf aktiven Märkten;
- beobachtbare Preise von vergleichbaren Vermögenswerten in anderen Insolvenzverfahren bzw. bei Transaktionen von notleidenden Vermögenswerten;
- beobachtbare Preise bei einem Verkauf von Geschäftsteilen oder dem Übertrag auf Brückeninstitute in Zusammenhang mit Abwicklungsmaßnahmen vergleichbarer Institute;
- Wahrscheinlichkeit, dass ein Vermögenswert in einem regulären Insolvenzverfahren überhaupt positive Nettozuflüsse generieren kann;
- absehbare Entwicklung der Marktbedingungen (Markttiefe und Aufnahmebereitschaft für die fraglichen Vermögenswerte) innerhalb der unterstellten Verwertungsdauer;
- Länge des unterstellten Verwertungszeitraums, der sich ua aus der Liquidationsdauer unter dem nationalen Insolvenzrecht und den Charakteristika der Vermögenswerte ergibt.

Bei der Bewertung sollen auch Annahmen zur Auswirkung der finanziellen Situation des Instituts auf die **Verwertungserlöse** getroffen werden – insbesondere, ob ein Insolvenzverwalter im hypothetischen Insolvenzverfahren angesichts der Finanzlage des Instituts in einer ausreichend starken Verhandlungsposition zur Erreichung der angenommenen Verkaufserlöse wäre. Schließlich wird festgehalten, dass auch die vertraglichen, satzungsmäßigen oder gesetzlichen Rechte der Kapitalgeber bei der Bewertung zu beachten sind.

Die angesetzten Erlöse aus der Verwertung in der hypothetischen Insolvenz sind abschließend auf jede im Verbindlichkeitenverzeichnis vorgesehene Rangfolge-Klasse an Kapitalgebern nach der jeweiligen Rangfolge zu allokieren.

Sofern auch Verbindlichkeiten aus Derivaten für die hypothetische Insolvenz zu bewerten sind, verweist Art. 5 Abs. 9 des technischen Regulierungsstandards auf Art. 49 BRRD und den hierzu von der EBA vorgelegten technischen Regulierungsstandard (siehe auch Abschnitt 4.).

Anweisungen zur Bestimmung des Wertes von restrukturierten Forderungen und anderer Zuflüsse, welche die Eigen- und Fremdkapitalgeber zum Zeitpunkt des Ergreifens der Abwicklungsmaßnahme zum Ausgleich erhalten haben (siehe vorstehend b), finden sich in Art. 6 des technischen Regulierungsstandards. Der Bewerter hat zunächst alle ausstehenden Kapitalansprüche zu identifizieren, die nach der Ausführung der Umwandlung oder Herabschreibung von Kapitalinstrumenten sowie der Ausführung weiterer Abwicklungsmaßnahmen ausstehen und diese den Eigen- und Fremdkapitalgebern, die unmittelbar vor Ausführung der Maßnahmen existierten, zuzuordnen.

Für die Ermittlung der Vermögensposition der mittels Ausgabe neuer Eigenkapitalinstrumente kompensierten Eigen- und Fremdkapitalgeber muss der Bewerter den Wert der neu emittierten Eigenkapitaltitel bestimmen. Diese Wertermittlung kann auch auf allgemein üblichen Bewertungsmethoden für solche Eigenkapitaltitel beruhen.

Für die Ermittlung der Vermögensposition der mittels Ausgabe neuer Fremdkapitalinstrumente kompensierten Eigen- und Fremdkapitalgeber muss der Bewerter die infolge der Herabschreibung oder Umwandlung geänderten vertraglichen Positionen der Kapitalgeber in Betracht ziehen.

95   Auch bei der Bewertung der ausstehenden Kapitalforderungen kann der Bewerter beobachtbare Preise auf aktiven Märkten für gleiche oder vergleichbare vom Institut oder einem vergleichbaren Institut ausgegebenen Kapitalforderungen berücksichtigen.

4. Detailregelungen zur Bewertung von Verbindlichkeiten aus Derivaten

96   Eine weitere Bewertungsvorschrift, welche die Bewertung von Verbindlichkeiten aus Derivaten im Rahmen der Abwicklung von Instituten regelt, findet sich in Art. 49 BRRD. Sofern eine Abwicklungsbehörde auch bei **aus Derivaten resultierenden Verbindlichkeiten** von ihren Herabschreibungs- und Umwandlungsbefugnissen Gebrauch macht, sind die speziellen Regelungen in Art. 49 BRRD zu beachten. Notwendige Voraussetzung für ein „Bail-in" von Derivate-Verbindlichkeiten ist die vorherige oder gleichzeitige **Glattstellung**. Sobald das Eintreten der Abwicklungsvoraussetzungen behördlich festgestellt ist und Abwicklungsmaßnahmen angeordnet sind, hat die Abwicklungsbehörde zudem das Recht, Derivatekontrakte **zu kündigen** oder **glattzustellen** (Art. 49 Abs. 2 BRRD).

97   Hintergrund der separaten Behandlung von aus Derivaten resultierenden Verbindlichkeiten ist die bereits in den Institutsschieflagen ab 2007 zutage getretene Komplexität und Ansteckungsgefahr für andere Institute. Derivatepositionen sind integraler Bestandteil des Risikomanagementsystems eines Instituts, die Gegenpositionen sind wiederum entscheidender Faktor im Risikomanagementsystem des Counterpart-Instituts. Oftmals handelt es sich um nominal große Beträge. Sind Derivatekontrakte über eine längere Laufzeit abgeschlossen und haben sich die dem Derivat zugrundeliegenden Marktparameter (Zinsen, Währungskurse, Indexstände, etc.) während der bisherigen Laufzeit verändert, können bei Eingriffen in die bestehenden Verträge hohe Auflösungs- oder Glattstellungskosten entstehen oder entsprechende Gegengeschäfte zu nicht wirtschaftlich vertretbaren Konditionen abschließbar sein.

98   Um die Funktionsfähigkeit der Kapitalmärkte bei Ausfall von Instituten nicht zu gefährden, sind bestimmte Verbindlichkeiten eines Instituts von vornherein von einem „Bail-in", also einer Herabschreibung oder Umwandlung dieser Verbindlichkeiten, ausgeschlossen. Dies betrifft neben den gedeckten Einlagen oder besicherten Verbindlichkeiten beispielsweise aus Treuhandverhältnissen resultierende Verbindlichkeiten, Verbindlichkeiten gegenüber gruppenfremden Instituten mit einer Ursprungslaufzeit von weniger als sieben Tagen, Verbindlichkeiten gegenüber Zahlungsverkehrs- und Zahlungsabwicklungssystemen mit einer Restlaufzeit von unter sieben Tagen sowie bestimmte weitere Verbindlichkeiten des Instituts gegenüber Beschäftigten, Steuer- und Sozialversicherungsbehörden oder solchen aus betriebserforderlichen Lieferungen bzw. Leistungen. Vom Grundsatz her hätte die Richtlinie auch alle aus Derivatekontrakten resultierenden Verbindlichkeiten vom Anwendungsbereich der „Bail-in"-Maßnahmen ausschließen können. Faktisch werden auch weite Teile von Derivateverbindlichkeiten aufgrund der **Besicherungsregelungen** in den Kontrakten oder aufgrund ihrer **Laufzeit** unter die Ausnahmeregelungen des Art. 44 BRRD fallen; ferner kann die Abwicklungsbehörde nach Art. 44 Abs. 3 BRRD auch bestimmte (hier aus Derivaten begründete) Verbindlichkeiten von sich aus ausschließen, wenn beispielsweise die für das „Bail-in" erforderliche Glattstellung zu viel Zeit beansprucht oder die verbundenen Kosten zu einer Wertvernichtung führen würden, durch die andere Kapitalgeber in noch stärkerem Maße in Anspruch zu nehmen wären, also ohne den Einbezug dieser (hier: Derivate-)Verbindlichkeit. Dennoch sieht die Richtlinie explizit vor, dass auch Verbindlichkeiten aus Derivaten grundsätzlich zum Anwendungsbereich des „Bail-in" ge-

hören, ua auch um disziplinierende Marktmechanismen in Nicht-Krisenzeiten ausreichend zu incentivieren und den Risikoappetit sowie die Risikomanagementfunktionen eines Instituts laufend zu hinterfragen.[55]

Voraussetzung für die Anwendung einer Herabschreibung oder Umwandlung von Derivateverbindlichkeiten ist demnach eine Glattstellung der Position (Art. 49 Abs. 2 BRRD). Enthalten die Derivatekontrakte **Saldierungsvereinbarungen**, stellt Art. 49 Abs. 3 BRRD klar, dass der Nettowert, der aus den zugehörigen Transaktionen resultiert, zu ermitteln ist.[56] Die Wertbestimmung der aus den Derivaten bestehenden (Netto-)Verbindlichkeiten schließlich soll nach Art. 49 Abs. 4 BRRD anhand von angemessenen Methoden zur Bestimmung der Derivatekategorien, Grundsätzen zur Festlegung des Zeitpunkts, zu dem der Wert der Derivateposition festgestellt wird und geeigneten Methoden für den Vergleich der Wertvernichtung, die aus der Glattstellung und dem „Bail-in" der Derivate resultieren würde, mit der Höhe der Verluste, die für die Derivate bei einem „Bail-in" entstehen würden, erfolgen.

99

In § 93 SAG findet sich die Umsetzung von Art. 49 BRRD in das nationale Recht. Die Regelungen sind nahezu wortgleich aus der deutschen Fassung des Richtlinientextes übernommen. Auch in der Gesetzesbegründung finden sich keine über den Verweis auf den Richtlinientext hinausgehenden Hinweise.[57] Richtlinienkonform beinhaltet die deutsche Umsetzung im Kern zwei Anforderungen an die Herabschreibung und Umwandlung von Verbindlichkeiten aus Derivaten:

100

- „Bail-in" ausschließlich auf Basis von Nettowerten unter Beachtung bestehender Saldierungsvereinbarungen,
- „Bail-in" ausschließlich nur bei oder nach Glattstellung der Derivate.[58]

Das Konsultationspapier zum technischen Regulierungsstandard der EBA zu Art. 49 BRRD (RTS on the valuation of derivatives pursuant to Article 49(4) of BRRD)[59] betont den Sachzusammenhang der Art. 36 und 49 BRRD: Eine Bewertung von Verbindlichkeiten aus Derivaten nach Art. 49 BRRD ist Teil einer Bewertung nach Art. 36 BRRD.[60] Insbesondere die Frage, ob Verbindlichkeiten des Instituts aus Derivaten von der Anwendung der „Bail-in"-Instrumente nach Art. 44 Abs. 3 BRRD auszunehmen sind, soll vor der Entscheidung über die Glattstellung im Rahmen der Bewertung nach Art. 36 BRRD erfolgen.

101

Der technische Regulierungsstandard liegt aktuell (Herbst 2015) in Form eines Konsultationspapiers vor, die Kommentierungsfrist endete am 13. August 2015, Kommentierungen wurden eingereicht.

102

Der technische Regulierungsstandard auferlegt der Abwicklungsbehörde zunächst eine Informationspflicht gegenüber den von der beabsichtigten Glattstellung betroffenen Ge-

103

---

[55] Siehe hierzu auch EBA/CP/2015/10, 7.
[56] Bei einer Ausdehnung der Herabschreibungs- und Umwandlungsbefugnisse auf Derivatepositionen ist die Abwicklungsbehörde bzw. der Bewerter also an die bestehenden Verträge gebunden und kann Positionen nur in ihrer Netto-Gesamtheit einbeziehen, nicht aber einzelne Kontrakte einer größeren Derivatestruktur isoliert herausgreifen und andere außer Acht lassen. Siehe hierzu auch EBA/CP/2015/10, 9 („no cherry picking").
[57] Vgl. BT-Drs. 18/2757, S. 174.
[58] Unschön ist die Begriffsvermengung in § 93 SAG, wo in Abs. 1 von „Glattstellung" und in Abs. 2 von „kündigen und glattstellen" gesprochen wird. Eine eindeutige Klarstellung im Begriffs-definierenden § 2 SAG unterblieb wohl aus redaktionellem Versehen. Vgl. hierzu auch schon Bankenverband Stellungnahme vom 9.9.2014, 12.
[59] EBA/CP/2015/10.
[60] Vgl. EBA/CP/2015/10, 10.

genparteien, sofern diese keine **Central Counterparty** nach EU/648/2012 ist. Mit der Benachrichtigung über die Glattstellung ist auch die Frist zur Übermittlung der Rahmenbedingungen von Ersatztransaktionen durch die Gegenpartei zu benennen.

104   Der Bewerter hat nach Art. 3 des technischen Regulierungsstandards die Bewertung der Verbindlichkeiten aus Derivaten dem Prinzip der Nettobetrachtung folgend für jede in einer Saldierungsvereinbarung zusammengefasste Gruppe von Einzelkontrakten zu erstellen. Der Wert der Verbindlichkeit aus einem Derivat bzw. einem in einer Saldierungsvereinbarung zusammengefassten „netting set" entspricht einem vorzeitigen Ablösebetrag, der sich aus der Summe der folgenden Posten ergibt:
- ausstehende Beträge und Sicherheitsleistungen des Instituts in Abwicklung gegenüber der Gegenpartei abzüglich der Summe aus ausstehenden Beträgen und Sicherheitsleistungen der Gegenpartei gegenüber dem Institut in Abwicklung und
- Glattstellungsbetrag, der die den Parteien beim Ersetzen der glattgestellten oder beendeten Kontrakte oder dem Erreichen einer der Position der glattgestellten oder beendeten Kontrakte wirtschaftlich äquivalenten Kosten und Verluste bzw. Gewinne beinhaltet.

105   Der Glattstellungsbetrag sollte nach Aufforderung durch die Abwicklungsbehörde durch die Gegenpartei übermittelt werden und ist daraufhin durch den Bewerter in der Ermittlung des vorzeitigen Ablösebetrags zu berücksichtigen. Sofern die Gegenpartei den Glattstellungsbetrag entweder nicht oder nicht fristgerecht bei der Abwicklungsbehörde einreicht oder der eingereichte Glattstellungsbetrag nach Überzeugung des Bewerters nicht auf wirtschaftlich sachgerechten Annahmen basiert, hat der Bewerter die Ermittlung des Glattstellungsbetrags Art. 5 des technischen Regulierungsstandards folgend selbst vorzunehmen: Basis hierfür sollen dem technischen Regulierungsstandard zufolge angepasste Marktdaten sein, die der Bewerter aus eigenen Systemen und Modellen, Systemen und Modellen des in Abwicklung befindlichen Instituts oder auch denen von Gegenparteien sowie anderen Marktteilnehmern beziehen kann. Die Abwicklungsbehörde kann im Rahmen der Bewertung auch Preis-Plausibilisierungen durch das in Abwicklung befindliche Institut verlangen.

106   Für Derivatekontrakte, die zwischen einem in Abwicklung befindlichen Institut und einer Central Counterparty nach EU/648/2012 bestehen, greifen spezielle Vorschriften, sofern die daraus resultierenden Derivateverbindlichkeiten nicht ohnehin bereits von vorgelagerten Ausnahmeregelungen betroffen sind. Bei der Ermittlung des Glattstellungsbetrags durch die Central Counterparty wird auf die durch die Central Counterparty verpflichtend zu erstellenden **Regelwerke zum Ausfall von Gegenparteien** abgestellt. Der Bewerter kann sich durch die Spezialvorschrift des Art. 6 des technischen Regulierungsstandards auf den von der Central Counterparty bestimmten Glattstellungsbetrag stützen.

107   Art. 7 des technischen Regulierungsstandards setzt die Rahmenbedingungen für die Stichtage der jeweiligen Bewertungen der Derivate bzw. den aus ihnen resultierenden Verbindlichkeiten. Bei der Bestimmung des vorzeitigen Ablösebetrags determiniert der Abschlusszeitpunkt der Ersatzgeschäfte den Zeitpunkt, zu dem zu bewerten ist. Im Falle von Kontrakten mit Central Counterparties ist auf den gleichen Zeitpunkt wie von der Central Counterparty in ihrer Berechnung angesetzt, abzustellen. In allen anderen Fällen ist auf den Glattstellungstag und bei ersatzweisem Rückgriff auf Marktdaten auf den Zeitpunkt eines verfügbaren Kurses abzustellen. Bei der Bewertung von Verbindlichkeiten aus Derivaten im Rahmen von vorläufigen Bewertungen muss sich der Bewerter hingegen auf einen in angemessener Weise gegriffenen Stichtag stützen.

108   Für den in Art. 49 Abs. 4 lit. c) BRRD geforderten Vergleich der Wertvernichtung bei Glattstellung hat die Abwicklungsbehörde folgende Größen gegenüberzustellen:

a) Betrag der Verluste, die auf die Derivatekontrakte in einem „Bail-in" entfallen;
b) Wertverlust basierend auf einer Einschätzung der Kosten, Aufwendungen oder anderer Belastungen, die in Zusammenhang mit dem Glattstellen der Derivate erwartet werden. Einzelheiten der Berechnung regelt Art. 8 des technischen Regulierungsstandards.

5. Zum Prüfungsbegriff in BRRD und SAG

Weder der Richtlinientext der BRRD noch die deutsche Umsetzung im SAG sieht eine Prüfung der Bewertung im Sinne eines Ersteller-unabhängigen auf die Aufdeckung von Fehlern ausgerichteten Nachvollziehens der Bewertung vor. Auch in der Gesetzesbegründung findet sich kein Hinweis auf eine beabsichtigte Prüfung der Bewertung. Darin unterscheidet sich die Neuregelung im SAG von der vorher in § 48d KWG (in der Fassung vom 9.12.2010) enthaltenen **Prüfungspflicht** der Gegenleistung bei behördlicher Anordnung einer Übertragung von Vermögensgegenständen und Verbindlichkeiten nach § 48a KWG (in der Fassung vom 9.12.2010). 109

Das SAG spricht hinsichtlich der Person, welche die Bewertungen bei Abwicklung durchzuführen hat, regelmäßig von einem „Prüfer", grenzt damit aber den zulässigen Kreis an Bewertern ein, indem es eine bestimmte Berufsqualifikation voraussetzt (eben jene des in der WPO geregelten Berufsbildes des Wirtschaftsprüfers). Ein Prüfungserfordernis der durch einen Wirtschaftsprüfer erstellten Bewertung ergibt sich dabei aber nicht, einzig durch die Abwicklungsbehörde durchgeführte und daher als vorläufig geltende Bewertungen werden durch die seitens des „Prüfers" vorgenommene endgültige Bewertung inhaltlich einer einer Prüfung vergleichbaren Prozedur unterzogen, wobei die Prüfung einer Bewertung (zB bei der gesetzlich vorgesehenen Prüfung einer Barabfindung im Zuge eines Squeeze-Out nach §§ 327 ff. AktG) gerade eben nicht eine neue Bewertung wie im Kontext des SAG erfordert. 110

Richtlinie und deutsche Umsetzung ermöglicht es den von der Abwicklung betroffenen Instituten und Kapitalgebern, eine **gerichtliche Überprüfung der Bewertung** im Rahmen des Ergreifens von Rechtsmitteln gegen eine Abwicklungsmaßnahme oder gegen eine Ausgleichszahlung anzustrengen (nicht aber gegen die Bewertung als solches). Bei einer solchen durch das Gericht anzuordnenden Überprüfung schließlich könnten erneut Wirtschaftsprüfer oder nicht berufsständisch reglementierte Rechnungslegungs- oder Finanzexperten als gerichtlich bestellte neutrale Gutachter tätig werden. 111

6. Zusammenfassung und Würdigung

Die Gesamtwürdigung der BRRD und der Umsetzung im deutschen SAG fällt positiv aus: Das neue Sanierungs- und Abwicklungsregime unterstützt die Rückkehr zu marktwirtschaftlichen Grundsätzen, wonach zunächst Eigentümer und daran anschließend Gläubiger die Risiken eines Scheiterns von Unternehmen tragen und die öffentliche Hand keine „Vollkaskoversicherung" übernehmen darf. Ein „Too big to fail" oder „too complex to fail" wird durch die EU-Richtlinie und die jeweiligen nationalen Umsetzungsbemühungen weniger wahrscheinlich. 112

Dennoch ist festzuhalten, dass die Vorschriften zur Abwicklung und insbesondere zu den dabei zu klärenden Bewertungsfragen vor dem Hintergrund von Zeitdruck der Entscheidungssituation und Komplexität der betroffenen Institute ein sehr hohes Ambitions- 113 niveau aufweisen: Die elementaren Wertfindungen müssen binnen weniger Stunden mit weitgehender Antizipation der Ausstrahlungswirkungen auf Basis einer nicht abschließend validierbaren Bemessungsgrundlage erstellt werden. Für die Abwicklungsbehörde und den extern hinzugezogenen Bewerter bedeutet dies ein signifikantes Haftungsrisiko. Gerichtliche Überprüfungen der Abwicklungsmaßnahmen dürften der Regelfall sein.

114 Trotz des Umfangs des Regelwerks einschließlich der technischen Regulierungsstandards bleiben zahlreiche Detailfragen offen, stellenweise wirkt die Umsetzung noch nicht ausgereift. Letzten Endes ist aber eine gewisse „Restunschärfe" hinzunehmen, da die Regelungen zur Bewertung bei Abwicklung unmöglich jede real existierende Fallkonstellation antizipieren können und sowohl Behörde als auch externem Bewerter ein Ermessensspielraum zuzugestehen ist. Um ein hieraus resultierendes Haftungsrisiko zu begrenzen, kommt der Dokumentation sämtlicher Entscheidungen und Positionierungen innerhalb von Ermessensspielräumen eine besondere Bedeutung für die Behörde und den externen Bewerter zu. Dies betrifft insbesondere die anfängliche Grundsatzentscheidung über das Vorliegen der Abwicklungsvoraussetzungen.

115 Offen bleibt insbesondere die Frage, wie mit Differenzen zwischen vorläufigen und finalen level-1- und level-2-Bewertungen umzugehen ist. Abwicklungsmaßnahmen dürften bei Vorliegen der finalen Bewertungen schon irreversibel umgesetzt sein. Trotzdem ist anzunehmen, dass es, soweit die Insolvenzgründe zum Zeitpunkt der Beschlussfassung bestanden haben, eine level-3-Bewertung vor dem Hintergrund der Systemrelevanz des Instituts und den möglichen Folgen seiner regulären Insolvenz (beispielsweise ein Bank Run) nicht zwangsläufig zu einer Ausgleichzahlung nach dem „no creditor worse off"-Prinzip kommt.

IX. Kollisionsrechtliche Grenzen

Übersicht

	Rn.
1. Einführung in die Problematik	1
a) Notwendigkeit der grenzüberschreitenden Wirkung von Restrukturierungen	1
b) Wirkung vertraglicher Klauseln	5
c) Gruppenbezogene Restrukturierung und Abwicklung	9
2. Das auf die Übertragung anzuwendende Recht nach allgemeinem Kollisionsrecht	11
a) Anwendbarkeit des Internationalen Privatrechts	11
b) Aufspaltung in einzelne Rechtsverhältnisse	14
c) Qualifikation der Übertragungsanordnung als Umwandlung?	20
d) Sicht des Internationalen Insolvenzrechts	24
3. Regelungen zur Lösung der Kollision	29
a) System der abgestuften Wirkung	30
b) Lösung von Konflikten innerhalb der Eurozone	34
c) Lösung von Konflikten innerhalb der EU	37
aa) Übertragungsanordnungen	38
bb) Bail-in	44
cc) Rechtsbehelfe	50
d) Lösung von Konflikten mit Drittstaaten	53
aa) Kooperationsvereinbarungen	56
bb) Unilaterale Anerkennung durch einen Drittstaat	58
cc) Extraterritoriale Durchsetzung	59
dd) Auffanglösung	62
ee) Ungültigkeit von Maßnahmen	64
4. Zusammenfassung und Ausblick	67

B. Abwicklung

1. Einführung in die Problematik

a) Notwendigkeit der grenzüberschreitenden Wirkung von Restrukturierungen

1   In Zeiten globalisierter Märkte verfügen Banken häufig über Vermögenswerte im Ausland. Beispiele sind etwa Zweigniederlassungen oder sonstige Immobilien außerhalb des die Restrukturierung betreibenden Staats (im Folgenden: „**Abwicklungsstaat**"); Wertpapiere, die im Ausland gelagert sind; oder Geldreserven bei einer ausländischen Bank. Daneben haben Banken häufig Forderungen inne, die ausländischem Privatrecht unterliegen. Außerdem können Anleihen und andere Schuldinstrumente, die sie selbst ausgegeben haben und die Gegenstand eines bail-in sein sollen, einem ausländischen Recht unterstehen. Ausland meint dabei einen anderen Staat als den Abwicklungsstaat, dessen Wert auf die Gegenstände der Restrukturierung oder Abwicklung anwendbar ist (im Folgenden: „**Zielstaat**"). Die Anwendbarkeit seines Rechts kann sich dabei entweder aus dessen ausdrücklicher Vereinbarung durch die Parteien oder aus anderen Gründen ergeben. Zu letzteren zählen etwa die Belegenheit von körperlichen Gegenständen (zB Immobilien) im Territorium des Zielstaats oder die Tatsache, dass dieser Schutzstaat eines Immaterialgüterrechts (zB einer Marke) ist.

2   Restrukturierungs- und Abwicklungsmaßnahmen müssen auch die ausländischem Recht unterstehenden Werte einschließen, um erfolgreich zu sein. Zum Beispiel wäre die Übertragung aller oder einzelner Vermögenswerte des Kreditinstituts[1] auf einen Erwerber unvollständig, wenn sie nicht auch die im Zielstaat belegenen Werte erfasste. Die Übertragung einzelner systemrelevanter Geschäftsteile auf eine Brückenbank[2] würde fehlschlagen, wenn sie ausländische Gegenstände aussparte, die für das Funktionieren unentbehrlich sind. Die Ausgliederung[3] wäre ineffizient, wenn die Zweckgesellschaft keine Vermögenswerte, Rechte und Verbindlichkeiten mit Auslandsbezug erlangen könnte. Und schließlich wird auch ein bail-in[4] nur dann gelingen, wenn Schulden des Kreditinstituts herabgesetzt werden können, die einem anderen Recht als dem des Abwicklungsstaats unterstehen.

3   Die Anerkennung von Restrukturierungs- und Abwicklungsmaßnahmen im Zielstaat kann jedoch auf **Hindernisse** stoßen. Zum Beispiel kann das einschlägige Recht eine Übertragung durch behördliche Verfügung *per se* nicht anerkennen oder besondere formelle oder andere Voraussetzungen an diese stellen.[5] Ebenso kann es vorkommen, dass die Rechtsordnung des Zielstaats zwar ausländischen Sanierungs- und Abwicklungsmaßnahmen offen gegenübersteht, deren Anerkennung aber im konkreten Fall versagt, weil sie etwa inländische Gläubiger diskriminieren oder eigene Restrukturierungsmaßnahmen behindern. Der extraterritoriale Geltungsanspruch, den das Recht des Abwicklungsstaats selbst erhebt, ändert an diesen Problemen zunächst nichts. Seine Berechtigung muss von den ausländischen Rechtsordnungen potentieller Zielstaaten auch anerkannt werden. Weigern sich diese, eine Übertragungsanordnung anzuerkennen oder zu vollziehen, so bleiben einzelne Positionen der krisengefährdeten Bank zugeordnet. Ohne deren Übergang kann die störungs- und verzögerungsfreie Fortführung des systemrelevanten Bankgeschäfts gefähr-

---

[1] Siehe dazu Art. 38 f. BRRD.
[2] Siehe dazu Art. 40 f. BRRD.
[3] Siehe dazu Art. 42 BRRD.
[4] Siehe dazu Art. 43–58 BRRD.
[5] Vgl. Deutscher Notarverein Positionspapier zum Referentenentwurf eines Restrukturierungsgesetzes vom 29. September 2010, 3, abrufbar unter: <http://www.dnotv.de/_files/Dokumente/Stellungnahmen/RestrukturierungsGPositionspapierDNotV.pdf>.

det sein. Ebenso verbessert sich die Kapitalsituation nicht, wenn Anleihen oder andere von der Krisenbank ausgegebenen Finanzinstrumente nach dem anzuwendenden ausländischen Recht durchsetzbar bleiben.

Die Probleme der grenzüberschreitenden Wirksamkeit von Restrukturierungs- und Abwicklungsmaßnahmen sind so gravierend, dass sich das **Financial Stability Board (FSB)** mit ihnen in einem eigenen Papier auseinandergesetzt hat.[6] Darin werden Maßnahmen zur weltweiten Koordination und Kooperation beschrieben, mit denen sich Hindernisse des anzuwendenden Rechts überwinden lassen. Unter anderem wird die gegenseitige Anerkennung von Restrukturierungs- und Abwicklungsmaßnahmen durch die Behörden und Gerichte des Zielstaats sowie der Erlass unterstützender Maßnahmen durch diesen verlangt.[7] Zu letzteren zählen zB eigene Übertragungsmaßnahmen auf Institute, die durch den Zielstaat bezeichnet werden.   4

b) Wirkung vertraglicher Klauseln

Große Bedeutung bei der Bewältigung der grenzüberschreitenden Probleme kommt vertraglichen Klauseln zu. Sie können Maßnahmen der Behörden des Abwicklungsstaats Geltung verschaffen, auch wenn der Vertrag im Übrigen dem Recht des Zielstaats unterliegt. Sie könnten etwa die Abwicklung erleichtern, indem sie die Möglichkeit der Auswechslung des Gläubigers durch die Übertragung auf ein anderes Kreditinstitut oder eine Brückenbank vorsehen.   5

Besonders wichtig sind vertragliche Anerkennungsklauseln für die Restrukturierung, also den bail-in. Sie können zB eine temporäre Aussetzung vertraglicher Netting-Mechanismen oder die Herabschreibung oder Umwandlung in Eigenkapital ermöglichen.[8] **ISDA** hat im Jahre 2014 ein entsprechendes „Resolution Stay Protocol" und im Jahre 2015 ein „**Universal Resolution Stay Protocol**" aufgesetzt, das von den meisten Großbanken unterzeichnet wurde. Der europäische Gesetzgeber hat daraus eine Verpflichtung entwickelt: Nach der BRRD sind die Mitgliedstaaten verpflichtet, entsprechende Klauseln von den durch sie beaufsichtigten Banken zu verlangen.[9] Diese Verpflichtung sucht der deutsche Gesetzgeber mit § 55 des Sanierungs- und Abwicklungsgesetzes (SAG) zu erfüllen. Danach muss sich der Gläubiger von Verbindlichkeiten eines EU-Kreditinstituts, die als „loss-absorbing" berücksichtigt werden sollen, sowohl mit der Möglichkeit der Gläubigerbeteiligung als auch mit der teilweisen oder vollständigen Herabschreibung einverstanden erklären.[10] Enthält eine Bankverbindlichkeit keine solche Klausel, kann sie nicht in die Berechnung der **Total Loss-Absorbing Capacity (TLAC)** des Kreditinstituts in seiner europäischen Variante des **Minimum Requirement for Own Funds and Eligible Liabilities (MREL)** einbezogen werden.[11] Dadurch wird ein starker Anreiz für Kreditinstitute geschaffen, auf der Einfügung solcher Klauseln gegenüber allen Vertragspartnern zu bestehen.   6

Vertragliche Anerkennungsklauseln können das Effektivitätshindernis für die grenzüberschreitende Restrukturierung zwar abmildern, ganz beseitigen können sie es jedoch nicht. Zum einen muss der Vertragspartner des Kreditinstituts ihnen zustimmen, was sich angesichts des ihn beeinträchtigenden Inhalts nicht von selbst versteht. Zum anderen sind solche Klauseln   7

---

[6] FSB Principles for Cross-border Effectiveness of Resolution Actions, 3.11.2015.
[7] FSB Principles for Cross-border Effectiveness of Resolution Actions, 3.11.2015, 5–6.
[8] Siehe FSB Principles for Cross-border Effectiveness of Resolution Actions, 3.11.2015, 6–8.
[9] Art. 55 BRRD.
[10] § 55 Abs. 1 SAG.
[11] § 55 Abs. 10 SAG.

B. Abwicklung

nur dann gültig und wirksam, wenn sie durch das Recht des Zielstaats anerkannt werden. Gemäß dem Grundsatz der Privatautonomie, den die meisten Staaten der Erde anerkennen, ist das in der Regel der Fall. Allerdings kann das anzuwendende Recht in Einzelfällen solchen Klauseln dennoch die Wirksamkeit versagen.[12] Als Anerkennungsversagungsgrund kommt je nach Ausgestaltung der anzuwendenden Rechtsordnung zB der Verstoß gegen ein gesetzliches Verbot oder gegen die öffentliche Ordnung in Betracht. Sie werden insbesondere dann angenommen, wenn die Gläubiger des Zielstaats schlechter behandelt werden als die des Abwicklungsstaats. Andere Gründe für die Anerkennung der Versagung könnten ein Konflikt mit eigenen Maßnahmen des Zielstaats oder die Belastung dessen Steuerzahler sein.

8   Darüber hinaus haben vertragliche Klauseln den Mangel, dass sie häufig im Detail unterschiedlich ausgestaltet sind oder nicht gleich ausgelegt werden. Schließlich ist zu bedenken, dass sie auf den Fall des bail-in oder der Übertragung von Verträgen beschränkt sind, sich aber nicht für andere Maßnahmen wie den Transfer von Immobilien oder von Immaterialgüterrechten eignen. Daher lösen sie die Probleme der grenzüberschreitenden Wirksamkeit von Restrukturierungsmaßnahmen nur bedingt. Das FSB empfiehlt den Staaten, neben Vertragsklauseln auch gesetzliche Restrukturierungs- und Abwicklungsregime weiterzuentwickeln.[13]

c) Gruppenbezogene Restrukturierung und Abwicklung

9   Die Probleme der grenzüberschreitenden Wirksamkeit werden zudem dadurch abgemildert, dass Restrukturierungsmaßnahmen meist nicht einzelne Institute, sondern eine ganze **Bankengruppe** betreffen. Zu bedenken ist nämlich, dass die Anordnung der Abwicklungsbehörde von allen Staaten umzusetzen ist, in denen die der Gruppe zugehörige Gesellschaft ansässig ist. Alle diese Staaten sind zB verpflichtet, einen bail-in vorzunehmen.[14] Soweit die von einer Anordnung betroffenen Vermögensgegenstände ausschließlich dem Recht dieser Staaten unterstehen, wirkt die Übertragungsanordnung transnational. Soweit – wie häufig – auch Vermögenswerte betroffen sind, die dem Recht dritter Staaten unterliegen, ist die Anordnung ohne Wirkung.

10 Der gruppenbezogene bail-in wird häufig durch eine **Single Point of Entry-Strategie (SPOE)** umgesetzt.[15] Bei dieser werden die Verbindlichkeiten einer Holding-Gesellschaft der Bankengruppe gegenüber deren Gläubigern gekürzt.[16] Das so eingesparte Kapital wird an die Tochtergesellschaften weitergegeben, um sie zu sanieren. Die Weitergabe wird häufig mittels Verbindlichkeiten bewerkstelligt, die die Töchter vor dem bail-in an die Holding begeben. Sie werden unmittelbar im Anschluss an eine Reduzierung der Fremdverbindlichkeiten der Holding herabgeschrieben. Auf diese Weise wird eine Entlastung und Sanierung der Töchter erreicht. Voraussetzung dafür ist jedoch, dass die entsprechenden Klauseln in den Verbindlichkeiten der Töchter gegenüber der Muttergesellschaft vom jeweiligen Schuldstatut als gültig anerkannt werden. Außerdem kann der Zielstaat versucht sein, eigene Restrukturierungsanordnungen zu treffen, durch die die Verbindlichkeiten der Töchter herabgeschrieben werden. Auch insoweit besteht daher ein Potential für Konflikte zwischen dem anwendbaren Recht und der Restrukturierungsmaßnahme.

---

[12] Zu dieser Gefahr und den im Folgenden genannten Fällen siehe FSB Principles for Cross-border Effectiveness of Resolution Actions, 3.11.2015, 12.
[13] FSB Principles for Cross-border Effectiveness of Resolution Actions, 3.11.2015, 9.
[14] Siehe Art. 62 Abs. 9 BRRD.
[15] Dazu Ewgr. 80 BRRD.
[16] Näher dazu *Gordon/Ringe* Columbia Law Review 115 (2015), 1297.

2. Das auf die Übertragung anzuwendende Recht nach allgemeinem Kollisionsrecht

a) Anwendbarkeit des Internationalen Privatrechts

Eine Vorschrift des deutschen Rechts kann immer nur dann angewandt werden, wenn zuvor festgestellt ist, dass deutsches Recht auf den Sachverhalt überhaupt anwendbar ist. Dies ist die Grundlehre des **Internationalen Privatrechts (IPR)**, das sich mit der Kollision verschiedener Rechtsordnungen befasst.[17] Es löst die Kollision durch Metaregeln. Erst wenn danach eine bestimmte Rechtsordnung anwendbar ist, können deren Regeln befolgt werden. Beim IPR handelt sich daher um ein Recht „über" Rechtsordnungen.[18] 11

Auch die Regelungen der SRM-Verordnung, der BRRD sowie des diese umsetzenden SAG unterliegen den Regeln des Internationalen Privatrechts. Auf den ersten Blick mag dies erstaunen, handelt es sich doch ihrer Stellung nach um Vorschriften des Aufsichtsrechts. Allerdings wirken diese in private Rechtsverhältnisse hinein. Sie bestimmen zB, wem das Eigentum an einer bestimmten Sache zusteht oder wer eine bestimmte Forderung innehat. Dies sind Fragen des **Privatrechts**. Die im SAG vorgesehene Übertragung von Vermögensgegenständen kann daher nur dann ohne Schwierigkeiten gelingen, wenn die zu übertragenden Gegenstände nach dem Internationalen Privatrecht deutschem Recht unterliegen. Ebenso funktioniert auch ein bail-in nur dann ohne Probleme, soweit auf die abzuschreibenden oder in Eigenkapital umzuwandelnden Vermögensgegenstände deutsches Recht anzuwenden ist. 12

Besonders delikat wird die Situation dadurch, dass jeder Staat über ein eigenes Internationales Privatrecht verfügt.[19] Internationales Privatrecht ist – entgegen dem missverständlichen Namen – **nationales Recht**. Die Kollisionsregeln sind daher von Staat zu Staat verschieden, mit Ausnahme einiger vereinheitlichender völkerrechtlicher Verträge und europäischer Verordnungen. Da Streitigkeiten über die privatrechtlichen Wirkungen einer Restrukturierungs- oder Abwicklungsmaßnahme nicht nur vor deutsche, sondern auch vor ausländische Gerichte gelangen können, sind daher nicht nur die deutschen Kollisionsregeln zu beachten, sondern auch die anderer Staaten. Um sich einen Überblick über die tatsächliche Anerkennung der Wirksamkeit der Übertragung zu verschaffen, ist mithin eine Art Kollisionsrechtsvergleichung notwendig. 13

b) Aufspaltung in einzelne Rechtsverhältnisse

Typischerweise enthalten die nationalen Regelungen des Internationalen Privatrechts keine allgemeine Kollisionsregel für das Vermögensrecht. Aus Sicht des Internationalen Privatrechts ist das Vermögen keine Einheit, sondern je nach Art des Vermögensgegenstands sind verschiedene Regelungen zu beachten – nicht anders übrigens als im Sachrecht auch. Daher sieht das Kollisionsrecht für die verschiedenen Arten von Vermögensgegenständen **unterschiedliche Anknüpfungsmomente** vor. So unterliegen Forderungen anderen Kollisionsregeln als Gesellschaftsanteile oder bewegliche und unbewegliche Sachen. Diese verschiedene Behandlung kann – nicht: muss – zur Folge haben, dass sich die Übertragung der verschiedenen Vermögensgegenstände nach unterschiedlichen Rechtsordnungen richtet.[20] 14

---

[17] Siehe *Kegel/Schurig* Int. Privatrecht § 1 VIII 1.
[18] *Kropholler* Int. Privatrecht § 1 II 2.
[19] Siehe *Kegel/Schurig* Int. Privatrecht § 1 IV 1; *Rauscher* Int. Privatrecht Rn. 9.
[20] Näheres dazu bei *Lehmann/Hoffmann* WM 2013, 1389 (1392 ff.).

15 Für **körperliche Vermögensgegenstände**, also Sachen, gleich ob beweglich oder unbeweglich, gilt im Grundsatz das Recht des Staats, in dem sich diese befinden (*„lex rei sitae"*).[21] Es gilt eine streng territoriale Anknüpfung. Daher kann eine Übertragungsanordnung von vornherein nur Gegenstände erfassen, die sich zum Zeitpunkt ihres Erlasses innerhalb des deutschen Territoriums befinden. Eine Erstreckung auf andere Staaten scheidet aus, es sei denn, diese sind zur Anerkennung der Maßnahme verpflichtet. Das Gleiche gilt für sonstige dingliche Rechte an im Ausland belegenen Grundstücken, insbesondere Grundpfandrechte wie der Hypothek.[22]

16 Bei **vertraglichen Forderungen und Vertragsverhältnissen** bestimmen sich die Inhaberschaft und der Inhalt aus Sicht der EU-Mitgliedstaaten – mit Ausnahme Dänemarks[23] – nach dem Recht, welches die Rom I-Verordnung als anwendbar bezeichnet.[24] Diese beruft in erster Linie das von den Parteien gewählte Recht.[25] Wurde keine Rechtswahl getroffen, so stellt die Verordnung auf den gewöhnlichen Aufenthalt, die Niederlassung oder den Ort der Hauptverwaltung der Partei ab, welche die „charakteristische Leistung" erbringt.[26] Dies ist zB beim Kaufvertrag der Verkäufer und beim Dienstvertrag der Dienstleister.[27] Die Kategorie des Dienstvertrags schließt nach autonom-europäischer Auslegung auch das Darlehen ein, bei dem es daher auf den gewöhnlichen Aufenthalt des Darlehensgebers ankommt.[28] Soweit die Forderung im Rahmen einer Zweigniederlassung begründet wurde oder von dieser zu erfüllen ist, untersteht sie dem Recht des Staats, in dem sich die Zweigniederlassung befindet.[29]

17 Der Inhalt **gesellschaftsrechtlicher Beteiligungen** unterliegt dem sogenannten Gesellschaftsstatut. Dieses ist die Rechtsordnung, die auf die Gesellschaft als solche, ihre innere Organisation und Verfassung anzuwenden ist.[30] Streitig ist, wie sie zu bestimmen ist. Der Sitztheorie zufolge ist Gesellschaftsstatut die Rechtsordnung, die am tatsächlichen Verwaltungssitz der Gesellschaft gilt. Diese Theorie befindet sich aufgrund der Rechtsprechung des EuGH zur Niederlassungsfreiheit auf dem Rückzug.[31] Allerdings wird sie vom BGH immer noch für Gesellschaften aus Drittstaaten angewandt.[32] Für Staaten, die zum EWR gehören oder – wie die USA – Deutschland über besondere staatsvertragliche Regelungen verbunden sind, wird im Allgemeinen der Gründungstheorie gefolgt. Nach ihr ist als Gesellschaftsstatut das Recht des Staats anzuwenden, in welchem die Gesellschaft bei ihrer Gründung registriert wurde.[33] Für die Übertragung von Gesellschaftsanteilen, etwa an einer Personengesellschaft, einer GmbH oder einer private limited company, sind daher die Regeln des Gründungsrechts anzuwenden.

---

[21] Siehe aus deutscher Sicht Art. 43 Abs. 1 EGBGB. Zu Regeln anderer Staaten siehe *Sfeir* Droit international privé comparé, Bd. 1, Rn. 548.
[22] Siehe *Kegel/Schurig* Int. Privatrecht § 23 II 4.
[23] Dänemark ist an die Rom I-VO nicht gebunden, vgl. deren Ewgr. 46.
[24] Verordnung (EG) Nr. 593/2008 über das auf vertragliche Schuldverhältnisse anzuwendende Recht („Rom I") v. 17.6.2008, ABl. L 177, 6.
[25] Vgl. Art. 3 Abs. 1 Rom I-VO.
[26] Vgl. Art. 4 Abs. 1, 2 iVm Art. 19 Abs. 1 Rom I-VO.
[27] Art. 4 Abs. 1 lit. a, b Rom I-VO.
[28] *Martiny* in MüKoBGB Art. 4 Rom I-VO Rn. 213.
[29] Art. 19 Abs. 2 Rom I-VO.
[30] Siehe *Lehmann* in MHdB GesR VI § 5 Rn. 12.
[31] EuGH C-212/97, Slg. 1999 I-1459 – Centros; C-208/00, Slg. 2002 I-9919 – Überseering; C-167/01, Slg. 2003 I-10155 – Inspire Art, C-411/03, Slg. 2005 I-10805 – Sevic Systems.
[32] BGHZ 178, 192 Rz. 19 – Trabrennbahn.
[33] Siehe dazu im Einzelnen *Lehmann* in MHdB GesR VI § 5 Rn. 19 ff.

IX. Kollisionsrechtliche Grenzen

Das Gesellschaftsstatut entscheidet grundsätzlich auch über die Person des Gesellschafters. Nach ihm bestimmt sich beispielsweise, wer Inhaber des Anteils an einer GmbH, SARL oder SpA ist. Sind allerdings Aktien ausgegeben, so gelten andere Kollisionsregeln. Entscheidend ist in diesem Fall, an welchem Ort sich die **Aktienurkunde** befindet (*lex cartae sitae*).[34] Es tritt also die Anknüpfung an den körperlichen Gegenstand in den Vordergrund, der die Gesellschaftsanteile verbrieft. Das internationale Wertpapierrecht verdrängt insoweit das internationale Gesellschaftsrecht. **18**

In der Praxis sind Aktien meist nicht in individuellen Urkunden, sondern in einer **Globalurkunde** (auch „jumbo certificate" genannt) niedergelegt. In diesem Fall kommt die Sonderkollisionsnorm des § 17a DepotG in Betracht, die die Finalitätsrichtlinie[35] und die Finanzsicherheitenrichtlinie[36] in deutsches Recht umsetzt. Danach ist das Recht des Staats anzuwenden, unter dessen Aufsicht das maßgebliche Konto geführt wird (*lex conto sitae*). Werden beispielsweise Aktien in ein in den Niederlanden geführtes Register eingetragen, so gilt niederländisches Recht für die Frage, ob der Transfer wirksam ist und wer Inhaber der Titel ist. Unbestritten ist, dass § 17a DepotG auf die Bestimmung der Inhaberschaft aller Finanzinstrumente anzuwenden ist, die in **elektronischen Registern** gespeichert sind. Ob die Vorschrift auch für in Globalurkunden verbriefte Titel gilt, ist dagegen Gegenstand eines heftigen Meinungsstreits. Nach einer Auffassung kann die Norm auf Globalurkunden keine Anwendung finden, da bei der Ausstellung einer solchen Urkunde die Eintragung in das Register keine „rechtsbegründende Wirkung" hat, wie es § 17a DepotG seinem Wortlaut nach voraussetzt.[37] Würde man dieser Auffassung folgen, so liefe die Norm gerade für deutsche Titel leer, weil bei ihnen die Umschreibung im Register nur dem Nachweis der Änderung der sachenrechtlichen Besitzverhältnisse dient. Auch für letztere gelten jedoch die Finalitäts- und die Finanzsicherheitenrichtlinie, welche die Endgültigkeit der Umschreibung verlangen. Richtlinienkonform ausgelegt findet § 17a DepotG daher auch auf Systeme wie die des deutschen Rechts Anwendung.[38] Maßgebend ist danach in den genannten Fällen das Recht des Staats, in dem das Konto über die Finanzinstrumente geführt wird. Sind beispielsweise Aktien eines deutschen Automobilherstellers von einer französischen Bank erworben worden und ist deren Stellung in einem in Deutschland geführten Register festgehalten, so richtet sich die Verfügung über diese Aktien der deutschen Kollisionsregel des § 17a DepotG zufolge ausschließlich nach deutschem Recht. **19**

c) Qualifikation der Übertragungsanordnung als Umwandlung?

Die vorangegangen Ausführungen zeigen, dass auf die Übertragung unterschiedlicher Arten von Vermögensgegenständen ganz verschiedene nationale Regeln zur Anwendung kommen. Demzufolge kann deren Schicksal verschieden sein: Die Übertragung eines Gegenstands mag wirksam, die eines anderen dagegen unwirksam sein. Damit wird das Ziel des deutschen Gesetzgebers, alle von einer Abwicklungsanordnung erfassten Gegenstände einheitlich übergehen zu lassen, torpediert. **20**

---

[34] Siehe *Einsele* Wertpapierrecht als Schuldrecht S. 399; *dies.* in MüKoHGB Depotgeschäft Rn. 186 mwN.
[35] Richtlinie 1998/26/EWG des Europäischen Parlaments und des Rates vom 19. Mai 1998 über die Wirksamkeit von Abrechnungen in Zahlungs- sowie Wertpapierliefer- und -abrechnungssystemen, ABl. L 166, 45, Art. 9.
[36] Richtlinie 2002/47/EG des Europäischen Parlaments und des Rates vom 6. Juni 2002 über Finanzsicherheiten, ABl. L 168, 43, Art. 9.
[37] *Einsele* WM 2001, 7 (15 f.); *Einsele* WM 2001, 2415 (2422).
[38] *Lehmann* Finanzinstrumente S. 494; *Dittrich* in Scherer DepotG § 17a Rn. 62.

21 Diese unangenehme Folge vermeidet ein Vorschlag in der Literatur, dem zufolge die Übertragung wie eine **Umwandlung** zu behandeln sei.[39] Als Argument dafür wird angeführt, dass die Übertragung mit der Ausgliederung zur Aufnahme verglichen werden könne, dh mit einer Form der Umwandlung nach dem Umwandlungsgesetz.[40] Aus der Sicht des deutschen Kollisionsrechts unterstehe sie daher ebenso wie die Umwandlung dem Gesellschaftsstatut.[41]

22 Diese Auslegung ist innovativ. Jedoch stehen ihr erhebliche **Bedenken** entgegen.[42] So nimmt die Rom I-VO das Gesellschaftsrecht aus ihrem Anwendungsbereich ausdrücklich aus und regelt bei dieser Gelegenheit näher, was unter diese Kategorie fällt.[43] Als Beispiele für gesellschaftsrechtliche Fragen nennt sie ua „die Auflösung" des Rechtsträgers.[44] Der offizielle Bericht zum Vorgänger der Rom I-VO, dem Römischen Schuldrechtsübereinkommen von 1980, zählt unter den Begriff der „Auflösung" auch das „Erlöschen durch Fusion oder einen anderen ähnlichen Vorgang".[45] Die Übertragungsanordnung zählt dazu jedoch nicht, denn sie führt nicht zum Erlöschen der Bank als Rechtsträger. Letztere besteht vielmehr fort. Erst recht lassen sich bail-in-Maßnahmen nicht als Auflösung qualifizieren.

23 Damit sind Abwicklungsmaßnahmen **nicht als Umwandlungsmaßnahmen** im Sinne der Rom I-VO zu qualifizieren. Das hat erhebliche Auswirkungen, da diese Verordnung über das auf Forderungen aller Art anzuwendende Recht entscheidet. Der *bail-in* – sei es durch Herabschreibung oder Löschung einer Forderung oder durch einen *debt-equity-swap* – unterliegt daher ebenso wie die Übertragung einer Bankforderung auf ein anderes Institut dem nach der Rom I-VO anzuwendenden Recht des Zielstaats. Diese Maßnahmen können daher nur nach Maßgabe des Rechts des Zielstaats Wirkungen entfalten. Mit der Entscheidung gegen eine umwandlungsrechtliche Qualifikation der auf Forderungen bezogenen Maßnahmen hat das europäische Kollisionsrecht zugleich eine Vorentscheidung für andere Gegenstände getroffen. So dürften zB Übertragungsmaßnahmen für körperliche Gegenstände oder Immaterialgüterrechte ebenfalls nicht nach dem Umwandlungsstatut, sondern nach dem auf sie anzuwendenden Recht zu beurteilen sein.

d) Sicht des Internationalen Insolvenzrechts

24 Eine alternative Lösung wäre, Maßnahmen der Bankenrestrukturierung und -abwicklung als insolvenzrechtlich zu qualifizieren. Nach dem **Universalitätsprinzip** kann ein nationales Insolvenzverfahren eines Staats weltweite Wirkung entfalten.[46] Obwohl das Universalitätsprinzip nicht universell anerkannt wird, greift es zumindest in bestimmten Situationen und Regionen. Insbesondere gilt es bei der Insolvenz eines Kreditinstituts, das in der EU ansässig ist. Die so genannte Bankenliquidations-Richtlinie ermächtigt die Behörde des Mitgliedstaats, in dem ein Kreditinstitut ansässig ist, allein über dessen Sanierung und Liquidation zu entscheiden.[47] Die Behörde wendet dabei ihr eigenes nationales Recht an

---

[39] *Bliesener* in Kenadjian Too Big to Fail S. 151.
[40] Vgl. §§ 153–157 UmwG.
[41] Siehe *Bliesener* in Kenadjian Too Big to Fail S. 151.
[42] Ausführlich dazu *Lehmann/Hoffmann* WM 2013, 1389 (1394 f.).
[43] Siehe Art. 1 Abs. 2 lit. f Rom I-VO.
[44] Art. 1 Abs. 2 lit. f Rom I-VO.
[45] *Giuliano/Lagarde* Bericht über das Übereinkommen über das auf vertragliche Schuldverhältnisse anzuwendende Recht, ABl. 1980 C 282, 1 (12).
[46] *Virgós/Garcimartín* The European Insolvency Regulation Rn. 11.
[47] Richtlinie 2001/24/EG vom 4. April 2001 über die Sanierung und Liquidation von Kreditinstituten (ABl. L 125, 15) Art. 3 Abs. 1, Art. 9 Abs. 1 UAbs. 1.

IX. Kollisionsrechtliche Grenzen

("*lex fori*").[48] Die danach getroffenen Maßnahmen sind von anderen Mitgliedstaaten anzuerkennen und gelten dort in vollem Umfang, als wären sie von diesem Mitgliedstaat selbst getroffen worden.[49] Sekundärinsolvenzverfahren, wie sie beispielsweise die Europäische Insolvenzverordnung vorsieht, sind nicht möglich. Bei Bankeninsolvenzen in der EU gilt also das Universalitätsprinzip in Reinform.

Besonders wichtig ist, dass der EU-Gesetzgeber diese Lösung nicht auf Sanierungsmaßnahmen und Liquidationsverfahren klassischer Prägung beschränkt, sondern auch auf die Bankenrestrukturierung und -abwicklung anwendet. Die BRRD führt dazu eine neue Vorschrift in die **Bankenliquidations-Richtlinie** ein, nach der letztere auch für Finanzinstitutionen oder -unternehmen und ihre Muttergesellschaften gilt, die sich in der Abwicklung befinden.[50] Der Begriff der „Sanierungsmaßnahme" wird durch einen Kunstgriff dahingehend erweitert, dass er die Anwendung der Abwicklungsinstrumente und die Ausübung der Abwicklungsbefugnisse einschließt.[51] Die BRRD und die Bankenliquidations-Richtlinie sind daher keine völlig separaten Regime, sondern ergänzen sich gegenseitig. Letztere verschafft Maßnahmen, die gemäß Ersterer erlassen wurden, universelle Wirkung in der EU. 25

Dieser Schritt allein vermag aber nicht zu genügen, um Sanierungs- und Abwicklungsmaßnahmen grenzüberschreitende Wirkung in anderen Mitgliedstaaten zu verleihen. Der Grund dafür sind die vielen in der Bankenliquidations-Richtlinie vorgesehenen **Ausnahmen**, welche die Reichweite des Universalitätsprinzips einschränken. Beispielsweise werden dingliche Rechte Dritter an körperlichen und unkörperlichen Gegenständen in einem anderen Mitgliedstaat nicht von Sanierungsmaßnahmen iSd Richtlinie berührt.[52] Diese Vorschrift dient dazu, die berechtigten Erwartungen solcher Gläubiger zu schützen, die ein Sicherungsrecht für ihre Forderung an den ausländischen Gegenständen des Schuldners erworben haben und die auf die ausschließliche Anwendung der *lex situs* vertrauen.[53] Ebenso bleiben nach der Richtlinie Eigentumsvorbehalte der Gläubiger und Aufrechnungen unberührt.[54] Auch die Ausübung von Eigentumsrechten, die im Ausland in ein Register eingetragen sind, unterliegt allein der *lex rei sitae*.[55] Darüber hinaus gibt es weitere Ausnahmen für Saldierungsvereinbarungen (*netting*-Klauseln), Wertpapierpensionsgeschäfte (*repos*) und Transaktionen über geregelte Märkte wie den Erwerb von Wertpapieren an der Börse. Auch sie werden vom Universalitätsprinzip der Bankenliquidations-Richtlinie grundsätzlich nicht berührt, allerdings kann die Wirkung von Beendigungsklauseln vorübergehend ausgesetzt werden.[56] Da Banken meist Finanzinstrumente an der Börse handeln und in ihre Transaktionen *netting*-Klauseln einfügen, kommt diesen Ausnahmen überragende Bedeutung im Sanierungs- und Abwicklungsbereich zu. 26

---

[48] Art. 3 Abs. 2 UAbs. 1, Art. 10 Bankenliquidations-Richtlinie.
[49] Art. 3 Abs. 2 UAbs. 2, Art. 9 Abs. 1 UAbs. 2 Bankenliquidations-Richtlinie.
[50] Vgl. Art. 1 Abs. 4 Bankenliquidations-Richtlinie, eingefügt durch Art. 117 Abs. 1 Abwicklungsrichtlinie (BRRD) 2014/59/EU vom 15. Mai 2014.
[51] Vgl. Art. 2 Bankenliquidations-Richtlinie, geändert durch Art. 117 Abs. 2 Abwicklungsrichtlinie (BRRD).
[52] Art. 21 Bankenliquidations-Richtlinie.
[53] Vgl. zur ähnlichen Vorschrift in Art. 5 EuInsVO: *Virgós/Garcimartín* The European Insolvency Regulation Rn. 142; *Smid* in Leonhardt/Smid/Zeuner Int. Insolvenzrecht Art. 5 EuInsVO Rn. 2.
[54] Art. 22 f. Bankenliquidations-Richtlinie.
[55] Art. 24 Bankenliquidations-Richtlinie.
[56] Art. 25–27 Bankenliquidations-Richtlinie. Zur letztgenannten Ausnahme siehe die Einleitungssätze von Art. 25 f. Bankenliquidations-Richtlinie, eingefügt durch Art. 117 Abs. 3 und 4 BRRD.

27 Die Rechtslage lässt sich wie folgt zusammenfassen: Die Bankenliquidations-Richtlinie versucht zwar, den Sanierungsmaßnahmen universelle Wirkung zu verschaffen und das anzuwendende Recht zu zentralisieren, jedoch sieht sie zugleich weitgehende Ausnahmen vor. Sie sind so zahlreich, dass die Qualifikation der Abwicklung als Sanierungsmaßnahme nicht ausreicht, um ihre grenzüberschreitende Wirkung zu sichern. Die Bankenliquidations-Richtlinie kann nur bei körperlichen und unkörperlichen Gegenständen helfen, die im Abwicklungsstaat belegen sind. Sie gestattet jedoch nicht die Übertragung oder Abschreibung von in Registern eingetragenen Finanzinstrumenten, von Repos oder von Vertragsverhältnissen mit Aufrechnungsklauseln. Das sind wichtige Vermögensgegenstände und Verbindlichkeiten von Banken und damit zugleich bedeutende Objekte von Restrukturierungs- und Abwicklungsmaßnahmen.

28 Die Bankenliquidations-Richtlinie stellt mithin keine abschließende Lösung für die grenzüberschreitende Vollstreckung von Maßnahmen der Bankensanierung und -abwicklung dar. Dies ist nicht überraschend. Die Richtlinie verfolgt im Wesentlichen einen insolvenzrechtlichen Ansatz, wie er auch der EuInsVO zugrunde liegt.[57] Dieser weicht von der Bankenrestrukturierung und -abwicklung ab, die kein mikroökonomisches, sondern ein **makroökonomisches Ziel** verfolgt. Anders als in einem herkömmlichen Insolvenzverfahren bezweckt die Restrukturierung oder Abwicklung nicht primär, das insolvente Unternehmen zu retten oder die Insolvenzmasse unter den Gläubigern zu verteilen. Vielmehr ist ihr vorrangiges Ziel, die Stabilität des Finanzsystems zu wahren. Die dazu erforderlichen Maßnahmen sind dem Insolvenzrecht fremd. So kennt etwa die Bankenliquidations-Richtlinie die Übertragung von systemrelevanten Funktionen oder die Herabschreibung von Forderungen nicht. Daher bedarf es für diese Fragen einer anderen kollisionsrechtlichen Lösung.

3. Regelungen zur Lösung der Kollision

29 Die wichtigsten Regeln zur Lösung des Konflikts zwischen IPR und Restrukturierung finden sich in den Texten über die Restrukturierung selbst. Dies sind die BRRD, die SRM-Verordnung und das SAG.

a) System der abgestuften Wirkung

30 Die drei genannten Quellen kennen keinen einheitlichen Ansatz für die grenzüberschreitende Wirkung von Sanierungsmaßnahmen. Vielmehr ist zwischen **drei Bereichen** zu unterscheiden: der Eurozone, der Europäischen Union im Ganzen und den Beziehungen zu Drittstaaten.

31 Am stärksten sind die Wirkungen von Restrukturierung und Abwicklung innerhalb der **Eurozone**. Über die zu ergreifenden Maßnahmen wird zentral durch eine EU-Behörde entschieden.[58] Diese müssen dann von den Mitgliedstaaten umgesetzt werden.[59] Kraft der einheitlichen Umsetzung haben die Entscheidungen der EU-Behörde transnationale Wir-

---

[57] Vgl. Art. 1 Abs. 1, Art. 2 lit. a und c EuInsVO iVm den Anhängen A und B der EuInsVO.
[58] Zum SRB siehe sogleich unter II.
[59] Art. 23 Abs. 1 der SRM-Verordnung (EU) Nr. 806/2014 vom 15. Juli 2014 zur Festlegung einheitlicher Vorschriften und eines einheitlichen Verfahrens für die Abwicklung von Kreditinstituten und bestimmten Wertpapierfirmen im Rahmen eines einheitlichen Abwicklungsmechanismus und eines einheitlichen Abwicklungsfonds, ABl. L 225, 1.

IX. Kollisionsrechtliche Grenzen

kung innerhalb der Eurozone, ähnlich wie in einem Bundesstaat. Man kann daher insoweit auch von einer föderalen Konzeption sprechen.

Anders stellt sich die Wirkung der Maßnahmen der Eurozone in den **übrigen Mitgliedstaaten der EU** sowie in deren Verhältnis untereinander dar. Das Heimatland des Kreditinstituts erlässt als Abwicklungsstaat die notwendigen Maßnahmen. Die anderen Mitgliedstaaten müssen sie anerkennen und ihre effektive Umsetzung unterstützen.[60] Die Vorgehensweise ähnelt dem Herkunftslandprinzip, das aus anderen Bereichen des EU-Rechts bekannt ist. Man kann dies auch als ein dezentralisiertes Modell bezeichnen. 32

Am geringsten sind die Wirkungen im Verhältnis zu **Drittstaaten**. Soweit Gegenstände in deren Territorium belegen sind oder aus sonstigen Gründen deren Recht unterliegen, fehlt es den Behörden der EU oder der Mitgliedstaaten an der Kompetenz, rechtsverbindliche und vollstreckbare Maßnahmen zu treffen. Die für die Abwicklung zuständige Behörde kann daher nur darauf dringen, dass ihre Entscheidungen beachtet und ausgeführt werden. Wird ihrem Wunsch nicht Folge geleistet, bleiben die Entscheidung ohne Wirkung.[61] Insoweit gilt daher ein Koordinierungsmodell. 33

b) Lösung von Konflikten innerhalb der Eurozone

In den 19 Mitgliedstaaten, die den EUR eingeführt haben, werden Abwicklungsentscheidungen mit Blick auf die größten Institute durch den Ausschuss für die einheitliche Abwicklung (**Single Resolution Board**, im Folgenden: **SRB**) mit Sitz in Brüssel getroffen. Das SRB ist für solche Banken zuständig, die unter der Aufsicht der EZB stehen, dh grundsätzlich nur die größten oder systemrelevanten Institute. Auch hinsichtlich anderer Banken kann es Abwicklungsentscheidungen treffen, soweit die mitgliedstaatlichen Behörden eine seiner Warnungen nicht gebührend beachten.[62] Außerdem ist das SRB immer dann zuständig, wenn eine Sanierungs- oder Abwicklungsmaßnahme mit Mitteln des Europäischen Stabilitätsmechanismus (ESM) finanziert wird.[63] 34

Obwohl das SRB in den genannten Fällen über die Abwicklung eines fallierenden Kreditinstituts entscheidet, kann es grundsätzlich nur mittelbar wirkende Maßnahmen zu ergreifen. Es richtet seine Abwicklungsentscheidung an die mitgliedstaatlichen Behörden, die sodann die zur Ausführung notwendigen Schritte unternehmen.[64] Die mitgliedstaatlichen Behörden machen dabei von den Kompetenzgrundlagen Gebrauch, wie sie sich in den nationalen Gesetzen finden, welche die unten näher diskutierten Anforderungen der BRRD umsetzen.[65] Die Lösung von Konflikten zwischen dem Recht des Abwicklungsstaats und des Zielstaats folgt daher in diesen Fällen dem gleichen Muster wie in der gesamten EU. Der einzige Unterschied besteht darin, dass die Abwicklungsentscheidung zentral getroffen wird. 35

Hingegen kann das SRB **ausnahmsweise auch unmittelbar** tätig werden. Das ist dann der Fall, wenn eine mitgliedstaatliche Behörden nicht ihrer Pflicht nachkommt, eine seiner Entscheidungen ordnungsgemäß durchzuführen. In dieser Situation kann das SRB selbst das Kriseninstitut anweisen, Vermögenswerte oder Verbindlichkeiten auf eine andere Person zu übertragen, es kann die Umwandlung von Schuldtiteln verlangen oder andere 36

---

[60] Art. 66 Abs. 1 und 2 Abwicklungsrichtlinie (BRRD).
[61] Art. 67 Abwicklungsrichtlinie (BRRD).
[62] Art. 7 Abs. 4 SRM-Verordnung.
[63] Art. 7 Abs. 3 SRM-Verordnung.
[64] Art. 18 Abs. 6 SRM-Verordnung.
[65] Vgl. Art. 29 Abs. 1 SRM-Verordnung.

B. Abwicklung

notwendige Maßnahmen zur Umsetzung seines Beschlusses treffen.[66] Da seine Maßnahmen auf eine Verordnung gestützt sind, die naturgemäß unmittelbar anwendbar ist, wirken sie unmittelbar in den Mitgliedstaaten. Sie sind Teil des supranationalen Rechts, das für die gesamte Eurozone gilt.

c) Lösung von Konflikten innerhalb der EU

37 Immer wieder können Konflikte zwischen Maßnahmen eines Abwicklungsstaats und der Rechtsordnung eines Zielstaats eintreten, die beide Mitglied der EU sind. Die Lösung solcher Konflikte ist die Aufgabe des **Art. 66 BRRD**. Die Vorschrift gilt einerseits für Konflikte unter Beteiligung von Nicht-Euro-Staaten. Sie ist aber auch für kollisionsrechtliche Fragen innerhalb der Eurozone relevant, außer in den wenigen Fällen, in denen das SRB selbst Maßnahmen ergreifen darf.

aa) Übertragungsanordnungen

38 Im Hinblick auf die grenzüberschreitende Wirkung unterscheidet Art. 66 BRRD zwischen verschiedenen Kategorien von Maßnahmen. Die erste dieser Kategorien betrifft die „Übertragung von Anteilen, anderen Eigentumstiteln oder Vermögenswerten, Rechten oder Verbindlichkeiten".[67] Gemeint sind damit die drei **Abwicklungsmaßnahmen**, dh das Instrument der Unternehmensveräußerung, das Instrument des Brückeninstituts und das Instrument der Ausgliederung von Vermögenswerten. Diese Maßnahmen haben keine automatische grenzüberschreitende Wirkung in der Union. Vielmehr verpflichtet die BRRD die Mitgliedstaaten dafür zu sorgen, dass die von einem Mitgliedstaat getroffenen Abwicklungsmaßnahmen „nach dem Recht [des] anderen Mitgliedstaats wirksam" werden, in dem die Anteile, andere Eigentumstitel oder Vermögenswerte, Rechte oder Verbindlichkeiten belegen sind.[68] Die Formulierung impliziert, dass das Recht am Belegenheitsort, dh das Recht des Zielstaats, nicht verdrängt wird. Vielmehr gilt es auch dann, wenn eine Abwicklungsmaßnahme getroffen wird. Der Abwicklungsstaat muss die Maßnahme im Einklang mit dem Recht des Zielstaats umsetzen, damit die Übertragung wirksam wird.

39 Die BRRD lässt damit das klassische Internationale Privatrecht unberührt. Das nach seinen Regeln anwendbare Recht wird nicht einfach ausgeschaltet – was das EU-Recht durchaus anordnen könnte –, sondern gilt weiter. Der hauptsächliche **Vorteil** dieses respektvollen Ansatzes besteht darin, dass er berechtigte Erwartungen Dritter in die Anwendbarkeit einer bestimmten Rechtsordnung schützt. Das hat Vorteile im Hinblick auf die Rechtssicherheit. Sofern etwa die betroffenen Vermögenswerte in einem öffentlichen Register eingetragen sind, wie zB Aktien oder Grundstücke, muss die Übertragung öffentlich gemacht werden, um wirksam zu werden. Damit wird der allgemeine Rechtsverkehr von der Übertragung informiert.

40 Der **Nachteil** des Ansatzes besteht jedoch darin, dass er die Effizienz der Abwicklung beeinträchtigen kann. Um die Anordnung praktisch sicher durchzusetzen, müsste die Abwicklungsbehörde mit allen Einzelheiten der übrigen 27 Rechtsordnungen vertraut sein, die potentiell auf die Übertragung anzuwenden sind. Das kann von ihr nicht ernsthaft erwartet werden.

---

[66] Art. 29 Abs. 2 SRM-Verordnung.
[67] Art. 66 Abs. 1 BRRD.
[68] Art. 66 Abs. 1 BRRD.

IX. Kollisionsrechtliche Grenzen

Der europäische Gesetzgeber versucht diesem Problem dadurch zu begegnen, dass er ein **41** innovatives **Kooperationsverfahren** zwischen den Mitgliedstaaten vorschreibt. Gemäß Art. 66 Abs. 2 BRRD haben sie sicherzustellen, dass die Abwicklungsbehörde „jede angemessene Unterstützung" erhält, damit die Übertragung im Einklang mit allen geltenden Bestimmungen des nationalen Rechts gewährleistet ist. Der Abwicklungsstaat und der Zielstaat müssen folglich zusammenarbeiten.

Der Inhalt dieser Kooperation wird von der BRRD nicht näher beschrieben. Man **42** kann vermuten, dass der Zielstaat der Abwicklungsbehörde allgemeine Informationen über sein Recht zukommen lassen muss. Das allein ist aber ungenügend. Für die praktische Wirksamkeit der Abwicklungsmaßnahme ist ferner erforderlich, dass der Zielstaat konkrete **Informationen** über die notwendigen Schritte für eine Übertragung der im jeweiligen Fall betroffenen Vermögenswerte gibt. Wichtig ist in diesem Zusammenhang der Wortlaut der Richtlinie, der die Abwicklungsbehörde erwähnt, „die die Übertragung vorgenommen hat *oder vornehmen will*".[69] Folglich kann ein Zielstaat verpflichtet sein, einem anderen Mitgliedstaat bereits dann Informationen über sein Recht und die Rechtslage der Vermögensgegenstände eines Instituts zu erteilen, wenn letzterer eine Abwicklung nur plant.

Der deutsche Gesetzgeber hat allerdings zur Lösung des Konflikts zwischen den Rechts- **43** ordnungen des Abwicklungsstaats und des Zielstaats einen anderen, direkteren Weg gewählt. Er stattet in § 153 SAG die Übertragungsanordnung der Abwicklungsbehörde eines anderen Mitgliedstaats mit denselben Wirkungen wie eine inländische Übertragungsanordnung aus. Das bedeutet insbesondere, dass die Übertragung der betroffenen Vermögensgegenstände ohne eine Änderung des Grundbuchs, Handelsregisters oder eines anderen Registers erfolgt, dass inländische Formvorschriften nicht eingehalten werden müssen, und dass sogar Globalurkunden, die die Inhaberschaft an Finanzinstrumenten verbriefen, ausgetauscht oder berichtigt werden.[70] Auch aus gesellschaftsrechtlicher Sicht notwendiger Beteiligungen oder Zustimmungen bedarf es nicht.[71] Das SAG geht damit über die Anforderungen der BRRD hinaus. Es öffnet das deutsche Schuld-, Sachen- und Gesellschaftsrecht für die Abwicklungsanordnungen ausländischer Mitgliedstaaten, denen es unmittelbar transnationale Wirkung zuerkennt. Das wird man für zulässig halten müssen, da die BRRD keine Vollharmonisierung vorsieht und von den Mitgliedstaaten nicht verlangt, auf der Einhaltung ihrer allgemeinen zivilrechtlichen Übertragungsvorschriften zu bestehen. Das britische und das französische Recht hingegen unterwerfen die Wirkung der Abwicklungsanordnung anderer Mitgliedstaaten dem allgemeinen Insolvenzregime für Banken mit allen seinen Ausnahmen.[72]

bb) Bail-in

Hinsichtlich der Herabschreibung und Umwandlung von Schuldforderungen, die auslän- **44** dischem Recht unterstehen oder die zugunsten ausländischer Gläubiger bestehen, verfolgt die BRRD ein anderes Prinzip. Art. 64 Abs. 1 BRRD verpflichtet den Zielmitgliedstaat (genannt „Mitgliedstaat B"), dafür zu sorgen, dass der bail-in durch den Abwicklungsstaat (genannt „Mitgliedstaat A") wirksam erfolgt. Mit anderen Worten trifft den Zielstaat die

---

[69] Art. 66 Abs. 2 BRRD (Hervorhebung des Verfassers).
[70] Art. 113 Abs. 2 Nr. 2 SAG.
[71] Art. 113 Abs. 2 Nr. 1 SAG.
[72] Siehe Regulation 2 der UK Credit Institutions (Reorganisation and Winding up) Regulations 2004; Art. L613-31-3 Code monétaire et financier.

Pflicht, selbst alle Maßnahmen zu ergreifen, die für die Abschreibung oder Umwandlung der Schulden der notleidenden Bank in Eigenkapital erforderlich sind. Dazu ist der Erlass von nationalen Rechtsvorschriften geeignet, die die automatische Anerkennung des bail-in im Zielstaat festlegen. Der deutsche Gesetzgeber hat eine solche Regelung im SAG für alle deutschem Recht unterliegenden Verbindlichkeiten und Kapitalinstrumente getroffen.[73] Damit wird den Abwicklungsanordnungen der Behörden anderer Mitgliedstaaten **grenzüberschreitende Wirkung** zuerkannt; es bedarf keiner weiteren Schritte seitens der inländischen Abwicklungsbehörde mehr.

45   Auf den ersten Blick scheint es schwierig, die automatische transnationale Wirkung der bail-in Anordnung mit den Prinzipien des Internationalen Privatrechts zu vereinbaren. Die Sanierungsmaßnahme berührt unmittelbar **Forderungen, die dem Recht eines anderen Mitgliedstaats unterstehen**. Nach allgemeinen kollisionsrechtlichen Grundsätzen ist allein das anwendbare Recht berufen, den Inhalt und den Inhaber der Forderung zu bestimmen. Andererseits verändert Art. 66 Abs. 4 BRRD die Ermittlung des anzuwendenden Rechts nicht. Es verlangt vielmehr von den Mitgliedstaaten nur die Harmonisierung ihres materiellen Rechts. In Anwendung des Äquivalenzprinzips muss die Sanierungsmaßnahme im ausführenden Staat dieselbe Wirkung haben, als wäre sie von den eigenen Behörden erlassen worden. Dies ist eine grenzüberschreitende Wirkung, die durch Angleichung des materiellen Rechts innerhalb der EU herbeigeführt wird. Sie verändert das IPR nicht.

46   Deutlich problematischer als die Änderung von Forderungen, die dem Recht des Zielmitgliedstaats unterstehen, ist die zweite in Art. 66 Abs. 4 BRRD behandelte Situation. Darin geht es um Forderungen von **Gläubigern, die im jeweiligen Mitgliedstaat ansässig sind**.[74] Der Artikel verpflichtet den Mitgliedstaat, in dem der Forderungsgläubiger seinen Sitz hat, dafür zu sorgen, dass der bail-in wirksam wird. Das ist für diesen jedoch dann unmöglich, wenn auf die Forderung das Recht eines anderen Staats anwendbar ist. Solche Situationen ergeben sich häufig, da Forderungen nicht notwendigerweise dem Recht im Sitzstaat des Gläubigers unterliegen. Sofern die Parteien zum Beispiel das anzuwendende Recht eines dritten Staats gewählt haben, gilt allein dieses Recht.[75]

47   Der **deutsche Gesetzgeber** hat seine europarechtliche Verpflichtung durch eine simple Regelung umgesetzt. Danach erstreckt sich die Abwicklungsanordnung eines anderen Mitgliedstaats auch auf Verbindlichkeiten und Kapitalinstrumente, deren Gläubiger ihren Sitz in Deutschland haben.[76] Trotz ihrer scheinbaren Einfachheit bereitet die Vorschrift Schwierigkeiten. Unklar ist bereits, was mit dem „Sitz" gemeint ist – der Wohnsitz, der gewöhnliche Aufenthalt, der Verwaltungs- oder der Registersitz. Aber das ist nicht das entscheidende Problem. Wichtiger ist, dass der deutsche Gesetzgeber nicht über alle Forderungen inländischer Gläubiger verfügen kann. Zum Beispiel haben seine Regelungen keine Wirkung für Vertragsforderung nach brasilianischem oder chinesischem Recht, selbst wenn der Gläubiger in Frankfurt ansässig ist.

48   Der deutsche Gesetzgeber scheint ebenso wie der europäische anzunehmen, dass ein Staat Anordnungen über Forderungen treffen kann, die fremdem Recht unterstehen, wenn nur der Gläubiger in seinem Hoheitsgebiet ansässig ist. Diese Rechtsansicht ist jedoch **unzutreffend**. Der nationale Gesetzgeber kann zwar vorrangige zwingende Eingriffsnormen oder Normen des ordre public erlassen, aber diese haben in anderen Mitgliedstaaten nur

---

[73] § 153 Abs. 2 SAG.
[74] Vgl. Art. 66 Abs. 4 lit. b BRRD.
[75] Vgl. Art. 3 Abs. 1 Rom I-Verordnung.
[76] § 153 Abs. 2 SAG.

IX. Kollisionsrechtliche Grenzen

beschränkte Wirkung.[77] Noch geringere Wirkungen haben sie vor Gerichten von Staaten, die nicht der EU angehören.

Möglich wäre es allerdings, dass der inländische Gesetzgeber Forderungen inländischer Gläubiger enteignet und auf diese Weise den bail-in erreicht. Eine **Forderungsenteignung** ist jedoch gemäß den geltenden Grundsätzen des allgemeinen Völkerrechts nur gültig, wenn der *Schuldner* seinen Sitz oder wenigstens Vermögensgegenstände im enteignenden Land hat.[78] Der Sitz des *Gläubigers* stellt jedenfalls bislang keine hinreichende Verknüpfung dar, die eine Enteignung rechtfertigen könnte. Daher ist der Mitgliedstaat, in dem der Gläubiger seinen Sitz hat, unfähig, die ihm in Art. 66 Abs. 4 lit. b BRRD auferlegte Aufgabe zu erfüllen. Die der Umsetzung dieser Vorschrift dienende Regelung des § 153 Abs. 2 SAG ist insoweit praktisch wirkungslos. Wohlgemerkt folgt dies nicht aus der Beschränkung der Kompetenz des EU-Gesetzgebers gegenüber der Eigentumsordnung der Mitgliedstaaten.[79] Vielmehr geht es um vorrangige Fragen des Völkerrechts. Die EU mag diese in der BRRD missachten. Vor den Gerichten von Drittstaaten wird sie jedoch notwendig scheitern. Zudem macht sie sich der Verletzung des Völkerrechts schuldig. 49

cc) Rechtsbehelfe

Ein möglicherweise fatales Hindernis für Sanierungs- und Abwicklungsmaßnahmen stellen gegen sie gerichtete **Klagen** dar. Gläubiger, Aktionäre oder Dritte könnten die Wirkung von Maßnahmen dadurch verzögern, dass sie vor Gerichten verschiedener Mitgliedstaaten auf deren Ungültigkeit klagen. Normalerweise haben solche Klagen Suspensiveffekt.[80] Schon ein geringer zeitlicher Aufschub würde die Wirkung der Maßnahme praktisch verhindern. Daher muss die Klagemöglichkeit eingeschränkt werden.[81] 50

Jedoch darf den Betroffenen nicht jede Möglichkeit des Rechtschutzes genommen werden. Nüchtern betrachtet haben Maßnahmen wie der bail-in enteignende Wirkung, selbst wenn sie keinen unmittelbaren öffentlichen Beschaffungszweck verfolgen. Das Rechtsstaatsprinzip verlangt daher nach einer **gerichtlichen Kontrollmöglichkeit**. 51

Der EU-Gesetzgeber hat einen Mittelweg eingeschlagen. Einerseits verpflichtet er die Mitgliedstaaten sicherzustellen, dass Abwicklungs- und Restrukturierungsmaßnahmen nicht angegriffen werden können.[82] Andererseits muss der *die Maßnahme erlassende Mitgliedstaat* ein Rechtsmittel für die davon betroffenen Personen in seinem nationalen Recht vorsehen.[83] Insofern wird Rechtsschutz gewährleistet, allerdings **allein im Abwicklungsstaat**. Die BRRD verlangt ausdrücklich, dass das Rechtsmittel dem Recht dieses Mitgliedstaats unterstehen muss.[84] Dies ist jedoch selbstverständlich. Da es sich um verwaltungsrechtliche Anordnungen zur Sanierung und Liquidation handelt, können Rechtsbehelfe gegen sie nur den Vorschriften des innerstaatlichen Verwaltungsrechts des erlassenden Staats unterstehen. Die BRRD stellt dies lediglich klar. 52

---

[77] Vgl. Art. 9 Abs. 3 Rom I-Verordnung.
[78] *Kegel/Seidl-Hohenfelder* Hastings International and Comparative Law Review 5 (1981), 245 (255).
[79] Art. 345 AEUV.
[80] Siehe etwa im deutschen Verwaltungsrecht § 80 Abs. 1 VwGO.
[81] So auch das FSB Principles for Cross-border Effectiveness of Resolution Actions, 3.11.2015, 13.
[82] Vgl. Art. 66 Abs. 3 und 5 BRRD.
[83] Art. 85 Abs. 2 und 3 BRRD.
[84] Art. 66 Abs. 6 lit. a und b BRRD.

d) Lösung von Konflikten mit Drittstaaten

53   Mit Blick auf Nicht-Mitgliedstaaten fehlt es der EU an Rechtsmacht. Die Union kann sie **nicht zwingen**, Anordnungen des SRB oder einer mitgliedstaatlichen Behörde anzuerkennen. Daraus ergeben sich dramatische Konsequenzen für die Effizienz von Restrukturierungs- und Abwicklungsmaßnahmen. Man denke dazu nur an die zahlreichen Schuldtitel, die eine Rechtswahlklausel zugunsten des Rechts des Staats New York enthalten. Sind **europäische Banken die Gläubiger** solcher Schuldtitel, kann die EU sie nicht durch Übertragung auf eine Brückenbank oder andere Institution auswechseln. Aus Sicht des Staates, dessen Recht anwendbar ist, unterliegen diese Titel nämlich allein seiner Rechtsordnung. Nur ihr steht es daher zu, über ihren Inhalt und die Person des Gläubigers zu entscheiden. Den Prinzipien des Internationalen Privatrechts folgend erkennen auch andere Staaten die alleinige Geltung dieser Rechtsordnung an.

54   In der umgekehrten Situation, in der **europäische Banken Schuldner** sind und die Forderung gegen sie dem Recht eines Nicht-Mitgliedstaats untersteht, fehlt es der EU gleichermaßen an Einflussmöglichkeiten. Sie kann eine Forderung gegen die Bank nicht direkt herabschreiben oder in Eigenkapital umwandeln. Der Titel wird vom anzuwendenden Recht gegen den bail-in abgeschirmt. Das sollte nicht verwundern: Es ist ja gerade der Zweck einer Rechtswahl, den geschlossenen Vertrag gegenüber ausländischen Einflüssen zu immunisieren.

55   Jedoch muss man bedenken, dass Sanierungs- und Abwicklungsmaßnahmen **notwendig** sind, um die globale Finanzstabilität im Interesse aller souveränen Staaten zu wahren. Den dazu ergriffenen Maßnahmen würde es an Schlagkraft fehlen, wenn Vermögenswerte und Schuldtitel unberücksichtigt blieben, die ausländischem Recht unterstehen. Daher ist es aus makroökonomischer Perspektive vorzugswürdig, dass sie in die Sanierung und Abwicklung einbezogen werden. Allerdings kann dies nicht über eine Änderung des anzuwendenden Rechts erfolgen, das nach allgemeinen Grundsätzen des IPR nur die Parteien durch Rechtswahl nachträglich ändern können.[85] Das Mittel der EU, um diesen Zweck zu verfolgen, muss notwendigerweise ein indirektes sein.

aa) Kooperationsvereinbarungen

56   Der natürlichste und einfachste Weg, um Restrukturierungs- und Abwicklungsmaßnahmen und Liquidationsverfahren grenzüberschreitende Wirkung zu verleihen, ist der Abschluss von Übereinkünften zur Zusammenarbeit mit Drittstaaten. Die BRRD fördert solche Bemühungen, indem sie entsprechende Vereinbarungen auf verschiedenen Ebenen erlaubt. Zunächst ist der **Rat** berechtigt, auf Vorschlag der Kommission eine Kooperationsvereinbarung mit einem Drittstaat abzuschließen.[86] Sofern der Rat von dieser Befugnis keinen Gebrauch gemacht hat, kann **jeder Mitgliedstaat** ein bilaterales Abkommen mit einem Drittstaat schließen.[87] Das bilaterale Abkommen tritt mit dem Abschluss einer Kooperationsvereinbarung seitens der EU automatisch außer Kraft. Daneben kann auch die **EBA** rechtlich nicht bindende Rahmenkooperationsvereinbarungen mit einer Behörde eines Drittlands abschließen.[88] Diese werden ebenfalls durch allfällige Kooperationsverein-

---

[85] Siehe Art. 3 Abs. 2 Rom I-VO.
[86] Art. 93 Abs. 1 BRRD.
[87] Art. 93 Abs. 4 BRRD.
[88] Art. 97 BRRD.

barungen des Rats verdrängt. Allerdings können sie kumulativ zu bilateralen Abkommen der Mitgliedstaaten bestehen.

Der **Gegenstand** solcher Kooperationsvereinbarungen wird von der BRRD nicht eindeutig festgelegt. In Art. 93 Abs. 1 BRRD wird der Informationsaustausch genannt – mit dem wichtigen Präfix „unter anderem". Dass das letztendliche Ziel die Anerkennung von EU-Abwicklungsverfahren ist, ergibt sich aus Art. 94 BRRD. Die Vorschrift gestattet den Mitgliedstaaten die einseitige Anerkennung und Ausführung von Abwicklungsverfahren eines Drittstaats unter dem Vorbehalt, dass die EU kein Kooperationsabkommen abgeschlossen hat.[89] Letzteres impliziert, dass ein solches Kooperationsabkommen auch die Anerkennung von drittstaatlichen Abwicklungsverfahren regeln muss, denn andernfalls könnte es nicht die Anerkennung durch die Mitgliedstaaten blockieren. Das heißt, die gegenseitige Anerkennung ist Kern jeder Kooperation. 57

bb) Unilaterale Anerkennung durch einen Drittstaat

Eine andere Art zur Durchsetzung von EU-Sanierungs- und Abwicklungsmaßnahmen ist die **freiwillige einseitige Anerkennung** durch den Drittstaat. Auf den ersten Blick mag sie unwahrscheinlich erscheinen, doch ist diese Möglichkeit keinesfalls zu vernachlässigen. Einige Staaten der Welt kennen besondere Vorkehrungen für die Abwicklung notleidender Banken und bringen daher der EU-Regelung eine gewisse Sympathie entgegen. Ein Beispiel ist die Schweiz, welche ausdrücklich die Anerkennung ausländischer Konkursdekrete und Insolvenzmaßnahmen vorsieht, die im Ausland gegenüber Banken ausgesprochen werden.[90] 58

Ein Motiv zur Anerkennung der EU-Maßnahmen können dabei Reziprozitätserwägungen sein. Die Möglichkeit der Mitgliedstaaten, Abwicklungsverfahren von Drittstaaten gemäß Art. 94 BRRD anzuerkennen, bietet Anreize für Drittstaaten, ihrerseits Maßnahmen der EU anzuerkennen. **Reziprozität** soll zwar nach den Vorstellungen des FSB keine Bedingung der Anerkennung sein.[91] Sie wird in der BRRD auch nicht vorausgesetzt. Dennoch wird sie ganz offensichtlich von der EU erhofft, denn ansonsten wäre sie kaum so großzügig mit der Anerkennung drittstaatlicher Maßnahmen. Die anderen Länder genießen lediglich einen Vertrauensvorschuss, der dazu dienen soll, sie zur Anerkennung von EU-Maßnahmen zu veranlassen.

cc) Extraterritoriale Durchsetzung

Sofern – wie derzeit – keine internationalen Übereinkommen bestehen, und sofern Drittstaaten Maßnahmen der EU oder der Mitgliedstaaten nicht freiwillig anerkennen, muss man auf andere Mittel zurückgreifen. Eine wohlbekannte Methode, mit der Staaten ihren Anordnungen jenseits ihrer Grenzen Wirkung zu verschaffen, ist die extraterritoriale Rechtsanwendung. Sie wird praktisch durchgesetzt, indem der Staat Macht auf Personen in seinem Hoheitsgebiet ausübt, um diese zu einem Verhalten in anderen Staaten zu veranlassen. Beispiele sind etwa Embargos oder Prozessführungsverbote (*anti-suit injunctions*). Sie richten sich an **inländische Beteiligte**, regeln aber deren **Verhalten im Ausland**. Geltungs- und Anwendungsbereich fallen damit auseinander. 59

---

[89] Siehe die Formulierung „sofern und solange keine internationale Übereinkunft gemäß Art. 93 Abs. 1 mit dem betreffenden Drittland in Kraft tritt" in Art. 94 Abs. 1 BRRD.
[90] Siehe § 37 f. Schweizer BankenG.
[91] FSB Principles for Cross-border Effectiveness of Resolution Actions, 3.11.2015, 12.

60   Ansätze extraterritorialer Einflussnahme finden sich auch in der BRRD. Die Richtlinie verpflichtet gewisse Personen, alle erforderlichen Mittel zu ergreifen, die für eine wirksame Übertragung notwendig sind.[92] Adressaten der Verpflichtung sind einerseits diejenigen, die die **Kontrolle** über die notleidende Bank innehaben. Ebenfalls verpflichtet ist der **übernehmende Rechtsträger**, dh die übernehmende Institution oder die Brückenbank. Diese Personen unterstehen der Rechtsordnung eines EU-Mitgliedstaats. Es kann daher von ihnen erwartet werden, dass sie ihren im EU- und mitgliedstaatlichen Recht vorgesehenen Pflichten nachkommen.

61   Nicht eindeutig geregelt ist der **Pflichteninhalt**. Die Richtlinie übt sich in martialischer Rhetorik: Es sind „alle erforderlichen Maßnahmen zu ergreifen, um sicherzustellen, dass die Übertragung, Herabschreibung, Umwandlung oder die Maßnahme wirksam wird".[93] Sie sagt allerdings nicht, welches diese Maßnahmen sind. Im Fall einer Übertragungsanordnung kann man annehmen, dass die Person auf den freiwilligen Transfer von Vermögensgegenständen durch deren Inhaber hinwirken soll. Im Fall eines bail-in wird man die Person als verpflichtet ansehen müssen, die Gegenseite entweder vom Forderungsverzicht oder der Eigenkapitalumwandlung zu überzeugen. Diese Pflichten haben jedoch Grenzen. Nach dem alten Satz *impossibilium nulla obligatio est* können sie nur soweit reichen, als nichts Unmögliches verlangt wird. Die Gegenseite wird normalerweise keine Vermögensgegenstände übertragen, sofern sie keinen substantiellen Ausgleich erhält. Ebenso wird das Verlangen nach einem freiwilligen Forderungsverzicht oder *debt-equity-swap* nur selten Erfolg zeitigen. Es ist daher leicht voraussehbar, dass sich Diskrepanzen zwischen dem Gewünschten und dem Machbaren ergeben werden.

dd) Auffanglösung

62   Soweit und solange die extraterritoriale Durchsetzung versagt, sieht die BRRD eine andere Lösung vor. Sie verpflichtet die Person, die die Kontrolle über die notleidende Bank innehat, die zu übertragenden **Vermögensgegenstände zu halten** und die **Verbindlichkeiten** im Namen des übernehmenden Rechtsträgers zu begleichen, bis das Abwicklungsverfahren wirksam ausgeführt wird.[94] Der Kontrollierende wird also zum Ersatzverpflichteten.

63   Die Regelung wurde sehr verschieden in **nationales Recht** umgesetzt. Getreu dem Wortlaut der Richtlinie verpflichtet der französische Gesetzgeber die kontrollierende Person, die Vermögensgegenstände zu bewahren.[95] Der britische Gesetzgeber sieht hingegen vor, dass nicht die kontrollierende Person, sondern die notleidende Bank die Vermögensgegenstände für den übernehmenden Rechtsträger halten muss.[96] Das lässt sich damit erklären, dass die kontrollierende Person vor zu weitgehenden Belastungen geschützt werden soll. Nachteil dieser Regelung ist allerdings, dass die Vermögensgegenstände weiterhin dem kriselnden Rechtsträger zugeordnet bleiben. Es ist daher fraglich, ob die britische Umsetzungsgesetzgebung mit der Richtlinie konform ist. Im deutschen Recht schließlich wird ein Mittelweg gewählt: Das SAG verpflichtet die kontrollierende Person sicherzustellen, dass die Krisenbank die Vermögensgegenstände hält, bis die Abwicklungsmaßnahme

---

[92] Art. 67 Abs. 1 lit. a BRRD.
[93] Art. 67 Abs. 1 lit. a BRRD.
[94] Art. 67 Abs. 1 lit. b BRRD.
[95] Art. L650-9(3) Code monétaire et financier.
[96] Sec. 39(4)(a) Banking Act (2009).

wirksam wird.⁹⁷ Auch die Richtlinienkonformität dieser Regelung lässt sich bezweifeln. Nur Zahlungen müssen nach allen Rechtsordnungen im Namen oder für Rechnung des übernehmenden Rechtsträgers geleistet werden.⁹⁸

ee) Ungültigkeit von Maßnahmen

Trotz der detaillierten Richtlinienbestimmungen wird es Fälle geben, in denen eine Übertragungsanordnung oder ein bail-in deswegen fehlschlagen, weil ausländisches Recht anzuwenden ist. Die BRRD bestimmt, dass die Abwicklungsbehörde eine Sanierungs- oder Abwicklungsmaßnahme nicht vornehmen soll, wenn der erfolgreiche Ausgang **„sehr unwahrscheinlich"** ist.⁹⁹ Die Formulierung ist extrem unpräzise: ob etwas „sehr unwahrscheinlich" (in der englischen Version: „highly unlikely") ist, lässt sich in dieser Allgemeinheit kaum sagen. Das ist kein mathematisch oder statistisch feststehender Maßstab. Vielmehr sollte offenbar der Abwicklungsbehörde ein gewisser Einschätzungsspielraum eröffnet werden. Dabei nimmt der EU-Gesetzgeber darauf Rücksicht, dass sie den Erfolg der Maßnahme nicht immer sicher vorherbestimmen kann. Sie muss im Ernstfall unter hohem Zeitdruck die Erfolgsaussichten einer Übertragung oder eines bail-in der zahlreichen Vermögensgegenstände und Verbindlichkeiten der Bank abschätzen. Idealerweise sollte diese Abschätzung schon im Planungsstadium der Abwicklung vorgenommen worden sein. In jedem Fall wird man sich mit einer ungefähren Ermittlung zufrieden geben müssen.

Da die BRRD die Vornahme von Maßnahmen mit „sehr unwahrscheinlichem" Erfolgsaussichten untersagt, stellt sich die Frage, wie mit einer bereits angeordneten Abwicklung zu verfahren ist. Die BRRD sieht vor, dass in diesem Fall die Anordnung **„null und nichtig"** ist.¹⁰⁰ Diese Rechtsfolge ist extrem rigide. Sie ist auch der Rechtssicherheit abträglich, zumal die Erfolgsaussicht einer Sanierungs- oder Abwicklungsanordnung wie gesehen nicht genau bestimmt werden kann. Nach dem Wortlaut der Richtlinie scheint jede „sehr unwahrscheinlich" erfolgreiche Maßnahme „null und nichtig" zu sein. Dieses Merkmal kann unterschiedlich beurteilt werden. Es ist noch nicht einmal klar, ob die Beurteilung *ex ante* oder *ex post* zu erfolgen hat. Angesicht der vielen problematischen Aspekte hätte der Gesetzgeber besser eine mildere Rechtsfolge angeordnet.

Diese Besorgnis scheinen die **Mitgliedstaaten** zu teilen. Sie haben sich entschieden, die EU-Richtlinie nicht wörtlich umzusetzen. Der deutsche Gesetzgeber hat darauf verzichtet, die Übertragung für nichtig zu erklären. Stattdessen verpflichtet er die Abwicklungsbehörde, ihre Anordnung rückwirkend aufzuheben.¹⁰¹ Die Beurteilung der Erfolgsaussichten findet also *ex post* statt und kann daher die tatsächliche Entwicklung einbeziehen. Das britische Gesetz sieht zwar die Nichtigkeit als Rechtsfolge vor, macht deren Eintritt jedoch von einer entsprechend negativen Einschätzung der Erfolgsaussichten durch die Bank of England abhängig.¹⁰² Sie entscheidet also ebenfalls selbst über die Nichtigkeit ihrer eigenen Maßnahmen. Einen noch anderen Weg wählt der französische Gesetzgeber: Er ignoriert das

---

⁹⁷ § 81 Abs. 1 Nr. 2 Sanierungs- und Abwicklungsgesetz (SAG), BGBl. 2014 I 2091.
⁹⁸ Sec. 39(4)(a) Banking Act (2009); Art. L650-9(3) Code monétaire et financier; § 81 Abs. 1 Nr. 2 SAG.
⁹⁹ Art. 67 Abs. 2 BRRD.
¹⁰⁰ Art. 67 Abs. 2 BRRD.
¹⁰¹ § 81 Abs. 2 SAG a.E.
¹⁰² Sec. 39(4a) Banking Act, eingefügt durch sec. 38 Bank Recovery and Resolution Order 2014 (SI 2014 No 3329).

B. Abwicklung

Problem der Nichtigkeit einfach; stattdessen verpflichtet er nur die Abwicklungsbehörde, von nicht erfolgversprechenden Maßnahmen Abstand zu nehmen.[103]

4. Zusammenfassung und Ausblick

67 Bankenrestrukturierung und -abwicklung einerseits und Internationales Privatrecht andererseits können miteinander in **Konflikt** geraten. Jüngste europäische Rechtsakte illustrieren, wie diese Konflikte beigelegt werden können. Der EU-Gesetzgeber ist soweit wie möglich gegangen, um Sanierungs- und Abwicklungsmaßnahmen grenzüberschreitende Wirkung zu verschaffen. Jedoch kann diese nicht von der EU allein gesichert werden. Sie ist dazu notwendigerweise auf die **Kooperation** anderer Staaten angewiesen, deren Recht auf die betroffenen Vermögensgegenstände oder Verbindlichkeiten anzuwenden ist. Diese müssen die Berechtigung dieser Maßnahmen anerkennen, damit die Übertragung oder der bail-in erfolgreich sind. Das werden sie umso eher tun, als sich die EU bei der Restrukturierung und Abwicklung an **rechtsstaatliche Grundsätze** hält, sich auf **systemrelevante Ausnahmefälle** beschränkt und sich kooperativ bei der **Anerkennung** drittstaatlicher Maßnahmen zeigt.

---

[103] Art. L650-9(3) Code monétaire et financier.

X. Abwicklung eines Kreditinstitutes aus Sicht eines Insolvenzverwalters

Übersicht

	Rn.
1. Einleitung: System der Bankeninsolvenz	1
2. Vorinsolvenzliche Maßnahmen auf Eigeninitiative des Kreditinstituts	3
a) Das KredReorgG als Teil des RStruktG im Verhältnis zum SAG	3
b) Das Sanierungsverfahren	5
c) Das Reorganisationsverfahren	6
d) Verbleibender Anwendungsbereich	8
3. Vorinsolvenzliche Aufsichtsmaßnahmen	11
a) Verhältnis der §§ 45 ff. KWG zu anderen Normen	11
b) Maßnahmen nach § 45 KWG	12
c) Maßnahmen nach § 45c KWG	15
d) Maßnahmen nach § 46 KWG	17
4. Sanierung und Abwicklung nach dem SAG	20
a) Frühinterventionsmaßnahmen	20
b) Abwicklungsinstrumente	21
aa) Beteiligung der Anteilsinhaber und Gläubiger	23
bb) Übertragungsanordnung	28
5. Besonderheiten des Insolvenzantrags und -verfahrens	33
a) Voraussetzungen des Insolvenzeröffnungsverfahrens	34
aa) Insolvenzeröffnungsgründe	34
bb) Insolvenzantrag durch die BaFin	37
b) Das gerichtliche Insolvenzverfahren	39
aa) Prüfung durch das Insolvenzgericht	39
bb) Maßnahmen im vorläufigen Insolvenzverfahren	41
cc) Das eröffnete Insolvenzverfahren	42
dd) Aufhebung der Bankerlaubnis	43
6. Einzelne Bankgeschäfte in der Insolvenz	45
a) Girovertrag und Kontokorrent	46
aa) Giroverträge	46
bb) Kontokorrentvereinbarungen	48
b) Zahlungsverkehr	50
aa) Überweisungsverkehr	51
bb) Lastschriftverkehr	55
7. Fazit	56

Schrifttum: *Adolff/Eschwey*, Lastenverteilung bei der Finanzstabilisierung, ZHR 2013, 902; *Amend*, Das Finanzmarktstabilisierungsergänzungsgesetz oder der Bedeutungsverlust des Insolvenzrechts, ZIP 2009, 589; *Bachmann*, Das neue Restrukturierungsrecht der Kreditinstitute, ZBB 2010, 459; Bankenverband, Stellungnahme zum Referentenentwurf des Bundesministeriums der Finanzen für ein Gesetz zur Umsetzung der Richtlinie 2014/.../EU zur Festlegung eines Rahmens für die Sanierung und Abwicklung von Kreditinstituten und Wertpapierfirmen und zur Änderung der Richtlinien 77/91/EWG und 82/891/EG des Rates, der Richtlinien 2001/24/EG, 2002/47/EG, 2004/25/EG, 2005/56/EG, 2007/36/EG und 2011/35/EG sowie der Verordnung (EU) Nr. 1093/2010 (BRRD-Umsetzungsgesetz), 23.5.2014; *Bauer/Hildner*, Die Sanierung, Abwicklung und Insolvenz von Banken – Ein vollendeter Dreiklang?, DZWIR 2015, 251; *Binder*, Bankeninsolvenzen im Spannungsfeld zwischen Bankaufsichts- und Insolvenzrecht, 2005; *Binder*, Bankenintervention und Bankenabwicklung in Deutschland: Reformnotwendigkeiten und Grundzüge eines verbesserten Rechtsrahmens, Arbeitspapier 05/2009, August 2009; *Binder,* Institutionalisierte Krisenbewältigung bei Kreditinstituten, ZBB 2009, 19; *Binder,* Komplexitätsbewältigung durch Verwaltungsverfahren?, ZHR 2015, 83; *Cichy/Behrens,* Sanierungspläne als zentrales Element zur Verhinderung künftiger Bankenkrisen, WM 2014, 438; *Engelbach/Friedrich,* Die Umsetzung der BRRD in Deutschland, WM 2015, 662; *Müller,* Reorganisation systemrelevanter Banken, KTS 2011, 1; *Obermüller,* Das Bankenrestrukturierungsgesetz – ein kurzer Überblick über ein langes Gesetz, NZI 2011, 81; *Obermüller/Obermüller,* Die Finanzmarktstabilisierungsgesetze im Überblick, ZInsO 2010, 305; *Pannen,* Krise und Insolvenz bei Kreditinstituten, 3. Auflage 2010; *Pannen,* Das geplante Restrukturierungsgesetz für Kreditinstitute, ZInsO 2010, 2026; *Pannen,* Bankeninsolvenz, Moratorium, Zahlungsverbot, Stundung, vorübergehendes Leistungshindernis/„Lehman Brothers", EWiR 2013, 423; *Philipp,* Systemänderung: Amputiertes Aktienrecht für Banken, AG 2015, 77; *Schelo,* Neue Restrukturierungsregeln für Banken, NJW 2011, 187; *Schuster/Westpfahl,* Neue Wege zur Bankensanierung – Ein Beitrag zum Restrukturierungsgesetz (Teil I), DB 2011, 221.

1. Einleitung: System der Bankeninsolvenz

1   Am 1.1.2015 ist das Sanierungs- und Abwicklungsgesetz[1] (SAG) in Kraft getreten, das die europäische *Banking Recovery and Resolution Directive*[2] (BRRD) in nationales Recht umsetzt und so die Sanierung und Abwicklung von Kreditinstituten und Finanzgruppen im Rahmen eines europaweit standardisierten Sanierungs- und Abwicklungsregimes einrichtet. Neben den allgemeinen Regelungen der deutschen Insolvenzordnung besteht eine Vielfalt an Gesetzen, die allesamt den Anwendungsbereich der Restrukturierung, Sanierung und Abwicklung von Kreditinstituten betreffen. Ursächlich dafür ist die Finanzmarktkrise aus dem Jahr 2007 und die darauf folgenden gesetzgeberischen Reaktionen. Das SAG steht nun neben dem seit 9.12.2010 bestehenden Restrukturierungsgesetz[3]. Das RStruktG sah Normänderungen der sanierungs- und insolvenzrechtlichen Vorschriften des KWG vor und führte zugleich das Kreditinstitute-Reorganisationsgesetz[4] (KredReorgG) ein. Ein weiterer Teil der gesetzgeberischen Reaktion auf die Finanzmarktkrise war das Finanzmarktstabi-

---

[1] Verkündet als Art. 1 BRRD-Umsetzungsgesetzes v. 10.12.2014 (BGBl. I 2091); Inkrafttreten gem. Art. 10 dieses BRRD-Umsetzungsgesetzes am 1.1.2015. Dieses Gesetz dient der Umsetzung der Richtlinie 2014/59/EU des Europäischen Parlaments und des Rates vom 15. Mai 2014 zur Festlegung eines Rahmens für die Sanierung und Abwicklung von Kreditinstituten und Wertpapierfirmen und zur Änderung der Richtlinie 82/891/EWG des Rates, der Richtlinien 2001/24/EG, 2002/47/EG, 2004/25/EG, 2005/56/EG, 2007/36/EG, 2011/35/EU, 2012/30/EU und 2013/36/EU sowie der Verordnungen (EU) Nr. 1093/2010 und (EU) Nr. 648/2012 des Europäischen Parlaments und des Rates (ABl. L 173, 84) sowie der Anpassung an die Verordnung (EU) Nr. 1024/2013 des Rates vom 15. Oktober 2013 zur Übertragung besonderer Aufgaben im Zusammenhang mit der Aufsicht über Kreditinstitute auf die Europäische Zentralbank (ABl. L 287, 63).
[2] Richtlinie 2014/59/EU des Europäischen Parlaments und des Rates vom 15. Mai 2014 zur Festlegung eines Rahmens für die Sanierung und Abwicklung von Kreditinstituten und Wertpapierfirmen und zur Änderung der Richtlinie 82/891/EWG des Rates, der Richtlinien 2001/24/EG, 2002/47/EG, 2004/25/EG, 2005/56/EG, 2007/36/EG, 2011/35/EU, 2012/30/EU und 2013/36/EU sowie der Verordnungen (EU) Nr. 1093/2010 und (EU) Nr. 648/2012 des Europäischen Parlaments und des Rates.
[3] Gesetz zur Restrukturierung und geordneten Abwicklung von Kreditinstituten, zur Errichtung eines Restrukturierungsfonds für Kreditinstitute und zur Verlängerung der Verjährungsfrist der aktienrechtlichen Organhaftung vom 9. Dezember 2010 (BGBl. I 1900).
[4] Gesetz zur Reorganisation von Kreditinstituten (Kreditinstitute-Reorganisationsgesetz – KredReorgG) vom 9. Dezember 2010 (BGBl. I 1900) zuletzt geändert durch Art. 343 Zehnte ZuständigkeitsanpassungsVO vom 31.8.2015 (BGBl. I 1474).

lisierungsgesetz, dessen Herzstück[5] in Art. 1 FMStG[6] bildete. Dieser Sonderfonds Finanzmarktstabilisierung (SoFFin) lief jedoch zum 31.12.2015 nach dreimaliger Verlängerung aus und wurde anschließend durch den einheitlichen europäischen Bankenabwicklungsmechanismus *Single Resolution Mechanism* (SRM) abgelöst. Die Bestimmungen des KWG, die das RStruktG vormals in §§ 48a-s KWG aF zur Abwicklung von Kreditinstituten im Wege der Übertragungsanordnung einführte, wurden aufgehoben und in das SAG überführt. Zusätzlich ist der deutsche Gesetzgeber in der Finanzkrise auch dem europäischen Gesetzgeber durch die Regelungen des KredReorgG zuvorgekommen.[7] Dies zeigt sich in zahlreichen Überschneidungen[8] zum Anwendungsbereich und zur Zielrichtung der BRRD.

Die zunehmende Anzahl an Gesetzen zur Regelung der Sanierung und der Abwicklung 2 eines Kreditinstituts in der Krise führt zu einer schwer durchschaubaren Gemengelage von anwendbaren Vorschriften. Daher ist für die insolvenzrechtliche Beratungspraxis ein Überblicken des "**Normendickichts der Bankeninsolvenz**"[9] unerlässlich.

2. Vorinsolvenzliche Maßnahmen auf Eigeninitiative des Kreditinstituts

a) Das KredReorgG als Teil des RStruktG im Verhältnis zum SAG

Das KredReorgG als Teil des RStruktG ist nach wie vor gültig und steht neben den Re- 3 gelungen des SAG. Denn aus der Gesetzesbegründung zum SAG ist zu entnehmen, dass die Regelungen zum SAG "**ergänzend**" zu den bestehenden Maßnahmen gelten.[10] Im Rahmen dieses KredReorgG wurden zwei spezielle Verfahren eingeführt. Diese bilden damit die ersten beiden freiwilligen[11] Stufen des Systems zur Krisenbekämpfung von Banken des Restrukturierungsgesetzes[12] neben dem SAG:
- das Sanierungsverfahren (§§ 2 bis 6 KredReorgG) und
- das Reorganisationsverfahren (§§ 7 bis 23 KredReorgG).

Der **Anwendungsbereich** des KredReorgG ist im Gegensatz zum FMStFG auf Kredit- 4 institute unabhängig von ihrer Rechtsform[13] beschränkt, vgl. § 1 Abs. 1 S. 1 KredReorgG iVm § 1 Abs. 1 KWG. Das KredReorgG bezweckt den Bestand des einzelnen Kreditinstituts zu erhalten[14] und damit ein mögliches Insolvenzverfahren zu verhindern.

---

[5] *Becker/Mock* FMStG Vorb. §§ 1–3 Rn. 1.
[6] Gesetz zur Errichtung eines Finanzmarktstabilisierungsfonds.
[7] *Bauer/Hildner* DZWIR 2015, 251 (252).
[8] Es ist ebenso Ziel der BRRD eine Insolvenz des Kreditinstitutes zu vermeiden, vgl. Erwägungsgrund Nr. 1 BRRD, zur Überschneidung von KredReorgG und SAG als Folgegesetz zur BRRD vgl. *Philipp* AG 2015, 77 (80).
[9] „Bankeninsolvenzrecht als Komplexitätsproblem" so *Binder* ZHR 2015, 83 (84 f.).
[10] BT-Drs. 18/2575, S. 141, insbesondere wird dies in der umfassenden Verflechtung des SAG in den Regelungen des KredReorgG deutlich.
[11] Wobei die Freiwilligkeit ausschließlich auf den Verfahrensbeginn beschränkt ist, siehe B II und III.
[12] *Fridgen* in BFS Vorb. KredReorgG Rn. 4.
[13] *Fridgen* in BFS § 1 KredReorgG Rn. 1.
[14] *Fridgen* in BFS Vorb. KredReorgG Rn. 3.

b) Das Sanierungsverfahren

5   Ausgangspunkt für das Sanierungsverfahren nach KredReorgG ist die **freiwillige Anzeige**[15] des Kreditinstituts über die eigene Sanierungsbedürftigkeit iSd §§ 45 Abs. 1 S. 1 und 2 KWG bei der BaFin, vgl. § 2 Abs. 1 KredReorgG. Dieser Anzeige sind der geeignete Sanierungsplan und Vorschlag für die Bestellung eines geeigneten Sanierungsberaters beizufügen, vgl. § 2 Abs. 2 KredReorgG. Eingriffe in die Rechte Dritter sind innerhalb des Sanierungsplans unzulässig, vgl. § 2 Abs. 2 S. 2 KredReorgG. Allein mit der Anzeige der Sanierungsbedürftigkeit bei der BaFin wird der Pflicht nach § 46b Abs. 1 KWG entsprochen, dies ergibt sich aus dem eindeutigen Wortlaut des § 2 Abs. 1 S. 3 KredReorgG. Ebenso regelt der § 2 Abs. 2 KredReorgG systematisch die weiteren inhaltlichen Anforderungen an den Sanierungsplan und nimmt keinen Bezug zu der Pflicht aus § 46b Abs. 1 KWG und hat damit auch keine Auswirkung auf selbigen.[16] Sofern die BaFin den Sanierungsplan als zweckmäßig erachtet, stellt sie umgehend bei dem zuständigen OLG (Frankfurt aM[17]) den Antrag auf Durchführung des Sanierungsverfahrens. Nach einer positiven **Evidenzkontrolle** durch das OLG über die Geeignetheit des Sanierungsplans und des Sanierungsberaters wird das Sanierungsverfahren angeordnet, vgl. § 3 Abs. 1 S. 1 KredReorgG und der vorgeschlagene Sanierungsberater bestellt. Sollte dieser offensichtlich ungeeignet[18] sein, entscheidet das OLG nach Anhörung der BaFin und des Kreditinstituts eigenständig über die Bestellung des Sanierungsberaters. Die Befugnisse des Sanierungsberaters sind abschließend gesetzlich in § 4 Abs. 1 KredReorgG festgeschrieben und beinhalten umfassende Nachforschungs-, Einsichts-, Teilnahme- und Überwachungsrechte. Einzig das Recht mit über das Vermögen des Kreditinstituts zu verfügen, muss gesondert gerichtlich angeordnet werden. Das erfolgt durch die Aufnahme des Sanierungsberaters in die Geschäftsführung nach § 5 Abs. 1 S. 2 Nr. 2 KredReorgG.

c) Das Reorganisationsverfahren

6   Scheitert das Sanierungsverfahren, kann mit Zustimmung des Kreditinstituts die Einleitung des Reorganisationsverfahrens bei der BaFin durch den Sanierungsberater unter Vorlage eines Reorganisationsplans angezeigt werden, vgl. § 7 Abs. 1 S. 2 KredReorgG. Die Anzeige bei der BaFin zur Einleitung eines Reorganisationsverfahren kann auch dann durch das Kreditinstitut erfolgen, wenn es ein Sanierungsverfahren für aussichtslos hält, vgl. § 7 Abs. 1 S. 1 KredReorgG. Der daran anschließende Antrag der BaFin auf Durchführung des Reorganisationsverfahrens bei dem zuständigen OLG, liegt in ihrem Ermessen. Im Gegensatz dazu ist der Antrag über ein Sanierungsverfahren nach einer Zweckmäßigkeitskontrolle eine gebundene Entscheidung und hat unverzüglich zu erfolgen. Dies ist für das Reorganisationsverfahren durchaus kritisch zu sehen und ein **gelenktes bzw. intendiertes Ermessen** ist im Hinblick auf einer zu nachsichtigen Tendenz der Aufsichtsbehörden zu befürworten.[19]

---

[15] *Schelo* NJW 2011, 186 (187); entgegen dem Wortlaut der Norm „durch Antrag" so *Bauer/Hildner* DZWIR 2015, 251 (252).
[16] So auch *Fridgen* in BFS § 2 KredReorgG Rn. 5; *Wolfers/Voland* WM 2011, 1159 (1161).
[17] Dies ist eine stets feststehende Zuständigkeit nach § 2 Abs. 3 S. 2 KredReorgG iVm § 1 Abs. 3 S. 1 FinDAG mit dem Zweck, den bestehenden Sachverstand bei diesem Gericht zu bündeln, so Begründung RegE BT-Drs. 17/3024, S. 75; so auch *Obermüller* NZI 2011, 81 (85); *Fridgen* in BFS § 2 KredReorgG Rn. 21.
[18] Ausführlich zur Geeignetheit des Sanierungsberaters *Fridgen* in BFS § 3 KredReorgG Rn. 7–9.
[19] *Riethmüller* WM 2010, 2295 (2299).

Das Reorganisationsverfahren setzt nach dem Wortlaut und den Normverweisen nach § 7 Abs. 2 KredReorgG iVm §§ 77, 62 Abs. 1, 67 Abs. 1 SAG mindestens nun nur noch eine Bestandsgefährdung des Kreditinstituts voraus, gleichwohl ist eine Systemgefährdung eine notwendige Verfahrensvoraussetzung.[20] Das Herzstück des Reorganisationsverfahrens ist der zu Grunde liegende **Reorganisationsplan**, der entweder durch das anzeigende Kreditinstitut oder durch den anzeigenden Sanierungsberater vorgelegt wird. Der Reorganisationsplan besteht aus einem darstellenden Teil und einem gestaltenden Teil, vgl. § 8 Abs. 1 S. 1 KredReorgG. Im darstellenden Teil wird beschrieben, welche Regelungen getroffen werden sollen, um die Grundlagen für die Gestaltung der Rechte der Betroffenen zu schaffen. Im gestaltenden Teil wird festgelegt, wie die Rechtsstellung der Beteiligten durch den Reorganisationsplan geändert werden soll. Diesbezüglich können auch Regelungen entsprechend § 2 Abs. 2 S. 3 KredReorgG getroffen werden. Das Reorganisationsverfahren ist im **Vergleich zu dem Sanierungsverfahren** durch die Bestimmungen zur Öffentlichkeit nach §§ 17 Abs. 2 und 3, 19 Abs. 5, 21 Abs. 3 und 22 Abs. 3 KredReorgG transparenter. Dafür besteht hinsichtlich der rechtlichen Gestaltungsmöglichkeiten im Reorganisationsplan eine höhere Eingriffsintensität, so sind nach § 12 KredReorgG Eingriffe in die Gläubigerrechte zulässig, mit Zustimmung der Gläubiger können deren Forderungen nach §§ 9 Abs. 1 S. 1 und S. 2 KredReorgG in Eigenkapital (sog debt-to-equity-swap) umgewandelt werden. Zudem besteht die Möglichkeit, Regelungen zur Kapitalherabsetzung oder Kapitalerhöhungen sowie zur Leistung von Sacheinlagen nach § 9 Abs. 1 S. 3 KredReorgG bis hin zur Liquidation des Kreditinstituts nach § 8 Abs. 1 S. 4 KredReorgG festzulegen. Außerdem können Teile des Vermögens oder das gesamte Vermögen des Kreditinstituts **insolvenzfest** auf einen bestehenden oder neu zu gründenden Rechtsträger ausgesondert werden, vgl. §§ 11 Abs. 1 S. 1, Abs. 4 KredReorgG iVm § 141 SAG. Wenn das OLG den Reorganisationsplan nicht zurückweist und die Gläubiger sowie die Anteilseigner in den zuvor zu bildenden Gruppen nach § 19 KredReorgG zustimmen, treten mit der gerichtlichen Bestätigung, sofern Versagungsgründe nicht vorliegen, die rechtlichen Wirkungen in dem gestaltenden Teil für und gegen die Planbeteiligten ein, vgl. § 21 Abs. 1 KredReorgG.

d) Verbleibender Anwendungsbereich

Der Anwendungsbereich des Sanierungsverfahrens nach § 2 Abs. 1 KredReorgG ist durch dessen Verfahrensvoraussetzung dem Anwendungsbereich des frühzeitigen Eingreifen nach § 36 SAG vorgelagert. Denn die Voraussetzung für ein Sanierungsverfahren fordert, unter Verweis auf § 45 Abs. 1 S. 1 und S. 2 KWG, die Erwartung, dass die Eigenmittel und Liquiditätsanforderungen nicht dauerhaft erfüllt werden können. Dagegen verlangt das frühzeitige Eingreifen nach § 36 SAG kumulativ eine bereits signifikante Verschlechterung der Finanzlage des Kreditinstituts und Verstöße gegen Eigenmittel- und Liquiditätsanforderungen.[21]

Hinsichtlich der Verfahrensvoraussetzung des Reorganisationsverfahrens knüpfen diese explizit an die Voraussetzungen zur Anordnung von Abwicklungsmaßnahmen nach § 77 SAG, womit ein Gleichlauf zumindest denkbar erscheint. Jedoch stellt § 7 Abs. 5 S. 1 iVm § 2 Abs. 4 S. 1 KredReorgG klar, dass es der BaFin obliegt, jederzeit[22] das Verfahren zu beenden, indem sie Maßnahmen nach §§ 45c, 46, 46b KWG oder nach § 77 SAG anordnet und

---

[20] Zur alten Rechtslage *Thole* ZBB 2016, 57 (58); *Bauer/Hildner* DZWIR 2015, 251 (253); zur aktuellen Rechtslage *Geier* → B.I. Rn. 146.
[21] *Bauer/Hildner* DZWIR 2015, 251 (253).
[22] *Fridgen* in BFS § 2 KredReorgG Rn. 23.

eine Anzeige über die Weiterführung des Reorganisationsverfahrens bei dem zuständigen OLG unterlässt, vgl. § 2 Abs. 4 S. 2 KredReorgG. Für Maßnahmen nach § 77 SAG ist die BaFin jedoch nicht zuständig, sondern die FMSA nach § 3 Abs. 1 SAG, damit besteht auch nicht ohne weiteres die Möglichkeit der Anzeige durch die BaFin. Der Gesetzgeber hat schlicht übersehen, dass bevor eine Anzeige an das zuständige OLG erfolgt, eine Einigung zwischen der FMSA und der BaFin entsprechend dem gesetzgeberischen Leitbildes des **Abstimmungsgebots** nach §§ 3 Abs. 2 und 4 SAG geboten ist.

10   Bleiben die Verfahren nach KredReorgG erfolglos, so führt dies nicht zur Abwicklung des Kreditinstituts, denn in der Regel folgen Anordnungen vorinsolvenzlicher Aufsichtsmaßnahmen, die aber nun nicht mehr in der Disposition des jeweiligen Kreditinstitutes liegen.

3. Vorinsolvenzliche Aufsichtsmaßnahmen

a) Verhältnis der §§ 45 ff. KWG zu anderen Normen

11   Die Regelungen der §§ 45 bis 48 KWG stehen neben den Regelungen des KredReorgG und ebenfalls neben denen des SAG.[23]

b) Maßnahmen nach § 45 KWG

12   Nach § 45 Abs. 1 S. 1 KWG kann die BaFin Maßnahmen zur Verbesserung der Eigenmittelausstattung und Liquidität ergreifen, wenn die Vermögens-, Finanz- oder Ertragsentwicklung eines Instituts die Annahme rechtfertigt, dass es die Anforderungen des § 10 oder des § 11 KWG sowie Art. 92 bis 386 der Verordnung (EU) Nr. 575/2013 nicht dauerhaft erfüllen können wird. Hierdurch soll ein möglichst **frühzeitiges Einschreiten** der BaFin zur Verhinderung einer finanziellen Schieflage der Bank ermöglicht werden.[24]

13   Um die Feststellung dieser Annahme zu vereinfachen, enthält § 45 Abs. 1 S. 2 KWG eine **Vermutung**, wonach die Annahme der Nichterfüllung regelmäßig gerechtfertigt ist, wenn bestimmte Liquiditäts- und Solvabilitätswerte erreicht werden.

14   Sollte eine solche Konstellation vorliegen, so kann die BaFin nach § 45 Abs. 1 KWG gegenüber dem Institut insbesondere folgende Maßnahmen anordnen:
- eine begründete Darstellung der Entwicklung der wesentlichen Geschäftsaktivitäten über einen Zeitraum von mindestens drei Jahren, einschließlich Planbilanzen, Plangewinn- und -verlustrechnungen sowie der Entwicklung der bankaufsichtlichen Kennzahlen anzufertigen und der BaFin und der Deutschen Bundesbank vorzulegen,
- Maßnahmen zur besseren Abschirmung oder Reduzierung der vom Institut als wesentlich identifizierten Risiken und damit verbundener Risikokonzentrationen zu prüfen und gegenüber der BaFin und der Deutschen Bundesbank zu berichten, wobei auch Konzepte für den Ausstieg aus einzelnen Geschäftsbereichen oder die Abtrennung von Instituts- oder Gruppenteilen erwogen werden sollen,
- über geeignete Maßnahmen zur Erhöhung des Kernkapitals, der Eigenmittel und der Liquidität des Instituts gegenüber der BaFin und der Deutschen Bundesbank zu berichten,
- ein Konzept zur Abwendung einer möglichen Gefahrenlage im Sinne des § 35 Abs. 2 Nr. 4 KWG zu entwickeln und der BaFin und der Deutschen Bundesbank vorzulegen.

---

[23] *Bauer/Hildner* DZWIR 2015, 251 (254).
[24] Gesetzentwurf der Bundesregierung, BT-Drucks. 17/3024, S. 59.

c) Maßnahmen nach § 45c KWG

Nach § 45c Abs. 1 KWG kann die BaFin einen **Sonderbeauftragten** bestellen, diesen mit der Wahrnehmung von Aufgaben bei einem Institut betrauen und ihm die hierfür erforderlichen Befugnisse übertragen. Der Sonderbeauftragte muss unabhängig[25], zuverlässig und zur ordnungsgemäßen Wahrnehmung der Aufgaben geeignet sein.

Gemäß § 45c Abs. 2 KWG kann die BaFin dem Sonderbeauftragen weitere Befugnisse übertragen. Insbesondere kann der Sonderbeauftragte befugt werden, die Aufgaben und Befugnisse eines oder mehrerer Geschäftsleiter wahrzunehmen, wenn Tatsachen vorliegen, aus denen sich ergibt, dass der oder die Geschäftsleiter des Instituts nicht zuverlässig sind oder nicht die zur Leitung des Instituts erforderliche fachliche Eignung haben, oder wenn das Institut nicht mehr über die erforderliche Anzahl von Geschäftsleitern verfügt, insbesondere weil die BaFin die Abberufung eines Geschäftsleiters verlangt oder ihm die Ausübung seiner Tätigkeit untersagt hat. Die BaFin kann ferner dem Sonderbeauftragen nach § 45c Abs. 3 Nr. 9 KWG die **Vorbereitung einer Übertragungsanordnung** als Abwicklungsmaßnahme nach § 77 iVm § 107 SAG übertragen.

d) Maßnahmen nach § 46 KWG

Nach § 46 Abs. 1 S. 1 KWG kann die BaFin **einstweilige Maßnahmen** anordnen, wenn eine Gefahr für die Erfüllung der Verpflichtungen eines Instituts gegenüber seinen Gläubigern, insbesondere für die Sicherheit der ihm anvertrauten Vermögenswerte besteht oder wenn der Verdacht begründet ist, dass eine wirksame Aufsicht über das Institut nicht möglich ist. In der Praxis haben sich Fallgruppen herauskristallisiert, in welchen von einer konkreten Gefährdung auszugehen ist. So insbesondere bei einem Eigenkapitalverlust in Höhe der Hälfte des nach § 10 KWG maßgebenden haftenden Eigenkapitals oder in Höhe von jeweils mehr als 10 % des maßgebenden haftenden Eigenkapitals in mindestens drei aufeinander folgenden Geschäftsjahren (§ 35 Abs. 2 Nr. 4 KWG) oder bei Liquiditätsschwierigkeiten.

Die BaFin kann bei einer **konkreten Gefahr** iSd § 46 Abs. 1 S. 2 KWG insbesondere folgende Maßnahmen anordnen:
- Anweisungen für die Geschäftsführung des Instituts erlassen,
- die Annahme von Einlagen oder Geldern oder Wertpapieren von Kunden und die Gewährung von Krediten (§ 19 Abs. 1 KWG) verbieten,
- Inhabern und Geschäftsleitern die Ausübung ihrer Tätigkeit untersagen oder beschränken,
- vorübergehend ein Veräußerungs- und Zahlungsverbot an das Institut erlassen,
- die Schließung des Instituts für den Verkehr mit der Kundschaft anordnen und
- die Entgegennahme von Zahlungen, die nicht zur Erfüllung von Verbindlichkeiten gegenüber dem Institut bestimmt sind, verbieten, es sei denn, die zuständige Entschädigungseinrichtung oder sonstige Sicherungseinrichtung stellt die Befriedigung der Berechtigten in vollem Umfang sicher.

---

[25] Dass der Sonderbeauftragte selbständig sein muss, wurde erst im Bericht des Finanzausschusses hinzugefügt, siehe BT-Drucks. 17/3547, S. 10. Dies bedeutet, dass der Sonderbeauftragte unter Berücksichtigung seiner sonstigen Tätigkeit und seiner professionellen Eignung und Stellung in der Lage sein muss, frei von diesen potentiellen Sonderinteressen seine Aufgaben allein an den Interessen des Unternehmens unter dem Blickwinkel der Wahrung der Folgen der Geschäftspolitik des Instituts für die Finanzmarktstabilität auszuüben.

19 Die Maßnahmen nach § 46 Abs. 1 S. 2 Nr. 4 und 5 KWG entsprechen dem bis zum 31.12.2010 gesondert in § 46a KWG aF geregelten Moratorium, dessen Voraussetzungen somit erleichtert wurden.[26]

4. Sanierung und Abwicklung nach dem SAG

a) Frühinterventionsmaßnahmen

20 Verschlechtert sich die Finanzlage eines Instituts, insbesondere auf Grund seiner Liquiditätssituation, seiner Fremdkapitalquote oder auf Grund von Kreditausfällen oder Klumpenrisiken signifikant und sind dabei die weiteren Voraussetzungen des § 36 Abs. 1 S. 1 SAG erfüllt, so kann die BaFin als zuständige Aufsichtsbehörde gem. § 3 Abs. 3 SAG iVm § 1 Abs. 5 KWG gegenüber dem Institut Maßnahmen anordnen, die geeignet und erforderlich sind, um die signifikant verschlechterte wirtschaftliche Situation des Instituts zu verbessern. Insbesondere sieht §§ 36 Abs. 1 S. 3 Nr. 1 lit. a-g SAG einen Forderungskatalog der Aufsichtsbehörde an die Geschäftsleitung vor. Zudem besteht die Möglichkeit nach § 36 Abs. 1 S. 3 Nr. 2 SAG indirekt über die Geschäftsleitung die Abberufung einzelner oder mehrerer Mitglieder der Geschäftsleitung zu verlangen, sofern deren Geeignetheit nach den Vorschriften des KWG nicht mehr besteht. Dabei ordnet § 36 Abs. 2 SAG eine Informationspflicht der BaFin über die getroffenen Maßnahmen gegenüber der FMSA als zuständige Abwicklungsbehörde gem. § 3 Abs. 1 SAG an. Daran zeigt sich beispielhaft, dass das SAG an mehreren Stellen eine **enge Kooperation** und einen **intensiven Informationsaustausch** zwischen BaFin und FMSA vorsieht, vgl. § 3 Abs. 2 und 4, § 6, § 15 Abs. 1, § 28, § 40 Abs. 5, § 49 Abs. 5 § 54 Abs. 2, § 62 Abs. 2 und § 138 Abs. 2 SAG. Darauf folgt im Rahmen der Normenkaskade der §§ 37 und 38 SAG, sofern die Maßnahmen nach § 36 SAG nicht erfolgreich sind, die Abberufung einzelner oder der gesamten Geschäftsleiter, vgl. § 37 Abs. 1 S. 1 SAG. Die nachfolgende Bestellung von neuen Geschäftsleitern unterliegt einem Zustimmungsvorbehalt der Aufsichtsbehörde, vgl. § 37 Abs. 1 S. 2 SAG. Sind diese Maßnahmen ebenfalls nicht ausreichend, so kann die Aufsichtsbehörde einen oder mehrere vorläufige Verwalter (Abs. 2), dessen Aufgaben und Befugnisse durch die BaFin festlegt wird (Abs. 1 S. 2), für maximal ein Jahr bestellen und sofern die Voraussetzungen vorliegen dessen Bestellung um ein Jahr verlängern (Abs. 4), vgl. § 38 SAG.

b) Abwicklungsinstrumente

21 Liegen die Voraussetzungen nach § 62 Abs. 1 SAG für Institute gem. § 1 Abs. Nr. 1 iVm § 2 Abs. 1 SAG oder die Voraussetzungen nach § 64 Abs. 1 SAG für Finanzinstitute gem. § 2 Abs. 4 Nr. 6 SAG und nach § 64 Abs. 2 SAG für Holdinggesellschaften gem. § 2 Abs. 4 Nr. 3 SAG vor, kann die Abwicklungsbehörde unter Berücksichtigung der Ziele des SAG verschiedene Abwicklungsinstrumente wählen. Dabei müssen die **Voraussetzungen** nach §§ 62 Abs. 1 Nr. 1–3 SAG stets erfüllt sein. Dies umfasst das Vorliegen einer Bestandsgefährdung nach § 63 SAG, die Erforderlichkeit und Verhältnismäßigkeit der Abwicklungsmaßnahme in Hinblick auf ein oder mehrere Abwicklungsziele sowie keine Durchführbarkeit von alternativen Maßnahmen (Maßnahmen des privaten Sektors, Maßnahmen der Institutssicherungssystems, Frühinterventionen nach SAG oder Maßnahmen nach §§ 45 bis 46 KWG). Die redundante Regelung des § 62 Abs. 1 S. 2 SAG enthält dabei keinen ei-

---

[26] *Pannen* EWiR 2013, 423 f.

genen Anwendungsbereich, denn dass Frühinterventionsmaßnahmen nach dem SAG oder Maßnahmen nach §§ 45 bis 46 KWG keine zwingenden Voraussetzungen sind, ergibt sich aus dem Telos des § 62 Abs. 1 Nr. 1–3 SAG. Insbesondere ist zu berücksichtigen, dass die Abwicklungsvoraussetzungen bei Holdinggesellschaften durch § 64 Abs. 3 SAG erleichtert werden, sofern die Voraussetzungen nach § 62 Abs. 1 SAG bei einer Tochtergesellschaft vorliegen, dadurch ein Institut oder eine Bestandsgefährdung der gesamten Gruppe ausgelöst wird und aus diesem Grund Abwicklungsmaßnahmen für die Holdinggesellschaft in Bezug auf die Abwicklung einer Tochtergesellschaft oder der ganzen Gruppe erforderlich werden. Eine Einschränkung kann dann nur noch über die Verhältnismäßigkeit der einzelnen Abwicklungsmaßnahmen in Bezug auf die Holdinggesellschaft erfolgen.

Die Abwicklungsinstrumente können nach § 77 Abs. 5 SAG **einzeln oder in Kombination** miteinander angewendet werden, mit Ausnahme für das Instrument der Ausgliederung von Vermögenswerten nach § 107 Abs. 1 Nr. 2 SAG, insoweit besteht gem. § 77 Abs. 7 SAG eine Kombinationspflicht mit einem weiteren Abwicklungsinstrument. Der Terminus „Abwicklungsinstrument" ist jedoch vom Gesetzgeber missverständlich[27] gewählt, als das Verfahren nicht zwingend auf den Marktaustritt bzw. die Liquidation des entsprechenden Instituts gerichtet ist. Vielmehr ist die Erhaltung der Kontinuität, der von der Abwicklungsbehörde als wesentlich erachteten Finanzdienstleistungen, eines der elementaren Ziele des Abwicklungsverfahrens, vgl. Art. 31 Abs. 2 BRRD. 22

aa) Beteiligung der Anteilsinhaber und Gläubiger

Als sog „**Bail-in**" Abwicklungsinstrumente stehen sowohl die Beteiligung der Inhaber relevanter Kapitalinstrumente nach § 89 SAG sowie die Beteiligung der Gläubiger nach § 90 SAG zur Verfügung. Der Hintergrund dieser Regelungen ist eine selbständige Übernahme der Risiken durch die Investoren, die diese mit ihrer Anlageentscheidung getroffen haben und eine Vermeidung der Umlage auf Kosten der Steuerzahler[28] sowie die Verringerung der Gefahr von *moral hazard*.[29] 23

Dem *Bail-in* stehen zwei Verfahrensalternativen zur Verfügung. 24

Die Abwicklungsbehörde kann im Rahmen der **Umwandlung** anordnen, dass die relevanten Kapitalinstrumente (zusätzliches Kernkapital und Ergänzungskapital nach Art. 51 ff. und Art. 62 ff. CCR) bzw. berücksichtigungsfähigen Verbindlichkeiten in Instrumente des harten Kernkapitals (idR Stammaktien) umgewandelt werden, vgl. §§ 89 Abs. 1 Nr. 1, 90 Abs. 1 Nr. 1 SAG. Das Instrument der Gläubigerbeteiligung ist grundsätzlich auf alle Verbindlichkeiten eines Instituts anwendbar, die keine relevanten Kapitalinstrumente sind, mit Ausnahme der in § 91 Abs. 2 SAG bestimmten Verbindlichkeiten, da ihre Einbeziehung den Abwicklungszielen zuwiderliefe.[30] 25

Alternativ kann die Abwicklungsbehörde anstelle der Umwandlung ganz oder teilweise die **Herabschreibung** des Nennwertes bzw. des ausstehenden Restbetrages der relevanten Kapitalinstrumente bzw. berücksichtigungsfähigen Verbindlichkeiten anordnen, vgl. §§ 89 Abs. 1 Nr. 2, 90 Abs. 1 Nr. 2 SAG. 26

Bei beiden Verfahren ist die in § 97 Abs. 1 S. 1 SAG vorgesehene **Haftungskaskade** zu berücksichtigen. Folgende Reihenfolge wird durch diese angeordnet: Anteile und andere 27

---

[27] *Engelbach/Friedrich* WM 2015, 662 (663).
[28] So auch explizit der Erwägungsgrund Nr. 31 der BBRD für die Abwicklungspläne.
[29] *Hopt/Wohlmannstetter*, Handbuch Corporate Governace von Banken, S. 48, 602; *Bauer/Hildner* DZWIR 2015, 251 (257).
[30] *Engelbach/Friedrich* WM 2015, 662 (667).

Instrumente des harten Kernkapitals, des zusätzlichen Kernkapitals, des Ergänzungskapitals und berücksichtigungsfähige Verbindlichkeiten. Die Reihenfolge innerhalb der verschiedenen Arten berücksichtigungsfähiger Verbindlichkeiten bemisst sich dabei nach dem Rang, den die jeweilige Forderung als Insolvenzforderung eingenommen hätte, vgl. § 97 Abs. 1 S. 3 SAG.

bb) Übertragungsanordnung

28   Die Abwicklungsbehörde kann nach den §§ 107 ff. SAG die Übertragung von Anteilen, Vermögenswerten, Verbindlichkeiten und Rechtsverhältnissen (§ 107 Abs. 2 SAG) auf einen Dritten – Unternehmensveräußerung – (§ 107 Abs. 1 Nr. 1 lit. a SAG) oder ein Brückeninstitut (§ 107 Abs. 1 Nr. 1 lit. b SAG) anordnen.

29   Bei der Unternehmensveräußerung[31] muss die Abwicklungsbehörde einen **Vermarktungsprozess** einleiten, vgl. § 126 SAG. Grundsätze der Vermarktung idS sind: Wahrung der Finanzmarktstabilität, Transparenz, keine Diskriminierung der potenziellen Erwerber, soweit möglich ohne Interessenkonflikte[32], eine beschleunigte Durchführung der Maßnahme und dabei Realisierung einer möglichst hohen Gegenleistung für den Übertragungsgegenstand, vgl. §§ 126 Abs. 2 Nr. 1–5 SAG.

30   Bei der **Übertragung auf ein Brückeninstitut** oder bei einer Ausgliederung des Vermögensgegenstands nach § 107 Abs. 1 Nr. 2 SAG, wird der übernehmende Rechtsträger separat als ein sog *Special Purpose Vehicle* (SPV) gegründet.[33] Die Gründung erfolgt nach § 61 SAG durch den Restrukturierungsfonds (nach § 1 RStruktFG) durch Neugründung (Abs. 1) oder durch Anteilserwerb (Abs. 2). Die Übertragungsanordnung ist ein Verwaltungsakt und kann nur am zuständigen OVG gem. § 150 Abs. 2 SAG angefochten werden; dagegen ist das **Widerspruchsverfahren unstatthaft**, vgl. § 150 Abs. 1 SAG.

31   Bei der Übertragung von Arbeitsverhältnissen als Rechtsverhältnisse iSd § 107 Abs. 2 SAG ist die Kündigungsmöglichkeit der Arbeitnehmer gem. § 79 Abs. 7 und 8 SAG zu beachten.

32   Ebenfalls sind auch mögliche Nutzungs- oder Mitnutzungsrechte des übertragenden Rechtsträgers und des übernehmenden Rechtsträgers an den jeweils übertragenen Gegenständen zu berücksichtigen, vgl. § 123 SAG.

5. Besonderheiten des Insolvenzantrags und -verfahrens

33   Führen weder die Aufsichtsmaßnahmen zu einem Sanierungserfolg noch Maßnahmen nach dem SAG zur Verbesserung und liegt ein Insolvenzeröffnungsgrund vor, so ist auch bei Kreditinstituten die Eröffnung des Insolvenzverfahrens zu beantragen. Hierzu verfügt die BaFin über das alleinige Antragsrecht gemäß § 46b Abs. 1 S. 4 KWG. Damit wird der BaFin die Möglichkeit eingeräumt, den Zeitpunkt der Antragstellung selbst zu bestimmen. Hingegen können die Gläubiger ein Kreditinstitut nicht „in die Insolvenz hineintreiben".[34]

---

[31] Kritisch dazu *Binder* ZHR 2015 83 (101).
[32] Nach dem Telos und dem Wortlaut des § 126 Abs. 2 SAG sind Interessenkonflikte nicht gänzlich unzulässig.
[33] *Bauer/Hildner* DZWIR 2015, 251 (258).
[34] Vgl. Bericht und Antrag des Finanzausschusses über den Regierungsentwurf eines 2. Änderungsgesetzes zum KWG (BT-Drucks. 7/4631), Abschn. A. II. Nr. 17a § 46b, abgedruckt in *Reischauer/Kleinhans* Kza. 583 (dort S. 19).

Dadurch wird eine Torpedierung von eventuell noch bestehenden Sanierungschancen verhindert.

a) Voraussetzungen des Insolvenzeröffnungsverfahrens

aa) Insolvenzeröffnungsgründe

Als Insolvenzeröffnungsgründe nennt § 46b KWG die Zahlungsunfähigkeit, die Überschuldung sowie die drohende Zahlungsunfähigkeit.[35] Damit entspricht der Katalog der Eröffnungsgründe dem der Insolvenzordnung (§§ 17–19 InsO). 34

Zu beachten ist, dass die **Verhängung eines Moratoriums** nach § 46 KWG keine Stundung bewirkt, sondern die Rechtsfolgen der Unmöglichkeit eintreten.[36] Mangels Durchsetzbarkeit der Verbindlichkeiten kann eine Zahlungsunfähigkeit für die Dauer der Anordnung also grundsätzlich nicht eintreten. Im Hinblick auf den Zweck der §§ 46, 46b KWG kann die Rechtsfolge des Moratoriums das Antragsrecht jedoch nicht ausschließen. Maßstab ist daher, ob ohne das Moratorium eine Zahlungsunfähigkeit vorläge. Bestand eine Zahlungsunfähigkeit demnach bereits bei Anordnung des Moratoriums[37] oder würden in dieser Zeit weitere Forderungen fällig, die zur Zahlungsunfähigkeit führten, kann die BaFin den Insolvenzantrag stellen. Andernfalls würde die Anordnung eines Moratoriums immer die Eröffnung des Insolvenzverfahrens wegen Zahlungsunfähigkeit ausschließen. Dies hat der Gesetzgeber erkennbar nicht beabsichtigt. 35

Gemäß § 46b Abs. 1 S. 1 KWG sind die Geschäftsleiter eines Kreditinstituts verpflichtet, den Eintritt der Zahlungsunfähigkeit oder Überschuldung der BaFin unverzüglich anzuzeigen. Das gilt auch für die drohende[38] Zahlungsunfähigkeit, vgl. § 46b Abs. 1 S. 1 2. HS KWG. Eine Verletzung der Anzeigepflicht im Falle der Zahlungsunfähigkeit oder Überschuldung führt zur Strafbarkeit nach § 55 KWG. Angesichts dieser Sanktion bedarf es auch der Antragspflichten nicht, die sich für bestimmte Rechtsformen aus anderen Vorschriften ergeben.[39] Insoweit regelt § 46b Abs. 1 S. 2 KWG als Spezialgesetz[40], dass die Anzeigepflicht entsprechende Insolvenzantragspflichten ersetzt.[41] 36

bb) Insolvenzantrag durch die BaFin

Gemäß § 46b Abs. 1 S. 4 KWG verfügt die BaFin über ein alleiniges Antragsrecht auf Eröffnung des Insolvenzverfahrens.[42] Der **Antrag auf Eröffnung des Insolvenzverfahrens** wegen drohender Zahlungsunfähigkeit eines Instituts setzt nach § 46b Abs. 1 S. 5 KWG 37

---

[35] Durch das „Gesetz zur Umsetzung aufsichtsrechtlicher Bestimmungen zur Sanierung und Liquidation von Versicherungsunternehmen und Kreditinstituten" vom 10.12.2003 (BGBl. I 2478).
[36] BGH NZI 2013, 457 = WM 2013, 742; *Pannen* EWiR 2013, 423 f.
[37] Zur Frage der Anordnung des Moratoriums bei Vorliegen eines Insolvenzeröffnungsgrundes vgl. *Pannen*, Krise und Insolvenz bei Kreditinstituten, 3. Aufl. 2010, Kap. 1. Rn. 98 ff.
[38] *Lindemann* in BFS KWG § 46b Rn. 7.
[39] Vgl. § 92 Abs. 2 AktG, § 278 Abs. 3 AktG, § 64 GmbHG, § 130a Abs. 1 HGB, § 99 GenG.
[40] Bericht und Antrag des Finanzausschusses über den Regierungsentwurf eines 2. Änderungsgesetzes zum KWG (BT-Drucks. 7/4631), Abschn. A. II. Nr. 17a § 46b, abgedruckt in *Reischauer/Kleinhans* Kza. 583 (S. 19).
[41] *Reischauer/Kleinhans* KWG § 46b Rn. 1; *Szagunn/Haug/Ergenzinger* KWG § 46b Rn. 3; *Lindemann* in BFS KWG § 46b Rn. 7; *Kokemoor* in Beck/Samm/Kokemoor KWG § 46b Rn. 13; *Schmahl* in MüKoInsO § 13 Rn. 57; *H.F. Müller* in Jaeger InsO § 15 Rn. 73.
[42] Einzige Ausnahme ist das Antragsrecht des von der BaFin bestellten Abwicklers nach § 37 Abs. 2 KWG.

dessen Zustimmung voraus. Diese ist – vor dem Hintergrund der Ausgestaltung als Antragsrecht in der Insolvenzordnung – zwingend, sodass sich die BaFin über eine verweigerte Zustimmung nicht hinwegsetzen kann. Eine Glaubhaftmachung des Eröffnungsgrundes im Sinne von § 14 Abs. 1 S. 1 InsO ist nicht erforderlich, da der Gesetzgeber insoweit davon ausgeht, dass die BaFin ihr Antragsrecht sachgerecht und verantwortungsbewusst ausübt.[43]

38 Mit dem Insolvenzantrag – oder zumindest kurz danach – hat die BaFin zudem den **Entschädigungsfall** gemäß § 5 Abs. 1 S. 1 EAEG festzustellen, sofern dies nicht bereits geschehen ist, weil ein Moratorium nach § 46 KWG länger als sechs Wochen andauerte (§ 5 Abs. 1 S. 2 EAEG).[44]

b) Das gerichtliche Insolvenzverfahren

aa) Prüfung durch das Insolvenzgericht

40 Dem zuständigen Insolvenzgericht kommt ein **vollumfängliches Prüfungsrecht** hinsichtlich der Zulässigkeit und Begründetheit des Antrags zu. Hierbei stehen dem Gericht die in der Insolvenzordnung eröffneten Ermittlungsmaßnahmen zur Verfügung, sollte es die von der BaFin vorgelegten Unterlagen und Gutachten für nicht ausreichend halten. Zu beachten ist, dass vor der Bestellung eines Insolvenzverwalters gemäß § 46b Abs. 1 S. 6 KWG die BaFin zu hören ist. Dies dürfte nach dem Zweck der Vorschrift, die BaFin bei dieser Entscheidung einzubinden, auch für die Bestellung eines vorläufigen Verwalters gelten, da dieser in der Regel auch Insolvenzverwalter im eröffneten Verfahren wird.[45]

bb) Maßnahmen im vorläufigen Insolvenzverfahren

41 Grundsätzlich hat das Insolvenzgericht nach § 21 Abs. 1 S. 1 InsO alle Maßnahmen zu treffen, die erforderlich erscheinen, um bis zur Entscheidung über den Antrag eine den Gläubigern nachteilige Veränderung der Vermögenslage des Schuldners zu verhüten. Insbesondere kann es gemäß § 21 Abs. 2 Nr. 1, 2 InsO einen vorläufigen Insolvenzverwalter bestellen, dem Schuldner ein **allgemeines Verfügungsverbot** auferlegen oder anordnen, dass Verfügungen des Schuldners nur mit Zustimmung des vorläufigen Insolvenzverwalters wirksam sind. Darüber hinaus können weitere Maßnahmen auf die **Generalklausel** des § 21 Abs. 1 S. 1 InsO gestützt werden. Wird ein vorläufiger Insolvenzverwalter bestellt[46] und dem Institut ein allgemeines Verfügungsverbot auferlegt, verpflichtet § 22 Abs. 1 S. 2 Nr. 2 InsO diesen grundsätzlich zur Fortführung des Unternehmens, soweit nicht das Insolvenzgericht ausnahmsweise einer Stilllegung zustimmt. Bei Kreditinstituten kann dies jedoch nur eingeschränkt Geltung beanspruchen. Eine Fortführung kommt nur im Rahmen der durch die BaFin in einem Moratorium bzw. durch das Insolvenzgericht angeordneten Beschränkungen in Betracht. Diese lassen einen weiteren Geschäftsbetrieb jedoch nicht zu. Die Geschäftstätigkeit ist weitestgehend eingestellt. In einem solchen Fall ist der vorläufige Insolvenzverwalter zu einer Wiederaufnahme nicht verpflichtet.[47]

---

[43] So auch *Schmahl* in MüKoInsO § 13 Rn. 57; *Kokemoor* in Beck/Samm/Kokemoor KWG § 46b Rn. 16.
[44] Zu Einzelheiten siehe *Pannen*, Krise und Insolvenz bei Kreditinstituten, 3. Aufl 2010, Kap. 4 Rn. 58 ff.; *Lindemann* in BFS KWG § 46 Rn. 137.
[45] Vgl. auch *Kokemoor* in Beck/Samm/Kokemoor KWG § 46b Rn. 22.
[46] Vgl. etwa Pressemitteilung der BaFin vom 20.5.2003.
[47] *Haarmeyer* in MüKoInsO § 22 Rn. 93; *Uhlenbruck* in Uhlenbruck InsO § 22 Rn. 24; *Kirchhof* in HK-InsO § 22 Rn. 19; *Gerhardt* in Jaeger InsO § 22 Rn. 78.

cc) Das eröffnete Insolvenzverfahren

Im Rahmen des eröffneten Insolvenzverfahrens ergeben sich bei Bankeninsolvenzen kaum Abweichungen zu Regelinsolvenzverfahren nach der InsO.[48] Eine Vorverlagerung von Fristen auf den Zeitpunkt der Anordnung des Moratoriums ergibt sich aus § 46c KWG. Ein weiterer wesentlicher Unterschied liegt in der – häufig – geringen Anzahl der Gläubiger. In der Regel geht nämlich der Großteil der Forderungen auf **Sicherungseinrichtungen** wie den Einlagensicherungsfonds des Bundesverbandes deutscher Banken e.V. bzw. die zuständige Entschädigungseinrichtung über.[49]

dd) Aufhebung der Bankerlaubnis

Die **Bankerlaubnis** erlischt nicht automatisch mit Insolvenzeröffnung, sondern muss durch die BaFin aufgehoben werden. Dies entspricht dem Schicksal einer Gewerbeerlaubnis in der Insolvenz des Gewerbetreibenden.[50]

Nach § 35 Abs. 2a KWG „soll" die BaFin die Bankerlaubnis aufheben, wenn über das Institut das Insolvenzverfahren eröffnet worden ist. Die damalige Neufassung des § 35 Abs. 2 Nr. 4 KWG aF diente der Umsetzung[51] des Art. 12 der Richtlinie 2001/24/EG des Europäischen Parlaments und des Rates vom 4. April 2001 über die Sanierung und Liquidation von Kreditinstituten.[52] Nach dessen Wortlaut handelt es sich jedoch um eine gebundene Entscheidung. Im Anwendungsbereich der Richtlinie – also vor allem bei EU-Kreditinstituten, die mindestens eine Zweigstelle in einem anderen Mitgliedstaat haben[53] – kommt der BaFin aufgrund richtlinienkonformer Auslegung folglich **kein Ermessen** zu. Sie hat die Bankerlaubnis aufzuheben.

6. Einzelne Bankgeschäfte in der Insolvenz

Nach Eröffnung des Insolvenzverfahrens über das Vermögen des Kreditinstitutes stellt sich die Frage nach dem Schicksal der bestehenden Bankgeschäfte. Nach erfolglosem Moratorium ist eine Betriebsfortführung in Form von Neugeschäften in aller Regel ausgeschlossen, sodass es dem Insolvenzverwalter obliegt, die bestehenden Geschäfte abzuwickeln. Mit Eröffnung des Insolvenzverfahrens wird gemäß § 35 Abs. 2a S. 1 KWG die Bankerlaubnis aufgehoben, wodurch das Recht zum Betreiben von Bankgeschäften erlischt. Die zur Abwicklung notwendigen, auch neuen Geschäfte dürfen jedoch ausgeführt werden und bedürfen keiner entsprechenden Erlaubnis, vgl. § 35 Abs. 2a S. 2 KWG.[54]

---

[48] Zu den zivilrechtlichen Folgen ausführlich *Pannen*, Krise und Insolvenz bei Kreditinstituten, 3. Aufl. 2010, Kap. 5.
[49] Siehe *Pannen*, Krise und Insolvenz bei Kreditinstituten, 3. Aufl. 2010, Kap. 4 Rn. 54 ff.
[50] Vgl. *Lwowski/Peters* in MüKoInsO § 35 Rn. 512 mwN; *Henckel* in Jaeger InsO § 35 Rn. 12.
[51] Vgl. Begründung des Regierungsentwurfs, BR-Drucks. 543/03, S. 58.
[52] ABl. EG L 125, 15; vgl. zu dieser noch ausführlich *Pannen*, Krise und Insolvenz bei Kreditinstituten, 3. Aufl. 2010, Kap. 6 Rn. 6 ff.
[53] Zu Einzelheiten *Pannen*, Krise und Insolvenz bei Kreditinstituten, 3. Aufl. 2010, Kap. 6 Rn. 19 ff.
[54] Ausführlich *Fischer* in BFS KWG § 35 Rn. 47.

B. Abwicklung

a) Girovertrag und Kontokorrent

aa) Giroverträge

46 Bei dem Girovertrag handelt es sich um einen **Geschäftsbesorgungsvertrag mit überwiegend dienstvertraglichem Charakter**,[55] geprägt durch die Einbeziehung von standardisierten AGB der Banken[56] der zugleich als Zahlungsdienstrahmenvertrag im Sinne des § 675f Abs. 2 BGB zu werten ist.[57] Die Bank verpflichtet sich, dem Kunden ein Konto einzurichten, eingehende Zahlungen gutzuschreiben und Überweisungsaufträge[58] über das Konto abzuwickeln.[59] Eine Gutschrift auf dem Girokonto stellt ein abstraktes Schuldversprechen oder Schuldanerkenntnis der Bank gegenüber dem Kunden dar, der einen unmittelbaren Anspruch auf Auszahlung erwirbt.[60]

47 Die Eröffnung des Insolvenzverfahrens über das Vermögen des Kreditinstituts beendet den Girovertrag nicht;[61] § 116 S. 1 InsO gilt nur in der Insolvenz des Geschäftsherrn.[62] Nach § 103 InsO kann der Insolvenzverwalter die Erfüllung eines Vertrages verlangen oder ablehnen, sofern es sich um einen gegenseitigen Vertrag handelt, der zum Zeitpunkt der Insolvenzeröffnung von beiden Seiten nicht (vollständig) erfüllt ist. Angesichts der fortlaufenden Verpflichtung des Kontoinhabers zur Zahlung eines Entgelts einerseits und der Verpflichtung der Bank zur Annahme von Geldern sowie zur Bereithaltung des Kontos andererseits ist der Girovertrag beiderseitig nicht vollständig erfüllt, sodass § 103 InsO in der Insolvenz der Bank Anwendung findet.[63] Lehnt der Insolvenzverwalter die Erfüllung ab, kann der andere Teil – der Kontoinhaber – eine Forderung wegen der Nichterfüllung als Insolvenzforderung zur Tabelle anmelden (§ 103 Abs. 2 InsO).

bb) Kontokorrentvereinbarungen

48 Beim Kontokorrent werden die aus der geschäftlichen Verbindung entspringenden beiderseitigen Ansprüche und Leistungen nebst Zinsen gegenseitig in Rechnung gestellt und in regelmäßigen Zeitabschnitten durch Verrechnung und Feststellung des für den einen oder anderen Teil sich ergebenden Überschusses ausgeglichen (§ 355 Abs. 1 HGB).

---

[55] Vgl. nur BGH NJW 1991, 978; *Bork* Zahlungsverkehr Rn. 9; *Sprau* in Palandt BGB § 675f Rn. 11.
[56] *Fischer* in BeckOK BGB § 675 Rn. 47.
[57] *Schimansky* in Schimansky/Bunte/Lwowski BankR-HdB § 47 Rn. 8, „eine besondere Ausprägung des Zahlungsdienstrahmenvertrages" so *Casper* in MüKoBGB § 675f Rn. 34.
[58] Die Überweisung wird durch Erteilung eines Zahlungsauftrags gem. § 675f Abs. 3 S. 2 BGB des Zahlungsdienstnutzers an den Zahlungsdienstleister ausgelöst, dabei handelt es sich um eine Weisung im Rahmen einer Zahlungsdiensterahmenvertrages gem. § 655 BGB, so *Nobbe* WM 2011, 961 (963); *Casper* in MüKoBGB § 675f Rn. 27.
[59] *Nobbe* WM 2011, 961 (962); *Grundmann* WM 2009, 1109 (1114 f.).
[60] Zuletzt BGH WM 2012, 1200, 1201 mwN.
[61] *Canaris* in Staub/GroßKomm-HGB BankvertragsR I Rn. 511; *Hefermehl* in Schlegelberger HGB § 365 Anh. Rn. 120; *Grundmann* in Ebenroth/Boujong/Joost BankR I Rn. 212; *Häuser* in MüKoHGB ZahlungsV B 606; *Schimansky* in Schimansky/Bunte/Lwowski BankR-HdB § 47 Rn. 34; *Wegener* in FK-InsO § 116 Rn. 52; *Hess* in Hess/Weis/Wienberg InsO §§ 115, 116 Rn. 52; *Casper* in MüKoBGB § 675f Rn. 5; *Sprau* in Palandt BGB § 675f Rn. 5; *Obermüller*, Insolvenzrecht in der Bankpraxis, 8. Aufl. 2011, Rn. 3.46 mwN; BGH ZIP 2008, 1437, 1438 mwN.
[62] *Pannen*, Krise und Insolvenz bei Kreditinstituten, 3. Aufl. 2010, Kap 5 Rn. 6, zum Verhältnis von § 116 InsO und § 103 InsO in der Insolvenz des Bauträgers bei Baubetreuungsverträgen und des Factors bei Factoringverträgen vgl. *Balthasar* in Nerlich/Römermann InsO § 103 Rn. 20 f.
[63] *Hess* in Hess/Weis/Wienberg InsO §§ 115, 116 Rn. 52; *Wegener* in FK-InsO § 116 Rn. 52; *Hopt/Mülbert* Vorb. zu §§ 607 ff. Rn. 141.

Nach wohl überwiegender Auffassung **endet das Kontokorrent** mit der Insolvenz einer 49
Partei.[64] Grund für die Beendigung sei, dass das Fortbestehen der antizipierten Verfügungsvereinbarungen mit dem Zweck des Insolvenzverfahrens, eine gleichmäßige Befriedigung der Gläubiger sicherzustellen, nicht vereinbar sei und § 91 InsO widerspreche.[65]

b) Zahlungsverkehr

Hinsichtlich der Ansprüche aus dem Zahlungsverkehr in der Insolvenz der Bank ist 50
einerseits zu beachten, dass Ein- und Auszahlungen in der Regel durch die Anordnung eines Moratoriums[66] nach § 46 KWG bereits im Vorfeld der Insolvenz nicht mehr ausgeführt werden können. Dies bewirkt keine Stundung der Ansprüche, sondern führt zu einer **rechtlichen Unmöglichkeit**[67] der Leistung nach § 275 Abs. 1 BGB analog. Andererseits sind Sonderregelungen im Rahmen von Zahlungsverkehrssystemen zu berücksichtigen.[68]

aa) Überweisungsverkehr

Ein Anspruch des Überweisungsempfängers gegen die Empfängerbank entsteht mit der 51
Gutschrift auf dem Empfängerkonto. Bis zu diesem Zeitpunkt besteht der Gutschriftanspruch gemäß § 675t Abs. 1 S. 1 BGB.[69] Der Überweisungsauftrag wird gem. § 675n mit Zugang beim Zahlungsdienstleister im Deckungsverhältnis wirksam. Damit beginnt einerseits die Ausführungsfrist nach § 675s Abs. 1 BGB und andererseits ist ab diesem Zeitpunkt der Auftrag gem. § 675p Abs. 1 BGB **unwiderruflich**.[70] Im Gegensatz zu § 676a Abs. 4 S. 1 aF ist damit ein Widerruf ausgeschlossen.

(1) Gutschriftanspruch des Empfängers

In der Insolvenz der Empfängerbank kann der Empfänger seinen Anspruch auf Gut- 52
schrift als unbedingte Forderung zur Tabelle anmelden. Unerheblich ist, ob die Gutschrift erst nach Eröffnung des Verfahrens vorgenommen wird, sofern das Kreditinstitut bereits vor Eröffnung Deckung erhalten hatte.[71] Das gilt auch für den Fall, dass der Überweisungsbetrag während des Moratoriums einging und die Gutschrift wegen der Wirkung des Moratoriums erst nach Insolvenzeröffnung erfolgt.

---

[64] BGHZ 70, 86 (93); differenzierend der Leitsatz in BGHZ 74, 253; BGH NJW 2009, 2677; OLG Köln NZI 2004, 668 (670); OLG Celle NZI 2000, 181; *K. Schmidt* HandelsR § 21 VI 3.; *Ott/Vuia* in MüKoInsO § 116 Rn. 39; *Sinz* in Uhlenbruck InsO § 38 Rn. 48; *Hopt* in Baumbach/HoptHGB § 355 Rn. 23.

[65] BGHZ 74, 253 (255); BGH NJW 2009, 2677 (2678); OLG Köln NZI 2004, 668 (670 mwN); *Wegener* in FK-InsO § 116 Rn. 39; *Obermüller*, Insolvenzrecht in der Bankpraxis, 8. Aufl. 2011, Rn. 3.46; *Bork* Zahlungsverkehr Rn. 61.

[66] Die Praxis versteht idS unter dem Begriff „Moratorium" eine kombiniertes Maßnahme nach § 46 Abs. 1 Nr. 4–6 KWG und nicht das Moratorium nach 46g KWG, dazu *Pannen* EWiR 2013, 423; *Pannen*, Krise und Insolvenz bei Kreditinstituten, 3. Aufl. 2010, Kap. 1 Rn. 89; so auch *Lindemann* in BFS KWG § 46 Rn. 2.

[67] BGH NZI 2013, 457 = WM 2013, 742; *Pannen* EWiR 2013, 423 f.

[68] *Pannen*, Krise und Insolvenz bei Kreditinstituten, 3. Aufl. 2010, Kap. 1 Rn. 126 ff. und Kap. 5 Rn. 14; ausführlich *Kieper* Abwicklungssysteme.

[69] *Casper* in MüKoBGB § 675t Rn. 1 und 24.

[70] Dabei werden die Interessen des Überweisenden unnötig stark eingeschränkt so *Nobbe* WM 2011, 961 (963).

[71] *Henckel* in Jaeger InsO § 38 Rn. 93; *Sinz* in Uhlenbruck InsO § 38 Rn. 46; *Ehricke* in MüKoInsO § 38 Rn. 100.

B. Abwicklung

(2) Rückleitungsanspruch

53   Bei **rechtzeitigem Widerruf** des Überweisenden nach § 675p Abs. 3 und 4 BGB vor der Gutschrift auf dem Eingangskonto an die Empfängerbank hat diese den Überweisungsbetrag zurückzuleiten. Auch dieser Anspruch ist eine Insolvenzforderung.[72]

(3) Deckung nach Insolvenzeröffnung

54   Erlangt das insolvente Kreditinstitut erst nach Insolvenzeröffnung Deckung für eine Überweisung, ist der Auszahlungsanspruch des Empfängers gemäß § 55 Abs. 1 Nr. 2 InsO **Masseverbindlichkeit**, da der Girovertrag mit Insolvenzeröffnung nicht automatisch erlischt.[73]

bb) Lastschriftverkehr

55   Im Rahmen des Lastschriftverfahrens ist der Anspruch des Empfängers durch die Einlösung der Lastschrift durch die Bank des Zahlungspflichtigen bedingt. Der Empfänger kann somit in der Insolvenz der Empfängerbank seinen Anspruch als bedingte Forderung zur Tabelle anmelden, sofern die Gutschrift vor Insolvenzeröffnung erfolgte; diese wird bis zum Eintritt der Bedingung wie ein unbedingter Anspruch behandelt. Auch wenn die Empfängerbank erst nach Verfahrenseröffnung Deckung erhält, handelt es sich um eine Insolvenzforderung, da die bedingte Forderung bereits mit Gutschrift und somit vor Eröffnung entstanden ist.[74] Selbst wenn der Empfänger demnach nur in Höhe der Quote befriedigt wird, erlischt sein Anspruch gegen den Lastschriftschuldner in voller Höhe, da der Empfänger das Insolvenzrisiko seiner Bank trägt.[75]

7. Fazit

56   Aus der Sicht des Insolvenzverwalters weist die Abwicklung eines Kreditinstitutes zahlreiche Besonderheiten gegenüber der Insolvenz anderer Schuldner auf. Wie aufgezeigt, stehen für die Sanierung und Abwicklung eines Kreditinstitutes mehrere vorgeschaltete Verfahrensalternativen zur Verfügung. Die Erfahrung der Praxis zeigt mit wenigen Ausnahmen, dass die Entscheidung für das Moratorium im weiteren Verlauf zur Abwicklung des Kreditinstituts geführt hat. Eine Sanierung kommt ab dem Zeitpunkt der Eröffnung des Insolvenzverfahrens nicht mehr in Betracht, da die BaFin mit der Verfahrenseröffnung die Bankerlaubnis nach § 35 Abs. 2a KWG aufheben soll und damit der Bank die Grundlage ihrer Geschäftstätigkeit entzogen wird.

Im Ausblick wird es auch zukünftig Fälle der Abwicklung und Sanierung von Kreditinstituten geben.[76] Der Praxis wurden jedoch mit den vorgeschalteten freiwilligen wie auch unfreiwilligen Aufsichtsmaßnahmen und den Abwicklungsinstrumenten des SAG effektive Mittel zur Verfügung gestellt, um eine Restrukturierung/Abwicklung ohne Durchführung eines Insolvenzverfahrens zu ermöglichen.

---

[72] *Henckel* in Jaeger InsO § 38 Rn. 94; *Sinz* in Uhlenbruck InsO § 38 Rn. 46.
[73] *Pannen*, Krise und Insolvenz bei Kreditinstituten, 3. Aufl. 2010, Kap. 5 Rn. 20; bei Erlöschen bestünde zudem eine Masseverbindlichkeit aus ungerechtfertigter Bereicherung gemäß § 55 Abs. 1 Nr. 3 InsO.
[74] *Henckel* in Jaeger InsO § 38 Rn. 97; *Weis* in Hess/Weis/Wienberg InsO § 38 Rn. 91; *Ehricke* in MüKoInsO § 38 Rn. 102.
[75] *Henckel* in Jaeger InsO § 38 Rn. 97; *Weis* in Hess/Weis/Wienberg InsO § 38 Rn. 91; *Canaris* in Staub/GroßKomm-HGB BankvertragsR I Rn. 642.
[76] Insbesondere zu möglichen „Ansteckungsrisiken" vgl. *Binder* ZHR 2015 83 (99 f.); ähnlich auch *Wolfers/Voland* WM 2011, 1159.

XI. Erfahrungen aus der Anwendung des Bail-In in Österreich

Übersicht

		Rn.
1.	Einleitung	1
	a) Vorgeschichte	1
	b) Rahmenbedingungen	2
2.	Finanzmarktstabilisierungs- und Restrukturierungsgesetze	3
	a) Überblick	3
	b) Finanzmarktstabilisierung	4
	c) BIRG	11
	d) Exkurs: KredReorgG	18
3.	Sondergesetzliche Maßnahmen	21
	a) Bundesgesetz über Sanierungsmaßnahmen für die HYPO ALPE ADRIA BANK INTERNATIONAL AG (HaaSanG)	24
	aa) Systematik des HaaSanG	24
	bb) Normprüfungsverfahren	29
	b) Bundesgesetz zur Schaffung einer Abbaueinheit (GSA)	37
	aa) Systematik des GSA	37
	bb) Normprüfungsverfahren	39
4.	BaSAG	41
	a) Übersicht	41
	b) Stabilisierungsmaßnahmen	42
	c) Sicherheiten	43
	d) Mandatsbescheid	44
5.	Wirkungserstreckung	49
	a) HaaSanG	50
	b) BaSAG	60
	aa) Interpretation des Wortlauts	63
	bb) Teleologische Interpretation	65
	cc) Systematische Interpretation	71
	dd) Sperrwirkung	75
6.	Zusammenfassung	79

Schrifttum: *Binder,* Krisenbewältigung im Spannungsfeld zwischen Aufsichts-, Kapitalmarkt- und Gesellschaftsrecht, WM 2008, 2340; *Boos/Fischer/Schulte-Mattler* (Hrsg.), Kreditwesengesetz, 4. Auflage 2012; *Blume,* Basel III/CRD IV: Neues Kapitalregime für Österreichs Banken, ÖBA 2011, 218; *Bormann,* Kreditreorganisationsgesetz, ESUG und Scheme of Arrangement, NZI 2011, 892; *Buchegger* (Hrsg.), Österreichisches Insolvenzrecht, 2009; *Dinov,* Die Schuldenkrise in Europa: Rechtliche und ökonomische Aspekte, ZfRV 2014/12; *Egger/Rautner,* Das Unternehmensliquiditätsstärkungsgesetz: eine Zwischenbilanz, GeS 2009, 382; *Dallmann/Reich-Rohrwig,* Staatshilfe für Banken, ecolex 2008, 1076; *Engelbach/Friedrich,* Die Umsetzung der BRRD in Deutschland, WM 2015, 662; *Fest,* Abwicklung der Hypo Alpe-Adria-Bank: Keine Anerkennung der Maßnahmen außerhalb des Herkunftsstaates auf Grundlage der Sanierungs-RL und der BRRD, NZG 2015, 1108; *Fellner,* HETA und die neuen Bankenabwicklungsregeln nach BRRD/BaSAG: Ein Überblick in „FAQ" Form, ecolex 2015, 365; *Fletzberger,* Begutachtungsentwurf für ein Bankeninterventions- und -restruktuierungsgesetz, ZFR 2013, 99; *Fletzberger,* FMA-Verordnung über Inhalt und Detailierungsgrad der Sanierungspläne von Banken (Bankensanierungsplanverordnung), ZFR 2015, 245; *Franger/Schimka,* Stabilisierung der Finanzmärkte, GesRZ 2008, 327; *Geimer/Schütze,* Europäisches Zivilverfahren, 3. Aufl. 2010; *Geier/Schmitt/Petrowsky,* Der Anwendungsbereich des „Moratoriums" nach Inkrafttreten des Restrukturierungsgesetzes, BKR 2011, 497; *Grabitz/Hilf/Nettesheim* (Hrsg.),

B. Abwicklung

Recht der EU, 56. Erg.Lfg. 2015; *Haselberger*, Gesellschaftsrechtliche Probleme im Spannungsverhältnis zwischen Wettbewerbsrecht und allgemeinem Zivilrecht, zwischen Europarecht und innerstaatlichem Recht, AnwBl 2015, 576; *Hilkesberger/Schöller*, Sanierung und Abwicklung von Banken in Österreich nach dem BaSAG, ÖBA 2015, 553; *Höche*, Das Restrukturierungsgesetz – Neue Wege in der Bankenaufsicht (mit Seitenblicken auf die Schweiz und das Vereinigte Königreich), WM 2011, 49; *Hödl*, Staatliche Eigenkapitalinstrumente in der Finanzkrise, ecolex 2009, 113; *Hopt/Fleckner/Kumpan/ Steffek*, Kontrollerlangung über systemrelevante Banken nach den Finanzmarktstabilisierungsgesetzen (FMStG/FMStErgG), WM 2009, 821; Jaletzke/Veranneman (Hrsg.), Finanzmarktstabilisierungsgesetz – FMStG, 2009; *Kathrein*, Vertrauen ist gut, …: Das Finanzmarktstabilitätspaket, ÖJZ 2008/87; *Katzengruber*, Die Richtlinie zur Sanierung und Abwicklung von Kreditinstituten (BRRD) und deren Konsequenzen für österreichische Institute, ÖBA 2014, 513; Konecny/Schubert (Hrsg.), KO (Stand Juli 2009); *Kreisl*, Verordnung des BMF zur Festlegung näherer Bestimmungen über die Bedingungen und Auflagen für Maßnahmen nach dem Finanzmarktstabilitätsgesetz und dem Interbankenstärkungsgesetz, ZFR 2008, 241; *Müller/Zahradnik*, Die Bürgschaft: Ein Kärntner „Drama" in mehreren Akten, ecolex 2015, 933; *Lorenz*, Der Regierungsentwurf eines Gesetzes zur Restrukturierung und geordneten Abwicklung von Kreditinstituten – Überblick und erste Einordnung, NZG 2010, 1046; *Neuhof*, Unternehmenssanierung in Deutschland – Modelle, Chancen, Risiken, ÖBA 2012, 491; Obermüller, Das Bankenrestrukturierungsgesetz – ein kurzer Überblick über ein langes Gesetz, NZI 2011, 81; N.N., FMA leitet Abwicklung der Hypo-Bad-Bank ein, SWK 2015, 402; *Perner*, Zum rechtlichen Rahmen der HETA-Abwicklung, ÖBA 2015, 239; *Putzer*, Effektivität der Finanzmarktstabilisierung, ecolex 2009, 844; *Putzer*, Finanzmarktstabilisierung: Das österreichische Maßnahmenpaket, ZFR 2009, 50; *Rabl*, Das Banken-Paket im Überblick, ZFR 2008, 239; *Raschauer*, Lehren aus dem HETA-Erkenntnis, ecolex 2015, 928; *Raschauer/Völkl*, Überlegungen zum neuen Bankeninterventionsregime, ÖBA 2014, 573; *Rapp*, Zur Sanierungs- und Reorganisationsentscheidung von Kreditinstituten, 2014; *Rautner*, Staatliche Beihilfen: Kommission verlängert Krisenregelung mit strengeren Auflagen, BRZ 2011, 17; Reischauer/Kleinhans (Hrsg.), Kreditwesengesetz, Erg. Lfg. 9/12; *Reisenhofer*, Bankeninterventions- und -restruktuierungsgesetz und damit verbundene Neuerungen im BWG, ZFR 2013, 248; *Riesenhuber*, Europäische Methodenlehre: Handbuch für Ausbildung und Praxis, 2010; *Rühle/Schmitz*, Keine Anerkennung ausländischer Eingriffsnormen ohne Rechtsgrundlage für die Wirkungserstreckung, GWR 2015, 406; *Ruzik*, Bankenkrisen und -insolvenzen – Ein besonderes Phänomen, BKR 2009, 133; Schwennicke/Auerbach (Hrsg.), KWG, 1. Auflage 2009; *Seidl/Weileder*, Aktuelle Entwicklungen im Bankeninsolvenzrecht – BRRD in Nunner-Krautgasser/Kapp/Clavora (Hrsg.), Jahrbuch Insolvenzrecht und Sanierungsrecht 2014, 261; *Schellmann*, Das Bankeninterventions- und – restruktuierungsgesetz, ecolex 2014, 329; *Schelo*, Neue Restrukturierungsregeln für Banken, NJW 2011, 186; *Schrank/Meister*, Das Bankentestament nach dem BIRG, ÖBA 2014, 403; *Schuster/Westphal*, Wirtschaftsrecht Neue Wege zur Bankensanierung – Ein Beitrag zum Restrukturierungsgesetz (Teil I), DB 2011, 221; *Schuster/Westphal*, Wirtschaftsrecht Neue Wege zur Bankensanierung – Ein Beitrag zum Restrukturierungsgesetz (Teil II), DB 2011, 282; *Steck/Petrowsky*, Neue Voraussetzungen für die Abwicklung von Banken – Die Bestandsgefährdung als Ausgangspunkt für Abwicklungsmaßnahmen unter dem neuen Bankenabwicklungsrecht, DB 2015, 1391; *Stengel*, Das Kreditinstitute-Reorganisationsgesetz: Rechtliche Aspekte der zukünftigen Sanierung und Reorganisation von Kreditinstituten, DB-Beilage 4/2011, 11; *Stock*, Aufsichtsrecht und Risikomanagement, ÖBA 2015, 794; *Stock*, Gesetzesentwurf zum Bankeninterventions- und Bankenrestrukturierungsgesetz, ÖBA 2013, 223; *Stock*, Regierungsvorlage für Bundesgesetz zum Bankeninterventions- und -restruktuierungsgesetz (BIRG), ÖBA 2013, 457; *Studer*, Aufsichtsrecht und Risikomanagement, ÖBA 2015, 85; *Studer*, FMA konkretisiert mittels Verordnung die proportionale Anwendung des BaSAG, ÖBA 2015, 85; *Wiemer*, Bankenkrise und staatliche Beihilfen, BRZ 2008, 9; *Wollmann*, Staatliche Hilfsmaßnahmen in der Finanzkrise – Beihilfenrechtliche Rahmenbedingungen, ecolex 2009, 109.

XI. Erfahrungen aus der Anwendung des Bail-In in Österreich

1. Einleitung

a) Vorgeschichte

Die weltweite Finanzkrise hat zahlreiche Schwächen des europäischen Finanzsystems offenbart und Mitgliedstaaten der Europäischen Union dazu veranlasst, durch den Einsatz von öffentlichen Geldern einen Ausfall von Kreditinstituten und die damit verbundenen volkswirtschaftlichen Nachteile weitestgehend zu verhindern. Auch in Österreich bestand die Sorge, dass sich ein Vertrauensverlust gegenüber Kreditinstituten auf die Realwirtschaft auswirken könnte. Bei einem in Schieflage geratenen Kreditinstitut, der Hypo Alpe-Adria-Bank International AG (nunmehr HETA Asset Resolution AG; „HETA"), bestand zudem die Besonderheit, dass durch die (historisch bedingte) Ausfallbürgschaft des Bundeslandes Kärnten für bestimmte Verbindlichkeiten der HETA, die das jährlichen Budget des Landes Kärntens um ein Vielfaches überstiegen, ein besonderes öffentliches Interessen hinzutrat. Um die Belastung für den Steuerzahler möglichst gering zu halten, hat die Republik Österreich eine mit österreichischen und internationalen Experten besetzte Task Force zur Evaluierung mehrerer alternativer Modelle eingesetzt. Auf Grundlage des von ihr erstellten Berichts kam die Bundesregierung zum Schluss, dass es viele ernstzunehmende Gründe für eine Insolvenz gab, aber die Risiken letztlich nicht kalkulierbar waren.[1] Die Überführung der HETA von einem Kreditinstitut in eine deregulierte, privatwirtschaftlich organisierte Gesellschaft wurde unter wirtschaftlicher Beteiligung des Landes Kärnten und der Nachrang- und Partizipationskapitalgeber der HETA zusätzlich zu einem Vergleich mit der ehemaligen Mehrheitsaktionärin der HETA, der Bayerischen Landesbank Anstalt des öffentlichen Rechts, die einen Rechtsstreit mit der HETA am Landgericht München zu Fragen Eigenkapital ersetzenden Gesellschafterdarlehen führt, angestrebt.

1

b) Rahmenbedingungen

Wie in Deutschland, bestand auch in Österreich traditionell ein System der staatlichen Stützung für Sparkassen und Landeshypothekenbanken, die insbesondere eine (Ausfalls-)Bürgschaft für deren Verbindlichkeiten im Insolvenzfall (Gewährträgerhaftung) umfasste.[2] Diese Maßnahmen wurden am (ehemaligen) Art. 87 Abs. 1 Vertrag zur Gründung der Europäischen Gemeinschaft („EG-Vertrag"), nunmehr Art. 107 Abs. 2 Vertrag über die Arbeitsweise der Europäischen Union („AEUV"), gemessen („staatliche oder aus staatlichen Mitteln gewährte Beihilfen gleich welcher Art, die durch die Begünstigung bestimmter Unternehmen oder Produktionszweige den Wettbewerb verfälschen oder zu verfälschen drohen, mit dem Gemeinsamen Markt unvereinbar, soweit sie den Handel zwischen Mitgliedstaaten beeinträchtigen"). Die Europäische Kommission verabschiedete im Jahr 2000 die „Mitteilung der Kommission über die Anwendung der Art. 87 und 88 EG-Vertrag auf staatliche Beihilfen in Form von Haftungsverpflichtungen und Bürgschaften"[3] und

2

---

[1] Erklärung von Finanzminister Dr. Michael Spindelegger zur Hypo Alpe Adria vom 14.3.2014.
[2] In der Kundmachung der Kärntner Landesregierung betreffend die Errichtung einer Landes-Hypothekenanstalt Kärnten vom 14.5.1895 wurde die Haftung des Landes Kärntens erstmals festgeschrieben. Durch das Kärntner Landesholding-Gesetz („K-LHG") vom 13.12.1990 wurde das gesamte bankgeschäftliche Unternehmen als Gesamtsache zum 31.12.1990 in eine Aktiengesellschaft eingebracht und die bisherige Landes- und Hypothekenbank übernahm als Holding die Funktion des Aktionärs („Kärntner Landes- und Hypothekenbank-Holding"); *Müller/Zahradnik* ecolex 2015, 933; *Haselberger* AnwBl 2015, 576.
[3] ABl. C 71, 14.

B. Abwicklung

hat darin festgehalten, dass eine (Ausfalls-)Bürgschaft einer Gebietskörperschaft als Beihilfe im Sinne des EU-Beihilfenrechts zu qualifizieren ist. Nachdem die Bundesrepublik Deutschland aufgefordert wurde, die „Gewährträgerhaftung" bis zum 18.7.2005 auslaufen zu lassen,[4] wurde auch Österreich angehalten, die für die Landes-Hypothekenbanken und Sparkassen bestehende Ausfallshaftung von Gebietskörperschaften unter Einhaltung einer Übergangsfrist abzuschaffen.[5] Österreich sagte der Kommission „die Verabschiedung der notwendigen rechtlichen Maßnahmen [zu], um alle österreichischen Gesetze und sonstigen Rechtsvorschriften für Landes-Hypothekenbanken und Sparkassen ausdrücklich zu ändern".[6] Die meisten (österreichischen) Bundesländer kamen dem dadurch nach, dass neu eingegangene Verbindlichkeiten mit einer (gestaffelten) gesetzlich geregelten Übergangsfrist nicht mehr von der Ausfallsbürgschaft erfasst waren.[7] Im Rahmen der Finanzkrise wurde offensichtlich, dass – auch aufgrund der (noch) bestehenden Ausfallbürgschaft – eine Insolvenz bestimmter Landeshypothekenbanken zu erheblichen negativen Auswirkungen auf die Realwirtschaft geführt hätte.

2. Finanzmarktstabilisierungs- und Restrukturierungsgesetze

a) Überblick

3   Als unmittelbare Reaktion auf die Finanzkrise wurde auf der Grundlage der Beschlüsse auf europäischer Ebene in Österreich im Oktober 2008 ein Maßnahmenpaket beschlossen, das Sparer absichern und Kreditinstitute und Versicherungen stärken soll. Dazu wurden die gesetzlichen Rahmenbedingungen für Maßnahmen zur Stärkung und Stabilisierung einzelner Institute (FinStaG[8], nach wie vor in Kraft) sowie zur Sicherung der Liquidität des

---

[4] Entscheidung Nr. 10/2000 v. 27.3.2002, C (2002) 1286 – Deutschland, Anstaltslast und Gewährträgerhaftung; als Übergangsregelung legte die Kommission Folgendes fest: „Verbindlichkeiten, die am 18.7.2001, dem Tag der Annahme der Empfehlung der Kommission vom 8.5.2001 durch Ihre Behörden, bestehen, sind bis zum Ende ihrer Laufzeit von Gewährträgerhaftung gedeckt. Die vorliegende Entscheidung legt eine Übergangszeit fest, die bis zum 18.7.2005 dauert und während der das System von Anstaltslast und Gewährträgerhaftung in seiner gegenwärtigen Form aufrechterhalten bleiben kann. Mit Ende dieser Übergangszeit wird jede bis dahin bestehende und nach dem 18.7.2001 begründete Verbindlichkeit weiterhin von Gewährträgerhaftung gedeckt sein unter der Bedingung, dass ihre Laufzeit nicht über den 31.12.2015 hinausgeht."

[5] Im Detail zur Chronologie: *Jaeger*, Staatliche Ausfallshaftungen für Kreditinstitute als gemeinschaftsrechtswidrige Beihilfen, ÖBA 2005, 104.

[6] Kommission v. 30.4.2003 im Verfahren E 8/2002, C (2003) 1329 endg, Rn. 3 und 4.

[7] LGBl. Nr. 37/1991: „§ 5 Haftung des Landes zugunsten der Aktiengesellschaft […] (2) Das Land Kärnten haftet darüber hinaus als Ausfallsbürge gemäß § 1356 ABGB im Fall der Zahlungsunfähigkeit der Aktiengesellschaft oder ihrer Gesamtrechtsnachfolger unter den Bedingungen nach Abs. 3 für alle vom Zeitpunkt der Eintragung der Aktiengesellschaft in das Firmenbuch bis zum 2. April 2003 eingegangenen Verbindlichkeiten der Aktiengesellschaft und ihrer Gesamtrechtsnachfolger. Für alle ab dem 3. April 2003 bis zum 1. April 2007 entstandenen Verbindlichkeiten der Aktiengesellschaft und ihrer Gesamtrechtsnachfolger haftet das Land Kärnten unter den Bedingungen des Abs. 3 nur insoweit als Ausfallsbürge gemäß § 1356 ABGB, als die Laufzeit der Verbindlichkeiten nicht über den 30. September 2017 hinausgeht. Für nach dem 1. April 2007 entstehende Verbindlichkeiten der Aktiengesellschaft und ihrer Gesamtrechtsnachfolger übernimmt das Land Kärnten keine Bürgschaften, Garantien oder sonstige Haftungen mehr, ausgenommen nach Maßgabe des Abs. 6. […]".

[8] Bundesgesetz über Maßnahmen zur Sicherung der Stabilität des Finanzmarktes, BGBl. I Nr. 136/2008.

Interbankmarktes (IBSG[9], mit 31.12.2010 außer Kraft getreten) geschaffen. Mittelfristig wurde entsprechend den europäischen Bemühungen eines harmonisierten Handlungsspielraumes hinsichtlich unsolider Kreditinstitute auf Grundlage der BRRD[10] im Jahr 2013 das Bankeninterventions- und -restrukturierungsgesetz („BIRG") geschaffen, das jedoch im Wesentlichen nur zwei Titel der (finalen) BRRD vorgreift, der Themenbereich der Abwicklung wurden darin noch nicht vorgesehen. Nach Inkrafttreten der BRRD trat das Bundesgesetz über die Sanierung und Abwicklung von Banken („BaSAG") mit 1.1.2015 als deren Umsetzung an die Stelle des BIRG. In Bezug auf die HETA erachtete es der österreichische Gesetzgeber für notwendig, bereits vor Inkrafttreten des BRRD spezielle Regelungen zu erlassen und die Anwendung einzelner Instrumente vorzuziehen. In diesem Sinne wurde bereits im Jahr 2014 ein Gesetzespaket beschlossen, welches am 1.8.2014 in Kraft trat und den rechtlichen Rahmen für die einleitend skizzierte Entscheidung der Bundesregierung bildete.

b) Finanzmarktstabilisierung

Zum Zweck der Finanzmarktstabilisierung hat die Europäische Kommission mehrere Mitteilungen herausgegeben, in denen sie die Rahmenbedingungen für staatliche Hilfsmaßnahmen beschrieben hat:[11] Zunächst veröffentlichte die Europäische Kommission am 13.10.2008 die Mitteilung über die „Anwendung der Vorschriften für staatliche Beihilfen auf Maßnahmen zur Stützung von Finanzinstituten im Kontext der globalen Finanzkrise" (Banken-Mitteilung). In weiterer Folge erließ die Europäische Kommission eine gesonderte Rekapitalisierungs-Mitteilung sowie eine Mitteilung über die Behandlung wertgeminderter Aktiva im Bankensektor, worin die beihilfenrechtlichen Spielregeln speziell für diese beiden Formen der staatlichen Unterstützung festgelegt wurden, während in der Umstrukturierungs-Mitteilung die Rahmenbedingungen für den Umstrukturierungsplan/Rentabilitätsplan als Folgemaßnahme von krisenbedingten Beihilfen für Finanzinstitute geschaffen wurde. Auf Grundlage dieser Mitteilungen hat die Europäische Kommission zahlreiche Sanierungspakete in den Mitgliedsstaaten genehmigt.[12] 4

Österreich machte von den erweiterten unionsrechtlichen Sondervorschriften für staatliche Beihilfen umfassend Gebrauch. Das österreichische Maßnahmenpaket umfasst einerseits 5

---

[9] Verordnung des Bundesministers für Finanzen zur Festlegung näherer Bestimmungen über die Bedingungen und Auflagen für Maßnahmen nach dem Finanzmarktstabilitätsgesetz und dem Interbankmarktstärkungsgesetz, BGBl. II Nr. 382/2008.

[10] Richtlinie 2014/59/EU zur Festlegung eines Rahmens für die Sanierung und Abwicklung von Kreditinstituten und Wertpapierfirmen (BRRD) vom 12.6.2014.

[11] Mitteilung der Kommission – Die Anwendung der Vorschriften für staatliche Beihilfen auf Maßnahmen zur Stützung von Finanzinstituten im Kontext der derzeitigen globalen Finanzkrise (2008/C 270/02); Mitteilung der Kommission – Die Rekapitalisierung von Finanzinstituten (1) in der derzeitigen Finanzkrise: Beschränkung der Hilfen auf das erforderliche Minimum und Vorkehrungen gegen unverhältnismäßige Wettbewerbsverzerrungen (2009/C 10/03); Mitteilung der Kommission über die Behandlung wertgeminderter Aktiva im Bankensektor der Gemeinschaft (2009/C 72/01); Mitteilung der Kommission über die Wiederherstellung der Rentabilität und die Bewertung von Umstrukturierungsmaßnahmen im Finanzsektor im Rahmen der derzeitigen Krise gemäß den Beihilfevorschriften (2009/C 195/04); Mitteilung der Kommission – Die Anwendung der Vorschriften für staatliche Beihilfen auf Maßnahmen zur Stützung von Finanzinstituten im Kontext der Finanzkrise ab dem 1.1.2011, SEK(2010) 1466; Mitteilung der Kommission – Die Anwendung der Vorschriften für staatliche Beihilfen auf Maßnahmen zur Stützung von Finanzinstituten im Kontext der Finanzkrise ab dem 1.1.2012, K(2011) 8744 endgültig.

[12] *Rautner* BRZ 2011, 17 (19 f.).

Maßnahmen zur Stärkung des Interbankenmarktes und andererseits Instrumente zur Stabilisierung und Stärkung des Eigenkapitals von Finanzinstituten. Das österreichische Rettungspaket in Höhe von ursprünglich bis zu EUR 100 Mrd. wurde durch das Bundesgesetz zur Stärkung des Interbankenmarktes („IBSG") und das Bundesgesetz über Maßnahmen zur Sicherung der Stabilität des Finanzmarktes („FinStaG") umgesetzt.[13] Mit der Durchführung der einzelnen Maßnahmen wurde die dafür gegründete Finanzmarktbeteiligung Aktiengesellschaft des Bundes („FIMBAG") beauftragt. Die Europäische Kommission hatte das österreichische Rettungspaket am 9.12.2008 vorerst für einen Zeitraum von sechs Monaten genehmigt und in weiterer Folge in reduziertem Umfang mehrmals verlängert.[14]

6   Neben den zahlreichen Maßnahmen im Rahmen der Geldpolitik der Notenbanken waren die legistischen Finanzmarktstabilisierungsmaßnahmen die bedeutendsten Stützen der Finanzmärkte, deren Schutzzweck „das öffentliche Interesse an der Erhaltung der volkswirtschaftlichen Stabilität" ist.[15] Mit dem FinStaG wurde eine Möglichkeit zur Stärkung der Eigenkapitalausstattung der systemrelevanten (österreichischen) Banken und damit zur Verhinderung von Nachteilen gegenüber ausländischen Instituten geschaffen.[16] Dies sollte Österreich in die Lage versetzen, im Bedarfsfall effizient und umfassend Maßnahmen zu ergreifen, um eine beträchtliche Störung im Wirtschaftsleben Österreichs durch die Finanzkrise zu vermeiden[17] und das gesamtwirtschaftliche Gleichgewicht sicherzustellen.[18]

7   Gemäß § 2 Abs. 1 FinStaG stehen dem Bundesminister folgende Maßnahmen zum Zweck der Rekapitalisierung zur Verfügung:[19]

i)   die Übernahme von Haftungen für Verbindlichkeiten des betroffenen Rechtsträgers;
ii) die Übernahme von Haftungen für Verbindlichkeiten gegenüber dem betroffenen Rechtsträger;
iii) die Gewährung von Darlehen sowie die Zuführung von Eigenmittel an die betroffenen Rechtsträger;[20]

---

[13] Bundesgesetz, mit dem ein Bundesgesetz zur Stärkung des Interbankmarktes (InterbankmarktstärkungsgesetzIBSG) und ein Bundesgesetz über Maßnahmen zur Sicherung der Stabilität des Finanzmarktes (Finanzmarktstabilitätsgesetz – FinStaG) erlassen sowie das ÖIAG-Gesetz 2000, das Bankwesengesetz, das Börsegesetz, das Finanzmarktaufsichtsbehördengesetz sowie das Bundesfinanzgesetz 2008 geändert werden, BGBl. I Nr. 136/2008.
[14] Entscheidung der Kommission vom 9.12.2008, Nr. N 557/2008.
[15] AB 683 BlgNr XXIII. GP 2; *Putzer* ZFR 2009, 50; hinsichtlich des Unternehmensliquiditätsstärkungsgesetz siehe *Egger/Rautner* GeS 2009, 382; *Ruzik* BKR 2009, 133 (136 ff.).
[16] *Putzer* ecolex 2009, 844; *Dinov* ZfRV 2014/12, 104; *Rautner* BRZ 2011, 17; *Franger/Schimka* GesRZ 2008, 327; des weiteren wurden die Leerverkaufsverbotsverordnung (LVV, BLGl II 2008/375), die 2. Leerverkaufsverbotsverordnung (BGBl II 2008/412) und die Verordnung zur Festlegung näherer Bestimmungen über die Bedingungen und Auflagen für Maßnahmen nach dem FinStaG und dem IBSG (BGBl II 2008/382) erlassen; zu den von anderen Ländern vorgesehenen Maßnahmen siehe im Überblick für Deutschland Jaletzke/Veranneman FMStG; *Binder* WM 2008, 2340; *Hopt/Fleckner/Kumpan/Steffek* WM 2009, 821; für die Vereinigten Staaten von Amerika (Emergency Economic Stabilization Act 2008), Vereinigtes Königreich (Recapitalisation und Credit Guarantee Scheme sowie Bank of England Special Liquidity Scheme), Frankreich (Loi de finances rectificative pour le financement de l'économie) *Foulkes/Sweet* in Jaletzke/Veranneman FMStG Anhang I; siehe auch *Ruzik* BKR 2009, 133.
[17] In Anlehnung an ex Art. 87 Abs. 3 lit. b EGV; *Wiemer* BRZ 2008, 9 (9 f.).
[18] *Rabl* ZFR 2008, 239 (240).
[19] Zu den ergriffenen Maßnahmen *Rautner* BRZ 2011, 17; *Hödl* ecolex 2009, 113 (114); *Rabl* ZFR 2008, 239 (240); *Wollmann* ecolex 2009, 109 (110 ff.); *Putzer* ZFR 2009, 50 (51).
[20] Zu den Implikationen durch Basel III/CRD IV: *Blume* ÖBA 2011, 218 (220).

iv) der Erwerb von Gesellschaftsanteilen oder Wandelanleihen im Zusammenhang mit Kapitalerhöhungen;
v) der Erwerb von bestehenden Gesellschaftsanteilen durch Rechtsgeschäft; und
vi) die Übernahme des Gesellschaftsvermögens im Wege der Verschmelzung nach § 235 AktG.

Für alle Maßnahmen ist ein angemessenes (marktkonformes) Entgelt[21] vorzusehen.[22] **8** In einer Verordnung des BMF wurden die näheren Bestimmungen über die Bedingungen und Auflagen für Maßnahmen nach dem FinStaG und dem IBSG[23], insbesondere in Bezug auf die laufende Geschäftstätigkeit, Vergütungssysteme, Eigenmittelausstattung und Gewinnausschüttung sowie Informationspflichten festgelegt.[24] Im Diskussionsprozess mit der Europäischen Kommission zum FinStaG (und dem IBSG), die einen strengen Maßstab an das zu leistende Entgelt und die Einschränkungen der Geschäftspolitik anlegte, stellte sich heraus, dass nicht alle Maßnahmen, die das österreichische Bankenpaket vorsah, letztlich auch beihilfenrechtlich umsetzbar waren.[25] Insbesondere die in § 2 Abs. 1 Z 2 FinStaG vorgesehene Haftungsübernahme für Aktiva und der Erwerb von Gesellschaftsanteilen haben dabei besondere Aufmerksamkeit erlangt. Während die Haftung für Aktiva letztlich als sinnvoll erachtet wurde, konnte die Übernahme von bestehenden Gesellschaftsanteilen nur zur Absicherung anderer Instrumente vorgenommen werden.[26] Sollte mit den in § 2 Abs. 1 FinStaG angeführten Maßnahmen nicht das Auslangen gefunden werden können, eröffnet § 2 Abs. 2 FinStaG der Republik Österreich als letzten Ausweg die zwangsweise Übernahme von Gesellschaftsanteilen gegen Zahlung einer zu beantragenden Entschädigung an die bisherigen Eigentümer.[27] Ursprünglich war für diese Maßnahmen ein Rahmen von EUR 15 Mrd. vorgesehen, der jedoch im Jahr 2014 auf EUR 22 Mrd. erhöht wurde.[28]

Im Bundesgesetz aus Anlass des Generalvergleichs mit dem Freistaat Bayern, mit dem **9** das Sanierungs- und Abwicklungsgesetz, das Finanzmarktstabilitätsgesetz und das ABBAG-Gesetz geändert werden, kundgemacht am 6.11.2015, wurde das FinStaG um einen neuen § 1a ergänzt. Dadurch wird der Bundesminister für Finanzen zur Wahrung der Finanzmarktstabilität und im Interesse der Gläubiger der HETA ermächtigt, mit dem Freistaat Bayern eine Vereinbarung über eine Generalbereinigung abzuschließen. Liegen bestimmte Voraussetzungen vor, ist im Rahmen der Abwicklung der Bereinigung eine Zahlung an den Freistaat Bayern in Höhe von EUR 1,23 Mrd. zu leisten, um die Eröffnung einer Insolvenz über das Vermögen der HETA zu vermeiden und damit den Gläubigern durch eine

---

[21] *Dallmann/Reich-Rohrwig* ecolex 2008, 1076 (1077); *Hödl* ecolex 2009, 113 (114); *Rabl* ZFR 2008, 239 (240).
[22] *Rabl* ZFR 2008, 239 (240); *Kreisl* ZFR 2008, 241 (241 f.).
[23] *Putzer* ZFR 2009, 50 (50 f.).
[24] *Kreisl* ZFR 2008, 241 f.; *Putzer* ZFR 2009, 50 (52).
[25] *Wollmann* ecolex 2009, 109 (110); *Hödl* ecolex 2009, 113.
[26] *Wollmann* ecolex 2009, 109 (110).
[27] *Dallmann/Reich-Rohrwig* ecolex 2008, 1076 (1077); *Putzer* ZFR 2009, 50 (51); *Kathrein* ÖJZ 2008/87.
[28] Art. 2 Bundesgesetz, mit dem das Bundesgesetz zur Schaffung einer Abbaueinheit (GSA), das Bundesgesetz über die Einrichtung einer Abbau-Holdinggesellschaft des Bundes für die HYPO ALPE-ADRIA-BANK S.P.A. (HBI-Bundesholdinggesetz), das Bundesgesetz über die Einrichtung einer Abbaubeteiligungsaktiengesellschaft des Bundes (ABBAG-Gesetz) und das Bundesgesetz über Sanierungsmaßnahmen für die HYPO ALPE ADRIA BANK INTERNATIONAL AG (HaaSanG) erlassen werden und mit dem das Finanzmarktstabilitätsgesetz und das Finanzmarktaufsichtsbehördengesetz geändert werden, BGBl. I Nr. 51/2014.

geordnete Abwicklung der HETA nach den Bestimmungen des Sanierungs- und Abwicklungsgesetzes einen höchstmöglichen Verwertungserlös zu „sichern".

10   Gleichzeitig wurde in § 2a FinStaG der Bundesminister für Finanzen ermächtigt, Schuldtitel rechtsgeschäftlich zu erwerben, wenn dies nach den in § 1 FinStaG genannten öffentlichen Interessen geboten ist und dadurch nach Art. 13 B-VG zur Herstellung oder Sicherstellung des gesamtwirtschaftlichen Gleichgewichts sowie zu nachhaltig geordneten Haushalten beigetragen werden kann. Weiters erfolgte gemäß § 1 Abs. 1 Z 1, Abs. 3 und Abs. 4 FinStaG eine Abgrenzung des Anwendungsbereichs zum BaSAG; unter anderem wird damit klargestellt, dass für Rechtsträger, an denen der Bund aufgrund von Maßnahmen gemäß § 2 Abs. 1 Z 4 und Z 5 FinStaG (Erwerb von Geschäftsanteilen oder Wandelanleihen im Zusammenhang mit Kapitalerhöhungen oder von bestehenden Geschäftsanteilen durch Rechtsgeschäft) beteiligt ist, das FinStaG anwendbar ist.

c) BIRG

11   Auf europäischer Ebene wurde versucht, den Umgang mit unsoliden Kreditinstituten zu harmonisieren. In der Mitteilung der Europäischen Kommission vom 20.10.2010[29] wurden die wesentlichen Probleme des Finanzsystems adressiert und wesentliche politische Maßnahmen skizziert, um die Widerstandsfähigkeit des Finanzsystems zu erhöhen und sicherzustellen, dass Unternehmen künftig besser auf Probleme vorbereitet und in der Lage sind, diese frühzeitig abzuwenden.[30] In weiterer Folge hat der Rat für Finanzstabilität (Financial Stability Board) bis Oktober 2011 die Kernelemente eines effektiven Abwicklungsregimes (Key Attributes of Effective Resolution Regimes for Financial Institutions) ausgearbeitet,[31] und in den Key Amendments das Ziel festgehalten, öffentliche Gelder nicht dazu zu verwenden, notleidende Institute solvent zu halten. Die Grundidee basiert darauf, dass eine reguläre Insolvenz von Instituten erhebliche Nachteile für den Finanzmarkt mit sich bringt und dass das Insolvenzrecht nicht in allen Fällen für die effiziente Bewältigung von Bankenausfällen geeignet ist, da es der Notwendigkeit, Störungen der Finanzstabilität zu vermeiden, essenzielle Dienstleistungen zu erhalten und die Einleger zu schützen, nicht gebührend Rechnung trägt.[32]

12   Auf Grundlage der fortgeschrittenen Überlegungen wurde am 21.5.2013 die Regierungsvorlage für ein Bundesgesetz, mit dem das Bankeninterventions- und -restrukturierungsgesetz (BIRG) erlassen sowie das BWG und das FMABG geändert werden sollen,[33] im Nationalrat beschlossen und am 31.7.2013 im Bundesgesetzblatt kundgemacht.[34] Es orientiert sich am Richtlinienvorschlag der Europäischen Kommission zur Sanierung und Abwicklung von Kreditinstituten und Wertpapierfirmen, KOM (2012) 280 endg/2 zum Zeitpunkt 12.6.2012.[35] Durch diese gesetzlichen Maßnahmen sollte der österreichische Finanzmarkt weiter stabilisiert und es sollte gewährleistet werden, dass (zukünftig) für Kreditinstitute möglichst keine öffentlichen Mittel mehr eingesetzt werden müssen.[36] Dieses Gesetz versuch-

---

[29] Mitteilung vom 20.10.2010, KOM (2010) 579 endg.
[30] Mitteilung vom 20.10.2010, KOM (2010) 579 endg. 20.
[31] *Schrank/Meister* ÖBA 2014, 403.
[32] *Raschauer/Völkl* ÖBA 2014, 573 (574); *Neuhof* ÖBA 2012, 491 (495).
[33] *Stock* ÖBA 2013, 223.
[34] *Stock* ÖBA 2013, 457; zum Proportionalitätsgrundsatz *Schellmann* ecolex 2014, 329; *Stock* ÖBA 2015, 794.
[35] ErläutRV 2360 BlgNR XXIV. GP 11.
[36] *Stock* ÖBA 2013, 457.

te einen Teil der Ziele, welche durch die damals noch im Entwurfsstadium befindliche Richtlinie zur Festlegung eines Rahmens für die Sanierung und Abwicklung von Kreditinstituten und Wertpapierfirmen (BRRD) vorgegeben wurden, in Österreich vorab umzusetzen.[37]

Der österreichische Gesetzgeber hat sich dazu entschlossen, bereits vor Ende der Umsetzungsfrist der BRRD jene Rahmenbedingungen zu schaffen, die ein früheres Einschreiten der Aufsichtsbehörden ermöglichen sollen. Die Kreditinstitute wurden verpflichtet, organisatorisch durch die Erstellung von Sanierungs- und Abwicklungsplänen für den Krisenfall vorzusorgen, indem die Institute ab dem 1.1.2014 mit zusätzlichen Pflichten konfrontiert wurden. Der Gesetzesentwurf sah insbesondere folgende Maßnahmen vor: 13

i) Verpflichtung der Kreditinstitute, Sanierungs- und Abwicklungspläne zu erstellen und bei der Finanzmarktaufsichtsbehörde vorzulegen;[38]
ii) Möglichkeit der FMA, bei Frühinterventionsbedarf Maßnahmen zu setzen, um eine Krisensituation bei einem Kreditinstitut abzuwenden;
iii) präventive Maßnahmen, um Krisenfälle rechtzeitig zu erkennen und ihnen vorzubeugen sowie im Ernstfall umgehend reagieren zu können;
iv) Sanierungspläne sollen eine nachhaltige wirtschaftliche Gesundung aus eigenen Mitteln ermöglichen; und
v) Abwicklungspläne sollen die Folgen einer geordneten Abwicklung überschaubar machen.

Vorgesehen war, dass der von den Instituten zu erstellende Abwicklungsplan bis spätestens 31.12.2015 (Sanierungsplan bis spätestens 1.7.2015) an die FMA zu übermitteln ist, wenn die Bilanzsumme des Instituts oder der Gruppe hingegen EUR 30 Mrd. übersteigt oder, wenn eine direkte finanzielle Unterstützung durch die EFSF oder den ESM erfolgt, bis spätestens 31.12.2014 (Sanierungsplan bis spätestens 1.7.2014).[39] Diese stufenweise Einführung der Sanierungs- und Abwicklungspläne soll Belastungsspitzen bei den Aufsichtsbehörden vermeiden.[40] 14

Neben der jährlichen (oder von der FMA in kürzeren Intervallen vorgeschriebenen) Aktualisierung war eine solche auch unverzüglich vorzunehmen, wenn eine Änderung der Rechts- oder Organisationsstruktur, der Geschäftstätigkeit oder der Finanzlage stattfindet und sich die Änderung wesentlich auf den Sanierungs- bzw Abwicklungsplan auswirken könnte.[41] 15

Der FMA wurden durch § 71b BWG folgende Aufsichtsmaßnahmen eingeräumt, die sie dann ergreifen kann, wenn bei einem Institut „Frühinterventionsbedarf" vorliegt:[42] 16

i) Umsetzung einer oder mehrerer Sanierungsmaßnahmen gemäß dem erstellten Sanierungsplan;
ii) die unverzügliche Erstellung eines Sanierungsplans, sofern die FMA bis dahin auf die Erstellung oder Aktualisierung eines solchen verzichtet hat;
iii) Vornahme spezifischer Verbesserungen im Risikomanagement oder Verstärkung des Risikomanagements;

---

[37] *Schrank/Meister* ÖBA 2014, 403; *Stock*, EBA veröffentlicht Konsultationspapier iZm Abwicklungsinstrumenten, ÖBA 2015, 7; *Stock* ÖBA 2013, 457; *Katzengruber* ÖBA 2014, 513 (518); *Raschauer/Völkl* ÖBA 2014, 573.
[38] *Fletzberger* ZFR 2013, 99; *Reisenhofer* ZFR 2013, 248.
[39] *Schrank/Meister* ÖBA 2014, 403 (405); *Stock* ÖBA 2013, 457.
[40] ErläutRV 2360 BlgNR 24. GP 18.
[41] § 4 Abs. 6 bzw § 11 Abs. 6 BIRG.
[42] *Schrank/Meister* ÖBA 2014, 403 (405 f.).

iv) Einberufung einer Hauptversammlung, vor allem für die Vornahme von Kapitalmaßnahmen; die FMA kann die Hauptversammlung auch selbst einberufen, falls dies erforderlich ist;
v) Aufnahme einzelner Tagesordnungspunkte bei einer Hauptversammlung Vorschlag der Annahme bestimmter Beschlüsse;
vi) Erstellung eines Verhandlungsplans, der eine freiwillige Restrukturierung von Verbindlichkeiten des Kreditinstituts mit seinen Gläubigern vorsieht; und/oder
vii) eine Vor-Ort-Prüfung durch die Oesterreichische Nationalbank („OeNB") mit dem Ziel, eine Bewertung der Vermögenswerte und Verbindlichkeiten des Instituts vorzunehmen.

17 Das BIRG sah jedoch keine Abwicklungsrechte für die FMA vor, die Entscheidungskompetenzen blieben jedoch bei den Aktionären, die sich auch gegen die von der FMA vorgeschlagenen Maßnahmen aussprechen konnten.

d) Exkurs: KredReorgG

18 Auch Deutschland hat sich dazu entschlossen, bereits vor Umsetzung der BRRD durch das Kreditinstitute-Reorganisationsgesetz („KredReorgG"), welches mit 1.1.2011 in Kraft trat, den Aufsichtsbehörden mit dem Reorganisationsverfahren (unter Mitwirkung der Gläubiger) neben dem Sanierungsverfahren[43] eine weitere, wenn auch in den vorgesehenen Instrumenten hinter der BRRD zurückbleibende, Handlungsmöglichkeit zu eröffnen,[44] um der die drohende Insolvenz eines Kreditinstituts abzuwenden, sei es aufgrund der Aufhebung des Sanierungsverfahrens in Folge einer gescheiterten Sanierung oder weil das Sanierungsverfahren bereits von Beginn als wenig erfolgsversprechend eingestuft wird (→ s. B.I Rn. 12, 74 ff.).[45] Voraussetzung ist in beiden Fällen einerseits die „Bestandsgefährdung" gemäß § 48b Abs. 1 KWG[46] und andererseits die „Systemgefährdung" gemäß § 48b Abs. 2 KWG.[47] Die Entscheidung darüber, ob ein Kreditinstitut das Merkmal „Systemgefährdung" erfüllt, liegt im Ermessen der BaFin, jedoch ist im Rahmen des Entscheidungsprozesses die Deutsche Bundesbank anzuhören und mit ihr zusammenzuwirken.

19 Der Reorganisationsplan orientiert sich am Insolvenzplanverfahren und hat die Behebung des bestandsgefährdeten und „systemgefährdenden" Zustands zum Ziel.[48] Der Reorganisationsplan kann – im Gegensatz zum Sanierungsplan – Eingriffe in die Rechte der Eigentümer oder Gläubiger des betreffenden Kreditinstituts vorsehen.[49] Als Beispiel hierfür lassen sich die Wandlung von Forderungen gegen das Institut in Anteile am Institut

---

[43] *Obermüller* NZI 2011, 81 (84 ff.); *Lorenz* NZG 2010, 1046 (1048 f.).
[44] Zum Anwendungsbereich des § 46 KWG *Geier/Schmitt/Petrowsky* BKR 2011, 497.
[45] *Lorenz* NZG 2010, 1046 (1049); Zu Anerkennung *Schuster/Westphal* DB 2011, 282 (285 ff.).
[46] § 48b Abs. 1 Satz 1 KWG: „Gefahr eines insolvenzbedingten Zusammenbruchs des Kreditinstituts für den Fall des Unterbleibens korrigierender Maßnahmen."
[47] § 48b Abs. 2 Satz 1 KWG: Unter „Systemgefährdung" versteht der Gesetzgeber eine Situation, in der „zu besorgen ist, dass sich die Bestandsgefährdung des Kreditinstituts in der konkreten Marktsituation in erheblicher Weise negativ auf andere Unternehmen des Finanzsektors, auf die Finanzmärkte, auf das allgemeine Vertrauen der Einleger und anderen Marktteilnehmer in die Funktionsfähigkeit des Finanzsystems oder auf die Realwirtschaft auswirkt."; *Höche* WM 2011, 49 (53).
[48] *Rapp* S. 76; *Höher*, Das Reorganisationsverfahren in Brogl, Bankenrestrukturierung-HdB, 2011, S. 185–199; BT-Drs. 17/3024, S. 49; *Riethmüller* WM 2010, 2295; *Müller-Eising/Brandl/Sinhart/Lorenz/Löw* BB 2011, 66 (70 f.); *Schelo* NJW 2011, 186 (188); *Schuster/Westphal* DB 2011, 221 (224); hingegen *Binder* ZBB 2012, 417 (424).
[49] § 8 Abs. 3 KredReorgG.

gemäß § 9 KredReorgG oder die Ausgliederung von Vermögensteilen nach Maßgabe des § 11 KredReorgG anführen.[50] Der Reorganisationsplan kann nach § 12 Abs. 1 KredReorgG die Kürzung oder Stundung von Forderungen bestimmen. Eine Umwandlung von Forderungen in Anteile am Kreditinstitut ist ebenfalls möglich (Debt-Equity-Swap),[51] erfordert allerdings gemäß § 9 Abs. 1 KredReorgG die Zustimmung der betroffenen Gläubiger.[52] Eine Umwandlung gegen den Willen der betroffenen Gläubiger ist ausgeschlossen. Gemäß § 12 Abs. 2 KredReorgG ist ein Eingriff in solche Gläubigerrechte durch das Reorganisationsverfahren ausgeschlossen, die zu einem Entschädigungsanspruch gegen eine Sicherungseinrichtung iSd § 23a KWG führen.[53]

Das KredReorgG eröffnet in § 9 daher die Möglichkeit, im Reorganisationsplan eine Umwandlung von Forderungen gegen das Kreditinstitut in Gesellschaftsanteile (Eigenkapital) am Institut vorzusehen, was einer bilanziellen Umstrukturierung auf der Passivseite der Bilanz führt. Weiters ist das Reorganisationsinstrument der Ausgliederung nach Maßgabe des § 11 KredReorgG vorgesehen, wodurch es dem Kreditinstitut ermöglicht werden soll, durch Schaffung rechtlich getrennter Einheiten die Gesellschaftsstruktur zu erneuern. Der Zweck besteht insbesondere darin, „systemisch relevante" Teile eines bestandsgefährdeten Instituts auf ungefährdete Rechtsträger zu übertragen, um deren Fortbestand abseits der übrigen Institutsteile zu ermöglichen.

3. Sondergesetzliche Maßnahmen

Die von der Republik Österreich aufgrund der (allgemeinen) Bestimmungen des FinStaG in Bezug auf die HETA ergriffenen Maßnahmen hatten nicht den erhofften strukturellen Effekt eines „turn around" hin zu einer (nachhaltigen) Wiederherstellung der Rentabilität, sodass die Europäische Kommission den von Österreich im (mehrfach adaptierten) Umstrukturierungsplan vorgeschlagenen Weg des Verkaufs des Netzwerks in Südosteuropas und einer geordneten Abwicklung nicht marktfähiger Einheiten als ein geeignetes Mittel für den Umgang mit diesem Kreditinstitut erachtete.[54] Die von der Bundesregierung mit einer Analyse der Handlungsoptionen beauftragte Task Force hat neben dem empfohlenen Beteiligungsmodell auch ein Privatisierungsmodell, eine Anstaltslösung, ein Brückenmodell und die Weiterführung des (damaligen) Status Quo behandelt. Für eine Entscheidung wurde es von den Vertretern der Bundesregierung als notwendig erachtet, unter Einbeziehung der FMA und der OeNB von der eingesetzten Task Force eine ergänzende Stellungnahme hinsichtlich der Ausführungen zum Abwicklungsmodell der Anstalt, den möglichen Folgen einer Insolvenz der HETA sowie den Informationen zu einem Burden-Sharing zwischen den verschiedenen Stake Holdern zu erhalten.

Auf Grundlage dieser Aufarbeitung traf die Bundesregierung am 14.3.2014 die Entscheidung, dass zur Abwicklung der HETA deren Tochtergesellschaften in Ost- und Süd-Ost-Europa möglichst rasch verkauft werden sollten und die HETA selbst in eine deregulierte, privatwirtschaftlich organisierte Gesellschaft überführt werden soll. Der Vizekanzler wies ausdrücklich darauf hin, dass neben dem Versuch eines Vergleichs mit dem ehemaligen

---

[50] Siehe auch *Höche* WM 2011, 49 (55).
[51] *Bormann* NZI 2011, 892.
[52] *Höche* WM 2011, 49 (55); *Schelo* NJW 2011, 186 (188); *Stengel* DB-Beilage 4/2011, 11 (12).
[53] *Schuster/Westphal* DB 2011, 221 (224).
[54] Beschluss der Kommission vom 3.9.2013, SA.32554 (2009/C) Umstrukturierungsbeihilfe Österreichs für die Hypo Group Alpe Adria, Rn. 121.

B. Abwicklung

Mehrheitsgesellschafter und einem substantiellen Beitrag des Gewährträgers auch eine Beteiligung der Nachrang- und Partizipationskapitalgeber an der Abwicklungslösung notwendig sei.[55]

23 Noch vor Veröffentlichung der BRRD wurde vom österreichischen Gesetzgeber gleichsam als Zwischenstufe aufgrund der fortschreitenden Krise und der Entscheidung, auch Gläubiger an den Kosten der Abwicklung zu beteiligen, im Ministerrat und in weiterer Folge im Nationalrat am 8.7.2014 ein Maßnahmenpaket beschlossen, das unter anderem die Kürzung von Forderungen oder deren Stundung vorsah. Das beschossene Gesetzespaket umfasste

i) das Bundesgesetz zur Schaffung einer Abbaueinheit („GSA");
ii) das Bundesgesetz über die Einrichtung einer Abbau-Holdinggesellschaft des Bundes für die HYPO ALPE-ADRIA-BANK S.P.A. („HBI-Bundesholdinggesetz");
iii) das Bundesgesetz über die Einrichtung einer Abbaubeteiligungsaktiengesellschaft des Bundes („ABBAG-Gesetz") und
iv) das Bundesgesetz über Sanierungsmaßnahmen für die HYPO ALPE ADRIA BANK INTERNATIONAL AG („HaaSanG"),

sowie eine Änderung des Finanzmarktstabilitätsgesetzes und des Finanzmarktaufsichtsbehördengesetzes und trat mit 1.8.2015 in Kraft.

a) Bundesgesetz über Sanierungsmaßnahmen für die HYPO ALPE ADRIA BANK INTERNATIONAL AG (HaaSanG)

aa) Systematik des HaaSanG

24 Der Gesetzgeber stützte sich bei der Umsetzung des HaaSanG maßgeblich auf die Richtlinie 2001/24/EG[56] („Sanierungs-Richtlinie"), die es den Mitgliedstaaten der Europäischen Union unter anderem ermöglicht, Sanierungsmaßnahmen für Kreditinstitute einschließlich solcher, die eine Aussetzung von Zahlungen, die Aussetzung von Vollstreckungsmaßnahmen oder eine Kürzung von Forderungen vorsehen, zu ergreifen, sowie alle anderen Maßnahmen, die die bestehenden Rechte Dritter beeinträchtigen könnten, anzuordnen, um die finanzielle Lage des Kreditinstituts zu sichern oder wiederherzustellen. Ziel der Sanierungs-Richtlinie war es, die Zuständigkeit jenes EU-Mitgliedstaats, in dem das Kreditinstitut seinen Sitz hat und zugelassen ist, mit Wirkung für die gesamte EU einheitlich festzuhalten (Grundsätze der Einheitlichkeit und Universalität[57]), und schloss an die Richtlinie 2000/12/EG vom 20.3.2000 über die Aufnahme und Ausübung der Tätigkeit der Kreditinstitute an, welche ein Kreditinstitut (samt Zweigniederlassungen) als Einheit („single entity") aufgrund einer gemeinschaftsweit gültigen Zulassung der Aufsicht des Zulassungsstaates unterstellte.

25 Zum Zeitpunkt des Inkrafttretens des HaaSanG und Wirksamwerdens der Maßnahmen war die HETA als Kreditinstitut im Sinne der CRR[58] zu qualifizieren, daher war die formelle Anknüpfung an die Eigenschaft als Kreditinstitut gegeben. Eine weitere Präzisierung

---

[55] Erklärung von Finanzminister Dr. Michael Spindelegger zur Hypo Alpe Adria vom 14.3.2014.
[56] Richtlinie 2001/24/EG des Europäischen Parlaments und des Rates vom 4. April 2001 über die Sanierung und Liquidation von Kreditinstituten, ABl. L 125, 15.
[57] EuGH, 24.10.2013, Rs C-85/12, LBI hf (ehemals Landsbanki Islands hf) / Kepler Capital Markets SA und Frédéric Giraux, Rn. 49.
[58] Verordnung (EU) Nr 575/2013 des Europäischen Parlaments und des Rates vom 26. Juni 2013 über Aufsichtsanforderungen an Kreditinstitute und Wertpapierfirmen und zur Änderung der Verordnung (EU) Nr. 646/2012.

der Maßnahmen gemäß der Sanierungs-Richtlinie liegt entsprechend den Ausführungen des Generalanwalts des EuGH, der im Zusammenhang mit der Landsbanki Islands hf mit den Wirkungen der Sanierungs-Richtlinie befasst wurde, ausschließlich bei den Mitgliedstaaten selbst, die über die Ausgestaltung des jeweiligen Bankeninsolvenzrechts den sachlichen Anwendungsbereich der Sanierungs-Richtlinie nach eigenem Ermessen steuern.[59] Die Wirkungen der Sanierungsmaßnahme werden – so der tragende Grundgedanke der Sanierungs-Richtlinie – ohne jeden Vorbehalt erstreckt. Im Anwendungsbereich der Sanierungs-Richtlinie gibt es daher keine Anerkennungsversagungsgründe, wie etwa fehlende internationale Zuständigkeit des Eröffnungsstaates oder Verstoß gegen den Grundsatz des ordre public, wie dies beispielsweise die EUInsVO[60] vorsieht.[61]

26 Das auf dieser Grundlage erarbeitete Sondergesetz erfasste in § 3 Satz 1 HaaSanG (Sanierungsverbindlichkeiten) zusammengefasst (i) Darlehen, die ehemalige Gesellschafter des Kreditinstituts zwischen 29.12.2008 (erster Kapitalzuschuss des Bundes auf Grund des FinStaG iHv EUR 900 Mio. Partizipationskapital) und 1.1.2010 gewährt haben (rund EUR 800 Mio. an Finanzierungen der Bayerische Landesbank Anstalt öffentlichen Rechts („BayernLB"), Gesellschafterverbindlichkeiten iSd § 2 Z 3 HaaSanG), (ii) Verbindlichkeiten, die im Insolvenzfall nachrangig gegenüber Forderungen anderer Gläubiger sind (Nachrangverbindlichkeiten iSd § 2 Z 2 HaaSanG) sowie (iii) Verbindlichkeiten, die unter beide Definitionen fallen, wenn die Fälligkeit sämtlicher Raten (§ 2 Z 6 HaaSanG) der Verbindlichkeit vor dem Stundungstag (30.6.2019) liegt und über die Frage der Stellung als Gesellschafter oder die Nachrangigkeit zum Stichtag (§ 2 Z 7 HaaSanG) kein Rechtsstreit anhängig war.[62] Die Stichtagsregelung sollte eine angemessene Zeit für den Fortgang eines geordneten Portfolioabbaus und eine gerichtliche Klärung anhängiger Prozesse ermöglichen.[63] Mit Kundmachung der Verordnung der FMA gemäß § 7 HaaSanG („HaaSanV") sollten Sanierungsverbindlichkeiten erlöschen, deren bisheriger Fälligkeitstag vor dem Stundungstag lag und die nicht als strittige Verbindlichkeiten zu qualifizieren waren.

27 Gleichzeitig mit den Sanierungsverbindlichkeiten sollten nach dem zweiten Satz des § 3 HaaSanG Sicherheiten einschließlich Haftungen für solche Verbindlichkeiten erlöschen. Der Gesetzgeber brachte in den Materialien zum Ausdruck, dass auch Ausfallsbürgschaften, daher insbesondere auch jene des Landes Kärnten gemäß § 5 K-LHG, einschließlich Rückgriffsansprüchen nicht mehr bestehen sollten.[64]

28 Die von den Sanierungsmaßnahmen betroffenen Gläubiger sollten jedoch nicht mehr beitragen müssen, als zur Sanierung durch geordneten Abbau unbedingt erforderlich ist. § 6 HaaSanG sah daher für betroffene Gläubiger einen Anspruch auf jenen Teil der Abwicklungserlöse vor, der nach der Erfüllung sämtlicher Verbindlichkeiten in der Abwicklung gemäß den allgemeinen Regeln über die Liquidation von Aktiengesellschaften (§ 212 Abs. 1 AktG) an die Aktionäre zu verteilen wäre. Damit sollte verhindert werden, dass nach vollständiger Verwertung verbleibendes Vermögen ohne Berücksichtigung der betroffenen Gläubiger an die Aktionäre verteilt würde. Der Gesetzgeber war bestrebt, die gesetzlich

---

[59] GA Villalón, Schlussanträge zu Rs C-85/12, LBI hf (ehemals Landsbanki Islands hf) / Kepler Capital Markets SA und Frédéric Giraux, Rn. 75 („Autonomie der Mitgliedstaaten bei der Zuweisung öffentlicher Aufgaben").
[60] Verordnung (EG) Nr. 1346/2000 des Rates vom 29. Mai 2000 über Insolvenzverfahren, Abl. L 160.
[61] Geimer in Geimer/Schütze Art. 1 EUInsVO Rn. 27.
[62] Die Kundmachung der HaaSanV durch die FMA erfolgte am 7.8.2014.
[63] ErläutRV 178 BlgNR XXV. GP 19.
[64] ErläutRV 178 BlgNR XXV. GP 19.

vorgesehene Reihenfolge der Verlusttragung im Insolvenz-, Liquidations- oder Auflösungsfall für die vom HaaSanG betroffenen Nachranggläubiger weitestgehend abzubilden.

bb) Normprüfungsverfahren

29 Diese Regelung wurde von mehreren betroffenen Gläubigern durch Individualantrag gemäß Art. 139, 140 B-VG und/oder Zivilklage, in der die Einleitung eines Normprüfungsverfahrens angeregt wurde, als auch durch Abgeordnete zum Nationalrat gemäß Art. 140 Abs. 1 B-VG iVm § 86 Abs. 1 GOG bekämpft; in diesen Anträgen wurde vorgebracht, dass
i) sowohl das Erlöschen der Forderungen als auch der Sicherheiten eine unzulässige und entschädigungslose Enteignung darstellen würde,
ii) durch die Ausfallbürgschaft des Landes Kärnten, auf die die Gläubiger bei Zeichnung der Finanzinstrumente vertraut haben, den Finanzinstrumenten insgesamt ein positiver Wert beizumessen sei,
iii) bei der Beurteilung des Vertrauensschutzes auch zu berücksichtigen sei, dass die mit Ausfallbürgschaft des Landes Kärnten besicherten Finanzinstrumente als „mündelsicher" iSd § 217 Z 1 ABGB gegolten hätten,
iv) es durch den Entfall der Sicherheiten zu einer Schlechterstellung gegenüber einem Insolvenzszenario käme, was einen Verstoß gegen das in der BRRD vorgesehene „no creditor worse off"-Prinzip begründe,
v) die durch das HaaSanG / die HaaSanV bewirkten Maßnahmen den unionsrechtlichen Vorgaben, insbesondere der Kapitalverkehrsfreiheit, widersprechen würden;
vi) die Sanierungs-Richtlinie keine taugliche Grundlage für die ergriffenen Maßnahmen sei, da es sich nicht um die Sicherung oder Wiederherstellung der finanziellen Lage eines Instituts handle;
vii) es sich um eine unzulässige fiskalische Enteignung handle, da nicht die Sache (Forderungen) selbst, sondern nur deren Wert der Sache für die Sanierung benötigt werde,
viii) trotz Anerkennung öffentlicher Interessen der Eingriff als unverhältnismäßig zu qualifizieren sei;
ix) nur Forderungen bestimmter Gläubiger von den Maßnahmen erfasst werden würden und die Kriterien hiefür sachlich nicht begründet wären, sodass insbesondere die Differenzierung nach dem Fälligkeitsstichtag innerhalb der Gruppe der nachrangigen Gläubigern dem Gleichheitssatz widersprechen würde,
x) der Schuldenschnitt (insgesamt) zu gering bemessen sei, um das Ziel der Sanierungs-Richtlinie (Sicherung oder Wiederherstellung der finanzielle Lage eines Kreditinstituts) zu erreichen (Geeignetheit);
xi) sowie andere Argumente wie Kompetenzverteilung (Bund / Land Kärnten) sowie die Betrauung der FMA mit der Durchführung der Maßnahmen.

30 Aus formalen Gründen wies der Verfassungsgerichtshof zunächst sämtliche Individualanträge mit dem Argument zurück, den Gläubigern stünde durch den Zivilrechtsweg in Österreich samt Antrag auf Normenkontrolle durch das Gericht ein zumutbarer Weg offen, ihre Bedenken an den Verfassungsgerichtshof heranzutragen.

31 In der materiellen Entscheidung vom 3.7.2015 in den noch anhängigen Verfahren (Vorlagebeschlüsse von ordentlichen Zivilgerichten / Antrag der Abgeordneten zum Nationalrat) führte der Verfassungsgerichtshof in der Sache aus, dass die Notwendigkeit einer Strukturbereinigung im Hinblick auf ein Kreditinstitut ein öffentliches Interesse von erheblichem Gewicht darstelle und dem Gesetzgeber, insbesondere bei ex ante schwierigen ökonomischen Prognoseentscheidungen, ein weiter Gestaltungsspielraum zwischen mehre-

ren grundsätzlich geeigneten Mitteln zukomme. Der Verfassungsgerichtshof sprach aus, es handle sich bei den vom HaaSanG erfassten Nachrangverbindlichkeiten um Forderungen aus einem privatrechtlichen vertraglichen Schuldverhältnis, die als vermögenswerte Privatrechte grundsätzlich vom Eigentumsschutz erfasst seien.[65] Gleichzeitig hat der Verfassungsgerichtshof jedoch klargestellt, dass im Hinblick auf eigentumsbeschränkende gesetzliche Maßnahmen schon angesichts vergleichbarer Wirkungen im Insolvenzfall keine Bedenken dagegen bestehen, dass bei der Abwicklung eines Kreditinstituts dessen Gläubiger an der Strukturbereinigung durch Kürzung ihrer Forderungen beizutragen haben.[66]

Begründet wird dies im Einzelnen damit, dass die Verhältnismäßigkeit eines „Schuldenschnitts" nicht von vornherein ausgeschlossen sein könne, weil ein eigentumsgrundrechtlicher Bestandsschutz bestehender privater Vermögenswerte das öffentliche Interesse an der Strukturbereinigung jedenfalls überlagert; dies hätte zur Folge, dass aus Gründen der Funktionsfähigkeit des Bankenmarktes und der Vermeidung negativer volkswirtschaftlicher Konsequenzen die Abwicklung eines in die Krise geratenen Kreditinstituts nur dann vorgesehen werden dürfte, wenn die entsprechenden Kosten der Strukturbereinigung durch den Staat und damit die Allgemeinheit getragen werden. Ein derartiger absoluter Bestandsschutz bestehender privater Vermögensrechte ist dem Eigentumsgrundrecht nicht zu entnehmen.[67] **32**

Der Verfassungsgerichtshof hatte seine Prüfung nicht nur auf den Zeitpunkt der Erlassung der generellen Norm zu beziehen, sondern auch auf den Zeitpunkt seiner Entscheidung: Das Gesetz muss daher jederzeit den maßgeblichen verfassungsrechtlichen Vorgaben entsprechen,[68] sodass auch zwischenzeitlich eingetretene Entwicklungen der Abbaueinheit in die Entscheidung einbezogen wurden. Aus dem Mandatsbescheid ergebe sich, dass die FMA davon ausgehe, dass mit den Maßnahmen des HaaSanG alleine der notwendige Struktureffekt nicht herbeigeführt werden könne.[69] **33**

Die Differenzierung zwischen nicht-nachrangigen und nachrangigen Verbindlichkeiten wurde vom Verfassungsgerichtshof nicht als unsachlich qualifiziert,[70] die Differenzierung aufgrund des Fälligkeitstages innerhalb der Gruppe der nachrangigen Verbindlichkeiten widerspreche jedoch seiner Ansicht nach dem verfassungsrechtlich vorgezeichneten Rahmen. Allein ein Schuldenschnitt in Bezug auf die von § 3 Satz 1 HaaSanG erfassten Gläubiger vermag daher die Abwicklung der nunmehrigen Abbaueinheit nicht zu gewährleisten. **34**

---

[65] VfSlg. 16.636/2002 (Partizipationsscheine); VfSlg 17.071/2003 (Umwandlung privatrechtlicher in gesetzliche Ansprüche durch das Bundesbahn-Pensionsgesetz); zu Art. 1 1. ZPEMRK auch EGMR 20.11.1995, Fall Pressos Compania Naviera S.A. ua., Appl. 17.849/91 (Schadenersatzansprüche); EGMR 10.7.2012, Fall Grainger, Appl. 34.940/10.
[66] VfGH Urt. v. 3.7.2015, G 239/2014, G 98/2015, Rn. 280.
[67] VfGH Urt. v. 3.7.2015, G 239/2014, G 98/2015, Rn. 280.
[68] VfSlg. 11.048/1986, 13.777/1994 der Maßstab für die Sachbezogenheit einer Regelung kann sich im Laufe der Zeit ändern (VfSlg. 7974/1977; 12.735/1991).
[69] VfGH Urt. v. 3.7.2015, G 239/2014, G 98/2015, Rn. 293; in diesem Zusammenhang ist bereits an dieser Stelle auf Meinungen der Literatur hinzuweisen, dass die Einbeziehung der HETA in den Anwendungsbereich des BaSAG nach Ansicht des Höchstgerichts verfassungskonform erfolgte; auch wenn § 162 Abs. 6 BaSAG in diesem Normprüfungsverfahren nicht Gegenstand der Prüfung war (worauf der Verfassungsgerichtshof ausdrücklich hinweist, VfGH Urt. v. 3.7.2015, G 239/2014, G 98/2015, Rn. 295) bezieht er sich in seinen Erwägungen auf den Mandatsbescheid, der nur rechtmäßig sein kann, wenn er sich zulässigerweise auf § 162 Abs. 6 BaSAG stützt. Hätte der Verfassungsgerichtshof Bedenken gegen diese Bestimmung gehabt, hätte er nach Ansicht der Literatur von Amts wegen ein Gesetzesprüfungsverfahren einzuleiten gehabt (*Raschauer* ecolex 2015, 928).
[70] VfGH Urt. v. 3.7.2015, G 239/2014, G 98/2015, Rn. 281.

Damit scheide es auch aus, die Stichtagsregelung bezogen auf die Fälligkeit der Verbindlichkeit (Stundungstages 30.6.2019: früher fällig werdende Verbindlichkeiten und Sicherheiten erlöschen während nach diesem Stichtag fällig werdende Verbindlichkeiten sowie die Landeshaftung aufrecht bleiben und lediglich gestundet werden) mit einer geordneten Abwicklung zu rechtfertigen.

35 Die Regelung entspreche daher nicht der sachlich gebotenen Gläubigergleichbehandlung innerhalb einer Gläubigergruppe. Das HaaSanG hätte keine Regelung enthalten, die darauf Bedacht genommen hätte, dass der Kreis der zur Lastentragung der Abwicklung im Wege eines Schuldenschnitts heranzuziehenden Gläubiger gegebenenfalls in einer sachlich gerechtfertigten Weise angepasst werden müsse. Die starre, eine bestimmte Gruppe von Nachranggläubigern gegenüber anderen Nachranggläubigern benachteiligende und die mit der Sicherstellung der Abwicklung nicht zu rechtfertigende Regelung des § 3 Satz 1 HaaSanG vermochte daher nach Ansicht des Verfassungsgerichtshofs den Anforderungen an einen verfassungsrechtlich unbedenklichen Eigentumseingriff nicht zu genügen. § 3 HaaSanG ordne nicht ein (gegebenenfalls anteiliges) Erlöschen sämtlicher Nachrangverbindlichkeiten an, sondern erfasse nur jene, die vor dem 30.6.2019 fällig geworden wären, die jedoch auch dadurch schlechter gestellt werden, dass Sicherheiten einschließlich Haftungen für ihre Verbindlichkeiten erlöschen, während für später fällig werdende Verbindlichkeiten die Sicherheitenrechte bestehen bleiben. In einem Insolvenzverfahren wären diese Verbindlichkeiten entsprechend ihrem Rang zu befriedigen, die Gläubiger von vom HaaSanG erfassten Verbindlichkeiten wären auf eine nicht besicherte Ersatzforderung gemäß § 6 HaaSanG verwiesen worden.

36 Im Weiteren prüfte der Verfassungsgerichtshof auch, ob eine Rechtfertigung darin liegen könne, dass der Haftungsanspruch gegen das Land Kärnten eine für dieses wirtschaftlich nicht bewältigbare Situation beseitigen hätte können. Es liege zwar zweifelsohne im öffentlichen Interesse, wenn der Bund im Rahmen seiner Kompetenzen Maßnahmen ergreift, um ein Land vor einer insolvenzähnlichen Situation zu bewahren, ein alleiniger „Haftungsschnitt" gegenüber einer kleinen Gruppe von Gläubigern, für die der Kärntner Landesgesetzgeber einen Anreiz zur Zeichnung haftungsbegründender Finanzinstrumente gesetzt hat, sei aber unsachlich und unverhältnismäßig. Im Ergebnis hob der Verfassungsgerichtshof das HaaSanG zur Gänze auf und sprach aus, dass die Bestimmungen zur Vermeidung unbilliger Härten und eine ungewisse Zahl der allenfalls bis zur Kundmachung dieser Aufhebung noch anhängig gemachten zivilgerichtlichen Verfahren nicht mehr anwendbar seien.[71]

b) Bundesgesetz zur Schaffung einer Abbaueinheit (GSA)

aa) Systematik des GSA

37 Gleichzeitig mit dem HaaSanG schuf der österreichische Gesetzgeber die Möglichkeit, die HETA in eine deregulierte, privatwirtschaftlich organisierte Gesellschaft überzuführen. Um die Voraussetzungen für eine Deregulierung zu erfüllen, durfte das Institut kein Einlagengeschäft mehr betreiben und keine qualifizierte Beteiligung an einem Kreditinstitut oder an einer Wertpapierfirma mehr halten. Als vorbereitende Maßnahme kann der Bundesminister für Finanzen durch Verordnung und zum Zweck der Schaffung einer Abbaueinheit durch eine Übertragungsanordnung Teile des Kreditinstituts (§ 1 Abs. 2

---

[71] Ausdehnung der Anlassfallwirkung gemäß Art. 139 Abs. 6 und Art. 140 Abs. 7 B-VG.

GSA) auf den Bund oder einen anderen, aufnehmenden Rechtsträger gegen angemessenes Entgelt übertragen (§ 1 Abs. 1 GSA) oder diese rechtsgeschäftlich erwerben (§ 1 Abs. 5 GSA). Auf Grundlage dieser Bestimmung wurden (rechtsgeschäftlich) die Aktien an der Holdinggesellschaft für das Ost- und Südosteuropa-Netzwerk der Abbaueinheit an die FIMBAG übertragen. § 1 Abs. 4 GSA normiert dabei, dass Rechte von Gläubigern, die Kündigungs-, Zustimmungs- oder andere Gestaltungsrechte oder Rechte auf Sicherstellung ihrer Forderungen einräumen, nicht anwendbar und nicht ausübbar sind.

Die FMA erließ am 30.10.2014 gemäß § 2 Abs. 1 GSA zu GZ FMA-K123 5155/0232-SGB/2014 folgenden Bescheid:[72]

"I. Seitens der Finanzmarktaufsichtsbehörde wird festgestellt, dass die Hypo Alpe-Adria-Bank International AG (FN 108415i, 9020 Klagenfurt, Alpen-Adria-Platz 1, zum 30.10.2014 kein Einlagengeschäft gemäß § 1 Abs. 1 Z 1 BWG (Bankwesengesetz, BGBl Nr 532/1992, idgF) iVm § 2 Abs. 1 und § 3 Abs. 6 GSA (Bundesgesetz zur Schaffung einer Abbaueinheit, BGBl I Nr 51/2014) mehr betreibt und keine qualifizierte Beteiligung an einem Kreditinstitut oder an einer Wertpapierfirma hält.

II. Mit Eintritt der Rechtskraft dieses Bescheides endet nach § 2 Abs. 3 GSA eine gemäß BWG erteilte Konzession zum Betrieb von Bankgeschäften und die Hypo Alpe-Adria-Bank International AG wird als Abbaueinheit gemäß § 3 GSA fortgeführt."

Von der Deregulierung unberührt blieb die Berechtigung zum Leasinggeschäft, dessen Fortbetrieb für die Abbaueinheit wirtschaftlich wichtig ist und wesentliche Beiträge zu den Verwertungserlösen erwarten lässt. Als Folge der Rechtskraft des Bescheides endete mit 30.10.2014 die erteilte Bankkonzession und der Rechtsträger wurde als „Abbaueinheit" fortgeführt.[73] Auch die rechtlichen Rahmenbedingung für die Abbaugesellschaft, die der Verwirklichung des Unternehmenszwecks dienlich sein sollen, wurden angepasst. Beispielsweise kann ein Antrag auf Eröffnung eines Insolvenzverfahrens nur wegen einer eingetretenen Zahlungsunfähigkeit gestellt werden, eine Überschuldung der Abbaueinheit ist für die Antragspflicht unbeachtlich.[74] Die Abbaueinheit hat einen Abbauplan zu erstellen, dessen Zielsetzung speziell auf den Unternehmenszweck angepasst ist.[75] Weiters normiert § 7 Abs. 3 GSA klare Voraussetzungen anhand konkreter Bilanzpositionen, die für den Entfall der Rückzahlungssperre gemäß § 14 EKEG (zusätzlich) erfüllt sein müssen. Dies soll für die Abbaugesellschaft einen rechtssicheren Anknüpfungspunkt für den frühest möglichen Zeitpunkt einer Sanierung iSd EKEG schaffen, der es dem Vorstand erlaubt, eine möglichst vorhersehbare Liquiditätsplanung vorzunehmen.[76]

38

---

[72] Zitiert nach *Perner* ÖBA 2015, 239.
[73] *Fellner* ecolex 2015, 365 (366).
[74] § 7 Abs. 1 GSA.
[75] § 5 GSA.
[76] Weiters § 3 Abs. 4 GSA: „Die Bestimmungen des BWG, mit Ausnahme von § 3 Abs. 9, § 5 Abs. 1 Z 6–13, § 28a, § 38, §§ 40 bis 41, § 42 Abs. 1 bis 5, §§ 43 bis 59a, § 65, §§ 66 und 67, 70 Abs. 1, Abs. 4 Z 1 und 2 und Abs. 7 bis 9, § 73 Abs. 1 Z 2, 3, 6 hinsichtlich des Eintritts der Zahlungsunfähigkeit und 8, § 73a, § 75, § 76, §§ 77 und 77a, § 79, §§ 98 bis 99e, § 99g und §§ 101 und 101a BWG, sind auf die Abbaueinheit nicht anzuwenden."

bb) Normprüfungsverfahren

39 Auch die Bestimmungen des GSA wurden vom Verfassungsgerichtshof einem Normprüfungsverfahren unterzogen. Die Beschwerdeführer brachten insbesondere folgende Bedenken vor:
i) die Möglichkeit der Übertragung von Vermögenswerten sei nicht hinreichend determiniert (Art. 18 B-VG);
ii) die Übertragungsanordnung richte sich nur gegen das Institut, die Wahl der Verordnung sei aufgrund des dadurch bestimmten Adressatenkreises unzulässig;
iii) der Ausschluss bestimmter vertraglicher oder gesetzlicher Kündigungs-, Zustimmungs- oder anderer Gestaltungsrechte oder Rechte auf Sicherstellung sei eine unzulässige Verletzung des verfassungsgesetzlich gewährleisteten Recht auf Unversehrtheit des Eigentums; sowie
iv) die Änderungen der rechtlichen Rahmenbedingung seien als Einzelfallgesetz sachlich nicht gerechtfertigt.

40 Der Verfassungsgerichtshof nahm in der Sache zu den vorgebrachten Bedenken Stellung und führte aus, dass sich aus dem Regelungssystem des GSA und seiner klaren Zielsetzung, eine bestmögliche Abwicklung zu bewirken, eine hinreichende Determinierung ergebe, sodass angesichts des Gestaltungsspielraums, der dem Gesetzgeber bei der Regelung eines solchen Abwicklungsszenarios zukommt, und der Notwendigkeit flexiblen Handelns in wirtschaftlich schwierigen Prozessen unter verfassungsrechtlichen Gesichtspunkten nicht zu beanstanden sei.[77] Auch hinsichtlich der Wahl der Rechtsform komme dem Gesetzgeber ein Gestaltungsspielraum zu, der, wie im Konkreten durch die Vielzahl der zu erwartenden Übertragungen, durch eine sachliche Rechtfertigung nicht überschritten wurde.[78] Dem Ausschluss der Kündigungs-, Zustimmungs- oder anderer Gestaltungsrechte oder Rechte auf Sicherstellung gemäß § 1 Abs. 4 GSA legt der Verfassungsgerichtshof ein Verständnis bei, wonach diese Rechte nicht erlöschen, sondern im öffentlichen Interesse die Strukturmaßnahmen nicht vereiteln können sollen, sodass gegen diesen auf den speziellen Zweck beschränkten Ausschluss keine Bedenken bestanden.[79] Die Bedenken gegen die Sachlichkeit des § 7 GSA verwarf der Verfassungsgerichtshof mit dem Argument, die Funktion der Abbaueinheit begründe eine hinreichende sachliche Rechtfertigung für die normierten Sonderregelungen.[80]

4. BaSAG

a) Übersicht

41 Während der Erarbeitung und Bewertung des Abbauplans gemäß § 5 GSA arbeitete der österreichische Gesetzgeber an der Umsetzung der BRRD und war mit dem Spannungsverhältnis zwischen (bereits geschaffener) Abbaueinheit iSd GSA (HETA) und Anwendungsbereich der BRRD / des nationalen Umsetzungsgesetzes konfrontiert. Auf Grundlage der BRRD wurde am 11.12.2014 das Bundesgesetz über die Sanierung und Abwicklung von Banken („BaSAG") im Nationalrat beschlossen, trat mit 1.1.2015 in Kraft und ersetzte

---
[77] VfGH Urt. v. 3.7.2015, G 239/2014, G 98/2015, Rn. 325.
[78] VfGH Urt. v. 3.7.2015, G 239/2014, G 98/2015, Rn. 328.
[79] VfGH Urt. v. 3.7.2015, G 239/2014, G 98/2015, Rn. 334.
[80] VfGH Urt. v. 3.7.2015, G 239/2014, G 98/2015, Rn. 341.

mit diesem Zeitpunkt das BIRG.[81] Die FMA erhielt im Zuge dessen für ihre Tätigkeit als Abwicklungsbehörde weitreichende Befugnisse, um im Falle eines Ausfalls oder drohenden Ausfalls eine geordnete Abwicklung durchführen und die Finanzmarktstabilität nach Möglichkeit wahren zu können. Das BaSAG enthält in § 162 Abs. 6 BaSAG eine ausdrückliche in der Literatur kontrovers diskutierte[82] Bestimmung hinsichtlich des Anwendungsbereichs des BaSAG: *„Auf die Abbaugesellschaft und auf die Abbaueinheit gemäß § 2 des Bundesgesetzes zur Schaffung einer Abbaueinheit – GSA, (…), sind die im 4. Teil dieses Bundesgesetzes geregelten Befugnisse und Instrumente anwendbar."* Zu den Befugnissen der FMA als Abwicklungsbehörde gehören daher entsprechend der geltenden Rechtslage insbesondere die Instrumente der Gläubigerbeteiligung, der Unternehmensveräußerung, des Brückeninstituts und der Ausgliederung von Vermögenswerten, auch in Bezug auf die HETA.

b) Stabilisierungsmaßnahmen

Durch die Novellierung des BaSAG (BGBl. I Nr. 127/2015) wurden „Stabilisierungsmaßnahmen" (§ 2 Z 109 BaSAG) geschaffen, nämlich das Instrument der staatlichen Eigenkapitalunterstützung (§ 99 Abs. 3 BaSAG) und das Instrument der vorübergehenden staatlichen Übernahme (§ 99 Abs. 4 BaSAG). Materiell sind die Tatbestände der neuen Stabilisierungsmaßnahmen Instrumenten gemäß dem FinStaG nachgebildet, nämlich der Zuführung von Eigenmitteln (§ 2 Abs. 1 Z 3 FinStaG) und dem Erwerb von bestehenden Geschäftsanteilen durch Rechtsgeschäft (§ 2 Abs. 1 Z 5 FinStaG). Gemäß § 99 Abs. 1 BaSAG können solche Stabilisierungsmaßnahmen nur im Rahmen der Vorgabe einer vorliegenden beihilfenrechtlichen Bewilligung nur als letztes Mittel eingesetzt werden. Voraussetzung ist, dass im größtmöglichen Ausmaß andere Abwicklungsinstrumente so umfassend wie möglich erwogen und eingesetzt wurden und, dass die Voraussetzungen für eine Abwicklung vorliegen und zusätzlich (alternativ) der Bundesminister für Finanzen auf Basis unterschiedlicher Stellungnahmen (OeNB, FMA, Abwicklungsbehörde) die entsprechende Notwendigkeit feststellt. Klargestellt wird in diesem Zusammenhang, dass auf diese Stabilisierungsmaßnahmen gemäß BaSAG das FinStaG nicht anwendbar ist, allerdings der im Rahmen des FinStaG vorgesehene Höchstbetrag für Maßnahmen anzuwenden ist.

c) Sicherheiten

Das BaSAG sieht die Möglichkeit der Kürzung von Forderungen vor, behandelt jedoch die Frage der Sicherheiten nur mittelbar, indem es „besicherte Verbindlichkeiten" (iSd § 2 Z 67 BaSAG) als von der Anwendung des Instruments der Gläubigerbeteiligung ausgenommen qualifiziert. Gemäß den Ausführungen des Gesetzgebers in den Erläuterungen soll das Wesensmerkmal einer besicherten Verbindlichkeit (iSd § 2 Z 67 BaSAG) darin liegen, dass für sie eine Sicherheit bestellt wurde, auf die im Insolvenzfall im Wege eines Absonderungs- oder Aussonderungsrechts gegriffen werden kann.[83] Die Frage, ob und inwieweit durch

---

[81] Zur Bankensanierungsplanverordnung (BaSaPV), die die Anforderungen an die Gestaltung des Sanierungsplans näher spezifiziert *Studer* ÖBA 2015, 85; *Fletzberger* ZFR 2015, 245; *Katzengruber* ÖBA 2014, 513 (514 ff.).
[82] *Haselberger* AnwBl 2015, 576; *Hilkesberger/Schöller* ÖBA 2015, 553 (557); *Fest* NZG 2015, 1108 (1109); *Perner* ÖBA 2015, 239; *Müller/Zahradnik* ecolex 2015, 933.
[83] ErläutRV 361 BlgNR XXV. GP 3; Dies deckt sich im Ergebnis weitgehend mit der Meinung der European Banking Authority (EBA), die in einer nicht verbindlichen Stellungnahme ausgeführt hat, dass nur solche privilegierte Verbindlichkeiten zu qualifizieren seien, die durch Vermögenswerte des sich in Abwicklung befindlichen Instituts besichert seien (Question ID: 2015_1779).

Maßnahmen gemäß dem BaSAG (auch) der Bürge von seiner Verpflichtung (teilweise) frei wird, ließ sich daraus nicht eindeutig ableiten. Das Sanierungs- und Abwicklungsgesetz („SAG") sieht in § 99 Abs. 8 SAG ausdrücklich vor, dass die Rechte der Inhaber relevanter Kapitalinstrumente oder der Gläubiger gegen Mitschuldner, Bürgen und sonstige Dritte, die für Verbindlichkeiten des Instituts oder gruppenangehöriger Unternehmens haften, durch die Anwendung des Instruments der Beteiligung der Inhaber relevanter Kapitalinstrumente oder des Instruments der Gläubigerbeteiligung nicht berührt werden. Nunmehr hat auch der österreichische Ministerrat vor dem Hintergrund der Auslegungsfragen des § 95 BaSAG eine vergleichbare Bestimmung vorgeschlagen, wonach die Rechte der Gläubiger gegen Bürgen durch die Anwendung des Instruments der Gläubigerbeteiligung nicht berührt werden.[84] Klargestellt werden soll, dass sich der Sicherungsgeber bei einem Abwicklungsfall, in dem das Instrument der Gläubigerbeteiligung zur Anwendung kommt, nicht auf den Grundsatz der Akzessorietät berufen können soll. Diese vorgeschlagene Änderung wurde in § 95 Abs. 3 BaSAG umgesetzt und trat am 29.12.2015 in Kraft.

d) Mandatsbescheid

44   Die HETA hat in einer Mitteilung vom 27.2.2015 der FMA gemäß § 114 Abs. 1 BaSAG iVm § 51 Abs. 1 Z 3 BaSAG angezeigt, dass der Ausfall wahrscheinlich ist, weil die Abbaueinheit zwar zu diesem Zeitpunkt noch in der Lage war, ihre Schulden und Verbindlichkeiten bei Fälligkeit zu begleichen, aber gemäß § 51 Abs. 1 Z 3 zweiter Halbsatz BaSAG objektive Anhaltspunkte dafür vorlagen, dass dies in naher Zukunft nicht mehr der Fall sein wird.[85] Nach dem Fälligkeitsprofil und der Liquiditätsplanung kam die FMA zum Schluss, dass eine die Zahlungsunfähigkeit im Jahr 2016 (ohne Berücksichtigung von Cross-Defaults) eintreten würde.[86] Erste Ergebnisse eines eingeleiteten Bewertungsprozesses der Vermögenswerte (Asset Quality Review) deuteten darauf hin, dass voraussichtlich eine vermögensmäßige Überschuldung der Gesellschaft in der Bandbreite zwischen 4 und 7,6 Mrd. EUR vorliegen könnte.

45   Durch die Dringlichkeit wäre die einzige in Betracht kommende alternative privatwirtschaftliche Unterstützungsmaßnahme gemäß § 49 Abs. 1 Z 2 BaSAG die Unterstützung durch die Alleineigentümerin, die Republik Österreich, gewesen, die jedoch mit Stellungnahme erklärt hatte, keine weitere finanzielle Unterstützung zu leisten. Hinsichtlich des zu prüfenden öffentlichen Interesses stützte sich die FMA unter anderem auch auf eine gutachterliche Äußerung der OeNB, wonach wesentliche noch durch die Abbaueinheit für die das SEE-Netzwerk erbrachte Dienstleistungen von diesen in einem Insolvenzszenario der Abbaueinheit nicht substituiert werden könnten. Für das Abwicklungsziel der Vermeidung erheblicher negativer Auswirkungen auf die Finanzstabilität[87] erwog die FMA, dass in einem Insolvenzszenario der Abbaueinheit das Risiko eines Bank Run bei den jeweili-

---

[84] Ministerialentwurf 154/ME XXV. GP 5: Dem § 95 wird folgender Abs. 3 angefügt: „(3) Die Rechte der Gläubiger berücksichtigungsfähiger Verbindlichkeiten gegen Mitschuldner Bürgen und sonstige Dritte, die für Verbindlichkeiten des abzuwickelnden Rechtsträgers haften, werden durch die Anwendung des Instruments der Gläubigerbeteiligung nicht berührt. Der abzuwickelnde Rechtsträger wird jedoch durch die Anwendung des Instruments der Gläubigerbeteiligung gegenüber Mitschuldnern, Bürgen, sonstigen Dritten oder anderen Regressberechtigten in gleicher Weise befreit wie gegenüber den Gläubigern berücksichtigungsfähiger Verbindlichkeiten."
[85] Zur Rechtslage in Deutschland *Steck/Petrowsky* DB 2015, 1391.
[86] § 51 Abs. 1 Z 3 BaSAG.
[87] § 48 Abs. 2 Z 2 BaSAG.

gen Tochterbanken sowie die damit verbundene Belastung der Sicherungssystem bestehe und die Gefahr, dass die jeweiligen Regierungen oder Aufsichtsbehörden möglicherweise Zwangsverstaatlichungen durchführen könnten. Zusammenfassend gelangte die FMA zur Ansicht, dass im Hinblick auf das Abwicklungsziel der Sicherstellung der Kontinuität kritischer Funktionen Maßnahmen auf Grundlage des BaSAG angemessen sind, da das Abwicklungsziel in einem Insolvenzverfahren nicht im gleichen Ausmaß erreicht werden kann und die Wahrscheinlichkeit der Sicherstellung der festgestellten kritischen Funktionen der Abbaueinheit im Rahmen einer Abwicklung nach BaSAG erhöht wird.

Die FMA ordnete auf dieser Grundlage mit Mandatsbescheid vom 1.3.2015 infolge 46 Vorliegens der Abwicklungsvoraussetzungen gemäß § 50 Abs. 1 Z 2 in Verbindung mit § 58 Abs. 1 BaSAG mit sofortiger Wirkung an, dass die Fälligkeiten sämtlicher ausgegebenen Schuldtitel und sämtlicher anderer Verbindlichkeiten und die Zeitpunkte, zu denen die darauf entfallenden Zinsen zu zahlen sind, sofern die Fälligkeit der Schuldtitel oder Verbindlichkeiten oder der darauf entfallenden Zinsen andernfalls früher eintreten würde, und diese Schuldtitel, Verbindlichkeiten und Zinsen nicht bereits getilgt wurden, dahingehend geändert weden, dass sie bis zum Ablauf des 31.5.2016 aufgeschoben werden, sofern es sich nicht um Verbindlichkeiten handelt, die gemäß § 86 Abs. 2 BaSAG nicht berücksichtigungsfähig sind („Mandatsbescheid").[88]

Die FMA führte auch eine kurze Begründung zur Qualifikation der Maßnahme an: 47

„Gemäß § 162 Abs. 6 BaSAG ist der 4. Teil des BaSAG auf die HETA anwendbar. Die Anwendung der Abwicklungsbestimmungen des BaSAG ist auch unionsrechtlich geboten. Die von der FMA gesetzten Maßnahmen sind Maßnahmen im Sinne der Richtlinie 2014/59/EU zur Festlegung eines Rahmens für die Sanierung und Abwicklung von Kreditinstituten und Wertpapierfirmen (BRRD)."[89]

Implizit ging die FMA davon aus, dass die von ihr gesetzte Maßnahme aufgrund Art. 3 48 Sanierungs-Richtlinie idF Art. 117 BRRD ohne weitere Formalität uneingeschränkt und unmittelbar innerhalb des Europäischen Wirtschaftsraums wirksam ist.

5. Wirkungserstreckung

Die Frage der Wirkungserstreckung von Maßnahmen österreichischer Behörden ist 49 für die HETA entscheidend, da die Finanzinstrumente überwiegend deutschem Recht unterliegen und ein Gerichtsstand in Deutschland vertraglich vereinbart wurde. In mehreren Verfahren ist insbesondere strittig, inwieweit die vom österreichischen Gesetzgeber getroffenen Maßnahmen auf ein Schuldverhältnis einwirken, dem nicht österreichisches Recht als Schuldstatut zugrunde liegt. Insbesondere das Verfahren der BayernLB gegen die HETA (LG München I, AZ 32 O 26502/12) erlangte in diesem Zusammenhang Bedeutung, da es bereits anhängig war, als die HaaSanG-Maßnahme Forderungen der BayernLB zum Erlöschen bringen/stunden sollte und die FMA mit dem Mandatsbescheid die Forderungen zusätzlich, für den Fall dass der Verfassungsgerichtshof das HaaSanG beheben sollte, der Stundung unterwarf, sodass das LG München I auch die Frage der Wirkungserstreckung im Urteil vom 8.5.2015 zu beurteilen hatte.[90] Durch die Aufhebung des HaaSanG durch

---

[88] N.N. SWK 2015, 402; *Fellner* ecolex 2015, 365 (366); zur Qualifikation als besicherte Verbindlichkeiten *Engelbach/Friedrich* WM 2015, 662 (666ff.).
[89] Mandatsbescheid S. 22.
[90] BeckRS 2015, 15096.

B. Abwicklung

den Verfassungsgerichtshof unter Ausdehnung der Anlassfallwirkung stehen nunmehr die Maßnahmen auf Grundlage des BaSAG im Vordergrund, jedoch ergeben sich durch die Sanierungs-Richtlinie Parallelen, die auch in weiteren Rechtsstreitigkeiten zu beurteilen sein werden. Zahlreiche andere Gläubiger haben bereits weitere Forderungen gegen die HETA geltend gemacht, wobei im Zentrum der Rechtsstreite die Frage stehen wird, ob sich die durch den österreichischen Gesetzgeber getroffenen Maßnahmen im Anwendungsbereich der BRRD und / oder der Sanierungs-Richtlinie bewegen, da sich im Anwendungsbereich der Richtlinie die Wirkungserstreckung bereits aus dieser selbst ergibt.

a) HaaSanG

50   Es ist das erklärte Ziel der Sanierungs-Richtlinie, sicherzustellen, dass die von einem Mitgliedstaat erlassenen Sanierungsmaßnahmen in der gesamten Union (sowie EWR) anerkannt werden.[91] Das Inkrafttreten / die Umsetzung der BRRD mit 1.1. 2015 hat das Regime der Sanierungs-Richtlinie weder verdrängt noch beendet. Durch Art. 117 BRRD wurde die Begriffsbestimmung Art. 2 7. Spiegelstrich Sanierungs-Richtlinie dahingehend erweitert, dass zu diesen Maßnahmen *auch* die Anwendung der Abwicklungsinstrumente und die Ausübung der Abwicklungsbefugnisse gemäß der BRRD zählen, der ursprüngliche Begriff der „Sanierungsmaßnahmen" wurde dadurch aber nicht beschränkt, sondern lediglich ergänzt und teilweise durch die spezielleren Regel der BRRD überlagert. Scheidet unter Berücksichtigung der Sperrwirkung eine Anknüpfung an die BRRD aus, verbleibt der Rückgriff auf das allgemeinere Regime.

51   Die Sanierungs-Richtlinie verpflichtet die Mitgliedstaaten grundsätzlich, sicherzustellen, dass die von der Behörde oder einem Gericht angeordneten Sanierungsmaßnahmen ohne weitere Formalitäten uneingeschränkt wirksam sind,[92] und zwar auch gegenüber Dritten in anderen Mitgliedstaaten, selbst wenn nach den für diese geltenden Rechtsvorschriften des Aufnahmemitgliedstaats solche Maßnahmen nicht vorgesehen sind oder die Durchführung von Voraussetzungen abhängig gemacht wird, die nicht erfüllt sind.[93] Maßnahmen, die auf der Sanierungs-Richtlinie beruhen, sind daher in allen anderen Mitgliedstaaten ohne weitere Formalitäten anzuerkennen.[94] Fehlende internationale Zuständigkeit des Eröffnungsstaats oder ein Verstoß gegen den Grundsatz des ordre public[95] kommen nach Ansicht der Literatur als Anerkennungsversagungsgründe nicht in Betracht.[96]

52   Dabei bedarf es keines formalen Anerkennungsverfahrens, sodass sich der Wirksamkeitsbeginn von Sanierungsmaßnahmen, die über ein Kreditinstitut eines Mitgliedstaats von der dort zuständigen Behörde oder dem Gericht angeordnet werden, sich ausschließlich nach dem Recht des Herkunftsmitgliedstaats richtet und mit Wirksamkeit im Herkunftsmit-

---

[91] GA Villalón, Schlussanträge zu Rs C-85/12, LBI hf (ehemals Landsbanki Islands hf) / Kepler Capital Markets SA und Frédéric Giraux, Rn. 75.
[92] EuGH Urt. v. 24.10.2013, Rs C-85/12, LBI hf (ehemals Landsbanki Islands hf) / Kepler Capital Markets SA und Frédéric Giraux; *Ruzik*, EU-RL: Sanierung und Liquidation von Kreditinstituten, RdW 2009, 623 (625); *Fruhstofer* in Buchegger § 81 BWG Rn. 6.
[93] Art. 3 Abs. 2 Sanierungs-Richtlinie.
[94] EuGH Urt. v. 24.10.2013, Rs C-85/12, LBI hf (ehemals Landsbanki Islands hf) / Kepler Capital Markets SA und Frédéric Giraux; *Ress/Ukrow* in Grabitz/Hilf/Nettesheim, 53 Lfg. 2014, Art. 63 AEUV Rn. 389.
[95] Hingegen Art. 26 EuInsVO und § 240 Abs. 2 IO.
[96] *Geimer* in Geimer/Schütze Art. 1 EuInsVO Rn. 27; *Kodek* in Burgstaller/Neumayr KO § 250 Rn. 1; *Maderbacher* in Konecny/Schubert KO § 250 Rn. 1.

gliedstaat gleichzeitig die Wirksamkeit in der Europäischen Union (sowie EWR) eintritt.[97] § 81 Abs. 3 BWG sieht vor, dass eine solche nach dem Recht eines anderen Mitgliedstaats als Österreich ergangene Entscheidung zur Durchführung einer Maßnahme zur Sanierung eines Kreditinstituts in Österreich ohne weitere Formalität, sobald die Entscheidung in dem Mitgliedstaat, in dem das Verfahren eröffnet wurde, wirksam wird. Der deutsche Gesetzgeber hat darauf verzichtet, im Rahmen der Umsetzung der Sanierungs-Richtlinie eine ausdrückliche und dem Wortlaut des Art. 3 Abs. 2 Sanierungs-Richtlinie entsprechende Bestimmung durch das Gesetz zur Umsetzung aufsichtsrechtlicher Bestimmungen zur Sanierung und Liquidation von Versicherungsunternehmen und Kreditinstituten[98] in das KWG aufzunehmen.

Grundsätzlich finden sich die Umsetzung des Sanierungsregimes der Sanierungs-Richtlinie in § 46d KWG, jene des Liquidationsverfahrens in § 46e KWG. Dabei sieht § 46e KWG nicht nur die Regelung über die Zuständigkeit, sondern auch über die Anerkennung der Wirkungen der im Liquidationsverfahren getroffenen Maßnahmen vor (§ 46e Abs. 1 Satz 2 KWG). In § 46d KWG fehlt eine dieser entsprechenden Bestimmung, jedoch befasst sich § 46d Abs. 5 KWG mit Sanierungsmaßnahmen eines anderen Mitgliedstaates in Bezug auf in diesem zugelassene Kreditinstitute.

53

Trotz Ermangelung einer ausdrücklichen Wirksamkeitsanordnung sind die Bestimmungen vor dem Hintergrund zu interpretieren, dass im Gesetzgebungsprozess von einer unionsweiten / EWR-weiten Wirkung von Maßnahmen der zuständigen deutscher Behörden ausgegangen wurde.[99] Die These, dass Entscheidungen deutscher Behörden unmittelbare und unionsweite Wirkung ohne weiteres Anerkennungsverfahren zukommt, umgekehrt ausländischen, vergleichbaren Entscheidungen diese Qualität nicht zukommt, verstößt grundlegend gegen die Idee gegenseitiger Reziprozität und wäre auch mit einer richtlinienkonformen Auslegung nicht in Einklang zu bringen.[100] Auch in der Literatur wird einhellig vertreten, dass auch von anderen Mitgliedstaaten getroffene Maßnahmen iSd Sanierungs-Richtlinie in Deutschland unmittelbar, ohne spezifische Anerkennung oder Durchführungsanordnung wirksam sei. Als Begründung wird dabei einerseits auf § 46d KWG als zentrale Umsetzungsnorm von Art. 3 ff. Sanierungs-Richtlinie, den Vertrauensschutz, die Reziprozität sowie die vergleichbare Rechtslage im Bankenaufsichtsrecht verwiesen. Auch in einer Entscheidung des LG Frankfurt vom 7.5.2010 wird hervorgehoben: „Auch für Sanierungsmaßnahmen nach § 46d Abs. 5 KWG sind die Behörden

54

---

[97] Art. 3 Abs. 2 Sanierungs-Richtlinie; die öffentliche Bekanntmachung im Amtsblatt der Europäischen Union ist hingegen keine Voraussetzung für die Anerkennung in anderen Mitgliedstaaten; *Steinböck* in Dellinger BWG § 81 Rn. 15.
[98] BGBl. 2003 I 2478.
[99] BT-Dr. 15/1653, S. 19: „Die Richtlinie zielt darauf ab, die gegenseitige Anerkennung der von den Mitgliedstaaten in Bezug auf Versicherungsunternehmen erlassenen Sanierungsmaßnahmen und Liquidationsverfahren sowie die notwendige Zusammenarbeit sicherzustellen. Diese gegenseitige Anerkennung wird in der Richtlinie durch die Grundsätze der Einheit, der Universalität, der Abstimmung, der Publizität, der Gleichbehandlung und des Schutzes der Versicherungsgläubiger verwirklicht. Allein die zuständigen Behörden des Herkunftsmitgliedstaats sollen befugt sein, über Verfahren zur Liquidation eines Versicherungsunternehmens zu entscheiden (Einheitsgrundsatz). Ein solches Verfahren soll seine Wirkung in der gesamten Gemeinschaft entfalten und von allen anderen Mitgliedstaaten anerkannt werden. In der Regel sollen alle Vermögenswerte in das Liquidationsverfahren einbezogen werden (Universalitätsgrundsatz). Das Recht des Herkunftsmitgliedstaats soll grundsätzlich regeln, welches die Voraussetzungen für die Eröffnung, Durch-führung und Beendigung eines Liquidationsverfahrens sind."
[100] *Herweg/Willemer* in Schwennicke/Auerbach KWG, 1. Auflage 2009, § 46d Rn. 6.

des Herkunftsmitgliedstaates ausschließlich zuständig. Zwangsvollstreckungsmaßnahmen einzelner Gläubiger in einem anderen Staat des Europäischen Wirtschaftsraumes sind daher unzulässig."[101] Begründet wird dies damit, dass § 46d Abs. 5 KWG nicht dahingehend verstanden werden könne, dass lediglich eine unverbindliche Unterstützung des Herkunftsstaates durch die Bundesanstalt für Finanzdienstleistungsaufsicht angeordnet wird. Nach Ansicht des LG Frankfurt sei „vor dem europarechtlichen Hintergrund § 46d Abs. 5 KWG […] zu entnehmen, dass die Sanierungsmaßnahmen des Herkunftsstaates überhaupt auch in der Bundesrepublik wirksam sind."

55   Das LG München I bezog sich in der Entscheidung vom 8.5.2015 auf die soeben dargestellte Auffassung sowie die Entscheidung des Landgericht Frankfurt vom 7.5.2010, im Ergebnis verneinte es aber die Einwirkung der vom österreichischen Gesetzgeber durch das HaaSanG getroffenen Maßnahmen auf vertragliche Beziehungen, die dem deutschen Schuldstatut unterliegen mit der Begründung, der Anwendungsbereich der Sanierungs-Richtlinie sei nicht eröffnet, da

i) es sich nicht um eine Maßnahme einer Behörde oder eines Gerichts iSd Art. 3 Abs. 1 Sanierungs-Richtlinie handle und

ii) es sich bei der Maßnahme nicht um eine „Sanierungsmaßnahme" iSd Sanierungs-Richtlinie handle,

sodass die grundsätzliche Frage der Anerkennung ausländischer (Sanierungs-)Maßnahmen im Zusammenspiel mit dem KWG offen bleiben konnte.[102]

56   Hinsichtlich des ersten Einwandes ist zu prüfen, ob es sich bei der FMA, die die Verordnung auf Grundlage des HaaSanG erlassen hat (HaaSanV) um eine Behörde oder ein Gerichts iSd Art. 3 Abs. 1 Sanierungs-Richtlinie handelt. Durch die Aufzählung der erfassten Verbindlichkeiten im HaaSanG, welche von der FMA in der HaaSanV nach Ansicht der LG München I „lediglich unter Bezugnahme wiederholt" werden, handle es sich nicht um eine eigenständige Entscheidung der zuständigen Behörde.

57   Der Wortlaut „Behörde des Herkunftsmitgliedstaats" erfasst in formaler Hinsicht unzweifelhaft die FMA als zuständige Aufsichtsbehörde, die auch zur Anordnung eines Geschäftsaufsichtsverfahrens iSd §§ 81 ff. BWG kompetent ist, dessen Qualifikation als Sanierungs-Maßnahme soweit ersichtlich unstrittig ist. Darüber hinaus wurde in einem ähnlichen Fall vom französische Tribunal de Grande Instance die Wirkungserstreckung des isländischen Gesetzes Nr. 44/2009 verweigert, sodass die in Frankreich durchgeführte Sicherungspfändung nicht aufzuheben war.[103] Dennoch stellte der Generalanwalt Pedro Cruz Villalón unter anderem darauf ab, dass Sanierungsmaßnahmen als Einzelmaßnahmen in Bezug auf einzelne Kreditinstitute anzuwenden sind und nicht die Gesamtheit aller Kreditinstitute oder die rechtliche Regelung des Finanzsektors betreffen.[104] Weiters führt er aus, dass für den Fall, dass das isländische Gesetz Nr. 44/2009 funktionell als eine behördliche oder gerichtliche Entscheidung im Sinne der Richtlinie 2001/24 anzusehen seien, die vom isländischen Gesetzgeber ergriffenen Maßnahmen grundsätzlich Entscheidungen gleichzu-

---

[101] LG Frankfurt Urt. v. 7.5.2010, Az 2-27 O 234/09.
[102] BeckRS 2015, 15096.
[103] Dieser Fall unterscheidet sich vom hier zu behandelnden jedoch dahingehen, dass der isländische Gesetzgeber ein für bestimmte Kreditinstitute durch gerichtliche Entscheidung wirksam gewordene Maßnahme in ihren Wirkungen (nachträglich) unmittelbar durch Gesetz änderte, während der österreichisch Gesetzgeber durch das HaaSanG geschaffenen Maßnahmen erst durch die Verordnung der FMA Wirksamkeit erlangten.
[104] GA Villalón, Schlussanträge zu Rs C-85/12, LBI hf (ehemals Landsbanki Islands hf) / Kepler Capital Markets SA und Frédéric Giraux, Rn. 58 ff.

setzen sind, die von „Behörden oder Gerichten" erlassen wurden.[105] Der EuGH relevierte die Frage nicht ausdrücklich sondern hielt fest, dass in Ermangelung einer gerichtlichen Entscheidung wie jener des Bezirksgerichts Reykjavik, mit der vor diesem Zeitpunkt für ein bestimmtes Kreditinstitut ein Moratorium bewilligt oder verlängert wurde, keine Wirkungen entfaltet hätte können, sodass das Erfordernis der gerichtlichen Entscheidung bereits dadurch erfüllt sei.[106]

Auch auf die zweite hier relevante Frage, ob einem ausländischen Gericht eine inhaltliche Prüfung der gesetzten Maßnahme zukommt, finden sich Hinweise in der Sanierungs-Richtlinie selbst. Nachdem die alleinige Kompetenz zur Anordnung von Sanierungsmaßnahmen gemäß Art. 3 Abs. 1 Sanierungs-Richtlinie bei den zuständigen Behörden des jeweiligen Herkunftsmitgliedstaats des betreffenden Kreditinstituts liegt, werden diese nach dessen Rechtsvorschriften durchgeführt. Das LG München I nahm eine eigenständige qualitative Prüfung der Eignung und Wirkung der vom österreichischen Gesetzgeber getroffenen Maßnahmen vor und führte aus, dass diese nicht der Wiederherstellung der Lebensfähigkeit der HETA, sondern lediglich dem Portfolioabbau und der Abwicklung der HETA dienten. Dabei ist jedoch zu berücksichtigen, dass der österreichische Gesetzgeber entsprechend der Materialien zum HaaSanG ausdrücklich dieses Ziel anstrebte, das LG München I jedoch eine Würdigung der Verschränkung der im Gesetzespaket beschlossenen Maßnahmen unterlassen hat. So ist es durchaus möglich, dass die im Gesetzespaket enthaltenen einzelnen Gesetze den angestrebten, Gesetzeszweck insgesamt in unterschiedlicher Ausprägung entsprechen, sodass der Zweck des Portfolioabbaus im Bereich HaaSanG hinter jenen des Sicherung und Stabilisierung zurückzutreten haben.[107] 58

Der EuGH hat in Bezug auf die Sanierungs-Richtlinie entschieden, dass das Zahlungsmoratorium, das die isländischen Behörden der LBI hf (ehemals Landsbanki Islands HF) bewilligt haben, auch in Frankreich jene Wirkungen entfaltet, die ihm das isländische Recht beigelegt hat.[108] Es kann daher argumentiert werden, dass eine weitere Präzisierung der Sanierungs-Richtlinie damit ausschließlich bei den Mitgliedstaaten, die über die Ausgestaltung des jeweiligen Bankeninsolvenzrechts den sachlichen Anwendungsbereich der Sanierungs-Richtlinie nach eigenem Ermessen steuern, liegt.[109] Die diffizile Abwägung der (Wechsel-)Wirkungen der einzelnen im Gesetzespaket enthaltenden Maßnahmen sollte daher – entsprechend der von der Sanierungs-Richtlinie vorgegebenen (ausschließlichen) Zuständigkeit des Herkunftsmitgliedstaates – auch diesem zukommen, zumal es das Ziel der Sanierungs-Richtlinie war, die mitgliedstaatliche Freiheit zu erhalten und zugleich eine nachträgliche, allenfalls abweichende Bewertung der Zweckmäßigkeit, Effizienz und Angemessenheit der getroffenen Maßnahmen durch die Institutionen eins anderen Mitgliedstaats zu verhindern. Das Ziel, ausschließlich die Behörden oder Gerichte des Herkunftsmitgliedstats mit der Durchführung von Sanierungsmaßnahmen zu betrauen, wäre gerade ins Gegenteil verkehrt, würde man eine inhaltliche Nachprüfung einer von der 59

---

[105] GA Villalón, Schlussanträge zu Rs C-85/12, LBI hf (ehemals Landsbanki Islands hf) / Kepler Capital Markets SA und Frédéric Giraux, Stellungnahme der französischen Regierung.
[106] EuGH Urt. v. 24.10.2013, Rs C-85/12, LBI hf (ehemals Landsbanki Islands hf) / Kepler Capital Markets SA und Frédéric Giraux, Rn. 31.
[107] aA Fest NZG 2015, 1108 (1109).
[108] EuGH Urt. v. 24.10.2013, Rs C-85/12, LBI hf (ehemals Landsbanki Islands hf) / Kepler Capital Markets SA und Frédéric Giraux.
[109] GA Villalón, Schlussanträge zu Rs C-85/12, LBI hf (ehemals Landsbanki Islands hf) / Kepler Capital Markets SA und Frédéric Giraux, R n. 75 („Autonomie der Mitgliedstaaten bei der Zuweisung öffentlicher Aufgaben").

zuständigen Behörde erlassenen Maßnahme zulassen.[110] Abgesehen von der Überlegung, dass die Informationslage ausländischer Gerichte oder Behörden wohl (auch aufgrund des Bankgeheimnisses) nicht mit jener der zuständigen Aufsichtsbehörde vergleichbar sein wird, wäre dadurch ein Einfallstor für eine diskriminierende Benachteiligung von Gläubigern geschaffen, was die Sanierungs-Richtlinie gerade zu verhindern versucht.[111]

b) BaSAG

60 Der Anwendungsbereich der BRRD erstreckt die Wirkung der auf dieser Grundlage ergriffenen Maßnahmen jedenfalls auf Institute, die zum Zeitpunkt des Erlasses einer Sanierungs- oder Abwicklungsmaßnahme „Kreditinstitute" im Sinne von Art. 4 Abs. 1 Z 1 der CRR sind.[112] Die HETA nimmt dabei eine Sonderstellung ein, da sie bei Inkrafttreten der BRRD dieses Merkmal erfüllte, jedoch in der Literatur argumentiert wird, dass die HETA in Folge der Deregulierung mit 30.10.2014 nicht mehr als ein „Institut" zu qualifizieren sei, daher die von der FMA mit dem Mandatsbescheid ergriffenen Maßnahmen, nicht auf Grundlage der BRRD erfolgten und im Ergebnis nicht auf dieser Grundlage unionsweit wirksam seien.[113] Auch das LG München I hatte sich mit dieser Frage auseinanderzusetzen und entschied, dass die in Bezug auf die HETA ergriffenen Maßnahmen zwar auf Grundlage des BaSAG erfolgten, dessen Anwendungsbereich jedoch über jenen der BRRD hinausgehe. Die Einwirkung auf das das im konkreten deutsche Vertragsstatut wurde mit folgenden Argumenten abgelehnt:[114]

i) eine Erstreckung der Wirkungen des Mandatsbescheides komme weder auf Grundlage von § 153 SAG noch § 46d ff. KWG in Frage, da dieser nicht in deren Anwendungsbereich liege;

ii) die Wirkungserstreckung könne auch nicht unmittelbar auf eine EU-Richtlinie gestützt werden; und

iii) auch die allgemeinen Regeln des deutschen internationalen Privatrechts würden keine Anwendung solcher Maßnahmen vorsehen.

61 Begründet wurde dies insbesondere damit, dass der in § 1 Nr. 1 SAG definierte Anwendungsbereich nicht eröffnet sei; das SAG sei auf Kreditinstitute im Sinne des Verweises von § 1 Abs. 3d Satz 1 KWG auf Art. 4 Abs. 1 Nr. 1 CRR anwendbar, die HETA sei jedoch seit dem 30.10.2014 nicht mehr als Kreditinstitut iSd CRR zu qualifizieren. Aus diesem Grund sei die HETA nicht vom Anwendungsbereich der BRRD erfasst. Das LG München I prüfte weiters, ob eine Anerkennung auf der Grundlage des Art. 3 Abs. 2 Satz 3 Sanierungs-Richtlinie in Betracht komme; jedoch ergebe sich daraus keine Pflicht zur Anerkennung der Wirkung des Mandatsbescheides, da sich dieser nur auf Maßnahmen in Bezug auf in Art. 1 Abs. 1 BRRD genannten Institute ergebe.

62 Das Gericht kam zusammenfassend zum Schluss, dass auch der österreichische Gesetzgeber erkannt habe, dass die BRRD grundsätzlich nicht auf die Abbaueinheit anwendbar sei und aus diesem Grund den Anwendungsbereich des BaSAG durch § 162 Abs. 6 BaSAG auf die HETA erstreckte; eine solche „Definitionsmacht" zur Erweiterung des Anwen-

---

[110] aA *Fest* NZG 2015, 1108 (1109).
[111] EuGH Urt. v. 24.10.2013, Rs C-85/12, LBI hf (ehemals Landsbanki Islands hf) / Kepler Capital Markets SA und Frédéric Giraux, Rn. 22.
[112] Art. 1 Abs. 1 Spiegelstrich 2 BRRD.
[113] Siehe auch *Rühle/Schmitz* GWR 2015, 406; *Fest* NZG 2015, 1108 (1109); *Haselberger* AnwBl 2015, 576; *Müller/Zahradnik* ecolex 2015, 933; *Hilkesberger/Schöller* ÖBA 2015, 553 (557).
[114] BeckRS 2015, 15096.

dungsbereichs der BRRD solle jedoch den Mitgliedstaaten nicht zukommen,[115] sodass sich eine Verpflichtung zur Anerkennung der Wirkung des Mandatsbescheides weder aus dem Unionsrecht, noch aus dem nationalen Recht (etwa EGBGB) ergebe.

aa) Interpretation des Wortlauts

In der Literatur wird vertreten, dass Instrumente iSd der BRRD nur auf jene Rechtsträger Anwendung finden können, die im Zeitpunkt der Ausübung der Befugnisse der Abwicklungsbehörden als Institute iSd Art 4 Abs. 1 CRR zu qualifizieren sind.[116] Aus dem Wortlaut der BRRD lässt sich jedoch nicht zweifelsfrei ableiten, dass Einheiten, die ehemals ein Institut im Sinne von Art. 2 Abs. 1 Spiegelstrich 2 BRRD waren, aber im Zuge eines aufsichtsrechtlichen Sanierungs- oder Abwicklungsprozesses die Zulassung als Kreditinstitut iSd Art 4 Abs. 1 CRR verloren haben, nicht in den Anwendungsbereich der BRRD fallen können.[117] Vielmehr ist prüfen, ob der einleitende Satz des Art. 1 Abs. 1 BRRD ausreichend einem solchen Ergebnis widerspricht oder nicht sogar nahelegt, da bei der Abgrenzung des Anwendungsbereichs nicht ausschließlich an der Definition des „Institut[s]" selbst verhaftet werden darf. Im Zusammenhang mit dem einleitenden Satz des Art. 1 Abs. 1 BRRD ist zu lesen: „Diese Richtlinie legt Vorschriften und Verfahren für die *Sanierung* und *Abwicklung* folgender Unternehmen fest [...]". Dies spricht dafür, dass es sich bei den Maßnahmen der BRRD um einen Prozess handelt, der nicht zwingend mit dem Erfordernis der Zulassung im Gleichklang erfolgen muss. Eine ausdrückliche Bestimmung, dass die BRRD nur auf Sanierungs- und Abwicklungsprozesse anwendbar ist, die beginnend mit dem 1.1.2015 eingeleitet werden, findet sich in dieser nicht, zumal eine Umsetzung vor Ablauf der Umsetzungsfrist jedenfalls zulässig ist. Es wäre vorschnell, auf das Ende der Umsetzungsfrist abzustellen, da es den Mitgliedstaaten frei steht, die Regelungen der BRRD bereits vor Ablauf derselben vollständig in nationales Recht zu überführen.

Vielmehr ist das Abwicklungsregime als ein Ablauf zu verstehen, der unabhängig vom Verlust der Zulassung als Kreditinstitut bis zur vollständigen Abwicklung gemäß den Bestimmungen der BRRD durchgeführt wird.[118] Für dieses funktionale Verständnis spricht auch, dass in Art. 2 Abs. 1 Z 40 BRRD die Abwicklungsmaßnahme als „Entscheidung über die Abwicklung" und „die Ausübung einer oder *mehrerer* Abwicklungsbefugnisse" definiert ist; der Definition ist weder zu entnehmen, dass mehrere Abwicklungsbefugnisse zeitgleich zu erfolgen haben, noch dass den Prozess der Abwicklung mit jenem des Verfahrens der Zulassung im Gleichklang zu erfolgen hat, sondern vielmehr als ein an die (Abwicklungs-) Ziele gebundener Ablauf zu verstehen ist.

bb) Teleologische Interpretation

Aus den Erwägungsgründen zur BRRD ergibt sich, dass mit der Schaffung des Sanierungs- und Abwicklungsregimes der BRRD die Risiken, die von einem bestandsgefährdeten Kreditinstitut ausgehen, effektiver als bisher bekämpft werden sollen. Hervorgehoben wird das Ziel, „die Kohärenz mit den vorhandenen Unionsrechtsvorschriften auf dem Ge-

---

[115] Siehe auch *Hilkesberger/Schöller* ÖBA 2015, 553 (557).
[116] Siehe auch *Rühle/Schmitz* GWR 2015, 406; *Fest* NZG 2015, 1108; *Hilkesberger/Schöller* ÖBA 2015, 553; *Haselberger* AnwBl 2015, 576; *Müller/Zahradnik* ecolex 2015, 93; BeckRS 2015, 15096.
[117] aA *Fest* NZG 2015, 1108.
[118] Siehe zum KWG: *Fischer* in BFS KWG § 35 Rn. 54; *Albert* in Reischauer/Kleinhans KWG, Erg. Lfg. 9/12, § 32 Rn. 5.

B. Abwicklung

biet der Finanzdienstleistungen und das höchstmögliche Niveau an Finanzstabilität für alle Institute sicherzustellen".[119] Hintergrund der Bestimmungen des Titel IV der BRRD ist es daher, durch Maßnahmen einen Zustand des Instituts herbeizuführen, in dem dieses keine finanzmarkttechnische Relevanz mehr aufweist. Durch die Nichtanwendung der BRRD auf Sanierungs- und Abwicklungsmaßnahmen, die vor dem 1.1.2015 gesetzt wurden, würde den Organen der Europäischen Union unterstellt werden, sie würden zweck- und sachwidrig durch die fortdauernde Anwendung der bis dahin geltenden Bestimmungen die Adaption und damit die Finanzstabilität verzögern.

66 Die Ziele der BRRD verlangen gerade in solchen Situationen die rasche Anwendung der Abwicklungsbefugnisse und -maßnahmen, die eine Fortführung der Geschäftstätigkeit untersagen und das vorhandene Vermögen im Interesse der Gläubiger, des Staatshaushaltes und letztlich auch aufgrund der Stabilität der Finanzmärkte einer bestmöglichen Verwertung zuführen. Der BRRD ist daher nicht zu unterstellen, dass ein Marktteilnehmer aus diesem Ausscheiden soll, und gleichzeitig bis zum vollständigen Abschluss der Abwicklung (aufsichtsrechtlich) weiterhin am Markt teilnimmt oder zumindest an diesem teilnehmen kann.

67 Ziel der BRRD ist gemäß Art. 31 Abs. 2 BRRD (i) die Sicherstellung der Kontinuität kritischer Funktionen, (ii) die Vermeidung erheblicher negativer Auswirkungen auf die Finanzstabilität, vor allem durch die Verhinderung einer Ansteckung, beispielsweise von Marktinfrastrukturen, und durch die Erhaltung der Marktdisziplin, (iii) der Schutz öffentlicher Mittel durch geringere Inanspruchnahme außerordentlicher finanzieller Unterstützung aus öffentlichen Mitteln, (iv) der Schutz der unter die Richtlinie 2014/49/EU fallenden Einleger und (v) der Schutz der Gelder und Vermögenswerte der Kunden.

68 Es ist daher zu prüfen, ob schutzwürdige Interessen es erfordern, den Anwendungsbereich auf nach Ablauf der Umsetzungsfrist eingeleitete Maßnahmen zu beschränken. Die von den Abwicklungsmaßnahmen möglicherweise betroffenen Gläubiger können sich dabei nicht auf eine schutzwürdig Erwartung berufen, nicht vom Regime der BRRD betroffen zu sein. Sowohl die Maßnahmen auf Grundlage des HaaSanG als auch jene auf Grundlage des BaSAG erfolgten nach Veröffentlichung und Inkrafttreten der BRRD, zu einem Zeitpunkt, in dem die HETA zweifellos als Institut iSd BRRD zu qualifizieren war. Ein Vertrauen darauf, dass der österreichische Gesetzgeber einerseits mit der Umsetzung der BRRD durch das BaSAG bis zum Ablauf der Umsetzungsfrist zuwartet und andererseits, die Zulassung der HETA vor Ablauf derselben erlischt, erscheint zweifelhaft, da sich bei einer vollständigen Umsetzung der BRRD in nationales Recht bereits mit deren Inkrafttreten, oder zumindest vor Deregulierung der HETA die nunmehr strittige Frage sich nicht zugunsten der Gläubiger auswirken würde. Es erscheint wenig zweckmäßig, bereits begonnene Maßnahmen abbrechen zu müssen, nur um in das harmonisierte, unionsweit anerkannte Regime zu gelangen; verschiedentlich wird vorgebracht, dass erst dieses das Instrument der Gläubigerbeteiligung ermögliche und sich daher aus Gläubigersicht nachteilig auswirke. Dabei wird jedoch übersehen, dass eine „Gläubigerbeteiligung" auch im Insolvenzfall aufgrund der vermögensmäßigen Unterdeckung gegeben ist. Aus den Voraussetzungen des Titels IV ergibt sich,[120] dass diese Bestimmungen nur auf ein Institut anwendbar sind, das „ausfällt oder wahrscheinlich ausfällt", die Krise durch alternative Instrumente der Privatwirtschaft nicht oder nicht rechtzeitig abgewendet werden kann und eine Abwicklungsmaßnahme im öffentlichen Interesse erforderlich ist. Die schutzwürdigen Interessen der Gläubiger sind daher nicht mit dem Fall eines Fortbestand eines (werbenden)

---

[119] BRRD, Erwägungsgrund 11.
[120] Art. 32 Abs. 1 lit. a) bis c) BRRD.

Kreditinstituts, von dem die Befriedigung sämtlicher Forderungen erwartet wird, zu vergleichen, sondern die Alternativen der Abwicklung gemäß der BRRD und der bisherigen Rechtlage, daher idR der Insolvenz. Durch den tragenden Grundsatz der BRRD „keine Schlechterstellung von Gläubigern" wird ein unionsweiter Mindeststandard zum Schutz der Gläubiger eingeführt, die nur Abweichungen zugunsten der Gläubiger zulässt, sodass eine dadurch eintretende Schlechterstellung nicht zu erblicken ist.

Mit einer ähnlichen Zielsetzung wurde das Institut gemäß GSA in eine Abbaueinheit umgewandelt, die das Ziel hat, ihre Vermögenswerte mit der Maßgabe zu verwalten, eine geordnete, aktive und bestmögliche Verwertung sicherzustellen (Portfolioabbau).[121] In den Materialien zum GSA betont der Gesetzgeber zudem die möglichen Auswirkungen auf die österreichische Volkswirtschaft, das Land Kärnten und andere öffentlichen Interessen.[122] Zudem ergibt sich aus dem Mandatsbescheid, dass die Abbaueinheit trotz Dekonsolidierung weiterhin in Bezug auf das veräußerte Bankennetzwerk in Südosteuropa durch die Erbringung von Übergangsdienstleistungen für deren Bankbetrieb wesentliche Leistungen erbringt, die als kritische Funktionen iSd § 2 Z 37 BaSAG zu qualifizieren sind.[123] Es bestehen daher signifikante Parallelen zwischen den Zielsetzungen des GSA und der BRRD, die aus funktionalen Gesichtspunkten dem Abwicklungsprozess eines (ehemaligen) Kreditinstituts entsprechen. **69**

Weiters ergibt sich dies aus dem Umstand, dass nicht sämtliche in der BRRD vorgesehenen Maßnahmen erst durch diese geschaffen wurden, dass eine vor Ablauf der Umsetzungsfrist angeordnete Maßnahme nicht die (spätere) Anwendung der BRRD verhindern kann; beispielsweise entspricht die Befugnis, die Fälligkeit der von einem in Abwicklung befindlichen Institut ausgegebenen Schuldtitel zu ändern (Art. 63 Abs. 1 lit j) BRRD), funktional bereits der vor Inkrafttreten der BRRD bestehenden Befugnis der FMA, durch die Anordnung eines Geschäftsaufsichtsverfahrens[124] eine Stundung sämtlicher Verbindlichkeiten des Instituts zu bewirken, sodass zumindest eine zeitliche Überschneidung der nationalen und durch die BRRD vorgezeichneten Sanierungs- und Abwicklungsverfahrens möglich ist und eine Abgrenzung aufgrund des Charakters der Maßnahme nicht naheliegend ist. **70**

cc) Systematische Interpretation

Systematisch ergibt sich bereits aus der Struktur des Unionsrechts, dass die aufsichtsrechtliche Behandlung eines notleidenden Instituts in keinem notwendigen Zusammenhang zu dem abwicklungsrechtlichen Umgang steht, dem dieses Institut unterworfen wird. Auch wenn die CRR und die BRRD (teilweise) an dieselben Sachverhaltselemente anknüpfen, besteht keine unmittelbare Verschränkung in der Gestalt, dass die Erteilung / der Entzug der Zulassung wechselseitig bedingt mit der Anwendung der Abwicklungsbefugnisse und **71**

---

[121] § 3 Abs. 1 GSA.
[122] ErläutRV 178 BlgNR XXV. GP 13.
[123] Mandatsbescheid S. 28, Verweis auf die gutachterlichen Äußerung der Österreichischen Nationalbank: „Im Zuge der Herauslösung des SEE-Netzwerks aus der KI-Gruppe der Hypo Alpe Adria und daraus resultierender Etablierung der HGAA als eigenständiges Kreditinstitut Ende Oktober 2014 wurden zahlreiche Tätigkeiten über Auslagerungsvereinbarungen (Service Level Agreements – SLA) an die HETA übertragen. Der Umfang an ausgelagerten Tätigkeiten ist derzeit noch beträchtlich. Es besteht die Gefahr, dass die HGAA die ausgelagerten Tätigkeiten bei einem Konkurs der HETA zumindest über einen gewissen Zeitraum nicht selbst erbringen könnte."
[124] §§ 81 ff. BWG, zumindest nach herrschender österreichischer Auffassung stellt das Geschäftsaufsichtsverfahren eine Sanierungsmaßnahme iSd Sanierungs-Richtlinie dar, siehe dazu *Fruhstofer* in Buchegger § 81 BWG mwN.

-instrumente ist. Es steht den Mitgliedstaaten gemäß der Verordnung (EU) Nr. 1024/2013 (SSM-Verordnung) frei, über die dort vorgesehenen weitere Entzugsvoraussetzungen zu normieren.

72 Dem Richtliniengeber war die Verknüpfung des Entzugs der Zulassung mit der Einleitung von Liquidationsmaßnahmen nicht fremd; in Art. 12 Sanierungs-Richtlinie ist vorgesehen, dass bei einer Eröffnung des Liquidationsverfahrens über das Vermögen eines Kreditinstituts, ohne dass Sanierungsmaßnahmen getroffen wurden oder nachdem diese gescheitert sind, die Zulassung dieses Kreditinstituts zu widerrufen ist.[125] Der Richtliniengeber hat durch Art. 117 BRRD die Sanierungs-Richtlinie dahingehend geändert, dass auch die Anwendung der Abwicklungsinstrumente und die Ausübung der Abwicklungsbefugnisse gemäß der BRRD als „Sanierungsmaßnahmen" iSd Art. 2 Spiegelstrich 7 Sanierungs-Richtlinie zu qualifizieren sind, nicht aber als Liquidationsverfahren iSd Art. 2 Spiegelstrich 9 Sanierungs-Richtlinie. Weder die BRRD noch die CRR sehen daher einen Bedingungszusammenhang zwischen dem Abwicklungsregime und dem Verlust der Zulassung als Kreditinstitut vor; insbesondere durch die Einordnung der Maßnahmen in der Sanierungs-Richtlinie wird deutlich, dass die Durchführung des Abwicklungsprozesses nicht von der Bedingung abhängig ist, dass die Zulassung des betroffenen Instituts erhalten oder entzogen wird. Insbesondere ergäben sich weitreichend Wertungswidersprüche, wenn die Anwendung von Instrumenten die Aufrechterhaltung von kritischen Funktionen selbst erschweren würde.

73 Die Mitgliedstaaten wären im Gegenteil gerade dazu gezwungen, einerseits die in Art. 32 Abs. 1 lit. a) bis c) BRRD genannten Umstände zu attestieren, die einerseits bei Unterlassung der Ergreifung von Maßnahmen und Fortführung der Geschäftstätigkeit nachteilige Implikationen auf die Interessen der Gläubiger nicht unwahrscheinlich erscheinen lassen, andererseits wäre es den Aufsichtsbehörden verwehrt, die Fortführung des Geschäftsbetriebes durch Entzug der Zulassung (bis zum vollständigen Abschluss er Abwicklung) zu untersagen, um sich dadurch nicht der Möglichkeit des Instrumentariums der BRRD zu entledigen. Die Fortsetzung der werbenden Tätigkeit kann die Gefährdungen, auf die durch die Richtlinie reagiert werden soll, noch verstärken.

74 Die Zielsetzung der BRRD erfordert es daher, möglichst rasch die geschaffenen Regelungen zur Anwendung zu bringen, und nicht auf solche Sanierungs- oder Abwicklungsprozesse zu beschränken, die nach dem 1.1.2015 eingeleitet wurden. Im Sinne einer Mindestharmonisierung und des no creditor worse off Prinzips bestehen dagegen keine schutzwürdigen Interessen, sondern legen vielmehr nahe, den unionsrechtlichen (Gläubiger-)Schutz zumindest auf jene Sanierungs- oder Abwicklungsprozesse anzuwenden, die nach Veröffentlichung und Inkrafttreten der BRRD eingeleitet worden sind.

dd) Sperrwirkung

75 In der Lehre und Rechtsprechung ist noch nicht abschließend geklärt, welche normative Kraft eine Richtlinie in der Phase zwischen Inkrafttreten und Ablauf der Umsetzungsfrist hat. Der EuGH vertrat in der Entscheidung *Inter-Environnement Walonie* die Ansicht, dass einem Mitgliedstaat grundsätzlich kein Vorwurf gemacht werden könne, wenn er die Richtlinie nicht vor Ablauf der Frist in nationales Recht umsetze.[126] Die Mitgliedstaaten

---

[125] Art. 12 Abs. 1 Sanierungs-Richtlinie; wobei die (eingeschränkte) Fortführung des Geschäftsbetriebs, allenfalls unter Aufsicht, gemäß Art. 12 Abs. 2 Sanierungs-Richtlinie ist.
[126] EuGH Urt. v. 18.12.1997, Rs C-129/96 (Inter-Environnement Wallonie) Rn. 43; EuGH Urt. v. 14.6.2007, Rs C-422/05 (Kommission/Belgien) Rn. 62 ff.; EuGH Urt. v. 10.11.2011, Rs C-348/10

seien aber verpflichtet, die erforderlichen Maßnahmen zu ergreifen, um sicherzustellen, dass das Richtlinienziel erreicht werde. Insbesondere bestehe die Verpflichtung, die Implementierung von Vorschriften zu unterlassen, die geeignet sind, das in der Richtlinie vorgeschriebene Ziel ernstlich in Frage zu stellen.[127] Der EuGH stützt sich dabei insbesondere auf das primärrechtliche Loyalitätsgebot (Art. 4 Abs. 3 EUV), der „Richtlinie selbst" und Art. 288 AEUV. In der Lehre wurde daraus abgeleitet, dass sich die Sperrwirkung auf mitgliedsstaatliche Handlungen ab Bekanntmachung der Richtlinie im Amtsblatt der Europäischen Union bezieht, die eine (rechtzeitige) Richtlinienumsetzung ernstlich gefährden.[128]

Ausgangspunkt der Überlegungen bildet folgender zeitliche Ablauf: (i) Veröffentlichung der BRRD im Amtsblatt am 12.6.2014, (ii) Inkrafttreten des GSA (und des HaaSanG) mit 1.8.2014, (iii) Deregulierung der HETA mit 30.10.2014, (iv) Inkrafttreten des BaSAG mit 1.1.2015, sowie (v) Veröffentlichung des Mandatsbescheides der FMA mit Edikt vom 1.3.2015. Es ist daher (ergänzend) zu erwägen, ob der österreichische Gesetzgeber durch § 162 Abs. 6 BaSAG nicht gerade jenem unionsrechtlichen Gebot, die Ziele der BRRD nicht ernsthaft in Frage zu stellen, entsprochen hat.[129] Nach Veröffentlichung der BRRD wäre ein bloßes Unterlassen der Anpassung vor Ablauf der Umsetzungsfrist im Lichte des Frustrationsverbotes unproblematisch;[130] durch das GSA hat der österreichische Gesetzgeber jedoch legislative Akte gesetzt, sodass zunächst zu prüfen ist, ob die geschaffenen Instrumente als schrittweise Umsetzung[131] der BRRD qualifiziert werden können. 76

Im GSA ist vorgesehen, dass der Bundesminister für Finanzen durch Übertragungsanordnung (Verordnung) und zum Zweck der Schaffung einer Abbaueinheit gemäß §2 GSA Teile des Instituts auf den Bund oder einen anderen, aufnehmenden Rechtsträger gegen angemessenes Entgelt ausgliedern kann (§ 1 Abs. 1 GSA). Dieses Instrument weist insbesondere Ähnlichkeiten mit dem in der BRRD geregelten Instrumenten der Unternehmensveräußerung und/oder jenem der Ausgliederung von Vermögenswerten auf. Das Abwicklungsinstrument der Art. 37 Abs. 3 lit. a) und Art. 38 BRRD ist dadurch charakterisiert, dass einem Erwerber, der nicht Brückeninstitut im Sinne der Richtlinie ist, die von einem in Abwicklung befindlichen Institut ausgegebenen Anteile oder andere Eigentumstitel oder alle oder einzelne Vermögenswerte, Rechte oder Verbindlichkeiten eines in Abwicklung befindlichen Instituts übertragen werden.[132] Ebenfalls Ähnlichkeiten weisen die Möglichkeiten des GSA auch mit dem Instrument der Ausgliederung von Vermögenswerten gemäß Art. 42 BRRD auf. Voraussetzung dafür ist, dass die Zweckgesellschaft für die Übernahme bestimmter oder aller Vermögenswerte, Rechte und Verbindlichkeiten des in Abwicklung stehenden Instituts errichtet wurde, sie ganz oder teilweise im Eigentum einer öffentlichen Stelle steht und von der Abwicklungsbehörde kontrolliert wird (Art. 42 Abs. 2 BRRD). Aufgabe der errichteten Zweckgesellschaft ist die auf sie übertragenen Vermögenswerte mit dem Ziel, deren Wert bis zu späterer Veräußerung oder geordneten Liquidation zu maximieren (Art. 42 Abs. 3 BRRD). Auch die HETA hat gemäß § 3 Abs. 1 GSA die Aufgabe, ihre Vermögenswerte mit dem Ziel zu verwalten, eine geordnete, aktive und bestmögliche 77

(Norma-A SIA) Rn. 63.
[127] EuGH Urt. v. 18.12.1997, Rs C-129/96 (Inter-Environnement Wallonie) Rn. 44 ff.
[128] *Tietje* in Grabitz/Hilf/Nettesheim Art. 114 AEUV Rn. 67.
[129] *Perner* ÖBA 2015, 239; krit *Hilkesberger/Schöller* ÖBA 2015, 553.
[130] EuGH Urt. v. 18.12.1997, Rs C-129/96 (Inter-Environnement Wallonie) Rn. 43.
[131] EuGH Urt. v. 18.12.1997, Rs C-129/96 (Inter-Environnement Wallonie) Rn. 49; *Ehricke* ZIP 2001, 1311; *Hoffmann* in Riesenhuber Methodenlehre § 16 Rn. 7 ff.
[132] *Seidl/Weileder* in Nunner-Krautgasser/Kapp/Clavora Jahrbuch Insolvenzrecht und Sanierungsrecht 2014, 261 (270 ff.).

Verwertung sicherzustellen. Im Detail handelt es sich bei der HETA nicht um eine eigens errichtete Zweckgesellschaft, sondern um die Fortführung des bisherigen Rechtsträgers mit geänderter Firma sowie den durch das GSA determinierten Gesellschaftszweck. Vor dem Hintergrund, dass es Ziel des Instruments ist, eine Trennung der systemrelevanten Bereiche herbeizuführen um diese einer abweichenden Behandlung zukommen zu lassen, könnte man argumentieren, dass das GSA aus teleologischen Gesichtspunkten auch diesem Erfordernis genügt. Im Wesentlichen hat sich der Gesetzgeber bei Schaffung des § 1 Abs. 1 GSA einer Sanierungs- und Abwicklungsmöglichkeit bedient, die weitgehend den bereits in Geltung stehenden Rahmenbedingungen der BRRD entsprechen und als vorgezogene Umsetzung der BRRD qualifiziert werden können.[133]

78   Der Richtliniengeber hat ausdrücklich hervorgehoben, dass derartige Instrumente vor allem zur Verhinderung einer Insolvenz benötigt werden oder, falls eine solche eintritt, dass die negativen Auswirkungen minimiert werden, indem die systemisch wichtigen Funktionen eines Instituts aufrecht erhalten können.[134] In der Literatur wird darüber hinaus aus den Erwägungsgründen unter anderem die Zielsetzung der BRRD der Schaffung eines glaubwürdigen Sanierungs- und Abwicklungsrahmens, um dem Rückgriff auf das Geld der Steuerzahler vorzubeugen, abgeleitet.[135] Der Richtliniengeber beabsichtigte durch die BRRD, ein rechtssicheres, effektives, ausgewogenes und verhältnismäßiges Instrumentarium für den Umgang mit unsoliden oder ausfallenden Instituten zu schaffen, sodass der Fortbestand der kritischen Finanz- und Wirtschaftsfunktionen des Instituts sichergestellt wird und gleichzeitig die Auswirkungen des Ausfalls eines Instituts auf die Wirtschaft und das Finanzsystem so gering wie möglich gehalten werden. Auch das Ziel der Gläubigergleichbehandlung und der angemessenen Lastenverteilung lässt sich dafür ins Treffen führen, dass die Einbeziehung der Abbaueinheit den Zielen der BRRD entspricht.[136] Bereits am Beispiel des Gläubigerschutzes als wesentliches Prinzip der BRRD wird deutlich, dass eine nur teilweise Anwendung der Reglungen der BRRD auf die HETA mit deren Zielen nicht zu vereinen wäre. Zwar sieht das GSA vor, dass die Übertragung von Vermögenswerten, gleich ob durch Übertragungsanordnung oder durch Rechtsgeschäft, nur gegen „angemessenes Entgelt" erfolgen kann, ein Schutz wie etwa in Art. 75 ff. BRRD, der eine Schlechterstellung gegenüber einer Insolvenz ausgleichen soll, wurde im GSA nicht vorgesehen. Auch dem in Erwägungsgrund 2 der BRRD angesprochenen Gesichtspunkt der gleichwertigen Bedingungen für alle Kreditinstitute kann nur durch ein einheitliches Sanierungs- und Abwicklungsregime entsprochen werden. Würde man das BaSAG auf die HETA nicht anwenden, verbliebe ein Sonderinsolvenzrecht im Sonderinsolvenzrecht. Die Ziele der BRRD erforderten es daher, die Abbaueinheit in das Regime des BaSAG einzubeziehen, nicht zuletzt, da dem europäischen Abwicklungsmechanismus die Einsicht zugrunde liegt, dass eine klassische Insolvenz auf Grund der Dauer und Komplexität der entsprechenden Verfahren ungeeignet ist.[137] Die unionsrechtliche Sperrwirkung determinierte daher die Verpflichtung des österreichischen Gesetzgebers, in Bezug auf die HETA die Verwirklichung der Richtlinienziel der BRRD sicherzustellen, insbesondere da „kaum Situationen denkbar sind, in denen eine innerstaatliche Rechtssetzungsmaßnahme, die nach

---

[133] *Perner* ÖBA 2015, 239 (241 f.).
[134] BRRD, Erwägungsgrund 1.
[135] *Perner* ÖBA 2015, 239 (244) mit Verweis auf Erwägungsgrund 1 BRRD.
[136] BRRD, Erwägungsgrund 47.
[137] Siehe auch BRRD, Erwägungsgrund 14.

dem Erlass einer Richtlinie, aber vor dem Ablauf der Umsetzungsfrist erlassen wird, das Umsetzungsziel nicht in Frage stellt".[138]

6. Zusammenfassung

Um die Auswirkungen der Finanzkrise auf die der Realwirtschaft zu minimieren, schuf der Gesetzgeber das FinStaG, welches die Möglichkeit eröffnete, durch Liquiditäts- und Kapitalmaßnahmen systemrelevante (heimische) Kreditinstitute zu stärken. Entsprechend den europäischen Bemühungen, ein harmonisiertes Abwicklungsregim für systemrelevante Kreditinstitute zu schaffen, wurden auf Grundlage des von der Kommission erarbeiteten Entwurfs der BRRD bereits im BIRG Teile davon (Sanierungs- und Abwicklungsplanung, Frühinterventionsbefugnisse der FMA, Abwicklung von einzelnen Instituten oder Institutsgruppen, Finanzierungsmechanismus) vorweggenommen.

Bereits vor Umsetzung der BRRD sah sich der österreichische Gesetzgeber in einem ersten Anwendungsfall gezwungen, sondergesetzliche Maßnahmen, insbesondere das HaaSanG und das GSA, zu treffen. Obgleich das HaaSanG und die damit vorgesehene Gläubigerbeteiligung später vom Verfassungsgerichtshof aufgehoben wurde, ermöglichte es die Überführung des werbenden Kreditinstituts in eine deregulierte, privatwirtschaftlich organisierte Abbaueinheit, die aufgrund einer ausdrücklichen Bestimmung in den Anwendungsbereich des österreichischen BRRD-Umsetzungsgesetzes BaSAG einbezogen wurde. Die unionsrechtlich Grundlage ist insbesondere deshalb von maßgeblicher Bedeutung, weil ein nicht unerheblicher Anteil von Verbindlichkeiten aus emittierten Finanzinstrumenten deutschem Recht unterliegt und einen Gerichtsstand in Deutschland aufweist und in der Praxis die Wirksamkeit von der FMA getroffener Maßnahmen auf diese Rechtsverhältnisse in Zweifel gezogen wurde.

Es ist davon auszugehen, dass es sich bei Abwicklungsmaßnahmen gemäß der BRRD um eine prozessbezogene Betrachtung handelt, die nicht zwingend an den Entzug der Zulassung als Kreditinstitut gekoppelt ist und auch eine Fortführung von Abwicklungen von Kreditinstituten, die nach Veröffentlichung der BRRD jedoch vor Ablauf der Umsetzungsfrist begonnen wurden, geboten ist. Auch aufgrund der Sperrwirkung mit Veröffentlichung der BRRD war es dem österreichischen Gesetzgeber verwehrt, die Ziele der BRRD ernsthaft in Frage zu stellen, wodurch es sich bei der Einbeziehung der Abbaueinheit nicht um einen Fall einer richtlinienüberschießenden Umsetzung handelt.

Nunmehr haben mehrere österreichische Gerichte hier strittige Fragen im Wege eines Vorabentscheidungsverfahren an den EuGH herangetragen, wodurch insbesondere eine Klärung der Frage des Anwendungsbereichs der BRRD, dessen allfällige Erweiterung durch den nationalen Gesetzgeber, der Wirkungserstreckung nationaler Maßnahmen sowie die Reichweite der Ausnahme für besicherte Verbindlichkeit iSd Art. 2 Abs. 1 Z 67 BRRD, zu erwarten ist.

---

[138] *Tietje* in Grabitz/Hilf/Nettesheim Art. 114 AEUV Rn. 67.

B. Abwicklung

XII. Rechtsschutz im Rahmen der Abwicklung

Übersicht

	Rn.
1. Vorbemerkung	1
2. Justiziabilität hoheitlicher Abwicklungsmaßnahmen	3
a) Überblick	3
b) Rechtsschutz gegen Maßnahmen der FMSA	7
aa) Keine Vollzugshemmung	10
bb) Anfechtungsklage	12
cc) Rechtsschutzmöglichkeiten gegen die sofortige Vollziehung – einstweiliger Rechtsschutz	23
dd) Akteneinsicht	27
c) Rechtsschutz gegen Beschlüsse des Ausschusses	28
aa) Zweistufiges Rechtsschutzsystem	29
bb) Einstufiges Rechtsschutzsystem	47
cc) Einstweiliger Rechtsschutz	49
d) Rechtsschutz gegen Abwicklungspläne	55
e) Konkurrentenklagen gegen Beihilfebeschlüsse und Bail-in-Maßnahmen	58
f) Rechtsschutz gegen Reorganisationspläne	60

Schrifttum: *Boos/Fischer/Schulte-Mattler*, Kreditwesengesetz, Kommentar zu KWG und Ausführungsgesetzen, 4. Auflage 2012; *Callies/Ruffert*, EUV/AEUV, 4. Auflage 2011; *Dauses*, Handbuch des EU-Wirtschaftsrechts, Band 1, 37. Ergänzungslieferung 2015; *Engelbach/Friedrich*, Die Umsetzung der BRRD in Deutschland, WM 2015, 662; *Grabitz/Hilf/Nettesheim*, Das Recht der Europäischen Union, Band 1, EUV/AEUV, 56. Ergänzungslieferung 2015; *Husmann*, Die Richtlinien der Europäischen Union, NZS 2010, 655; *Isensee/Kirchhof*, Handbuch des Staatsrechts, 3. Auflage 2007; *Kämmerer*, Rechtschutz in der Bankenunion (SSM, SRM), WM 2016, 1; *Maunz/Dürig*, Grundgesetz, Kommentar, Loseblattsammlung, 74. Ergänzungslieferung 2015; *Posser/Wolff*, Beck'scher Online-Kommentar VwGO, 34. Edition 2015; *Prütting/Gehrlein*, ZPO, Kommentar, 5. Auflage 2013; *Rauscher/Krüger*, Münchener Kommentar zur Zivilprozessordnung mit Gerichtsverfassungsgesetz und Nebengesetzen, Band 1, 4. Auflage 2013; *Schoch/Schneider/Bier*, Verwaltungsgerichtsordnung, Kommentar, 28. Ergänzungslieferung; *Stein/Jonas*, Kommentar zur Zivilprozessordnung, Band 4, 22. Auflage 2008; *Streinz*, EUV/AEUV, 2. Auflage 2012; *v. Winterfeld*, Möglichkeiten der Verbesserung des individuellen Rechtsschutzes im Europäischen Gemeinschaftsrecht, NJW 1988, 1409; *von der Groeben/Schwarze/Hatje*, Europäisches Unionsrecht, Vertrag über die Europäische Union, Vertrag über die Arbeitsweise der Europäischen Union, Charta der Grundrechte der Europäischen Union, 7. Auflage 2015; *Wojcik/Ceyssens*, Der einheitliche EU-Bankenabwicklungsmechanismus: Vollendung der Bankenunion, Schutz des Steuerzahlers, EuZW 2014, 893.

1. Vorbemerkung

1 Bankenabwicklungen müssen meist unter enormem Zeitdruck, häufig im Zeitrahmen eines Wochenendes, vorgenommen werden, damit bei Handelsstart das Abwicklungskonzept bereits implementiert wurde. Doch nicht nur der enge Zeitrahmen, auch die internationalen Verflechtungen der Banken(-gruppen) und die damit verbundenen potentiellen Auswirkungen in einer Vielzahl von Jurisdiktionen verkomplizieren die Abwicklung.

2 Der Paradigmenwechsel vom Bail-Out zum Bail-In führt dazu, dass nicht nur das betroffene Institut und seine Organe, sondern auch Anteilsinhaber und Gläubiger, die

durch teils schmerzhafte Eingriffe – Bail-In oder Write-down – an den Kosten der Abwicklung beteiligt werden (bereits → B.I. Rn. 171 ff.), die Abwicklungsmaßnahmen der Abwicklungsbehörden kritisch hinterfragen. Dies birgt naturgemäß auch ein erhöhtes Konfliktpotential:

2. Justiziabilität hoheitlicher Abwicklungsmaßnahmen

a) Überblick

Justiziabilität und die konkreten Rechtsschutzmöglichkeiten richten sich nach der handelnden Behörde und der Rechtsnatur der angegriffenen Maßnahme. Nach Inkrafttreten der SRM-Verordnung[1], die gemäß Art. 4 SRM-Verordnung ua für alle am SSM teilnehmenden Länder gilt, ist der Ausschuss für eine einheitliche Abwicklung (*Single Resolution Board* – **Ausschuss**) das Zentralorgan der Abwicklung für bedeutende Kreditinstitute, die unter der direkten Aufsicht der EZB stehen (→ B.I. Rn. 38 ff.). Der Ausschuss ist als Europäische Agentur mit eigener Rechtspersönlichkeit verfasst und hat seinen Sitz in Brüssel.[2]

Er erarbeitet das Abwicklungskonzept (Art. 18 Abs. 1–6 SRM-Verordnung), das – sofern weder Kommission[3] noch Rat[4] innerhalb von 24 Stunden Einwände erheben (Art. 18 Abs. 7 SRM-Verordnung) – von den Nationalen Abwicklungsbehörden umzusetzen ist, Art. 18 Abs. 9 SRM-Verordnung.[5] Grafisch lässt sich das Zusammenspiel von Ausschuss, Kommission und Rat wie folgt darstellen (näher hierzu → B.I. Rn. 127 ff.):[6]

3

4

---

[1] Verordnung (EU) Nr. 806/2014 des Europäischen Parlaments und des Rates vom 15. Juli 2014 zur Festlegung einheitlicher Vorschriften und eines einheitlichen Verfahrens für die Abwicklung von Kreditinstituten und bestimmten Wertpapierfirmen im Rahmen eines einheitlichen Abwicklungsmechanismus und eines einheitlichen Abwicklungsfonds sowie zur Änderung der Verordnung (EU) Nr. 1093/2010, ABl. 2014 L 225/1 (**SRM-Verordnung**).

[2] Art. 42 SRM-Verordnung.

[3] Die Kommission kann ihre Einwände allein auf eine fehlerhafte Ermessensentscheidung des Abwicklungsausschusses stützen, Art. 18 Abs. 7 UAbs. 2 SRM-Verordnung.

[4] Der Rat kann lediglich auf Initiative der Kommission tätig werden. Er kann zum einen Einwände wegen des fehlenden öffentlichen Interesses an der Abwicklungsmaßnahme und zum anderen wegen einer erheblichen Änderung der Fondsmittel bei der Kapitalisierung dieser Maßnahmen erheben, Art. 18 Abs. 7 UAbs. 3 SRM-Verordnung. Gemäß Erwägungsgrund 26 Abs. 2 der SRM-Verordnung liegt eine erhebliche Änderung der Fondsmittel bei einer Änderung des Finanzierungsbetrages in Höhe von 5 % und mehr im Vergleich zum ursprünglichen Vorschlag vor.

[5] Diese Involvierung von Europäischer Kommission und Rat ist aufgrund der *Meroni*-Rechtsprechung des Gerichtshofs notwendig: Hiernach darf ein EU-Organ eine EU-Einrichtung nur errichten und dieser Kompetenzen delegieren, wenn genaue Vorgaben für die Wahrnehmung dieser Befugnisse vorliegen und der Ermessensspielraum auf ein Minimum begrenzt ist, EuGH Rs. C-9/56, Slg. 1958, 11 = BeckRS 2004, 73861; zuletzt in Bezug auf die ESMA bestätigt: EuGH Rs. C-270/12 (Leerverkäufe), ECLI:EU:C:2014:18 Rn. 41 ff. = NJW 2014, 1359 Rn. 41 ff.

[6] Ähnlich: Deutsche Bundesbank, Monatsbericht Juni 2014, 51.

B. Abwicklung

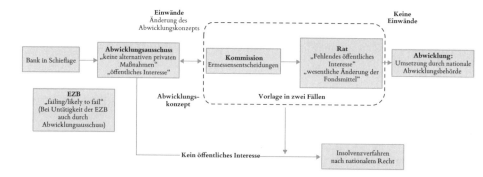

5 Bei den Abwicklungsmaßnahmen verbleibt es – zumindest grundsätzlich – bei einem indirekten Vollzug des Gemeinschaftsrechts gegenüber den betroffenen Instituten durch die Nationale Abwicklungsbehörde[7]; für Deutschland ist dies gemäß § 3 SAG[8] die Bundesanstalt für Finanzmarktstabilisierung (**FMSA**)[9], welche die Abwicklungsbeschlüsse auf Basis des SAG umsetzt (→ B.I. Rn. 23).

6 Es ist evident, dass in rein nationalen Fällen der Abwicklung von weniger bedeutenden Kreditinstituten ebenfalls die FMSA gegenüber dem betroffenen Institut handelt (→ B.I. Rn. 221 ff.). Dementsprechend ist gegen hoheitliche Abwicklungsmaßnahmen grundsätzlich Rechtsschutz vor den nationalen (deutschen) Gerichten zu suchen (→ Rn. 12 ff.).

b) Rechtsschutz gegen Maßnahmen der FMSA

7 Im Verlauf der Krise eines Kreditinstituts müssen die Abwicklungsbehörden eine Vielzahl von – oftmals folgenschweren – Entscheidungen treffen. Diese Entscheidungen werden regelmäßig unter hohem Zeitdruck und häufig auch auf Grundlage wenn nicht unsicherer, so doch zumindest sich ständig ändernder Tatsachen getroffen. Um ihre Handlungsfähigkeit zu erhalten, hat die FMSA einen weiten Beurteilungsspielraum. Dies birgt naturgemäß die Gefahr einer Ungleichbehandlung von Kreditinstituten oder einer Fehleinschätzung durch die FMSA. Deshalb ist es wichtig, diese qualitativen Kriterien nicht nur behördlich prüfbar, sondern auch justiziabel zu machen.

Das Erfordernis des Rechtsschutzes gegen hoheitliche Maßnahmen der FMSA entspringt der verfassungsrechtlich gewährten Garantie des effektiven Rechtsschutzes und ist damit Ausdruck des Rechtsstaatsprinzips, Art. 19 Abs. 4, 20 Abs. 3 GG[10].

---

[7] *Engelbach/Friedrich* WM 2015, 662 (669); *Wojcik/Ceyssens* EuZW 2014, 893 (896).

[8] Sanierungs- und Abwicklungsgesetz vom 10. Dezember 2014 (BGBl. I S. 2091), das durch Artikel 4 des Gesetzes vom 28. Mai 2015 (BGBl. I S. 786) geändert worden ist (**SAG**).

[9] Ausgenommen hiervon sind Untersuchungsbefugnisse nach Art. 34 ff. SRM-Verordnung, die der Abwicklungsausschuss direkt gegenüber den betroffenen Instituten wahrnehmen kann. Die Informationseinholung durch den Abwicklungsausschuss selbst ist nach Aussage der Vorsitzenden des einheitlichen Abwicklungsausschusses, Elke König, ultima ratio; vielmehr soll in Bezug auf Informationen, die die EZB im Rahmen ihrer Aufsichtstätigkeit erlangt, eine Vereinbarung zum Informationsaustausch geschlossen werden (Börsen-Zeitung vom 5. Mai 2015, König setzt auf Einigung mit EZB). Im Einzelfall kann der Abwicklungsausschuss auch Maßnahmen selbst wahrnehmen, wenn es an der Durchführung durch die Nationale Abwicklungsbehörde mangelt, vgl. Art. 7 Abs. 4 lit. b), 29 Abs. 2 SRM-Verordnung.

[10] Grundgesetz für die Bundesrepublik Deutschland in der im Bundesgesetzblatt Teil III, Gliederungsnummer 100-1, veröffentlichten bereinigten Fassung, das zuletzt durch Artikel 1 des Gesetzes vom 23. Dezember 2014 (BGBl. I S. 2438) geändert worden ist (**GG**).

Das Rechtsschutzsystem im Bankenabwicklungsrecht kennt neben dem Hauptsacheverfahren ein diesem vorgeschaltetes Widerspruchsverfahren sowie weitere Möglichkeiten, vorläufigen Rechtsschutz zu erlangen.

Abwicklungsmaßnahmen der FMSA ergehen regelmäßig in der Rechtsform eines Verwaltungsakts iSd § 35 S. 1 VwVfG[11].[12] Gegen Verwaltungsakte sind Widerspruch und Anfechtungsklage die statthaften Rechtsbehelfe (§§ 42, 68 VwGO[13]).

aa) Keine Vollzugshemmung

Nach der grundsätzlichen Konzeption des deutschen Verwaltungsprozessrechts entfalten Widerspruch und Anfechtungsklage gem. § 80 Abs. 1 S. 1 VwGO aufschiebende Wirkung (sog Suspensiveffekt). Durch die Aussetzung des Vollzugs der Entscheidung sollen keine vollendeten Tatsachen geschaffen werden, deren Folgen womöglich irreparabel wären.

Um die Effektivität des Abwicklungsverfahrens zu stärken und das notwendige Vertrauen der Marktteilnehmer in die Stabilität des Finanzsystems zu gewährleisten, ist nach der Überzeugung des Gesetzgebers ein *„besonderes Vertrauen in die Bestandskraft der Abwicklungsmaßnahmen [...] einschließlich ihrer Rechtsfolgen"* notwendig.[14] Daher haben Anfechtungsklagen gegen Abwicklungsmaßnahmen einschließlich der Androhung und Festsetzung von Zwangsmitteln nach § 150 Abs. 1 S. 2 SAG, § 80 Abs. 2 Nr. 3 VwGO **keine aufschiebende Wirkung**; Abwicklungsmaßnahmen sind sofort vollziehbar. Für betroffene Institute ist daher die Möglichkeit des einstweiligen Rechtsschutzes nach § 80 Abs. 5 VwGO zur Anordnung der aufschiebenden Wirkung einer Anfechtungsklage von hoher Bedeutung (→ Rn. 24 ff.).

bb) Anfechtungsklage

Vor dem gemäß § 150 Abs. 2 S. 1 SAG *„im ersten und letzten Rechtszug"* zuständigen VGH Kassel[15] kann insbesondere das betroffene Kreditinstitut Anfechtungsklage gegen die Maßnahmen der FMSA erheben. Dort wird die **Rechtmäßigkeit des Verwaltungsakts** überprüft und dieser gegebenenfalls aufgehoben (§ 113 Abs. 1 VwGO). **Nebenbestimmungen** zu einer Abwicklungsmaßnahme sind nach § 150 Abs. 2 S. 2 SAG **nicht isoliert anfechtbar**.

(1) Sachurteilsvoraussetzungen. Der Kläger muss geltend machen, durch den rechtswidrigen Verwaltungsakt möglicherweise in seinen **subjektiv-öffentlichen Rechten verletzt** zu sein (§ 42 Abs. 2 VwGO).

---

[11] Verwaltungsverfahrensgesetz in der Fassung der Bekanntmachung vom 23. Januar 2003 (BGBl. I S. 102), das zuletzt durch Artikel 3 des Gesetzes vom 25. Juli 2013 (BGBl. I S. 2749) geändert worden ist (**VwVfG**).

[12] Es handelt sich um eine hoheitliche Maßnahme, die eine auf unmittelbare Rechtswirkung nach außen gerichtete Regelung enthält. Für einzelne Befugnisse der FMSA sieht das Gesetz ausdrücklich den Verwaltungsakt als Handlungsform vor, §§ 16 Abs. 7 S. 2, 99 Abs. 3 S. 5, 136 Abs. 4 SAG.

[13] Verwaltungsgerichtsordnung in der Fassung der Bekanntmachung vom 19. März 1991 (BGBl. I S. 686), die zuletzt durch Artikel 7 des Gesetzes vom 20. Oktober 2015 (BGBl. I S. 1722) geändert worden ist (**VwGO**).

[14] Zu § 150 SAG so BT-Drucks. 18/2575, 189.

[15] Nach § 150 Abs. 2 S. 1 SAG ist das für den Sitz der Abwicklungsbehörde zuständige Oberverwaltungsgericht zuständig. Die FMSA hat ihren Sitz in Frankfurt am Main, so dass der VGH Kassel zuständig ist.

B. Abwicklung

14 Nachdem gemäß § 150 Abs. 1 S. 1 SAG, § 68 Abs. 1 S. 2 VwGO gegen Abwicklungsmaßnahmen der FMSA **kein Widerspruchsverfahren** statthaft ist, kann unmittelbar Anfechtungsklage gemäß § 42 Abs. 1 Alt. 1 VwGO erhoben werden.

15 Die Anfechtungsklage ist grundsätzlich innerhalb **eines Monats ab Bekanntgabe** der Abwicklungsmaßnahme zu erheben (§ 74 Abs. 1 VwGO).

16 **(2) Spezielle Rechtsfolgen der angefochtenen Abwicklungsmaßnahme.** Der VGH Kassel prüft die Rechtmäßigkeit des Verwaltungsakts und die Verletzung des Klägers in subjektiven Rechten.

17 Erließ die FMSA den Verwaltungsakt auf Grund einer „Anweisung" des Ausschusses[16], ist die Prüfungskompetenz allein auf die Ausübung des Ermessens der FMSA beschränkt. Die Überprüfung der Rechtmäßigkeit der „Anweisung", obliegt allein dem Gerichtshof[17], dem der VGH Kassel als letztinstanzliches nationales Gericht diese Rechtsfrage im Rahmen eines Vorabentscheidungsverfahrens gemäß Art. 267 Abs. 1 Ziff. b AEUV zur Entscheidung vorlegen muss, wenn er von der Ungültigkeit der „Anweisung" ausgeht[18].

18 Soweit der Verwaltungsakt rechtswidrig und der Kläger dadurch in seinen Rechten verletzt ist, ist die Klage begründet; das Gericht hebt den angegriffenen Verwaltungsakt auf.[19] Gemäß § 150 Abs. 3 S. 1 SAG bleiben die die **Rechtslage gestaltenden Wirkungen** einer Anordnung von der Aufhebung einer Abwicklungsmaßnahme allerdings **unberührt**. Dies stellt – jedenfalls sprachlich – eine weiterreichende Umsetzung als von Art. 85 Abs. 4 UAbs. 2 BRRD[20] gefordert dar. Die Richtlinie sieht an dieser Stelle lediglich vor, dass *„die Nichtigkeitserklärung der Entscheidung einer Abwicklungsbehörde nicht nachfolgende Verwaltungsakte oder Transaktionen der betreffenden Abwicklungsbehörde, die aufgrund der aufgehobenen Entscheidung der Abwicklungsbehörde erfolgten[, berührt]"*. Das heißt, die Richtlinie lässt nur nachfolgende Verwaltungsakte oder Transaktionen unberührt, während das SAG alle die Rechtslage gestaltenden Wirkungen der aufgehobenen Maßnahme unberührt lässt. Insoweit werden die Rechtsschutzmöglichkeiten in der deutschen Umsetzung im Vergleich zu den Vorgaben der BRRD noch weiter beschränkt.

19 § 150 Abs. 3 S. 2 SAG enthält außerdem einen **Ausschluss der Vollzugsfolgenbeseitigung**. Eine solche Beseitigung der Vollzugsfolgen kann nur ausnahmsweise unter den Voraussetzungen des § 150 Abs. 3 S. 3 SAG verlangt werden, wenn
- die Abwicklungsziele nicht gefährdet werden,
- keine schutzwürdigen Interessen Dritter bedroht werden und
- die Folgenbeseitigung nicht unmöglich ist.

---

[16] Gemäß Art. 18 Abs. 9 S. 2 SRM-Verordnung „*weist*" der Ausschuss die nationalen Abwicklungsbehörden „*an*", gemäß Art. 29 SRM-Verordnung alle zur Umsetzung des Abwicklungskonzepts notwendigen Maßnahmen zu ergreifen (ohne das Abwicklungskonzept als solches in Frage stellen zu können).

[17] *Thiele* GewArch, 2015, 157 (159).

[18] *Karpenstein* in Grabitz/Hilf/Nettesheim, Das Recht der Europäischen Union, Art. 267 Rn. 62; *Wegener* in Calliess/Ruffert, EUV/AEUV, Art. 267 Rn. 26 f.

[19] § 113 Abs. 1 S. 1 VwGO.

[20] Richtlinie 2014/59/EU des Europäischen Parlaments und des Rates vom 15. Mai 2014 zur Festlegung eines Rahmens für die Sanierung und Abwicklung von Kreditinstituten und Wertpapierfirmen und zur Änderung der Richtlinie 82/891/EWG des Rates, der Richtlinien 2001/24/EG, 2002/47/EG, 2004/25/EG, 2005/56/EG, 2007/36/EG, 2011/35/EU, 2012/30/EU und 2013/36/EU sowie der Verordnungen (EU) Nr. 1093/2010 und (EU) Nr. 648/2012 des Europäischen Parlaments und des Rates Text von Bedeutung für den EWR, ABl. 2014 L 173/190 (**BRRD**).

Diese Regelungen setzen Art. 85 Abs. 4 UAbs. 2 BRRD um. Die erste Voraussetzung 20
für eine Vollzugsfolgenbeseitigung, die Nichtgefährdung von Abwicklungszielen, findet
sich so nicht in der Richtlinie und verengt als unbestimmte, auszulegende Voraussetzung
den Rechtsschutz gegen Abwicklungsmaßnahmen. Die in der zweiten Voraussetzung
genannten „Dritten" wurden in der Richtlinie konkretisiert auf solche, *„die im Zuge der
Anwendung von Abwicklungsinstrumenten oder der Ausübung von Abwicklungsbefugnissen durch
eine Abwicklungsbehörde in gutem Glauben Anteile, andere Eigentumstitel, Vermögenswerte, Rechte
oder Verbindlichkeiten eines in Abwicklung befindlichen Instituts erworben haben."* Es sollen also
Dritte geschützt werden, die aufgrund einer Abwicklungsentscheidung die Möglichkeit,
in ein in Abwicklung befindliches Institut zu investieren, wahrgenommen haben. Dass in
diesen beiden Punkten vom Wortlaut der Richtlinie abgewichen wurde, ist unproblematisch. Denn bei der Umsetzung einer Richtlinie ist grundsätzlich nur eine Mindestharmonisierung zu leisten.[21] Verbindlich ist vor allem das Ziel der Richtlinie. Dem Sinn und
Zweck der Richtlinienvorgaben darf daher durch nationales Recht nicht widersprochen
werden.[22]

Wenn der Folgenbeseitigungsanspruch ausgeschlossen ist, steht dem Betroffenen nach 21
§ 150 Abs. 4 SAG ein Anspruch auf Ausgleich der entstandenen Nachteile, in anderen
Worten: ein Schadensersatzanspruch zu. Die Beschränkung auf den Schadensersatz stellt
gegenüber einer „normalen" Anfechtungsklage zwar eine erhebliche Benachteiligung dar.
Diese ist vor dem Hintergrund der Situation einer Bankabwicklung und dem damit zusammenhängenden erheblichen Zeitdruck bei der Durchführung der Maßnahmen jedoch
gerechtfertigt.[23]

(3) Kein Rechtsmittel. Der Instanzenzug ist in Bezug auf die Anfechtung von Abwicklungsmaßnahmen verkürzt: Rechtsmittel gegen Entscheidungen des VGH Kassel gibt es 22
nicht. Dies folgt aus dem Gesetzeswortlaut, wonach eine Maßnahme vor dem VGH Kassel
„im ersten und letzten Rechtszug" angefochten werden kann. Insoweit wurde der Wortlaut aus
§ 50 Abs. 1 VwGO für die erst- und letztinstanzliche Zuständigkeit des BVerwG übernommen. Dies steht im Einklang mit der Rechtsschutzgarantie aus Art. 19 Abs. 4 GG, da diese
keinen Instanzenzug gewährleistet.[24]

cc) Rechtsschutzmöglichkeiten gegen die sofortige Vollziehung – einstweiliger Rechtsschutz

Nach § 80 Abs. 4 S. 1 VwGO besteht die theoretische Möglichkeit für die FMSA – auch 23
auf Antrag des betroffenen Instituts – die Vollziehung von Abwicklungsmaßnahmen
(vorübergehend) auszusetzen. Vor dem Hintergrund der Dringlichkeit von Abwicklungsmaßnahmen wird die FMSA von dieser Möglichkeit aber idR keinen Gebrauch machen.

Regelmäßig wird das betroffene Kreditinstitut hingegen einstweiligen Rechtsschutz 24
gemäß § 80 Abs. 5 S. 1 VwGO suchen müssen, um eine Anordnung der aufschiebenden
Wirkung der Anfechtungsklage zu erreichen. Der einstweilige Rechtsschutz bezweckt

---

[21] *Husmann* NZS 2010, 655 (658); *Micklitz/Rott* in Dauses H. V. Rn. 43, 34. Erg. Lfg. 2013; *Schroeder* in Streinz, EUV/AEUV, Art. 288 AEUV Rn. 69.
[22] *Geismann* in v. d. Groeben/Schwarze/Hatje, EUV/AEUV/GRC, Art. 288 AEUV Rn. 41, 43; *Ruffert* in Callies/Ruffert, EUV/AEUV, Art. 288 AEUV Rn. 23, 24; *Schroeder* in Streinz, EUV/AEUV, Art. 288 AEUV Rn. 76 ff.
[23] Zu diesem Komplex bereits Schmitt/Bär WM 2016, 493 (494 f.).
[24] BVerfG 2 BvR 1631/90, 2 BvR 1728/90 NVwZ 1992, 1182 (1183); BVerfG 2 BvR 1055/76 NJW 1979, 154 (155); *Jachmann* in Maunz/Dürig, GG, Art. 95 Rn. 103, 74.

die Sicherung und Durchsetzung des materiellen Rechts, ohne die Entscheidung in der Hauptsache vorwegzunehmen.[25] Es handelt sich um ein „normales" – wenn auch summarisches – Verfahren. Die allgemeinen Verfahrensgrundsätze, wie zB die Zulässigkeit des Rechtswegs (§ 40 Abs. 1 VwGO) oder die Parteifähigkeit (§§ 63, 61 Nr. 1, 2. Alt VwGO – Rechtsträgerprinzip), sind auch hier zu beachten.[26] Gemäß § 80 Abs. 5 S. 2 VwGO kann der Antrag auf Anordnung der aufschiebenden Wirkung bereits vor Erhebung der Anfechtungsklage gestellt werden. Der Meinungsstreit, ob Widerspruch gegen den angegriffenen Verwaltungsakt eingelegt worden sein muss, um einen Anknüpfungspunkt für die aufschiebende Wirkung zu haben[27], erübrigt sich im Kontext der Abwicklungsmaßnahmen, nachdem ein Widerspruchsverfahren gegen Abwicklungsmaßnahmen nicht statthaft ist (→ Rn. 14).

25 Im Rahmen der Begründetheitsprüfung hat das Gericht eine Interessenabwägung zwischen den Interessen des Kreditinstituts an der Aussetzung der Vollziehung und dem öffentlichen Interesse an der sofortigen Vollziehung vorzunehmen. Diese richtet sich nach der materiellen Rechtslage und damit nach den Erfolgsaussichten in der Hauptsache.

26 Die von § 80 Abs. 5 S. 3 VwGO vorgesehene Möglichkeit, bei einem bereits vollzogenen Verwaltungsakt die Aufhebung der Vollziehung anzuordnen, besteht bei Abwicklungsmaßnahmen nicht. Eine Aufhebung der Vollziehung würde mit den speziellen in § 150 Abs. 3 und 4 SAG normierten Rechtsfolgen konfligieren (→ Rn. 18–21).

dd) Akteneinsicht

27 Im verwaltungsgerichtlichen Verfahren ist umstritten, ob – über den Wortlaut des § 100 VwGO hinaus – ein **Akteneinsichtsrecht Nichtbeteiligter** gemäß § 299 Abs. 2 ZPO[28] analog besteht.[29] Selbst wenn man dies grundsätzlich bejaht[30], scheidet die Gewährung von Akteneinsicht regelmäßig aus, da der Rechtsgedanke der §§ 10 Abs. 1 SAG iVm 9 KWG, 99 Abs. 1 S. 2 VwGO, nach denen schon eine Auskunft der Behörde in verwaltungsgerichtlichen Verfahren ausgeschlossen ist (→ C.II. Rn. 23, 30), im Rahmen der Abwägung nach § 299 Abs. 2 ZPO grundsätzlich das Auskunftsinteresse des Dritten überwiegen wird (→ C.II. Rn. 36).

---

[25] In der Praxis ist dies hingegen oft der Fall. Insbesondere bei Regelungsanordnungen nach § 123 Abs. 1 VwGO ist die vorläufige oder faktische Vorwegnahme der Hauptsache sogar die Regel, vgl. *Kuhla* in BeckOK VwGO, § 123 Rn. 154, 155; *Hong* NVwZ 2012, 468 (469 f.); *Schoch* in Schoch/Schneider/Bier, VwGO, § 123 Rn. 88.

[26] *Gersdorf* in BeckOK VwGO, § 80 Rn. 139, 169; *Schoch* in Schoch/Schneider/Bier, VwGO, § 80 Rn. 451, 453.

[27] *Gersdorf* in BeckOK VwGO, § 80 Rn. 164; *Schoch* in Schoch/Schneider/Bier, VwGO, § 80 Rn. 460, 461.

[28] Zivilprozessordnung in der Fassung der Bekanntmachung vom 5. Dezember 2005 (BGBl. I S. 3202; 2006 I S. 431; 2007 I S. 1781), die zuletzt durch Artikel 145 der Verordnung vom 31. August 2015 (BGBl. I S. 1474) geändert worden ist (**ZPO**).

[29] Vgl. zum Streitstand mit weiteren Nachweisen *Rudisile* in Schoch/Schneider/Bier, VwGO, § 100 Rn. 11 f.; ablehnend: OVG Lüneburg II OVG B 13/63, NJW 1963, 1798; jedenfalls führt der Ausschluss der Öffentlichkeit regelmäßig dazu, dass das Interesse des Verfahrensbeteiligten an der Geheimhaltung das Interesse des Dritten an der Einsicht überwiegt, *Deppenkemper* in Prütting/Gehrlein, ZPO, § 299 Rn. 9; *Leipold* in Stein/Jonas, ZPO, § 299 Rn. 45; *Prütting* in MüKoZPO, § 299 Rn. 25.

[30] Die Normkette lautet dann: § 299 Abs. 2 ZPO; § 28 Abs. 3 EGGVG iVm §§ 100, 173 VwGO.

c) Rechtsschutz gegen Beschlüsse des Ausschusses

Ausnahmsweise besteht – wie bereits Art. 5 Abs. 3 SRM-Verordnung indiziert – eine 28 Rechtsschutzmöglichkeit direkt gegen Beschlüsse des Abwicklungsausschusses. Dies betrifft nicht nur die (Ausnahme-)Fälle, in denen der Abwicklungsausschuss gemäß Art. 29 Abs. 2 SRM-Verordnung einen Beschluss selbst durchsetzen darf, wenn die Nationale Abwicklungsbehörde diesen nicht durchgeführt oder eingehalten hat oder so durchgeführt hat, dass die Abwicklungsziele oder die effiziente Umsetzung des Abwicklungskonzepts gefährdet sind. Vielmehr sieht die SRM-Verordnung ein eigenes Rechtsschutzsystem gegen Beschlüsse des Abwicklungsausschusses vor. Je nach Beschluss ist dieses Rechtsschutzsystem ein- oder zweistufig aufgebaut. Grafisch lässt sich dies wie folgt darstellen:

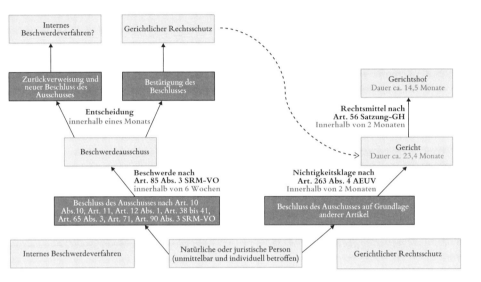

aa) Zweistufiges Rechtsschutzsystem

Gegen die in Art. 85 Abs. 3 SRM-Verordnung enumerativ aufgezählten Beschlüsse des 29 Ausschusses findet ein zweistufiger Rechtsschutz, bestehend aus einem Beschwerde- und einem nachgelagerten Klageverfahren vor den Gerichten der Europäischen Union, statt. Diese Reihenfolge von Beschwerde- und Klageverfahren ist zwingend und folgt aus Art. 86 Abs. 1 SRM-Verordnung.[31] Gegenstand dieses zweistufigen Rechtsschutzes sind folgende Beschlüsse:

- Art. 10 Abs. 10 SRM-Verordnung: Bewertung der Abwickelbarkeit bzw. des Abbaus von Abwicklungshindernissen;
- Art. 11 SRM-Verordnung: Festlegung vereinfachter Anforderungen an Abwicklungspläne oder Aufhebung der Pflicht zur Erstellung solcher Abwicklungspläne;
- Art. 12 Abs. 1 SRM-Verordnung: Festlegung der Mindestanforderungen an Eigenmittel und berücksichtigungsfähiger Verbindlichkeiten;

---

[31] „Im Einklang mit Artikel 263 AEUV kann *vor dem Gerichtshof Klage gegen eine Entscheidung des Beschwerdeausschusses oder – in Fällen, in denen keine Beschwerde beim Beschwerdeausschuss eingereicht werden kann – des Ausschusses erhoben werden.*".

- Art. 38–41 SRM-Verordnung: Geldbußen und Zwangsgelder gegen Institute (siehe hierzu auch → Rn. 49 f.);
- Art. 65 Abs. 3, 71 SRM-Verordnung: Festlegung von Beiträgen für die Tätigkeit des Ausschusses und außerordentlicher Beiträge;
- Art. 90 Abs. 3 SRM-Verordnung: Entscheidungen über Akteneinsichtsanträge nach Art. 8 VO 1049/2001.

30 Bei diesen Beschlüssen handelt es sich grundsätzlich um solche, die auch ohne eine nationale Umsetzung unmittelbar Außenwirkung entfalten.[32]

31 Zur Entscheidung über Beschwerden wird gemäß Art. 85 Abs. 2 SRM-Verordnung ein unabhängiger Beschwerdeausschuss gebildet. Dieser ist weder an Weisungen der Aufsichts- noch der Abwicklungsbehörden gebunden.[33] Der Beschwerdeausschuss besteht aus fünf fachlich geeigneten[34] Personen (und zwei Stellvertretern), die aus einem der Mitgliedstaaten stammen und unabhängig[35] sind. Die Mitglieder und Stellvertreter werden von dem Ausschuss für eine Amtszeit von 5 Jahren ernannt. Die Amtszeit kann einmal verlängert werden.

32 **(1) Zulässigkeitsvoraussetzungen.** Bei diesem Beschwerdeausschuss kann innerhalb von sechs Wochen ab Bekanntgabe Beschwerde gegen einen Beschluss eingelegt werden, Art. 85 Abs. 3 UAbs. 2 SRM-Verordnung. Die Beschwerde ist an folgende Postanschrift zu richten:
Ausschuss für die einheitliche Abwicklung
Beschwerdeausschuss
Rue de la Science 27
1049 Brüssel, Belgien

33 Zentrale Zulässigkeitsvoraussetzung ist die Beschwerdebefugnis nach Art. 85 Abs. 3 SRM-Verordnung; dh, dass der Beschluss entweder an den Beschwerdeführer *„gerichtet ist"* oder dieser *„unmittelbar und einzeln"* betroffen ist. Mit anderen Worten: Der Beschwerdeführer muss entweder Adressat eines solchen Beschlusses oder von diesem unmittelbar und

---

[32] Für den Beschluss nach Art. 10 Abs. 10 SRM-Verordnung gilt dies jedoch nur zum Teil: In diesem stellt der Abwicklungsausschuss zum einen fest, dass die Hindernisse für die Abwicklungsfähigkeit durch die von dem Unternehmen nach Art. 10 Abs. 9 SRM-Verordnung vorgeschlagenen Maßnahmen nicht wirkungsvoll abgebaut bzw. beseitigt werden können. Zum anderen weist er die Nationalen Abwicklungsbehörden an, das Unternehmen zur Einleitung von Maßnahmen nach Art. 10 Abs. 11 SRM-Verordnung zu verpflichten. Dem Letzteren kommt also keine unmittelbare Außenwirkung zu. Zudem sollen Verfahren gegen diese Maßnahmen *„grundsätzlich weniger eilbedürftig"* sein, Kämmerer, Rechtsschutz in der Bankenunion (SSM, SRM), WM 2016, 1 (9).

[33] Art. 85 Abs. 2 S. 4 SRM-Verordnung; Baur/Skorobogatov, jurisPR-BKR 10/2015 Anm. 1.

[34] Voraussetzung in Bezug auf die fachlichen Qualifikationen sind (i) der erfolgreiche Abschluss eines Hochschulstudiums (üblicherweise Rechts- oder Wirtschaftswissenschaften) sowie ggf. einschlägige Berufserfahrung, (ii) fortgeschrittene Kenntnisse der englischen Sprache mit nachweisbarer Fähigkeit im schriftlichen Bereich sowie (iii) zufriedenstellende Kenntnisse mindestens einer weiteren Amtssprache der Europäischen Union, BE-Brüssel: Aufruf zur Interessenbekundung für die Ernennung von Mitgliedern und Stellvertretern des Beschwerdeausschusses im Ausschuss für die einheitliche Abwicklung (SRB), Org. Dok.-Nr: 188191-2015.

[35] Unabhängig ist gemäß Art. 85 Abs. 2 S. 1 SRM-Verordnung, wer nicht zum aktuellen Personal eines Organs, einer Einrichtung, Amts oder Agentur der Mitgliedstaaten oder der Europäischen Union gehört, das an der Wahrnehmung der Aufgaben, die dem Ausschuss durch die SRM-Verordnung übertragen wurden, beteiligt ist. Zudem dürfen keine persönlichen Vorbefassungen mit dem konkreten zu entscheidenden Fall vorliegen.

individuell betroffen sein. Dies entspricht den Voraussetzungen des Art. 263 Abs. 4 AEUV[36] für die Nichtigkeitsklage (hierzu bereits: → A.V. Rn. 39 ff.).

Für potentielle Beschwerdeführer stellt sich daher die Frage nach der unmittelbaren **34** und individuellen Betroffenheit (hierzu bereits: → A.V. Rn. 20 ff.). Eine unmittelbare Betroffenheit liegt nach der Rechtsprechung des Gerichtshofs[37] bei Rechtsakten der Union, welche nationaler Umsetzung bedürfen, bereits dann vor, wenn für die nationale Behörde eine Umsetzungspflicht ohne Ermessensspielraum besteht.[38] Die Beschlüsse des Ausschusses sind grundsätzlich umsetzungspflichtig und lassen den Nationalen Abwicklungsbehörden teils keinen Ermessensspielraum.[39]

Dies gilt jedoch nicht für die praktisch besonders bedeutsamen Fälle der Umsetzung des **35** Abwicklungskonzepts. Bis zu einer „*Weisung*" nach Art. 29 Abs. 2 SRM-Verordnung steht den Nationalen Abwicklungsbehörden bei der Umsetzung des Konzepts und der Ausübung der Abwicklungsbefugnisse ein Ermessensspielraum zu. Anderenfalls liefe die Kompetenz in Art. 29 Abs. 2 SRM-Verordnung (weitgehend) leer. Das (durch Rat und Kommission gebilligte) Abwicklungskonzept entfaltet daher keine unmittelbaren Wirkungen.[40]

Zur Begründung der individuellen Betroffenheit gibt es unterschiedliche Ansatzpunkte:[41] **36** Ein hinsichtlich der Beschwerdebefugnis betroffener Institute, gegen die sich die dem Beschluss nachfolgende Maßnahme der Nationalen Abwicklungsbehörde richtet, naheliegender Ansatz ist die Differenzierung danach, ob der Beschwerdeführer bereits Beteiligter

---

[36] Vertrag über die Arbeitsweise der Europäischen Union, Fassung aufgrund des am 1. Dezember 2009 in Kraft getretenen Vertrages von Lissabon („**AEUV**").

[37] Zur Klarstellung: Der „Gerichtshof der EU" umfasst sowohl den Gerichtshof (EuGH), als auch das Gericht (EuG) und die Fachgerichte (ehemals Kammern), vgl. Art. 19 Abs. 1 EUV.

[38] EuGH Rs. C-113/77 (NTN Toyo Bearing ua/Rat), Slg. 1979, 1185; Rn. 11; Rs. C-387/08 (VDH Projektentwicklung u. Edeka/Kommission), Slg. 2009 I-56 Rn. 20; vgl. auch *Cremer* in Callies/Ruffert, EUV/AEUV, Art. 263 AEUV Rn. 36.

[39] Vgl. zB Art. 10 Abs. 10 UAbs. 1 SRM-Verordnung: „*Beschluss, in dem er [...] die nationale Abwicklungsbehörde anweist*"; 28 Abs. 2 SRM-Verordnung: „*kann der Ausschuss den nationalen Abwicklungsbehörden Weisungen [...] erteilen*".

[40] Gleichwohl zeigt insbesondere Art. 29 Abs. 2 SRM-Verordnung, dass der Ausschuss bei der Abwicklung von Kreditinstituten praktisch die Fäden in der Hand halten soll; sind die durch die Nationale Abwicklungsbehörde getroffenen Entscheidungen aus Sicht des Ausschusses nicht geeignet die Abwicklungsziele zu erreichen, besteht ein „Selbsteintrittsrecht" des Ausschusses.

[41] Ob ein Nichtadressat individuell betroffen ist, wurde zunächst nach der restriktiven *Plaumann-Formel* ermittelt, EuGH Rs. C-25/62 (Plaumann/Kommission), Slg. 1963, 199 = NJW 1963, 2246; *Cremer* in Callies/Ruffert, EUV/AEUV, Art. 263 AEUV Rn. 39, 40; *Dörr* in Grabitz/Hilf/Nettesheim, Art. 263 AEUV Rn. 88; *Ehricke* in Streinz, EUV/AEUV, Art. 263 AEUV Rn. 62. Diese restriktive Handhabung wurde beginnend in den 1970er Jahren erweitert: individuell betroffen konnte nun auch derjenige sein, der an einem vorausgegangenen Verwaltungsverfahren beteiligt war, vgl. ausführlich *Cremer* in Callies/Ruffert, EUV/AEUV, Art. 263 AEUV Rn. 41, 42; EuGH Rs. C-169/84 (Cofaz ua/Kommission), Slg. 1986, 391 Rn. 23 f.; Rs. C-210/81 (Schmidt/Kommission), Slg. 1983, 3045 Rn. 14; Rs. C-26/76 (Metro/Kommission), Slg. 1977, 1875 Rn. 13; differenzierend *Dörr* in Grabitz/Hilf/Nettesheim, Art. 263 AEUV Rn. 70, 49. Der Rückgriff auf die vorausgegangene Beteiligung bedeutet nicht, dass die individuelle Betroffenheit eines Klägers nicht auch aus anderen Umständen abgeleitet werden kann, *Cremer* in Callies/Ruffert, EUV/AEUV, Art. 263 AEUV Rn. 43. So kann die individuelle Betroffenheit zB auch dann zu bejahen sein, wenn eine Markt- oder Wettbewerbsposition eine wesentliche Beeinträchtigung erfährt, EuGH Rs. C-358/89 (Extramet Industrie/Rat), Slg. 1991, I-2501 Rn. 17; *Cremer* in Callies/Ruffert, EUV/AEUV, Art. 263 AEUV Rn. 44; *Ehricke* in Streinz, EUV/AEUV, Art. 263 AEUV Rn. 64. Dass eine beanstandete Maßnahme einen eingeschränkten personellen Anwendungsbereich hat, kann, muss aber keine individuelle Betroffenheit zur Folge haben, Mit weiteren Nachweisen *Dörr* in Grabitz/Hilf/Nettesheim, Art. 263 AEUV Rn. 72, 49.

B. Abwicklung

eines vorangegangenen Verwaltungsverfahrens war.[42] Dies ist bei Abwicklungsmaßnahmen regelmäßig der Fall; beispielsweise hat ein Institut, das als nicht abwicklungsfähig angesehen wird, gemäß Art. 10 Abs. 9 SRM-Verordnung dem Ausschuss mögliche Maßnahmen vorzuschlagen, welche dieser bewertet, bevor er selbst Maßnahmen anordnet. Dementsprechend sind die betroffenen Institute regelmäßig beschwerdebefugt.

37 Dagegen sind Gläubiger der von Abwicklungsmaßnahmen betroffenen Institute regelmäßig nicht beschwerdebefugt. Zwar ist es für eine unmittelbare Betroffenheit nach der Rechtsprechung des Gerichtshofs ausreichend, dass der angefochtene Akt die wirtschaftlichen Interessen der Person direkt gefährdet; unbeachtlich ist, ob es noch einer Ausführung durch den Adressaten bedarf, wenn sich die Lage für die Person aufgrund des Rechtsaktes unmittelbar ändert.[43] Allerdings entfaltet das Abwicklungskonzept grundsätzlich keine unmittelbaren (Außen-)Wirkungen.[44] Die Umsetzung *en detail* ist nach dem Wortlaut der SRM-Verordnung den Nationalen Abwicklungsbehörden vorbehalten.[45] Dagegen sind die Gläubiger beschwerdebefugt, wenn der Ausschuss ausnahmsweise im Außenverhältnis handelt – beispielsweise in einem Fall des Art. 29 Abs. 2 SRM-Verordnung – und sie hierdurch in eigenen Rechten betroffen sind.

38 **(2) Entscheidung des Beschwerdeausschusses.** Der Beschwerdeausschuss prüft die Beschwerde und trifft innerhalb eines Monats eine Mehrheitsentscheidung über den Beschwerdeerfolg, Art. 85 Abs. 4 SRM-Verordnung. Nach Art. 85 Abs. 8 SRM-Verordnung hat er zwei Entscheidungsalternativen: Er kann den angegriffenen Beschluss bestätigen oder die Sache an den Abwicklungsausschuss zurückverweisen. Eine eigene, abweichende Entscheidung kann der Beschwerdeausschuss insoweit nicht treffen.

39 **(a) Bestätigung des Beschlusses.** Bestätigt der Beschwerdeausschuss den Beschluss kann der Betroffene eine Nichtigkeitsklage gemäß Art. 263 AEUV vor dem Gericht der Europäischen Union erheben, Art. 86 Abs. 1 SRM-Verordnung (siehe zur Nichtigkeitsklage bereits: → Rechtsschutz im Rahmen der Sanierung C. II. Rn. 25 ff.).

40 **(b) Zurückverweisung an den Abwicklungsausschuss.** Unscharf sind nach dem Wortlaut der Verordnung die konkreten Folgen einer Zurückverweisung der Sache an den Ausschuss: Gemäß Art. 85 Abs. 9 SRM-Verordnung hat der Beschwerdeausschuss seine Entscheidungen zu begründen; dementsprechend muss auch die Zurückverweisung mit einer Begründung versehen werden. Zudem ist der Ausschuss gemäß Art. 85 Abs. 8 SRM-Verordnung an die Entscheidung des Beschwerdeausschusses gebunden und muss nach einer Zurückverweisung in dieser Angelegenheit einen geänderten Beschluss erlassen. Dem-

---

[42] EuGH Rs. C-169/84 (Cofaz ua/Kommission), Slg. 1986, 391 Rn. 23 f.; EuGH Rs. C-210/81 (Schmidt/Kommission), Slg. 1983, 3045 Rn. 14; EuGH Rs. C-26/76 (Metro/Kommission), Slg. 1977, 1875 Rn. 13; *Cremer* in Callies/Ruffert, EUV/AEUV, Art. 263 AEUV Rn. 42.

[43] Vgl. EuG Rs. T-3/93 (Air France/Kommission), Slg. 1994, II-12 Rn. 79 ff.; *Dörr* in Grabitz/Hilf/Nettesheim, Art. 263 AEUV Rn. 63.

[44] *Kämmerer*, Rechtsschutz in der Bankenunion (SSM, SRM), WM 2016, 1 (10).

[45] Zudem wird eine unmittelbare Überprüfung des Abwicklungskonzepts regelmäßig an praktischen Gegebenheiten scheitern: Nach Art. 29 Abs. 5 S. 1 SRM-Verordnung hat der Ausschuss die Wahl zwischen der Veröffentlichung einer Kopie des Abwicklungskonzepts auf seiner Homepage und einer Bekanntmachung, die die Auswirkungen der Abwicklungsmaßnahme zusammenfasst. Wählt der Ausschuss eine Bekanntgabe der Auswirkungen, fehlt es schon an der Kenntnis der Gläubiger von dem konkreten Inhalt des Abwicklungskonzepts, so dass auch deshalb kein Gläubiger gegen das Abwicklungskonzept selbst vorgehen, sondern ggf. den Verwaltungsakt der FMSA angreifen wird.

entsprechend darf der Ausschuss nach einer Zurückweisung nicht noch einmal denselben – bereits beanstandeten – Beschluss erlassen.

Fraglich ist jedoch, ob sich diese Bindung auch auf die Begründung der Entscheidung 41 erstreckt. Damit zusammenhängend stellt sich die Frage, ob und inwieweit der Beschwerdeausschuss dem Abwicklungsausschuss „Segelanweisungen" geben, dh konkrete inhaltliche Vorgaben für die geänderte Beschlussfassung machen kann.

Systematisch betrachtet ist die Begründung kein Teil der Entscheidung, an welche der 42 Ausschuss gebunden wäre. Gleichwohl dürfte eine Bindung auch an die wesentlichen Inhalte der Begründung anzunehmen sein, denn zur Auslegung einer Entscheidung sind regelmäßig die tragenden Begründungen derselben heranzuziehen.[46] Ob der Beschwerdeausschuss aber konkrete Vorgaben für die Beschlussfassung machen kann, ist hiermit noch nicht beantwortet.

Im Ergebnis sprechen die besseren Argumente hiergegen, insbesondere weil eine solche 43 Möglichkeit an keiner Stelle in der SRM-Verordnung angedeutet wird. Somit muss sich der Ausschuss bei der Beschlussfassung lediglich an der Entscheidung des Beschwerdeausschusses orientieren und diese im Rahmen seines eigenen Ermessens umsetzen.[47]

(3) Rechtsmittel. Gegen „*eine Entscheidung des Beschwerdeausschusses*" kann nach Art. 86 44 Abs. 1 SRM-Verordnung Nichtigkeitsklage zum Gericht der Europäischen Union (**Gericht**)[48] erhoben werden. Dementsprechend kann eine Bestätigung des ursprünglichen Beschlusses des Ausschusses von einem Betroffenen mittels einer Nichtigkeitsklage angegriffen werden.

Gegen eine Zurückverweisung an den Ausschuss kann dagegen – trotz des undifferen- 45 zierten Wortlauts von Art. 86 Abs. 1 SRM-Verordnung – mangels unmittelbarer Betroffenheit keine Nichtigkeitsklage erhoben werden: Erst die auf die Zurückweisung folgende neue Beschlussfassung des Ausschusses entfaltet eine unmittelbare Betroffenheit bei dem Adressaten. Hieran ändert auch die Rechtsprechung des Gerichtshofs nichts, nach der die unmittelbare Betroffenheit bei umsetzungsbedürftigen Beschlüssen vorliegt, wenn die nationale Behörde für deren Umsetzung keinen Ermessensspielraum hat[49]. Denn bei einer auf eine Zurückverweisung folgenden Beschlussfassung des Ausschusses steht diesem ein nicht unerhebliches Ermessen bei der Neufassung der Beschlüsse zu.[50] Daher muss – mangels unmittelbarer Betroffenheit durch die Zurückverweisung – stets die neue Beschlussfassung des Ausschusses abgewartet werden, bevor eine (weitere) Rechtsschutzmöglichkeit besteht.

Nach dem insoweit klaren Wortlaut des Art. 86 Abs. 1 SRM-Verordnung kann gegen 46 den auf die Zurückverweisung folgenden erneuten Beschluss des Ausschusses wiederum mit der Beschwerde vorgegangen werden. Nur gegen Entscheidungen des Beschwerdeausschusses oder solche Beschlüsse des Ausschusses, gegen die keine Beschwerde statthaft ist, kann (unmittelbar) Nichtigkeitsklage vor dem Gericht erhoben werden. Dementsprechend kann der Weg zum Gericht lange Zeit verstellt bleiben.

---

[46] Vgl. zur Auslegung eines Verwaltungsaktes: BVerwG 3 B 87/10 BeckRS 2011, 52971 Rn. 3; BVerwG 2 B 60/08 BeckRS 2008 Rn. 2; BVerwG 6 C 19/06 NVwZ 2006, 1175 Rn. 52.
[47] So bereits *Schmitt/Bär* WM 2016, 493 (497).
[48] Die SRM-Verordnung spricht stets vom „*Gerichtshof*". Dies ist ungenau, denn gemäß Art. 256 AEUV ist das Gericht der Europäischen Union für die Klagen, die sich aus der SRM-Verordnung ergeben können zuständig.
[49] EuGH Rs. C-113/77 (NTN Toyo Bearing ua/Rat), Slg. 1979, 1185 Rn. 11; Rs. C-387/08 (VDH Projektentwicklung u. Edeka/Kommission), Slg. 2009 I-56 Rn. 20.
[50] *Wojcik/Ceyssens* EuZW 2014, 893, (895 f.).

bb) Einstufiges Rechtsschutzsystem

47 Gegen Beschlüsse, die nicht in Art. 85 Abs. 3 SRM-Verordnung genannt sind, besteht der Rechtsschutz einstufig in Form der Nichtigkeitsklage zum Gericht. Diese muss nach Art. 263 Abs. 6 AEUV innerhalb einer Klagefrist von zwei Monaten erhoben werden (zur Nichtigkeitsklage siehe bereits: → A.V. Rn. 39 ff.).

48 Darüber hinaus besteht nach Art. 86 Abs. 3 SRM-Verordnung, Art. 265 AEUV die theoretische Möglichkeit Untätigkeitsklage zu erheben, um den Ausschuss zur Wahrnehmung seiner Aufgaben zu zwingen (zur Untätigkeitsklage siehe bereits: → C.II. Rn. 40, 41). Gemäß Art. 265 Abs. 2 AEUV ist die Durchführung eines Vorverfahrens Voraussetzung für die Erhebung einer Untätigkeitsklage. Dazu ist das betreffende Organ – hier der Ausschuss – aufzufordern, die begehrte Handlung vorzunehmen. Dem Organ verbleiben dann zwei Monate, um zu dieser Aufforderung Stellung zu nehmen. Eine ausreichende Stellungnahme liegt bei einer Entscheidung in der Sache vor. Aufgrund der zweimonatigen Stellungnahmefrist im Vorverfahren dürfte die Erhebung einer Untätigkeitsklage in Abwicklungssituationen, in denen naturgemäß rasch gehandelt werden muss, regelmäßig nicht in Betracht kommen.

cc) Einstweiliger Rechtsschutz

49 Die Einlegung einer Beschwerde entfaltet ebenso wie die Klageerhebung zum Gericht keine aufschiebende Wirkung. Jedoch kann der Vollzug der Maßnahme entweder nach Art. 85 Abs. 6 S. 2 SRM-Verordnung durch den Beschwerdeausschuss oder gemäß Art. 278 S. 2 AEUV durch das Gericht der Hauptsache, das Gericht, ausgesetzt werden. Voraussetzung ist nach beiden Vorschriften die Anhängigkeit eines Hauptsacheverfahrens. Dies führt insbesondere bei einem obligatorischen Beschwerdeverfahren zu einer empfindlichen Lücke im System des einstweiligen Rechtsschutzes:

50 Schon im Zusammenhang mit der Entscheidung des Gerichtshofs im Fall *Hoechst*[51] kritisierte die Rechtslehre diese Bindung an die Hauptsacheklage.[52] Als Lösung dieser Problematik wird eine Verallgemeinerung der Regelung des Art. 91 Abs. 4 EU-Beamtenstatut vorgeschlagen, nach der trotz vorgeschaltetem Beschwerdeverfahren eine sofortige Klageerhebung möglich ist, wenn mit ihr ein Antrag auf einstweiligen Rechtsschutz eingereicht wird.[53] Danach wäre – trotz eines eigentlich notwendigen Vorverfahrens – die Erhebung der Klage in der Hauptsache unmittelbar möglich, weil der negative Ausgang des Vorverfahrens fingiert würde. Vor dem Hintergrund des klaren Wortlauts der Verträge ist allerdings zweifelhaft, ob das Gericht dieser Verallgemeinerung einer Spezialnorm folgen würde.

51 Auch der einstweilige Rechtsschutz gegen Zwangsvollstreckungsmaßnahmen stellt sich problematisch dar. Nach den Art. 38, 39 SRM-Verordnung kann der Ausschuss Geldbußen oder Zwangsgelder verhängen. Art. 41 Abs. 3 SRM-Verordnung regelt die Zwangsvollstreckung dieser Sanktionen. Nach Art. 41 Abs. 3 S. 2 SRM-Verordnung erfolgt die Zwangsvollstreckung nach den Verfahrensvorschriften des Mitgliedstaats, in dessen Hoheitsgebiet

---

[51] EuGH Rs. C-46/87 u. Rs. C-227/88 (Hoechst/Kommission), Slg. 1989, 2859 = NJW 1989, 3080.
[52] *v. Winterfeld* NJW 1988, 1409, 1413 f.; vgl. auch *Ehricke* in Streinz, EUV/AEUV, Art. 279 AEUV Rn. 12; *Wegener* in Calliess/Ruffert, EUV/AEUV, Art. 279 AEUV Rn. 8.
[53] *Schroeder* in Streinz, EUV/AEUV, Art. 288 AEUV Rn. 69; *Stoll/Rigod* in Grabitz/Hilf/Nettesheim, Art. 279 AEUV Rn. 5; mit weiteren Nachweisen *Wegener* in Calliess/Ruffert, EUV/AEUV, Art. 279 AEUV Rn. 8.

sie stattfindet. Gemäß Art. 41 Abs. 3 S. 3 SRM-Verordnung hat die von dem Mitgliedstaat zu diesem Zweck bestimmte Behörde einen Vollstreckungstitel auszustellen. Sie darf dazu lediglich die Echtheit des vom Abwicklungsausschuss erlassenen Vollstreckungsbeschlusses überprüfen. Mit diesem Titel kann der Abwicklungsausschuss[54] dann die Zwangsvollstreckung betreiben, indem er die dafür zuständige Stelle unmittelbar anruft, Art. 41 Abs. 3 S. 4 SRM-Verordnung.

Gegen den Vollstreckungsbeschluss des Abwicklungsausschusses gemäß Art. 41 Abs. 3 S. 3 SRM-Verordnung findet nach den Art. 85 Abs. 3, 86 Abs. 1 Alt. 1 SRM-Verordnung ebenfalls das zweistufige Rechtsschutzverfahren, bestehend aus Beschwerde und Nichtigkeitsklage, Anwendung. Gleichzeitig kann die Zwangsvollstreckung nach Art. 41 Abs. 3 S. 5 SRM-Verordnung nur durch eine Entscheidung des Gerichts ausgesetzt werden. Mit anderen Worten: Weder nationale (Verwaltungs-)Gerichte, noch der Beschwerdeausschuss haben eine Kompetenz zur Aussetzung der Zwangsvollstreckung. Da der einstweilige Rechtsschutz nach Art. 278 S. 2 AEUV nicht vor Erhebung der Hauptsacheklage beantragt werden kann, stellt sich die Frage, ob gegen den Vollstreckungsbeschluss eine Nichtigkeitsklage zum Gericht statthaft ist, obwohl diese aufgrund des zunächst durchzuführenden Beschwerdeverfahrens eigentlich gesperrt ist. 52

In diesem Zusammenhang wäre eine andere Lösung anstelle der Verallgemeinerung von Art. 91 Abs. 4 EU-Beamtenstatut sachgerechter: Legt man das Erfordernis der Klage in der Hauptsache so aus, dass diese Voraussetzung bereits erfüllt ist, wenn Beschwerde eingelegt ist, bliebe es bei dem vorgeschalteten Beschwerdeverfahren für die materielle Prüfung, während der einstweilige Rechtsschutz samt summarischer Prüfung dem EuG vorbehalten bleibt. Inhaltlich ist das Beschwerdeverfahren ein vorgeschaltetes Surrogat des gerichtlichen Hauptverfahrens. Seine Vorschaltung erfüllt den Zweck, zunächst ein sachnäheres, mit größerem Fachwissen ausgestattetes Gremium mit dem Begehren zu beschäftigen. Dieser Zweck geht auch in der Konstellation des einstweiligen Rechtsschutzes nicht verloren. Da es sich letztlich bei dem Beschwerdeverfahren bereits um das Hauptsacheverfahren handelt, nur in einer vorgeschalteten Stufe, sollte mit Anstrengung desselben auch die Voraussetzung für die Erlangung des einstweiligen Rechtsschutzes erfüllt sein. 53

Gewährt man keine dieser beiden Möglichkeiten, muss stets zunächst Beschwerde eingelegt werden. Dies würde praktisch dazu führen, dass eine Vollstreckung nur durch ein rechtswidriges Widersetzen verhindert werden könnte; im Übrigen wäre lediglich eine nachträgliche Überprüfung statthaft.[55] 54

d) Rechtsschutz gegen Abwicklungspläne

Gemäß Art. 8 Abs. 1 SRM-Verordnung erstellt der Ausschuss Abwicklungspläne für die in seine Kompetenz fallenden Kreditinstitute. Diese Abwicklungspläne bilden im Krisenfall eine schnell verfügbare Grundlage für Entscheidungen über Abwicklungsmaßnahmen. Die wesentlichen Regelungen der Abwicklungspläne werden den betroffenen Unternehmen gemäß Art. 8 Abs. 6 S. 2, Abs. 9 SRM-Verordnung in einer Art Zusammenfassung offengelegt. 55

---

[54] Die SRM-Verordnung spricht an dieser Stelle von „*der die Vollstreckung betreibenden Partei*". Da jedoch nur der Abwicklungsausschuss die Sanktionen nach den Art. 38, 39 SRM-Verordnung erlassen kann, ist nicht ersichtlich welche andere Stelle einen Vollstreckungsbeschluss fassen und die Vollstreckung betreiben können sollte.

[55] Zu diesem Komplex bereits: *Schmitt/Bär* WM 2016, 493 (498); zur Entscheidung *Hoechst* (EuGH C-46/87) so bereits *v. Winterfeld* NJW 1988, 1409 (1413).

56 Obwohl das Interesse der Institute, sich gegen bestimmte inhaltliche Festsetzungen in diesen Plänen zur Wehr zu setzen, bevor es zum Anwendungsfall kommt, auf der Hand liegt, sind keine Rechtsschutzmöglichkeiten hiergegen vorgesehen; es fehlt an einer unmittelbaren Betroffenheit der Institute durch den Abwicklungsplan. Ob und wann sich die Festsetzungen in einem solchen Plan einmal auf das betreffende Institut auswirken (können), ist ungewiss. Zwar ließe sich argumentieren, dass es nicht sachgerecht sei, bis zu einem Abwicklungsfall warten zu müssen, um Rechtsschutz gewährt zu bekommen. Dieses Argument verfängt aber schon deshalb nicht, weil trotz der gesetzgeberischen Intention nicht sicher ist, ob ein zukünftiger Abwicklungsfall tatsächlich exakt nach den Vorgaben des Abwicklungsplans durchgeführt werden wird. Zudem kennt das Institut den Inhalt des Abwicklungsplans nicht im Detail. Ein etwaiger Angriff würde sich also gegen einen in der Ausgestaltung unbekannten Plan richten. Dass dies nicht zielführend ist, liegt auf der Hand.

57 Somit müssen sich Institute darauf beschränken, möglichst konstruktiv mit dem Ausschuss bei der Erstellung der Abwicklungspläne zusammenzuarbeiten und dabei nach ihren Möglichkeiten Einfluss auf das Ergebnis zu nehmen.[56]

e) Konkurrentenklagen gegen Beihilfebeschlüsse und Bail-in-Maßnahmen

58 Beihilfe-[57] und Bail-in-Maßnahmen[58] sind für das in Abwicklung befindliche Kreditinstitut regelmäßig begünstigende Maßnahmen.[59] Daher werden diese wohl allenfalls von Gläubigern und Konkurrenten angegriffen werden.[60]

59 Konkurrenten, die durch eine für das abzuwickelnde Kreditinstitut positive Beihilfentscheidung hinreichend qualifiziert betroffen sind, können diese im Wege der Beschwerde gegenüber der Kommission und mittels einer Nichtigkeitsklage nach Art. 263 AEUV angreifen.[61] Fraglich ist allerdings, ob der Beihilfebeschluss isoliert angefochten werden kann, ohne gleichzeitig Rechtsschutz gegen den Abwicklungsbeschluss zu suchen.[62]

f) Rechtsschutz gegen Reorganisationspläne

60 Der Vollständigkeit halber werden im Folgenden die Rechtsschutzmöglichkeiten gegen Reorganisationspläne im Sinne des Gesetzes zur Reorganisation von Kreditinstituten (**KredReorG**)[63] dargestellt, obwohl dieses Verfahren bislang keine praktische Anwendung fand und auch nicht damit zu rechnen ist, dass sich dessen Bedeutung in der Zukunft ändert:

61 Das Reorganisationsverfahren ist nur zulässig, wenn eine Bestandsgefährdung des Kreditinstituts vorliegt, die zu einer Systemgefährdung führt, § 7 Abs. 2 KredReorgG (→ A.I. Rn. 32 ff.).

62 Auch das Reorganisationsverfahren beginnt auf Anzeige des Kreditinstitutes gegenüber der BaFin, § 7 Abs. 1 KredReorgG. Gleichzeitig wird ein Reorganisationsplan vorge-

---

[56] Zu diesem Komplex bereits: *Schmitt/Bär* WM 2016, 493 (497).
[57] Art. 19 SRM-Verordnung.
[58] Art. 27 SRM-Verordnung.
[59] *Kämmerer*, Rechtsschutz in der Bankenunion (SSM, SRM), WM 2016, 1 (10).
[60] *Kämmerer*, Rechtsschutz in der Bankenunion (SSM, SRM), WM 2016, 1 (10).
[61] *Kämmerer* in Isensee/Kirchhof, Handbuch des Staatsrechts, Band V, § 124 Rn. 74 f.; *Kämmerer*, Rechtsschutz in der Bankenunion (SSM, SRM), WM 2016, 1 (10).
[62] Dieses Erfordernis bejahend: *Kämmerer*, Rechtsschutz in der Bankenunion (SSM, SRM), WM 2016, 1 (10).
[63] Kreditinstitute-Reorganisationsgesetz vom 9. Dezember 2010 (BGBl. 2010 I, 1900), zuletzt geändert durch Art. 343 der Verordnung vom 31. August 2015 (BGBl. 2015 I, 1474, 1524).

legt, § 7 Abs. 1 KredReorgG. Dieser hat einen darstellenden und einen gestaltenden Teil, § 8 Abs. 1 S. 1 KredReorgG. Er lässt weitreichende Eingriffe in die Rechte der Gläubiger und Anteilsinhaber zu, § 8 Abs. 3 KredReorgG: Die gestaltenden Regelungen können unter anderem alle nach Gesellschaftsrecht zulässigen Regelungen – wie Satzungsänderungen und Übertragung von Anteils- und Mitgliedschaftsrechten – enthalten, die geeignet sind, die Reorganisation des Kreditinstituts zu fördern, sowie Kürzung oder Umwandlung von Gläubigerforderungen in Anteile am Kreditinstitut und sogar die Abwicklung des Instituts vorsehen, §§ 8 Abs. 1 S. 4, 9 Abs. 1, 10 Abs. 1, 12 KredReorgG.

Jede Gruppe der Gläubiger hat gesondert über den Reorganisationsplan abzustimmen, 63 § 17 Abs. 1 KredReorgG. Erforderlich ist bei der Abstimmung eine Mehrheit der Gläubiger nach ihrer Anzahl als auch nach der Summe ihrer Ansprüche, § 19 Abs. 1 S. 2 Nr. 2 und 3 KredReorg. Die Zustimmung einzelner Gläubigergruppen kann unter den Voraussetzungen des § 19 Abs. 2 und 3 KredReorgG fingiert werden, wenn ua die Gläubiger dieser Gruppe durch den Reorganisationsplan voraussichtlich nicht schlechter gestellt werden, als sie ohne einen Reorganisationsplan stünden und eine angemessene Beteiligung erhalten.

Auch die Anteilsinhaber haben gesondert im Rahmen einer Hauptverhandlung über 64 den Reorganisationsplan abzustimmen, § 18 Abs. 1 KredReorgG. Erforderlich ist bei der Abstimmung grundsätzlich eine einfache Mehrheit der abgegebenen Stimmen, bei Herabsetzung des Grundkapitals eine Mehrheit von 2/3 der abgegebenen Stimmen oder des vertretenen Grundkapitals, § 18 Abs. 3, 19 Abs. 1 S. 2 Nr. 1 KredReorgG.

Die Zustimmung der Anteilsinhaber wird nach § 19 Abs. 4 KredReorgG ersetzt, wenn 65 die Mehrheit der abstimmenden Gruppen dem Reorganisationsplan zugestimmt hat und die vorgesehenen Maßnahmen dazu dienen, erhebliche negative Folgen bei anderen Unternehmen des Finanzsektors zu verhindern und verhältnismäßig sind, vgl. § 19 Abs. 4 KredReorgG.

Im Anschluss ist der Reorganisationsplan gerichtlich zu bestätigen, § 20 Abs. 1 KredRe- 66 orgG. Nach § 21 Abs. 1 KredReorgG hat der Bestätigungsbeschluss die Wirkung, dass die gestaltenden Maßnahmen ohne jeden weiteren Schritt in Kraft treten und die in den Reorganisationsplan aufgenommenen Willenserklärungen als abgegeben gelten.

Gegen einen Reorganisationsplan gibt es nur eingeschränkte Rechtsschutzmöglichkei- 67 ten:
- Zum einen können die Gläubiger unter den Voraussetzungen des § 20 Abs. 3 und 4 KredReorgG die Versagung der Bestätigung des Reorganisationsplanes beantragen. Wenn die Gläubiger mit dem Versagungsantrag nicht durchdringen, gibt es keine weiteren Rechtsmittel mehr.
- Zum anderen können die Anteilsinhaber den Hauptversammlungsbeschluss nach § 246 AktG anfechten, § 18 Abs. 5 KredReorgG.

Im Übrigen sind die gerichtlichen Entscheidungen unanfechtbar, § 1 Abs. 3 KredRe- 68 orgG. Der Gesetzgeber sah die Einschränkung der Rechtsschutzmöglichkeiten zum Zweck der zügigen und effektiven Umsetzung der Sanierung bzw. Reorganisation als verhältnismäßig an, weil eine weitere gerichtliche Überprüfung die Funktionsfähigkeit des Verfahrens gefährden würde.[64] Unter Berücksichtigung der Tatsache, dass das Verfahren nur auf Antrag des betroffenen Kreditinstituts eingeleitet wird, erscheint die einmalige Möglichkeit zur Einholung einer gerichtlichen Entscheidung als ausreichend.[65]

---

[64] Vgl. Begründung des Regierungsentwurfs BT-Drucks. 17/3024 44.
[65] *Fridgen* in Boos/Fischer/Schulte-Mattler, KWG, § 1 KredReorgG Rn. 7.

C. Finanzierung der Abwicklung, Querschnittsthemen

I. Bankenabgabe[1]

Übersicht

	Rn.
1. Einleitung	1
2. Bankenabgabe im Normengefüge aus BRRD und SRM-Verordnung	4
3. Anwendungsbereich und Beitragspflicht	7
4. Zielausstattung und Aufbauphase	12
a) Festlegung der Zielausstattung	12
b) Verlängerung der Aufbauphase	14
c) Erhebung von ex-ante Beiträgen nach Ende der Aufbauphase	15
d) Bankenabgabe nach erstmaliger Erreichung der Zielausstattung	16
5. Berechnungsmethode für die individuellen Jahresbeiträge	17
a) Zielsetzung und Datenbasis des Beitragssystems	17
b) Berechnung des jährlichen Grundbeitrags	21
aa) Ausgangspunkt für die Bestimmung der Bemessungsgrundlage	21
bb) Abzug von Intragruppenverbindlichkeiten und Verbindlichkeiten innerhalb von Institutssicherungssystemen	23
cc) Besonderheiten bei Finanzmarktinfrastrukturen mit Banklizenz	25
dd) Abzug von Verbindlichkeiten im Zusammenhang mit dem Fördergeschäft	26
ee) Anpassung des Grundbeitrags um die Derivateposition	29
c) Pauschalbeitragssystem für kleine Institute	31
d) Risikoadjustierung des Grundbeitrags	34
aa) Grundstruktur der Risikoadjustierung	34
bb) Risikosäule I: Risikoexponierung	39
cc) Risikosäule II: Stabilität und Diversifikation der Finanzierungsquellen	42
dd) Risikosäule III: Relevanz eines Instituts für die Stabilität des Finanzsystems oder der Wirtschaft	43
ee) Risikosäule IV: Zusätzliche, von der Abwicklungsbehörde festzulegende Risikoindikatoren	44
e) Berücksichtigung der Konjunkturphase und etwaiger Auswirkungen prozyklischer Beiträge	47
6. Spezifische Vorgaben für die Bankenabgabe an den einheitlichen Abwicklungsfonds	50
a) Anpassungen der Beitragsbemessung beim Übergang von BRRD zur SRM-Verordnung (phase-in)	51
b) Anrechnung der nationalen BRRD-Bankenabgabe und Erweiterung des Pauschalbeitragssystems für kleine Institute	52
c) Unwiderrufliche Zahlungsverpflichtungen	54
7. Überprüfung der europäischen Vorgaben zur Bankenabgabe	58

Schrifttum: Europäische Bankenaufsichtsbehörde, fachliche Beratung Nr. EBA/Op/2015/11 vom 10.6.2015. "Technical advice on the delegated acts on the initial period of the single resolution fund

---

[1] Der vorliegende Beitrag gibt ausschließlich die persönlichen Überlegungen und Ansichten der Autoren wieder.

under Article 69 of the SRM Regulation."; Europäische Bankenaufsichtsbehörde, Leitlinien EBA/GL/2014/13 vom 19.12.2014 „Guidelines on common procedures and methodologies for the supervisory review and evaluation process (SREP); Europäische Bankenaufsichtsbehörde, EBA Single Rulebook Q&A Question ID 2015_2414, 30.10.2015; Europäische Kommission, Commission Staff Working Document SWD(2014) 327/2 Part 1/3, Estimates of the application of the proposed methodology for the calculation of contributions to resolution financing arrangements, 2014 (http://ec.europa.eu/finance/bank/docs/crisis-management/141021-cdr-swd-part1_en.pdf); Europäische Kommission, Commission Staff Working Document SWD(2014) 327 Part 2/3, Estimates of the application of the proposed methodology for the calculation of contributions to resolution financing arrangements, 2014 (http://ec.europa.eu/finance/bank/docs/crisis-management/141021-cdr-swd-part2_en.pdf); Single Resolution Board, Explanatory note on the calculation of individual 2016 ex-ante contributions by the Single Resolution Fund (SRF), 20.4.2016 (http://www.fmsa.de/export/sites/standard/downloads/Bankenabgabe/SRB_Explanatory_Note_On_Calculation.pdf); Europäische Kommission, Verständigung II C(2002) 1286, 27.03.2002 „Betreff: Staatliche Beihilfe Nr. E 10/2000 – Deutschland, Anstaltslast und Gewährträgerhaftung"; Europäische Kommission, Joint Research Centre, Technischer Bericht JRC87531 "Updated estimates of EU eligible and covered deposits", 2014 (http://publications.jrc.ec.europa.eu/repository/bitstream/JRC87531/lbna26469enn.pdf); Europäische Kommission, Memo Nr. 14-597 der Kommission vom 21.10.2014 zur Delegierten Verordnung (EU) 2015/63 der Kommission vom 21.10.2014 zur Ergänzung der Richtlinie 2014/59/EU des Europäischen Parlaments und des Rates im Hinblick auf im Voraus erhobene Beiträge zu Abwicklungsfinanzierungsmechanismen (http://europa.eu/rapid/press-release_MEMO-14-597_de.htm); Europäische Kommission, Pressemitteilung Nr. 12/570 vom 6.6.2012 (http://europa.eu/rapid/press-release_IP-12-570_en.htm?locale=en); *Göbel/Henkel/Lantzius-Beninga*, Berechnung der Bankenabgabe, WPg 2012, 27; *Niehaus*, Restrukturierungsfonds: Erste Praxis-Erfahrungen mit der Bankenabgabe, Die Bank 2012, 43.

1. Einleitung

1 Mit der Richtlinie zur Sanierung und Abwicklung von Kreditinstituten und Wertpapierfirmen (BRRD)[2] wurden die Mitgliedstaaten der Europäischen Union zur Schaffung von Abwicklungsfinanzierungsmechanismen verpflichtet, die eine wirksame Anwendung der Abwicklungsinstrumente und -befugnisse durch die Abwicklungsbehörde gewährleisten. Diese Abwicklungsfinanzierungsmechanismen sollten über eine angemessene Mittelausstattung verfügen, damit der Abwicklungsrahmen effektiv funktionieren kann. Deshalb stellen die Mitgliedstaaten sicher, dass von den in ihrem Hoheitsgebiet zugelassenen Instituten einschließlich Unionszweigstellen[3] im Voraus Beiträge[4] erhoben werden.[5]

---

[2] Richtlinie 2014/59/EU des Europäischen Parlaments und des Rates vom 15.5.2014 zur Festlegung eines Rahmens für die Sanierung und Abwicklung von Kreditinstituten und Wertpapierfirmen und zur Änderung der Richtlinie 82/891/EWG des Rates, der Richtlinien 2001/24/EG, 2002/47/EG, 2004/25/EG, 2005/56/EG, 2011/35/EU, 2012/30/EU und 2013/36/EU sowie der Verordnungen (EU) Nr. 1093/2010 und (EU) Nr. 648/2012 des Europäischen Parlaments und des Rates (Abl. L 173, 190); im Folgenden kurz „BRRD".

[3] Im Folgenden werden die für die Abwicklungsfinanzierungsmechanismen heranzuziehenden Unternehmen als „Institute" bezeichnet. Vgl. zur Abgrenzung der beitragspflichtigen Unternehmen → Rn. 7ff.

[4] Im Folgenden werden die Bezeichnungen „Beitrag" bzw. „Jahresbeitrag" im Sinne von § 12 Abs. 2 RStruktFG, dh als der jährlich im Voraus durch das Institut nach den europäischen Vorgaben für den Abwicklungsfonds zu entrichtende Betrag an Bankenabgabe (sog. *ex-ante contributions*), synonym verwendet. Hinsichtlich der Berechnungs- und Erhebungsdetails bestehen in den europäischen Rechtstexten nur geringfügige Unterschiede zu den außerordentlichen, nachträglich erhobenen Beiträgen (sog. *ex-post contributions*) nach Art. 104 BRRD, sodass auf eine separate Darstellung nachfolgend verzichtet wird.

[5] Vgl. Art. 103 Abs. 1 BRRD.

I. Bankenabgabe

Mit der Delegierten Verordnung (EU) 2015/63 der Kommission[6], die auf Basis der Ermächtigungsgrundlage in Artikel 115 Absatz 2 iVm Artikel 103 Absatz 7 BRRD erlassen wurde und seit dem 1.1.2015 gilt, wurden vom europäischen Gesetzgeber die Details zur Berechnung und zur Erhebung der individuellen Beiträge von Instituten für nationale Abwicklungsfinanzierungsmechanismen[7] festgelegt. Die Bestimmungen der BRRD-DV werden seit dem Jahr 2016 auch zur Berechnung der individuellen Beiträge für den **einheitlichen Abwicklungsfonds** (*Single Resolution Fund* – „SRF") angewendet, der nach der Verordnung zur Festlegung einheitlicher Vorschriften und eines einheitlichen Verfahrens für die Abwicklung von Kreditinstituten und bestimmten Wertpapierfirmen im Rahmen eines einheitlichen Abwicklungsmechanismus und eines einheitlichen Abwicklungsfonds (SRM-Verordnung)[8] die Funktion der nationalen Abwicklungsfinanzierungsmechanismen übernimmt.

Für das Jahr 2015 übernahm die Bundesanstalt für Finanzmarktstabilisierung (FMSA), wie bereits bei der Erhebung der nationalen Bankenabgabe nach den Vorgaben der bis dato geltenden Restrukturierungsfondsverordnung (RStruktFV)[9] in den Jahren 2011 bis 2014, die Berechnung und Erhebung der neuen Abgabe nach den europäischen Vorgaben der BRRD und der BRRD-DV.[10] Anfang 2016 traten mit der Errichtung des einheitlichen Abwicklungsfonds in den Mitgliedstaaten der Bankenunion zusätzliche Vorschriften aus

2

---

[6] Delegierte Verordnung (EU) 2015/63 der Kommission vom 21.10.2014 zur Ergänzung der Richtlinie 2014/59/EU des Europäischen Parlaments und des Rates im Hinblick auf im Voraus erhobene Beiträge zu Abwicklungsfinanzierungsmechanismen (ABl. L 11, 44); im Folgenden kurz „Delegierte Verordnung zur Bankenabgabe" bzw. „BRRD-DV".

[7] Im Folgenden werden die Begriffe „Abwicklungsfinanzierungsmechanismen" und „Abwicklungsfonds" synonym verwendet. Im Grundsatz ist nach Art. 100 Abs. 5 BRRD die Errichtung eines Abwicklungsfonds vorgesehen. Art. 100 Abs. 6 BRRD (sog. *carve-out*-Regelung) enthält aber für Mitgliedstaaten – bei Erfüllung dort festgelegter Bedingungen – ein Wahlrecht, die Finanzierung von Abwicklungsmaßnahmen über die öffentlichen Haushalte durchzuführen und keinen separaten Abwicklungsfonds zu errichten. In diesem Fall haben die Beiträge Steuer- bzw. steuerähnlichen Charakter. Die Details zur Beitragsberechnung, insbesondere die Vorgaben aus Art. 103 Abs. 7 BRRD und der hieraus abgeleiteten BRRD-DV, gelten gleichsam für beide Ausgestaltungsvarianten, sodass diese Differenzierung für die nachfolgende Darstellung keine Bedeutung hat.

[8] Verordnung 2014/806/EU des Europäischen Parlaments und des Rates vom 15.7.2014 zur Festlegung einheitlicher Vorschriften und eines einheitlichen Verfahrens für die Abwicklung von Kreditinstituten und bestimmten Wertpapierfirmen im Rahmen eines einheitlichen Abwicklungsmechanismus und eines einheitlichen Abwicklungsfonds sowie zur Änderung der Verordnung (EU) Nr. 1093/2010 (ABl. L 225, 1); im Folgenden kurz „SRM-Verordnung".

[9] Verordnung über die Erhebung der Beiträge zum Restrukturierungsfonds für Kreditinstitute (Restrukturierungsfonds-Verordnung – RStruktFV) vom 14.7.2015 (BGBl. I S. 1268). Diese hat die Fassung vom 20.7.2011 (BGBl. I S. 1406) für die nach rein nationalen Vorgaben berechnete Bankenabgabe abgelöst. Die BRRD-DV gilt zwar in den Mitgliedstaaten unmittelbar und bedarf keiner nationalen Umsetzung. Durch die im Jahr 2015 neu gefasste RStruktFV wurden jedoch Vorgaben der BRRD-DV für das Beitragsjahr 2015 konkretisiert, um eine technische Umsetzbarkeit der Beitragsberechnung für die FMSA und die Zulieferung der hierfür erforderlichen Daten mit vertretbarem Aufwand für die Institute zu gewährleisten. Ab dem Beitragsjahr 2016 ist die RStruktFV nur noch für diejenigen Institute anwendbar, deren Beiträge nicht gemäß der SRM-Verordnung durch den Ausschuss für die einheitliche Abwicklung berechnet werden. Im Übrigen obliegt die Konkretisierung der Vorgaben aus der BRRD-DV ab dem Jahr 2016 dem Ausschuss.

[10] Vgl. § 12 Abs. 2 des Gesetzes zur Errichtung eines Restrukturierungsfonds für Kreditinstitute (Restrukturierungsfondsgesetz – RStruktFG) vom 9.12.2010 (BGBl. I S. 1900, 1921), das zuletzt durch Artikel 4 des Gesetzes vom 2.11.2015 (BGBl. I S. 1864) geändert worden ist.

der SRM-Verordnung sowie die Durchführungsverordnung (EU) 2015/81 des Rates[11] in Kraft.[12] Unter anderem ist festgelegt, dass die Berechnung der Bankenabgabe dem Ausschuss für die einheitliche Abwicklung („**Ausschuss**" bzw. „**SRB**"[13]) obliegt; die zuständige nationale Abwicklungsbehörde (dh in Deutschland die FMSA) sammelt seit 2016 ausschließlich die durch den Ausschuss berechneten individuellen Jahresbeiträge von den Instituten ein.[14] Im Vergleich zu der in Deutschland erhobenen Bankenabgabe der Jahre 2011 bis 2014 haben die neuen europäischen Vorgaben zu erheblichen Veränderungen in der Beitragsberechnung und -erhebung geführt. Belastungsobergrenzen bzw. Zumutbarkeitsgrenzen für Jahresbeiträge, die eine Deckelung der Beitragsbelastung im Verhältnis zum ausgewiesenen Jahresüberschuss beinhalteten,[15] gibt es nach den neuen europäischen Vorgaben für die im Voraus erhobenen Beiträge nicht mehr. Die neue europäische Bankenabgabe wird damit ertragsunabhängig erhoben, auch um im vorgegebenen Zeitrahmen die angestrebte Zielausstattung des Abwicklungsfonds zu erreichen.

3 In diesem Beitrag wird die Berechnung und Erhebung der für die ab 2016 durch den Ausschuss zu berechnende Bankenabgabe behandelt. Dabei wird ein Überblick gegeben, auf welcher Grundlage und nach welchen Kriterien die Bankenabgabe nach den neuen europäischen Vorgaben berechnet wird. Es ergibt sich damit die folgende Struktur des Beitrags: Gegenstand von Abschnitt 2 ist zunächst eine Einführung in das Normengefüge der für die Bankenabgabe relevanten Vorschriften. Anschließend werden der Anwendungsbereich für die aktuell geltenden Bestimmungen zur Bankenabgabe sowie die Vorgaben zur Festlegung der Zielausstattung beschrieben (Abschnitt 3). Dies ist eine geeignete Grundlage, um auf die Voraussetzungen für eine mögliche Verlängerung der 8-jährigen Aufbauphase des Abwicklungsfonds einzugehen (Abschnitt 4). Daraufhin steht die Berechnungsmethode für die individuellen Jahresbeiträge im Fokus (Abschnitt 5); diese setzt sich aus einem größenabhängigen Grundbeitrag und einem Risikoanpassungsmultiplikator zusammen und wird auf der Grundlage der festgelegten Zielausstattung bestimmt. Unter bestimmten Bedingungen können in diesem Zusammenhang auch Konjunkturzyklen zur Vermeidung etwaiger prozyklischer Auswirkungen der Jahresbeiträge zum Tragen kommen. Während die Vorgaben zur Berechnung der Bankenabgabe im Wesentlichen in der BRRD bzw. der BRRD-DV festgelegt und damit in sämtlichen europäischen Mitgliedstaaten anwendbar sind, gelten für die Bankenabgabe an den SRF in der Bankenunion (Einheitlicher Abwicklungsmechanismus) zusätzliche Vorgaben durch die SRM-Verordnung und durch die SRM-DV. Diesen

---

[11] Durchführungsverordnung (EU) 2015/81 des Rates vom 19.12.2014 zur Festlegung einheitlicher Modalitäten für die Anwendung der Verordnung (EU) Nr. 806/2014 des Europäischen Parlaments und des Rates im Hinblick auf im Voraus erhobene Beiträge zum einheitlichen Abwicklungsfonds; im Folgenden kurz „Durchführungsverordnung" bzw. „SRM-DV".

[12] Ab dem Jahr 2015 ist hinsichtlich der Vorgaben zur Berechnung der Jahresbeiträge die BRRD bzw. die BRRD-DV anwendbar, nicht jedoch die SRM-Verordnung bzw. die SRM-DV, die mit Blick auf die Vorgaben erst ab dem 1.1.2016 anwendbar geworden ist. Vgl. Art. 99 Abs. 2 SRM-Verordnung; Art. 9 SRM-DV iVm Art. 99 Abs. 6 SRM-Verordnung. Die Vorschriften der SRM-DV beziehen sich im Wesentlichen auf die Aufbauphase des einheitlichen Abwicklungsfonds und enthalten darüber hinaus Vorgaben zur Anwendbarkeit sog. unwiderruflicher Zahlungsverpflichtungen durch den Ausschuss.

[13] Vgl. auch „Single Resolution Board".

[14] Vgl. Art. 70 Abs. 2 SRM-Verordnung; Art. 5 Abs. 2 SRM-DV. Während die Berechnung durch den Ausschuss erfolgt, sammeln die nationalen Abwicklungsbehörden die Beiträge ein und übertragen diese jährlich.

[15] Vgl. zu den Berechnungsdetails der in den Jahren 2011 bis 2014 erhobenen Bankenabgabe in Deutschland ua *Göbel/Henkel/Lantzius-Beninga* WPg 2012, 27 (31 f.); *Niehaus* Die Bank 2012, 43.

Bestimmungen wird durch einen separaten Abschnitt Rechnung getragen (Abschnitt 6). Es wird hierbei ua erläutert, in welchem Maße die individuellen Beiträge für die Aufbauphase auf Grundlage eines gewichteten Mittels der nationalen Zielausstattung und einer gemeinsamen Zielausstattung aller am SRM teilnehmenden Mitgliedstaaten berechnet werden (sog. *phase-in*-Mechanismus) und inwiefern sog. unwiderrufliche Zahlungsverpflichtungen zur Begleichung der Beitragslast durch Institute genutzt werden können. Den Abschluss dieses Beitrags bildet ein kurzer Überblick zu den verschiedenen Änderungsmöglichkeiten der relevanten Bestimmungen, die ggf. noch vor Erreichen der Zielausstattung des einheitlichen Abwicklungsfonds Einfluss auf die Beitragsbelastung haben könnten (Abschnitt 7).

2. Bankenabgabe im Normengefüge aus BRRD und SRM-Verordnung

Ab dem Jahr 2016 werden die Beiträge für den einheitlichen Abwicklungsfonds gemäß den Vorgaben der SRM-Verordnung bzw. der SRM-DV erhoben.[16] Die Berechnung der Bankenabgabe erfolgt durch den Ausschuss, der Eigentümer des einheitlichen Abwicklungsfonds ist.[17] Die verwaltungsrechtliche Erhebung (im Wesentlichen die Erstellung der Beitragsbescheide), das Einsammeln der Bankenabgabe und die Übertragung auf die jeweilige nationale Kammer im einheitlichen Abwicklungsfonds nach dem Übereinkommen über die Übertragung von Beiträgen auf den einheitlichen Abwicklungsfonds[18] obliegt hingegen den nationalen Abwicklungsbehörden, dh in Deutschland der FMSA.[19] Der einheitliche Abwicklungsfonds löst für die Institute in der Bankenunion die nationalen Abwicklungsfinanzierungsmechanismen ab, die seit dem Jahr 2015 bereits in allen Mitgliedstaaten der Europäischen Union zu errichten waren.[20] Der SRF besteht aus **nationalen Kammern** der Mitgliedstaaten. Während der Einzahlungsperiode werden die jeweiligen Beiträge von den Instituten eines Mitgliedslandes der betreffenden nationalen Kammer im einheitlichen Abwicklungsfonds zugeordnet.[21] Zudem übertragen die Mitgliedstaaten ihre bereits

4

---

[16] Vgl. Art. 70 Abs. 2 iVm Art. 4 SRM-DV.
[17] Vgl. Art. 67 Abs. 3 SRM-Verordnung.
[18] Übereinkommen vom 21.5.2014 über die Übertragung von Beiträgen auf den einheitlichen Abwicklungsfonds und über die gemeinsame Nutzung dieser Beiträge; im Folgenden kurz „Übereinkommen" bzw. „IGA". Das IGA wurde im Jahr 2014 in Deutschland ratifiziert. Vgl. Gesetz zu dem Übereinkommen vom 21.5.2014 über die Übertragung von Beiträgen auf den einheitlichen Abwicklungsfonds und über die gemeinsame Nutzung dieser Beiträge vom 17.12.2014 (BGBl. I 1298).
[19] Vgl. Art. 70 Abs. 2 iVm Art. 67 Abs. 4 SRM-Verordnung sowie Art. 3 f. IGA und § 11a RStruktFG. Die Fristen für die Übertragung ergeben sich aus § 11a Abs. 4 RStruktFG iVm Art. 3 IGA. Die im Voraus erhobenen Beiträge sollen jährlich bis zum 30.6. eines Jahres auf den Ausschuss übertragen werden. Vgl. Art. 3 Abs. 2 IGA. Die für das Jahr 2015 eingesammelten Beiträge (dh Beiträge vor Inkrafttreten des einheitlichen Abwicklungsfonds) waren unmittelbar nach der Anwendbarkeit der SRM-Verordnung und des IGA bis Ende Januar 2016 zu übertragen. Vgl. Art. 3 Abs. 3 IGA.
[20] Vgl. Art. 100 Abs. 1 iVm Art. 130 Abs. 1 BRRD. Für die Mitgliedstaaten bestand eine Verpflichtung, die BRRD (einschließlich der Verpflichtung zur Errichtung eines Abwicklungsfinanzierungsmechanismus) bis zum 31.12.2014 in nationales Recht umzusetzen.
[21] Vgl. zu Errichtung der nationalen Kammern im SRF Art. 4 IGA. Die Funktionsweise der nationalen Kammern ist in Art. 5 IGA festgelegt. Das System der nationalen Kammern basiert auf dem Grundprinzip, dass Abwicklungsmaßnahmen zunächst durch Fondsmittel in der nationalen Kammer desjenigen Mitgliedstaats finanziert werden sollen, in dem das betreffende Institut niedergelassen bzw. zugelassen war. Vgl. Art. 5 Abs. 1 Buchst. a IGA. Innerhalb eines Zeitraums von acht Jahren werden die nationalen Kammern schrittweise vergemeinschaftet, indem in einem Abwicklungsfall der mögliche Rückgriff auf die verfügbaren Mittel aller Kammern jedes Jahr gemäß Art. 5 Abs. 1

2015 erhobenen nationalen Beiträge in ihre jeweilige Kammer im SRF.[22] Im Gegensatz zu den nationalen Abwicklungsfinanzierungsmechanismen beträgt die **Aufbauphase** (→ Rn. 12 ff.) bis zur Erreichung der **Zielausstattung** von mind. 1 % der gedeckten Einlagen acht Jahre statt zehn Jahre.[23] Die Verkürzung der Einzahlungsperiode um zwei Jahre im Vergleich zur BRRD ist an Vorgaben zur gemeinschaftlichen Nutzung der Fondsmittel nach dem Übereinkommen angelehnt.[24] Auf dieser Grundlage soll die von der Kommission auf ca. 55 Mrd. € geschätzte Zielausstattung des einheitlichen Abwicklungsfonds bis Ende des Jahres 2023 erreicht werden.[25] Dadurch erhöht sich grundsätzlich die Summe der Jahresbeiträge beim Übergang zum SRM-Regime im Jahr 2016.

5   Die Berechnungsmethodik für die Jahresbeiträge zum einheitlichen Abwicklungsfonds ergibt sich im Wesentlichen aus der BRRD-DV, in der die Vorgaben zur Berechnung des risikoabhängigen Grundbeitrags spezifiziert und die Parameter für die Risikoanpassung der Beiträge festgelegt sind.[26] Der europäische Gesetzgeber hat hingegen in der BRRD ausschließlich die Grundprinzipien der Beitragsberechnung festgelegt.[27] Hierzu gehört insbesondere die Festlegung einer größenabhängigen und einer risikoabhängigen Beitragskomponente.[28] Die Kriterien für die Risikoadjustierung selbst sind in Artikel 103 Abs. 7 BRRD aufgelistet. Auch für die Berechnung der Jahresbeiträge für den einheitlichen Abwicklungsfonds greift die SRM-Verordnung auf diese bereits in der BRRD festgelegten Grundprinzipien zurück.[29] Während die BRRD durch die Mitgliedstaaten bis zum 31.12.2014 in nationales Recht umzusetzen war, gilt die Delegierte Verordnung unmittelbar in sämtlichen Mitgliedstaaten mit Wirkung vom 1.1.2015.[30]

6   Für Jahresbeiträge zum einheitlichen Abwicklungsfonds gelten über die BRRD-DV hinaus weitere Vorschriften, die im Abschnitt zum einheitlichen Abwicklungsfonds in der SRM-Verordnung sowie in der SRM-DV festgelegt sind.[31] Die SRM-DV regelt insbesondere Übergangsvorschriften (→ Rn. 50 ff.) für die Aufbauphase des einheitlichen Abwicklungsfonds in den ersten acht Jahren sowie zu Zahlungsfristen und -mitteln für Institute bei der jährlichen Beitragsentrichtung. Zudem enthält die SRM-DV Bestimmungen für eine schrittweise Einführung einer europäischen Zielausstattung für die Beitragsberechnung (→ Rn. 51) und spezifiziert die Vorgaben der SRM-Verordnung zur Nutzung unwider-

---

Buchst. b IGA erhöht wird. Zusätzlich ist es für den Abwicklungsfonds möglich, zur Finanzierung konkreter Abwicklungsmaßnahmen Fremdmittel am Kapitalmarkt aufzunehmen. Vgl. Art. 73, 74 SRM-Verordnung iVm Art. 5 Abs. 1 Buchst. e IGA.

[22] Vgl. Art. 3 Abs. 3 IGA.
[23] Vgl. Art. 69 Abs. 1 SRM-Verordnung; zum Zehn-Jahres-Zeitraum nach der BRRD Art. 102 Abs. 1 BRRD.
[24] Vgl. Art. 5 Abs. 1 Buchst. b IGA. Nach dem achten Jahr erhöht sich der Rückgriff auf die verfügbaren Mittel aller nationalen Kammern auf 100 %.
[25] Vgl. Europäische Kommission, Memo Nr. 14-597, 2014. Unter der Annahme, dass der nominale Wert der gedeckten Einlagen in den kommenden Jahren ansteigen wird, dürfte die voraussichtliche Zielausstattung iHv mind. 1 % der gedeckten Einlagen signifikant höher liegen als der seitens der Kommission geschätzte Wert von 55 Mrd. €.
[26] Vgl. Art. 70 Abs. 6 SRM-Verordnung.
[27] Vgl. Art. 103 BRRD sowie Art. 70 SRM-Verordnung.
[28] Vgl. Art. 103 Abs. 2 iVm Art. 103 Abs. 7 BRRD; zusätzlich Erwägungsgrund 5 BRRD-DV.
[29] Vgl. Art. 70 Abs. 2 SRM-Verordnung; speziell mit Blick auf die Risikoadjustierung Art. 70 Abs. 2 Buchst. b SRM-Verordnung.
[30] Vgl. Art. 21 BRRD-DV.
[31] Vgl. Art. 67 bis 79 SRM-Verordnung (zu den auf den einheitlichen Abwicklungsfonds anwendbaren Vorschriften).

ruflicher Zahlungsverpflichtungen (→ Rn. 54).[32] Darüber hinaus wird in der SRM-DV die Anwendung des nationalen Wahlrechts für eine Erweiterung des Systems von Pauschalbeiträgen[33] (→ Rn. 53) auf den gesamten einheitlichen Abwicklungsmechanismus festgelegt.[34] Da die wesentlichen Berechnungs- und Erhebungsmodalitäten in der BRRD-DV festgelegt sind, ist der Regelungsumfang der Durchführungsverordnung jedoch erheblich eingegrenzt.

3. Anwendungsbereich und Beitragspflicht

Im Gegensatz zu der in den Jahren 2011 bis 2014 nach rein nationalen Vorgaben erhobenen Bankenabgabe in Deutschland bestehen bei den BRRD-Jahresbeiträgen bzw. den Beiträgen für den einheitlichen Abwicklungsfonds keine (eigenen) subjektiven Ausnahmen von der Beitragspflicht. **Grundsätzlich sollen alle Institute Beiträge für den einheitlichen Abwicklungsfonds leisten.**[35] Für die BRRD bzw. die SRM-Verordnung ergeben sich lediglich aus den bestehenden aufsichtsrechtlichen Bestimmungen eng gefasste Ausnahmen vom Anwendungsbereich. Dazu zählen insbesondere bereits bestehende Ausnahmen von der Anwendung der CRD IV[36] und der CRR, wie dies für Zentralbanken wie der Deutschen Bundesbank und weiteren speziellen Instituten wie der Kreditanstalt für Wiederaufbau der Fall ist. Im Gegensatz zur deutschen Bankenabgabe[37] sind mit Ausnahme der Kreditanstalt für Wiederaufbau alle Förderinstitute dem Grunde nach beitragspflichtig.

Maßgeblich für den Kreis der beitragspflichtigen Institute für den einheitlichen Abwicklungsfonds sind die Vorgaben der SRM-Verordnung. Beitragspflichtig sind „Institute".[38] Dazu zählen zum einen Kreditinstitute, die im Hoheitsgebiet eines am einheitlichen Abwicklungsmechanismus teilnehmenden Mitgliedstaats zugelassen sind,[39] zum anderen auch Wertpapierfirmen mit einem Anfangskapital von 730.000 €, die als Teil einer Gruppe unter

---

[32] Vgl. Art. 8 Abs. 1 und 4 SRM-DV, Art. 7 iVm Art. 8 Abs. 3 SRM-DV.
[33] Vgl. Art. 20 Abs. 5 BRRD-DV.
[34] Vgl. Art. 8 Abs. 5 SRM-DV.
[35] Vgl. Erwägungsgrund 14 BRRD-DV.
[36] Vgl. insb. Art. 2 Abs. 1 Nr. 2 BRRD iVm Art. 2 Abs. 5 Nr. 2 und 6 der Richtlinie 2013/36/EU des Europäischen Parlaments und des Rates vom 26.6.2013 über den Zugang zur Tätigkeit von Kreditinstituten und die Beaufsichtigung von Kreditinstituten und Wertpapierfirmen, zur Änderung der Richtlinie 2002/87/EG und zur Aufhebung der Richtlinien 2006/48/EG und 2006/49/EG (im Folgenden kurz „CRD IV").
[37] Vor 2015 waren alle deutschen Förderinstitute mit Verweis auf deren Befreiung von der Körperschaftssteuer von der Beitragspflicht zum Restrukturierungsfonds ausgenommen (§ 2 RStruktFG aF vom 20.12.2012).
[38] Vgl. insb. Art. 70 Abs. 1 und 2 SRM-Verordnung iVm Art. 3 Abs. 1 Nr. 13 SRM-Verordnung. Auch Art. 2 SRM-DV verweist hinsichtlich des Anwendungsbereichs für die Berechnung der Beiträge an den einheitlichen Abwicklungsfonds auf in den in Art. 70 SRM-Verordnung verwendeten Begriff der „Institute".
[39] Vgl. Art. 3 Abs. 1 Nr. 13 iVm Art. 2 Buchst. a SRM-Verordnung. Der Begriff „Kreditinstitut" ist nicht explizit in der SRM-Verordnung definiert. Allerdings ist gemäß Artikel 3 Absatz 2 der SRM-Verordnung in diesem Fall die entsprechende Definition in Artikel 2 Absatz 1 Nummer 2 der BRRD einschlägig. Für Kreditinstitute gilt die Definition gemäß Art. 4 Abs. 1 Nr. 1 der Verordnung (EU) Nr. 575/2013 des Europäischen Parlaments und des Rates vom 26.6.2013 über Aufsichtsanforderungen an Kreditinstitute und Wertpapierfirmen und zur Änderung der Verordnung (EU) Nr. 646/2012 (im Folgenden kurz „CRR"). Auch hier gelten die Ausnahmen nach Art. 2 Abs. 5 CRD IV.

die EZB-Aufsicht fallen.⁴⁰ Mit Blick auf den Kreis der beitragspflichtigen Institute gemäß der SRM-Verordnung (Beitragspflicht für den einheitlichen Abwicklungsfonds) und gemäß der BRRD (für nationale Abwicklungsfinanzierungsmechanismen) bestehen geringfügige Diskrepanzen. Diese ergeben sich hauptsächlich daraus, dass der Anwendungsbereich der SRM-Verordnung an den gemeinsamen Aufsichtsmechanismus angelehnt ist und daher nicht exakt mit dem der BRRD übereinstimmt. Für Unionszweigstellen und Wertpapierfirmen unter nationaler Aufsicht, die gemäß BRRD beitragspflichtig sind, jedoch nicht in den Anwendungsbereich der SRM-Verordnung fallen, wird daher weiterhin eine Bankenabgabe für einen nationalen Abwicklungsfonds gemäß den BRRD-Vorgaben erhoben („**Mini-Abwicklungsfonds**").

9   Bei **Unionszweigstellen** handelt es sich um Niederlassungen in der EU von Instituten, die in Drittstaaten ansässig sind.⁴¹ Diese Unternehmen fallen zwar nicht in den Anwendungsbereich der SRM-Verordnung und sind daher von der Beitragspflicht für den einheitlichen Abwicklungsfonds ausgenommen. Für sie gelten aber die Vorgaben der BRRD zur Beitragspflicht für die nationalen Abwicklungsfinanzierungsmechanismen.⁴² Zugleich sind Unionszweigstellen vom Anwendungsbereich der BRRD-DV ausgenommen, dh sie müssen nach der BRRD einen Beitrag für einen nationalen Abwicklungsfinanzierungsmechanismus leisten, ohne dass zugleich die Berechnungslogik nach der BRRD-DV für diese Unternehmen gilt.⁴³ In Deutschland wendet die FMSA daher für diese Unternehmen seit dem Jahr 2015 vereinfachte nationale Regelungen für die Beitragsbemessung an, die an das System von Pauschalbeträgen kleiner Institute in der BRRD-DV angelehnt sind.⁴⁴ Die Kommission hat hierzu festgehalten, dass die Bestimmungen der BRRD-DV zur Risikoanpassung der Bankenabgabe nicht angemessen für Unionszweigstellen seien. Daher können ggf. spezielle Vorgaben zu den Beiträgen dieser Unternehmen in einem zukünftigen delegierten Rechtsakt der Kommission entwickelt werden.⁴⁵

10 Ein weiterer Unterschied zwischen dem Kreis der beitragspflichtigen Institute für den einheitlichen Abwicklungsfonds und für die nationalen Abwicklungsfonds besteht hinsichtlich der Bestimmungen zu **Wertpapierfirmen**. Gemäß BRRD müssen alle Wertpapierfirmen, die über ein Anfangskapital von 730.000 € verfügen, Beiträge an die nationalen Abwicklungsfonds gemäß BRRD entrichten.⁴⁶ Beitragspflichtig für den gemeinsamen Abwicklungsfonds nach SRM-Verordnung sind von diesen Unternehmen hingegen lediglich diejenigen Wertpapierfirmen, die als Teil einer Gruppe von der EZB beaufsichtigt

---

⁴⁰ Vgl. Art. 3 Abs. 1 Nr. 13 iVm Art. 2 Buchst. c SRM-Verordnung. Der Begriff der „Wertpapierfirma" ist nicht explizit in der SRM-Verordnung definiert. Allerdings ist im Einklang mit Artikel 3 Absatz 2 der SRM-Verordnung in diesem Fall die entsprechende Definition des Art. 2 Abs. 1 Nr. 3 der BRRD maßgeblich. Hinsichtlich der Definition für Wertpapierfirmen verweist Art. 2 Abs. 1 Nr. 3 BRRD auf Art. 4 Abs. 1 Nr. 2 CRR, beschränkt diesen Verweis jedoch auf diejenigen Wertpapierfirmen, die zudem unter Art. 28 Abs. 2 CRD IV fallen und damit über ein Anfangskapital von 730.000 € verfügen. Art. 2 Buchst. c SRM-Verordnung beschränkt zusätzlich den Anwendungsbereich hinsichtlich Wertpapierfirmen auf lediglich diejenigen, die als Teil einer Gruppe unter die EZB-Aufsicht einer Muttergesellschaft auf konsolidierter Basis fallen.
⁴¹ Vgl. Art. 2 Abs. 1 Nr. 89 BRRD.
⁴² Vgl. Art. 103 Abs. 1 BRRD sowie § 2 Satz 1 Nr. 3 RStruktFG iVm § 1 Abs. 2 RStruktFV.
⁴³ Vgl. Erwägungsgrund 2 BRRD-DV. Für die aufsichtsrechtlichen Vorgaben bei Unionszweigstellen sind gemäß Art. 47 CRD IV die Mitgliedstaaten zuständig. Daher sind viele Risikoparameter nicht direkt durch die BRRD-DV anwendbar.
⁴⁴ Vgl. § 1 Abs. 2 iVm § 1 Abs. 3 RStruktFV.
⁴⁵ Vgl. Erwägungsgrund 2 BRRD-DV.
⁴⁶ Vgl. Art. 2 Abs. 1 Nr. 3 BRRD iVm Art. 4 Abs. 1 Nr. 2 CRR und Art. 28 Abs. 2 CRD IV.

I. Bankenabgabe

werden.⁴⁷ Mit Errichtung des SRF geht für diese Unternehmen die Beitragspflicht vom nationalen auf den einheitlichen Abwicklungsfonds über. Dies ist jedoch nicht der Fall für die nicht konzernangehörigen Wertpapierfirmen mit einem Anfangskapital von 730.000 €, die nicht unter direkter EZB-Aufsicht stehen. Wie im Fall der Unionszweigstellen fallen diese Unternehmen zwar nicht in den Anwendungsbereich der SRM-Verordnung; sie sind aber weiterhin verpflichtet, Beiträge an einen nationalen Abwicklungsfonds gemäß BRRD zu leisten. Hinsichtlich der Wertpapierfirmen kann eine weitere Unterscheidung getroffen werden. Wie bei Unionszweigstellen werden auch bestimmte Wertpapierfirmen von der Berechnungsmethode der risikoadjustierten Beiträge gemäß BRRD-DV ausgenommen. Dies gilt für Wertpapierfirmen, die lediglich für eingeschränkte Dienstleistungen und Tätigkeiten zugelassen sind und daher bestimmte Kapital- und Liquiditätsanforderungen nicht einhalten müssen.⁴⁸ Von diesen Wertpapierfirmen kann der Ausschuss für diejenigen Unternehmen, die gemäß SRM-Verordnung beitragspflichtig sind, eine vereinfachte Berechnungsmethode für die Beiträge an den SRF festlegen und anwenden.⁴⁹ Eine ähnliche Regelung gilt auch für diejenigen Wertpapierfirmen mit eingeschränkten Dienstleistungen und Tätigkeiten, die unter nationale Einzelaufsicht fallen und die zu Beiträgen an den nationalen Abwicklungsfonds verpflichtet sind. Auch für diese Wertpapierfirmen ist die BRRD-DV nicht anwendbar. Daher wendet in Deutschland die FMSA in diesem Fall eine vereinfachte Berechnungsmethode an, die an das System von Pauschalbeiträgen für kleine Institute angelehnt ist.⁵⁰ Für diejenigen Wertpapierfirmen, die entweder zu Beiträgen an den nationalen Abwicklungsfonds oder zu Beiträgen an den SRF verpflichtet sind und die einer vollen Meldepflicht unterliegen und kein multilaterales Handelssystem betreiben, besteht keine vereinfachte Berechnungsmethode der Beiträge.⁵¹ Für diese Unternehmen wendet die FMSA bzw. der Ausschuss die entsprechenden Bestimmungen der BRRD-DV zur Berechnung der jeweiligen risikoadjustierten Beiträge an.

Der nationale „Mini-Abwicklungsfonds" für die oben genannten Wertpapierfirmen und Unionszweigstellen dürfte in Deutschland ein jährliches Beitragsaufkommen im niedrigen Millionenbereich aufweisen. Kritisch zu hinterfragen ist der Nutzen im Verhältnis zum Aufwand, einen Fonds mit derart limitierter Finanzkraft zu errichten und zu verwalten.

11

---

⁴⁷ Vgl. hierzu Art. 2 Buchst. c SRM-Verordnung iVm Art. 4 Abs. 1 Buchst. g Verordnung (EU) 1024/2013 des Rates vom 15.10.2013 zur Übertragung besonderer Aufgaben im Zusammenhang mit der Aufsicht über Kreditinstitute auf die Europäische Zentralbank (SSM-Verordnung). Unter die EZB-Aufsicht auf konsolidierter Basis fallen demnach die in einem teilnehmenden Mitgliedstaat niedergelassenen Muttergesellschaften von Kreditinstituten, einschließlich der Finanzholdinggesellschaften und der gemischten Finanzholdinggesellschaften.

⁴⁸ Vgl. Art. 3 Abs. 2 sowie Erwägungsgrund 3 BRRD-DV. Von der Berechnungsmethode der BRRD-DV für die risikoadjustierten Beiträge sind demnach diejenigen Wertpapierfirmen ausgenommen, die vereinfachten Meldepflichten gemäß Artikel 96 Absatz 1 Buchstabe a oder b der CRR unterliegen, sowie die Wertpapierfirmen, die ein Multilaterales Handelssystem betreiben und dabei nicht auf eigene Rechnung handeln und Finanzinstrumente mit fester Übernahmeverpflichtung emittieren oder platzieren.

⁴⁹ Vgl. Erwägungsgrund 3 BRRD-DV.
⁵⁰ Vgl. § 1 Abs. 1 iVm § 1 Abs. 3 RStruktFV.
⁵¹ Vgl. Art. 3 Abs. 2 BRRD-DV.

4. Zielausstattung und Aufbauphase

a) Festlegung der Zielausstattung

12 Der einheitliche Abwicklungsfonds soll nach einer Aufbauphase von acht Jahren ab dem 1.1.2016 seine **Zielausstattung** in Höhe von mindestens 1 % der gedeckten Einlagen der Institute aller am SRM teilnehmenden Mitgliedstaaten erreichen.[52] Diese Zielausstattung ist eng an die BRRD angelehnt, die bereits ab 1.1.2015 für die jeweiligen zu errichtenden nationalen Abwicklungsfonds anzuwenden ist und binnen zehn Jahren erreicht werden soll.[53] Der Ausschuss kann allerdings bei der Berechnung der jeweiligen Beiträge für den SRF auch eine höhere Zielausstattung als 1 % der gedeckten Einlagen[54] ansetzen.[55] Dies kann zum einen erforderlich sein, um das Erreichen der Zielausstattung im Jahr 2023 bei über die Zeit zunehmenden gedeckten Einlagen zu gewährleisten.[56] In diesem Zusammenhang hat der Ausschuss für die Erhebung der Beiträge im Jahr 2016 eine Zielausstattung in Höhe von 1,05 % angesetzt.[57] Das für das Erreichen der Zielausstattung berechnete jährliche Beitragsaufkommen soll möglichst gleichmäßig über die Aufbauphase verteilt werden.[58] Die Methode zur Berechnung der Zielausstattung des SRF anhand der Höhe der gedeckten Einlagen wurde aus der BRRD übernommen und unterliegt einer Überprüfung durch einen Bericht der Europäischen Bankenaufsichtsbehörde (EBA) bis 31.10.2016 an die Kommission (→ Rn. 59).[59]

---

[52] Vgl. Art. 69 Abs. 1 SRM-Verordnung.
[53] Vgl. Art. 102 Abs. 1 BRRD.
[54] Gemäß Art 4 Abs. 2 BRRD-DV sind dabei die gedeckten Einlagen iSv Art. 3 Nr. 10 BRRD-DV, dh die gedeckten Einlagen auf Basis der Abgrenzung der Einlagensicherungsrichtlinie. Die Meldung der Werte für die gedeckten Einlagen an die Abwicklungsbehörde erfolgt durch Einlagensicherungssysteme, wobei diese Quartalsdurchschnittswerte verwenden sollen. Vgl. Art. 16 Abs. 1 BRRD-DV.
[55] Für die jeweiligen nationalen Abwicklungsfonds gemäß BRRD in den Mitgliedstaaten, die nicht am SRM teilnehmen, kann diese Festlegung entsprechend von nationalen Abwicklungsbehörden vorgenommen werden.
[56] Aufgrund der Beschränkung gemäß Art. 70 Abs. 2 SRM-Verordnung, der zufolge die jährlichen Beiträge nicht 12,5 % der Zielausstattung überschreiten dürfen, werden bei steigenden gedeckten Einlagen rückwirkend betrachtet zu geringe Beiträge in den jeweils vorausgehenden Jahren erhoben. Unter der Annahme steigender gedeckter Einlagen der Kreditinstitute im SRM wäre die damit einhergehende höhere Zielausstattung nach acht Jahren nur zu erreichen, wenn in Antizipation dieses Anstiegs bereits in den ersten Jahren der Aufbauphase eine höhere Zielausstattung festgelegt würde.
[57] Vgl. Single Resolution Board, Explanatory note on the calculation of individual 2016 ex-ante contributions by the Single Resolution Fund (SRF), 20.4.2016, S. 2.
[58] Vgl. Art. 69 Abs. 2 SRM-Verordnung (für die Aufbauphase von acht Jahren); 102 Abs. 2 BRRD (für die Aufbauphase von zehn Jahren).
[59] Vgl. Art. 102 Abs. 4 BRRD. Die Bezugnahme auf die gedeckten Einlagen für die Ableitung der Zielausstattung resultiert aus dem ursprünglichen BRRD-Vorschlag der Kommission, die nationalen Abwicklungsfonds optional mit den Einlagensicherungsfonds zusammenzulegen. Im Rahmen des aktuellen Abwicklungsregimes in Europa ist zwar der Einlegerschutz gemäß Art. 14 Abs. 2 Buchst. d SRM-Verordnung eines der expliziten Abwicklungsziele. Allerdings sieht die Nutzung des SRF gemäß Art. 76 SRM-Verordnung im Gegensatz zur Nutzung nationaler Einlagensicherungssysteme keine direkten Entschädigungen der Einleger vor. Zudem sind gedeckte Einlagen gemäß Art. 27 Abs. 3 SRM-Verordnung explizit von der Anwendung des sog. Bail-in-Instruments ausgenommen. Daher übermittelt die EBA der Kommission bis zum 31.10.2016 einen Bericht mit Empfehlungen für die Festlegung der Zielausstattung (Art. 102 Abs. 5 BRRD) und insbesondere zu der Frage, ob die Gesamtverbindlichkeiten eine angemessenere Größe als die gedeckten Einlagen sind. Im Falle einer Änderung der Grundlage für die Bestimmung der Zielausstattung gemäß BRRD könnte dann ggf.

I. Bankenabgabe

Eine weitere Anpassung der vom SRB festzulegenden Zielausstattung oberhalb von 1 % der gedeckten Einlagen ist möglich, um trotz gleichmäßiger zeitlicher Staffelung und expliziter Deckelung des jährlichen Beitragsaufkommens[60] die Konjunkturphase und etwaige prozyklische Auswirkungen zu berücksichtigen (→ Rn. 34 ff.).[61] Eine solche Berücksichtigung kann nur dann zu vergleichsweise geringeren risikoadjustierten Beiträgen in einem Beitragszeitraum führen[62], wenn diese Verringerung anschließend mit einer Erhöhung der Beiträge einhergeht, damit das Erreichen der Zielausstattung innerhalb der Aufbauphase gewährleistet werden kann.[63] Um eine zeitlich gleichmäßige Staffelung der jährlichen Beiträge während der 8-jährigen Aufbauphase zu erreichen, ist deren Summe auf höchstens 12,5 % der Zielausstattung beschränkt.[64] Bei einer fixen Zielausstattung wäre aufgrund dieser festen Beschränkung jedoch nach einer Berücksichtigung der Konjunktur oder prozyklischer Auswirkungen durch niedrigere Beiträge keine nachträgliche Erhöhung oberhalb dieser Grenze in den Folgejahren möglich. Allerdings muss der Ausschuss in diesem Zusammenhang bestätigen, dass auf der Grundlage konservativer Projektionen die Zielausstattung am Ende der Aufbauphase erreicht werden kann.[65] In der Folge könnte der Ausschuss in diesem Fall nachträglich auch die Zielausstattung erhöhen, damit selbst unter Einhaltung der Obergrenze vergleichsweise höhere Jahresbeiträge erhoben werden können als zuvor.

13

b) Verlängerung der Aufbauphase

Wird der einheitliche Abwicklungsfonds während der Aufbauphase genutzt und nimmt dabei Auszahlungen vor, ist das rechtzeitige Erreichen der Zielausstattung nicht mehr zwingend gewährleistet. In diesem Fall wird abhängig vom Umfang der Fondsnutzung unterschieden. So kann in der Bankenunion der Ausschuss die Aufbauphase um bis zu vier Jahre verlängern, wenn der SRF während der ersten acht Jahre Auszahlungen von insgesamt mehr als 50 % der Zielausstattung vorgenommen hat.[66] Hierdurch kann das jährliche

14

---

auch die Berechnung der Zielausstattung nach Art. 69 Abs. 1 SRM-Verordnung geändert werden (→ Rn. 59).

[60] Vgl. Art. 69 Abs. 2 iVm Art. 70 Abs. 2 SRM-Verordnung. Um die zeitlich gleichmäßige Staffelung zu erreichen, soll die Summe der Beiträge demnach 12,5 % der Zielausstattung über die 8-jährige Aufbauphase nicht übersteigen. Allerdings sieht Art. 69 Abs. 2 SRM-Verordnung gleichzeitig vor, dass hierbei die Konjunkturphase und etwaige Auswirkungen prozyklischer Beiträge zu berücksichtigen sind (→ Rn. 47 ff.). Gemäß Art. 69 Abs. 5 iVm Art. 93 SRM-Verordnung hat die Kommission am 17.12.2015 eine Delegierte Verordnung verabschiedet, in der ua Kriterien für diese zeitliche Staffelung der Beiträge an den einheitlichen Abwicklungsfonds festgelegt werden (Vgl. Beschluss C(2015) 9016 der Kommission).

[61] Vgl. Art. 69 Abs. 2 SRM-Verordnung.

[62] Vgl. Erwägungsgrund 7 sowie Art. 3 Abs. 2 und 3 Beschluss C(2015) 9016 final der Kommission. Demnach sind die entsprechenden Indikatoren auf Ebene aller SRM-Mitgliedstaaten zusammen zu ermitteln, und etwaige Anpassungen der Beiträge wären auf alle Institute in gleichem Maße anzuwenden.

[63] Vgl. Beschluss C(2015) 9016 der Kommission und EBA/Op/2015/11, Para 15-17.

[64] Vgl. Art. 70 Abs. 2 SRM-Verordnung. Die BRRD enthält eine derartige Beschränkung dagegen nicht.

[65] Vgl. Art. 3 Abs. 4 Beschluss C(2015) 9016 final der Kommission.

[66] Vgl. Art. 69 Abs. 3 SRM-Verordnung iVm Art. 6 IGA. In Art. 5 Beschluss C(2015) 9016 final der Kommission werden gemäß Art. 69 Abs. 5 Buchst. b SRM-Verordnung Kriterien für die Anzahl der Jahre festgelegt, um die die Aufbauphase verlängert werden kann. Hierzu zählen die Berücksichtigung von a) die Mindestanzahl der Jahre, die erforderlich sind, um die Zielausstattung zu erreichen,

Beitragsaufkommen einen Wert zwischen der Höhe des durchschnittlichen jährlichen Beitragsaufkommen in der Aufbauphase und deren doppeltem Betrag erreichen. Demzufolge können die während solch einer Verlängerung zu leistenden Jahresbeiträge die Obergrenze von 12,5 % der Zielausstattung überschreiten.[67]

c) Erhebung von ex-ante Beiträgen nach Ende der Aufbauphase

15   Die SRM-Verordnung enthält keine expliziten Vorgaben für den Fall, dass der SRF während der Aufbauphase keine oder weniger als 50 % der Zielausstattung auszahlt und am Ende des Jahres 2023 die festgelegte Zielausstattung nicht erreicht. Neben Auszahlungen in Abwicklungsfällen während der Aufbauphase können zB auch ein Anstieg der gedeckten Einlagen oder zu geringe erhobene Beiträge dazu führen, dass die verfügbaren Mittel des SRF zum Ende der Aufbauphase unterhalb der Zielausstattung liegen. In diesem Fall soll der Kommission zufolge der Ausschuss dafür sorgen, dass die regulären ex-ante Beiträge auch nach der Aufbauphase weiterhin erhoben werden, bis die Zielausstattung erreicht ist.[68] Offen ist jedoch, inwieweit in diesem Fall die Aufbauphase nach acht Jahren als beendet betrachtet werden kann, obwohl die Zielausstattung nicht erreicht wird.[69] Sollte sich vor dem Ende der Aufbauphase bereits abzeichnen, dass die Zielausstattung nicht rechtzeitig erreicht wird, ohne die 12,5 %-Vorgabe zu verletzen, könnte der Ausschuss in diesem Fall für die letzten Jahre der Aufbauphase die Zielausstattung signifikant höher als bei 1 % der gedeckten Einlagen ansetzen und dadurch eine Beitragserhebung nach Ablauf der Aufbauphase verhindern.

d) Bankenabgabe nach erstmaliger Erreichung der Zielausstattung

16   Die SRM-Verordnung enthält zudem Bestimmungen für die Wiederauffüllung des Fonds nach erfolgreicher Beendigung der Aufbauphase, wenn der SRF bereits erstmalig seine Zielausstattung erreicht hat. Dabei ist ua zu beachten, dass auch bei der Festlegung der jährlichen Beiträge nach der Aufbauphase der Ausschuss die Konjunkturphase und die Auswirkungen prozyklischer Beiträge (→ Rn. 47 ff.) gebührend berücksichtigen muss.[70] Führen nach der Aufbauphase Auszahlungen aus dem gefüllten Fonds zu einer Verringerung der verfügbaren Finanzmittel auf weniger als zwei Drittel der Zielausstattung, legt der Ausschuss Beiträge in einer Höhe fest, mit der innerhalb von sechs Jahren die volle Zielausstattung wieder erreicht werden kann.[71] Das bedeutet, dass nach sehr hoher Inanspruchnahme

---

unter der Voraussetzung, dass die jährlichen Beiträge nicht mehr als doppelt so hoch sind wie die durchschnittlichen jährlichen Beiträge während der Aufbauphase; b) die Konjunkturphase und die etwaigen Auswirkungen prozyklischer Beiträge auf die Finanzlage der beitragenden Institute und c) alle vom Ausschuss nach Anhörung des Europäischen Ausschusses für Systemrisiken (ESRB) erwarteten zusätzlichen Auszahlungen aus dem Fonds im nächsten Vierjahreszeitraum.

[67] Vgl. Erwägungsgrund 6 Beschluss C(2015) 9016 final der Kommission.
[68] Dabei gilt auch weiterhin die Obergrenze gemäß Art. 70 Abs. 2 SRM-Verordnung für die Summe der jährlichen Beiträge von 12,5 % der Zielausstattung. Vgl. Art. 69 Abs. 4 iVm mit Art. 6 IGA sowie Erwägungsgrund 6 Beschluss C(2015) 9016 final der Kommission.
[69] Die Unklarheit über das Ende der Aufbauphase liegt darin begründet, dass zum einen das Ende der Zielausstattung durch die zeitliche Befristung bestimmt wird, zum anderen jedoch auch durch den Umstand, dass das Erreichen der Zielausstattung das Ende der Aufbauphase definiert.
[70] Vgl. Art. 69 Abs. 4 und Abs. 5 Buchst. 4 SRM-Verordnung iVm mit Art. 5 Beschluss C(2015) 9016 final der Kommission.
[71] Vgl. Art. 69 Abs. 4 SRM-Verordnung

des Fonds die jährlichen Beiträge zur Wiederauffüllung der Zielausstattung in diesen sechs Jahren die Obergrenze von 12,5 % der gedeckten Einlagen überschreiten können.[72]

5. Berechnungsmethode für die individuellen Jahresbeiträge

a) Zielsetzung und Datenbasis des Beitragssystems

Die Grundstruktur der europäischen Bankenabgabe ist sekundärrechtlich in der BRRD und der SRM-Verordnung weitgehend harmonisiert.[73] Die Beiträge müssen eine (größenabhängige) Bemessungsgrundlage beinhalten (*flat contribution* bzw. Grundbeitrag); zusätzlich ist auch das individuelle Risiko des Instituts zu berücksichtigen. Diese Risikoadjustierung ist durch eine Liste von Risikofaktoren[74] maßgeblich vorgeben und in der BRRD-DV spezifiziert. Die Datenbasis für die Berechnung der Bankenabgabe orientiert sich im Wesentlichen an den vorgegebenen sekundärrechtlichen Definitionen aus dem Bereich der Rechnungslegung (EU-Bilanzrichtlinie[75] bzw. IAS/IFRS-Verordnung[76]) und des Aufsichtsrechts (CRD IV bzw. CRR) an.

17

Die Bestimmung der individuellen Bankenabgabe bewegt sich im Spannungsfeld zwischen der erforderlichen Einheitlichkeit der Datenbasis für die Beitragsermittlung, vor allem bei der Beitragserhebung in der Bankenunion durch den Ausschuss, und einer bisher unvollendeten Harmonisierung in den Bereichen des Rechnungslegungs- und Aufsichtsrechts (ua bedingt durch Mitgliedstaatenwahlrechte bzw. Spielräume bei der Umsetzung von Richtlinien). Grundlage für die Ermittlung der Bankenabgabe ist die im Einzelabschluss ausgewiesene **Summe der Verbindlichkeiten**.[77] Da für den Einzelabschluss der Institute weiterhin nationale Rechnungslegungsvorschriften anwendbar sind und nur einige Mitgliedstaaten im Einzelabschluss die Rechnungslegung nach den International Financial Reporting Standards (IFRS) für Institute eingeführt haben, bestehen bei der Datengrundlage für die Ermittlung des Grundbeitrags erkennbare Unterschiede zwischen den Mitgliedstaaten.[78] Für die Risikoadjustierung fallen die Unterschiede bei der Datenbasis weniger ins Gewicht, da diese nicht an Rechnungslegungsgrößen, sondern im Wesentlichen an aufsichtsrechtliche Meldegrößen anknüpfen.[79] Eine Besonderheit bei der Risikoadjustierung ist, dass einzelne

18

---

[72] Dieser Fall könnte beispielsweise unter normalen Umständen eintreten, wenn die verfügbaren Finanzmittel auf weniger als 25 % der Zielausstattung abschmelzen. Vgl. dazu auch Erwägungsgrund 6 Beschluss C(2015) 9016 final der Kommission.
[73] Vgl. Artikel 103 Abs. 1 BRRD bzw. Artikel 70 Abs. 2 SRM-Verordnung.
[74] Vgl. in Artikel 103 Absatz 7 BRRD.
[75] Vgl. Richtlinie 86/635/EWG des Rates vom 8.12.1986 über den Jahresabschluss und den konsolidierten Abschluss von Banken und anderen Finanzinstituten.
[76] Vgl. Verordnung (EU) Nr. 1606/2002 des Europäischen Parlaments und des Rates vom 19.7.2002 betreffend die Anwendung internationaler Rechnungslegungsstandards.
[77] Vgl. Art. 103 Abs. 2 BRRD iVm Art. 14 Abs. 1 und 3 BRRD-DV; ebenso Art. 70 Abs. 2 SRM-Verordnung. Insofern bestehen in der Grundstruktur der Beitragsermittlung erkennbare Parallelen zwischen der in den Jahren 2011 bis 2014 erhobenen nationalen Bankenabgabe in Deutschland und der europäischen Bankenabgabe.
[78] Dies ist einer der Gründe für die Anpassung des Grundbeitrags nach Art. 5 BRRD-DV, vor allem mit Blick auf die Spezialvorschriften zu Derivaten nach Art. 5 Abs. 3 und 4 BRRD-DV (→ Rn. 29).
[79] Vgl. hierzu auch Erwägungsgrund 21 BRRD-DV. Dennoch beinhalten auch CRD IV und CRR Mitgliedstaatenwahlrechte, die eine Risikoadjustierung auf Basis einer harmonisierten Datengrundlage erschweren.

Risikoindikatoren in den ersten Beitragsperioden noch nicht durch die Institute ermittelt bzw. gemeldet werden können.[80] Sofern die Abwicklungsbehörde keine geeigneten Schätzungen für diese Indikatoren auf Basis alternativ verfügbarer Daten vornehmen kann,[81] werden die Risikogewichte der nicht herangezogenen Risikoindikatoren proportional auf die verbleibenden Indikatoren umverteilt.[82]

19 Der Stichtag der an die Abwicklungsbehörde durch die Institute zu meldenden Daten richtet sich nach dem Stichtag des letzten gebilligten Jahresabschlusses, der vor dem 31.12. des der Beitragsperiode vorangehenden Jahres vorlag.[83] Für die im Jahr 2016 durch den Ausschuss ermittelten Jahresbeiträge war somit der Stichtag des letzten vor dem 31.12.2015 gebilligten Jahresabschlusses maßgeblich,[84] dh bei gleichlaufendem Kalender- und Geschäftsjahr der Jahresabschluss zum 31.12.2014. Dies gilt gleichsam für die Meldung der Daten für den Grundbeitrag und der Werte der Risikoindikatoren aus Anhang II der BRRD-DV.[85]

20 Den Jahresabschluss mit den relevanten Daten zum Grundbeitrag sowie den Risikoindikatoren müssen die Institute der Abwicklungsbehörde bis zum 31.1. eines Jahres zuleiten.[86] Daraus ergeben sich in zeitlicher Hinsicht die folgenden weiteren Vorgaben: Die Abwicklungsbehörde informiert die Institute bis spätestens zum 1.5. jedes Jahres über den individuellen Jahresbeitrag.[87] Hierbei muss die Abwicklungsbehörde auch spezifizieren, inwiefern das betreffende Institut auf Antrag den Beitrag nicht in bar leisten, sondern stattdessen für einen Teil des Gesamtbeitrags das Instrument sog. **unwiderruflicher Zahlungsverpflichtungen** nutzen kann (→ Rn. 54 ff.). Sofern die Jahresbeiträge in einem Mitgliedstaat eingesammelt werden, der Teil der Bankenunion ist, müssen die Beiträge darüber hinaus bis zum 30.6. eines Jahres von der nationalen Abwicklungsbehörde an den Ausschuss übertragen werden.[88] Im Fall eines Zahlungsverzugs des Instituts soll die Abwicklungsbehörde

---

[80] Dies betrifft insbesondere solche Risikoindikatoren, die erstmalig im Jahr 2015 bzw. zu einem späteren Zeitpunkt durch die Institute gemeldet werden müssen (zB strukturelle Liquiditätsquote; Liquiditätsdeckungsquote).

[81] Vgl. Art. 17 Abs. 1 BRRD-DV. Denkbar ist beispielsweise, dass die Abwicklungsbehörde Ersatzindikatoren auf Basis vorhandener Rechnungslegungs- bzw. Aufsichtsgrößen definiert, sofern diese eine geeignete Schätzgrundlage für die nicht verfügbaren Risikoindikatoren darstellen. Hierdurch wird eine möglichst umfassende und am Sinn und Zweck der BRRD-DV orientierte Beitragsberechnung sichergestellt. Art. 20 Abs. 1 BRRD-DV legt fest, dass die Risikoindikatoren solange nicht für die Beitragsberechnung heranzuziehen sind, wie sie nicht Bestandteil der in der Beitragsperiode anwendbaren aufsichtsrechtlichen Meldeanforderungen geworden sind. Dies dürfte aber nur für den Fall gelten, dass die Abwicklungsbehörde keine geeigneten Ersatzindikatoren für die Schätzung der Risikoindikatoren auf Basis der in Art. 17 Abs. 1 BRRD-DV festgelegten Vorgehensweise verwenden kann. Sofern auch dies nicht möglich ist, findet Art. 20 Abs. 1 BRRD-DV Anwendung. Ein derartiges Vorgehen wurde zB in der RStruktFV für die FMSA im Beitragsjahr 2015 festgelegt. Vgl. §§ 4, 5 RStruktFV.

[82] Vgl. Art. 20 Abs. 1 BRRD-DV.

[83] Vgl. Art. 14 Abs. 1 und 3 BRRD-DV.

[84] Vgl. Art. 14 Abs. 1 BRRD-DV.

[85] Vgl. Art. 14 Abs. 2 BRRD-DV.

[86] Vgl. Art. 14 Abs. 4 BRRD-DV. Für die Beitragsperiode 2015 galten nach Art. 20 Abs. 4 BRRD-DV Sondervorschriften, um eine Übertragung der auf nationaler Ebene eingesammelten Bankenabgabe bis zum 31.1.2016 sicherzustellen.

[87] Vgl. Art. 13 Abs. 1 BRRD-DV.

[88] Vgl. Art. 3 Abs. 2 IGA.

I. Bankenabgabe

Verzugszinsen (offizieller EZB-Referenzzinssatz mit einem Aufschlag von 8% pa) geltend machen.[89]

b) Berechnung des jährlichen Grundbeitrags

aa) Ausgangspunkt für die Bestimmung der Bemessungsgrundlage

Der Grundbeitrag ist die Bemessungsgrundlage, auf die ein institutsindividueller Risikofaktor angewandt wird, und stellt in der Beitragssystematik der BRRD bzw. der SRM-Verordnung die größenabhängige Komponente des Jahresbeitrags dar. Sekundärrechtlich ist festgelegt, dass sich die Bemessungsgrundlage aus der Summe der Verbindlichkeiten (*total liabilities*) abzüglich der Eigenmittel (*own funds*)[90] und der gedeckten Einlagen (*covered deposits*) ableitet und dies den Ausgangspunkt für den individuellen Anteil der Institute am Gesamtaufkommen für die betreffende Beitragsperiode darstellt.[91] Wie bei der in den Jahren 2011 bis 2014 berechneten rein nationalen Bankenabgabe in Deutschland ergibt sich die Bemessungsgrundlage damit aus der **Passivseite der Bilanz**. Zugleich sieht die BRRD-DV eine spezielle Berücksichtigung einzelner Passivposten in der Bilanz des Instituts vor. Aufgrund des Umfangs der hierdurch erforderlichen Anpassungen und der Struktur der Risikoadjustierung ist die Berechnung der europäischen Bankenabgabe im Vergleich zur rein nationalen Abgabe allerdings deutlich komplexer. 21

Die spezielle Berücksichtigung einzelner Passivposten für die Bemessungsgrundlage ist in der BRRD-DV gesondert geregelt.[92] Hierbei handelt es sich im Wesentlichen um Abzugsposten von der Bemessungsgrundlage, für Verbindlichkeiten aus Derivatekontrakten gelten Sondervorschriften. Mit den Anpassungen sind die folgenden Zielsetzungen verbunden: (1) Vermeidung einer wirtschaftlichen Doppelbelastung; (2) Berücksichtigung bestimmter Geschäftsmodelle; (3) Verhinderung einer länderspezifischen Benachteiligung (zB wegen divergierender Rechnungslegung, uneinheitlicher Datenbasis). 22

bb) Abzug von Intragruppenverbindlichkeiten und Verbindlichkeiten innerhalb von Institutssicherungssystemen

Zur Vermeidung einer wirtschaftlichen Doppelbelastung[93] ist vorgesehen, dass Verbindlichkeiten innerhalb einer Unternehmensgruppe unter den nachfolgenden, kumulativ zu erfüllenden Bedingungen von der Bemessungsgrundlage in Abzug gebracht werden können:[94] 23
- Beide Institute sind in der Europäischen Union ansässig;

---

[89] Vgl. Art. 13 Abs. 4 BRRD-DV.
[90] Vgl. Definition in Art. 3 Nr. 16 BRRD-DV iVm Art. 4 Abs. 1 Nr. 118 CRR.
[91] Vgl. Art. 103 Abs. 1 BRRD bzw. Art. 70 Abs. 1 und 2 SRM-Verordnung.
[92] Vgl. Art. 5 Abs. 1 und 2 BRRD-DV zum Abzug bestimmter Passiva von der Bemessungsgrundlage sowie zur speziellen Berücksichtigung von Derivaten Art. 5 Abs. 3 und 4. Diese Anpassungen werden in Artikel 5 BRRD-DV als „Risikoanpassung" bezeichnet. Hierbei dürfte es sich aber mehr um ergänzende Modifikationen der in der BRRD bzw. SRM-Verordnung definierten Bemessungsgrundlage handeln. Ein Grund hierfür ist darin zu sehen, dass die Ermächtigungsgrundlage für die BRRD-DV gemäß Artikel 103 Abs. 7 BRRD ausschließlich die weitere Detaillierung der Risikoadjustierung umfasst.
[93] Vgl. Erwägungsgrund 8 BRRD-DV.
[94] Vgl. Artikel 5 Abs. 1 Buchst. a BRRD-DV.

- Beide Institute sind in dieselbe aufsichtliche Vollkonsolidierung im Einklang mit Art. 6 bis 17 CRR einbezogen und sind Gegenstand angemessener zentralisierter Risikobewertungs-, -mess- und -kontrollverfahren;
- Es bestehen keine aktuellen oder absehbaren wesentlichen Hindernisse praktischer oder rechtlicher Art für die unverzügliche Rückzahlung fälliger Verbindlichkeiten.

Bei Vorliegen einer aufsichtsrechtlichen (Voll-)Konsolidierungspflicht dürften sich gruppeninterne Verbindlichkeiten im Regelfall für einen Abzug qualifizieren. Um Gestaltungen zur Verminderung der Beitragslast innerhalb von Unternehmensgruppen zu vermeiden, müssen Forderungsgeber und -nehmer jeweils ihren Sitz innerhalb der Europäischen Union haben.[95] Zudem sollen die passivierten konzerninternen Verbindlichkeiten nicht nur beim Forderungsnehmer, sondern auch beim Forderungsgeber in Abzug gebracht werden. Der Gesetzgeber sieht hierfür einen hälftigen Abzug jeweils bei Forderungsgeber und -nehmer vor.[96] Dies macht eine Analyse des gesamten Bestands an Intragruppenforderungen/-verbindlichkeiten auf Einzeltransaktionsbasis bei Forderungsgeber und -nehmer erforderlich.

24   Um einen Gleichlauf zwischen der Finanzierung in Unternehmensgruppen und in Institutssicherungssystemen herzustellen, gelten ähnliche Vorgaben für Finanzströme innerhalb der Institutssicherungssysteme. Hierbei muss das jeweilige Institutssicherungssystem von der zuständigen Aufsichtsbehörde anerkannt sein und sich für die Mitglieder zu einer aufsichtsrechtlichen Nullgewichtung der Forderungen qualifizieren.[97] Art. 113 Abs. 7 CRR definiert hierzu verschiedene Kriterien für Institutssicherungssysteme, ua Standards für geeignete und einheitliche Systeme für die Überwachung und Einstufung von Risiken, eine zentralisierte Risikosteuerung innerhalb der Institutssicherung sowie eine eigenständige Risikobewertung der Mitglieder durch das Institutssicherungssystem. Zudem darf es keine rechtlichen bzw. wirtschaftlichen Hindernisse (zB bei der Durchsetzung der Forderungen) geben.[98] Sofern diese Anforderungen gewährleistet sind, unterstellt der europäische Gesetzgeber eine wirtschaftliche Gleichwertigkeit der Finanzbeziehungen innerhalb einer Unternehmensgruppe und innerhalb eines Institutssicherungssystems.

cc) Besonderheiten bei Finanzmarktinfrastrukturen mit Banklizenz

25   Bei der Bestimmung des jährlichen Grundbeitrags enthält die BRRD-DV spezifische Bestimmungen für Finanzmarktinfrastrukturen (FMI). Dabei wird ua berücksichtigt, dass eine zentrale Gegenpartei (CCP) oder ein Zentralverwahrer (CSD) eine Banklizenz benötigt, um im Rahmen der Geschäftstätigkeit als Finanzmarktinfrastruktur banknahe Dienstleistungen als Nebendienstleistung anbieten zu können. Daher fallen diese Finanzinfrastrukturdienstleister auch in den Anwendungsbereich der europäischen Bankenabgabe, da grundsätzlich alle Kreditinstitute beitragspflichtig sind (→ Rn. 7 f.). Die Haupttätigkeit der Finanzmarktinfrastrukturen wie Zentralverwahrern und zentralen Gegenparteien liegen allerdings in der Wertpapierabwicklung und im Clearing und damit außerhalb des klassischen Bankgeschäfts. Die Risiken aus dem spezifischen Geschäftsmodell dieser Un-

---

[95] Andernfalls könnten beitragspflichtige Institute die Höhe beitragsrelevanter Passiva für die nationalen Abwicklungsfinanzierungsmechanismen in der EU bzw. für den einheitlichen Abwicklungsfonds signifikant reduzieren (zB über offshore-Finanzierungsvehikel).
[96] Vgl. Art. 5 Abs. 2 BRRD-DV.
[97] Vgl. Art. 5 Abs. 1 Buchst. b. BRRD-DV iVm Art. 113 Abs. 7 CRR.
[98] ZB durch einen bestehenden Stützungsfall, der zu einem erheblichen Ressourcenaufwand für das betreffende Sicherungssystem geführt hat.

ternehmen sind daher nur eingeschränkt vergleichbar mit dem klassischer Kreditinstitute.[99] Aus diesem Grund werden im Falle von Zentralverwahrern und zentralen Gegenparteien lediglich die Verbindlichkeiten zur Bemessung des Grundbeitrags berücksichtigt, die im Zusammenhang mit den banknahen Tätigkeiten stehen, nicht jedoch mit den Tätigkeiten aus der Zentralverwahrung oder dem Clearing.[100]

dd) Abzug von Verbindlichkeiten im Zusammenhang mit dem Fördergeschäft

26 Zur Vermeidung einer wirtschaftlichen Doppelbelastung bei der Bankdurchleitung von Förderdarlehen von der Förderbank über ein Zentralinstitut an die Hausbank des Endkreditnehmers (sog. doppelte Bankdurchleitung; im Wesentlichen im Sparkassen- und Genossenschaftssektor vorzufinden) können sogenannte vermittelnde Institute[101] ihre Verbindlichkeiten ggü. der Förderbank von der Bemessungsgrundlage für den Grundbeitrag abziehen.[102] Hierdurch wird insbesondere dem Spezifikum der doppelten Bankdurchleitung im deutschen Fördergeschäft Rechnung getragen.[103]

27 Förderdarlehen sind ein von einer Förderbank oder über ein vermittelndes Institut auf nichtwettbewerblicher, nichtgewinnorientierter Basis gewährtes Darlehen zur Unterstützung der Gemeinwohlziele einer Zentralregierung oder Gebietskörperschaft eines Mitgliedstaats.[104] Bei einer doppelten Bankdurchleitung geht das vermittelnde Institut auf der Passivseite eine Verbindlichkeit ggü. dem Förderinstitut ein, was die Bemessungsgrundlage beim vermittelnden Institut erhöht. Das vermittelnde Institut reicht das Förderdarlehen unmittelbar an die Geschäftsbank weiter, die es schließlich an den Endkreditnehmer ausreicht (sog. Hausbankprinzip), ohne eigene Risiken mit Blick auf den Endkreditnehmer einzugehen. Wirtschaftliche Risiken aus dem Ausfall des Endkreditnehmers bestehen idR nur auf Ebene der Hausbank. Um eine wirtschaftliche Doppelbelastung der Verbindlichkeiten aus dem Fördergeschäft zu vermeiden, besteht daher für das vermittelnde Institut eine Abzugsmöglichkeit derjenigen Verbindlichkeiten, die im Zusammenhang mit der Durchleitung von Förderdarlehen an die Hausbank des Endkreditnehmers stehen.

28 Zur Berücksichtigung des besonderen Geschäftsmodells und Risikoprofils von **Förderbanken** besteht eine Abzugsfähigkeit bestimmter Verbindlichkeiten darüber hinaus auch für Förderbanken selbst, indem Verbindlichkeiten im Zusammenhang mit der Gewährung von Förderdarlehen in Abzug gebracht werden können.[105] Dies betrifft sowohl Verbindlichkeiten im Zusammenhang mit dem Fördergeschäft, das im Rahmen der Bankdurchleitung gewährt wurde, als auch direkt an Endkreditnehmer vergebene Förderdarlehen[106], sofern

---

[99] Vgl. Erwägungsgrund 11 BRRD-DV.
[100] Vgl. Art. 5 Abs. 1 Buchst. c und d BRRD-DV.
[101] Vgl. Artikel 3 Nr. 29 BRRD-DV. Hierbei handelt es sich um Institute, die Förderdarlehen von der Förderbank an die Hausbank des Endkreditnehmers weiterreichen.
[102] Vgl. Art. 5 Abs. 1 Buchst. f BRRD-DV.
[103] Vgl. Erwägungsgrund 13 BRRD-DV.
[104] Vgl. zur Definition von Förderdarlehen Art. 3 Nr. 28 BRRD-DV.
[105] Vgl. hierzu Art. 5 Abs. 1 Buchst. f zweiter Halbsatz BRRD-DV.
[106] In diesem Zusammenhang hat die Kommission in ihrem Vorschlag für eine Korrektur der BRRD-DV explizit die Streichung des Wortes „ursprünglichen" in Art. 5 Abs. 1 Buchst. f BRRD-DV vorgeschlagen. Damit soll klargestellt werden, dass alle Förderbanken die Verbindlichkeiten aus weitergeleiteten oder direkt vergebenen Förderdarlehen abziehen können. Vgl. hierzu Beschluss C(2015) 8835 der Kommission vom 14.12.2015 sowie das Presse-MEMO Nr. 14/597 der Kommission vom 21.10.2014.

die Förderbank die Definitionskriterien erfüllt.[107] Unter diese Definition dürften die Förderinstitute auf Bundes- und Landesebene in Deutschland regelmäßig fallen, da sie bereits gemäß der sog. **Verständigung II** der Bundesregierung mit der Kommission aus dem Jahr 2002 die entsprechenden Vorgaben erfüllen, die idR auch in den jeweiligen gesetzlichen Grundlagen für diese Institute verankert sind.[108]

Für die Bestimmung der abzugsfähigen Verbindlichkeiten auf Ebene der Förderbanken ist der Betrag der Förderdarlehen iSv Artikel 3 Nr. 28 BRRD-DV auf der Aktivseite des betreffenden Instituts maßgeblich.[109] In diesem Zusammenhang hat die EBA klargestellt, dass dieser Begriff eng auszulegen ist.[110] Damit fallen zusätzliche Verbindlichkeiten in Zusammenhang mit Hilfsgeschäften, die in Verbindung mit dem Fördergeschäft stehen, nicht unter die Abzugsmöglichkeit der BRRD-DV.

ee) Anpassung des Grundbeitrags um die Derivateposition

29 Die Sonderregelung zur Bestimmung der Derivateposition nach Artikel 5 Abs. 3 und 4 BRRD-DV soll einheitliche Wettbewerbsbedingungen zwischen den beitragspflichtigen Instituten sicherstellen, da die Rechnungslegungsvorschriften in der Europäischen Union nicht harmonisiert sind und sich insbesondere aus der unterschiedlichen Behandlung von Derivaten Auswirkungen auf die Bemessungsgrundlage ergeben könnten.[111] Aus diesem Grund wird zum Zwecke der Bankenabgabe von dem Grundsatz abgewichen, dass die beitragsrelevanten Passiva aus dem Einzelabschluss und diesen zugrunde liegenden Rechnungslegungsnormen ermittelt werden. Vielmehr sollen zur Ermittlung der beitragsrelevanten Derivateposition die einschlägigen aufsichtsrechtlichen Normen herangezogen werden, wie sie in der EU harmonisiert für die Ermittlung der **Verschuldungsquote** (*leverage ratio*) Anwendung finden.[112] Die anwendbare Definition von „Derivaten" orientiert sich an Anhang II der CRR, demzufolge Kreditderivate nicht in den Anwendungsbereich

---

[107] Vgl. Art. 3 Nr. 27 BRRD-DV. Die Merkmale einer Förderbank sind zum Teil abgeleitet von den Liquiditätsanforderungen in Art. 416 Abs. 2 Buchst. a Nr. iii sowie von der Definition eines „ein Förderdarlehen ausreichenden Instituts" gemäß Art. 10 Abs. 1 Buchst. 3 Nr. ii der Delegierten Verordnung (EU) 2015/61 der Kommission.

[108] In diesem Zusammenhang sind vor allem Wettbewerbsneutralität, ein nichtgewinnorientiertes Geschäftsmodell sowie Gewährträgerhaftung bzw. Anstaltslast oder eine Refinanzierungsgarantie durch die öffentliche Hand im Einklang mit den wettbewerbsrechtlichen EU-Vorgaben zu nennen.

[109] Vgl. insb. die englische Version des Art. 5 Abs. 1 Buchst. f BRRD-DV, in der der Begriff „*matching*" verwendet wird. Dieser ist dem EBA Single Rulebook zufolge dahingehend zu interpretieren, dass der in Abzug gebrachte Betrag der Verbindlichkeiten aus Förderdarlehen nicht den Betrag der vergebenen Förderdarlehen übersteigen kann.

[110] Vgl. EBA, Single Rulebook Q&A, Question ID 2015_2414, 2015. Zur Klärung dieser Auslegungsfrage stellt die EBA im Single Rulebook Q&A klar, dass in diesem Sinne eine Betragsgleichheit zwischen den Förderdarlehen und den entsprechenden Verbindlichkeiten besteht.

[111] Vgl. Erwägungsgrund 12 BRRD-DV.

[112] Zum Zeitpunkt der Verabschiedung der BRRD-DV handelte es sich um Art. 429 Abs. 6 und 7 CRR, auf die explizit in Art. 5 Abs. 3 BRRD-DV verwiesen wurde. Allerdings trat zwischenzeitlich die Delegierte Verordnung (EU) 2015/62 der Kommission in Kraft, mit der die Bestimmungen zur Berechnung der Verschuldungsquote in der CRR geändert wurden und Art. 429 Abs. 6 und 7 CRR einen anderen Inhalt bekamen. Die neuen CRR-Bestimmungen zur Ermittlung der Derivateposition im Rahmen der Verschuldungsquote sind nun in Artikel 429a CRR enthalten und wurden erweitert. Am 14.12.2015 hat die Kommission eine Anpassung ua des Art. 5 Abs. 3 BRRD-DV vorgeschlagen (vgl. Art. 1 Abs. 2 Beschluss C(2015) 8835 final der Kommission).

der Sonderregelungen fallen.[113] Die BRRD-DV unterscheidet nicht nach dem Zweck der durch das Institut eingegangenen Derivateposition (Handels-/Spekulationsgeschäfte; Absicherungsgeschäfte). Vorgaben aus der CRR für andere Finanzinstrumente, die für die Berechnung der Verschuldungsquote heranzuziehen sind (zB für Wertpapierfinanzierungs- und Repo-Geschäfte), finden für die Ermittlung der beitragsrelevanten Passiva keine Anwendung. Es handelt sich in Art. 5 Abs. 3 und 4 BRRD-DV um Spezialvorgaben, die ausschließlich für Derivate im Sinne der BBRD-DV gelten.[114]

Die Regelung ist in ihrer praktischen Anwendung für die Institute vergleichs- 30
weise komplex. Vereinfachend lässt sich das Vorgehen für die Ermittlung der relevanten Derivateposition wie folgt darstellen: Zunächst werden sämtliche Verbindlichkeiten im Einzelabschluss, die im Zusammenhang mit Derivatepositionen stehen, aus den beitragsrelevanten Passiva zur Bestimmung des jährlichen Grundbeitrags herausgerechnet.[115] In einem zweiten Schritt wird den beitragsrelevanten Passiva die aufsichtsrechtliche Derivateposition hinzuaddiert, wie sie in die Berechnung der adjustierten Bilanzsumme nach der Verschuldungsquote gemäß Art. 429 Abs. 6 und 7 CRR eingeht. Um eine Mindestbelastung auch bei Instituten mit großem Derivatebestand sicherzustellen und die zusätzlichen Möglichkeiten zur Saldierung von Forderungen und Verbindlichkeiten aus Derivatekontrakten (*netting*) zu beschränken, definiert die Delegierte Verordnung zur Bankenabgabe in einem dritten Schritt eine Mindesthöhe beitragsrelevanter Passiva aus Derivatepositionen: Die nach den Vorgaben der Verschuldungsquote ermittelten Verpflichtungen aus Derivaten ist der Summe der passivierten Verbindlichkeiten aus Derivatekontrakten im Einzelabschluss, der im ersten Schritt zunächst abgezogen wurde, und der ggf. vorhandenen außerbilanziellen Verbindlichkeiten aus Derivatekontrakten, die nicht passiviert wurden (zB bei Derivaten mit negativen Marktwerten aus dem Nichthandelsbestand, für die keine Drohverlustrückstellung nach HGB gebildet wurde), gegenüberzustellen. Die in die Bemessungsgrundlage einfließende Derivateposition nach den Vorgaben der Verschuldungsquote muss mindestens 75 % der Vergleichsgröße bilanzieller und außerbilanzieller Verpflichtungen auf Basis der Rechnungslegungsvorschriften im Einzelabschluss entsprechen. Durch diese Vorgehensweise soll ein harmonisiertes Vorgehen für die Ermittlung der in die Bemessungsgrundlage einfließenden Verbindlichkeiten aus Derivatepositionen sichergestellt werden. Die aufsichtsrechtlichen Vorgaben für die Bestimmung der beitragsrelevanten Derivateposition erlauben deutlich umfassenderes *netting* als die einschlägigen Rechnungslegungsvorschriften (zB HGB, IFRS). Von der Sonderbehandlung für Derivatepositionen dürften insbesondere Banken mit hohem Derivatebestand profitieren.

Die Anpassungen nach Artikel 5 Abs. 3 und 4 BRRD-DV erfolgen lediglich für die Institute, deren Grundbeitrag anschließend gemäß Artikel 9 BRRD-DV über einen Risikoanpassungsmultiplikator angepasst wird. Wie im Falle der Abzüge gemäß Artikel 5 Absatz 1 BRRD-DV erfolgt demzufolge die Anpassung der Derivateposition nicht für diejenigen Institute, für die das Pauschalbeitragssystem (→ Rn. 31 ff.) nach Artikel 10 BRRD-DV anwendbar ist.

---

[113] Vgl. Art. 3 Nr. 22 BRRD-DV.
[114] Erwägungsgrund 12 BRRD-DV und der eindeutige Wortlaut in Art. 5 Abs. 3 BRRD-DV lassen auch keine Änderung im Anwendungsbereich durch die vorgeschlagene Korrektur der BRRD-DV vom 14.12.2015 zu.
[115] Vgl. Art. 5 Abs. 4 BRRD-DV. Zusätzlich werden die beitragsrelevanten Passiva ggf. um die Abzugsposten nach Art. 5 Abs. 1 BRRD-DV weiter verringert.

c) Pauschalbeitragssystem für kleine Institute

31   Gemäß Artikel 10 BRRD-DV sollen kleine Banken mit einer Bilanzsumme von weniger als 1 Mrd. €, deren Bemessungsgrundlage zugleich weniger als 300 Mio. EUR beträgt, lediglich pauschale Jahresbeiträge in einer Größenordnung zwischen 1.000 € und 50.000 € zahlen.[116] In diesem Fall ist keine Risikoanpassung der Beiträge vorgesehen. Damit soll der geringen Abwicklungswahrscheinlichkeit und den geringen (systemischen) Risiken kleiner Banken Rechnung getragen werden. Dies rechtfertigt eine Entlastung bei der Höhe der Jahresbeiträge und den Meldeanforderungen.[117] Eine Risikoadjustierung ist für die Bestimmung der Pauschalbeiträge nicht vorgesehen.[118] Sollte jedoch die Abwicklungsbehörde bei einem kleinen Institut ein unverhältnismäßig hohes Risiko feststellen, kann sie entscheiden, den Jahresbeitrag für dieses Institut auf Basis der vorgegebenen Methodik aus Grundbeitrag und Risikomultiplikator im Verhältnis zu den anderen Banken zu berechnen, die keine Pauschalbeiträge zahlen.[119] Ausschlaggebend für die Höhe des zu zahlendenden Pauschalbeitrags ist lediglich die Summe der Verbindlichkeiten abzüglich der Eigenmittel und der gedeckten Einlagen, anhand derer sechs verschiedene Beitragsstufen festgelegt sind. Die jeweiligen jährlichen Beitragspauschalen betragen:
1) 1.000 € für Institute mit Gesamtverbindlichkeiten minus Eigenmittel und gedeckte Einlagen in Höhe von höchstens 50 Mio. €;
2) 2.000 € für Institute mit Gesamtverbindlichkeiten minus Eigenmittel und gedeckte Einlagen in Höhe von mehr als 50 Mio. € und höchstens 100 Mio. €;
3) 7.000 € für Institute mit Gesamtverbindlichkeiten minus Eigenmittel und gedeckte Einlagen in Höhe von mehr als 100 Mio. € und höchstens 150 Mio. €;
4) 15.000 € für Institute mit Gesamtverbindlichkeiten minus Eigenmittel und gedeckte Einlagen in Höhe von mehr als 150 Mio. € und höchstens 200 Mio. €;
5) 26.000 € für Institute mit Gesamtverbindlichkeiten minus Eigenmittel und gedeckte Einlagen in Höhe von mehr als 200 Mio. € und höchstens 250 Mio. €, und
6) 50.000 € für Institute mit Gesamtverbindlichkeiten minus Eigenmittel und gedeckte Einlagen in Höhe von mehr als 250 Mio. € und höchstens 300 Mio. €.[120]
Die Kommission begründet den Anstieg der Stufen für die Pauschalbeiträge mit einer möglichen Reduzierung von „Klippeneffekten".[121] Diese Klippeneffekte können sich zum

---

[116] Vgl. Europäische Kommission, Commission Staff Working Document SWD(2014) 327/2 Part 1/3, S. 12. Grundsätzlich kann davon ausgegangen werden, dass die von den kleinen Instituten erhobenen Pauschalbeiträge keinen signifikanten Anteil an den jährlichen Gesamtbeiträgen an den SRF haben dürften.

[117] Vgl. insb. Erwägungsgrund 16 BRRD-DV. Die Wahrscheinlichkeit, mit SRF-Mitteln abgewickelt zu werden, wird für diese kleinen Banken geringer eingeschätzt, da durch deren Schieflage idR keine systemischen Risiken erwartet werden.

[118] Vgl. Erwägungsgrund 16 BRRD-DV. Die Pauschalbeiträge für kleine Institute sollten lediglich auf Grundlage eines an die jeweilige Größe angepassten Grundbeitrags erhoben werden.

[119] Für diese Feststellung gibt Art. 10 Abs. 8 BRRD-DV konkrete Kriterien vor, auf deren Grundlage der Ausschuss solch eine Entscheidung treffen kann. Dazu gehören ua das Geschäftsmodell, die Risikofelder und -indikatoren zur Bestimmung des Risikoanpassungsmultiplikators für den Grundbeitrag gemäß Art. 6 BRRD-DV und eine Bewertung durch die Aufsichtsbehörde.

[120] Vgl. Art. 10 Abs. 1 bis 6 BRRD-DV.

[121] Vgl. Europäische Kommission, Commission Staff Working Document SWD(2014) 327/2 Part 1/3, S. 10f.

einen an den Grenzen zwischen den Stufen für die Pauschalbeiträge ergeben, zum anderen beim Übergang der höchsten Stufe zu den risikoadjustierten Grundbeiträgen.[122]

Die Anpassungen bei der Ermittlung der Bemessungsgrundlage für den Grundbeitrag (→ Rn. 21 ff.) sind für die Zuordnung der Institute in eine Pauschalbeitragsklasse nicht maßgeblich[123]. Allerdings kann ein Institut eine **Günstigerprüfung** verlangen, wenn es der Abwicklungsbehörde hinreichende Evidenz liefert, dass der angepasste Grundbeitrag zu einem niedrigeren Jahresbeitrag führt. Folglich muss das betreffende Institut die zusätzlichen Daten für die Bestimmung des Grundbeitrags und die entsprechenden Anpassungen (→ Rn. 23 ff.) an die Abwicklungsbehörde zuliefern, sodass Institute unter Kosten-/Nutzen-Gesichtspunkten abzuwägen haben, ob der höhere Aufwand für die Ermittlung und Meldung der zusätzlichen Datenfelder in einem angemessen Verhältnis zum erwarteten Nutzen (ggf. niedrigerer Jahresbeitrag) steht. Im Regelfall dürfte dies nur für Institute mit einem hohen Betrag abzugsfähiger Verbindlichkeiten lohnenswert sein. In diesem Fall berechnet die Abwicklungsbehörde zusätzlich den hypothetischen angepassten Grundbeitrag und das Institut zahlt den niedrigeren der beiden errechneten Jahresbeiträge.[124] 32

Für alle Pauschalbeitragsklassen gilt zudem ein zweiter Schwellenwert, demzufolge lediglich solche Institute in die entsprechenden Pauschalbeitragsklasse fallen können, deren Bilanzsumme weniger als 1 Mrd. € beträgt.[125] Allerdings besteht in der BRRD-DV ein Wahlrecht für Mitgliedstaaten, auch mittelgroßen Instituten mit einer Bilanzsumme von bis zu 3 Mrd. € einen Pauschalbeitrag iHv 50.000 € auf die ersten 300 Mio. € zu gewähren.[126] In diesem Fall würden die entsprechenden Institute für die Gesamtverbindlichkeiten minus Eigenmittel und gedeckte Einlagen, die über den Betrag von 300 Mio. € hinausgehen, den regulären Grundbeitrag inkl. Risikoadjustierung zahlen, der jeweils im Verhältnis zu allen anderen Instituten berechnet wird, die keine Pauschalbeiträge zahlen[127]. Das Wahlrecht der Mitgliedstaaten für diese Erweiterung des Pauschalsystems für kleine Banken ist in der 33

---

[122] Dies könnte theoretisch der Fall sein, wenn Institute Gesamtverbindlichkeiten minus Eigenmittel und gedeckte Einlagen von nur knapp oberhalb der Grenze von 300 Mio. € haben und wenn deren risikoadjustierter Grundbeitrag deutlich über dem Pauschalbetrag in Höhe von 50.000 € liegt.

[123] Vgl. Art. 10 Abs. 9 und 10 BRRD-DV.

[124] Vgl. Art. 10 Abs. 7 BRRD-DV.

[125] Gemäß Erwägungsgrund 17 BRRD-DV soll mit diesem zweiten Schwellenwert verhindert werden, dass auch große Institute von den niedrigen Pauschalbeiträgen profitieren. Würden beispielsweise auch alle größeren Institute für die ersten 300 Mio. € Gesamtverbindlichkeiten abzüglich Eigenmittel und gedeckte Einlagen den höchsten Wert iHv 50.000 € zahlen, so kann theoretisch angenommen werden, dass hierdurch gerade die größten Institute gerade belastet würden. Dies liegt daran, dass bei fixer jährlicher Zielausstattung die Differenz zwischen „normalen" Beiträgen und den Pauschalbeiträgen gemäß dem Schlüssel aus risikoadjustiertem Grundbeitrag auf alle Institute übergewälzt würden. In der Folge würde eine höhere Beitragsbelastung auf die großen Institute umverteilt, als dass diese durch die Pauschalbeiträge entlastet würden.

[126] Art. 20 Abs. 5 BRRD-DV sieht hierfür den zusätzlichen Schwellenwert vor, wonach der Betrag aus Bilanzsumme minus Eigenmittel und gedeckte Einlagen über 300 Mio. € liegen muss. Diese Regelung würde allerdings Institute ungleich behandeln, deren Bilanzsumme unter 3 Mrd. € liegt mit geringeren Gesamtverbindlichkeiten minus Eigenmittel und gedeckte Einlagen als 300 Mio. €. Die Kommission hat daher in Art. 1 Abs. 9 ihres Beschlusses C(2015) 8835 für einen korrigierenden delegierten Rechtsakt zur BRRD-DV eine Korrektur vorgeschlagen, um auch diese potenziellen Institute für das erweiterte System von Pauschalbeiträgen zu berücksichtigen. Diese Korrektur ist in der Umsetzung des Wahlrechts durch die SRM-DV bereits antizipiert worden (→ Rn. 53).

[127] Für den Betrag an Gesamtverbindlichkeiten minus Eigenmittel und gedeckte Einlagen, der oberhalb der Grenze von 300 Mio. € liegt, können dann jedoch wieder die Verbindlichkeiten gemäß Art. 5 Abs. 1 BRRD-DV in Abzug gebracht werden.

Bankenunion umgesetzt worden (→ Rn. 53).[128] Hiernach wird in der Bankenunion nicht nur bei kleinen, sondern auch bei mittelgroßen Instituten ein geringeres systemisches Risiko und damit eine geringere Abwicklungswahrscheinlichkeit unterstellt.[129]

d) Risikoadjustierung des Grundbeitrags

aa) Grundstruktur der Risikoadjustierung

34   Nach der Ermittlung des Grundbeitrags unter Berücksichtigung der spezifischen Anpassungen (→ Rn. 21 ff.) wird die Bemessungsgrundlage mit einem institutsspezifischen Risikofaktor angepasst, der das individuelle Risiko angemessen widerspiegeln soll.[130] Hierdurch soll berücksichtigt werden, dass bei „risikoarmen" Instituten die Wahrscheinlichkeit einer Nutzung des Abwicklungsfonds (Abwicklungswahrscheinlichkeit) geringer ist als bei Instituten mit einem höheren Risikoprofil. Die Abwicklungswahrscheinlichkeit (*probability of entering into resolution*)[131] ist zwar eng mit der Ausfallwahrscheinlichkeit (*probability of default*) korreliert; die Abwicklungswahrscheinlichkeit dürfte aber vor allem bei solchen Instituten hoch sein, die ein hohes systemisches Risiko unter der Bedingung einer zugleich hohen **Ausfallwahrscheinlichkeit** aufweisen. Der Risikofaktor bei Instituten mit hoher Ausfallwahrscheinlichkeit, aber geringem systemischem Risiko ist idR eher gering (ua dürfte der sog. *public interest test* nicht erfüllt werden).[132] Die Methodik der BRRD-DV berücksichtigt das systemische Risiko der Institute vor allem über das Pauschalbeitragssystem für kleine und mittelgroße Institute sowie in der Risikosäule III (→ Rn. 43).[133]

35   Bei der Auswahl der Risikoindikatoren innerhalb der jeweiligen Risikosäulen knüpft der Gesetzgeber insbesondere an bestehende aufsichtsrechtliche Kennzahlen an,[134] um für die Institute zusätzlichen Melde- und Erhebungsaufwand zu minimieren. Hierbei kommt die in der BRRD und der SRM-Verordnung angelegte enge Zusammenarbeit zwischen den zuständigen Aufsichts- und den Abwicklungsbehörden – auch durch einen Austausch

---

[128] Vgl. Art. 8 Abs. 5 SRM-DV.
[129] Vgl. Erwägungsgrund 18 SRM-DV.
[130] Art. 11 BRRD-DV sieht dabei eine zusätzliche Erleichterung für Hypothekenkreditinstitute vor, die durch gedeckte Schuldverschreibungen finanziert werden und die nach nationalem Recht keine Einlagen entgegennehmen dürfen. Sind diese gemäß Art. 45 Abs. 3 BRRD von den MREL-Anforderungen ausgenommen, so wird für die Berechnung deren risikoadjustierten Beitrags lediglich ein Wert von 50 % der Bemessungsgrundlage als Ausgangswert angesetzt. In Erwägungsgrund 20 BRRD-DV wird dies damit begründet, dass diese Institute eine besonders geringe Wahrscheinlichkeit aufweisen, Mittel aus dem Abwicklungsfonds zu erhalten und diese zB nicht über das Bail-in-Instrument abgewickelt würden. In der Praxis dürfte diese Ausnahme insbesondere auf dänische Pfandbriefbanken Anwendung finden.
[131] Vgl. hierzu bereits Art. 103 Abs. 7 Buchst. d BRRD.
[132] In Erwägungsgrund 15 BRRD-DV wird demgegenüber auf die Ansteckungseffekte bei einem Ausfall mehrerer kleiner Institute mit potenziellen Ansteckungseffekten auf den gesamten Finanzsektor verwiesen. Diese Argumentation überzeugt aber nicht vollumfänglich: Vielmehr dürfte auch das hier aufgezeigte Szenario mit weitreichenden Ansteckungseffekten (systemische Krise) im Wesentlichen von einem potenziellen Ausfall großer, systemisch relevanter Institute ausgehen.
[133] Laut Erwägungsgrund 16 BRRD-DV wird die geringe Abwicklungswahrscheinlichkeit kleiner Institute bereits durch das Pauschalbeitragssystem berücksichtigt. Dies ist zwar nicht von der Hand zu weisen. Allerdings erscheinen zB die geringeren systemischen Risiken bei mittelgroßen Instituten im Vergleich zu global vernetzten Großbanken weniger stark berücksichtigt.
[134] Vgl. Erwägungsgrund 21 BRRD-DV.

der entsprechenden aufsichtsrechtlichen Daten – zum Tragen.[135] Die Bestimmung des institutsspezifischen Risikofaktors[136], der auf die Bemessungsgrundlage (Grundbeitrag) Anwendung findet, leitet sich aus einem relativen Vergleich mit dem Risikoprofil der übrigen beitragspflichtigen Institute ab[137] und ist detailliert in Anhang I der BRRD-DV geregelt.[138] Grundlage für die Bestimmung der Risikoadjustierung sind vier verschiedene Risikosäulen[139], denen jeweils thematisch ähnliche Risikoindikatoren zugewiesen sind.[140] Zusätzlich legt Art. 7 Abs. 1 BRRD-DV die Gewichtung der Risikosäulen zueinander sowie Art. 7 Abs. 2 bis 4 BRRD-DV die Gewichtung der einzelnen Risikoindikatoren innerhalb der jeweiligen Säulen fest. Insofern bringt die BRRD-DV die Aufzählung der Einflussfaktoren in Artikel 103 Absatz 7 BRRD, die durch die Risikoadjustierung zwingend abzubilden sind, in eine Struktur und erweitert diese um weitere Komponenten.

Anhand der Gewichtung der jeweiligen Risikoindikatoren wird bei jedem Institut für jede Risikosäule ein gewichtetes arithmetisches Mittel aus den Werten der einzelnen Indikatoren innerhalb einer Risikosäule ermittelt. Über diese vier Werte werden anschließend die Risikosäulen über ein gewichtetes geometrisches Mittel aggregiert.[141] Der daraus resultierende zusammengesetzte Risikoindikator wird dann transformiert und auf eine Bandbreite von 0,8 bis 1,5 skaliert.[142] Jedem Institut wird somit ein individueller Risikofaktor in der Spanne zwischen 0,8 bis 1,5 zugewiesen.[143] Dieser Risikofaktor wird mit dem individuellen Grundbeitrag (Bemessungsgrundlage) multipliziert.[144] Der individuelle Jahresbeitrag eines Instituts ergibt sich dann aus dem Anteil des risikoadjustierten Grundbeitrags an der Summe der risikoadjustierten Grundbeiträge aller Institute für das betreffende Beitragsjahr. Dabei wird der berechnete Anteil abschließend mit der festgelegten jährlichen Zielausstattung multipliziert, die sich wiederum aus der Zielausstattung des Abwicklungsfonds nach Ablauf der Aufbauphase ergibt.[145] Der konkrete Wert des Risikosfaktors lässt somit **keine Aussage**

36

---

[135] Nach Art. 19 Abs. 3 BRRD-DV sollen die Aufsichtsbehörden der Abwicklungsbehörde die für die Berechnung der Bankenabgabe erforderlichen Daten auf Anforderung zur Verfügung stellen, soweit diese vorliegen; ebenso Art. 4 SRM-DV (enger Austausch des Ausschusses mit den Aufsichtsbehörden bei der Beitragsberechnung).

[136] Vgl. ua mit dem Begriff „Risikoanpassungsmultiplikator" in Art. 9 Abs. 3 BRRD-DV. Im Folgenden wird synonym der Begriff „Risikofaktor" verwendet.

[137] Institute, die dem Pauschalbeitragssystem unterliegen, bleiben hierbei im Grundsatz unberücksichtigt, es sei denn, die Abwicklungsbehörde erkennt ein unverhältnismäßig hohes Risiko gemäß Art. 10 Abs. 8 BRRD-DV.

[138] Vgl. Anhang I BRRD-DV.

[139] Art. 6 BRRD-DV definiert vier „Risikofelder". Im Folgenden werden die Begriffe „Risikofelder" und „Risikosäulen" synonym verwendet, was sich aus der deutschen Übersetzung von „risk pillar" ableitet. Die vier Risikosäulen gemäß Art. 6 Abs. 1 BRRD-DV sind a) die Risikoexponierung, b) die Stabilität und Diversifizierung der Finanzquellen, c) die Relevanz eines Instituts für die Stabilität des Finanzsystems oder der Wirtschaft und d) die von der Abwicklungsbehörde zu bestimmenden zusätzlichen Risikoindikatoren.

[140] Vgl. Art. 6 Abs. 1 BRRD-DV. Die Festlegung der Risikosäulen und der Risikoindikatoren innerhalb der einzelnen Risikosäulen konkretisiert die Vorgaben zur Risikoadjustierung nach Art. 103 Abs. 7 BRRD.

[141] Vgl. Anhang I Schritt 5 BRRD-DV.

[142] Vgl. Anhang I Schritt 6 Nr. 1 BRRD-DV.

[143] Vgl. Art. 9 Abs. 3 BRRD-DV.

[144] Vgl. Art. 9 Abs. 2 BRRD-DV.

[145] Vgl. Anhang I Schritt 6 Nr. 2 BRRD-DV. Die Pauschalbeiträge werden hierfür entsprechend abgezogen. Der in jedem Beitragsjahr einzusammelnde Gesamtbetrag an Bankenabgaben für den Abwicklungsfonds ergibt sich demgegenüber aus der Festlegung der Zielausstattung (→ Rn. 12 ff.).

darüber zu, um welchen Faktor der individuelle Jahresbeitrag durch die Risikoadjustierung höher oder geringer ausfällt.[146] Grundlage für die Risikoadjustierung eines betreffenden Instituts ist die in Anhang I der BRRD-DV beschriebene Klassenbildung.[147] Dabei berechnet die Abwicklungsbehörde bei jedem Risikoindikator zuerst eine bestimmte Anzahl von Klassen und ordnet dann jeder Klasse dieselbe Anzahl von Instituten zu. Entscheidend für diese Klassenzuordnung eines betreffenden Instituts ist die Reihenfolge sämtlicher Institute auf Basis ihrer „Rohdaten" für den entsprechenden Risikoindikator (Rangberechnung). Dies wird für jeden Risikoindikator separat vorgenommen. Im Anschluss daran wird auf Basis der Klassenzuweisung jede Risikosäule (bzw. die Risikoindikatoren innerhalb einer Risikosäule) zu einem einzigen Risikofaktor aggregiert.

37 Die beschriebene Vorgehensweise hat zur Folge, dass die Zuweisung eines individuellen Risikofaktors stark von der Verteilung der „Rohwerte" für den betreffenden Risikoindikator unter den beitragspflichtigen Instituten abhängt. Demnach kann in den obersten und untersten Klassen der Wertebereich sehr groß sein, während in den mittleren Risikoklassen selbst geringe Veränderungen bei den „Rohwerten" zu signifikanten Veränderungen bei der Klassenzuordnung und damit bei der Zuweisung des Risikofaktors führen können. Das Verfahren zur Risikoadjustierung bietet daher nur eingeschränkt Anreize und Mechanismen für Institute, ihr Risikoprofil bewusst im Sinne einer Reduzierung der Beitragslast zu verbessern.

38 Analog zur Vorgehensweise für den Grundbeitrag sollen die Risikoindikatoren und damit die Risikoadjustierung auf Ebene des einzelnen Instituts bestimmt werden. Sofern aufsichtsrechtlich jedoch eine Befreiung hiervon besteht und stattdessen eine Ermittlung auf konsolidierter bzw. teilkonsolidierter Ebene vorgenommen wird (sog. *waiver*), soll diese für Zwecke der Risikoadjustierung ebenfalls herangezogen werden.[148]

bb) Risikosäule I: Risikoexponierung

39 Die Bedeutung dieser Risikosäule drückt sich nicht nur darin aus, dass sie in der Auflistung der Einflussfaktoren für die Risikoadjustierung in der BRRD an erster Stelle genannt wird.[149] Vielmehr ist sie mit einem Gewicht von 50 % bei der Risikoadjustierung die mit Abstand wichtigste Risikosäule.[150] Sämtliche Risikoindikatoren innerhalb der

---

[146] Vgl. dazu ua Commission Staff Working Document SWD (2014) 327/2 Part. 2/3, S. 7.
[147] Mit der Klassenbildung sollen insbesondere die Auswirkungen von Ausreißern in der Verteilung der Rohindikatorwerte verringert werden.
[148] Art. 8 Abs. 1 BRRD-DV legt eine entsprechende Ausnahme für die Liquiditätsdeckungsquote nach Art. 6 Abs. 3 Buchst. b BRRD-DV fest. Zusätzlich sieht Art. 8 Abs. 2 BRRD-DV vor, dass auch der Risikoindikator zur Messung der Verlustabsorptionsfähigkeit in Art. 6 Abs. 2 Buchst. a BRRD-DV auf konsolidierter Ebene herangezogen wird, sofern Befreiungen zur Ermittlung der Kapitalausstattung bestehen und auch die Abwicklungsbehörde die MREL-Größe auf konsolidierter Basis ermittelt. Die Auffangklausel in Art. 8 Abs. 3 BRRD-DV stellt sicher, dass auch sämtliche übrigen Befreiungen von der Ermittlung aufsichtsrechtlicher Kennzahlen auf Institutsebene für Zwecke der Bankenabgabe Anwendung finden.
[149] Vgl. Art. 103 Abs. 7 Buchst. a BRRD.
[150] Vgl. zur Gewichtung der einzelnen Risikosäulen Art. 7 Abs. 1 BRRD-DV. Die Gewichtung der einzelnen Risikoindikatoren in den einzelnen Risikosäulen ergibt sich aus Art. 7 Abs. 2 bis 4 BRRD-DV.

Risikosäule I haben ein Gewicht von jeweils 25%.[151] Die Risikosäule I besteht aus vier Risikoindikatoren:[152]

1) vom Institut gehaltene Eigenmittel und berücksichtigungsfähige Verbindlichkeiten, die über die Mindestanforderung an Eigenmitteln und berücksichtigungsfähigen Verbindlichkeiten (MREL)[153] hinausgehen;
2) Verschuldungsquote (*leverage ratio*);
3) harte Kernkapitalquote (*common equity tier 1 ratio*);
4) Gesamtrisikoexponierung, dividiert durch die Summe der Vermögenswerte (*total risk exposure divided by total assets*).

Die Definitionen der einzelnen Risikoindikatoren sind in Art. 3 BRRD-DV bzw. in Anhang II BRRD-DV enthalten und beziehen sich auf die einschlägigen aufsichtsrechtlichen Vorgaben. Solange der Ausschuss und die nationalen Abwicklungsbehörden noch keine individuellen Festlegungen hinsichtlich der zu erfüllenden MREL-Anforderungen für die beitragspflichtigen Institute getroffen haben,[154] wird der erste Risikoindikator nicht angewendet.[155] In diesem Fall steigen im Einklang mit Art. 20 Abs. 1 BRRD-DV die Gewichte der übrigen drei Indikatoren auf jeweils 33,3%. Dem Risikoindikator ist ein negatives Vorzeichen zugewiesen, dh ein hoher Wert sorgt für eine Verbesserung des Risikoprofils (Risikoabschlag).[156]

Während nach Art. 3 Nr. 14 BRRD-DV iVm Art. 92 Abs. 2 CRR für die Ermittlung der 40 harten Kernkapitalquote das harte Kernkapital ins Verhältnis zum Gesamtforderungsbetrag im Sinne von Art. 92 Abs. 3 CRR gesetzt wird (dh die Summe der relevanten risikogewichteten Aktiva), ergibt sich die Verschuldungsquote nach Art. 3 Nr. 18 BRRD-DV iVm Art. 429 Abs. 2 und 3 CRR[157] als Quotient des Kernkapitals und der Gesamtrisikopositionsmessgröße (dh der angepassten Summe der Verbindlichkeiten). Beiden Risikoindikatoren ist ein negatives Vorzeichen zugewiesen, dh ein hoher Quotient führt zu einem geringeren Risikofaktor für das betreffende Institut.[158] Beide Kennzahlen messen die Eigenkapitalausstattung, wobei die Verschuldungsquote diese ins Verhältnis zur adjustierten Bilanzsumme setzt und nicht zur Summe der risikogewichteten Aktiva. Für Zwecke der Risikoadjustierung wird unterstellt, dass eine größere Eigenmittelausstattung für eine stärkere Verlustabsorptionsfähigkeit des betreffenden Instituts sorgt und damit die Wahrscheinlichkeit eines Abwicklungsfalls bei höherer Eigenmittelausstattung sinkt.

Der Risikogehalt der Aktiva findet seinen Ausdruck im Risikoindikator „Gesamtrisi- 41 koexponierung": Die Gesamtrisikoexponierung ist der Quotient des Gesamtforderungsbetrags im Sinne von Art. 92 Abs. 3 CRR (dh die Summe der risikogewichteten Aktiva) und der Summe der Vermögenswerte. Je größer die risikogewichteten Aktiva im Verhältnis zur Summe der Vermögenswerte ausfallen, desto größer ist der Risikogehalt der durch das

---

[151] Vgl. Art. 7 Abs. 2 BRRD-DV.
[152] Vgl. Art. 6 Abs. 2 BRRD-DV.
[153] Vgl. Art. 3 Nr. 15 BRRD-DV sowie Art. 12 SRM-Verordnung.
[154] Vgl. Art. 12 sowie Art. 7 Abs. 3 Buchst. d SRM-Verordnung.
[155] Vgl. dazu ua auch § 4 Abs. 1 RStruktFV.
[156] Vgl. Anhang I BRRD-DV (Schritt 4).
[157] Dabei ist zu beachten, dass die Bestimmungen in Art. 429 CRR zur Verschuldungsquote seit 17.1.2015 durch die Delegierte Verordnung (EU) 2015/62 der Kommission geändert wurden.
[158] Vgl. zur Zuweisung der Vorzeichen für die einzelnen Risikoindikatoren Anhang I Schritt 4 BRRD-DV.

Institut betriebenen Geschäfte und damit dessen Ausfallwahrscheinlichkeit. Aus diesem Grund wird diesem Risikoindikator ein negatives Vorzeichen zugewiesen.[159]

cc) Risikosäule II: Stabilität und Diversifikation der Finanzierungsquellen

42 Die Risikosäule II greift ebenfalls die sekundärrechtlichen Anforderungen zur Risikoadjustierung unmittelbar auf[160] und konkretisiert diese über zwei Risikoindikatoren zur Messung der Stabilität und der Diversifikation bei der Refinanzierung der Institute. Beide Indikatoren weisen ein Gewicht von jeweils 50 % innerhalb von Risikosäule II auf.[161] Die Risikosäule II hat ein Gesamtgewicht von 20 %[162] und besteht aus den beiden folgenden Indikatoren:[163]
1) Strukturelle Liquiditätsquote (*net stable funding ratio*)
2) Liquiditätsdeckungsquote (*liquidity coverage ratio*)

Die strukturelle Liquiditätsquote ist definiert als das Verhältnis zwischen dem über „stabile" Refinanzierungsquellen vefügbaren und dem für eine stabile Refinanzierung erforderlichen Betrag. Der Betrachtungshorizont für diesen Risikoindikator umfasst einen Zeitraum von einem Jahr. Hierdurch soll eine mittel- und langfristige Refinanzierung der Institute gefördert werden. Die Liquiditätsdeckungsquote misst demgegenüber die kurzfristige Liquiditätsdeckung mit einem Zeitraum von 30 Tagen. Die Europäische Kommission hat zu den Berechnungsdetails im Oktober 2014 die Delegierte Verordnung 2015/61 erlassen, die ab dem 1.10.2015 gilt.[164] Somit dürfte die Liquiditätsdeckungsquote in der durch die BRRD-DV vorgegebenen Form erstmals in die Berechnung der Bankenabgabe für das Beitragsjahr 2017 einfließen. Da hohe Werte für beide Indikatoren auf eine stabile und diversifizierte Refinanzierung hindeuten und somit die Abwicklungswahrscheinlichkeit tendenziell senken, wird beiden Indikatoren ein negatives Vorzeichen zugewiesen.[165]

dd) Risikosäule III: Relevanz eines Instituts für die Stabilität des Finanzsystems oder der Wirtschaft

43 Die Risikosäule III besteht aus einem einzigen Risikoindikator: dem Anteil der Interbankdarlehen und -einlagen des betreffenden Instituts am Gesamtbestand der Interbankdarlehen und -einlagen sämtlicher Institute in der EU.[166] Hierdurch soll der Grad der Vernetzung und damit das potenzielle Ansteckungsrisiko bei einem Ausfall des jeweiligen Instituts gemessen werden. Anders als die Risikoindikatoren in den Risikosäulen I und II musste hier mangels aufsichtsrechtlich vordefinierter Kennzahlen eine eigene Abgrenzung in die BRRD-DV eingeführt werden. Anhang I der BRRD-DV enthält daher für die Meldung der Interbankdarlehen und -einlagen durch die Institute eine eigene Definition auf Basis der europäisch harmonisierten Meldeformate, die die Institute – neben den übrigen Datenanforderungen zur Berechnung der europäischen Bankenabgabe – an die Abwick-

---

[159] Vgl. Anhang I Schritt 4 BRRD-DV.
[160] Vgl. Art. 103 Abs. 7 Buchst. b BRRD.
[161] Vgl. Art. 7 Abs. 3 BRRD-DV,
[162] Vgl. Art. 7 Abs. 1 Buchst. b BRRD-DV.
[163] Vgl. Art. 6 Abs. 3 BRRD-DV.
[164] Vgl. Delegierte Verordnung (EU) 2015/61 der Kommission vom 21.10.2014 zur Ergänzung der Verordnung (EU) Nr. 575/2013 des Europäischen Parlaments und des Rates in Bezug auf die Liquiditätsdeckungsanforderung an Kreditinstitute.
[165] Vgl. Anhang I Schritt 4 BRRD-DV.
[166] Vgl. Art. 6 Abs. 4 BRRD-DV.

lungsbehörden melden müssen.¹⁶⁷ Zugleich sind die Abwicklungsbehörden verpflichtet, bis zum 15.2. eines Jahres die Summe der durch die Institute gemeldeten Interbankdarlehen und -einlagen an die EBA zu melden.¹⁶⁸ Die EBA aggregiert die Meldedaten und veröffentlicht den Gesamtbestand der Interbankdarlehen und -einlagen bis zum 1.3. eines Jahres,¹⁶⁹ so dass diesen die Abwicklungsbehörden im Nenner des obengenannten Quotienten für die Bestimmung des individuellen Risikoindikators bei jedem Institut verwenden können.

ee) Risikosäule IV: Zusätzliche, von der Abwicklungsbehörde festzulegende Risikoindikatoren

Um den Abwicklungsbehörden ausreichend Flexibilität bei der Umsetzung der Risiko- **44** adjustierung zu geben, enthält die BRRD-DV für die Risikosäule IV lediglich Leitplanken, innerhalb derer die Abwicklungsbehörden zusätzliche Risikoindikatoren bestimmen sollen. Die Risikosäule IV hat ein Gesamtgewicht von 20%.¹⁷⁰ Während innerhalb der vierten Risikosäule die beiden erstgenannten Indikatoren jeweils auf ein Gewicht von 45% kommen, wird dem Indikator zur Messung einer vorausgegangenen außerordentlichen öffentlichen Unterstützung ein Gewicht von 10% zugewiesen.¹⁷¹ Die Risikosäule IV besteht aus den drei folgenden Risikoindikatoren:¹⁷²

1) Handelstätigkeiten (*trading activities*), außerbilanzielle Risiken (*off-balance sheet exposure*), Derivate (*derivatives*), Komplexität und Abwicklungsfähigkeit (*complexity and resolvability*);
2) Mitgliedschaft in einem institutsbezogenen Sicherungssystem;
3) Umfang einer vorausgegangenen außerordentlichen finanziellen Unterstützung aus öffentlichen Mitteln.

Bei der Definition der Risikoindikatoren für den erstgenannten Bereich der Risikosäule IV hat die Abwicklungsbehörde folgende Aspekte risikoerhöhend bei der Definition der Risikoindikatoren zu berücksichtigen:¹⁷³

a. Bedeutung von Handelstätigkeiten mit Blick auf Bilanzhöhe, Eigenmittelanteil, Risikograd der Exponierungen und das Geschäftsmodell insgesamt;
b. Bedeutung außerbilanzieller Risiken mit Blick auf Bilanzhöhe, Eigenmittelanteil und Risikograd der Exponierungen;
c. Bedeutung des Betrags von Derivaten mit Blick auf Bilanzhöhe, Eigenmittelanteil, Risikograd der Exponierungen und das Geschäftsmodell insgesamt;
d. Umfang, in dem Geschäftsmodell und Organisationsstruktur eines Instituts im Einklang mit Titel II Kapitel II der BRRD als komplex anzusehen sind.

---

¹⁶⁷ Trotz der europäischen Vorgaben können hierbei Unterschiede in den jeweiligen nationalen Anforderungen die Vergleichbarkeit der Meldedaten zu Interbankendarlehen und -einlagen beeinträchtigen. In diesem Fall wäre keine Anwendung dieses Risikoindikators möglich.
¹⁶⁸ Vgl. Art. 16 Abs. 1 BRRD-DV. Für die Klassenbildung ist diese Aggregation nicht zwingend erforderlich, da sich hierdurch keine Auswirkungen auf die relative Rangfolge für diesen Indikator ergeben. Die Rangfolge wird ausschließlich durch den Umfang der Interbankdarlehen und -einlagen im Zähler des Quotienten bestimmt. Die Division mit dem durch die EBA aggregierten Wert ändert die Rangfolge nicht. Es ist daher davon auszugehen, dass dies bei einer möglichen Überarbeitung der BRRD-DV korrigiert wird.
¹⁶⁹ Vgl. Art. 16 Abs. 2. BRRD-DV.
¹⁷⁰ Vgl. Art. 7 Abs. 1 BRRD-DV.
¹⁷¹ Vgl. Art. 7 Abs. 4 BRRD-DV.
¹⁷² Vgl. Art. 6 Abs. 5 BRRD-DV.
¹⁷³ Vgl. Art. 6 Abs. 6 Buchst. a BRRD-DV.

Zusätzlich hat die Abwicklungsbehörde folgende Aspekte risikomindernd bei der Definition der Risikoindikatoren zu berücksichtigen:[174]
a. relativer Betrag von Derivaten, die über eine zentrale Gegenpartei (CCP) abgerechnet werden;
b. Umfang, in dem ein Institut im Einklang mit Titel II Kapitel II der BRRD sofort und ohne rechtliche Hindernisse abgewickelt werden kann.

Nach dem Wortlaut der BRRD-DV sind die Handelsaktivitäten jeweils in das Verhältnis zur Bilanzsumme, zur Gesamtrisikoexponierung und zur Eigenkapitalausstattung sowie zum jeweiligen Geschäftsmodell zu setzen. Bei der Definition der Handelsaktivitäten kann zB an die Rechnungslegungsvorgaben zur Abgrenzung des Handelsbestands angeknüpft werden. In diesem Fall könnten für alle drei Teilindikatoren Quotienten aus der Summe des aktivischen und passivischen Handelsbestands im Verhältnis zur Bilanzsumme, zu den Eigenmitteln und zur Gesamtrisikoexponierung gebildet werden.[175] Alternativ könnte zur Messung der Handelsaktivitäten auf die dem Handelsbestand zugewiesenen risikogewichteten Aktiva zurückgegriffen werden. Hinsichtlich der Berücksichtigung des Geschäftsmodells kann sich die Abwicklungsbehörde ggf. auf die Bewertungen der jeweiligen zuständigen Behörde stützen.[176] Risikomindernd ist darüber hinaus der Anteil an über CCP abgewickelten Derivaten zu berücksichtigen (Annahme eines geringeren systemischen Risikos bei Abwicklung über CCPs) sowie die qualitative Einstufung der Abwicklungsbehörde hinsichtlich der Abwicklungsfähigkeit des betreffenden Instituts. Zur Messung des Umfangs außerbilanzieller Aktivitäten eignen sich ua die Vorgaben zur Bestimmung der Verschuldungsquote, die eine entsprechende Anpassung der Bilanzsumme um außerbilanzielle Posten vorsehen. Zur Bestimmung des Umfangs der Derivateposition kommt entweder die Höhe des Nominalvolumens der Derivate in Frage, die Institute halten,[177] oder die bereits für die Ermittlung des jährlichen Grundbeitrags verwendete Größe nach den Vorgaben der Verschuldungsquote.[178] Darüber hinaus ist zu beachten, dass insbesondere die Abwicklungsfähigkeit im Rahmen der Erstellung und der Aktualisierung der Abwicklungspläne von der Abwicklungsbehörde selbst festgestellt wird.[179] Stehen zB im ersten Jahr der Gültigkeit aller relevanten Bestimmungen der SRM-Verordnung[180] noch keine Abwicklungspläne oder entsprechende Feststellungen der Abwicklungsfähigkeit für alle Institute der Bankenunion zur Verfügung, ist davon auszugehen, dass dieser risikomindernde Tatbestand in diesem Fall keine Berücksichtigung im ersten Teilbereich der Risikosäule IV finden wird.

---

[174] Vgl. Art. 6 Abs. 6 Buchst. b BRRD-DV.

[175] In dieser Form wurden die zusätzlichen Risikoindikatoren nach Risikosäule IV für das Beitragsjahr 2015 konkretisiert. Vgl. hierzu § 5 Abs. 2 RStruktFV.

[176] Vgl. Art. 6 Abs. 9 BRRD-DV. In diesem Zusammenhang könnten die Leitlinien der EBA vom 19.12.2014 zum aufsichtlichen Überprüfungs- und Bewertungsprozess (SREP) relevant sein, da diese auch detaillierte Bestimmungen für die Aufsichtsbehörden zur Analyse des Geschäftsmodells eines Instituts beinhalten. Ein solcher Rückgriff auf die aufsichtlichen Bewertungen hätte für die Berücksichtigung des Geschäftsmodells in der Risikosäule IV den Vorteil einer einheitlichen Methodologie unabhängig davon, ob ein Institut unter nationaler oder unter direkter EZB-Aufsicht steht.

[177] Für das Beitragsjahr 2015 wurde diese Größe zur Messung der Derivateposition der Institute herangezogen, da der Erhebungs- und Meldeaufwand für die Institute vergleichsweise gering ist. Vgl. hierzu § 5 Abs. 4 RStruktFV.

[178] Vgl. Art. 5 Abs. 3 BRRD-DV. Da die Institute diese ohnehin ermitteln müssen, entsteht kein zusätzlicher Erhebungs- und Meldeaufwand.

[179] Vgl. Art. 10 sowie Art. 7 Abs. 3 Buchst. a und Erwägungsgrund 49 SRM-Verordnung.

[180] Gemäß Art. 99 SRM-Verordnung gelten die maßgeblichen Bestimmungen sowie Befugnisse des Ausschusses erst ab dem 1.1.2016.

I. Bankenabgabe

Zudem soll die Mitgliedschaft in einem Institutssicherungssystem (*institutional protection scheme*) risikomindernd berücksichtigt werden. Der nach der BRRD-DV vorgesehene Risikoabschlag kann aber nur unter bestimmten wirtschaftlichen und rechtlichen Voraussetzungen vorgenommen werden.[181] In wirtschaftlicher Hinsicht muss die finanzielle Ausstattung des Institutssicherungssystems umfangreich genug sein, um mit hinreichender Glaubwürdigkeit und ohne zeitliche Verzögerung dem betreffenden Institut Mittel zur Rekapitalisierung bzw. zur Liquiditätssicherung zur Verfügung stellen zu können.[182] In rechtlicher Hinsicht muss hinreichende Vertrags- und Rechtssicherheit dahingehend bestehen (zB durch eine entsprechende Ausgestaltung der Satzung), dass die verfügbaren Mittel des Institutssicherungssystems in vollem Umfang vor der Beantragung etwaiger außerordentlicher Stützungsmaßnahmen der öffentlichen Hand verwendet werden müssen.[183] Ob diese Voraussetzungen erfüllt sind, dürfte für die Abwicklungsbehörde nur auf Basis einer individuellen Analyse für jedes beitragspflichtige Institut, das Mitglied in einem Institutssicherungssystem ist, möglich sein. Die Beurteilung der Abwicklungsbehörde sollte sich, soweit vorliegend, auf die Beurteilung der zuständigen Aufsichtsbehörden stützen.[184] Bei einer Anerkennung der Nullgewichtung unter den Voraussetzungen des Artikel 113 Absatz 7 CRR durch die Aufsichtsbehörden dürfte im Regelfall davon auszugehen sein, dass auch die in der BRRD-DV festgelegten Voraussetzungen für einen Risikoabschlag aufgrund der Mitgliedschaft in einem Institutssicherungssystem erfüllt sind. Neben den oben genannten rechtlichen und wirtschaftlichen Kriterien hat die Abwicklungsbehörde bei der Festlegung des Risikoabschlags auch die Einstufung des Instituts bei den Teilindikatoren zu „Handelstätigkeiten, außerbilanzielle Risiken, Derivate, Komplexität und Abwicklungsfähigkeit" zu berücksichtigen.[185] Institute, die hier einer überdurchschnittlich hohen Risikoklasse zugeordnet sind, können daher nicht mit dem maximalen, sondern mit einem verminderten Risikoabschlag rechnen. Kleine Institute mit geringfügigen Handelsaktivitäten und Derivatepositionen dürften daher tendenziell eher von einem maximalen Risikoabschlag profitieren als große Institute mit relativ umfassenden Handelsaktivitäten und komplexem Geschäftsmodell.

Der letzte Risikoindikator unter Risikosäule IV umfasst die Inanspruchnahme außerordentlicher finanzieller Unterstützung aus öffentlichen Mitteln, zB Rekapitalisierungs- und Liquiditätsunterstützungsmaßnahmen aus einem Abwicklungsfinanzierungsmechanismus. Bei Instituten, die sich aufgrund der gewährten außerordentlichen Unterstützung noch in der Reorganisation befinden, sind die Voraussetzungen erfüllt, sofern es sich nicht um die letzten beiden Jahre des Reorganisationsplans handelt.[186] Soweit sich das Institut in Liquidation befindet (und weiterhin in den Anwendungsbereich der BRRD-DV fällt), gelten die Voraussetzungen bis zum Ende der Laufzeit des Liquidationsplans ebenfalls als erfüllt.[187] In beiden Fällen wird der maximale Risikozuschlag gewährt. Für alle übrigen Institute, auf die keine der oben genannten Konstellationen anwendbar ist, findet der minimale Wert nach Anhang I Schritt 3 der BRRD-DV Anwendung. Für die Anwendung dieses Risikoindikators und die Beurteilung der Angaben der Institute dürften die Abwicklungsbehörden vor allem die veröffentlichten Beihilfeentscheidungen der Kommission heranziehen.

---

[181] Vgl. Art. 7 Abs. 7 BRRD-DV.
[182] Vgl. Art. 7 Abs. 7 Buchst. a BRRD-DV.
[183] Vgl. Art. 7 Abs. 7 Buchst. b BRRD-DV.
[184] Vgl. Art. 6 Abs. 9 BRRD-DV.
[185] Vgl. Art. 7 Abs. 4 letzter Satz BRRD-DV.
[186] Vgl. Art. 6 Abs. 8 Buchst. a BRRD-DV.
[187] Vgl. Art. 6 Abs. 8 Buchst. b BRRD-DV.

e) Berücksichtigung der Konjunkturphase und etwaiger Auswirkungen prozyklischer Beiträge

47 Während der Aufbauphase sollen die jährlichen Beiträge an den SRF zeitlich möglichst gleichmäßig gestaffelt werden (→ Rn. 13). Allerdings ist vorgesehen, dass bei der Berechnung der individuellen Jahresbeiträge die Konjunkturphase und etwaige Auswirkungen prozyklischer Beiträge auf die Finanzlage der beitragenden Institute berücksichtigt werden sollen.[188] Für den einheitlichen Abwicklungsmechanismus hat die Kommission hierzu eine Delegierte Verordnung erlassen, die konkrete Vorgaben und Indikatoren für die Analyse der Konjunkturphase und der Auswirkungen prozyklischer Beiträge enthält und die Voraussetzungen für eine mögliche Anpassung der Beiträge durch den Ausschuss definiert.[189]

48 Zur Analyse der Konjunkturphase greift der Ausschuss auf unterschiedliche makroökonomische Indikatoren zurück.[190] Demzufolge berücksichtigt der Ausschuss ua die BIP-Wachstumsprognose der Kommission sowie die BIP-Wachstumsrate auf Basis der gesamtwirtschaftlichen Projektionen der EZB für das Euro-Währungsgebiet. Für die Einschätzung der Auswirkungen prozyklischer Jahresbeiträge auf die Finanzlage der beitragspflichtigen Institute zieht der Ausschuss ua die Kreditvergabe an den Privatsektor heran sowie Indikatoren für die Rentabilität, wie zB die Eigenkapitalrendite, und das Verhältnis des Zinsüberschusses zum Gesamtbetriebsergebnis. Zudem ist für die Ermittlung der Finanzlage der Institute neben weiteren Indikatoren auch ein zusammengesetzter Indikator des ESRB für systemischen Stress sowie Indikatoren für die Solvenz großer Bankengruppen (zB Verhältnis des Kernkapitals zur Summe der Vermögenswerte) vorgesehen.[191] Dabei ist zu beachten, dass die Indikatoren lediglich auf Ebene der Bankenunion zu berücksichtigen sind und nicht separat für einzelne Mitgliedstaaten.[192] Folglich sind auch mögliche Anpassungen der Beiträge auf alle Institute der Bankenunion in gleichem Maße anzuwenden (→ Rn. 14).[193]

49 Anpassungen der Beiträge sind durch die Vorgabe beschränkt, wonach die Summe der jährlichen Beiträge 12,5 % der Zielausstattung nicht übersteigen darf.[194] Bei einer möglichen Verringerung der Beiträge aufgrund der Konjunkturphase oder negativer Auswirkungen durch prozyklische Effekte ist es theoretisch nicht möglich, die Zielausstattung bis Ende der Aufbauphase zu erreichen, wenn diese zuvor auf genau 1 % der gedeckten Einlagen festgelegt wurde. Grund hierfür ist die Obergrenze für das Gesamtvolumen der Jahresbeiträge in Höhe von 12,5 % der Zielausstattung, die gleichzeitig jedoch mindestens erforderlich ist, um die Zielausstattung zu 100 % binnen acht Jahren zu erreichen. Werden während der Aufbauphase geringere Jahresbeiträge eingesammelt (zB durch Anpassungen der Beiträge an die Konjunkturphase), kann die ursprünglich avisierte Zielausstattung entweder durch

---

[188] Vgl. Art. 103 Abs. 2 BRRD; Art. 69 Abs. 2 und 3 SRM-Verordnung.
[189] Vgl. Art. 3 Beschluss C(2015) 9016 final der Kommission für eine Delegierte Verordnung (EU) der Kommission vom 17.12.2015 zur Ergänzung der Verordnung (EU) Nr. 806/2014 des Europäischen Parlaments und des Rates hinsichtlich der Kriterien für die Berechnung der im Voraus erhobenen Beiträge sowie der Umstände und Bedingungen, unter denen die Zahlung außerordentlicher nachträglich erhobener Beiträge teilweise oder ganz aufgeschoben werden kann. Die Delegierte Verordnung wurde auf Basis der Ermächtigungsgrundlage in Art. 69 Abs. 5 SRM-Verordnung erlassen.
[190] Vgl. Art. 3 Abs. 1 Buchst. a iVm Annex I Beschluss C(2015) 9016 final der Kommission.
[191] Vgl. Art. 3 Abs. 1 Buchst. b iVm Annex I Beschluss C(2015) 9016 final der Kommission.
[192] Vgl. Art. 3 Abs. 2 Beschluss C(2015) 9016 final der Kommission.
[193] Vgl. Art. 3 Abs. 3 sowie Erwägungsgrund 9 Beschluss C(2015) 9016 final der Kommission.
[194] Vgl. Art. 70 Abs. 2 SRM-Verordnung.

eine Verletzung der Obergrenze für Jahresbeiträge in den Folgejahren[195] oder durch die Festlegung einer wesentlich höheren Zielausstattung oberhalb von 1% der gedeckten Einlagen erreicht werden (→ Rn. 13).[196] Um den Zeitplan für den Aufbau des einheitlichen Abwicklungsfonds auch im Falle etwaiger Anpassungen der Beiträge sicherzustellen, muss der Ausschuss auf der Grundlage konservativer Schätzungen bestätigen, dass die Zielausstattung bis zum Ende der Aufbauphase erreicht werden kann.[197] Vor diesem Hintergrund ist allerdings offen, ob in der Praxis tatsächlich eine Anpassung der Beiträge an die Konjunkturphase oder zur Berücksichtigung etwaiger Auswirkungen prozyklischer Beiträge möglich sein wird.

6. Spezifische Vorgaben für die Bankenabgabe an den einheitlichen Abwicklungsfonds

Die praktischen Modalitäten zur Berechnung der Bankenabgabe durch den Ausschuss 50 sind in der SRM-DV spezifiziert.[198] Der Anwendungsbereich der SRM-DV erstreckt sich dabei auf alle Institute, die beitragspflichtig für den einheitlichen Abwicklungsfonds sind (→ Rn. 7ff.).[199] Demnach berechnet der Ausschuss in enger Zusammenarbeit mit den nationalen zuständigen Behörden die individuellen Jahresbeiträge für den SRF in Einklang mit den Berechnungsvorgaben aus der BRRD-DV.[200] Darüber hinaus regelt die SRM-DV ua die Anrechnung der für das Beitragsjahr 2015 erhobenen BRRD-Beiträge und deren Übertragung an den SRF bis zum 31.1.2016[201], die Berücksichtigung mittelgroßer Institute für das Pauschalbeitragssystem[202] (→ Rn. 31ff.) sowie einheitliche Bestimmungen zur Nutzung unwiderruflicher Zahlungsverpflichtungen[203].

a) Anpassungen der Beitragsbemessung beim Übergang von BRRD zur SRM-Verordnung (*phase-in*)

Der gemeinsame Abwicklungsfonds besteht anfangs aus nationalen Kammern, deren 51 schrittweise Vergemeinschaftung über einen Zeitraum von acht Jahren vorgesehen ist (→ Rn. 4).[204] Dadurch werden Risiken, die innerhalb eines nationalen Bankensektors miteinander verknüpft sind, zu Beginn der Aufbauphase hauptsächlich von den nicht vergemeinschafteten Beiträgen gedeckt. Daraus kann ein Zusammenhang zwischen der

---

[195] In Erwägungsgrund 8 ihres Beschlusses C(2015) 9016 für eine Delegierte Verordnung stellt die Kommission klar, dass auf jede Verringerung der Beiträge auch eine Erhöhung folgen muss, damit die Zielausstattung bis Ende der Aufbauphase erreicht werden kann.
[196] Vgl. EBA/Op/2015/11 vom 10.6.2015, S. 3f. Die EBA hat zur Erstellung der entsprechenden delegierten Verordnung technische Unterstützung an die Kommission geleistet und den Aufbau eines Puffers vorgeschlagen, der für mögliche Anpassungen der Beiträge verwendet werden könnte, ohne die Erreichung der Zielausstattung zu gefährden. Allerdings würde dies die Jahresbeitragsobergrenze von 12,5% verletzen.
[197] Vgl. Art. 4 Abs. 4 Beschluss C(2015) 9016 final der Kommission.
[198] Vgl. Art. 70 Abs. 7 SRM-Verordnung iVm Art. 1 SRM-DV.
[199] Vgl. Art. 2 SRM-DV.
[200] Vgl. Art. 4 SRM-DV.
[201] Vgl. Art. 8 Abs. 2 SRM-DV iVm Art. 3 Abs. 3 IGA.
[202] Vgl. Art. 20 Abs. 5 BRRD-DV iVm Art 8 Abs. 5 SRM-DV.
[203] Vgl. Art. 7 iVm mit Art. 8 Abs. 3 SRM-DV.
[204] Vgl. Art. 4 und 5 IGA.

nationalen Kammer und der relativen Bedeutung von Instituten für die Stabilität des Finanzsystems hergestellt werden.[205] In Anlehnung an die schrittweise Vergemeinschaftung der Mittel in den nationalen Kammern des einheitlichen Abwicklungsfonds ist für die Berechnung der Beiträge ein Anpassungsmechanismus (*phase-in*) vorgesehen, der ua eine Glättung in den Veränderungen der Beitragsbelastungen bewirken soll.[206] Denn im Vergleich zu der rein nationalen Berechnung der Bankenabgabe im Jahr 2015 nach der BRRD kann die Einführung einer europäischen Berechnung mit einer gemeinsamen europäischen Zielausstattung nach der SRM-Verordnung[207] zu einer signifikanten Änderung der Beitragsbelastung einzelner Bankensektoren führen. Treiber für solche Unterschiede können insbesondere die Höhe der gedeckten Einlagen im nationalen Bankensektor sein, die die jeweilige nationale Zielausstattung definieren.[208] Demzufolge soll ein jährlich ansteigender Teil der individuellen Beiträge nach den Kriterien der SRM-Verordnung[209] und ein jährlich abnehmender Teil der individuellen Beiträge nach den Kriterien der BRRD[210] berechnet werden.[211] Konkret bedeutet dies zB für die Beitragsberechnung in 2016, dem ersten Jahr der Aufbauphase, dass die Institute 40 % ihres Beitrages auf Basis der Berechnung gemäß SRM-Verordnung mit einer gemeinsamen Zielausstattung für den SRF zahlen und 60 % gemäß nationaler Berechnung nach BRRD[212] auf Grundlage einer national berechneten Zielausstattung[213]. In Anlehnung an die Vergemeinschaftung der Nutzung der nationalen Kammern im SRF[214] erhöht sich der Anteil der nach SRM-Verordnung berechneten Beiträge in 2017, dem zweiten Jahr der Aufbauphase, auf 60 % und in den Folgejahren um jeweils zusätzlich 6,67 % pro Jahr. Dies hat zur Folge, dass im Jahr 2023, dem achten und damit letzten Jahr der Aufbauphase und der Vergemeinschaftung der verfügbaren Mittel

---

[205] So auch Erwägungsgrund 14 SRM-DV. Allerdings könnte dem generell auch entgegnet werden, dass gerade die nationale Berechnung von Beiträgen Verzerrungen innerhalb der Bankenunion verursacht. Demzufolge hängt, wie zB bei den 2015 erhobenen nationalen BRRD-Beiträgen, die Höhe der rein national berechneten Beiträge eines Instituts ua davon ab, in welchem Mitgliedsland es zugelassen ist und wie hoch zB die jährliche Zielausstattung in diesem Mitgliedstaat ist.
[206] Vgl. Art. 8 Abs. 1 und 4 SRM-DV.
[207] Gemäß Art. 69 Abs. 1 SRM-Verordnung beträgt die gemeinsame Zielausstattung des SRF mind. 1 % der gedeckten Einlagen aller in der Bankenunion zugelassenen Institute.
[208] Weicht demnach dieser Betrag vom Durchschnitt der gedeckten Einlagen in der Eurozone ab, kann dies die Beitragsbelastung eines nationalen Bankensektors ab dem ersten Jahr der SRF-Aufbauphase signifikant verändern. Zudem können sich für einzelne Institute Unterschiede in der Beitragshöhe auch in Abhängigkeit davon ergeben, ob deren Risiken entweder nur im Vergleich mit den jeweiligen Banken in demselben Mitgliedsland oder im Vergleich mit allen Banken der Bankenunion gemessen werden.
[209] Dies gilt insbesondere hinsichtlich einer gemeinsamen Zielausstattung von mindestens 1 % der gedeckten Einlagen sowie der relativen Risikoadjustierung in Bezug auf alle Institute der Bankenunion.
[210] Dabei soll dieser Anteil der Beiträge auf Grundlage einer Zielausstattung von mind. 1 % der gedeckten Einlagen aller im jeweiligen Mitgliedsland zugelassenen Institute berechnet werden. Für die Bestimmung der jährlichen Zielausstattung dieses Anteils dieser Beiträge ist gemäß Art. 8 Abs. 4 SRM-DV die Aufbauphase von 8 Jahren anzusetzen, die für den SRF vorgesehen ist.
[211] Dabei legt der Ausschuss sowohl für die SRF-Zielausstattung als auch für die jeweiligen nationalen Zielausstattungen denselben Prozentsatz fest.
[212] Vgl. Art. 8 Abs. 1 Buchst a iVm Art. 4 SRM-DV und Art. 103 BRRD.
[213] Gemäß Art. 102 Abs. 1 BRRD wird die nationale Zielausstattung auf Grundlage der Summe der gedeckten Einlagen der in dem jeweiligen Mitgliedstaat zugelassenen Institute bestimmt.
[214] Vgl. Art. 5 Abs. Buchst. b IGA.

I. Bankenabgabe

im SRF, alle Institute 100 % ihrer Beiträge gemäß den Vorgaben der SRM-Verordnung auf Grundlage einer gemeinsamen Zielausstattung zahlen.[215]

b) Anrechnung der nationalen BRRD-Bankenabgabe und Erweiterung des Pauschalbeitragssystems für kleine Institute

Gemäß Artikel 3 Absatz 3 des IGA waren die Beiträge, die 2015 gemäß BRRD auf nationaler Ebene berechnet und erhoben wurden, bis 31.1.2016 an die jeweilige nationale Kammer des SRF zu übertragen.[216] Diese übertragenen Beiträge rechnet der Ausschuss jedem Institut individuell bei der jährlichen Berechnung der Beiträge für den SRF während der Aufbauphase an.[217] Da der Ausschuss verpflichtet ist, die Beiträge während der Aufbauphase zeitlich so gleichmäßig wie möglich zu staffeln,[218] zieht er jedem Institut pro Beitragsjahr ein Achtel seines im Jahr 2015 geleisteten und an den SRF übertragenen BRRD-Beitrags von dem fälligen Jahresbeitrag während der Aufbauphase des einheitlichen Abwicklungsfonds ab.[219] Vor dem Hintergrund des zuvor beschriebenen Anpassungsmechanismus an die nationalen Zielausstattungen ist hierbei zu beachten, dass die im Jahr 2015 zu 100 % gemäß BRRD erhobenen und an den SRF überwiesenen Beiträge nicht der Zielausstattung (→ Rn. 12 ff.) des SRF zugerechnet werden. Insofern macht es für die gesamten Beiträge eines Instituts an den SRF keinen signifikanten Unterschied, ob es 2015 einen geringen Beitrag leisten musste oder nicht, da nur dieser Betrag von den zwischen 2016 und 2023 zu berechnenden Beiträgen individuell abgezogen werden kann.[220]

52

Die BRRD-DV enthält eine Übergangsbestimmung, der zufolge Mitgliedstaaten ein Wahlrecht während der 8-jährigen SRF-Aufbauphase eingeräumt wird, auch kleinen Instituten mit einer Bilanzsumme von bis zu 3 Mrd. € für die ersten 300 Mio. € Gesamtverbindlichkeiten abzüglich Eigenmittel und gedeckte Einlagen einen Pauschalbeitrag in Höhe von 50.000 € zu gewähren (→ Rn. 33). Für den darüber hinausgehenden Betrag an Gesamtverbindlichkeiten minus Eigenmittel und gedeckte Einlagen würden diese Institute den regulären risikoadjustierten Grundbeitrag gemäß der Berechnungsmethode der BRRD-DV zahlen. Mit der SRM-DV ist diese Regelung für die Berechnung der Beiträge in der Bankenunion während der Aufbauphase anwendbar.[221]

53

---

[215] Damit sinkt analog der jeweilige Anteil der Beiträge pro Jahr, die nach BRRD-Vorgaben auf nationaler Grundlage berechnet werden, und entfällt daher im achten Beitragsjahr gemäß Art. 8 Abs. 1 Buchst. h SRM-DV.

[216] Vgl. Art. 3 Abs. 3 IGA; hierzu auch § 11a RStruktFG. Wurden allerdings die in 2015 gemäß BRRD erhobenen ex-ante und ex-post Beiträge noch 2015 für Abwicklungsmaßnahmen verwendet, so konnte dieser Betrag Art. 3 Abs. 4 IGA von dem bis 31.1.2016 an den SRF zu überweisenden Betrag abgezogen werden.

[217] Vgl. Art. 8 Abs. 2 SRM-DV.

[218] Vgl. Art. 69 Abs. 2 SRM-Verordnung iVm SRB, Explanatory note, 2016.

[219] Wurden die Beiträge jedoch für Abwicklungsmaßnahmen im Jahr 2015 verwendet und daher im Einklang mit Art. 3 Abs. 4 IGA nicht an den SRF überwiesen, erfolgt für die Institute des Landes keine Gutschrift.

[220] Würden andernfalls die im Jahr 2015 geleisteten Beiträge die Zielausstattung des SRF für die verbleibenden acht Jahre verringern, hätten diejenigen Banken einen Vorteil, die zB einem nationalen Bankensektor mit sehr wenigen gedeckten Einlagen und damit einer vergleichsweise geringen Zielausstattung angehören.

[221] Vgl. Art. 8 Abs. 5 SRM-DV.

c) Unwiderrufliche Zahlungsverpflichtungen

54 Institute können ihre individuellen Beiträge nicht nur in Form von Barbeiträgen leisten. Vielmehr können die Abwicklungsbehörden unter bestimmten Voraussetzungen auch die Nutzung sog. unwiderruflicher Zahlungsverpflichtungen erlauben (*irrevocable payment commitments*). Der Anteil der unwiderruflichen Zahlungsverpflichtungen darf jedoch in keinem Fall einen Anteil von 30 % an den Gesamtbeiträgen im Abwicklungsfonds übersteigen.[222] Dies bedeutet, dass zu jedem Zeitpunkt mindestens 70 % der Mittel im Abwicklungsfonds auf Barbeiträge entfallen müssen. Bei unwiderruflichen Zahlungsverpflichtungen handelt es sich um ein Zahlungsversprechen des Instituts, auf erste Anforderung (dh bei einer Nutzung des Abwicklungsfonds) der Abwicklungsbehörde einen der Zahlungsverpflichtung entsprechenden Barbetrag an den Abwicklungsfonds zu leisten.[223] Sofern Institute das Instrument der unwiderruflichen Zahlungsverpflichtungen über einige Beitragsperioden genutzt haben und sich die Höhe der Zahlungsversprechen kumuliert haben, kann die Inanspruchnahme hieraus für die Institute ggf. zu erheblichen Liquiditätsabflüssen führen. Unwiderrufliche Zahlungsverpflichtungen wirken daher in einem Krisenfall uU prozyklisch und verstärken vorhandene Spannungen des Finanzsektors in einem Abwicklungsszenario.

55 Institute müssen ihre Zahlungsversprechen zu Gunsten der Abwicklungsbehörde in vollem Umfang mit Sicherheiten absichern, die ein niedriges Risiko aufweisen, nicht durch Rechte Dritter belastet und frei verfügbar sind.[224] Die Abwicklungsbehörde darf nur solche Sicherheiten akzeptieren, die zeitnah realisierbar sind, vor allem im Fall einer Abwicklungsentscheidung über das Wochenende. Zudem soll die Sicherheit konservativ bewertet werden, um einer deutlichen Verschlechterung der Marktbedingungen Rechnung zu tragen. Leistet das Institut auf Anforderung der Abwicklungsbehörde nicht den entsprechenden Barbeitrag, darf die Abwicklungsbehörde die Sicherheiten verwerten.[225] Die Definition konkreter Anforderungen an die Auswahl hinterlegungsfähiger Sicherheiten und deren Bewertung (sog. *haircuts*) obliegt der Abwicklungsbehörde. Unstreitig scheint, dass es sich nur um äußerst fungible Sicherheiten (zB Wertpapiere höchster Bonität) handeln kann, die von Seiten der Abwicklungsbehörde in kürzester Zeit (zB bei einer Abwicklungsentscheidung über das Wochenende) ohne signifikante Wertabschläge monetisiert werden können. Diese Anforderungen dürften zB nicht sämtliche Staatsanleihen der Mitgliedstaaten in der Eurozone erfüllen, zumal die mögliche Inanspruchnahme der Sicherheiten die finanzielle Kapazität des Abwicklungsfonds und dessen Liquidität nicht negativ beeinträchtigen darf.[226]

56 Unwiderrufliche Zahlungsverpflichtungen können den Instituten nur auf Antrag – unter Beachtung der oben genannten Begrenzung (→ Rn. 54) – gewährt werden.[227] Die Abwicklungsbehörde hat unter Beachtung dieser Abgrenzung jedes Jahr erneut festzulegen, welchen Maximalbetrag unwiderruflicher Zahlungsverpflichtungen sie den Instituten gewähren möchte. Diese Entscheidung liegt im Ermessen der Abwicklungsbehörde, wobei das Ermessen mit Blick auf mögliche negative Auswirkungen auf die Liquidität und finanzielle Kapazität des Fonds[228] eingeschränkt wird. Speziell für die Aufbauphase des einheitlichen Abwicklungsfonds gilt darüber hinaus, dass jedes Institut auf Antrag zumindest einen

---

[222] Vgl. Art. 103 Abs. 3 BRRD; Art. 70 Abs. 3 SRM-Verordnung.
[223] Vgl. Art. 7 Abs. 2 SRM-Verordnung.
[224] Vgl. Art. 103 Abs. 3 BRRD, Art. 70 Abs. 3 SRM-Verordnung.
[225] Vgl. Art. 7 Abs. 2 SRM-Verordnung.
[226] Vgl. Art. 7 Abs. 1 SRM-DV.
[227] Vgl. Art. 13 Abs. BRRD-DV; Art. 8 Abs. 3 SRM-DV.
[228] Vgl. Art. 7 Abs. 1 SRM-DV.

Anteil von 15 % des Jahresbeitrags in Form unwiderruflicher Zahlungsverpflichtungen entrichten darf.[229] Der Ausschuss muss darüber hinaus sicherstellen, dass sich die gewährten unwiderruflichen Zahlungsverpflichtungen gleichmäßig auf sämtliche Institute, die diese beantragen, verteilen. Die Abwicklungsbehörde darf daher keine Differenzierung zwischen einzelnen Instituten bei der Gewährung unwiderruflicher Zahlungsverpflichtungen vornehmen.

Der Hauptvorteil unwiderruflicher Zahlungsverpflichtungen für die Institute wird darin gesehen, dass der hierauf entfallende Teil der Beitragsbelastung nach derzeitiger Einschätzung wohl nicht GuV-wirksam ist, solange keine hinreichende Wahrscheinlichkeit für einen Bedarfsfall (Inspruchnahme) besteht. Zugleich ist aber der auf die unwiderruflichen Zahlungsverpflichtungen entfallende Betrag im Anhang des Jahresabschlusses anzugeben. Die zu Gunsten der Abwicklungsbehörde hinterlegten Sicherheiten verbleiben in der Bilanz des Sicherungsgebers (dh des beitragspflichtigen Instituts) bis zur Inspruchnahme. Bei einem Ausscheiden des Instituts aus dem Anwendungsbereich der SRM-Verordnung muss die Abwicklungsbehörde die Sicherheit an das Institut zurückgeben, sofern das Institut den entsprechenden Barbetrag entrichtet.[230] Für das Beitragsjahr 2015 hatte die FMSA ausschließlich Barsicherheiten (*cash collateral*) akzeptiert. Auch der Ausschuss hat für die Beitragsperiode 2016 ausschließlich Barsicherheiten in Höhe von max. 15 % des Jahresbeitrags jedes Instituts akzeptiert.[231]   57

7. Überprüfung der europäischen Vorgaben zur Bankenabgabe

Änderungen der Bestimmungen für die europäische Bankenabgabe sind bei allen Überprüfungen der relevanten rechtlichen Grundlagen möglich. Einige technische Änderungen hat die Kommission in ihrem Vorschlag vom 14.12.2015 für eine Korrektur der BRRD-DV vorgelegt.[232] Bis zum 1.6.2016 soll die Kommission die Bestimmungen der BRRD-DV hinsichtlich der Risikoanpassung der Beiträge und der Angemessenheit des Risikoanpassungsmultiplikators überprüfen. Zudem soll die Kommission dabei auch prüfen, ob eine Anhebung der Obergrenze des Risikoanpassungsmultiplikators für die Beiträge notwendig ist.[233] Im Falle etwaiger Änderungen der Methode zur Beitragsberechnung in der BRRD-DV prüft die Kommission entsprechende Anpassungen für die Berechnung der SRF-Beiträge in der Durchführungsverordnung des Rates.[234]   58

Des Weiteren sind Änderungen der Vorgaben zur Bankenabgabe im Zuge der in der BRRD vorgeschriebenen Überprüfungen möglich, die ggf. erheblichen Einfluss auf die Beitragsbelastung der Institute zur Folge haben kann. Demnach übermittelt die EBA der Kommission bis 31.10.2016 Empfehlungen für einen geeigneten Referenzwert zur Bestimmung der Zielausstattung der BRRD-Abwicklungsfonds. Dabei geht die EBA insbeson-   59

---

[229] Vgl. Art. 8 Abs. 3 SRM-DV.
[230] Vgl. Art. 7 Abs. 3 SRM-DV.
[231] Vgl. SRB, Explanatory note, 2016.
[232] Beschluss C(2015) 9016 final der Kommission für eine Delegierte Verordnung (EU) der Kommission vom 17.12.2015 zur Ergänzung der Verordnung (EU) Nr. 806/2014 des Europäischen Parlaments und des Rates hinsichtlich der Kriterien für die Berechnung der im Voraus erhobenen Beiträge sowie der Umstände und Bedingungen, unter denen die Zahlung außerordentlicher nachträglich erhobener Beiträge teilweise oder ganz aufgeschoben werden kann.
[233] Vgl. Erwägungsgrund 27 BRRD-DV.
[234] Vgl. Erwägungsgrund 19 SRM-DV.

dere auf die Möglichkeit ein, die Gesamtverbindlichkeiten statt gedeckter Einlagen[235] als Grundlage zu verwenden.[236] Auf der Basis des Berichts legt die Kommission bis 31.12.2016 gegebenenfalls einen Gesetzesvorschlag zu der Grundlage für die Zielausstattung vor.[237] Darüber hinaus ist zum 1.6.2018 eine allgemeine Überprüfung der BRRD durch die Kommission vorgesehen, die ggf. von einem entsprechenden Gesetzesvorschlag der Kommission begleitet wird.[238] Etwaige Änderungen zur Bankenabgabe in der BRRD könnten dann auch in die Überprüfung der SRM-Verordnung einbezogen werden, die für den 31.12.2018 durch die Kommission vorgesehen ist.[239]

60 Hinsichtlich der Überprüfungen und möglicher Änderungen ist jedoch offen, inwieweit diese dann lediglich für die noch verbleibenden Beitragszeiträume anzuwenden wären oder möglicherweise auch rückwirkend und somit für die gesamte Aufbauphase angewendet werden könnten.

---

[235] Die Bezugnahme auf die gedeckten Einlagen resultiert aus dem ursprünglichen BRRD-Vorschlag der Kommission aus dem Jahr 2012, die nationalen Abwicklungsfonds optional mit den Einlagensicherungsfonds zusammenzulegen (Vgl. ua European Commission Press Release 12/570, 2012).
[236] Vgl. Art. 102 Abs. 4 BRRD.
[237] Vgl. Art. 102 Abs. 5 BRRD.
[238] Vgl. Art. 129 BRRD.
[239] Vgl. Art. 94 SRM-Verordnung.

II. Vertraulichkeit und Insiderrecht

Übersicht

	Rn.
1. Einleitung	1
2. Verschwiegenheitspflichten nach SAG und SRM-Verordnung	2
a) SAG	3
aa) Schutzwürdige Information	4
bb) Behördlicher Umgang mit schutzwürdigen Informationen	15
cc) Verschwiegenheitspflicht der Institute	41
b) SRM-Verordnung	49
aa) Schutzwürdige Information	50
bb) Geheimnisträger	55
cc) Verschwiegenheitspflicht	57
3. Publizität schutzwürdiger Informationen	66
a) Gesellschaftsrechtliche Publizität	67
b) Kapitalmarktrechtliche Publizität	68
aa) Insiderinformationen	69
bb) Prospektrecht	88
cc) Finanzberichterstattung	90
4. Fazit	91

Schrifttum: *Berkenbusch*, Grenzüberschreitender Informationsaustausch im Banken-, Versicherungs- und Wertpapieraufsichtsrecht, 2004; *Danzmann*, Das Verhältnis von Geldpolitik, Fiskalpolitik und Finanzstabilitätspolitik, 2015; *Gurlit*, Informationsfreiheit und Verschwiegenheitspflichten der BaFin, NZG 2014, 1161; *Kurz*, Vertraulichkeitsvereinbarungen, 3. Auflage 2013.

1. Einleitung

Erfolgreiche Bankenrestrukturierung ist auf den Informationsfluss zwischen den Verfahrensbeteiligten angewiesen. Gleichzeitig können Sanierung, Frühintervention und Abwicklung ihre Ziele nur erreichen, wenn hinreichende Vertraulichkeit herrscht. Dieses Spannungsverhältnis suchen die nationalen und europäischen Regelungen aufzulösen, indem sie schutzbedürftige Informationen einer Geheimhaltung unterwerfen, die nur unter engen Voraussetzungen entfällt. Darüber hinaus muss das Restrukturierungsverfahren[1] seine Funktionsfähigkeit gegenüber dem gesellschafts- oder kapitalmarktrechtlich begründeten Informationsbedürfnis Dritter behaupten. Vor diesem Hintergrund werden die für Fragen der Vertraulichkeit maßgeblichen Vorschriften des Sanierungs- und Abwicklungsgesetzes (→ Rn. 3 ff.) und der Verordnung über den einheitlichen Abwicklungsmechanismus (→ Rn. 49 ff.) behandelt sowie erläutert, welche Anforderungen Gesellschafts- und

1

---

[1] Im Folgenden verwendet als Oberbegriff für die Gesamtheit der Handlungen von Behörden und Instituten im Zeitraum zwischen der Eröffnung des Sanierungsverfahrens und dem Abschluss der Abwicklung mit Bezug auf das SAG, die SRM-Verordnung oder inhaltlich verwandte Gesetze. Zum Restrukturierungsplan iSd § 45 Abs. 2 Nr. 7 KWG und § 45c Abs. 2 Nr. 7 KWG → A.I. Rn. 53, 58 u. 60. Vgl. auch §§ 102–105 SAG.

Kapitalmarktrecht an die Publizität von Sanierung, Frühintervention und Abwicklung stellen (→ Rn. 66 ff.).

2. Verschwiegenheitspflichten nach SAG und SRM-Verordnung

2 Die einschlägigen Verfahrensordnungen im Sanierungs- und Abwicklungsgesetz (**SAG**) und der Verordnung über den einheitlichen Abwicklungsmechanismus (**SRM-Verordnung**) setzen, wenngleich mit unterschiedlichem Ziel, auf der Abwicklungsrichtlinie (**BRRD**) auf. Folgerichtig ähneln sich die Verschwiegenheitsregime beider Gesetze in wesentlichen Teilen, ohne einander zu entsprechen.

a) SAG

3 Das SAG unterwirft den Umgang mit schutzwürdigen Informationen ausdifferenzierten Vorgaben, die sowohl Behörden als auch Institute adressieren.

aa) Schutzwürdige Information

Die eingangs zu stellende Frage, welche Daten im Einzelnen gesonderten Schutzes bedürfen, beantwortet § 4 Abs. 1 SAG in Umsetzung von Art. 84 Abs. 3 BRRD.[2] Schutzwürdig ist zum einen die (abstrakt) vertrauliche Information und zum anderen diejenige, deren Bekanntwerden nachteilige Auswirkungen auf bestimmte öffentliche Belange haben kann.

4 **(1) Vertrauliche Information.** Abstrakt vertrauliche Informationen regelt § 4 Abs. 1 Nr. 1 SAG, definiert sie jedoch nicht, sondern nennt nur exemplarisch die Betriebs- sowie Geschäftsgeheimnisse von Kreditinstituten, gruppenangehörigen Unternehmen und sonstigen Dritten.[3] Art. 84 Abs. 3 BRRD nimmt ebenfalls keine Konkretisierung vor und beschränkt sich darauf, Berufsgeheimnisträgern iSd Art. 84 Abs. 1 BRRD die Bekanntgabe vertraulicher Informationen zu verbieten. Ein europarechtlicher Anhaltspunkt findet sich jedoch im Kartellrecht und dort in der Durchführungsverordnung zur Kartellverordnung,[4] die den Terminus „Geschäftsgeheimnisse und andere vertrauliche Informationen" verwendet.

Nach Erwägungsgrund 13 S. 2 dieser Verordnung umfasst die Kategorie „andere vertrauliche Informationen" solche Daten, „die keine Geschäftsgeheimnisse sind, aber insoweit als vertraulich angesehen werden können, als ein Unternehmen oder eine Person durch ihre Offenlegung erheblich geschädigt werden können."

Der komplementäre Begriff des Betriebs- und Geschäftsgeheimnisses (zusammen **Unternehmensgeheimnis**) ist weder im SAG noch in der BRRD oder überhaupt im europäischen Primär- und Sekundärrecht definiert. Als Mitglied der WTO hat die Europäische Union jedoch Art. 39 Abs. 2 des **TRIPS-Übereinkommens** zu berücksichtigen,[5] der mit

---

[2] BT-Drs. 18/2575, S. 145. Die missglückte deutsche Sprachfassung des Art. 84 Abs. 3 BRRD kann allerdings nur wenig Orientierung bieten.

[3] § 4 Abs. 1 SAG entsprechende Vorschriften finden sich in § 8 WpHG; § 9 KWG; § 10 BörsG; § 309 VAG und § 9 WpÜG, die ebenfalls Betriebs- und Geschäftsgeheimnisse als Beispiele für vertrauliche Informationen anführen.

[4] Verordnung (EG) Nr. 773/2004 der Kommission vom 7.4.2004 über die Durchführung von Verfahren auf der Grundlage der Artikel 81 und 82 EG-Vertrag durch die Kommission (ABl. L 123, 18).

[5] Demgemäß enthält Art. 2 Abs. 1 des Vorschlags der Kommission für eine Richtlinie über den Schutz vertraulichen Know-hows und vertraulicher Geschäftsinformationen (Geschäftsgeheimnisse) vor rechtswidrigem Erwerb sowie rechtswidriger Nutzung und Offenlegung vom 28.11.2013

II. Vertraulichkeit und Insiderrecht

„undisclosed information" einen Betriebs- und Geschäftsgeheimnissen entsprechenden Begriff umschreibt.

Folgerichtig muss Art. 84 Abs. 3 BRRD im Lichte von Art. 39 Abs. 2 des TRIPS-Übereinkommens interpretiert und § 4 Abs. 1 Nr. 1 SAG demgemäß europarechtskonform ausgelegt werden. Ein Unternehmensgeheimnis kennzeichnet hiernach, dass die betreffende Information
- geheim,
- deshalb von kommerziellem Wert und
- Gegenstand von den Umständen entsprechenden angemessenen Geheimhaltungsmaßnahmen derjenigen Person ist, die rechtmäßig Kontrolle über die zu schützende Information besitzt.

Mit ihrem letzten Kriterium unterscheidet sich diese Definition von der bislang im deutschen Recht über die Rechtsgebiete[6] hinweg gebräuchlichen Begriffsbestimmung des BGH, die den erkennbaren Geheimhaltungswillen des Unternehmens genügen lässt.[7]

Ohne weiteres zu bejahen ist das objektive Geheimhaltungsinteresse für personenbezogene Daten im Sinne des § 3 Abs. 1 BDSG oder solche, die speziellen rechtlichen Schutz wie unter dem Berufs[8]-, Steuer[9]-, Bank[10]- oder Sozialgeheimnis[11] genießen. Dass ein in Abwicklung befindliches Institut durch die Kundgabe einer Information keinen Nachteil im Wettbewerb erleidet, ändert nichts an seinem Geheimhaltungsinteresse.[12]

Unternehmensgeheimnisse,[13] die zwischen der Anforderung des Sanierungsplans und dem Ende der Abwicklung begründet werden, sind
- der Inhalt von Sanierungsplänen (→ A.III. Rn. 3 ff.),
- Verträge über die gruppeninterne Unterstützung nach §§ 22, 23 SAG[14] (→ A.I. Rn. 43–48),

---

(COM(2013) 813 final) eine Definition des Geschäftsgeheimnisses, die ihrerseits eng angelehnt ist an Art. 39 Abs. 2 des Übereinkommens im Rahmen der WTO betreffend Trade-Related Aspects of Intellectual Property Rights (TRIPS).

[6] Vgl. § 203 StGB; § 30 VwVfG; § 17 UWG; § 10 Abs. 2 BImSchG.

[7] BGH GRUR 1955, 424 – Möbelpaste; BGH GRUR 2006, 1044: „… jede im Zusammenhang mit einem Betrieb stehende Tatsache zu verstehen, die nicht offenkundig, sondern nur einem eng begrenzten Personenkreis bekannt ist und nach dem bekundeten Willen des Betriebsinhabers, der auf einem ausreichenden wirtschaftlichen Interesse beruht, geheimgehalten werden soll". Vgl. auch BVerfGE 115, 205 (230 f.). Im Einzelnen zum Unterschied zwischen den Definitionen des Geschäftsgeheimnisses in Art. 2 Abs. 1 des Richtlinienvorschlags vom 28.11.2013 (COM(2013) 813 final) und § 17 UWG *Koós* MMR 2016, 224 (225); *Gaugenrieder* BB 2014, 1987 (1987 f.); *Gärtner* NZG 2014, 650 (651).

[8] Vgl. § 203 Abs. 1 Nr. 3, Abs. 3 StGB; § 43a Abs. 2 BRAO; § 2 BORA für das Anwaltsgeheimnis, § 203 Abs. 1 Nr. 1 StGB; §§ 67 ff. SGB X; § 9 MBO der Bundesärztekammer für das Arztgeheimnis sowie § 203 Abs. 1 Nr. 3, Abs. 3 StGB; §§ 57 Abs. 1, 62 StBerG für das Steuerberatergeheimnis.

[9] Vgl. § 30 AO.

[10] Das Bankgeheimnis ist nicht gesetzlich, sondern nur in Nr. 2 Abs. 1 AGB-Banken bzw. Nr. 1 Abs. 1 S. 2 AGB-Sparkassen normiert. Teilweise wird es als „vorkonstitutionelles Gewohnheitsrecht" klassifiziert (so *Krepold* in Schimansky/Bunte/Lwowski BankR-HdB § 39 Rn. 1).

[11] Vgl. § 35 Abs. 1 S. 4 SGB I und §§ 67 ff., 85 SGB X.

[12] Vgl. EUGH NZI 2015, 294 (296) – Phoenix-Kapitaldienst mit Anm. *Kamps*. Auch Tatsachen, die der Abwicklungsbehörde nach § 175 SAG in einem Strafverfahren mitgeteilt werden, können als Geschäftsgeheimnis schutzwürdig sein. AA *Gurlit* NZG 2014, 1161 (1164).

[13] Zu anerkannten Beispielen s. *Harte-Bavendamm* in Harte-Bavendamm/Henning-Bodewig UWG § 17 Rn. 7.

[14] Vgl. § 23 Abs. 5 Nr. 3 SAG und BT-Drs. 18/2575, S. 201 f.

- die Entscheidung nach § 31 SAG, gruppeninterne finanzielle Unterstützung zu gewähren oder anzunehmen (→ A.I. Rn. 67),
- die hierzu gemäß § 33 SAG getroffene Entscheidung der Aufsichtsbehörde (→ A.I. Rn. 67),
- die Anordnung von Frühinterventionsmaßnahmen gegenüber dem Institut nach §§ 36–39 SAG (→ A.IV. Rn. 15 ff.),
- die Ansprache als potentieller Unternehmenserwerber gemäß § 126 Abs. 2 S. 1 SAG (→ B.I. Rn. 159),
- die Information über die Abwicklungsanordnung oder die Bekanntmachung der Auswirkungen einer Abwicklungsmaßnahme gemäß §§ 137, 140 Abs. 5 S. 1 SAG.

7 **(2) Schutzwürdigkeit kraft öffentlicher Belange.** Anders als § 4 Abs. 1 Nr. 1 SAG leitet § 4 Abs. 1 Nr. 2 SAG die Schutzbedürftigkeit einer Information nicht aus privaten wirtschaftlichen, sondern öffentlichen Geheimhaltungsinteressen ab.[15] Die Vorschrift umfasst mit
- der Erreichung der Abwicklungsziele iSd § 67 Abs. 1 SAG (Gruppe 1) (→ B.I. Rn. 144 ff.),
- der Effektivität von Aufsichts- und Abwicklungsinstrumenten (Gruppe 2) (→ B.IV. Rn. 4 ff.) und
- der Finanz-, Geldmarkt- oder Wirtschaftspolitik (Gruppe 3)

drei Gruppen von Schutzgütern und verlangt hierauf bezogen die Abschätzung möglicher Kommunikationsfolgen. Im Rahmen des § 4 Abs. 1 Nr. 2 SAG resultiert die Notwendigkeit, eine Information geheim zu halten, also allein aus den Konsequenzen der hypothetischen Bekanntgabe.

8 Unter die in § 4 Abs. 1 Nr. 2 Gruppe 1 SAG geschützten Abwicklungsziele des § 67 Abs. 1 SAG fallen als konkrete Schritte zum Abwicklungsziel bis zu deren Bekanntgabe auch die auf Grundlage der §§ 62–88 SAG getroffenen Maßnahmen.

In ihrer Effektivität von § 4 Abs. 1 Nr. 2 Gruppe 2 SAG geschützte Aufsichts- oder Abwicklungsinstrumente sind einerseits Instrumente der **Mikrofinanzaufsicht** und andererseits gemäß der Legaldefinition in § 2 Abs. 3 Nr. 4 SAG die Instrumente aus §§ 89, 90 und 107 SAG einschließlich der Vermarktung nach § 126 SAG (→ B.I. Rn. 149 ff.). Zu den Instrumenten der Mikrofinanzaufsicht zählen insbesondere
- die Aufforderung zur Vorlage eines Sanierungsplans nach § 12 Abs. 3 SAG oder eines überarbeiteten Sanierungsplans gemäß § 16 Abs. 1, 3 oder 4 SAG (→ A.I. Rn. 41 f.),
- solche der Frühintervention auf Grundlage der §§ 36–39 SAG,
- Maßnahmen in besonderen Fällen nach §§ 45–48 KWG (→ A.I. Rn. 50–60, 79 f.) und
- Maßnahmen nach §§ 2 Abs. 3, 7 Abs. 2 KredReOrgG (→ A.I. Rn. 26 f., 32).

Implikationen für die Finanz-, Geld(markt)- oder Wirtschaftspolitik iSd § 4 Abs. 1 Nr. 2 Gruppe 3 SAG können sich schließlich ergeben, sobald eine Mitteilung, regelmäßig wegen der systemischen Relevanz des in Bezug genommenen Instituts und der von ihm ausgehenden Ansteckungsgefahr,[16] geeignet ist, entsprechenden politischen Handlungsbedarf zu erzeugen.[17]

---

[15] BT-Drs. 18/2575, S. 145; vgl. auch § 9 S. 2 SAG.
[16] Vgl. *Adolff/Eschwey* ZHR 177 (2013), 902 (940 und 916).
[17] Vgl. *Danzmann* S. 40 und 261 ff. zur Finanzpolitik als Oberbegriff für die Politiken Geldpolitik, Fiskalpolitik und Finanzstabilitätspolitik. Instrumente der Finanzpolitik wären beispielsweise Garantieerklärungen oder die Übernahme stiller Einlagen durch den Fiskus zugunsten von Banken (→ A.I Rn. 15 ff.).

Mit der Einbeziehung der Maßnahmen nach §§ 12 Abs. 3, 16 Abs. 1 SAG und §§ 36–39 SAG, die es erlaubt, § 4 Abs. 1 Nr. 2 Gruppe 2 SAG auch die Inhalte des Sanierungsplans und die Instrumente des frühzeitigen Eingreifens zu subsumieren, erstreckt sich der Schutzbereich des § 4 Abs. 1 Nr. 2 SAG im Ergebnis auf das gesamte Restrukturierungsverfahren von der Verfügung, einen Sanierungsplan vorzulegen, bis zum Vollzug der Abwicklungsanordnung. 9

Im Hinblick auf die Kommunikationsfolgen ist § 4 Abs. 1 Nr. 2 SAG bereits erfüllt, wenn die Bekanntgabe einer Information nachteilige Auswirkungen auf ein Schutzgut haben kann. Damit kommt es der Vorschrift also weder auf die Schwere eines Nachteils noch auf dessen Eintrittswahrscheinlichkeit an. Vielmehr genügt § 4 Abs. 1 Nr. 2 SAG, dass ein geringfügiger Nachteil möglich ist. Eine Saldierung mit etwaigen Vorteilen der Bekanntgabe findet im Rahmen des § 4 Abs. 1 Nr. 2 SAG nicht statt und wird erst vorgenommen, wenn es darum geht, ob eine als schutzwürdig erkannte Information offenbart werden darf oder muss. 10

(3) Medien schutzwürdiger Informationen. Dass nicht jede Tatsache mit Bezug zum Restrukturierungsverfahren nach Maßgabe des § 4 Abs. 1 Nr. 2 SAG in gleicher Weise schutzbedürftig ist, zeigt § 9 S. 3 SAG, der vor der Weitergabe von 11
- Inhalten und Details des Sanierungsplans nach §§ 12–21 SAG sowie
- des Abwicklungsplans gemäß 40–48 SAG (→ B.I. Rn. 90 ff.) und
- Ergebnissen einer Bewertung iSd §§ 57–60 SAG (→ B.III. Rn. 43)

eine eigenständige Untersuchung im Hinblick auf privatwirtschaftliche und öffentliche Interessen anordnet. Unterfielen diese Vorgänge ausnahmslos dem Schutz des § 4 Abs. 1 Nr. 2 SAG, wäre die von § 9 S. 3 SAG angeordnete Vorprüfung entbehrlich. Andererseits scheint der Gesetzgeber aber davon auszugehen, dass in Plänen und Bewertungen typischerweise schützenswerte Daten zu finden sind.[18]

Ergänzt werden die Untersuchungsgegenstände des § 9 S. 3 SAG um die aus ihnen im weiteren Verlauf des Restrukturierungsverfahrens gezogenen behördlichen Schlussfolgerungen, also
- vorbereitenden Maßnahmen in Gestalt der Gründung von Brückeninstituten und Vermögensverwaltungsgesellschaften nach § 61 SAG (→ B.X. Rn. 30),
- der Feststellung des Eintritts der Abwicklungsvoraussetzungen iSd §§ 62, 64 SAG (→ B.IV. Rn. 28),
- der Feststellung, dass die Kriterien für die Beteiligung der Inhaber relevanter Kapitalinstrumente nach § 65 SAG (→ B.IV. Rn. 33) vorliegen, sowie die hiernach durchzuführende Unternehmensbewertung gemäß §§ 69–75 SAG (→ B.VIII. Rn. 9 ff.).

Weitere schutzwürdige Informationen können während des behördeninternen Willensbildungs-, Abstimmungs- und Entscheidungsprozesses vor dem Erlass einer Abwicklungsanordnung nach § 136 SAG entstehen. Entsprechend verhält es sich zuletzt mit dem Einsatz konkreter Abwicklungsinstrumente. In diesen Datenfeldern wird der Nachweis schutzbedürftiger Informationen regelmäßig gelingen, wenngleich er nicht für jede einzelne Tatsache zwingend ist.

Einige Vorgänge lassen sich mittels historischer und genetischer Auslegung des § 4 Abs. 1 SAG beurteilen. Unter den Bestandteilen des Sanierungsplans stuft die Gesetzesbegründung zu § 21 SAG beispielhaft die verfügbaren Handlungsoptionen nach § 13 Abs. 2 Nr. 3–5 SAG, die Sanierungs- und Frühwarnindikatoren gemäß § 13 Abs. 2 Nr. 6 SAG sowie die Beurteilung der Auswirkung von Belastungsszenarien iSd § 13 Abs. 2 Nr. 7 und 8 12

---

[18] Vgl. zu § 47i KWG, dem durch das BRRD-UmsetzungsG aufgehobenen Vorgänger des § 4 SAG, BT-Drs. 17/12601, S. 39 und BT-Drs. 17/13539, S. 10 f.

SAG als schutzwürdig ein. Des Weiteren soll es nach der Gesetzesbegründung zu § 4 SAG den Abwicklungszielen abträglich sein, wenn die aufsichtsrechtliche Lagebewertung nach §§ 57–60 SAG und sich hieraus für das betroffene Institut ergebende Abwicklungsmaßnahmen bekannt würden.[19] Der Vorgänger des § 4 Abs. 1 Nr. 2 SAG, der durch das BRRD-UmsetzungsG aufgehobene § 47i KWG[20], dessen Aussage sich die Regierungsbegründung zu § 4 Abs. 1 SAG zu eigen gemacht hat,[21] erklärte darüber hinaus generell die Abwicklungsplanung, das weitere Verfahren nach Bekanntgabe des Ergebnisses der Bewertung der Abwicklungsfähigkeit[22] und die im Zusammenhang mit der Abwicklungsplanung zur Verfügung stehenden Informationen, Einschätzungen, Analysen und Gutachten für schützenswert.

Die übrigen Sachverhalte, die als Medium schützenswerter Informationen in Betracht kommen, sind einer Einzelfallbetrachtung zu unterziehen.

13   In dem Spannungsfeld zwischen den geringen Anforderungen des § 4 Abs. 1 Nr. 2 SAG an mögliche Folgen einer Bekanntgabe und der ergebnisoffenen Prüfung nach § 9 S. 3 SAG verbleiben dann allein noch Tatsachen, deren Öffentlichkeit ex ante objektiv keine nachteiligen Auswirkungen auf geschützte Belange haben kann. Zutreffend ist dieses Urteil jedoch nur für die initiale aufsichtsbehördliche Verfügung gemäß § 12 Abs. 3 S. 1 SAG, innerhalb bestimmter Frist einen Sanierungsplan vorzulegen.[23] Denn das Sanierungsverfahren nach §§ 12 ff. SAG verkörpert im Unterschied zu demjenigen auf Grundlage der §§ 2 ff. KredReorgG eine lediglich abstrakte, nicht anlassbezogene Planung, die insbesondere keine Krisensituation im Sinne einer Sanierungsbedürftigkeit gemäß § 2 Abs. 1 S. 2 KredReorgG erfordert.[24] Bei den sonstigen Bestandteilen des Sanierungsplans, einschließlich der Darstellung der Unternehmensstruktur und des Geschäftsmodells nach § 13 Abs. 2 Nr. 2 b) SAG und dem Konzept für externe Kommunikation nach § 13 Abs. 2 Nr. 9 Alt. 2 SAG lassen sich nachteilige Konsequenzen einer Bekanntgabe hingegen nicht ausschließen.

14   Nach allem ist somit jeder der Handlungsverfügung aus § 12 Abs. 3 S. 1 SAG folgende Verfahrensschritt geeignet, **schutzwürdige Informationen** zu transportieren. Im Einzelnen von § 4 Abs. 1 Nr. 2 SAG erfasst werden daher
- der Sanierungsplan in seiner Gesamtheit,
- die darin nach § 13 SAG und darüber hinaus enthaltenen Planbestandteile,
- die Anordnung zur Nachbesserung des Sanierungsplans aus § 16 Abs. 1, 3 und 4 SAG,
- der Inhalt einer Vereinbarung über gruppeninterne finanzielle Unterstützung nach §§ 22 f. SAG,
- der Abwicklungsplan oder Gruppenabwicklungsplan in seiner Gesamtheit,
- die darin nach § 40 Abs. 2 Nr. 1 SAG oder § 46 Abs. 2 SAG enthaltenen Abwicklungsmaßnahmen gemäß § 2 Abs. 3 Nr. 5 SAG,
- die dort berücksichtigten relevanten Szenarien iSd § 40 Abs. 2 Nr. 2 SAG,
- die Planbestandteile gemäß § 40 Abs. 3 SAG oder § 46 Abs. 3 SAG,
- auf Grundlage von § 42 Abs. 1 S. 2 SAG oder § 46 Abs. 5 SAG von einem Institut oder Unternehmen angeforderte Informationen und Analysen,

---

[19] BT-Drs. 18/2575, S. 145.
[20] IdF des RiskAbschG vom 7.8.2013.
[21] Vgl. BT-Drs. 18/2575, S. 145.
[22] Vgl. § 59 Abs. 1 S. 1 SAG.
[23] Anders noch bei der Anordnung nach § 47 Abs. 1 S. 1 KWG idF des RiskAbschG vom 7.8.2013, die eine Einstufung des Instituts als potentiell systemgefährdend voraussetzte. Vgl. hierzu *Cichy/Behrens* WM 2014, 438 (448).
[24] BT-Drs. 18/2575, S. 147.

II. Vertraulichkeit und Insiderrecht

- Auskünfte und Auswertungen zu Finanzkontrakten nach § 43 Abs. 2 Nr. 2 SAG,
- Aufzeichnungen über Finanzkontrakte gemäß § 43 Abs. 2 Nr. 3 SAG,
- Informationen über Vermögenswerte und Verbindlichkeiten des Instituts iSd § 44 SAG,
- die Festsetzung eines Mindestbetrags berücksichtigungsfähiger Verbindlichkeiten gemäß § 49 Abs. 1 S. 1 SAG,
- die Anordnung auf Beseitigung verfahrenstechnischer Hindernisse für das Instrument der Gläubigerbeteiligung iSd § 56 Abs. 1 und 4 SAG,
- die Bewertung der Abwicklungsfähigkeit nach § 57 oder § 58 SAG,
- festgestellte Abwicklungshindernisse sowie Maßnahmen, Bewertungen und Anordnungen zu deren Beseitigung iSd §§ 59, 60 SAG,
- die Feststellung der Abwicklungsvoraussetzungen nach § 62 SAG,
- die Feststellung der Bestandsgefährdung gemäß §§ 62 Abs. 2, 63 SAG,
- die Feststellung der Voraussetzungen für die Anwendung des Instruments der Beteiligung der Inhaber relevanter Kapitalinstrumente nach §§ 65, 66 SAG,
- die Unternehmensbewertung auf Grundlage der §§ 69–75 SAG,
- bis zu ihrer Bekanntgabe die Entscheidungen zur Anordnung von Abwicklungsmaßnahmen bzw. -instrumenten gemäß § 77, §§ 78–90, 96, 107–137 SAG,
- die Vermarktung der Unternehmensveräußerung nach § 126 SAG inklusive der Ansprache potentieller Erwerber nach § 126 Abs. 2 S. 1 SAG,
- die drohende Bestandsgefährdung nach §§ 138, 139 SAG,
- bis zu ihrer Bekanntgabe die Abwicklungsanordnung nach § 136 SAG.

bb) Behördlicher Umgang mit schutzwürdigen Informationen

Wie Behörden mit diesen schutzwürdigen Informationen umzugehen haben, regeln die §§ 5–10 SAG. 15

(1) Verschwiegenheitspflicht aus § 5 SAG. Als Grundnorm verbietet § 5 Abs. 1 S. 1 SAG in Umsetzung von Art. 84 Abs. 3 BRRD den bei der Abwicklungsbehörde, der Aufsichtsbehörde und anderen nationalen Behörden beschäftigen Personen die unbefugte Offenbarung oder Verwertung schutzwürdiger Informationen und etabliert auf diese Weise eine umfassende **Verschwiegenheitspflicht**.[25]

Entsprechend den verwandten Regelungen § 9 Abs. 1 KWG und § 8 Abs. 1 WpHG[26] ist neben ihren Beschäftigten auch die jeweilige Behörde selbst betroffen. Dies folgt aus einem argumentum a fortiori und der Überlegung, dass eine *originäre Befugnis* zur Informationsverarbeitung allein der Behörde als solcher zusteht.[27]

---

[25] Die tatbestandliche Einschränkung, dass die Information bei einer Tätigkeit im Rahmen des SAG bekannt geworden sein muss, setzt Koinzidenz von Informationsaufnahme und Dienstgeschäft voraus. Wegen des Schutzzwecks des § 5 Abs. 1 S. 1 SAG, der eine weite Auslegung verlangt, sind jedoch nur Tatsachen befreit, deren Kenntnis in rein privatem Umfeld erlangt wird. Vgl. zu § 8 Abs. 1 WpHG *Döhmel* in Assmann/Schneider WpHG § 8 Rn. 11. AA zu § 9 Abs. 1 KWG *Lindemann* in BFS § 9 Rn. 6 und zu § 8 Abs. 1 WpHG *Bruchwitz* in JVRB WpHG § 8 Rn. 6, die genügen lassen, dass eine Tatsache die jeweilige Aufsichtstätigkeit betrifft.

[26] Sofern nicht anders angegeben werden Vorschriften des WpHG zitiert idF des RegE eines Ersten Gesetzes zur Novellierung von Finanzmarktvorschriften aufgrund europäischer Rechtsakte (1. Finanzmarktnovellierungsgesetz – 1. FimanoG) v. 6.2.2016 (BT-Drs. 18/7482).

[27] Vgl. zu § 9 KWG VG Frankfurt NVwZ 2008, 1384 (1386) (bestätigt von VGH Kassel, Beschluss vom 30.4.2010–6 A 1341/09) sowie zu § 8 WpHG *Döhmel* in Assmann/Schneider WpHG § 8 Rn. 5; *Schlette/Bouchon* in Fuchs WpHG § 8 Rn. 5.

16 In zeitlicher Hinsicht schreibt § 5 Abs. 1 S. 2 SAG die Verschwiegenheitspflicht über das Ausscheiden aus dem Dienst hinaus fort. § 5 Abs. 1 S. 3 SAG adressiert zudem Personen, die im Wege dienstlicher Berichterstattung Kenntnis von Informationen iSd § 5 Abs. 1 S. 1 SAG bzw. § 4 Abs. 1 SAG erlangt haben. Erfasst ist hier beispielsweise die Mitteilung an das Bundesministerium der Finanzen als Inhaber der Fach- und Rechtsaufsicht über die Aufsichts- und die Abwicklungsbehörde[28], aber auch die Kenntnisnahme von Informationen im Rahmen des § 7 SAG.[29] Eine weitere Ausdehnung erfährt der zur Verschwiegenheit verpflichtete Personenkreis durch § 5 Abs. 2 SAG, der auf Grundlage des Art. 84 Abs. 1 BRRD die nach Maßgabe des SAG in die Abwicklungsplanung einbezogenen Dritten und sonstigen Stellen wie beispielsweise Einlagensicherungssysteme, von der Abwicklungsbehörde kontaktierte potentielle Erwerber, externe Berater oder die Geschäftsleitung eines Brückeninstituts umfasst.[30]

17 Rechtsfolge des Zusammentreffens von nach § 4 Abs. 1 SAG schutzbedürftiger Information und gemäß § 5 Abs. 1 und 2 SAG zur Verschwiegenheit verpflichtetem Rechtssubjekt ist das **Verbot unbefugter Offenbarung bzw. Verwertung**. Eine solche liegt vor, wenn die fragliche Tatsache
   • einem anderen erstmals bekannt (Offenbarung) oder
   • für eigene Zwecke ausgenutzt (Verwertung) wird,
   • ohne dass hierfür ein Rechtfertigungsgrund (unbefugt) besteht.[31]
   § 5 Abs. 1 S. 1 SAG statuiert demzufolge ein Kommunikations- und Nutzungsverbot mit Erlaubnisvorbehalt, wobei ersteres sowohl nach innen wie nach außen wirkt.

18 **(2) Anforderungen an die binnenorganisatorische Umsetzung.** Folgerichtig schreibt § 5 Abs. 3 S. 1 SAG Behörden des SAG sowie Dritten iSd § 5 Abs. 2 Nr. 1 und 5 SAG vor, in ihrem jeweiligen Bereich interne Geheimhaltungsregelungen zu treffen. Zwar spricht das Gesetz lediglich davon, diese Regelungen „vorzusehen"; gemeint ist jedoch in Umsetzung des einschlägigen Art. 84 Abs. 2 BRRD auch deren Vollzug und Überwachung. Nach dem Regelbeispiel des § 5 Abs. 3 S. 2 SAG ist sicherzustellen, dass schutzwürdige Informationen iSd § 4 Abs. 1 SAG „nur an Personen gelangen, die unmittelbar mit dem Abwicklungsprozess befasst sind" (sog *need-to-know-Prinzip*). Da sich das von der Vorschrift geforderte Sicherheitsniveau allein mit rechtlichen Absprachen nicht erreichen lässt, sind darüber hinaus aufbau- und ablauforganisatorische Maßnahmen zwecks Einrichtung von Vertraulichkeitsbereichen (*Chinese Walls*)[32] zu ergreifen.

19 Überdies ist gemäß § 9 S. 1 SAG vor der Weitergabe von Informationen außerhalb der Offenbarungsbefugnisse der §§ 5–8 SAG sicherzustellen, dass keine von § 4 Abs. 1 SAG geschützten Daten übermittelt werden. § 9 S. 2 SAG verpflichtet die jeweiligen Behörden, Stellen oder Dritten im Rahmen dieser Vorabprüfung, eine Abschätzung der Kommunikationsfolgen vorzunehmen, wobei sie nach § 9 S. 3 SAG gesondertes Augenmerk auf die Konsequenzen der Weitergabe von Plandetails iSd §§ 12–21 SAG bzw. §§ 40–48 SAG und Bewertungsergebnissen nach §§ 57–60 SAG zu richten haben. Mit dieser Vorprüfung soll

---

[28] Vgl. § 3a Abs. 1 S. 4 FMStFG für die FMSA als nationale Abwicklungsbehörde und § 2 FinDAG für die BaFin als nationale Aufsichtsbehörde.

[29] BT-Drs. 18/2575, S. 146.

[30] Auf diese Weise dient die Vorschrift, vergleichbar mit § 4 Abs. 1 Nr. 2 SAG, den Abwicklungszielen und der Effektivität der Abwicklungsinstrumente; vgl. BT-Drs. 18/2575, S. 146.

[31] Vgl. zu § 8 Abs. 1 WpHG *Schlette/Bouchon* in Fuchs WpHG § 8 Rn. 12f.; *Bruchwitz* in JVRB WpHG § 8 Rn. 9ff.

[32] Vgl. hierzu *Eisele/Faust* in Schimansky/Bunte/Lwowski BankR-HdB Rn. 141–148a.

verhindert werden, dass nicht privilegierter Datentransfer fahrlässig private oder öffentliche Belange beeinträchtigt.

(3) Gerechtfertigte Offenbarung oder Verwertung. Der für eine Offenbarung oder Verwertung notwendige Rechtfertigungsgrund kann in 20
- der gesetzlichen Privilegierung von Absender oder Empfänger,
- gesetzlichen Informationsrechten,
- der Einwilligung des betroffenen Instituts oder Dritten oder
- den Grundsätzen über die Abwägung widerstreitender Pflichten oder Interessen liegen.[33]

(a) Privilegierte Kommunikation. Ungeachtet des Schutzes aus § 4 Abs. 1 SAG ist die 21 Bekanntgabe einer Tatsache unter den nach Absender und Empfänger sowie Herkunft und Verwendungszweck der Information abgestuften Voraussetzungen der §§ 6–8, 160 Abs. 3 SAG zulässig.

Vorab stellt § 4 Abs. 2 SAG allerdings klar, dass die §§ 6–8 SAG keinen Dispens von den Regelungen zum Schutz geistigen Eigentums und personenbezogener Daten nach dem jeweils gültigen BDSG gewähren.

Den umfassendsten Informationsaustausch gestattet § 6 Abs. 1 S. 1 SAG in Umsetzung 22 von Art. 84 Abs. 4 BRRD zwischen Abwicklungs- und Aufsichtsbehörde. Ist der Datentransfer zur Erfüllung ihrer Aufgaben erforderlich, dürfen diese beiden Behörden einander jede und somit auch eine von § 4 Abs. 1 SAG geschützte Information übermitteln. Die Deutsche Bundesbank kann nach § 6 Abs. 1 S. 3 SAG von der Abwicklungsbehörde einbezogen werden, allerdings nur, soweit es um Tatsachen geht, die bei der laufenden Überwachung der Institute durch die Bundesbank entstanden oder hierzu erforderlich sind.

Für die Kommunikation der Behörden des SAG mit und unter Dritten sowie Stellen iSd § 5 Abs. 2 SAG verlangt § 6 Abs. 2 SAG, insoweit strenger als § 160 SAG, dass der Empfänger der konkreten Information ungeachtet ihrer Schutzwürdigkeit iSd § 4 Abs. 1 SAG zur Erfüllung seiner Aufgaben nach dem SAG bedarf.

Als § 7 Abs. 2 S. 1 SAG ist dieses Kriterium zudem Voraussetzung des Informationstrans- 23 fers von Aufsichts- oder Abwicklungsbehörde zu enumerierten *sonstigen Stellen* gemäß § 7 Abs. 1 SAG, die im Unterschied zu denjenigen nach § 6 Abs. 2 iVm § 5 Abs. 2 SAG nicht mit Sanierung oder Abwicklung befasst sein müssen, obgleich häufig sind.

Praktisch herausgehobene Bedeutung besitzt neben der Kommunikation mit dem SRM-Ausschuss nach § 7 Abs. 1 Nr. 15 SAG diejenige auf Grundlage des § 7 Abs. 1 Nr. 1 SAG. Empfangsberechtigt iSd Vorschrift sind die Mitglieder der **Abwicklungskollegien**, generell die Abwicklungsbehörden in den Mitgliedstaaten sowie ausländische Aufsichtsbehörden, mit denen die BaFin im Rahmen von **Aufsichtskollegien** nach Maßgabe von § 8e KWG zusammenarbeitet. Was die Mitteilung und Auskunft gegenüber Gerichten betrifft, scheint § 7 Abs. 1 Nr. 5 SAG mit seiner Formulierung „Strafverfolgungsbehörden oder Gerichten" auch Zivilgerichte zu umfassen. Da aber § 10 Abs. 1 SAG bezüglich der Weitergabe von Informationen für die Zwecke von Straf- oder Zivilverfahren den auf „Strafverfolgungsbehörden oder für Straf- und Bußgeldsachen zuständige Gerichte" beschränkten § 9 KWG für entsprechend anwendbar erklärt, die Gesetzesbegründung zu § 10 Abs. 1 SAG allein Strafsachen anspricht[34] und der einschlägige Art. 84 Abs. 6 BRRD die Frage dem nationalen Recht überantwortet, findet eine amtliche Auskunft an das Zivilgericht nach

---

[33] Weitere Rechtfertigungsgründe können sich aus §§ 32, 34, 193 StGB ergeben.
[34] BT-Drs. 18/2575, S. 147.

§ 7 Abs. 1 Nr. 5 SAG ebenfalls nicht statt. Die Vorschrift ist somit als „Strafverfolgungsbehörden oder *Straf*gerichten" zu lesen.[35]

Übermitteln dürfen die Behörden „die ihnen im Zusammenhang mit diesem Gesetz vorliegenden Informationen", also solche, die zumindest bei Gelegenheit der Anwendung des SAG gewonnen wurden, was übereinstimmend mit § 6 Abs. 1 SAG Geheimnisse nach § 4 Abs. 1 SAG abdeckt.

24 Befindet sich die sonstige Stelle in einem **Drittstaat**, worunter nach § 2 Abs. 3 Nr. 12 iVm Nr. 40 SAG auch solche des Europäischen Wirtschaftsraums fallen, unterliegt der Datentransfer gemäß § 7 Abs. 2 S. 2 SAG zusätzlich den Voraussetzungen des § 8 SAG. Originär regelt diese Vorschrift in Umsetzung von Art. 98 BRRD die Weitergabe schutzwürdiger Informationen von Behörden des SAG an Drittstaatsbehörden. Gemäß § 8 Abs. 1 Nr. 1 SAG müssen hierzu für die Drittstaatsbehörde Geheimhaltungsvorschriften gelten, die denen der §§ 4–10 SAG gleichwertig sind, was von der übermittelnden Behörde des SAG zu beurteilen ist. § 8 Abs. 1 Nr. 2 SAG verlangt, dass die Drittstaatsbehörde das offenbarte Geheimnis zur Erfüllung ihrer denen des SAG entsprechenden Aufgaben benötigt und sie die Information vorbehaltlich eigener Offenbarungs- und Verwertungsbefugnisse auch nur zu diesem Zweck verwendet.

Falls die vertrauliche Information aus einem anderen EU-Mitgliedstaat stammt, haben die Behörden des SAG vor dem Datentransfer an Drittstaatsbehörden zusätzlich die Kriterien des § 8 Abs. 2 SAG zu befolgen. § 8 Abs. 2 Nr. 1 SAG fordert die Einwilligung der Ursprungsbehörde; und nach § 8 Abs. 2 Nr. 2 SAG muss zudem der von der Ursprungsbehörde festgelegte Übermittlungszweck beachtet werden. Als Beurteilungsmaßstab für die Schutzwürdigkeit der betreffenden Tatsache zieht § 8 Abs. 2 Nr. 2 S. 2 SAG, der insoweit disloziert und als § 8 Abs. 2 S. 2 SAG zu lesen ist, die Geheimhaltungsvorschriften des Unionsrechts und Verschwiegenheitspflichten nach dem Recht des jeweiligen Mitgliedstaats heran.[36]

25 An das Bundesministerium der Finanzen darf die Abwicklungsbehörde Informationen, die aus Dritt- oder Mitgliedstaaten herrühren, gemäß § 160 Abs. 3 SAG weitergeben. Voraussetzung ist lediglich, dass der Vorgang, innerhalb dessen die Information übermittelt wird, eine Mitteilung, Anhörung oder Zustimmung des Ministeriums erfordert oder möglicherweise die öffentlichen Finanzen betrifft.

26 **(b) Gesetzliche Informationsrechte.** Bei der Preisgabe geschützter Tatsachen in Erfüllung eines fremden Informationsrechts ist zu unterscheiden, ob eine Behörde von einer anderen, ein Gericht oder ein Privater Auskunft verlangen kann.

(aa) Mitteilung an Behörden oder Gerichte. In die erste Kategorie fällt die Datenübermittlung auf Grundlage der §§ 6 Abs. 1 S. 2 und 3, 46 Abs. 6, 160 Abs. 1 und 2 sowie § 175 SAG.

27 Komplementär zu ihrer Befugnis, einander Informationen zu offenbaren, gewährt § 6 Abs. 1 S. 2 SAG Abwicklungs- und Aufsichtsbehörde das Recht, voneinander Informationen anzufordern, soweit hierzu die Notwendigkeit zur Wahrnehmung ihrer Aufgaben nach dem SAG besteht. Im Verhältnis zwischen Abwicklungsbehörde und Bundesbank gelten wiederum die Einschränkungen des § 6 Abs. 1 S. 3 SAG.

---

[35] Im Ergebnis deckt sich der Katalog des § 7 Abs. 1 SAG weitgehend mit dem des § 9 Abs. 1 KWG.
[36] In Betracht kommen in diesem Zusammenhang neben Art. 84 BRRD und Art. 88 Abs. 3 SRM-Verordnung beispielsweise Art. 76 der Richtlinie 2014/65/EU (MiFID II), Art. 25 der Richtlinie 2004/109/EG (Transparenz-RL) oder Art. 53 f. der Richtlinie 2013/36/EU (CRD-IV-RL).

Ziel des § 46 Abs. 6 SAG ist es, den Informationsfluss in der **Gruppenabwicklung** 28
sicherzustellen. Zu diesem Zweck wird die für die Gruppenabwicklung zuständige Abwicklungsbehörde in Umsetzung des Art. 13 Abs. 1 UAbs. 2 BRRD verpflichtet, die vom EU-Mutterunternehmen nach Maßgabe des § 46 Abs. 5 SAG erhaltenen Informationen und Analysen an die übrigen in die Gruppenabwicklung eingebundenen Abwicklungs- sowie Aufsichtsbehörden weiterzuleiten. Deren Verschwiegenheit ergibt sich aus § 7 Abs. 1 Nr. 1 und 2 SAG iVm § 5 Abs. 1 S. 3 SAG bzw. bei Auslandsbezug Art. 84 Abs. 1 a) und b) BRRD, womit auch dem Verweis auf die §§ 5–10 und § 21 SAG in § 46 Abs. 6 S. 1 SAG entsprochen ist.

Nach § 160 Abs. 1 SAG[37], der Art. 90 Abs. 1 und 2 BRRD transformiert, haben Abwicklungs- und Aufsichtsbehörde ihren Pendants in den anderen Mitgliedstaaten auf deren 29
Antrag alle Informationen zukommen zu lassen, die für die Wahrnehmung von Funktionen im Sinne der BRRD zweckdienlich sind. Hauptanwendungsfall, aber nicht darauf beschränkt,[38] ist der Austausch innerhalb der **Abwicklungskollegien** auf Grundlage des § 156 Abs. 1 S. 2 SAG. Der Vorbehalt, dass ein Datentransfer nach § 160 Abs. 1 S. 1 SAG den §§ 4–10 SAG unterliegt, beschränkt die auskunftsberechtigten Aufsichtsbehörden gemäß § 7 Abs. 1 Nr. 1 SAG auf diejenigen, mit denen eine Zusammenarbeit in **Aufsichtskollegien** des § 8e KWG besteht. Die Anforderung aus § 7 Abs. 2 SAG, der anders als § 160 Abs. 1 S. 1 SAG von „benötigen" statt „zweckdienlich" spricht, spielt praktisch keine Rolle, da die Behörde des Mitgliedstaats insoweit eine Einschätzungsprärogative besitzt. Das gebietet bereits die richtlinienkonforme Auslegung des § 7 Abs. 2 SAG im Lichte des Art. 90 Abs. 1 BRRD. Stammt die Information von der Abwicklungsbehörde eines Drittstaats, darf der Datentransfer nach § 160 Abs. 2 SAG nicht ohne deren Zustimmung erfolgen.[39]

Jenseits des SAG sind Abwicklungs- und Aufsichtsbehörde nur **Staatsanwaltschaft und** 30
Strafgerichten gegenüber nach §§ 161 Abs. 1, 244 Abs. 2 StPO mitteilungspflichtig. Eine entsprechende Befugnis der Zivilgerichte entfällt, weil § 273 Abs. 2 Nr. 2 ZPO selbst keine behördlichen Auskunftspflichten begründet[40] und entgegen seinem Wortlaut § 7 Abs. 1 Nr. 5 SAG auf Zivilgerichte nicht anwendbar ist (→ Rn. 23).[41] Im Verwaltungsprozess greift § 99 Abs. 1 S. 2 VwGO, wonach eine Auskunft behördlicherseits verweigert werden darf, wenn die ihr zugrundeliegenden Tatsachen nach einem Gesetz oder ihrem Wesen nach geheim zu halten sind.[42]

Auch gegenüber **Finanzbehörden** müssen Informationen iSd § 4 Abs. 1 SAG nicht offengelegt werden. Verantwortlich ist hier die Sperrwirkung[43] des Art. 84 Abs. 3 BRRD, der die Bekanntgabe vertraulicher Informationen außerhalb des Funktions- und Aufgabenkreises der Abwicklungsrichtlinie untersagt. Denn von der Ermächtigung in Art. 84 Abs. 5

---

[37] Die offizielle Überschrift der Norm spricht noch vom Informationsaustausch innerhalb des EWR. Die mit Änderung des § 2 Abs. 3 Nr. 40 SAG anlässlich des AbwMechG diesbezüglich notwendig gewordene Korrektur des § 160 SAG ist also aufgrund eines Redaktionsversehens unterblieben.
[38] Vgl. BT-Drs. 18/2575, S. 251.
[39] BT-Drs. 18/2575, S. 251.
[40] *Bacher* in Vorwerk/Wolf BeckOK ZPO § 273 Rn. 8. Vgl. auch *Saenger* ZPO § 273 Rn. 12.
[41] Zur Sperrwirkung des § 9 KWG gegenüber der behördlichen Mitteilung in Zivilverfahren VGH Kassel NVwZ 2010, 1036 (1044); *Lindemann* in BFS § 9 Rn. 20; *Spindler* ZGR 2011, 690 (719 f.). AA *Möllers/Pregler* ZHR 176 (2012), 145 (159 f.); *Gurlit* NZG 2014, 1161 (1165 Fn. 71).
[42] Vgl. zur Qualifizierung von Betriebs- und Geschäftsgeheimnissen nach § 99 Abs. 1 S. 2 VwGO *Rixen* in Sodan/Ziekow VwGO § 99 Rn. 100; *Kopp/Schenke* VwGO § 99 Rn. 11. Dass sich die Schutznorm § 5 Abs. 1 SAG im Gegensatz zu seinem Vorgänger § 47i KWG nicht ausdrücklich auf § 99 Abs. 1 S. 2 VwGO bezieht (vgl. hierzu *Cichy/Behrens* WM 2014, 438 (442)) ist ohne Bedeutung.
[43] Näher zur Sperrwirkung von Befugnisnormen *Büscher* JA 2010, 719 (724).

b) Alt. 2 BRRD, den Informationsaustausch mit Ermittlungsbehörden zu gestatten, hat § 7 SAG insoweit keinen Gebrauch gemacht.[44] Bei richtlinienkonformer Auslegung hindert § 7 Abs. 1 SAG also anders als § 9 Abs. 5 KWG[45] und § 8 Abs. 2 WpHG, die entsprechende Befugnisse ausdrücklich vorsehen, die Datenübermittlung an Finanzbehörden.

31 Die allgemeinen Regeln der **Amtshilfe** nach Art. 35 GG oder § 4 VwVfG werden von § 7 Abs. 1 SAG ebenfalls verdrängt; Ausnahmen sind lediglich unter dem Gesichtspunkt des höherrangigen Interesses denkbar.[46]

32 **(bb) Auskunftsansprüche Privater.** Auskunftsansprüche Privater kommen ebenfalls nur in Betracht, wenn die §§ 5–8 SAG keine Sperrwirkung für einen Datentransfer auf anderweitiger Rechtsgrundlage entfalten. Art. 84 Abs. 3 BRRD steht der Preisgabe geschützter Tatsachen an Private nicht per se entgegen. Denn Presse- und Informationsfreiheit genießen den Schutz des Art. 11 EGRC, der über Art. 6 EUV primärrechtlich gewährleistet ist. § 9 SAG gibt ebenfalls keinen Anlass zu Zweifeln. Ziel dieser Vorschrift ist lediglich, dem gesetzlichen Geltungsanspruch der §§ 4 und 5 SAG zu praktischer Durchsetzung zu verhelfen,[47] aber nicht, private Informationsrechte zu derogieren. Im Ergebnis sind die §§ 5–8 SAG also lediglich in ihrem Anwendungsbereich abschließend. Konflikten zwischen Geheimnisschutz und privatem Informationsrecht ist mittels einer fallbezogenen Interessenabwägung Rechnung zu tragen.

Mögliche Anspruchsgrundlagen für die Auskunftsgesuche Privater sind § 1 Abs. 1 S. 1 IFG, § 3 Abs. 1 S. 1 der insoweit gleichlautenden Pressegesetze der Länder und § 29 Abs. 2 VwVfG. Im Ergebnis müssen die Behörden des SAG jedoch keinen Zugang zu geschützten Informationen oder Akteneinsicht gewähren und können eine Auskunft gegenüber der Presse verweigern.

33 Ausschlaggebend für das Scheitern des Anspruchs aus § 1 Abs. 1 S. IFG sind im Wesentlichen drei Gründe. Erstens ist das IFG nach § 1 Abs. 3 IFG subsidiär, soweit Vorschriften anderer Gesetze den **Zugang zu amtlichen Informationen** abschließend regeln.[48] § 11 SAG fällt in diese Kategorie,[49] denn er versagt ausdrücklich den Zugang zu Informationen, die der Aufsichts- oder Abwicklungsbehörde im Zusammenhang mit der Sanierungsplanung nach §§ 12–21 SAG bzw. der Abwicklungsplanung nach §§ 40–48 SAG übermittelt wurden oder im Zusammenhang mit der Bewertung gemäß § 69 SAG bzw. dem Vermarktungsprozess gemäß § 126 SAG bei der Aufsichts- oder Abwicklungsbehörde entstanden sind. Ob es sich im konkreten Fall um nach §§ 4 und 5 SAG geschützte Daten handelt, ist unmaßgeblich.[50] Zweitens besteht nach § 3 Nr. 4 IFG kein Zugang zu der begehrten Information, wenn sie, was auf Tatsachen im Anwendungsbereich des § 5 SAG zutrifft, einer materiell-gesetzlichen Geheimhaltungs- oder Vertraulichkeitspflicht bzw. einem besonderen Amtsgeheimnis unterliegt. Zuletzt gewährleistet § 6 IFG noch einmal dezidierten Schutz von Betriebs- und Geschäftsgeheimnissen.

---

[44] Missverständlich insoweit BT-Drs. 18/2575, S. 146.
[45] IdF d. Gesetzes zur Anpassung des nationalen Bankenabwicklungsrechts an den Einheitlichen Abwicklungsmechanismus und die europäischen Vorgaben zur Bankenabgabe (Abwicklungsmechanismusgesetz – AbwMechG) vom 2.11.2015, BGBl. 2015 I 1864.
[46] Vgl. zu § 9 KWG *Lindemann* in BFS § 9 Rn. 14.
[47] BT-Drs. 18/2575, S. 146.
[48] Vgl. *Gurlit* NZG 2014, 1161 (1163).
[49] Vgl. BT-Drs. 18/2575, S. 147.
[50] BT-Drs. 18/2575, S. 147.

Nach § 3 Abs. 1 S. 2 Nr. 3 der **Pressegesetze** der Länder sind Behörden gegenüber der 34
Presse zur Auskunftsverweigerung berechtigt, soweit „Maßnahmen, die im öffentlichen
Interesse liegen, durch ihre vorzeitige öffentliche Erörterung vereitelt, erschwert, verzögert
oder gefährdet werden könnten". Auf Sanierungs- und Abwicklungsmaßnahmen dürfte
dieser Befund regelmäßig zutreffen. Jedoch gebietet der grundrechtliche Schutz der Pressefreiheit eine Güterabwägung im Einzelfall.

Für ein denkbares Recht des Instituts auf **Akteneinsicht** aus § 29 Abs. 2 VwVfG gelten 35
wegen der identischen Tatbestandsmerkmale dieselben Überlegungen wie zur Auskunftsverweigerung nach § 99 Abs. 1 S. 2 VwGO (→ Rn. 30). Geheimhaltungsbedürftig gegenüber dem Institut oder der Finanzgruppe ist insbesondere der Abwicklungsplan. Dies dient
dem Ausschluss strategischen oder opportunistischen Verhaltens in Gestalt des zweckgerichteten Ausbaus von Unternehmensbereichen, die mittels Abwicklungsinstrumenten und
-befugnissen bewahrt werden sollen.[51]

Soweit zuletzt ein Anspruch nicht am Prozess Beteiligter auf ermessensfehlerfreie Ent- 36
scheidung über die Gewähr von **Einsicht in Gerichtsakten** aus § 299 Abs. 2 ZPO; § 28
Abs. 3 EGGVG iVm §§ 100, 173 VwGO in Rede steht[52], kommt dem Geheimnisschutz des
§ 4 Abs. 1 SAG indirekte Wirkung zu. Zwar fällt der gemäß § 299 Abs. 2 ZPO zuständige
Gerichtspräsident nicht unter die Verschwiegenheitspflicht aus § 5 Abs. 1 S. 1 SAG, da er
keine Tätigkeit im Rahmen des SAG entfaltet. Jedoch hat die Qualifikation einer Information als schutzwürdig nach § 4 Abs. 1 SAG in die Abwägung zwischen dem Geheimhaltungsbedürfnis der Parteien und dem Auskunftsinteresse des Dritten einzugehen,[53]
womit ein Anspruch aus § 299 Abs. 2 ZPO; § 28 Abs. 3 EGGVG iVm §§ 100, 173 VwGO
regelmäßig ausscheidet.

(c) Einwilligung des betroffenen Instituts oder Dritten. Die Befugnis zur Offenba- 37
rung kraft Einwilligung regelt abschließend § 5 Abs. 4 SAG, der naturgemäß auf private
Belange iSd § 4 Abs. 1 Nr. 1 SAG beschränkt ist.[54] Zudem müssen das Institut oder ein
Dritter über die von ihm im Wege der Einwilligung preisgegebene Information rechtlich
disponieren können. Ein privates Geschäftsgeheimnis, das durch seine Aufnahme in den
Sanierungsplan auch den öffentlichen Belang der Effektivität von Aufsichtsmaßnahmen
gemäß § 4 Abs. 1 Nr. 2 Gruppe 2 SAG berührt und darüber hinaus der Verschwiegenheit aus
§ 21 SAG unterfällt, wäre somit nicht von einer Einwilligung nach § 5 Abs. 4 SAG gedeckt.

(d) Grundsätze über die Abwägung widerstreitender Pflichten oder Interessen. 38
Die Grundsätze über die Abwägung widerstreitender Pflichten oder Interessen gestatten
beispielsweise die Verarbeitung anonymisierter vertraulicher Daten für wissenschaftliche
oder didaktische Zwecke.[55] Art. 83 Abs. 3 Hs. 3 Alt. 2 BRRD erlaubt, vertrauliche Informa-

---

[51] BT-Drs. 18/2575, S. 145. Gleichlautend zum Vorläufer § 47i Abs. 1 KWG BT-Drs. 17/12601, S. 39.

[52] Bspw. anlässlich des Rechtsschutzes gegen Abwicklungsmaßnahmen nach § 150 Abs. 2 SAG. Ob ein Akteneinsichtsrecht Dritter im verwaltungsgerichtlichen Verfahren besteht, ist umstritten, vgl. *Rudisile* in Schoch/Schneider/Bier VwGO § 100 Rn. 11; *Kopp/Schenke* VwGO § 100 Rn. 2; *Posser* in BeckOK VwGO § 100 Rn. 16 jeweils mwN.

[53] Zur nach § 299 Abs. 2 ZPO vorzunehmenden Interessenabwägung *Prütting* in MüKoZPO § 299 Rn. 25; *Saenger* ZPO § 299 Rn. 13.

[54] Daneben muss die Einwilligung ausdrücklich erfolgen und die Anforderungen an eine wirksame geschäftsähnliche Handlung erfüllen.

[55] Vgl. hierzu *Berkenbusch* S. 197 f.; *Schlette/Bouchon* in Fuchs WpHG § 8 Rn. 13 sowie § 15 Abs. 3 MBO der Bundesärztekammer.

tionen in zusammengefasster oder allgemeiner Form offenzulegen, die keine Rückschlüsse auf die betroffenen Institute oder Unternehmen zulässt. Soweit die Vorschrift in ihrer deutschen Sprachfassung durch Verwendung der Konjunktion „und" anstelle von „oder" einen Zustimmungsvorbehalt zu unterstellen scheint, liegt ein Redaktionsversehen vor.[56] Welche Anforderungen an die Zusammenfassung und Verallgemeinerung der Informationen zu stellen sind, ist auf Grundlage von Art. 84 Abs. 7 BRRD per **Leitlinien der EBA** iSd Art. 16 VO (EU) Nr. 1093/2010 zu konkretisieren. Hierzu schlägt die EBA drei Prinzipien vor, von denen zwei absolute Wirkung beanspruchen und eines relativ ist.[57] In keinem Fall dürfen die offengelegten Informationen Daten enthalten, die so spezifisch sind, dass sich mittels ihrer einzelne Institutionen identifizieren lassen. Die gleichen Anforderungen gelten für die Begleitumstände der Veröffentlichung wie deren Zeitpunkt oder Adressatenkreis. Eine Information, die sich auf weniger als drei Institute oder Unternehmen bezieht, darf zuletzt nur offenbart werden, wenn kein Risiko besteht, mit dieser Information auch die betroffene Institution preiszugeben.

39 **(4) Rechtsfolgen eines Verstoßes gegen die Verschwiegenheitspflicht.** Auf Sekundärebene stellt § 5 Abs. 5 S. 1 SAG klar, dass bei Verletzung der Verschwiegenheitspflicht die allgemeinen Haftungs- und Schadensersatzregeln gelten. Somit bildet die Verschwiegenheitspflicht aus § 5 Abs. 1 und 2 SAG eine drittbezogene Amtspflicht iSd § 839 BGB. Zudem ist § 5 SAG Schutzgesetz iSd § 823 Abs. 2 BGB.[58] Allerdings gilt gemäß § 5 Abs. 5 S. 2 SAG für Angehörige einer im Rahmen des SAG tätigen national zuständigen Behörde die Haftungsbeschränkung auf Vorsatz nach § 152 SAG mit entsprechenden Konsequenzen für einen Amtshaftungsanspruch aus § 839 BGB iVm Art. 34 GG. Der mit § 5 Abs. 5 SAG inhaltlich identische und nahezu gleichlautende § 10 Abs. 2 SAG ist redundant. Strafrechtlich kann die unbefugte Kundgabe nach §§ 4 und 5 SAG geschützter Informationen durch §§ 203 Abs. 2, 204, 353b StGB oder § 17 UWG sanktioniert sein.

40 Als Programmablaufplan stellt sich die Prüfung, ob Behörden des SAG geschützte Informationen offenlegen dürfen, wie folgt dar:

---

[56] Vgl. auch EBA/CP/2015/18, S. 12.
[57] Auf Basis des Anhörungsverfahrens EBA/CP/2015/18 v. 27.10.2015 hat die EBA am 19.4.2016 die Leitlinien EBA/GL/2016/03 veröffentlicht.
[58] Vgl. zu § 8 WpHG *v. Hein* in Schwark/Zimmer § 8 WpHG Rn. 29; *Schlette/Bouchon* in Fuchs WpHG § 8 Rn. 28 sowie zu § 9 KWG *Lindemann* in BFS § 9 Rn. 25.

II. Vertraulichkeit und Insiderrecht

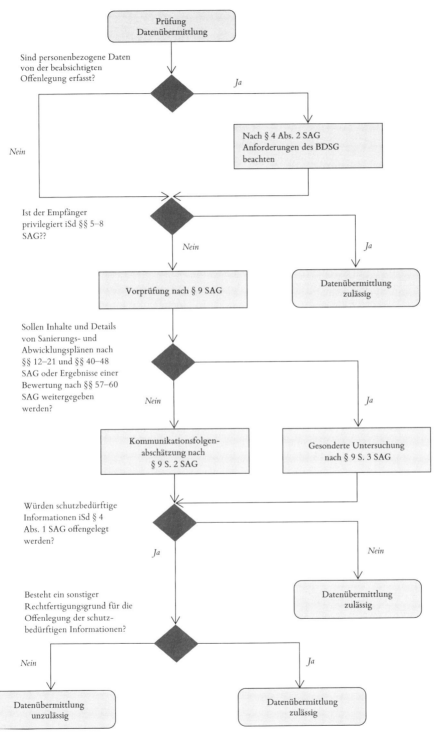

Abbildung 1: Programmablaufplan zur Offenlegung geschützter Informationen durch Behörden

cc) Verschwiegenheitspflicht der Institute

41 Die Verschwiegenheitspflicht der Institute ist Gegenstand des § 21 SAG.

(1) Sanierung. § 21 Hs. 1 SAG verpflichtet Institute und gruppenangehörige Unternehmen zur vertraulichen Behandlung von Sanierungs- und Gruppensanierungsplänen. Eine Weitergabe ist gemäß § 21 Hs. 2 SAG nur an diejenigen Dritten gestattet, die an der Erstellung und Umsetzung dieser Pläne beteiligt sind. Auf diese Weise dient § 21 SAG als Spezialregelung zu den §§ 4 ff. SAG dem besonderen „Geheimhaltungsinteresse an dem Sanierungsplan"[59]. Denn die Sanierung wäre erheblich erschwert, wenn Marktteilnehmer oder Wettbewerber Geschäftsaktivitäten des Instituts auf seinen Sanierungsplan zurückführen und die Schlussfolgerung ziehen könnten, dass eine Handlung unter Zugzwang vorgenommen wurde.[60]

42 (a) Sachlicher Anwendungsbereich. Dem sachlichen Anwendungsbereich des § 21 SAG unterfallen somit neben den fertigen Plänen in ihrer Gesamtheit auch sämtliche darin enthaltenen Daten einschließlich aller Informationen, die im Entwurfsstadium von den mit der Planerstellung betrauten Personen als möglicher Planinhalt geprüft werden. Eine Beschränkung der Geheimhaltung auf die wesentlichen Planbestandteile nach § 13 Abs. 2 SAG und die weiteren Anforderungen des § 13 Abs. 3 und 4 SAG ist nicht veranlasst.

43 Bei Angaben ohne exklusive Verwendung in einem Sanierungsplan besteht jedoch die Notwendigkeit zu differenzieren. Informationen wie die von § 13 Abs. 2 Nr. 2 a) SAG verlangte Darstellung der Unternehmensstruktur und des Geschäftsmodells oder die in § 13 Abs. 2 Nr. 2 b) Alt. 1 SAG geforderte Benennung der wesentlichen Geschäftsaktivitäten finden sich nicht nur im Sanierungsplan, sondern vergleichbar auch in der Geschäftsstrategie nach § 25a Abs. 1 S. 3 Nr. 1 KWG, Wertpapierprospekten[61], im Jahresfinanzbericht gemäß § 37v WpHG oder im Lagebericht nach § 289 HGB. In diesen Fällen gilt die Vertraulichkeit also nicht für die Information per se, sondern den entsprechenden Planbestandteil.

44 Entsprechend verhält es sich mit der Durchführung des Sanierungsplans. Stellt das Institut fest, dass die Schwellenwerte für Sanierungs- oder Frühwarnindikatoren iSd § 13 Abs. 2 Nr. 6 SAG erreicht bzw. Belastungsszenarien gemäß § 13 Abs. 2 Nr. 7 SAG realisiert sind, unterliegen zwar nicht diese tatsächlichen Ereignisse, aber die daraus im Lichte des Sanierungsplans zu ziehenden Schlussfolgerungen der Vertraulichkeit nach § 21 SAG. Bei Maßnahmen der **Frühintervention** nach § 36 Abs. 1 S. 3 Nr. 1 b) SAG, mit denen dem Institut aufgegeben wird, eine im Sanierungsplan enthaltene Handlungsoption umzusetzen, ist dieselbe Unterscheidung vorzunehmen. Die Vornahme einer bestimmten Handlung und ihr ökonomischer Auslöser dürfen vom Institut offengelegt werden. Der Umstand, dass hiermit eine Handlungsoption des Sanierungsplans ausgeübt wurde, unterliegt der Verschwiegenheit.

45 Das Verwaltungsverfahren zur Erstellung des Sanierungsplans ist ebenfalls nur dann vertraulich, wenn es Rückschlüsse auf den Planinhalt zulässt. Dieses Kriterium erfüllen Anordnungen der Nachbesserung des Plans nach § 16 Abs. 1, 3–5 SAG und Frühinterventionsmaßnahmen iSd § 36 Abs. 1 S. 3 Nr. 1 a) SAG zur Aktualisierung des Plans, nicht aber die Aufforderung gemäß § 12 Abs. 3 S. 1 SAG, überhaupt einen Plan vorzulegen (→ Rn. 13 f.).

---

[59] BT-Drs. 18/2575, S. 151.
[60] BT-Drs. 18/2575, S. 151.
[61] Vgl. Nr. 5 und 6 Anhang I EU-ProspektVO.

(b) Persönlicher Anwendungsbereich. Der persönliche Anwendungsbereich des § 21 46
SAG umfasst Institute und gruppenangehörige Unternehmen als solche. Das heißt, alle bei
diesen Rechtssubjekten kraft gültigen Arbeitsvertrags beschäftigten natürlichen Personen
unterliegen der Vertraulichkeit. Gleiches gilt für die Organe des Instituts oder gruppenangehörigen Unternehmens.

Im Gegensatz zu § 5 Abs. 3 SAG verlangt § 21 SAG also keine Einrichtung institutsinterner Vertraulichkeitsbereiche (→ Rn. 18). Jedoch können derartige Maßnahmen etwa
entsprechend § 13 Abs. 3 S. 2 Nr. 1 WpDVerOV erforderlich sein, wenn anderenfalls die
Gefahr besteht, dass Planinformationen an Unbefugte gelangen oder Insidergeschäfte begangen werden.[62] Zudem sind angemessene Schutzmaßnahmen bereits konstitutiv für das
Unternehmensgeheimnis (→ Rn. 5).

Gesetzlich privilegierter Dritter iSd § 21 Hs. 2 SAG ist nur, wer sich mit Zustimmung 47
des Instituts oder gruppenangehörigen Unternehmens an der Erstellung und Umsetzung
der Pläne beteiligt. Hieran fehlt es beispielsweise Rating-Agenturen[63] oder Erwerbsinteressenten im Rahmen beabsichtigter Unternehmensübernahmen. Der Abschluss einer
Vertraulichkeitsvereinbarung hebt die Bindung des Instituts an § 21 Hs. 2 SAG nicht auf.
Ob der Abschlussprüfer vom Wortlaut des § 21 Hs. 2 SAG erfasst ist, kann dahinstehen, da
der gesetzliche Prüfauftrag aus § 29 Abs. 1 S. 7 KWG iVm § 15 PrüfBV den notwendigen
Einblick in den Sanierungsplan ermöglicht. Erfüllt ein Dritter die Voraussetzungen der
Einbindung in die Planung oder deren Vollzug, muss er als Empfänger vertraulicher Informationen auch selbst zur Verschwiegenheit verpflichtet sein. Häufig wird sich diese aus
Regelungen zur Wahrung des Berufsgeheimnisses wie § 43a Abs. 2 BRAO; § 2 BORA;
§§ 57 Abs. 1, 62 StBerG oder §§ 43 Abs. 1 S. 1, 50 WPO ergeben. Widrigenfalls hat das
Institut mit dem Dritten eine wirksame und hinreichend strafbewehrte **Vertraulichkeitsvereinbarung** einzugehen.

(2) Frühzeitiges Eingreifen und Abwicklung. In den Verfahrensabschnitten des Früh- 48
zeitigen Eingreifens und der Abwicklung findet § 21 SAG nur insoweit Anwendung, als
die jeweilige Maßnahme den Sanierungsplan reflektiert. Denn als Teil des Kapitels 1 „Sanierungsplanung" und ausweislich ihres Wortlauts ist die Vorschrift auf Sanierungs- und
Gruppensanierungspläne beschränkt. Also herrscht in der Frühintervention Vertraulichkeit
nach § 21 SAG nur bei Anordnungen auf Grundlage des § 36 Abs. 1 S. 3 Nr. 1 a) und b) SAG.
Außerhalb des § 21 SAG gelten jedoch die allgemeinen arbeits-, dienst- oder gesellschaftsrechtlichen Regeln zur Verschwiegenheit.[64] Erfasst sind insbesondere Verfügungen und
Mitteilungen im Abwicklungsverfahren gemäß §§ 56 Abs. 1, 59 Abs. 1 und 5 und 77 Abs. 1
SAG, wenn das Institut hiervon zu einem Zeitpunkt Kenntnis erlangt, in dem sich die betreffende Maßnahme durch ihre Öffentlichkeit noch beeinträchtigen ließe.

---

[62] In der Regel sollte es ausreichend sein, die Planinformationen instituts- und gruppenintern nach
einem strengen need-to-know-Prinzip zu behandeln. Insbesondere darf der Sanierungsplan nicht in
das für jedermann zugängliche schriftliche Anweisungswesen aufgenommen werden.
[63] Vgl. zu § 47i Abs. 2 KWG *Cichy/Behrens* WM 2014, 438 (442).
[64] Losgelöst von ihrer vertraglichen Konkretisierung wird die Verschwiegenheitspflicht als Nebenpflicht des Dienst- und Arbeitsvertrags klassifiziert. Darüber hinaus bestehen Pflichten ua aus
§ 93 Abs. 1 S. 3 AktG oder § 79 BetrVG iVm § 68 Abs. 3 SAG.

b) SRM-Verordnung

49 Folgt das Restrukturierungsverfahren nicht mehr dem SAG, sondern der SRM-Verordnung (→ B.I. Rn. 32 ff.), gewährleistet Art. 88 SRM-Verordnung den Schutz vertraulicher Informationen in vergleichbarem Umfang wie das SAG.[65]

aa) Schutzwürdige Information

50 Zunächst wird durch Art. 88 Abs. 1 S. 1 SRM-Verordnung, wie im Europarecht üblich, auf das **Berufsgeheimnis** aus Art. 339 AEUV verwiesen. Diese Vorschrift enthält die allgemeine Regelung zur Amtsverschwiegenheit der Mitglieder der Organe sowie Bediensteten der Union[66] und umfasst „Auskünfte, die ihrem Wesen nach unter das Berufsgeheimnis fallen", wobei Auskunft im Sinne der Vorschrift mit Blick auf deren englische und französische Sprachfassung jedwede Information ist.[67] Darüber hinaus erstreckt sich der Tatbestand des Art. 339 AEUV nicht nur auf Berufs-, sondern auch auf Amts- und Geschäftsgeheimnisse sowie sonstige vertrauliche Informationen.[68] Zur Definition der beiden letztgenannten Begriffe kann wiederum auf Art. 39 Abs. 2 des TRIPS-Übereinkommens bzw. Erwägungsgrund 13 S. 2 der Durchführungsverordnung zur Kartellverordnung rekurriert werden (→ Rn. 4). Unter das Amts- bzw. Berufsgeheimnis als solches fallen Informationen ihrem Wesen nach dann, wenn sie lediglich einem begrenzten Personenkreis bekannt und dem jeweiligen Geheimschutzverpflichteten in amtlicher oder beruflicher Eigenschaft bekannt geworden sind, dem Informanten oder einem Dritten durch deren Offenlegung möglicherweise ein ernsthafter Nachteil entsteht und wenn auch unter Berücksichtigung gegenläufiger Interessen an ihrer Verbreitung ihre Geheimhaltung objektiv geboten, das Geheimnis also schutzwürdig ist.[69]

51 Entscheidend für jede der Ausprägungen des Berufsgeheimnisses ist damit das jeweilige Geheimhaltungsinteresse, das ausweislich Art. 88 Abs. 5 SRM-Verordnung in privaten wie öffentlichen Belangen begründet sein kann. Gemäß dieser Regelung hat der **Ausschuss** (→ B.II. Rn. 34 ff.) Sorge zu tragen, dass die von ihm offengelegten Informationen keine vertraulichen Angaben enthalten und hierzu eine Folgenabschätzung vorzunehmen. Die nach Art. 88 Abs. 5 S. 1 SRM-Verordnung anzulegenden Maßstäbe bilden einerseits die Geschäftsinteressen natürlicher und juristischer Personen sowie andererseits öffentliche Interessen der Finanz-, Währungs- oder Wirtschaftspolitik (→ Rn. 8 zu den makroökonomischen Implikationen nicht erreichter Abwicklungsziele) und die Zwecke von Inspektions-, Untersuchungs- und Prüftätigkeiten. Ihren Niederschlag finden die in Art. 88 Abs. 5 SRM-Verordnung aufgeführten ökonomischen Interessen unter anderem in den Abwicklungszielen nach Art. 14 Abs. 2 SRM-Verordnung. Hierzu zählen neben der Sicherstellung der Kontinuität von kritischen Funktionen, die Vermeidung erheblicher negativer Auswirkungen auf die Finanzstabilität, der Schutz öffentlicher Mittel sowie derjenige der Einleger, Anleger und Kunden.

52 Welche Konsequenzen die Kundgabe für die genannten Belange haben muss, um die Information als vertraulich einzustufen, ist Art. 88 Abs. 5 SRM-Verordnung allerdings

---

[65] Vgl. Erwägungsgrund 116 S. 2 sowie Art. 88 Abs. 1 S. 2, 90 Abs. 4 und Art. 91 SRM-Verordnung.
[66] *Jaeckel* in Grabitz/Hilf/Nettesheim Art. 339 Rn. 1; *Brühann* in v. d. Groeben/Schwarze/Hatje Art. 339 Rn. 1, 13 ff.
[67] *Jaeckel* in Grabitz/Hilf/Nettesheim Art. 339 Rn. 16; *Wegener* in Calliess/Ruffert Art. 339 Rn. 2.
[68] *Jaeckel* in Grabitz/Hilf/Nettesheim Art. 339 Rn. 19; *Brühann* in v. d. Groeben/Schwarze/Hatje Art. 339 Rn. 12.
[69] *Wegener* in Calliess/Ruffert Art. 339 Rn. 2.

nicht zu entnehmen. Angesichts des weiten Verständnisses der Erwägungsgründe 44 und 116 SRM-Verordnung von Berufsgeheimnis bzw. vertraulicher Information reicht jedoch auch eine nur geringe oder mögliche Beeinträchtigung aus.

Potentielle Medien vertraulicher Informationen sind laut Art. 88 Abs. 5 S. 2 SRM-Verordnung vor allem **53**
- Abwicklungspläne im Sinne der Art. 8 f. SRM-Verordnung,
- die Ergebnisse einer nach Art. 10 SRM-Verordnung durchgeführten Bewertung der Abwicklungsfähigkeit und
- das Abwicklungskonzept nach Art. 18 SRM-Verordnung.

Laut Erwägungsgrund 44 S. 8 SRM-Verordnung sollten Abwicklungspläne angesichts der in ihnen enthaltenen sensiblen Informationen generell der Pflicht zur Wahrung des Berufsgeheimnisses unterliegen. Erwägungsgrund 116 S. 2 SRM-Verordnung geht noch einen Schritt weiter und qualifiziert alle Informationen, die der Ausschuss und die nationalen Abwicklungsbehörden nebst ihren professionellen Beratern während des Abwicklungsverfahrens empfangen, als dem Grunde nach vertraulich. Zur selben Einschätzung kommt Erwägungsgrund 116 S. 4 SRM-Verordnung für sämtliche Informationen, die im Vorfeld einer im Abwicklungsverfahren zu fällenden Entscheidung bereitgestellt werden, was insbesondere die Abwicklungsinstrumente der Art. 24–27 SRM-Verordnung einbezieht.[70]

Im Ergebnis erstreckt sich der Schutz des Berufsgeheimnisses nach Art. 88 SRM-Verordnung daher auf jede Information, die bei Durchführung des Abwicklungsverfahrens bezogen hierauf gewonnen wurde und aus deren Kundgabe Nachteile für Abwicklungsinstrumente, Abwicklungsziele oder die Belange in Art. 88 Abs. 5 SRM-Verordnung nicht auszuschließen sind. **54**

bb) Geheimnisträger

Als Träger des Berufsgeheimnisses für schutzwürdige Informationen iSd Art. 88 SRM-Verordnung fungieren laut Art. 88 Abs. 1 UAbs. 1 S. 1 und Abs. 3 SRM-Verordnung Personen, aus denen sich der Ausschuss gemäß Art. 43 SRM-Verordnung zusammensetzt oder die nach dieser Vorschrift für ihn arbeiten, einschließlich seiner Beobachter. Nach Art. 88 Abs. 2 SRM-Verordnung muss der Ausschuss zudem sicherstellen, dass auch derjenige das Berufsgeheimnis zu wahren hat, der Dienstleistungen im Zusammenhang mit der Wahrnehmung von Aufsichtsaufgaben wie beispielsweise Prüfungen vor Ort erbringt. Art. 88 Abs. 1 UAbs. 3 SRM-Verordnung dehnt die Verschwiegenheitspflicht auf potentielle Erwerber iSd Art. 13 Abs. 3 SRM-Verordnung aus. Im Umkehrschluss zu Art. 88 Abs. 6 SRM-Verordnung sind zuletzt auch die nationalen Abwicklungs- und Aufsichtsbehörden, jeweils einschließlich ihrer Bediensteten und Berater, dem Berufsgeheimnis unterworfen. Für Mitglieder von Rat, Kommission und EZB folgt die Geltung des Berufsgeheimnisses direkt aus Art. 339 AEUV. Teilweise redundant ist somit der Verweis auf Art. 88 SRM-Verordnung in Art. 30 Abs. 1 S. 2 SRM-Verordnung, demzufolge die Mitglieder des Rates, die Kommission sowie das Personal von Rat und Kommission hinsichtlich aller vom Ausschuss bereitgestellter Informationen das Berufsgeheimnis zu wahren haben. **55**

Geheimnisträger im Sinne der Verordnung sind demnach die in Art. 88 Abs. 6 SRM-Verordnung genannten Rechtssubjekte zuzüglich der nach Art. 88 Abs. 1 UAbs. 3 SRM-Verordnung iVm Art. 13 Abs. 3 SRM-Verordnung kontaktierten potentiellen Erwerber.

---

[70] Nach Erwägungsgrund 116 S. 5 SRM-Verordnung genügt bereits der Umstand, dass Ausschuss und nationale Abwicklungsbehörden ein bestimmtes Unternehmen in Augenschein nehmen, um eine vertrauliche Information zu bejahen.

Art. 88 Abs. 1 UAbs. 1 S. 1 aE SRM-Verordnung lässt die Verschwiegenheitspflicht über das Dienstende hinaus fortwirken.

56 Im Gegensatz dazu ist den jeweiligen Unternehmen einschließlich ihrer Beschäftigten und Auslagerungsunternehmen eine Berufung auf ihre professionelle Verschwiegenheit versagt, soweit der Ausschuss nach Art. 34 Abs. 1 und 2 SRM-Verordnung von ihnen Auskunft verlangen kann.[71] Umgekehrt wird diesem Personenkreis auch keine Verschwiegenheitspflicht auferlegt. Denn bestimmungsgemäß kommt er nach der SRM-Verordnung nicht mit fremden vertraulichen Daten bzw. von ihm vertraulich zu behandelnden Vorgängen in Kontakt.

Erlangt das Unternehmen Kenntnis von einer Abwicklungsmaßnahme, bevor diese zu Ende geführt worden ist, insbesondere weil es sie gemäß Art. 29 Abs. 2 UAbs. 1 SRM-Verordnung selbst umzusetzen hat, ergibt sich die Pflicht, Vertraulichkeit zu wahren, wiederum nur aus allgemeinen zivilrechtlichen Grundsätzen (→ Rn. 48).

cc) Verschwiegenheitspflicht

57 Nach Art. 88 Abs. 1 UAbs. 2 iVm UAbs. 1 S. 2 SRM-Verordnung darf, wer dem Berufsgeheimnis unterliegt, keine im Abwicklungsverfahren gewonnenen vertraulichen Informationen gegenüber anderen Stellen oder Personen offenbaren.

(1) Organisatorische Umsetzung. Vorgaben zur organisatorischen Umsetzung dieses Verbots enthalten Art. 88 Abs. 4 und 5 sowie Art. 91 SRM-Verordnung. Die letztgenannte Regelung verweist den Ausschuss zunächst auf die Sicherheitsvorschriften der Kommission zum Schutz sensibler Informationen und Verschlusssachen.[72] Art. 88 Abs. 4 SRM-Verordnung verpflichtet den Ausschuss darüber hinaus, abstrakt Maßnahmen zu ergreifen, die für den sicheren Umgang mit und die sichere Verarbeitung von vertraulichen Informationen erforderlich sind. Um zu gewährleisten, dass die von ihm weitergegebenen Informationen keine vertraulichen Angaben enthalten, hat der Ausschuss zudem gemäß Art. 88 Abs. 5 S. 1 SRM-Verordnung die Konsequenzen seines Datentransfers für öffentliche und private Belange abzuschätzen. Wegen der besonderen Bedeutung von Abwicklungsplänen, Bewertungsergebnissen und Abwicklungskonzepten muss nach Art. 88 Abs. 5 S. 2 SRM-Verordnung vor deren Kundgabe stets eine konkrete **Bewertung der Kommunikationsfolgen** stattfinden. Der persönliche Anwendungsbereich des Art. 88 Abs. 5 SRM-Verordnung umfasst neben dem ausdrücklich genannten Ausschuss auch alle weiteren Geheimnisträger, da bereits nach Art. 339 AEUV, insoweit vergleichbar mit § 9 SAG, der Kundgabe eine Auswirkungsanalyse vorgeschaltet ist.[73] Die sachliche Reichweite des Art. 88 Abs. 5 SRM-Verordnung bedarf demgegenüber einer teleologischen Reduktion. Denn Anlass für eine Folgenabschätzung besteht nur, wenn die Bekanntgabe vertraulicher Informationen untersagt ist. Das heißt, bei deren zulässigem Transfer kann auch die Vorprüfung entfallen.

58 **(2) Gerechtfertigter Informationstransfer.** Erlaubnistatbestände, nach denen ein Geheimnisträger vertrauliche Informationen ausnahmsweise weitergeben darf, sind
- die Kenntnisnahme innerhalb einer von der SRM-Verordnung zugewiesenen Funktion,
- die Kundgabe in anonymisierter Form,
- die Zustimmung der Behörde oder des Unternehmens, von dem die Information stammt,

---

[71] Vgl. auch Erwägungsgrund 94 SRM-Verordnung.
[72] Beschluss 2001/844/EG, EGKS, Euratom der Kommission vom 29.11.2001 (ABl. L 317, 1).
[73] *Brühann* in v. d. Groeben/Schwarze/Hatje Art. 339 Rn. 12; *Wegener* in Calliess/Ruffert Art. 339 Rn. 2.

II. Vertraulichkeit und Insiderrecht

- die für ein Gerichtsverfahren erforderliche Offenlegung und
- der Informationsaustausch hinsichtlich einer Abwicklungsmaßnahme zwischen den beteiligten Behörden und Stellen.

Hinzu tritt das Recht auf Informationszugang nach Art. 90 Abs. 4 SRM-Verordnung iVm der Verordnung (EG) Nr. 1049/2001.[74]

(a) In Erfüllung einer gesetzlichen Funktion. Empfängt ein Geheimnisträger vertrauliche 59 Informationen in Ausübung seiner beruflichen Tätigkeit und im Zusammenhang mit einer ihm von der SRM-Verordnung zugewiesenen Funktion, darf er die Daten zur Wahrnehmung einer Aufgabe gemäß der SRM-Verordnung auch weitergeben. Dieses in Art. 88 Abs. 1 UAbs. 1 S. 2 Alt. 1 SRM-Verordnung niedergelegte Prinzip ist notwendige Bedingung für die Arbeitsfähigkeit des einheitlichen Abwicklungsmechanismus und muss daher weit ausgelegt werden. Es kommt also nicht darauf an, dass der Geheimnisträger formell empfangszuständig war, sein Informant die Daten rechtmäßig übermittelt hat, die Datenerhebung als solche formell rechtmäßig war oder Identität zwischen empfangenen und weitergegebenen Informationen herrscht, solange nur eine Befugnis des Geheimnisträgers aus der SRM-Verordnung besteht, die betreffenden Daten der von ihm beabsichtigten Stelle oder Person bekanntzugeben. Das heißt, Art. 88 Abs. 1 UAbs. 1 S. 2 Alt. 1 SRM-Verordnung gestattet nicht nur, wie beispielsweise in Art. 8 Abs. 4, Art. 13 Abs. 1 UAbs. 2 oder Art. 34 Abs. 3 SRM-Verordnung vorgesehen, vertrauliche Informationen weiterzuleiten, sondern erlaubt überhaupt erst deren Mitteilung,[75] was insbesondere die Erfüllung von Informationsrechten des Ausschusses ermöglicht. Wenn also gemäß SRM-Verordnung die Bekanntgabe einer Information zulässig ist, spielt deren etwaige Vertraulichkeit keine Rolle mehr. Dass Art. 34 Abs. 5 S. 2 SRM-Verordnung diesen Dispens auf den **Informationsaustausch** unter Beteiligung von Ausschuss, EZB, nationalen Aufsichts- sowie Abwicklungsbehörden beschränkt, dient lediglich der Klarstellung und schließt den Datenverkehr unter den übrigen Berufsgeheimnisträgern nicht aus.

Soweit Art. 8 Abs. 6 UAbs. 2 SRM-Verordnung einen Anspruch des betroffenen Un- 60 ternehmens gegen den Ausschuss auf Enthüllung der Einzelheiten des Abwicklungsplans iSd Art. 8 Abs. 9 SRM-Verordnung zu begründen scheint, handelt es sich um ein Redaktionsversehen, wie der Blick auf die einschlägigen Art. 10 Abs. 1 S. 3, Abs. 7 BRRD erhellt. Denn hiernach ist dem Institut nur eine zusammenfassende Darstellung der Hauptbestandteile des Plans offenzulegen. Der Verweis des Art. 8 Abs. 6 UAbs. 2 SRM-Verordnung auf Art. 8 Abs. 9 SRM-Verordnung beschränkt sich daher auf die Angaben nach Art. 8 Abs. 9 a) SRM-Verordnung.

(b) Privilegierter Kommunikationszweck. Abseits der in der SRM-Verordnung vor- 61 gesehenen Kommunikationswege sind Ausschuss, Rat, Kommission, EZB, nationale Abwicklungsbehörden und nationale zuständige Behörden (also alle Berufsgeheimnisträger im Sinne der SRM-Verordnung unter Ausnahme der potentiellen Erwerber) gemäß Art. 88 Abs. 6 Alt. 1 SRM-Verordnung befugt, untereinander vertrauliche Informationen auszutauschen, sofern hiermit die Planung oder Durchführung einer Abwicklungsmaßnahme beabsichtigt wird. Zum selben Zweck bezieht Art. 88 Abs. 6 Alt. 2 SRM-Verordnung die

---

[74] Verordnung (EG) Nr. 1049/2001 des Europäischen Parlaments und des Rates vom 30.5.2001 über den Zugang der Öffentlichkeit zu Dokumenten des Europäischen Parlaments, des Rates und der Kommission (ABl. L 145, 43).

[75] Informationspflichten von Behörden oder Stellen im Sinne der SRM-Verordnung finden sich ua in Art. 8 Abs. 6 UAbs. 2, Art. 10 Abs. 11 c), Art. 18 Abs. 1 UAbs. 2–4, Art. 19 Abs. 1 UAbs. 2, Art. 21 Abs. 2, Art. 28 Abs. 1 b), Art. 31 Abs. 1 UAbs. 2 c), Art. 34, Art. 35 Abs. 1 UAbs. 2 d) oder Art. 41 Abs. 1 UAbs. 3 SRM-Verordnung.

Berufsgeheimnisträger nach Art. 84 Abs. 1 a), b), c), g), h) und j) BRRD sowie die für das reguläre Insolvenzverfahren zuständigen Behörden, potentielle Erwerber und vorbehaltlich einer Anerkennung nach Art. 33 SRM-Verordnung Abwicklungsbehörden aus Drittstaaten in diesen Informationsaustausch mit ein. Allerdings dürfen im Rahmen der Vorschrift die Adressaten des Art. 88 Abs. 6 Alt. 2 SRM-Verordnung nur mit denen des Art. 88 Abs. 6 Alt. 1 SRM-Verordnung, aber nicht untereinander kommunizieren.

62 **(c) Kundgabe in anonymisierter Form.** Dass die Übermittlung von Daten in zusammengefasster oder allgemeiner Form, die keine Rückschlüsse auf ein Unternehmen zulässt, gestattet ist, stellt Art. 88 Abs. 1 UAbs. 1 S. 2 Alt. 2 SRM-Verordnung klar. Die auf Grundlage des Art. 84 Abs. 7 BRRD zur Konkretisierung des Tatbestandsmerkmals der „zusammengefassten oder allgemeinen Form" zu erstellenden Leitlinien der EBA (→ Rn. 38) gelten nach Erwägungsgrund 18 S. 3 SRM-Verordnung auch für den Ausschuss.

63 **(d) Zustimmung.** Nach Art. 88 Abs. 1 UAbs. 1 S. 2 Alt. 3 SRM-Verordnung dürfen vertrauliche Daten weitergegeben werden, wenn derjenige, von dem die betreffende Information stammt, seine ausdrückliche Einwilligung erklärt hat. Übereinstimmend mit Art. 84 Abs. 3 UAbs. 1 BRRD, aber anders als § 5 Abs. 4 SAG umfasst die Vorschrift in persönlicher Hinsicht auch Behörden und in ihrem gegenständlichen Anwendungsbereich öffentliche neben privaten Interessen. Für die Preisgabe öffentlicher Belange wird jedoch oftmals selbst Behörden die Dispositionsbefugnis fehlen. Art. 88 Abs. 1 UAbs. 1 S. 2 Alt. 3 SRM-Verordnung bedarf mithin der einschränkenden Auslegung. Kraft öffentlicher Interessen geschützte Informationen wie solche über geplante Abwicklungsmaßnahmen dürfen daher nur weitergegeben werden, wenn der Empfänger selbst der Verschwiegenheit unterliegt.

64 **(e) Offenlegung in Gerichtsverfahren.** Ob eine vertrauliche Tatsache in ein Gerichtsverfahren einzubringen ist, richtet sich gemäß Art. 84 Abs. 6 BRRD nach der **lex fori**, sofern nicht die SRM-Verordnung wie in ihrem Art. 37 eigenes Prozessrecht enthält. Den im Bedarfsfall notwendigen Erlaubnistatbestand für die Offenlegung der Daten schafft Art. 88 Abs. 1 UAbs. 2 SRM-Verordnung.

65 **(3) Datenschutz.** In keinem Fall befreit Art. 88 SRM-Verordnung jedoch von den Vorschriften zur Verarbeitung **personenbezogener Daten**. Art. 89 SRM-Verordnung stellt diese Rangfolge abschließend klar.

3. Publizität schutzwürdiger Informationen

66 Außerhalb des SAG oder der SRM-Verordnung kann die Schutzbedürftigkeit einer Information Fragen hinsichtlich ihrer Publizität aufwerfen. Verbindungen bestehen zum Gesellschafts- und dem Kapitalmarktrecht.

a) Gesellschaftsrechtliche Publizität

67 Ist ein Institut oder Unternehmen als Aktiengesellschaft verfasst, muss sein Vorstand dem Aufsichtsrat nach § 90 Abs. 1 S. 1 Nr. 1 AktG über grundsätzliche Themen der Unternehmensplanung berichten.[76] Abgabe, Aktualisierung und Nachbesserung des Sanierungs-

---

[76] Vgl. auch die aufsichtsrechtlichen Regelungen in E 3.2 Tz. 2, 5 MaSan (Mindestanforderungen an die Ausgestaltung von Sanierungsplänen), wonach im Regelbetrieb das Aufsichtsorgan, also zB der Aufsichtsrat, zu informieren ist.

plans iSd §§ 12 und 16 SAG fallen in diese Kategorie, ohne dass der jeweilige Plan selbst als Dokument dem Bericht beizufügen wäre.[77] Berichte gemäß § 90 Abs. 1 S. 3 AktG aus sonstigen wichtigen Anlässen sind zu erstatten, wenn Anordnungen und Mitteilungen nach §§ 36–39 SAG sowie gemäß §§ 56 Abs. 1, 59 Abs. 1 und 5 und 77 Abs. 1 SAG ergehen.[78] Ein auf Erläuterung dieser Vorgänge gerichteter **Auskunftsanspruch des Aktionärs** aus § 131 Abs. 1 S. 1 AktG ist demgegenüber zu verneinen. Regelmäßig wird es bereits am notwendigen Bezug zu einem Gegenstand der Tagesordnung fehlen. Zudem kann sich der Vorstand auf sein Auskunftsverweigerungsrecht aus § 131 Abs. 3 S. 1 Nr. 1 AktG berufen, da die Bekanntgabe vertraulicher Informationen iSd SAG der Gesellschaft einen nicht unerheblichen Nachteil zufügte. Sofern der konkrete Unternehmensbezug besteht, sind gemäß SAG oder SRM-Verordnung schützenswerte Informationen zugleich auch vertrauliche Angaben iSd § 93 Abs. 1 S. 3 AktG, über die der Vorstand Stillschweigen zu wahren hat.

b) Kapitalmarktrechtliche Publizität

Im Kapitalmarktrecht ist die Schutzbedürftigkeit einer Information nach SAG oder SRM-Verordnung auf den Gebieten der Insiderinformation, Insidergeschäfte, Ad-hoc-Publizität, Wertpapierprospekte und Finanzberichterstattung zu berücksichtigen.

aa) Insiderinformationen

Den Ausgangspunkt bildet die Insiderinformation gemäß Art. 7 Abs. 1 a) MAR[79], die als Tatbestandsmerkmal im Verbot von Insidergeschäften nach Art. 8 und 14 MAR sowie der Pflicht zur Ad-hoc-Publizität aus Art. 17 MAR fortwirkt und unter Umständen auch den Inhalt von Wertpapierprospekten oder der Finanzberichterstattung beeinflusst.

(1) Informationen im Restrukturierungsverfahren. Insiderinformation iSd Art. 7 Abs. 1 a) MAR ist jede präzise nicht öffentlich bekannte Information, die den Emittenten eines Finanzinstruments betrifft und bei ihrer Bekanntgabe geeignet wäre, den Kurs dieses Finanzinstruments oder eines verbundenen Derivats erheblich zu beeinflussen.

Als personelles Bindeglied zwischen der Information aus dem Restrukturierungsverfahren und dem Kurs eines Finanzinstruments iSd Art. 7 Abs. 1 MAR kommen neben dem Institut selbst vorrangig dessen potentielle Erwerber, Inhaber relevanter Kapitalinstrumente, übrige Eigen- und Fremdkapitalgeber oder sonstige Gläubiger in Betracht, aber auch Unternehmen, die derselben Branche, demselben Index oder derselben Anlageklasse wie das Institut angehören.

Grundsätzlich lassen sich die Insiderinformationen mit Bezug zum Restrukturierungsverfahren in drei Kategorien[80] einteilen:
- das tatsächliche Ereignis als exogener Schock

---

[77] Vgl. *Cichy/Behrens* WM 2014, 438 (448). Allgemein zum Detaillierungsgrad der Berichterstattung *Spindler* in MüKoAktG § 90 Rn. 18 f.

[78] Vgl. *Hüffer* AktG § 90 Rn. 8, wonach empfindliche behördliche Auflagen einen wichtigen Anlass iSd § 90 AktG darstellen können.

[79] Die §§ 13–15 WpHG werden zum 3.7.2016 durch die Verordnung (EU) Nr. 596/2014 vom 16.4.2014 (Marktmissbrauchsverordnung – MAR) abgelöst. Die auf Grundlage dieser Verordnung ergehenden Technischen Durchführungsstandards werden an Stelle der §§ 3a–16 WpAIV treten.

[80] Entdeckt beispielsweise das Institut ein von einem seiner Händler in Betrugsabsicht ohne Hedgegeschäfte aufgebautes Derivateportfolio, stellt es daraufhin die betreffenden Positionen glatt und vollzieht so auf Anordnung der Aufsichtsbehörde eine im Sanierungsplan angelegte Handlungsoption, sind alle drei Umstände getrennt voneinander auf ihre Qualität als Insiderinformation zu untersuchen.

- den Umgang des betroffenen Instituts oder sonstigen Marktteilnehmers hiermit
- die rechtliche Einbettung dieses Ereignisses oder dieser Reaktion in ein Instrument oder einen Vorgang der Sanierung, Frühintervention oder Abwicklung

71 Das faktische Geschehen, das sich lediglich während der Restrukturierung ereignet, wirft dabei keine Besonderheiten auf. Fraglich ist allein, welche Kursrelevanz der Eintritt von Rechtsfolgen nach dem SAG oder der SRM-Verordnung im Restrukturierungsverfahren besitzt. Denn regelmäßig sind alle von § 4 Abs. 1 SAG bzw. Art. 88 Abs. 1 SRM-Verordnung geschützten Informationen gleichzeitig präzise, nicht öffentlich bekannte Informationen mit hinreichendem Bezug zu dem Emittenten eines Finanzinstruments iSd Art. 7 Abs. 1 a) MAR.

72 **(2) Kursrelevanz.** Ex ante verfügt jede geschützte Tatsache auch über Kursänderungspotenzial. Für vertrauliche Informationen folgt dieser Befund aus den § 4 Abs. 1 Nr. 1 SAG prägenden privaten wirtschaftlichen Geheimhaltungsinteressen, für die im Rahmen des § 4 Abs. 1 Nr. 2 SAG schutzwürdigen öffentlichen Belange aus dem Kausalnexus zwischen der der Restrukturierung oder Beaufsichtigung eines Kreditinstituts und der Preisentwicklung eines von seiner wirtschaftlichen Situation abhängigen Finanzinstruments.

Erheblichkeit oder Spürbarkeit der Kursänderung iSd Art. 7 Abs. 1 a) iVm Art. 7 Abs. 4 MAR ist gegeben, sofern der ökonomische Erwartungswert einer hypothetischen Bekanntgabe der geschützten Information, also das Produkt aus Eintrittswahrscheinlichkeit und Wirkung der offenbarten Tatsache, die Handlungsschwelle verständiger Anleger für eine Investitionsentscheidung übersteigt.[81] Hinsichtlich ihres Wahrheitsgehalts sind geschützte Informationen verlässlich. Jedoch kann es ihnen an hinreichend starkem Einfluss auf den Kurs des relevanten Finanzinstruments mangeln.

73 Das ist regelmäßig der Fall, wenn die an einen Sachverhalt von SAG oder SRM-Verordnung geknüpfte Rechtsfolge den wohlinformierten Erwartungen der Marktteilnehmer genügt. Bewegte sich beispielsweise die Klassifizierung eines bestimmten Geschehens als **Sanierungsindikator oder Krisenszenario** im Rahmen banküblicher Standards oder auch nur innerhalb dessen, was das Publikum als vertretbar ansieht, würde der Preisgabe des entsprechenden Planbestandteils das Überraschungsmoment und damit hinreichende Kursrelevanz fehlen.

Eine andere Einschätzung ergibt sich, sollte der Plan Maßnahmen vorsehen, die ihrerseits kursrelevant sind. Knüpft der Sanierungsplan an den Eintritt einer Insiderinformation an, beispielsweise die Veräußerung einer wesentlichen Tochtergesellschaft, und entfaltet er auf diese Weise Selbstbindung des Instituts, wird die im Plan getroffene Rechtsfolgenanordnung zur Insiderinformation, sobald der sie auslösende Tatbestand realisiert ist. Insoweit handelt es sich um also um den **Zwischenschritt eines zeitlich gestreckten Vorgangs** nach Art. 7 Abs. 2 S. 2 MAR, der seinerseits alle Kriterien der Insiderinformation gemäß Art. 7 Abs. 3 MAR verwirklicht.

74 Bei Zahlungsunfähigkeit eines bedeutenden Kreditnehmers und Definition dieses Ereignisses als idiosynkratisches Krisenszenario im Sanierungsplan entstehen ebenfalls zwei Insiderinformationen. Denn neben dem Insolvenzgrund auf Seiten des Schuldners besitzt der Umstand, dass sich das Institut daraufhin selbst als Sanierungsfall versteht, eigene Kursrelevanz.

---

[81] Zur Diskussion um die Anwendbarkeit der Probability/Magnitude-Formel bei Bestimmung der Kursrelevanz einer Information *Klöhn* ZIP 2012, 1885 (1891); *Krause* CCZ 2014, 248 (251).

II. Vertraulichkeit und Insiderrecht

Ebenso sind allerdings Konstellationen denkbar, in denen weder das tatsächliche Geschehen noch der geschützte Planbestandteil eine Insiderinformation generiert; zum Beispiel, wenn erhöhte Mitarbeiterfluktuation einen Frühwarnindikator erster Stufe auslöst.

Auch bei der Bewertung behördlicher Verfügungen ist zwischen der Kursrelevanz des 75 Sachverhalts und derjenigen der in ihnen getroffenen Anordnung zu unterscheiden. Eine vom Markt erwartete gebundene Behördenentscheidung oder eine solche nach einer Ermessensreduzierung auf Null stellt demgemäß keine Insiderinformation dar. Ist hingegen der kursrelevante Sachverhalt, der einer Verfügung zugrunde liegt, nicht öffentlich bekannt, wird diese selbst zur Insiderinformation, weil sie den Rückschluss auf andere Insiderinformationen vermittelt. Ein Beispiel hierfür wäre die in einer Anordnung der Beteiligung von Inhabern relevanter Kapitalinstrumente aufgezeigte Bestandsgefährdung des Instituts nach § 63 Abs. 1 SAG.

Im Ergebnis bildet somit die Abweichung von Erwartungen der Marktteilnehmer an 76 Erstellung und Umsetzung von Sanierungsplänen oder den Erlass von Verwaltungsakten im Restrukturierungsverfahren den Maßstab für das notwendige Preisänderungspotenzial einer geschützten Information.

(3) Verbot von Insidergeschäften. Das Verbot von Insidergeschäften nach Art. 8 und 77 14 MAR wird im Restrukturierungsverfahren durch die Freistellung legitimer Handlungen iSd Art. 9 MAR deutlich eingeschränkt. So können anlässlich der Sanierungsplanung eingerichtete Vertraulichkeitsbereiche (→ Rn. 46) als angemessene interne Regelungen und Verfahren nach Art. 9 Abs. 1 a) MAR einzustufen sein, was dem Institut während der Restrukturierung beispielsweise den Handel in eigenen Finanzinstrumenten erlaubte.[82]

Hat die Abwicklungsbehörde dem Institut gemäß § 59 Abs. 6 S. 1 Nr. 5 SAG aufgegeben, bestimmte Vermögensgegenstände zu veräußern, ist zumindest das Erfüllungsgeschäft der Übereignung von Finanzinstrumenten als Vollzug dieser Anordnung eine legitime Handlung nach Art. 9 Abs. 3 b) MAR ungeachtet zwischenzeitlich eingetretener weiterer Insiderinformationen.

(4) Ad-hoc-Publizität. In der Restrukturierung begründete Insiderinformationen, die 78 unmittelbar einen Emittenten von Finanzinstrumenten betreffen, unterliegen der Ad-hoc-Publizität nach Art. 17 Abs. 1 UAbs. 1 MAR.

(a) Veröffentlichungspflicht. Zu den Insiderinformationen des Restrukturierungsver- 79 fahrens mit spezifischem Bezug zum Institut zählen
- die kursrelevanten Inhalte des Sanierungsplans nach §§ 12, 13 SAG,
- die tatsächliche Verwirklichung der Schwellenwerte für bedeutende Frühwarn- oder Sanierungsindikatoren nach § 13 Abs. 2 Nr. 6 SAG sowie
- der Eintritt von Belastungsszenarien nach § 13 Abs. 2 Nr. 7 SAG einschließlich der drohenden Bestandsgefährdung iSd § 138 SAG.
Hinzu kommt der Erlass von Verwaltungsakten wie die
- Anforderung auf Änderung des Sanierungsplans gemäß § 16 Abs. 1, 3 oder 4 SAG,
- Anordnung einzelner Abwicklungsmaßnahmen oder
- die Abwicklungsanordnung.

Für Informationen über Abwicklungsmaßnahmen oder die Abwicklungsanordnung, 80 die von der Abwicklungsbehörde gemäß § 140 Abs. 4 SAG auf deren Internetpräsenz zu publizieren sind, besteht nach § 140 Abs. 5 S. 3 SAG eine unwiderlegbare Vermutung ihrer

---

[82] Vgl. *Krause* CCZ 2014, 248 (252).

Einstufung als *zu veröffentlichende* **Insiderinformation**. Eine Prüfung, ob mit der Veröffentlichung seitens der Abwicklungsbehörde bereits die eine Insiderinformation ausschließende Bereichsöffentlichkeit[83] hergestellt ist, einzelnen von der Abwicklungsbehörde bekannt gemachten Informationen die Kursrelevanz fehlt oder diese das Institut nicht unmittelbar betreffen, entfällt somit.

Allerdings normiert § 140 Abs. 5 S. 3 SAG keine abschließende Spezialregelung, die das Institut im Umkehrschluss von der Veröffentlichung aller sonstigen Insiderinformationen freistellt, obgleich das Gesetzgebungsverfahren des RiskAbschG zur Schaffung eines § 47i Abs. 2 KWG in diese Richtung deutet.[84] Denn der MAR, die insoweit Anwendungsvorrang gegenüber dem SAG genießt, ist ein Ausschluss von Veröffentlichungspflichten kraft gesetzlicher Verschwiegenheit des Emittenten (→ Rn. 87 zu Art. 17 Abs. 8 S. 2 MAR) unbekannt. Weder begründet also die gesetzlich geforderte Publizität eine Rechtfertigung für die Aufhebung der ebenso gesetzlich geschützten Vertraulichkeit noch umgekehrt.

81 Auf Seiten des potentiellen Erwerbers entsteht eine prinzipiell veröffentlichungspflichtige Insiderinformation regelmäßig mit der Ansprache nach § 126 Abs. 2 S. 1 SAG. In der Sphäre der Institutsgläubiger, die selbst Finanzinstrumente emittiert haben, seien es Inhaber relevanter Kapitalinstrumente, sonstige Eigen- oder Fremdkapitalgeber, Vertragsparteien oder Sicherungsgeber, können die Anforderungen des Art. 17 Abs. 1 MAR erfüllt sein, wenn ihre Rechtsposition durch eine Anordnung der Abwicklungsbehörde geändert wird, insbesondere mittels einer Verfügung auf Grundlage der §§ 77–101 SAG.

82 Wurde für das Institut nach §§ 87 Abs. 1, 88 Abs. 1 SAG ein mit den Geschäftsleiterrechten aus § 45c Abs. 2 Nr. 1 KWG ausgestatteter Sonderverwalter bestellt, geht auf ihn auch die Zuständigkeit für die Erfüllung des Art. 17 Abs. 1 MAR über. Im Falle eines Insolvenzantrags nach § 116 SAG bleibt es bei der Pflicht des Insolvenzverwalters aus § 11 WpHG, das Institut bei der Ad-hoc-Publizität zu unterstützen.

83 **(b) Selbstbefreiung.** Der notwendige Ausgleich zwischen den Pflichten des Instituts aus Art. 17 Abs. 1 MAR und § 21 SAG ist daher im Wege Selbstbefreiung von der Veröffentlichung nach Art. 17 Abs. 4 und 5 MAR zu bewirken. Vergleichbare Überlegungen haben potentielle Erwerber im Hinblick auf ihre Verschwiegenheit aus § 5 Abs. 1 S. 1 iVm Abs. 2 Nr. 2 SAG anzustellen.

84 In der Restrukturierung vermag frühzeitige Publizität die Erfolgsaussichten von Sanierung, Frühintervention und Abwicklung zu gefährden. Art. 17 Abs. 4 UAbs. 1 a) MAR erlaubt demgemäß, die Veröffentlichung einer Information solange zu unterlassen, wie es der Schutz der berechtigten Interessen des Emittenten erfordert. Dieses **Suspensivinteresse** kann auch in der Erfüllung gesetzlicher Verschwiegenheitspflichten begründet sein. So wird dem potentiellen Erwerber die Berufung auf § 15 Abs. 3 WpHG[85], dem Vorgänger des Art. 17 Abs. 4 MAR, von § 126 Abs. 2 S. 3 SAG ausdrücklich gestattet. Mangels Sperrwirkung der Vorschrift muss gleiches auch ohne explizite Regelung zu Gunsten des Instituts

---

[83] Vgl. hierzu *Ritz* in JVRB WpHG § 13 Rn. 109 ff.

[84] Hatte der Regierungsentwurf (BT-Drs. 17/12601, S. 39) noch einen § 47i Abs. 2 S. 2 KWG enthalten, wonach das Kreditinstitut die Ergebnisse der Abwicklungsplanung, soweit sie ihm bekannt sind, nicht als Insiderinformation veröffentlichen muss, wurde diese Regelung im Finanzausschuss gestrichen (BT-Drs. 17/13539, S. 10) mit der Begründung, dass eine gesetzliche Ausnahme von der Ad-hoc-Publizität angesichts europarechtlicher Transparenz- und Veröffentlichungspflichten nicht angezeigt und stattdessen eine enge Auslegung der Publizitätsvorschriften im Lichte der Sanierungs- und Abwicklungsplanung vorzugswürdig sei.

[85] IdF der Bekanntmachung der Neufassung des WpHG v. 9.9.1998, BGBl. I 2708 (2715).

II. Vertraulichkeit und Insiderrecht

im Hinblick auf seine Pflichten aus § 21 SAG gelten. Ist die ausgesetzte Veröffentlichung das einzige Mittel zur Wahrung gesetzlich vorgeschriebener Verschwiegenheit, verdichtet sich die in Art. 17 Abs. 4 MAR eingeräumte Befugnis zu einem gebundenen Ermessen dergestalt, dass die Möglichkeit zur Selbstbefreiung in Anspruch genommen werden muss.[86] Hinsichtlich der übrigen Verfahrensanforderungen des Art. 17 Abs. 4 MAR bestehen dann keine Bedenken. Denn eine Irreführung der Öffentlichkeit ist wie von Art. 17 Abs. 4 UAbs. 1 b) MAR verlangt nicht zu befürchten; und das Institut wird auch in der Lage sein, die weitere Geheimhaltung der sanierungsplanbezogenen Informationen iSd Art. 17 Abs. 4 UAbs. 1 c) MAR sicherzustellen. Sobald nach Beendigung des Aufschubs die Veröffentlichung erfolgt, hat das Institut gemäß Art. 17 Abs. 4 UAbs. 3 MAR die BaFin als nach § 1 Abs. 1 Nr. 6 e) WpHG zuständige Behörde iSd Art. 17 Abs. 3 MAR zu informieren und ihr zu erläutern, warum der geheim gehaltene Sachverhalt die Anforderungen des Art. 17 Abs. 4 MAR erfüllt.[87]

Im Falle von Maßnahmen der Abwicklungsbehörde und deren Bekanntgabe gegenüber dem Institut stellt sich die Frage, ob der Bezug des § 140 Abs. 5 S. 3 SAG auf „eine zu veröffentlichende Insiderinformation" nur den Tatbestand des Art. 17 Abs. 1 MAR bejaht oder dem Institut zusätzlich die Selbstbefreiung nach Art. 17 Abs. 4 und 5 MAR versagt, also eine Rechtsgrund- oder eine Rechtsfolgenverweisung enthält. Da aber das Institut außerstande ist, die notwendige Geheimhaltung zu gewährleisten, wenn die Abwicklungsbehörde ihre Anordnung oder Bekanntmachung selbst nach § 140 Abs. 4 SAG im Internet veröffentlicht, scheidet eine Selbstbefreiung ohnehin regelmäßig aus. 85

Bei hinreichender **Systemrelevanz** kann das Institut zuletzt auch auf Art. 17 Abs. 5 MAR zurückgreifen, der den Aufschub gestattet, wenn er im öffentlichen Interesse liegt und die Bekanntgabe der Insiderinformation das Risiko birgt, die finanzielle Stabilität des Instituts und des Finanzsystems zu untergraben. Notwendig ist allerdings, dass die nach Art. 17 Abs. 3 MAR zuständige nationale Behörde, also die BaFin, in den Aufschub der Veröffentlichung eingewilligt hat, weshalb Art. 17 Abs. 6 MAR Regelungen zum Verwaltungsverfahren vor dem Erlass dieser Verfügung trifft. In materieller Hinsicht ordnet Erwägungsgrund 52 S. 3 MAR eine Güterabwägung der Behörde zwischen Aufschub- und Publizitätsinteressen an. 86

Kommuniziert das Institut während der Selbstbefreiung[88] die Insiderinformation an Behörden, Stellen oder Dritte, die ihrerseits nach §§ 5–8 SAG; Art. 88 SRM-Verordnung oder einer Vertraulichkeitsvereinbarung zur Verschwiegenheit verpflichtet sind, entfällt 87

---

[86] Die Grundsätze zur Selbstbefreiung bei mehrstufigen Entscheidungsprozessen sind auf das Verhältnis zwischen Sonderverwalter und Abwicklungsbehörde zu übertragen, vgl. *Ridder/Kocher* NZI 2010, 925 (932) für die Anwendbarkeit des § 6 WpAIV im Verhältnis zwischen Insolvenzverwalter und Gläubigerausschuss.

[87] In ihrem Konsultationspapier vom 28.1.2016 betreffend Leitlinien auf Grundlage des Art. 17 Abs. 11 MAR schlägt die ESMA vor, angelehnt an Erwägungsgrund 50 lit. a) MAR Art. 17 Abs. 4 UAbs. 1 a) MAR ua dann als erfüllt anzusehen, wenn Verhandlungen (auch außerhalb des Insolvenzverfahrens) zur Gewährleistung einer langfristigen finanziellen Erholung des Emittenten durch die sofortige Bekanntgabe von Insiderinformationen vereitelt würden (ESMA/2016/162, S. 29). Vom Wahlrecht der Mitgliedstaaten in Art. 17 Abs. 4 UAbs. 3 S. 2 MAR, im jeweiligen Durchführungsgesetz zur MAR festzulegen, dass eine Erläuterung des Aufschubs nur auf Ersuchen der zuständigen Behörde zu übermitteln ist, hat Deutschland bisher keinen Gebraucht gemacht (Vgl. § 15 WpHG idF d. RegE 1. FiMaNoG).

[88] Vgl. zu diesem Erfordernis für § 15 Abs. 1 S. 4 WpHG aF *Assmann* in Assmann/Schneider WpHG § 15 Rn. 111a; *Pfüller* in Fuchs WpHG, § 15 Rn. 278.

die Notwendigkeit der Ad-hoc-Veröffentlichung vor Übermittlung nach Art. 17 Abs. 8 S. 2 MAR.

bb) Prospektrecht

88 Auch im Prospektrecht müssen die Vertraulichkeit aus dem Restrukturierungsverfahren und das Informationsbedürfnis des Kapitalmarkts abgewogen werden. Das Institut steht somit vor der Frage, ob und in welcher Form eine nach SAG oder SRM-Verordnung geschützte Information in den Wertpapierprospekt oder dessen Nachtrag aufzunehmen ist. Macht die Abwicklungsbehörde von § 59 Abs. 6 S. 1 Nr. 5 SAG Gebrauch (→ Rn. 77) oder sind außerhalb einer Abwicklungsanordnung zwecks Anwendung der Instrumente der Beteiligung der Inhaber relevanter Kapitalmarktinstrumente bzw. der Gläubigerbeteiligung Wertpapiere zu emittieren, besteht gegebenenfalls die Notwendigkeit, einen Wertpapierprospekt zu veröffentlichen.[89] Nach § 5 Abs. 2a Nr. 5 WpPG erstrecken sich die Schlüsselinformationen der Prospektzusammenfassung auf die Gründe für das Wertpapierangebot. Entsprechend wäre die jeweilige Anordnung der Abwicklungsbehörde namhaft zu machen.

Aus § 8 Abs. 2 Nr. 1 und 2 WpPG kann die BaFin jedoch gestatten, gesetzlich vorgeschriebene Angaben im Wertpapierprospekt zu unterlassen, wenn deren Verbreitung dem öffentlichen Interesse zuwiderläuft oder dem Emittenten erheblichen Schaden zufügt. Problematisch in diesem Zusammenhang ist, dass die Institute mit dem Vertrieb der Wertpapiere möglicherweise selbst Insiderhandel begingen, falls die Prospektangabe wie hier zugleich eine ad-hoc-pflichtige Insiderinformation darstellt, die Veröffentlichung aufgrund einer Selbstbefreiung unterbleibt und die BaFin ihre Befugnis aus § 8 Abs. 2 Nr. 1 und 2 WpPG vollzieht.[90] Sofern aber die zuständige Behörde ihre Einwilligung in den Aufschub der Veröffentlichung zur Wahrung der Stabilität des Finanzsystems gegeben hat, darf das hierin nach Art. 17 Abs. 5 b) MAR begründete öffentliche Interesse nicht durch eine Bekanntgabe der Informationen mittels Wertpapierprospekt unterlaufen werden.

89 Umstände im Anwendungsbereich des § 21 SAG können zudem eine **Nachtragspflicht** für Wertpapierprospekte aus § 16 Abs. 1 S. 1 Alt. 1 WpPG auslösen. Der notwendige Ausgleich mit der Verschwiegenheitspflicht erfolgt, indem das Institut in seiner Funktion als Anbieter des Wertpapiers die geänderte wirtschaftliche Situation im Nachtrag zum Prospekt benennt, ohne den Bezug dieser Informationen zum Sanierungsplan zu offenbaren. Einer Anwendung des § 8 Abs. 2 WpPG bedarf es nicht. Erlischt die Rechtfertigung für den Aufschub der Veröffentlichung einer Insiderinformation, die gleichzeitig im Wertpapierprospekt anzugeben wäre, ist der Nachtrag zu aktualisieren.

cc) Finanzberichterstattung

90 Bei der Erstellung von Jahresfinanzberichten, Halbjahresfinanzberichten und Zwischenmitteilungen nach §§ 37v, 37w WpHG ist das Institut ebenfalls berechtigt, die Verbindung eines berichtpflichtigen Ereignisses zum Sanierungsplan zu verschweigen. Das tatsächliche Geschehen muss jedoch berichtet werden. Solange die Veröffentlichung einer Insiderinfor-

---

[89] Beachte jedoch die Ausnahme von der Prospektpflicht nach § 3 Abs. 4 WpPG in § 106 Abs. 1 S. 2 SAG.
[90] Vgl. *Schlitt/Schäfer* in Assmann/Schlitt/von Kopp-Colomb WpPG/VerkProspG § 8 WpPG Rn. 45 sowie *Meyer* in Frankfurter Kommentar WpPG § 8 WpPG Rn. 60 zur Selbstbefreiung nach § 15 Abs. 3 WpHG aF.

mation nach Art. 17 Abs. 5 MAR unterbleiben darf, ist für das betreffende Ereignis auch die Finanzberichterstattung ausgesetzt.

4. Fazit

In der Gesamtbetrachtung gelingt die Abwägung zwischen Informationsfluss und Geheimhaltung sowohl im SAG als auch der SRM-Verordnung. Denn beide Gesetze bedienen sich bewährter Rechtsinstitute wie dem Geschäfts- oder Betriebsgeheimnis, dem schutzwürdigen öffentlichen Belang oder dem Berufsgeheimnis. Der Außenwirkung der im Restrukturierungsverfahren begründeten Verschwiegenheitspflichten auf gesellschafts- oder kapitalmarktrechtlich begründete Informationsinteressen ist mittels einschlägiger Befreiungs- und Ausnahmetatbestände Rechnung zu tragen. Wegen Ungenauigkeiten in der deutschen Übersetzung sollten vorrangig die englischsprachigen Ursprungsfassungen von BRRD und SRM-Verordnung zu Rate gezogen werden.

91

III. Abwicklung und CCP-Clearing

Übersicht

		Rn.
1.	Einleitung	1
2.	Rechtsverhältnisse beim CCP-Clearing	3
	a) EMIR-Vorgaben	6
	aa) Trennung	7
	bb) Übertragung	13
	b) Rechtsverhältnisse in der Praxis	16
3.	Abwicklungsmaßnahmen beim CCP-Clearing	20
	a) Bail-in in Form der Gläubigerbeteiligung	20
	aa) Rolle des Kriseninstituts beim CCP-Clearing	21
	bb) Typische Verbindlichkeiten beim CCP-Clearing	23
	cc) Berücksichtigungsfähige Verbindlichkeiten?	31
	dd) Fazit	57
	b) Übertragung, §§ 107 ff. SAG	58
	aa) Relevanz für CCP-Clearing	59
	bb) Verhältnis zur Übertragung nach Art. 48 EMIR	61
	c) Temporäre Maßnahmen, §§ 82 bis 84 SAG	65
	aa) Befugnis zur Aussetzung vertraglicher Pflichten, § 82 SAG	67
	bb) Befugnis zur Beschränkung von Sicherungsrechten, § 83 SAG	68
	cc) Befugnis zur vorübergehenden Aussetzung von Beendigungsrechten, § 84 SAG	69
	dd) Zeitlicher Anwendungsbereich	71
	ee) Kündigungssperre, § 144 SAG	73
	ff) Ausnahmen für Systeme und zentrale Gegenparteien	81

Schrifttum: *Alfes*, Central Counterparty – Zentraler Kontrahent – Zentrale Gegenpartei, 2005; *Binder*, Komplexitätsbewältigung durch Verwaltungsverfahren? – Krisenbewältigung und Krisenprävention nach der EU-Bankensanierungs- und -abwicklungsrichtlinie, ZHR 179 (2015), 83; *v. Hall*, Insolvenzverrechnung in bilateralen Clearingsystemen, 2010; *ders.*, Warum EMIR den Finanzplatz Deutschland stärkt, und trotzdem eine Wettbewerbsverzerrung im Binnenmarkt droht, WM 2013, 673; *Hartenfels*, Die Verordnung (EU) Nr. 648/2012 über OTC-Derivate, zentrale Gegenparteien und Transaktionsregister („EMIR"), ZHR 178 (2014), 173; *Horn*, Die Erfüllung von Wertpapiergeschäften unter Einbeziehung eines Zentralen Kontrahenten an der Börse – Sachenrechtliche Aspekte –, WM 2002, Sonderbeil. 2, 3; Münchner Kommentar zur Insolvenzordnung, Band 2, 3. Aufl. 2013; *Jaskulla*, Werden zentrale Gegenparteien durch die Umsetzung von EMIR zum Risiko?, BKR 2012, 441; *Jobst*, Börslicher und Außerbörslicher Derivatehandel mittels zentraler Gegenpartei, ILF Working Paper No. 120, 2010; *Kieper*, Abwicklungssysteme in der Insolvenz, 2004; *Kunz*, Ausgewählte Rechtsprobleme des Zentralen Kontrahenten, 2006; *Kusserow/Scholl*, Kreditderivate im Kraftfeld der BRRD – Die neuen Musterbedingungen für Kreditderivate – Teil I –, WM 2015, 360; *dies.*, Kreditderivate im Kraftfeld der BRRD – Die neuen Musterbedingungen für Kreditderivate – Teil II –, WM 2015, 413; *Rinker*, Vertragsschluss im börslichen elektronischen Handelssystem, 2003; *Ruzik*, Finanzmarktintegration durch Insolvenzrechtsharmonisierung 2010; *Tiedemann*, Die Stellung des zentralen Kontrahenten im deutschen und englischen Effektenhandel, 2011; *Uhlenbruck*, Insolvenzordnung. Kommentar, 14. Aufl. 2015; *Wimmer*, FK-InsO, Frankfurter Kommentar zur Insolvenzordnung, 8. Aufl. 2015; *Zerey*, Finanzderivate, 4. Aufl. 2015.

III. Abwicklung und CCP-Clearing

1. Einleitung

Die auf dem Treffen der G20-Staats- und Regierungschefs im September 2009 in Pittsburgh beschlossene Einführung einer **Clearingpflicht** für standardisierte, außerbörslich abgeschlossene Derivate hat die Bedeutung des Clearings über zentrale Gegenparteien (Central Counterparty, **CCP**) noch einmal erheblich gesteigert. Das zentrale Clearing von an Börsen gehandelten Derivaten und anderen Finanzinstrumenten war zwar bereits zuvor üblich und weit verbreitet.[1] Nach den Erfahrungen der Finanzkrise sollten die Effizienzgewinne sowie ein qualitatives Risikomanagement durch die Nutzung von CCP nach dem Willen der Gesetzgeber jedoch auch auf den außerbörslichen (*over the counter* oder OTC) Derivatehandel ausgedehnt werden.[2] Mit der Verordnung (EU) Nr. 648/2012 über OTC-Derivate, zentrale Gegenparteien und Transaktionsregister vom 4. Juli 2012 (*European Market Infrastructure Regulation* – **EMIR**)[3] wurde die Grundlage für die Einführung der Clearingpflicht für standardisierte OTC-Derivate innerhalb der EU geschaffen. Gleichzeitig wurden die CCP strengen regulatorischen Anforderungen unterworfen.

Am CCP-Clearing nehmen als Clearingmitglieder[4], Kunden[5] oder indirekte Kunden[6] (→ Rn. 21) auch Unternehmen teil, die unter die Zuständigkeit der EU-Verordnung über einen einheitlichen Abwicklungsmechanismus (*Single Resolution Mechanism*-Verordnung – **SRM-Verordnung**)[7] oder des deutschen Sanierungs- und Abwicklungsgesetzes (**SAG**)[8] fallen. Dieser Beitrag befasst sich mit der Frage, unter welchen Voraussetzungen und mit welchen Einschränkungen die zentralen Abwicklungsmaßnahmen nach der SRM-Verordnung und dem SAG auf die Beteiligten und typischen Rechtsverhältnisse beim CCP-Clearing Anwendung finden.

2. Rechtsverhältnisse beim CCP-Clearing

Die dem **CCP-Clearing zugrundeliegenden Rechtsverhältnisse** zwischen der CCP, Clearingmitgliedern und Kunden werden maßgeblich von den in Art. 36 ff. EMIR festgelegten Wohlverhaltensregeln für CCPs sowie den in Art. 40 ff. EMIR enthaltenen aufsichtsrechtlichen Anforderungen an CCPs bestimmt. Diese EMIR-Anforderungen wirken allerdings nicht unmittelbar privatrechtsgestaltend auf die vertraglichen Vereinbarungen zwischen den Teilnehmern am CCP-Clearing ein – dies wäre aufgrund der unterschiedlichen Geschäftsmodelle der CCPs und der Unterschiede in den jeweiligen nationalen Rechtsordnungen auch nicht zielführend – sondern müssen durch entsprechende Vertragsgestaltungen umgesetzt werden.

---

[1] Vgl. hierzu die eingehenden Darstellungen bereits bei *Horn* WM-Sonderbeil. 2/2002, 4 ff.; *Rinker* S. 137 ff., *Kieper* S. 9 ff.; *Alfes* S. 31 ff.; *Kunz* S. 60 ff.; *v. Hall* S. 22 ff.; *Tiedemann* S. 14 ff.
[2] Vgl. *Fried* in Zerey § 18 Rn. 1 ff.; *Hartenfels* ZHR 178 (2014), 173 ff.
[3] ABl. L 201, 1.
[4] Vgl. die Begriffsdefinition in Art. 2 Ziffer 14 EMIR.
[5] Vgl. die Begriffsdefinition in Art. 2 Ziffer 14 EMIR.
[6] Vgl. die Begriffsdefinition in Art. 1 lit. a) der Delegierten Verordnung (EU) Nr. 149/2013.
[7] Verordnung (EU) Nr. 806/2014 zur Festlegung einheitlicher Vorschriften und eines einheitlichen Verfahrens für die Abwicklung von Kreditinstituten und bestimmten Wertpapierfirmen im Rahmen eines einheitlichen Abwicklungsmechanismus und eines einheitlichen Abwicklungsfonds sowie zur Änderung der Verordnung (EU) Nr. 1093/2010; ABl. L 225, 1.
[8] Gesetz zur Sanierung und Abwicklung von Instituten und Finanzgruppen (Sanierungs- und Abwicklungsgesetz – SAG), BGBl. 2014 I 2091.

4   Da die für den Kundenschutz wichtigsten EMIR-Vorgaben zur Trennung und Übertragung von Kundenpositionen und –sicherheiten (Art. 39 und 48 EMIR) bei Ausfall eines Clearingmitglieds relevant werden, müssen die diesbezüglichen vertraglichen Vorkehrungen unter dem jeweils anwendbaren nationalen Insolvenzrecht durchsetzbar sein.[9] Für deutsche Insolvenzverfahren bestimmt insofern Art. 102b des Einführungsgesetzes zur Insolvenzordnung (**EGInsO**), dass die durch EMIR gebotenen Maßnahmen zur Abwicklung von Kunden- und Eigenhandelspositionen des Clearingmitglieds, zur Übertragung von Kundenpositionen sowie zur Rückgewähr von Kundensicherheiten durch die Eröffnung eines Insolvenzverfahrens nicht gehindert werden.[10]

5   Eine vergleichbare allgemeine Regelung über den Vorrang von EMIR-Maßnahmen gegenüber Abwicklungsmaßnahmen ist jedoch weder in der EU-Bankensanierungs- und Abwicklungsrichtlinie (**BRRD**)[11] noch auf nationaler Ebene im SAG vorgesehen, so dass die Vereinbarkeit mit den durch EMIR gebotenen Maßnahmen für jedes Abwicklungsinstrument einzeln zu betrachten ist.

a) EMIR-Vorgaben

6   Aus der Gesamtheit der EMIR-Vorschriften haben die Vorgaben zur **Trennung und Übertragung von Kundenpositionen** (Art. 39 und 48 EMIR) die größte Bedeutung für die Ausgestaltung der jeweiligen Rechtsverhältnisse.

aa) Trennung

7   CCPs sind verpflichtet, getrennte Aufzeichnungen und Abrechnungskonten zu führen, die es ihnen ermöglichen, jederzeit die für ein Clearingmitglied gehaltenen Vermögenswerte und Positionen von denen jedes anderen Clearingmitglieds sowie von den eigenen Vermögenswerten zu unterscheiden.[12]

8   CCPs müssen des weiteren Modelle zur „Omnibus-Kunden-Kontentrennung" und „Einzelkunden-Kontentrennung" in Bezug auf Vermögenswerte und Positionen der Kunden von Clearingmitgliedern anbieten.[13] Clearingmitglieder sind ihrerseits verpflichtet, ihren Kunden mindestens die Wahl zwischen diesen beiden Modellen einzuräumen.[14] CCPs dürfen nach der Verwaltungsauffassung der Europäischen Wertpapier- und Marktaufsichtsbehörde (European Securities and Markets Authority, **ESMA**) darüber hinaus keine Segregationsmodelle anbieten, die die Mindestanforderungen an eine Omnibus-Kunden-Kontentrennung bzw. Einzelkunden-Kontentrennung nicht erfüllen.[15]

---

[9] CCPs werden durch Art. 48 Abs. 4 EMIR verpflichtet, sich von der rechtlichen Durchsetzbarkeit ihrer Verfahren bei Ausfall eines Clearingmitglieds zu überzeugen. In der Praxis geschieht dies durch Rechtsgutachten, die ua die Wirksamkeit des vertraglichen Nettings, der Sicherheitenverwertung und -rückgewähr sowie der Übertragung von Kundenpositionen behandeln.

[10] Vgl. auch Erwägungsgrund 64 EMIR („Die in dieser Verordnung festgelegten Vorschriften für die Trennung und die Übertragbarkeit von Positionen und Vermögenswerten von Kunden sollten daher Vorrang vor etwaigen kollidierenden Rechts- oder Verwaltungsvorschriften der Mitgliedstaaten haben, die die Parteien an der Erfüllung dieser Vorschriften hindern").

[11] Richtlinie 2014/59/EU vom 15. Mai zur Festlegung eines Rahmens für die Sanierung und Abwicklung von Kreditinstituten und Wertpapierfirmen; ABl. L 173, 190.

[12] Art. 39 Abs. 1 EMIR.

[13] Art. 39 Abs. 2 und 3 EMIR.

[14] Art. 39 Abs. 5 EMIR.

[15] ESMA, Question and Answers, Implementation of the Regulation (EU) No 648/2012 on OTC derivatives, central counterparties and trade repositories (EMIR), CCP Answer 8b.

(1) Omnibus-Kunden-Kontentrennung. Bei einer Omnibus-Kunden-Kontentrennung 9
führt die CCP getrennte Aufzeichnungen und Abrechnungskonten, die es jedem Clearingmitglied ermöglichen, in den Konten der CCP zwischen seinen eigenen Vermögenswerten und Positionen und den im Namen seiner Kunden gehaltenen zu unterscheiden. Die Kunden tragen somit kein Risiko in Bezug auf Verluste aus eigenen Transaktionen ihres Clearingmitglieds oder aus kundenbezogenen Transaktionen, die unter einem anderen Clearingmodell abgewickelt werden, sie tragen jedoch das Risiko von Verlusten, die sich aus anderen kundenbezogenen Transaktionen des Clearingmitglieds ergeben, die in die Omnibus-Kunden-Kontentrennung einbezogen sind.[16]

(2) Einzelkunden-Kontentrennung. Bei einer Einzelkunden-Kontentrennung führt die 10
CCP getrennte Aufzeichnungen und Abrechnungskonten, die es jedem Clearingmitglied ermöglichen, in den Konten bei der CCP die im Namen eines Kunden gehaltenen Vermögenswerte und Positionen von denen anderer Kunden zu unterscheiden. Dies ermöglicht die Trennung von Kundenpositionen des Clearingmitglieds im Hinblick auf bestimmte einzelne Kunden.

Kundensicherheiten dürfen nicht dafür verwendet werden, Verluste im Zusammenhang 11
mit Positionen eines anderen Abrechnungskontos zu tragen. Im Fall der Einzelkunden-Kontentrennung muss das Clearingmitglied darüber hinaus sämtliche Kundensicherheiten einschließlich eines etwaigen Überschusses bei der CCP hinterlegen.[17] Dies betrifft die bisher übliche (und im Rahmen einer Omnibus-Kunden-Kontentrennung nach wie vor zulässige) Praxis von Clearingmitgliedern, von ihren Kunden höhere Sicherheiten zu verlangen als von der CCP vorgesehen, und den überschießenden Betrag einzubehalten.

Bei einer Einzelkunden-Kontentrennung tragen die Kunden mithin weder das Risiko 12
von Verlusten aus eigenen Transaktionen ihres Clearingmitglieds noch das Risiko von Verlusten, die sich aus sonstigen Kundentransaktionen ihres Clearingmitglieds ergeben.

bb) Übertragung

(1) Omnibus-Kunden-Kontentrennung. Bei einer Omnibus-Kunden-Kontentrennung 13
sieht EMIR vor, dass die CCP bei Ausfall des Clearingmitglieds Verfahren einleitet, um die für Rechnung der Kunden gehaltenen Vermögenswerte und Positionen auf Verlangen jener Kunden auf ein anderes Clearingmitglied (mit dessen Zustimmung) zu übertragen. Die CCP muss in ihren Regeln vorab einen Übertragungszeitraum für die Übertragung festlegen. Findet innerhalb dieses Übertragungszeitraums aus welchem Grund auch immer keine Übertragung auf ein neues Clearingmitglied statt, kann die CCP Vorkehrungen treffen, um ihre Risiken in Bezug auf die betreffenden Positionen aktiv zu verwalten. Dazu gehört insbesondere die Liquidierung der Vermögenswerte und Positionen, die das ausgefallene Clearingmitglied für Rechnung seiner Kunden hält.[18]

(2) Einzelkunden-Kontentrennung. Im Unterschied zur Omnibus-Kunden-Kontentrennung kann im Falle einer Einzel-Kunden-Kontentrennung jeder Kunde für sich entscheiden, ob und zu welchem neuen Clearingmitglied seine Vermögenswerte und Positionen 14

---

[16] Dieses Risiko realisiert sich indes nur bei Ausfall des Clearingmitglieds, da das Clearingmitglied dem Kunden für seine Forderungen und Rücklieferungsansprüche als Vertragspartner uneingeschränkt haftet, mithin keine „Verlustzuschreibung" aus laufenden Geschäften anderer Kunden stattfindet.
[17] Art. 39 Abs. 6 EMIR.
[18] Art. 48 Abs. 5 EMIR.

übertragen werden sollen. Die Zustimmung des neuen Clearingmitglieds ist auch hier erforderlich und kann nur verlangt werden, wenn sich das neue Clearingmitglied hierzu vertraglich verpflichtet hat.[19]

15 **(3) Erstattung an Kunden.** Sofern Positionen und Vermögenswerte, die Gegenstand einer Kunden-Kontentrennung sind, nach dem Ausfall des Clearingmitglieds nicht auf ein neues Clearingmitglied übertragen werden können, kann die CCP die Positionen abwickeln und die Vermögenswerte liquidieren. Die Liquidationserlöse dürfen ausschließlich zur Glattstellung von Verlusten aus den für die jeweiligen Kunden geführten Positionen verwendet werden. Einen nach Abschluss des Verfahrens verbleibenden Überschuss muss die CCP unverzüglich den jeweiligen Kunden zurückerstatten, soweit ihr diese bekannt sind. Sind der CCP die Kunden nicht bekannt, ist der Überschuss an das Clearingmitglied für Rechnung der Kunden zurückzugeben.[20]

b) Rechtsverhältnisse in der Praxis

16 Die Clearingmodelle der deutschen und europäischen CCPs sind überwiegend sogenannte „**Principal-to-principal-Modelle**". Das Clearingmitglied tritt somit gegenüber der CCP im Hinblick auf sämtliche Transaktionen und Sicherheiten als Vertragspartner handelnd im eigenen Namen auf, auch wenn die Transaktionen für Rechnung eines Kunden abgewickelt werden. Eigentransaktionen des Clearing-Mitglieds und kundenbezogene Transaktionen werden jedoch auf separaten Positionskonten verbucht. Gleiches gilt für die bestellten Sicherheiten.

17 Im Rahmen der Omnibus-Kunden-Kontentrennung sind die Rechte und Pflichten des Clearingmitglieds aus Eigentransaktionen von den Rechten und Pflichten getrennt, die aus kundenbezogenen Transaktionen entstehen. Diese Segregation wird rechtlich durch eine Zuordnung der betreffenden Transaktionen zu zwei getrennten **Grundlagenvereinbarungen** (Rahmenverträgen) erreicht.[21] Bei der Einzel-Kunden-Kontentrennung sind die Rechte und Pflichten des Clearingmitglieds aus Transaktionen für Rechnung des jeweiligen Einzelkunden von sämtlichen anderen Rechten und Pflichten des Clearingmitglieds getrennt. Dies wird sichergestellt, indem die Transaktionen für jeden Einzelkunden einer separaten Grundlagenvereinbarung zugeordnet werden. Dementsprechend schließen das Clearingmitglied und die CCP für jeden Einzelkunden eine separate Grundlagenvereinbarung ab.[22] Ansprüche der CCP oder des Clearingmitglieds, einschließlich der Ansprüche auf Stellung von Sicherheiten, dürfen nur innerhalb der jeweiligen Grundlagenvereinbarung aufgerechnet werden.

18 Bei einem **Ausfall des Clearingmitglieds** werden sämtliche Rechte und Pflichten aus der kundenbezogenen Grundlagenvereinbarung einschließlich der zugehörigen Sicherheiten im Wege der Vertragsübernahme auf ein nicht säumiges Clearingmitglied übertragen.[23] Sofern die Voraussetzungen für eine Übertragung innerhalb des hierfür maßgeblichen Zeit-

---

[19] Art. 48 Abs. 6 EMIR.
[20] Art. 48 Abs. 7 EMIR.
[21] Kundenbezogene Positionen und Vermögenswerte können darüber hinaus auch auf mehrere Grundlagenvereinbarungen aufgeteilt werden, um eine weitere Segregation von verschiedenen Kundengruppen eines Clearingmitglieds untereinander zu erreichen (vgl. zB Kapitel I Abschnitt 1 Ziffer 2.3 der Clearing-Bedingungen der Eurex Clearing AG).
[22] Vgl. Kapitel I Abschnitt 3 Unterabschnitt A Ziffer 2 der Clearing-Bedingungen der Eurex Clearing AG.
[23] Vgl. Kapitel I Abschnitt 2 Ziffer 8.3.3 der Clearing-Bedingungen der Eurex Clearing AG.

raums nicht erfüllt werden, wird die kundenbezogene Grundlagenvereinbarung beendet und ein einheitlicher Differenzanspruch für Rechnung des bzw. der Kunden ermittelt.[24] Die Grundlagenvereinbarung für Eigentransaktionen des Clearingmitglieds wird hingegen nicht übertragen. Sämtliche gegenwärtigen und zukünftigen Zahlungs- und Lieferverpflichtungen aus dieser Vereinbarung erlöschen zum Beendigungszeitpunkt und werden in einem einheitlichen Differenzanspruch zusammengefasst.

Vertragsgrundlage für die genannten Grundlagenvereinbarungen ist die jeweilige **Clearingvereinbarung** zwischen der CCP und dem Clearingmitglied, in das je nach Ausgestaltung des Clearingmodells auch der Kunde als Vertragspartei einbezogen ist.[25] Gegenseitige Zahlungs- und Lieferverpflichtungen bestehen jedoch ausschließlich bilateral zwischen CCP und Clearingmitglied einerseits sowie Clearingmitglied und Kunde andererseits. Das Clearingmitglied vermittelt dem Kunden die Teilnahme an dem CCP-Clearing durch Abschluss einer entsprechenden Grundlagenvereinbarung, die entweder auf der genannten Clearingvereinbarung oder einem separaten Vertrag beruhen kann. Entscheidend für die korrekte Zuordnung von Positionen und Sicherheiten zu dem jeweiligen Kunden ist, dass die Rechte und Pflichten aus der kundenbezogenen Grundlagenvereinbarung zwischen der CCP und Clearingmitglied in der Grundlagenvereinbarung zwischen Clearingmitglied und Kunde gespiegelt werden.

19

3. Abwicklungsmaßnahmen beim CCP-Clearing

a) Bail-in in Form der Gläubigerbeteiligung

Weder die SRM-Verordnung noch das SAG schließen ihrem Wortlaut nach die Anwendung des sog Bail-in-Instruments in Form der Gläubigerbeteiligung mit Blick auf die beim CCP-Clearing entstehenden Verbindlichkeiten aus.[26] Ebenso wenig sind die typischerweise zentral über CCP abgewickelten („geclearten") Finanzmarktinstrumente[27] insgesamt oder unter besonderen Umständen (etwa für den Fall, dass es sich um OTC-Derivate handelt, die einer Clearingpflicht nach Art. 4 f. EMIR unterliegen) ausdrücklich vom Anwendungsbereich ausgenommen.[28] Es stellt sich daher die Frage, unter welchen Voraussetzungen Verbindlichkeiten aus den beim CCP-Clearing entstehenden Rechtsverhältnissen im Rahmen der Gläubigerbeteiligung berücksichtigt werden könnten und ob dies in der Praxis wahrscheinlich ist.

20

---

[24] Vgl. Kapitel I Abschnitt 2 Ziffer 8.1 und Ziffer 8.4 der Clearing-Bedingungen der Eurex Clearing AG.

[25] Vgl. Kapitel I Abschnitt 2 Ziffer 2.1.2 und Abschnitt 3 Ziffer 1 der Clearing-Bedingungen der Eurex Clearing AG.

[26] Art. 27 SRM-Verordnung, §§ 90 ff. SAG; vgl. auch Art. 43 f. BRRD.

[27] Siehe die von der ESMA gemäß Art. 88 Abs. 1 lit. c) veröffentlichte Liste der in der EU niedergelassenen CCPs, die befugt sind, in der EU Dienstleistungen anzubieten, einschließlich der Kategorien von Finanzinstrumenten, die von ihrer Zulassung abgedeckt sind: https://www.esma.europa.eu/system/files/ccps_authorised_under_emir.pdf. Die entsprechende ESMA-Liste der CCP aus einem Drittstaat mit der Befugnis, in der EU Dienstleistungen anzubieten, ist veröffentlicht unter: https://www.esma.europa.eu/system/files/third-country_ccps_recognised_under_emir.pdf.

[28] Vgl. Art. 43 f. BRRD, Art. 27 SRM-Verordnung und §§ 90 ff. SAG.

aa) Rolle des Kriseninstituts beim CCP-Clearing

21 Abhängig von der Rolle, die das Institut in Abwicklung (**Kriseninstitut**) beim CCP-Clearing einnimmt, ist zwischen drei **Hauptkonstellationen** zu unterscheiden:
- Das Institut in der Krise ist selbst Clearingmitglied einer CCP.
- Das Kriseninstitut ist Kunde eines Clearingmitglieds einer CCP. In dieser Konstellation ist das Kriseninstitut selbst kein Clearingmitglied, nimmt jedoch als Kunde eines Clearingmitglieds am CCP-Clearing teil.
- Das Kriseninstitut nimmt als sog indirekter Kunde am CCP-Clearing teil. Das Kriseninstitut ist in diesem Fall selbst weder Clearingmitglied, noch direkter Kunde eines Clearingmitglieds, es ist vielmehr der Kunde eines Kunden eines Clearingmitglieds.

22 Nicht auszuschließen sind zwar auch Konstellationen, in denen ein indirekter Kunde das CCP-Clearing wiederum seinen Kunden vermittelt.[29] Dass es sich bei dem Kunden eines indirekten Kunden jedoch um ein Unternehmen handelt, das in den Anwendungsbereich der SRM-Verordnung oder des SAG fällt, ist nicht wahrscheinlich.[30]

bb) Typische Verbindlichkeiten beim CCP-Clearing

23 **(1) Clearingmitglied (Kriseninstitut) gegenüber CCP.** Ist das Kriseninstitut Clearingmitglied einer CCP, so entstehen beim Clearing von Finanzinstrumenten unterschiedliche Verbindlichkeiten des Clearingmitglieds gegenüber der CCP. Diese Verbindlichkeiten können sich aus dem Clearing von Geschäften für eigene Rechnung (Eigengeschäft) oder aus dem Clearing von Geschäften als Dienstleistung und für Rechnung von Kunden ergeben (Kundengeschäft). Wie oben dargestellt (→ Rn. 16 ff.), wird das Clearingmitglied auch beim Clearing von Geschäften für Kunden selbst Vertragspartei der abgeschlossenen Finanzinstrumente.

24 Typische Verbindlichkeiten eines Clearingmitglieds (dh des möglichen Kriseninstituts) gegenüber einer CCP im Zusammenhang mit dem Eigen- und Kundengeschäft ergeben sich aus den **Pflichten**:
- Wertpapiere in Erfüllung von Kassa- oder Termingeschäften zu übereignen,
- Geldbeträge in der jeweils vereinbarten Währung in Erfüllung von Kassa- oder Termingeschäften zu zahlen,
- der CCP Sicherheiten zu stellen als „Ersteinschusszahlungen" (Initial Margin)[31], alternativ durch Zahlung von Geld, Verpfändung oder Übertragung von geeigneten Wertpapieren,
- bei Marktpreisschwankungen bestimmter Termingeschäfte „Nachschusszahlungen" (Variation Margin)[32] an die CCP zu leisten,

---

[29] Nach Wortlaut und Gesetzessystematik von Art. 4 Abs. 3 und 4 EMIR und Art. 2 ff. der Delegierten Verordnung (EU) Nr. 149/2013 gelten die Vorgaben aus Art. 4 Abs. 3, 2. Halbsatz EMIR allein für das Clearing von OTC-Derivaten, die einer Clearingpflicht unterliegen. Vgl. auch die Unterscheidung bei ESMA, Consultation Paper, Indirect clearing arrangements under EMIR and MiFIR, 5.11.2015.

[30] Die Clearingpflicht für OTC-Derivate kann gemäß Art. 4 Abs. 3 EMIR allein durch Einnahme einer der o.g. Rollen als Clearingmitglied, Kunde oder indirekter Kunde einer CCP erfüllt werden. Zudem dürfte eine solche Stellung aufgrund der großen Zahl zwischengeschalteter Vermittler in ökonomischer Hinsicht kaum attraktiv sein.

[31] Art. 1 Nr. 5 Delegierte Verordnung (EU) Nr. 153/2013.

[32] Art. 1 Nr. 6 Delegierte Verordnung (EU) Nr. 153/2013.

III. Abwicklung und CCP-Clearing

- Beiträge zum Ausfallfonds[33] der CCP zu leisten oder die geleisteten Beiträge aufgrund der Geschäftsentwicklung zu erhöhen und
- der CCP die als Gegenleistung für die Clearingdienstleistung vereinbarten Entgelte zu zahlen.

Mit Ausnahme der Pflicht, Beiträge oder erhöhte Beiträge zum Ausfallfonds der CCP zu leisten, können Verbindlichkeiten der o.g. Kategorien im Verhältnis zwischen dem Clearingmitglied und der CCP **täglich** entstehen oder fällig werden. Hiervon zu unterscheiden sind die Laufzeiten der zugrunde liegenden Finanzinstrumente. Die Beträge, auf die sich diese täglichen Verbindlichkeiten der Clearingmitglieder belaufen, sind nicht selten erheblich. Aufgrund der hohen finanziellen und organisatorischen Anforderungen an Clearingmitglieder ist die Zahl der als Clearingmitglieder tätigen Unternehmen begrenzt, wodurch sich eine Konzentration der für Kunden abgeschlossenen Transaktionen und der sich hieraus ergebenden Verbindlichkeiten bei diesen Unternehmen ergibt. 25

Im Verhältnis zwischen der CCP und dem Clearingmitglied werden **Rahmenverträge** (→ B.VI. Rn. 9 ff.) vereinbart, die jeweils bestimmte Transaktionen und Pflichten umfassen. Für jeden Rahmenvertrag ist ein separates **Close-out Netting** (auch Liquidationsnetting)[34] vorgesehen, dh die Gesamtbeendigung sämtlicher erfasster Pflichten bei Eintritt festgelegter Beendigungsgründe und die Bildung eines Nettobetrags (eines einseitigen Differenzanspruches) für jeden Rahmenvertrag. Mit Ausnahme der Pflicht zur Leistung von (zusätzlichen) Beiträgen zum Ausfallsfonds sind sämtliche der o. g. Pflichten in der Regel Bestandteil der zwischen der CCP und dem Clearingmitglied jeweils vereinbarten Rahmenverträge. Sie fließen damit im Falle einer Gesamtbeendigung bei Ausfall eines Clearingmitglieds in der Krise bei der Bewertung in die zu bildenden Nettobeträge ein. Mit Blick auf das vereinbarte Liquidationsnetting genügt es, wenn die Clearingmitglieder ihre Verbindlichkeiten gegenüber der CCP auf Nettobasis, dh bezogen auf den zu bildenden **Nettobetrag** besichern. Neben dem Liquidationsnetting sehen die Vertragsbedingungen der CCP Verrechnungen im Rahmen des täglichen Clearingverfahrens vor (zB Payment Netting, Settlement Netting, Positionenverrechnung).[35] Hierdurch wird – der Rolle und Aufgabe von CCP entsprechend – die Effizienz bei der Verwaltung und Erfüllung der abgeschlossenen Geschäfte zu Gunsten der Clearingmitglieder und ihrer Kunden erhöht.[36] 26

(2) Clearingmitglied (Kriseninstitut) gegenüber Kunden. Ähnliches gilt für das Verhältnis zwischen einem Clearingmitglied in der Krise und seinen Kunden. Da das Clearingmitglied beim Clearing von Kundengeschäften das CCP-Clearing seinen Kunden vermittelt, werden viele Verbindlichkeiten der CCP gegenüber dem Clearingmitglied im Verhältnis zwischen Clearingmitglied und seinen Kunden gegenüber den Kunden gespiegelt. Das Clearingmitglied treffen in der Regel sämtliche Pflichten aus abgeschlossenen Finanzinstrumenten, insbesondere die Pflicht, Wertpapiere oder Geldbeträge in Erfüllung von Geschäften zu übertragen. Auch die Pflicht, Variation Margin zu zahlen, trifft das Clearingmitglied als eigene Pflicht im Verhältnis zu seinen Kunden. In besonderen Konstellationen sind auch Sicherheitsleistungen des Clearingmitglieds zu Gunsten seiner Kunden vorgesehen. Insgesamt sind diese derzeit jedoch die Ausnahme. 27

---

[33] Der vorfinanzierte Ausfallfonds gemäß Art. 42 EMIR dient der weiteren Absicherung der CCP und enthält Elemente einer solidarischen Haftung der Clearingmitglieder.
[34] Zu den Begrifflichkeiten vgl. beispielsweise *Fried* in Zerey § 16 Rn. 4 ff.
[35] Zu den Begrifflichkeiten vgl. *Fried* in Zerey § 16 Rn. 7.
[36] Vgl. zu den Aufgaben der CCP eingehend *Tiedemann* S. 15 ff.; *Jobst* S. 2 ff.; *Kunz* S. 62 ff.

28 Auch im Verhältnis zwischen den Clearingmitgliedern und ihren Kunden werden Rahmenverträge abgeschlossen, die ein **Close-out Netting** vorsehen. Zum Teil geben die CCP Bedingungen für die Ausgestaltung des Vertragsverhältnisses zwischen Clearingmitglied und Kunde vor, zum Teil bleibt die Ausgestaltung dieses Verhältnisses weitgehend den Parteien selbst überlassen. Marktübliche Standardverträge sind hier verbreitet. Wie im Verhältnis zwischen Clearingmitglied und CCP, können die genannten Verbindlichkeiten des Clearingmitglieds gegenüber seinen Kunden täglich entstehen oder fällig werden. Dies ergibt sich nicht zuletzt aus dem Austausch der Variation Margin, die die täglichen Marktpreisschwankungen abbildet.

29 **(3) Kunde (Kriseninstitut) gegenüber Clearingmitglied.** Ist das Kriseninstitut Kunde eines Clearingmitglieds einer CCP, so gilt hinsichtlich der entstehenden Verbindlichkeiten des Kunden gegenüber dem Clearingmitglied das unter aa) Gesagte entsprechend. Lediglich die Pflicht, Beiträge zum Ausfallfonds der CCP zu zahlen, trifft den Kunden nicht.

30 **(4) Kunde (Kriseninstitut) gegenüber indirekten Kunden.** Hinsichtlich der Verbindlichkeiten des Kunden gegenüber möglichen indirekten Kunden gilt wiederum das unter (2) Gesagte entsprechend. Derzeit treffen die CCP in der Regel keine Vorgaben für diese Verhältnisse.[37]

cc) Berücksichtigungsfähige Verbindlichkeiten?

31 Das Instrument der Gläubigerbeteiligung soll grundsätzlich einen möglichst breiten Kreis der Verbindlichkeiten des Kriseninstituts erfassen. SRM-Verordnung und SAG sehen gleichwohl wichtige Ausnahmen und Einschränkungen vor, die auch für Verbindlichkeiten in den Rechtsverhältnissen beim CCP-Clearing von Relevanz sind. Die jeweiligen Tatbestände lassen sich in zwingende Befreiungen[38], Ermessensausnahmen für den Einzelfall[39] und einschränkende Vorgaben für die Ausübung des Instruments der Gläubigerbeteiligung[40] unterteilen. Tatbestände aus allen drei Kategorien sind für Verbindlichkeiten im Zusammenhang mit dem CCP-Clearing von Bedeutung.

32 **(1) Keine zwingende Befreiung für Derivate.** Ein Großteil der mittels CCP geclearten Transaktionen sind Derivate. Dies ergibt sich nicht zuletzt daraus, dass die Funktionen der CCP bei der Abwicklung von Termingeschäften im Vergleich zu Kassageschäften besonders zum Tragen kommen. Sind Geschäfte mit zeitlicher Verzögerung zu erfüllen, so ist die Besicherung der ausstehenden Pflichten von zentraler Bedeutung. Nicht weniger wichtig sind die Möglichkeit einer jederzeitigen Glattstellung von Geschäften durch die in der Regel bei CCP gegebene Liquidität sowie die durch tägliche Verrechnungsmöglichkeiten gesteigerte Effizienz.[41]

33 Wie sich aus § 93 SAG zweifelsfrei ergibt, sind Derivate (dh Verbindlichkeiten aus Derivaten)[42] nicht per se vom Instrument der Gläubigerbeteiligung ausgenommen. Die ge-

---

[37] Dies könnte sich jedoch in Zukunft ändern, vgl. die Vorschläge der ESMA, Consultation Paper, Indirect clearing arrangements under EMIR and MiFIR, 5.11.2015.
[38] Siehe den Katalog in Art. 27 Abs. 3 SRM-Verordnung, § 91 Abs. 2 SAG.
[39] Siehe Art. 27 Abs. 5 SRM-Verordnung, § 92 Abs. 1 SAG.
[40] Siehe § 93 Abs. 1 SAG, vgl. auch Art. 49 Abs. 2 BRRD.
[41] Vgl. *Tiedemann* S. 15 ff.; *Jobst* S. 2 ff.
[42] Zur Definition des Begriffs Derivat verweist § 1 Abs. 3 Ziffer 11 SAG auf § 1 Abs. 11 Satz 3 KWG.

nannten Vorschriften regeln vielmehr in Umsetzung der Vorgaben der BRRD[43] Modalitäten der Anwendung des Bail-in-Instruments auf Derivate. Abweichendes ergibt sich auch nicht aus dem Ausschluss von Verbindlichkeiten aus Derivaten bei der Berechnung des Mindestbetrags berücksichtigungsfähiger Verbindlichkeiten nach § 49 Abs. 2 Nr. 5 SAG. Hintergrund der Nichtberücksichtigung bei der Berechnung ist vielmehr die sich bei Derivaten schnell ändernde Bewertung sowie die Komplexität der Wertbestimmung.

(2) Maßgeblichkeit der Nettoverbindlichkeit. Wesentliche einschränkende Vorgaben für die Ausübung des Instruments der Gläubigerbeteiligung bei Derivaten enthält § 93 SAG. Danach ist eine Gläubigerbeteiligung in Bezug Verbindlichkeiten aus Derivaten nur nach oder gleichzeitig mit der **Glattstellung** der Derivate anwendbar.[44] Unterliegen die betroffenen Transaktionen einer Saldierungsvereinbarung (→ B.VI. Rn. 27) (zB einer Close-out-Netting-Vereinbarung)[45], so wird diese bei der Bewertung berücksichtigt.[46] Unter Verweis auf die englische Sprachfassung der BRRD[47] und auf die gesetzlich vorgegebene Berücksichtigung von Saldierungsvereinbarungen wird unter „Glattstellung" in diesem Kontext nicht nach dem sonst üblichen Verständnis des Begriffs der Abschluss eines inhaltsgleichen inversen Geschäfts (Gegengeschäfts) verstanden, sondern die Beendigung des Derivats oder – bei Vorliegen einer Saldierungsvereinbarung – eine Gesamtbeendigung aller von der Vereinbarung erfassten Transaktionen.[48] Der Abwicklungsbehörde wird hierzu ein Recht zur Kündigung und Glattstellung der zugrunde liegenden Verträge bei Vorliegen der Abwicklungsvoraussetzungen gewährt.[49]

Wie oben dargestellt, unterliegen die im Rahmen des CCP-Clearings entstehenden Verbindlichkeiten des Kriseninstituts regelmäßig Rahmenvereinbarungen, die ein Liquidationsnetting (Close-out Netting) vorsehen (→ Rn. 17, 26). Bestandteil dieser Vereinbarungen sind Verbindlichkeiten aus Derivatetransaktionen, jedoch oft auch Verbindlichkeiten aus anderen Finanzinstrumenten und insbesondere Pflichten zur Stellung von Sicherheiten oder zur Rücklieferung von Sicherheiten. Bis zum Inkrafttreten des Abwicklungsmechanismusgesetz (**AbwMechG**)[50] blieb unter dem SAG fraglich, ob die Abwicklungsbehörde Saldierungsvereinbarungen auch dann respektieren muss, wenn diese neben Derivatetransaktionen auch andere Transaktionen oder Sicherheitsleistungen umfasst.[51] Der Wortlaut war insofern nicht eindeutig, ließ sich jedoch unter Berücksichtigung des Sinn und Zwecks dieser Vorgabe durchaus auch bereits weit unter Einschluss **„gemischter" Saldierungsvereinbarungen** auslegen. Würden Saldierungsvereinbarung im Rahmen der Abwicklung nicht berücksichtigt, stünden die betroffenen Gläubiger schlechter, als in einem hypothetischen Insolvenzverfahren.[52] Nach dem Inkrafttreten des AbwMechG ist durch die

---

[43] Art. 49 Abs. 1 und 2 BRRD.
[44] § 93 Abs. 1 SAG, vgl. Art. 49 Abs. 2 BRRD.
[45] Siehe die Legaldefinition des Begriffs in § 2 Abs. 3 Nummer 43 SAG, vgl. Art. 2 Abs. 1 Nummer 98 BRRD.
[46] § 93 Abs. 3 SAG, vgl. Art. 49 Abs. 3 BRRD.
[47] Die englische Sprachfassung der BRRD verwendet in Art. 49 den Begriff „close out".
[48] *Fried* in Zerey § 17 Rn. 31; vgl. auch *Kusserow/Scholl* WM 2015, 413 (419).
[49] § 93 Abs. 2 SAG, vgl. Art. 49 Abs. 2 BRRD.
[50] Gesetz zur Anpassung des nationalen Bankenabwicklungsrechts an den einheitlichen Abwicklungsmechanismus und die europäischen Vorgaben zur Bankenabgabe, BGBl. 2015 I 1864.
[51] Vgl. *Fried* in Zerey § 17 Rn. 36 ff.
[52] Vgl. Beschlussempfehlung des Finanzausschusses zum AbwMechG, BT-Drs. 18/6091, S. 86; zur Verankerung des Prinzips „No Creditor Worse Off" siehe Art. 15 Abs. 5 lit. g SRM-Verordnung, § 68 Abs. 1 Nr. 1 SAG.

Aufnahme von § 93 Abs. 5 SAG Klarheit darüber gegeben, dass sich Kündigungsrecht, Glattstellungsbefugnis und Schutz von Saldierungsvereinbarungen nach dem SAG auch auf sämtliche Finanzleistungen im Sinne des § 104 Abs. 2 InsO beziehen, „die in einem Rahmenvertrag zusammengefasst sind, für den vereinbart ist, dass er bei Vorliegen eines Insolvenzgrundes nur einheitlich beendet werden kann".

36 Für die Verbindlichkeiten von Kriseninstituten beim CCP-Clearing bedeutet dies, dass die üblichen Close-out-Netting-Vereinbarungen (Liquidationsnetting) (→ Rn. 17 ff., 26), die auch Nicht-Derivate und zum Teil auch Sicherheitsleistungen umfassen, nach dem SAG von der Abwicklungsbehörde zu berücksichtigen sind.[53] Die Ausübung des Instruments der Gläubigerbeteiligung bezieht sich in diesen Fällen auf die saldierte Verbindlichkeit nach der Glattstellung.

37 **(3) Ausschluss von besicherten Verbindlichkeiten.** Besicherte Verbindlichkeiten sind nach Art. 27 Abs. 3 lit. b SRM-Verordnung, § 91 Abs. 2 Nr. 2 SAG zwingend von den Maßnahmen der Gläubigerbeteiligung ausgeschlossen. Dieser Ausschlusstatbestand hat für die Verbindlichkeiten der Beteiligten aus dem CCP-Clearing erhebliche Bedeutung. Durch den Ausschluss besicherter Verbindlichkeiten soll sichergestellt werden, dass Gläubiger durch die Anwendung des Bail-in-Instruments nicht schlechter gestellt werden, als im hypothetischen Fall eines Insolvenzverfahrens. Im Insolvenzverfahren könnten Gläubiger in der Regel Absonderungs- oder Aussonderungsrechte an den Sicherheiten geltend machen.[54] Durch die Verwertung der Sicherheiten stünden sie besser, als bei Anwendung des Instruments der Gläubigerbeteiligung.

38 Weder die SRM-Verordnung noch das SAG enthalten eine Definition des Begriffs „besicherte Verbindlichkeit". Nach der damit maßgeblichen Definition der BRRD[55] ist der Begriff weit gefasst und schließt Pfandrechte ebenso ein wie Sicherungsvereinbarungen in Form der Eigentumsübertragung, wie sie in CCP-Clearing-Verhältnissen üblich sind.

39 Besicherte Verbindlichkeiten sind nicht per se von den Maßnahmen der Gläubigerbeteiligung ausgenommen, sondern nur „**soweit** sie mindestens durch den Wert der hierfür bestellten Sicherung besichert" sind.[56] In dem Umfange, in dem eine Verbindlichkeit durch die gestellte Sicherheit aufgrund der rechtlichen Ausgestaltung der Sicherheit oder aufgrund des Marktwertes der Sicherheit nicht abgesichert (dh untersichert) ist, bleibt das Instrument der Gläubigerbeteiligung anwendbar. Der Gesetzgeber wollte hierdurch vermeiden, dass Anreize geschaffen werden, Verbindlichkeiten mit wertlosen oder hinter dem Wert der Verbindlichkeiten zurückbleibenden Sicherheiten zu besichern, um die betroffenen Verbindlichkeiten aus dem Anwendungsbereich des Bail-in-Instruments herauszunehmen.[57] Bei der Beurteilung der Besicherung bzw. des Grades der Untersicherung ist bei Derivaten und anderen in einem Rahmenvertrag zusammengefassten Finanzleistungen auf den Nettowert

---

[53] Nach der Einfügung von § 93 Abs. 5 SAG durch das AbwMechG bleiben offenbar Verrechnungsvereinbarungen, die das tägliche Clearingverfahren (Payment Netting, Settlement Netting, Positionenverrechnung) (→ Rn. 26) betreffen insoweit unberücksichtigt, als sie sich auf andere Finanzleistungen als Derivate erstrecken. Praktische Auswirkungen dürfte eine solche Auslegung indes kaum haben, da die üblichen weiten Close-out-Netting-Vereinbarungen die Saldierungsregeln für das tägliche Clearingverfahren inhaltlich mitumfassen.
[54] Begründung des Regierungsentwurfes des BRRD-Umsetzungsgesetzes, BT-Drs. 18/2575, S. 172.
[55] Art. 2 Abs. 1 Nr. 67 BRRD.
[56] § 91 Abs. 2 Nr. 2 SAG; inhaltlich ebenso Art. 27 Abs. 4 SRM-Verordnung.
[57] Begründung des Regierungsentwurfes des BRRD-Umsetzungsgesetzes, BT-Drs. 18/2575, S. 173.

nach Glattstellung abzustellen. Dies ergibt sich aus der Berücksichtigung von Saldierungsvereinbarungen (→ Rn. 34 ff.).[58]

Ob die Verbindlichkeiten der Beteiligten aus dem CCP-Clearing aufgrund ihrer Besicherung von der Anwendung des Bail-in-Instruments befreit sind, ist für jedes Rechtsverhältnis und für jede Verbindlichkeit unter Berücksichtigung der vereinbarten Rahmenverträge getrennt zu betrachten. **40**

(a) Clearingmitglied (Kriseninstitut) gegenüber CCP. Nach Art. 41 EMIR sind CCP verpflichtet, von ihren Clearingmitgliedern „**Einschusszahlungen**" (margins) zu verlangen, die die Risikopositionen gegenüber ihren Clearingmitgliedern besichern. Wie bereits angesprochen (→ Rn. 24), können die Einschusszahlungen aus „Ersteinschusszahlungen" (Initial Margin)[59] und „Nachschusszahlungen" (Variation Margin)[60] bestehen und müssen ausreichend sein, um Verluste aus mindestens 99 %[61] der Forderungsveränderungen zwischen der letzten Einforderung von Einschusszahlungen und der Liquidierung von Positionen nach dem Ausfall eines Clearingmitglieds abzudecken.[62] Da für die abgeschlossenen Geschäfte jeweils Rahmenverträge abgeschlossen werden, die ein einheitliches Liquidationsnetting vorsehen (→ Rn. 17, 26), richtet sich die Höhe der von der CCP geforderten Sicherheiten nach dem erwarteten Nettowert der Forderung der CCP bei einer Gesamtbeendigung. CCP sind verpflichtet, Risikopositionen gegenüber ihren Clearingmitgliedern in vollem Umfang mindestens auf Tagesbasis zu besichern.[63] Werden zuvor festgelegte Schwellenwerte überschritten, so fordert eine CCP auch untertägig Einschusszahlungen von dem betroffenen Clearingmitglied (sog *intraday margin call*).[64] Eine Untersicherung der CCP mit Blick auf ihre Forderungen gegen ein Clearingmitglied aus abgeschlossenen Geschäften des Clearingmitglieds ist damit nur in Ausnahmefällen denkbar, wenn aufgrund einer schnellen und wesentlichen Wertveränderung entweder der Positionen oder der gestellten Einschusszahlungen letztere die Risiken der CCP im Verhältnis zum Clearingmitglied vorübergehend nicht vollständig abdecken.[65] Abhängig davon, ob hierbei vordefinierte Schwellenwerte überschritten werden, wird die CCP entweder im regulären täglichen Verfahren oder untertägig Sicherheiten nachfordern, so dass diese Situation nur von kurzer Dauer ist. **41**

Anders als die Forderungen der CCP aus abgeschlossenen Geschäften sind die Forderungen der CCP auf Stellung von Sicherheiten (insbesondere Initial Margin) oder auf Leistung von Beiträgen oder zusätzlichen Beiträgen zum Ausfallfonds selbst in der Regel nicht besichert[66] und zum Teil auch nicht Bestandteil der vereinbarten Rahmenverträge.[67] **42**

---

[58] § 93 Abs. 3 SAG.
[59] Art. 1 Nr. 5 Delegierte Verordnung (EU) Nr. 153/2013.
[60] Art. 1 Nr. 6 Delegierte Verordnung (EU) Nr. 153/2013.
[61] Für OTC-Derivate beträgt das Konfidenzintervall 99,5 %, vgl. Art. 24 Abs. 1 Nr. 1 lit. a) Delegierte Verordnung (EU) Nr. 153/2013.
[62] Art. 41 Abs. 1 Satz 2 EMIR.
[63] Art. 41 Abs. 1 Satz 3 EMIR.
[64] Art. 41 Abs. 3 EMIR.
[65] In diesem Fall würden der CCP bei einem Ausfall eines Clearingmitglieds als weitere Sicherheitenkategorien der Ausfallfondsbeitrag des ausgefallenen Clearingmitglieds (vgl. Art. 42, 45 Abs. 2 EMIR) sowie die Ausfallfondsbeiträge anderer Clearingmitglieder (vgl. Art. 45 Abs. 3 EMIR) zur Verfügung stehen.
[66] Für diese Verbindlichkeit dürfte jedoch der laufzeitbezogene Ausschluss greifen (→ Rn. 50 ff.).
[67] Dies gilt insbesondere für die Verbindlichkeit, Beiträge zum Ausfallfonds zu zahlen. Hintergrund ist, dass der jeweilige Beitrag eines Clearingmitglieds zum Ausfallfonds nicht allein zur Absicherung der Pflichten dieses Clearingmitglieds gegenüber der CCP dient (vgl. Art. 45 Abs. 2

Der von jeder CCP zu unterhaltende **Ausfallfonds** ist nach Art. 42 EMIR vorfinanziert, dh Mindestbeiträge der Clearingmitglieder, die das Kreditrisiko der CCP mit Blick auf das konkrete Clearingmitglied sowie wegen der solidarischen Haftung des Ausfallfonds auch das allgemeine Risikoprofil der CCP sowie die gegebenen Marktrisiken berücksichtigen, sind bereits vor der Entstehung des Risikos (dh vor dem Abschluss erster Geschäfte) zu leisten. Damit werden in der Krise in der Regel keine offenen Forderungen der CCP gegen das Clearingmitglied mit Blick auf die zu leistenden Clearingfondsbeiträge bestehen. Mit veränderten Risiken kann sich jedoch auch der vom Clearingmitglied zu leistende Beitrag erhöhen und damit eine unbesicherte Forderung der CCP gegen das Clearingmitglied auf Zahlung eines höheren Beitrages zum Ausfallfonds ergeben.[68]

Zu den nicht besicherten Verbindlichkeiten eines Clearingmitglieds im Verhältnis zur CCP kann auch die Pflicht gehören, der CCP die als Gegenleistung für die Clearingdienstleistung vereinbarten Entgelte zu zahlen.

43 Es bleibt jedoch festzuhalten, dass die wesentlichen Verbindlichkeiten eines Clearingmitglieds im Verhältnis zur CCP, die Pflichten aus abgeschlossenen Transaktionen, bis auf Ausnahmesituationen vollumfänglich besichert sein werden. Insoweit wäre die Anwendung des Instruments der Gläubigerbeteiligung aufgrund von § 91 Abs. 2 Nr. 2 SAG zwingend ausgeschlossen.[69]

44 **(b) Clearingmitglied (Kriseninstitut) gegenüber Kunden.** Wie dargestellt, treffen das Clearingmitglied in der Regel sämtliche Pflichten aus den im Rahmen des CCP-Clearings für Kunden abgeschlossenen Finanzinstrumenten im Verhältnis zu seinen Kunden als eigene Pflichten (→ Rn. 16). Um die Ansprüche der Kunden der Clearingmitglieder aus dem CCP-Clearing für den Fall des Ausfalls des Clearingmitglieds besonders abzusichern, sehen die Regelwerke der CCP zum Teil eigene zivilrechtliche Sicherungsrechte der Clearingmitglieder zu Gunsten der Kunden vor.[70] Diese Sicherheiten flankieren die Umsetzung der an die CCP gerichtete Vorgaben aus **Art. 48 Abs. 5 bis 7 EMIR** und insbesondere der Vorgabe aus Art. 48 Abs. 7 Satz 2 EMIR, überschüssige Vermögenswerte bei Ausfall eines Clearingmitglieds den betroffenen Kunden zurückzugeben. Soweit derartige Sicherheiten bestellt sind, sind die Verbindlichkeiten des Clearingmitglieds im Verhältnis zu seinen Kunden vom Instrument der Gläubigerbeteiligung zwingend ausgenommen.

45 Doch auch wenn die Regeln der CCP oder die Verträge der Clearingmitglieder mit ihren Kunden keine eigenen Sicherungsrechte vorsehen, die mit einem insolvenzrechtlichen Absonderungs- oder Aussonderungsrecht verbunden sind, wird man die Ansprüche

---

EMIR), sondern auch der „solidarischen" Haftung für die Pflichten der anderen Clearingmitglieder gegenüber der CCP, vgl. Art. 45 Abs. 3 EMIR.

[68] Bei diesen Verbindlichkeiten dürfte jedoch der laufzeitbezogene Ausschluss greifen (→ Rn. 50 ff.).

[69] Ähnlich EBA, Final Report, Draft Regulatory Technical Standards on the valuation of derivatives pursuant to Article 49(4) of the Bank Recovery and Resolution Directive (BRRD), 17.12.2015, 3 f., 5 f. sowie bereits EBA, Consultation Paper, Draft Regulatory Technical Standards, On the valuation of derivatives pursuant to Article 49(4) of the Bank Recovery and Resolution Directive (BRRD), 13.5.2015, 6. Kaum Relevanz für die Verbindlichkeiten des Clearingmitglieds gegenüber der CCP dürfte die Frage haben, ob eine von Dritten gestellte Sicherheit ebenfalls zum zwingenden Ausschluss der Verbindlichkeit von der Gläubigerbeteiligung führt. Diese Frage hat die EBA mit Blick auf Art. 2 Abs. 2 Nummer 67 und Art. 44 Abs. 2 lit b BRRD verneint, vgl. EBA, Single Rulebook Q&A, Question ID: 2015_1779 (→ B.VI. Rn. 65).

[70] Vgl. zB die Sicherungsrechte zugunsten des Kunden im Falle einer Einzelkunden-Kontentrennung (Art. 39 Abs. 3 EMIR) bei der Eurex Clearing AG, Kapital I Abschnitt 3 Unterabschnitt A Ziffer 8.1 und 8.2 der Clearing-Bedingungen der Eurex Clearing AG.

jedenfalls in entsprechender Anwendung von Art. 27 Abs. 3 lit. b SRM-Verordnung, § 92 Abs. 2 Nr. 2 SAG iVm Art. 2 Abs. 1 Nr. 67 BRRD vom Bail-in ausschließen müssen. Die Trennungs- und Schutzvorgaben aus Art. 39, 48 EMIR zu Gunsten der Kunden der Clearingmitglieder wurden statuiert, um Marktteilnehmer durch die Einführung der Clearingpflicht für OTC-Derivate nicht zusätzlichen Risiken auszusetzen. Der Zusammenbruch der Bankengruppe *Lehman Brothers* im September 2008 hatte Gefahren für die Kunden von Clearingmitgliedern durch den Ausfall eines als Intermediär genutzten Clearingmitglieds aufgezeigt. Die gesetzgeberische Intention der Vorgaben aus Art. 39, 48 EMIR würden konterkariert, wenn man die Ansprüche des Kunden gegen das Clearingmitglieds nicht vom Instrument der Gläubigerbeteiligung ausnehmen würde.

Die Kunden von Clearingmitgliedern auf eine zivilrechtliche Besicherung im Sinne der Begriffsdefinition in Art. 2 Abs. 1 Nr. 67 BRRD zu verweisen, würde zu kurz greifen. Zur Umsetzung der Vorgaben aus Art. 48 Abs. 5 bis 7 EMIR müssen zwar zivilrechtliche Regeln vereinbart werden, die eine Übertragung von Positionen und Sicherheiten und eine Rückgewähr von Überschüssen vorsehen, eine Vereinbarung von besonderen Sicherungsrechten zu Gunsten der Kunden, die ein insolvenzrechtliches Absonderungs- oder Aussonderungsrecht gewähren, ist dagegen nach hier vertretener Ansicht nicht erforderlich.[71] Dies ergibt sich aus dem **Erwägungsgrund 64 zur EMIR** und für Deutschland zusätzlich klarstellend aus Art. 102b EG InsO.[72]

Da sich bereits aus Art. 48 EMIR eine insolvenzrechtliche Privilegierung der Ansprüche der Kunden gegen das Clearingmitglied aus abgeschlossenen Finanzinstrumenten sowie gewährten Sicherheiten ergibt, sind die Verbindlichkeiten des Clearingmitglieds in diesem Kontext den besicherten Verbindlichkeiten im Sinne der Art. 2 Abs. 1 Nr. 67 BRRD gleichzustellen.

(c) Kunde (Kriseninstitut) gegenüber Clearingmitglied. Hinsichtlich der Verbindlichkeiten der Kunden gegenüber dem Clearingmitglied aus dem CCP-Clearing trifft EMIR keine speziellen Vorgaben zur Besicherung. Die Vorgaben aus Art. 11 EMIR betreffen lediglich die nicht über CCP geclearten Geschäfte. Gleichwohl werden in der Praxis zwischen Clearingmitglied und Kunde Rahmenverträge vereinbart und die Verbindlichkeit vollumfänglich besichert. Soweit der Kunde dem Clearingmitglied Sicherheiten gestellt hat, ist das Bail-in-Instrument zwingend ausgeschlossen. Sollte im Einzelfall eine Untersicherung gegeben sein, wäre ein entsprechender Ausschluss vor dem Hintergrund der Anforderungen aus Art. 39, 48 EMIR (→ Rn. 6 ff.) zumindest fraglich. Die Vorgaben zur Trennung und Übertragbarkeit von Kundenpositionen und Sicherheiten nach Art. 39, 48 EMIR sollen zwar Kunden vor den Folgen des Ausfalles eines Clearingmitglieds schützen und nicht ein Clearingmitglied vor dem Ausfall seiner Kunden. Gleichwohl würde ein Ausschluss von Maßnahmen der Gläubigerbeteiligung das sichere Clearing von Kundengeschäften zu Gunsten des Clearingmitglieds unterstützen.

(d) Kunde (Kriseninstitut) gegenüber indirekten Kunden. Für die Verbindlichkeiten eines Kunden gegenüber indirekten Kunden aus dem CCP-Clearing gilt das oben Gesagte

---

[71] So zB auch *v. Hall* WM 2013, 673 (676 ff.); vgl. auch *Wegener* in FK-InsO § 104 Rn. 35 zu § 104.
[72] Die Gesetzesbegründung spricht von einer „klarstellenden" Regel, bezieht zur Frage eines Vorranges der EMIR darüber hinaus jedoch keine Stellung, siehe die Begründung des Regierungsentwurfs zum EMIR-Ausführungsgesetz, BT-Drs. 17/11289, S. 27 f. Vgl. zur Diskussion im Verlaufe des Gesetzgebungsprozesses *Jahn/Fried* in MükoInsO § 104 Rn. 180 1 ff.; *v. Hall* WM 2013, 673 ff.; *Lüer* in Uhlenbruck InsO § 104 Rn. 50; *Jaskulla* BKR 2012, 441 ff.

(→ Rn. 44 ff.) entsprechend.[73] Soweit ersichtlich, sehen CCP derzeit keine besonderen Sicherungsrechte zu Gunsten indirekter Kunden vor.[74]

50 **(4) Laufzeitbezogener Ausschluss.** Eine zwingende Befreiung vom Instrument der Gläubigerbeteiligung gilt
- für Verbindlichkeiten gegenüber anderen nicht-gruppenangehörigen Instituten mit einer Ursprungslaufzeit von weniger als sieben Tagen und Verbindlichkeiten[75] und
- Verbindlichkeiten mit einer Restlaufzeit von weniger als sieben Tagen gegenüber den Betreibern oder anderen Teilnehmern an Zahlungssystemen oder Wertpapierliefer- und -abrechnungssystemen[76].

Mit erstgenanntem Tatbestand soll die Kreditvergabe der Institute untereinander privilegiert werden, um eine Liquiditätskrise aufgrund Misstrauens der Institute untereinander zu verhindern. Mit zweitgenanntem Befreiungstatbestand soll die Gefahr einer systemischen Ansteckung verringert werden.[77]

51 Unabhängig davon, dass die meisten Verbindlichkeiten der am CCP-Clearing beteiligten Parteien (→ Rn. 6 ff., 21) bereits aufgrund ihrer Besicherung vom Bail-in ausgeschlossen sind, haben beide Tatbestände für die Rechtsverhältnisse beim CCP-Clearing Bedeutung. Die Beteiligten sind in der Regel Institute[78]. Zudem werden die CCP in der Regel als Zahlungssysteme oder **Wertpapierliefer- und -abrechnungssysteme** eingeordnet.[79] Für die Beurteilung der Länge der Ursprungslaufzeit und der Restlaufzeit im Sinne der Befreiungstatbestände wird man auf die Situation vor einer Glattstellung im Sinne von § 93 SAG abstellen müssen. Denn einerseits ist stets vor der Glattstellung zu klären, ob eine Verbindlichkeit aus einem Derivat vom Institut der Gläubigerbeteiligung erfasst ist oder nicht und andererseits wären andernfalls Derivate im Verhältnis zwischen Instituten bzw. über Systeme abgewickelte Derivate stets vom Bail-in-Instrument ausgeschlossen.

52 Fraglich könnte sein, ob es bei Derivaten auf die Laufzeit des Derivatekontraktes insgesamt oder die Fälligkeit der einzelnen Verbindlichkeit aus dem Derivatekontrakt ankommt. Wortlaut und Gesetzessystematik sowie der Regelungszweck sprechen für das Abstellen auf die konkrete Verbindlichkeit, denn nur diese wirkt sich unmittelbar auf die Liquidität der beteiligten Parteien aus und ist Gegenstand der Umwandlung[80] oder Herabschreibung[81].

---

[73] Erwägungsgrund 64 zur EMIR spricht zwar nur von „Kunden" und nicht auch von „indirekten Kunden". Hintergrund scheint jedoch zu sein, dass EMIR selbst den Begriff des „indirekten Kunden" noch nicht einführte (vgl. Art. 4 Abs. 3 EMIR und die spätere Begriffsdefinition in Art. 1 lit. a) der Delegierten Verordnung (EU) Nr. 149/2013). Der Begriff „Kunde" im Erwägungsgrund 64 ist damit als Oberbegriff für Kunden und indirekte Kunden zu verstehen. Die gesetzgeberischen Hintergründe für den Schutz von direkten Kunden dürften für die indirekten Kunden jedenfalls gleichermaßen gelten.

[74] Es ist nicht auszuschließen, dass sich dies in Zukunft ändert, vgl. die Vorschläge der ESMA, Consultation Paper, Indirect clearing arrangements under EMIR and MiFIR, 5.11.2015.

[75] Art. 27 Abs. 3 lit. e) SRM-Verordnung, § 92 Abs. 2 Nr. 5 SAG.

[76] Art. 27 Abs. 3 lit. f) SRM-Verordnung, § 92 Abs. 2 Nr. 6 SAG.

[77] Begründung des Regierungsentwurfs des BRRD-Umsetzungsgesetzes, BT-Drs. 18/2575, S. 173.

[78] Siehe die hier maßgeblichen Begriffsdefinition in Art. 3 Abs. 1 Nr. 13 SRM-Verordnung und § 2 Abs. 1 SAG. Auch CCP können CRR-Kreditinstitute und damit Institute in diesem Sinne sein.

[79] Vgl. die aktuelle Liste der der ESMA gemeldeten Systeme: https://www.esma.europa.eu/system/files/designated_payment_and_securities_settlement_systems.pdf. Mit Blick auf den Wortlaut der Finalitätsrichtlinie kritisch – im Ergebnis jedoch nicht praxisnah – *v. Hall* S. 169 ff.; vgl. *Ruzik* S. 157 ff.

[80] § 90 Abs. 1 Nr. 1 SAG; vgl. Art. 27 Abs. 1 lit. b SRM-Verordnung.

[81] § 90 Abs. 1 Nr. 2 SAG; vgl. Art. 27 Abs. 1 lit. b SRM-Verordnung.

III. Abwicklung und CCP-Clearing

Auf die Beantwortung dieser Frage kommt es im Ergebnis jedoch nicht an. Die oben dargestellten typischen Verbindlichkeiten zwischen den Parteien im Rahmen des CCP-Clearings (→ Rn. 23 ff.) sind fast ausnahmslos unmittelbar fällig. Dies gilt insbesondere für alle Pflichten zur Stellung von Sicherheiten (Initial Margin ebenso wie Variation Margin). Zudem werden die vereinbarten Rahmenverträge (→ Rn. 17, 26) in der Regel auch kurzfristig fällige Geschäfte (zB Kassamarktgeschäfte mit eine üblichen Fälligkeit innerhalb von zwei oder drei Geschäftstagen nach Geschäftsabschluss) umfassen. Auf Grund der Berücksichtigung der Rahmenverträge (→ Rn. 34 ff.) dürften sämtliche erfassten Verbindlichkeiten vom Bail-in-Instrument befreit sein. 53

Sofern Verbindlicheiten aus dem CCP-Clearing nicht aufgrund ihrer Besicherung zwingend vom Bail-in ausgeschlossen sind, wird sich eine Befreiung somit aus den üblichen kurzen Fälligkeiten der relevanten Verbindlichkeiten ergeben.[82]

(5) Ausschluss im Einzelfall. Nach Art. 27 Abs. 5 SRM-Verordnung, § 92 Abs. 1 SAG kann die Abwicklungsbehörde im Einzelfall bestimmte berücksichtigungsfähige Verbindlichkeiten oder Kategorien berücksichtigungsfähiger Verbindlichkeit auf Grundlage einer Ermessensentscheidung aus dem Anwendungsbereich des Instruments der Gläubigerbeteiligung ausschließen. Das Gesetz zählt abschließend Voraussetzungen auf, bei deren Vorliegen eine solche **Ermessensentscheidung** ausnahmsweise getroffen werden kann. Jede dieser Voraussetzungen kann mit Blick auf die Verbindlichkeiten beim CCP-Clearing gegeben sein. 54

Die Anwendung des Bail-in-Instruments mit Blick auf die Verbindlichkeiten von Clearingmitgliedern gegenüber einer CCP könnte zB das „Funktionieren der Finanzmärkte, einschließlich der **Finanzmarktinfrastrukturen**" in empfindlicher Weise stören, denn die CCP als Teil der wesentlichen Finanzmarktinfrastrukturen bliebe trotz der Herabschreibung der Verbindlichkeit zur Leistung an die entsprechende Gegenpartei verpflichtet.[83] Auch könnte das Bail-in von Verbindlichkeiten aus dem CCP-Clearing schnell zu einer nachteiligen „Wertvernichtung" bei dem Kriseninstitut führen, wenn zu Absicherungszwecken (*hedging*) abgeschlossene Derivate glattgestellt würden.[84] Würden die Verbindlichkeiten von Clearingmitgliedern gegenüber Kunden herabgeschrieben, würde dies in der Praxis regelmäßig zum Einstellen der Clearingdienstleistungen dieses Clearingmitglieds führen.[85] 55

(6) „Privilegierung" von Derivaten nach § 46f KWG nF. Eine mittelbare Privilegierung von Derivaten ergibt sich für den deutschen Rechtsrahmen zudem seit Inkrafttreten des AbwMechG aus § 46f Abs. 5 bis 7 KWG nF. Mit den neu eingeführten Regeln wurde mit Blick auf das Abwicklungsinstrument der Gläubigerbeteiligung ein insolvenzrechtlicher Nachrang von bestimmten unbesicherten Schuldtiteln im Falle der Insolvenz einer Bank eingeführt. Als Folge werden diese bei Einsatz des Bail-in-Instruments schlechter gestellt. „Um Rechtsunsicherheiten für den Fall der Abwicklung zu vermeiden", werden Derivate 56

---

[82] So im Ergebnis auch EBA, Final Report, Draft Regulatory Technical Standards on the valuation of derivatives pursuant to Article 49(4) of the Bank Recovery and Resolution Directive (BRRD), 17.12.2015, 3 f., 5 f. sowie bereits EBA, Consultation Paper, Draft Regulatory Technical Standards, On the valuation of derivatives pursuant to Article 49(4) of the Bank Recovery and Resolution Directive (BRRD), 13.5.2015, 6; gleichwohl gehen diese Entwürfe sehr ausführlich auf die Bewertung CCP-geclearter Derivate ein.
[83] Vgl. Art. 27 Abs. 5 lit. c) SRM-Verordnung, § 92 Abs. 1 Nr. 3 SAG.
[84] Vgl. Art. 27 Abs. 5 lit. d) SRM-Verordnung, § 92 Abs. 1 Nr. 4 SAG.
[85] Vgl. Art. 27 Abs. 5 lit. b) SRM-Verordnung, § 92 Abs. 1 Nr. 2 SAG.

von dieser Schlechterstellung bewusst ausgenommen und so mittelbar privilegiert.[86] Dies dürfte die Wahrscheinlichkeit des Einsatzes des Instruments der Gläubigerbeteiligung mit Blick auf Derivate nochmals verringern.

dd) Fazit

57   Art. 27 SRM-Verordnung und §§ 90 ff. SAG schließen zwar ihrem Wortlaut nach die Anwendung des Bail-in-Instruments in Form der Gläubigerbeteiligung mit Blick auf die beim CCP-Clearing entstehenden Verbindlichkeiten nicht aus. Aufgrund der für die wesentlichen Verbindlichkeiten gegebenen ausreichenden Besicherung und der für die übrigen Verbindlichkeiten geltenden unmittelbaren Fälligkeit sind die Verbindlichkeiten aus CCP-Clearing-Verhältnissen praktisch stets zwingend von der Gläubigerbeteiligung befreit. Auf eine Befreiung durch die Abwicklungsbehörde, deren strenge Voraussetzungen abhängig vom Einzelfall ebenfalls erfüllt sein könnten, wird es daher nicht ankommen.

b) Übertragung, §§ 107 ff. SAG

58   Sind die Abwicklungsvoraussetzungen gegeben, so stehen der Abwicklungsbehörde neben der Gläubigerbeteiligung als weitere Handlungsoptionen die Übertragung von Vermögenswerten auf einen Dritten (Instrument der Unternehmensveräußerung), auf ein Brückeninstitut (Instrument der Übertragung auf ein Brückeninstitut) oder auf eine Vermögensverwaltungsgesellschaft (Instrument der Übertragung auf eine Vermögensverwaltungsgesellschaft) zur Verfügung.[87] Mit der Übertragung von Vermögen auf einen privaten Erwerber oder ein Brückeninstitut sollen Geschäftsbereiche aus der Insolvenzmasse des Kriseninstitutes herausgelöst werden können, deren unterbrechungsfreie Weiterführung geboten ist, um systemische Ansteckungsrisiken zu vermeiden.[88] Die Übertragung von Vermögenswerten auf eine Vermögensverwaltungsgesellschaft hat dagegen lediglich flankierende Funktion und soll der Entlastung des Kriseninstitutes sowie der Maximierung der Verwertungserlöse dienen.[89]

aa) Relevanz für CCP-Clearing

59   Kommt eines der Übertragungsinstrumente bei einem Institut zur Anwendung, das als Clearingmitglied, Kunde eines Clearingmitglieds oder indirekter Kunde am CCP-Clearing teilnimmt, so hat dies unmittelbare Auswirkungen auf die Rechtsverhältnisse beim CCP-Clearing. Die Rechte und Pflichten im Zusammenhang mit dem CCP-Clearing würden in diesem Fall entweder Gegenstand der Übertragung oder aber Gegenstand eines regulären Insolvenzverfahrens bzw. einer regulären Liquidation.[90] Von besonderer Bedeutung für die jeweiligen Rechtsverhältnisse beim CCP-Clearing ist, dass die Rechte und Pflichten sowie die jeweils bestellten Sicherheiten nur **zusammen übertragen** werden können.[91] Saldierungs- und Aufrechnungsvereinbarungen werden beachtet.[92] Übertragungsaufträge gegenüber Systemen im Sinne der Finalitätsrichtlinie können nicht wegen der Anordnung der

---

[86] Reg.-Entwurf zum AbwMechG, BR-Drs. 193/15, S. 86 f.
[87] Art. 24 ff. SRM-Verordnung, § 107 Abs. 1 SAG.
[88] *Binder* ZHR 179 (2015), 83 (98).
[89] *Binder* ZHR 179 (2015), 83 (103).
[90] Vgl. § 116 Abs. 1 SAG.
[91] § 110 Abs. 1 SAG.
[92] § 110 Abs. 3 Nr. 2 und 3 SAG.

III. Abwicklung und CCP-Clearing

Übertragung widerrufen werden.[93] Der übernehmende Rechtsträger darf zudem als Rechtsnachfolger des Kriseninstitutes sogar die gegenüber der CCP gegebenen Mitgliedschafts- bzw. Zugangsrechte ausüben.[94] Es ist damit der Rechtsrahmen dafür gegeben, das die bilateralen Rechtsverhältnisse im Zusammenhang mit dem CCP-Clearing jeweils in ihrer Gesamtheit übertragen werden können, ohne dass es zur Unterbrechung des Clearingverfahrens kommt.

Ist das Kriseninstitut in der Rolle eines Clearingmitglieds tätig, so werden die gesetzlichen Abwicklungsziele es in der Regel gebieten, dass zumindest das gesamte **Kunden-Clearinggeschäft** des Kriseninstitutes auf Dritte oder ein Brückeninstitut übertragen wird. Würde etwa die Rechtsbeziehung im Verhältnis zwischen der CCP und dem Clearingmitglied übertragen, nicht jedoch die Rechtsverhältnisse zwischen dem Clearingmitglied und seinen Kunden, so würde dies kaum dem gesetzgeberischen Ziel der Abwendung einer gegebenen Systemgefährdung dienen.[95] Dasselbe gilt für die Übertragung von Clearingverhältnissen im Zusammenhang mit dem Kundengeschäft, wenn es sich bei dem Kriseninstitut um einen Kunden oder einen indirekten Kunden handelt. 60

bb) Verhältnis zur Übertragung nach Art. 48 EMIR

Wird das Kundenclearinggeschäft eines Clearingmitglieds in der Krise durch die Abwicklungsbehörde übertragen, so hat dies für die Kunden des Clearingmitglieds sowie für die CCP vergleichbare Auswirkungen, wie bei einer Übertragung von Positionen und Sicherheiten nach Art. 48 Abs. 5 und 6 EMIR. Auch können die Voraussetzungen einer Vermögensübertragung im Rahmen einer Abwicklung sowie die Voraussetzungen einer Übertragung nach Art. 48 EMIR gleichzeitig gegeben sein.[96] Es stellt sich damit die Frage nach dem Verhältnis zwischen dem Abwicklungsinstrument der Vermögensübertragung und dem **sog Porting** von Kundenpositionen und -sicherheiten nach EMIR. 61

Die Abwicklungsinstrumente dienen der Abwendung einer Systemgefährdung, die von der Bestandsgefährdung des Kriseninstituts ausgeht sowie dem Schutz öffentlicher Mittel und damit dem **öffentlichen Interesse**.[97] Ziel der Übertragung von Kundenpositionen und Sicherheiten nach Art. 48 Abs. 5 und 6 EMIR ist dagegen der **Kundenschutz**[98] und lediglich mittelbar der Schutz der Finanzmärkte und des Finanzsystems insgesamt. Dementsprechend hat ein Kunde im Rahmen der Abwicklung keinen Anspruch auf eine Übertragung seiner Positionen und Sicherheiten.[99] Auch kann er nicht beeinflussen, auf welchen Dritten (privaten Erwerber oder Brückeninstitut) seine Rechtsverhältnisse übertragen werden. Bei einer Übertragung nach Art. 48 Abs. 5 und 6 EMIR veranlassen dagegen die Kunden die Übertragung und wählen auch das übernehmende Clearingmitglied aus. Während die Anordnung der Übertragung als hoheitlicher Rechtsakt *sui generis* unmittelbar zivilrechtsgestaltend wirkt (→ B.I. Rn. 155), erfolgt die Übertragung nach Art. 48 EMIR auf vertraglicher Grundlage. 62

Mit Blick auf die abweichenden Zielsetzungen und rechtlichen Ausgestaltungen ist davon auszugehen, dass die Abwicklungsinstrumente der Vermögensübertragung einerseits 63

---

[93] § 110 Abs. 4 SAG.
[94] § 118 Abs. 3 SAG.
[95] Vgl. das Abwicklungsziel der Abwendung einer Systemgefährdung, § 67 Abs. 1 Nr. 1 SAG.
[96] Art. 48 EMIR spricht lediglich von „Ausfall" eines Clearingmitglieds. Wann ein Ausfall in diesem Sinne gegeben ist, bestimmt sich primär nach den Regeln der CCP.
[97] § 67 Abs. 1 SAG.
[98] Vgl. Erwägungsgrund 64 zur EMIR.
[99] § 107 Abs. 3 SAG.

sowie die Übertragung von Kundenpositionen und -sicherheiten nach EMIR andererseits **grundsätzlich nebeneinander** zur Anwendung kommen können und sich nicht generell wechselseitig ausschließen. Ein Blick auf die möglichen Fallgestaltungen einer Krisensituation zeigt, dass dies möglich ist, ohne dass das Erreichen der jeweiligen Ziele zwingend beeinträchtigt wird. Solange weder die Abwicklungsvoraussetzungen noch der Ausfall eines Clearingmitglieds nach den Regeln der CCP gegeben sind, können die beteiligten Parteien Positionen und Sicherheiten auf vertraglicher Grundlage unter Beachtung der von der CCP hierfür gegebenenfalls vorgegebenen Regeln übertragen. Sind die Abwicklungsvoraussetzungen dagegen bereits gegeben, jedoch (noch) kein Ausfall eines Clearingmitglieds nach den Regeln der CCP, so kann die Abwicklungsbehörde die Vermögensübertragung anordnen. Liegt der Ausfall eines Clearingmitglieds nach den Regeln der CCP vor, während die Abwicklungsvoraussetzungen nicht gegeben sind, so wird die CCP das vereinbarte Übertragungsverfahren einleiten und dem Kunden die Möglichkeit der Übertragung auf einen anderes Clearingmitglied geben.

64   Liegen Abwicklungsvoraussetzungen und Ausfall eines Clearingmitglieds gleichzeitig vor, so kommt grundsätzlich eine Übertragung nach beiden Rechtsgrundlagen in Betracht. Durch § 144 SAG wird zwar verhindert, dass Kündigungsrechte und andere vertragliche Rechte, die Bestandteil der zivilrechtlichen Regeln zur Sicherstellung der Übertragung nach Art. 48 EMIR sind, unter Verweis auf Krisenpräventions- und Krisenmanagementmaßnahmen (darunter Abwicklungsmaßnahmen) ausgeübt werden können.[100] Hierdurch wird jedoch nicht ausgeschlossen, dass sich die Annahme eines Ausfalls des Clearingmitglieds und die Übertragung von Kundenpositionen und -sicherheiten auf andere Gründe stützen (→ B.VI. Rn. 36 ff.).[101] Wenn die Abwicklungsbehörde trotz Vorliegens der Abwicklungsvoraussetzungen auf Grundlage ihrer Ermessensentscheidung keine Übertragung anordnet, darf die CCP bei Vorliegen der Voraussetzungen des Ausfalles eines Clearingmitglieds nach ihren Regeln das vereinbarte Übertragungsverfahren einleiten.

c) Temporäre Maßnahmen, §§ 82 bis 84 SAG

65   Sobald die Abwicklungsvoraussetzungen vorliegen, ist die Abwicklungsbehörde befugt, gegenüber Vertragspartnern des Kriseninstituts temporäre Maßnahmen anzuordnen, um die Erreichung der Abwicklungsziele sicherzustellen. Hierzu zählen die Aussetzung vertraglicher Pflichten[102], die Beschränkung von Sicherungsrechten[103] sowie die vorübergehende Aussetzung von Beendigungsrechten[104]. Im Rahmen der jeweiligen Ermessensentscheidung sind die „möglichen Auswirkungen auf das ordnungsgemäße Funktionieren der Finanzmärkte" zu berücksichtigen.[105]

66   Die Anordnung solcher Maßnahmen kann sich erheblich auf die Rechte und Pflichten der Teilnehmer am CCP-Clearing auswirken, sofern das Kriseninstitut Clearingmitglied

---

[100] Der Einsatz temporärer Maßnahmen wie die Aussetzung vertraglicher Pflichten, die Beschränkung von Sicherungsrechten sowie die Aussetzung von Beendigungsrechten könnten – abhängig von der Ausgestaltung der zivilrechtlichen Übertragungsregeln im Einzelfall – der Übertragung nach Art. 48 EMIR zwar grundsätzlich entgegenstehen, jedoch finden diese temporären Maßnahmen auf die zentralen Rechtsverhältnisse beim CCP-Clearing keine Anwendung (→ Rn. 81 ff.).
[101] § 144 Abs. 3 SAG.
[102] § 82 SAG, Art. 69 BRRD.
[103] § 83 SAG, Art. 70 BRRD.
[104] § 84 SAG, Art. 71 BRRD.
[105] Vgl. § 82 Abs. 1 Satz 2 SAG, Art. 69 Abs. 5 BRRD.

oder Kunde eines Clearingmitglieds ist. Ein Konflikt entsteht insbesondere dann, wenn die CCP bereits Maßnahmen zur geordneten Abwicklung bzw. zum Schutz von Kundenpositionen im Sinne der EMIR-Vorgaben trifft, die mit temporären Maßnahmen der Abwicklungsbehörde nicht vereinbar sind. Da die Maßnahmen bereits mit dem Vorliegen der Abwicklungsvoraussetzungen angeordnet werden können und von einer weitgehenden **Kündigungssperre** flankiert werden, kommt es mithin darauf an, in welchem Umfang die CCP und die Teilnehmer am CCP-Clearing unter die Ausnahmen von den entsprechenden Anordnungsbefugnissen fallen.

aa) Befugnis zur Aussetzung vertraglicher Pflichten, § 82 SAG

67 Die Abwicklungsbehörde kann anordnen, dass alle oder einzelne vertragliche Zahlungs- oder Lieferverpflichtungen eines in Abwicklung befindlichen Instituts für einen Zeitraum von maximal zwei Geschäftstagen[106] ausgesetzt werden.[107] Die Aussetzung erstreckt sich auf vertragliche Schuldverhältnisse insgesamt und erfasst damit nicht nur Verbindlichkeiten, sondern auch Forderungen und sonstige Ansprüche des Kriseninstituts, die für den gleichen Zeitraum ausgesetzt werden.[108] Die Fälligkeit von Zahlungs- oder Lieferverpflichtungen, die innerhalb des Aussetzungszeitraums fällig geworden wären bzw. bereits fällig waren, wird auf den Zeitpunkt unmittelbar nach Ablauf des Aussetzungszeitraums hinausgeschoben, ohne dass es einer erneuten Anordnung bedarf (→ B.VI. Rn. 43).[109]

bb) Befugnis zur Beschränkung von Sicherungsrechten, § 83 SAG

68 Die Abwicklungsbehörde kann den Gläubigern von besicherten Forderungen gegen ein in Abwicklung befindliches Institut oder gruppenangehöriges Unternehmen untersagen, ihre Sicherungsrechte ab der öffentlichen Bekanntgabe der Beschränkung bis zum Ablauf des folgenden Geschäftstages durchzusetzen (→ B.VI. Rn. 44). Die Regelung enthält keine Ausnahmen für Finanzsicherheiten. Mit Blick auf die Einzelausnahme für Finanzsicherheiten im Zusammenhang mit Übertragungsmaßnahmen nach § 79 Abs. 6 SAG sowie auf Art. 70 Abs. 1 BRRD (wonach die Durchsetzung von Sicherungsrechten „in Bezug auf beliebige Vermögenswerte" untersagt werden kann), ist davon auszugehen, dass Finanzsicherheiten von der Beschränkung erfasst werden (→ B.I. Rn. 192).

cc) Befugnis zur vorübergehenden Aussetzung von Beendigungsrechten, § 84 SAG

69 Die Abwicklungsbehörde kann Beendigungsrechte von Vertragspartnern eines in Abwicklung befindlichen Instituts oder gruppenangehörigen Unternehmens für den Zeitraum ab der öffentlichen Bekanntgabe der Aussetzung bis zum Ablauf des folgenden Geschäftstages aussetzen (→ B.VI. Rn. 45).[110] Unter bestimmten weiteren Voraussetzungen kann die Beschränkung auch gegenüber Vertragspartnern eines gruppenangehörigen Unternehmens eines Kriseninstituts angeordnet werden, bei dem die Voraussetzungen für die Einleitung von Abwicklungsmaßnahmen nicht vorliegen.[111]

---

[106] Entsprechend dem Zeitraum ab der öffentlichen Bekanntgabe der Aussetzung gemäß § 137 Absatz 1 SAG bis zum Ablauf des auf diese Bekanntgabe folgenden Geschäftstages.
[107] § 82 Abs. 1 Satz 1 SAG, Art. 69 Abs. 1 BRRD.
[108] § 82 Abs. 3 SAG, Art. 69 Abs. 3 BRRD.
[109] § 82 Abs. 4 SAG, Art. 69 Abs. 2 BRRD.
[110] § 84 Abs. 1 SAG, Art. 71 Abs. 1 BRRD.
[111] § 84 Abs. 2 SAG, Art. 71 Abs. 2 BRRD.

70 Beendigungsrechte können ausnahmsweise während der Aussetzungsfrist ausgeübt werden, sofern die Abwicklungsbehörde dem Vertragspartner mitteilt, dass die vertraglichen Rechte und Pflichten weder auf einen übernehmenden Rechtsträger übertragen werden noch Gegenstand einer Gläubigerbeteiligung sind.[112] Nach Ablauf der Aussetzungsfrist können vertraglich vereinbarte Kündigungsrechte wieder geltend gemacht werden, sofern der Kündigungsgrund dann noch fortbesteht.[113]

dd) Zeitlicher Anwendungsbereich

71 Der zeitliche Anwendungsbereich der Befugnis zur Aussetzung von Zahlungs- und Lieferpflichten wird durch die Bezugnahme auf das „in Abwicklung befindliche Institut" definiert. Dieser Begriff umfasst jedes Institut oder gruppenangehöriges Unternehmen, für das eine Abwicklungsmaßnahme getroffen wird.[114] Da eine Abwicklungsmaßnahme[115] nicht nur in der Anwendung eines Abwicklungsinstruments oder in der Ausübung einer Abwicklungsbefugnis bestehen kann, sondern bereits auch die Entscheidung über die Abwicklung an sich umfasst, kann eine Aussetzung von Zahlungs- und Lieferverpflichtungen unmittelbar nach oder mit der Feststellung der Abwicklungsvoraussetzungen erfolgen. Eine solche frühzeitige Aussetzung von Zahlungs- oder Lieferverpflichtungen erscheint sinnvoll, um zu verhindern, dass einzelne Gläubiger zu Lasten anderer befriedigt werden oder dass Vermögensgegenstände des Kriseninstituts veräußert werden, sobald eine Bestandsgefährdung festgestellt, jedoch noch kein konkretes Abwicklungsinstrument angeordnet wurde.

72 Gleiches gilt für die Befugnisse zur Beschränkung von Sicherungsrechten und zur vorübergehenden Aussetzung von Beendigungsrechten, wobei die entsprechenden Regelungen des SAG neben dem „in Abwicklung befindlichen Institut" auch direkt auf das „Vorliegen der Abwicklungsvoraussetzungen" abstellen.[116]

ee) Kündigungssperre, § 144 SAG

73 Die Unsicherheit hinsichtlich der Wirksamkeit von vertraglichen Beendigungsgründen oder der Durchsetzbarkeit von Aufrechnungsvereinbarungen im Fall eines von der BaFin verhängten Zahlungs- und Veräußerungsverbots nach § 46 Abs. 1 Nr. 3 KWG (Moratorium), die sich aus der teilweise vertretenen Stundungswirkung dieser Maßnahme ergibt (→ B.I. Rn. 231)[117], ist auf temporäre Maßnahmen der Abwicklungsbehörde im Sinne von §§ 82 bis 84 SAG nicht übertragbar.[118]

74 **(1) Kündigung aufgrund von Leistungsstörungen.** Eine Aussetzung oder Beschränkung nach §§ 82 bis 84 SAG stellt keine Nichterfüllung von vertraglichen Hauptleistungspflichten dar.[119] Aufgrund dieser gesetzlichen Fiktion ist eine Kündigung gegenüber dem Kriseninstitut ausgeschlossen, sofern sich die Kündigung auf den Eintritt eines Beendigungsgrunds in Form einer Leistungsstörung (zB Nichterfüllung oder Zahlungsverzug) stützt.

---

[112] § 84 Abs. 5 SAG, Art. 71 Abs. 4 BRRD.
[113] § 84 Abs. 6 SAG, Art. 71 Abs. 5 BRRD.
[114] § 2 Abs. 3 Nr. 33 SAG, Art. 2 Abs. 1 Nr. 83 BRRD.
[115] § 2 Abs. 3 Nr. 5 SAG, Art. 2 Abs. 1 Nr. 40 BRRD.
[116] § 83 Abs. 1 und § 84 Abs. 1 SAG.
[117] Vgl. *Fried* in Zerey § 17 Rn. 69.
[118] Vgl. *Fried* in Zerey § 17 Rn. 53 ff.
[119] § 144 Abs. 1 Satz 2 SAG, Art. 68 Abs. 5 BRRD.

(2) Kündigung aufgrund von Abwicklungsmaßnahmen. Des Weiteren sollen Krisen- 75
präventions- oder Krisenmanagementmaßnahmen (letztere umfassen auch die temporären
Maßnahmen nach §§ 82 bis 84 SAG[120]) nicht dazu berechtigen, Kündigungs-, Aussetzungs-,
Änderungs-, Zurückbehaltungs-, Verrechnungs- oder Aufrechnungsrechte gegenüber dem
Kriseninstitut oder gruppenangehörigen Unternehmen auszuüben.[121] Im Unterschied zu
dem oben genannten Ausschluss von Kündigungsrechten aufgrund von Leistungsstörungen
sind somit ua auch solche Kündigungsrechte ausgeschlossen, die sich direkt auf die Tatsache
der Anordnung einer temporären Maßnahme oder einer anderen hoheitlichen Maßnahme
im Rahmen der Abwicklung beziehen (→ B.VI. Rn. 32 ff.).

(3) Vorbehalt der Vertragserfüllung. Der Ausschluss von Kündigungsrechten steht 76
unter dem Vorbehalt, dass die Hauptleistungspflichten aus dem Vertrag, einschließlich der
Zahlungs- und Leistungspflichten, weiterhin erfüllt werden.[122] Eine Kündigung aufgrund
des Eintritts von Leistungsstörungen in Bezug auf Hauptleistungspflichten ist demnach
unabhängig von der Anordnung einer Krisenpräventions- oder Krisenmanagementmaßnahme weiterhin möglich.

Kündigungsrechte können des Weiteren dann ausgeübt werden, wenn sie aufgrund eines 77
anderen Ereignisses als einer Krisenpräventions- oder Krisenmanagementmaßnahme oder
eines unmittelbar mit der Anwendung einer solchen Maßnahme verbundenen Ereignisses
entstanden sind.[123] Jedoch wird in Bezug auf temporäre Maßnahmen klargestellt, dass diese
Unterfälle einer Krisenmanagementmaßnahme gerade keine Leistungsstörungen darstellen.[124] Mithin berechtigt die Anordnung einer temporären Maßnahme die Vertragspartner
des Kriseninstituts weder zur einer Kündigung aufgrund von Leistungsstörungen noch zu
einer Kündigung, die sich direkt auf die Tatsache der Anordnung der Maßnahme stützt.

(4) Kündigung wegen der Verletzung von Nebenpflichten. Etwas unklar bleibt letzt- 78
lich, ob eine Kündigung bei Anordnung einer temporären Maßnahme auf die Verletzung
von vertraglichen Nebenleistungs- oder Nebenpflichten gestützt werden kann. Im Fall von
Rahmenverträgen über Finanzinstrumente oder Clearing-Vereinbarungen kann dies zB Beendigungsgründe betreffen, die auf die Nichteinhaltung von vertraglichen Zusicherungen
oder den Wegfall von aufsichtsrechtlichen Genehmigungen abstellen.

Die Bezugnahme auf Hauptleistungspflichten[125] legt zwar nahe, dass die Verletzung 79
von Nebenleistungs- und Nebenpflichten kein Kündigungsrecht begründet. Diese rein
zivilrechtlich orientierte Unterscheidung ist im Zusammenhang mit Kriseninterventi-
onsmaßnahmen allerdings nicht zwingend. In systematischer Betrachtung erscheint es
ausschlaggebend, ob die Pflichtverletzung unmittelbar mit der Anwendung einer Krisen-
präventions- oder Krisenmanagementmaßnahme verbunden ist – in diesem Fall ist eine
Kündigung ausgeschlossen[126] – oder ein „anderes Ereignis" darstellt, das von der Kündigungssperre nicht erfasst wird[127].

---

[120] Vgl. die Begriffsbestimmungen in § 2 Abs. 3 Nr. 36 iVm Nr. 5 iVm Nr. 2 SAG bzw. in Art. 2 Abs. 1 Nr. 102 Nr. 40 iVm Nr. 20 BRRD.
[121] § 144 Abs. 3 Satz 1 Nr. 1 SAG, Art. 68 Abs. 3 Buchstabe a BRRD.
[122] § 144 Abs. 3 Satz 2 SAG, Art. 68 Abs. 3 Buchstabe c BRRD.
[123] § 144 Abs. 4 SAG, Art. 68 Abs. 4 BRRD.
[124] § 144 Abs. 3 Satz 3 iVm Abs. 1 Satz 2 SAG, Art. 68 Abs. 5 BRRD.
[125] § 144 Abs. 3 Satz 2 SAG, Art. 68 Abs. 3 Buchstabe c BRRD (hier allerdings bezugnehmend auf „die wesentlichen Verpflichtungen nach dem Vertrag").
[126] § 144 Abs. 3 Satz 1 SAG, Art. 68 Abs. 3 BRRD.
[127] § 144 Abs. 4 SAG, Art. 68 Abs. 4 BRRD.

80 Eine unmittelbare Verbindung – und damit kein Kündigungsrecht – wird etwa bei einem Verstoß gegen vertragliche Zusicherungen gegeben sein, die darauf abstellen, dass die Vertragsdurchführung durch den Vertragspartner (hier: das Kriseninstitut) keinen gesetzlichen Bestimmungen oder behördlichen Anordnungen zuwiderläuft. Dies erscheint sachgerecht, da die Kündigungssperre sonst durch eine entsprechende Vertragsgestaltung leicht umgangen werden könnte.[128] Ein „anderes Ereignis" kann hingegen in einem Verstoß gegen sonstige Pflichten liegen, insbesondere in der Nichteinhaltung von vertraglich geregelten organisatorischen oder technischen Mindestanforderungen, der mit der Abwicklungsmaßnahme in keinem unmittelbaren Zusammenhang steht.

ff) Ausnahmen für Systeme und zentrale Gegenparteien

81 Alle drei Befugnisse nach §§ 82 bis 84 SAG sehen Ausnahmen in Bezug auf Systeme (§ 1 Abs. 16 KWG), Systembetreiber (§ 1 Abs. 16a KWG), zentrale Gegenparteien (§ 1 Abs. 31 KWG) und Zentralbanken vor:
- Zahlungs- und Lieferverpflichtungen gegenüber Systemen, Systembetreibern, zentralen Gegenparteien und Zentralbanken sind von einer Aussetzung von vertraglichen Pflichten ausgenommen.[129]
- Eine Beschränkung von Sicherungsrechten erstreckt sich nicht auf Sicherungsrechte, die das in Abwicklung befindliche Institut oder gruppenangehörige Unternehmen Systemen, Systembetreibern, zentralen Gegenparteien und Zentralbanken an seinen Vermögenswerten bestellt hat.[130]
- Eine Anordnung über die vorübergehende Aussetzung von Beendigungsrechten erfolgt nicht gegenüber Teilnehmern von Systemen, gegenüber Systembetreibern, zentralen Gegenparteien und Zentralbanken.[131]

82 **(1) Relevanz für CCP-Clearing.** Die beiden in Deutschland ansässigen CCPs, Eurex Clearing AG und European Commodity Clearing AG, sind zentrale Gegenparteien im Sinne von § 1 Abs. 31 KWG. Die von ihnen betriebenen Systeme zur Abrechnung von Zahlungen und Wertpapierlieferungen sind Systeme gemäß § 1 Abs. 16 KWG und Art. 2 Buchstabe a der Richtlinie 98/26/EG über die Wirksamkeit von Abrechnungen in Zahlungs- sowie Wertpapierliefer- und -abrechnungssystemen (**Finalitätsrichtlinie**), die der ESMA von der Deutschen Bundesbank als solche gemeldet und von der ESMA (entsprechend Art. 10 Abs. 1 Satz 2 der Finalitätsrichtlinie) veröffentlicht wurden.[132] Dies gilt entsprechend für andere europäische CCPs im Sinne von Art. 2 Nummer 1 EMIR und die von ihnen betriebenen Systeme.

83 Die genannten Ausnahmen werden somit vor allem dann relevant, wenn das Kriseninstitut entweder selbst Clearingmitglied einer CCP ist oder als Kunde eines Clearingmitglieds einer CCP am CCP-Clearing teilnimmt. Da sich die Aussetzungs- und Beschränkungsanordnungen an die jeweiligen Vertragspartner des Kriseninstituts richten, wird die genaue Reichweite der Ausnahmen in diesem Fall von zwei Faktoren bestimmt. Dies ist zum einen der Status des Kriseninstituts als Teilnehmer (dh Clearingmitglied) oder indirekter Teil-

---

[128] Vgl. *Fried* in Zerey § 17 Rn. 74.
[129] § 82 Abs. 2 SAG, Art. 69 Abs. 4 Buchstabe b BRRD.
[130] § 83 Abs. 2 SAG, Art. 70 Abs. 2 BRRD.
[131] § 84 Abs. 4 SAG, Art. 71 Abs. 3 BRRD.
[132] https://www.esma.europa.eu/system/files/designated_payment_and_securities_settlement_systems.pdf

nehmer (dh Kunde eines Clearingmitglieds) an dem von der CCP betriebenen System, zum anderen die konkrete Ausgestaltung der dem CCP-Clearing zugrundeliegenden Verträge (Clearing-Vereinbarungen).

Gemäß der Darstellung oben (→ Rn. 16 ff.) wird im Folgenden davon ausgegangen, dass sowohl Clearingmitglied als auch Kunde in einem Vertragsverhältnis mit der CCP stehen, gegenseitige Zahlungs- und Lieferverpflichtungen jedoch ausschließlich bilateral zwischen CCP und Clearingmitglied einerseits sowie Clearingmitglied und Kunde andererseits bestehen und entsprechend in bilateralen Rahmenverträgen zusammengefasst sind. **84**

(2) Kriseninstitut als Clearingmitglied

(a) Ausnahmen für CCP. Nimmt das Kriseninstitut als Clearingmitglied am CCP-Clearing teil, finden die genannten Ausnahmen auf die CCP als zentrale Gegenpartei und Systembetreiber unmittelbar Anwendung, ohne das es eines weiteren Rückgriffs auf den Systembegriff bedarf. Zahlungs- und Lieferverpflichtungen, die in den Rahmenvertrag zwischen der CCP und dem Clearingmitglied einbezogen sind, sowie darauf bezogene Sicherungs- und Beendigungsrechte werden mithin von einer Aussetzung oder Beschränkung nach §§ 82 bis 84 SAG nicht erfasst. Die CCP kann von dem Clearing-Mitglied weiterhin Leistung verlangen und ggf. Sicherungs- und Beendigungsrechte ausüben. **85**

(b) Ausnahmen für Kunden. Nicht so eindeutig stellt sich die Situation für Kunden des Clearingmitglieds dar: Diese sind selbst weder Systembetreiber noch zentrale Gegenpartei. Lediglich in Bezug auf die vorübergehende Aussetzung von Beendigungsrechten scheinen Kunden, sofern sie selbst Kreditinstitute sind, als „Teilnehmer von Systemen" von der Ausnahme erfasst zu sein. **86**

Hierbei stellt sich jedoch das Problem, dass Kunden nicht „Teilnehmer" an Systemen im Sinne von Art. 2 Buchstabe f der Finalitätsrichtlinie, sondern nur „indirekte Teilnehmer" im Sinne von Art. 2 Buchstabe g der Finalitätsrichtlinie sind, nämlich „ein Institut [...] mit einer vertraglichen Beziehung zu einem Teilnehmer eines Systems [...], wodurch der indirekte Teilnehmer in die Lage versetzt wird, Zahlungs- bzw. Übertragungsaufträge in das System einzubringen". Die Begriffsbestimmung des Systems in § 1 Abs. 16 KWG differenziert entsprechend der Vorgaben der Finalitätsrichtlinie ebenfalls zwischen „einem Teilnehmer und einem indirekt teilnehmenden Kreditinstitut". **87**

Mit der Bezugnahme in § 1 Abs. 16 KWG auf indirekt teilnehmende Kreditinstitute hat der deutsche Gesetzgeber allerdings das **Wahlrecht** nach Art. 2 Buchstabe f Satz 3 der Finalitätsrichtlinie ausgeübt, wonach die Mitgliedstaaten entscheiden können, dass ein indirekter Teilnehmer für die Zwecke der Finalitätsrichtlinie als Teilnehmer betrachtet werden kann.[133] Indirekte Teilnehmer sind somit im Rahmen der deutschen Umsetzung der Finalitätsrichtlinie in die entsprechenden Schutzbereiche für Systemteilnehmer einbezogen.[134] Da die Ausnahmeregelung in § 84 Abs. 4 SAG ebenso wie die zitierten InsO-Regelungen auf „Teilnehmer von Systemen" im Sinne von § 1 Abs. 16 KWG verweist, sollten Kunden von Clearingmitgliedern von einer vorübergehenden Aussetzung von Beendigungsrechten mithin nicht betroffen sein. **88**

Die Ausnahmen von den beiden anderen Befugnissen nach § 82 und § 83 SAG nehmen keinen Bezug auf Teilnehmer von Systemen. Deswegen kommt allenfalls in Betracht, dass Kunden eines Clearingmitglieds von den Ausnahmen für Zahlungs- und Lieferverpflich- **89**

---

[133] Vgl. BT-Drs. 15/1853, S. 18.
[134] Vgl. §§ 96 Abs. 2, 166 Abs. 3 Nr. 1 InsO.

tungen „gegenüber Systemen" sowie für Sicherungsrechte, die das Kriseninstitut „Systemen [...] bestellt hat", erfasst werden.

90 Die Formulierung dieser Ausnahmen erscheint unglücklich, da der Begriff des Systems nach § 1 Abs. 16 KWG sowie Art. Buchstabe a der Finalitätsrichtlinie keine Person, sondern die **schriftliche Vereinbarung** zwischen den Systemteilnehmern bezeichnet. Gegenüber einer Vereinbarung können jedoch keine Zahlungs- und Lieferpflichten bestehen. Einer Vereinbarung können auch keine Sicherheiten bestellt werden[135]. Es ist unklar, welche Vertragspartner des Kriseninstituts von diesen Ausnahmen privilegiert werden sollen.

91 Die Einbeziehung von Kunden eines Clearingmitglieds in den Schutzbereich der Ausnahmen ist nur möglich, wenn sie in erweiternder Auslegung als (indirekte) Teilnehmer des Systems mit dem System gleichgesetzt werden. Hierfür spricht die systematische Überlegung, dass von den drei am Clearing teilnehmenden Vertragsparteien (CCP – Clearingmitglied – Kunde) die CCP bereits unter die Ausnahmen in Bezug auf zentrale Gegenparteien und Systembetreiber fällt. Die Ausnahme in Bezug auf Systeme hätte also keine eigenständige Bedeutung, wenn sie sich nicht auf andere Systemteilnehmer (zu denen wie oben gezeigt auch indirekte Teilnehmer gehören) beziehen würde.

92 Es ist auch kein Grund dafür ersichtlich, dass Teilnehmer von Systemen nur in der Ausnahmeregelung über die Aussetzung von Beendigungsrechten erwähnt werden. Es erscheint fraglich, ob hierdurch die Reichweite der drei Ausnahmetatbestände tatsächlich unterschiedlich ausgestaltet werden sollte.[136] Dem entspricht auch Erwägungsgrund 93 der BRRD, wonach die vorübergehende Aussetzung von bestimmten Vertragspflichten nicht für Verpflichtungen „im Zusammenhang mit Systemen" gelten soll. Weiterhin greife die BRRD dem Betrieb eines Systems oder dem durch Art. 9 der Finalitätsrichtlinie garantierten Recht auf dingliche Sicherheiten „in keiner Weise vor".

93 Der störungsfreie Betrieb des CCP-Systems, insbesondere die Einhaltung der EMIR-Vorgaben an Trennung und Übertragbarkeit, ist nur dann gewährleistet, wenn auch Kunden von Clearingmitgliedern von den temporären Maßnahmen nach §§ 82 bis 84 SAG befreit sind. Wie oben (→ Rn. 16 ff.) dargestellt beruhen die Vertragsgestaltungen zur Umsetzung der EMIR-Vorgaben auf der Prämisse, dass die gegenseitigen Rechte und Pflichten in beiden Rahmenverträgen (zwischen CCP und Clearingmitglied einerseits sowie Clearingmitglied und Kunde andererseits) stets gleich ausgestaltet sind. Dies wäre nicht mehr gewährleistet, wenn der Rahmenvertrag zwischen Clearingmitglied und Kunde einseitig von temporären Maßnahmen betroffen werden könnte, die auf den Rahmenvertrag zwischen CCP und Clearingmitglied nicht anwendbar sind.

94 Kunden eines Clearingmitglieds, die selbst Kreditinstitute sind und damit als indirekte Teilnehmer im Sinne von Art. 2 Buchstabe g der Finalitätsrichtlinie gelten, sind mithin nach der hier vertretenen Auffassung von temporären Maßnahmen nach §§ 82 bis 84 SAG in Bezug auf ihre Rechte und Pflichten gegenüber dem Clearingmitglied (=Kriseninstitut) nicht betroffen.[137]

---

[135] Anders wäre dies nur, wenn die schriftliche Vereinbarung gleichzeitig eine juristische Person als Rechtsträger des Systems (dh als Systembetreiber im Sinne von § 1 Abs. 16a KWG) konstituieren würde. Dies ist aber zumindest bei den deutschen Systemen nicht der Fall.

[136] Die entsprechenden Ausnahmeregelungen in Art. 69 Abs. 3 Buchstabe b, Art. 70 Abs. 2 und Art. 71 Abs. 3 BRRD stellen einheitlich auf „Systeme, Systembetreiber, zentrale Gegenparteien und Zentralbanken" ab und treffen mithin keine solche Unterscheidung.

[137] Dies gilt entsprechend, wenn das Kriseninstitut nicht Clearingmitglied, sondern indirekter Kunde des Kunden ist, da der Kunde auch dann (als indirekter Teilnehmer) vom Schutzbereich der Ausnahmen erfasst wird.

(3) Kriseninstitut als Kunde

(a) **Ausnahmen für CCP.** Sofern das Kriseninstitut als Kunde eines Clearingmitglieds am CCP-Clearing teilnimmt, können gegenüber der CCP als Vertragspartei der dreiseitigen Clearingvereinbarung mit dem Kunden und dem Clearingmitglied keine temporären Maßnahmen angeordnet werden, da die CCP zentrale Gegenpartei und Systembetreiber ist. Zahlungs- und Lieferverpflichtungen der CCP bestehen jedoch ohnehin nur gegenüber dem Clearingmitglied und nicht gegenüber dem Kunden. 95

(b) **Ausnahmen für Clearingmitglieder.** Für Clearingmitglieder gelten die oben dargestellten Überlegungen entsprechend. Als direkte Teilnehmer des CCP-Systems werden sie von den Ausnahmen in Bezug auf „Teilnehmer von Systemen" bzw. nach der hier vertretenen Auffassung auch in Bezug auf „Systeme" erfasst, so dass sie als Vertragspartner des Kunden von temporären Maßnahmen nicht betroffen werden können. 96

(c) **Ausnahmen für indirekte Kunden.** Eine Einstufung von indirekten Kunden als „indirekte Teilnehmer" ist zumindest zweifelhaft. Sie werden daher in Bezug auf ihre Rechte und Pflichten gegenüber einem Kunden von den Ausnahmen nicht erfasst und können Adressat temporärer Maßnahmen sein. Die Begriffsbestimmung in § 1 Abs. 16 KWG sowie die Gesetzesbegründung sind zu dieser Frage nicht eindeutig, der Wortlaut sowie die entsprechende Definition in Art. 2 Buchstabe g der Finalitätsrichtlinie legen jedoch nahe, dass indirekter Teilnehmer nur sein kann, wer zu einem direkten Teilnehmer in einem Vertragsverhältnis steht. Dies schließt indirekte Kunden aus, da ihr Vertragspartner als Kunde seinerseits nur indirekter Teilnehmer ist. Die Einstufung von indirekten Kunden als Systemteilnehmer ist jedenfalls dann ausgeschlossen, wenn sie der CCP als Systembetreiber nicht bekannt sind (vgl. Art. 2 Buchstabe g der Finalitätsrichtlinie). Abhängig von der Ausgestaltung der zukünftigen Clearingmodelle für indirekte Kunden wird dies der Regelfall sein. 97

Des Weiteren steht das Wahlrecht der Mitgliedsstaaten nach Art. 2 Buchstabe f Satz 3 der Finalitätsrichtlinie zur Einbeziehung von indirekten Teilnehmern unter der Voraussetzung, dass „dies unter dem Gesichtspunkt des Systemrisikos gerechtfertigt ist". **Das Systemrisiko** (dh vor allem die Beeinträchtigung eines Systems im Fall eines Insolvenzverfahrens gegen einen Teilnehmer) wird durch Art. 8 der Finalitätsrichtlinie (vgl. § 340 Abs. 3 InsO) mitigiert, wonach die Rechte und Pflichten eines insolventen Teilnehmers durch das für das System maßgebliche Recht bestimmt werden. Dieser Schutzzweck rechtfertigt die Einbeziehung von Clearingmitgliedern (als Teilnehmer) und ihre Kunden (als indirekte Teilnehmer), jedoch nicht notwendigerweise auch die Einbeziehung von indirekten Kunden, da deren Verbindung zu dem CCP-System grundsätzlich zu entfernt ist, um sich auf das ordnungsgemäße Funktionieren des Systems auswirken zu können. 98

Sofern der Anwendungsbereich der Finalitätsrichtline vor allem anhand des Aspekts des Systemrisikos bestimmt wird, ist dies mit Blick auf Art. 4 Abs. 3 Unterabs. 2 EMIR, der für indirekte Clearingvereinbarungen ein Schutzniveau fordert, das dem direkter Clearingvereinbarungen gleichwertig ist, potentiell jedoch zu einschränkend. Ein gleichwertiges Schutzniveau wäre nur durch Einbeziehung auch von indirekten Clearingvereinbarungen in den Schutzbereich der Finalitätsrichtlinie wirklich gewährleistet. 99

C. Finanzierung der Abwicklung, Querschnittsthemen

IV. Steuerung des Instituts – im Vorfeld und in der Krise

Übersicht

	Rn.
1. Einleitung	1
2. Rechtliche und regulatorische Rahmenbedingungen	4
a) Vom Going Concern zur Sanierung und Abwicklung	5
b) Das Instrument der Gläubigerbeteiligung	9
c) MREL und EU-Restrukturierungsfonds	14
3. Umsetzung in der Praxis	21
a) Konzernstruktur und nationales Recht	21
b) Abwicklungshindernisse und deren Adressierung	24
4. Einbettung in das Banken-Treasury	27
a) Marktsicht auf Kapital und Refinanzierung	27
b) Integriertes Finanzressourcenmanagement	29
c) Passivinstrumente unter CRR und BRRD	32
5. Weitere Stakeholder	35
a) Rating-Agenturen	35
b) Investoren	45
6. Fazit	53

Schrifttum: *BBVA Research*, Regulation Outlook: Compendium on resolution strategies: an multiple-point-of-entry view, Dezember 2014; *BNP Paribas Sector Specialist* Commentary, TLAC: Disunity in Europe, 9.10.2015; *Board of Governors of the Federal Reserve System*, Notice of Proposed Rulemaking („NPR") on TLAC requirements for holding companies of U.S. global systemically important banks („GSIBs"), 30.10.2015; *Carney,* To G20 Finance Ministers and Central Bank Governors Financial Reforms – Finishing the Post-Crisis Agenda and Moving Forward, 4.02.2015; *Contiguglia,* ECB sparks bank tug-of-war over debt eligibility, in: RISK Magazine, 23.10.2015; *European Banking Authority,* FINAL Draft Regulatory Technical Standards on criteria for determining the minimum requirement for own funds and eligible liabilities under Directive 2014/59/EU [EBA/RTS/2015/05], 3.07.2015; *Eidgenössische Finanzmarktaufsicht*, New „too big to fail" capital requirements for global systemically important banks in Switzerland, 21.10.2015; *European Central Bank*, Opinion of the European Central Bank on 2 September 2015 on Bank Resolution (CON/2015/31); *Financial Stability Board*, Summary of Findings from the TLAC Impact Assessment Studies, 9.11.2015; *Financial Stability Board,* Press Release, 10.11.2014 sowie Press Release FSB issues final Total Loss-Absorbing Capacity standard for global systemically important banks, 9.11.2015; *Gracie,* TLAC and MREL: From design to implementation, Rede im Rahmen des BBA loss absorbing capacity forum, 17.07.2015; *Gracie,* Total Loss Absorbing Capacity – the thinking behind the FSB term sheet, Rede im Rahmen Citi European Credit Conference, 4.12.2014; *Moody's Investor Service*, Bank Systemic Support Global Update: Resolution Regimes Drive Shifts in Support, Juli 2014; *Moody's Investor Service*, Rating Methodology Banks, 16.03.2015; *Moody's Investor Service,* Position Paper: German Legislative Proposal Senior Unsecured Debt, September 2015; *Standard & Poor's*, Bank Rating Methodology And Assumptions: Additional Loss-Absorption Capacity, 27.4.2015; *Standard & Poor's*, When It Rains It Pours: Study Of State Aid For Failing EU Banks Informs The Debate on Future Capacity Needs to Absorb Losses, März 2015; Independent Commission on Banking (ICB), Final Report, 12.10.2011; *Standard & Poor's*, Banks: Rating Methodology and Assumptions, 9.11.2011; *Standard & Poor's*, The Rating Implications Of The Emerging Bank Resolution Frameworks in the U.K., Germany, Austria, And Switzerland, 3.2.2015.

IV. Steuerung des Instituts – im Vorfeld und in der Krise

1. Einleitung

Aus der Finanzkrise ab 2009 und der daraus resultierenden Bankenkrise, die in zahlreichen staatlichen Rettungsprogrammen („*bail-out*") mündete, wurden seitens der Politik und der Bankenaufsicht eine Reihe von Lehren gezogen. Diese führten mit der Implementierung fundamental strengerer regulatorischer Regeln und Anforderungen zu tiefgreifenden Veränderungen in der Steuerung der Institute – und damit auch in deren Geschäftsmodell. Weitere Ansätze sind momentan in der Umsetzung bzw. befinden sich in der Konsultationsphase. Im Folgenden werden die Auswirkungen auf die Kapital- und Liquiditätssteuerung der Institute im Kontext Bankenrestrukturierung beleuchtet. Insbesondere für systemrelevante Institute ergeben sich aus den detaillierten und verschärften Anforderungen einschneidende Änderungen. [1]

Die Zielsetzung neuer regulatorischer Anforderungen war in einer ersten Phase zunächst auf eine quantitativ und qualitativ höhere Kapitalausstattung der Institute sowie einen engeren Aufsichtsmechanismus gerichtet. Hierbei wurde das Reformpaket des **Baseler Ausschusses für Bankenaufsicht** in Europa in der *Capital Requirements Regulation* (**CRR**) und gemäß der *Capital Requirements Directive* (**CRD IV**) national umgesetzt. Neben diesen kapitalbezogenen Anforderungen wurde außerdem explizit das Liquiditätsmanagement mit Einführung der „*liquidity coverage ratio*" (**LCR**) und der „*net stable funding ratio*" (**NSFR**) stärker reguliert. Dies dient der Eindämmung einer zu exzessiven Liquiditäts-Fristentransformation, die bei vielen Instituten in der Finanzkrise zu Problemen führte. Im Euro-Raum wird durch die Schaffung eines einheitlichen Aufsichtsmechanismus (*single supervisory mechanism* – **SSM**) mit der **EZB** eine zentrale Bankaufsicht installiert. [2]

Mit Blick auf die klassische Kapital- und Liquiditätssteuerung der Institute ist die Schaffung eines einheitlichen Rahmens für die Sanierung und Abwicklung von Instituten bzw. Institutsgruppen in fast noch größerem Maße prägend, da sie die klassische Trennung dieser beiden Steuerungskreise endgültig aufbricht. Die Umsetzung der *Bank Recovery and Resolution Directive* (**BRRD**) innerhalb des *Sanierungs- und Abwicklungsgesetzes* (**SAG**) sowie damit einhergehende Anpassungen des *Kreditwesengesetzes* (**KWG**) schaffen dafür den nationalen gesetzlichen Rahmen. Neben den Prozessen zur Abwicklungsplanung und -umsetzung bilden verschiedene Abwicklungsinstrumente – insbesondere das Instrument der Beteiligung der Inhaber von Kapitalinstrumenten bzw. das Instrument der Gläubigerbeteiligung („*bail-in*") – ein Kernstück der Regulierung. Letztere haben das Ziel, die Abwicklung eines Instituts ohne Unterstützung durch Mittel der öffentlichen Hand zu ermöglichen. Nur in Ausnahmefällen ist eine Unterstützung durch den einheitlichen **Abwicklungsfonds** gestattet. [3]

2. Rechtliche und regulatorische Rahmenbedingungen

Die rechtlichen Rahmenbedingungen sind Grundlage für die Prozesse der Sanierung und Abwicklung von Instituten. Dies umfasst einerseits die Regelung der Zuständigkeiten und Befugnisse der relevanten Aufsichtsbehörde sowie der zuständigen Sanierungs- und Abwicklungsbehörden auf europäischer und nationaler Ebene. Andererseits werden mit Blick auf die Umsetzung institutsspezifischer Abwicklungspläne und zur Beseitigung etwaiger Abwicklungshindernisse detaillierte regulatorische Anforderungen an die Institute gestellt. [4]

a) Vom Going Concern zur Sanierung und Abwicklung

5   Institute sind verpflichtet, zur Vorbereitung der Sanierung und zur Frühintervention detaillierte Sanierungspläne zu erstellen und zu pflegen. Die zuständige Abwicklungsbehörde ist gleichsam gefordert, für eine eventuell erforderliche Restrukturierung und Abwicklung detaillierte Abwicklungspläne zu führen.

6   Die regulatorische sowie interne Steuerung des Instituts erfolgt daher mit Blick auf folgende Phasen:
- Regelmäßige Geschäftstätigkeit außerhalb von Krisenzeiten oder außerhalb von Stressphasen: Überwachung der regulatorischen Mindestanforderungen sowie der im Sanierungsplan definierten Frühwarnindikatoren („*going concern*")
- Definierte Frühwarnindikatoren gemäß Sanierungsplanung: Ergreifen von Maßnahmen zur Überwindung des Krisenfalls aus eigener Kraft und ohne Stabilisierungsmaßnahmen der öffentlichen Hand („*recovery*" und „*early intervention*")
- Eintritt der Abwicklungsvoraussetzungen (§ 62 SAG) bzw. Eintritt der Voraussetzungen für die Anwendung des Instruments der Beteiligung der Inhaber relevanter Kapitalinstrumente (§ 65 SAG) („*resolution*" bzw. „*point of non-viability*")

7   Innerhalb dieser Phasen müssen Institute jeweils einen geforderten Bestand an verlusttragenden Passiva vorhalten. Dabei dienen Eigenmittelinstrumente (**CET1, Additional Tier 1** und **Tier 2**) in erster Linie der Verlustabsorption im „*going concern*" oder im Fall von Additional Tier 1 und Tier 2 am sogenannten „*point of non-viability*". Neu ist durch die Regelungen der BRRD, dass darüber hinaus weitere geeignete Verbindlichkeiten vorzuhalten sind, die im Abwicklungsfall („*resolution*") für die Verlustabsorption und Rekapitalisierung eines Institutes nach einer gesetzlich vorgegebenen Abwicklungshierarchie herangezogen werden.

8   Insofern haben Eigenmittelinstrumente und bestimmte Verbindlichkeiten innerhalb dieser Phasen jeweils eine durch ihre vertraglichen Eigenschaften sowie die Einordnung in der Haftungskaskade klar definierte Funktionen. Aufgrund des daraus resultierenden unterschiedlichen Risikogehaltes ist es für den Kapitalmarkt und für Investoren von essentieller Bedeutung, Transparenz hinsichtlich dieser Funktion zu erhalten, um die inhärenten Risiken des Instruments bewerten zu können. Ereignisse, die den möglichen Eintritt in den Sanierungs- und insbesondere Abwicklungsfall andeuten, führen dabei möglicherweise zu einer Veränderung des Investorenverhaltens. Ereignisse, die auf eine gestiegene Wahrscheinlichkeit der Gläubigerbeteiligung einzelner Instrumente hindeuten, können zu einer sprunghaften Ausweitung der Risikoprämien dieser Instrumente führen. Im Extremfall bleibt dem betroffenen Institut der Zugang zum Kapitalmarkt bis auf weiteres verwehrt.

b) Das Instrument der Gläubigerbeteiligung

9   Das zentrale Abwicklungsinstrument zur Vermeidung der Notwendigkeit einer Unterstützung durch die öffentliche Hand bei einer Restrukturierung oder Abwicklung einer Bank („*bail-out*") ist die Beteiligung der Anteilsinhaber und Gläubiger (§ 43 ff. BRRD *bzw.* § 89 und § 90 SAG). Es wird nach § 95 SAG eingesetzt:

1. *zur Rekapitalisierung des Instituts oder gruppenangehörigen Unternehmens in dem Umfang, der erforderlich ist, um*
    a) *das Institut […] wieder in die Lage zu versetzen, den Zulassungsbedingungen zu genügen […], und*

IV. Steuerung des Instituts – im Vorfeld und in der Krise

b) das Vertrauen des Marktes in das Institut [...] aufrechtzuerhalten, wenn die begründete Aussicht besteht, dass die Anwendung dieses Instrumentes in Kombination mit anderen Maßnahmen des Restrukturierungsplanes umgesetzt werden kann

2. zur Umwandlung von berücksichtigungsfähigen Verbindlichkeiten in Instrumente des harten Kernkapitals oder zur Reduzierung des Nennwerts von berücksichtigungsfähigen Verbindlichkeiten [...].

Mit „*PONV*" wird die Anwendung des Instruments der Beteiligung der Anteilseigner 10 und Inhaber relevanter Kapitalinstrumente im der Abwicklung rechtlich vorgelagerten Fall des „*point of non-viability*" bezeichnet, sofern die Voraussetzungen dafür erfüllt sind (§ 65 SAG). Der Eintritt des „*PONV*" ist rechtlich dem „*bail-in*" vorgelagert. Die für die Beurteilung des Risikogehaltes durch Investoren und Gläubiger relevante Festlegung, welche Instrumente in welcher Reihenfolge jeweils herangezogen werden, folgt in der Theorie einfachen Grundsätzen (§ 45 und § 48 BRRD bzw. § 91 und § 97 SAG). Diese sind im folgenden Schaubild dargestellt:

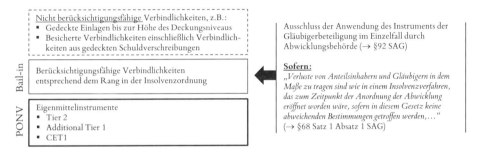

Ein zentraler Grundsatz der BRRD lautet, dass Gläubiger in der Abwicklung nicht 11 schlechter gestellt werden dürfen als in einem Insolvenzverfahren, das zum gleichen Zeitpunkt der Abwicklung eröffnet wird. Im SAG ist dies in § 68 Abs. 1 S. 1 als einer der allgemeinen Grundsätze für die Abwicklung definiert. Sofern die Abwicklungsbehörde von der Möglichkeit Gebrauch macht, einzelne grundsätzlich berücksichtigungsfähige Verbindlichkeiten auszuschließen, erhöht sich das Risiko, dass dieser Grundsatz nicht mehr eingehalten werden kann.

Dieser Grundsatz wird in der Diskussion oft als „*no creditor worse off*" Prinzip (**NCWO**) 12 bezeichnet. Es zeigt sich in der Praxis, dass NCWO auf Basis der bisherigen nationalen Insolvenzregelungen zu erheblichen Abwicklungshindernissen führen kann. Solange beispielsweise unterschiedliche berücksichtigungsfähige Verbindlichkeiten auf einer Rangstufe verbleiben, ist der gegebenenfalls aus abwicklungstechnischen oder systemrelevanten Erwägungen notwendige und durch die BRRD erlaubte Ausschluss von operativen Verbindlichkeiten, strukturierten Verbindlichkeiten oder Derivaten grundsätzlich aufgrund NCWO zunächst ausgeschlossen. Diese Problematik ist auch nicht auf Basis rechtlich verankerter Regelungen in der BRRD oder dem SAG lösbar, sondern nur in der nationalen Gesetzgebung. Die Folge sind gegenwärtig eine Reihe von unterschiedlichen Ansätzen in den einzelnen Ländern, die sich unterschiedlich auf den Kapitalmarkt auswirken. Dies führt zu erheblicher Unsicherheit im Markt sowohl aus Sicht der Investoren wie der Emittenten (→ Rn. 24 ff. und Rn. 34 ff.).

13 Für Investoren ergeben sich in der Übergangsphase für die verschiedenen Passivinstrumente damit folgende Kernfragen:
- *Wird das gehaltene Instrument grundsätzlich dem „bail-in" unterzogen, oder ist dies rechtlich oder in der Praxis aus anderen Gründen voraussichtlich ausgeschlossen?*
- *Wenn das Instrument dem „bail-in"-Risiko unterliegt, wo befindet es sich in der Haftungskaskade, und was ist die Wahrscheinlichkeit und Höhe einer möglichen Verlustteilnahme?*
- *Gibt es institutsspezifische oder generelle Gründe für diesen Emittenten, die ein „bail-in" des gehaltenen Instruments unwahrscheinlich oder besonders wahrscheinlich werden lassen? Gibt es noch einen verbliebenen impliziten „government support"?*

c) MREL und EU-Restrukturierungsfonds

14 Als Komponente des institutsspezifischen Abwicklungsplanes fordert die zuständige Abwicklungsbehörde das Institut bzw. die Institutsgruppe auf, einen **Mindestbetrag berücksichtigungsfähiger Verbindlichkeiten** (*„minimum requirement for own funds and eligible liabilities"* = **MREL**) vorzuhalten. Dieser dient der Sicherstellung, dass zur Erreichung der Abwicklungsziele ausreichend berücksichtigungsfähige Verbindlichkeiten vorhanden sind, die im Abwicklungsfall bevorzugt dem „bail-in" unterzogen werden bei gleichzeitiger Beachtung der Abwicklungshierarchie. Gemäß BRRD und SAG muss die Anforderung durch Vorgabe einer **MREL-Quote** definiert werden. Diese ist als Verhältnis der Summe der Eigenmittel und berücksichtigungsfähigen Verbindlichkeiten einerseits und der Summe der Gesamtverbindlichkeiten und Eigenmittel des Instituts (*„total liabilities and own funds"*) andererseits definiert, dh einer Größe, die sich grundsätzlich am Bilanzvolumen orientiert. Die Prinzipien zur Festlegung dieser Quote werden in den **Technischen Standards für die Bestimmung des Mindestbetrags berücksichtigungsfähiger Verbindlichkeiten** (**EBA RTS**[1]) durch die EBA vorgegeben. Tatsächlich ist der Bedarf an MREL letztendlich abhängig vom Kapitalbedarf im *„going concern"* bis zum Zeitpunkt der Abwicklung zuzüglich des Kapitalbedarfs des Instituts, das nach erfolgter Restrukturierung entsteht. Die EBA RTS spiegeln diesen Sachverhalt wider, indem sie als Leitlinie den MREL-Bedarf an der Summe des *„loss absorption amount"* und des *„recapitalisation amount"* basierend auf den jeweiligen risikogewichteten Aktiva und den Eigenmittelanforderungen unter CRR/CRD IV orientieren.

15 Ein weiterer wichtiger Rahmenparameter unter der BRRD ist die Höhe der Verlustbeteiligung, die mindestens erfolgen muss, bis unter bestimmten Vorgaben die Abwicklungsbehörde von ihrer nach § 92 SAG gegebenen Wahlmöglichkeit Gebrauch machen kann, bestimmte Verbindlichkeiten ganz oder teilweise vom „bail-in" auszuklammern. In diesem Falle kann nach Maßgabe des § 7a *Restrukturierungsfondgesetz* (**RStruktFG**) ein Ausgleichsbetrag durch den **EU-Restrukturierungsfonds** (*„resolution financing arrangement"*) erbracht werden. Die erforderliche Höhe der Beteiligung der Anteilseigner und Gläubiger beträgt 8 % der Gesamtverbindlichkeiten und Eigenmittel zum Zeitpunkt der Abwicklung bzw. Restrukturierung. In der Praxis ist diese Größe aktuell von Relevanz, da sie von Marktteilnehmern zumindest für größere Institute als zu erwartende Mindestvorgabe für MREL und somit auch für einen potentiellen Fehlbetrag und damit zukünftiges Emissionsvolumen herangezogen wird.

16 Der Begriff der *„MREL-fähigen"* Verbindlichkeiten wird nicht explizit definiert. Grundsätzlich sind zunächst alle berücksichtigungsfähigen Verbindlichkeiten MREL-fähig, so-

---

[1] EBA/RTS/2015/05.

IV. Steuerung des Instituts – im Vorfeld und in der Krise

fern sie bestimmte Mindestkriterien erfüllen (§ 45 Satz 4 BRRD bzw. § 49 Satz 2 SAG). Jedoch ist gemäß der EBA RTS sicherzustellen, dass bei der Festlegung der MREL-Quote durch Höhe und auch Rangfolge in der Haftungskaskade sichergestellt wird, dass der Abwicklungsplan umsetzbar ist – das bedeutet, dass insbesondere nicht gegen das NCWO-Prinzip verstoßen wird.

Aus Kapitalmarkt- und Investorensicht ist hier die spiegelbildliche Betrachtung von Relevanz: 17

- Berücksichtigungsfähige Verbindlichkeiten, die mit anderen ebenfalls berücksichtigungsfähigen Verbindlichkeiten auf einer Rangstufe stehen, welche jedoch von der Abwicklungsbehörde zur Behebung von Abwicklungshindernissen vom „bail-in" ausgeschlossen werden sollen, sind gegebenenfalls hierdurch implizit „geschützt". Dies ist genau dann der Fall, wenn ein derartiger Ausschluss zu einem Verstoß des NCWO-Prinzips führen würde, weshalb die Abwicklungsbehörde ausreichend MREL in Form von „subordinierten" berücksichtigungsfähigen Verbindlichkeiten fordert.
- Gleiches gilt für Verbindlichkeiten, die voraussichtlich aufgrund ihrer Systemrelevanz nicht dem Instrument der Gläubigerbeteiligung unterzogen werden sollen. In diesem Fall ist zu erwarten, dass ebenfalls ausreichend hierzu „subordinierte" MREL vorgehalten werden müssen (→ Rn. 18). Dann können die MREL-fähigen Verbindlichkeiten ohne Verstoß gegen das NWCO-Prinzip zunächst dem „bail-in" unterzogen werden, ohne dass die zu schützenden Verbindlichkeiten angetastet werden müssen.

Aus der Kenntnis des Geschäftsmodells des Instituts, dessen Systemrelevanz und des Grundrisses des Abwicklungsplanes lassen sich folglich sowohl die voraussichtliche Höhe der MREL als auch deren Rang in der Abwicklungskaskade ableiten. Marktteilnehmer antizipieren in diesen Fällen den langfristigen Risikogehalt dieser Verbindlichkeiten und verlangen entsprechend eine Risikoprämie.

Einen Sonderfall stellen **global systemrelevante Institute** (*„globally systemically important financial institutions"* = **G-SIFIs**[2]) aufgrund ihrer Größe, Komplexität und Grad der Vernetzung mit anderen Instituten dar. Während die EBA RTS aufbauend auf der BRRD mit Blick auf den Kreis der regulierten Institute grundsätzlich prinzipienorientiert formuliert sind, fordert der **Financial Stability Board** (**FSB**) für G-SIFIs eine deutlich strengere Ausstattung mit *„total loss absorbing capacity"* (**TLAC**) auf Basis eines sehr detailliert abgefassten **TLAC Termsheets**[3]: 18

- Wesentliche Zielsetzung des FSB ist die Lösung des „too big to fail"-Problems[4], dh die Sicherstellung eines ausreichenden Volumens an TLAC zuzurechnenden Verbindlichkeiten, die eine erfolgreiche Umsetzung der Abwicklung von multinational vernetzten Instituten mit kritischen, systemrelevanten Geschäftskomponenten sicherstellen.
- Die Adressierung des NCWO-Prinzips erfolgt dadurch, dass die der TLAC zuzurechnenden Verbindlichkeiten im Abwicklungsfall „sauber" von den operativen Verbindlichkeiten getrennt sind[5]. Gleiches gilt für die Trennung von anderen Verbindlichkeiten, bei denen die Abwicklungsbehörde von ihrem Wahlrecht, sie vom Instrument der Gläubigerbeteiligung auszuschließen, Gebrauch machen will.

---

[2] In der Terminologie des Financial Stability Board wird auch der Begriff *globally systemically important banks* (=GSIBs) verwendet.
[3] *FSB* Press Release 10.11.2014 sowie Press Release 9.11.2015.
[4] *Carney* Finishing the Post-Crisis Agenda and Moving Forward.
[5] *Gracie* Rede vom 17.7.2015.

Hierzu fordert das FSB eine Form der **„Nachrangigkeit"** („**Subordinierung**"), die entweder
(i) *gesetzlich*, dh aufgrund der Positionierung in der Haftungskaskade im anzuwendenden Insolvenzrecht,
(ii) *strukturell*, dh durch Emission von TLAC-Instrumenten aus einer Holding Company oder einer operativen Muttergesellschaft und damit strukturell getrennt von den operativen Verbindlichkeiten der operativen Töchter (→ Rn. 21 ff.), oder
(iii) *kontraktuell*, dh vertraglich nachrangig (zB sogenanntes Tier 3), ausgestaltet ist.

19 Grundsätzlich sind die Zielsetzungen von MREL und TLAC identisch. Insofern sind die Anforderungen für europäische G-SIFIs aus dem FSB TLAC Termsheet und den EBT RTS grundsätzlich äquivalent. Aus dem FSB TLAC Termsheet lassen sich aber einige Aspekte ableiten, die mit Sicherheit bei der Spezifizierung der Abwicklungsvoraussetzungen für **anderweitig systemrelevante Institute** („*other systemically important financial institutions*" = **O-SIFIs**), aber auch grundsätzlich für die Adressierung des NCWO-Prinzips in der jeweiligen Jurisdiktion von Relevanz sein dürften. Dies betrifft sowohl das Volumen an MREL als auch die Forderung nach adäquater „Subordinierung".

20 Für Investoren – und damit auch für die Kapitalsteuerung und Refinanzierungsstrategie der Institute in der Praxis – ergeben sich hieraus weitere Kernfragen:
- *Zu welchem Grad besitzt das Institut Systemrelevanz? Welche Anforderungen an geeignete „subordinierte" Verbindlichkeiten ergeben sich für dieses Institut? Inwieweit betrifft dies den Gesamtmarkt, dh Emissionsangebot der Emittenten im Vergleich zu Investitionsbedarf und -verhalten der Investoren?*
- *Welche Auswirkung hat dies auf andere Refinanzierungsinstrumente, die nicht den Kriterien für TLAC oder MREL genügen? Kommt es zu einer Änderung der Refinanzierungsstrategie des Instituts? Wie wirkt dies auf den Gesamtmarkt?*

3. Umsetzung in der Praxis

a) Konzernstruktur und nationales Recht

21 Das FSB definiert bei der Entwicklung effektiver Abwicklungsstrategien zwei grundsätzliche Ansätze: die „*Single Point of Entry*" (**SPE**) und die „*Multiple Point of Entry*" (**MPE**) Strategie.
- *Single Point of Entry*:
Die nationale Abwicklungsbehörde der Muttergesellschaft übt als einzige ihre Befugnisse zur Abwicklung auf Ebene dieser Gesellschaft aus. Dies kann entweder eine Holding Company oder selbst eine operative Einheit sein. In der SPE-Strategie werden etwaige Verluste in operativen Tochterunternehmen in die Muttergesellschaft geleitet.
Dies erfolgt im PONV (→ Rn. 10) der Tochtergesellschaft durch die Anwendung des Instruments der Beteiligung der Inhaber relevanter Kapitalinstrumente. Sollte dies für die Absorption der Verluste in der Tochtergesellschaft nicht ausreichend sein, erfolgt ein weiterer Verlusttransfer über von der Mutter gehaltene Verbindlichkeiten der Tochtergesellschaft, die eine spezifische „PONV"-Klausel enthalten. Diese Klausel erlaubt dann eine Herabschreibung dieser gruppeninternen Verbindlichkeiten außerhalb des Abwicklungszustandes („*internal TLAC*").

IV. Steuerung des Instituts – im Vorfeld und in der Krise

- *Multiple Point of Entry*:
Hier erfolgt die Ausübung der Abwicklungsbefugnisse durch eine oder mehrere Abwicklungsbehörden gleichzeitig auf Ebene der betroffenen Einheiten der Institutsgruppe. Dies beinhaltet auch die Anwendung weiterer Abwicklungsinstrumente, zB auch die Aufspaltung der Institutsgruppe.
Für die verschiedenen Teile besteht nicht die Notwendigkeit, dass die angewandten Abwicklungsinstrumente identisch sind. Vielmehr können die einzelnen Strategien entsprechend der Struktur und des Geschäftsmodells der einzelnen Einheiten variieren. Die folgenden Diagramme stellen dies nochmals anschaulich dar:

22

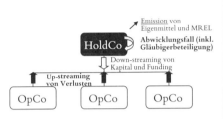

Single Point Entry (SPE)

- Emission von Eigenmittelinstrumenten und MREL-fähigen Verbindlichkeiten auf Ebene HoldCo und Weitergabe der Refinanzierungswirkung
- Im Falle PONV in einer OpCo, Rekapitalisierung der OpCo durch Weiterleitung der Verluste an die HoldCo
- Der Abwicklungsfall inkl. Gläubigerbeteiligung kann dann nur auf Ebene HoldCo eintreten
- Typisch für US und UK Banken

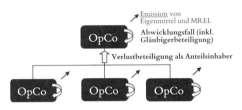

Multiple Point Entry (MPE)

- Emission von Eigenmitteln und MREL-fähigen Verbindlichkeiten in jeder operativen Einheit (OpCo)
- Mutterunternehmen selbst ist eine operative Einheit
- Verlustbeteiligung der Mutter erfolgt lediglich innerhalb der Funktion als Anteilsinhaber
- PONV und Abwicklungsfall tritt auf Ebene OpCo ein
- Typisch für kontinentaleuropäische Institutsgruppen

Welche der beiden grundsätzlichen Strategien MPE oder SPE für eine Institutsgruppe Anwendung findet, hängt von der Charakteristik der Institutsgruppe ab – und nicht zuletzt auch von der Historie der rechtlichen Struktur der Gruppe:

23

- SPE wird insbesondere in den Vereinigten Staaten (US) und Großbritannien (UK) favorisiert, da in diesen Ländern die Banken sehr häufig in HoldCo/OpCo Strukturen organisiert sind. Aus diesem Grund erscheint auch bei der Entwicklung des FSB TLAC Termsheets auf den ersten Blick der SPE-Ansatz als die präferierte Strategie[6]. In den von der Fed veröffentlichen Vorschlägen zur Umsetzung von TLAC für US G-SIFIs wird dies ebenfalls sehr deutlich[7].

In Gegensatz zu US und UK, in der die Bankensysteme den SPE-Ansatz aufgrund historisch gewachsener Strukturen nahelegen, ist die Wahl dieses Ansatzes in der Schweiz eher eine Folge der Maßnahmen nach der Finanzkrise, durch die die beiden Großbanken UBS und Credit Suisse stark betroffen waren. Eine Maßnahme der schweizerischen Politik und Bankenaufsicht ist die Trennung von Kerngeschäft in der Schweiz und internationalem Geschäft, insbesondere des Investmentbanking, in separate Einheiten unter einer Holding Company. Auf Basis dieser Gesellschaftsstruktur hat die FINMA jetzt auch die FSB TLAC Vorgaben umgesetzt[8].

---

[6] *Gracie* Rede vom 4.12.2014.
[7] *Board of Governors of the Federal Reserve System* Notice of Proposed Rulemaking.
[8] *FINMA* New „too big to fail" capital requirements.

- Der MPE-Ansatz ist der Standardansatz für kontinentaleuropäische Institutsgruppen aufgrund ihrer gewachsenen Gesellschaftsstruktur mit einer operativen Muttergesellschaft und ebenfalls operativen Tochtergesellschaften.
Auf jeder dieser Ebenen gibt es entsprechend des Geschäftsmodells Privat- und Geschäftskundengeschäft mit entsprechend hohem Anteil an Einlagen und mehr oder weniger Notwendigkeit an zusätzlicher Kapitalmarktrefinanzierung.
Insbesondere bei global agierenden Institutsgruppen wird die Praxis letztendlich aus einer Mischform aus SPE und MPE bestehen. Die Abwicklungsstrategie für die Institutsgruppen sieht dann – entsprechend der Terminologie des FSB Termsheets – eine Aufteilung der Gruppe in einzelne „*resolution groups*" vor. Innerhalb dieser wird dann überwiegend ein SPE-Ansatz angewandt.

b) Abwicklungshindernisse und deren Adressierung

24   Sowohl im SPE- als auch im MPE-Ansatz ergeben sich eine Reihe von unterschiedlichen Fragestellungen sowohl rechtlicher als auch operativer Natur[9]. Insbesondere führt der innerhalb der BRRD lösungsoffen formulierte Grundsatz des NCWO in der nationalen Umsetzung offensichtlich in der Praxis zunächst zu einem Abwicklungshindernis. Zur Adressierung wird eine Reihe von unterschiedlichen Ansätzen verfolgt. Gegenwärtig sind folgende Ansätze in Diskussion bzw. in der nationalen Gesetzgebung bereits implementiert:[10]
- **Deutschland:** Der deutsche Gesetzgeber hat durch eine Erweiterung des § 46f KWG im Rahmen des **Abwicklungsmechanismusgesetzes** das Problem des NCWO-Prinzips für vorrangige Verbindlichkeiten gelöst, indem er innerhalb der Insolvenzhierarchie im Rang der übrigen Forderungen operative Verbindlichkeiten und andere potentiell mit dem NCWO-Prinzip in Konflikt stehende Verbindlichkeiten präferiert.
Durch die hierdurch erzielte „*gesetzliche Subordinierung*" (→ Rn. 18) der verbleibenden Schuldtitel und ähnlichen berücksichtigungsfähigen Verbindlichkeiten sind diese MREL-fähig. Aus Sicht des Regulators und der Abwicklungsbehörde ist dieser Ansatz am saubersten. Da die deutsche Gesetzgebung auch auf bereits ausstehende Verbindlichkeiten wirkt, sind zudem die Institute unmittelbar mit ausreichend MREL ausgestattet. Letzteres führt natürlich zu Kritik der Investoren, die in der Vergangenheit emittierte Instrumente halten.
- **Italien:** In Italien geht der Gesetzgeber einen anderen Weg, indem er Einlagen präferiert und alle anderen erstrangigen Verbindlichkeiten nachrangig hierzu, aber in gleichem Range untereinander, belässt.
Hierdurch wird die MREL-Fähigkeit aller ausstehenden erstrangigen Schuldtitel (Senior Schuldtitel) angestrebt, dh ein dem deutschen Ansatz analoger Effekt. Da jedoch Derivateverbindlichkeiten, strukturierte Schuldtitel und andere operative Verbindlichkeiten nicht im Range getrennt sind, ist man auf die Wirksamkeit einer sogenannten „*de minimis threshold*" Regelung zur Lösung des NCWO-Prinzips angewiesen. In der gegenwärtigen Diskussion wird dies – zumindest auf Ebene operativen Einheiten – in Frage gestellt.
- **Spanien:** Der spanische Gesetzgeber hat den rechtlichen Rahmen zur Emission von Instrumenten – sogenanntes „*Tier 3*" – geschaffen, die in der Insolvenzhierarchie zwischen Nachranginstrumenten (zB Tier 2) und Senior Schuldtiteln angesiedelt sind. Damit

---

[9] Siehe zum Beispiel *BBVA Research* Regulation Outlook.
[10] In Frankreich gibt es ebenfalls eine Gesetzesinitiative, deren Details zum Redaktionsschluss nocht nicht bekannt waren.

genügen sie einer „*kontraktuellen Subordinierung*" (→ Rn. 18) relativ zu operativen Verbindlichkeiten und den berücksichtigungsfähigen Verbindlichkeiten, die die Abwicklungsbehörde gemäß BRRD ausklammern kann. Dadurch tritt für diese Instrumente das NCWO-Problem nicht auf.

In der Umsetzung müssen viele Emittenten ihre EMTN-Programme jedoch noch diesbezüglich anpassen, da die Programmdokumentation vorsieht, dass Tier 2 Instrumente höchstrangig unterhalb der nachrangigen Schuldtitel sind. Zudem wäre im Gegensatz zum deutschen Ansatz diese Schicht erst durch zukünftige Neuemissionen aufzubauen.

- **HoldCo/OpCo:** Obwohl erstrangige Verbindlichkeiten der HoldCo gegenüber äquivalenten Verbindlichkeiten der OpCo „*strukturell subordiniert*" sind[11], ist die Lösung grundsätzlich nicht sauber. Dies ergibt sich aus dem Sachverhalt, dass auf Ebene der HoldCo aus dem Geschäftsbetrieb ebenfalls operationelle Verbindlichkeiten bestehen. Hier wird eine Lösung durch Einhaltung des in den EBA RTS und FSB TLAC Termsheet definierten „*de minimis threshold*" an akzeptierten operativen Verbindlichkeiten angestrebt. Hierbei wird davon ausgegangen, dass die Herausnahme dieser klar definierten Verbindlichkeiten aus dem „*bail-in*" auf Ebene OpCo nicht zu einem Rechtsrisiko infolge des NCWO-Prinzips führen.

Die folgende Graphik zeigt die verschiedenen Ansätze in einer schematischen Darstellung:

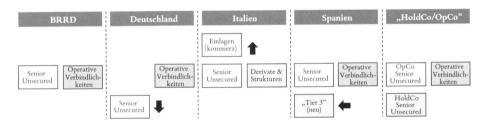

Die Tatsache, dass diese verschiedenen Ansätze zum Teil noch in der Schwebe sind und sowohl zu einer unterschiedlichen Ausstattung an MREL im Status quo als auch perspektivisch zu unterschiedlichem Emissionsbedarf führen, hat gegenwärtig spürbare Unsicherheit und Intransparenz im Markt zur Folge, was in einer Vielzahl an Marktkommentaren aufgegriffen wird[12].

4. Einbettung in das Banken-Treasury

a) Marktsicht auf Kapital und Refinanzierung

Für größere Institute, die als regelmäßige Emittenten am Kapitalmarkt auftreten, ergeben sich seitens des Marktes und der Investoren aufgrund dieser Rahmenparameter zu „*bail-in*" eine Erwartungshaltung hinsichtlich der perspektivischen Ausgestaltung mit Kapital und MREL-fähigen Verbindlichkeiten. Dies ist nicht zuletzt auch aufgrund von Vergleichen mit ähnlichen Emittenten seitens der Investoren gefordert:

---

[11] Dies setzt natürlich den unter „Single Point of Entry" (SPE) beschriebenen gruppeninternen Verlusttransfer von Opco zu HoldCo voraus.

[12] Siehe zum Beispiel *BNP Paribas Sector Specialist Commentary* TLAC: Disunity in Europe.

- **Volumen:** Die Einstiegshöhe für den EU-Restrukturierungsfonds von 8% der Gesamtverbindlichkeiten und Eigenmittel zum Zeitpunkt der Abwicklung wird seitens des Marktes als mindestens zu erwartende MREL-Anforderung gesehen (→ Rn. 15). Als weiterer Maßstab werden die Vorgaben des FSB sowie die Summe des „*loss absorption amount*" und des „*recapitalisation amount*" gemäß EBA RTS basierend auf den jeweiligen risikogewichteten Aktiva bei der Abschätzung einer möglichen MREL-Anforderung herangezogen (→ Rn. 14).
Bereits heute wird basierend auf den Bilanzen der Institute ein potentieller Fehlbetrag an berücksichtigungsfähigen Verbindlichkeiten für einzelne Institute sowie die Gesamtheit der von der Regulierung betroffenen Emittenten geschätzt und daraus ein Emissionsverhalten im Zeitablauf abgeleitet.
- **Position in der Abwicklungshierarchie:** In Abhängigkeit von der Geschäfts- und Refinanzierungsstrategie des Instituts sowie der spezifischen Insolvenzhierarchie und deren Auswirkung auf die MREL-Fähigkeit von Senior Schuldtiteln werden Vermutungen über die voraussichtliche Zusammensetzung der MREL in Eigenmittel und sonstige berücksichtigungsfähige Verbindlichkeiten getroffen.
Dies hat Auswirkungen auf die Abschätzung der Wahrscheinlichkeit eines „*bail-in*" bestimmter Instrumente sowie den Grad der Verlustteilnahme – und damit auf die von Investoren erwartete Risikoprämie. Besonders für unbesicherte Senior Schuldtitel führt dies gegenwärtig zu einer substantiellen Volatilität in der Preisbildung, da diese Instrumente nicht mehr als reine Refinanzierungsinstrumente, sondern als Instrumente mit Kapitalcharakter angesehen werden.
- **Offenlegung:** Seitens der Abwicklungsbehörden gibt es noch keine expliziten Vorgaben hinsichtlich der Schaffung der Abwicklungsvoraussetzungen inklusive MREL Vorgaben für die einzelnen Institute oder Institutsgruppen. Zudem sehen die EBA RTS vor, dass zumindest in der EU unter der BRRD und hier spezifisch für die dem *Single Supervisory Mechanism* der EZB unterliegenden Institute außerdem Vorgaben innerhalb der **Säule 2** sowie der spezifische Abwicklungsplan hinsichtlich Höhe und Überwachung der Erfüllung der MREL mit einfließen. Hierzu sind jedoch keine Einzelheiten veröffentlicht, was zu weiterer Unsicherheit führt.
Für Investoren sind für die genaue Bestimmung des Risikogehaltes eines Instrumentes die Eckdaten des Abwicklungsplanes sowie die Positionierung des Instruments in der Abwicklungshierarchie erforderlich. Es wird daher erwartet, dass die EBA hinsichtlich *Disclosure* entsprechende Empfehlungen gibt.
- **Harmonisierung:** Für den Markt ist ebenfalls von Bedeutung, inwieweit es den Regulatoren gelingt, bei der Adressierung des NCWO-Prinzips in der jeweiligen nationalen Jurisdiktion sowie bei der Anforderung an TLAC/MREL in Höhe und Form eine weitgehende Harmonisierung zu erreichen. Auf jeden Fall ist eine Fragmentierung des Marktes zu vermeiden, was auch von der **EZB** im Kontext des deutschen Ansatzes in § 46f KWG angemahnt wird[13].

28 In der derzeitigen Übergangsphase führen diese offenen Fragen und insbesondere die Diskussion um die Behandlung von Senior Schuldtiteln zu Unsicherheit im Kapitalmarkt. Dabei spielen auch mittelbare potentielle Auswirkungen eine Rolle. So ist beispielsweise die Frage der EZB-Fähigkeit von MREL-fähigen Senior Schuldtiteln[14] ein weit diskutiertes Thema. Abhängig von der Wichtigkeit einzelner Instrumente für die Umsetzung

---

[13] *EZB* CON/2015/31, Abschnitt 3.4.
[14] *Contiguglia* in RISK Magazine vom 23.10.2015.

der Refinanzierungserfordernisse und -strategie innerhalb des Geschäftsmodells und der Notwendigkeit der Nutzung des Kapitalmarktes erfolgt seitens verschiedener Emittenten ein Lobbying für bestimmte Lösungsansätze in der nationalen Jurisdiktion[15].

b) Integriertes Finanzressourcenmanagement

Die Notwendigkeit der Umsetzung der CRR und der BRRD durch ein Institut oder eine Institutsgruppe und die damit einhergehenden Regelungen und Anforderungen führen zu einem Aufbrechen der klassischen Trennung zwischen Refinanzierung/Liquiditätssteuerung und Kapitalsteuerung: 29

- Die vielfältigen regulatorischen Regelungen sind nicht mehr isoliert zu betrachten, sondern müssen in ihrer Gesamtheit gesteuert werden, um gegenläufige Impulse auszuschließen.
- Die die Liquiditätssteuerung betreffenden Regelungen *Liquidity Coverage Ratio* (**LCR**) und *Net Stable Funding Ratio* (**NSFR**) fokussieren auf das Zusammenspiel der Aktiva und Passiva. Dabei werden die jeweiligen Aktiv- und Passivinstrumente unterschiedlich in ihrer Gewichtung und damit steuerungsseitigen Wirkungsgrad behandelt.
- Steuerungsinstrumente wirken sowohl auf die Liquiditäts- als auch die Kapitalposition des Instituts – und zwar mitunter in jeweils unterschiedlichen Ausprägungen entsprechend ihrer Struktur und Stellung in der Insolvenzhierarchie.

Das folgende Diagramm stellt an einer schematischen Bilanz die Wechselwirkung zwischen verschiedenen regulatorischen Perspektiven und Anforderungen einerseits und den Eigenschaften unterschiedlicher Bilanzpositionen andererseits dar: 30

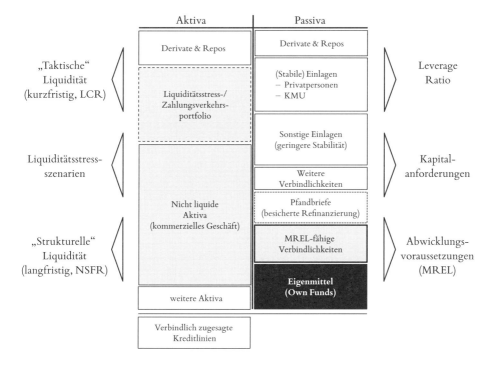

[15] *Rabobank* Position Paper.

31 Einzelne Bilanzpositionen tragen entsprechend ihrer ökonomischen Eigenschaften unterschiedlich zu der Steuerung und der Bestimmung der regulatorischen Kenngrößen bei.
Einige Beispiele zur Illustration:
- Einheitlich positiver Beitrag zu unterschiedlichen regulatorischen Kennzahlen: MREL-fähige Verbindlichkeiten tragen aufgrund ihrer Eigenschaften auch zur langfristigen Refinanzierung bei, was im Refinanzierungsplan zu berücksichtigen ist. Sie sind aufgrund der Zusatzeigenschaft „MREL" in den Refinanzierungskosten teurer als „reine" Refinanzierungsinstrumente wie Sichteinlagen oder besicherte Refinanzierung in Form von Pfandbriefen.
Besonders für multinational tätige Institutsgruppen werden die Anforderungen aus der Abwicklungsplanung auf die Refinanzierungsstruktur – wahrscheinlich auf die Bilanzstruktur insgesamt – signifikante Auswirkungen haben. Dies trifft insbesondere für G-SIFIs mit einem SPE-Ansatz zu. Bisher erfolgte die Weitergabe der Liquidität durch die HoldCo und die operativen Einheiten ausschließlich auf Basis Refinanzierungsbedarf. Jetzt dienen die Emissionen aus der HoldCo TLAC bzw. MREL und müssen als solche an die Einheiten entsprechend deren Bedarf an „internem TLAC" weitergereicht werden, selbst wenn dort geringerer Refinanzierungsbedarf besteht.
- Positive und gleichzeitig negative Beiträge zu regulatorischen Kennzahlen:
Das nicht als stabil zu betrachtende Volumen kurzfristig fälliger Einlagen steht nicht für die langfristige Refinanzierung von kommerziellem Geschäft zur Verfügung. Im Gegenteil muss für einen potentiellen Abfluss im Liquiditätsstressszenario sogar ein Portfolio in liquiden Assets („*Liquiditätsstressportfolio*") vorgehalten werden.
Dies hat eine Bilanzverlängerung zur Folge mit entsprechenden negativen Auswirkungen zB auf die Leverage Ratio. Im gegenwärtigen Negativzinsumfeld im Euroraum führt dies zudem zur Problematik, dass diese Liquidität in manchen Fällen nur mit Negativmarge investiert werden kann.

Im Folgenden wird näher auf diese Wechselwirkungen am Beispiel Refinanzierung, MREL und Kapital eingegangen.

c) Passivinstrumente unter CRR und BRRD

32 Mit den neuen Liquiditätsanforderungen und insbesondere mit der Implementierung von Vorgaben zur Sanierungs- und Abwicklungsplanung unter BRRD und SAG sind die Steuerung von Kapital und struktureller Refinanzierung jetzt unmittelbar verknüpft.

33 Die folgende Tabelle gibt eine Übersicht über die Wirkung der für die Refinanzierung relevanten Verbindlichkeiten auf das Kapital und ihre voraussichtliche Berücksichtigung innerhalb der MREL-Anforderung:

IV. Steuerung des Instituts – im Vorfeld und in der Krise

Instrument / Produkt	Refinanzierung/ Laufzeit	BRRD Bail-in/MREL	Kapital CRR/CRD IV	Leverage Ratio (Zähler)
Pfandbriefe	langfristig	–	–	–
gedeckte Einlagen	kurzfristig/ lang modelliert	–	–	–
entschädigungsfähige Einlagen	kurzfristig/ lang modelliert	Bail-in	–	–
Senior (im Sinne §46f KWG gesetzlich präferiert)	langfristig	Bail-in	–	–
Senior (im Sinne §46f KWG gesetzlich sub-ordiniert)	langfristig	MREL	–	–
Nachrangige Schuldtitel	langfristig	MREL	–	–
Tier 2	langfristig	PONV	X	–
Additional Tier 1	unendlich	PONV	X	X
Hartes Kernkapital (CET1)	unendlich	PONV	X	X

Wirkungsweisen der verschiedenen Passivinstrumente

Institute unterscheiden sich aufgrund ihres Geschäftsmodells und der Struktur ihres lokalen Bankenmarktes sowohl im Zugang zu Refinanzierung als auch beim Refinanzierungsbedarf im Kapitalmarkt: **34**

Wholesale Bank	Universalbank	Hypothekenbank
▪ Wenige oder keine Einlagen als Refinanzierungsquelle ▪ Hoher Anteil an unbesicherter Kapitalmarktrefinanzierung	▪ Hohes Einlagenvolumen über alle Kundengruppen ▪ Pfandbriefemittent ▪ Wenig Bedarf an unbesicherter Kapitalmarktrefinanzierung	▪ Wesentliche Refinanzierung über Emission von Pfandbriefen ▪ Kapital primär im Kontext CRR/CRR IV
▪ Hohes Volumen an Eigenmitteln zur Sicherung der Senior Schuldtitel vor bail-in ▪ Hoher Anteil der MREL in Form von Eigenmitteln (Tier 2)	▪ Eigenmittel oberhalb Mindestanforderungen gemäß CRR/CRD IV ▪ Reduziertes Bail-in-Risiko für Senior Schuldtitel zur Optimierung der Kosten	▪ MREL mit höherem Anteil Senior (in Zuge §46f KWG) ▪ BRRD erlaubt u.U. sogar Ausnahmen zu MREL Anforderung

Um den Zugang zu den verschiedenen Instrumenten zu sichern und gleichzeitig die Kosten der Passivseite zu optimieren, ist es in Banken die Aufgabe des Treasury, die angemessene Gewichtung der verschiedenen Kapital- und Refinanzierungsinstrumente im „Liability Continuum" herzustellen:

- Adäquate Mischung unterschiedlicher Passivinstrumente entsprechend ihres kumulierten Beitrags zu Kapital und Refinanzierung im *„going concern"*.

- Berücksichtigung der Passiva entsprechend ihrer Eigenschaften als Eigenmittel bzw. generell geltenden Befriedigungsabfolge in der Insolvenz mit Blick auf Verlusttragung und Rekapitalisierung des Instituts im Abwicklungsfall in „*resolution*" bzw. „*PONV*".
- Optimierung der Kapital- und Refinanzierungskosten unter Berücksichtigung der Risikoprämien für die Passiva durch den Markt und Investoren entsprechend ihrer unterschiedlichen Risikoausprägungen.

5. Weitere Stakeholder

a) Rating-Agenturen

35 Für Investoren ist die Kernfrage der Wahrscheinlichkeit eines „*bail-in*" von großer Bedeutung (→ Rn. 13). Einen wichtigen Anhaltspunkt dafür geben die Ratingagenturen sowohl mit den Emittenten- als auch den spezifischen Instrumentenratings.

36 Die beiden Ratingagenturen Moody's und Standard & Poor's (S&P) verfolgen zwei grundsätzlich verschiedene Ansätze zur Bestimmung eines Emittentenratings. Moody's verwendet die sogenannte „Loss Given Default"-Methode, bei der sowohl die Wahrscheinlichkeit eines Ratingereignisses als auch die dann zu erwartenden Verluste für Investoren berücksichtigt werden. Im Gegensatz dazu verfolgt S&P den Ansatz des „Probability of Default", bei dem nur die Eintrittswahrscheinlichkeit eines Ratingereignisses berücksichtig wird.

37 Die Ratingagenturen analysieren Banken in einem mehrstufigen Prozess, der sowohl die Bonität einer Bank unter Berücksichtigung der operativen Rahmenbedingungen als auch eventuelle Unterstützungsmaßnahmen durch zB die Konzernmuttergesellschaft oder die öffentliche Hand beinhaltet[16]. In der Vergangenheit führte insbesondere die angenommene Unterstützung einer Bank in finanziellen Schwierigkeiten durch die öffentliche Hand durch Kapitalzuführungen oder Risikoabschirmungen dazu, dass ein Großteil der Banken über bessere Ratings verfügten, als es die reine Bonität gerechtfertigt hätte.

38 Die Einführung der BRRD hat unter anderem den Zweck, dass in der Zukunft die Unterstützung der öffentlichen Hand bei einer Restrukturierung oder Abwicklung einer Bank nicht mehr notwendig bzw. nur in sehr begrenzten Fällen möglich ist. Aus Sicht der Ratingagenturen mussten daher die Annahmen hinsichtlich möglicher Unterstützungsmaßnahmen durch die öffentliche Hand revidiert werden. Das Ergebnis war, dass für einen Großteil der Banken die positive Ratingkomponente aufgrund der potentiellen Involvierung der öffentlichen Hand („Government Uplift") verringert wurde bzw. nicht mehr existent ist.[17]

39 Die BRRD hat aber noch weitere Auswirkungen auf die Methodik der Ratingagenturen. Bisher standen bei den Ratinganalysen die Auswirkungen auf Investoren im Falle einer Insolvenz im Vordergrund. Die BRRD hat aber nun zur Folge, dass eine Insolvenz bei vielen Banken eher unwahrscheinlich und statt dessen eher mit einer Restrukturierung und geordneten Abwicklung zu rechnen ist. Daher war es notwendig, die entsprechende Methodik auf diese neue Situation anzupassen.

40 Die Summe des bilanziellen Eigenkapitals ist ein wichtiger Bestandteil der Beurteilung der Bonität einer Bank. Aufgrund der BRRD gibt es zwar keine Veränderung bei der

---

[16] *Moody's Investor Service* Rating Methodology Banks S. 59–62 u. S. 80–85; *Standard & Poor's* Rating Methodology and Assumptions.

[17] *Moody's Investor Services* Bank Systemic Support Global Update; *Standard & Poor's* The Rating Implications Of The Emerging Bank Resolution Frameworks.

Berücksichtigung des bilanziellen Eigenkapitals in der Bonitätsanalyse. Eine wichtige Änderung ist aber, dass bei der Ratinganalyse die Rangfolge der verschiedenen Verbindlichkeiten mit berücksichtigt wird. Beispielsweise werden unbesicherte Verbindlichkeiten (Senior Unsecured) neben dem bilanziellen Eigenkapital auch durch Additional Tier 1 und Tier 2 Instrumente „geschützt", bevor sie im Rahmen eines „bail-in" an Verlusten teilnehmen können. Dabei ist es aus Sicht von Senior Unsecured Investoren unerheblich, ob dieses zusätzliche „Schutzpolster" durch Additional Tier 1, Tier 2 oder andere nachrangige Verbindlichkeiten bereitgestellt wird. Je größer das Volumen der zu einer Verbindlichkeitenklasse nachrangigen Verbindlichkeiten ist, desto unwahrscheinlicher ist es, dass die entsprechenden Investoren im Rahmen eines „bail-in" zur Verlustabsorption und Rekapitalisierung herangezogen werden.

Vor diesem Hintergrund hat S&P das Konzept der „Additional Loss Absorption Capacity" (ALAC) eingeführt.[18] Dieses besagt, dass bei Banken, deren nachrangige Verbindlichkeiten ein Mindestvolumen erreichen oder überschreiten, sich das Rating von unbesicherten Verbindlichkeiten um einen „Notch" (dh eine Ratingabstufung) verbessert. In ALAC wird dabei eine Form von „external support" ähnlich wie der Unterstützung durch die öffentliche Hand oder verbundene Konzernunternehmen gesehen.

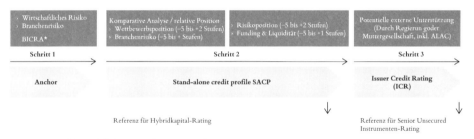

Überblick der S&P Ratingmethodik Banken[18]

Bei einem ausreichend hohen Volumen an ALAC kann das „*Issuer Credit Rating*" (ICR) bis zu zwei „*Notches*" über dem „*Stand-alone credit profile*" (SACP) liegen. Die Schwellen für ein bzw. zwei „*Notches*" Ratings-„*Uplift*" liegen für viele europäische Banken bei 5% bzw. 8% der Risikoaktiva.

„Uplift" Schwellen (% von S&P's adj. RWA)	Kumulierte Schwellen für ICR „Uplift"	
	Ein Notch (%)	Zwei Notches (%)
Anker von 'bbb-' oder höher	5.0	8.0
Anker in 'bb' Spanne	4.0	7.0
Anker von 'b+' oder niedriger	3.0	5.0

Standard & Poor's ALAC Ratings „Uplift"

---

[18] *Standard & Poor's* Additional Loss-Absorption Capacity.
[19] *Standard & Poor's* Rating Methodology and Assumptions; *dies.* Additional Loss Absorbing Capacity.

C. Finanzierung der Abwicklung, Querschnittsthemen

43 Im Hinblick auf die Beurteilung der Verlustwahrscheinlichkeit verfolgt Moody's einen ähnlichen Ansatz, indem ein höheres Volumen an nachrangigen Verbindlichkeiten für Senior Unsecured Investoren einen höheren Wert hat. Der dabei verfolgte *"Loss Given Failure"* (LGF) Ansatz wird in der Bestimmung des Ratings mit berücksichtigt. Auf Basis des *"Baseline Credit Assessment"* (BCA) kann die LGF Analyse zu einer Verbesserung des Ratings führen.

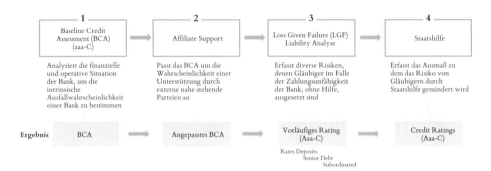

44 Im Gegensatz zu S&P spielt bei Moody's im Fall eines möglichen *"bail-in"* die Gesamtsumme der Verbindlichkeiten innerhalb einer Klasse eine Rolle. Dahinter steht die Überlegung, dass sich im Falle des *"bail-in"* die prozentualen Verluste für jeden Gläubiger verringern, je größer das Volumen der ausstehenden Verbindlichkeiten der zu beteiligten Klasse ist. Da die Verluste breiter verteilt und somit für jede Einheit einer Verbindlichkeit verringert werden, hat ein höheres Volumen zB an unbesicherten Verbindlichkeiten aus Sicht der entsprechenden Gläubiger einen "größeren" Wert.[20]

In Abhängigkeit von der Kombination aus Summe des Kapitals und der Verbindlichkeiten, die nachrangig zu dem Instrument für die Ratingbeurteilung sind, und des Gesamtvolumens von Instrumenten, die gleichrangig zum Instrument der Ratingbeurteilung sind, kann das Instrumente mehrere "Notches" über dem eigentlichen Bank-Rating (Adjusted BCA) liegen.

		Volume and subordination % Tangible Banking Assets						
		≥ 0 < 3.75	≥ 3.75 < 1	≥ 1 < 6.25	≥ 6.25x < 7.5	≥ 7.5 < 8.75	≥ 8.75 < 10	≥ 10
Subordination % Tangible Banking Assets	≥ 0 < 3.75	-1	-1	0	0	1	1	2
	≥ 3.75 < 5	na	0	0	1	1	2	2
	≥ 5 < 6.25	na	na	1	1	2	2	3
	≥ 6.25 < 7.5	na	na	na	2	2	3	3
	≥ 7.5	na	na	na	na	4	3	3

Advanced LGF: Notching guidance vs. Adjusted BCA (for banks in Operational Resolution Regimes)[21]

---

[20] *Moody's Investor Service* Rating Methodology Banks S. 62–69.
[21] *Moody's Investor Service* Rating Methodology Banks S. 67.

b) Investoren

Bei Investitionsentscheidungen von Investoren spielen verschiedene Kriterien eine Rolle. Neben der individuellen Bonitätsbeurteilung eines Emittenten durch die internen Kreditanalysten und den aktuellen Marktpreisen sind auch die institutionellen Rahmenbedingungen, unter denen bestimmte Investoren agieren müssen, wichtig. Dazu gehören zB die Anlageverordnung bei Versicherungen, die CRR/CRD IV bei Banken und die spezifischen Investitionsrichtlinien bei Fonds. Diese können zu Restriktionen hinsichtlich des Investorenengagements führen, obwohl die internen Analyse- bzw. Risikosteuerungsabteilungen eine bestimmte Anlagemöglichkeit als attraktiv betrachten.

Mit dem Instrument des „bail-in" mussten sich Investoren zunächst vertraut machen. Im Gegensatz zur Insolvenz ist es aufgrund aktuell fehlender Erfahrungswerte schwierig zu beurteilen, zu welchem genauen Zeitpunkt Gläubiger beteiligt werden. Des Weiteren besteht die Unsicherheit, wie hoch eine Gläubigerbeteiligung ausfallen könnte. Im Gegensatz zu einer Gläubigerversammlung bei einer Insolvenz, bei der Gläubiger in den Prozess eingebunden sind, erfolgt die Gläubigerbeteiligung auf Basis eines Verwaltungsaktes, bei dem auch die Höhe des Verlustes relativ schnell festgelegt werden muss. Allerdings gewährleistet das NCWO-Prinzip, dass Investoren nicht schlechter als in der Insolvenz gestellt werden (→ Rn. 12).

Einen Anhaltspunkt für mögliche Verlustszenarien geben einige Studien, die Bankenrekapitalisierungen während bzw. kurz nach der Finanzkrise 2008 und 2009 untersucht haben.[22] Dabei wurde festgestellt, dass für die meisten Banken eine Eigenmittelausstattung sowie Verbindlichkeiten, die im „bail-in" herabgeschrieben werden, in einem Gesamtvolumen von 16% bis 25% der Risikoaktiva ausreichend gewesen wären, um die jeweiligen Verluste zu absorbieren und die Banken entsprechend ausreichend zu rekapitalisieren, ohne dass die öffentliche Hand unterstützend hätte eingreifen müssen.

Um diese Verlustszenarien bei der Risikoanalyse einer Verbindlichkeit einer Bank anwenden zu können, müssen Investoren ein gutes Verständnis der Passivseite einer Bank aufweisen. Dabei spielt für die jeweilige Bilanzposition insbesondere (i) die Information über über die grundsätzliche Anwendbarkeit des „bail-in", (ii) die Position innerhalb der „bail-in"-Rangfolge und (iii) das Volumen des vorhandenen Kapitals bzw. der zu zu der jeweiligen „bail-in"-Kategorie nachrangigen Verbindlichkeiten eine wichtige Rolle (→ Rn. 13).

Innerhalb einer Bilanzposition ist es möglich, dass ein Teil der Gläubiger vom „bail-in" ausgenommen ist, während dieses bei einem anderen Teil nicht der Fall ist. Dieses Szenario ist insbesondere bei Kundeneinlagen gegeben, da ein Teil der Einlagen durch die Einlagensicherung geschützt ist. Eine Auflistung der Verbindlichkeiten, die prinzipiell vom „bail-in" ausgenommen sind, wäre daher für Investoren hilfreich.

Des Weiteren ist eine erhöhte Transparenz hinsichtlich der Rangfolge der verschiedenen Verbindlichkeiten im Falle des „bail-in" empfehlenswert, um Investoren ein besseres Verständnis für ihre Risikoposition in der Kapitalstruktur zu ermöglichen. Beispielsweise könnte diese analog zu den Transparenzvorschriften für die Eigenmittelausstattung von Banken erfolgen. Idealerweise würde es für jede „Schicht" innerhalb der Haftungskaskade einer Bank eine Zuordnung der entsprechenden Instrumente geben (zB für Structured Notes, Zertifikate, nicht-strukturierte Schuldscheine usw.). Für jede einzelne Schicht könnte dann das jeweilige Gesamtvolumen tabellarisch aufgeführt sein, so dass Investoren leichter ihre Risikoposition beurteilen können.

---

[22] *Standard & Poor's* When It Rains It Pours.

	EUR Mio	EUR Mio
Aufsichtsrechtliche Eigenmittel		
Andere nachrangige Verbindlichkeiten		
Eigenmittel und nachrangige Verbindlichkeiten		
MREL-fähige unbesicherte Verbindlichkeiten		
Andere zu MREL-fähigen Verbindlichkeiten gleichrangige Verbindlichkeiten		
Summe der unbesicherten Verbindlichkeiten		
Einlagen und Verbindlichkeiten mit präferiertem Rang in der Insolvenz		
Einlagen und Verbindlichkeiten mit erhöhter Rangpräferenz in der Insolvenz		

Illustration einer möglichen Offenlegung der Verbindlichkeitenstruktur

49 Neben den internen Analysen für eine Investitionsentscheidung sind für viele Investoren auch externe Ratings eine wichtige Komponente hinsichtlich eines Engagements. Häufig unterliegen sie entweder internen Richtlinien, die ihnen nur Investitionen in bestimmten Ratingkategorien erlauben, zB „Investment Grade", oder es gibt aufsichtsrechtliche Kapitalunterlegungsanforderungen bzw. Kapitalanlagerestriktionen in Abhängigkeit vom Rating. Die Einführung der BRRD mit der oben beschriebenen Anpassung der Ratings führte dazu, dass sich für einige Investoren die Investitionsparameter hinsichtlich einiger Engagements bei Banken verändert haben, was wiederum Nachfrageveränderungen impliziert.

50 Zusätzlich zu Risikobewertung und technischen Nachfragefaktoren spielt auch die Angebotserwartung eine wichtige Rolle. Obwohl das FSB am 9. November 2015 das endgültige TLAC Termsheet veröffentlicht hat, sind einige Fragen insbesondere hinsichtlich der generellen Anrechnungsfähigkeit von Senior Unsecured noch nicht abschließend geklärt. Diese offenen Punkte dürften in Europa nicht vor der Veröffentlichung der EBA RTS im Kontext von MREL geklärt werden. Die unterschiedlichen Ansätze einiger europäischer Länder hinsichtlich der Rangfolge verschiedener Bankverbindlichkeiten (→ Rn. 24 ff.) erschweren es aktuell einzuschätzen, in welcher Form und mit welchen Volumina der Bedarf an MREL-fähigen Verbindlichkeiten gedeckt werden kann.

Im Rahmen von TLAC hat das FSB den potentiellen Bedarf an TLAC-anrechnungsfähigen Verbindlichkeiten ermittelt.[23] Dabei unterscheidet auch das FSB in mehreren Szenarien hinsichtlich der Anrechnungsfähigkeit von zB Senior Unsecured und Structured Notes im Kontext der jeweiligen Bankbilanzen. In Abhängigkeit von der TLAC-Zielquote und dem Umfang der TLAC-anrechnungsfähigen Verbindlichkeiten ergibt sich ein zusätzlicher potentieller Emissionsbedarf von EUR 307 Mrd. bis EUR 1.406 Mrd. für die 29 global systemrelevanten Banken (G-SIFIs). Obwohl dieser potentielle Bedarf nur 0,7 % bis 1,7 % des Gesamtvolumen aller globalen Anleihenmärkte bzw. 12,3 % bis 32,6 % des ausstehenden

---

[23] *FSB* Summary of Findings from the TLAC Impact Assessment Studies S. 12 ff.

Volumens von G-SIFI Senior Unsecured Verbindlichkeiten entspricht[24], sind die Implikationen für Investorennachfrage und „Pricing" schwer zu prognostizieren.

Von März bis November 2015 haben sich die Risikoprämien für Senior Unsecured **51** Anleihen in EUR von amerikanischen und europäischen G-SIBs um ca. 40bps[25] bis 50bps erhöht. Allerdings hat sich der gesamte Markt für Banken EUR Senior Unsecured ähnlich bewegt. Zudem haben sich die Risikoprämien für Banken etwas besser als für Unternehmen mit A-Rating in diesem Zeitraum entwickelt. Von daher lässt sich bisher nicht aus der Marktentwicklung ablesen, dass Investoren die erwarteten Emissionsvolumen eventuell als problematisch im Hinblick auf die Marktkapazität ansehen, was sich in einem überdurchschnittlichen Anstieg der Risikoprämien widerspiegeln würde.

Im Hinblick auf deutsche Banken sind neben TLAC und den damit verbundenen di- **52** rekten Implikationen für MREL auch die mögliche Anwendung des „*bail-in*" und das **Abwicklungsmechanismusgesetz** zu berücksichtigen. Insbesondere ist seit dem Sommer 2015 zu beobachten, dass sich die Finanzierungkonditionen für einzelne deutsche Banken etwas schlechter als im europäischen Vergleich entwickelt haben. Es ist anzumerken, dass diese Differenz nicht stark ausgeprägt ist. Es ist auch zu berücksichtigen, dass es für manche Banken in dieser Zeit zu signifikanten bankspezifischen Entwicklungen kam, wie z.B einer strategischen Neuausrichtung, die von Investoren stärker in der Sekundärmarktbewertung berücksichtigt wurden.

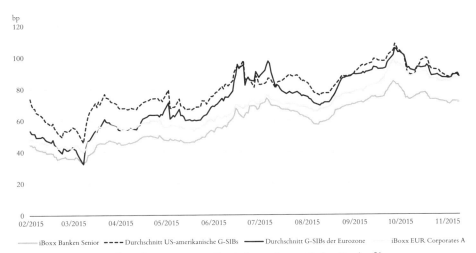

EUR Senior Unsecured Risikoprämien amerikanischer und europäischer Banken[26]

---

[24] *FSB* Summary of Findings from the TLAC Impact Assessment Studies S. 16.
[25] 1 Basispunkt (1bps) = 0,01 %-Punkte
[26] Quelle: Bloomberg, iBoxx

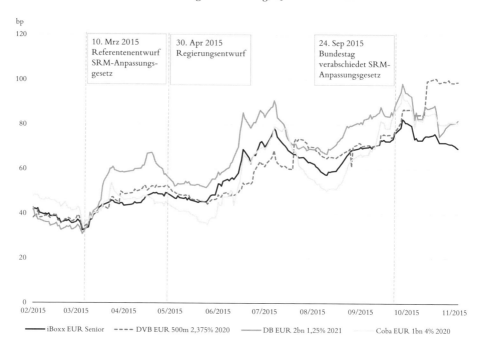

6. Fazit

53 Die Verschärfung der Kapital- und Liquiditätsregeln unter CRR/CRD IV führte bisher im Wesentlichen zu einer Gegensteuerung seitens der Institute durch verstärkten Bilanzabbau („*de-risking*"), wobei weitgehend die Aktivitäten im Fokus standen, die von der Regulierung besonders betroffen waren. Die Anforderungen aus den Sanierungs- und Abwicklungsregelungen haben nun insbesondere für größere, international tätige Institutsgruppen weit größere Veränderungen mit Auswirkungen auf die gesellschaftsrechtliche Struktur der Gruppe sowie deren langfristige Refinanzierung und Bilanzsteuerung zur Folge:

- Instrumente der langfristigen Refinanzierung fallen in zwei Klassen: einerseits Instrumente, die unter Beachtung der Vorgaben des FSB TLAC Termsheets und der EBA RTS bevorzugt dem „*bail-in*" unterworfen werden können, und andererseits Instrumente, die im Abwicklungsfall grundsätzlich oder aufgrund der Position in der Abwicklungshierarchie praktisch vom „*bail-in*" ausgeschlossen sind.
Die Risikoprämie dieser Instrumente sowie die Investorenstruktur orientiert sich am unterschiedlichen Risikogehalt dieser Instrumente. Insbesondere für MREL-fähiges Senior Unsecured resultiert eine nachhaltige Ausweitung der Risikoprämie durch den Markt aufgrund des impliziten „Kapitalcharakters". Umgekehrt sollte es für vom „*bail-in*" entfernte Verbindlichkeiten perspektivisch zu einer Reduktion der Risikoprämien kommen.
- In Abhängigkeit vom Refinanzierungsbedarf und dem Umfang, in dem dieser Bedarf nur durch Einbeziehung von MREL-fähigen Verbindlichkeiten abgedeckt werden kann, werden Institute über die Anforderungen aus CRR/CRD IV hinaus ihre Eigenmittelbasis stärken. Aussagen über interne Ziele hinsichtlich hartem Kernkapital (CET1) und

Gesamteigenmittel werden insbesondere in der Übergangsphase bis 2019 vom Markt und den Investoren mehr und mehr nachgefragt werden.

Institute werden sich nicht zuletzt in Antizipation höherer RWA aufgrund von „**Basel IV**" noch stärker auf die Effizienz der Bilanz fokussieren. Hierbei wird die Profitabilität davon betroffener Geschäftsaktivitäten weiterhin auf dem Prüfstand sein.

54 Abschließend lässt sich zusammenfassen, dass die Transformation der Bankbilanzen nicht zuletzt aufgrund der weiterhin anstehenden Regulierungsvorhaben bei weitem noch nicht abgeschlossen ist. Die Anforderungen im Kontext Bankenabwicklung führen hierbei zu einer neuen Phase in der Kapital- und Liquiditätssteuerung der Institute.

C. Finanzierung der Abwicklung, Querschnittsthemen

V. Vorgaben an die Abwicklung zentraler Gegenparteien und sonstiger Marktteilnehmer

Übersicht

	Rn.
1. Einleitung	1
2. Finanzkrise 1998 (Long Term Capital Management)	9
3. Finanzkrise 2007/2008 und die G20-Beschlüsse	12
4. FSB: Empfehlungen für die Abwicklung von Finanzinstituten	15
a) Annex on FMI resolution	20
b) Annex 2 on resolution of insurers	34
c) Annex 3 client asset protection in resolution	43
5. Progress Report on the CCP Workplan (2015)	46
6. Umsetzung der G20-Beschlüsse in der EU	47
7. EMIR	49
8. Eigenes EU Sanierungs- und Abwicklungs-System	52
9. Rechtslage in Deutschland	54
a) Zentrale Gegenparteien (CCPs)	54
b) Versicherungsunternehmen	69
10. Reform des UK Banking Act	72
11. Stellungnahmen der Finanzwirtschaft	85
a) Blackrock (April 2014)	85
b) Blackrock und end-users (Letter 10 July 2015)	87
c) JPMorgan Chase & Co. (September 2014)	89
d) LCH. Clearnet White Paper 7.11.2014	90
e) EACH (European Association of Clearing Houses)	91
12. EU Kommission	97
13. FSB-Ergänzung der Key Attributes – EIOPA-Anregung	98
14. IMF Working Paper 2015	101

Schrifttum: *Bailey*, speech on Nov. 24, 2014, The Bank of England's perspective on CCP risk management, recovery and resolution arrangements; *Blackrock*, Central counterparties and too big to fail, Viewpoint April 2014; *Blackrock* & end-investors' letter to Jonathan Hill, EU, July 10, 2015 on CCP Resilience, Recovery and Resolution; *Böhm*, Rechtliche Aspekte grenzüberschreitender Nettingvereinbarungen, Berlin 2001; *Boos/Fischer/Schulte-Mattler/Fischer*, KWG, 4. Aufl. 2012; *Dowd*, Too big to fail? Long-Term Capital Management and the Federal Reserve, Cato Institute, Briefing Papers, No 52, September 23, 1999; *Duffie*, Resolution of Failing Central Counterparties, December 17, 2014; *EACH*, An effective recovery and resolution regime for CCPs, December 2014; *EACH*, An effective recovery and resolution regime for CCPs – Additional subjects to be considered, June 2015; *EIOPA*, Letter from Bernardino to Hill, 6.2.2015; *European Commission*, Brussels, 20.10.2010 COM(2010) 579 final; Communication From The Commission To The European Parliament, The Council, The European Economic And Social Committee, The Committee Of The Regions And The European Central Bank – An EU Framework for Crisis Management in the Financial Sector; *European Commission,* Directorate-General for Economic and Financial Affairs Non-bank financial institutions: Assessment of their impact on the stability of the financial system, European Economy, Economic Papers 472/November 2012; *European Commission*, Framework for resolution of financial institutions other than banks (Roadmap), 04/2015; *European Securities and Markets Authority* (ESMA), Final Report – Possible systemic risk and cost implications of interoperability arrangements, 1 March 2016, ESMA/2016/328; *European Systemic Risk Board* (ESRB), ESRB Report to the European Commission on the systemic risk implications of CCP interoperability arrangements, January 2015;

V. Vorgaben an die Abwicklung zentraler Gegenparteien und sonstiger Marktteilnehmer

Financial Stability Board, 2011 (FSB), Key Attributes of Effective Resolution Regimes for Financial Institutions, October 2011; *Financial Stability Board*, Aktualisierte Fassung der Key Attributes vom 15.10.2014; *FSB,* chairs of the FSB SRC, FSB RESG, BCBS, CPMI and IOSCO, Progress Report On The CCP Workplan, 22.09.2015; *Geier/Mirtschink*, OTC-Derivate-Regulierung aus Sicht der Buy- und Sell-Side (EMIR und MIFID II/MiFIR), Corporate Finance biz 2013, 102; *Gergen*, Rechtsfragen der Regulierung außerbörslicher derivativer Finanzinstrumente, Frankfurt am Main 2015; *Gergen*, Systemrelevanz and staatliche Verflechtung – ein Beitrag zur neuen Marktinfrastruktur für außerbörsliche Derivate unter Einschaltung einer zentralen Gegenpartei, JM 2015, 139, 140; *Gibson*, Recovery and Resolution of Central Counterparties, Reserve Bank of Australia, Bulletin, December Quarter 2013, 39 ff.; *Hartenfels*, Die Verordnung (EU) Nr. 648/2012 über OTC-Derivate, zentrale Gegenparteien und Transaktionsregister („EMIR"), ZHR 178 (2014) S. 173–212; *Hess*, Europäisches Zivilprozessrecht, Heidelberg 2010; *ISDA*, CCP Loss Allocation at the End of the Waterfall, August 2013; *Jaskulla*, Werden zentrale Gegenparteien durch die Umsetzung von EMIR zum Risiko? BKR 2012, 441; *JP Morgan Chase & Co.,* What is the Resolution Plan for CCP? Perspectives, September 2014; *Köhling/Adler*, Der neue europäische Regulierungsrahmen für OTC-Derivate, Teil I WM 2012, 2125 ff., Teil II WM 2012, 2173 ff.; *Kuhn*, Die Regulierung des Derivatehandels im künftigen Finanzmarktinfrastrukturgesetz, GesKR 2014, 161, 162 ff.; *LCH.Clearnet*, CCP Risk Management, Recovery &Resolution, White Paper; *Levine/Hatcher*, ECHO: The practical aspectsof establishing a multilateral clearing house, Derivatives Use Trading & Regulation, Vol. 2 No 1996, 172; *Möschel*, Die Finanzkrise – Wie soll es weitergehen? ZRP 2009, 129; *Pflock*, Europäische Bankenregulierung und das „Too big to fail-Dilemma", Berlin 2014; *Pinto/Ulatov*, Financial Globalization and the Russian Crisis of 1998, Policy Research Working Paper 5312, The World Bank May 2010; *Pirrong,* The Economics of Central Clearing: Theory and Practice. ISDA Discussion Papers Series Number One – May 2011; *Rehlon/Dixon*, Central counterparties: what are they, why do they matter and how does the Bank supervise them? Bank of England Quarterly Bulletin 2013 Q2; *Ruffini*, Central Clearing : Risks and customer protections, Economic Perspectives, Chicago Federal Reserve, 4Q/2015, S. 90–100; *Singh*, Collateral, Netting and Systemic Risk in the OTC Derivatives Market, IMF Working Paper WP/10/99; *Tucker*, (BoE) Central counterparties in evolving capital markets: safety, recovery and resolution, April 2013, Banque de France S. 179, 180; *Tusch/Herz*, Die Entwicklung des europäischen Bankaufsichtsrechts in den Jahren 2014/2015, EuZW 2015, 814; *UK Gov.*,Consultation outcome, Secondary legislation for Non-Bank resolution regimes Updated 9 June 2014 472 | November 2012; *Wendt*, Central Counterparties: Addressing their Too Important to Fail Nature IMF Working Paper, January 2015, WO/15/21

C. Finanzierung der Abwicklung, Querschnittsthemen

1. Einleitung

1 Zentrale Gegenparteien[1] („CCPs") sind von den Regelungen der EU-Richtlinie zur Sanierung und Abwicklung von Finanzinstituten (*Bank Recovery and Resolution Directive, BRRD*)[2] ausgenommen.[3] Die BRRD gilt ausdrücklich nur für „CRR-Kreditinstitute", bestimmte Wertpapierfirmen und (partiell) für Zweigstellen[4].

2 Unternehmen nach § 1 Abs. 1 Satz 1 Nr. 12 KWG gelten als (KWG-) Kreditinstitut, nicht jedoch als CRR-Kreditinstitut[5]. Auf sie finden die Vorschriften der CRR daher nicht *direkt* Anwendung. Auch die SSM-Verordnung[6] und SRM-Verordnung finden keine Anwendung auf CCPs, die lediglich über eine Zulassung nach § 1 Abs. 1 S. 1 Nr. 12 KWG verfügen.[7]

3 Insbesondere wegen des Umfangs der von CCPs abzuwickelnden standardisierten OTC-Geschäfte und der Besonderheit ihrer Geschäftstätigkeit hat sich in stets zunehmendem Maße die Frage nach einer eigenen, von den Bestimmungen der BRRD abweichenden

---

[1] Central Counterparties, (in der deutschen Rechtssprache früher „zentrale Kontrahenten" genannt, zB § 1 Abs. 1 Nr 31 KWG aF), die CCP ist definiert in Art. 2 Nr. 1 EMIR: […] *„CCP" eine juristische Person, die zwischen die Gegenparteien der auf einem oder mehreren Märkten gehandelten Kontrakte tritt und somit als Käufer für jeden Verkäufer bzw. als Verkäufer für jeden Käufer fungiert;* EMIR (European Market Infrastructure Regulation) ist die Verordnung (EU) Nr. 648/2012 des Europäischen Parlaments und des Rates vom 4. Juli 2012 über OTC-Derivate, zentrale Gegenparteien und Transaktionsregister, ABl. L 201/v. 27.7.2012.

[2] Richtlinie 2014/59/EU des Europäischen Parlaments und des Rates vom 15. Mai 2014 zur Festlegung eines Rahmens für die Sanierung und Abwicklung von Kreditinstituten und Wertpapierfirmen und zur Änderung der Richtlinie 82/891/EWG des Rates, der Richtlinien 2001/24/EG, 2002/47/EG, 2004/25/EG, 2005/56/EG, 2007/36/EG, 2011/35/EU, 2012/30/EU und 2013/36/EU sowie der Verordnungen (EU) Nr. 1093/2010 und (EU) Nr. 648/2012 des Europäischen Parlaments und des Rates, ABl. L 173/190 v. 12.6.2014.

[3] In Deutschland ist bisher nur die European Commodity Clearing AG (ECC) eine solche ausschließlich CCP-Geschäft betreibende CCP. Eurex Clearing AG ist ein CRR-Kreditinstitut, das in gewissem Umfang Einlagen- und Kreditgeschäft betreibt, überwiegend aber das CCP-Geschäft.

[4] Dh gem. der Definition in Art. 2 (1) 2. : *„Kreditinstitut": ein Kreditinstitut im Sinne von Artikel 4 Absatz 1 Nummer 1 der Verordnung (EU) Nr. 575/2013, mit Ausnahme der Unternehmen im Sinne von Artikel 2 Nummer 5 der Richtlinie 2013/36/EU.*

[5] CCR ist die Verordnung (EU) Nr. 575/2013 des Europäischen Parlaments und des Rates vom 26. Juni 2013 über Aufsichtsanforderungen an Kreditinstitute und Wertpapierfirmen und zur Änderung der Verordnung (EU) Nr. 646/2012, ABl. L 176/1 v. 27.6.2013 Art. 4 Abs. 1 CRR definiert „Kreditinstitute" wie folgt: *„Kreditinstitut" ein Unternehmen, dessen Tätigkeit darin besteht, Einlagen oder andere rückzahlbare Gelder des Publikums entgegenzunehmen und Kredite für eigene Rechnung zu gewähren;".*

[6] Verordnung (EU) Nr. 1024/2013 des Rates vom 15. Oktober 2013 zur Übertragung besonderer Aufgaben im Zusammenhang mit der Aufsicht über Kreditinstitute auf die Europäische Zentralbank, ABl L 287/63 v. 29.10.2013.

[7] SRM-Verordnung, das ist die Verordnung (EU) Nr. 806/2014 des Europäischen Parlaments und des Rates vom 15. Juli 2014 zur Festlegung einheitlicher Vorschriften und eines einheitlichen Verfahrens für die Abwicklung von Kreditinstituten und bestimmten Wertpapierfirmen im Rahmen eines einheitlichen Abwicklungsmechanismus und eines einheitlichen Abwicklungsfonds sowie zur Änderung der Verordnung (EU) Nr. 1093/2010; zum persönlichen Anwendungsbereich der SSM-Verordnung: *Geier*, Der Einheitliche Aufsichtsmechanismus, Rn. 5 und der SRM-Verordnung: *Geier*, Überblick Abwicklung unter besonderer Berücksichtigung der Abwicklung nicht systemrelevanter Institute, Rn. 38.

aufsichtlichen Regelung gestellt[8]. Ein eigenes speziell auf CCPs zugeschnittenes nationales Regelwerk hat sich bisher nur Großbritannien gegeben.[9]

Zentrale Gegenparteien für Börsengeschäfte haben eine lange Tradition.[10] Die DTB fungierte seit ihrer Gründung im Jahre 1990 nicht nur als Clearingstelle, sondern auch als CCP (ohne dass dieser Begriff damals gebräuchlich war). In Deutschland wurde im Jahre 2003 die Eurex Clearing AG zentraler Kontrahent.[11] Deren Tätigkeit als CCP ist seit der Novellierung des KWG im Jahre 2006 Bankgeschäft.[12]

4

Die erste CCP für OTC-Geschäfte (Devisentermingeschäfte, daneben auch Devisenkassageschäfte, mit einer Laufzeit von zwei Jahren, in 11 konvertiblen Währungen) war ECHO (Exchange Clearing House Organisation) mit Sitz in London. ECHO nahm am 18.8.1995 ihren Betrieb auf.[13] Nach nur kurzer Tätigkeit wurde sie von der CLS Bank übernommen und stellte ihre Tätigkeit ein.[14]

5

Die Gründung von ECHO ging auf die Studien und Empfehlungen der BIZ[15] zurück, in denen Lösungen für die Vermeidung des sog Herstatt-Risikos[16] behandelt wurden. Im

6

---

[8] Wobei viele Probleme und Fragestellungen bei systemrelevanten Banken auch für CCPs gelten, zB das „Too big to fail-Dilemma", hierzu vgl ua *Pflock*.

[9] Durch das *special resolution regime code of practice* von 2015 (Ergänzung des novellierten 2009 Banking Act). Die in London ansässige, derzeit größte CCP, die LCH.Clearnet, unterliegt damit diesen bereits in Kraft befindlichen Regelungen.

[10] Vgl. auch im Folgenden ua *Tucker* S. 179, 180.

[11] Bei der Frankfurter Wertpapierbörse und bei Eurex. Zentraler Kontrahent bei beiden ist die Eurex Clearing AG, die seit dem 10. April 2014 die Zulassung nach EMIR besitzt.

[12] Definiert in § 1 Abs. 31 KWG Fassung vom 17. November 2006, BGBl. I S. 2606: *(31) Ein zentraler Kontrahent ist ein Unternehmen, das bei Kaufverträgen innerhalb eines oder mehrerer Finanzmärkte zwischen den Käufer und den Verkäufer geschaltet wird, um als Vertragspartner für jeden der beiden zu dienen, und dessen Forderungen aus Kontrahentenausfallrisiken gegenüber allen Teilnehmern an seinen Systemen auf Tagesbasis hinreichend besichert sind.* In der Neufassung des § 1 Abs. 1 KWG wird der Zentrale Kontrahent als „zentrale Gegenpartei" bezeichnet und die Definition des Art. 2 Nr. 1 EMIR (in der jeweiligen Fassung) übernommen. Die Anbindung der KWG-Definition einer CCP an die EMIR-Definition bedeutet jedoch nicht, dass CCPs nunmehr nur OTC-Geschäfte abwickeln dürfen. Zwar scheint der Titel von EMIR (Verordnung … über OTC-Derivate, zentrale Gegenparteien und Transaktionsregister) eine solche Beschränkung nahezulegen, doch findet sich keine derartige Abgrenzung im Wortlaut der Art. 14 ff., Art. 2 Nr. 1 EMIR definiert eine CCP wie folgt: „… bedeutet „CCP" eine juristische Person, die zwischen die Gegenparteien der auf einem oder mehreren Märkten gehandelten Kontrakte tritt und …". Als Markt kommen Börsen, multilaterale Handelssysteme oder ein außerbörslicher Finanzmarkt in Betracht, vgl. *BaFin*, Merkblatt – Hinweise zum Tatbestand der Tätigkeit als zentrale Gegenpartei, 12. August 2013.

[13] *Levine/Hatcher*; *Böhm* S. 66 f.; *Jahn* in BankR-HdB, 2. Aufl. 2001, § 114 Rn. 143, nicht zu verwechseln mit dem an der Nasdaq gehandelten Electronic Clearing House, Inc.

[14] Das CLS (Continuous Linked System) der CLS Bank International, New York, ist eine Clearing-Stelle, aber keine CCP. Weder ECHO noch CLS wickelten das OTC-Geschäft „Zins- und Währungsswap" ab, das am Endtag hinsichtlich der zu leistenden Währungsbeträge dem reinen Devisentermingeschäft gleicht. Diese Lücke wird möglicherweise von CLS in der Zukunft geschlossen werden.

[15] Sog Angell-Bericht vom Februar 1989, Lamfalussy-Bericht (Bericht des Ausschusses für Interbank-Netting-Systeme der Zentralbanken der Länder der Zehnergruppe) vom November 1990), BIZ-Ausschuss für Interbank-Netting-Systeme der Zentralbanken der Länder der Zehnergruppe, „Erfüllungsrisiko bei Devisenhandelstransaktionen", März 1996.

[16] Darstellung im BIZ-Bericht „Erfüllungsrisiko bei Devisenhandelstransaktionen" in 2.2.1, S. 6 (sowie späterer Krisenfälle) und die Bedeutung des Umfangs des „Herstatt-Risikos" für die Banken in 2.16 S. 17; *Jahn* in BankR-HdB, 2. Aufl. 2001, § 114 Rn. 143.

Lamfalussy-Bericht wurde die Einrichtung multilateraler Netting-Systeme empfohlen, insbesondere mit einer zentralen Gegenpartei.[17]

7   ECHO erfüllte diese Voraussetzungen in Bezug auf die von ihr abgewickelten Geschäfte.[18]

8   Die Studien der BIZ berührten seinerzeit auch die übrigen OTC-Geschäfte, ohne aber ähnliche Analysen oder Empfehlungen vorzulegen[19].

2. Finanzkrise 1998 (Long Term Capital Management)

9   Eine heute fast vergessene Krise des Hedge Funds Long Term Capital Management (LTCM) erschütterte die Finanzmärkte im Jahre 1998, vor allem in den USA, und führte zu einer einzigartigen Rettungsaktion der vierzehn größten Marktteilnehmer in den USA unter der Koordination der US Notenbank, welche der LTCM insgesamt 3,65 Mrd US$ neues Eigenkapital zuführten, um ihren Zusammenbruch zu verhindern[20]. Mit ausgelöst wurde der Zusammenbruch des LTCM wohl auch durch die russische Währungkrise im August 1998.[21]

10   Regulatorische Konsequenzen wurden in dieser Zeit der Deregulierung nicht gezogen. Im Jahre 2004 befassten sich das *Committee on Payment and Settlement Systems* (CPSS) und das *Technical Committee of the International Organization of Securities Commissions* (IOSCO) mit CCPs für OTC-Derivate und gaben entsprechende Empfehlungen heraus[22], die sich mit dem Risikomanagement derartiger CCPs befassten.

11   In der Diskussion über die Frage, ob für CCPs und andere Marktteilnehmer, die nicht von der BRRD erfasst werden, überhaupt eigene Vorschriften über die Sanierung und Abwicklung geschaffen werden sollten, spielte auch die geschichtliche Erfahrung mit der Insolvenz früherer CCPs eine Rolle. Diese CCPs waren weitgehend wie die heutigen EMIR-CCPs konstruiert, brachen dennoch in besonderen Krisensituationen zusammen und wurden insolvent.[23] Trotz bester Vorkehrungen und Sanierungsplänen lässt sich eine Insolvenz wohl nicht grundsätzlich ausschließen.

3. Finanzkrise 2007/2008 und die G20-Beschlüsse

12   Die Finanzkrise 2007/2008, die im Zusammenbruch des Lehman Brothers Konzerns und in der Rettung der American International Group (AIG) gipfelte[24], führte zu einer

---

[17] 2.9, 2.10, 2.11.
[18] BIZ-Bericht vom März 1996 in 3.4.2, S. 18, ohne allerdings den geplanten Umfang zu erreichen.
[19] BIZ, „Entwicklung des internationalen Bankgeschäfts und der internationalen Finanzmärkte, Mai 1992, S. 17 und insbesondere S. 24 ff. unter besonderer Berücksichtigung der Währungsswaps.
[20] *Erben* Risknews 03/2004, 43 ff.
[21] *Pinto/Ulatov*; sehr kritisch gegenüber der Rettungsaktion der US Notenbank: *Dowd*.
[22] 2004 CPSS-IOSCO Recommendations for Central Counterparties to clearing arrangements for over-the-counter (OTC) derivatives.
[23] *Tucker* 179, 180; Beispiele: New York Gold Exchange Bank September, 1869; *Pirrong* 1, 37; Caisse de Liquidation, Paris, 1974; Kuala Lumpur Commodities Clearing House, 1983; Hong Kong Futures Exchange clearing house, 1987; *Gergen*, § 5 S. 278, 280 f.
[24] vgl *Möschel*, Die Finanzkrise – Wie soll es weitergehen?, ZRP 2009, 129; *Kuhn*, Die Regulierung des Derivatehandels im künftigen Finanzmarktinfrastrukturgesetz, GesKR 2014, 161, 162 ff.; *Jahn* in BankR-HdB, 3. Aufl., § 114a Rn. 2.

Vereinbarung der G20-Staaten am 26. September 2009 in Pittsburgh[25], für standardisierte OTC-Geschäfte eine Clearingpflicht über CCPs einzuführen.[26]

Die EU-Kommission hatte, dem Larosière-Bericht folgend, eine Stärkung des Rechtsrahmens der Union empfohlen und am 20. Oktober 2009 in einer Mitteilung die Maßnahmen erläutert, die sie zu treffen beabsichtigte[27]. 13

Der eigens zur Beratung bei der Umsetzung der Vereinbarungen und Beschlüsse von den G20 im April 2009 gegründete Finanzstabilitätsrat (*Financial Stability Board*, FSB) ließ durch eine Arbeitsgruppe bestehend aus Vertretern des Committee on Payment and Settlement Systems (CPSS), der International Organization of Securities Commissions (IOSCO) und der Europäischen Kommission Empfehlungen über die Umsetzung der G20-Vorgaben[28] erarbeiten. Auch der International Monetary Fund befasste sich im Jahre 2010 mit der Finanzkrise. *Singh* unterstützte die Verwendung von CCPs und die Verpflichtung zur Stellung von ausreichenden Sicherheiten. 14

4. FSB: Empfehlungen für die Abwicklung von Finanzinstituten

Mit den „Key Attributes of Effective Resolution Regimes for Financial Institutions" („KAs") 15

vom Oktober 2011[29] legte die FSB Vorschläge und Vorgaben für die Abwicklung systemrelevanter Banken, aber auch von Nicht-Banken vor. Im Zentrum stehen 12 KAs.[30] 16

Oberstes Ziel ist es, den Zusammenbruch des Finanzmarkts zu vermeiden, ohne die öffentlichen Haushalte und den Steuerzahler zu belasten. Bei den Empfehlungen zeigt sich, dass eine internationale Zusammenarbeit wegen der erheblichen Verflechtung aller Beteiligten und der grenzüberschreitenden Auswirkungen von Finanzkrisen unentbehrlich ist. Andererseits sind die nationalen Gesetze sehr unterschiedlich (besonders im Bereich des Insolvenzrechts), so dass der FSB häufig nur Vorgaben zur Erreichung der Ziele erarbeiten kann und keine konkreten Vorschläge. 17

Die EU-Regelungen über die Abwicklung von CRR-Kreditinstituten beruhen weitgehend auf den FSB-Vorschlägen für Banken.[31] 18

Für die Regelungen betreffend Financial Market Infrastructures (FMI), dh insbesondere CCPs und Versicherungsgesellschaften eröffnete die FSB 2013 eine Konsultation, die zu einer aktualisierten Fassung vom 15.10.2014 der KAs führte. Die Ergebnisse sind in drei Anhängen zusammengefasst, welche die unverändert gelassenen KAs von 2011 speziell für FMIs und Versicherer ergänzen. Für das Thema besonders relevant sind der „Annex 19

---

[25] EMIR, Erwägungsgrund 5.
[26] "*All standardised OTC derivative contracts should be traded on exchanges or electronic trading platforms, where appropriate, and cleared through central counterparties by end-2012 at the latest.* "
[27] "Gewährleistung effizienter, sicherer und solider Derivatemärkte: Künftige politische Maßnahmen", vgl. Erwägungsgründe (1) und (2) EMIR.
[28] „Implementing OTC Derivatives Market Reforms", 25. Oktober 2010.
[29] Zum Verlauf der Umsetzung der G20-Beschlüsse in den USA, in der EU und der Schweiz vgl *Kuhn* GesKR 2014, 161, 163 ff.
[30] 1. Scope; 2. Resolution authority; 3. Resolution powers; 4. Set-off, netting, collateralisation, segregation of client assets; 5. Safeguards; 6. Funding of firms in resolution; 7. Legal framework conditions for cross-border cooperation; 8. Crisis Management Groups (CMGs); 9. Institution-specific cross-border cooperation agreements; 10. Resolvability assessments; 11. Recovery and resolution planning; 12. Access to information and information sharing.
[31] Siehe die Ausführungen von *Geier*, → B.I. Rn. 3.

on FMI resolution", der „Annex on resolution of insurers"[32] und der Annex „Client Asset Protection in Resolution".

a) Annex on FMI resolution

20   Der Anhang ist als Ergänzung der KAs zu verstehen im Sinne einer Interpretationshilfe für Abwicklungsfälle, in denen FMIs betroffen sind. Seine Regelungen stehen im Zusammenhang mit den Vorgaben für die Sanierung, die von CPSS-IOSCO am 15.10.2014 veröffentlicht wurden (*Principles for financial market infrastructures*, PFMI).[33]

21   Zu den FMIs zählen Zahlungssysteme, Zentralverwahrer, Wertpapierabwicklungssysteme, Zentrale Gegenparteien und Transaktionsregister.[34]

22   In seiner Präambel (1.1) stellt der Anhang fünf Ziele auf, die angestrebt werden sollten:

23   Kontinuität der rechtzeitigen Erfüllung der angebotenen Leistungen; Aufrechterhalten des ständigen Zugangs der Beteiligten zu Wertpapier- und Geldkonten; Vermeiden der Unterbrechung der operationellen Verbindungen zwischen dem abzuwickelnden FMI und anderen FMIs, die zu einer erheblichen Störung des Marktes führen könnten; ungestörte Fortführung der Übermittlung und Speicherung von Daten in den Transaktionsregistern.

24   Aus der Vielzahl der einzelnen Vorschläge seien die für CCPs wesentlichsten herausgegriffen:

25   Die Beurteilung, ob ein FMI von systemischer Bedeutung ist, soll sich nach para. 1.20 PFMI richten (2.3).

26   Abwicklungsbehörden sollen entsprechend dem KA-Grundsatz 2[35] bei der Erfüllung ihrer Aufgaben stets vermeiden, dass dem Steuerzahler Nachteile entstehen (3.1). Eine Abwicklung sollte nur vorgenommen werden, wenn ein FMI nicht oder vermutlich nicht lebensfähig ist und auch durch Maßnahmen des FMI in einem angemessenen Zeitrahmen nicht lebensfähig gemacht werden kann. Im Einzelnen ist dies zB der Fall, wenn entweder das FMI alle Ressourcen aufgebraucht hat[36] oder die Aufsichtsbehörde festgestellt hat, dass Sanierungsmaßnahmen nicht innerhalb der festgesetzten Frist zum Erfolg führen würden (4.3).

27   In Nr. 4.8 ff. (beruhend auf KA-Grundsatz 3)[37] werden die einzelnen Befugnisse der Abwicklungsbehörde aufgelistet (Verfügung über Vermögenswerte, einschließlich unter bestimmten Voraussetzungen über Ersteinschusszahlungen, Abschläge für andere Nacheinschusszahlungen (*variation margins*)[38], Beendigung (*close-out*) von Kontrakten des FMI (4.12.); Übertragung von Geschäften oder Anteilen des FMI an Dritte (4.13-4.15)).

---

[32] Vgl. Pressemitteilung der FSB v. 15.10.2014.

[33] http://www.bis.org/cpmi/publ/d101.htm; insbesondere auch der Vorschlag, dass FMIs über einen umfassenden und effizienten Sanierungsplan verfügen sollten. FSB schlägt selbst die Erstellung eines Sanierungs- und Abwicklungsplans in KA 4 vor.

[34] Payment systems, central securities depositories (CSDs), securities settlement systems (SSSs), central counterparties (CCPs) and trade repositories (TRs), FSB 2014 Appendix II – Annex 1 p. 61.

[35] *Resolution authority.*

[36] „Ende des Wasserfalls" vgl. Art. 45 EMIR und ISDA, CCP Loss Allocation at the End of the Waterfall, August 2013.

[37] *Resolution powers.*

[38] ISDA unterscheidet zwei Situationen, in denen Abschläge auf Überschüsse bei Nacheinschusszahlungen (*Variation Margin Gains Haircutting*) vorgenommen werden könnten, um die finanzielle Situation der CCP zu verbessern: Verluste der CCP aufgrund von Vertragsverletzungen eines Clearing Member (*Default Losses*) sowie Verluste der CCP aufgrund anderer Umstände (*Non-Default Losses*, NDL). Im Ergebnis hält sie derartige Abschläge nur im Falle der Default Losses für ratsam, um eine

Bei der Verhängung eines Moratoriums sollten Zahlungsströme oder kontinuierliche 28
Leistungen des FMI nicht unterbrochen werden (4.17).

KA-Grundsatz 4[39] wird in 5.1 ff. konkretisiert. Die FSB fordert den Ausschluss von 29
Kündigungsrechten (5.1) bezogen auf den Fall einer Abwicklungsmaßnahme oder jedenfalls
zeitlich begrenzte Beschränkungen.[40]

KA-Grundsatz 5.2[41] bestimmt, dass kein Teilnehmer an einem FMI durch Abwicklungs- 30
maßnahmen schlechter gestellt werden soll als im Falle einer Liquidation des FMI.

Bei der Berechnung eventueller Verluste des Teilnehmers wird vorgeschlagen, die Be- 31
rechnungsmethoden und –regeln des FMI für Verluste zugrundezulegen (6.1).

Bei der Finanzierung vorläufiger Maßnahmen und der Einleitung des Abwicklungsver- 32
fahrens sollten Vorkehrungen getroffen werden, dass die Kosten letztlich von dem betreffenden FMI, seinen Kunden oder am Finanzmarkt Tätigen getragen werden (Auslegung des KA 6 durch 7.).

Der KA-Grundsatz 7[42] soll dahin ausgelegt werden, dass infolge der Abwicklungsmaß- 33
nahmen bestehende Genehmigungen oder die Mitgliedschaft in Systemen im grenzüberschreitenden Bereich nicht automatisch beendet werden (8.1).

b) Annex 2 on resolution of insurers[43]

In der Einleitung wird ua ausgeführt, dass bisher nicht lebensfähige Versicherungstä- 34
tigkeiten durch Zeitablauf-Strategien oder die Übertragung von Portfolien abgewickelt
wurden.

Diese traditionellen Methoden könnten aber im Falle plötzlich auftretender Krisen den 35
Bestand von Versicherungsgesellschaften gefährden, die auch andere finanzmarktbezogene
Geschäfte in bedeutendem Umfang betreiben.

Die Ziele einer Abwicklung werden in 1.1 dargelegt und gleichen weitgehend den Zielen 36
bei einer Abwicklung von FMIs. Ausdrücklich hervorgehoben wird ebenfalls, dass erhebliche Marktstörungen und Belastungen des Steuerzahlers zu vermeiden seien. Die Versicherungsnehmer sollen soweit wie möglich geschützt werden, ein absoluter Schutz sei aber nur im Falle des Bestehens einer der Einlagensicherung bei Kreditinstituten vergleichbaren Einrichtung gewährleistet[44], die zu errichten sei (6.1).

Eine Abwicklung sei bei systemrelevanten Versicherern oder bei Versicherern, die von 37
dem FSB als global systemrelevant in einer Liste geführt werden (**Globally Systematically Important Insurers**, G-SIIs)[45], im nicht lösbaren Krisenfall vorzunehmen (2.1).

Es werden beispielhaft, aber nicht abschließend, mehrere Situationen genannt, die zur 38
Feststellung der zuständigen Abwicklungsbehörde führen könnten, dass der Versicherer
nicht lebensfähig und die Abwicklung einzuleiten sei:

CCP zu sanieren, während sie in der Insolvenz einer CCP wegen NDL andere Maßnahmen für angemessener hält, CCP Loss Allocation at the End oft he Waterfall, August 2013.

[39] *Set-off, netting, collateralisation, segregation of client assets.*
[40] Vgl. hierzu den Beitrag von *Köhling*, → B.VI. Rn. 4.
[41] [Safeguards] – „No creditor worse off" principle (KA 5.2) dh ein Gläubiger darf durch die Abwicklung nicht schlechter gestellt werden als in einem Insolvenzverfahren.
[42] *Cross-border cooperation.*
[43] Appendix II Annex 2, S. 75.
[44] In Deutschland besteht ein Sicherungsfonds (Procktor Lebensversicherungs-AG).
[45] Die Liste der G-SIIs wird von dem FSB jährlich im November aktualisiert.

39 Verletzung aufsichtlicher Vorgaben insbesondere zum Mindestkapital; Wahrscheinlichkeit, dass Versicherte oder Gläubiger bei Fälligkeit nicht bedient würden; Sanierungsmaßnahmen seien gescheitert oder aussichtslos, die Krise in einem angemessenen zeitlichen Rahmen zu überwinden (4.1).

40 Zu den Befugnissen der Abwicklungsbehörde gehört die Führung der Geschäfte des Versicherers oder eines Brückeninstituts, insbesondere laufende Versicherungsverträge ganz oder teilweise zu erfüllen, Optionen auszuüben und Rückversicherungsverträge abzuschließen (4.3).

41 Weiterhin soll die Abwicklungsbehörde zu Restrukturierungsmaßnahmen befugt sein, wobei sie Verpflichtungen reduzieren kann ohne vorherige Anzeige oder Zustimmung der Gläubiger oder Versicherten (4.5). Sie ist zur Portfolioübertragung befugt (4.6.). Ferner kann sie Kündigungsrechte der Versicherten zeitweilig einschränken (4.8, 4.9).Zwar ist grundsätzlich die Rangstellung der Versicherten in der Rangordnung der Gläubiger zu beachten (5.1), doch in begründeten Fällen könne vom *pari-passu*-Prinzip abgewichen werden, wenn dabei der KA-Grundsatz 5.2[46] gewahrt bleibt.

42 Systemrelevante Versicherer, in jedem Fall G-SIIs sollten regelmäßig einer Abwicklungsfähigkeits-Überprüfung unterzogen werden (8.); sie sollten auch Pläne für eine Sanierung und Abwicklung erstellen und laufend an die bestehenden Verhältnisse anpassen (9.).

c) Annex 3 client asset protection in resolution

43 Dieser Annex befasst sich ausführlich mit dem Schutz der Vermögenswerte der Kunden der FMI und der Versicherer. Der FSB macht auf die sehr unterschiedlichen Regelungen der nationalen Rechtsordnungen über die Behandlungen von Vermögenswerten in der Insolvenz der FMI oder des Versicherers aufmerksam und verweist auf die intensiven Untersuchungen der IOSCO vom August 1996, März 2011 und Januar 2014.[47]

44 Der Anhang kann insoweit nur die gewünschten Ergebnisse skizzieren und keine speziellen Methoden der Umsetzung beschreiben. Insbesondere die getrennte Verwahrung und Verbuchung kann höchst unterschiedliche Voraussetzungen und Folgen haben.[48]

45 Der Begriff „Kundenvermögen" (*client assets*) wird sehr weit gefasst und umfasst Eigentum, Forderungen und Sicherheiten (3.1). Ausgeschlossen sind nach 3.2 Gegenstände, die dem FMI zur uneingeschränkten Verfügung (*full title transfer*) übertragen werden. Darunter fallen Wertpapiere im Zusammenhang mit Lieferungen aufgrund von Wertpapierdarlehen- oder Wertpapierpensionsgeschäften[49] aber auch bei Sicherheitenstellung.[50]

---

[46] „*No creditor worse off*"-Regel, KA-Grundsatz 5.2.

[47] Report on Client Asset Protection (August 1996), Final Report of the IOSCO Technical Committee on Survey of Regimes for the Protection, Distribution and/or Transfer of Client Assets (March 2011) und Final Report on Recommendations Regarding the Protection of Client Assets (January 2014). Zur Rechtslage in Deutschland siehe auch Fried, Zerey, Finanzderivate, 4. Aufl. 2015, § 18.

[48] Ähnlich die neutral gefassten Bestimmungen in Art. 39 EMIR; Einzelheiten im Beitrag von *Mirtschink/Gallei*, → C.III. Rn. 7 ff.

[49] Interessant ist in diesem Zusammenhang, dass in letzter Zeit gelegentlich die Frage aufgeworfen wird, ob CCPs auch standardisierte Geschäfte aus dem Bereich Wertpapierdarlehen- oder Wertpapierpensionsverträge abwickeln sollten. Eurex Repo GmbH fungiert seit 2003 als zentrale Gegenpartei für Repo-Geschäfte, die elektronisch gehandelt werden. EMIR umfasst nur OTC-Derivate, nicht jedoch Repo-Geschäfte (Wertpapierpensionsgeschäfte) oder Wertpapierdarlehensgeschäfte.

[50] Für CCPs ist diese Regelung bedeutsam bei der Stellung von Ersteinschusszahlungen (*initial margins*). Während bisher die betreffenden Werte zur uneingeschränkten Verfügung des Sicherungsnehmers übertragen wurden, vgl. auch *Köhling/Adler* WM 2012, 2173, 2175, dürfte die Vertragspraxis

V. Vorgaben an die Abwicklung zentraler Gegenparteien und sonstiger Marktteilnehmer

5. Progress Report on the CCP Workplan[51] (2015)

Die Arbeitsgruppe beschäftigte sich ua auch mit der Abwickelbarkeit (*resolvability*) einer CCP und stellte aufgrund einer Umfrage fest, dass für die Abwicklung von CCPs keine ausgereiften Rahmenbedingungen bestehen und in den Staaten auch keine eigentlichen Systeme für die Abwicklung entwickelt worden sind[52]. Um weitergehende Erkenntnisse für die Abwicklungsplanung und die Abwicklung von CCPs zu gewinnen, soll eine Arbeitsgruppe[53] gebildet werden, die grenzüberschreitend Erfahrungen sammelt, diskutiert und Ende 2016 einen Bericht vorlegen wird. Insbesondere sei noch zu untersuchen, welche finanziellen Mittel zum Liquiditätsmanagement beschafft werden könnten. In dem Bericht seien Vorschläge für Abwicklungspläne und die Beschaffung von Finanzmitteln sowie Liquidität für den Fall einer Abwicklung zu machen. 46

6. Umsetzung der G20-Beschlüsse in der EU

In der EU erging die Verordnung (EU) Nr. 648/2012 vom 4. Juli 2012 über OTC-Derivate, zentrale Gegenparteien und Transaktionsregister („EMIR"[54]). 47

Sie trifft in den Art. 2 Nr. 1, 14–50 umfassende Regelungen für die Zulassung, Aufsicht und Betrieb von CCPs und gibt in den Erwägungsgründen 47–71 Hinweise auf Ziele und Gründe der Regelungen[55]. Einzelheiten werden durch delegierte Verordnungen und Durchführungsverordnungen zur Festlegung technischer Durchführungsstands geregelt.[56] 48

7. EMIR

Zur Vermeidung eines Zusammenbruchs einer nach EMIR zugelassenen CCP sind von dieser bestimmte Eigenkapitalanforderungen zu erfüllen.[57] Art. 26 ff. EMIR regeln die organisatorischen Anforderungen an die CCP. Art. 37 EMIR bestimmt, welche Clearingmitglieder zugelassen werden. Art. 39 EMIR schreibt die Kontentrennung (Positionen und Vermögenswerte und deren Übertragbarkeit) vor,[58] Art. 48 EMIR das Verfahren bei Ausfall eines Clearingmitglieds. 49

Wichtigstes Sicherungsmittel gegen Kreditrisiken sind die Einschussforderungen der CCP gegen Clearingmitglieder nach Art. 41 EMIR.[59] Art. 42 EMIR legt die Einrichtung 50

(OTC-Rahmenverträge) zur Verpfändung übergehen. Auch im CCP-Bereich ist eine Änderung festzustellen. Eurex Clearing AG bietet seit einiger Zeit auch die Verpfändungslösung an, vgl. Rundschreiben 076/15 (aktualisiertes und konsolidiertes „Supplementary Pledge Agreement").

[51] Chairs of the FSB SRC, FSB RESG, BCBS, CPMI and IOSCO vom 22.9.2015.
[52] Vgl. *Jaskulla* BKR 2012, 441, 443.
[53] Cross-Border Crisis Management Group for FMIs, „fmiCBCM".
[54] European Market Infrastructure Regulation.
[55] Zur rechtlichen Bedeutung der Erwägungsgründe schreibt *Hess* :„Erwägungsgründe sind [.] kein Bestandteil des Gemeinschaftsrechtsakts und haben daher keinen eigenständigen, normativen Gehalt." Rz 57 sowie „Sie enthalten [.] die leitenden Maßstäbe zur systematischen und teleologischen Auslegung." Rz 56.
[56] Siehe *Hartenfels* ZHR 178 (2014) 173, 181 ff.
[57] Art. 16 EMIR.
[58] Hierzu *Mirtschink/Gallei* in C.III. Abwicklung und CCP-Clearing.
[59] Ersteinschusszahlungen und Nachschusszahlungen (*variation margins*) zur Deckung der laufenden Risiken.

eines Ausfallfonds fest, Art. 43 EMIR schreibt das Vorhalten weiterer Finanzmittel vor. Bei Verlusten der CCP gilt das Wasserfallprinzip nach Art. 45 EMIR.

51   Erwägungsgrund 52 spricht den Fall einer drohenden Insolvenz einer CCP an, ohne aber Art und Inhalt der Abwicklung (*resolution*) zu umreißen. In Satz 1 wird die finanzpolitische Verantwortung angesprochen[60] und die Notwendigkeit einer Zusammenarbeit mit anderen Behörden der Mitgliedstaaten, in denen Clearingmitglieder ansässig sind.[61]

8. Eigenes EU Sanierungs- und Abwicklungs-System

52   Im Jahre 2010[62] entschloss sich die EU-Kommission, neben der Schaffung eines Regelwerks für das Krisenmanagement für Kreditinstitute auch Untersuchungen zu veranlassen, ob ähnliche Regelungen für andere Finanzinstitute (dh Nicht-Banken wie Versicherungsunternehmen, Investmentfonds und CCPs) erlassen werden sollten.[63] Im Jahre 2012 kam eine Untersuchung der EU-Kommission ua zu dem Ergebnis, dass die Einschaltung von CCPs neben den Vorteilen für den Handel auch Risiken durch die Konzentration der standardisierten OTC-Geschäfte (bei der CCP und einigen großen Clearingmitgliedern) mit sich bringt.[64] Für den Bereich Sanierung und Abwicklung veröffentlichte die EU Kommission im Oktober 2012 eine Konsultation (*Consultation on a possible recovery and resolution framework for financial institutions other than banks*).

53   In ihrem Arbeitsprogramm von 2015 wurde angekündigt, ein eigenes „*recovery and resolution framework*" zu entwerfen und dieses bis Ende 2015 vorzulegen.[65]

9. Rechtslage in Deutschland

a) Zentrale Gegenparteien (CCPs)

54   In Deutschland gibt es derzeit nur zwei nach EMIR zugelassene CCPs, die Eurex Clearing AG und die European Commodity Clearing AG (ECC).

55   Die ECC betreibt als einziges Bankgeschäft das CCP-Geschäft im Sinne des § 1 Abs. 1 Nr. 12 KWG und ist „Kreditinstitut" nach § 1 Abs. 1 KWG, nicht jedoch „CRR-Kreditin-

---

[60] „Kann die finanzpolitische Verantwortung vorwiegend bei dem Mitgliedstaat liegen, in dem die CCP ansässig ist."

[61] Eine ausdrückliche Regelung über den Umgang mit CMs aus Nicht-Mitgliedstaaten fehlt. Über die konkreten Folgen des Austritts von Großbritannien („Brexit") lässt sich im gegenwärtigen Zeitpunkt noch nichts sagen.

[62] EC Communication vom 20.10.2010, An EU Framework for Crisis Management in the Financial Sector.

[63] „*That work will consider, in particular, what crisis management and resolution arrangements, if any, are necessary and appropriate for other financial institutions, including insurance companies, investment funds and Central Counterparties.*"

[64] European Commission Directorate-General for Economic and Financial Affairs Non-bank financial institutions: Assessment of their impact on the stability of the financial system, European Economy, Economic Papers 472/November 2012, 11.2.3 p. 108.

[65] Siehe EC Commission roadmap 04/2015; dem Vernehmen nach ist mit dem Erscheinen des Vorschlags erst Ende 2016 zu rechnen. In einem vertraulichen Diskussionspapier der EU Kommission, über welches Reuters am 25.9.2015 berichtete, soll die (zeitweise) Verstaatlichung eines FMI als eine Option enthalten sein („Nationalising a failing clearing house an option – EU document").

V. Vorgaben an die Abwicklung zentraler Gegenparteien und sonstiger Marktteilnehmer

stitut", weil sie nicht zugleich das Einlagen- und Kreditgeschäft betreibt, vgl. Art. 4 Abs. 1 CRR.

Die Eurex Clearing AG ist dagegen CCP und CRR-Kreditinstitut. **56**

Maßgeblich für die Zulassung und den Betrieb sowie die Aufsicht über CCPs sind die Bestimmungen von EMIR (Art. 2 Nr. 1, 14–54, 83 ff.) und die Durchführungsverordnungen sowie delegierten Verordnungen zu EMIR. **57**

Für eine CCP, die nur „KWG-Kreditinstitut" ist, gelten eine Reihe von KWG-Vorschriften gemäß § 2 Abs. 9a KWG nicht.[66] In den vom KWG geregelten Fällen gehen insoweit EMIR und die EMIR-bezogenen Verordnungen vor. Für die Frage einer möglichen Abwicklung ergibt sich aus § 2 Abs. 9a KWG, dass § 38 KWG (siehe weiter unten) anwendbar ist. **58**

Nach § 2 Abs. 9b KWG gelten für eine CCP, die zugleich auch CRR-Kreditinstitut ist, unterschiedliche Vorschriften je nach Art der ausgeübten Tätigkeit: Für die CCP-Tätigkeit gelten die Vorschriften gemäß § 2 Abs. 9a KWG, für CRR-Kreditinstituts-Tätigkeit gilt das KWG insgesamt mit der Maßgabe, dass auch die Anforderungen nach EMIR eingehalten werden. Für das Anfangskapital und Anzeige- und Informationspflichten gilt die Sonderregelung nach § 2 Abs. 9b Sätze 2 und 3 KWG.[67] **59**

In EMIR werden Maßnahmen für den Krisenfall, nicht aber für den Fall des Scheiterns eines oder mehrerer Rettungsversuche festgelegt.[68] Für diesen Fall bereitet die Kommission einen Vorschlag zum Erlass einer Richtlinie vor, die der BRRD ähneln dürfte, aber den Besonderheiten der CCPs und anderen Nichtbanken Rechnung trägt. **60**

Das KWG wurde insbesondere in den §§ 53e–n und 64o KWG den Vorgaben von EMIR angepasst. EMIR lässt den nationalen Gesetzgebern bestimmte Gestaltungsspielräume, von denen Deutschland insbesondere in §§ 53g, h und n KWG auch Gebrauch gemacht hat. **61**

Scheitern die Versuche des deutschen Aufsehers der CCP (der BaFin), die kein CRR-Kreditinstitut ist, so greifen mangels derzeit bestehender EU-rechtlicher Vorgaben grundsätzlich die Abwicklungsbestimmungen nach dem KWG. Diese finden sich in § 38 KWG. **62**

§ 38 KWG regelt die Folgen einer Aufhebung der Zulassung eines Kreditinstituts nach § 32 KWG. Nach § 2 Abs. 9a KWG gilt § 32 KWG nicht, weil die EMIR-Vorschriften über die Zulassung von CCPs und den **Entzug der Zulassung** allein maßgeblich sind. Zuständig für den Entzug ist die zuständige nationale Behörde (Art. 20 EMIR). EMIR trifft allerdings keine Regelung über die Folgen des Entzugs einer Zulassung. Wegen der Zuständigkeit der nationalen Aufsichtsbehörde erscheint es konsequent, § 38 KWG auch in diesem Fall auf die betreffende CCP anzuwenden. **63**

---

[66] [1]*Auf Kreditinstitute, die ausschließlich über eine Erlaubnis verfügen, die Tätigkeit einer zentralen Gegenpartei im Sinne des § 1 Absatz 1 Satz 2 Nummer 12 auszuüben, sind die §§ 2c, 6b, 10, 10c bis 10i, 11, 12a bis 18, 24 Absatz 1 Nummer 6, 10, 14, 14a, 16, Absatz 1a Nummer 4 bis 8, die §§ 24a, 24c, 25 Absatz 1 Satz 2, die §§ 25a bis 25e, 26a, 32, 33, 34, 36 Absatz 3 Satz 1 und 2, die §§ 45 und 45b dieses Gesetzes sowie die Artikel 25 bis 455 der Verordnung (EU) Nr. 575/2013 nicht anzuwenden. 2§ 24 Absatz 1 Nummer 9 gilt mit der Maßgabe, dass das Absinken des Anfangskapitals unter die Mindestanforderungen nach Artikel 16 der Verordnung (EU) Nr. 648/2012 anzuzeigen ist.*

[67] [2]*Bezüglich der Anforderungen an das Anfangskapital nach § 33 Absatz 1 sowie nach Artikel 16 Absatz 1 der Verordnung (EU) Nr. 648/2012 haben die betroffenen Kreditinstitute die im jeweiligen Einzelfall höheren Anforderungen zu erfüllen. 3Anzeige- und Informationspflichten, die sowohl nach § 2c Absatz 1 als auch nach Artikel 31 Absatz 2 der Verordnung (EU) Nr. 648/2012 bestehen, können in einer gemeinsamen Anzeige oder Mitteilung zusammengefasst werden.*

[68] Einzig der Erwägungsgrund 52 zu EMIR befasst sich mit dem „Fall der drohenden Insolvenz einer CCP", ohne jedoch den Inhalt von Maßnahmen im Falle des Eintritts der Insolvenz zu skizzieren.

64 Ein Entzug kommt nach Art. 20 EMIR insbesondere dann in Betracht, wenn gem. Abs. 1 c) die CCP *„nicht mehr die Voraussetzungen erfüllt, aufgrund deren die Zulassung erteilt wurde, und die von der für die CCP zuständigen Behörde geforderten Abhilfemaßnahmen innerhalb der gesetzten Frist nicht ergriffen hat;"*.

65 Nach § 38 Abs. 1 KWG kann die BaFin im Falle der Aufhebung der Erlaubnis[69] bestimmen, dass eine CCP in der Form einer juristischen Person oder Personenhandelsgesellschaft abzuwickeln ist. Die Abwicklungsanordnung wirkt wie ein Auflösungsbeschluss. Nach Abs. 2 kann die BaFin bei dem zuständigen Amtsgericht (Registergericht) die Bestellung eines Abwicklers beantragen. Für dessen Tätigkeit kann sie allgemeine Anweisungen erteilen.[70]

66 Als Alternative zur Abwicklung nach § 38 Abs. 1 KWG käme ein Reorganisationsverfahren nach dem **KredReorgG** in Betracht. Dessen Bestimmungen gelten für KWG-Kreditinstitute, die nicht CRR-Kreditinstitute sind, weiter. Das Reorganisationsverfahren ist dem Abwicklungsbereich zuzuordnen.[71] Es entspricht dem Insolvenzplanverfahren der Insolvenzordnung (InsO). Praktische Erfahrungen liegen jedoch nicht vor.

67 Im Falle der Insolvenz kann nur die BaFin einen entsprechenden Insolvenzantrag stellen, § 46b KWG.[72]

68 Für CCPs, die zugleich CRR-Kreditinstitute sind, finden die Abwicklungsvorschriften für CRR-Kreditinstitute Anwendung.

b) Versicherungsunternehmen

69 EU-Vorschriften zur Sanierung und Abwicklung von Versicherungsunternehmen in der Art der BRRD gibt es bisher nicht. Eine entsprechende Anregung des FSB[73] ist nicht aufgegriffen worden. Zu neueren Entwicklungen siehe weiter unten.

70 Die Richtlinie 2001/17/EG vom 19. März 2001 über die Sanierung und Liquidation von Versicherungsunternehmen[74] legt in Art. 8 fest, dass nur die zuständigen Behörden des Herkunftsmitgliedstaats für die Eröffnung eines Liquidationsverfahrens[75] zuständig sind. Es gilt das nationale Recht des Herkunftsmitgliedstaats (Art. 9 Abs. 1 Richtlinie 2001/17/EG). Nach Art. 27 Abs. 3 Richtlinie 2001/17/EG können *„die Verwalter und Liquidatoren [.] im Hoheitsgebiet aller Mitgliedstaaten sämtliche Befugnisse ausüben, die ihnen im Hoheitsgebiet des Herkunftsmitgliedstaats zustehen"*.

71 Nach dem Versicherungsaufsichtsgesetz in der ab 1.1.2016 geltenden Fassung erstreckt sich die Aufsicht *„auch auf die Liquidation eines Unternehmens und auf die Abwicklung der bestehenden Versicherungen [.], wenn der Geschäftsbetrieb untersagt oder freiwillig eingestellt oder die Erlaubnis zum Geschäftsbetrieb widerrufen wird"*, § 294 Abs. 7 VAG. Die Voraussetzungen für einen Widerruf regelt im Einzelnen § 304 VAG.

---

[69] Der Fall des Entzugs der Zulassung nach Art. 20 EMIR wäre der Aufhebung der Erlaubnis nach KWG gleich zu stellen.

[70] Zur Abwicklung nach § 38 KWG, ohne Bezug zur Abwicklung einer CCP, Rn. 21, *Boos/Fischer/Schulte-Mattler/Fischer*, KWG

[71] *Geier*, → B.I. Rn. 12.

[72] *Geier*, → B.I. Rn. 297 ff.

[73] Aktualisierung der FSB-Key Attributes am 15.10.2014, siehe Fn 101.

[74] ABl L 110/28 v. 20.4.2001.

[75] Definition in Art. 2 d) Richtlinie 2001/17/EG.

V. Vorgaben an die Abwicklung zentraler Gegenparteien und sonstiger Marktteilnehmer

10. Reform des UK Banking Act

Der Banking Act 2009 wurde im Jahre 2012 durch den Financial Services Act 2012 novelliert und erstreckte das in ihm enthaltene „*Special Resolution Regime*" ua auch auf CCPs.[76] Zugleich erging der CCP Safeguards Order 2014. Die entsprechenden Vorschriften über die Abwicklung von CCPs wurden im März 2015 im Rahmen der Inkraftsetzung des „*special resolution regime code of practice*" mit der Section 2 (13.1 ff.) eingeführt. Der britische Gesetzgeber stellte entsprechend dem in Erwägungsgrund 52 EMIR niedergelegten Prinzip, dass in Krisensituationen die für die CCP zuständige nationale Behörde Maßnahmen zu treffen befugt sei[77], Grundregeln über das Vorgehen britischer Behörden für eine Abwicklung von CCPs auf. Hierbei werden die unterschiedlichen Anregungen, Bemerkungen und Vorschläge, die von staatlichen Behörden oder Institutionen, Wissenschaftlern und Interessengruppierungen sowie den CCPs selbst gemacht wurden, teilweise aufgegriffen[78]. 72

Section 2 enthält spezielle Regeln für die Abwicklung von CCPs.[79] 73

Abwicklungsbehörde würde im gegebenen Falle die Bank of England („BoE") sein (13.3) mit folgenden Befugnissen: 74

Übertragung des Geschäfts der CCP oder des CCP-Konzerns an (a) einen kommerziellen Erwerber, oder (b) an ein Brückeninstitut (unter der Kontrolle der BoE) oder die CCP insgesamt an eine Person zu übertragen. 75

In 13.5 wird festgelegt[80], wie die gegebenen Richtlinien von den zuständigen Behörden anzuwenden sind. 13.7 stellt klar, dass der „Code" für alle Behörden rechtlich verbindlich ist. 76

Kernbereich der Section 2 ist die Darlegung der **fünf Ziele einer CCP-Abwicklung**, die bei jeder Maßnahme zu beachten und zu berücksichtigen sind: 77
1. Schutz und Förderung der Stabilität des britischen Finanzsektors
2. Schutz und Förderung des öffentlichen Vertrauens in die Stabilität des Finanzsystems
3. Fortführung der Clearing-Dienste
4. Schutz der öffentlichen Gelder
5. Keine Verletzung der Eigentumsrechte

Als zentrales Anliegen ragt das Bestreben heraus, die Clearing-Dienste einer abzuwickelnden CCP zu erhalten (*continuity of CCP clearing services*, 13.13 und 13.17). Nur wenn dieses Ziel erreicht wird, können auch die Ziele 1 und 2 verwirklicht werden. 78

In diesem Zusammenhang steht auch das Bestreben, Unterbrechungen der Abwicklungsdienste der CCP zu vermeiden (13.16). 79

13.8 erläutert Ziel 4 und spricht aus, dass Steuergelder zu schützen seien.[81] 80

Die Eigentumsgarantie in Ziel 5 wird in 13.19 mit Bezug auf die „*European Convention on Human Rights*" und das Protokoll 1 Art. 1 erläutert. 81

Interessant ist auch die Pflicht, Öffentlichkeitsarbeit zum Erreichen von Ziel 2. Die BoE hat öffentliche Erklärungen über die von ihr getroffenen Maßnahmen abzugeben (13.24). 82

---

[76] UK Gov.,Consultation outcome,Secondary legislation for Non-Bank resolution regimes Updated 9 June 2014; hierzu siehe auch *Rehlon/Dixon*.
[77] In Abstimmung mit anderen Aufsichtsbehörden.
[78] Die enorm gestiegene Bedeutung von CCPs unterstrich *Bailey* (BoE) durch seine Bemerkung, es handele sich um „*super-systemic*" *institutions*, Rede vom 24.11.2014.
[79] „13. SRR for central counterparties".
[80] „*Guidance*" dh eher Anweisung.
[81] Wohl in dem Sinne, dass der Staat nicht mit Steuergeldern die CCP rette; Kosten entstehen durch die Abwicklung allemal.

Jahn 671

83   In den 13.26 ff. werden die Zuständigkeiten von BoE, dem Schatzministerium (*Treasury*) und anderen britischen Behörden im Einzelnen geregelt. Die BoE ist in verschiedenen Situationen verpflichtet, andere britische Behörden zu konsultieren.

84   Zuletzt wird ausdrücklich auf die Unterschiede zwischen Banken und CCPs im Hinblick auf deren Abwicklung hingewiesen.[82]

11. Stellungnahmen der Finanzwirtschaft

a) Blackrock (April 2014)

85   In einer Ausarbeitung zum Thema „*Central Clearing Counterparties and too big to fail*" stellt der Hedge Fund Blackrock die Eckpunkte seiner Position dar. Aus seiner Sicht sollte eine Abwicklung entweder im Wege einer schnellen Liquidation (*rapid liquidation*) oder entsprechend einem Rekapitalisierung-Plan mit vorab finanzierten Mitteln erfolgen, so dass die CCP-Dienste rasch wieder aufgenommen werden können. OTC-Kontrakte sollten im Falle einer Liquidation unverzüglich in Auktionen veräußert werden, um faire und akkurate Marktpreise zu erzielen.

86   Im Übrigen sollten standardisierte OTC-Derivate nur dann clearingpflichtig werden, wenn mindestens zwei CCPs diese Derivate abwickeln[83].

b) Blackrock und end-users (Juli 2015)

87   In einem gemeinsamen Brief vom 10.7.2015 an den EU-Kommissar Jonathan Hill fassen 12 „*end-user*" (Endverbraucher)[84] ihre Position zum Thema „*CCP Resilience, Recovery and Resolution*" zusammen.

88   So sollte ua eine gescheiterte CCP nicht um jeden Preis erhalten, sondern zügig nach einem Plan abgewickelt werden, wobei Einschusszahlungen rasch an die Berechtigten zurück zu zahlen wären. Wichtig ist die Festlegung der Voraussetzungen für die Feststellung des Scheiterns sowie eine zügige Liquidation der Positionen, um Verluste zu minimieren und ein Übergreifen der Krise auf die Realwirtschaft zu vermeiden.

c) JPMorgan Chase & Co. (September 2014)

89   In ihrer Untersuchung weist JPMorgan auf wirtschaftliche Nachteile einer Liquidation der CCP hin[85]. Damit entsteht die Gefahr einer systemischen Destabilisierung. Aufgelöste Geschäfte könnten am Markt nicht unmittelbar ersetzt werden. Eine insolvente CCP sollte durch ein Brückeninstitut ersetzt werden, um die Nachteile und Marktstörungen zu vermeiden[86]. CCPs sollten Rekapitalisierungs-Mittel durch eigene Beiträge und Beiträge der Clearing-Mitglieder aufbringen für den Fall einer Abwicklung[87].

---

[82] Interessant ist die Regel 13.42, in der für die Bestimmung von Verlusten der CCP auf die unterschiedlichen Ursachen (*member default / non-default losses*) hingewiesen wird, vgl *ISDA*, Loss Allocation at the End of the Waterfall, Fn. 30.

[83] Blackrock, viewpoint April 2014.

[84] Allianz, apg, Blackrock, Capital Group, Fidelity, Legal & General, M&G, Nordea, PGGM, Schroders, Swedbank und UBS.

[85] JPMorgan Chase & Co., S. 2.

[86] JPMorgan Case & Co. S. 3.

[87] JPMorgan Case & Co. S. 4–5.

d) LCH. Clearnet White Paper (November 2014)

Der führenden CCP in Europa ist besonders wichtig, dass die CCP-Dienste im Falle 90 einer Krise oder Abwicklung der CCP nicht unterbrochen werden[88]. LCH unterstützt die Auffassung des FSB, dass grenzüberschreitende Krisenmanagement-Gruppen zu bilden seien, um ene bessere Koordination zu erzielen. Nicht festgelegt ist LCH bei der Frage, welche Methoden bei der Abwicklung anzuwenden seien. Jedenfalls sei das „bail-in", anders als bei Banken, im Falle der CCPs nicht besonders geeignet.

e) EACH (European Association of Clearing Houses)

In einem Positionspapier vom Dezember 2014 („An effective recovery and resolution 91 regime for CCPs") legt EACH vor allem ihre Vorstellungen über eine wirksame Sanierung von in eine Krise geratenen CCPs dar. Eine Abwicklung kommt für EACH erst nach dem Scheitern des Sanierungsplans, als letztes Mittel, in Betracht[89]. Die Leitung der Abwicklung soll der zuständigen Behörde des Landes, in dem die CCP gegründet ist, obliegen. Gefordert wird ein verbindliches Regelwerk für die beteiligten Aufsichtsbehörden und eine enge Zusammenarbeit zwischen Gesetzgebern und Aufsichtsbehörden der Staaten, in denen CCPs, Clearingmitglieder und Kunden ansässig sind. Das Regelwerk sollte die besonderen Gegebenheiten der CCPs berücksichtigen und müsste sich daher von den Regeln für andere FMIs und Wertpapierzentralverwahrer unterscheiden.

In einer ergänzenden Veröffentlichung vom Juni 2015[90] zu dem Positionspapier vom 92 Dezember 2014 hebt EACH einleitend ausdrücklich hervor, dass sie Umstände, die zu einer Abwicklung führen könnten für extrem fernliegend hält und dies bei der Schaffung neuer Regelungen über die Abwicklung vorrangig zu berücksichtigen sei. Es müssten derartige Umstände vorliegen, welche diejenigen zur Zeit des Höhepunkts der Finanzkrise im Jahre 2008 erheblich überträfen.[91]

EACH stellt in einer Übersichtstafel die wesentlichen Unterschiede zwischen Banken 93 und CCPs heraus, insbesondere den Schutz der CCPs durch das Wasserfall-Prinzip für die Deckung von Verlusten.

Sie wendet sich gegen Befugnisse zur Ergreifung frühzeitiger Maßnahmen für die 94 Aufsichtsbehörden und fordert die Durchführung des *default management process* in vollem Umfang vor einem vorläufigen Einschreiten der Aufsicht oder der Eröffnung eines Abwicklungsverfahrens.

EACH unterstützt die Schaffung der Zuständigkeit der nationalen Aufsichtsbehörde des 95 Landes, in dem die betreffende CCP hauptansässig ist.[92]

Die Vereinigung der CCPs wendet sich auch gegen Vorschläge, einen „*single resolution* 96 *fund*" für mehrere CCPs zu schaffen.

---

[88] LCH White Paper S. 23 ff.
[89] Hier zeigt sich deutlich die unterschiedliche Interessenlage zwischen einer CCP und ihren Kunden.
[90] *Additional subjects to be considered.*
[91] Es bleibt unklar, welche Zweck AUCH mit diesem Hinweis verfolgt. Eine weitaus schlimmere Situation könnte entstehen bei der Verkettung einer großen Finanzkrise mit großen Naturkatastrophen, Kriegen, Terroranschlägen, Zusammenbrüchen in der Realwirtschaft und politischen Verwerfungen (auch „Brexit").
[92] Ohne auf die Probleme hinzuweisen, die hierbei entstehen können, wenn eine CCP in erheblichem Umfang grenzüberschreitend tätig ist, die Rettungsmaßnahmen aber von einem Staat (vor) finanziert werden müssen, oder eine Verstaatlichung erforderlich erscheint.

C. Finanzierung der Abwicklung, Querschnittsthemen

12. EU Kommission

97   EMIR hat in Art. 1 Abs. 3 und Art. 85 Abs. 3 d) **Interoperabilitäts-Vereinbarungen** zwischen CCPs, jedoch nur für übertragbare Wertpapiere und Geldmarktinstrumente vorgesehen. Die Art. 51–54 EMIR regeln die Grundsätze über die Zulässigkeit und Anwendung von Interoperabilitäts-Vereinbarungen. Wegen der höheren Komplexität von OTC-Derivaten sind weitere Untersuchungen über deren Risiken bei Verwendung zwischen interoperablen CCPs erforderlich, bevor eine entsprechende Erweiterung von EMIR in Angriff genommen werden kann. Nach Art. 85 Abs. 4 EMIR ist die Kommission verpflichtet, einen jährlichen Bericht über die möglichen Auswirkungen von Interoperabilitäts-Vereinbarungen auf das Systemrisiko und die Kosten vorzulegen. Dieser Bericht ist in Zusammenarbeit mit ESMA und mit ESRB (*European Systemic Risk Board* – EU-Systemrisiko-Rat) zu erstellen. Gemäß Art. 54 Abs. 4 EMIR hatte ESMA am 10. Juni 2013 Richtlinien und Empfehlungen für CCP-Interoperabilitäts-Vereinbarungen vorgelegt. ESRB erstellte ihren Bericht für die Kommission am 20. Januar 2016[93]. ESMA veröffentlichte am 1. März 2016 ihren endgültigen Bericht[94]. In beiden Berichten werden die Vorteile der Interoperabilität zwischen CCPs ausführlich dargestellt, aber auch auf die systemischen Risiken hingewiesen. Im Vordergrund stehen die Ansteckungsgefahr bei Ausfall einer interoperablen CCP für die anderen interoperablen CCPs[95] und die Gefahren unterschiedlicher Berechnungsmethoden von argensicherheiten[96] und einer eventuellen Unterbesicherung[97]. ESRB unterstreicht ausdrücklich die Notwendigkeit der Schaffung eines Regelungsrahmens für die Sanierung und Abwicklung von CCPs durch die EU[98]. 2016 wird der Vorschlag der Kommission (*proposal on recovery and resolution for financial markets infrastructure (CCPs)*) einen umfassenden Regelungsrahmen darlegen und sicherlich eine erneute Diskussion von Politik, Interessengruppen und Wissenschaft auslösen. Der mehrfach verschobene Termin für die Veröffentlichung des Vorschlags scheint wegen des Ergebnisses des britischen Referendums vom 23.6.2016 („Brexit") nicht abschätzbar.

13. FSB-Ergänzung der Key Attributes – EIOPA-Anregung

98   Mit der Aktualisierung der FSB-Key Attributes am 15.10.2014 waren in Appendix II Annex 2 detaillierte gesonderte Regelungen für die Sanierung und Abwicklung von systemrelevanten Versicherungsunternehmen vorgeschlagen worden.

99   Mit Schreiben vom 6.2.2015 an EU-Kommissar Hill regte der EIOPA-Vorsitzende Bernardino an, einen rechtlichen Rahmen für Sanierung und Abwicklung der in der EU tätigen Versicherungsgesellschaften zu schaffen. Die grenzüberschreitende Tätigkeit der Versicherungsgesellschaften würde im Falle einer Krise einer Vielzahl von einander erheblich abweichender nationaler Regelungen unterliegen, die einer raschen und koordinierten Sanierung oder Abwicklung entgegenstünden.

---

[93] ESRB Report to the European Commission on the systemic risk implications of CCP Interoperability arrangements.
[94] Final Report – Possible systemic risk and cost implications of interoperability arrangements, ESMA/2016/328.
[95] ESRB-Bericht Nr. 6 S. 22.
[96] ESMA-Bericht Nr. 4.1.1.6 no. 90.
[97] ESRB-Bericht Nr. 6 S. 21/22.
[98] ESRB-Bericht Nr. 5 S. 20 und Nr. 6 S. 24.

V. Vorgaben an die Abwicklung zentraler Gegenparteien und sonstiger Marktteilnehmer

In der sog Roadmap[99] vom April 2015 wird eine Regelung für andere Nicht-Banken im gegenwärtigen Zeitpunkt von der EU jedoch nicht für erforderlich gehalten.[100]

100

14. IMF Working Paper 2015

In einem Arbeitspapier vom Januar 2015 („Central Counterparties: Addressing their Too Important to Fail Nature") beschäftigt sich *Wendt* ausführlich mit den spezifischen Risiken der CCPs. Aus einer Fülle von Umständen ragen heraus:

101

Die Zunahme des Systemrisikos durch die Risikokonzentration bei einer CCP (II S. 4); die Abhängigkeit des Risikos von dem Maß der Ersetzbarkeit einer CCP bei ihrem Ausfall, dh je größer und vernetzter (auch durch Interoperabilitätsvereinbarungen) eine CCP ist, desto größer wird auch das **Systemrisiko** (III S. 5, 10, 11); die negative, prozyklische Wirkung von Nachschussforderungen im Falle einer Krise eines Clearingmitglieds oder die Veräußerung von Sicherheiten in großem Umfang als Folge eines Ausfalls eines Clearingmitglieds (III S. 12).

102

Wendt erörtert Lösungsmöglichkeiten für eine Vermeidung oder zumindest Verringerung der genannten Risiken, insbesondere durch stärkere Einbindung der Zentralbanken. Für den Ausfall einer CCP seien Regelungen zu schaffen, welche die negativen Folgen verringern, dh ein Abwicklungsrahmen („*resolution framework*", IV S. 15). Dies liegt auf einer Linie mit dem Projekt der Kommission (siehe oben in 12.).

103

---

[99] *European Commission*, Framework for resolution of financial institutions other than banks (Roadmap), 04/2015.
[100] „*With regard to other non-banks, a legislative proposal is not considered necessary at this stage. Further work is currently being undertaken to ascertain the extent to which other non-banks are systemic and whether to develop appropriate tools to ensure the effective resolution of these institutions should the need arise, whilst taking into account international standards and guidelines.*" Abrufbar unter http://ec.europa.eu/smart-regulation/impact/planned_ia/docs/2015_fisma_029_cwp_ccp_resolution_of_non_bank_resolution_en.pdf.

Stichwortverzeichnis

Die Buchstaben bezeichnen die Teile, die römischen Ziffern die Kapitel.

A

Abbaueinheit
– Bundesgesetz zur Schaffung einer – (GSA) B. XI. Rn. 37 ff.
Abberufung der Geschäftsleitung
– frühzeitiges Eingreifen A. IV. Rn. 50 ff.
Abschlussprüfer
– Prüfung von Sanierungsplänen A. III. Rn. 18 ff.; *siehe auch* Sanierungsplanung
Abschreibungssätze
– Bail-In B. I. Rn. 180 ff.
Abstrakte Planung für den Krisenfall A. I. Rn. 39 ff.
– Sanierungsplanung mit aufsichtsbehördlichen Genehmigungserfordernis (§§ 12–21a SAG) A. I. Rn. 41 f.
– Vereinbarung über gruppeninterne finanzielle Unterstützung mit aufsichtsbehördlichem Genehmigungsvorbehalt (§§ 22–35 SAG) A. I. Rn. 43 ff.
Abwicklung B. I. Rn. 1 ff.
– - eines Kreditinstitutes aus Sicht eines Insolvenzverwalters B. X. Rn. 1 ff.
– Abwicklungsbefugnisse *siehe* Abwicklungsbefugnisse
– Abwicklungsfinanzierungsmechanismen *siehe* Abwicklungsfinanzierungsmechanismen
– Abwicklungsgrundsätze B. I. Rn. 148
– Abwicklungsinstrumente *siehe* Abwicklungsinstrumente
– Abwicklungsplan *siehe* Abwicklungsplan
– Abwicklungsziele B. I. Rn. 144 ff.
– alternative Maßnahmen des privaten Sektors oder der Aufsichtsbehörden B. I. Rn. 117
– Anwendungsbereich B. I. Rn. 84 ff.
– Aufheben der Erlaubnis B. I. Rn. 267 ff.
– Ausgleichszahlung aus dem SRF/Restrukturierungsfonds B. I. Rn. 141
– Beschlussverfahren in der Abwicklung B. I. Rn. 127 ff.
– Bestandsgefährdung B. I. Rn. 117
– Bewertung der Vermögenswerte und Verbindlichkeiten *siehe* Bewertung im Rahmen der Abwicklung

– BRRD B. III. Rn. 25 ff.
– Deutsche Gesetzgebung B. I. Rn. 4 ff.
– Einleitung des Abwicklungsverfahrens B. I. Rn. 128 ff.
– Finanzierung der – *siehe* Finanzierung der Abwicklung
– Finanzkontrakt *siehe* Finanzkontrakt
– FMSA *siehe* FMSA
– Herabschreibung und Umwandlung von Kapitalinstrumenten B. V. Rn. 17 ff.
– Kapitalinstrumentebefugnis B. I. Rn. 122 ff.
– KredReorgG B. I. Rn. 74 ff.
– KWG B. I. Rn. 72 f.
– Maßnahmen bei Bestehen einer konkreten Gefahr für das Institut *siehe* Maßnahmen bei Bestehen einer konkreten Gefahr für das Institut
– nicht systemrelevante Institute B. I. Rn. 221 ff.
– öffentliches Interesse B. I. Rn. 117
– Rangfolge der Forderungen in der – B. V. Rn. 6 ff.
– Rechtsschutz B. XII. Rn. 1 ff.; *siehe auch* Rechtsschutz
– RettungsG B. I. Rn. 81 f.
– SAG *siehe* SAG (Sanierungs- und Abwicklungsgesetz)
– SRB (Single Supervisory Board) *siehe* SRB (Single Resolution Board)
– SRM (Single Resolution Mechanism) *siehe* SRM (Single Resolution Mechanism)
– SRM-Verordnung B. III. Rn. 39 ff.; *siehe auch* SRM (Singel Resolution Mechanism)
– Sonderbeauftragter B. I. Rn. 279 ff.
– Sonderverwalter B. I. Rn. 142
– SREP (Supervisory Review and Evaluation Process) B. I. Rn. 117
– SRM (Single Resolution Mechanism) *siehe* SRM (Single Resolution Mechanism)
– SSM (Single Supervisory Mechanism) A. II. Rn. 113 ff.
– Verfahren B. I. Rn. 84 ff.
– Verschwiegenheitpflicht der Institute C. II. Rn. 48

- Voraussetzungen in Bezug auf Finanzinstitute und Holdinggesellschaften B. I. Rn. 119 ff.
- Voraussetzungen in Bezug auf Institute B. I. Rn. 116 ff.
- Vorgeschichte B. I. Rn. 1 ff.
- Zuständigkeit B. I. Rn. 86

Abwicklungsbefugnisse B. I. Rn. 188 ff.
- Anwendungsbereich B. I. Rn. 191
- Finanzsicherheiten B. I. Rn. 192
- PONV B. IV. Rn. 33
- Resolution Trigger B. IV. Rn. 33
- SAG B. IV. Rn. 28 ff.
- temporäre Maßnahmen B. I. Rn. 192; C. III. Rn. 65 ff.

Abwicklungsbehörde
- Informationsaustausch bei frühzeitigem Eingreifen A. IV. Rn. 12 ff.
- SRB (Single Resolution Board) *siehe* SRB (Single Resolution Board)
- SRM (Single Resolution Mechanism) *siehe* SRM (Single Resolution Mechanism)
- Zusammenarbeit bei frühzeitigem Eingreifen A. IV. Rn. 12 ff.
- Zusammenarbeit des SRB mit nationalen -n B. II. Rn. 85 ff.

Abwicklungsfähigkeit B. I. Rn. 95 f.; B. VII. Rn. 1 ff.; *siehe auch* Abwicklungshindernisse
- Abgrenzung zur Herstellung der Sanierungsfähigkeit B. VII. Rn. 14 f.
- Abwicklungshindernisse *siehe* Abwicklungshindernisse
- Abwicklungsinstrumente B. VII. Rn. 24
- Begriff B. VII. Rn. 3 ff.
- Herstellung der – B. VII. Rn. 16 ff.
- Herstellung der – im Vorfeld der Implementierung von Abwicklungsmaßnahmen B. VII. Rn. 12
- Herstellung der – nach der Implementierung von konkreten Abwicklungsmaßnahmen B. VII. Rn. 13
- Konzernstrukturen B. VII. Rn. 23
- kritische Funktionen B. VII. Rn. 19 f.
- Leistungsbeziehungen B. VII. Rn. 21
- Management Informationssysteme (MIS) B. VII. Rn. 22
- Multiple Point of Entry (MPOE) B. VII. Rn. 16, 32
- SAG B. III. Rn. 43
- Single Point of Entry (SPOE) B. VII. Rn. 16, 33
- SRM-Verordnung B. III. Rn. 43
- systemische Risiken B. VII. Rn. 25 f.
- wesentliche Geschäftsaktivitäten B. VII. Rn. 19 f.
- Zentralfunktionen B. VII. Rn. 21

Abwicklungsfinanzierungsmechanismen B. I. Rn. 196 ff.
- außerordentliche finanzielle Unterstützung B. I. Rn. 91, 216 ff.
- Beihilfe B. I. Rn. 220
- Einlagensicherungssystem B. I. Rn. 211 ff.
- ESM B. I. Rn. 219
- Restrukturierungsfonds B. I. Rn. 206 ff.
- Single Resolution Fund (SRF) B. I. Rn. 24, 197 ff.
- SoFFin B. I. Rn. 217

Abwicklungsfonds *siehe* SRF (Single Resolution Fund)

Abwicklungsgrundsätze B. I. Rn.

Abwicklungshindernisse B. I. Rn. 93, 97 f.; B. VII. Rn. 28 ff.; *siehe auch* Abwicklungsfähigkeit
- Abschluss von (internen) Serviceverträgen B. VII. Rn. 47 ff.
- Abtrennung zusätzlicher Aktivitäten B. VII. Rn. 61
- Änderung von Konzernfinanzierungsvereinbarungen B. VII. Rn. 42 ff.
- Änderung rechtlicher und operativer Strukturen B. VII. Rn. 50 ff.
- Aufrechterhaltung des Zugangs zu Clearing-, Zahlungs- und Abrechnungssystemen B. VII. Rn. 66 f.
- Auftrennung gemischter Holdinggesellschaften B. VII. Rn. 82
- Ausgabe neuer Verbindlichkeiten B. VII. Rn. 104 ff.
- Bail-In B. VII. Rn. 35 f.
- Beseitigung möglicher – *siehe* Beseitigung möglicher Abwicklungshindernisse
- Bildung regionaler Blöcke oder Kerngeschäftssparten B. VII. Rn. 60
- divergierende Abwicklungsstrategien B. VII. Rn. 37
- Einschränkungen bei neuen Geschäftsfeldern B. VII. Rn. 100 ff.
- Einschränkungen bei Neuprodukten B. VII. Rn. 100 ff.
- finanzielle Hindernisse B. VII. Rn. 83 ff.
- Gründung einer EU-Zwischenholding B. VII. Rn. 81
- Gründung einer Holding-Gesellschaft B. VII. Rn. 76
- Herstellung der Mindestanforderungen an Eigenmittel und berücksichtigungsfähigen Verbindlichkeiten B. VII. Rn. 107 f.

Stichwortverzeichnis

- Identifizierung wesentlicher Kennzahlen durch die Management Informationssysteme B. VII. Rn. 79
- Informationshindernisse B. VII. Rn. 112 ff.
- gruppeninterne Finanz- und Leistungsbeziehungen B. VII. Rn. 42 ff.
- Identifikation von -n B. VII. Rn. 30
- Komplexitätsreduktion B. VII. Rn. 28
- Neuorganisation kritischer Funktionen B. VII. Rn. 64
- Point of Entry B. VII. Rn. 32 ff.
- Reduzierung der Komplexität des Handelsbuchs B. VII. Rn. 80
- Reduzierung des Volumens des Handelsbuchs B. VII. Rn. 80
- Schlüsselpersonal B. VII. Rn. 78
- strukturelle oder organisationsbezogene Hindernisse B. VII. Rn. 39 ff.
- Tätigkeitsbeschränkungen B. VII. Rn. 94 ff.
- Tochtergesellschaften B. VII. Rn. 62, 73 ff.
- übertragbare Aktiva B. VII. Rn. 55
- übertragbare Passiva B. VII. Rn. 56
- Übertragung B. VII. Rn. 35 f.
- Veräußerungsmaßnahmen B. VII. Rn. 89 ff.
- Verhinderung von kritischen Abhängigkeiten unter Nicht-EU-Auslandsrecht B. VII. Rn. 68 ff.
- Verlustabsorptionsvehikel B. VII. Rn. 81
- Verschärfung von Grenzwerten für Risikopositionen B. VII. Rn. 83 ff.
- Verträge über Finanzkontrakte B. VII. Rn. 109 f.
- Vorbereitung einer Herauslösung B. VII. Rn. 63
- Vorfragen im Rahmen der Abwicklungsstrategie B. VII. Rn. 31 ff.

Abwicklungsinstrumente B. I. Rn. 149 ff.
- Abwicklung aus Sicht eines Insolvenzverwalters B. X. Rn. 21 ff.
- Abwicklungsfähigkeit B. VII. Rn. 24
- Bail-In siehe Bail-In
- SAG B. IV. Rn. 2 ff.
- Übertragung auf ein Brückeninstitut B. I. Rn. 162 ff.
- Übertragung auf eine Vermögensverwaltungsgesellschaft B. I. Rn. 166 ff.; B. IV. Rn. 18 ff.
- Übertragung von Anteilen, Vermögenswerten, Verbindlichkeiten und Rechtsverhältnissen B. I. Rn. 153 ff.
- Unternehmensveräußerung B. I. Rn. 158 ff.; B. IV. Rn. 4 ff.

Abwicklungskollegien B. II. Rn. 7; B. III. Rn. 13, 17, 30; B. VII. Rn. 8, 128; C. II. Rn. 23, 29

Abwicklungskonzept B. I. Rn. 55, 131
- SRM (Single Resolution Mechanism) B. II. Rn. 78 ff.

Abwicklungsmechanismusgesetz (AbwMechG) B. I. Rn. 28, 182; B. II. Rn. 6; C. III. Rn. 35; C. IV. Rn. 52

Abwicklungsplan B. I. Rn. 89 ff.
- Abwicklungsfähigkeit B. I. Rn. 95 f.; siehe auch Abwicklungsfähigkeit
- Abwicklungshindernis B. I. Rn. 93, 97 f.
- Anerkennung des Bail-In B. I. Rn. 113; siehe auch Anerkennung des Bail-In
- BRRD B. III. Rn. 20 ff.
- Drittstaaten B. I. Rn. 110 ff.
- Inhalt und Umfang B. I. Rn. 90 ff.
- ISDA Resolution Stay Protocol B. I. Rn. 113
- MREL (Minimum Requirement for Own Funds and Eligible Liabilities) B. I. Rn. 99 ff.; siehe auch MREL (Minimum Requirement for Own Funds and Eligible Liabilities)
- Rechtsschutz gegen Abwicklungspläne B. XII. Rn. 55 ff.
- SAG B. III. Rn. 41 f.
- Tochterunternehmen B. I. Rn. 111
- Zweigstelle B. I. Rn. 112

Abwicklungswahrscheinlichkeit C. I. Rn. 34

Abwicklungsziele B. I. Rn. 144 ff.; B. II. Rn. 69; B. III. Rn. 44 ff.

Ad-hoc-Publizität C. II. Rn. 78 ff.
- Selbstbefreiung C. II. Rn. 83 ff.
- Suspensivinteresse C. II. Rn. 84
- Systemrelevanz C. II. Rn. 86
- Veröffentlichungspflicht C. II. Rn. 79 ff.

Administratives Überprüfungsverfahren A. V. Rn. 19 ff.
- aufschiebende Wirkung A. V. Rn. 37
- Form A. V. Rn. 27
- Frist A. V. Rn. 27
- individuelle Betroffenheit A. V. Rn. 24
- Prüfungsgegenstand und -umfang A. V. Rn. 29 ff.
- Stellungnahme des administrativen Überprüfungsausschusses A. V. Rn. 32 ff.
- unmittelbare Betroffenheit A. V. Rn. 23
- Zulässigkeitsvoraussetzungen A. V. Rn. 20 ff.

Akteneinsicht
- Auskunftsansprüche Privater C. II. Rn. 35
- Maßnahmen der BaFin A. V. Rn. 99 f.
- Maßnahmen der EZB A. V. Rn. 76 ff.
- Rechtsschutz im Rahmen der Abwicklung B. XII. Rn. 27

Aktualisierung
– – des Sanierungsplans A. III. Rn. 124 ff.
Amtshilfe C. II. Rn. 31
Anerkennung des Bail-In B. I. Rn. 113; B. VI. Rn. 92 ff.
– DRV (Deutscher Rahmenvertrag) B. VI. Rn. 119
– ISDA Master Agreement B. VI. Rn. 117 f.
Anfechtungsklage
– – im Rahmen der Abwicklung B. XII. Rn. 12 ff.
– frühzeitiges Eingreifen A. IV. Rn. 94
– Maßnahmen der BaFin A. V. Rn. 91 ff.
Anhörungsrechte
– SRB (Single Resolution Board) B. II. Rn. 55 f.
Anteilseignerversammlung
– frühzeitiges Eingreifen A. IV. Rn. 49
Anteilserwerb
– Finanzmarktstabilisierungsgesetz A. I. Rn. 20
Anti-suit injunctions B. IX. Rn. 59
Auffangtatbestand des § 6 Abs. 3 1. Alt. KWG A. I. Rn. 56, 72
Aufrechnungsvereinbarung
– Finanzkontrakt B. VI. Rn. 28
Aufschiebende Wirkung
– administrativer Überprüfungsausschuss A. V. Rn. 37
– Nichtigkeitsklage gegen Maßnahmen der EZB A. V. Rn. 48
aufsichtsbehördliche Maßnahmen zum Zwecke der Sanierung A. I. Rn. 34 ff.; *siehe auch* Sanierung
Aufsichtsbehörde
– Begriff A. II. Rn. 38
– frühzeitiges Eingreifen A. IV. Rn. 38 ff.
Aufsichtshandbuch
– SSM-Aufsichtshandbuch A. II. Rn. 49
Aufsichtskollegien C. II. Rn. 23, 29
Aufsichtsrat
– Haftung der Leitungsorgane bei unzureichendem Risikomanagement A. VI. Rn. 46
Ausfallwahrscheinlichkeit C. I. Rn. 34
Ausgleichszahlung
– – aus dem SRF/Restrukturierungsfonds B. I. Rn. 141, 174
Auskunftsansprüche Privater C. II. Rn. 32 ff.
Auslagerung A. VI. Rn. 22
Auslandsrecht
– Verhinderung von kritischen Abhängigkeiten unter Nicht-EU- B. VII. Rn. 68 ff.
Außenhaftung
– – der Leitungsorgane bei unzureichendem Risikomanagement A. VI. Rn. 47 f.

Außerordentliche finanzielle Unterstützung B. I. Rn. 91, 216 ff.
Aussetzung
– – von Rechten und Pflichten Finanzkontrakte in der Abwicklung B. VI. Rn. 40 ff.
– vertragliche Anerkennung der zeitweisen – von Beendigungsrechten B. VI. Rn. 108 ff.
Ausstattung
– personelle und technische - A. VI. Rn. 20

B

Bad Bank B. I. Rn. 10, 168
– Finanzkontrakte in der Abwicklung B. VI. Rn. 46
BaFin
– Nichtbeachtung einer –Anordnung A. VI. Rn. 27 f.
– Rechtsschutz *siehe* Rechtsschutz im Rahmen der Abwicklung
– Verwaltungsverfahrensrecht A. II. Rn. 92
Bail-In B. I. Rn. 171 ff.; B. V. Rn. 31 ff.
– Abwicklung aus Sicht eines Insolvenzverwalters B. X. Rn. 23 ff.
– Abwicklungshindernis B. VII. Rn. 35 f.
– AbwMechG B. I. Rn. 182
– Anerkennung des - *siehe* Anerkennung des Bail-In
– Anwendungsbereich B. V. Rn. 36 ff.; B. VI. Rn. 54 ff.
– Ausnahmen vom - B. V. Rn. 38 ff.; B. VI. Rn. 55 ff.
– berücksichtigungsfähige Verbindlichkeiten B. I. Rn. 175 ff.
– besicherte Verbindlichkeit B. VI. Rn. 58 ff.
– Besicherungsvereinbarungen für Finanzkontrakte B. VI. Rn. 61 ff.
– Bestimmungs der Abschreibungs-/Umwandlungssätze B. I. Rn. 180 ff.
– Bewertung B. VI. Rn. 70 f.
– BRRD B. III. Rn. 55 ff.
– CCP-Clearing C. III. Rn. 20 ff.
– Close-out B. VI. Rn. 68
– Deckungsderivate B. VI. Rn. 64
– Derivate B. VI. Rn. 67
– Entschädigung aus dem SRF/Restrukturierungsfonds B. I. Rn. 174
– Finanzkontrakte B. VI. Rn. 53 ff., 66 ff.
– Finanzleistung B. I. Rn. 184
– Garantien B. VI. Rn. 65
– gesetzliches Beendigungsrecht B. VI. Rn. 69
– Kollisionsrecht B. IX. Rn. 44 ff.
– Konkurrentenklage B. XII. Rn. 58 f.
– Mindestverlustbeteiligungen B. V. Rn. 50 ff.
– Nichtschlechterstellungsprinzip B. VI. Rn. 74

Stichwortverzeichnis

– Österreich *siehe* Bail-In in Österreich
– regulatorische Eigenmittel (Art. 25 ff. CRR) B. III. Rn. 56
– Rekapitalisierung durch – B. I. Rn. 172 ff.
– Rolle des Abwicklungsfonds B. V. Rn. 45 ff.
– SAG B. III. Rn. 63
– Steuerung des Instituts C. IV. Rn. 9 ff.
– TLAC B. I. Rn. 182
– unverbriefte Derivate B. I. Rn. 183 ff.
– Verfahrensablauf B. VI. Rn. 70 ff.

Bail-In in Österreich B. XI. Rn. 1 ff.
– Asset Quality Review B. XI. Rn. 44
– Bankeninterventions- und -restrukturierungsgesetz (BIRG) B. XI. Rn. 11 ff.
– Bundesgesetz über die Sanierung und Abwicklung von Banken (BaSAG) B. XI. Rn. 41 ff., 60 ff.
– Bundesgesetz zur Schaffung einer Abbaueinheit (GSA) B. XI. Rn. 37 ff.
– Finanzmarktstabilisierungs- und Restrukturierungsgesetz B. XI. Rn. 3 ff.
– HaaSanG B. XI. Rn. 24 ff., 50 ff.
– HETA B. XI. Rn. 21 ff.
– HYPO ALPE ADRIA B. XI. Rn. 23 ff.
– Mandatsbescheid B. XI. Rn. 44 ff.
– Normprüfungsverfahren B. XI. Rn. 29 ff., 39 f.
– Rahmenbedingungen B. XI. Rn. 2
– Sicherheiten B. XI. Rn. 43
– sondergesetzliche Maßnahmen B. XI. Rn. 21 ff.
– Sperrwirkung B. XI. Rn. 75 ff.
– Stabilisierungsmaßnahmen B. XI. Rn. 42
– Vorgeschichte B. XI. Rn. 1
– Wirkungserstreckung B. XI. Rn. 49 ff.

Bankenaufsichtsrecht
– historische Entwicklung des sanierungsbezogenen –s A. I. Rn. 5 ff.

Bankenabgabe B. I. Rn. 12; C. I. Rn. 1 ff.
– Abwicklungswahrscheinlichkeit C. I. Rn. 34
– Anrechnung der nationalen BRRD-Bankenabgabe und Erweiterung des Pauschalbeitragssystems für kleine Institute C. I. Rn. 51 f.
– Ausfallswahrscheinlichkeit C. I. Rn. 34
– Abzug von Intragruppenverbindlichkeiten und Verbindlichkeiten innerhalb von Institutssicherungssystemen C. I. Rn. 23 f.
– Abzug von Verbindlichkeiten im Zusammenhang mit dem Fördergeschäft C. I. Rn. 26 ff.
– Anpassung des Grundbeitrages um die Derivateposition C. I. Rn. 29 f.
– Anwendungsbereich C. I. Rn. 7 ff.
– Berücksichtigung der Konjunkturphase und etwaiger Auswirkungen prozyklischer Beiträge C. I. Rn. 46 ff.
– Beitragspflicht C. I. Rn. 7 ff.
– - im Normengefüge aus BRRD und SRM-Verordnung C. I. Rn. 4 ff.
– - nach erstmaliger Erreichung der Zielausstattung C. I. Rn. 16
– Berechnungsmethode für die individuellen Jahresbeiträge C. I. Rn. 17 ff., 21 ff.
– Bestimmung der Bemessungsgrundlage C. I. Rn. 21 f.
– Datenbasis des Beitragssystems C. I. Rn. 17 ff.
– Erhebung von ex-ante Beiträgen nach Ende der Aufbauphase C. I. Rn. 15
– Festlegung der Zielausstattung C. I. Rn. 12 f.
– Finanzinfrastrukturen mit Banklizenz C. I. Rn. 25
– flat contribution C. I. Rn. 17
– Günstigerprüfung C. I. Rn. 32
– Liquiditätsdeckungsquote (liquidity coverage ratio) C. I. Rn. 41
– Mini-Abwicklungsfonds C. I. Rn. 8
– Pauschalbeitragssystem für kleine Institute C. I. Rn. 31 ff.
– phasing-in C. I. Rn. 50
– Review C. I. Rn. 57 ff.
– Risikoadjustierung des Grundbeitrags C. I. Rn. 34 ff.
– Risikosäule I: Risikoexponierung C. I. Rn. 38 ff.
– Risikosäule II: Stabilität und Diversifikation der Finanzierungsquellen C. I. Rn. 41
– Risikosäule III: Relevanz eines Instituts für die Stabilität des Finanzsystems oder der Wirtschaft C. I. Rn. 42
– Risikosäule IV: zusätzliche, von der Abwicklungsbehörde festzulegende Risikoindikatoren C. I. Rn. 43 ff.
– SRF (Single Resolution Fund) C. I. Rn. 49 ff.
– strukturelle Liquiditätsquote (net stable funding ratio) C. I. Rn. 41
– Unionszweigstelle C. I. Rn. 9
– unwiderrufliche Zahlungsverpflichtungen C. I. Rn. 20, 53 ff.
– Verlängerung der Aufbauphase C. I. Rn. 14
– Verschuldungsquote (leverage ratio) C. I. Rn. 29
– Wertpapierfirma C. I. Rn. 10
– Zielsetzung des Beitragssystems C. I. Rn. 17 ff.

Banken-Treasury C. IV. Rn. 27 ff.

Bankenunion A. II. Rn. 1; B. I. Rn. 24 ff., 51; B. II. Rn. 5 f., 14, 19 f., 26, 34; B. III. Rn. 5; B. V. Rn. 31; C. I. Rn. 2 ff., 12, 18, 20, 33, 43, 47, 49, 52
Bankgeschäfte in der Insolvenz B. X. Rn. 45 ff.
Bankkrisenrichtlinie A. I. Rn. 7
Bedeutende beaufsichtigte Unternehmen A. II. Rn. 62 ff.
– direkte Aufsicht A. II. Rn. 68 ff.
– SRM B. I. Rn. 49
Beendigung
– -ssperre bei Finanzkontrakten B. VI. Rn. 32 ff.
– Finanzkontrakt B. VI. Rn. 8 ff., 69
– vertragliche Anerkennung der zeitweisen Aussetzung von -srechten B. VI. Rn. 108 ff.
Beihilfe B. I. Rn. 220
– Konkurrentenklage B. XII. Rn. 58 f.
Belastungsanalyse
– Sanierungsplanung A. III. Rn. 99 ff.
Berichterstattung
– Sanierungsplanung A III. Rn. 137 f.
Berichtspflichten
– SRB (Single Resolution Board) B. II. Rn. 54
Berücksichtigungsfähige Verbindlichkeiten
– Bail-In B. I. Rn. 175 ff.
– CCP-Clearing C. III. Rn. 31 ff.
– Herstellung der Mindestanforderungen an berücksichtigungsfähigen Verbindlichkeiten B. VII. Rn. 107 f.
Beschluss der EZB
– Rechtsschutz A. V. Rn. 18 ff.
Beschlussverfahren in der Abwicklung B. I. Rn. 127 ff.; siehe auch Abwicklung
Beschwerde A. II. Rn. 87 ff.
– Frühinterventionsmaßnahmen der EZB A. IV. Rn. 97
Beschwerdeausschuss
– SRB (Single Resolution Board) B. II. Rn. 48; B. XII. Rn. 38 ff.
Beseitigung möglicher Abwicklungshindernisse B. VII. Rn. 115 ff.
– Auswirkungen auf Institute B. VII. Rn. 158
– Ermessen B. VII. Rn. 139 ff.
– Grundrechtseingriffe und Verhältnismäßigkeit B. VII. Rn. 142 ff.
– internationale Sachverhalte B. VII. Rn. 126 ff.
– Prognose- und Risikoentscheidungen B. VII. Rn. 135 ff.
– Rechtsschutz B. VII. Rn. 155
– Referenzszenario B. VII. Rn. 157
– Rolle der Institute B. VII. Rn. 160
– umfassende Befugnisse der Abwicklungsbehörden B. VII. Rn. 133 ff.

– Verantwortlichkeit B. VII. Rn. 159
– Verfahren B. VII. Rn. 115 ff.
– Zusammenarbeit der Behörden B. VII. Rn. 132
– Zuständigkeit der FMSA B. VII. Rn. 123 ff.
– Zuständigkeit des SRB (Supervisory Resolution Board) B. VII. Rn. 115
Besicherte Verbindlichkeit B. VI. Rn. 58 ff.
Besicherungsvereinbarungen
– - für Finanzkontrakte B. VI. Rn. 61 ff.
Bestandsgefährdung
– Abwicklungsvoraussetzungen B. I. Rn. 117
– strafrechtliche Verantwortung nach § 54a KWG A. VI. Rn. 23 ff.
Bewertung im Rahmen der Abwicklung B. I. Rn. 138 ff.; B. VIII. Rn. 1 ff.
– Anforderungen an den Bewerter B. VIII. Rn. 28 ff.
– aufsichtsrechtliches Reporting B. VIII. Rn. 42 f.
– Barwerteffekt B. VIII. Rn. 80
– Bewertungsgrundsätze B. VIII. Rn. 32 ff.
– Bewertungsobjekte B. VIII. Rn. 32 ff.
– Bewertungsstichtag B. VIII. Rn. 18 ff.
– Bewertungszeitpunkt bzw. Bewertungszeitraum B. VIII. Rn. 14 ff.
– Bewertungsziele und -zwecke B. VIII. Rn. 9 ff.
– Cashflow B. VIII. Rn. 86
– Derivate B. VIII. Rn. 96 ff.
– EBA-Konsultationspapier B. VIII. Rn. 38 ff., 44 ff.
– Gewinnrealisierungspotential B. VIII. Rn. 62
– handelsrechtliche Rechnungslegung B. VIII. Rn. 42 f.
– interne Modelle des Instituts B. VIII. Rn. 46
– Inventar B. VIII. Rn. 84
– level-1-Bewertung B. VIII. Rn. 44 ff., 58 ff.
– level-2-Bewertung B. VIII. Rn. 44 ff., 66 ff.
– level-3-Bewertung B. VIII. Rn. 79 ff.
– Prüfungsbegriff B. VIII. Rn. 109 ff.
– Rahmenbedingungen B. VIII. Rn. 9 ff.
– Rechtsmittel B. VIII. Rn. 36 f.
– Sicherheitsabschlag B. VIII. Rn. 27
– technischer Regulierungsstandard B. VIII. Rn. 52 ff.
– Verwertungserlös B. VIII. Rn. 89
– vorläufige und endgültige B. VIII. Rn. 21 ff.
– Wirtschaftsprüfer B. VIII. Rn. 30
– Workout B. VIII. Rn. 74
Blackrock
– Stellungnahmen der Finanzwirtschaft C. V. Rn. 85 ff.
BRRD A. I. Rn. 9; B. I Rn. 20 ff.

- Abwicklung B. III. Rn. 25 ff.
- Abwicklungsplanung B. III. Rn. 20 ff.
- Anwendungsbereich B. III. Rn. 14 ff.
- Bail-In B. III. Rn. 55 ff.; B. V. Rn. 31 ff.; *siehe auch* Bail-In
- Bankenabgabe C. I. Rn. 4 ff.; *siehe auch* Bankenabgabe
- Bewertung im Rahmen der Abwicklung *siehe* Bewertung im Rahmen der Abwicklung
- Finanzkontrakt B. VI. Rn. 19 f., 23 ff.
- Gläubigerschutz B. V. Rn. 57 ff.
- Herabschreibung und Umwandlung von Kapitalinstrumenten B. V. Rn. 17 ff.
- Prüfung im Rahmen der Abwicklung *siehe* Prüfung im Rahmen der Abwicklung
- Rangfolge der Forderungen in der Abwicklung B. V. Rn. 6 ff.

Brückeninstitut
- Übertragung auf ein – B. I. Rn. 162 ff.

Business Judgement Rule A. VI. Rn. 41

C

CCP-Clearing C. III. Rn. 1 ff.; C. V. Rn. 1 ff., 54 ff.
- Abwicklungsmaßnahmen C. III. Rn. 20 ff.
- Ausfall des Clearingmitglieds C. III. Rn. 18
- Ausfallfonds C. III. Rn. 42
- Ausnahmen für Systeme und zentrale Gegenparteien C. III. Rn. 81 ff.
- Ausschluss von besicherten Verbindlichkeiten C. III. Rn. 37 ff.
- Bail-In C. III. Rn. 20 ff.
- berücksichtigungsfähige Verbindlichkeiten C. III. Rn. 31 ff.
- Close-out Netting C. III. Rn. 26, 28
- Clearingvereinbarung C. III. Rn. 19
- Einschusszahlungen (margins) C. III. Rn. 41
- Einzelkunden-Kontentrennung C. III. Rn. 10 ff., 14
- EMIR-Vorgaben C. III. Rn. 6 ff.
- Erstattung an Kunden C. III. Rn. 15
- Finanzmarktinfrastrukturen C. III. Rn. 55
- Initial Margin C. III. Rn. 24
- Kündigungssperre (§ 144 SAG) C. III. Rn. 73 ff.
- laufzeitbezogener Ausschluss C. III. Rn. 50 ff.
- Nettoverbindlichkeit C. III. Rn. 34 ff.
- Omnibus-Kunden-Kontentrennung C. III. Rn. 9, 13
- Principal-to-principal-Modelle C. III. Rn. 16
- „Privilegierung" von Derivaten nach § 46 f. KWG C. III. Rn. 56
- Progress Report on the CCP Workplan C. V. Rn. 46
- Rechtsverhältnisse C. III. Rn. 3 ff.
- temporäre Maßnahmen (§§ 82-84 SAG) C. III. Rn. 65 ff.
- Trennung von Kundenpositionen C. III. Rn. 7 ff.
- typische Verbindlichkeiten C. III. Rn. 23 ff.
- Übertragung (§§ 107 ff. SAG) C. III. Rn. 58 ff.
- Übertragung von Kundenpositionen C. III. Rn. 13 ff.
- Wertpapierliefer- und -abrechnungssysteme C. III. Rn. 51
- Zahlungssystem C. III. Rn. 51

Chinese Walls B. II. Rn. 84; C. II. Rn. 18
Clearing *siehe* CCP-Clearing
Client asset protection in resolution
- Annex 3 (FSB) C. V. Rn. 43 ff.

Close-Out B. VI. Rn. 9, 27, 68; C. V. Rn. 27
- Close-Out Netting B. VI. Rn. 33, 66 ff., 73 f.; C. III. Rn. 26, 28, 34 ff.

Crisis Management Directive B. I. Rn. 20
Cross-default B. VI. Rn. 45; B. VII. Rn. 91; B. XI. Rn. 44
CRR-Kreditinstitut A. II. Rn. 6
- Abwicklung B. I. Rn. 17, 33
- Entzug der Erlaubnis eines –s A. II. Rn. 58
- ergänzende Meldepflichten für –e A. II. Rn. 76 ff.
- Inhaberkontrollverfahren über –e A. II. Rn. 59
- Zulassung als – A. II. Rn. 53 ff.

CRR-Wertpapierfirma
- Abwicklung B. I. Rn. 34

D

Derivate
- Bail-In B. I. Rn. 183 ff.; B. VI. Rn. 67 ff.
- Bankenabgabe C. I. Rn. 29 f.
- Bewertung von Verbindlichkeiten aus -n B. VIII. Rn. 96 ff.
- Deckungsderivate B. VI. Rn. 64
- Finanzkontrakt B. VI. Rn. 30

Dingliche Ansprüche
- Ausschluss -r – B. I. Rn. 263

DGSD-Umsetzungsgesetz B. I. Rn. 26
Drittstaaten
- Kollisionsrecht B. IX. Rn. 53 ff.
- MREL B. I. Rn. 110 ff.
- privilegierte Kommunikation C. II. Rn. 24

DRV (Deutscher Rahmenvertrag für Finanztermingeschäfte) B. VI. Rn. 8, 10
- Abwicklungsmaßnahmen B. VI. Rn. 11 ff.

– vertragliche Anerkennungspflichten B. VI. 119

E
EACH (European Association of Clearing Houses) C. V. Rn. 91 ff.
EBA
– EBA-Leitlinien zu den Bedingungen für die Prüfung der Anwendung von Frühinterventionsmaßnahmen A. IV. Rn. 24 ff.
– SREP-Leitlinien A. II. Rn. 48; A. IV. Rn. 18
– Zusammenarbeit des SRB mit der – B. II. Rn. 93 f.
Eigenkapitalinstrumente
– Ausgabe von -n B. VII. Rn. 104 f.
Eigenmittelanforderungen
– Herstellung der Mindestanforderungen an Eigenmittel B. VII. Rn. 107 f.
– Maßnahmen bei Verdacht eines künftigen Verstoßes gegen – (§ 45 Abs. 1 KWG) A. I. Rn. 50 f.
– Maßnahmen bei Verstoß gegen – (§ 45 Abs. 2 KWG) A. I. Rn. 60; A. IV. Rn. 75 ff.
Einheitlicher Abwicklungsmechanismus *siehe* SRM (Single Resolution Mechanism)
Einheitlicher Aufsichtsmechanismus *siehe* SSM (Single Supervisory Mechanism)
Einlage
– Verbot der Annahme von -n B. I. Rn. 255 ff.
Einlagensicherungssystem B. I. Rn. 211 ff.
Einstweilige Maßnahmen
– Maßnahmen nach § 46 KWG B. X. Rn. 17
Einstweiliger Rechtsschutz
– Frühinterventionsmaßnahmen A. IV. Rn. 95
– Maßnahmen der BaFin A. V. Rn. 96 ff.
– Maßnahmen der EZB A. V. Rn. 59 ff.
Einwilligung des betroffenen Instituts oder Dritten C. II. Rn. 37, 63
Einzelkunden-Kontentrennung C. III. Rn. 10 ff., 14
EMA (European Master Agreement) B. VI. Rn. 9
EMIR C. III. 1; C. V. Rn. 49 ff.; *siehe* auch CCP-Clearing
Empfehlungen der EZB A. II. Rn. 44 ff.
Entzug der Erlaubnis eines CRR-Kreditinstituts A. II. Rn. 58
Erlaubnis
– Aufheben der – B. I. Rn. 267 ff.
Ermessen
– frühzeitiges Eingreifen A. IV. Rn. 61 ff.

ESFS
– Zusammenarbeit des SRB mit dem – B. II. Rn. 93 ff.
ESRB
– Zusammenarbeit des SRB mit dem – B. II. Rn. 96 f.
ESM B. I. Rn. 30 ff.; 219; B. II. Rn. 13, 98 f.
EU-Restrukturierungsfonds C. IV. Rn. 14 ff.
Extraterritoriale Durchsetzung B. IX. Rn. 59
EZB
– administratives Überprüfungsverfahren *siehe* Administratives Überprüfungsverfahren
– Rechtsschutz *siehe* Rechtsschutz gegen die EZB
– SRM (Single Resolution Mechanism) B. II. Rn. 82 ff.
– SSM (Single Supervisory Mechanism) *siehe* SSM (Single Supervisory Mechanism)
– Verwaltungsverfahrensrecht der EZB *siehe* SSM (Single Supervisory Mechanism)
EZB-Kreditinstitut A. II. Rn. 5
EZB-Zweigniederlassung A. II. Rn. 8

F
Finanzberichterstattung C. II. Rn. 90
Finanzierung der Abwicklung
– Bankenabgabe *siehe* Bankenabgabe
Finanzkontrakt B. VI. Rn. 1 ff.
– Abwicklungshindernis B. VII. Rn. 109 ff.
– Abwicklungsmaßnahmen B. VI. Rn. 10 ff.
– Aufrechnungsvereinbarung B. VI. Rn. 29
– Aussetzung von Rechten und Pflichten B. VI. Rn. 40 ff.
– Bail-In B. VI. Rn. 53 ff., 66 ff.
– Beendigungsmechanik B. VI. Rn. 8 ff.
– Beendigungssperre B. VI. Rn. 32 ff.
– Begriff B. VI. Rn. 23 ff.
– besicherte Verbindlichkeit B. VI. Rn. 58 ff.
– Besicherungsvereinbarungen für -e B. VI. Rn. 61 ff.
– Bewertung B. VI. Rn. 70 ff.
– BRRD B. VI. Rn. 19 f., 23 ff.
– Deckungsderivate B. VI. Rn. 64
– Derivate B. VI. Rn. 30, 67
– DRV (Deutscher Rahmenvertrag für Finanztermingeschäfte) *siehe* DRV (Deutscher Rahmenvertrag für Finanztermingeschäfte)
– EBA-Leitlinien B. VI. Rn. 20
– - im Vorfeld einer Abwicklung B. VI. Rn. 76 ff.
– - in der Abwicklung B. VI. Rn. 31 ff.
– Garantien B. VI. Rn. 65
– Gesamtbeendigungsklauseln B. VI. Rn. 10 ff.
– gesetzliches Beendigungsrecht B. VI. Rn. 69

- ISDA Master Agreement *siehe* ISDA Master Agreement
- Rechtsgutachten B. VI. Rn. 105
- SAG B. VI. Rn. 18 f., 23 ff.
- Saldierungsvereinbarung B. VI. Rn. 27; B. VIII. Rn. 99; C. III. Rn. 35
- Übertragung B. VI. Rn. 46 ff., 58 ff.
- Verfahrensablauf B. VI. Rn. 70 ff.
- vertragliche Anerkennung der zeitweisen Aussetzung von Beendigungsrechten B. VI. Rn. 108 ff.
- vertragliche Anerkennung des Bail-In B. VI. Rn. 92 ff.
- zentrale Erfassung von -en B. VI. Rn. 77 ff.

Finanzleistung
- Bail-In B. I. Rn. 184

Finanzmarktstabilisierung
- Österreich B. XI. Rn. 4 ff.

Finanzmarktstabilisieriungsbeschleunigungsgesetz (FMStBG) A. I. Rn. 10

Finanzmarktstabilisierungsfonds-Verordnung (FMStFV) A. I. Rn. 16

Finanzmarktstabilisierungsgesetz (FMStG) A. I. Rn. 10 ff.; B. I. Rn. 8
- Anteilserwerb A. I. Rn. 20
- Garantien auf der Passivseite A. I. Rn. 17
- Grundzüge des Verfahrens A. I. Rn. 14
- Maßnahmen A. I. Rn. 15 ff.
- persönlicher Anwendungsbereich A. I. Rn. 13 f.
- Rekapitalisierung A. I. Rn. 18
- Risikoübernahme A. I. Rn. 21
- SoFFin A. I. Rn. 11 f.; B. Rn. 14, 30
- zeitlicher Anwendungsbereich A. I. Rn. 11 f.

Finanzressourcenmanagement
- integriertes – C. IV. Rn. 29 ff.

Förderbank
- Bankenabgabe C. I. Rn. 28

FMSA A. I. Rn. 11
- direkte Zuständigkeit der – B. I. Rn. 58, 136 f.
- Rechtsschutz im Rahmen der Abwicklung B. XII. Rn. 7 ff.
- Zusammenarbeit des SRB mit nationalen Abwicklungsbehörden B. II. Rn. 85 ff.
- Zuständigkeit bei Beseitigung von Abwicklungshindernisse B. VII. Rn. 123 ff.

Fremdkapitalinstrumente
- Ausgabe von -n B. VII. Rn. 104 f.

Frühinterventionsmaßnahmen *siehe* Frühzeitiges Eingreifen

Frühzeitiges Eingreifen A. I. Rn. 55, 61 ff., A. IV. Rn. 1 ff.
- Abberufung einzelner oder mehrerer Geschäftsleiter A. IV. Rn. 50
- Abberufung der gesamten Geschäftsleitung A. IV. Rn. 51 ff.
- Abwicklung eines Kreditinstitues aus Sicht eines Insolvenzverwalters B. X. Rn. 12 ff., 20
- Aktualisierung des bzw. Umsetzung von Maßnahmen aus dem Sanierungsplan A. IV. Rn. 39 f.
- Änderung Geschäftsstrategie und operativer Strukturen A. IV. Rn. 43
- an die Geschäftsleitung adressierte Maßnahmen A. IV. Rn. 38 ff.
- Anordnung der Analyse der problematischen Situation A. IV. Rn. 41
- Auffangtatbestand des § 6 Abs. 3 1. Alt. KWG A. I. Rn. 72
- Auslöseereignisse A. I. Rn. 25 ff.
- Ausschluss bestimmter vertraglicher Bedingungen bei frühzeitigem Eingreifen A. IV. Rn. 87
- Bestellung eines vorläufigen Verwalters A. IV. Rn. 54 ff., 84
- dritte Stufe A. I. Rn. 70 f.
- drohende Verschlechterung der Finanzlage in naher Zukunft A. IV. Rn. 21 ff.
- EBA-Leitlinien zu den Bedingungen für die Prüfung der Anwendung von Frühinterventionsmaßnahmen A. IV. Rn. 24 ff.
- Einberufung der Anteilseignerversammlung A. IV. Rn. 49
- Einhaltung der Beteiligungsrechte nach dem BetrVG A. IV. Rn. 81
- Einordnung als Krisenpräventionsmaßnahme A. IV. Rn. 7
- Ermessen A. IV. Rn. 61 ff.
- erste Stufe A. I. Rn. 63 ff.
- Finanzmarktstabilisierungsgesetz *siehe* Finanzmarktstabilisierungsgesetz
- Gewährung einer gruppeninternen Unterstützung nach aufsichtsbehördlicher Genehmigung A. I. Rn. 65 ff.
- Gruppe A. IV. Rn. 82 ff.
- Informationsaustausch A. IV. Rn. 12 ff.
- Informationsbefugnisse A. IV. Rn. 44 ff.
- Kapitalmarktrechtliche Informationspflicht A. IV. Rn. 88 ff.
- Maßnahmen der Aufsichtsbehörde A. IV. Rn. 38 ff.
- Maßnahmen nach § 10 Abs. 3 S. 1 Nr. 3 KWG A. IV. Rn. 70 ff.
- Maßnahmen nach Art. 16 SSM-Verordnung A. IV. Rn. 68 f.
- Maßnahmen zur Verbesserung der Eigenmittelausstattung und der Liquidität (§ 45 KWG) A. IV. Rn. 75 ff.

- Plan über Verhandlungen von Umschuldungen A. IV. Rn. 42
- Rechtsschutz A. IV. Rn. 91 ff.
- SREP-ergebnisbezogene Auslösereignisse A. IV. Rn. 27 ff.
- SREP-Gesamtscore A. IV Rn. 27 ff.
- SREP-Leitlinien A. IV. Rn. 18
- Schlüsselindikatoren als Aulössereignisse A. IV. Rn. 32 ff.
- SSM A. II. Rn. 107 ff.
- systematische Einordnung A. IV. Rn. 5 f.
- Verhältnismäßigkeitsgrundsatz A. IV. Rn. 61 ff.
- Verschlechterung der Finanzlage des Instituts A. IV. Rn. 15 ff.
- Verschwiegenheitspflicht der Institute C. II. Rn. 48
- Voraussetzungen für den Erlass von Frühinterventionsmaßnahmen A. IV. Rn. 15 ff.
- wesentliche Ereignisse als Auslöseereignisse A. IV. Rn. 36 f.
- zusätzliche Liquiditäts (§ 11 Abs. 3 KWG) A. IV. Rn. 73 f.
- Zusammenarbeit mit der Abwicklungsbehörde und dem Ausschuss A. IV. Rn. 12 ff.
- zuständige Behörde A. IV. Rn. 8 ff.
- zweite Stufe A. I. Rn. 68 f.

FSB Principles for Cross-border Effectiveness of Resolution Actions B. VI. Rn. 4 f.; B. IX. Rn. 4

Fundamental Review of the Trading Book B. VII. Rn. 80

G

Garantie
- Bail-In B. VI. Rn. 65
- -n auf der Passivseite A. I. Rn. 17

Gefahr
- Eigenmittel- und Liquiditätsbezug B. I. Rn. 244 ff.
- - für die Erfüllung von Verbindlichkeiten B. I. Rn. 235 ff.
- Maßnahmen bei Bestehen einer konkreten Gefahr für das Institut *siehe* Maßnahmen bei Bestehen einer konkreten Gefahr für das Institut

Genehmigung
- Gewährung einer gruppeninternen Unterstützung nach aufsichtsbehördlicher
  - im Rahmen des frühzeitigen Eingreifens A. I. Rn. 65 ff.
- Sanierungsplanung mit aufsichtsbehördlichem -serfordernis (§§ 12–21a SAG) A. I. Rn. 41 f.

- Vereinbarung über gruppeninterne finanzielle Unterstützung mit aufsichtsbehördlichem -svorbehalt (§§ 22–35 SAG) A. I. Rn. 43 ff.

Geschäftsleitung *siehe auch* Leitungsorgan
- Abberufung A. IV. Rn. 50 ff.
- Haftung bei unzureichendem Risikomanagement *siehe* Haftung der Leitungsorgane bei unzureichendem Risikomanagement
- Weisung an Geschäftsführung/Untersagung Tätigkeit B. I. Rn. 253 f.

Geschäftsstrategie A. VI. Rn. 17

Gesetzgebung
- Abwicklung B. I. Rn. 1 ff.

Gestaltungsrecht
- Ausübung von -en B. I. Rn. 264

Giroverträge
- - in der Insolvenz B. X. Rn. 46 f.

Going Concern C. IV. Rn. 5 ff.

Gläubigerschutz B. V. Rn. 57 ff.
- unabhängige und separate Bewertung B. V. Rn. 58 f.
- Gewährleistung der Schutzbestimmungen im SRM B. V. Rn. 61 ff.

GMRA (Global Master Repurchase Agreement) B. VI. Rn. 9

GMSLA (Global Master Securities Lending Agreement) B. VI. Rn. 9

Grenzüberschreitende Gruppe B. I. Rn. 49

Grenzüberschreitende Wirkung von Restrukturierungen B. IX. Rn. 1 ff.

Gruppe
- Aufsicht im SSM A. II. Rn. 94 ff.
- frühzeitiges Eingreifen A. I. Rn. 55; A. IV. Rn. 82 ff.
- Gewährung einer gruppeninternen Unterstützung nach aufsichtsbehördlicher Genehmigung im Rahmen des frühzeitigen Eingreifens A. I. Rn. 65 ff.
- gruppeninterne Finanz- und Leistungsbeziehungen B. VII. Rn. 42 ff.
- kollisionsrechtliche Grenzen B. IX. Rn. 9 f.
- Sanierungsplanung A. III. Rn. 11, 23 ff.
- Vereinbarung über gruppeninterne finanzielle Unterstützung mit aufsichtsbehördlichem Genehmigungsvorbehalt (§§ 22–35 SAG) A. I. Rn. 43 ff.

G-SIFI (global systemically important financial institutions) B. I. Rn. 107; C. IV. Rn. 18 f., 23, 31, 50

G-SII (global systemically important insurers) C. V. Rn. 37

H

HaaSanG B. XI. Rn. 24 ff., 50 ff.

Haftung der Leitungsorgane bei unzureichendem Risikomanagement A. VI. Rn. 1 ff.
– Außenhaftung A. VI. Rn. 47 f.
– Bestandsgefährdung des Instituts A. VI. Rn. 23 ff.
– Business Judgement Rule A. VI. Rn. 41
– gesellschaftsrechtliche und zivilrechtliche Haftung A. VI. Rn. 35 ff.
– Innenhaftung A. VI. Rn. 36 ff.
– Institut oder Gruppe im Sinne des § 25c Abs. 4a und b KWG A. VI. Rn. 12
– MaRisk A. VI. Rn. 44
– Nichtbeachtung einer BaFin Anordnung A. VI. Rn. 27 f.
– strafrechtliche Verantwortung nach § 54a KWG A. VI. Rn. 3 ff.
– Stabilität des Finanzsystems A. VI. Rn. 4
– Strafantrag A. VI. Rn. 30
– subjektiver Tatbestand A. VI. Rn. 29
– Verjährung A. VI. Rn. 30
– Versuch A. VI. Rn. 30
– Täter A. VI. Rn. 8 ff.
– Teilnehmer A. VI. Rn. 11
– Untreue A. VI. Rn. 31 ff.
– Verstoß gegen Pflichtenkatalog aus § 25c Abs. 4a und b KWG A. VI. Rn. 13 ff.
Handelsbuch
– Reduzierung der Komplexität und des Volumens B. VII. Rn. 80
Herabschreibung von Kapitalinstrumenten B. V. Rn. 17 ff.
HETA B. XI. Rn. 21 ff.
Historische Entwicklung des sanierungsbezogenen Bankenaufsichtsrechts A. I. Rn. 5 ff.
– bis zur Finanzkrise 2007/2008 A. I. Rn. 5 ff.
– seit der Finanzkrise 2007/2008 A. I. Rn. 8 ff.
Holding-Gesellschaft
– Abwicklungshindernisse B. VII. Rn. 76 f., 81 f.
HYPO ALPE ADRIA B. XI. Rn. 23 ff.
Hypo Real Estate Holding B. I. Rn. 9

I
IGA B. V. Rn. 5, 33, 56
IMF Working Paper 2015 C. V. Rn. 101 ff.
Indikatoren
– Sanierungsplan A. III. Rn. 62 ff.
Information
– gesetzliche Informationsrechte C. II. Rn. 26 ff.
– Insiderinformationen siehe Insiderinformationen

– Publizität schutzwürdiger Informationen siehe Publizität schutzwürdiger Informationen
– vertrauliche – siehe Verschwiegenheitspflicht
– Zugang zu amtlichen -en C. II. Rn. 33
Informationsaustausch
– frühzeitiges Eingreifen A. IV. Rn. 12 ff.
Informationsbefugnisse
– frühzeitiges Eingreifen A. IV. Rn. 44 ff.
Informationshindernisse
– Abwicklungshindernisse B. VII. Rn. 112 ff.
Informationsmanagement
– Sanierungsplanung A. III. Rn. 96 ff.
Inhaberkontrollverfahren über CRR-Kreditinstitute A. II. Rn. 59
Innenhaftung
– - der Leitungsorgane bei unzureichendem Risikomanagement A. VI. Rn. 36 ff.
Insidergeschäfte
– Verbot von -n C. II. Rn. 77
Insiderinformationen C. II. Rn. 69 ff.
– Ad-hoc-Publizität C. II. Rn. 78 ff.; siehe auch Ad-hoc-Publizität
– Informationen im Restrukturierungsverfahren C. II. Rn. 70 f.
– Kursrelevanz C. II. Rn. 72 ff.
– Zwischenschritte enies zeitlich gestreckten Vorgangs C. II. Rn. 73
Insolvenzantrag
– - durch die BaFin B. X. Rn. 37 f.
Insolvenzverfahren
– Abwicklung aus Sicht eines Insolvenzverwalters B. X. Rn. 33 ff.
– Eröffnung des -s bei nicht systemrelevanten Instituten B. I. Rn. 293 ff.
– gerichtliches – B. X. Rn. 39 ff.
– Insolvenzveröffnungsgründe B. X. Rn. 34 ff.
– Verhältnis des Insolvenzrechts zu verwaltungsrechtlichen Maßnahmen B. I. Rn. 302 f.
Insolvenzverwalter
– Abwicklung eines Kreditinstitutes aus Sicht eines Insolvenzverwalters B. X. Rn. 1 ff.
Instrument der Gläubigerbeteiligung
– - zum Zwecke der Rekapitalisierung (§§ 90, 95 Abs. 1 Nr. 1 SAG) A. I. Rn. 81
Internationales Insolvenzrecht B. IX. Rn. 24 ff.
Internationales Privatrecht B. IX. Rn. 11 ff.
Interne administrative Überprüfung A. II. Rn. 87 ff.
– frühzeitiges Eingreifen A. IV. Rn. 97

Interoperabilitäts-Vereinbarungen C. V. Rn. 97
Investoren C. IV. Rn. 45 ff.
Irrevocable payment commitments C. I. Rn. 20, 53 ff.
ISDA Master Agreement B. VI. Rn. 8
– Abwicklungsmaßnahmen B. VI. Rn. 15 ff.
– Beendigungsmechanik B. VI. Rn. 9
– vertragliche Anerkennungspflichten B. VI. Rn. 117 f.
ISDA Resolution Stay Protocol B. I. Rn. 113; B. VI. Rn. 5; B. VII. Rn. 71; B. IX. Rn. 6

J
JPMorgan Chase & Co.
– Stellungnahmen der Finanzwirtschaft C. V. Rn. 89

K
Kapitalinstrument
– Herabschreibung und Umwandlung von -en B. V. Rn. 17 ff.
Kapitalinstrumentebefugnis
– Abwicklungsvoraussetzungen B. I. Rn. 122 ff.
Kapitalpuffer-Anforderung B. I. Rn. 107
– Aufheben der Erlaubnis B. I. Rn. 277
Key Attributes of Effective Resolution Regimes for Financial Institutions (FSB) B. II. Rn. 4; C. V. Rn. 15 ff.
– EIOPA-Anregung C. V. Rn. 98 ff.
Kollisionsrechtliche Grenzen B. IX. Rn. 1 ff.
– Aktienurkunde B. IX. Rn. 18
– Anwendbarkeit des Internationalen Privatrechts B. IX. Rn. 11 ff.
– Aufspaltung in einzelne Rechtsverhältnisse B. IX. Rn. 14 ff.
– Bail-In B. IX. Rn. 44 ff.
– elektronisches Register B. IX. Rn. 19
– extraterritoriale Durchsetzung B. IX. Rn. 59 ff.
– Forderungsenteignung B. IX. Rn. 49
– gesellschaftsrechtliche Beteiligungen B. IX. Rn. 17
– Globalurkunde B. IX. Rn. 19
– Internationales Insolvenzrecht B. IX. Rn. 24 ff.
– gruppenbezogene Restrukturierung und Abwicklung B. IX. Rn. 9 f.
– körperliche Vermögensgegenstände B. IX. Rn. 15
– Kooperationsvereinbarungen B. IX. Rn. 56 f.
– Lösung von Konflikten mit Drittstaaten B. IX. Rn. 53 ff.
– Lösung von Konflikten innerhalb der Eurozone B. IX. Rn. 34 ff.
– Rechtsbehelfe B. IX. Rn. 50 ff.
– System der abgestuften Wirkung B. IX. Rn. 30 ff.
– Übertragungsanordnung B. IX. Rn. 20 ff., 38 ff.
– unilaterale Anerkennung durch einen Drittstaat B. IX. Rn. 58
– Universalitätsprinzip B. IX. Rn. 24
– vertragliche Forderungen und Vertragsverhältnisse B. IX. Rn. 16
– Wirkung vertraglicher Klauseln B. IX. Rn. 5 ff.
Konfliktmanagement
– Sanierung A. V. Rn. 4 ff.
Konkrete Gefahr
– Maßnahmen bei Bestehen einer konkreten Gefahr für das Institut *siehe* Maßnahmen bei Bestehen einer konkreten Gefahr für das Institut
Konsolidierungskreis B. I. Rn. 40
Kontokorrentvereinbarungen
– - in der Insolvenz B. X. Rn. 48
Kontrollverfahren
– wirksame - A. VI. Rn. 19
Konzernfinanzierungsvereinbarungen
– Abwicklungshindernisse B. VII. Rn. 42 ff.
Konzernstrukturen C. IV. Rn. 21 ff.; *siehe auch* Gruppe
– Abwicklungsfähigkeit B. VII. Rn. 23
Kooperationsvereinbarungen
– Kollisionsrecht B. IX. Rn. 56 f.
Kooperationsverfahren B. IX. Rn. 41
Kredit
– Verbot der Gewährung weiterer -e B. I. Rn. 255 ff.
Kreditinstitut
– CRR-Kreditinstitut *siehe* CRR-Kreditinstitut
– EZB-Kreditinstitut A. II. Rn. 5
– -sbegriff des KWG B. I. Rn. 35
KredReorgG A. I. Rn. 23; B. I. Rn. 74 f.; B. X. Rn. 18 ff.
– Rechtsschutz gegen Reorganisationspläne B. XII. Rn. 60 ff.
– Rechtsschutz gegen Sanierungspläne nach dem – A. V. Rn. 101
– vorinsolvenzliche Maßnahmen auf Eigeninitiative des Kreditinstituts B. X. Rn. 3 ff.
Krisenszenario C. II. Rn. 73
Kritische Funktionen B. VII. Rn. 19 f.
Kündigungssperre
– CCP-Clearing C. III. Rn. 73 ff.
Kursrelevanz C. II. Rn. 72 ff.

Stichwortverzeichnis

KWG
— Abwicklung B. I. Rn. 72 f.

L

Lastschriftverkehr
— - in der Insolvenz B. X. Rn. 55
LCH. Clearnet White Paper C. V. Rn. 90
LCR (Liquidity Coverage Ratio) C. IV. Rn. 29
Leistungsbeziehungen
— Abwicklungsfähigkeit B. VII. Rn. 21, 42 ff.
Leitlinien der EZB A. II. Rn. 44 ff.
Leitungsorgan *siehe auch* Geschäftsführung
— Haftung der -e bei unzureichendem Risikomanagement *siehe* Haftung der Leitungsorgane bei unzureichendem Risikomanagement
— Weisung an Geschäftsführung/Untersagung Tätigkeit B. I. Rn. 253 f.
Leverage ratio *siehe* Verschuldungsquote (leverage ratio)
Liquidationsnetting B. VI. Rn. 9
Liquiditätsanforderungen
— Maßnahmen bei Verdacht eines künftigen Verstoßes gegen - (§ 45 Abs. 1 KWG) A. I. Rn. 50 f.
— Maßnahmen bei Verstoß gegen - (§ 45 Abs. 2 KWG) A. I Rn. 60; A. IV. Rn. 75 ff.
— zusätzliche Liquidität (§ 11 Abs. 3 KWG) A. IV. Rn. 73 f.
Liquiditätsdeckungsquote (liquidity coverage ratio) C. I. Rn. 41
Liquiditätsquote
— strukturelle - (net stable funding ratio) C. I. Rn. 41
LTCM (Long Term Capital Management-Fonds) B. VI. Rn. 6

M

Management Informationssysteme (MIS) B. VII. Rn. 22, 79
MaRisk
— Verstoß gegen die - A. VI. Rn. 44
Maßnahmen bei Bestehen einer konkreten Gefahr für das Institut A. I. Rn. 73 ff.; B. X. Rn. 17 ff.
— Abwicklung nicht systemrelevanter Institute B. I. Rn. 226 ff.
— Bestellung eines Sonderbeauftragten (§ 45c Abs. 2 S. 2 Nr. 8-9 KWG) A. I. Rn. 74 f.
— Eigenmittel- und Liquiditätsbezug B. I. Rn. 244 ff.
— Gefahr für die Erfüllung von Verbindlichkeiten B. I. Rn. 235 ff.
— Gefahr für Wirksamkeit der Aufsicht B. I. Rn. 247 ff.
— Instrument der Gläubigerbeteiligung zum Zwecke der Rekapitalisierung (§§ 90, 95 Abs. 1 Nr. 1 SAG) A. I. Rn. 81
— konkrete Gefahr für die Erfüllung der Verpflichtungen des Instituts (§ 46 KWG) A. I. Rn. 76 ff.
— Moratorium *siehe* Moratorium
— Rechtsfolgen B. I. Rn. 251 ff.
— Verbot der Annahme von Einlagen, Geldern und Kundenwertpapieren B. I. Rn. 255 ff.
— Verbot der Gewährung weiterer Kredite B. I. Rn. 255 ff.
— Weisung an Geschäftsführung/Untersagung Tätigkeit B. I. Rn. 253 f.
Master Netting Agreement B. VI. Rn. 27
Mediation
— Sanierung A. V. Rn. 11 ff.
Meldepflichten
— ergänzende - für CRR-Kreditinstitute A. II. Rn. 76 ff.
Meroni-Doktrin B. I. Rn. 51; B. II. Rn. 72
Mindestanforderungen an Eigenmittel und berücksichtigungsfähige Verbindlichkeiten *siehe* MREL (Minimum Requirement for Own Funds and Eligible Liabilities)
Mindestverlustbeteiligung B. V. Rn. 50 ff.
Mitteilung an Behörden oder Gerichte C. II. Rn. 26 ff.
Moral hazard B. I. Rn. 169, 179; B. V. Rn. 34; B. VII. Rn. 4, 17; B. VIII. Rn. 4; B. X. Rn. 23
Moratorium A. I. Rn. 79 f.; B. I. Rn. 73, 258 ff.
— Abwicklung nicht systemrelevanter Institute B. I. Rn. 228
— Ausschluss dinglicher Ansprüche B. I. Rn. 263
— Ausübung von Gestaltungsrechten B. I. Rn. 264
— Maßnahmen nach § 46g KWG B. I. Rn. 290 ff.
— - über Lehman Brothers Bankhaus AG B. I. Rn. 7
— relatives Verfügungsverbot B. I. Rn. 265
— Verpflichtungserklärung B. I. Rn. 259
— vorübergehende Unmöglichkeit B. I. Rn. 260 ff.
MREL (Minimum Requirement for Own Funds and Eligible Liabilities) B. I. Rn. 99 ff.; B. II. Rn. 1; B. III. Rn. 65 ff.; B. V. Rn. 35; C. IV. Rn. 14 ff.

- Errechnung der Mindestanforderung B. I. Rn. 101 ff.
- Grundsätze zur Ermittlung der Höhe der Mindestanforderung B. I. Rn. 106 ff.
- G-SIFI (globally systemically important financial institutions) B. I. Rn. 107
- Kapitalpuffer-Anforderungen B. I. Rn. 107
- kollisionsrechtliche Grenzen B. IX. Rn. 6
- O-SIFI (other systematically important financial institutions) B. I. Rn. 107
- TLAC (Total Loss Absorbing Capacity) B. I. Rn. 107

Multiple Point of Entry (MPOE) B. VII. Rn. 16, 32; C. IV. Rn. 21 ff.
- Ausgabe von Refinanzierungsverbindlichkeiten bei einer MPOE-Strategie B. VII. Rn. 106

Mutterunternehmen
- SSM-Mutterunternehmen B. I. Rn. 39

N

Nachgeordnetes SSM-Unternehmen B. I. Rn. 39
Nachrangigkeit C. IV. Rn. 18
Nachtragspflicht C. II. Rn. 89
NCA (National Competent Authority) A. II. Rn. 19 ff., 43
Need-to-know-Prinzip C. II. Rn. 18
Nicht systemrelevante Institute
- Abwicklung B. I. Rn. 221 ff.
- Aufheben der Erlaubnis B. I. Rn. 267 ff.
- Eröffnung des Insolvenzverfahren B. I. Rn. 293 ff.
- Maßnahmen bei Bestehen einer konkreten Gefahr für das Institut *siehe* Maßnahmen bei Bestehen einer konkreten Gefahr für das Institut
- Maßnahmen nach § 46k KWG B. I. Rn. 290 ff.
- Sonderbeauftragter B. I. Rn. 279 ff.

Nichtigkeitsklage
- Frühinterventionsmaßnahmen der EZB A. IV. Rn. 98
- Maßnahmen der EZB im Rahmen der Sanierung A. V. Rn. 39 ff.

No Creditor Worse Off-Prinzip B. V. Rn. 1; B. VIII. Rn. 10; C. IV. Rn. 12
Notfallkonzept A. VI. Rn. 21
Novationsnetting B. VI. Rn. 27
NSFR (Net Stable Funding Ratio) C. IV. Rn. 29

O

Öffentliches Interesse
- Abwicklungsvoraussetzungen B. I. Rn. 117

Österreich
- Bail-In in – *siehe* Bail-In in Österreich

Omnibus-Kunden-Kontentrennung C. III. Rn. 9, 13
O-SIFI (other systemically important financial institutions) B. I. Rn. 107; C. IV. Rn. 19

P

Passivinstrumente
- - unter CRR und BRRD C. IV. Rn. 32 ff.

Phasing-in
- Bankenabgabe C. I. Rn. 50

Plenarsitzung
- SRB (Single Resolution Board) B. I. Rn. 54; B. II. Rn. 38 ff., 62 ff.

PONV B. IV. Rn. 33; C. IV. Rn. 10
Präsidiumssitzung
- SRB (Single Resolution Board) B. I. Rn. 54; B. II. Rn. 38 ff., 58 ff.

Principal-to-principal-Modelle C. III. Rn. 16
Progress Report on the CCP Workplan C. V. Rn. 46
Prospektrecht C. II. Rn. 88 f.
Prüfung im Rahmen der Abwicklung B. VIII. Rn. 1 ff., 109 ff.; *siehe* auch Bewertung im Rahmen der Abwicklung
Prüfung von Sanierungsplänen *siehe* Sanierungsplanung
Publizität schutzwürdiger Informationen C. II. Rn. 66 ff.
- Ad-hoc-Publizität C. II. Rn. 78 ff.; *siehe* auch Ad-hoc-Publizität
- Finanzberichterstattung C. II. Rn. 90
- gesellschaftsrechtliche Publizität C. II. Rn. 67
- Insiderinformationen C. II. Rn. 69 ff.; *siehe* auch Insiderinformationen
- kapitalmarktrechtliche Publizität C. II. Rn. 68 ff.
- Nachtragspflicht C. II. Rn. 89
- Prospektrecht C. II. Rn. 88 f.

R

Rahmenvereinbarung
- Finanzkontrakt B. VI. Rn. 29

Rangfolge der Forderungen in der Abwicklung B. V. Rn. 6 ff.
Rating-Agenturen C. IV. Rn. 35 ff.
Rechenschaftspflichten
- SRB (Single Resolution Board) B. II. Rn. 53 ff.

Rechtsgutachten
- vertragliche Anerkennung des Bail-In B. VI. Rn. 105

Rechtsschutz
– Beseitigung möglicher Abwicklungshindernisse B. VII. Rn. 155
– Bewertung im Rahmen der Abwicklung B. VIII. Rn. 36 f.
– Kollisionsrecht B. IX. Rn. 50 ff.
– - gegen die EZB *siehe* Rechtsschutz gegen die EZB
– - gegen Frühinterventionsmaßnahmen A. IV. Rn. 91 ff.
– - gegen Sanierungspläne nach dem KredReorgG A. V. Rn. 101
– - im Rahmen der Abwicklung *siehe* Rechtsschutz im Rahmen der Abwicklung
– - im Rahmen der Sanierung *siehe* Rechtsschutz im Rahmen der Sanierung

Rechtsschutz gegen die EZB A. II. Rn. 85 ff.
– administratives Überprüfungsverfahren *siehe* Administratives Überprüfungsverfahren
– Beschwerde A. II. Rn. 87 ff.
– Frühinterventionsmaßnahmen A. IV. Rn. 96 ff.
– interne administrative Überprüfung A. II. Rn. 87 ff.; A. IV. Rn. 97
– Nichtigkeitsklage A. IV. Rn. 98; A. V. Rn. 39 ff.
– Sanierung A. V. Rn. 17 ff.

Rechtsschutz im Rahmen der Abwicklung B. XII. Rn. 1 ff.
– Akteneinsicht B. XII. Rn. 27
– Anfechtungsklage B. XII. Rn. 12 ff.
– Beschwerdeausschuss B. XII. Rn. 38 ff.
– einstufiges Rechtsschutzsystem B. XII. Rn. 47 f.
– einstweiliger Rechtsschutz B. XII. Rn. 49 ff.
– Justiziabilität B. XII. Rn. 3 ff.
– keine Vollzugshemmung B. XII. Rn. 10 f.
– Konkurrentenklagen gegen Beihilfebeschlüsse und Bail-In-Maßnahmen B. XII. Rn. 58 f.
– - gegen Abwicklungspläne B. XII. Rn. 55 ff.
– - gegen Beschlüsse des SRB (Single Resolution Board) B. XII. Rn. 28 ff.
– - gegen Maßnahmen der FMSA B. XII. Rn. 7 ff.
– - gegen Reorganisationspläne B. XII. Rn. 60 ff.
– - gegen sofortige Vollziehung B. XII. Rn. 23 ff.
– zweistufiges Rechtsschutzsystem B. XII. Rn. 29 ff.

Rechtsschutz im Rahmen der Sanierung A. V. Rn. 1 ff.
– administratives Überprüfungsverfahren *siehe* Administratives Überprüfungsverfahren

– Akteneinsicht bei Maßnahmen der BaFin A. V. Rn. 99 f.
– Akteneinsicht bei Maßnahmen der EZB A. V. Rn. 76 ff.
– Anfechtungsklage gegen Maßnahmen der BaFin A. V. Rn. 96 ff.
– einstweiliger Rechtsschutz gegen Maßnahmen der BaFin A. V. Rn. 96 ff.
– einstweiliger Rechtsschutz gegen Maßnahmen der EZB A. V. Rn. 59 ff.
– Konfliktmanagement A. V. Rn. 4 ff.
– Justiziabilität A. V. Rn. 15 ff.
– Maßnahmen der EZB A. V. Rn. 17 ff.
– Mediation A. V. Rn. 11 ff.
– Nichtigkeitsklage gegen Maßnahmen der EZB A. V. Rn. 39 ff.
– Sanierungspläne nach dem KredReorgG A. V. Rn. 101
– Schadensersatz bei Maßnahmen der EZB A. V. Rn. 68 ff.
– Untätigkeitsklage gegen EZB A. V. Rn. 54 f.
– staatliche Gerichtsverfahren A. V. Rn. 14
– Verhandlung A. V. Rn. 10
– Widerspruch gegen Maßnahmen der BaFin A. V. Rn. 87 ff.

Refinanzierungsverbindlichkeit
– Ausgabe von -en bei einer MPOE-Strategie B. VII. Rn. 106

Rekapitalisierung
– Finanzmarktstabilisierungsgesetz A. I. Rn. 18
– Instrument der Gläubigerbeteiligung zum zwecke der – A. I. Rn. 81
– - durch Bail-In B. I. Rn. 172 ff.

Relatives Verfügungsverbot B. I. Rn. 265

Reorganisationsverfahren A. I. Rn. 32; B. I. Rn. 12, 76
– Rechtsschutz gegen Reorganisationspläne B. XII. Rn. 60 ff.
– - auf Eigeninitiative des Kreditinstituts B. X. Rn. 6 f.

Resolution Trigger B. IV. Rn. 33

Ressortprinzip A. VI. Rn. 8

Ressortunzuständiger Geschäftsleiter A. VI. Rn. 8

Restrukturierungsfondgesetz (RStruktFG) A. I. Rn. 15; C. IV. Rn. 15

Restrukturierungsfonds B. I. Rn. 206 ff.; C. IV. Rn. 14 ff.
– Ausgleichszahlung aus dem – B. I. Rn. 141, 174

Restrukturierungsgesetz (RStruktG) B. I. Rn. 11

RettungsG B. I. Rn. 81

Rettungsschirm
– - der KfW B. I. Rn. 5

Rettungsübernahmegesetz B. I. Rn. 9
Reziprozität B. IX. Rn. 58
Risikoabschirmungsgesetz B. I. Rn. 16
Risikoadjustierung
– Bankenabgabe C. I. Rn. 34 ff.
Risikomanagement
– Haftung der Leitungsorgane bei unzureichendem – *siehe* Haftung der Leitungsorgane bei unzureichendem Risikomanagement
– Verstoß gegen Pflichtenkatalog aus § 25c Abs. 4a und b KWG A. VI. Rn. 13 ff.
Risikoposition
– Verschärfung von Grenzwerten für -en B. VII. Rn. 83 ff.
Risikostrategie A. VI. Rn. 17
Risikotragfähigkeit A. VI. Rn. 18
Risikoübernahme
– Finanzmarktstabilisierungsgesetz A. I. Rn. 21

S
SAG (Sanierungs- und Abwicklungsgesetz) B. I. Rn. 61 ff.
– Abwicklungsbefugnisse B. IV. Rn. 28 ff.
– Abwicklungsinstrumente (§§ 107–135 SAG) B. IV. Rn. 2 ff.; *siehe auch* Abwicklungsinstrumente
– Abwicklung nach dem – B. III. Rn. 39 ff.
– Anwendungsbereich B. I. Rn. 63 ff.
– Abwicklungsfähigkeit B. III. Rn. 43; *siehe auch* Abwicklungsfähigkeit
– Abwicklungsplanung B. III. Rn. 41 f.
– Abwicklungsvoraussetzungen B. III. Rn. 44 ff.
– Abwicklungsziele B. III. Rn. 44 ff.
– Bail-In B. III. Rn. 63; *siehe auch* Bail-In
– Einschränkung des Anwendungsbereichs durch die SRM-Verordnung B. I. Rn. 67 ff.
– Finanzkontrakt B. VI. Rn. 18 f., 23 ff.
– Rangfolge der Forderungen in der Abwicklung B. V. Rn. 6 ff.
– Verschwiegenheitspflicht C. II. Rn. 3 ff.; *siehe auch* Verschwiegenheitspflicht
Saldierungsvereinbarung B. VI. Rn. 27; B. VIII. Rn. 99; C. III. Rn. 35
Sanierung B. I. Rn. 12
– Abgrenzung der -sfähigkeit zur Abwicklungsfähigkeit B. VII. Rn. 14 f.
– abstrakte Planung für den Krisenfall A. I. Rn. 39 ff.
– Auffangtatbestand des § 6 Abs. 3 Alt. 1 KWG A. I. Rn. 56
– aufsichtsbehördliche Maßnahmen zum Zwecke der – A. I. Rn. 34 ff.
– Begriff A. I. Rn. 1

– Bestehen einer konkreten Gefahr für das Institut *siehe* Maßnahmen bei Bestehen einer konkreten Gefahr für das Institut
– Bestellung eines Sonderbeauftragten (§ 45c Abs. 1 u. Abs. 2 Nr. 7 iVm § 45 Abs. 1 S. 3 KWG) A. I. Rn. 52 ff.
– Bestellung eines Sonderbeauftragten (§ 45c Abs. 1 Nr. 7 iVm § 45 Abs. 2 KWG) A. I. Rn. 58 f.
– Finanzmarktstabilisierungsgesetz *siehe* Finanzmarktstabilisierungsgesetz
– Grundzüge des Verfahrens A. I. Rn. 25 ff.
– historische Entwicklung A. I. Rn. 5 ff.
– KredReorgG A. I Rn. 23
– Maßnahmen bei Bestandsgefahr für das Institut A. I. Rn. 39
– Maßnahmen bei Verdacht eines künftigen Verstoßes gegen Eigenmitel- und Liquiditätsanforderungen (§ 45 Abs. 1 KWG) A. I. Rn. 50 f.
– Maßnahmen bei Verstößen gegen aufsichtsrechtliche Vorgaben A. I. Rn. 39, 57 ff.
– Maßnahmen bei Verstoß gegen Anforderungen an die Eigenmittel und Liquidität (§ 45 Abs. 2 KWG) A. I. Rn. 60
– Maßnahmen beim Vorliegen von Anhaltspunkten für aufsichtsrechtliche Verstöße A. I. Rn. 39, 49 ff.
– Maßnahmen zur – A. I. Rn. 29 f.
– persönlicher Anwendungsbereich A. I. Rn. 24
– Rechtsschutz *siehe* Rechtsschutz im Rahmen der Sanierung
– SAG *siehe* SAG
– -splanung *siehe* Sanierungsplanung
– -sverfahren auf Eigeninitiative des Kreditinstituts B. X. Rn. 5
– -sverfahren (KredReorgG) A. I. Rn. 24 ff.
– SSM A. II. Rn. 103 ff.
– Übersicht A. I. Rn. 1 ff.
– Vereinbarung über gruppeninterne finanzielle Unterstützung mit aufsichtsbehördlichem Genehmigungsvorbehalt (§§ 22–35 SAG) A. I. Rn. 43 ff.
– Verschwiegenheitspflicht der Institute C. II. Rn. 41 ff.
– Zuständigkeit *siehe* Zuständigkeit bei Sanierung
Sanierungsgovernance
– Sanierungsplan A. III. Rn. 86 ff.
Sanierungsmaßnahmen
– Sanierungsplan A. III. Rn. 73 ff.
Sanierungsplanung A. III. Rn. 1 ff.
– Aktualisierung A. III. Rn. 124 ff.
– Anwendungsbereich A. III. Rn. 8 ff.

- Belastungsanalysen A. III. Rn. 99 ff.
- Berichterstattung A. III. Rn. 137 ff.
- Beurteilungskriterien A. III. Rn. 34 ff.
- frühzeitiges Eingreifen A. IV. Rn. 39 f.
- Gruppen A. III. Rn. 11, 23 ff., 32, 55 ff., 68, 73 f., 77, 81, 103, 121, 127
- idiosynkratische Szenarien A. III. Rn. 99, 111
- Indikatoren A. III. Rn. 62 ff.
- Informationsmanagement A. III. Rn. 96 ff.
- inhaltliche Vorgaben an einen Sanierungsplan A. III. Rn. 44 ff.
- institutsbezogenes Sicherungssystem A. III. Rn. 10
- Kommunikation im Sanierungsfall A. III. Rn. 93 ff.
- KredReorgG A. V. Rn. 101
- kritische Funktionen A. III. Rn. 53 ff.
- makroökonomische Zielsetzung A. III. Rn. 12
- marktweite Szenarien A. III. Rn. 99, 111
- Near-Default-Situation A. III. Rn. 101 f.
- Plausibilität A. III. Rn. 114
- Proportionalitätsansatz A. III. Rn. 9
- Prüfung von Sanierungsplänen A. III. Rn. 18 ff., 43 ff.
- Prüfungsgegenstand A. III. Rn. 29 ff.
- Prüfungsvorgehen A. III. Rn. 130 ff.
- rechtliche Grundlagen A. III. Rn. 3 ff.
- Relevanz A. III. Rn. 113
- Risikoorientierung A. III. Rn. 129
- Sanierungsgovernance A. III. Rn. 86 ff.
- Sanierungsmaßnahmen A. III. Rn. 73 ff.
- – als Erweiterung der bestehenden Banksteuerung A. IIII. Rn. 13 ff.
- – mit aufsichtsbehördlichem Genehmigungserfordernis (§§ 12–21a SAG) A. I. Rn. 41 ff.
- Schwellenwerte A. III. Rn. 63, 69, 72
- strategische Analyse A. III. Rn. 49 ff.
- Strukturvorgaben an einen Sanierungsplan A. III. Rn. 43
- Tauglichkeit A. III. Rn. 115
- Umsetzungsplanung A. III. Rn. 116 ff.
- Verflechtungen A. III. Rn. 56 ff.
- Verpflichtung des Abschlussprüfers A. III. Rn. 18 ff.
- Zielsetzung der – A. III. Rn. 12 ff.
- Zusammenfassung A. III. Rn. 45 ff.

Schadensersatz
- Maßnahmen der EZB A. V. Rn. 68 ff.

Schlüsselpersonal
- Abwicklungshindernisse B. VII. Rn. 78

Schutzwürdige Informationen
- Publizität *siehe* Publizität schutzwürdiger Informationen
- Verschwiegenheitspflicht *siehe* Verschwiegenheitspflicht

Schwellenwerte
- Sanierungsplan A. III. Rn. 62 ff.

Selbstbefreiung C. II. Rn. 83 ff.

Servicevertrag
- Abwicklungshindernissen B. VII. Rn. 47 ff.

Set-off arrangement B. VI. Rn. 27

Sicherheitsabschlag
- Bewertung im Rahmen der Abwicklung B. VIII. Rn. 27

Sicherstellungspflichten A. VI. Rn. 16

Single Point of Entry (SPOE) B. VII. Rn. 16, 33; C. IV. Rn. 21 ff.
- kollisionsrechtliche Grenzen B. IX. Rn. 10

Single Resolution Board *siehe* SRB (Single Resolution Board)

Single Resolution Mechanism *siehe* SRM (Single Resolution Mechanism)

Single Supervisory Mechanism *siehe* SSM (Single Supervisory Mechanism)

SoFFin A. I. Rn. 11 f.; B. I. Rn. 14, 30, 217; *siehe* auch Finanzmarktstabilisierungsgesetz

Sonderbeauftragter B. I. Rn. 279 ff.; B. X. Rn. 15 f.
- Bestellung eines –n (§ 45c Abs. 1 u. Abs. 2 Nr. 7 iVm § 45 Abs. 1 S. 3 KWG) A. I. Rn. 52 ff.
- Bestellung eines –n (§ 45c Abs. 1 Nr. 7 iVm § 45 Abs. 2 KWG) A. I. Rn. 58 f.
- Bestellung eines –n (§ 45c Abs. 2 S. 2 Nr. 8-9 KWG) A. I. Rn. 74 f.

Sonderverwalter B. I. Rn. 142

SREP (Supervisory Review and Evaluation Process) A. II. Rn. 48
- Abwicklungsvoraussetzungen B. I. Rn. 117
- frühzeitiges Eingreifen A. IV. Rn. 18, 27 ff.
- SREP-Gesamtscore A. IV. Rn. 27 ff.

SRB (Single Resolution Board) B. I. Rn. 28, 42; B. II. Rn. 11, 34 ff.
- Anhörungsrechte B. II. Rn. 55 f.
- Ausschüsse B. II. Rn. 47 f.
- Auswahl- und Ernennungsverfahren B. II. Rn. 43
- Berichtspflichten B. II. Rn. 54
- Beschwerdeausschuss B. II. Rn. 48; B. XII. Rn. 38 ff.
- Entscheidungsfindung B. II. Rn. 57 ff.
- Finanzvorschriften B. II. Rn. 67 f.
- Kollisionsrecht B. IX. Rn. 34 ff.
- Mitglieder B. II. Rn. 38 ff.
- Organisationsstruktur B. II. Rn. 38 ff.
- Plenarsitzung B. I. Rn. 54; B. II. Rn. 38 ff., 62 ff.

- Präsidiumssitzung B. I. Rn. 54; B. II. Rn. 38 ff., 58 ff.
- Rechenschaftspflichten B. II. Rn. 53 ff.
- Rechtspersönlichkeit als EU-Agentur B. II. Rn. 34 ff
- Rechtsschutz im Rahmen der Abwicklung B. XII. Rn. 28 ff.; siehe auch Rechtsschutz im Rahmen der Abwicklung
- Rolle des Vorsitzenden B. II. Rn. 45 f.
- Tagungsformationen B. II. Rn. 57 ff.
- Unabhängigkeit B. II. Rn. 49 ff.
- Zuständigkeit bei Beseitigung möglicher Abwicklungshindernisse B. VII. Rn. 115 ff.

SRF (Single Resolution Fund) B. I. Rn. 24, 197 ff.; B. II. Rn. 12
- Anrechnung der nationalen BRRD-Bankenabgabe und Erweiterung des Pauschalbeitragssystems für kleine Institute C. I. Rn. 51 f.
- Ausgleichszahlung aus dem – B. I. Rn. 141, 174
- Bankenabgabe C. I. Rn. 49 ff.
- Mini-Abwicklungsfonds B. I. Rn. 8
- multilaterales Übereinkommen über den – B. II. Rn. 23 f.
- phasing-in C. I. Rn. 50
- Rolle des – im Rahmen des Bail-In B. V. Rn. 45 ff.

SRM (Single Resolution Mechanism) B. I. Rn. 24 ff.; siehe auch Abwicklung
- Abwicklung nach der SRM-Verordnung B. III. Rn. 39 ff.
- Abwicklungsfähigkeit B. III. Rn. 43; siehe auch Abwicklungsfähigkeit
- Abwicklungskonzept B. II. Rn. 78 ff.
- Abwicklungsplanung B. III. Rn. 41 f.
- Abwicklungstrigger B. II. Rn. 76 f.
- Abwicklungsvoraussetzungen B. III. Rn. 44 ff.
- Abwicklungsziel B. II. Rn. 69; B. III. Rn. 44 ff.
- allgemeine Grundsätze B. II. Rn. 25 ff.
- Anwendungsbereich B. I. Rn. 38 ff.
- Aufgaben B. II. Rn. 70 f.
- Bail-In B. III. Rn. 55 f.; B. V. Rn. 31 ff.; siehe auch Bail-In
- Bankenabgabe C. I. Rn. 4 ff.; siehe auch Bankenabgabe
- Befugnisse B. II. Rn. 70 f.
- dezentrale Ausführung B. II. Rn. 32
- direkte Rekapitalisierung von Banken durch den ESM B. II. Rn. 98
- direkte Zuständigkeit des Ausschusses B. I. Rn. 48 ff., 129 ff.
- direkte Zuständigkeit der nationalen Abwicklungsbehörden B. I. Rn. 57 ff.
- Diskriminierung B. II. Rn. 32
- Entscheidungsprozess im Abwicklungsverfahren B. II. Rn. 72 ff.
- Entstehungsgeschichte B. II. Rn. 2 ff.
- EZB B. II. Rn. 82 ff.
- Folgenabschätzung B. II. Rn. 32
- Gläubigerschutz B. V. Rn. 57 ff.
- Gruppenabwicklung B. II. Rn. 32
- haushaltspolitische Eigenverantwortung B. II. Rn. 32
- Herabschreibung und Umwandlung von Kapitalinstrumenten B. V. Rn. 17 ff.
- kongruenter Anwendungsbereich von SSM und – B. II. Rn. 25 ff.
- institutionell-organisatorische Aspekte B. II. Rn. 1 ff.
- Meroni-Doktrin B. I. Rn. 51; B. II. Rn. 72
- multilaterales Übereinkommen über den Abwicklungsfonds B. II. Rn. 23 f.
- Rangfolge der Forderungen in der Abwicklung B. V. Rn. 6 ff.
- Rechtsgrundlagen B. II. Rn. 14 ff.
- Rolle des Abwicklungsfonds im Rahmen des Bail-In B. V. Rn. 45 ff.
- SRB (Single Resolution Board) siehe SRB (Single Resolution Board)
- SRM-Sekundärrecht B. II. Rn. 16 ff.
- Struktur des – B. II. Rn. 10 ff.
- Verfahren B. I. Rn. 42 ff.; B. II. 75 ff.
- Verhältnis zum ESRB B. II. Rn. 96 f.
- Verhältnismäßigkeit B. II. Rn. 32
- Verschwiegenheitspflicht siehe Verschwiegenheitspflicht
- Zusammenarbeit mit dem ESFS B. II. Rn. 93 ff.
- Zusammenarbeit mit der EBA B. II. Rn. 93 ff.
- Zusammenarbeit mit nationalen Abwicklungsbehörden B. II. Rn. 85 ff.
- Zuständigkeiten B. I. Rn. 42 ff.

SSM (Single Supervisory Mechanism) A. II. Rn. 1 ff.; B. I. Rn. 25
- Abgrenzung der „besonderen Aufgaben" der EZB von anderen Aufsichtsaufgaben A. II. Rn. 41 ff.
- Abwicklung A. II. Rn. 113 ff.
- Anwendung des nationalen Rechts durch die EZB A. II. Rn. 24
- Aufgaben der EZB A. II. Rn. 12 ff.
- Aufsicht im Hinblick auf Gruppen-(unternehmen) A. II. Rn. 94 ff.
- Aufsichtsbehörde (Begriff) A. II. Rn. 38

– Aufsichtsbeschlüsse der EZB A. II. Rn. 81, 84 ff.
– bedeutende Unternehmen A. II. Rn. 62 ff.
– Befugnisse der EZB A. II. Rn. 16 ff., 22 ff., 60 ff.
– Beschwerde A. II. Rn. 87 ff.
– direkte Aufsicht durch die EZB A. II. Rn. 68 ff.
– Empfehlungen der EZB A. II. Rn. 44 ff.
– Entzug der Erlaubnis eines CRR-Kreditinstituts A. II. Rn. 58
– Ermittlungsbefugnisse A. II. Rn. 83 f.
– ergänzende Meldepflichten für CRR-Kreditinstitute A. II. Rn. 76 ff.
– frühzeitiges Eingreifen A. II. Rn. 107 ff.
– gemeinsame Verfahren A. II. Rn. 52 ff.
– indirekte Aufsicht durch die EZB A. II. Rn. 71 ff.
– Inhaberkontrollverfahren über CRR-Kreditinstitute A. II. Rn. 59
– interne administrative Überprüfung A. II. Rn. 87 ff.
– kongruenter Anwendungsbereich von – und SRM B. II. Rn. 25 ff.
– Leitlinien der EZB A. II. Rn. 44 ff.
– Maßnahmen nach Art. 16 SSM-Verordnung A. IV. Rn. 68 f.
– nachgeordnetes SSM-Unternehmen B. I. Rn. 40
– Normenhierarchie A. II. Rn. 44 ff.
– persönlicher Anwendungsbereich A. II. Rn. 5
– Pflichten der EZB A. II. Rn. 22 ff.
– Rechtsrahmen A. II. Rn. 44 ff.
– Rechtsschutz gegen die EZB A. II. Rn. 85 ff.
– Sanierung A. II. Rn. 103 ff.
– Sanktionsbefugnisse A. II. Rn. 83 f.
– SREP (Supervisory Review and Evaluation Process) A. II. Rn. 48
– SSM-Aufsichtshandbuch A. II. Rn. 49
– SSM-Mutterunternehmen B. I. Rn. 39
– territorialer Anwendungsbereich A. II. Rn. 4
– Verordnungen der EZB A. II. Rn. 47
– Verwaltungsverfahrensrecht der BaFin A. II. Rn. 92
– Verwaltungsverfahrensrecht der EZB A. II. Rn. 79 ff.
– Weisungsrechte der EZB A. II. Rn. 29 ff.
– weniger bedeutende beaufsichtigte Unternehmen A. II. Rn. 62 ff., 71 ff.
– Zulassung als CRR-Kreditinstitut A. II. Rn. 53 ff.
– Zuständigkeiten der EZB A. II. Rn. 19 ff.

– Zuständigkeiten der NCA A. II. Rn. 19 ff., 43
– Zweigstellen und –niederlassungen A. II. Rn. 97 ff.
Steuerung des Instituts C. IV. Rn. 1 ff.
Strafrechtliche Verantwortung nach § 54a KWG A. VI. Rn. 3 ff.; *siehe auch* Haftung der Leitungsorgane bei unzureichendem Risikomanagement
Systemische Risiken
– Abwicklungsfähigkeit B. VII. Rn. 25 f.
Systemrelevante Institute
– G-SIFI *siehe* G-SIFI (global systemically important financial institutions)
– nicht systemrelevante Institute *siehe* Nicht systemrelevante Institute
– O-SIFI *siehe* O-SIFI (other systemically important financial institutions)

T
Tätigkeitsbeschränkungen
– Abwicklungshindernisse B. VII. Rn. 94 ff.
TLAC (Total Loss Absorbing Capacity) B. I. Rn. 107; B. VI. Rn. 4; C. IV. Rn. 18, 52
– Bail-In B. I. Rn. 182
– kollisionsrechtliche Grenzen B. IX. Rn. 6
Tochtergesellschaft
– Abwicklungshindernisse B. VII. Rn. 62, 65, 73 ff.
too big to fail A. VI. Rn. 1; B. II. Rn. 4; B. III. Rn. 24; B. IV. Rn. 14; B. VI. Rn. 4; B. VII. Rn. 28; B. VIII. Rn. 112; C. IV. Rn. 18
too complex to fail B. III. Rn. 24; B. VII. Rn. 28; B. VIII. Rn. 112
too connected to fail A. VI. Rn. 1
Treasury
– Banken-Treasury C. IV. Rn. 27 ff.
Trennbankenregime B. I. Rn. 17 f.

U
Übertragung von Anteilen, Vermögenswerten, Verbindlichkeiten und Rechtsverhältnissen B. I. Rn. 153 ff.
– Übertragung auf ein Brückeninstitut B. I. Rn. 162 ff.
– Übertragung auf eine Vermögensverwaltungsgesellschaft B. I. Rn. 166 ff.; B. IV. Rn. 18 ff.
– Unternehmensveräußerung B. I. Rn. 158 ff.; B. IV. Rn. 4 ff.
Übertragung
– Abwicklungshindernis B. VII. Rn. 35 f.
– CCP-Clearing C. III. Rn. 58 ff.

Stichwortverzeichnis

– Finanzkontrakte in der Abwicklung B. VI. Rn. 46 ff.
Übertragungsanordnung B. I. Rn. 12
– Abwicklung aus Sicht eines Insolvenzverwalters B. X. Rn. 28 ff.
– Kollisionsrecht B. IX. Rn. 20 ff., 38 ff.
– Vorbereitung einer – B. X. Rn. 16
Überweisungsverkehr
– - in der Insolvenz B. X. Rn. 51 ff.
UK Banking Act C. V. Rn. 72 ff.
Umwandlung von Kapitalinstrumenten B. V. Rn. 17 ff.
Umwandlungssätze
– Bail-In B. I. Rn. 180 ff.
UNIDROIT Netting Principles B. VI. Rn. 5
Unilaterale Anerkennung durch einen Drittstaat B. IX. Rn. 58
Untätigkeitsklage
– - gegen EZB A. V. Rn. 54 ff.
Unternehmensveräußerung B. I. Rn. 158 ff.; B. IV. Rn. 4 ff.
Untersagung der Tätigkeit B. I. Rn. 253 f.
Untreue
– Haftung der Leitungsorgane bei unzureichendem Risikomanagement A. VI. Rn. 31 ff.
Unwiderrufliche Zahlungsverpflichtungen C. I. Rn. 20, 53 ff.

V
Verbot
– - der Annahme von Einlagen, Geldern und Kundenwertpapieren B. I. Rn. 255 ff.
– - der Gewährung weiterer Kredite B. I. Rn. 255 ff.
Verdacht eines künftigen Verstoßes gegen Eigenmittel- und Liquiditätsanforderungen (§ 45 Abs. 1 KWG)
– Maßnahmen bei – A. I. Rn. 50 f.
Vereinbarung über gruppeninterne finanzielle Unterstützung mit aufsichtsbehördlichem Genehmigungserfordernis (§§ 22–35 SAG) A. I. Rn. 43 ff.
Verhältnismäßigkeitsgrundsatz
– Beseitigung möglicher Abwicklungshindernisse B. VII. Rn. 142 ff.
– frühzeitiges Eingreifen A. IV. Rn. 61 ff.
Verlustabsorptionsvehikel B. VII. Rn. 81
Verlustbeteiligung *siehe* Bail-In
Vermögensverwaltungsgesellschaft
– Übertragung auf eine – B. I. Rn. 166 ff.; B. IV. Rn. 18 ff.
Veröffentlichungspflicht
– Ad-hoc-Publizität C. II. Rn. 78 ff.
Verordnungen der EZB A. II. Rn. 46 f.

Verpflichtungserklärung B. I. Rn. 259
Verschuldungsquote (leverage ratio) A. III. Rn. 73; B. I. Rn. 107
– Bankenabgabe C. I. Rn. 29 f., 38 f., 43
Verschwiegenheitspflicht
– Abwägung widerstreitender Pflichten oder Interessen C. II. Rn. 38
– Abwicklungskollegien C. II. Rn. 23, 29
– Aufsichtskollegien C. II. Rn. 23, 29
– Auskunftsansprüche Privater C. II. Rn. 32 ff.
– behördlicher Umgang mit schutzwürdigen Informationen C. II. Rn. 15 ff.
– Chinese Walls C. II. Rn. 18
– Drittstaat C. II. Rn. 24
– Einwilligung des betroffenen Instituts oder Dritten C. II. Rn. 37, 63
– Geheimnisträger C. II. Rn. 55 f.
– gerechtfertigte Offenbarung oder Verwertung C. II. Rn. 20 ff.
– gerechtfertigter Informationstransfer C. II. Rn. 58 ff.
– gesetzliche Informationsrechte C. II. Rn. 26 ff.
– Medien schutzwürdiger Informationen C. II. Rn. 11 ff.
– Mitteilung an Behörden oder Gerichte C. II. Rn. 27 ff.
– need-to-know-Prinzip C. II. Rn. 18
– organisatorische Umsetzung C. II. Rn. 57
– privilegierte Kommunikation C. II. Rn. 21 ff., 61
– Rechtsfolgen eines Verstoßes C. II. Rn. 39
– SAG C. II. Rn. 3 ff.
– Sanierung C. II. Rn. 41 ff.
– schutzwürdige Information C. II. Rn. 3 ff., 50 ff.
– Schutzwürdigkeit kraft öffentlicher Belange C. II. Rn. 7 ff.
– SRM-Verordnung C. II. Rn. 49
– Unternehmensgeheimnis C. II. Rn. 4
– vertrauliche Information C. II. Rn. 4 ff.
– Vertraulichkeitsvereinbarung C. II. Rn. 47
Versicherungsunternehmen C. V. Rn. 69 ff.
– Annex 2 on resolution insurers (FSB) C. V. Rn. 34 ff.
Verstoß
– Haftung der Leitungsorgane bei unzureichendem Risikomanagement *siehe* Haftung der Leitungsorgane bei unzureichendem Risikomanagement
– Maßnahmen bei –n gegen Aufsichtsrecht A. I. Rn. 57 ff.

Stichwortverzeichnis

- Maßnahmen beim Vorliegen von Anhaltspunkten für aufsichtsrechtliche
  – A. I. Rn. 39, 49 ff.
- Pflichtenkatalog aus § 25c Abs. 4a und b KWG A. VI. Rn. 13 ff.

Vertragliche Anerkennung
- – der zeitweisen Aussetzung von Beendigungsrechten B. VI. Rn. 108 ff.
- – des Bail-In B. I. Rn. 113; B. VI. Rn. 92 ff.

Vertraulichkeit *siehe* Verschwiegenheitspflicht

Verwaltungsverfahrensrecht
- – der BaFin A. II. Rn. 92
- – der EZB *siehe* SSM (Single Supervisory Mechanism)

Vorinsolvenzliche Aufsichtsmaßnahmen B. X. Rn. 11 ff.
- einstweilige Maßnahmen B. X. Rn. 17
- konkrete Gefahr B. X. Rn. 18
- Maßnahmen nach § 45 KWG B. X. Rn. 12 ff.
- Maßnahmen nach § 45c KWG B. X. Rn. 15 f.
- Maßnahmen nach § 46 KWG B. X. Rn. 17 ff.
- Verhältnis der §§ 45 ff. KWG zu anderen Normen B. X. Rn. 11
- Vorbereitung einer Übertragungsanordnung B. X. Rn. 16

Vorinsolvenzliche Maßnahmen auf Eigeninitiative des Kreditinstituts B. X. Rn. 3 ff.
- KredReorgG B. X. Rn. 3 f.
- Reorganisationsverfahren B. X. Rn. 6 f.
- Sanierungsverfahren B. X. Rn. 5 f.

Vorläufiger Rechtsschutz *siehe* Einstweiliger Rechtsschutz

Vorläufiger Verwalter
- frühzeitiges Eingreifen A. IV. Rn. 54 ff., 84

Vorübergehende Unmöglichkeit B. I. Rn. 260 ff.

W

Weisung an Geschäftsführung B. I. Rn. 253 f.
Weisungsrechte der EZB A. II. Rn. 29 ff.
Weniger bedeutende beaufsichtigte Unternehmen A. II. Rn. 62 ff.
- indirekte Aufsicht durch die EZB A. II. Rn. 71 ff.

Wertpapierdarlehen B. VI. Rn. 2, 9 f., 23, 25, 56; C. V. Rn. 45
- Bail-In B. VI. Rn. 73 ff.

Wertpapierfirma
- Bankenabgabe C. I. Rn. 10
- CRR-Wertpapierfirma *siehe* CRR-Wertpapierfirma

Wertpapierpensionsgeschäft (repo) B. VI. Rn. 2, 6, 9 f., 23, 25, 56, 61; B. IX. Rn. 26; C. V. Rn. 45
- Bail-In B. VI. Rn. 73 ff.

Wesentliche Ereignisse als Auslöseereignisse A. IV. Rn. 36 f.

Wesentliche Geschäftsaktivitäten B. VII. Rn. 19 f.

Widerspruchsverfahren
- frühzeitiges Eingreifen A. IV. Rn. 93
- Maßnahmen der BaFin A. V. Rn. 87 ff.

Wirksamkeit der Aufsicht
- Gefahr für – B. I. Rn. 247 ff.

Wirtschaftsprüfer
- Bewertung im Rahmen der Abwicklung B. VIII. Rn. 30

Z

Zahlungsverkehr
- – in der Insolvenz B. X. Rn. 50 ff.

Zentrale Erfassung von Finanzkontrakten
- Finanzkontrakte im Vorfeld einer Abwicklung B. VI. Rn. 76 ff.

Zentrale Gegenparteien *siehe* CCP-Clearing

Zugang zu Clearing-, Zahlungs- und Abrechnungssysteme
- Abwicklungshindernisse B. VII. Rn. 66 f.

Zulassung als CRR-Kreditinstitut A. II. Rn. 53 ff.

Zusammenarbeit
- Beseitigung möglicher Abwicklungshindernisse B. VII. Rn. 132
- – des SRB mit dem ESFS B. II. Rn. 93 ff.
- – des SRB mit dem ESRB B. II. Rn. 96 f.
- – des SRB mit der EBA B. II. Rn. 93 ff.
- – des SRB mit nationalen Abwicklungsbehörden B. II. Rn. 85 ff.

Zuständigkeit bei frühzeitigem Eingreifen A. IV. Rn. 8 ff.

Zuständigkeit bei Sanierung A. I. Rn. 82 ff.
- Maßnahmen nach dem KWG A. I. Rn. 85 ff.
- Maßnahmen nach dem SAG A. I. Rn. 83 f.
- SSM A. II. Rn. 103 ff.

Zweckgesellschaft
- Begrenzung von Risikopositionen gegenüber -en B. VII. Rn. 87 f.

Zweigniederlassung
- Aufsicht im SSM A. II. Rn. 97 ff.
- EZB-Zweigniederlassung A. II. Rn. 8

Zweigstelle
- Aufsicht im SSM A. II. Rn. 97 ff.
- Bankenabgabe C. I. Rn. 9
- MREL B. I. Rn. 112

697